国家出版基金项目　中国工程院重大咨询研究项目

# 中国城市建设可持续发展战略研究

Research on Sustainable Development Strategy of Urban Construction in China

## 上卷

中国城市建设可持续发展战略研究项目组　编著

程泰宁　王建国　主编

中国建筑工业出版社

图书在版编目（CIP）数据

中国城市建设可持续发展战略研究 = Research on Sustainable Development Strategy of Urban Construction in China. 上卷 / 中国城市建设可持续发展战略研究项目组编著；程泰宁，王建国主编. —北京：中国建筑工业出版社，2020.12
ISBN 978-7-112-25627-3

Ⅰ.①中… Ⅱ.①中…②程…③王… Ⅲ.①城市发展战略－研究－中国 Ⅳ.①F299.21

中国版本图书馆CIP数据核字（2020）第237768号

策　　　划：沈元勤
责任编辑：徐冉　黄翊　刘丹　陆新之
书籍设计：费移山　锋尚设计
责任校对：王烨

## 中国城市建设可持续发展战略研究
Research on Sustainable Development Strategy of Urban Construction in China
**中国城市建设可持续发展战略研究项目组　编著**
**程泰宁　王建国　　　　　　　　　主编**
\*
中国建筑工业出版社出版、发行（北京海淀三里河路9号）
各地新华书店、建筑书店经销
北京锋尚制版有限公司制版
天津图文方嘉印刷有限公司印刷
\*
开本：965毫米×1270毫米　1/16　印张：50¼　插页：8　字数：1836千字
2021年7月第一版　　2021年7月第一次印刷
定价：349.00元（上、中、下卷）
ISBN 978-7-112-25627-3
　　（36720）

**版权所有　翻印必究**
如有印装质量问题，可寄本社图书出版中心退换
（邮政编码100037）

中国工程院重大咨询研究项目

# 中国城市建设可持续发展战略研究

| | |
|---|---|
| **总 顾 问** | 潘云鹤 |
| **学　　部** | 土木、水利与建筑工程学部（项目联系学部）<br>环境与轻纺学部<br>信息与电子工程学部<br>工程管理学部 |
| **项目负责人** | 程泰宁　王建国 |
| **参加院士** | 丁烈云　王复明　王　浩　王　超<br>曲久辉　庄惟敏　刘韵洁　江　亿<br>江欢成　杜彦良　杨志峰　肖绪文<br>吴志强　沈祖炎　张建云　周福霖<br>郑健龙　孟建民　郝吉明　钱七虎<br>郭仁忠　崔　愷　谢礼立　缪昌文 |
| **依托单位** | 东南大学 |

# 序

改革开放 40 年来，中国经历了世界历史上规模最大的城镇化历程，取得了举世瞩目的成就。近年来，伴随着"新型城镇化"的进程，我国的经济和社会开始发生结构性的转变。习近平总书记在党的十九大报告中也指出，中国特色社会主义已经进入新时代，我国社会的主要矛盾已经转化为人民日益增长的美好生活需要和不平衡不充分发展之间的矛盾。在这样的背景下，我国的城市建设进入了重要的转型期，这主要表现在以下几个方面。首先，几十年"粗放式"的快速扩张转向精细化发展，城市建设不再盲目追求规模和速度，而是注重质量、内涵和品质的提升，注重经济、社会、资源环境的全面协调和可持续发展。其次，面对人口与资源的矛盾，特别是建设用地的紧张状况，城市建设从增量发展转向存量优化，以存量引领结构升级，并在优化城市结构的过程中注重解决发展不平衡、不充分等问题。再次，在科技层面上，新材料、新设备、新工艺带来工程建设的新革命，互联网、大数据、人工智能等带来"智慧建筑""智能交通""智慧城市"的新可能，引发城市建设和管理的大变革。转型中的这些认识提升和技术飞跃都将对我国的城市建设和经济社会发展产生深远的影响。

回顾几十年疾风暴雨般的发展，我国城市建设中也出现了大量的问题，如城市空间无序开发、资源能源过度消耗、交通拥堵、设计短视、环境污染、文化传承缺失、安全保障系统不力、基础设施脆弱短命等，让我们的城市发展环境和社会生活质量面临挑战和困境。在当前关键的转型期，我们非常有必要总结经验、反思问题，结合转型期特点，聚焦城市建设的价值导向和事关国计民生的前瞻性工程技术，开展战略性研究，以供下一步城市建设的转型发展之用。中国工程院是中国工程技术领域的国家智库。为此，其专门设立了重大咨询研究项目"中国城市建设可持续发展战略研究"。项目由程泰宁院士、王建国院士负责，组成了由 4 个学部 27 位中国工程院院士领衔、近 300 位专家参加的多学科团队，历时两年半，开展了多层次、多方位的跨学科研究。项目组首先从我国城市建设的现状评析和问题凝练入手，剖析影响我国城市建设的深层次问题，针对城市建设中缺乏科学有效的价值体系引导和相关学科的整体合作的问题，提出以中华智慧的整体性思维方法来建立我国城市建设的价值体系和指导思想，解决碎片化的工程技术和城市管理整合问题。项目组接着针对关键工程技术领域问题展开具体研究，包括城市空间发展、环境资源生态、基础设施工程、交通发展模式、自然灾害应对等多领域，找出关键问题，提出解决策略，并在此基础上，进一步从法律、行政、经济、技术、文化等多个维度提出保障措施和政策建议。整个研究框架的设计系统完整，既有宏观视野的建构，有具体工程技术层面的分析，又有可落地的保障措施和政策建议。作为项目顾问，我目睹了项目研究中精彩的多学科对话。"中国城市建设可持续发展战略研究"所提出的发展目标、路径、策略建议等具有战略性和前瞻性，将为我国今后的城市发展提供战略性建议，并为政策制定提供重要的依据和参考。

该项目的研究组织与推进过程中，有几点非常值得推荐。第一，项目成员来自建筑、规划、土木、交通、环境、水利工程、工程管理、电子信息、经济等不同学科和领域，为保证跨学科研究的实施，多次分别针对不同的焦点问题召开跨课题讨论会，形成有效的多专业碰撞。项目组还针对代表性城市，组织多课题组集中调研，共同发现和探讨实际问题，通过多专业共同工作，有效地形成了跨学科对话合作的机制与共识。第二，项目组非常重视实地调研，他们的调研范围涵盖了世界上 8 个国家和国内共计 20 多个城市或地区，获取了大量的案例资料和数据，撰写了大量的调研报告，这些扎实的调研工作为项目研究的科学化、实证化奠定了坚实的基础。第三，为了切实抓住当前问题、提出有针对性的政策建议，项目组开展了多轮次、大范围的征求外部意见工作，这其中既包括了相关专业的专家，也包括了政府相关部门。在研究过程中，征求外部意见、邀请外部专家参加工作会议等工作方式成为他们工作的常态。这种开放的方法对提高研究的实证性、问题的针对性、成果的有效性都起到了重要的作用。

本书的丰富内容是"中国城市建设可持续发展战略研究"的重要成果，我相信，本书的出版对中国特色社会主义的城市建设将起到重要的推动作用。

潘云鹤

# 前言

## 1. 研究概况

"中国城市建设可持续发展战略研究"是中国工程院 2017 年度重大咨询研究项目，该项目紧密围绕我国"新型城镇化"背景下城市建设中的突出问题和战略需求，分析和总结国内外城市建设的问题与经验，深入剖析当前社会经济发展对城市建设带来的新需求、新愿景，从建立科学与人文并重的、可持续发展价值的体系入手，针对城市空间发展、环境资源保护、基础设施建设、交通发展模式优化、安全减灾防灾、实施保障体系等方面，提出中国城市建设可持续发展的核心战略选择。

## 2. 研究背景

当今世界，可持续发展已经成为人类社会发展的基本共识和世界各国的共同选择。1992 年联合国环境与发展大会在里约热内卢召开。会议首次提出必须要将"可持续发展"从理论和概念变为行动，人类社会才会有可持续的未来，人与自然必须建立新的"全球伙伴关系"。2015 年 9 月 25 日，联合国正式通过了《2030 年可持续发展议程》。这一包括 17 项可持续发展目标和 169 项具体目标的纲领性文件将推动世界在今后 15 年内实现 3 个史无前例的目标，其中一个重要目标便是建设包容、安全、有抵御灾害能力和可持续的城市和人类住区。在我国，党和政府高度重视城市建设问题，2012 年党的十八大报告中明确提出"新型城镇化"的概念；2013 年召开的中央城镇化工作会议中，明确提出推进城镇化的指导思想、主要目标、基本原则和重点任务；2014 年中共中央、国务院发布《国家新型城镇化规划（2014—2020 年）》；2015 年召开中央城市工作会议，"城市工作"再次上升到中央层面进行专门研究部署；2016 年，国务院又印发了《国务院关于深入推进新型城镇化建设的若干意见》，全面部署、深入推进新型城镇化建设。

当前我国的城市建设已经进入从"粗放式"到"品质化"、从支持生产到促进消费、从增量发展到存量更新的转型期。四十年来，中国城市建设创造了世界历史上规模最大、速度最快的奇迹，短短几十年完成了发达国家几百年的城市发展历程。但是在高速发展的过程之中，由于缺乏科学有效的城市建设价值体系引导和城市相关学科的整体合作，一系列"城市病"问题也相继出现并日益突出。具体包括城市规划缺乏可持续空间理论支持，功能布局过于分散，造成土地开发过疏过密并存，交通量增加，运行效率下降；城市交通严重拥堵，综合交通体系缺乏协同，交通运行效率低下；城市大气污染、雾霾严重；城市生态严重破坏，资源能源消耗过度；城市防洪除涝能力不足，积水成灾；城市基础设施老化、性能退化、脆弱短命；城市安全事件频发，安全保障不力；城市运营专业化水平低下，管理水平低下；城市建设千城一面，文化特色消解，文化传承缺失等。

"城市病"具有平时累积潜伏，但在某种因素作用下即会一触即发，乃至产生多米诺骨牌的连带负面效应的特性，应引起高度重视。同时，"城市病"具有综合成因，仅靠单方面、单学科的研究无法得以根本治愈。因此，以城市发展中面临的这些重大问题为导向，以系统、整体思维为指导，聚焦中国城市建设中存在的各种事关国计民生的关键工程技术问题，通过不同工程学部科学家的跨学科合作，整合相关学科，综合考虑国情、技术的适宜性和近远期发展目标，进行城市可持续发展的战略研究是我国城市建设的迫切需要。

## 3. 研究内容

研究工作的综合系统性和落地有效性建立在对上述城市建设中面临的重大问题深入分析的基础上，本项目通过考虑彼此相关的"整体连续性"进行研究内容的设置，研究成果将为中国城市建设可持续发展提供目标、理念、战略、策略以及技术政策等多方面的顶层决策依据和学理参考，并对国家城市建设各个相关工程科技领域的协同发展和综合应用产生推动作用（图1）。

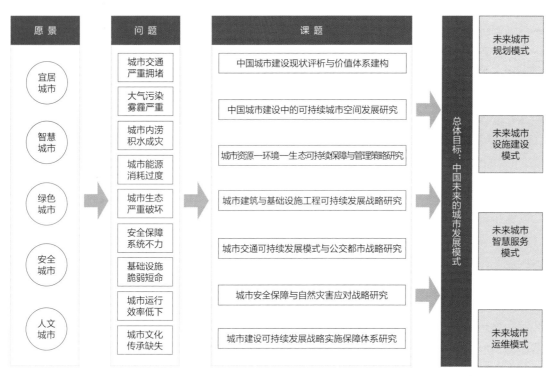

图1　研究内容

## 4. 课题设置

本项目分为七个课题开展研究，项目成果由总报告和七个课题报告组成，每个课题根据需要下设若干专题。

课题一：中国城市建设现状评析与价值体系建构；
课题二：中国城市建设中的可持续城市空间发展研究；
课题三：城市资源—环境—生态可持续保障与管理策略研究；
课题四：城市建筑与基础设施工程可持续发展战略研究；
课题五：城市交通可持续发展模式与公交都市战略研究；
课题六：城市安全保障与自然灾害应对战略研究；
课题七：城市建设可持续发展战略实施保障体系研究。

## 5. 技术路线

以上七个课题按照"现状评析—问题凝练—价值建构—应对战略—保障体系"的思路进行设置（图2）。课题一、七分别在总体构架上开展中国城市建设现状评价和价值体系建构、城市建设可持续发展战略实施保障体系的研究，组成项目研究首尾相顾的内容逻辑闭环。同时通过课题七在制度体制创新方面提出总体建议，这是整个研究能否落实的重要保障。

课题二～课题六则分别从城市空间发展、资源—环境—生态保障和管理、城市建筑与基础设施工程、交通发展模式与公交都市、城市安全与自然灾害等方面构成了与城市建设可持续发展相关的主要方面的研究内容。各课题从问题剖析到技术策略和实施建议，形成各自完整的研究系统。

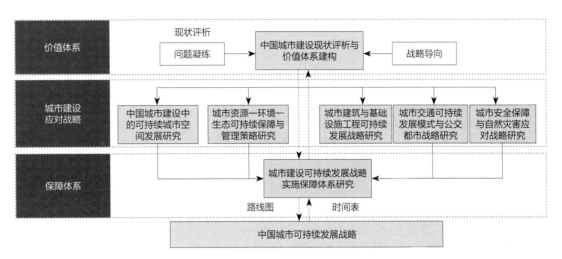

**图2　技术路线**

# 6. 研究特点

## （1）以问题为导向的项目研究思路

本研究紧密围绕我国"新型城镇化"背景下城市建设中的突出问题和战略需求，提出以问题为导向的项目研究思路。课题研究针对当今中国城市建设中的重要问题，对过去几十年以来中国城市建设出现的问题进行凝练和梳理，从系统层面思考造成这些问题的根本原因并指导相关调研，以问题及其成因为主要线索，开展针对性的研究，提出技术层面的应对措施和政策机制层面的具体建议。问题导向的思路让本研究可以聚焦当前的主要问题开展，并使研究成果更具有现实意义和应用价值。

## （2）以调查为基础、以数据为支撑的研究方法

在研究过程中，项目组注重实地调查研究，通过实地考察、数据采集、调研走访等方式获取大量的案例资料和数据。项目组由多学科的课题组构成，各课题组根据自身的专业情况，开展了大量实地摸底调研工作，并通过大数据等方式采集城市这一复杂系统包含的方方面面数据，在此基础上对各方面调查数据进行分析总结，寻求问题的关键点和解决线索。以调查数据为基础和支撑的研究方法，是本研究的又一个重要特点，为项目研究过程和成果的科学性和客观性奠定了坚实基础。

## （3）学科交叉的团队构成有利于进行跨学科、综合全面的思考

本项目研究队伍由中国工程院土木、水利与建筑工程学部，环境与轻纺工程学部，信息与电子工程学部，工程管理学部的27名院士领衔，吸收了建筑、规划、土木、交通、环境、水利工程、电子信息、工程管理等学科和领域的近300名专家、中青年优秀学者参加，他们分别来自于东南大学、清华大学、同济大学、南京大学、河海大学、长沙理工大学、解放军理工大学、北京交通大学、郑州大学、北京师范大学、华中科技大学、武汉大学、石家庄铁道大

学、中国城市规划设计研究院、中国科学院、中国建筑股份有限公司、中国地震局工程力学研究所、中国水利水电科学研究院、中国铁路总公司、中铁第一勘察设计院、深圳市规划和国土资源局等高等学校和知名科研院所。研究队伍在城市规划、建筑环境、土木交通、信息管理等学科领域具有坚实的理论基础和丰富的技术经验，优势十分突出。项目参加人员具有不同专业背景，共同展开跨学科研究和综合全面的思考，彼此优势互补，是项目顺利实施的重要条件。

## 7. 研究工作的推进

### （1）项目层面的总体控制

由于项目组研究成员由众多不同领域的专家学者组成。为保证项目按计划有序推进、开展跨学科研究、充分听取咨询院士和各方面专家意见，以及分阶段把控课题质量，在研究期间召开了项目组全体会议共 8 次，通过项目组层面的交流使每个课题组能够及时了解项目研究的整体进展，调整和优化课题研究内容，保证不同课题在统一的整体性要求下有序推进。具体情况如下。

2017 年 4 月 18 日，项目启动会在北京召开，项目研究正式启动。

2017 年 9 月 3 日，课题组长工作会议在南京召开，确定了重要的跨学科关键问题和各课题之间的交叉问题，并研究了与相关单位的合作建议等。

2018 年 4 月 2 日，项目中期评审会议在北京召开。

2018 年 4 月 27 日，项目组召开课题组长工作会议，讨论研究的深化。

2018 年 11 月 8 日，项目组举行项目工作会议，针对外部专家提出的意见和建议，讨论课题成果的修改完善和下一步工作安排。

2019 年 1 月 30 日，总报告撰写工作会在南京召开。

2019 年 4 月 28~30 日，各课题撰写主要负责人集中工作，完成项目研究报告。

2019 年 5 月 27 日，项目结题会议在南京召开。

### （2）广泛调研

针对城市建设中的主要问题，考虑不同地区的情况，项目组层面和各课题组均开展了大量的调研工作，在调研工作设计、调研对象和地区的选择中，考虑了针对问题的调研和针对地区的调研两种类型。在调研过程中，项目团队通过实地考察、走访、座谈等形式，获取大量的第一手数据和案例资料，调研范围涵盖国内、国外多个地区，走访和座谈的对象包括政府部门、企业机构、行业协会及专家等。

项目组层面重点组织了针对国家各部委的调研、对北京和南京两个不同地区和特点的特大城市的调研，以及对江苏省中小城市的调研。其中，针对各部委的调研重点面向城市建设相关管理环节，从国家管理层面了解相关问题；针对北京市城市建设的调研重点了解以首都为代表的特大城市及京津冀地区城市建设面临的相关问题；南京作为长三角地区的特大城市的典型代表，与北京在地区特点上不同，且其近年来在城市规划与建设领域开展了一系列有益探索，具有重要参考价值；江苏省中小城市较多，经济发展快速，在中小城市相关问题上具有代表性。

2017 年 4 月 19 日，项目组召开北京调研会，本次调研会的工作内容包括对国家相关各部委的调研和北京市城市建设的调研，调研内容包括城市建设管理相关问题以及特大城市及京津冀地区相关问题。各部委调研会的参会单位包括全国人大环境与资源保护委员会、全国政协人口资源环境委员会、国家发改委、水利部、环保部、国家减灾委、交通部、公安部道路交通安全研究中心、住房和城乡建设部、中国环境科学研究院、中国土地勘测规划院、中国建筑学会、中国土木工程学会、中国城市规划学会、中国城市交通规划学术委员会等 17 家单位；北京市城市建设调研会的参会单位包括北京市发改委、北京市防汛办、北京市规划和国土资源管理委员会、北京市规划委员会通州分局、北京市住房和城乡建设委员会、北京市园林绿化局、北京市交通发展研究院、天津市规划局、中国城市规划设计研究院城市交通专业研究院9家单位。

2017年8月，项目组召集各课题组在江苏省进行了集中调研工作，开展对以南京为特大城市典型案例的深入调研工作，以及江苏省中小城市情况调研。走访单位包括江苏省住建厅、南京市发改委、南京市城乡建设委员会、南京市规划局、南京市水务局、南京市城管局、江苏省规划设计研究院等，共计召开座谈会10余场，并实地进行现场调研。调研工作得到了相关各单位的大力支持和配合。在南京调研期间，恰逢南京市规划局开展新一轮南京市总体规划的修编工作，项目组结合该工作开展合作和协同调研，南京市规划局为本研究提供了大量资料并组织开展了多场次、多类型的讨论。

同时，各课题组根据各自的研究方向和内容分别组织开展了大量国内外相关调研工作。国外的调研涉及美国、瑞典、芬兰、挪威、丹麦、意大利、日本、新加坡8个国家；国内调研涵盖约20个城市或地区，完成了大量的调研报告。这些工作为项目研究的顺利进行奠定了坚实的基础。

### （3）课题讨论与学术交流

跨学科研究是本研究的主要特点之一，不同学科之间的交流有利于多角度、多维度提出和解决以往单一学科内部难以解决的学科壁垒问题。因此，本项目的研究过程中，十分注重开展跨学科的学术交流，组织并开展了包括与工程院其他项目的交流、课题内部与课题之间的跨学科交流，以及与境外发达国家的经验交流等活动。主要情况如下。

项目组通过参加会议、邀请讨论等形式，与中国工程院其他研究项目进行了积极良好的交流。这些项目包括：城市洪涝灾害防治策略与措施研究、城市地下空间开发规划战略研究以及交通强国战略研究等。

项目组组织召开跨课题的专题讨论会3次：2017年10月22日，由课题七课题组组织，针对"城市可持续发展战略实施保障体系"相关问题，课题七、课题一课题组在华中科技大学联合召开研讨会；2017年10月23日，由课题二课题组组织，邀请中国工程院重点咨询项目"城市地下空间开发规划战略研究"课题组在东南大学共同召开地下空间问题专题研讨会；2017年10月29日，由课题六课题组组织，针对"城市洪涝防治及水系生态治理"相关问题，课题六、一、三、四课题组在北京会议中心联合召开研讨会。

另外，各课题组组织召开课题讨论会共计60次以上。同时，各课题组还积极开展国际学术交流，涉及美国、欧洲、日本、新加坡等国家和地区，获得了第一手的国际经验和资料。

### （4）外部意见征集

为了能够充分体现项目研究的实证性，项目组通过多轮次的征求意见工作，及时将反馈意见纳入研究成果。

本研究项目在2018年3月完成研究报告初稿，针对初稿进行了第一次意见征集工作。

2018年4月2日，项目中期评审会议中，与会专家从不同的学科角度对本项目的研究提出意见和建议。

2018年9月，项目征求意见稿完成后，项目组再次开展了大范围、多学科、多部门的意见征集工作。

针对这些重要的外部专家意见，项目组及时组织召开工作会议，研究课题成果的修改完善，同时也邀请外部专家参加到相关工作会议中，共同开展讨论。这些工作对项目研究成果的完善起到重要作用，同时，"走出去"的工作方式使项目组摆脱了一般科学研究的实验室操作惯例，也使研究成果具有较强的实效性和针对性。

除此之外，各课题组也在研究过程中开展了大量的意见咨询等相关工作。

### （5）工作组织与协调

为了保证近 300 人的多学科的研究队伍能够及时了解项目整体进展，控制好时间进度，项目组确定了具体的工作组织制度。项目工作组定期协调召开项目研讨会与碰头会，促进各课题间的良性互动，同时撰写《工作简报》，及时总结阶段性成果，并发布相关信息，便于课题组之间及时了解情况与成果共享。

中国工程院有关领导具体指导并参加了本次研究，参加人员有：高中琪、唐海英、邢慧娴。

东南大学建筑设计与理论研究中心负责项目的协调和出版等工作，工作组成员：王静、蒋楠、费移山、周霖等。

项目工作组撰写《工作简报》共计 21 期。

## 8. 项目研究成果

27 位院士率领研究团队经过两年多的研究，完成了本研究由三大体系构成的咨询成果：基于世界可持续发展基本共识框架、传承中华优秀文化、回应当代科学技术前沿变革导向的中国城市建设可持续发展的价值理念体系，城市建设可持续发展相关的典型专业领域发展战略体系和城市建设可持续发展战略实施保障体系。当下，中国城镇化正在从依靠土地和人口资源红利的规模外延扩张到内涵品质提升、依靠创新发展和产业转型、增量和存量共存并逐渐趋向存量为主的城镇化发展新模式。为此，本项目的研究成果将为中国城市可持续发展这一新的战略转型提供系列的重大相关决策参考。

# 总目录

## 上卷 | 总报告

### 课题一　中国城市建设现状评析与价值体系建构
- 专题 1　中国城市建设现状评析与问题凝练　　062
- 专题 2　城市建设价值体系建构　　092

### 课题二　中国城市建设中的可持续城市空间发展研究
- 专题 1　中国城市建设中的可持续城市空间发展的核心问题　　150
- 专题 2　中国城市建设中可持续城市空间发展的三大基本构成维度　　172
- 专题 3　中国城市建设中可持续城市空间发展的策略建议　　225

## 中卷

### 课题三　城市资源—环境—生态可持续保障与管理策略研究
- 专题 1　城市建设中的能源可持续发展与大气污染控制策略研究　　242
- 专题 2　城市建设中的水环境健康与水资源循环战略研究　　270
- 专题 3　城市建设中的资源—环境—生态协同模式研究　　290

### 课题四　城市建筑与基础设施工程可持续发展战略研究
- 专题 1　建筑工业化及绿色建造发展战略研究　　350
- 专题 2　基础设施品质工程及绿色坚韧化战略研究　　390
- 专题 3　城市及城市群市政基础设施系统构建战略研究　　433

## 下卷

### 课题五　城市交通可持续发展模式与公交都市战略研究
- 专题 1　总体研判　　464
- 专题 2　源头调控　　500
- 专题 3　过程优化　　515
- 专题 4　末端管理　　550

### 课题六　城市安全保障与自然灾害应对战略研究
- 专题 1　城市安全评价体系及自然灾害预防策略　　578
- 专题 2　城市基础设施群与生命线工程网络风险防控策略　　598
- 专题 3　海绵城市建设与河湖联控城市洪涝防治策略　　631

### 课题七　城市建设可持续发展战略实施保障体系研究
- 专题 1　城市建设可持续发展政策分析　　678
- 专题 2　城市建设可持续发展保障体系　　690
- 专题 3　城市建设可持续发展保障措施　　702

中国城市建设可持续发展战略研究

# 总报告

王建国 等

# 研究综述

## 项目背景

在习近平同志为核心的党中央领导下，党的十九大提出了中国特色社会主义新时代的城市发展和中华优秀文化传承的新要求、中国进入"生态文明时代"的新任务，中国城市建设将进入绿色化、智慧化、宜居化、共享化的历史发展新阶段。

改革开放40年来，中国经历了世界历史上规模最大、速度最快的城镇化和现代化的进程，并成为全球第二大经济体，取得举世瞩目的重大成就。但是，在急风暴雨式的城市高速发展中，由于经济发展理念和增长方式的认识偏差以及经济导向至上的建设实践，特别是由于缺乏科学合理的城市建设价值体系引导和城市建设相关工程学科的通力合作，城市建设产生了一系列严重的"城市病"，包括资源能源消耗过度、空气污染雾霾严重、城市交通严重拥堵、城市文化传承缺失、基础设施脆弱短命等九大问题，亟须对中国城市建设可持续发展问题开展系统和较为整体全面的研究，以期找到科学有效的问题解决之道。

中国工程院是中国工程技术领域顶层国家智库和权威性咨询机构，对中国城市建设可持续发展未来科学发展之路的探讨责无旁贷。为此，中国工程院专门设置了"中国城市建设可持续发展战略研究"重大咨询研究项目课题，并由程泰宁院士和王建国院士分别作为正、副组长牵头，联合四个学部27位院士及300余位各领域专家合作开展项目研究。项目课题研究形成了包括院士建议、项目课题总报告、项目课题报告等在内的一系列高水平成果。在研期间，项目组院士及很多专家结合课题研究内容，深度参与了雄安新区的规划设计和建设实践工作，从"国家大事"和"千年城市"可持续发展的高度，通过绝无仅有的重大城市建设工程实践验证了研究的意义和价值，并为谋划打造科学、规范的"雄安质量"体系、实现中国城市建设的"中国梦"作出了重要贡献。

## 可持续发展的基本概念和共识

1987年，世界环境与发展委员会发表《我们共同的未来》报告。报告明确提出了可持续发展理念，提出人类必须为当代人和后代人的利益而改变发展模式，必须使经济社会发展和资源环境相协调。1992年6月，联合国在巴西里约热内卢召开了环境与发展大会。会议通过了《21世纪议程》《关于环境与发展的里约热内卢宣言》(后简称《里约宣言》)和《关于森林问题的原则声明》三项重要文件。《21世纪议程》和《里约宣言》明确了各个国家在处理全球环境问题方面的责任,制定了实施可持续发展的目标、行动计划,并确定了建立全球伙伴关系、改变不可持续的生产与消费方式以及开展国际合作等原则,对促进世界各国就可持续发展达成共识、确立可持续发展的基本原则和行动纲领,发挥了历史性作用。

1992年8月,中国政府编制了《中国21世纪人口、资源、环境与发展白皮书》,首次把可持续发展战略纳入我国经济和社会发展的长远规划。1996年美国发布《可持续的美国:未来繁荣、机会和健康环境的共识》,提出不仅要保持经济的稳定增长,也要给民众提供均等的机会与良好的生活环境,从环境友好、经济繁荣、社会公平(3E)三方面提出可持续发展的国家指标。1997年,欧盟修订了《阿姆斯特丹条约》,为环境与发展决策提供了法律保障,确立了以可持续发展为核心的战略计划,提出关注未来世代的发展权益,希望确保欧盟每一代人都能分享其经济发展的成果。

"可持续发展"概念正式提出近30年后,2015年9月"联合国可持续发展峰会"在纽约联合国总部召开。会议开幕当天通过了一份由193个会员国共同达成的成果文件,即《改变我们的世界——2030年可持续发展议程》。一年后,2016年10月在厄瓜多尔基多举行的联合国住房和可持续城市发展会议,则在可持续发展的视野下重点讨论了城市、城镇和村庄规划与管理面临的重要挑战,如何履行其作为可持续发展驱动因素的作用,以及其如何影响可持续发展目标的实施。与会期间,世界各国领导人通过了《新城市议程》,确定了实现可持续城市发展的全球标准,重新思考人类城市建设、管理和生活的方式。

城市将是可持续发展之战的最前线。城市发展不仅建立在经济发展基础上,更要建立在有限的可利用资源的基础上。城市在空间、交通、环境、能源利用等方面的发展将直接关系到可持续发展的成败。

中国以创新、协调、绿色、开放、共享五大发展理念为指引,着力解决发展不平衡、不充分的问题,大力提升发展质量和效益。党的十九大提出的发展不平衡、不充分也是世界各国面临的共同问题。中国正在推进共建"一带一路",积极参与国际发展合作,以期为落实2030年可持续发展议程提供中国方案、贡献中国力量。

## 项目研究内容架构

本项目研究共设置了中国城市建设现状评析与价值体系建构研究、中国城市建设中的可持续城市空间发展研究、城市资源—环境—生态可持续保障与管理策略研究、城市建筑与基础设施工程可持续发展战略研究、城市交通可持续发展模式与公交都市战略研究、城市安全保障与自然灾害应对战略研究、城市建设可持续发展战略实施保障体系研究七个课题。

课题一、七分别在总体构架上开展中国城市建设的价值体系建构和可持续发展战略实施保障体系的研究，组成项目研究首尾相顾的内容逻辑闭环；课题二～六则分别从城市空间发展、资源—环境—生态保障和管理、城市建筑与基础设施工程、交通发展模式与公交都市、城市安全与自然灾害等方面构成了与城市建设可持续发展相关的主要方面的研究内容，从问题剖析、价值评判再到技术策略和实施建议，形成各自的系统整体。

经过27位院士领衔的研究团队和咨询团队两年多的研究，已经初步建构出一个"基于世界可持续发展基本共识框架、传承中华优秀文化、回应当代科学技术前沿变革导向的中国城市建设可持续发展的价值理念体系、城市建设可持续发展相关的典型专业领域发展战略体系和城市建设可持续发展战略实施保障体系"。该成果将为中国城市可持续发展这一新的战略转型和发展变化提供一系列的重大相关决策参考。

由价值理念、典型专业领域发展战略体系和可持续发展战略实施保障体系构成的三大体系，突出强调了中国城市建设可持续发展必须秉承兼具科学理性、生态理性、文化理性和技术理性的"四元协同观"。"四元协同观"表达了世界范围关于可持续发展的基本共识：始终关注人和自然两大主体，关注量质并重，并聚焦于环境、社会、经济三大同时性维度，以及代际公平伦理和文化传承两大历时性维度的协同和有机结合的基本内涵。这也是"人类命运共同体"和"生态文明时代"的必然要求。

总报告目录

**研究综述**

**一、中国城市建设可持续发展的价值理念体系** — 005
- （一）"人类命运共同体"和"生态文明时代"对城市建设可持续发展的新要求及其对现实问题的新认识 — 005
  1. 中国特色社会主义新时代 — 005
  2. 中国城市建设可持续问题的现实问题新认识 — 005
  3. 新时代对城市建设可持续发展的新要求 — 006
- （二）科学理性、生态理性、文化理性和技术理性"四元协同观"的建构 — 006
  1. 国际上对城市可持续发展的认识进展：两大主体、三大维度、代际公平 — 006
  2. 中国城市建设可持续发展的"四元协同观" — 007
- （三）中国城市建设可持续发展的核心价值理念、体系和标准的建构 — 008
  1. 中国城市建设可持续发展的核心价值理念 — 008
  2. 中国城市建设可持续发展的核心价值体系的建构 — 008
  3. 新时代中国特色城市建设的价值体系构建 — 010
  4. 中国城市建设可持续发展价值观对城市建设突出问题解决的现实指导 — 010

**二、典型工程专业领域的城市建设可持续发展战略** — 011
- （一）重构人地协调、特色彰显、量质匹配的数字城市空间体系 — 011
  1. 城市空间开发与土地利用可持续发展 — 011
  2. 城市存量空间更新、文化传承和功能提升 — 013
  3. 多功能导向的城市地下空间综合开发 — 019
- （二）实施绿水青山、蓝天白云战略："生态文明时代"中国城市发展的必由之路 — 021
  1. 全国地级市的城市化与资源、环境、生态的15年变化概述 — 021
  2. 破解城市资源、环境、生态问题治理困境的三大策略 — 024
  3. 蓝天白云：城市能源系统的革命 — 025
  4. 绿水青山：城市建设中的水环境与水资源健康调控 — 026
  5. 生态协调：城市建设中的"三位一体"生态协同治理 — 027
- （三）贯彻绿色建造发展理念，提升城市建筑与基础设施工程完全质量水平 — 028
  1. 加强绿色建造模式创新，提升建筑工程完全质量水平 — 028
  2. 城市基础设施的品质工程和智能运维 — 031
  3. 统筹市政基础设施规划建设，构建高效服务体系，提升城市居民生活品质 — 032
  4. 政策建议 — 034

| | |
|---|---|
| （四）建构以人为本、供需合理均衡的城市综合交通体系 | **035** |
|     1. 总体思路 | 035 |
|     2. 公交主导的交通结构优化 | 037 |
|     3. 交通设施的整体功能提升 | 038 |
|     4. 交通系统智能化协同管控 | 038 |
|     5. 中小城市交通问题预防预警 | 039 |
|     6. 总结展望 | 040 |
| （五）建设安全可靠、能防灾减灾、可修复的韧性城市 | **041** |
|     1. 坚持以人为本，构建韧性的基础设施群和生命线工程 | 041 |
|     2. 秉承生态理性，建设清新自然、安全宜居的海绵城市 | 043 |
|     3. 面向安全发展，构建协同高效的城市安全综合保障体系 | 044 |

## 三、城市建设可持续发展战略实施保障体系    **047**

| | |
|---|---|
| （一）城市建设可持续发展现状及国际借鉴 | **047** |
|     1. 城市建设可持续发展政策现状 | 047 |
|     2. 城市建设可持续发展实施问题 | 048 |
|     3. 城市可持续发展的国际经验借鉴 | 048 |
| （二）城市建设可持续发展战略实施保障体系框架 | **049** |
|     1. 保障体系概述 | 049 |
|     2. 实施主体 | 050 |
|     3. 实施维度 | 051 |
|     4. 实施机制 | 051 |
| （三）城市建设可持续发展实施保障战略 | **052** |
|     1. 行政维度：制定"中国建造"高质量发展战略规划 | 052 |
|     2. 法律维度：提升法律法规对城市建设可持续发展的规范约束能力 | 052 |
|     3. 经济维度：增强城市建设可持续发展经济调节能力 | 053 |
|     4. 技术维度：增强城市建设可持续发展科技支撑 | 053 |
|     5. 文化维度：提升社会公众参与城市可持续发展意识 | 053 |
| （四）研究展望 | **054** |
| **注释** | **055** |

# 一、中国城市建设可持续发展的价值理念体系

## （一）"人类命运共同体"和"生态文明时代"对城市建设可持续发展的新要求及其对现实问题的新认识

### 1. 中国特色社会主义新时代

2017年10月18日，习近平同志在党的十九大报告中强调，中国特色社会主义已经进入新时代（以下简称"新时代"），我国社会主要矛盾已经转化为人民日益增长的美好生活需要和不平衡、不充分的发展之间的矛盾。进而，又明确提出建设"生态文明时代"的"人类命运共同体"的发展愿景。这一新的发展愿景和对社会主要矛盾的精准判断，对中国城市建设可持续发展的指导思想、目标愿景、策略路径和行动操作提出了新的要求。

当今世界面临着百年未有之大变局：政治多极化、经济全球化、文化多样化和社会信息化潮流不可逆转，各国间的联系和依存关系日益加深，但也面临诸多共同挑战。世界各国实际上已经处在一个"人类命运共同体"中。与此同时，一种以应对人类共同挑战为目的的全球价值观已逐渐形成，并逐步达成国际共识。由中国原创、具有中国语境的生态文明建设思想，如今在世界范围内越来越具有传播力，焕发出强大的生机活力。中国的生态文明建设汇聚了中国文明古老而极具东方特质的生态智慧，为今天人类社会的可持续发展提供了系统的理论、方法和实践经验。中国提出的"人类命运共同体"和"生态文明时代"，唤醒和运用了具有强大生命力的中华智慧，对中国城市建设可持续发展提出了全新的思路。

中国城市建设可持续发展的问题不仅是中国的问题，同样是世界的问题。城市可持续发展是全人类共同面临的涉及人口、资源、经济、社会、环境等方方面面的一个重大理论与实践问题，是全人类共同追求的发展目标。可持续发展理念与政策的不断深入，进一步推动了世界各国城市建设发展的转型。需要指出的是，无论从主体、代际，还是维度来阐释，可持续发展都是一个内涵深刻、内容丰富、外延宽泛甚至边界还有些模糊的概念，因此也出现了多元主体各自为政、制约可持续发展理论和实践科学对接的现象，常常是理论成熟、战略全面却实施不力。但是，可持续发展概念的基本思想和概念内涵还是明晰可辨的，实现中国城市建设的可持续发展需要一个相对清晰的价值理念体系的指导、科学合理的实践路径和明确的操作平台。

### 2. 中国城市建设可持续问题的现实问题新认识

不平衡和不充分的问题是未来一段时间中国城市建设可持续发展的主要矛盾。中国城市在过去40年的发展中，经历了人类历史上规模最大、速度最快的城镇化和城市建设的历程，在急风暴雨式的高速发展中，由于缺乏科学合理的价值体系引导和相关工程学科的通力合作，产生了一系列严重的"城市病"，包括城市交通严重拥堵、空气污染雾霾严重、城市内涝积水成灾、资源能源消耗过度、城市生态严重破坏、安全保障系统不力、基础设施脆弱短命、城市运行效率低下和城市文化传承缺失等，对中国城市可持续发展造成巨大威胁。

本研究课题以系统性思维着重关注中国城市建设领域的可持续问题，将现实困境尤为突出的六个方面总结如下。

① 城市空间发展呈现低质量失衡。一是城市空间粗放增长。1990~2014年，我国城市建设用地面积从11608.3万$m^2$增至49982.7万$m^2$，其中，新城、新区拓展尤为突出，截至2015年，全国3494个各类新区，共产生了2.8万$km^2$的建设用地。土地增速持续高于人口

增速，导致人均城镇建设用地愈发高于国家标准。二是城市空间开发无序，跟风式开发形成了全国70余座高铁新城、新区，以及60个临空经济区（全国共183个机场）。三是城市空间供需失衡，建设用地与人口集聚空间错配，西部土地绩效较低的省份依然得到持续的空间资源投放。

② 资源环境生态矛盾性与复杂性凸显。一是资源能源供需与利用的矛盾。我国资源能源的人均拥有量均低于世界平均水平，但消耗巨大且利用低效。以2014年为例，我国煤炭和水泥的消耗总量分别占全球消耗总量的23%和60%，单位GDP能耗和用水量分别为世界水平的1.4倍和2倍，供需矛盾日益加剧。二是城市建设加大了生态环境治理的难度与复杂性，2015年我国环境污染治理投资总额9000亿元，约占GDP总量的1.3%，但京津冀、长三角、珠三角等城镇群地区环境问题仍不断恶化，中西部地区污染"西迁"的趋势也更为明显。

③ 城市基础设施数量与质量整体滞后。一是滞后于城市发展速度，城市市政基础设施占GNP的比重偏低，同时市政基础设施占固定资产投资比例持续下降，且存在区域与城乡基础建设品质不平衡的矛盾。二是滞后于时代要求，对垃圾分类、清洁能源、污水供水等要求标准不够高，设施统筹水平与集约、智能、低碳等生态文明理念差距较大。

④ 城市建筑存在供需与价值的双失衡。供需方面，建筑总量超前供应，结构上住宅过剩、公建不足，超大型建筑超标建设，我国2012年人均住宅面积为30m²，在"金砖国家"中居首，但人均公共建筑面积仅为美国的1/3。价值导向方面，大拆大建成为普遍现象，我国每年老旧建筑拆除量已达到新增建筑量的40%，且城市建筑同质化现象严重。民生效益方面，我国高层建筑建设过度、过量，但利用率较低，其中"摩天住宅"降低了居民的生活质量。规范标准方面，现存建设标准已无法适应建设高质量和新技术的需求。

⑤ 城市交通供需不平、品质欠缺。供需方面，城市道路容量不足，大城市人均道路面积尚不及部分发达国家的2/3，且交通需求结构不合理，私人汽车出行比例高。品质方面，停车矛盾突出，非机动出行环境差，城市交通管理水平低下。外部性方面，公交缺位刺激私人交通高增长，城市拥堵加剧致使出行成本居高不下，交通低效导致能源高消耗和污染高排放。

⑥ 城市安全隐患众多且应对能力薄弱。一是城市安全事故多发，我国70%以上的城市、50%的人口均受到地震、洪涝、海洋等自然灾害的威胁，且城市建设安全隐患众多，安全事故率不断增长。二是城市危机应对机制不完善，城市建设工程防灾基础薄弱，不达标现象严重，且防灾规划系统性应对能力弱，建设统筹性不足且政府危机应急事权不明晰。

总的来看，中国城市建设可持续发展问题可凝练为供需不平衡、系统不协调、价值不永续三大方面。即土地、建设、设施的低质低效利用，系统之间、系统内部、全周期各环节缺乏整体思维，以及自然、社会、人文价值被野蛮破坏。剖析其深层原因，大致包括以下几个方面。

一是顶层设计缺乏可持续发展的统筹机制，中央和地方政府间的导向与考核存在双重标准，且部门间缺乏可持续发展的有效协同，法律法规体系碎片化。

二是缺乏全成本、全周期的综合评价体系，社会成本、资源成本、环境成本遭到忽视，运动式推进现象突出。

三是政府、社会、市民三大主体❶的行为引导缺乏合力，经济外部性考量不足，市场化运作效率低下，技术应用研发支撑不足，全社会参与可持续建设渠道不畅。

### 3. 新时代对城市建设可持续发展的新要求

新时代应对城市建设可持续发展有新的要求，新时代的城市可持续发展是与坚持中国特色社会主义制度的"道路自信"联系在一起的，是建设社会主义国家经济、政治、文化、社会、生态"五位一体"体系的城市内在发展根本动力和需求。以符合中国特色本质需求的核心价值精神，以符合"以人民为中心"为宗旨的基础价值精神、以符合世界可持续发展的人类命运共同体全球价值精神和以遵循中国社会主义城市发展规律办事的务实价值精神是构成中国特色城市建设价值体系的基本内容和标准。

## （二）科学理性、生态理性、文化理性和技术理性"四元协同观"的建构

### 1. 国际上对城市可持续发展的认识进展：两大主体、三大维度、代际公平

自1987年世界环境与发展委员会（布伦特兰委员会）在《我们共同的未来》中提出可持续发展的定

义以来，各类国际组织和国家政府都在不断为达成可持续发展共识而努力。逐步明确以城市人居环境为对象，关注人和自然两大主体，聚焦环境、社会和经济三大维度，并考虑代际公平伦理和文化传承的可持续内涵（表1）。

国际可持续实践相关报告　　表1

| 名称 | 发布机构 | 发布年份 | 备注 |
| --- | --- | --- | --- |
| 《里约宣言》《21世纪议程》 | 联合国 | 1992 | |
| 《约翰内斯堡宣言》《可持续发展世界首脑会议实施计划》 | 联合国 | 2002 | |
| 《千年发展目标报告》 | 联合国 | 2010 | 2011~2015年均有报告 |
| 《变革我们的世界：2030年可持续发展议程》 | 联合国 | 2016 | |
| 第六个环境行动计划《环境2010：我们的未来，我们的选择》 | 欧盟 | 2002 | 1975年开始发布，至今共6版 |
| 《英国可持续发展战略2005》 | 英国 | 2005 | 另有1995、2000两版 |
| 《德国可持续发展指标报告》 | 德国 | 2014 | 每2年发布一次 |
| 《可持续的美国：为了未来繁荣、机遇和健康环境的新共识》 | 美国 | 1996 | 美国国家可持续发展报告 |

**（1）联合国报告持续关注人与自然两大主体**

联合国始终支持落实以人类发展为重点的可持续发展相关议程，持续关注人和自然两大主体在可持续发展中的作用。一方面关注并强调全世界每一个体所应享受到作为人的需求和基本权利，如摆脱极端贫穷和饥饿、素质教育、生产性且有尊严的就业、良好的卫生和住房环境可持续性等；另一方面推动将可持续发展原则纳入国家政策和方案，扭转环境资源的流失，从物种多样性、气候等方面提出目标，降低对自然界的冲击。

**（2）欧盟条约突出两个代际公平**

欧盟在可持续发展方面突出强调了代际公平伦理和文化传承两大维度的协同和有机结合。继1997年修订的《阿姆斯特丹条约》之后，欧盟通过《里斯本条约》《第五个环境和持续发展行动计划》等文件的签署，在新能源、交通运输、温室气体减排等领域提出了详细的路线图与战略规划。在欧盟条约的总体框架下，各成员国积极响应以可持续发展为核心的战略计划，提出相应的战略或报告，重点强调满足本代人的生活品质并且保证后代人的代际公平。在城市建设领域，欧盟成员国在欧盟总体框架的责任内设定土地利用、交通和基础设施建设、自然景观品质等核心指标的长远目标，监测并实时调控历年发展数据，对可持续发展历程进行持续跟踪。

**（3）美国政策重视环境、经济、社会三大维度**

作为能源消费大国，美国在可持续发展的推进中强调在保持经济的稳定增长的同时，更要注重民众的生活环境，并从环境友好、经济繁荣、社会公平（3E）三方面提出可持续发展的国家指标。在城市建设领域，多个美国城市进行了自我探索，并将可持续发展与城市规划深度融合，形成了环境、经济、社会多维度、系统性的城市可持续发展策略。例如西雅图在1994年编制的《可持续发展的西雅图》中提出有归属感的社区、保护自然和人文环境、加强经济机会和保障社会公平四个方面的目标，涵盖了环境、经济、社会三大维度，并提出了混合用地、公交优先、社区营建等城市可持续发展策略。

**（4）推进中国城市建设可持续发展的基本启示**

通过国际经验的总结可知，可持续发展是全人类共同追求的目标，但多元主体和庞杂领域仍是推进可持续实践的重大难题，容易出现理论成熟、战略全面，但实施不力的局面。

因此，中国城市建设的可持续发展应结合国家、城市的实际情况，探索出适合中国国情的可持续发展价值体系、评价体系、政策体系和行动措施。运用整体性、系统性思维，对中国城市可持续发展进行评价，针对性地确立战略目标与行动。评判体系既要关注经济与资源环境，也要兼顾社会和谐发展，在节约高效的基础上更加关注人的获得感，体现以人为本，以优秀文化传承为导向的价值选择。

## 2. 中国城市建设可持续发展的"四元协同观"

中国城市建设可持续发展应该秉承生态理性、文化理性、科学理性和技术理性的"四元协同观"。生态理性代表着人类必须将自身发展与自然支撑能力和生物多样性等量齐观并有机融合，"金山银山不如绿水青山"，城市建设必须坚守生态底线和环境合理容量。文化理性意味着承认世界文化的多元性，每一种文化都有其渊源，都有独特的见证历史演进发展、维系人类社会和谐相处的永恒价值。科学是人类观察和认识世界的基本途径，科学理性帮助人类不断减少对世界发展中不确定性的认识并消除恐惧，科学始终闪烁着理性光辉，助推人类社会持续发展并产生正向的叠加效应。工程科技是推动人类进步的发动机，是产业革命、经济发展、社会进步的有力杠杆，技术理性集中体现为城市建设方面的工程实现和对各种工程技术难题的洞悉和攻克。当前，我国经济发展已经由高速增长阶段转向高质量发展阶段，进入了创新驱动发展的新时代。进入新时代，我们迎来了世界新一轮科技革命和产业变革与我国转变发展方式的历史交汇期，工程科技进步和创新成为推动建设社会主义现代化国家的重要引擎。

我们认为，秉承生态理性、文化理性、科学理性和技术理性的"四元协同观"比较精准地凝练和表达了世界可持续发展的基本共识：始终关注人和自然两大主体，关注量质并重，并聚焦于环境、社会、经济三大同时性维度，以及代际公平伦理和文化传承两大历时性维度的协同和有机结合的基本内涵，是"人类命运共同体"和"生态文明时代"的必然要求。

## （三）中国城市建设可持续发展的核心价值理念、体系和标准的建构

### 1. 中国城市建设可持续发展的核心价值理念

面对当今中国的城市建设可持续发展问题，机械理性论的简单思维已经无法解决错综复杂的城市问题，而必须运用复杂思维。城市可持续发展理念必须从以前单一追求经济、社会、环境或生态某个单系统的可持续发展，转变为追求系统协同而复合的科学发展。

中华智慧是人类优秀的智慧结晶之一，具有复杂理性的特点，可以有效地指引城市可持续发展。以中华智慧为核心的中国城市可持续发展运用整体性、系统性和复杂性的思维，结合国家、城市的具体实际情况，有针对性地确立可持续发展战略目标与行动，更加关注人的获得感，真正体现以人为本，同时以中华文明优秀传承为目标构建中国城市建设可持续的价值体系，实现中国城市建设可持续发展。

### 2. 中国城市建设可持续发展的核心价值体系的建构

#### （1）认识城市规律：城市是复杂的生命体

20世纪后期开始，微观生物学领域的发展给宏观生命现象以全新的解释。这也直接引起了哲学认知领域的变革，并逐渐引起科学各个领域认知思想的变化。在城市研究方面，人们开始认识到城市和生命在很多方面都具有相似性，如它们都具有复杂、自组织、主体性等基本特性。各方面的比较奠定了两个概念相连接的基础。生物学对于生命现象的解释和研究方法为城市研究提供了一个新的视角，也为新的城市发展理论奠定新的认识基础。

城市是一个具有生命力和高度智能的开放复杂的巨系统。这体现在以下几方面。

① 城市具有生命体的子系统。构成城市的土地、人、交通、建筑、能源、信息、资源等多要素，可以借鉴对应医学中的生命体组成部分。生命体子系统的良好运转，支撑了整个城市的健康发展。

② 城市具有在时间和空间上的生长消亡和自我更新的演化过程，并能进行自我调控。城市的发展、突变和更新、衰退、进化四种空间现象均可以从生命特征的视角进行理解。

③ 未来城市具有生命特征，意味着承认城市具有"活体"的特征。这并不是指生理意义上，即生物自然属性的存在，而是意味着生命的内在规律以及价值观、精神、文化意识方面的存在。

城市作为一个高度复杂的综合系统，与自然界生命体一样，是由复杂的大系统组成，涉及经济、环境、文化等多个子系统。城市生命体是由土地、人、交通、建筑、能源、信息、资源等多要素组成，能通过与生物体类似的新陈代谢方式进行能量转换和物质循环，具有在时间和空间上的生长消亡和自我更新的演化过程，并能进行自我调控。

#### （2）中国城市建设可持续发展新价值体系建构的三大缘起

第一个缘起：中华智慧导引。中华文明虽不是最早起源的文明，但却是世界文明史上延续时间最长的、至今仍然充满生命活力的文明。上下五千年灿烂的中华文化，中华民族始终用极高的智慧推动中华文明的演进。五千年历史长河积淀而成的智慧总和称为"中华智慧"。中华智慧最典型的特征是本质上的"复杂思维"，是相对于西方本质上针对解决确定性问题的"理

性思维"的。可以说，中华智慧是中国城市建设可持续发展价值体系的核心灵魂。

第二个缘起：城市问题倒逼。当今中国城市建设的问题及其原因，即对近几十年中国城市建设出现的问题进行凝练和梳理，并从价值观的层面思考造成这些问题的根本原因。这种问题导向，正因为意识到城市建设出现种种问题，才迫使我们出台应对措施。对当今中国城市建设问题的价值观的梳理，为中国城市建设可持续发展价值体系指明了实践探索的方向。

第三个缘起：科技的高速发展。不断出现的、具备越来越强的应对复杂解题能力的技术工具让我们逐渐拥有了更多的具备应对城市系统的"复杂思维"方法。以数字技术为代表的全球科技正在跃升发展，大数据、智能化、移动网络技术、云计算（"大智移云"）和即将到来的"万物互联"等对于中国城市建设产生了广泛而深入的影响，必将带来中国城市建设思想方法和工作方法的历史性变革。一系列新型技术工具的不断完善和实际应用，为中国城市建设可持续发展价值体系提供了强有力的技术支撑。

### （3）中华智慧思维可以从本质上认知城市

城市是一个复杂的巨系统。在国外城市研究领域，追随着复杂性科学研究理论，相继出现了与之对应的复杂性城市理论，如基于热力学第二定律的城市发展理论、协同城市、分形城市、细胞城市、沙堆城市及FACS和IRN城市模型等。尽管这些理论研究的侧重点及方法各不相同，但都将城市视作一个开放的自组织系统或混沌系统，并以空间复杂性作为其研究核心。这些复杂性空间理论的研究表明，城市是一个典型的复杂自适应系统（CAS），其在不确定的、变化着的环境中模仿有机体，在特定情境下对环境有反应能力，即系统中简单因素之间的相互影响会产生更高水平或更复杂的组成成分，从而使系统作为具有更大的生产力、稳定性或适应性的整体而具有引人注目的能力。也即复杂城市系统具有一定的学习功能、自适应性和自组织性，其本身是不可预测和不可控的，也就是不可规划的。这无疑向传统的城市规划和管理思想提出了严峻的挑战。

城市是多维的生命体，是复杂多元的生命系统，所以我们要用多维的方法去对待城市，而中华智慧所具备的整体思维、关系思维、过程思维等有助于我们从本质上认知城市的复杂性。自爱因斯坦20世纪初发表相对论开始，西方国家已经逐渐认识到基于确定性的简单理性思维的弊端，在长期的观察世界、认识世界和改造世界的实践中，这种思维已经无法解释和应对日益复杂的问题。随着广义相对论、测不准原理、量子科学、信息论、系统论、控制论和大数据等复杂科学思维方式的出现，西方国家为寻求认知未知世界而不断努力探寻并取得瞩目成就。而经过深入探析和研究，我们可以发现蕴含中华民族文化基因的中华智慧从一开始就致力于世界和生命有机体的复杂性的诠释和优化之道。

### （4）中华智慧适应未来时代的城市发展

对中国城市可持续发展的评价和价值体系建构，需要整体性和系统性的思维，需要从中华传统文明吸纳优秀的文化遗产与精神遗产。从不可持续走上可持续的道路，进而走向与新型城镇化相配套的新的价值观——中华城市生态文明。从这个角度来说，中华智慧具有巨大的潜力，适应未来时代的城市发展。

以"大智移云"为代表的复杂技术可以支撑城市可持续发展。

"大智移云"，也就是大数据、人工智能、移动网络、云计算技术。它为分析城市、把握城市规律提供了全新的感知、认知和识别途径。如果再加上即将到来的"物联网"，人们将能够彻底穿透各个行业和各个专业之间的边界壁垒。针对复杂性的科技革新为中国的城市建设可持续发展提供了全新的范式。

"大智移云"之所以能帮助城市建设者们以中华智慧完成建设工作，是因为其作为复杂科学智能技术的代表，本身就蕴含了中华智慧的复杂思维方式，它们也具有中华智慧的"律、全、生、合、和、续"的特点。

在城市建设的过程中，有了多源大数据，就可能有更大概率的"规律性"揭示和处理模式，具有更强的决策力、洞察力和流程优化能力，进而适应海量"全面""不断衍生"和"多样融合"的信息资产；人工智能能够学习城市的发展"规律"，帮助人类更好地完成城市建设工作；通过移动互联网技术，我们可以获得一些以往不能获取的数据，数据的采集更加"全面"，各种各样的数据"融和交织"，带来新的洞察可能性；在城市建设中，云计算强大的计算能力帮助高速地存储和处理"整合"这些海量数据。探索这些复杂科学智能技术的定义和特征，可以发现它们运作的各个细节都蕴含了中华智慧的思想基因，正是因为这样，合理的规划机制与合理的工具相辅相成，能够更加高效、准确地完成中国城市建设工作。

在世界整个现代城市发展过程中，从古典主义、功能主义到生态主义，中国一直跟随其他国家的步伐。进入新时代，如果在以复杂科学智能技术，也就是以数字技术为多元工具，中华智慧、复杂思维为核心灵魂的基础上思考城市建设可持续发展问题，中国城市发展和建设可能会在世界上再一次发挥引领作用。

## 3. 新时代中国特色城市建设的价值体系构建

中国城市建设价值体系必须契合中国特色社会主义制度和发展目标，是建设社会主义国家经济、政治、文化、社会、生态"五位一体"体系的城市内在发展根本动力和需求。符合中国特色本质需求的核心价值、"以人民为中心"为宗旨的价值导向、符合世界可持续发展全球共识和以遵循中国社会主义城市发展规律办事的务实价值精神是构成中国特色城市建设可持续发展价值体系的基本内容和标准。

具体而言，新时代中国特色城市建设价值体系是一个层次清晰、结构严谨的有机整体，具体包括四个层次的价值精神和判断标准。

首先，要符合规律性。以倡导实践价值精神的中国城市发展规律是整个价值体系的基础层。其价值判断的标准是"遵循什么样的城市规律"以及"如何遵循城市规律"，其中"如何看待城市"是遵循这个规律的最核心、最本源的问题。城市是有生命的，是统一的、整体的、智能的。像对待具有智能的"生命体"一样来对待城市是遵循城市发展规律的起点，也是认识和尊重城市有孕育周期、有盛年生长以及迟暮衰败等生命过程的内在要求。

其次，要符合永续性。判断中国城市建设价值的第二层标准是"是否符合人类命运共同体可持续发展"的全球性价值标准。可持续是任何一个城市和社会所追求的最根本目标，具有人类社会的终极价值导向。其判断标准包括三个方面，一是城市发展是否具有促进经济可持续发展的导向价值，二是发展是否具有促进社会可持续发展的导向价值，三是是否促进创造创新的导向价值。

再次，要符合人民性。"以人民为中心"的价值判断是中国特色城市建设价值体系构建的第三层标准。新时代的中国是为满足"人民对美好生活的向往"而不断减少"不充分、不均衡"的中国，以服务人民，为人民谋求幸福感、获得感的城市建设基础价值精神要求就是要不断地通过现代化、科学化、智能化、人性化的综合科技和方法来改善中国城市发展建设的各种区域、城市及其内部不充分和不均衡的问题。

最后，要符合中华性。符合中国特色本质要求的城市建设价值精神和要求是整个价值体系最高标准也是最为关键核心的标准。只有在遵循城市生命体规律、符合可持续发展前提、满足人民美好生活向往的条件下形成的，促进新时代中国社会主义制度永葆优越性和党的绝对领导的价值精神才是具有新时代中国特色意义的城市建设价值体系的总的纲领和本质内涵。

## 4. 中国城市建设可持续发展价值观对城市建设突出问题解决的现实指导

中国城镇化进入"下半场"，新时代的中国城市建设可持续发展必须尊重城市发展规律，以整体、平衡、生态和永续的中华智慧为引领，以生态、平衡、永续、人民为发展观念，以"大智移云"为代表的数字技术为理性支撑，追求人与自然的和谐发展，实现多元系统的统筹、传承与创新。

基于"中华智慧"的核心价值理念，应对城市发展不充分、不平衡的"城市病"，应该进一步建构人地协调、量质匹配的空间体系，维护绿水青山、蓝天白云的生态体系，建设安全可靠、减灾防灾的韧性城市，建构供需合理的交通体系，建立我国生态良好、社会和谐、代际永续、智慧治理、人民共享幸福的城市建设新模式。

此外，为保障城市建设可持续发展，首先应当关注城市建设可持续发展战略的顶层设计与多方协同机制的建立，明确可持续发展的目标体系、管理机构职责、法律法规等；其次应当加强可持续发展的技术开发应用，推动城市建造方式改革；此外还应提高社会公众的参与意识，共同营造可持续建设的氛围。

以整体、平衡、生态和永续的中华智慧为文化自信，以人民美好生活为服务宗旨，以技术理性为创新动力，建设生态文明的城乡。尊重城市发展与城镇化的基本规律，推动新时代中国特色城市建设的可持续发展。追求人与自然的和谐、多元系统的统筹、传承与创新的互动，建立人民共享幸福的城市建设新模式。

# 二、典型工程专业领域的城市建设可持续发展战略

## （一）重构人地协调、特色彰显、量质匹配的数字城市空间体系

城市空间是城市社会、经济、文化、生活和城市自然及人文环境的载体。广义的城市空间不仅包括城市物质空间，还包括城市经济空间、城市政治空间、城市社会空间、城市生态空间等；狭义的城市空间主要指城市物质空间，以及与之相关的城市空间的社会、经济、文化、生态等属性和它们之间的相互关系。当今世界，城市空间承载了人类主要的社会、经济、文化生活，并对自然与人文环境起到至关重要的作用。全世界今天约有一半人口——35亿人居住在城市空间中，到2050年这一数字将增至65亿，即将有超过70%的世界人口生活在城市中。然而，目前全球城市人口中尚有8.28亿人住在贫民窟，不平等等社会问题突出。城市空间占据了全球2%~3%的陆地，却产出了约70%的全球GDP，消耗了60%~80%的能源，产生了75%的碳排放和70%的垃圾废物。人类面临的某些重大问题，如贫困、气候变化、保健和教育等的解决方案必须回到城市发展中去寻找，城市空间的可持续发展与实现整个人类的可持续发展息息相关。

### 1. 城市空间开发与土地利用可持续发展

#### （1）城市土地空间平稳发展、协调发展、优化发展

本研究针对城市外部快速拓展发展模式面临的城市无序扩张、人口城镇化滞后、区域发展不平衡、交通成本增加等问题，提出以下城市空间开发与土地利用可持续发展原则。

1）控制城市空间扩张速度差距，平稳有序地推进城市化进程

近年来我国土地城市化速度远高于人口城市化速度。许多城市出现"摊大饼"式发展，城市无序扩张，土地利用形式过于粗放，带来了资源利用效率低、耕地资源被占用、城市运行效率下降等不利影响。为了遏制城市蔓延问题，城市增长边界作为一种区域规划工具开始被采用。

针对我国快速城镇化现状，城市增长边界既需要划定永久不可开发的固定底线，以保证城市可持续发展的生态安全底线，体现城市发展的终极规模，也需要划定周边发展的弹性边界，以保障不同时期城市空间扩展，反映城市发展阶段性特征。

应建立城市增长边界测定考核机制，在综合考虑城市自然条件、经济状况、交通状况、政策导向以及环境因素的基础上，预测城市发展规模、人口规模和用地规模。分析城市增长阻力如周边自然保护区、地质灾害分布、地形条件，从而评价城市周边区域用地适宜性，确定适建区、限建区与禁建区；分析城市增长动力，如区位条件、交通设施、市政基础设施。采用GIS手段（如元胞自动机、多智能体技术）预测城市发展潜力空间分布，结合用地规模预测，得到不同时期城市弹性增长边界。

此外，还需要从国家、区域、城市等多尺度定期评估城市增长边界需求。将社会生态效益提升至与经济发展具有同等重要性，建立城市增长边界与社会、经济、生态效益多元耦合机制，多方控制城市空间扩张速度，并将城市增长空间引向最合理地区，规避风险地区，保护林地、水域、农田等生态敏感地区，结合紧凑增长理念提高基础设施和公共服务设施的使用效率。

优化建设用地指标分解及流转理论及方法，建设城市土地供给数据库。坚持整体出发、统筹兼顾的发展思路，以协调社会经济生态发展、协调区域发展为导向，在保障土地节约高效利用的同时，兼顾落后地区用地需求，缩小城市空间发展差距，带动区域共同进步。

2）以点带面，通过核心地带调动周边发展

以城市群为核心深入贯彻区域发展战略。以城市群为纽带整合城市体系，城市发展不应孤立发展大城市或发展中小城市，而是应合理规划区域发展体系。通过科学布局大中小城市空间分布及规模结构，构建紧密连接的城市群网络体系，实现大中小城市功能互补；核心城市将部分产业及功能向周边城市转移，缓解自身压力；中小城市通过大城市辐射带动吸纳剩余产业及功能，推动自身发展。

培育具有增长极功能的核心城市以带动区域发展。当前我国较发达的城市群主要有京津冀、长三角及珠三角城市群，分别以北京、上海、广州—深圳为增长极，而这些增长极都集中在我国东部地区，这与我国东强西弱的空间格局联系紧密。在中西部及东北地区选取区位优势强、资源环境承载力强、人口相对集中的城市进行培育，发展新的增长极，对缩小东西差距、带动我国城市发展水平整体提升具有重要意义。

一方面，提高对欠发达地区的扶持力度，提升欠发达地区基础设施、生态环境及公共服务水平，在产业布局、资金人才流动方面向欠发达地区倾斜；另一方面，在东部发达地区资源环境约束矛盾日益突出的形势下，中西部及东北部地区应主动抓住机遇，在保护环境质量、坚持可持续发展的原则下，在土地资源承载力范围内，有规划、有创新地承接东部产业转移，提高城市综合竞争力。

构建围绕增长极城市的区域城市生态圈。我国各大城市群内部都存在区域发展不均衡的现象。这一点在京津冀城市群体现尤为明显，北京市过强的"扩散效应"与"极化效应"带来了严重的副作用。一方面其将大量污染性产业外迁至河北省内，使环境污染由点向面蔓延式扩散，同时也导致周边城市产业结构向单一性、重复性转化；另一方面，其强大的吸引力导致大量劳动力、资金、高层次人才等流入，却没有充分发挥其对周边城市的辐射和带动作用，间接减缓了周边城市的社会经济发展。

为促进城市共同进步，实现城市群快速可持续健康发展，应从城市群发展角度对中小城市进行定位，合理制定区域空间发展规划和环境保护政策，充分利用中小城市作为大城市的产业转移承载地、空间扩展地、旅游休闲集散地、农业服务基地等关键作用，通过建立良好的城际交通网络，构建围绕增长极城市的区域城市生态系统。

3）以城市土地空间发展集约性和可持续性为导向，优化土地利用模式

建立土地利用集约性与可持续性评价考核体系。随着我国人口增长与社会经济发展，人地关系日趋紧张，土地资源紧缺、生态环境恶化、城市无序蔓延等问题时刻威胁着人类的生存和发展。提高土地利用的集约性与可持续性是实现我国可持续发展的基础，构建土地利用集约性与可持续性评价考核体系，能够维护区域内社会效益、经济效益以及生态效益的一致性，保持区域综合、高效、持续发展。因此，建立土地利用集约性与可持续性评价考核体系是实现城市空间可持续发展的重要手段。

土地利用集约性与可持续性评价考核体系应具有全面性，能够对土地生产力以及土地利用的社会、生态、经济效益等内容进行综合评价；应具有多时空尺度性，能够针对不同尺度、不同条件下的区域状况进行准确评价；应具有动态性，建立能够反映区域土地利用集约性与可持续性动态变化趋势的评价考核体系，综合反映其空间关系及代际关系。

合理控制城市规模，提高土地空间资源利用程度。我国土地资源相对短缺，人口众多，决定了我国城市发展必须采取高密度的土地资源开发模式，适当控制城市规模，提高土地资源利用程度，能够使城市保持良好的可持续发展，缓解土地资源紧缺，保护耕地资源。

第一，控制城市规模，提高土地空间资源利用程度，需要通过建立科学有效的土地资源评估体系考核其土地承载力、社会生态环境容量，掌握城市土地供给能力；第二，坚持严控增量、盘活存量，提高城市外围建成区的人口密度、就业密度，降低人均用地面积，提高土地资源利用程度；第三，要逐步完善土地利用制度，消除城乡土地制度二元结构，减少农业用地向城市建设用地转化的利益驱动；第四，要逐步建立以市场为主导的管理机制，鼓励公众参与城市规划建设及监督，依靠市场经济调节作用，促进城市土地使用管理制度改革，引导城市合理发展。

构建空间紧凑型城市发展模式。我国作为人口大国，改善居住空间的需求极为迫切，同时我国作为人均资源匮乏的国家，转变城市无序蔓延的发展态势势在必行。构建空间紧凑型城市发展模式，有利于提高城市土地利用效率，保护开敞空间及农村土地资源，避免城市无序蔓延，实现城市土地利用可持续发展。

构建空间紧凑型城市发展模式，主要依靠适当提高空间密度、推动混合型土地利用等方式，发展紧凑

式城市空间发展规划，建立多中心模式的城市空间结构。实现城市紧凑发展，一是需要优化土地利用结构，通过提高城市土地空间混合利用程度，实现城市生产、生活、生态空间有机互动，达到工作、居住、服务功能一体化，促进效益共生、资源集约。二是要大力发展基础设施建设，改善城市功能，提高城市承载能力。三是重视城市更新，我国大部分城市既往的发展过程中，过于注重城市外延扩张，导致土地扩张速度大于人口增长速度。紧凑式城市发展是在对城市外延边界进行限制的前提下，通过城市有机更新，补充和完善基础设施并改造低效用地。四是促进城市内部循环再生能力，包括以海绵城市等方式促进自然资源及生态系统的循环再生，使用新型能源提高资源循环利用，坚持城市土地混合功能开发、土地立体化利用等方式。

4）统筹优化空间规划体系，推进规划体系重构

自然资源部将统一行使所有国土空间用途管制和生态保护修复职责，包括原国土资源部的职责、国家发展和改革委员会的组织编制主体功能区规划职责、住房和城乡建设部的城乡规划管理职责等。行政体系的变革为建立统一的空间规划体系带来了契机，应当积极探索和推进主体功能区规划、土地利用规划和城市规划等空间规划体系的重构。

首先应当建立一个层级清晰、分工明确的规划体系。纵向来看，在国家、省级层面，偏重战略指引、区域性协调内容；在市、县级层面，有机融合各项规划，制定统一的空间规划作为基底，实现规划之间的相互联通。各类衍生专项规划在一定时间内依然存在，但大趋势是走向统一合并。规划体系要根据行政区面积来考虑精细化程度，对于大城市要区分规划层次，在层次之间形成有效传递机制。同时，空间规划体系改革离不开法律法规的保障，可以通过制定和修改相关法规来规范空间综合规划的编制主体、审批程序，明确相应的管理职责和各级事权。另外，过去的空间规划偏重建设型规划思路，而新时代要求以人与自然和谐共生的观点来看待城市发展，在城市发展的同时也要注重对自然资源和生态环境的保护。

（2）重视土地空间发展过程中的资源价值培育

1）强化自然资源的资本资产属性，建立"大资源"管理模式

自然资源的综合管理是大势所趋，我国作为资源大国更是如此。在组建自然资源部的背景下，打破传统资源分类方式，建立"大资源"综合管理体系，全面加强政府对综合资源管理的广度、深度、精度，做好自然资源开发利用、保护管护、治理监督，履行好自然资源的用途管制与监管职能。

2）促进土地资源、资产、资本"三位一体化"，完善土地市场管理体制机制

推动土地管理制度改革，与金融创新相结合，以土地资本化为重点，实现从单纯土地资源管理向土地资源、资产、资本"三位一体化"综合管理转变，完善土地市场管理体制机制。加强土地收益分配机制研究，探索完善土地收益分配制度，发展改革土地使用权转让增值收益分配办法，建立促进土地节约集约利用的税费调节机制。推动土地金融政策研究，建立土地金融工具，加快土地资本化、资本证券化步伐。加强土地市场管理和服务体系建设，完善土地有形市场，创新交易品种，规范市场管理。

3）重视土地的多元属性，提升土地的社会及生态功能地位

土地资源的开发利用应注重经济效益、社会效益、生态效益并举发展。应从区域可持续发展的宏观战略上，提升土地资源社会经济功能地位，将社会效益及生态效益与经济效益一同纳入区域发展规划决策体系，避免因短期经济效益而牺牲长期社会生态效益的盲目开发行为，以综合效益为导向进行土地集约利用建设。在政策引导与法律约束等方面坚持可持续发展战略，制定基于社会功能与生态功能的政策法规，发挥政府部门的引导作用。建立土地资源开发综合效益评估体系，明确经济效益、社会效益及生态效益的指标地位，针对土地资源开发的审批、建设、运营等环节建立长效评估考核机制。

## 2. 城市存量空间更新、文化传承和功能提升

（1）中国城市建成区存量空间发展的主要挑战

城市建成区存量空间是相对于城市外扩增量空间的城乡建设已占有或使用的空间。狭义来说，城市建成区存量空间为现有城市空间范围内的闲置未利用空间，包含利用不充分、不合理，产出后使用效率低下的城市已开发建设空间。相对于城市增量空间而言，城市建成区由于其发展时间较长，存量空间所存在的问题更加复杂，在空间承载力、城市使用成本、城市安全风险、城市现状违建处理以及规划管理方面依然面临着挑战。

1）城市建成区存量空间承载压力增大

在以市场经济和商业开发模式驱动下的城市存量空间开发利用大多以拆除重建方式为主，然而，由于

城市建成区地价等因素的影响，不断提高的开发项目拆赔比最终均转化为容积率和建设增量。这种模式使得城市建成区存量空间的不断增高加密以及人口的高强度集聚。以深圳为例，全市实际人口密度已经达到9000人/km²❷，目前已经超过香港的6648人/km²的平均人口密度❸。深圳全市现状建设用地平均毛容积率为1.09，规划毛容积率为1.23，现状常住人口的人均建设用地仅80m²/人❹，远低于北京、上海等特大城市，给城市建成区存量空间的承载力带来挑战。

2）城市建成区存量空间使用成本增加

城市建成区存量空间的利用开发应该是多元的，而并非简单的大拆大建。但是，市场经济的趋利行为导致拆除重建模式的动力强劲，而存量空间综合整治和功能优化的措施却很少。不可否认的现实是，拆除重建类的城市更新将现有空间资源转移给能够支付更高使用成本的社会阶层，由此平衡开发建设成本并提升使用效率，也是各方利益主体直接获得存量空间资产增值收益的便捷手段。近年来，大多数城市的新供应商品房主要来自于对城市存量空间的更新利用。由于城市建成区的原有住户较多，设施体系相对齐全，城市存量空间土地的拍卖价格居高不下。同时新增居住用地严重不足和改造更新成本高昂，共同导致国内包括北京、上海、广州、深圳、南京在内的主要城市房价持续飙升，大大增加了城市建成区存量空间的使用成本。

3）城市建成区存量空间安全风险增加

城市存量空间的安全风险不仅来自自然灾害，同时还包含疾病传染、火灾、暴雨及城市突发事故等社会公共灾害。前阶段中国城市空间的急剧扩张和"摊大饼"蔓延使得原本位于城市边缘区的潜在危险源逐渐被包围在城市的中间；众多城市生活必需的市政邻避（NIMBY）设施只能在存量空间内选址，造成"邻避效应"设施优化和整改压力的进一步加剧；人口的快速增长导致城市的生活废弃物（垃圾、生活废水等）急剧增加，而城市原本的生活废弃物处理能力又没有及时提升，导致处理能力严重不足；因大规模城市建设区存量空间开发利用而产生的建筑垃圾、淤泥渣土无处堆放，这些都成为影响城市安全的重大隐患；城市存量空间高密度的人口集聚，也使得城市在面临公共灾害时的压力增加，构成威胁城市存量空间的潜在安全风险。

4）城市建成区存量空间历史问题处理难度增大

城市存量空间的原住民往往存在对所在地块升值潜力的预期，使得更新拆迁中一般性的经济补偿手段缺乏足够的吸引力，建成区原住民中有很多人会选择不同程度的就地还建的方式，完全接受货币补偿的居民用户占比在各地差异很大。城市存量空间更新开发常常陷入"拆不动、赔不起、玩不转"的困境，增大了对城市建成区历史遗留问题的处理难度。城市建成区存量空间开发利用实践过程中所显示出的新矛盾和新挑战，同时也倒逼传统的城市管治模式寻求新的模式。

**（2）针对中国城市存量更新困境，实施城市设计策略**

1）中国城市存量空间更新的核心是高品质空间需求

可持续城市空间发展为我们提供了看待城市存量空间的新视角，存量空间蕴含着城市空间发展的无限潜能。中国城市正经历一个外延规模扩张到品质内涵提升、总体上从增量到存量的历史发展新阶段。由此，中国城市发展在城镇化"下半场"出现了新的理念和特征，即从单纯的规模增扩逐步转化为品质内涵提升，发展价值判断从单一的经济价值维度向"经济价值—社会价值—生态价值—文化价值"的多重维度转型。这一变化表征了市民在满足基本的生存居所要求之后，对城市文化和美好生活等高品质城市空间特质的追求。从"空间规模供给"到"空间品质供给"，从"满足快速城市化的急迫需求"到"满足城市美好生活需要"，这是对当下中国城市存量空间发展和变革的基本判断（图1、图2）。

2）城市设计的内涵与目标

城市设计主要研究城市空间形态的建构机理和场所营造，是对包括人、自然、社会、文化、空间形态等因素在内的城市人居环境所进行的设计研究和工程实践活动❺（图3、图4）。城市设计不仅能够为城市更新所面临的问题提供解决方案，还能够协助城市更新从政策性走向实施性，达到空间更新、文化传承和功能提升的目的。中国城市设计发展始于20世纪80年代，曾作为城市法定规划编制内容的一部分，但没有得到应有的重视，现今中国城市的"千城一面"与城市设计缺失有着直接的关联。

2013年中央城镇化工作会议上，中央主要领导提出城镇建设要"看得见山，望得见水，留得住乡愁"。2015年12月中央城市工作会议明确要求推进、加强、全面开展城市设计工作，契合了我国城镇化转型发展的时代要求。这次会议是新型城镇化背景下中国城市发展的里程碑，城市设计由此成为城市建设和存量空

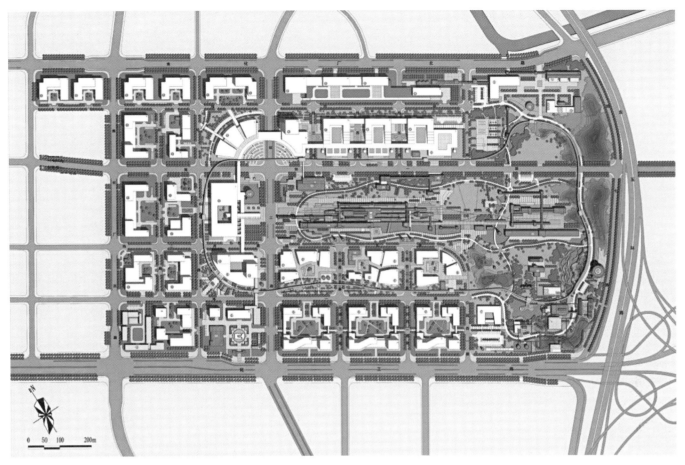

图1 北京焦化厂工业遗址保护与开发利用规划

图2 郑州市中心城区总体城市设计

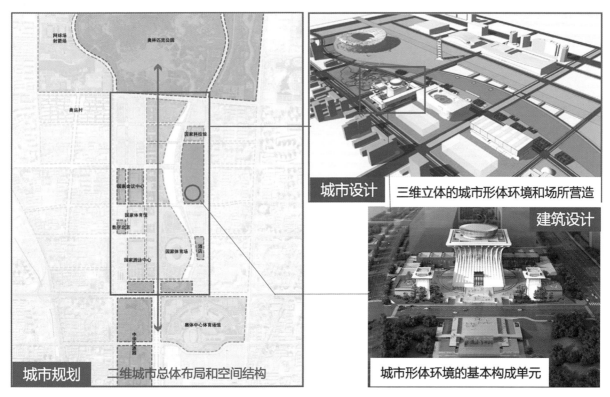

图 3　城市设计是城市规划、建筑设计之间承上启下的桥梁

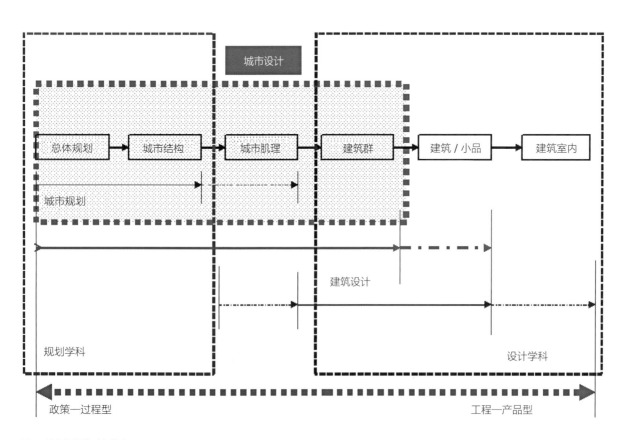

图 4　城市设计的对象范畴

间更新中的核心抓手，雄安新区、北京城市副中心、海南自贸区建设都是由组织城市设计咨询工作开始的。今天城市的高质量发展和环境品质的提升有必要实施城市设计策略，发挥城市设计在"以人民为中心"的城市人居环境建设方面的基础性作用。

基于我国土地存量土地资源利用不充分、不均衡的基本矛盾，为实现城市建设的可持续发展，达到中国特色社会主义新时代发展设定的人民"美好生活"的要求，有必要从更高的视角重视和发挥城市设计的作用。

3）推进城市设计工作的具体内容

① 建立城市设计管理制度。城市设计管理制度是开展城市设计工作的基本保障。要加强城市设计，必须强化顶层设计，完善城市设计体系，建立城市设计管理制度。随着城镇化发展，城市日益趋向于更加立体和集约式的发展，城市空间逐渐呈现为地下、地面和空中的水平—垂直一体化的立体特征，亟须将二维平面的规划管理模式尽快转变为三维立体的规划管理模式，将城市设计管理作为规划管理和建设管理的重要内容。另外，城市设计的要求应当作为建筑方案审批的法定审核内容和条件，确保建筑设计单体方案不仅仅具有个性表达的特点，而且应该符合城市设计层面上的整体有序。

② 明晰城市设计的法定性。深刻理解需求侧的变化，改革供给侧的要素和结构，加强城市设计与城市各项规划的合力作用，并明晰其在科学意义上的法定性。应该明确城市设计在城市建设中的法定地位和要求，在突出控制性详细规划强制性的同时，同样要树立和增强城市设计管理的基础性和权威性。要近、远期结合地推进城市设计立法工作。近期应该根据城市设计试点工作的经验，进一步修订完善已实施的《城市设计管理办法》，明确城市设计管理要求，依法依规遏制愈演愈烈的建筑乱象，有效医治"千城一面"和"万楼一貌"的"城市病"。

明确城市设计的重要地位，对违反城市设计管控要求的规划建设行为进行问责。远期可以考虑制定《景观风貌管理法》，建立并健全更具针对性和系统性的风貌管理法规。

③ 确定城市设计的标准。新时期的城市设计工作应依法依规推进，更注重融合自然生态和"以人为本"，更注重体现城市的空间立体性、平面协调性、风貌整体性和文脉传承性。在城市设计工作中，评价城市设计的优劣应从以下出发点确定最终形成的城市空间与形态的具体准则和标准，包括是否以科学合理而整体最优的方式发挥了地段特有的经济价值；是否促进了城市整体空间结构的优化；是否表达了以"人"的感知和使用为基本出发点的场所品质；是否延续和体现了城市文脉价值，并为人们提供了良好的美学体验；是否对强化生态安全与健康作出积极贡献。

④ 加强城市设计的实施保障。在政府层面，培养和任用足够的专业管理人员；市场层面，城市设计作为对政府管理机制的有益补充，应成为我国未来鼓励发展的机制，为此应逐步发展容积率交易等市场平台、城市设计要素奖励等市场工具，并逐步建立起健康的市场监管机制，作为城市设计实施的重要保障。

城市设计应坚持科学理性与人文关怀相结合的价值观，综合研究城市空间与形态设计对城市发展和人民福祉的贡献。城市设计要在兼顾效率和公平原则前提下，向尚未享受到城镇化红利的社会阶层和人群延伸。同时要特别关注城市历史演进中的文化断层修复，挖掘、找回城市特有的地域环境、文化特色、建筑风格等"基因"，提振市民复兴城市文化的信心和愿景。

同时，在充分吸收和借鉴世界先进的城市发展理念、建设方法和建造技术的同时，我们应坚持以中华智慧和优秀本土文化为基点，探索因地制宜的城市设计方法和技术。

⑤ 鼓励推进多层次的城市设计工作。在城市的总体层面，建议有条件的城市开展总体城市设计。重点抓好城市的整体风貌特色、自然基底格局、公园绿地和公共空间体系，研究城市历史发展和文化积淀的成因及其当代传承的科学途径，同时布局重点地区的城市设计计划。

必须确立城市设计在建成区存量空间更新中的重要地位，充分发挥其特有的关注文化传承、社区活力、场所营造和形态有序的专业技术作用，提升城市存量空间更新在环境体验和美学感受方面的品质，回应新时代"以人民为中心"的可持续发展城市建设新理念。城市设计有助于在城市建设可持续发展中真正实现"经济理性""生态理性""技术理性"和"文化理性"的统筹协同，并更好地帮助深化和落实城市规划的编制内容，为主要是二维的规划增加三维立体的整体协调性。

**（3）大力推进数字化城市设计**

在当下全球化和信息化的时代语境中。在新一代移动互联网、大数据、人工智能等为代表的数字技术推动下，城市设计逐渐呈现出日益深度化的数字化发展的态势，并形成以数字化为特征、基于人机互动的"第四代城市设计"[6]——数字化城市设计。

1）数字化城市设计的技术要点

① 全流程的整体介入。突破只在专题分析等单一阶段切入城市设计的模式局限，数字化技术贯穿于城市设计的整体过程，能真正实现城市设计全流程的可评价、可量化、可分解和可集成。

② 多尺度的综合判断。数字化技术全面融入城市设计也是城市设计方法本身的迭代演进，它可以打破不同尺度城市空间之间的信息数据壁垒，使之在统一的数字化平台上实现多尺度设计，有效提高城市设计效率，并为设计提供了更多元的价值判断视角。

③ 精准交互的跨学科转译。传统的城市设计方法局限于规划、建筑和景观的学科思维之内，其成果语境缺乏跨学科的包容性和开放度。数字化的技术手段不仅促进了规划学科与其他学科更广泛的积极互动，也为其他学科提供了新的精准对接途径。大量相关学科，如文化、社会、历史、生态等诸多以往定性模糊分析领域也有相当一部分工作可以通过数字化手段实现数理模型化与可视化，无缝纳入城市设计以及其他城市建设相关的数据平台。

数字化城市设计源于信息时代丰富的多类型数据涌现，"万物皆数"为城市设计的底层架构提供了坚实的基础。可以将数字化城市设计的技术轮廓按照工作流程概括为三个主要类型——基础性工作、核心性工作和实施性工作。

① 数字化城市设计的基础性工作。其中采集流程的数字化方式包括建筑空间抓取技术、高清遥感影像技术、高程、等高线抓取技术等，其传统方式为人工实地采集、测绘；调研流程的数字化方式包括GPS定位技术、天空可视域技术、延时摄影技术，其传统方式为人工问卷调查、访谈；集成流程的数字化方式包括格式、量纲、坐标系、集成平台和手机信令在建筑面积的分配，其传统方式为人工数据汇总、纸质资料收集。

② 数字化城市设计的核心性工作。其中分析流程的数字化方式包括中心体系技术、眺望体系技术、手机信令大数据技术和业态POI大数据技术等；设计流程的数字化方式包括空间特色技术、空间原型技术、虚实骨架技术、多情景分析技术、多因子叠加技术、参数化平台技术等；表达流程的数字化方式包括全息图技术、三维建模技术、场景渲染技术、动态表达技术等。

③ 数字化城市设计的实施性工作。其中报建流程的数字化方式包括多尺度空间沙盘技术、多方案比选技术等；管理流程的数字化方式包括形态分区技术、高度控制技术、强度控制技术、密度控制技术、导则技术、特色意图区划定技术、项目化技术等；监测流程的数字化方式包括限制性因素审核技术、公众参与技术等。

2）面对存量空间的数字化城市设计特征

按照中国法定规划和新的空间规划的管控要求，中国城市存在不同规模尺度的存量空间规划和城市设计引导问题。今天数字化城市设计为提升大尺度城市存量空间品质提供了全新的方法和技术手段。这些技术使得城市景观的视觉数字化与城市信息的整合成为可能，特别是在"公众参与"的技术方法方面已经实现了新的迭代演进，而这对于已有居民生产和生活活动的存量空间特别重要。今天的数据库已经成为数字化城市设计全新的成果形式，而且可以直接植入当下以信息电子化为特征的规划管理。数据库成果同时可以通过整体关联联动的方式，实现持续完善的动态更新，这对于城市建设的可持续发展至关重要（图5）。

3）推进数字化城市设计的意义

对于城市大尺度空间形态而言，数字化城市设计是一种能真正付诸实施的城市设计，它不仅包含相对完整、系统和可靠的多源数据的集取、分析、综合、集成职能，还包含了面对设计实施、运维管理、城市可持续发展和必要弹性的物质空间形态建构。数字化城市设计具有包容发展变化和持续优化纠错的属性。其工作流程通过设置一定值域"容错"进而实现城市的正常运转，同时数字化成果明确了城市形态健康生成和成长的把控底限，摒弃了主观决策的不完备性。

从目前的实践情况看，数字化城市设计既可归属于上位高层次规划，也可与规划共同作用，其基于科学量化的成果特点，使得城市规划管理有了真正比较可信赖的依据。未来通过掌握大数据技术工具，从全局上整体地把握各种与空间、资源、人的活动等方面的信息及其与城市规划和设计相关的意义，就能够更好地实现公平和效率原则，并为包括城市存量空间在内的高质量发展、历史文化传承和环境品质提升提供依托最新科技进步的可靠技术支撑。

图5 数字化城市设计全流程图

## 3. 多功能导向的城市地下空间综合开发

中国城市面临建设用地紧张和交通拥堵的发展瓶颈，东部城市及中部大城市表现尤为突出。城市可持续发展需要政府建立空间资源有限和法治建设的危机意识，并在各方面促进并推动地下空间资源利用，以及以抵御资源能源危机为目标的大型、深层、兼用型的地下工程建设。

### （1）蓝图定策，国家战略

我国越来越多的城市发展面临土地"控制增长，利用存量"的问题。用地资源有限是我国可持续发展的挑战之一。此时，地下空间开发成为目前确保经济增长所需空间的重要措施之一。

应将地下空间开发利用提升到战略高度，并制定措施保障实施。2016年住房城乡建设部发布的《城市地下空间开发利用"十三五"规划》首次单独将地下空间开发利用规划管理列入五年行动计划，成为其不可或缺的一部分，国家层面对地下空间开发利用在城市建设中的重视程度提上了一个新高度。但是不少城市地下空间开发仍停留在相关政策要求下的被动式发展阶段,与国家综合发展的战略高度尚有较大距离。

以区域或城市为对象,制定地下空间发展总蓝图。应将地下空间发展视为一项投资而非耗资,开展系统的地质调查工作,并建立数字系统。制定地下土地权益和估价框架。对于任何拟建、新建的中大型基础设施,统一要求提供放置地下的预可行性研究报告。专项拨款地下空间发展相关的科研项目并建立科研中心。

**(2)划界定责,"逆向"管控**

城市地下空间规划、建设管理得到中国各级政府自上而下的普遍重视,地下空间建设和开发已成为城市建设和发展不可或缺的重要组成部分。越来越多的地方政府对地下空间用地管理、建设管理、使用管理等方面提出了明确规定与要求,推进了中国城市地下空间的合理有序发展,步入地下空间法治建设正轨。

针对中国的城市地下空间法治建设和治理体系,尤其是立法和治理体系、公共政策支持性体系等的基础研究仍呈现分散、缺失和无序的现象,极大地制约了城市地下空间的合理利用和持续发展。

从立法层面推动。中国应借鉴日本、新加坡等地下空间发展经验成熟的国家经验,对地下空间的范围与国家征用等内容明确法律约束。例如新加坡《国家土地(修订)法(2015)》中指出地表土地所有者只拥有根据新加坡高程基准计算30m内的地下空间;《土地征用(修订)法(2015)》中指出政府在为公共项目只征用地面以下或地面上空的某一高度空间,而无须征用相应的地面。中国可因地制宜从立法角度解决地下空间所有权的问题。

形成高效科学的管理机制。以各项战略、制度和法律法规的严格执行为保障,真正做到城市规划、建设、管理的有机衔接、协同发展。

向"逆向"管控思维转变。中国政府职能部门以及规划从业人员应转变思想,从为建设地下空间找理由向"是否负担得起不进行地下空间开发"转变。未来基础设施建设如果不利用地下空间,相关政府职能部门必须解释其原因。

城市地下空间规划综合化。长远规划与精细化实施紧密结合,科学处理好规划、建设和管理三者的关系。地下空间规划尽管是一项专项规划,但其涉及的内容广,发挥的作用远远超出了其他任何一项专项规划。因此要像编制总体规划一样编制地下空间规划,从可持续发展的高度准确定位地下空间建设发展在城市中的地位,明确地下空间开发强度和功能布局、各类设施地下化的指标和策略等。

明确地下空间权属界定。从管理政策入手,用地出让时明确合理开发的平面范围与深度。政府与开发商协商解决城市地下空间开发。

成本转移。地下综合管廊的高开发成本由政府先行承担,但最终转移到相邻用地的地价中,有效调动社会资金参与城市地下空间开发。

**(3)轨道牵引,通商促连**

截至2017年,中国以地铁为主的轨道交通仅有47年的发展史,虽然以轨道交通总长度指标来衡量中国在世界排名第一,但建设历程较短。中国已成为世界上建成和在建轨道交通城市最多的国家,全球轨道交通总长度前10位的城市中中国占4席,轨道交通总长度前20位的城市中中国占7席。

然而,我国轨道建设与周边开发是由不同部门分管,设计与开发往往缺乏整体考虑,导致地下空间需求较大区域的站点与周边地下空间无法连通。

为了缓解城市交通拥堵、减少汽车尾气对环境的影响,我国不少城市已经采取限牌、限行、限购等方式,大力鼓励公共交通出行。据轨道交通发展数据显示,我国28个已开通地铁的城市中,总里程前十位的城市中地铁的公共交通出行分担率已达20%以上(图6)。

出台规划控制方面的政策,以轨道建设为契机,通过规划条件的设置,整体考虑,明确连通方面平面与竖向的预留要求,解决相互连通问题、配套的地下工程数量、地下商业定位问题和优先发展的项目问题。

基于中国城市建设的实践进程,以可持续的空间发展观为指导,针对城市全空间域的多重尺度和国家城市发展"新常态",我们需要在国家城市空间发展顶层战略层面提供前瞻性、及时而有效的建议和决策依据,重构人地协调、特色彰显、量质匹配的数字城市空间体系。依据城市空间可持续发展的维度,具体包括以下几方面。

① 城市空间开发与土地利用可持续发展。以城市增量空间为主要对象。系统梳理中国城镇化的发展历程,针对目前快速城镇化过程中土地扩展方式不合理、人地关系紧张等现状,分析城市在外部快速拓展发展模式等方面的问题与挑战,总结城市土地空间发展的规模特征、结构特征、效益特征,研究和借鉴国内外

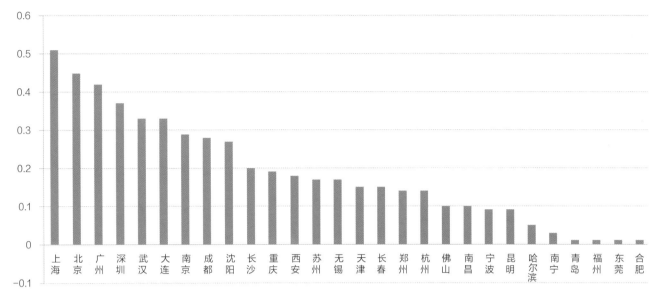

图6 城市轨道交通出行分担率分析图
数据来源：根据各城市统计年鉴、地铁公司官网计算，因统计口径不同可能与实际情况存在差异

城市空间扩展过程中的可持续发展战略，提出促进城市土地空间平稳发展、协调发展、优化发展的可持续发展路径。

② 城市存量空间更新、文化传承和功能提升。以城市存量空间为主要对象。分析城市建成区存量空间发展的问题与挑战，研究和借鉴国内外相关发展经验，针对目前国家严控新增建设用地指标的政策性约束，建成区功能提升、环境改善的急迫需求，提出通过城市设计达成城市存量空间更新、文化传承和功能提升的战略，包括城市设计的形态分区、文化彰显、政策分区等策略，城市设计的数字化体系和城市存量空间的数字化全息平台等。

③ 多功能导向的城市地下空间综合开发。以地下空间为主要对象。针对现阶段高速城镇化中地下空间开发利用的诸多特征问题和挑战，分析城市地下空间发展阶段与特征，地下空间综合开发特点及其与地质环境作用机制，构建适应我国国情的城市地下空间开发利用模式和管理体制，提出多功能导向的城市地上、地下空间一体化开发利用策略，城市中心区、轨道站点及高层建筑等地下空间的高效利用策略，以及城市地下空间综合开发的管理、运行和维护的可持续性策略。

## （二）实施绿水青山、蓝天白云战略："生态文明时代"中国城市发展的必由之路

党的十八大以来，"生态文明"作为统筹推进我国"五位一体"总体布局和协调推进"四个全面"战略布局的重要内容，被提升到了前所未有的高度。与之相关的"绿水青山就是金山银山""尊重自然""美丽中国""山水林田湖是一个生命共同体""增强生态产品生产能力"等一系列提法表达了长期以来生态环境技术工作者与普通市民期盼改变城市发展方式的心声。当前生态文明理念日益深入人心，污染治理力度之大、制度出台频度之密、监管执法尺度之严、环境质量改善速度之快前所未有，这也将推动了城市生态环境保护发生历史性、转折性、全局性的变化。

### 1. 全国地级市的城市化与资源、环境、生态的15年变化概述

本研究选取全国283个地级市数据，进行2000~2015年15年的数据分析，结合中国工程院发布的《中国生态文明发展水平评估报告》《中国城市绿色竞争力指数报告》等最新研究成果，得出如下结论。

### （1）城市资源、环境、生态问题的区域化差异显著

城市生态环境问题的区域化差异显著，存在明显的"洼地"现象。南方城市面临更为严重的水污染问题，北方城市面临更为严重的大气污染、垃圾污染和能源消耗问题。

东、西部城市比较。在城镇化综合水平方面，东部城市的规模城镇化、经济城市镇化、土地城镇化和人口城镇化水平均要相对高于中、西部城市。在生态环境效应上，东部城市工业废气和生活污水的排放总量相对高于中、西部城市，但生活垃圾的排放总量却相对较低，这与东部城市较高水平的垃圾处理率有关。东部城市各类污染物的排放强度相对低于中、西部城市，这主要归因于东部城市相对高水平的经济总量或产出。东部城市的建成区绿化水平相对高于中、西部城市，西部地区单位面积固碳释氧量大于中、东部地区，其对城郊耕地和生态用地的侵占同样相对较高。

南、北方城市比较。在城镇化综合水平方面，北方城市具有相对较高的城市建成区面积、城镇人口比重及人均居住用地面积，而南方城市则拥有相对较高的人均可支配收入。在城镇化的其他方面或具体指标上，二者并无多少差异。在生态环境效应上，北方城市具有相对较高的工业废气排放总量和生活垃圾排放总量，而南方城市生活污水的排放总量则要高于北方城市。同样，北方城市工业废气排放强度以及人均垃圾排放强度也要高于南方城市，南方城市生活污水的排放强度则高于北方城市。说明北方城市具有相对较为严重的大气污染和垃圾污染，南方城市的水污染问题则相对更加严重。在生态占用与资源消耗影响方面，西南地区年生物量增加量高于西北和中东部地区，北方城市具有更多的耕地面积、更高的能耗强度，而南方城市的水耗强度则要更高。简言之，南方城市面临更为严重的水污染问题，北方城市面临更为严重的大气污染、垃圾污染和能源消耗问题。

沿海、内陆城市比较。在城镇化综合水平方面，沿海、沿江城市的规模城镇化、经济城镇化、用地城镇化和人口城镇化水平均要高于内陆城市。在生态环境效应上，沿海沿江城市的污水排放总量显著高于内陆城市，其废气排放强度则显著低于内陆城市。说明沿海、沿江城市借助其靠近水体的区位优势，污水排放削减力度不足，而大气污染治理则要优于内陆城市。在生态占用的影响上，沿海、沿江城市的建成区绿化面积高于内陆城市，但其对城郊耕地和生态用地的侵占却更为严重。在资源消耗上，沿海、沿江城市的水耗强度与内陆城市并无差异，能耗强度则略低于内陆城市。总之，沿海、沿江城市对水资源的占用和水污染问题应引起重视。

### （2）城市资源、环境、生态状态的改进具有"行政优势"的特点

城市资源、环境、生态状态的改进具有"行政优势"的特点，大城市与小城市、城市群与城市之间差距明显。特大城市和大城市各类污染物的排放总量要明显高于中小城市，污染物排放强度却要低于中小城市。说明当前我国城市资源、环境、生态状态改进的动力在很大程度上来源于政府的压力，但事实上，除了政府的推动，其更需要企业、社会和公众的广泛参与，才能形成持久的内生改进动力。

在城镇化综合水平方面，城市人口规模越大，其城镇化水平就相对越高，特别是在规模城镇化上，不同规模等级的城市差别极其显著。也就是说，特大城市和大城市的规模城镇化、经济城镇化、土地城镇化和人口城镇化水平均要相对高于中小城市。

在生态环境效应上，特大城市和大城市各类污染物的排放总量要明显高于中小城市，污染物排放强度却要低于中小城市。特大城市和大城市的建成区绿化水平相对高于中小城市，其对城郊耕地和生态用地的侵占同样相对较高。特大城市和大城市具有相对较低的水耗和能耗强度，但其对资源的占用总量很可能仍然较高。

城市群城市在城镇化综合水平方面，规模城镇化、经济城镇化、用地城镇化和人口城镇化水平均要高于其他城市。在生态环境效应上，城市群城市的工业废气排放总量和生活污水排放总量均显著高于其他城市，但其废气排放的强度却相对较低。在生态占用的影响上，城市群城市具有相对较高的建成区绿化面积，其对城郊耕地和生态用地的侵占也更为严重。在资源消耗强度上，城市群城市与其他城市并无显著差异，但不排除城市群城市的资源消耗总量仍然较高。简言之，城市群城市的污染排放总量、生态占用总量及资源消耗总量相对较高，即对生态环境的直接和实际影响较大。

### （3）城市资源、环境、生态耦合呈现"同群效应"和"俱乐部收敛"特征

我国城市资源、环境、生态状态的改进往往会在地理位置上形成一定的集聚，生态省下辖城市之间通过构建有效的协调发展机制，形成合力提升。这也使得区域之间的差距会不断扩大，拥有相同稳态特征的

空间组群最终收敛于相同的长期发展目标路径，显示"俱乐部收敛"特征。

生态省下辖城市与其他城市比较。在城镇化综合水平方面，生态省下辖城市的规模城镇化、经济城镇化和用地城镇化均要显著高于其他城市，特别是在经济城镇化上，城镇居民人均收入和地方政府财政收入的提高使得这些城市的所在省份有能力去投资和参评生态省。在生态环境效应上，生态省下辖城市的各类污染物排放总量和生态占用总量与其他城市相比差别不大。在污染物排放强度方面，生态省下辖城市的工业废气、生活污水和生活垃圾排放强度均要显著低于其他城市，说明生态省下辖城市在污染物排放强度的减排工作上较有成效。在资源消耗强度方面，生态省下辖城市的万元GDP水耗和能耗都相对较低，特别是水耗强度远远低于其他城市。总之，生态省下辖城市在污染物排放强度和资源消耗强度方面的工作卓有成效。其在污染物排放总量和生态占用总量方面优于国家卫生城市或生态园林城市的原因很可能是生态省下辖城市中既有大城市也有中小城市，而这一结果实际上是这些城市的平均值。

资源型城市与其他城市比较。在城镇化综合水平方面，资源型城市的规模城镇化、经济城镇化和人口城镇化水平与其他城市并无显著差异，但其在用地城镇化的水平上则相对高于其他城市，突显其土地资源的比较优势。在生态环境效应上，资源型城市具有相对较高的工业废气排放总量和生活垃圾排放总量。特别是资源型城市的各类污染物排放强度均要显著高于其他城市。说明资源型城市在环境污染物排放总量和强度上表现不佳，是其环境问题的症结所在。另外，资源型城市具有相对较高的建成区绿化面积、城郊耕地面积及生态用地面积，说明其土地资源优势还是比较明显的。在资源消耗强度上，资源型城市同样表现不佳，其水资源和能源消耗强度均要相对较高。总之，资源型城市在环境污染和资源消耗方面影响较大。

老工业城市与其他城市比较。在城镇化综合水平方面，老工业城市在规模城市化领域的优势较其他城市较为明显，特别是在建成区面积上，表明其城市扩张显著。在经济城镇化方面，老工业城市的人均工业总产值、人均地方财政收入都要高于其他城市，但人均城镇居民可支配收入却没有明显差别，说明老工业城市的政府收入和工业收入增加明显，但居民收入的增加则不显著。在用地城镇化方面，老工业城市的工业用地面积优势最为显著。此外，老工业城市的人口密度和城镇人口比重等人口城镇化水平也要高于其他城市。在生态环境效应上，老工业城市各类污染物的排放总量和排放强度，以及对资源的消耗强度均要明显高于其他城市，而老工业城市的生态用地占用影响不及环境污染和资源消耗。

国家卫生城市与其他城市比较。在城镇化综合水平方面，国家卫生城市的规模城镇化、经济城镇化、用地城镇化和人口城镇化均要显著高于其他城市，特别是在经济城镇化上，城镇居民人均收入和地方政府财政收入的提高使得这些城市有能力去投资和参评国家卫生城市。在生态环境效应上，国家卫生城市的工业废气排放总量和生活污水排放总量仍然相对较高，表明国家卫生城市也难以解决污染物排放总量居高不下的问题。在污染物排放强度方面，国家卫生城市的工业废气、生活污水和生活垃圾排放强度均显著低于其他城市，说明国家卫生城市在污染物排放强度的减排工作上较有成效。在生态占用的影响上，国家卫生城市具有相对较高的建成区绿地面积，但其城郊耕地和生态用地面积损失较高。在资源消耗强度方面，国家卫生城市的万元GDP水耗和能耗都相对较低。总之，国家卫生城市在污染物排放强度和资源消耗强度方面的工作卓有成效，但却仍然无法有效解决城镇化导致的污染物排放总量和生态占用总量居高不下的负效应。

生态园林城市与其他城市比较。在城镇化综合水平方面，生态园林城市的规模城镇化、经济城镇化、用地城镇化和人口城镇化均显著高于其他城市，特别是在经济城镇化上，城镇居民人均收入和地方政府财政收入的提高使得这些城市有能力去投资和参评生态园林城市。在生态环境效应上，生态园林城市的各类污染物排放总量与其他城市相比差别不大。在污染物排放强度方面，生态园林城市的工业废气、生活污水和生活垃圾排放强度均显著低于其他城市，说明生态园林城市在污染物排放强度的减排工作上较有成效。在生态占用的影响上，生态园林城市具有相对较高的建成区绿地面积，但其城郊耕地和生态用地面积损失较高。在资源消耗强度方面，生态园林城市的万元GDP水耗和能耗都要相对较低，特别是水耗强度远远低于其他城市。总之，生态园林城市在污染物排放强度和资源消耗强度方面的工作卓有成效，但仍然无法有效解决城镇化导致的污染物排放总量和生态占用总量居高不下的负效应。

## 2. 破解城市资源、环境、生态问题治理困境的三大策略

### （1）保持战略定力，跨越重要关口，差异化推进城市生态环境保护工作

① 保持战略定力，确立城市发展"坚持保护优先"的原则。党的十八大以来，坚持生态环保优先已经成为中国制定各项重大发展战略的重要原则。例如，"长江经济带发展战略""京津冀协同发展战略""雄安新区发展战略"等重大区域发展战略，都把生态环保放在了优先考虑的位置。同时我们也要清晰地认识到，生态文明建设的成果来之不易，城市生态系统脆弱、环境承载压力较大、生态文明建设水平仍滞后于经济社会发展的基本国情并没有根本转变，稍有懈怠便可能前功尽弃。这要求城市必须具有贯彻绿色发展理念的自觉性和主动性，全力打赢污染防治攻坚战。

② 大力推进市级生态环保机构和管理体制改革。2018年全国两会通过国务院机构改革方案，组建了生态环境部，进一步优化了生态环境保护职能的机构设置，有助于突出责任、提高效率。同时组建自然资源部，以着力解决自然资源所有者不到位、空间规划重叠等问题，实现山水林田湖草整体保护、系统修复、综合治理。为了加强地方环保工作，严格实行环境保护党政同责、一岗双责；地方环保部门也由所在地管理改成由原环保部垂直管理，以便加强其监测、监察、执法职能；并建立了中央和省级环境保护督察、问责和追责机制，以督促各级地方政府解决突出的环境污染问题。此外，城市中也建立了河长制和湖长制，由城市各级党政主要负责人担任"河长"或"湖长"，负责组织领导相应河湖的管理和保护工作。这些改革举措都旨在进一步完善生态环保的管理体制。

③ 差异化推进城市生态环境保护工作。由于中国幅员辽阔，不同城市生态环境及经济发展的基础差别很大，生态文明建设的起点不同，因而需要精准识别城市资源禀赋特征，因地制宜地选择适当的绿色发展模式。对于"经济发达、生态优良"的城市，应将绿色发展作为发展的主要特色，注重自然资源的循环再生，实现自然资本的保值、增值，优化资源财富收益分配，实现人与自然、代与代之间的收益共享；对于"经济发达、生态较差"的城市，增加生态环境治理投入，优化能源消费结构，提高环境质量，逐渐推进城市产业结构的绿色化转型和生态修复；对于"经济落后、生态优良"的城市，若其地理条件优越、自然景观、人文资源丰富，则宜发展生态旅游产业或生态农林经济模式，关键是通过生态产业化和市场化的途径释放生态红利；对于"经济落后、生态较差"的城市，首要任务是建立自然保护区或国家公园，通过中央财政的转移支付或生态补偿等方式让自然休养生息，维护好其本原的生态价值。

### （2）推进城市发展新协同，实现治理路径的"三个转变"

为解决城市资源、环境、生态治理"碎片化"问题，应着重推进治理路径的"三个转变"，即从地方分治向府际共治转变、从政府包揽向社会共治转变、从事后治理向全程共治转变，最终建立起政府、市场、社会等主体间相互协调、政策措施步调一致、体制机制运行完善的生态治理体系。

① 从地方分治模式向府际共治模式转变。突破以行政区划为界限的分割治理模式，采取府际合作的协同治理模式，通过协同共治的方式，解决地方分治造成的生态治理弊端，促使城市生态得到有效治理。统筹解决跨区域生态环境问题，成立一个统筹协调机构是前提和保障。这一机构应广泛代表区域整体利益或者能够有效协调各地区城市利益，全面协调解决资源利用、污染纠纷协调、污染处置等事务。另外在构建跨区域生态治理组织机构的框架下，区域内城市政府间应建立系统化的府际生态共治整体联动机制作为保障。统筹考虑区域内城市间的产业规划制定、产业结构布局、产业项目引进等，通过转移支付、税收分成等形式，探索建立跨区域产业合作的利益分享机制。

② 从政府包揽模式向社会共治模式转变。突破过去政府包揽生态治理、忽视社会共治的传统模式，引导社会力量参与并实现共同治理。首先，在决策层面要实现生态公共政策的民主化。生态公共政策民主化，就是让公众和社会组织顺畅参与生态环境治理的过程，使其充分表达意见并行使监督的权利。其次，在执行层面要创新社会参与机制。破除政府生态治理的单一包揽局面，构建政府、企业、非政府组织、公众共同参与的治理模式，形成治理主体间合作、协调、谈判、商讨的伙伴关系，推进多元主体参与城市生态共治的政策协调、工作推进、落实监督等机制建设。

③ 从事后治理模式向全程共治模式转变。改变"先污染后治理"的模式，建立"事前预防—事中管理—事后问责"的全程治理体系。在源头上实现整体布控。建立以生态保护红线、环境质量底线和资源利用上限为核心的生态红线管控制度，明确工程项目准

入标准，严格监管项目建设过程。过程中实现实时监控。建立城市资源环境承载力监测机制，区域间协同监管，严守生态底线。加快建立跨区域环境联合执法、交叉检查、污染联防联控、跨界污染纠纷处置等工作机制。实现及时问责，建立领导干部生态文明建设责任制，真正将城市生态环境保护工作落实到位。

**（3）从消费、供给、技术、体系多角度创新城市治理的绿色革命**

绿色生产消费是城市生态化的战略重点，是城市生态化与生态文明的重要标志，绿色技术与体系是城市生态化治理的有效方式，是根本改变粗放型城市发展模式的有效途径。

① 破解雾霾"城市病"，实现低碳发展，需要推动"能源系统四项革命"。我国城市能源系统面临着大气污染和气候变暖两大主要问题，在保障能源供应安全、满足社会发展和经济增长的前提下，低碳发展和雾霾治理是未来城市能源系统发展的主要导向。破解雾霾问题，实现低碳发展，需要推动"四个革命"，即能源消费革命、能源供给革命、能源技术革命和能源体制革命。其中能源供给革命是目的，需要从中国的实际情况出发，彻底改变目前的能源供给结构，从以碳基的燃煤为主的能源结构变为以可再生能源为主导的低碳能源供给结构。在此基础上，围绕未来能源结构的革命性变化，能源的消费方式也必须随之变化，而无论是供给侧还是消费侧的革命都需要创新技术的支撑和与之相应的体制机制保障，这就需要能源的技术革命和体制革命。

② 推动水环境—水生态健康发展，需要强调"顶层设计、减排优先、综合防治、技术创新与生态修复"五条主线。以"保护、改善、利用、融合"为理念，遵循"十三五"规划提出的"源头减排、过程控制、末端治理"的全过程控制要求，在理念上以系统工程思路利用水环境生命周期的管理理念开展城市水环境治理水安全改善工作，在方法上强调顶层设计、减排优先、综合防治、技术创新与生态修复。

③ 实现保护、恢复和促进生态系统可持续发展目标，强化资源配置、污染防治与生态保护联动协同，形成规划合力，增强生态环境保护工作的整体性、系统性、协调性和有效性。以加大环境治理力度和筑牢生态安全屏障两方面为重点，体现城市规划的跨部门属性，突出政府作为生态公共资源的产权主体的职责作用，增强生态环境保护工作的整体性、系统性、协调性和有效性。

## 3. 蓝天白云：城市能源系统的革命

我国未来能源需求总量约 46.5 亿 tce，为了实现低碳发展，就要大幅度提高一次能源中可再生能源的比例，而主要的可再生能源（如水电、风电、光电）都是以电力形式输出，所以就要大幅度提高电力在终端能源中的比例。未来终端能源中电力消费占 60%（可再生电力按 300gce/kW·h 折算），直接燃料消费占 40%。为了满足低碳发展的要求，电力供应需要建立以可再生能源和核能为主体的能源供给结构，而直接燃料供应则需要建立以生物质为主体的能源供给结构。通过建立起跨区域的长途输电网，协同东、西部区域的能源发展，使非化石能源在电力供给和直接燃料供给结构中的占比均超过 50%。只有这样才能把未来的化石能源消耗控制在 22 亿 tce 以内，碳排放总量控制在 43 亿 t 以内。为了破解雾霾"城市病"、实现低碳发展，由碳基能源为主导向高比例可再生能源的能源结构转变，我国未来城市能源系统发展需要着重考虑以下几个方面。

**（1）建立统一、科学的能耗核算方法**

目前的能耗核算方法存在三方面问题。第一是缺乏统一性，例如电力消费目前就存在两种核算方法——电热值法和发电煤耗折算法，两者的计算结果相差近 3 倍。没有统一的核算方法使得最终得到的能源消费量含糊不清，无确定意义。第二，未能考虑能源品位，电热值法核算低估了电能的品位。而冷热量在终端用能中与煤、气、电等同，又高估了其品位，就必然导致很多技术的不合理推广，例如一些地区把电锅炉或其他直接电加热形式作为高效的节能减排技术推广，而其实质是严重浪费能源的方式。第三，各地区仅考核本地化石能源的直接消费量，不能科学反映城市的实际用能状况。例如，城市通过把火电厂和工厂移到辖区外，减小其本地化石能源的直接消费量，而自身仍然大兴土木，建设消耗大量的钢材和建材。这样只是把本地的能耗转移到其他区域，对我国总体的能源结构调整和节能减排无任何贡献。

因此，建议用电力作为能源的统一核算单位，直接燃料消费可以按照其可以发电的能力折算为电力，这样把能源计量全部统一到电力上，将消除上述含糊和品位不分的问题。同时理清化石能源消费的责任，制定既能在生产侧激励提高各个环节的生产效率，又能在消费侧提倡减少消费高能耗产品的核算方法，实现我国经济结构的转型，同时又影响经济建设的整体布局，减少东、西部地区发展的不平衡，从根本上实现节能减排和低碳发展。

### （2）构建与高可再生比例相适应的城市能源系统

能源消费模式由能源供给模式决定，城市是最大的能源消耗体，其能源系统应根据能源结构的转型作相应的调整。随着供给侧可再生电力的发展和需求侧电力峰谷差的增大，我国电网出现了大量的弃风、弃光、弃水现象，缺少足够的灵活电源已经成为可再生能源发展的瓶颈。因此，如何构建与高比例可再生能源供给相适应的城市能源系统是能源消费革命的重要工作。为此就要把发展灵活电源、发展各类蓄电系统（如抽水蓄能），以及推广终端的柔性用电方式作为解决这一瓶颈问题的重要方向。具体方法包括在交通领域增大电动汽车比例和发展智能充电桩；在建筑领域发展直流建筑和分布式蓄电；在工业领域发挥电炉炼钢等工业的需求侧响应用电方式，而不是建设自备电厂独立运行等。综合各项技术，同时配套相应的电价政策和激励政策，实现使刚性供需关系转变为柔性供需关系的消费侧革命，才能打破目前可再生能源发展缺少灵活电源的瓶颈。

### （3）构建以余热为主的城市清洁供热系统

在清洁供热的趋势下，我国北方城市普遍存在清洁热源紧缺的现象，如何找到经济而且足量的清洁热源是目前最迫切的问题。研究发现，各类清洁热源由于资源量、投资成本和适用条件等因素限制，更适合作为补充。而在供暖季可从电厂和工厂获得的低品位余热资源达 35 亿 GJ，在此基础上辅以 110 亿 $m^3$ 天然气调峰，就可以满足未来 160 亿 $m^2$ 的城镇供热面积，而使包括输配能耗在内的能源消耗降到 5300 万 tce（燃气和电力），仅约为目前北方城镇 140 亿 $m^2$ 建筑供暖总能耗的 30%。为了适应以余热为主的热源结构，城市供热系统需要在国家层面规划建立跨区域的大联网系统，实现余热资源的统筹调配，降低热网回水温度并改变当前的热价机制。

### （4）热电气互补协同

不同能源具有不同的调节特性，电力系统在小时级以内都可能有大幅度的波动，热力系统是在一个采暖季里变化，而燃气系统则是跨季度的波动。通过三能互补，发挥各自的特点，可以解决其他二能的困难。例如，冬季北方地区应该发展热电协同，利用热网、建筑围护结构的储热特性实现一天之内的灵活调节，帮助电网调峰。而供气系统通过调节管道压力和建设小型储气装置能很容易地实现短周期存储，可以通过建设大型地下储气库、发展缓冲用户等方式实现跨季节储存，从而为电网和热网调峰。实现热电气的协同需要在国家层面统筹考虑，并且出台相关的政策支持。

### （5）谨慎发展天然气

我国天然气资源匮乏，2018 年天然气占我国一次能源总量的 7.5%，但对外依存度已经超过 40%。2018 年国际天然气贸易总量为 11000 亿 $m^3$，其中中国占比 9%。未来，如果我国 50 亿 tce 的能源总量中天然气占 15%，即 6000 亿 $m^3$，国产天然气即使能达到 2000 亿 $m^3$，则还需要进口 4000 亿 $m^3$，占目前国际贸易总量的 37%。因此，天然气能源应该谨慎发展，作为战略资源来发展，而不是与其他清洁能源等同对待。宝贵的天然气资源应该用在关键点上，其用途选择应该重点考察其替代化石能源所带来的效益大小，而不只考虑其自身能源利用效率的高低。研究发现，天然气最大的优势是灵活调节，这是很多其他一次能源无法比拟的，因此天然气首先应该用于燃气电厂调峰以及为热网末端调峰；由于天然气与分散燃煤相比有很大的减排优势，因此还可以用于居民炊事和散煤替代；另外，天然气还可以作为工业的原材料，提高工业产品的质量。至于天然气热电联产和天然气分布式多联供系统，大量案例表明其实际运行并不节能，而且会导致热电比矛盾等诸多能源问题，应该坚决反对其发展。

## 4. 绿水青山：城市建设中的水环境与水资源健康调控

中国近 30 年高速粗放的城镇化进程和迅猛发展的经济带来了严重的城市水环境污染与水资源短缺。尽管其紧迫性已经得到了广泛认同并实施了一系列整治措施如黑臭水体整治、海绵城市建设、南水北调等，但是城市水安全问题依然严峻，城市水少、水脏的现象没有得到根本缓解。尽管投入巨大，几十年的快速工业化进程和强人类活动造成的滩涂底泥污染，以及老旧城区地下雨污水管网混接溢流、面源污染等错综复杂的污染源导致城市水体修复工作任重道远。2018 年 5~7 月全国黑臭水体整治专项巡查首轮督察中，部分城市新发现的黑臭水体，部分已上报完成治理的黑臭水体出现黑臭反弹现象，全国 36 个重点城市的黑臭水体整治完成率平均为 70%，距《城市黑臭水体治理攻坚战实施方案》中"建成区黑臭水体消除比例高于 90%"的目标尚有差距。整体上监管体制有待完善，有关立法体系尚需完善，流域层面的水环境监管、监测力量有待整合。城市水资源禀赋差异明显，供水来源各异，区域用水协同机制不够完善。城市水基础设施建设与管理质量偏低，技术与管理体系不全，缺乏统一规划，综合协同能力差。重地上建设、轻地下规划，管网老化，管材质量差，建设标准低，缺乏维护，城建施工经常碰触管网等致使城市供水管网及排水管网漏损率均居高不下。水资源的系统性被城市与区域土地利用所分割。水资源所依托的生态与环境受到破坏，植被退化、水土流失、土壤沙化等使水资源的涵养、调节能力降低。

**（1）从"设计、手段、监管"方面深化城市水环境综合治理，全面提升城市水文化**

以"保护、改善、利用、融合"为理念，遵循"十三五"规划提出"源头减排、过程控制、末端治理"的全过程控制要求，在理念上以系统工程思路利用水环境生命周期的管理理念开展城市水环境治理水安全改善工作，在方法上强调顶层设计、减排优先、综合防治、技术创新与生态修复。具体包括：①加强顶层设计，贯彻海绵生态理念。需在总体规划、专项规划、设计导则及管控制度的设计中以保障水环境健康发展为基石，贯彻海绵城市低影响开发的设计理念和指标，及时将低影响开发设计要求与城市新区总体规划、控制性详细规划、场地竖向、排水防涝、水系统、绿地系统等规划实现"多规合一"。②实现水环境治理流域化、系统化。重视地表水体的流域性和上、下游关系，对下游城市水体的污染问题开展系统分析和全流域改善策略研究。③通过产业结构优化、革新污水处理技术。将生物、材料、信息三种技术融合在水污染处理技术中，进行技术与关键设备创新研发。④加强水环境监测与管理。着力创建可靠、完善的法律法规，健全水资源利用与水污染防治的立法机制，以促进从源头上约束与控制水环境的管理。

**（2）从"规划、措施、区域管理"方面实现我国城市水资源生态调控，试验智慧城市水质—水资源—水生态综合体**

①科学定量研究城市生态需水和城市发展，推动水资源生态调控的技术创新，推广"集中+分布式"的城市水基础设施体系，分类管理城市灰水、黑水，强化城市智慧水基础设施管理。②驱动水资源生态调控的技术创新：一是创新商业模式，建立综合环境服务和工业企业生产过程综合治污的投资方式与回报机制；二是加强环保实体经济与金融合作，环保产业持续增长、高市盈率等特性引导社会资本投向；三是注重技术研发引进与成果转化，水务是环保产业中最大，也是发展最成熟的行业，环保企业应进一步研发核心技术、打造精品工程、创新商业模式、注重品牌建设、树立行业典范，做领域内的"领跑者"。③优化城市水基础设施，推广"集中+分布式"的城市水基础设施，提升我国城市水基础设施质量。④构建城市跨尺度的水资源生态调控体系，根据各地区或流域水资源的情况，进行人为的、有目的的调配，最终实现水资源在一定区域范围内不同城市间的合理配置。⑤加快水资源监控与审计环节建设。

## 5. 生态协调：城市建设中的"三位一体"生态协同治理

生态问题的跨域性和环境问题的流动性决定了其跨域治理的特点，决定了城市建设过程中必须把生态环境问题放在整个区域进行谋划、分析并加以解决。但目前我国城市建设过程中仍未扭转生态恶化的势头，究其原因，主要是当前的生态治理采取的是就防治谈防治的临时性措施，尚未改变城市的资源和能源结构，尚未突破生态文明建设的体制性障碍，尚未建立起协同治理生态根源性问题的体制机制，现行的生态管理体制和运行机制的权威性和有效性还远远不够。正是这种体制机制的障碍，使得以城市行政区划为界的生态治理思路和措施违背了生态整体性治理规律，单个城市在生态治理问题上陷入"治理失灵"的困境，导致跨区域生态环境破坏和失衡，催生了大量跨越行政区域、跨公共部门的生态环境公共问题。因此，要解决跨域生态环境问题，就需要破除行政区划的界限藩篱，加强资源—环境—生态协同手段，从多区域整体角度重新思考和探索城市生态协同治理模式。

**（1）完善城市协同生态治理中的四个主体功能**

① 完善协作性城市生态治理中的政府职能，建立"统一监管、分工负责"和"国家监察、地方监管、单位负责"的环保监管体系，将各领域、各部门、各层次的监管资源和执法力量进行归一整合，建立真正权威的、独立的、一统的环境监管体制。

② 完善协作性城市生态治理中的企业责任，要求企业在环境治理的过程中承担更多的责任。

③ 完善协作性城市生态治理中的非政府组织作用，积极扩展环保非政府组织发展的有效空间，优化配置环境公共资源，依据自身的相对优势充分发展在环境治理中的能力和水平。

④ 完善协作性城市生态治理中的公民权利。通过公民环境参与权的实现，使得各种个体、团体的利益诉求能够得以充分的表达，并有机会寻求各方利益的平衡。

**（2）建立城市生态治理"三位一体"的管理模式**

城市生态治理"三位一体"的管理模式，即规划设计、产业分类及管理运营的三合一。政府的职能部门和行业企业主体进行对接和对话，从设计、施工到运营管理通盘考虑，形成完整的生态治理链条，建造一个完整的生态城市。

以加大环境治理力度和筑牢生态安全屏障两方面为重点，强化资源配置、污染防治与生态保护联动协同，体现城市规划的跨部门属性，形成规划合力，突出政府作为生态公共资源的产权主体的职责作用，增强生态环境保护工作的整体性、系统性、协调性和有效性。

把握新定位落实新要求，区域协同环境整治。设立面向城市群的国有自然资源资产管理和自然生态监管机构。健全资源生态环境管理制度；完善经济社会发展考核评价体系，整合国家科技力量，建立区域决策支持和规划机构；大力推进城市自然资源监管制度改革，完善城市生态环境空间规划管理，并推进城镇化健康发展。完善城市自然资源资产台账管理、确权登记、红线管控、负债清单考核的控管方式，建立城市自然环境资产"天地一体化、监管一张图"的立体监管体系，推进城市领导干部自然资源资产离任审计制度。

**（3）强化"三位一体"的生态治理技术**

"三位一体"的生态治理技术包括城市生态修复工程、景观工程及非工程治理技术。实现城市生态修复工程手段全链条的完善，需要建立基于环境影响的生态学理论和技术体系；系统评估环境变化对城市生态系统的影响，从生态学的角度认识和解决城市环境问题；制定科学治理技术标准和系统的生态修复标准；利用生物操纵、人工湿地等自然与生态学手段进行环境污染控制和治理，促进生态系统与环境质量的协同调控。

同时，在新的绿色发展理念下，运用非工程手段，弥补现在工程手段的资源、能力建设等基础尚不能支持政策措施全面落实到位的不足，解决城市生态环境问题。针对初始投入结构和生产结构，建立科学的生产技术评估方法，评估不同生产技术的生命周期环境影响（包括直接影响以及对上游和下游的间接影响），服务于企业的生产技术准入审核；在生产技术生命周期评估的基础上，建立企业的税率/补贴率制定方法，增强环保生产技术相对于落后生产技术的市场竞争力，同时优化企业对其产品向下游合作商的分配行为，减少全产业链的资源环境生态压力。

综上所述，保持战略定力，跨越重要关口，差异化推进城市生态环境保护工作；推进城市发展新协同，实现治理路径的"三个转变"，从消费、供给、技术、体系多角度创新城市治理的绿色革命是破解城市资源、环境、生态问题治理困境的三大策略。应通过推动面向"蓝天白云"的城市能源系统革命、面向"绿水青山"的城市水环境水资源健康调控、面向"生态协调"的三位一体生态协同治理，真正将城市生态环境保护工作落实到位。

## （三）贯彻绿色建造发展理念，提升城市建筑与基础设施工程完全质量水平

根据《中国统计年鉴（2016）》数据，单就我国房屋竣工面积，就由 2005 年的 15.9 亿 $m^2$ 迅速增长至 2015 年的 42 亿 $m^2$。据统计，我国与建筑建造和运维相关的能耗约占到社会总能耗的 46%。

"绿色化"的首要目标是提升建筑功能和品质，使其更安全、更健康、更生态、更耐久，甚至更人性、更具民族文化特征等。因此推进工程领域的可持续发展已势在必行，绿色化成为工程领域的发展主题。

### 1. 加强绿色建造模式创新，提升建筑工程完全质量水平

绿色建造是着眼于工程全生命周期，在保证质量和安全的前提下，践行可持续发展的理念，通过科学管理和技术进步，最大限度地节约资源和保护环境，实现绿色施工要求，生产绿色建筑产品的工程活动。绿色建造的基本理念是"资源节约、环境友好、过程安全、品质保证"。

绿色建造是在传统建造目标设定量（成本、质量、工期、安全）的基础上，增加环保目标而提出的。从实现途径来看，其需要业主、设计、施工等相关各方密切配合，因而必然引起法规制度、规范规程、设计思路、施工技术等的一系列变化。

绿色建造贯穿工程建造的全过程，包括工程立项

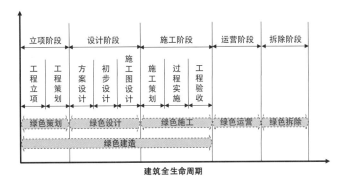

图7 绿色建造示意图

绿色策划、绿色设计和绿色施工三个阶段（图7）。但绿色建造不是这三个阶段的简单叠加，而是其有机整合。绿色建造能够促使参与各方立足于工程总体角度，从工程立项策划、设计、材料选择、楼宇设备选型、施工过程等方面进行全面统筹，有利于工程项目绿色目标的实现和综合效益的提高。

**（1）现行模式难以适应推进绿色建造的要求**

1）低价中标模式

"最低价中标"是一种国际上通行的评标方式，在国外的政府采购和工程建设招标中均被广泛运用。但在我国无论是工程建设、电缆采购、煤化工产业还是房地产业使用中这种模式都出现过严重的问题。比如2013年大唐集团虎山电厂项目中四川明星电缆、安徽宏源特种电缆采用"低价中标"后以次充好、恶意中标的行为；同样，2017年西安地铁三号线被查出的"奥凯问题电缆"也引起了社会广泛关注。建筑行业中低价中标的恶果暴露无遗，甚至被吐槽为"饿死同行，累死自己，坑死业主"。其原因主要如下。

① 在当前越来越多的招标方通过评审以最低价中标的办法来确定中标方的趋势以及建筑市场竞争日益激烈的环境下，投标方被迫采取低价竞争策略来获得建设工程承包权。从招标方来看，政府投资的建设工程和以国有投资为主体的建设工程大多按规定采取经评审的最低价中标办法来确定中标方。我国现阶段民间投资的建设工程，招标方追求低价也是较为普遍的倾向。

② 投资方受商业利益的驱动，往往忽视建设质量。因此，在现实中，很少看到招标方对投标方很低的投标报价提出质疑。从投标方来看，企业为了在竞争越来越激烈的市场中生存，不得不压缩企业利润水平，通过压低报价以求中标。

2）强制性监理模式

我国建设监理制度在实施过程中虽然取得了较为显著的成效，但是随着建设工程社会化、专业化的发展，建设监理制度存在的问题越来越突显，主要表现在以下三个方面。

① 在监理服务中难以保持独立的法律地位。从法律关系上来讲，业主、监理、施工方应该是相互平等的主体，监理受业主委托，但其本身是独立的，监理服务是由独立的社会化的监理机构来实施的。独立性是保证监理工作公平、公正的一个基本要求。但在工程建设实施过程当中，不少业主认为监理单位是为业主服务的机构，因此必须服从业主的领导，按照业主的旨意行事，而不论这些要求是否合理、合法。

② 部分建设工程管理模式不利于监理开展工作。在某有些大型工程建设中，除建设、承包、监理三个主体之外，上级部门往往成立工程指挥部等现场管理机构，直接介入工程管理，掌握工程建设的主要决策权，对于监理工作往往以命令的形式加以干预，将监理机构作为下属单位进行管理。

③ 除建设监理制度本身存在的问题外，建设工程监理实施效果也欠佳。监理公司为了降低人力成本、扩大利润，往往大量聘用专业素养不高的人员，自己仅保留少量的高资质人员确保企业资质，致使很多甲方无法充分相信监理，往往自己额外聘请大量工程管理人员参与建设过程的监控，造成人力和管理资源的重复和浪费。另外，现场监理"吃里扒外"现象也比比皆是，他们一方面拿着建设单位的监理费，另一方面却对施工单位进行"吃、拿、卡、要"，社会影响较为恶劣。

3）工程建造过程存在多元责任主体，没有对建筑产品负总责的主体单位

目前我国建筑工程建造实施各阶段分别由多体系参与和主导，存在多元责任主体，却没有一家单位对工程建造品质和经济技术效益负总责，其结果是"各扫门前雪"，各个主体之间沟通困难，造成管理成本增加、工期拖延、投资超额、资源浪费。同时由于缺乏责任主体，使当前绿色设计和绿色施工虽然都得到一定程度的发展，但仍处于各自推进阶段，没有形成基于绿色建造的绿色策划、绿色设计与绿色施工协同推进的模式。

**（2）建立覆盖工程项目全生命期的PEPC+DCS管理模式**

1）PEPC工程管理模式

对于大中型建设工程在投资、进度、质量三大目标控制等方面存在的问题，许多学者表示问题的根源并不仅仅在技术层面上，更主要的还是在组织与管理水平上。据德国IPB资料表明：一个项目靠采用先进

的技术或技术装备只能使工程利润提高3%~5%。而依靠管理方式却能使利润增加10%~20%。先进的项目管理模式将大幅促进工程项目管理水平的提高。因此改进管理、强化控制、寻求适应我国国情的项目管理模式已刻不容缓。

针对大型建设项目的组织流程和工程管理现状，建立在EPC总承包模式（设计—采购—施工）的基础上，鼓励项目承建方在工程项目的立项规划阶段介入，成立绿色建造专业工作团队，以现代信息技术、通信技术和工程经验为手段，为业主提供项目管理服务，在整个项目实施全过程提供战略性、宏观性、前瞻性、定量分析和定性分析相结合的目标规划和控制，即P+EPC模式。

PEPC（Planning Engineering Procurement Construction）模式的管理对象应包括项目整个系统，应从不同的角度考察项目的不同特征。具体而言，P+EPC模式的管理对象包括项目的目标系统、项目的建造过程管理和项目组织，这三者的关系和内容如图8所示。

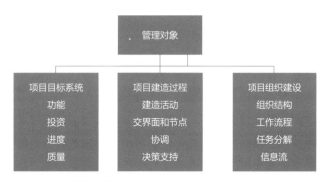

**图8　PEPC的管理对象**

**2）DCS咨询服务模式**

合理的工程项目的组织管理模式对绿色建造的推广具有重要作用。现行的工程项目组织管理模式忽略了工程项目本身的自律能力和履约能力建设，过分看重第三方的"旁站监督"和专项方案论证，不利于工程项目终身负责制的落实，不利于工程建设企业自身技术能力的提升，显示出工程项目组织管理模式的明显不足。

基于此，本研究提出基于全生命周期的工程设计咨询服务DCS（Design Consult Service）（图9），涉及建设工程全生命周期内的策划咨询、前期可研、工程设计、招标代理、造价咨询、工程监理、施工前期准备、施工过程管理、竣工验收及运营保修等各个阶段的管理服务，将管理范围向前延伸至工程立项策划，视野向后拓展到工程的运维阶段。

**3）PEPC+DCS管理模式**

可将PEPC模式与DCS相结合，形成PEPC+DCS整体项目总承包模式（图10）。其一方面明确了总承包商作为绿色建造的责任主体，应履行绿色建造全过程的组织与协调，将工程立项策划、设计与施工深度融合，打破多元主体的传统建造模式，有效控制建造全过程的各种影响因素，促进工程项目绿色建造实现整体效益最大化，全面强化企业的市场和现场总体管理和技术能力；另一方面，加快培育具有基于全生命周期设计咨询服务能力的企业，参与建造期的全过程和使用期的全寿命的咨询服务，无疑会全面促进我国工程品质的精益化建造和物业运行的科学化管理。这种管理模式与国际管理规则实现了无缝对接，可进一步加速"一带一路"倡议的实施和中国建筑业"走出去"的步伐。

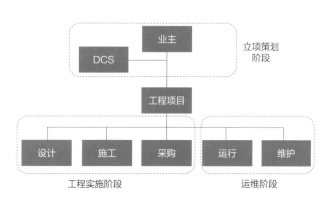

**图9　基于工程项目全过程的设计咨询服务组织DCS**

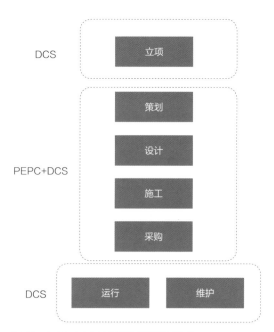

**图10　PEPC+DCS绿色建造创新管理模式**

除此之外，DCS还具有如下优势。

① 项目建设全过程中，DCS作为与甲方签署咨询服务合同的单元，对项目的质量安全、产出效果、总体经费等多方面负责，落实建筑师负责制。

② 在项目招投标阶段，DCS可协助业主严格把关标书及合同，防止低价中标导致的后期价格变更、以次充好等问题。

③ 在项目建造阶段，DCS可取代监理制度，作为甲方代表监督总承包方的项目质量及进度。

## 2. 城市基础设施的品质工程和智能运维

城市基础设施是建设城市物质文明和精神文明最重要的物质基础，是保证城市持续发展的支撑体系，是城市生存和发展、顺利进行各种经济活动和其他社会活动所必须具备的工程性基础设施和社会性基础设施的总称，包括水源供水排水系统、交通运输系统、环保环卫处理系统、防灾防卫安全系统、能源供应系统，邮电通信系统等。城市基础设施具有一次性建设投资大、工作环境复杂恶劣、改造或重建难度大、工程质量要求高、后期维护要求高等特点。

### （1）城市基础设施面临的主要问题

通过改革开放以来30余年的大规模组织投资建设，我国城市基础设施水平得到明显提升，取得了有目共睹的成就。但是，在快速城镇化进程的同时，我国城市基础设施建设还远远落后于城市发展需要，突出表现在城市基础设施的品质不高、使用寿命短、功能单一等方面，急需通过技术的进步、管理理念的提升进行解决。

1）基础设施建设"重量轻质"，品质低劣

我国在40年的城镇化发展期间，建设了大量的基础设施，完成了西方国家几百年的城镇化进程。在建设成绩喜人的同时，也暴露出越来越严重的质量问题。首先，在目前城市形象观、地方政府政绩观的影响下，城市基础设施的建设追求数量的提升，而忽视质量的要求。大量的城市基础设施项目仓促上马，没有经过细致的论证和策划，尤其是一些项目为了追求资金的效率，大幅压缩设计周期，"当天出图""连夜设计"等不科学的要求下很难保证设计的质量；在建设过程中，一些项目不顾科学规律，盲目追求速度，倒排工期，仓促应对，造成基础设施质量低下，埋下了严重的质量隐患。与此同时，过去几十年间城镇化进程的快速发展得益于我国大量的劳动力资源，形成了以手工作业为主的粗放式建造模式。粗放式建造消耗了大量的能源和资源，无法适应精细化建造的工程质量需求，同时也导致一些基础设施质量存在严重问题，资源浪费严重，建造品质不高，使用寿命不长，往往未达到设计年限就出现各种耐久性问题。针对这些品质低下的基础设施，往往需要花费更多的资源进行维护，而更多的是被拆除重建，造成的环境问题、能源和资源消耗问题更为严重。

2）城市基础设施"重建轻养"，运维管养水平低、效率低

管理、维护、保养是保证基础设施使用寿命的重要手段。但是，由于地方政府的政绩观、形象观和投资观，建设行政部门主要关注城市基础设施的建设，而对其维护管理缺乏重视。在基础设施的维护管理上，我国的工程技术水平与国际先进水平相比还存在一定差距，而地震、强风、洪水、冰雪灾害的频发和恶劣环境的影响也使土木工程的安全、耐久与防灾能力面临严峻的考验。发达国家的发展经验已经告诉我们，在经过基础设施的大规模发展之后，随着大量的结构逐渐进入老龄化，结构劣化问题将日益突出，对结构进行恰当和合理的维护管理将成为我国土木结构及基础设施领域最重要的任务。这种状况造成我国城市基础设施的使用寿命明显较短，老化事故频发，难以满足经济发展的需要。而我国基础设施规模大，资产总量大，再加上基础设施在建设过程中就品质不高，后期维护管理的压力也将更为严峻。

3）城市基础设施功能单一，利用率低

功能复合的概念能够高效利用优势土地资源，提高城市竞争力，改善城市生活品质。然而，在我国城镇化进程中，由于基础设施分属不同的管理部门，多为专项投资且数额巨大，基础设施在满足高标准技术要求的同时正变得越来越标准化。为了保证这些系统在特定时间内可以最高效地完成某个单一目的，仅仅考虑了其技术方面的要求而忽视了各项基础设施之间的结合。随着城市人口的急剧膨胀和建设用地的不断扩张，自然开敞空间的面积大幅减少，生态环境破碎化愈加严重，城市热岛效应、灰霾效应、雨洪雨污效应及水体富营养化等生态环境问题日益突出。而之前单一功能的基础设施不利于生态系统复合管理，阻碍了生态系统服务功能的优化和提升进程。这种单一效益的思维和操作方式造成基础设施的利用率低、浪费大。最典型的例子就是"马路拉链"的问题：城市各类地下管线纵横分布，常常会带来重复破路埋管问题，有些道路甚至一两年内要开挖好几次，道路施工带来

的施工污染、安全隐患、交通堵塞更是额外的损失。

**（2）城市基础设施品质提升和智能运维策略**

1）践行绿色建造，提升基础设施的品质

针对城市基础设施品质低下的问题，应从管理和技术两个方面入手。地方政府城市基础设施的主管部门要将城市基础设施的建设重点从"重量轻质"的理念转变为"量质并重"，在策划和设计阶段强调绿色建造的理念，尊重科学规律，合理安排设计和建造的进度。通过基础设施的品质化设计，改变以往满足规范最低标准的设计方式，通过较少的额外投入，显著抑制结构的全寿命周期成本，节省大量的自然和社会资源，获得丰厚的经济回报和良好的社会效益。同时在设计阶段重视环保设计、生态设计，追求自然和谐的设计理念。科技部、住建部和交通部加强城市基础设施绿色建造新技术、新工艺的研究和推广应用，通过新技术、新工艺、新材料的应用，提升基础设施的品质，保证基础设施长期有效发挥功能。优化工程管理模式，贯彻基础设施的绿色建造理念，践行现代工程管理发展的新要求，全面深入推进"发展理念人本化、项目管理专业化、工程施工标准化、管理手段信息化、日常管理精细化"的现代化工程建设管理方法，完善建设管理体系。强化基础设施的信息化和建造过程中的智慧化，通过在设计过程和建造过程中的全局化设计和规划，充分利用工业化的生产能力，达到节省资源、人力和能源，提升基础设施品质性能的目的。

2）推进城市基础设施的智能运维，维护基础设施品质，提升使用寿命

针对城市基础设施的品质维护问题，首先，地方政府应转变理念，将"重建轻养"的理念转变为"全寿命优化"的理念。在此同时，科技部加强城市基础设施品质评价和品质维护的科技研究，发展品质评价和维护的新技术和新工艺，住建部、交通部和地方政府主管部门促进这些新技术和新工艺在城市基础设施运营维护过程中的应用。利用先进的传感、检测技术，及时掌握环境和荷载对基础设施的影响和基础设施的服役状态，并采用智能化、系统化的手段提升基础设施管理和养护的水平。大力推行基础设施智慧化，通过云技术的运用、先进传感技术的应用、图像识别技术的使用，对城市规划布局信息、设施建设进度信息、设施的健康程度信息进行高效、精准的采集，同时对数据进行高效分析，以提高效率、节约管理成本，为城市基础设施规划以及资源利用分配提供帮助，促进决策科学化、资源利用高效化。

地方主管部门要树立城市基础设施的智慧理念，系统谋划智慧城市基础设施项目的实施；提高管理水平，开展智慧城市基础设施建设规划；抓好项目引进，加快推进重点领域智慧城市基础设施建设；整合行政资源，理顺智慧城市基础设施建设的体制和机制，并探索适合的智慧城市基础设施建设的投融资模式。科技部门推进研发先进传感测试技术和基础设施智慧化研究，提高科技创新能力，加速技术集成创新，为实现快速准确的检测监测和决策、维护作好技术支持。通过智能数据处理技术提高基础设施的管控效率，利用智能化的决策技术有效降低基础设施的运行和维护成本，提升运维品质。

3）提升城市基础设施的规划设计水平，促进基础设施的多功能化

针对城市基础设施功能单一的问题，应在系统研究城市基础设施的结构、功能、需求和布局的前提下，提升城市基础设施的规划设计水平、科技创新水平和绿色环保水平，促进基础设施多功能化，提升基础设施的综合性，对城市地下管网和地上布线进行综合设计和一体化建设，推进"共同杆""共同沟"和地下综合管廊的建设。大力加强综合管廊相关的管理、规划、设计和施工技术研究，理顺管理关系和利益关系，完善入廊标准、准则和条件，充分发挥城市基础设施的经济效益和社会效益。

## 3. 统筹市政基础设施规划建设，构建高效服务体系，提升城市居民生活品质

城市市政基础设施是城市的"骨架"，是城市正常运行和健康发展的物质基础，对于改善人居环境、增强城市综合承载能力具有重要作用。

中华人民共和国成立以来，我国市政基础设施建设经历了先生产、后生活（"一五"至"五五"时期），企稳回升（"六五"至"七五"时期），快速发展（"八五"至"十二五"时期）、高质量发展（"十三五"时期以来）四个阶段，取得了巨大发展，设施运行、管理和服务水平大幅提升，城市供水、燃气、污水处理、公共交通等服务已经基本普及，城市道路和园林绿化等设施水平明显提升，城市人居环境显著改善，城市承载力大幅增强。虽然我国的城市基础设施建设取得了巨大的成绩，但是随着城镇化的快速发展，城市基础设施建设的各种问题不断涌现，制约了城市发展，影响人民生活水平的提高。

党的十九大指出，我国经济已由高速增长阶段转

向高质量发展阶段，正处在转变发展方式、优化经济结构、转换增长动力的攻关期，建设现代化经济体系是跨越关口的迫切要求和我国发展的战略目标。

2017年5月，经国务院同意，住建部、国家发改委联合印发的《全国城市市政设施建设"十三五"规划》，重点强调市政基础设施的增量、提质、增效，提出到2020年要建成与小康社会相适应的布局合理、设施配套、功能完备、安全高效的现代化城市市政基础设施体系，基础设施对经济社会发展支撑能力显著增强。

**（1）普遍落后的城市基础设施，制约着我国城市的发展**

虽然我国城市基础设施经过近四十年建设发生了巨大的变化，有了质的飞跃。但是，城市市政基础设施仍普遍存在制约城市发展的"瓶颈性"问题。主要表现在以下几方面。

1）投入不足

长久以来，市政基础设施建设的投入远低于合理水平，设施投入历史欠账巨大。"十二五"期间，城市市政基础设施固定资产投资占基础设施投资、全社会固定资产投资的比例持续下降，市政基础设施占全社会固定资产投资的比例从2010年的4.8%大幅下降至2016年的2.9%。同时，市政基础设施服务需求持续扩大，建设标准不断提高，进一步加剧了市政基础设施总量不足的形势，影响和制约了城镇化的健康发展（表2）。

**城市市政基础设施投资比例变化　　表2**

| 城市市政基础设施投资占比 | 2010年 | 2015年 | 变化幅度 |
| --- | --- | --- | --- |
| 占基础设施投资比例 | 18.9% | 12.3% | 降低6.6% |
| 占全社会固定资产比例 | 4.8% | 2.9% | 降低1.9% |
| 与国民总收入的比例 | 3.3% | 2.3% | 降低1% |

注：基础设施的统计范围包括：电力、热力、燃气及水生产和供应业，交通运输、仓储和邮政业，水利、环境和公共设施管理业。

2）质量差、寿命短

由于缺乏完善的基础设施建设管理机制，我国城市基础设施普遍存在建设标准低、质量差、服务周期短的问题。我国城市路网级配不合理，路网密度普遍低于$7km/km^2$，尤其是作为城市"毛细血管"的支路网，密度不足国家标准要求的1/2。城市污水的收集与处理达不到水生态环境质量要求，城市排水管网现状水平大大低于新修订的国家设计标准的要求。"十三五"时期有300多座垃圾填埋场"封场"，新建垃圾处理设施选址困难，"人地矛盾"日益凸显。目前我国城市交通拥堵、垃圾围城、马路拉链、城市看海等"城市病"层出不穷，极大影响了城市人居环境，不能满足老百姓对美好生活的需要。

3）协同水平低

城市内部新城与老城之间、城乡之间以及城市群之间缺乏市政基础设施协同机制，"各扫门前雪"的现场较为普遍，缺少充分利用市政基础设施的协同效应。在城市群内部，各城市之间市政基础设施建设缺乏有效的沟通和衔接，城市各自为政、自成体系，导致某些重大基础市政设施出现重复建设或无法建设两种不利局面。当市政基础设施建设门槛比较低时，城市之间出现"你有我有"重复建设的现象，造成设施能力的闲置和浪费；当市政基础设施建设门槛比较高时，城市之间无法形成合力，从而出现"你无我无"的现象，造成市政基础设施能力空缺。

4）机制不顺畅

中央与地方之间、省政府与所辖城市以及城市内部均存在各种矛盾。与发达国家在完成基础设施大建设之后放权不同，我国在城镇化快速发展和城市基础设施大建设时期，城市规划建设管理事权已经完全交给地方政府。而城市政府在城市建设管理体制设置方面，政出多门、管理碎片化问题十分突出，严重割裂了城市基础设施建设的系统性。在中央和地方之间，市政基础设施建设被认为是地方政府的事权，中央财政资金支持有限，地方财政负担过重。同时在地方政府内部，市政设施建设和管理的关系也没有完全理顺，市政基础设施的建设和管理被切分为若干环节、若干区域、若干部门，影响了设施建设的系统性和协调性。

**（2）构建高效的市政基础设施运行管理机制，保障城市的可持续发展**

通过对美、日、德、澳等国在供排水、能源、环卫、地下管线设施的经验分析表明，充分尊重人的需求、注重不同设施之间的统筹协调、绿色化和集约化发展、全生命周期维护等是促进市政基础设施可持续发展的关键因素。结合我国的实际情况，根据中央城市工作会议及"十九大"会议精神，建议把"系统统筹、提质增效、共同缔造、绿色高效"作为我国城市市政基础设施发展的总体战略。

1) 优化提升城市市政基础设施系统

城市基础设施建设应以问题为导向，对市政基础设施的空间的协调性、规模的适宜性、服务的可达性、工艺的适配性、设施质量的可靠性进行评估。在此基础上，开展城市市政基础设施品质提升行动，把市政基础设施的建设方向由"总量缺不缺"调整到"群众满意不满意"上来。以群众关心的民生实事为着力点和切入口，以建设效果为导向，采用由点带面、连线成片的方式，带动基础设施质量的整体提升。

2) 建立城市群及城乡重大市政基础设施统筹机制

统筹城市群重大市政基础设施的规划建设，加强市政基础设施建设的系统性和整体性，通过优化结构、调整布局、扩大服务、调整工艺、提高质量等方式，带动基础设施质量的整体提升。依托城市路网及城市水系，加强道路、水系、各类地下管线、绿化、城市市容市貌的整体化治理与运营维护，强化市政基础设施作为一个系统、一个整体的管理模式。同时，通过设施延伸、服务带动、运营覆盖等措施，推动城乡基础设施协同化发展，促进乡村基础设施的发展。

3) 建立市政基础设施建设共同缔造机制

全面建立市政基础设施建设及运行维护共同缔造机制，加强信息公开，鼓励公众参与。搭建社会各方共同参与城市治理和市政基础设施建设的沟通渠道，鼓励城市居民就市政基础设施存在的问题进行举报、讨论，充分调动社会各方参与市政基础设施建设的积极性、主动性，并使其成为"听民意、解民困、汇民力、凝民心"的综合平台。同时，采取多种方式鼓励社会资本参与市政基础设施的建设和运营，充分发挥市场机制决定性作用，形成政府投资和社会资本的有效合力，共同推进市政基础设施建设。

4) 合理划分中央和地方市政基础设施建设事权

根据《国务院关于推进中央与地方财政事权和支出责任划分改革的指导意见》（国发〔2016〕49号），要逐步将跨省（区、市）重大基础设施项目建设和环境保护与治理等体现中央战略意图、跨省（区、市）且具有地域管理信息优势的基本公共服务确定为中央与地方共同财政事权，并明确各承担主体的职责。因此，城市市政基础设施中关于环境保护的设施建设可确定为中央与地方共同财政事权，建议将海绵城市建设、黑臭水体治理、清洁能源替代、垃圾分类、饮用水安全保障、城乡设施统筹等作为中央与地方共同财政事权。在实施方式上，地方政府为责任主体，中央根据不同的项目类型、所在区域、发展阶段建立财政补助机制及考核机制。

## 4. 政策建议

### （1）启动以绿色建造为核心的企业信用等级评价制度，推动"工程完全质量"的水平提升

改革现行的工程项目管理制度，以推进绿色建造，最大限度地减少资源消耗和对环境的负面影响为目标，建立健全工程项目绿色建造总承包负总责（PEPC）与基于全生命期的工程设计咨询服务（DCS）相结合的工程项目管理模式（PEPC+DCS），改变既有工程建造主体责任的多元化状况，实现管理技术统筹，提高工程的工艺性质量和功能性质量构成的"工程完全质量"水平。

为此，建议住建部对企业遵守绿色建造法律法规、履行环保社会责任和工程建造过程的业绩表现，进行企业信用等级评价，以便规范企业的诚信行为，并在工程建设投标中予以正负向激励，敦促企业自发、自愿、自觉地推进绿色建造。

### （2）建立基于基础设施全寿命期优化和韧性设计理念，进一步提升基础设施品质和灾后复原能力

建议住建部重点基于基础设施全寿命期优化的理念，提升和完善建设标准体系；建议国家科技部门针对城市基础设施品质维护的技术研究加大投入，利用先进的传感、检测技术，及时掌握环境和荷载对基础设施的影响和基础设施的服役状态，并采用智能化、系统化的手段提升基础设施智能管理和养护的水平。住建部大力推行基础设施运营维护智能化，通过云端技术的运用、先进传感技术的应用、图像识别技术的使用，对城市规划布局信息、设施建设进度信息、设施的健康程度信息进行高效、精准的采集，同时对数据进行高效分析，以提高效率、节约管理成本，为城市基础设施规划以及资源利用分配提供帮助，促进决策科学化、资源利用高效化。

### （3）系统规划城市群基础设施建设，建立重大工程设施建设的协同机制，提升城市群重大基础设施的共享水平

建议各城市群所属的省级政府应联合建立"三个一"的重大市政基础设施统筹对话机制，即一个统筹协调机构、一套管控制度、一个城市群基础设施总体规划，推动城市群市政基础设施在发展目标、发展方向、重点任务等方面的协调一致。重点对城市群内部的骨干市政基础设施工程的规划、建设和运行进行统

筹，主要包括区域水资源优化配置、重要水源地共建共享共管、上下游供排水设施统筹布局、能源输送通道及网络的综合保障、大型垃圾焚烧设施共享、区域绿道网络体系构建等，避免重复建设和低质量建设，建立"权、责、利"相统一的建设和管理体系，充分发挥市政基础设施的整体效益。

## （四）建构以人为本、供需合理均衡的城市综合交通体系

近年来，我国陆续提出了包括公交都市计划、新型城镇化、一带一路、京津冀协同发展、粤港澳大湾区等多项涉及城市与交通发展的顶层规划与政策，并在国家层面明确，城市交通系统需要引领并支撑我国未来城市快速、可持续的发展。伴随着城市交通系统的发展，交通拥堵、交通安全、尾气污染与能源消耗等问题也日益严重，对中国未来稳定与快速的发展造成巨大威胁。从城市可持续发展的需求出发，找准城市发展与交通发展、建设间关系，强化交通系统在城市发展过程中引领作用，构建一种以人为本、供需合理均衡的城市综合交通体系，将从根本上缓解城市交通拥堵问题，实现交通系统结构性优化，全面支撑城市的协调与可持续发展。

### 1. 总体思路

#### （1）我国城市交通发展背景与问题

1）发展历程及特征

改革开放以来，我国城市交通发展波澜壮阔，交通供需特征剧烈变动，交通问题表现错综复杂，具有明显不同于发达国家和一般发展中国家的自身特点。

一是时间短。我国仅用40年就走完了发达国家100多年的城市交通发展历程。

二是发展快。40年间我国经历了交通设施大规模建设、交通系统现代化管理、交通结构机动化转型、综合交通智能化服务等阶段，前一个阶段还没有结束，后一个阶段就跟上来了，目前基本上是各个阶段同步进行。因此，交通问题远比发达国家单纯应对一个阶段的问题要复杂。

三是变化大。城市交通面貌变化巨大，从自行车主导到机非混行，再到机动车主导，并正在加速迈向智能化、自主化。

2）主要问题表现

城市交通的快速发展与演变，在不断满足人民日益增长的美好生活需要的同时，也给城市带来了交通拥堵、环境污染、系统脆弱等诸多问题，引起全社会的广泛关注。

城市的交通拥堵问题通常表现为早、晚高峰，城市重点交叉口、重点路段大范围、常态化的车多拥挤且车流缓慢现象。根据高德地图的数据显示，2018年第三季度（Q3），高峰时全国8%的城市处于拥堵状态，57%的城市处于缓行状态，2017年同期处于拥堵及缓行状态的城市分别为26%及55%。从近四年不同类型城市高峰小时拥堵情况来看，自2016年全国城市拥堵达到近年来的最高峰之后，2017~2018年我国主要城市高峰拥堵情况有所缓解。预计在未来，我国城市的交通拥堵状况将保持波动态势，城市交通拥堵的发展情况仍不乐观（图11）。

#### （2）城市交通拥堵问题的成因分析

城市交通问题是发展中的问题，尤其在"时间短、

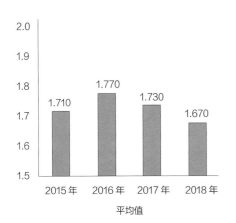
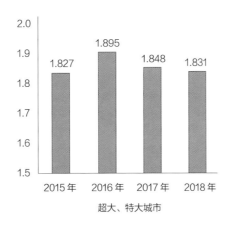

**图11 我国主要城市高峰小时拥堵延时指数**

数据来源：高德年度出行报告，截至2018年Q3

发展快、变化大"的背景下是难以完全避免的。由于人们对造成交通问题的深层次原因、对城市交通本质和交通供需矛盾的认识存在偏差，导致在解决这些问题时碰到了"头痛医头、脚痛医脚"的应对乏力的困境。所以，迫切需要我们对此进行系统剖析，并提出有效的策略、措施与建议。

本研究认为，造成我国城市交通拥堵问题的根源是快速城镇化所引发的城市交通供给与交通需求间的失衡，包括总量失衡与结构失衡两方面（图12）。

从供需总量上看，城镇化、机动化及社会经济水平的发展，诱发了交通出行需求量的逐年增长。虽然近年来，在城市交通基础设施方面的持续资金与技术投入使得城市道路交通网络、公共交通网络日趋完善，交通供给的缺口得到了一定的弥补。但在总量上，受限于城市的总体空间限制，交通供给的增长仍与需求之间存在较大的差异，在短期内两者很难相匹。仅以北京为例，2009~2018年十年间，机动车保有量由401万辆增长至608万辆，增长幅度超过51%，但是同期城市道路通车里程仅增加不足2.5%。

供需总量的失衡已经很难调和，而供需结构上的失衡则更多地由城市交通发展策略的制定与居民出行方式的选择行为所造成。从城市交通供需结构上来看，一方面，由于在交通供给层面过分注重发展私人小汽车方式以及较为先进的轨道交通方式，致使交通供给缺乏层次性；另一方面，出行者不合理的出行方式选择，使得实际形成的交通方式结构级配不当，造成了交通需求的结构失衡。这种供需间的结构性不匹配，加剧了交通供需之间的失衡，使得高峰时期交通拥堵常态化。

**（3）城市交通系统供需平衡机理**

供需平衡是缓解拥堵的本质要求，具体作用机理如图13所示。

以南京为例，2000~2017年南京经历了最为重要的城市交通结构转型期。此间，城市机动化发展水平极为显著，私家车保有量从2000年的2万辆增加至2017年的180万，增加近90倍。在2000年初，实际发生的地面交通需求与同期的路面交通供给能力基本持平；至2017年，快速增长的机动化水平给城市道路交通带来巨大压力，实际发生的路面交通需求已超过路面交通供给能力，道路交通系统供不应求（$V/C \geq 1$），城市道路网络整体呈现交通拥堵状态。

缓解交通拥堵就是协调和控制机动化背景下路面交通需求总量愿望值和路面交通供给能力间的差值，主要途径有以下几种。

① 通过限行、拥堵收费、停车管理等方法管控路面交通需求。

② 通过轨道交通、慢行交通等方式转移路面交通需求。

③ 通过增加公交出行率等方式提高路面利用效率。

因此，如何综合上述途径有效抑制实际地面交通需求之外的潜在交通需求，对当前交通结构转型期和未来城市交通发展期的交通系统供需平衡调控有重要意义，这也是缓解城市交通拥堵的根本之道。

**（4）战略框架："一个体系、三条主线、两个层面"**

1）发展一个体系：公交主导型城市交通系统供需平衡体系

尽管我国城市交通变化巨大，但本质一直没有变——提高人的出行效率。这是城市交通可持续发展的本质内涵，也是新时代人民群众对美好生活的向往。对待现阶段城市交通出现的问题，首先要在价值观上从以往"以车为本"的理念重新向"以人为本"转变，即从"保障车的通行"转向"服务人的出行"，从关注车辆行驶的畅通回归满足人的美好出行。

与传统的被动适应式交通供需平衡不同，在公交主导型城市的交通系统供需平衡体系下，应以公共交通优

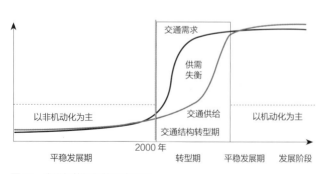

图12 交通拥堵问题的形成原因

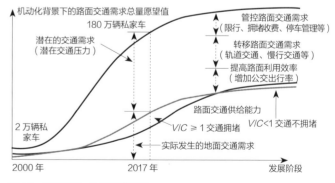

图13 供需平衡—交通拥堵关系

先发展引导交通结构优化，提高交通需求合理性和出行效率；以交通资源配置优化引导系统结构优化，提高交通供给的有效性及运输效率。通过引导交通需求的交通结构优化来调整交通需求，从而提高交通需求的合理性及出行效率。该体系下基于人的出行效率提高的供需平衡相对持久，更符合城市交通可持续发展要求。

2）遵循三条主线

根据前述分析，结合我国城市交通规划、建设与管理的实际情况，发展公交主导型城市交通系统供需平衡体系可从三条技术主线入手。

① 公交主导的交通结构优化。构建多模式、多层次的公共交通网络，通过打造"公交畅通城市"使"公交优秀"，来重新定义"公交优先发展战略"，吸引小汽车出行向多模式公交转移，达到优化交通结构的目的。

② 交通设施的整体功能提升。针对城市交通基础设施各自为政、条块分割，交通系统整体功能薄弱的不足，建立以网络优化、多模式协同、交通功能提升为主要任务的完整性交通设计方法，实现交通设施增量优化和存量更新。

③ 交通系统智能化协同管控。创新人性化交通需求管理，完善智能化交通系统控制，研判无人驾驶等新兴技术的发展方向，构建集土地利用开发、交通设施建设、交通管理控制、交通政策制定于一体的智能管控决策支持虚拟平台。

3）关注两个层面

大城市在集聚资源、集约发展方面更具优势。相比大城市，中小城市的交通问题虽然没有那么严重，但是我国城市与交通格局仍在演变中，大城市的交通问题往往都是由中小城市发展而来。随着小汽车拥有量大幅增加，中小城市交通中非机动化出行明显向个体机动化方式转移，常规公交客流整体下滑严重，交通碳排放持续增长，而道路资源和静态设施明显不足，交通供需矛盾日渐突出。

因此，在具体工作上要同时抓好大城市、特大城市的交通问题治理和中小城市的交通问题预防、预警。

## 2. 公交主导的交通结构优化

### （1）营造公交导向的集约化土地利用模式

结合城市空间形态、产业形态，以公共交通为导向，通过公交走廊引导城市空间形态发展，避免城市形成单中心蔓延式的发展模式；以轨道交通或其他公共交通廊道和枢纽为骨架及节点，布局城市各级公共服务中心；以轨道交通及其他公共交通的服务水平为依据，确定城市居住与就业功能及建设强度，实现公共交通走廊内的职住平衡。

公共交通枢纽和站点建设与周边用地开发同步，积极推广"轨道站点+上盖物业"的TOD开发模式；以大中运量公共交通站点为中心组织城市社区，将商业、娱乐、居住等功能整合在步行可达范围之内；以城市更新为契机，调整用地功能，构建小尺度、高密度路网和路权清晰、功能多元的慢行空间，营造具有吸引力与活力、富有特色的步行和自行车交通出行环境，改善出行服务。

### （2）构建多模式、多层次的公交网络体系

打造公交骨架网、公交主体网、公交支撑网的三级网络体系。骨架网服务于客流主通道，满足大运量、快速度公交出行需求；主体网由公交主干线支撑，满足中运量、中速度公交出行需求；支撑网由普通公交支线和微循环公交组成，满足小运量、广覆盖公交出行需求。

大城市应积极推进轨道交通、快速公交、常规公交构成的多模式公共交通体系化建设，促进多模式多层次公交网络优势互补；强化城市公共交通枢纽体系作为多模式网络锚点的功能定位，加强换乘系统建设；合理设计慢行交通和共享交通换乘空间和服务网络，加强多方式与公共交通体系衔接；积极推进地面快速公交系统、公交专用道网络及其他公交路权优先系统综合布局设计，支撑构建高可靠性和高可达性的地面公交网络。

### （3）提供共享化公交畅通服务，提升"门到门"全出行链效率

加强公交网络衔接组织，构建公交出行高效闭环，提升公交出行竞争力；完善公共交通体系功能层次及布局，压缩"门到门"乘车时间；整合优化各交通模式的换乘衔接，压缩"门到门"换乘时间；改善公共交通"最后一公里"接驳设施，压缩"门到门"首末段时间；提供全方位公共交通实时信息服务，完善公共交通出行服务品质；优化完善公共交通运营体制，保障"门到门"全出行链效率提升。

建设公交调度智能优化系统，构建公交路网协同控制体系，保障多模式、多层次公交运行智能畅通；应用"出行即服务"（Mobility as a Service，MaaS）理念，全面整合提升出行质量和体验；以用户为中心建立定制化服务体系，构建具有高互操作性和统一标准的MaaS生态系统，打造利于MaaS发

展的制度和政策环境，实现从个人拥有出行工具到出行作为消费服务的转变、公共交通服务从"站到站"到"门到门"的转变。

## 3. 交通设施的整体功能提升

### （1）改进规划设计，优化城市道路等级配置

修订和完善交通规划和交通设计方面的现有相关技术规范，通过采取去大院、窄路密网、街区化、微循环以及单向二分路等措施来优化路网级配和路网密度。在交通规划方面，应按照窄路密网的理念完善道路网规划指标体系；适度提高公共交通线路的路网密度指标，缩小公共交通站距要求；进一步细化步行和自行车专用路的规划设计要求。在交通设计方面，修正关于对平面交叉口转角部位红线切角长度的规定，以形成紧凑的街角空间；按满足不同车型最小转弯半径要求来修正关于对平面交叉口右转路缘石半径，强制右转车辆先减速再缓慢通行，保护行人过街安全。

设计手段从批量复制转变为单品定制，从管理导向转变为功能导向，从界内转变为跨界，从粗犷转变为细腻，从政府意志、工程师意志转变为公众参与。道路精细化设计要突破传统的交通专业，统筹考虑社会学、经济学等各类因素，实现街道差异化与特色的塑造。

尽快完善道路审批管理、道路用地供应、道路资金渠道等政策机制。制定发展目标和年度实施计划，按照分区分类、先易后难、突出重点的思路，坚持规划先行与完善功能相结合，有序完善道路网系统，解决路网布局问题。健全规划实施的经济调控，完善规划实施的法律监督，提高规划实施的技术保障及推进规划实施的公众参与。

### （2）以人为本，增设城市道路完整性交通设计

明确交通设计与其他城市功能的协调性要求，进行完整性设计。统筹考虑路网功能、交通组织、道路空间、公交、步行及自行车、景观环境、交通标识、交通信号等各类设计要素，统筹考虑交通设施的通行功能与生活服务、城市交往、景观生态等多方面的功能要求。

面向城市快速路和主干路，回归交通快速通行的本质，对路网密度、道路间距、单位进出口、交通组织方式进行合理设计。面向城市次干路和支路，回归街道的功能，加强慢行交通功能，注重街道空间环境本身的设计，营造出宜人的空间体验感。摒弃以往道路设计建设中以小汽车为中心的设计思想，转向以人为中心的设计理念。从交通的实际参与者角度出发，平等地考虑交通的各类参与者（包括行人、非机动车骑行者、公交出行者等）的出行需求和质量。在设计方案中体现"以人为本"，重视"弱势"的步行和自行车等交通系统的使用者，大力提倡慢行通道，在道路空间中划分公交专用通道，保障公交优先，重视"P+R"和人性化交通接驳设计。

### （3）重视多模式交通设施协同设计

以构筑公交主导型多方式复杂交通网络为目标，以提升公交服务质量、增强公交出行吸引力为任务，开展交通枢纽的规划与设计。注重交通换乘站点规划设计与土地利用的结合，强调轨道交通/BRT站点步行区范围与城市高密度土地开发紧密结合，促进城市土地利用与城市交通融为一体，实现可持续发展。

针对交通枢纽类型，采用适宜的布局模式。机场、铁路、城市轨道、常规公交一体化综合换乘枢纽的设施布局采用枢纽站点立体化建筑综合体的开发模式，尽量减少乘客换乘距离，实现无缝换乘。位于CBD商业区的交通枢纽应坚持公交优先的交通政策，通常不设置私人小汽车的停车换乘，同时配备完善的步行系统，实现轨道交通、常规公交之间的"零换乘"。居住区枢纽则倡导自行车优先模式，鼓励自行车换乘和公交换乘，并设置方便的步行设施。

## 4. 交通系统智能化协同管控

### （1）实施人性化、差异化、系统性的交通需求管理策略

坚持以人民为中心的发展思想，树立以人为本的交通管理价值取向。针对我国不同区域、不同规模城市的交通发展特征，因地制宜地差异化施策。对已出现较明显拥堵的大城市，在大力发展公共交通和提高交通管理水平的同时，研究制定提高汽车购置和使用外部成本的措施；对于中小城市和西部欠发达地区，可结合实际情况，适当放宽对汽车的限制政策。

城市交通管理应由单纯提高供给转为同时对交通需求进行调控，综合运用土地利用、经济杠杆、政策法规及交通管控等多样化手段，对交通需求总量、出行方式及时空分布进行系统性调控，保障基本出行需求，调节弹性出行需求，促使交通供需相对平衡。在具体措施上，尽量以经济手段替代行政手段，汽车拥有调控和使用调控相结合。

### （2）公平拥有、调节使用，改进汽车限购限牌政策

对确有必要实施汽车限制政策的城市，建议采用

摇号有偿上牌（限制拥有）和特殊车牌管理（限制使用）相结合的办法，以汽车"有条件的限行"措施优化"无差别的限购"措施，以受限的使用权渡让公平的拥有权和经济权，同时杜绝以往摇号、竞拍过程中的种种弊端。

将汽车车牌分为普通车牌和特殊车牌两大类，前者"购置受限、上牌有偿、使用不限"，后者"购置不限、上牌无偿、使用受限"。具体而言，普通车牌实行总量控制，每年由政府根据实际情况预先确定当年可上牌数量和上牌费用（相当于拥车证费、车辆购置费或登记税），此类车牌面向符合条件的购车申请者通过摇号产生，须缴纳较贵的固定上牌费用，但是正常条件下车辆使用不受限（交通管制等特殊情况除外）。特殊车牌不实行总量控制，上牌不用摇号也不用缴纳额外费用，但只能在规定的非高峰时段使用，由专门的智能交通系统进行监控和管理；若在非允许时段急需用车，则需提前申请并另行付费，特殊用车次数亦可加以限定。

**（3）定制城市虚拟交通系统，提升城市交通跨部门决策能力**

面向城市交通决策与治理需求，梳理"智慧城市""智慧交通""城市交通大脑"等系统架构，开展城市虚拟交通系统关键技术的研发，编制城市虚拟交通系统建设的技术标准规范，明确架构体系、主体功能、基础数据、分析模型、平台软件等技术要求。未来各大城市建设"城市交通大脑"，宜采用人工智能和专业判断相结合、互联网大数据和交通模型双轮驱动的技术路线，以"城市虚拟交通系统"建设为核心和先导，做好顶层设计，有序推进实施，避免低效建设。

在智慧城市信息平台基础上，构建由基础数据库、分析模型库、平台软件库、备选策略库四大部分组成的城市虚拟交通系统。基础数据库应同时支持多部门数据共享融合和网上开源数据自动获取，分析模型库重点实现规划、城建、交通、交管、发改等跨部门交通现象间的关系模型，平台软件库应支持超大规模网络交通分析快速计算，备选策略库应支持跨部门非专业人员的"一键式"业务流程设计。

**（4）深化智能交通系统建设，研判无人驾驶等新业态发展**

借助"互联网＋"、人工智能、大数据等新兴技术，推进新一代智能交通系统的建设应用，建设完善交通感知、交通管控、决策支持和公众服务等子系统，加强信息共享融合，强化交通"思维能力"，提升交通诱导、指挥控制、调度管理和应急处理的智能化水平，实现城市交通精细治理、精准执法、精心服务。

科学研判无人驾驶（智能网联汽车）新技术、新业态发展引发的城市交通出行和管理变革，强化安全意识、规则意识和系统工程意识，充分关注尚不成熟、不稳定的产品可能给交通参与者和管理者带来的诸多问题，循序渐进地推动交通基础设施标准化改造、交通管控设施智能化和信息化、无人驾驶汽车可信身份安全认证、V2X交互信息技术标准制定等配套工程。

## 5. 中小城市交通问题预防预警

**（1）吸取大城市教训，加快构建中小城市绿色交通体系**

中小城市由于城市规模较小，城市居民多以中短距离出行为主，因此破解中小城市交通问题的根本对策是构建绿色交通体系。具体而言，应提倡以非机动车、步行为主体的交通方式，构建完善的慢行交通网络，保障独立、连续、安全的慢行空间，营造舒适便捷的出行环境，实现慢行交通与公共交通、城市景观的有机衔接，引导市民绿色出行。

构建公共交通走廊，引导城市轴线型空间形态，以公共交通服务水平为依据，布局城市的居住、就业功能及建设强度，实现公共交通走廊内职住平衡；依托"智慧公交"建设，优化公交线路运营组织，提升公交运营效率和服务水平；通过"定制化"服务，满足"高品质、低频次"的公交服务要求，缓解中小城市公交普遍面临的覆盖性服务与运营经济性的矛盾；建立面向"品质"服务的考核框架，强化财政补贴对公交服务提升的引导作用。

**（2）加强中小城市交通综合治理，适度辅以交通需求调控**

积极探索适合中小城市的跨部门综合交通管理体系，推动中小城市交通从"末端管理"向"前端治理"延伸。健全政府主导的城市交通综合协调机制，加强规划、建设、交通、交管、发改、城管、宣传等部门的沟通联动，完善城市交通治理工作机制。

从长远发展来看，中小城市的交通治理理念应从目前的单纯提高交通供给，逐渐转为适度辅以交通需求调控，更多考虑资源和环境容量约束，以绿色低碳为目标，综合运用土地利用、经济杠杆、政策法规及交通管理、控制和设计等多样化手段，对交通需求总量、出行方式及时空分布等方面提前进行预警和调控，减少个体机动车出行量，使交通供需在不同的阶段和层次上达到相对平衡。

**（3）通过服务外包等方式加强中小城市交通技术支撑能力**

针对中小城市的交通专业研究机构和技术力量匮乏的问题，采取人才引进、人才培养、服务外包等多种方式，弥补中小城市技术短板，增强交通发展与治理决策的规范性和科学性。一是充分利用地方政府的"招才引智"政策，加强与外地大院、名校的合作，引进和培养本地交通技术人才，逐步实现常态化的技术支撑；二是建立健全政府购买社会化决策咨询与技术服务的机制，由第三方专业机构如高校、设计院、专业公司等直接提供驻点贴身式交通技术服务，研究城市交通治理政策，提出专业化设计方案，开展日常技术运维，并且逐渐实现服务团队主力人才本地化。

## 6. 总结展望

城市交通系统是支撑我国城市发展、保障国民经济稳定运行的重要基础性、先导性、服务性行业。城市交通系统的建设理念、运营方法与管理水平对城市的开发与发展影响巨大，需要从战略与策略层面分别加以正确引导。站在城市与交通系统可持续发展的角度考量，必须努力协调好交通系统与城市发展间的关系，实现两者间的良性互动。一方面，城市交通体系的建设需要符合城市及社会经济发展的一般性规律，并与城市居民的出行行为模式及出行习惯相匹配，通过城市交通系统来引导及支撑我国城市的稳定、可持续发展；另一方面，城市的规划、建设及运营应当具有长远、通盘的统筹思考，并与城市交通系统的承载能力相匹配，通过城市的发展形成对交通系统的反哺。

结合"交通强国""公交优先"等国家战略，依托本研究课题五"城市交通可持续发展模式与公交都市战略研究"，在解析与明确我国城市交通拥堵形成机理、把握国家交通发展战略的基础之上，总结并明确提出了我国城市交通系统的总体发展战略——建构以人为本、供需合理均衡的城市综合交通体系。通过构建公交主导型的出行模式、培养公交主导型的出行习惯，吸引小汽车出行向公交方式的动态转移，形成城市多模式出行结构，以满足多样化的出行需求；通过有效增加交通供给，科学引导交通需求，在交通供需两侧形成耦合与互动，实现公交主导型城市交通系统供需平衡模式；通过打造"公交畅通城市"，提升公交系统的有效供给及服务效能，完成对"公交优先发展战略"的重新定义，实现公交优先，缓解我国日益严重的城市交通问题。

然而在实际的城市交通系统运行中，由于网络结构繁复、交通流组成异质、出行需求多样等客观因素，导致我国城市交通系统日常运行极其复杂，而引发我国以交通拥堵为代表的城市交通系统问题的原因也同样多种多样。概括来说，我国城市交通问题的产生主要体现在"源头、过程、末端"三个环节上：在交通产生源头上，缺乏对交通需求的有效调控，形成了不合理的出行结构；在交通运行过程中，缺乏对交通系统的合理诱导，导致了无序的交通运行环境；在交通末端上，缺乏对交通参与者的科学管理，引发了混乱的交通秩序。由于"源头、过程、末端"三个环节间相互关联、相互影响又相互制约，单纯地解决与应对任一部分都无法从根本缓解城市拥堵问题。

基于对我国交通问题及交通发展战略的认识，在目前我国的实际交通运行现状下，城市交通系统必须要做好以下三个方面的工作。交通系统要引导城市开发，在交通源头上积极调控出行需求；要提升城市功能，在交通运行过程中不断反馈优化交通设计方法及方案；要适应城市环境，在交通末端提升交通管理科技及理念。通过构建"源头调控、过程优化、末端管理"三大基本策略，明确城市交通发展模式，优化城市交通出行结构，更新城市交通设计方法，提升城市交通管控水平。

① 源头调控。针对当前我国城市日益严重的交通供需矛盾，建立适合中国国情的 TOD 发展模式。构建以多核分散、职住平衡为特征的快速通勤网，实现集约化土地利用与公交导向的交通结构优化，提供共享化公交畅通服务，完善慢行交通设施及绿色和谐的交通网络。通过多模式公交系统的规划、建设与发展，引导城市空间合理利用与土地开发，实现城市空间、土地利用与交通发展模式、交通出行结构间的系统性协调，从源头上实现城市交通系统供需平衡。

② 过程优化。针对城市交通基础设施各自为政、条块分割的现实情况，准确把握交通系统整体功能的薄弱之处，建立以网络优化、多模式协同、交通功能提升为主要任务的城市交通系统完整性"交通设计"方法，实现交通设施设计的"完整对象、完整功能、完整范围、完整空间、完整参与、完整价值体系"；针对多模式交通枢纽的属性特征，进行多样化协同设计，实现面向综合交通枢纽的无缝换乘、面向商业枢纽的集中一体化设计，以及面向居住区站点的慢行交通衔接。通过交通运行过程的优化与反馈，提升交通系统

整体性能。

③ 末端管理。针对当前城市智能交通系统的技术瓶颈，把握"以人为本、源流并控、精耕细作、挖潜增效"的核心思路，创新人性化交通需求管理，完善智能化交通系统控制。基于互联网大数据及人工智能技术，用统一的数据、统一的方法、统一的软件、共享的平台，构建集土地利用开发、交通设施建设、交通管理控制、交通政策制定于一体的智能管控决策支持虚拟平台，深化新一代智能交通系统建设，高效利用城市资源。

最终，依托于包括国家公交都市计划、国家畅通工程提升计划、国家智慧城市建设计划等在内的国家层面多项交通顶层战略计划支撑，在城市交通系统供需平衡、公交主导型多模式交通体系构建、城市智能管控决策支持虚拟平台等方面实现关键技术攻关突破，形成相关法规规程、技术标准、设计规范、评价指标体系等，推动交通系统的良性发展，加速本研究的成果落地与集中推广应用。

## （五）建设安全可靠、能防灾减灾、可修复的韧性城市

我国处于地震多发区域，125个百万人口以上大城市中，地震烈度7度及以上城市占2/3；在气候变化背景下，近年来我国城市洪涝等自然灾害频发，遭遇暴雨时发生城市"看海"现象已成为很多城市的困扰，而高度城镇化带来的人口与经济的高度密集，又加大了城市本身的脆弱性，扩大了人员和财产损失。2007~2015年全国超过360个城市遭遇过城市内涝，2010年、2012年和2013年的城市洪涝直接经济损失已经超过了1998年特大流域性洪水。伴随着我国城镇化进程，城市人口、功能和规模不断扩大，城市发展方式、产业结构和区域布局发生了深刻变化，城市系统运行日益复杂，对城市基础设施群、生命线工程等依赖越发明显。由于城市安全保障系统建设标准、管理运行、安全监测方面的不足，城市建筑质量和寿命引起的城市安全风险不断增大，特别在遭遇超标准地震、突发性火灾等事件时，城市基础设施群和生命线工程等往往难以提供有效保护和支撑，形成较大的次生灾害，造成人员和财产的重大损失。

习近平总书记在总体国家安全观中强调全面提升综合防灾、减灾、救灾能力是国家安全治理的重要内容。城市是国家人口、政治、经济、文化和国际交流的中心，城市安全也是总体国家安全的核心组成部分。城市在地震、洪水等自然灾害和突发性火灾等事故情况下的安全保障已成为中国可持续发展面临的突出问题。韧性城市强调城市系统适应不确定性的能力，强调保障城市整体格局的完整性和功能运行的持续性，承认和接受不确定性扰动对城市造成的负面影响，为应对具有高度不确定性的城市自然灾害和突发事故风险，特别是超标准的灾害风险提供了新的选择。

城市基础设施群与生命线工程网络风险防控策略，以保证应对极端灾害、多重灾害或突发事件时城市应急功能不中断、不造成大规模的人员伤亡，城市能够在数月内基本恢复正常运行为基本目标，构建统筹应对自然灾害和事故灾害的城市安全综合保障，建设安全可靠、能防灾减灾、可修复的韧性城市。其核心是坚持以人为本、秉承生态理性、面向安全发展三大基本理念，以提高基础设施群和生命线工程韧性、建设安全宜居的海绵城市为主要抓手，建立协同高效的城市安全综合保障体系，整体提高我国城市安全保障及自然灾害能力，支撑城市可持续发展。

### 1. 坚持以人为本，构建韧性的基础设施群和生命线工程

城市基础设施群与生命线网络工程系统是城市经济、社会发展的关键支撑体系，城市堤防、排水管道、防护林带等关键防灾减灾基础设施将为城市提供基本防御能力，保护城市内部居民和财产的安全，并为其提供充足的撤离和疏散时间。而生命线工程在地震、火灾中也易受灾破坏，例如在2008年的汶川地震中，地震影响的126个受灾城市，管线破坏多达3.6万处，受损长度达1.49万km；生命线工程的破坏会引发的重大次生灾害，可能导致区域与城市社会、经济功能的瘫痪，灾后恢复困难。针对当前地震、火灾等难以预报的情况，应强调安全保障中以人为本，加强韧性城市建设，提升城市基础设施系统应对地震、火灾等极端、多重灾害或突发事件时的能力，保障城市应急功能不中断、增强城市快速修复能力、减轻人员伤亡和财产损失。

**（1）以人为本，加强城市基础设施和生命线工程安全管控**

第一，加快完成地下市政管网系统普查。我国城

市埋地市政管网情况复杂，供水、燃气、电力等20多种管线分属30多个职能部门管理，不同管线材质、年代差异巨大，当前仍有约三分之一的城市尚未完成地下管线普查，"家底"不清的情况仍十分突出，建议利用5年左右时间完成相关信息普查工作，并建立3~5年的定期调查更新机制。第二，建立供电、燃气、供水等生命线工程的安全监测系统，增加老旧建筑、高层建筑、地铁隧道等抗震、消防重要基础设施系统安全管理力度，建立工程安全风险评估制度，推行质量安全巡检制度和安全隐患巡查制度，实现全生命周期安全监测和动态评估。第三，推进基础设施群和生命线工程"补短板"。开展城市自然灾害综合风险评价，编制实施城市基础设施防灾专项规划；针对重大地震、洪涝、突发性火灾等条件下的人员损失风险，补充建设安全逃生通道，进一步优化消防、避震等设施布局，补齐基础设施群和生命线工程短板，提升城市综合防灾能力。第四，强化重大工程和重要基础设施安全管理，建立智慧城市基础设施系统安全的信息化设计、监测预警和应急管理体系，深化城市应急联动体系建设，加强业余应急救援队伍建设，落实各类专项应急预案。

### （2）将可恢复性纳入基础设施群与生命线工程安全评价体系

现阶段我国基础工程建设标准重点关注建筑功能性能，强调在设计标准下的结构安全，而对其建成后的改造、加固、修复考虑不足，对其遭遇超标准地震、洪水等灾害后的可恢复性考虑不足；城市供水、电力、交通等生命线工程，在规划设计中也以功能性、经济性为主要导向，虽然也提出了"小震不坏，中震可修，大震不倒"等设计抗震目标，但是按照现行的抗震规范设计的建筑中，在中震情况下虽然大部分建筑在技术上是可修复的，但却缺乏经济合理性；城市基础设施群和城市生命线工程在可修复性上存在"先天不足"。城市面临不确定性因素和多种多样的风险，在突如其来的灾害面前存在很大的脆弱性。在超标准灾害发生时，基础设施群与生命线工程功能的可恢复性是影响人员伤亡、经济损失的重要因素，也是建设韧性城市、提高城市防灾减灾能力的基本要求。

建议按照韧性城市理念，推进城市基础设施与生命线工程中易恢复、高保障等新型建筑工程体系研发与应用，建立城市建筑物灾害可恢复性设计与标准规范体系；在传统建筑物结构设计安全评价的基础上，将超标准工况下的建筑可恢复性作为设计过程中安全评价的重要内容，纳入工程安全评价体系；针对城市生命线系统，特别是地埋式管网系统，引入可靠度分析与设计的思想，将灾后城市生命线系统基本功能保障能力、超标准灾害情况下系统可恢复性作为纳入城市生命线系统设计与安全评价体系。

### （3）建立重点建筑、老旧建筑、生命线工程基础设施的定期安全评价与修复机制

"发展优质、可靠、可持续和有抵御灾害能力的基础设施，包括区域和跨境基础设施，以支持经济发展和提升人类福祉"是《2030可持续发展议程》[7]的重要目标，城市中人口高度聚集的地区，也是地震、火灾等重大灾害脆弱区和敏感区，在面对重大灾害时易形成重大的人员伤亡和财产损失。城市中建筑群及供水、供电、燃气与交通网络等生命线工程，构成了城市防灾的主要基础设施，其自身安全状态、防灾能力、灾后恢复能力对于人员安全发挥了基础性的保障作用。受限于我国经济社会发展条件，多层砌体房屋、底部框架砌体房屋和内框架砌体房屋由于施工方便、建筑造价较低等原因，几十年来一直是我国民用建筑的主要形式，但其抗震性能较差，对人员防护能力欠缺，在历次地震中破坏程度很大，灾后恢复困难，现有安全标准对于超标准灾害的考虑不足。城市核心区生命线工程服务人口、区域大幅度增长，负荷偏重，缺乏足够的后备能力以应对突发灾害，易出现系统关键元件的破坏或元件功能的损伤，导致系统功能的丧失，影响城市救灾和灾后恢复，扩大灾害损失；由于我国快速城镇化进程，人员、建筑密集，缺乏足够的隔离空间，如遇突发性火灾也易于造成大量人员伤亡。

建议建立重点建筑、老旧建筑、生命线工程基础设施等定期安全评价机制，通过财政专项经费、建筑物修缮基金等加强重点设施全生命周期安全状态监测的动态维护、加固、改建。制定重大交通枢纽、大型商业广场、居民聚集区等不同类型社区防灾技术要求，推进新建社区防灾设施、避难场所与房屋建筑同步规划设计，加强老旧社区防灾规划建设，提高城市综合防灾和安全设施建设配置标准。开展供水、供电、燃气等隐藏式基础设施的基础调查，摸清家底，完善城市生命线工程的安全监测、灾害预警与应急处置措施，结合城市综合管廊等建设，对于可能造成重大人员损失的关键节点、关键线路建立必要的后备设施，适度增加系统冗余。

## 2. 秉承生态理性，建设清新自然、安全宜居的海绵城市

传统的城市开发模式偏重经济社会功能，带来了城市内涝、水体黑臭等一系列水安全问题。海绵城市是新时代城市生态文明的重要抓手，源自于习近平总书记对未来城市的科学构想，是有效应对城市防洪排涝和污染防治的重要手段。海绵城市建设需要秉承生态理性的价值观，重视城市自然生态自身的内在价值，统筹规划建设，系统化融合多尺度海绵设施，竖向上融合建筑层面、地表层面和地下层面的设施建设，横向上融合点尺度、线尺度和面尺度的设施建设，有机融合绿色设施和灰色设施，统筹运用城市海绵与河湖连通，联控城市洪涝，修复城市环境，保障城市安全。

### （1）统筹规划、建设未来的海绵城市

我国已经进入生态文明时代，城市建设日益体现出绿色化、智慧化、宜居化、共享化的新趋势。然而同时，城市也面临前所未有的挑战，包括气候变化及其引起的城市洪涝风险、生态环境系统所面临的水体污染压力等威胁着城市安全。目前中国城市灰色结构密集、绿色弹性不足，考虑到城市规划建设理念在人类使用资源、对待生态系统以及应对气候变化中的决定性导向作用，城市建设管理模式对未来人类社会的影响甚至远远超过了城市的边界。因此，极有必要聚焦于环境、社会和经济三大同时性维度以及代际公平伦理和文化传承两大历时性维度的协同和有机结合，秉承生态理性，建设清新自然、安全宜居的海绵城市，弹性应对洪涝灾害、水体污染和热岛效应，让城市走上可持续并具有恢复力的道路。过去，经济理性使得城市发展面临生态危机，现在生态理性引导人们重建生态平衡之城，海绵城市建设正是生态理性在城市建设中的一种重要体现。从建设对象的视角来看，海绵城市建设应秉承生态理性的理念，尊重自然、顺应自然、保护自然，构建城市命运共同体，打破以往只重视城市建设中的自然生态（绿地、河流等）的工具性价值而忽视自然生态本身具有的内在价值的局限性，在把握生态科学规律的前提下，合理采用渗、滞、蓄、净、用、排等技术措施，实现城市雨水的自然积存、自然渗透、自然净化，通过优化自然—社会二元水循环过程，改善城市降雨产流路径和模式，以亲近自然的方式来维护城市多层立体涉水生态（绿色屋顶、绿色立面、雨水花园、下沉绿地、慢行步道、休憩广场、河流水系、地下空间等），以期为子孙后代留下天蓝、地绿、水清的生产生活环境。根据国务院办公厅《关于推进海绵城市建设的指导意见》（国办发〔2015〕75号），通过海绵城市建设，最大限度地减少城市开发建设对生态环境的影响，将70%的降雨就地消纳和利用，到2020年城市建成区20%以上的面积达到目标要求，到2030年城市建成区80%以上的面积达到目标要求。从自身价值的视角来看，海绵城市建设公益性强，不以追求经济增长为发展目标，或许从经济效益来看，部分海绵设施造价较高。根据《海绵城市建设技术指南——低影响开发雨水系统构建》[8]，湿塘、雨水湿地、生物滞留设施单位造价高达600~800元/$m^3$，截至2017年5月我国30个海绵城市建设试点项目已建设面积420$km^2$，国家财政完成投资约544亿元。虽然建设海绵城市往往不能获得较好的直接经济效益，但海绵城市的建设过程中会带动园林生态、污水处理、新型材料等产业的积极发展，所带来的间接经济效益不可忽视，并且海绵城市建设带来的生态效益是可以预期并且非常可观的。因此，海绵城市建设应打破以往经济理性中短平快式的对经济效益的追求，确立合理适度与自我节制的生态价值观，在城市命运共同体这一复杂系统中把握人类社会和生态环境的动态平衡关系，用生态理性来实现人类社会行为价值取向的自觉矫正。

### （2）多尺度海绵设施系统化融合，修复城市环境，实现河清水美

海绵城市建设以城市人居环境为对象，关注人和自然两大主体，关注量质并重，在实现水量平衡和资源利用的同时，加强城市水质环境的修复，通过多尺度、多功能的海绵城市建设和各部门系统化的建设管理运行维护，实现城市洪涝安全应对。海绵城市的建设途径是多样的，绝不仅仅只有低影响开发措施，同时也要避免从单纯依赖灰色基础设施走向仅强调绿色设施的极端。海绵城市建设在竖向上应融合建筑层面（绿色屋顶、绿色立面等，约能控制10%的降雨径流）、地表层面（生态街道、生态广场、生态湿地、雨水花园、下沉绿地、河流湖泊等，约能控制50%的降雨径流）和地下层面（地下管网、排水深隧等，约能控制40%的降雨径流），在横向上应融合点尺度（低影响开发设施、建设斑块）、线尺度（河流水系、排水管网）和面尺度（海绵片区、海绵城市、生态流域）的设施建设，在工程尺度上应集成污染防治、防洪排涝和生态水系等大海绵设施和园林绿地、道路交

通和海绵社区等小型海绵设施。因此，海绵城市是多尺度、多功能、全方位的复杂系统工程，在建设中实施绿色设施和灰色设施结合，其中日常中小降水的应对和初期雨水径流污染，更多依靠绿色基础设施，标准内暴雨的应对，应加强灰色基础设施和绿色基础设施相结合，从而消除黑臭水体，缓解城市积水内涝，改善绿色景观（绿地、绿道等），实现保水减污控涝，从而修复城市环境，营造开放、安全、包容、绿色、高质的城市空间，构建蓝绿交织、清新明亮、水城共融的生态城市，为城市及周边居民提供清新自然的人居环境。在此过程中，尤其要关注黑臭水体和内涝危险易发的老旧城区以及相对脆弱的城中村地区，使这些地区与新建城区一样具备抵抗水体污染和城市内涝的能力。应结合棚户区改造、污水设施建设、老旧小区更新等，充分利用小区内部绿地、水面等空间，建设绿色滞蓄设施，从源头减少雨洪和初雨污染；针对易涝点，局部改建扩建排水管网、泵站等关键基础设施，并沟通城区地下排水沟、地下管网、地面沟渠、道路等排水通道，提高老旧小区综合排水能力；利用城市公园、绿地建设分散式污水处理场站和集中式地下调蓄空间，提高城市整体雨洪调蓄和污染处理能力，加强源头控制，综合过程调节，提高末端能力。并且，鉴于海绵城市建设是一项系统工程，因此在规划、发展、融资、建设、运行、管理、维护等方面需要突破专业和部门之间的条块分割和各自为政而呈现出的决策过于注重局部成效的碎片化设计，从基础上加强跨学科、跨专业人才的培养，同时加强多部门的联合协作（包括住建部、水利部、自然资源部、应急管理部、生态环境部等），需要建立多部门统筹协调机制和高效权威的统一指挥机制，进行系统化的设计和建设，体现整体性和协同性。建议对海绵城市建设技术指南进行进一步修订和完善；由城市水务部门牵头，联合财政、住建、环保等部门，建立海绵城市良性运行机制；由城市规划部门牵头，将海绵城市建设纳入各类相关规划和建设项目审批环节。

**（3）统筹城市海绵与河湖连通，联控城市洪涝，保障城市安全，构建亲水宜居环境**

海绵城市可有效缓解城市内涝，但当遭遇超标准降雨径流时，其缓解作用十分有限。城市河湖、湿地等是天然海绵体，是城市雨水的调蓄区，可以蓄水、滞洪、供水、补充地下水等。健康的城市河湖水系在暴雨时能够最终承接80%以上的本地径流，具备良好的调节功能，对超标准降雨径流具有重要作用。因此，需要有效统筹海绵城市建设和城市河湖水系连通，通过联控来更好地防治城市洪涝。将海绵城市建设与河湖连通相结合，以城市河湖水系为骨架，科学安排、合理布局渗、滞、蓄、净、用、排等一系列海绵设施，通过保护、恢复和修复天然河湖水域空间，优化调整河湖水系格局，形成引排顺畅、蓄泄得当、丰枯调剂、多源互补、可调可控的城市水网体系，降低城市洪涝风险，实现安全可靠、能防灾、可恢复的韧性城市建设目标。在海绵城市和河湖联控的过程中，需要注意防洪排涝的各项标准的衔接。防洪、除涝与排水标准之间是相互联系、相互影响的。暴雨通过雨水管网汇集后自排或通过泵站抽排至城市内河网，经过内河网调蓄后通过水闸自排或泵站抽排至外江承泄区。排水是除涝的基础，负责收集输送暴雨涝水；除涝是排水的承泄水体，通过水闸、泵站控制内河网水位，承纳排水系统排放的雨水并排至外江；而外江水位调控又受到防洪标准的影响。在城市洪涝联控中，要从防洪除涝和排水系统的整体规划、布局的层面出发，实现不同层面的标准的协调和衔接，从流域和区域全局的角度来分析和解决城市洪涝问题。此外，海绵城市建设应以智能化为重要发展方向，建设基于"互联网＋"的智慧型海绵城市。通过智能传感技术，立体监测城市雨洪信息，实时掌握雨洪动态；耦合气象、水文模型，强化城市暴雨洪涝的预警预报；采用大数据分析和云计算技术，实现城市河湖水系统的智能调控和精细化管理；通过深度融合城市科学、水科学与"互联网＋"技术，实现城市对水问题的快捷应对和智慧运维。通过上述现代科技信息监测、预警预报及智能管理手段，使家庭、社区、机构和政府能够对城市洪涝灾害带来的影响及时准备、充分应对、主动适应并且迅速恢复。而智慧型海绵城市建设能够有效降低洪涝灾害带来的风险，整个城市对待洪涝问题将从应急性的模式转变为更积极的预防风险和提高应对灾害的韧性模式，从而从根本上提高城市对抗气候变化的能力，保障城市安全。同时河湖连通、清水循环也能构建亲水的宜人环境，提升城市品位，实现生态和人文可持续发展。

## 3. 面向安全发展，构建协同高效的城市安全综合保障体系

城市安全是可持续发展的基本要求，在我国城市已经建立的相对完整的防洪、抗震、除涝、消防、应急管理等相对独立的防灾减灾体系的基础上，针对变化环境下灾害的高不确定性，简单提高设防标准的经

济成本十分高昂。应结合我国当前阶段情况，按照生命至上、安全第一的理念，从城市防灾减灾与安全保障规划、基础设施设计、防灾减灾资金渠道、政策保障等方面构建协调高效的城市安全综合保障体系，整体提高城市安全和可持续发展水平。

**（1）牢固树立安全发展理念，弘扬生命至上、安全第一的思想，健全城市公共安全体系，提升防灾减灾救灾能力**

建设包容、安全、有抵御灾害能力的可持续城镇是联合国《2030年可持续发展议程》的核心目标之一。"没有和平与安全，可持续发展无法实现；没有可持续发展，和平与安全也将面临风险。"根据《2030新城市议程》[9]的预测，2050年世界城市人口将接近翻一番，城镇化将成为21世纪最大的变革趋势之一。由于全世界的人口、经济活动、社会和文化交流，以及环境、人道主义影响都越来越向城市集中，这对城市安全综合保障体系提出了严峻挑战。未来城市安全管理应由应急管理部门牵头，多部门联动，全方位提升政府、企事业单位、社会公众的安全意识和防范能力。首先，应强化自然灾害风险和防灾避险的宣传教育，让社会公众深入了解洪涝、干旱、台风、地震、滑坡、泥石流、雪灾、冰冻等自然灾害的孕灾环境、致灾机理和应急避险措施，以及气候变化和人类活动对未来灾害形势可能带来的影响。其次，应加强事故灾害的预防和管控，特别是火灾、油气管道爆燃、危化品泄露/爆炸等严重事故灾难的防控，对于可能由单个事故灾害诱发连锁反应的关键设施要立法加强防护，明确管理主体和责任，斩断灾害传播的链条。最后，倡导"以人为本、生命至上"的安全文化，引导全社会树立"关爱生命"的情感观、"生命至上"的价值观和"尊重生命"的道德观。一方面以安全文化和围绕"生命"形成的情感观、价值观、道德观指导城市建设，特别是城市基础设施群和生命线工程的建设，备足安全冗余；另一方面用安全文化引导社会公众的行为，使其愿意为安全支出、积极参加应急演练、主动为生命让道，为构建协同高效的城市安全综合保障体系营造社会舆论氛围，奠定群众基础。

**（2）设立城市安全发展基金，多渠道加大防灾投入，建立安全防护和应急避险设施的良性运管机制**

全球气候变化和社会经济活动的增加，使自然灾害和事故灾害的损失呈显著增加趋势。我国年均直接经济损失占GDP的比例超过1%，是同期全球平均水平的7倍多，并且灾害损失随着城镇化和财产集中有向城市转移的趋势。虽然我国设立了"农业生产救灾及特大防汛抗旱补助资金"（简称"救灾资金"），但城市安全保障的投入却没有形成稳定的渠道。当前城市防灾的投入主要靠人身和财产保险等社会化资金，政府主要承担应急救灾的托底责任。不论是社会资金还是政府资金都没有在预防灾害上形成稳定的投入机制。以往城市抵御自然灾害的能力相对较强，财产的集中程度不如现在高，且灾害发生的概率低，采取"事后补救"为主的应对方式是有效的。但随着气候变化和人类活动影响的加剧，城市自然灾害发生频率越来越高，灾害损失越来越大，原有的防御标准和应急能力就明显不足了，亟待增加城市安全防护和应急避险设施的投入。《2030新城市议程》要求采用、实施降低灾害风险的管理机制，降低脆弱性，建立对自然和人为灾害的韧性和应对机制，并促进应对气候变化的缓解和适应性。因此，建议在建制市设立城市安全发展基金，为实施城市综合防灾减灾规划提供稳定的资金来源，强化防灾能力建设，补齐灾害防御系统的短板。此外，还需要更新观念，创新设计方法，在保障安全的前提下将安全防护与应急避险设施与城市公共服务设施相结合，建设多功能的城市防灾减灾救灾工程体系，挖掘城市防灾设施的公共服务价值，同时减少专用设施的运维管护费用。以城市防洪排涝设施为例，以往的防洪排涝工程都是专用工程，由于洪水发生是小概率事件，大部分时间这些防洪排涝工程都是闲置的，既占用了宝贵的城市空间，又增加了管护成本。并且由于长时间不使用，启用的风险和故障率也大大增加，影响了工程效益的发挥。因此建议未来城市建设要协调日常公共服务设施和应急救灾排险设施的功能，分时、错位调控，建设多功能的城市防灾、减灾、救灾工程体系，常态运用提供公共服务功能，应急时发挥救灾排险功能。例如城市超标准雨水排放功能可以和城市交通功能相结合，建设排洪—交通多功能通道（深槽路段或隧道），大部分非洪水时段用于城市交通，遇30年一遇或50年一遇洪水时，提前调度清空通道内的车辆，作为超标准洪水排泄通道。通过多功能防灾、减灾、救灾工程体系的建设，创新安全防护和应急避险设施的良性运管机制，提升管理水平和投资效益。

**（3）健全防灾、减灾、救灾政策法规和标准规范体系，提升综合防灾、减灾、救灾能力**

首先，建立城市工程建设灾害预防、评估、管理制度，形成工程建设防灾、减灾、抗灾的全过程综合管理体制。对于具备防灾、减灾、抗灾功能的公共基础设施，将防灾减灾理念和要求贯穿工程规划、可行性研究、设计、招投标的各环节，实行规划、设计、施工等的全过程管理，工程运行期间加强防灾减灾绩效评估。在立项阶段实行防灾减灾评估审批制度，在设计阶段进行抗灾设防的专项审查和论证，在施工阶段加强工程质量监管，开展监督检查，确保公共基础设施防灾、减灾、抗灾的保障能力。其次，完善城市工程建设防灾、减灾、救灾的相关标准，加强防灾减灾标准化工作。研究制定符合新时期和未来城市发展预期的灾害风险综合防范、公共安全建设和应急管理的标准和规范。构建城市多灾种综合风险防范、安全设防和应急响应能力的技术标准和法律保障体系，完善临时征用、应急补偿等应急管理制度体系，构建灾区综合风险防范模式、部门协同机制、风险区划、恢复重建规划等的科技支撑体系，完善和修订重大灾害风险源（核电厂、油气管线、大型化工厂、危化品仓库、城市生命线工程等）的灾害设防标准。完善防灾减灾相关的法律、法规，划定工程评估、选址、规划、设计、概算、实施等环节中的防灾减灾操作办法与底限、红线。推进城市综合防灾减灾标准化是贯彻落实总体国家安全观、提升城市综合防灾减灾能力、实现城市安全和可持续发展目标的重大战略需求，是协调与灾害直接相关的多个部门开展工作、提升工作效率和水平的现实需求，同时也是统筹考虑各类自然灾害和灾害过程各个阶段、综合运用各类资源和多种手段的内在要求。

我国是一个自然灾害广发频发的国家，全国有超过三分之二的大中城市受到地震威胁，近十年超过300座城市发生过不同程度的洪涝灾害，2006~2016年仅洪涝、地震、火灾的死亡、失踪人口就超过10万，年均经济损失超过3000亿元，影响范围广、受灾人口多、经济损失大，对我国城市安全构成了严重威胁，也是实现城市可持续发展的重大挑战。

地震、火灾等在当前科技水平下尚难以准确预警预报，气候变化和城镇化进程又进一步加剧了城市洪涝灾害。城市地震、洪涝、火灾等均具有不确定性高的特点，高昂的经济成本和社会成本使全面提高城市灾害设防水平难以实施。城市作为人口和经济高度聚集的区域，其安全已是总体国家安全的核心组成部分。在极端灾害、多重灾害或突发事件情况下，保障城市应急功能不中断、不造成大规模的人员伤亡、能够在数月内基本恢复正常运行已成为城市安全保障和自然灾害应对的基本目标。

本研究经大量调研和分析，结合部分城市正在开展的防灾减灾实践，提出了城市基础设施群与生命线工程网络风险防控策略。即坚持在以人为本、秉承生态理性、面向安全发展三大基本理念，通过提高基础设施群和生命线工程韧性来提高城市及城市群在超标准自然灾害下的可恢复性，通过强化地下管网调查、基础设施安全监管、涉及人员安全的关键基础设施补短板，有效降低人员风险；以海绵城市建设为主要抓手，通过多尺度海绵设施系统化融合，统筹解决城市洪涝灾害、水污染、水资源等问题，建设清新自然、安全宜居的未来城市；按照生命至上、安全第一的理念，从城市防灾减灾与安全保障规划、基础设施设计、防灾减灾资金渠道、政策保障等方面系统构建协调高效的城市安全综合保障体系，支撑安全可靠、能防灾减灾、可修复的韧性城市建设。

# 三、城市建设可持续发展战略实施保障体系

城市建设可持续发展涉及城市诸多资源要素和功能,需要系统性思维来统筹实现可持续发展目标。联合国支持以人类发展为重点,持续关注人和自然两大主体在可持续发展中的作用;党的十九大报告也以建设"生态文明时代"和"人类命运共同体"为新的发展愿景,对中国城市建设可持续发展提出了新的要求。因此,城市建设发展不仅需要科学、高效地组织领导,整合各方力量和资源,从行政管理、技术创新、文化等多方面构建长效实施机制,以保障城市建设可持续发展各项政策的制定和落实,同时更要关注人的获得感,真正体现"以人为本",以中华文明优秀传承为目标,构建中国城市建设可持续的价值体系。随着国际社会对城市建设可持续发展的重视不断加深,国外城市的可持续发展建设目前取得的成果较多,这些城市可持续发展规划的制定、实施、保障机制也有其各自的特点。因此,在分析现有城市建设政策实施的基础上,借鉴国外典型城市建设可持续发展实施经验,对建立适应我国城市建设可持续发展的实施保障体系和实施策略具有重要的意义。

## (一)城市建设可持续发展现状及国际借鉴

### 1. 城市建设可持续发展政策现状

为实现城市可持续发展,党中央、国务院及有关部门近年来相继出台了多项与城市建设相关的政策文件,如表 2 所示。这些政策文件内容包括生态文明建设、新型城镇化建设、城市规划建设管理等诸多方面,要求城市建设要遵循"以人为本"的基本理念,兼顾多维度的发展目标,采取统筹规划、协调推进的基本方式,要重视改革创新、科技进步的作用。各项政策措施表明我国对实现城市可持续发展的高度重视,也明确了当前城市建设可持续发展的相关目标和要求(表 3)。

**城市建设可持续发展有关政策及具体内容** 表 3

| 发布时间 | 名称 | 主要内容 |
| --- | --- | --- |
| 2014 年 3 月 | 《国家新型城镇化规划(2014—2020 年)》 | 增强城市可持续发展能力,建设和谐宜居、富有特色、充满活力的现代城市 |
| 2015 年 5 月 | 《中共中央 国务院关于加快推进生态文明建设的意见》 | 建立资源节约型和环境友好型社会,推进生态文明主流价值观 |
| 2015 年 12 月 | 《2015 中央城市工作会议公报全文》 | 城市发展持续性、宜居性 |
| 2016 年 2 月 | 《国务院关于深入推进新型城镇化建设的若干意见》 | 新型城镇化,经济持续健康发展 |
| 2016 年 2 月 | 《中共中央 国务院关于进一步加强城市规划建设管理工作的若干意见》 | 城市有序建设、适度开发、高效运行、和谐宜居、富有活力、各具特色 |
| 2016 年 3 月 | 《中华人民共和国国民经济和社会发展第十三个五年规划纲要》 | "人的城镇化",优化城镇化布局和形态、和谐宜居城市、城乡协调发展 |

续表

| 发布时间 | 名称 | 主要内容 |
| --- | --- | --- |
| 2016年9月 | 《中国落实2030年可持续发展议程国别方案》 | 包容、安全、有抵御灾害能力和可持续的城市和人类住区 |
| 2016年12月 | 《中国落实2030年可持续发展议程创新示范区建设方案》 | 创建国家可持续发展议程创新示范区 |
| 2017年4月 | 《"十三五"城镇化与城市发展科技创新专项规划》 | 城市发展领域科技创新体系 |
| 2017年10月 | 十九大报告《决胜全面建成小康社会 夺取新时代中国特色社会主义伟大胜利》 | 新型工业化、信息化、城镇化、农业现代化，共建共享发展，人与自然和谐共生 |
| 2018年8月 | 《中共中央办公厅 国务院办公厅关于推进城市安全发展的意见》 | 城市安全发展 |

## 2. 城市建设可持续发展实施问题

尽管实现城市可持续发展已经成为共识，但在城市建设具体实施过程中仍然面临着一些突出问题。

① 政出多门缺乏协调机制。城市建设内容涉及多个部门，而部门间权责划分尚有不明确的现象，缺乏跨部门协调机制。各部门制定相关管理措施时多从本部门职责出发，难以兼顾其他部门管理内容和要求。多部门"齐抓共管"一方面容易造成政出多门的困局，据不完全统计，近年来各部委提出的建设"××城市"的概念近20个，这些目标之间缺乏统筹，也容易导致地方城市政府职能部门疲于应付；另一方面，权责划分不明也会导致无人负责，甚至相互推诿的现象，如城市建设中的"九龙治水"问题，制约城市整体建设水平与质量的提升。

② 运动式推进缺乏长效机制。当前城市建设中仍然习惯沿用"运动式治理"的行动思维，针对城市建设问题的各种"集中整治""专项行动"经常出现在各个文件中。其运作方式常常是短期、临时的突击性行动，缺乏稳定的组织、资源支持。虽然猛药见效快，可以弥补常态治理能力的不足，但无法达到长治效果。同时，运动式的做法往往容易形成"一刀切"的现象，工作目标的合理性、科学性也值得关注。

③ 法律法规体系支撑不足。一方面，存在法律空白区域，对城市建设可持续发展缺乏有力支撑，如我国地下空间开发的民事权属、区域大气污染联防联控、城市水污染监管、资源收益分配、城市风貌管理、固体废弃物分类回收、城市交通规划和设施建设等方面；另一方面，城市可持续建设要求将城市作为复杂的系统来治理，但城市地下空间开发利用管理、城市自然灾害预警及防控等内容零散、立法层级低，尚未出台综合治理的专项法律，在政策实施过程中管理效率低。

④ 经济外部性考量不足。城市建设可持续发展依赖各主体的积极参与，合理的成本收益机制才能激励各方积极推动城市建设可持续发展进程，但目前城市建设项目的正外部性和负外部性导致价格机制失灵。典型如城市轨道交通外部效益显著，能够缓和交通拥堵、拉动相关产业经济等，但目前轨道交通的供给者未能分享到外部性的收益，政府面临着巨大的建设资金融资压力。此外，也缺乏对相关可持续发展新技术或管理模式全生命周期评估，如光伏产品、共享单车等发展过程中出现的问题，这表明对可持续发展相关技术和模式还需要更深入的研究。

⑤ 社会认知不足，参与度低。社会公众对城市建设可持续发展目标的要求认知不足，参与积极性不高。从体制机制层面来看，公众缺少有效参与城市建设可持续发展的方式，相关法律法规不完善。从宣传教育角度来看，可持续发展科普宣传大而化之，缺乏趣味，缺乏专业人才培养教育体系。从生活方式角度来看，伴随着经济发展和生活水平的提高，消费享乐的生活方式在公众中流行，加剧了环境污染和资源消耗。

## 3. 城市可持续发展的国际经验借鉴

随着国际社会对可持续发展和共同发展的认识不断深化，国际城市在城市可持续发展建设中出台的发展规划的制定、实施、保障机制也有着各自的特点。研究国外城市可持续发展经验和成果能为我国城市发展建设提供支持，有助于建立适合中国国情的城市可持续发展机制。通过对国外典型城市可持续发展规划的分析，能够总结出在实施过程中值得借鉴学习的经验。

① 重视"人"的可持续发展。高度强调以人为本的城市建设发展，国际城市提出的城市战略主要围绕城市中"人"的可持续发展以及建设以人为本的包容性城市。在《东京都长期愿景》《打造"都民优先"的新东京——东京2020年发展计划》中都强调了以人为本，这些内容占据了规划文件三分之一以上的内容，重视程度可见一斑。

② 明确计划执行责任主体。实施计划明确指出解决城市某一方面问题的负责机构和组织，有利于推动战略的实施。例如美国《纽约城市规划——更绿色、更美好的纽约》实施报告明确指出，实施计划要求市政府、市议会、州立法机关、国家机关、公共机关、私营和非营利部门以及个人共同参与，并指出了参与计划的部门、协会和机构。

③ 制定层层分解的战略计划。在纽约、芝加哥、墨尔本、悉尼、东京等城市的可持续战略规划中，详细阐述了从战略规划愿景到行动项目库的实施路径，按照"战略/方向→政策/目标→举措/行动"的框架逐级展开，确保战略落实的有序性和可操作性。

④ 建立详细的行动项目库。城市可持续发展规划文件内大多设有详细的行动项目库和行动计划，能够为战略的顺利落地奠定基础。例如《美国纽约奥内达加郡可持续发展行动计划》从3个方向设置了8大项目库，每个项目库后列有详细的行动计划；《可永续的悉尼2030——悉尼市策略规划》文件内详细描述了9个项目构思。

⑤ 实行科学的评估制度。详细的行动规划配合明确的评估准则，有利于地方规划配合并制定详细的结构规划。例如在《墨尔本2030——可持续发展的规划》中，在"方向1：紧凑的城市"的相关政策和目标、举措的描述中，明确了社会、经济和环境绩效评估。

⑥ 采取多样化的引导措施。政府为提高实施效率，采取一定的引导措施。以《纽约城市规划——更绿色、更美好的纽约》为例，联邦和州级政府为实现能源效率提高的目标，采取了标准、倡议和激励三种措施，如制定产品标准、向市区楼宇业主提出倡议、施行财政激励等措施，促进可持续发展目标的实现。

## （二）城市建设可持续发展战略实施保障体系框架

### 1. 保障体系概述

建立城市建设可持续发展战略实施保障体系框架的主要目的是，在科学的指导原则下，通过多主体协同治理、多维度机制保障，推进城市建设可持续发展战略实施的关键行动步骤稳步落实，从而实现城市建设可持续发展的最终战略目标。为达成该目标，需要全方面、全过程地制定城市建设可持续发展战略实施保障体系框架。

因此，本研究通过分析我国城市建设可持续政策基本发展理念和实施路径，探索当前存在的突出问题，同时比较国际上具有代表性的城市建设发展策略和实施体系，基于"四元协同"的中国城市建设可持续发展理念和目标，构建中国城市建设可持续发展战略保障体系，如图14所示。该保障体系重点从以下四方面考虑。

① 实施保障体系应围绕战略实施的关键步骤展开。在城市建设可持续发展战略保障体系中，战略实施的关键步骤应从目标到行动层层展开。其中，在战略制定计划启动阶段就要以问题为导向分析城市建设可持续发展各领域的发展需求，明确形成层层分解的任务目标。随着任务目标的确定，陆续出台行之有效的配套指引政策，采取有序的、具有可操作性的行动措施，逐步推进城市建设可持续发展任务目标落地实施。

② 战略实施过程必须遵循科学高效的指导原则。为科学指引城市建设可持续发展，以城市为建设单元的特点为要求，战略实施过程需遵循以下四大原则。区域协调原则要求区域利益共享、风险共担，统筹推进"五位一体"总体布局；目标协同原则要求各主体间、各区域间建立良好合作关系，通过协商机制实现联动，保障城市战略目标分解落实；成果导向原则要求战略实施以长期或短期的阶段性目标为导向，通过制定的行动方案推动战略逐步落地；闭环管理原则要求战略实施运行过程形成良性循环回路，从计划、实施、反馈、改进到新一轮的新计划，在不断循环的过程中完善战略计划和实现战略目标。

③ 战略实施保障主体是多元城市治理主体的集合体。为推动政府治理体系现代化和治理能力现代化，城市建设可持续发展战略的实施不仅要考虑我国现有

政治体制中最重要的治理主体——政府，还要保证市场和社会两个主体充分参与，逐步完善"政府主导—市场推动—公众参与"的协同治理机制，实现政府、市场和公众间的平衡、协调与配合，充分发挥三大主体的治理能力，推动城市建设可持续发展。

④战略实施保障维度要提供全方面、多层次的保障。为充分发挥政府的主体治理能力，保障体系应重视行政和法律两个维度。此外，重视市场在城市建设可持续发展中的保障作用是进一步提升政府精明管制的有效方式，因此需充分运用经济维度工具保障战略实施。公众是城市建设可持续发展战略最广大的受益和执行群体，只有重视文化维度的可持续观念渗透和公众的治理参与，才能从根本上保证城市建设可持续发展战略落地生根。城市可持续发展代表着未来城市的发展方向，科学技术的革新是战略前进的动力，除了上述几个方面外，技术维度的保障也是不可忽视的重要因素。

综上所述，为保障每一个战略关键环节都能顺利传递和落实到位，城市建设可持续发展战略实施必须遵循科学的指导原则，充分发挥城市治理主体的多方协作治理作用，并且从不同保障维度出发，制定科学的政策法规与行动举措，为战略的推进落实提供行动指南和政策环境。因此，需构建"四原则—三主体—五维度"的城市建设可持续发展战略保障体系，以保障城市建设可持续发展战略各关键环节有序、高效开展，切实推进城市建设可持续发展进程（图14）。

## 2. 实施主体

城市建设可持续发展战略实施的主体不仅包括政府，还要充分重视市场和社会这两个主体，逐步完善"政府主导—市场推动—公众参与"的协同治理机制，充分发挥三大主体推动城市建设可持续发展的能力如图15所示。

政府作为城市建设和发展的领导者，在整个城市建设的过程中起着主要的作用，针对城市建设可持续发展目标，考虑市场以及公众意见，制定规划以及政策，主导城市建设各项活动。在参与主体中，政府对城市建设发展起着主导作用。

市场是城市建设活动的具体承担者。在城市建设过程中，市场充分发挥推动作用，将政府的指令、政策等在行业、企业中贯穿，为城市建设的相关政策提供良好的动力和支撑。城市建设可持续发展必须依靠市场机制才能实现自我更新发展的机制，实现长期发展的目标。

公众包括个人、群体或其他组织。在城市建设的过程中，公众积极参与，以自下而上的方式完成城市建设的任务和目标。市场与公众同时发挥监督与评估等作用，使发展的相关政策按照符合城市主体针对城市可持续发展要求的方向进行。城市建设可持续发展的成果也会惠及市场各个组成部分以及城市公众，使得下一阶段的城市建设发展有更为良好的市场支持环境以及公众参与基础。

政府、市场、公众三大主体各司其职、统筹发展，

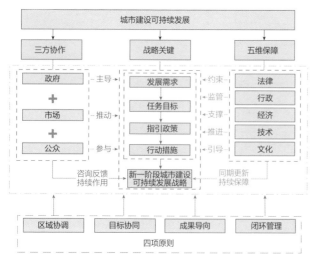

图14 城市建设可持续发展战略保障体系

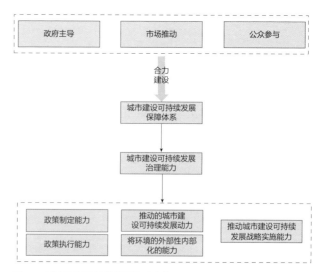

图15 城市建设可持续发展保障主体

实现城市共治共管、共建共享，有利于为我国城市建设可持续发展战略的实施构造良好的制度环境，以制度体系为保证，以政策为推手，持续推动市场、公众与政府职能的进步。

### 3. 实施维度

城市建设可持续发展的保障体系构建需要从法律、行政、经济、技术、文化这五个维度着手，探寻各维度上政府、市场、公众所能发挥的作用（图16）。

① 法律维度。在一个法制健全的国家，公正的司法和民主的立法是政府的核心，法律是对全体社会成员具有普遍约束力的行为规范。法律对城市建设可持续发展有规范引领能力，通过健全有关法律法规体系、完善法律监督保障机制，能有效约束城市可持续发展的各项事务，规范城市发展的过程。

② 行政维度。行政维度隶属于国家的范围，是政府部分和行政机关行政权的集中体现，我国政治体制的特点要求政府在行政层面上为城市建设可持续发展的顺利实施保驾护航。行政层面上，有关部门、机构执法行为规范严明，工作人员公正文明，行政管理体制权责一致、分工合理，能有效监管城市建设可持续发展的实施。

③ 经济维度。经济是国家发展的支柱，而良好的经济手段能平衡各方经济关系，最大限度地调动各方积极性、主动性与创造性，促进经济发展与社会进步。要充分重视市场在城市建设可持续发展的积极作用和保障功能，增强城市建设的经济可持续发展能力，在经济层面上为城市建设可持续发展提供强力支撑。

④ 技术维度。科学技术是生产力中最活跃的因素，它的每一次重大突破都将引起经济的深刻变革和社会的巨大进步。技术是城市发展的重要推动力，可持续发展归根结底是一个科学技术问题，当今城市在空间建设、生态环境、基础设施建设、交通发展、安全与防灾减灾等方面都陆续提出了对科学技术的紧迫需求。要从城市可持续发展的技术体系、推广应用等机制方面，对城市建设可持续发展的技术、政策、措施加以完善，用科学技术为城市建设可持续发展提供不竭动力。

⑤ 文化维度。文化是一个国家的软实力，是民族的根源和精神力量，它能使社会公众形成可持续发展的理念并引导他们积极落实城市建设可持续发展战略中的各项行动举措。应提升公众参与城市可持续发展的意识，使文化的引领作用潜移默化而长久地作用于社会公众，保障充分的居民参与才能从根本上保证城市建设可持续发展的顺利实行。

### 4. 实施机制

在城市建设可持续发展战略保障体系中，实施的关键是从目标到行动所有环节的执行框架。以问题为导向，分析城市建设可持续发展各领域的发展需求，明确层层分解的任务目标，制定行之有效的指引政策，采取有序的、具有可操作性的行动措施，逐步推进城市建设可持续发展战略落地实施。具体实施原则如下。

① 区域协调。区域是影响国家和城市发展的重要空间单元，城市建设的可持续发展需要同一区域的各城市协调发展，从而实现整个国家的可持续发展。一方面，区域的协调发展能提升城市的发展水平和发展质量；另一方面，区域内以及区域间城市相互借鉴、因地制宜地建立发展体系，有助于城市建设可持续发展的深化与优化。

② 目标协同。在城市建设可持续发展的实施战略上，城市各级政府、不同城市间发展目标要统筹协调，且与社会组织、社区等形成合作伙伴关系，结合社会组织、居民、非营利部门等的意见，依照城市发展战略目标制定政策措施。地方各级政府间通过良好的沟通机制实现上下联动，明确目标，协同推进，保障城市建设可持续发展目标层层分解落实。

③ 成果导向。城市建设可持续发展随实施进程形成阶段性成果和最终成果，这些成果反映了这一时期城市建设可持续发展的水平、质量、进度等方面。战略的制定和实施要以成果为导向，要求关注战略的可操作性和实用性，客观审视和评价城市建设取得的各项成绩和不足。这不仅是对政府部门、城市居民、社会组织及有关行业合力奋进的激励，还有助于强化城市建

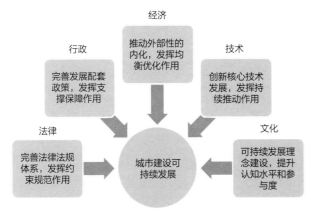

**图16　城市建设可持续发展保障维度**

设可持续发展战略对城市整体发展的引导性、服务性。

④ 闭环管理。闭环管理要求城市建设可持续发展战略的实施运行形成一个连续封闭的回路。城市建设可持续发展战略依据城市发展目标，制定年度实施计划，明确实施重点、推进措施和纠正措施，实施中依照城市的政策、目标来监督和衡量过程，根据最终成果制定新的措施，以提高城市建设可持续发展的质量和水平，即计划、实施、检查、改进、再计划、再实施等过程不断循环。闭环管理内部较好的反馈调节机制能有效进行过程控制，在循环积累中稳定有序地朝城市发展目标迈进。

## （三）城市建设可持续发展实施保障战略

### 1. 行政维度：制定"中国建造"高质量发展战略规划

由住建部牵头，会同交通运输部、水利部、中国铁路总公司、民航局，制定"中国建造"高质量发展战略规划。以智能建造为技术支撑，以建筑工业化为产业路径，以绿色建造为发展目标，以建造国际化提升企业品牌和国际竞争力，实现工程建造的转型升级和可持续高质量发展，为我国现代化建设、"一带一路"倡议和"走出去"战略提供强有力的支撑，使我国从建造大国走向建造强国。

加强城市建设可持续发展顶层设计，兼顾自然资源保护、生态环境保护和经济发展的城市发展愿景和目标。把握数字化、网络化和智能化的历史机遇，将信息技术与工程建造深度融合，通过智能建造提升建设行业的建造和管理水平，实现从粗放式、碎片化的建造方式向精细化、集成化的建造方式转型升级，为实现城市高品质、可持续发展提供支撑。

### 2. 法律维度：提升法律法规对城市建设可持续发展的规范约束能力

充实城市建设可持续发展法律内容，提升相关内容立法层次，加强法律法规间的衔接，保证法律法规实施落地，全面提高法律法规对城市建设可持续发展的引领与规范作用。

① 将地下空间开发利用上升到法律层次。推动城市地下空间开发利用的立法工作，明确各行业、各专业、各部门、各单位城市地下资源开发的规划责任，力求实现城市空间资源综合性、整体性的规划、开发及利用；统筹安排地下空间与地上空间规划、开发次序及开发类型，实现集约化利用；明确不同行业、专业、项目之间的连通关系和要求；建立高标准、高质量、统一的技术标准体系，将地下空间设计寿命提高到150年，实现地下工程可持续发展。

② 明确城市设计的法定规划地位。提升城市设计的法律地位，将城市设计纳入法定规划内容。结合城市设计试点情况开展立法需求研讨，进一步提升城市设计的法律地位。在明确城市设计编制及监督责任单位、重点编制区域、编制内容、编制方式等的基础上，还需明晰城市设计的法定规划地位，指导城市格局、空间环境、建筑尺度和风貌管理的精细化设计。将城市设计的要求纳入项目审批流程，在出让土地的规划设计条件中增加"城市设计图则"，使规划成果与行政行为有机结合，推动城市设计具体要求的落地。

③ 从法律层面明确历史建筑保护规定。将对历史建筑的保护内容写入相关法律，或制定相关单行法律。以《中华人民共和国文物保护法》《历史文化名城名镇名村保护条例》等法律法规为依据，深入调研当前历史建筑保护存在的认定标准缺失、保护开发过程利益冲突、开发经营行为破坏历史建筑、配套基础设施建设落后等问题，制定详细的历史建筑保护条文。明确历史建筑保护的主要原则、对象界定、产权归集、修缮责任、活化利用、资金保障和规划标准等具体内容，促进城市建设与历史文化保护协调发展。

④ 制定建筑寿命的最低年限规定。研讨并制定建筑寿命最低年限相关法律条款或单独立法，最大限度地延长建筑寿命。规定建筑使用寿命最低年限标准不应低于50年；制定建筑提前退役审批制度，与新建项目审批挂钩，严格限制非正常情况的建筑退役拆除。

⑤ 提升《中华人民共和国建筑法》的支撑引领作用。修订《建筑法》有关内容，以适应我国建筑市场环境发生的重大变化。第一，拓宽法律适用主体和适用范围，将原"建筑法"修改为"建设法"，适用范围从房屋建筑扩大到建设工程，包括土木工程、建筑工程、线路管道和设备安装工程及装修工程。第二，消除计划经济痕迹，逐步构建资质许可、信用约束和经济制衡相结合的建筑市场准入制度。第三，改革不适

应工程总承包模式发展的障碍，鼓励企业专业化、规模化发展。第四，加强对建设单位的责任约束，重点加强防止建设单位抽逃资金或拖欠工程款，发包人指定分包、供材行为等方面的处罚条款，维护市场秩序。

### 3. 经济维度：增强城市建设可持续发展经济调节能力

建立绿色生产和消费市场机制，加强对产生外部成本行为的约束，完善产生外部效益的激励和补偿机制，增强市场对城市可持续发展的调节作用。

① 加强约束导向的倒逼机制。加强城市建设可持续发展约束性措施，如生活垃圾排放、公共建筑能耗等制定限制性标准；建立环保准入负面清单管理制度，对高污染、高排放的项目进行限制，禁止或限制进入特定功能区；提高相应环境税费标准，促进环境产业结构升级。建立倒逼机制，推动建设行业向智能化、绿色化和服务型转变，加快构建绿色产业体系。

② 完善促进可持续发展的激励和补偿机制。强化对城市可持续建设方式的激励效果，针对区域、企业、项目、个人等不同层面，通过多种激励措施，鼓励各主体加入城市建设可持续发展过程中。合理制定激励标准和退出机制，创新激励手段，提供税收优惠、金融扶持等政策支持，有效促进生产企业和消费者扩大外部效益。建立有效的区域可持续建设补偿机制，解决区域生态环境和经济发展失衡问题，实现区域经济可持续发展。完善对"邻避效应"的补偿机制，共享可持续发展成果。

③ 增强城市可持续发展的市场调节作用。加快建立碳排放权交易市场、排污权交易市场，完善绿色减排定价机制，增强市场对可持续发展的调节能力。

### 4. 技术维度：增强城市建设可持续发展科技支撑

加大城市建设领域的技术研发投入，提升城市建设科技创新能力，促进城市建设科技成果的转化应用，增强科技创新对城市建设的服务、支撑、引领作用。

① 加大城市建设科技投入。针对城市建设重点研究领域，加大国家中长期科技发展规划、"十四五"科技规划中的投入强度，支持新技术、新工艺、新材料和新设备的研发、工程化、产业化过程。同时强化企业科技投入的主体地位，引导其他社会资本进入科技创新领域，形成多元化的资金投入机制。加强科技投入资金管理，建立健全相应绩效评价和监督管理机制，促进各专项资金合理有效投入使用。

② 开展重点领域科技攻关。加大城市建设可持续发展相关科技的研发投入，推动城市建设技术成果推广应用，最大限度地惠及民生和城市，促进城市建设可持续发展。推进清洁能源的开发、利用、储存、运输技术发展，提供清洁高效的可再生能源，促进节能减排。加强生态和环境技术研发，保护城市环境，维护城市生态系统。发展城市大数据、人工智能、移动技术、云技术等技术用于城市管理，应用于城市交通现代化治理、城市信息模型平台、城市安全技术和防灾减灾技术体系等领域，增加城市治理手段，提升城市治理水平，推动城市管理集约、智能、绿色、高效、安全发展。

③ 推动城市建造方式变革。以促进建设行业绿色发展为主题，转变碎片化、粗放型劳动密集型建造方式为集成化、精细化技术密集型建造方式，推动实现绿色建造的目标，最终助力实现城市建设可持续发展愿景。主要任务包括：在建筑工业化方面，从设计、部件生产、装配施工、装饰装修到质量验收的全产业链关键技术体系，开发应用关键配套产品和智能化生产加工技术；在绿色建筑方面，开发完善绿色建筑技术体系，降低绿色建筑生产成本，实现绿色建筑技术的推广应用。

④ 健全科技创新体制机制。建立相关信息交流平台、技术管理协会等，改变对研究机构的传统评价标准，重视对研究机构的技术转移成效，促进科研机构技术成果的转移及技术成果的产业化发展。制定人才引进、人才教育培养计划，为城市可持续发展提供人才支撑；制定国际技术引进战略，为可持续发展技术体系提供技术经验支撑。详细论证新产品、新技术的适用性，结合区域、资源、目标等实际情况，因地制宜地制定合理的新技术推广规划和推广政策。

### 5. 文化维度：提升社会公众参与城市可持续发展意识

① 健全政府鼓励公众参与的制度环境。完善的制度保障体系是提高公众参与积极性、优化政府管理职能的基本举措。建议在政府工作方面，扩大和保障公众的知情权，优化信息公开平台，充分调动公众参与的积极性。在立法保障方面，深入完善公众参与可持续发展建设的相关立法，制定公众参与规则，设置合理的公众参与形式，明确公众参与的反馈机制，保障

公众的参与权，增强公众参与安全感。在政府管理机制方面，将公众需求纳入政府的绩效考核体系，强化公众需求表达，了解公众对城市建设的实际需求，明确政府行动方向，优化政府的管理职能，使政府真正起到引领作用。完善公民参与渠道，利用第三方机构，如以非政府（NGO）组织、专家智库为载体，引导人们科学、专业地参与可持续发展工作，避免公众参与的盲目性。

② 营造全社会参与的可持续文化氛围。积极倡导绿色环保生活方式，营造良好的全社会参与文化氛围，对促进城市健康发展发挥着至关重要的作用。以政策激励和社会倡导的方式引导人们转变思想观念，由政府制定激励机制，新闻媒体加强社会宣传，培养人们节约适度、绿色低碳、文明健康的生活方式。积极出台"以人为本，绿色发展"的生活方案，如推行绿色交通、绿色能源、绿色居住等，转变人们的生活方式，推动居民践行绿色可持续发展战略，引导人们珍惜资源、文明消费、简约生活，使生态文明成为社会主流价值观。

③ 构建完善可持续发展人才培养体系。构建完善的可持续发展教育体系，将"可持续"思想贯穿到不同的教育阶段，从初等教育到高等教育，培养学生的可持续绿色发展意识，引导学生群体践行绿色生活方式。在高等教育中设置独立学科，培养可持续领域人才，建立以"可持续发展学"为核心的学科群，形成工程学、环境生态学、经济学等理工学科与社会学、管理学等人文学科互相融合的可持续学科群发展方向。对于公众教育，建议编制可持续发展宣传教育规划方案，构建全民教育的长效机制，引导各社会机构、社会团体普及可持续发展知识，促进"可持续"理念的推广，提升全民参与意识，打造城市建设可持续发展战略的社会基础。

## （四）研究展望

当下，中国城镇化正在从依靠土地和人口资源红利的规模外延扩张转变为内涵品质提升、依靠创新发展和产业转型、增量和存量共存并逐渐趋向存量为主的城镇化发展新模式。为此，本研究通过项目课题成果、总报告和院士建议等方式为中国城市建设可持续发展新的战略转型和国家政策方针的制定提供重要的相关决策参考。

项目研究期间，恰逢中央决定高标准规划建设雄安新区的战略机遇，包括众多院士在内的相关课题研究专家有机会深度参与了雄安新区建设的咨询论证、技术研发和规划设计，并把项目研究成果成功运用在雄安新区作为"千年城市"的规划建设行动中，充分体现了习总书记在两院院士大会上提出的"把论文写在祖国的大地上"的指示精神，很好地实现了中国工程院重大战略咨询项目成果直接服务于国家重大社会需求的预期目标。

通过研究，课题组认为，数字技术前沿的迅猛发展对于城市建设以及相关的国土空间、生态环境、自然资源、农林水利等领域在未来最重要的影响可能是越来越趋向于能够统一和整合的数据。如同本研究课题一和课题七所分析的，先前城市建设可持续发展最核心问题之一就是"政出多头"、专业部门之间的条块分割而呈现出决策过于注重局部成效和利益优先的碎片化，缺乏城市自然、社会、经济和文化系统的整体性、协同性，以及生态优先和代际伦理的前提。其中，城市发展和建筑相关各部门之间数据缺乏交流渠道，特别是可以共享、计量可比、能够相对统一的数据平台缺失是关键问题。目前，城市大数据、多规融合乃至多规合一的统一数据基础和数据平台、数字空间规划、数字城市设计、数字建筑、数字景观、智能交通、建筑装配化、智慧建造、智慧运维等领域均已经有一定的成果积累。

近年来，世界科学技术革命，特别是以大数据、移动互联网、人工智能、云计算、智慧城市等为代表的数字技术发展风起云涌。数据信息对于21世纪的世界可能如同工业时代的石油一样，成为最重要的城市可持续发展的"基础设施"。新科技革命的发展与中国城市可持续发展战略密切相关，并将从根本上直接推动中国城市建设所依托的科学原理和技术方法的持续重大变革。

## 注释

❶ 2015年12月中央城镇工作会议认为的城市建设三大主体为政府、社会、市民,而不是市场单列,市场包含在社会内部。

❷ 根据深圳市人民政府2016年发布《深圳市人口与社会事业发展"十三五"规划》,深圳实际服务管理人口在1800万人左右,根据深圳市土地面积1991km$^2$计算,深圳全市含流动人口的实际人口密度约为9040人/km$^2$。

❸ 香港特别行政区统计处. 香港统计数字一览[R]. 香港:香港特别行政区政府, 2016.

❹ 根据高德地图数据核算。

❺ 王建国. 从理性规划的视角看城市设计发展的四代范型[J]. 城市规划, 2018, 42(1):9-19, 73.

❻ 王建国. 中国城市设计发展和建筑师的专业地位[J]. 建筑学报, 2016(7):1-6.

❼ 联合国. 变革我们的世界:2030年可持续发展议程. https://www.un.org/zh/documents/treaty/files/A-RES-70-1.shtml, 2020.

❽ 中华人民共和国住房和城乡建设部. 海绵城市建设技术指南——低影响开发雨水系统构建. http://www.mohurd.gov.cn/wjfb/201411/t20141102_219465.html, 2020.

❾ 联合国住房和城市可持续发展大会. 新城市议程. https://www.un.org/zh/documents/treaty/files/A-RES-71-256.shtml, 2020.

中国城市建设可持续发展战略研究

# 课题一
## 中国城市建设现状评析与价值体系建构

**课题负责人**　　程泰宁　吴志强　李晓江
**咨 询 院 士**　　崔　恺　孟建民

# 课题组成员

**课题负责人：**
  程泰宁  东南大学
  吴志强  同济大学
  李晓江  中国城市规划设计研究院

**咨询院士：**
  崔　恺  中国建筑设计研究院有限公司
  孟建民  深圳市建筑设计研究总院有限公司

**专题 1 负责人：**
  李晓江  中国城市规划设计研究院
  庄惟敏  清华大学
  郑德高  中国城市规划设计研究院

**专题 2 负责人：**
  吴志强  同济大学
  王　静  东南大学
  阳建强  东南大学

**专题 1 参加人员：**
  中国城市规划设计研究院  马　璇 孙　娟 张　亢 章　怡 张　菁
               张一凡 张　洋 陈　胜 袁鹏洲
  清华大学        杨云昭 贾　园

**专题 2 参加人员：**
  东南大学        董　卫 蒋　楠 陶岸君 费移山 戴文诗
               徐　瑾 刘　焱 陈　月
  同济大学        李振宇 彭震伟 张尚武 李　翔 鲁斐栋
  南京市规划局       叶　斌 吕晓宁 何　流 罗海明 张　成 苏　玲 陈燕平

# 课题概述

课题一"中国城市建设现状评析与价值体系建构",是整个项目的开篇,从全局视角和高度梳理并凝练中国城市建设的现状问题,明确未来中国城市建设的价值导向,提出中国城市建设的指导思想,起着统领整个项目的作用。课题一从内容上分为两部分,一是中国城市建设现状评析,二是价值体系建构,具体由两个专题构成。

专题1为"中国城市建设现状评析与问题凝练",重点在于基于中国城市建设的现实困境探讨中国城市建设的核心问题,是对改革开放40年中国城市建设情况的全面总结与解析。重点针对多年来中国城市快速建设过程中出现的空间发展失衡、资源生态破坏明显、基础设施建设滞后、建筑供需与价值的双失衡、交通品质低、城市安全隐患众多等现实困境,在整体性和系统性思维指导下,凝练出中国城市建设的不可持续发展中的"供需不平衡、系统不协调、价值不永续"的核心问题。同时,在核心问题的基础上,从考核机制、评价标准、主体合力等层面剖析城市建设发展核心问题背后的机制体制原因,并结合政策效果的评价导向,从理念、总量、行为三大层面提出可持续发展的考量和评析框架,从而为价值体系的构建提供基本导向,并与课题七的政策建议形成一致的评价逻辑闭环。

专题2为"城市建设价值体系建构",重点在于城市建设价值观的挖掘和提炼,以及城市建设可持续路径的探索,主要目标是建构中国特色的城市建设人文价值观和科学建设导向,提出中国城市建设指导思想,为城市转型提供可持续发展的方向、方法和路径。城市建设价值观的提炼和挖掘采用以问题为导向、跨学科系统整合的方法,通过对城市管理与学科中存在的碎片化问题进行系统整合,为诸多"城市病"的综合治理提供方法和路径;通过文化自觉和跨文化对话实现城市文化的传承与创新;通过大数据分析、城市网络的协同构建等技术方法,实现安全智能、节能环保、高效运营等未来城市发展目标。同时在基于价值观基础上,建构以"与环境绿色协调、与时代开放创新、与人民共享幸福生活"为特征的城市建设指导思想,为当下及未来中国面临的"城市病"等问题的解决与城市建设提供价值判断的依据。

## 课题一 目录

### 专题 1　中国城市建设现状评析与问题凝练　　062

**第1章　中国城市建设可持续发展的背景与趋势**　　063
- 1.1 中国城市建设发展历程及其政策基础　　063
  - 1.1.1 改革开放以来中国城市建设的三大阶段　　063
  - 1.1.2 可持续发展政策支撑中国城市建设转型　　064
- 1.2 国外城市建设可持续发展的总结与借鉴　　066
  - 1.2.1 联合国报告关注人与自然两大主体　　066
  - 1.2.2 欧盟条约突出两个代际公平　　067
  - 1.2.3 美国政策提出环境、经济、社会三大维度　　067
  - 1.2.4 对我国城市建设可持续发展的反思与启示　　068
- 1.3 中国城市建设可持续发展的趋势与挑战　　068
  - 1.3.1 趋势：中国城市建设进入关键转折期　　068
  - 1.3.2 挑战：发展环境倒逼城市建设转型　　070

**第2章　中国城市建设可持续发展的现实困境**　　072
- 2.1 城市空间发展呈现低质量失衡　　072
  - 2.1.1 城市空间粗放增长　　072
  - 2.1.2 城市空间开发无序　　073
  - 2.1.3 城市空间供需失衡　　073
- 2.2 资源环境生态矛盾性与复杂性凸显　　074
  - 2.2.1 资源能源的供需与利用存在突出矛盾　　074
  - 2.2.2 城市建设加大生态环境治理的难度与复杂性　　074
- 2.3 城市基础设施数量与质量整体滞后　　075
  - 2.3.1 基础设施建设滞后于城市发展速度　　075
  - 2.3.2 基础设施技术水平滞后于时代要求　　075
- 2.4 城市建筑存在供需与价值的双失衡　　076
  - 2.4.1 城市建筑供需失衡　　076
  - 2.4.2 建筑文化与美学价值明显缺失　　079
  - 2.4.3 脱离实际，忽视民生，盲目追求高楼大厦　　079
  - 2.4.4 建设规范标准与设计环节机制有待完善　　080

## 2.5 城市交通供需不平衡、品质欠缺 — 081
### 2.5.1 城市交通供需不平衡 — 081
### 2.5.2 城市交通品质有待提高 — 082
### 2.5.3 城市交通负外部性突出 — 082

## 2.6 城市安全隐患众多且应对能力薄弱 — 083
### 2.6.1 城市安全事故多发 — 083
### 2.6.2 城市危机应对机制不完善 — 083

# 第3章 中国城市建设可持续发展的问题与思考 — 084
## 3.1 中国城市建设可持续发展的问题凝练 — 084
### 3.1.1 供需不平衡，低质低效利用 — 084
### 3.1.2 系统不协调，缺乏整体思维 — 085
### 3.1.3 价值不永续，野蛮破坏中断 — 087

## 3.2 可持续发展问题背后的原因剖析 — 088
### 3.2.1 机制体制：顶层设计缺乏可持续发展的统筹机制 — 088
### 3.2.2 评价体系：缺乏全成本、全周期的综合考量 — 089
### 3.2.3 主体层面：对政府、市场、社会的行为引导缺乏合力 — 089

## 3.3 基于政策实质效果的多维度评析框架 — 090
### 3.3.1 理念层面：坚持可持续的价值观导向 — 090
### 3.3.2 总量层面：坚持供给、消耗与排放总量趋减 — 090
### 3.3.3 行为层面：坚持各个主体的具体行为低碳 — 090

**本专题注释** — 091

---

# 专题 2　城市建设价值体系建构 — 092

# 第4章 中华智慧作为中国城市建设可持续发展的智慧源泉 — 093
## 4.1 中华智慧是应对当今城市建设问题的智慧源泉 — 094
### 4.1.1 当今中国城市建设的问题及其原因 — 094
### 4.1.2 中华智慧作为新时代城市建设可持续发展的智慧源泉 — 097
### 4.1.3 中华智慧的多维度和谐思维 — 098

## 4.2 中华智慧导向的城市建设理念与要素特征 — 099

## 4.3 小结：中华智慧具有巨大的潜力，适应未来时代的发展 — 100
### 4.3.1 城市是一个复杂的生命体 — 100
### 4.3.2 中华智慧思维可以从本质上认知城市 — 100
### 4.3.3 中华智慧适应未来时代的城市发展 — 101

### 第5章 城市建设可持续发展的复杂科学智能技术支撑　　102
#### 5.1 复杂科学智能技术和中华智慧　　102
##### 5.1.1 复杂科学智能技术和中华智慧的逻辑关系　　102
##### 5.1.2 复杂科学智能技术是中华智慧在城市建设中的具体体现　　102
#### 5.2 以"大智移云"为代表的复杂技术支撑城市可持续发展　　103
##### 5.2.1 大数据：感知城市复杂生命体系　　103
##### 5.2.2 人工智能：认知城市复杂系统的运营规律　　104
##### 5.2.3 移动网络技术：服务百姓、共享成果　　106
##### 5.2.4 云技术：链接系统群落　　108
#### 5.3 小结：创新技术助力城市发展　　110

### 第6章 新时代中国特色城市建设的指导思想与发展战略　　111
#### 6.1 新时代中国特色城市建设的价值体系构建　　111
#### 6.2 新时代中国特色城市建设的指导思想与发展理念　　112
##### 6.2.1 指导思想　　112
##### 6.2.2 发展理念　　112
#### 6.3 中国特色城市建设的发展战略　　113
##### 6.3.1 战略目标　　113
##### 6.3.2 战略措施　　114
#### 6.4 小结：中国城市建设指导思想指导未来城市建设，实现我国城市的可持续发展　　117

## 本专题注释　　118

## 附录 案例研究——从南京城市发展看城市建设价值体系的变迁　　119
### 1 研究概述　　120
### 2 南京城市建设中政策导向与产业结构的演变　　121
### 3 南京城市总体规划与建设历程回顾　　126
### 4 中国城市建设中的研究热点及变化趋势　　129
### 5 案例研究总结　　134

## 本附录注释　　142

## 本课题参考文献　　142

中国城市建设可持续发展战略研究

**专题 1**

课题一
中国城市建设现状评析与价值体系建构

## 中国城市建设现状评析与问题凝练

**专题负责人**　李晓江　庄惟敏　郑德高

# 第1章 中国城市建设可持续发展的背景与趋势

## 1.1 中国城市建设发展历程及其政策基础

在过去40年的发展中，中国经历了人类历史上规模最大、速度最快的城镇化过程。截至2017年底，我国地级市和县级市总数量达到653个，城镇人口超过8.13亿，城镇化率达到58.5%。在推进新型城镇化和步入中等收入社会的背景下，我国当前的城市建设已经进入从"粗放式"扩张到"品质化"发展、从支持生产到促进消费、从增量拓展到存量更新的转型期。因此，需要对中国城市建设可持续发展的基本历程进行全面评析，从而为中国城市建设可持续发展的问题凝练提供理论基础与现实方向。

### 1.1.1 改革开放以来中国城市建设的三大阶段

改革开放以来，伴随经济社会的不断发展与演进，中国城市建设大致经历三大阶段，其建设活动和政策导向均有其时代特点。

**（1）限制型缓慢拓展阶段**

改革开放初期到20世纪90年代，国家经济逐步复苏，城市建设在原有发展相对停滞的基础上开始向外缓慢拓展。这一时期，GDP增速开始加快，年均增速约为9.8%；城镇化水平总体偏低，全国城镇化率不足30%；城市建设基础薄弱，城市发展重心集中于城区的充实与郊区的完善。随着外来人口的不断涌入，大城市开始推进外围卫星城建设，全国城市建成区年均拓展850km$^2$。

这一时期的城市建设政策仍以"控制"为主。虽然十一届三中全会之后，城市规划建设工作重新得到重视，但改革开放之前的城市遗留问题依旧存在，例如个别大城市规模失去控制，广大小城镇未能得到应有发展，许多城市和工矿区的建设与布局仍不合理，建设资金和土地浪费严重等。国家针对该阶段的城市现实问题，提出"控制大城市规模，合理发展中等城市，积极发展小城镇"的发展方针，国家整体的城市发展政策表现为"控制"的主旋律。

**（2）蔓延式快速扩张阶段**

20世纪90年代中后期到2010年以前是我国城市建设的快速扩张阶段。城市建设呈现城区快速蔓延扩张、新城新区大规模拓展的态势。这一时期，在工业化和房地产业的迅速推动下，国民经济快速增长，GDP 年均增速接近 10.2%。随着城乡间壁垒的逐渐松动，城市人口比重迅速提高，城镇化率由 30% 增至 50%，年均提升 1.4 个百分点；城市建设重心转向外围，新城新区大规模拓展，建成区快速蔓延，全国城市建成区年均拓展达到 1400km²，几乎是上一阶段的两倍（图1-1-1）。

城市发展政策转向"鼓励"，坚持大、中、小城市和小城镇协调发展。党中央肯定了城市在区域经济发展中的核心地位，全国开始出现开发区及国际大都市的建设热潮。国家也相继推出了旨在推动城镇化的指导性文件，2001 年我国"十五"计划首次提出城镇化战略，指出要走"大中小城市和小城镇协调发展的道路"。随后党的十六大报告中提出"加快城镇化进程"，以及 2008 年的"四万亿"计划不断刺激城市处于高速的建设状态。

### （3）量质齐升的建设转型阶段

2010 年后，中国经济和社会开始进入转型时期，尤其是进入新时代以来，社会主要矛盾和奋斗目标均已出现重大变化。因此，城市建设活动不再盲目地追求大规模和高速度，而是更加注重城市的经济、社会、人口、资源与环境的全面、协调、可持续发展。城市发展表现出速度与质量同步提升、存量与增量共同优化的时代要求。一方面，城镇化水平继续稳步提高，达至 56.1%，城镇化率年均增速合理调整至 1.2%，更加注重以人为核心的新型城镇化建设；另一方面，国土开发强度仍在急剧上升，全国城市建成区年均拓展面积高达 2400km²，建设用地指标已接近饱和，向存量更新转型成为城市发展的必然方向。如何通过存量更新提升环境品质、实现内涵发展是中国城市建设的重要议题。

城市发展政策以"优化"为导向，量质齐升成为重点。城市发展政策更加关注发展质量的改善、城市内涵的提升。十八届三中全会提出"中国特色新型城镇化"，从"土地城镇化"向"人的城镇化"转变，从关注城镇化速度向关注城镇化质量转变。2015 年中央城市工作会议提出"一个尊重、五个统筹"的城市发展要求，为当前混乱不堪、各自为政、盲目扩张的城市发展指明了方向，是今后城市发展的指导思路和要求，具有重大的现实指导意义。2017 年党的第十九次全国代表大会提出"加快生态文明体制改革，建设美丽中国"，更加强调环境问题解决、生态系统保护、生态环境监管体制改革，推进绿色发展。同时，提出实施"区域协调""乡村振兴"等发展战略，着力破解发展不平衡、不充分的主要问题。

上述中国城市建设所表现出来的历史阶段，不仅是本课题研究的时代背景和现实基础，也是开展可持续发展战略研究的意义所在。

## 1.1.2 可持续发展政策支撑中国城市建设转型

### （1）我国可持续发展的起步与政策基础

在长达 25 年的中国实践中，可持续发展理念从引进到战略再到实施的路径日益清晰。中国政府于 1992

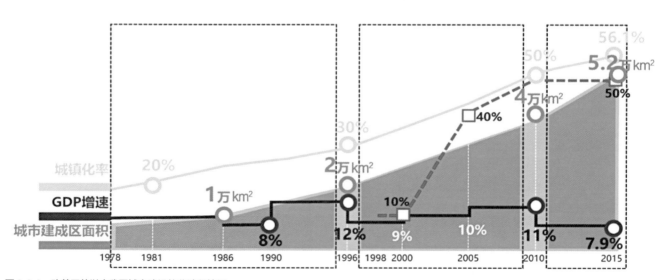

图 1-1-1　改革开放以来我国城市建设的分阶段特征

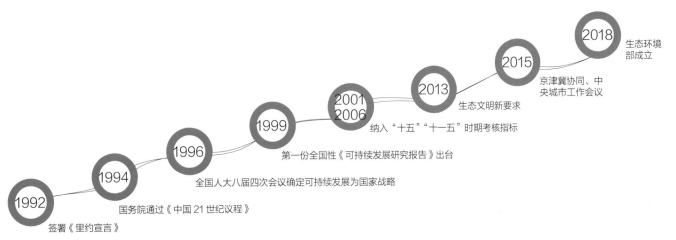

**图 1-1-2　我国可持续发展理念的推行路径**

年庄严签署《里约宣言》，充分表达了坚持可持续发展的大国责任感，并于 1994 年签署通过《中国 21 世纪议程》，同时还制定了《中国 21 世纪议程优先项目计划》❶。1996 年全国人大八届四次会议首次确定可持续发展为国家战略，可持续发展成为国家城市建设的重要指导方针之一。1999 年第一份全国性《可持续发展研究报告》出台，在一定程度上为中国可持续发展战略提供了数据、理论支撑；可持续发展能力自"十五"时期起开始被纳入国民经济和社会发展规划的主要考核目标。2012 年党的十八大作出"大力推进生态文明建设"的战略决策，从 10 个方面描绘了生态文明建设的宏伟蓝图。2015 年十八届五中全会召开，增强生态文明建设首度被写入国家五年规划。2018 年生态环境部正式成立，整合了环境保护部的全部职责和其他六部门的相关职责，再次表明了我国政府对坚持可持续发展理念、落实可持续发展要求的积极态度（图 1-1-2）。

### （2）我国可持续发展政策的关注重点

① 为了坚定推动可持续发展，我国先后制定了 28 项可持续发展相关议程或行动，并不断将关注重点提升到新的理论高度。一方面，先后从战略和全局的高度对可持续发展提出一系列的新理念、新目标；另一方面，积极从实践层面保证国家的可持续发展，包括大规模的生态保护工程、节能环保工程及制度、法规的制定，切实增强可持续发展的操作性。

② 早期更多关注经济、环境领域。中国实施可持续发展战略的实质，是要走一条新的发展之路，代替传统的用"绿水青山"换"金山银山"的发展老路，把经济发展与社会发展、资源利用、环境改善相协调，把当前发展与长远发展相结合，使国民经济和社会发展逐步走上良性循环、可持续的发展道路。在 21 世纪的前十年，可持续发展更多地聚焦在经济稳定发展和环境治理修复两大领域。从历年《中国可持续发展报告》的主题也可以反映出对经济和环境的重点关注（图 1-1-3）。

③ 近年来关注点增加了社会维度，评价视角更趋全面。国家不断关注"城市的人民性"，将以人民为主体的社会发展提升到新高度，强调"以人为本"，用人民群众的满意度来衡量城市规划建设质量，对于城市可持续发展的评价视角趋于完善。2015 年前后国家部委

**图 1-1-3　中国可持续发展实践的相关报告主题**

政策提出侧重社会领域的概念，如绿色生态城区、棚户区改造、特色小镇。2015年的《中国可持续发展报告》❷ 首次将社会导向提升为重点，提出社会和谐指数指标体系，这标志着对于可持续发展的评价开始关注社会维度、人的幸福感（图1-1-4）。

④ 建设生态文明是中国对可持续发展的最新探索。在践行可持续发展的过程中，中国尝试建构更加符合基本国情的理论，以将可持续和发展更有机地结合起来。党的十七大首次提出"社会主义生态文明"，是对可持续发展的重要探索与深化，二者在本质上是统一的。习近平总书记更指出"生态文明建设是关系中华民族永续发展的根本大计"。2018年首次提出的习近平生态文明思想，再次体现了我国政府执政理念和建设发展方式的重大战略创新。中国社会主义生态文明体系，由以生态价值观念为准则的生态文化体系、以产业生态化和生态产业化为主体的生态经济体系、以改善生态环境质量为核心的目标责任体系、以治理体系和治理能力现代化为保障的生态文明制度体系、以生态系统良性循环和环境风险有效防控为重点的生态安全体系共同构成。建设生态文明要求的提出，再一次说明了我国政府对可持续发展由思潮走向伟大实践、由基本理念走向具体实施的坚定决心。

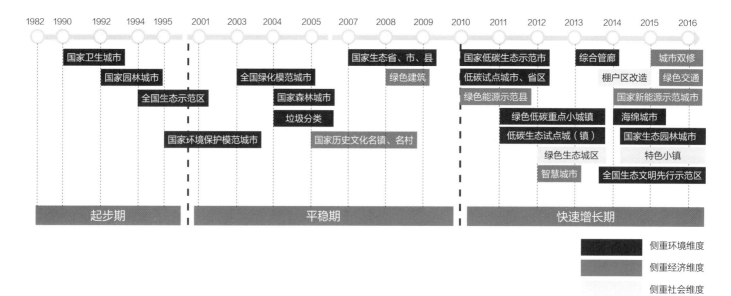

图 1-1-4　国家部委相关政策、概念总结

## 1.2 国外城市建设可持续发展的总结与借鉴

自1987年世界环境与发展委员会（布托特兰委员会）在《我们共同的未来》❸ 中提出可持续发展的明确定义以来，各国政府和各类组织都在不断为达成可持续发展共识而努力。其中1992年举办的联合国环境与发展会议通过了《里约宣言》《21世纪议程》等文件，明确了环境保护在全世界范围的重要意义。2002年召开的第一届可持续发展世界首脑会议，通过了《约翰内斯堡宣言》《可持续发展世界首脑会议实施计划》等文件，是继联合国环境与发展会议之后，全面审查和评价《21世纪议程》执行情况、重振全球可持续发展伙伴关系的重要会议。2015年被定为可持续发展年，该年纽约世界首脑特别峰会上通过《变革我们的世界：2030年可持续发展议程》，再一次将可持续发展的目标具体化。在可持续发展理念不断实践的过程中，不同国家和组织结合自身现状，对城市建设可持续发展的维度进行了探索与尝试，可以为我国的发展提供经验借鉴（表1-1-1）。

### 1.2.1 联合国报告关注人与自然两大主体

联合国始终支持落实以人类发展为重点的可持续

**国际可持续实践相关报告** 表1-1-1

| 名称 | 发布机构 | 发布年份 | 备注 |
| --- | --- | --- | --- |
| 《千年发展目标报告》 | 联合国 | 2010 | 2011~2015每年发布报告 |
| 《变革我们的世界：2030年可持续发展议程》 | 联合国 | 2016 | — |
| 第六个环境行动计划《环境2010：我们的未来，我们的选择》 | 欧盟 | 2002 | 1975年至今已发布6版 |
| 《英国可持续发展战略2005》 | 英国 | 2005 | 另有1995、2000年两版 |
| 《德国可持续发展指标报告》 | 德国 | 2014 | 每两年发布一次 |
| 《可持续的美国：为了未来繁荣、机遇和健康环境的新共识》 | 美国 | 1996 | 美国国家可持续发展报告 |

发展相关议程，如《千年目标报告2010》《2030年可持续发展议程》❹。一方面，关注并强调全世界每一个体所应享受到的作为人的需求和基本权利，如摆脱极端贫穷和饥饿、素质教育、生产性且有尊严的就业、良好的卫生和住房环境可持续性等；另一方面，推动将可持续发展原则纳入国家政策和方案，扭转环境资源的流失，从物种多样性、气候等方面提出目标，降低对自然界的冲击。

在城市建设领域，联合国启动的《2030年可持续发展议程》中特别将"建设包容、安全、有抵御灾害能力和可持续的城市和人类住区"作为重要的目标之一。贫民窟居住人数不断增加、空气水体污染加剧、基本服务和基础设施不足、城市无序扩张等问题日益加剧，正是当前城镇化带来的巨大挑战。这些问题围绕着人和自然两大主体，而"建设包容、安全、有抵御灾害能力和可持续的城市和人类住区"这一目标的具体内涵也恰恰针对人和自然而展开，例如其前5项子目标分别关注住房、交通、城市规划与管理、文化和自然遗产、抗灾能力，聚焦人的发展，后4项子目标分别关注负面环境影响、绿色公共空间、适应气候变化并加强灾害管理、就地取材开展建设，聚焦对自然的积极应对和低冲击。由此可以看出，联合国《2030年可持续发展议程》重点从人和自然两大主体的角度，在城市建设领域落实可持续发展目标。

## 1.2.2 欧盟条约突出两个代际公平

1997年欧盟修订了《阿姆斯特丹条约》❺，为环境与发展决策提供了法律保障，确立了以可持续发展为核心的战略计划。此后，欧盟通过并签署《里斯本条约》❻《第五个环境和持续发展行动计划》等文件，在新能源、交通运输、温室气体减排等领域提出了详细的路线图与战略规划。在其整体的可持续发展框架设计中，欧盟更加关注未来世代的发展权益，希望确保每一代人都能分享欧盟经济发展的成果。

在欧盟条约的总体框架下，各成员国积极响应以可持续发展为核心的战略计划，提出相应的战略或报告，同样重点强调在满足本代人的生活品质的同时保证后代人的代际公平。例如《德国可持续发展报告2014》就明确从资源、温室气体、土地利用等方面强调代际公平的实现，从生活品质、社会凝聚力、国际责任三方面提出如何满足本代人的生活品质；《保护未来——英国可持续发展战略2005》提出可持续的生产与消费、创建可持续社区和更公平世界，从而为居民创造一个更舒适的生活环境，并且从气候变化、自然资源等方面提出针对未来的保障目标。在城市建设领域，欧盟成员国在欧盟总体框架规定的责任内设定土地利用、交通和基础设施建设、自然景观品质等核心指标的长远目标，通过历年监测、实时调控等手段实现可持续发展，有助于对历史发展进程的顺利进行。

## 1.2.3 美国政策提出环境、经济、社会三大维度

作为能源消费大国，美国对能源的过度依赖使其在20世纪的两次能源危机中饱受打击，这同时也促进了美国可持续发展战略的具体落实与发展。1996年《可持续发展的美国——争取未来的繁荣、机会和健康

环境的新共识》❼出台，提出不仅要保持经济的稳定增长，也要给民众提供均等的机会与良好的生活环境，从环境友好、经济繁荣、社会公平三个方面提出可持续发展的国家指标，其中各项指标的落实与完成是美国实现可持续发展战略的重要因素。

在城市建设领域，多个美国城市进行了自我探索，并将可持续发展与城市规划深度融合，形成了环境、经济、社会多维度、系统性的城市可持续发展策略。例如西雅图在1994年编制了名为《可持续发展的西雅图》的城市中长期规划文件。该文件中提出有归属感的社区、保护自然和人文环境、加强经济机会和保障、社会公平四个方面的目标，涵盖了环境、经济、社会三大重点，并提出了混合用地、公交优先、社区营建等城市可持续发展策略。

### 1.2.4 对我国城市建设可持续发展的反思与启示

可持续发展是全人类共同面临的涉及人口、资源、经济、社会、环境等方方面面的一个重大理论与实践问题，是全人类共同追求的发展目标。结合对其发展历程的梳理可以看到，可持续发展理念与政策的不断深入进一步推动了世界各国城市建设发展的转型。需要指出的是，无论从主体、代际，还是从维度来阐释，可持续发展都是一个全面丰富、包罗万象、外延宽泛甚至缺乏明确边界的概念，也正因如此使得可持续发展始终缺乏一个明确的实施抓手或操作平台，多元的主体和庞杂的领域制约了可持续发展理论和实践的完全对接，容易出现理论成熟、战略全面但实施不力的局面。

对于中国城市建设的可持续发展，需要探索完善的适合中国国情的可持续发展价值体系、评价体系、政策体系和行动措施。需要运用整体性、系统性思维对中国城市可持续发展进行评价，必须结合国家、城市的具体实际情况，有针对性地确立可持续发展战略目标与行动。评判体系不仅要关注经济与资源环境，社会的和谐发展也是可持续发展评价的重要指标，需要从单一系统导向向多系统协调发展导向转型，在节约高效的基础上更加关注人的获得感，真正体现以人为本，并以中华文明优秀传承为目标构建评判体系。

## 1.3 中国城市建设可持续发展的趋势与挑战

### 1.3.1 趋势：中国城市建设进入关键转折期

#### （1）经济与人口出现结构性变革

① 经济增速趋缓，经济结构从工业经济主导转向服务、创新驱动。中国GDP增速从2010年起开始回落，逐渐降至10%以下，经济增长阶段正在发生根本性转换，将告别过去30多年年均10%左右的高速增长。未来30年，中国经济增速将进一步下降，逐渐向发达经济体的增速均值3%回归。

与此同时，受到要素成本、劳动力获得、环境管制等因素倒逼，第二产业逐步从超大、特大城市退出，向中、小城市转移。经济的转型升级加快，从要素驱动、投资驱动转向服务驱动、创新驱动。"2.5产业"、新经济产业等服务型产业兴起，日益成为我国区域经济增长的重要支撑。预测2025年之后，居民消费支出占GDP的比重将超过60%，整体经济动力结构转向消费型、创新型（图1-1-5）。

② 城镇化速度趋缓，但中产阶级占比大幅提升。城镇化进程必须与经济增长特别是与工业化发展之间相协调，我国国民经济正在进入"稳增长、调结构"的发展阶段（图1-1-6），多种因素的作用将使经济增长率有所下降，从而放缓城镇化速度。我国在经历大规模城镇化快速发展阶段后，2010年起城镇化增速开始趋缓。根据此趋势预测，未来15年内，我国城镇化速度将从高速向中高速过渡，城镇化水平年均增长不超1个百分点，最终总量将稳定在70%左右

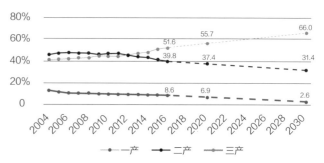

图1-1-5 我国历年产业结构变化
数据来源：国家统计局

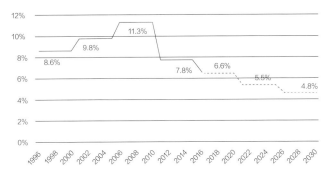

**图 1-1-6　GDP 年均增长百分点（每 5 年）**
数据来源：国家统计局

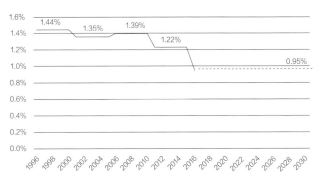

**图 1-1-7　我国城镇化率年均增长百分点（每 5 年）**
数据来源：国家统计局

（图 1-1-7）。

伴随着城镇化进程，中国社会的中等收入群体正在快速增长，目前已有近 3 亿人口进入中等收入群体，2030 年预测将有 70% 的中国人成为中产阶级（埃森哲研究报告），中产阶级人数占城市人口的 93%（澳新银行研究报告），是世界上最大规模的中等收入群体。以中等收入群体为主体的消费需求将成为推动经济增长的重要动力，这也呼应了消费驱动的产业趋势。新兴的中等收入群体愿意为获得更好的服务和生活方式付费，对旅游与休闲空间供给、人居环境品质与生活质量的提升提出了更高要求。中国的城市建设必须面对这一社会变化作出反应。

#### （2）国家治理应时转型，生态文明引领发展

① 对内生态文明成为新时代发展的重要导向。由于社会结构、需求以及价值观的变化，国家治理和调控方式必须同步转型。国家层面高度重视生态环境这一生产力的要素，更加尊重自然生态的发展规律，保护和利用好生态环境，以"保护生态环境就是保护生产力、改善生态环境就是发展生产力的理念"在更高层次上促进生态文明建设。自党的十七大以来，党中央将生态文明建设作为引领城市建设的重要标尺，从不同层面不断提出新要求、新目标。党的十九大尤其强调"既要创造更多物质财富和精神财富以满足人民日益增长的美好生活需要，也要提供更多优质生态产品以满足人民日益增长的优美生态环境需要"。可以看出，国家在新常态背景下突出绿色惠民、绿色富国、绿色承诺的发展思路，始终围绕生态文明建设推动形成绿色发展方式和生活方式。

② 对外合理承担可持续发展的大国责任。从 1990 年启动国际气候变化谈判以来，中国始终是积极参与者、推动者，并以实际行动向国际社会作出减排承诺，切实履行自己相应的责任和义务。作为最大的发展中国家，中国仍然处在城镇化和工业化的发展阶段，经济社会发展和生态环境保护之间的矛盾凸显。尽管如此，中国始终把环境保护作为一项基本国策，承诺二氧化碳排放量在 2030 年左右达到峰值，并争取尽早达峰，单位国内生产总值二氧化碳排放比 2005 年下降 60%~65%。作为国际社会负责任的一员，中国参加了多项国际环保行动计划和公约。今后中国需要以更大力度和更好效果应对环境挑战，主动承担与自身国情、发展阶段和实际能力相符的国际义务。

#### （3）新技术革命推动城市建设新变革

① 新材料促进城市建设的节能化、绿色化。区别于传统的砖瓦、灰砂石等建材，新型的绿色工程材料发展迅速，环保、节能、轻质、安全、高效的建筑材料正在取代能耗多、污染大、防火等级低、不安全的建筑材料。在城市建设中，轻质墙体、节能屋面、节能门窗的使用频率越来越高。一方面，这一变化可直接降低建筑材料成本和整体维护费用；另一方面，新材料可循环利用的特点也减少了资源浪费、能源消耗和环境污染，使得城市建设过程更加资源节约、环境友好，以更好地践行可持续发展理念。

② 新工艺促进城市建设的装配化、工业化。新技术领域内标准化设计、工厂化生产、装配化施工、一体化装修等新工艺正在加速集成。新工艺在城市建设中的应用与实践，不仅极大地提高了建设效率，更重要的是有效实现了城市建设的装配化和工业化。据住房和城乡建设部科技与产业化发展中心的分析，装配式建筑不仅可以缩短 1/4 左右的施工时间，还可以减少 70% 以上的建筑垃圾排放，以及 24% 的施工用水和 18% 的施工用电。

③ 新科技促进城市建设的信息化、智能化。以BIM（建筑信息模型）、大数据、物联网、移动互联等为代表的创新技术正在加速成熟，为智慧建筑的构建提供了无限可能。新科技能够实现单体建筑、组群乃至整个城市以更好的姿态主动实现节能降耗和灾害抵抗，通过物联网和大数据平台实现建筑和城市的全面感知、可靠传递以及智能处理，最终实现自主管理与调控，实现更高效的建筑空间利用和资源要素配置。

## 1.3.2 挑战：发展环境倒逼城市建设转型

### （1）城市建设的客观环境不容乐观

① 资源能源短缺日益突出。人类社会发展日益加速，人口的迅速增长、产业的快速发展都无疑大幅提高了对资源、能源的需求与使用，能源需求供给极度不平衡的情形不断加剧。2010年全球能源使用量已超过1990年的3倍，国际能源署（IEA）表示新发现的石油储量正处于70年来的最低水平，并认为2035年全球能源领域投资要达到48万亿美元才能满足世界能源需求。同时，自然资源短缺的形势也日益严峻。近100年来，全世界有80%的原始森林遭到破坏；土壤退化问题加剧，导致世界人均耕地面积大幅减少，1975~2000年世界人均耕地面积大约减少了一半；水资源短缺和水污染已成为当代世界最严重的资源环境问题之一，《世界水资源开发报告》[8]指出，至2030年全球对水的需求和补水之间的差距可能高达40%。

② 环境污染压力继续加大。随着经济的发展，具有全球性影响的环境问题日益突出，区域性的环境污染和大规模的生态破坏困扰着全球人类。温室效应、臭氧层破坏、酸雨、水污染等问题严重威胁着全人类的生存和发展。《健康星球、健康人类》报告指出：每年世界各地约700万人死于空气污染；截至2014年10月南极臭氧空洞面积与南美洲相当；2010年污水排放量高达617万吨，将近1996年的两倍，水污染问题始终无法得到有效解决。

③ 生态系统不断衰变退化。受到资源紧缺和污染加重的影响，城市所处的生态系统仍在不断退化。具体而言，我国土壤的物理环境、化学特性和生物特性持续退化，天然植被的群落结构、外貌特征和生态功能不断衰减，动物种群的数量、多样性和繁殖能力退化明显，流域生态风险和土地退化等问题同样突出。受此影响，以城市为主体的人居环境恶化，热岛效应、雾霾内涝、生物入侵等城市型灾害风险明显上升。

④ 全球气候形势依然严峻。过去几十年，人类在保护环境方面取得了一定成绩，然而全球环境形势依然十分严峻。世界各国对于能源的需求量仍居高不下，石油、煤以及天然气在能源领域仍占有重要的地位，导致地球大气中的二氧化碳浓度持续突破历史新高；温室气体的大量排放导致100多年来全球海平面高度已经上升了10~20cm；全球灾害性极端天气频发，年均重大自然灾害由20世纪80年代的每年120起增至目前的每年500起，估计目前全球约有1260万人的死亡与环境恶化有关。

### （2）中国城市规模仍将持续膨胀

① 城市数量将持续增加。未来30年，在城镇化不断发展的过程中，中国的城镇体系将进一步完善。在大城市较强的集聚效应和规模效益的驱动下，我国的城市数量将进一步增加。根据全国城镇体系项目组的预测，至2030年，城市总数量将会超过1000个，同时将有更多的县级单元从县变成市，中、小城市规模仍旧保持相当高的比例，预测将有400多个县进入中、小城市的行列。

② 城市经济规模不断扩大。根据2017年底对国内各个城市经济规模的数据统计，我国地区生产总值（GDP）达到或超过5000亿的城市已达39个，其中有14个城市突破了万亿元大关。未来，中国仍将加速发展一批中心城市，承担全国性的功能，带动区域协调发展，形成经济发展新的增长节点，城市经济总量仍旧呈现扩大趋势。作为城镇化的主体形态，城市群正在成为国民经济的主要载体，例如三大城市群[9]的GDP在全国总量的占比已经从2000年的52%上升到55%，说明城市经济向城市群不断集聚，且这一趋势仍将继续。

③ 城市人口继续稳步增长。2015年我国全国总人口13.7亿，近五年年均增长率为5‰，全国城镇人口7.7亿，城镇化水平56.1%，2000~2015年的城镇化水平年均提高1.3个百分点。基于此趋势，预测未来30年我国将有2亿~3亿人进入城市，城镇人口将会突破10亿，并且人口继续向都市圈和城市群集聚，主要城市群的城镇人口将达到7.1亿，约占全国城镇人口的71%。

### (3) 城市建设从增量扩张向存量调整转型

① 不平衡、不充分的现实矛盾仍然明显。党的第十九次全国代表大会明确提出，我国社会主要矛盾已经转化为人民日益增长的美好生活需要和不平衡、不充分的发展之间的矛盾。其中经济与生态环境的不平衡严重制约我国未来发展，减少能源消耗、减轻污染已经成为需要优先着手解决的紧迫性和必要性问题。因此国家提出从根本上更新发展理念，从追求高速增长向追求高质量发展转变，在保持经济平稳健康发展的同时坚持以人民为中心的发展思想，需要在未来的城市建设过程中不断破解发展难题。

② 城市建设从增量扩张转向存量优化。《全国国土规划纲要（2016-2030年）》提出2030年国土开发强度不超过4.62%，城镇建设空间控制在11.67万$km^2$以内，若保持目前年均3100$km^2$的增长趋势，2025年前我国将全面进入存量时代。面对人口和资源环境的矛盾、建设用地的紧张，北京、上海、深圳等特大城市明确提出零增长、负增长的空间发展导向，通过用地结构的调整来实现城市就业、居住、交通、服务等功能的改善，大城市开始从规模扩张的老路转向从存量中求增长。未来我国城市建设发展中，必须坚持节约优先、保护优先、以自然恢复为主的方针，形成节约资源和保护环境的空间格局、产业结构、生产方式、生活方式。

# 第 2 章　中国城市建设可持续发展的现实困境

中国城市建设涵盖了当今经济社会发展的诸多内容，其可持续发展也随之涉及多个领域。就工程技术领域而言，城市空间、资源环境生态、建筑与基础设施、城市交通和城市安全等系统在可持续发展方面的现实困境尤为突出。本章重点对上述问题进行阐释。

## 2.1 城市空间发展呈现低质量失衡

### 2.1.1 城市空间粗放增长

#### （1）总量快速增长，增长率持续增加

中国城镇建设用地总量快速增长，1990~2014 年，城镇建设用地总量从 2.7 万 $km^2$ 增至 8.9 万 $km^2$。期间，增长率持续增加，2010 年之后全国年均新增建设用地达 2400$km^2$，主要集中于城市地区。

#### （2）土地增速持续高于人口增速，人均用地超过国家标准

我国土地增速与人口增速的比值持续扩大，从 1990~2000 年间的平均比值 1.71 增长至 2000~2015 年间的 1.92，其中中西部地区的土地增速与人口增速比值为 2.5。2015 年，人均城镇建设用地面积为 149$m^2$，严重高于原国土资源部规定的城市人均建设用地 100$m^2$ 以内的目标。用地集约水平低下、土地利用率不高、公共服务设施水平低等问题十分严峻。

#### （3）增长模式单一，新城新区是主要方式

我国建设用地增长方式主要为单一的新城新区开发。从 2006 年开始，全国每年新增 300 个以上新区。至 2015 年，全国共计有 3494 个新区，平均每个县级单元拥有 1.8 个新区。新区的建设模式以大规模圈地、粗放型建设为主，全国新区规划总面积达 7.3 万 $km^2$，其中已建设用地面积达 2.8 万 $km^2$，占全国城镇建设用地的 31%。新区整体集约利用程度低下，人均建设用地 203$m^2$，约为全国平均水平的 1.7 倍。

## 2.1.2 城市空间开发无序

### (1) 对自然生态保护的重视不够，填湖、侵占湿地、围海造地现象严重

1949~2009年，大规模的填湖建城造成全国天然湖泊以平均每年消亡20个的速度减至约1000个，造成全国湖泊总面积累计减少1.5万 km²，占湖泊总面积的14%。自20世纪50年代以来，侵占湿地现象愈演愈烈，全国湿地开垦面积达1000万 km²，近半沿海滩涂不复存在。围海造地面积持续上升，2005年以来每年围海面积均超过1万 km²。

### (2) 围绕同质资源跟风式开发建设，"高铁机场建新城，临港临江搞化工"

大量城市毗邻高铁、空港规划建设新城新区，全国已经建设完成或者具有建设意向的高铁新城新区有70余座，主要集中于京沪线、哈大线、沪蓉线。截至2014年，全国183个机场中接近60个有临空经济区规划，长三角地区一半以上的民航机场提出围绕空港的新城、产业建设意向。临江、临港产业发展方向单一，主要为化工产业。全国千万吨级炼厂中有74%选址于港口，其中长江沿线化工企业尤为密集，共计40多万家，其化工产量约占全国的46%，干线港口危险化学品年吞吐量超过2亿吨。

### (3) 区划调整带来"假性城市化"问题，加剧无序开发

近年来大规模的撤县（市）改区带来"假性城市化"[⑩]现象，在一定程度上加剧了土地城市化快于人口城市化问题（图1-2-1）。一方面，远离市区的县（市）撤县改区，权力上收带来的公共基础设施转移，尤其是教育、医疗、社会保障等方面可能存在待遇下降的风险；另一方面，撤县设市后的部分县，仅仅只是完成了行政名义上的转变，但在城市治理机制、社会保障、产业结构、城市功能、空间形态、城市景观等各方面仍然与中心城区存在显著差别，反而在土地供需、财政收支、开发重点等方面出现新问题，加剧无序开发。

## 2.1.3 城市空间供需失衡

### (1) 建设用地与人口集聚空间错配

城市用地总量变化空间与城市人口总量变化空间错位。2006~2010年，以个别城市点状错位为主，用地比重增加、人口比重减少的区域主要集中于中西部地区以及经济欠发达的省级行政区，如安徽、江西、甘肃、宁夏、四川、陕西、辽宁、吉林，浙江、广东等个别经济较为发达的省级行政区同样出现该种情况；用地比重减少、人口比重提高的区域集中于北京、上海、河北。2010~2014年，错配模式主要为区域交叉错位，西北地区用地比重持续增加、人口比重持续减少，呈现粗放拓展特征；东北地区的用地、人口比重都呈现降低趋势，城市开始衰退发展；东部地区经济发达、环境宜居，人口吸引力持续增加，开始转型发展，用地比重下降，城市建设呈现精明收缩趋势；西南地区后发崛起，用地、人口比重都呈现上升趋势。

### (2) 城镇新增建设用地供应与土地绩效关联度低

城镇土地供应更集中于中部地区城市，供应量处于第一层级的省级行政区为四川、安徽、河南、山东、江苏、广东，其中四川、安徽、河南的土地绩效低于全国平均水平，土地供应与经济绩效的失衡最为严重，江西、河北、内蒙古失衡情况也不容乐观。虽然2014年低于全国土地绩效平均水平的省级行政区相较于2006年减少6个，但是整体土地绩效情况仍然有待提升。

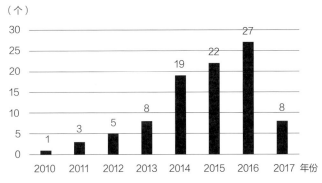

图 1-2-1  2010~2017年7月份我国撤县设区情况示意图

数据来源：民政部历年《行政区划简册》和2017年民政部行政区划变更情况批复

## 2.2 资源环境生态矛盾性与复杂性凸显

### 2.2.1 资源能源的供需与利用存在突出矛盾

#### （1）供给有限：人均拥有量低，城市供给尤其不足

我国资源能源的人均拥有量均低于世界平均水平。中国人均水资源量为 2059m³，为世界平均水平的 28%；人均耕地面积 1.52 亩，为世界平均水平的 32%；人均铁矿石、石油、天然气、煤储量分布为世界平均水平的 17%、11%、4.5% 和 67%。城市的资源能源供给问题尤其突出，2015 年全国已有 300 余座城市供水不足；全国仅余 28 万 km² 的可利用后备建设用地，存储量严重匮乏；主要资源能源依赖大宗进口，其中原油和天然气的对外依存度达到 60% 和 32%。

#### （2）消耗巨大：资源能源消耗巨大且仍在增长

我国已处于资源能源高消耗状态。近 10 年来，城市生活用水总量和建成区面积持续走高。2015 年，全国城市生活用水约为 500 亿 t，城市建成区面积为 5.2 万 km²，分别为 2005 年相应总量的 1.3 倍与 1.6 倍。我国 2014 年共消耗 43 亿 t 标煤、25 亿 t 水泥，分别占全球相应消耗总量的 23% 和 60%。未来国家对于资源能源的需求仍将持续增长，预计至 2022 年，全国用水总量将达到 6800 亿 t；至 2030 年，我国将新增 12 亿 t 标煤的能源消费；参照欧洲、日本等发达国家消费水平，未来家庭耗能将增长 1/3。

#### （3）利用低效：资源单位产出少，利用结构有待优化

单位 GDP 能耗、水耗、资源消耗均高于世界平均水平。2014 年我国单位 GDP 能耗为 175t 石油/百万美元，为世界平均水平的 1.4 倍；2015 年万元国内生产总值（当年价）用水量为 90m³，是世界人均水平的 2 倍；我国矿产资源总回采率仅为 30%，比世界平均水平低 20 个百分点。

资源、能源利用结构有待优化。资源、能源的使用主要集中于工农业，生活性用能整体比例偏低，生活性用水用能分别约占总量的 1/3 和 1/10，利用结构急需优化。

### 2.2.2 城市建设加大生态环境治理的难度与复杂性

#### （1）生态环境治理成本巨大、成效微弱

近 10 年来，我国环境污染治理投资总额呈上升趋势。2015 年环境污染治理投资总额高达 9000 亿元，为 2005 年投资总额的 3 倍，约占 GDP 总量的 1.3%（图 1-2-2）。虽然我国不断在生态环境治理环节增加投入，但是收效甚微，近海海域的水污染问题依旧严重；酸雨对土壤、水体、森林、建筑、名胜古迹等带来的危害持续加剧，2015 年出现酸雨的城市比例达到 40.4%；雾霾等新型污染不断出现，严重影响居民生活。

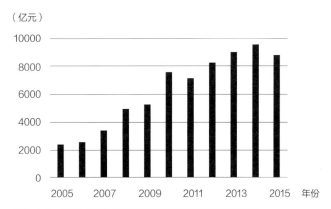

**图 1-2-2　2005~2015 年我国环境污染治理投资总额情况**

数据来源：历年《中国环境统计年鉴》

#### （2）城镇群是生态环境恶化的重灾区

大气污染、土壤污染、黑臭水体等环境恶化现象主要集中在京津冀、长三角、珠三角、长江中游和中原城镇群地区。2016 年全国 385 个城市中仅有 114 个城市 PM2.5 浓度达标，空气最差城市前 10 名中京津冀地区占据比例接近一半；2016 年的全国水质调查中，黑臭水体在京津冀、长三角、珠三角、长江中游和中原城镇群地区的数量以及密集度明显高于其他区域，土壤污染风险较高区域呈现类似的分布特征。

### （3）中西部经济欠发达地区出现恶化趋势

由于一、二线城市产业结构不断优化升级，二产逐步从超大、特大城市退出，导致制造业、重工业开始向中西部经济欠发达地区、农村转移，同时伴随着污染"西迁"。东部地区二氧化硫排放量从 2000 年开始呈现降低趋势，中西部地区则呈现上升趋势，2010 年西部地区二氧化硫排放量超过东部地区；对比 2010 年，2015 年苏浙沪一带的流域水质开始好转，湖南、湖北中部地区的水质开始恶化，川黔地区的污染范围进一步扩大，黄河流域西部经济欠发达地区的劣Ⅴ类水质区域呈现扩大趋势。

### （4）县域层面的综合治理体系缺位

县域城镇化、工业化趋势使得环境问题呈现出"面域化"的特征，各种污染因素交叉衍生出更加严重、复杂的污染状况，使得不同污染源不仅需要单独治理，还需要形成一套综合治理体系。但目前我国大部分县级单元治理结构以及资源配置难以实现综合治理的目标，大部分县级单元缺乏有效协调城乡建设、产业发展与布局、环境监控与治理的工作机制。此外，农村环境保护体制不完善，存在"垂直分级负责，横向多头管理"的重大缺陷，造成决策迟缓、执行不力、投入缺位、监管不及的情况。

## 2.3 城市基础设施数量与质量整体滞后

### 2.3.1 基础设施建设滞后于城市发展速度

#### （1）市政基础设施建设投入滞后于城市的拓展速度

虽然国家城镇化率在稳步提升，但是基础设施投入比例持续下降，市政基础设施建设尤其不足。相比 2003 年，2014 年全国基础设施占固定资产投资比例略有下降，其中城市市政基础设施占固定资产投资比例下降接近 50%。近 10 年来城市市政基础设施占国民生产总值的比例略有浮动，整体比重仍旧偏低。随着人口大量迁入城市，城市对于房地产住宅的投资总量逐渐扩大，但是相关配套设施建设无法匹配居住用地的建设速度，市政基础设施与房地产住宅之间的投资差距逐渐扩大。

#### （2）基础设施供给能力滞后于社会要求

城市人口迅速增长，对于供气、供水、供暖总量的需求逐年提高，供给矛盾问题凸显。城市公共供水普及率为 94.4%，约 3200 万人依然靠自建设施供水。城市燃气输配季节调峰问题较为突出，应急储备能力普遍不足，城镇燃气行业冬季供应时常紧张。中西部地区燃气、供热基础设施的普及率、建设水平有待加强。

#### （3）区域与城乡基础设施建设品质不平衡

中西部地区市政基础设施发展水平总体落后于东部地区，包括雨水管控密度、公共供水率、雨污合流管道密度等。高燃气普及率、高污水处理率城市主要位于东部沿海地区，西部地区污水处理率落后东部地区 10 个百分点左右。西部地区垃圾焚烧处理占比仅为 24%，与东部地区 55% 的水平仍有较大差距。老城区的基础设施由于建成年代久远、建设标准低、改造更新难度大，设施水平明显低于城市新区，尤其是供水、排水、供热、燃气等设施的"最后 1 公里"问题，严重影响老城区居民生活品质的提升。城乡公共物品配置的差异性和制度限制导致农村各类基础设施建设、社会设施建设投入相对不足，此类问题在县级城乡公共服务供给中同样存在。

### 2.3.2 基础设施技术水平滞后于时代要求

#### （1）基础设施建设水平滞后于绿色理念

城市基础设施是城市正常运行和健康发展的物质基础，对于改善人居环境、增强城市综合承载能力、提高城市运行效率具有重要作用。但是目前我国基础设施建设仍存在标准不高的问题，主要表现在：垃圾分类进展滞后，分类处理模式单一；电力外送通道建设缓慢，清洁能源利用率低；雨水排水系统以工程化模式为主，对于源头、过程环节削减控制不足；污水供水管网建设标准偏低，整体漏损率偏高等。

### （2）基础设施统筹水平滞后于管理要求

基础设施统筹水平与集约、智能、绿色、低碳等生态文明理念差距较大，主要表现为：地下管线综合水平低，与道路统筹建设存在困难；缺乏规划，随意建设现象严重；存在"家底"不清造成事故频发、"马路拉链"等各类"城市病"。

基础设施系统内部管理机制缺乏协调，条块分割现象严重。我国也缺乏县级单元和乡村基本公共服务的全国最低标准和对公共服务质量的有效监管机制，导致公共服务供给不足、水平较低。

## 2.4 城市建筑存在供需与价值的双失衡

### 2.4.1 城市建筑供需失衡

#### （1）建筑总量超前供应，结构上住宅过剩、公建不足

近年来，我国快速城镇化带动建筑业持续发展，我国建筑业规模不断扩大。据统计，2016年我国建筑面积总规模约581亿m²，人均建筑面积约43m²，与高等收入国家人均45m²的水平基本相当。但与我国实际的经济收入水平相比，明显存在超前供应的问题（图1-2-3）。在结构上，城镇住宅建筑面积为231亿m²，农村住宅建筑面积为233亿m²，公共建筑面积117亿m²⓫（图1-2-4）。

住宅房屋严重过剩。根据2012年各国人均住宅面积数据统计，我国当时人均住宅面积为30m²，在金砖五国中面积最大。假设随城市化进程发展，我国每年增加住房6亿m²即可满足城镇化需求，即人均35m²⓬。但在近5年各类建筑的竣工面积中，住宅房屋仍然占据全部竣工面积的60%以上，每年新建成住宅在28亿m²左右，过剩问题依然突出（图1-2-5）。

公共建筑面积增长不足。在过去的十多年中，我国公共建筑面积总量增长了近3倍，人均面积增长近2.5倍。据2016年统计，我国公共建筑面积为117.3亿m²，人均指标为8.5m²/人（图1-2-6），这些增加的公共建筑面积主要集中在城镇地区。

尽管我国公共建筑面积增长迅猛，但人均面积与一些发达国家相比仍处在低位。我国目前的人均公共建筑面积约为美国的1/3，约为英国、法国、日本的50%~60%（图1-2-7）。相比之下，我国教育、医疗、文化、体育娱乐等建筑规模仍有待增加（图1-2-8）。以图书馆为例，2013年北京共有公共图书馆25个，相当于每82万人1个，这一数据与日本（每4万人1个）、英国（每1.9万人1个）、美国（每1.8万人1个）、德国（每1万人1个）、法国（每4000人1个）⓭等国之间存在着巨大差距（图1-2-9）。

#### （2）住宅市场供大于求，空置现象严重

根据国家统计局数据显示，近年来我国各类房屋销售面积均高于竣工面积。按照建筑功能分类来看，相较于商业营业用房和办公楼建筑，商业住宅销售面

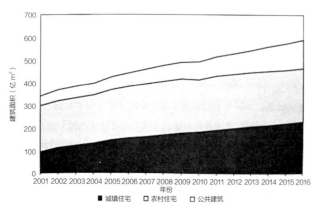

**图1-2-3　2001~2016年中国建筑面积**
图片来源：《中国建筑节能年度发展研究报告2018》

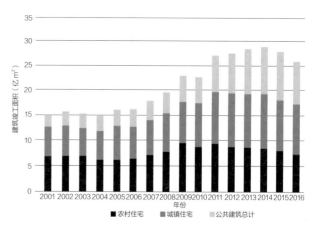

**图1-2-4　2001~2016年中国各类民用建筑竣工面积**
图片来源：《中国建筑节能年度发展研究报告2018》

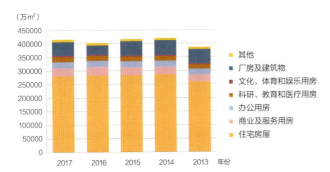

图 1-2-5　2013~2017 年我国竣工建筑面积分类
数据来源：国家统计局．http://www.stats.gov.cn/

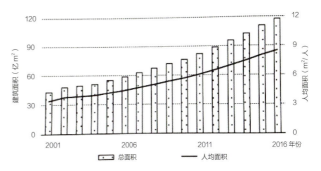

图 1-2-6　2001~2016 年我国公共建筑面积增长情况
图片来源：《中国建筑节能年度发展研究报告 2018》

图 1-2-7　部分国家人均公共建筑面积对比
图片来源：《中国建筑节能年度发展研究报告 2018》

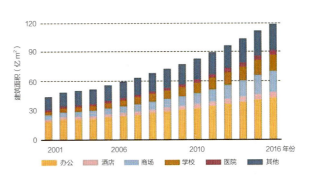

图 1-2-8　2001~2016 年各类公共建筑面积增长情况
图片来源：《中国建筑节能年度发展研究报告 2018》

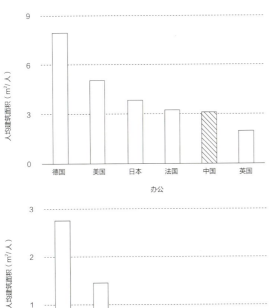

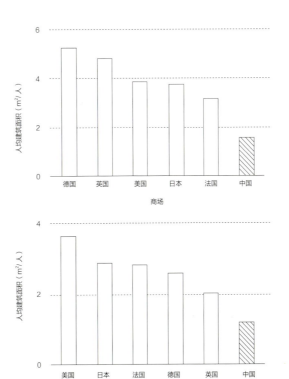

图 1-2-9　部分国家人均各类公共建筑面积对比
图片来源：《中国建筑节能年度发展研究报告 2018》

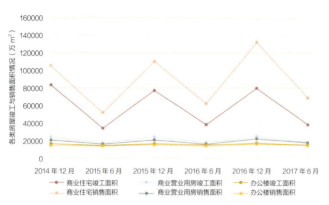

图 1-2-10　2014~2017 年上半年各类房屋竣工与销售面积情况

数据来源：国家统计局，http://www.stats.gov.cn/

图 1-2-11　2014~2017 年上半年各类房屋竣工面积情况

数据来源：国家统计局，http://www.stats.gov.cn/

积远高于竣工面积，我国房地产住宅供需失衡现象严重（图 1-2-10）。

商品住宅一直是组成我国房屋竣工面积的重要部分。2017 年上半年的数据显示，商品住宅面积占据了总房地产竣工面积的 72%。世界各国经验与房地产市场发展规律显示，在一个国家的人均住房面积达到 35m² 之前，国民对住房的需求将保持旺盛的态势。而根据国家统计局数据，我国 2016 年全国居民人均住房建筑面积已达到 40.8m²，其中城镇居民人均住房建筑面积为 36.6m²，农村居民人均住房建筑面积为 45.8m²，超过 35m² 的界限。因此可以认为，民众住房购买需求下降、住宅库存积压、房地产市场供大于求是必然趋势（图 1-2-11）。

城镇化大步推进、房地产业供求失衡，导致房屋空置现象日益严重。2014 年我国城镇地区家庭自有空置住房为 4898 万套，空置率 22.4%，而同样定义下的美国住房空置率仅为 1%~3%，荷兰、瑞典为 2%，法国为 6%，德国约为 8%[14]。2015 年的社会调查报告结果显示，我国当时一线城市住房空置率为 22%，二线城市为 24%，三、四线城市为 26%，但三、四线城市由于配套设施不健全、经济发展动力不强劲，导致消费指数低迷，去库存化压力巨大，"空城""睡城""死城"等现象频现。

### （3）车站、办公建筑等超大型建筑超标建设

近年来，我国城市建设中超大型公共建筑遍地开花，这些设计功能远高于实际需求的大型公共建筑，造成了资金和能源的严重浪费。以高铁站为例，近年来我国新建了一大批超大规模、世界一流的高铁车站，建筑面积动辄上十万甚至数十万平方米（表 1-2-1）。但现实使用中，这些规模巨大的高铁站与人流程度并不匹配，例如南京南站的商业夹层入驻率仅有一半，据调查杭州东站因体量庞大和复杂的流线设计使 87% 的受访者迷过路。

**全国主要城市高铁站点规模列表　表 1-2-1**

| | 站名 | 站场规模 | 建筑面积（万 m²） | 总投资（亿元） |
|---|---|---|---|---|
| 1 | 西安南站 | 18 台 34 线 | 42.5 | 61 |
| 2 | 郑州东站 | 16 台 34 线 | 41.2 | 94.7 |
| 3 | 上海虹桥 | 16 台 30 线 | 24 | 150 |
| 4 | 昆明南站 | 16 台 30 线 | 33.4 | 31.8 |
| 5 | 贵阳北站 | 15 台 32 线 | 25.5 | 66.7 |
| 6 | 重庆西站 | 15 台 31 线 | 30 | 30.8 |
| 7 | 杭州东站 | 15 台 30 线 | 34 | 98 |
| 8 | 广州南站 | 15 台 28 线 | 33.6 | 130 |
| 9 | 南京南站 | 15 台 28 线 | 45.8 | 140 |

数据来源：中国高铁站规模排行榜｜究竟谁是亚洲第一？. 轨道交通网. http://www.sohu.com/a/135912606_682294

同样规模过剩、贪大求奢的还有各地政府办公楼，豪华政府大楼超支浪费现象令人咋舌。例如济南市政府办公楼龙奥大厦耗资 40 亿元，建筑面积达 36 万 m²，设有 40 余部电梯，内部走廊周长 1km[15]。

### （4）建筑建设能耗居高不下，碳排放压力凸显

疯长的建设市场带来了能源供应与碳排放权的巨大压力。资料显示，2004 年我国建筑总面积为 389 亿 m²，总商品能源消耗约 5.1 亿 t 标准煤[16]。2015 年，

全国建筑总面积达到613亿m², 建筑能源消费总量为8.57亿t标准煤[17]。十年间，我国建筑总面积增长了58%，建筑能耗却增长了68%，占全国能源消费总量的20%。其中，仅公共建筑能耗就占3.41亿t标准煤，为建筑总能耗的40%。

## 2.4.2 建筑文化与美学价值明显缺失

### （1）罔顾城市文脉大拆大建，"短命建筑"频现

近年来，我国城市大拆大建成为普遍现象。在城市建设过程中，盲目拉直道路、对老街区大拆大建或推倒重建、将现有居民整体迁出的开发模式比比皆是，严重践踏城市原有文脉记忆。同时，建筑未到使用年限被随意拆除的现象也频频出现。住建部原副部长仇保兴曾指出，我国新建建筑的平均寿命只有25~30年[18]。我国每年老旧建筑拆除量已达到新增建筑量的40%[19]，由于扩建考虑不周、位置不合理、任务书不合理、有碍观瞻等原因，一些远未到使用寿命限制的道路、桥梁、大楼纷纷被拆除[20]。例如2007年，西湖边第一高楼——原浙江大学湖滨校区主教学楼由于用地位置不合理被拆除。此楼设计于1985年，1993年正式交付使用，建筑面积21100m²，投入资金2000多万元人民币；2007年，青岛市建成15年的铁道大厦由于青岛火车站需要扩建被爆破拆除，而青岛火车站是在1993年进行的改建，短短10多年后，其客流量已远远满足不了使用需求，只能以推倒铁道大厦的代价为火车站不合理的设计买单[21]。

### （2）城市建筑美学价值体系缺乏民族与文化自信

在当代中国，建筑形象成为展现城市发展境况的一面镜子。在城市粗犷发展的阶段，建筑不可避免地被赋予权力、地位、财富的意义，传统建筑文化中适度、恰合的理念因不能承载新鲜、怪异、巨大的建筑形象而被抛弃。因欠缺独立的价值判断与美学思考，我国的当代建筑设计误以追求感官刺激为价值取向，最终呈现出"趋同""求怪""贪大""崇洋"等乱象。

其表现之一为城市建筑同质化，区域文化差异性与多样性丧失。一方面，忽视城市文化与历史底蕴，忽视古建筑保护，或滥用历史元素造"假古董"，导致建筑失去地域特色与文脉精神，例如某县黄金镇政府举债修建办公楼花费500多万元建造了外形酷似天安门的镇政府；另一方面，盲目建设大量无地域差别、无本土特色、缺乏社区活力的城市新区，不断重复这宽马路、大广场、高楼林立的大体量城市景观，造成"千城一面"的困局。其表现之二为城市建筑恶俗化，奇异建筑与夸张建筑纷纷出炉，北京天子大厦、沈阳方圆大厦等建筑媚俗、夸张的建筑形象令大众难以接受，另外一些一味追求怪异造型而罔顾安全、不讲实用，甚至号称"后现代""反力学"的奇异建筑纷纷建成，与周边环境极不协调，与大众审美大相径庭，与民族文化格格不入。其表现之三为城市建筑泛西方化，忽视中华传统文脉传承，随着西方现代主义建筑理论及其后的多元化理论落户中国，一系列重要城市标志性建筑的设计权被西方建筑师所控制，使中国成为建造标新立异建筑的试验田。其表现之四为城市建筑贪大逐奢，对建筑功能的真实需求考虑不足，大广场、大马路、大街区、大立交、大草坪竞相出现，比高、比大、比技术难度，尤其一些政府项目动辄"全省最高""全国最大"，忽视建筑功能的真实需求，追求华而不实的面子工程。

## 2.4.3 脱离实际，忽视民生，盲目追求高楼大厦

### （1）高层建筑建设过量，且效益低下

我国高层建筑建设过量。根据世界高层建筑与都市人居学会（CTBUH）的统计，截至2018年，我国共建成2731座百米以上超高层建筑，美国建有2696座，两者绝对数量相当。但从GDP总量与摩天楼数量比值看，我国为49亿美元/座，同期美国为76亿美元/座，即我国以相当于美国65%的GDP总额担负起超过美国建设总量的摩天楼建设。从对比中可知，我国的摩天大楼的数量与规模惊人。而在实际的使用需求中，我国一线城市摩天楼的空置率在25%~30%之间，而部分二、三线城市的摩天楼空置率甚至达到了40%~50%，去库存同样成为我国摩天楼面临的问题之一。这也从侧面说明了我国的摩天楼存在过量的问题，2017年我国竣工高度为

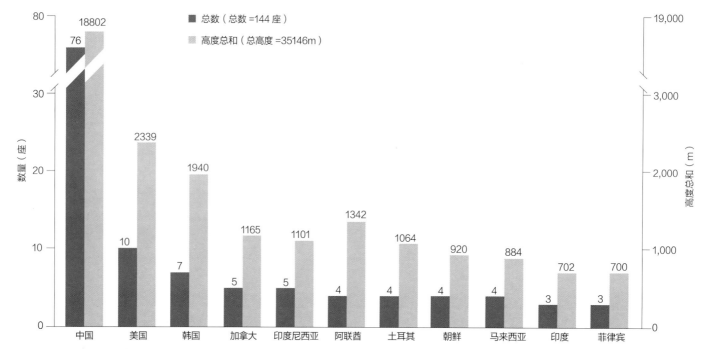

图 1-2-12 按国家划分的 2017 年高度为 200 m 及以上竣工建筑情况
图片来源：世界高层建筑与都市人居学会官网数据

200m 及以上的摩天楼 76 座，接近全球 200m 及以上建筑总量的六成（图 1-2-12）。

高层建筑高造价、高风险、高能耗。高造价主要为满足高层抗风、抗震要求，当大楼高度接近 200m 时，每多建一层，其造价将呈指数级增长；高风险主要来自结构与消防两方面，超高层建筑需要挑战人类对建筑结构的已知极限，疏散困难使得高层建筑在面对火灾等自然灾害时逃生率较低，而钢结构耐火时间多、高层建筑竖向管井多、建筑过高云梯无法到达等原因也导致高层建筑一直存在消防隐患问题；高能耗主要表现为高层建筑对气候的依赖性较弱，调节建筑与环境的关系达到节能目的的效果甚微，而其使用的幕墙结构保温、隔热性能差，且内部容纳人数多，信息处理量大，因此为保持正常的运作，高层建筑在电梯、空调、供水、供暖、管理等方面要消耗大量的能源。同时，高层建筑还存在造成光污染与城市热岛效应、冲击城市景观和社会文化价值、使用舒适度不高等问题。

### （2）高层住宅建设降低生活质量

作为高层建筑重要类型，高层住宅特指 10 层以上、以电梯为主要交通方式的住宅建筑。自 20 世纪 90 年代以来，为提高土地开发价值和提升城市形象，我国开始大规模推广高层住宅。高层住宅在解决居住需求的同时亦产生了诸多问题。除去同其他高层建筑一样面临着公摊面积大、得房率低、通风差、消防疏散难等设计问题和建设成本高的问题外，高层住宅对人居质量的负面影响巨大。由于住宅远离地面、缺乏户外活动环境，居民户外活动和公共交往的热情大幅下降。有研究显示，居住在高层住宅内的儿童肥胖率要比居住在其他住宅的儿童高一倍；而高层建筑由于高度高、体量大，给居住环境与周边小气候带来了诸如楼群风、北面大片阴影等问题，也对城市传统的建筑肌理和街区环境带来了巨大冲击。中后期的高层住宅维护和运营也将形成社会性问题。

尽管高层住宅有诸多问题，但在我国快速城镇化的阶段中依旧建设成风，甚至有越建越高的趋势。在我国目前已有的 1693 座 150m 以上的摩天楼中，有 517 座被用作住宅，除香港（229 座）外，沈阳（39 座）、南京（29 座）、广州（27 座）、成都（21 座）等城市均有 20 座以上的"摩天住宅"。

## 2.4.4 建设规范标准与设计环节机制有待完善

### （1）现行建筑标准滞后于城市建设需求

我国建设标准无法适应建设高质量和新技术的需求。目前，我国大量现行国家建筑标准实施时间过长，

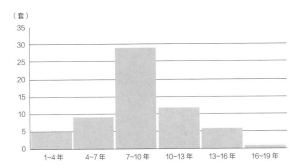

图 1-2-13 我国国家标准图集（建筑专业）新旧版本更新间隔统计表

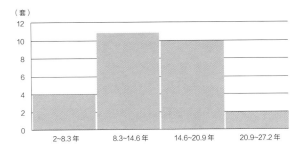

图 1-2-14 我国房屋建筑（建筑设计）工程建设国家标准规范文件新旧版本更新间隔统计

许多现行建筑标准已实施超过 10 年之久（图 1-2-13、图 1-2-14），例如建筑国家标准的平均更新年限为 9.48 年，规范（建筑专业）的平均更新年限为 12.78 年。评估数据库建立不足，数据资源共享不完善，无法及时反馈建筑规范标准更新，对已建成建筑在相关技术指标（如玻璃幕墙老化问题、钢结构维护问题等）、功能指标、使用行为指标等方面存在的问题没有得到及时与充足的反馈。

### （2）建筑设计手法刻板教条

建筑设计习惯于套用规范标准，缺乏当代思维与新技术应用。从 20 世纪 50 年代至今，我国共编制了国家建筑标准设计 1900 多项，全国有 90% 的建筑工程采用标准设计图集[22]。在我国快速城镇化的发展进程中，国家建筑规范标准在大规模城市建设工作中的广泛应用与技术资源优势是显而易见的，但也由此产生了一些问题。如许多建筑师习惯于套用规范标准；许多新建建筑只一味追求外观新颖，内部使用空间缺乏针对具体项目的合理尺度设计；同类型建筑空间语言与模式雷同……这些都与国际一流建筑设计水准存在较大差距，缺乏当代思维与新技术，如计算机网络技术、空间句法、大数据等方法的研究与应用。

### （3）建筑设计环节缺乏科学性

建筑设计环节机制有待完善。第一，我国从城市规划到建筑设计实施环节之间存在断层，建筑相关政策不交圈，缺少前期建筑策划环节。第二，我国城市建筑在建设初期的设计任务书生成机制不完善，仍带有明显的主观主义与经验主义痕迹，而传统设计评审过程也存在模糊性强等问题。第三，建筑的立项及设计依据缺少科学性，建筑设计监管体制机制不健全。第四，建设项目缺少后期使用后评价（POE）环节，建筑师职能不够完善，需要拓展。第五，对建筑项目整体上缺乏全生命周期的维护工作，造成从建设、运营到再利用各环节上的资源能源浪费。

## 2.5 城市交通供需不平衡、品质欠缺

### 2.5.1 城市交通供需不平衡

#### （1）城市道路容量不足

目前我国城市人均道路面积处于低水平状态，大城市的人均道路面积尚不及发达国家的 2/3。尽管近十年来我国人均道路面积由 7.56m² 上升到 15.34m²，但仍与城市交通量年均 20% 的增长速度差距明显，且城市道路建设主要分布在新开发的市区和郊区，城市中心区的人均道路面积反而略有下降。

我国城市路网总体密度与国家目标要求存在较大差距。2018 年度《中国主要城市道路网密度监测报告》选取的 36 个全国主要城市，路网总体平均密度为 5.89km/km²。密度处于较高水平的城市有深圳、厦门、成都、上海、广州，路网总体密度达到 7km/km² 以上，占全部研究城市的 13.9%。其中仅深圳、厦门、成都三市达到国家提出的 8km/km² 的目标要求。

#### （2）高投入模式缺乏科学性

目前我国城市交通投入模式以资本高投入、空间高投入为主，大手笔交通工程层出不穷，但大型交通工程对交通拥堵问题的解决收效甚微，甚至诱发了更多的交通量，引起结构性"负效应"。以郑州为例，其投入 6.5 亿元建设的陇海路中州大道互通式立交开通

便产生严重拥堵，成为新"堵王"。可见，以高投入满足交通需求的传统模式并不能解决实际交通问题。

### （3）道路建设结构不合理

城市道路结构建设缺乏科学性。一方面，交通规划与城市规划匹配性不足，城区扩张导致通勤距离不断拉长，拥堵空间由市区向外围扩散，并转向通勤需求比较集中的交通走廊和关键节点。另一方面，交通规划没有充分考虑路网衔接和交通区域功能，导致道路等级结构失调、支路体系规划欠缺、重点路段和商业区交通基础设施不足等一系列问题。

## 2.5.2 城市交通品质有待提高

### （1）停车矛盾突出，管理有待强化

面对家用小汽车爆发式增长，全国城市停车位缺口较大，估算约为5000万个左右；大城市小汽车与停车位平均比例约为1∶0.8，中、小城市约为1∶0.5，远落后于发达国家城市1∶1.3的水平；居住小区停车用地规划面积偏低，公共停车位配给严重不足，导致违章乱停现象严重，停车管理难度加大。

### （2）非机动车出行环境差，机动车占据路权

目前道路空间资源短缺，非机动车路权保障不足，非机动车道整体建设品质较低，无独立板面或机非隔离设施、车道网络不连续为普遍现象。交通管理水平低、路侧占道停车、公交进出站等问题进一步影响非机动车出行安全与出行品质。

### （3）城市交通管理水平低下

不断增强的城乡交通联系需求和多元化的出行目的，对城市机动性提出了更高的改善要求，但是现有的交通设施、服务和管理之间缺乏有效衔接，明显滞后于现实需求，进而导致出行需求带来更为严重的外部性后果，例如交通安全隐患、环境污染、交通失序和拥堵等问题。

## 2.5.3 城市交通负外部性突出

### （1）公共交通缺位刺激私人交通高增长

由于交通条件的改善和公共交通的缺位，致使私人交通爆发式增长，主要大城市小汽车出行比例（全方式、全日）相较于10年前都显著提高，例如北京的小汽车出行比例从2000年的23%上升至2014年的32%，进一步加剧了交通拥堵，影响城市运行效率。除了大城市公共交通问题突出外，以个体化交通工具为代表的机动性正逐渐成为县域城乡通勤的主导交通方式，公共客运受到明显的冲击，城乡公交的服务水平逐渐降低，亏损和财政补贴不断增加，致使一部分交通弱势群体出行更加困难。

### （2）城市拥堵加剧致使出行成本居高不下

交通拥堵加剧，我国大城市交通拥堵向常态化和区域化蔓延发展，公共交通出行时耗普遍偏长，平均出行用时超过40min。以北京为例，公交出行速度较低，地面公交速度仅为小汽车出行速度的一半，同时乘行环境拥挤，出行体验感不佳，个别地铁线高峰时段列车最大满载率超过100%，甚至达120%，处于较高风险等级。北京、上海等主要大城市的出行换乘次数较多，均值超过1.3次以上，整体出行耗时超过50min，公共交通出行成本极高。

### （3）交通低效导致能源高消耗和污染高排放

交通问题衍生出巨大的能源问题和城市环境问题。2016年我国石油对外依存度持续上升，达到64.4%，而全国汽车耗油约占石油消费总量的1/3。机动车尾气排放被证实是大气污染的重要来源，是造成灰霾、光化学烟雾污染的重要原因。2015年京津冀、长三角、珠三角三大城市群9个城市的空气颗粒物污染源解析显示，北京、广州、深圳、杭州等城市空气颗粒物的首要污染源是机动车（北京市机动车排放占全部污染源的31.1%，杭州市机动车排放占28.0%）。

## 2.6 城市安全隐患众多且应对能力薄弱

### 2.6.1 城市安全事故多发

#### （1）自然灾害形势严峻

我国潜在的自然灾害种类相对较多，灾害分布的地域相对较广，有70%以上的城市、50%的人口受到地震、洪涝、海啸等灾害的威胁。近年来五大类自然灾害发生的频率增加，受季风性气候影响，一些主要的气候灾害尤其是区域性的洪涝灾害和干旱灾害加剧。另外，因为我国处在太平洋、亚欧、印度洋板块交会处，地震也时常发生。面对高频率、多种类、损失重的自然灾害，我国的应对能力仍然薄弱，城市灾害形势仍然严峻。

#### （2）城市建设安全隐患众多

我国城市建设安全状况不容乐观，安全生产经济基础较差。相当多的城市仍以经济建设为主，对于事故灾害的危机意识薄弱，重大生产性事故时有发生，不仅导致严重的社会影响和经济损失，还造成大量人员伤亡。例如2018年1~5月，全国共发生房屋市政工程生产安全事故264起，死亡310人，比2017年同期同比增长1.93%和1.64%，建设工程安全问题依旧严峻。

### 2.6.2 城市危机应对机制不完善

#### （1）建设工程灾害抵御水平低

我国多数城市建设工程防灾基础薄弱，灾害抵御能力严重不足。供水、排水系统，电力、燃气及石油管线等能源供给系统，电话和广播、电视等情报通信系统，大型医疗系统以及公路、铁路等交通系统建设水平低，生命线工程建设保障以及城市韧性严重不足。例如我国有防洪任务的城市中，仅有321座城市防洪能力达到了国家防洪标准（占总数的50%），70%以上的城市管线系统排水能力不足1年一遇，即使面对较短重现期的降水，仍将有不少城市会因工程建设滞后而遭受城市内涝的破坏。

#### （2）防灾规划系统性应对能力弱

城市规划管理对多元灾害的应对能力仍显不足。一方面，防灾设施建设系统性统筹不足，仅把城市防灾、减灾作为一项配套工程考虑，使城市布局上存在应对灾害的功能缺陷，含有危险源的设施选址缺乏合理性。例如原本位于城市边缘的易燃、易爆危险源随着城市的扩张与蔓延被包围在城市中间，缺乏安全隔离带建设，空间调整不及时。另一方面，对防灾规划缺乏重视，应急救援体系和法制保障建设有待完善，政府危机应急事权尚不明晰。具体表现为灾害预警和监控技术不成熟，应急法律法规相互之间存在较多冲突，中央和地方各级减灾委员会及其办公室的综合协调能力不足，居民的防灾意识普及程度不高等。

# 第 3 章　中国城市建设可持续发展的问题与思考

## 3.1 中国城市建设可持续发展的问题凝练

### 3.1.1 供需不平衡，低质低效利用

作为城市建设的核心载体，各类资源要素在供给和需求两端的不平衡现象，是我国城市建设不可持续的首要问题。

#### （1）土地供需不平衡

① 供需的总量规模不平衡。由于我国的人均耕地总量极其紧张，因此用于城市建设的土地十分有限。但未来我国城镇化进程仍有相当长的路要走，尽管城镇化增速已经开始放缓，转型也正在推进，但如何在有限供给下支撑未来城镇化的土地需求，依然是城市建设可持续发展中的核心问题。需要指出的是，我国过去 40 年的城市建设已经形成了粗放低效的发展模式，大量土地资源以一种低效率、低品质的形态转化为城市空间，既未能充分释放应有价值，还带来诸多难以解决的城市问题。加之目前还没有探索出完全摆脱土地资源依赖的有效路径，因此土地供需总量的不平衡问题仍将长期存在。

② 供需的空间分布不平衡。除总量之外，土地供需在空间分布上的不平衡问题同样突出，主要体现在地域分布的不平衡和层级分布的不平衡。地域分布方面，土地的供给存在脱离真实需求的问题，由于缺乏科学合理的计算和预控，造成其与人口的集聚水平不匹配，其结果是在缺乏人口集聚基础的地区，城市建设用地供给过量，造成大量空置和浪费。层级分布方面，拥有较高行政层级的城市更容易获得土地供给指标，而处于较低层级的城市尽管具备高质量的发展活力和自身建设需求，却无法获得充足的土地供给。

#### （2）建设供需不平衡

① 宏观尺度建设的盲目性，造成供需不平衡。在宏观的国土尺度上，由于各地开发主体的自我本位思想，导致在实际建设中往往忽视前提条件，不深入研究实际需求，运用单一资源导向思维，围绕某类要素盲目开展建设活动。超过 70 座的"高铁新城"、超过 100 座的"临空新城"、长江沿线超过 100 家的各级化工园区等就是盲目建设供需失衡的典型案例。上述建设行为使得城市建设在国土尺度上失衡无序，甚至丧失未来持续发展的生态基础、土地资源和战略机会。同时，宏观建设供需的不平衡还体现在不考虑城市的实际需求，都采用单一的新城新区模式进行建设。各个城市在城市气质、产业类型、规模能级等方面存在巨大差异，应当采取差异化的建设模式，但实际上具体城市建设过程通常简单地以新城新区模式来开展，既造成土地资源的错配，也脱离城市的实际建设需求。

② 中观尺度建设的单一性，导致供需不平衡。在中观的城市尺度上，由于对城市内部空间组织考虑不足，对建设活动的规划布局存在失误，形成大住区、大园区、大校区等功能高度单一化的地区，从而加剧产业、居住和公共服务功能之间的分离。随着城市规模和建成区尺度的增大，大型商品房住区呈现连片开发，大型产业园区向远郊转移，郊区大学城建设热潮兴起，但公共服务设施的外迁却明显滞后。外围大尺度的单一功能区加剧了居住、就业、就学空间的分离程度，并且与公共服务设施更加离散。不合理的城市建设造成职住分离，人为地制造了大距离通勤的就业需求和服务需求，使得居民通勤时间成本和经济成本增加，破坏了城市功能的有机性，加剧了城市功能的供需失衡。

③ 微观尺度建设的局限性，加剧供需不平衡。对房地产经济的依赖，使得微观尺度的建设存在明显的局限性。经济层面的逐利性导致建筑总量明显超前供给，结构上住宅建筑的高库存、公建面积的低人均同时存在，大量高层建筑尤其是高层住宅对未来供需的潜在风险已经呼之欲出。社会层面的虚荣观念导致建筑贪大求洋，脱离实际需求而过度追求规模和形式，尤其导致公共建筑的高耗材、高耗能，但又无法充分满足市民的使用需求，破坏城市的可持续发展。

### （3）设施供需不平衡

① 大型基础设施的供需不平衡。伴随着城市经济和人口的增长，对交通、市政等设施的需求也在快速增长，但当前大型基础设施在供给规模上存在短缺。一方面，基础设施的建设标准已经滞后于时代需求，即使按照标准建设也难以满足城市需求，设施的锈蚀、损耗与老化进一步加大供需缺口。另一方面，由于不能带来直接经济收益，大型基础设施处于从属配套地位，导致其在建设实施中往往被滞后、被减量甚至被取消，造成战略性的交通廊道、高压管线及路由等设施出现结构性缺位，不仅使得设施供给滞后于城市需求，甚至在城市工程的稳定性和安全性方面出现缺陷。因此，基础设施供需之间不平衡的问题愈发突出，制约城市的正常发展，并带来城市建设不可持续的相关问题。

② 环境设施的供需不平衡。显而易见，城市中生活污水与垃圾的产量在大量增长，例如2016年生活垃圾清运量高达2亿t，并正在以10%的年均增速继续增长。相应地，传统的废弃物处理方式和处理空间缺口逐渐增大，在经费、建设、运营等多个方面的供给日益不足。同时在东、中、西部地区间的不平衡现象日益突出，东部地区的环境设施建设相对完善，而中、西部地区建设存在不足，废弃物的处理率偏低，制约了当地城市的进一步发展。

③ 能源设施的供需不平衡。我国的城市建设和运行正在产生越来越大的能源需求，但在电、气、暖等能源供给方面存在诸多短板，总体表现为供需的不平衡。首先，城市能源对外依存度较高、供应保障压力大。随着城市的能源需求越来越大，城市自身能源设施的供给日益不足，需要依赖外部能源调配，从而出现稳定性和安全性的问题，影响居民正常的生产生活开展。其次，能源利用方式粗放，单位能源产出效率不高。低效率的能源利用加剧供需缺口，并且伴生有大气、水等环境污染现象出现，进一步加剧了能源供需失衡的负面影响。再次，能源供给过度，尤其反映在北方冬季过度供暖的问题上。住房和城乡建设部原副部长仇保兴曾指出，"由于供热系统设计不合理，用户室内无法自主调控，如果热了，只好开窗户调节室温，大约浪费了全部热量的7%"。可见供给过度造成能源失衡的问题确实存在。

## 3.1.2 系统不协调，缺乏整体思维

由于城市系统的开放性和复杂性，其建设领域包含了建筑、交通、市政、安全等多个系统，但在当前条块分割的城市建设和管理体制下，各系统之间和其内部都存在孤立发展、自行规划、缺乏统筹的情况，成为中国城市建设不可持续的重要问题。

### （1）系统间建设不协调

① 大型交通廊道、基础设施粗放布局，分割城市空间。为了支撑城市经济活动的高速发展，各大城市积极开展交通和基础设施建设工程，高速公路、高速铁路、城市地铁、电力高压走廊、燃气输送通道等大型设施得到长足发展。目前，我国的高速铁路营业里程、高速公路通车里程、城市轨道交通运营里程均位居世界第一，许多城市规划的大面积、高投资的轨道交通、高速公路尚未建设。但由于不同系统之间缺乏有效沟通，规划与建设行动简单粗放，使得高等级交通廊道和基础设施建设造成空间分割，导致土地资源

浪费和空间品质下降。一方面，各个系统廊道密布但彼此缺乏沟通，系统廊道的复合利用程度不足，造成不必要的空间分割，从而导致空间破碎化，不利于城市空间的长远布局和利用。另一方面，交通和基础设施的不合理布局也对城市空间品质造成干扰，系统廊道不共线、不复合的布局增加对城市空间的无谓分割，破坏廊道两侧的功能和交通联系，影响市民活动与城市风貌。

② 城市交通、基础设施等系统各自为政，暴力施工加剧破坏。作为城市综合服务的载体，交通、供水、供电、供气、邮电、通信等城市基础设施随城市快速发展。由于城市基础设施供给主体在布置各自设施系统时，各专业部门没有良好的沟通协调机制，加之没有统一、全面的地下管线管理档案，地下空间的管线布局散乱，施工过程不协调，往往出现系统间的重复开挖和倾轧破坏，明显增加了施工成本和维修费用。另外，城市基础设施工程建设的规模进一步加大、时效要求进一步提高，建设施工工期缩短，在缺乏有效监管的前提下，施工单位粗放式地暴力施工，导致城市工程建设破坏市政管道的案例频频发生。例如2018年7月深圳地铁施工单位在建设过程中3天内挖断7根电缆，致使众多用户停电，事发一周之内又将位于布吉的供水主管道挖爆，严重干扰了城市运行的正常秩序。

③ 环境邻避设施布局影响城市建设协同。具有污染性和安全风险的邻避设施，如核电站、核燃料加工厂、垃圾焚烧厂、污水处理厂等，由于其自身的负外部性且波及范围较广，可能对超出行政区划的其他地区造成环境、经济、社会上的负面影响。但当前区域协同共享、治理邻避冲突的模式与路径相对缺位，此类环境邻避系统的规划建设缺乏协调机制，带来建设浪费和安全风险。一方面，由于共享协调机制的不成熟，城市各自建设环境邻避设施，既造成空间浪费，也带来经济浪费，且不利于提高处理效率。另一方面，由于协调机制的缺位，设施布局容易发生冲突，尤其在污水、废气、废渣的排放等方面较为突出，上游污染下游、上风污染下风等问题普遍存在。

### （2）系统内建设不协调

① 市政设施内部子系统不协调。由于我国的供水、供电、污水、雨水、燃气、通信等各类市政设施子系统分属于不同的行政管理部门，地下管线各自为政，地下空间利用混乱的问题十分突出。就历史问题而言，既有的市政设施各子系统间缺乏沟通和综合规划、施工不规范，无法对各类管线的建设进行统一和整合，浪费地下空间，彼此干扰冲突，甚至对现状情况都缺乏清晰认识。就当前建设而言，各子系统彼此间缺乏协调，导致对设施的建设、维护、修理、改造等工程无法统筹开展，因此一条道路上不同基础设施先后开挖、任意布线的情况时有发生，"马路拉链"问题十分突出，综合管廊的推广应用明显不足。

② 交通设施内部子系统不协调。机动车、非机动车、人行空间、停车空间等各类交通子系统同样缺乏协调，加剧城市建设中的交通问题。第一是道路空间路权分配不协调。道路交通的断面及交叉口设计多以机动车出行为中心，机动车路权占比大，而非机动车出行无独立板面或机非隔离设施，交通出行环境较差。第二是公私交通发展不协调。公共交通发展不足，刺激私人交通爆发式增长，各大城市小汽车出行比例相较于10年前都出现显著提高，出行结构不合理的问题加剧。第三是静态交通设施考虑不足。一方面，停车空间的配建标准并没有依据实际情况进行适应性调整，带来了停车难的社会问题；另一方面，停车空间的布局和公共交通、换乘枢纽的结合不足，与市民公共出行需求脱节，不利于城市公共交通发挥最大效能。

### （3）全周期、各环节不协调

决策、建设、运营、养护等环节间缺乏协调。除各类设施系统间、子系统间的不协调之外，城市建设在时间维度上各个环节的不协调问题同样突出。其一是城市建设的决策不科学，对全生命周期的可持续性考虑不足。"重建设、轻运维"的传统思维导致对建筑的"物化能"关注较多，却往往忽略了建筑全生命周期能耗的变化情况，从而出现城市建设后期高能耗、高成本的现象出现，例如地铁、隧道等重大工程设施的后期运营可能会面临巨大压力。其二是城市建设的开发时序缺乏整体统筹。当前城市建设中存在短期内土地投放过量、开发过热或土地供给不足、房价上涨的现象，从而影响城市的长远建设节奏；也存在近期重点建设房地产、工业项目，忽视公共服务建设，造成社会民生缺位的问题。其三是中后期养护不足导致建筑工程过早衰败。城市建设过程中重点关注建设中的质量监管，但很少有针对后期养护维修和保障配套的措施，导致只能对建筑老化听之任之，放任建筑外观老旧和建筑功能退化，最终拆除造成浪费。

## 3.1.3 价值不永续，野蛮破坏中断

城市建设不仅关乎物质空间，也是自然、社会和人文的综合结晶，更是多元价值的集中体现。但我国城市建设现状中对各类价值均出现不同程度的破坏，成为我国城市建设领域中不可持续的内在问题。

### （1）自然价值被破坏

① 对自然资源的漠视态度与肆意侵占。当前，生态资源在城市建设过程中被忽视、低估的问题十分突出，开山毁林、填河填湖、侵占湿地、围海造地等现象频频出现。城镇化快速推进的背景下，各级主体在城市建设过程中往往缺乏对自然山水的基本尊重与保护，简单粗暴地对待自然生境，甚至侵占蓄滞洪区、山体开展建设，本应发挥约束作用的建设项目环境影响评价缺乏实质性意义。这种不明智的土地利用和工程施工使得自然生态价值流失并遭受破坏，导致大地景观破碎、自然水系被破坏、生物栖息地和迁徙廊道丧失，继而加剧热岛效应、城市内涝、空气污染等"城市病"。

② 对生态修复和环境治理关注不足。由于对生态价值的认识不到位，导致城市建设中的生态修复和环境治理工作相对薄弱。例如生态修复往往采取短时间行动，缺乏长效机制，依靠政府主导的"运动式"修复难以取得长期效果；又如修复和治理的科技支持不够，配套资金不足，采用单一的行政模式推进，无法形成产业化的治理路径，对市场、社会参与生态修复和环境治理的积极性调动不足。

### （2）社会价值被忽视

① 保障社会安全、提升城市韧性的能力仍然薄弱。在城市经济价值面前，我国的城市建设无论从设施建设还是规划管理层面，对于城市灾害与社会安全的关注都明显不足。例如含有危险源的设施选址欠缺合理性，随着城市的扩张与蔓延，使原本位于城市边缘的易燃、易爆危险源被包围在城市中间，缺乏安全隔离带建设，空间调整不及时。又如对防灾规划缺乏重视，防灾设施系统性应对能力薄弱，仅把城市防灾、减灾作为一项配套工程考虑，基础设施及生命线系统建设标准普遍偏低，使城市布局上存在应对灾害的功能缺陷，同时法制保障建设仍然有待完善，规划实施主体不明确导致规划效果甚微。重政府、轻社会现象凸显，基层防灾、减灾基础薄弱，对于居民的防灾意识普及程度不足。

② 忽视经济社会成本，大拆大建导致"短命工程"频现。无论是我国的建筑还是其他工程，实际平均寿命均偏短，许多建筑或交通市政工程并非因质量问题而拆除，而是由于随意变更规划或追求经济绩效等原因造成的。简单的大拆大建确实能够迅速出政绩、拉动GDP，但在城市建设的可持续发展层面，不仅耗费大量资本、资源、能源，造成严重浪费，产生建筑垃圾，污染环境，而且损毁社会记忆，不利于城市文化延续。

### （3）人文价值被割裂

① 漠视历史文化积淀。我国新型城镇化建设中，存在对于城市文化资源的挖掘利用不足的情况，一些城市建设贪大求洋、照搬照抄，脱离实际建设国际大都市。在旧城更新改造中缺乏对自然、历史文化遗产的保护。一些历史文化街区遭到大规模的破坏与改造，对于民族文化风格和传统风貌的传承与保护重视不足，忽略景观特色、文化底蕴、创新创意层面的空间塑造，人为割裂了历史文化传承。

② 缺乏独立美学思考。在快速的新型城镇化浪潮中，我国一些城市不约而同地选择大拆大建，许多城镇建设违背"文化传承，彰显特色"的原则，出现城市景观结构与所处区域的自然地理特征不协调的现象，对于城市自然和文化个性的"建设性"破坏不断蔓延；部分农村地区照搬城市社区模式建设新农村，直接运用城市元素替代传统民居和田园风光，导致乡土特色和民俗文化流失。城乡建设普遍缺乏独立的价值判断和哲学、美学思考，忽略历史记忆、文化脉络、地域风貌、民族特点，导致"千城一面"。

③ 忽略人性化尺度。城市建设以大规模、大面积方式推进，忽略原有的人性化格局尺度。宽马路建设使道路面积明显快于道路长度增速；大广场、大亭子等形象工程层出不穷，往往忽略居民的实际需求与使用体验；工业时代的新城新区规划建设以规模导向为主，紧凑集约水平较低。总之，城市空间形态的塑造并未充分考虑以人为本的社会价值。

## 3.2 可持续发展问题背后的原因剖析

从上述论述可以发现，尽管我国长期以来一直坚持可持续发展理念，但当前城市建设实践过程中依然存在诸多问题。因此有必要对造成可持续发展问题的原因进行系统剖析，对具体的可持续发展政策进行评价与考量。

### 3.2.1 机制体制：顶层设计缺乏可持续发展的统筹机制

① 中央政府和地方政府间的导向与考核存在双重标准，博弈中忽视可持续发展。1992年中国参与签订《里约宣言》，此后对可持续发展的要求日益加强，但相应的制度设计并未能有效跟进可持续发展政策。中央政府的发展导向提出经济稳定发展和环境质量改善并重，但在具体考核层面，长期以来表现为重视经济发展考核、淡化环境品质保护考核的特征。在这种情形下，地方政府在自身发展利益的诱惑中，其执政作为必然更多关注经济发展，乐见经济的快速增长，吸引产业集聚，极力做大城市经济规模；而对环境建设问题重视不足，对不可持续的行为疏于管制，环境保护方面鲜有作为，忽略生态资源问题（图1-3-1）。最终导致在地方政府和中央政府的博弈过程中，政策考核体系设计更偏向于经济发展，可持续发展目标实现得并不理想。由于这一原因的行政属性，只要优化改革考核机制，就能够在短期内有效扭转不可持续发展的相关问题。例如2017年环境保护部进行了多次严格督查，收到了较为理想的效果。

② 过度层级化的资源配置，导致基层政府缺少可持续的发展机会，加剧发展路径的曲折。在政府事权体制下，中国城市政府是一种广域型城市政府，辖区面积高达数千乃至上万平方公里。在城市政府管理区域，县域缺少发展机会，带来区域协同发展和城乡同步发展被忽视等负面影响。在这一背景下，基层政府合理的可持续发展路径被压制，甚至只得选择不可持续的发展路径（图1-3-2）。现下我们关注城乡统筹、区域协调，正是为了调整、弥补中国重城市、轻区域的行政制度设计所带来的城乡失衡、区域失衡问题。因此，京津冀协同发展等区域统筹规划应运而生，力求合理优化资源配置，同步实现可持续和发展两大目标。

③ 利益与权力导向下的片面管理思路，导致部门间缺乏可持续发展的有效协同。城市建设参与的部门众多，由于缺乏跨部门协调机制，权责划分不明确，

> **专栏：第三批中央环保督察**
>
> 时间：2017年7月29日至8月1日
>
> 督查地区：天津、山西、辽宁、安徽、福建、湖南、贵州7个省市
>
> 督察成果：共立案处罚8687家，拘留405人，约谈6657人，问责4660人
>
> 督查内容：突出环境问题及处理情况、环境保护责任落实情况、党委政府对国家和省环境保护重大决策部署贯彻落实情况
>
> 此次中央环境督察表明只要从考核政策上进行改革，对环境问题提出要求，就能够大大改善当前可持续发展执行不力的现状。

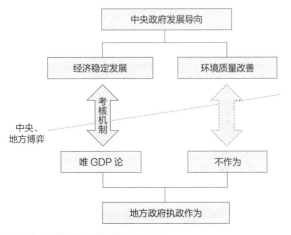

图1-3-1 我国政策考核体系分析图

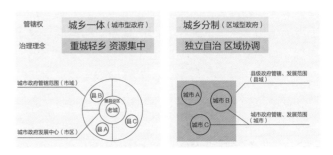

图1-3-2 狭域型、广域型政府行政层级对比分析图

不同部门针对同一问题采取各自的部门行政作为，导致相互冲突掣肘，难以形成统一行动。如长江经济带大保护推进中，原环保部严格督查，而各地产业部门则仍在试图争取沿江化工等产业的保留，或以新兴产业园为名继续在沿江生态带中拓展建设。

### 3.2.2 评价体系：缺乏全成本、全周期的综合考量

单点逐利思维下，政府的部分干预行为忽视市场规律，经济收益不足以覆盖外部成本。过去的生产型政府仅仅注重经济收益，对城市土地的出让金收入、企业贡献的地方税收和城市GDP极为敏感。为了获取短期效益，运用行政力量过度干预市场行为，甚至扭曲正常的市场规律。例如大城市对生产成本的过度补贴和返还，形成成本洼地，导致本应被市场自动淘汰或外迁疏解的部分低附加值企业留存下来并且集聚在大城市周边，仅带来有限收益的同时在土地、交通、环境等多个方面造成不可持续问题。例如北京的用电、用水、交通补贴使很多不应当在北京布局的低端产业大量集聚，浪费了大量的土地空间，增加社会隐患，形成了非核心功能的问题。同时，由于产业过度集聚难以形成区域梯度分工，挤压了北京周边区域的发展道路，在某种程度上刺激了河北地区高污染、高排放企业的发展，最终使得整个京津冀区域既无法在经济上实现共同发展，又整体沦陷在不可持续发展的困局中。

综上所述，正是由于我国缺乏一个全成本、全生命周期的评价机制，导致社会成本、资源成本、环境成本尚未形成合理的价格机制。政府、企业为了经济效益野蛮发展，忽视资源成本、社会成本、环境成本。污染物直接排放、用地的低效占用等不可持续发展问题频出。粗放发展创造经济价值的同时带来了高昂的治污费用、行政支出等经济成本，以及城市生态和人居环境等环境成本，更增加了人才逃离、空间浪费、机会丧失等难以估量的社会成本。

### 3.2.3 主体层面：对政府、市场、社会的行为引导缺乏合力

首先，政府未将自身作为可持续的参与者看待。诸多不可持续的行动都来源于政府决策，尤其在城市建设领域这一问题尤其突出。政府的决策失误、重复建设和盲目投入，往往造成巨大浪费，因此亟待调整自身角色，做好社会参与和引导。

其次，缺乏行之有效的政策举措，促进可持续发展市场化运作。既有的可持续发展动力，更多地利用政府行政力进行管控，但脱离经济价值的行政命令，容易造成社会成员的反弹与不作为，如果社会的大多数成员都不按照政策执行，钻政策的空子，可持续政策就达不到预期的效果；如果政策只能依靠强制力推行，那实施成本就会过高，以致没有足够的财政资源来支持政策，同样无法实现可持续发展。强制只应当是政府的手段之一，政府应当积极鼓励市场主体参与可持续发展建设，通过建立市场机制来推动可持续发展的长期稳定。

再次，未能提供畅通的渠道，抑制了全社会参与可持续发展的热情。一方面，未能充分调动公民的主动性。目前的环保法并未赋予公民个人公益讼诉权，社会公民个体不能够直接对污染企业提起诉讼。另一方面，未能唤起公民的参与感。政府采用大量财政补贴的方式开展可持续建设活动，依靠财政买单推进可持续发展的模式难以长期维系，导致很多可持续行动以运动的形式开展但往往半途而废。未来需要提升社会自治能力，让市民有更多的参与感，形成可持续发展的公众参与机制。

---

**专栏：南京石化、水泥、钢铁、发电四大产业效益分析**

在此以江苏省南京市作为案例，进行粗略的分析。南京石化、水泥、钢铁、发电四大产业在为南京创造经济价值的同时，也造成了环境问题、污染问题、土地消耗问题，间接造成了对人口吸引力的负面影响。四大产业每年创造483亿元的利税总额，1.3万亿元的工业总产值；其环境成本是高达32亿元的年均环保财政支出；其空间成本是占据135km$^2$，难以搬迁、转型困难的化工区；其社会成本是南京人才吸引力跌出全国前十，企业流失严重；其健康成本是近年来空气质量全国倒数第15，在长三角区域排名落后。南京市创造经济效益的背后是巨额的社会成本、环境成本，四大产业的发展负外部性显著。

## 3.3 基于政策实质效果的多维度评析框架

在可持续发展理念下，应关注政策和体制构建良性的评析框架。良性的评析框架能够引导政府恰当地经营资源环境，引导企业精细管理、集约节约经营，引导个人低碳绿色生活。可持续发展政策应从理念层面、总量层面、行为层面开展多维度评价，只有理念导向可持续、总量导向趋减、行为导向低碳的政策才是效果最优的可持续发展政策或机制（图1-3-3）。

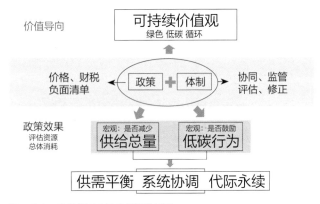

图1-3-3 政策效果多维度考量分析图

### 3.3.1 理念层面：坚持可持续的价值观导向

政策导向是否可持续是政策效果判断的首要考量。城市发展中的诸多政策、行为在理念层面都倡导可持续发展，例如限制小汽车、鼓励共享电动汽车和共享单车等政策，都契合可持续发展的城市交通理念，倡导限制小汽车规模、鼓励单车出行，提升交通工具的使用效率。城中村改造等相关政策有助于改变城市土地的粗放建设现状，提升城市开发的品质、效率，同样符合城市建设可持续发展的价值观念。

### 3.3.2 总量层面：坚持供给、消耗与排放总量趋减

总量导向是否趋减是判断政策效果的关键考量，也是可持续发展政策的最终目的。限制小汽车的政策有效实现了小汽车保有量的减少，鼓励共享电动汽车、共享单车则不一定实现总量的减少。共享电动汽车虽然减少了小汽车的购买，提高了使用效率，但共享汽车的投放增加了城市小汽车的规模；共享单车大量投放，明显增大了城市单车规模，单上海范围就已投放共享单车超150万辆。城中村改造亦极大地提高了城市开发强度，增加了城市住宅建筑总量。例如深圳白石洲旧区改造后的容积率高达10~12。

### 3.3.3 行为层面：坚持各个主体的具体行为低碳

行为是否低碳是判断政策效果的具体考量，也是可持续发展政策的根本作用因素。只有个体推崇低碳节约的行为模式，才能实现资源总量消耗减少的可持续发展目标。限制小汽车的政策实现了城市居民出行的低碳公交化。2014年北京、上海私人小汽车出行占比分别下降至32%、20%。共享单车则使小汽车短途出行减少了55%，另外70%的"黑摩的"司机转行退出。共享电动汽车由于空车率、载客人次等因素，未能有效改变个体出行模式。

由理念、总量、行为三个层面，多维度、全方位综合考量可持续发展政策，才能全面准确判别政策效果的优劣，也为政策的制定、考核提供了一个可操作的评价体系与标准。基于上述评价体系，能够更全面、科学地评价某一主体的行为或政策是否能够真正做到可持续发展。

## 本专题注释

❶ 1992年里约热内卢召开了联合国环境与发展大会，在会上通过了《里约环境与发展宣言》（简称《里约宣言》），为各国在环境与发展领域采取行动和开展国际合作提供指导原则，规定一般义务。会上还通过了全球可持续发展计划的行动蓝图，即《21世纪议程》。

❷ 中国科学院可持续发展战略研究组. 2015中国可持续发展报告——重塑生态环境治理体系[M]. 北京：科学出版社，2015.

❸ 《我们共同的未来》是世界环境与发展委员会关于人类未来的报告，报告提出了"持续发展"的概念并在此基础上论述了当今世界环境与发展方面存在的问题以及处理建议。

❹ 2000年，全球各国首脑在纽约联合国总部进行了会晤，表决通过了《联合国千年宣言》。《千年目标报告2010》《变革我们的世界：2030年可持续发展议程》均为联合国千年发展计划实行中的报告和文件。

❺ 《阿姆斯特丹条约》主要是对《巴黎条约》（1951年）、《欧洲经济共同体条约》（1957年）和《欧洲联盟条约》（1992年）的补充和修改，是欧盟一体化过程中重要的标志性法律文件。

❻ 2007年欧盟各国首脑在里斯本签署了《里斯本条约》。这是欧盟的首部宪法条约，旨在保证欧盟的有效运作以及欧洲一体化进程的顺利发展。

❼ 1996年1月美国总统持续发展委员会发表了《可持续发展的美国——争取未来的繁荣、机会和健康环境的新共识》报告。

❽ 资料来源：联合国教科文组织网站. https://zh.unesco.org/events/2020shi-jie-shui-fa-zhan-bao-gao-fa-bu.

❾ 三大城市群包括长三角、珠三角、京津冀城市群。

❿ 北京大学中国地方政府研究院院长彭真怀等专家曾提出，"假性城市化"指由于盲目追求"县改市"，造成县级市市区农村人口比重过大、城郊比例失调、城乡概念模糊的现象。

⓫ 清华大学建筑节能研究中心. 中国建筑节能年度发展研究报告2018[M]. 北京：中国建筑工业出版社，2018.

⓬ 同上。

⓭ 数据来源：广州欲打造"图书馆之城"建立四级公共图书馆. http://gz.leju.com/news/2015-05-27/09326009138785659699287.shtml.

⓮ 数据来源：国家发改委能源研究所. 节约型消费模式对未来能源需求的影响[R].

⓯ 王婷婷，张莹. 盘点26地政府建豪华办公楼最高花40亿[N/OL]. 法制晚报. http://news.youth.cn/gn/201412/t20141201_6143016_1.htm.

⓰ 清华大学建筑节能研究中心. 中国建筑节能年度发展研究报告2008[M]. 北京：中国建筑工业出版社，2008.

⓱ 清华大学建筑节能研究中心. 中国建筑节能年度发展研究报告2017[M]. 北京：中国建筑工业出版社，2017.

⓲ 王军荣. 建筑短命源于公民权利的贫困[N]. 经济参考报，2010-04-08.

⓳ 冯雷，陆文军，杜宇，王昆，孟含琪，潘德鑫，马姝瑞. 我国建筑全环节存在巨大"浪费黑洞"[N]. 经济参考报，2015-03-23.

⓴ 顾志法，徐强，景艳，钟黎明. 杭州高楼不能随便拆了[N]. 人民日报海外版，2007-07-28（2）.

㉑ 王学江，王娅妮. 仅用了十几年的大楼怎能说炸就炸[N]. 甘肃日报，2007-01-09.

㉒ 资料来源：中国建筑标准设计研究院网站. http://www.cbs.com.cn.

中国城市建设可持续发展战略研究

专题 2

课题一
中国城市建设现状评析与价值体系建构

## 城市建设价值体系建构

**专题负责人**　吴志强　王　静　阳建强

# 第4章　中华智慧作为中国城市建设可持续发展的智慧源泉

理性为人类智慧运用的共有文明财富，也是人类智慧的基本形式。从历史的脉络来看，"理性"是一个含义宽泛的哲学概念，虽然从认识论到实践论的各个不同层面都有着不同的理解❶，但各大文明都公认"理性"的本质是人类"智慧"应对挑战的运用。20世纪德国政治哲学家沃格林（E.Voegelin）在其著作《城邦的世界——秩序与历史》中比较各大文明体系并指出，一切有价值的思想都产生于思想家对其所处时代社会问题的忧患意识，思想最初的冲动源于要去探析社会问题的来源，寻求秩序之道，特别是运用理性的思想方式追求秩序是文明的基本特征，同时其也对追求理性秩序的中国文化给予了高度评价。在西方语境中，"理性"和"合理性"具有相同的含义，如"rationality"这个词就具有这两方面的内容，至少表明了通过理性来寻求合理性的路径关系❷，表现为追求秩序的一种思维方式。

从城市规划学科发展来看，理性是现代城市规划思维方式的基石，不仅为现代城市规划奠定了社会进步和社会改造的思想基础，建立了现代城市规划的基本价值观念，而且在知识体系上也建构了基本的思想框架❸。改革开放后，面对纷繁复杂的城乡建设，在我国城市规划理性化的实际过程中，一些城市规划学者逐步从对理性化内容的辨析上升到对理性内涵的辨析，提出理想主义、理性主义、实用主义、人文主义、科学主义等视角和理论区分❹-❼。同时针对社会发展的高度复杂和多元性所导致的城市规划实际工作中面临不同价值理性间的冲突，包括个体理性和集体理性、学术理性和实践理性、市场理性和社会理性、技术理性和政策理性、工程理性与管理理性等群体间的价值理性的差异，逐步建立了多元价值为基础的中国城市规划思想，并指出以理性思想为内核的城市规划思想方法存在着依托社会发展而螺旋演进的特征❽。这种历史辩证的螺旋演进规律是理性思想发展的一种本质规律。

分析中国城市规划思想方法发展中理性方法的移植、改造和变革的历程，可以发现存在简单理性和复杂理性两种不同的理性化发展倾向。可惜的是，由于近代以来西方科学主义的兴起，"理性"逐步被科学主义和理性主义所代表，其概念被极大地缩小。正因为西方现代理性思想催生了西方现代城市规划，相比于植根于中国传统社会的中华理性，现代化被等同于以西方理性为基础的理性化，在现代城市发展中的示范意义有着更加强大的影响力，因此被广泛作为城市规划现代性的基本特征，而中华传统文明的更广义的复杂理性在现代城市规划中被边缘化。

中华文明永续理性思想即中华智慧的融入中国城市建设，使城市发展思想方法产生了变革，逐渐被人们接受并尝试应用。中华文明的永续理性思想即中华智慧所引导的未来城市规划思想方法体系，必将成为世界城市发展的主流方向，成为中国对世界城市未来发展作出的引领性贡献。而面向中国城乡发展的未来，以复杂理性为内核的中华智慧思想方法体系，也必须更好地结合规划实践融入城市可持续建设。

# 4.1 中华智慧是应对当今城市建设问题的智慧源泉

当今，可持续发展已经成为人类社会发展的基本共识和世界各国的共同选择。可持续发展最早可追溯到 1972 年联合国人类环境研讨会对其的首次讨论，之后人类开始愈发关注环境问题。1995 年，中国正式将可持续发展作为国家的基本战略。

改革开放以来，中国经济持续快速增长，城乡居民生活水平显著提高，社会事业全面进步。中国城市在过去 40 多年的发展中，经历了人类历史上规模最大、速度最快的建设历程，但城市高速发展的同时也伴随着大量错综复杂的城市问题。

可持续发展理念被贯彻运用到中国的城市建设中。但面对当今中国的城市建设可持续发展问题，简单思维已经无法解决错综复杂的城市问题。城市可持续发展理念必须运用复杂思维，从以前单一追求经济、社会、环境或生态某个单系统的可持续发展，转变为追求系统之间的复杂的协调发展；从过去仅关注经济与资源环境，扩展到关注社会的和谐发展这一重要指标。

因此，中国城市可持续发展必须运用整体性、系统性、复杂性的思维进行评价，必须结合国家、城市的具体和实际情况，有针对性地确立可持续发展战略目标与计划。更加关注人的获得感，真正体现以人为本，以中华文明优秀传承为目标构建中国城市建设可持续的价值体系。

在中国城市建设可持续的价值体系下，专题二的重要成果是提出"中国城市建设指导思想"，这是一个真正对中国未来城市建设有重要影响意义的"指导思想"。"中国城市建设指导思想"的要求是：对有中国特色的城市建设指导思想进行深入的研究和提炼，针对过去在我国城市建设中观念不清晰以及照搬理念模式的情况，为中央和有关部门提供建设既有国际视野又高度符合中国国情和文化的城市建设新理念，并作为城市建设的战略参考。

本专题系统回顾了过去几十年的城市发展出现的问题，并总结几十年中的城市可持续价值观的演变，提出"中国城市建设指导思想"的框架。从价值观的深度思考了"中国城市建设指导思想"形成的三个源泉（图 1-4-1）。

第一个源泉是"中华智慧导引"。中国有世界上

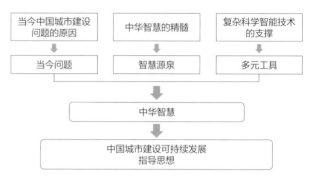

**图 1-4-1　中国城市建设指导思想三大源泉**

最悠久连续的历史、上下五千年灿烂的文化。中华民族五千年历史长河积淀而成的智慧总和，我们称之为"中华智慧"。中华智慧最典型的特征是本质上的"复杂思维"。由于人们缺乏对中华智慧的正确理解，导致了中华智慧这一优秀的智慧、思维方式在中国城市建设的实践中没有得到充分运用。本专题试图追溯中华智慧的本源，挖掘中华智慧的本质，总结中华智慧代表性的特点，提炼其特性，进而明确当今的中国城市建设能从中华智慧中汲取什么样的经验，进而缓解中国城市建设的问题。因而可以说中华智慧是中国城市建设指导思想的核心灵魂。

第二个源泉是"城市问题倒逼"。对过去几十年中国城市建设出现的问题进行凝练和梳理，并从价值观的层面思考造成这些问题的根本原因。正因为城市建设出现种种问题，才迫使我们出台应对措施，因此针对当今中国城市建设的问题从价值观出发的高度梳理，才能够为中国城市建设指导思想指明实践方向。

第三个源泉是"多元工具助力"。科技的飞速发展，不断出现的前沿工具让我们能够摆脱长久以来的"单轨"的思想方法，从"简单思维"方法转向"复杂思维"方法。技术和科技手段的突飞猛进，使城市发展建设的技术发展跳跃成为可能。当今时代的大数据、人工智能、移动网络技术、云技术等对于中国城市建设的广泛而深入的影响，必将使中国城市建设思想方法和工作方法产生历史性的变革。多元工具的辅助，为中国城市建设指导思想提供了强有力的技术支撑。

## 4.1.1 当今中国城市建设的问题及其原因

近年来，高速的城镇化进程导致中国城市建设发展中出现了不同程度的城市问题。城市问题日益受到

人们的关注，国家"十三五"规划纲要中明确指出要"预防和治理城市病"。

对于中国城市建设的问题，社会各界和学术界作过不同的梳理和界定，其中较为重要的包括以下几种。

中国工程院认为，在过去30年我国疾风暴雨式的城市高速发展中，由于缺乏科学合理的价值体系引导和相关工程学科的通力合作，城市建设中出现了一系列严重的"城市病"，对中国可持续发展造成巨大威胁。可将当今中国城市建设中出现的问题概括为九大问题："城市交通严重拥堵、空气污染雾霾严重、城市内涝积水成灾、资源能源消耗过度、城市生态严重破坏、安全保障系统不力、基础设施脆弱短命、城市运行效率低下、城市文化传承缺失"。

中国城市规划设计研究院根据其几十年的城市规划实践经验，将当今中国城市建设可持续发展的核心问题概括为六大方面（图1-4-2）。

第一核心问题是城市空间发展呈现低质量失衡。具体表现为城市空间粗放增长、城市空间开发无序和城市空间供需失衡3个子问题，每个子问题可以继续细分。

第二核心问题是资源环境生态矛盾性与复杂性凸显。具体为资源能源的供需与利用存在突出矛盾、城市建设加大生态环境治理的难度与复杂性两个子问题，每个子问题可以继续细分。

第三核心问题是城市基础设施数量与质量整体滞后。具体为基础设施建设滞后于城市发展速度、基础设施技术水平滞后于时代要求两个子问题，每个子问题可以继续细分。

第四核心问题是城市建筑存在供需与价值的双失衡。具体为城市建筑供需失衡，建筑文化与美学价值明显缺失，脱离实际忽视民生、盲目追求高楼大厦，建设规范标准与环节机制有待完善4个子问题，每个子问题可以继续细分。

第五核心问题是城市交通的供需不平衡、品质欠缺。具体为城市交通供需不平衡、城市交通品质有待提高、城市交通负外部性突出3个子问题，每个子问题可以继续细分。

第六核心问题是城市安全隐患众多但应对能力薄弱。具体为城市安全事故多发、城市危机应对机制不完善2个子问题，每个子问题可以继续细分。

除了吸取中国城市建设实践一线机构的经验，课题组还注重寻求学术界对于中国城市可持续发展的认识。由于城市建设的可持续发展包含在广义的城市可持续发展中，因此，课题组使用学术文献检索的研究方式，检索出与中国城市可持续发展相关的学术论文，按照引用率高低进行排序，从学术文章中梳理中国城市可持续发展的问题。

课题组检索了城市问题突显的近二十多年间和城市可持续发展问题相关的学术文章，包括综述文章和专题文章，并从中精选出30篇具有代表性的文献。可以看到，这些学术文章对于中国城市的可持续发展问题是逐渐清晰认识的过程。学界对于问题类别并没有清晰地梳理和归类，热点问题反复被提到，而在某一时期，某一区域的相对冷门问题则被忽略。

根据对大量学术文献的整理得出，中国的城市可持续发展存在的问题可以归纳为九大类别：区域发展、城市社会、城市经济、城市安全、城市交通、城市建筑、基础设施、资源环境生态、城市空间（图1-4-3）。

区域发展问题具体为：城市群问题，城市发展不均衡不充分、分化加剧和城市群内部缺乏系统统筹协调。

社会文化问题具体为：社会包容度低、归属感弱，历史文化保护、创新缺失，以及社会资源配置不协调。总体表现为社会资源供需不平衡、社会资源代际分配不永续、社会资源分配不平衡、社会结构转型、代际断裂等问题。

经济产业技术问题具体为：产业结构及布局失调、效率不足、供需不平衡和人才匮乏、代际断裂。

城市安全问题具体为：隐患众多、管理薄弱。

城市交通问题具体为：路径不佳、品质不高、负外部性突出。

城市基础设施问题具体为：标准相对低，无法满

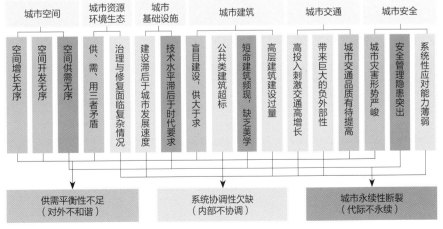

**图1-4-2 中国城市建设可持续发展的核心问题**

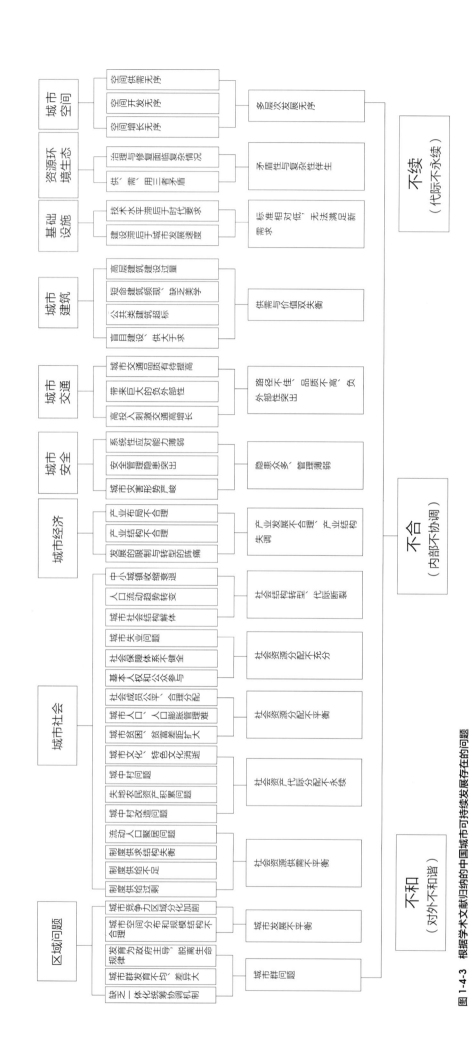

图 1-4-3 根据学术文献归纳的中国城市可持续发展存在的问题

足新需求。

资源生态问题具体为：系统性应对灾害能力薄弱，治理与修复面临复杂情况和能源、资源供需矛盾。

空间建设问题具体为：城市设施建设水平滞后，空间"供、需、用"三者矛盾和空间尺度失控、多样性差。

可以看到，各家对中国城市建设出现的问题各持己见，并没有一个统一的模式。剖析其本质，总结几十年来中国城市出现的问题，归根结底可以概括为"不合、不和、不续"。不合，即城市对外不和谐，概括为供需平衡性不足；不和，即城市内部不协调，概括为系统协调性欠缺；不续，即城市永续性断裂，概括为城市代际不永续。

其背后的深层本质原因是价值观出了问题，是长久以来奉行追求单点突破的西方简单理性思维在作祟。

与世界其他文明相同，在进入现代化之前，在中华理性思维基础上产生的中华文明，同样混杂着理性与非理性思维。因此，在面对率先进入现代化的以单点剖析、精确因果、可重复科学实验为特征的西方理性思维及其社会文明时，中华理性思维和中国社会经历了近200年的跌宕和冲突。但是，如果从历史辩证思维的角度思考，现代社会所面临的种种问题，在一定程度上也正是由于西方简单理性思维天然的缺陷所致。在更多的西方学者向新的思想方法与思维模式探索时，复杂理性思想这种从本质上就是系统关联的、生物、生态、复杂演进的思想方法体系的优势突显出来。基于复杂理性的中华智慧开始重新登上人类历史的舞台，发挥核心作用。

## 4.1.2 中华智慧作为新时代城市建设可持续发展的智慧源泉

人类智慧在历史的长河中不断发展变化，任何智慧都是在与社会的发展、与外来智慧的交流中不断摒弃旧的质素，同时不断产生新的质素而延续下来的。中华智慧经历了漫长的发展过程，从春秋战国时期的百家争鸣，汉朝的"独尊儒术"，魏晋的玄学兴起，到隋唐后儒、道与外来的佛教相结合，逐渐形成了一个多元复合的文化。直到近代，中华智慧伴随着国力的衰弱经历了被西方强势文化"侵略"的历史，对于中华智慧的自信也遭受打击。

西方智慧也经历了漫长的演变，从充满智慧和理性的古代希腊罗马文明，到中世纪黑暗时期的基督教文化，然后经过文艺复兴，直到经过近代工业文明的洗礼，逐步形成了"以分析为基础，以人为中心"的现代西方智慧，其演变过程跌宕起伏。

历史证明，任何智慧都在不断演变和发展，并没有一个固定不变的内涵。因此，用一种静态、不变的观念来比较中西方智慧两大系统是不科学的，对于智慧的理解，应该用动态的、发展的眼光。

西方的现代智慧确实促进了西方现代社会的大发展，但是到了信息社会，西方智慧的"以分析为基础，以人为中心"的简单理性思维已经开始受到包括西方社会自身在内的多方质疑，追求单一目标、秉持绝对理性似乎不可持续。"以分析为基础"是否还需要强调复杂思维？"以人为中心"走过了头，就必然引发人与自然的矛盾，破坏可持续发展。于是西方社会开始反思，研究东方智慧，特别是中华智慧。西方著名学者亨廷顿在《文明的冲突与世界秩序的重建》一书指出，21世纪中国传统的儒家文化将对西方文化构成非常大的"威胁"[9]。季羡林先生提出21世纪是东方智慧的世纪。钱穆先生认为最近半个世纪，欧洲智慧已近于衰落。可见，西方智慧必须摒弃旧质，吸取新质，从中华智慧中吸取优秀的质素。

中华智慧至少有三点值得西方学习：一是崇尚自然，要消除人与自然的对立，主张人与自然的和谐；二是体证生生，"生生"是从"周易"中的"生生之谓易"而来，就是说要充分认识并适应万物生生不息的变化；三是德行实践，就是要规范人的行为准则。

相对于西方智慧追求单一目标的简单理性，中华智慧是复杂理性、复杂思维。前面列举的中国城市建设出现的一系列问题，在一定程度上正是由于长期以来坚持西方为代表的简单理性、简单思维所造成的后果。因此，今后在城市建设中，我们要摆脱单点思维的枷锁，必须以中华智慧为智慧源泉，吸取其中的核心内涵。

相对于简单理性，复杂理性模式是一种更高维度的理性。复杂理性模式尊重自然规律，尊重整体秩序，尊重代际演化。植根于中国社会数千年发展的中华文明永续理性思想，便是一种复杂理性，它是一种更整体化的、更全面的、多代际间的理性。近百年来，由于西方理性的强势主导，中华智慧被误认为是一种非理性。实际上恰恰相反，中华智慧是更高层级的智慧。面对错综复杂的城市问题，我们可以借助中华智慧的复杂理性，摸清城市发展的规律性。

针对当今城市工作中的复杂问题，中华智慧所代表的复杂理性思维具有以下优势。

① 尊重自然规律的理性特质。正如《荀子》中"应之以治则吉，应之以乱则凶，强本而节用，则天不能贫"所表述的，复杂理性思维强调对世界发展的客观规律的尊重，认为人的行为要适度，这与简单理性中的坚持绝对真理观、强调直线进化、认为人类能够无限改造自然的思维不同。这种尊重城市发展规律的思维，正是对西方城市规划理论中强调人对自然控制思想方法的一种有益调节。

② 尊重整体秩序的理性特质。正如《庄子》中"天地与我并生，而万物与我为一"，及老子的"知常容，容乃公，公乃全，全乃天，天乃道，道乃久"所表达的整体观和包容思想，城市作为一个极其复杂的整体，其内部包含了人类活动、自然生态以及各种法则和限定，只有用具有包容性的整体思维去思考城市的发展，才能真正理解城市规律，制定出具有合理性的城市规划。

③ 尊重代际演化的理性特质。《周易·系辞下传》中"天地之大德曰生"意为天地的弘大德泽，在于使万物生生不息。"生生之谓易"意思是万物繁衍不息，生长不已，新事物不断产生，这就是易，揭示了生命生生不息的本质，体现出变化观。《易例》中"阴阳虽交，不得中不生，故易尚中和"所表达的是平衡观，"人法地，地法天，天法道，道法自然"所阐述的是发展观。复杂理性思维与简单理性中的直线进化思维有着本质的不同，强调在伦理与道德层面遵从大自然和义礼的统一，用道德伦理意识指导生活实践，可以纠正城市规划思想方法体系中由工具理性主导而产生的种种问题，回归人类社会发展求真与求善的宗旨，保持工具理性和价值理性的平衡。

中华文明的永续理性思想所引导的中华智慧，必将成为世界城市发展的主流方向，成为中国对世界城市未来发展作出的引领性贡献。而面向中国城乡发展的未来，以复杂理性为内核的思想方法体系也必须更好地结合规划实践、融入城乡发展。

### 4.1.3 中华智慧的多维度和谐思维

多维度和谐思维相比于单点逐利思维，其对世界的革命性推动不仅在于它是一次思维革命，最重要的是它使人们的思维方式开始由线性思维转向非线性思维，包括从还原论思维转向整体思维、从实体思维转向关系思维、从静态思维转向动态思维（图1-4-4）。多维度和谐思维方式的基本出发点是非线性思维，整体思维、关系思维和过程思维则是进行具体考察的三种基本手段和方式。

#### （1）整体思维——天人的多维度和谐

在单点逐利思维里，自然往往被作为人、文明或者城市的对立面，认为自然是危险的、需要被征服的。而中华的多维理性思维则认为，自然不是危险的，自然和人是和谐共存的，人可以通过顺应自然达到与自然合为一体。比如中国传统建筑的院落形制体现的是人工与自然的共存，包括古典造园也尊崇"虽由人作，宛自天开"，强调自然与人二者是不相矛盾的。

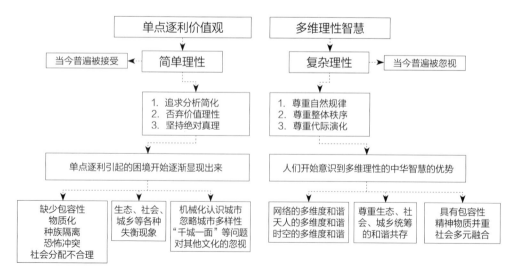

**图1-4-4　单点逐利思维与多维和谐思维的对比**

### （2）关系思维——网络的多维度和谐

城市格网在现代主义以及抽象艺术中都通常被理解为一种无限延伸的逻辑形态，但中国传统城市的格网却强化了中心的存在和控制。例如，古代中国的各州，如果用虚拟的线连起来，是很完整的城镇体系网格，网格的逻辑中心指向帝王。

### （3）过程思维——时空的多维度和谐

关于原真性，中华的多维理性思维认为历史始终在发展，非物质永恒比实体保存下来的更有价值。无论是木建构本身，还是都城的迁都或重建，中国城市建筑在历史上都不试图追求物质本身的永恒。道家把时间理解为永恒变化的无尽，而礼仪、宗法、社会习俗、家族血缘等代代延续不断创造的才是永恒的道。

程泰宁院士对中西方文化有着深入的认识，认为中西方文化有着融合、跨文化发展的趋势。西方社会也在开始反思西方文化的弱点和问题，积极地吸取东方文化的优秀之处。世界文化已经出现了跨文化发展的趋势，中国城市建设的发展也必须顺应这一潮流，否则没有出路。如果我们能够在深入了解东西方文化精神的基础上，坚持在全球化语境中的跨文化对话，坚持多元文化视野中自身文化精神的重建，就能实现突破和创新。

## 4.2 中华智慧导向的城市建设理念与要素特征

城市是多维的生命体，是复杂多元的生命系统，因此，简单的思维理性无法理解复杂的城市，我们要用多维复杂的方法去对待城市。所以，对中国城市可持续发展的评价，需要运用整体性多维和谐思维的中华智慧，从中华传统文明吸纳优秀的文化遗产与精神遗产，产生使城市永续发展的新价值观——"中华城市生态文明"。

中国古代的城市建设价值观，除了"人与自然"两大要素，还有"城"这一关键要素。中国人将人看作宇宙（天）的缩小版，城市是人和宇宙（天）之间的系统，宇宙（天）是复杂的，人也是复杂的，所以，产生了"天、城、人合一"的复杂系统。

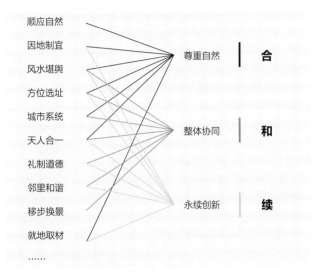

图1-4-5　中华城市智慧：天、城、人合一

课题组对"中华城市智慧"进行了大量的问卷调研，通过关键词分析，发现所有关键词可以凝聚在"尊重自然、整体协同、永续创新"三大层面，可以对应概括为"合、和、续"。"合"，即尊重自然，城市与外部的自然环境等和谐，指代"天"；"和"，即整体协同，城市内部各系统的协调运行，指代"城"；"续"，即永续创新，城市的历史与未来永续发展，指代"人"（图1-4-5）。中华城市智慧可以概括为："尊重自然、整体协同、永续创新"。在未来城市规划体系中，中华理性思维将扮演重要的角色。

课题组基于对中华文化的理解，结合中国的城市建设实践，整理出中华智慧的"六性"。

① 中华智慧具有规律性。如《论语》道"天何言哉？四时行焉，百物生焉，天何言哉"，《易例》有"人法地，地法天，天法道，道法自然"，都表述了中国人对规律和自然宇宙的共鸣。

② 中华智慧强调整体性。庄子在《齐物论》中谈到："天地与我并生，而万物与我为一"，认为天人是合一的，是整体性的。而城市规划到了今天也已经进入了整合性的新阶段。

③ 中华智慧具有包容性。老子《道德经》中有"知常容，容乃公，公乃王"，由此看出规划也要把各种学科都统筹进来。

④ 中华智慧强调平衡性。强调阴阳之合，"阴阳虽交，不得中不生，故易尚中和"。

⑤ 中华智慧强调一切事理的生态性。遵从大自然和义礼的统一。如《周易·系辞下传》中"天地之大德曰生"意为天地的弘大德泽，在于使万物生生不息。"生生之谓易"，意思是万物繁衍不息，生长不已，新事物不断产生，

这就是易,揭示了生命生生不息的本质,体现出变化观。

⑥ 中华智慧具有永续性。《荀子》道:"应之以治则吉,应之以乱则凶,强本而节用,则天不能贫。"认为人的行为要适度,与简单理性中的坚持绝对真理观、强调直线进化、认为人类能够无限改造自然的思维有所不同。这种尊重城市发展规律的思维,正是对先前西方城市规划理论中强调人对自然控制思想方法的一种有益调节。

从中华智慧的"六性"中可以看出,我们天生有复杂思辨的基因。简单地说,可以总结为三句话:第一,"天人合一",城市人工和自然之间、城市内部与外部之间的关系和谐;第二,"系统和谐",城市整体境界相辅相成、互补共生,城市建筑群落情景合一,城市中社会群落和谐,人与人共享融合家园;第三,"代际永续",一代与一代之间永续,像对待生命一样对待城市,尊重昨天,珍惜今天,为明天而努力奋斗。

引用党的十九大报告中的内容,"坚持引进来和走出去并重,遵循共商共建共享原则,加强创新能力开放合作,形成陆海内外联动、东西双向互济的开放格局"。今天我们进入新时代,中国的城市建设也面临新的挑战和机遇,新时代的城市建设,应兼容并打通东西方的智慧,在中华智慧的引领下,夺取中国城市建设可持续发展的全面胜利(图1-4-6)。

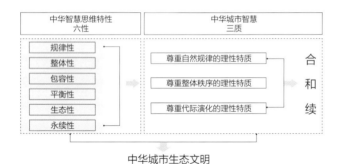

**图1-4-6 中华智慧和中华城市智慧凝练:六性三质**

## 4.3 小结:中华智慧具有巨大的潜力,适应未来时代的发展

### 4.3.1 城市是一个复杂的生命体

20世纪后期开始,微观生物学领域的发展给了宏观生命现象全新的解释。这也直接引起了哲学认知领域的变革,并逐渐引起各个科学领域认知思想的变化。在城市研究方面,人们开始认识到城市和生命在很多方面都具有相似性,如它们都具有复杂、自组织、主体性等基本特性。各方面的比较奠定了两个概念相连接的基础。借助生物学对于生命现象的解释和研究方法为城市研究提供了一个新的视角,也为新的城市发展理论奠定一个新的认识基础。

城市是一个具有生命力和高度智能的开放复杂巨系统。这体现在以下几个方面。

① 城市具有生命体的子系统。由构成城市的土地、人、交通、建筑、能源、信息、资源等多要素组成,可以借鉴医学中的生命体组成相关理念,是城市这个生命体中子系统的良好运转,支撑了整个城市的健康发展。

② 城市具有在时间和空间上的生长消亡和自我更新的演化过程,并能进行自我调控。城市的发展、突变和更新、衰退、进化四种空间现象均可以从生命特征的视角进行理解。

③ 城市具有生命特征,就意味着承认城市具有"活体"的特征。这并不是指生理意义上,即生物自然属性的存在,而是指生命的内在规律以及价值观、精神、文化意识方面的存在。

综上所述,城市作为一个高度复杂的综合系统,与自然界生命体一样,是由复杂的大系统组成,涉及经济、环境、文化等多个子系统。城市生命体,是由土地、人、交通、建筑、能源、信息、资源等多要素组成,能通过与生物体类似的新陈代谢方式进行能量转换和物质循环,具有在时间和空间上的生长消亡和自我更新的演化过程,并能进行自我调控。

### 4.3.2 中华智慧思维可以从本质上认知城市

从城市是一个复杂生命体的理论论述中可以发现,城市是一个复杂的巨系统。在国外城市研究领域,追随着复杂性科学研究理论,相继出现了与之对应的复杂性城市理论,如耗散城市理论、协同城市理论、混沌城市、分形城市、细胞城市、沙堆城市及FACS和IRN城市模型等。尽管这些理论研究的侧重点及方法各不相同,但都将城市视作一个开放的自组织系统或混沌系统，并以空间复杂性作为其研究核心。这些复杂性空间理论的研究表明，城市是一个典型的复杂自适应系统（CAS）[10]，其在不确定的、变化着的环境中，模仿有机体；在特定情境下对环境有反应能力。系统中简单因素之间的相互影响会产生更高水平，或更复杂的组成成分，从而使系统作为具有更大的生产力、稳定性或适应性的整体而具有引人注目的能力。复杂城市系统具有一定的学习功能、自适应性和自组织性，其本身是不可预测和不可控的，从而也就是不可规划的。这无疑向传统的城市规划和管理思想提出了严峻的挑战。

城市是多维的生命体，是复杂多元的生命系统，所以我们要用多维的方法去对待城市，而中华智慧所具备的整体思维、关系思维、过程思维，其复杂理性的思维可以从本质上认知城市的复杂性。

### 4.3.3 中华智慧适应未来时代的城市发展

可以说，除了西方在吸纳中华智慧的优秀内容，中华民族自身也要更加积极地吸收中华智慧的精华内容，所以对中国城市可持续发展的评价，需要运用整体性思维，从中华传统文明中吸纳优秀的文化遗产与精神遗产，走上可持续的道路，进而秉持与新时代相配套的价值观——"中华城市生态文明"。从这个角度来说，中华智慧具有巨大的潜力，能够适应未来时代的城市发展。

# 第 5 章 城市建设可持续发展的复杂科学智能技术支撑

## 5.1 复杂科学智能技术和中华智慧

### 5.1.1 复杂科学智能技术和中华智慧的逻辑关系

复杂科学智能技术和中华智慧同属复杂思维。和中华智慧一样,当今迅速发展的复杂科学智能技术也是一种复杂思维、复杂理性。两者之间有许多共同点。中华智慧所具有的"律、全、生、合、和、续",即规律、全面、生命、融合、和谐、永续的特点,在复杂科学智能技术上也同样得到体现。复杂科学智能技术的范围和特征,其运作的各个细节都蕴含了中华智慧的思想基因,基于此,运用合理的规划机制与合理的工具相辅相成,能使复杂科学智技术更高效、准确地贯彻中华智慧思想,助力中国城市建设工作。

在长期的实践中,简单理性日渐式微,简单思维无法解决日益复杂的包括城市问题在内的各领域的问题。仔细研究可以发现,复杂思维和中华智慧有异曲同工之妙,两者遵循着同一种思维方法,蕴含在中华民族的文化基因之中(图1-5-1)。

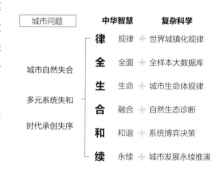

图 1-5-1 中华智慧和复杂科学的关系

### 5.1.2 复杂科学智能技术是中华智慧在城市建设中的具体体现

长期以简单理性模式为核心思想方法体系,重视单点逐利的思维,而忽略中华智慧的多维和谐思维,是导致现今中国城市建设问题的核心原因。为了形成完善的中国城市建设思想,除了需要满足体制和机制的多维理性,发展复杂理性方法外,还需要挖掘一套能够帮助城市建设者们运用中华智慧的实践"工具"。因此,复杂科学智能技术可以作为中华智慧这一相对虚幻概念在城市建设中的具体体现和有力手段,解决实际问题。今天有很多的复杂科学智能技术能帮助城市建设摆脱长久以来的"单轨"思想方法。技术和科技手段的突飞猛进,当今时代的"大智移云",即大数据、人工智能、移动网络技术、云技术等对于中国城市建设具有广泛而深入的影响,必将推动中国城市建设思想方法和工作方法的历史性变革。可以说复杂科学智能技术的接入打开了哲学层面支撑城市良性发展的技术可能性。

## 5.2 以"大智移云"为代表的复杂技术支撑城市可持续发展

基于近年来社会对"单点突破"思维的反思，我们从另一个角度看到，以"大智移云"为代表的复杂科学的介入，打开了哲学层面支撑城市良性发展的技术可能性。

"大智移云"，也就是大数据、人工智能、移动网络技术、云技术，其为分析城市、把握城市规律提供了全新的感知，呈现出多元化的社会，并彻底打破各个行业之间的界限。复杂科学智能技术的来临，为中国的城市建设可持续发展提供了全新的范式。

"大智移云"之所以能帮助城市建设者们运用中华智慧进行建设工作，是因为其作为复杂科学智能技术的代表，本身就蕴含了中华智慧的复杂思维方式，它们也具有中华智慧的"律、全、生、合、和、续"的特点。

在城市建设的过程中，大数据是需要创新的，有"规律"的处理模式才能具有更强的决策力、洞察发现力和流程优化能力，来适应海量"全面""不断衍生"和"多样融合"的信息资产；人工智能能够学习城市的发展"规律"，帮助人类更好地完成城市建设工作；通过移动网络技术，数据产生粒度更精细，每个人都变成了数据的贡献者，数据的采集更加"全面"，各种各样的数据"融和交织"，并可以获得一些以往运用传统手段不能获取的数据，带来新的洞察可能性；在城市建设中，云技术，例如云计算强大的计算能力有助于高速地存储和处理"整合"这些海量数据。通过探索这些复杂科学智能技术的定义和特征，可以发现它们运作的各个细节都蕴含了中华智慧的思想基因，正是因为这样，合理的规划机制与合理的工具相辅相成，有助于更加高效、准确地完成城市建设工作。

在现代城市发展过程中，从古典主义到功能主义，再到生态主义，中国一直跟随其他国家的步伐。而进入新时代，在以复杂科学智能技术，也就是"大智移云"为多元工具，中华智慧，以复杂思维为核心灵魂的基础上思考城市建设问题，使中国在世界上处于领先水平，将可能实现弯道超车。

### 5.2.1 大数据：感知城市复杂生命体系

首先，实现城市研究的群体理性。相对于传统技术手段，大数据具有数量巨大、类型多样、即时获取的优势，对于传统城市数据无法解决的"不见民心，不见流动，不见动态，不见理性，不见关系，不见文脉"的技术理性缺憾，通过信息化技术可以实现。大数据是信息化时代的"石油"，为"大智移云"提供基础原料。从而快速实现"见民心，见流动，见动态，见理性，见关系，见文脉"的城市运行效果，支撑城市更加理性发展。

其次，实现城市建设决策的智能理性。通过大数据，可以科学地实现城市发展目标的大数据凝练聚焦、城市规划成果的大数据沟通、城市规划实施的大数据透明治理和城市运营检测的大数据学习智能化的全流程的数据汇总，从而使城市建设决策站在一种全新的高屋建瓴的角度。

最后，实现区域建设模式的协同理性。通过大数据支持的城市建设模拟评估，包括：建立城市发展规划的区域协同模型、实现城市区域发展的多中心决策场景推演、进行城乡区域建设的即时动态评价优化。通过城乡建设信息化技术改变规划编制属于不同的行政管理机构而造成的不连接、不衔接、不共享的现象，可以实现跨区域地区交通基础设施建设、区域水系安全预警、水资源联合检测和灾难预警等城乡区域发展问题。

下面列举几项大数据在城市建设中运用的实例。

2015年12月中央城市工作会议召开，其主题是围绕尊重城市发展规律，进行五个统筹。基于这一指导思想，同济大学团队进行了大量工作，用几年时间建构了四代城市大数据平台，通过一代代更新，到今天已经集聚了全世界城市的八大类信息，包括来源于卫片、航片、统计数据、地面感知、视频、专访及规划的120亿条有效数据，已远超过早期美国UIC城市诊断数据库所涵盖的信息量。

通过对30m×30m精度网格、40年时间跨度范围、全世界所有城市卫星图片的智能动态识别，把每个城市的卫星图片数据集合起来，建构了"城市树"概念，将全球城市的增长现状"种"在地球上。截至目前，统计数据已完成覆盖全世界面积1km$^2$以上的全部13810个建成区城镇的绘制。在过去的国际比较中，由于缺少全球城市建成区的实时卫图，常常遇到因为管理行政范围的差别而无法得出科学比较的问题。

比如，中国的城市附带很多个县城；英国的城市，如大伦敦包含了30多个小城市管理机构；而德国的城市就是一个主城。现在整理出的城市数据库，是依据城市建成区卫图精确到公里级别的统计结果，撇开行政区划在城市建成区之间直接比较，将解决上述问题。

将所有城市按增长曲线边缘进行统计，总计覆盖13810个城市，归纳出七大发展类型，即萌芽型城市、佝偻型城市、成长型城市、膨胀型城市、成熟型城市、区域型城市、衰落型城市，每一类城市所占的百分比及各自所处位置一目了然。统计得出，佝偻型的城市，即过去40年内面积始终保持在10km$^2$以下没有增长的城市，共计3601个；成长型城市，即面积一直保持一定比例正常增长的城市，共计2365个。把这些城市按各自所在国家进行统计观察，可以看到，德国、英国、法国的大量城市在慢速成长；巴西、印度和我国城市佝偻型小城市均占20%~30%，成长十分缓慢；而同时，我国膨胀和成熟的大城市占比也相当多。由此可见，我国的城市整体分布需要进一步调整，其中小城市的慢速、均匀、内生性增长需要更多培植。由此，根据统计类型可以外推并诊断我国城市未来发展趋势并采取相应措施。

另一案例可以说明大数据在城市研究中的重要作用。基于1960年至今的统计数据，吴志强院士团队对全世界214个国家和地区的城镇化率进行年度动态监测，挖掘城镇化发展规律。从2012年世界主要国家或地区城镇化率水平与人均GDP的增长关系可见，城镇化率水平达到50%之后，各国由于发展条件差异，发展道路开始分化，城镇化率70%以后，主要是两类道路。

第一条道路是城镇化率与人均GDP同时提升的健康之路，国家发展稳定，人民生活较为富裕，研究称为"Stand"道路。城镇化率超过70%以后人均GDP超过15000美元的国家或地区共有37个（含中国的香港和澳门），主要代表国家有美国、澳大利亚、法国、英国、日本等发达国家。

第二条路则是城镇化率不断提升，人民生活质量和经济能力却没有得到同样速度的提升，国家发展面临巨大的危机，研究称为"Lay"道路。城镇化率超过70%以后人均GDP低于15000美元的国家共有20个，主要代表国家有阿根廷、墨西哥、巴西、匈牙利、俄罗斯、土耳其等国家，以南美洲和东欧剧变国家为主。

需要注意的是，国家城镇化率大于50%且人均GDP高于25000美元，才达到一个真正发展的良性路径，步上了发达国家的城镇化道路。而国家人均GDP在15000~25000美元之间的区域和国家，城镇化发展道路还存在发展的不确定性，稍有不慎则会进入不可持续的发展路径，代表国家有捷克共和国、巴哈马群岛、巴林、智利、塞浦路斯等。

对中国而言，目前刚跨越城镇化率50%的门槛，面临分岔路口的选择：要么走向城镇化与经济同步发展的健康绿色"Stand"道路；要么走向经济发展滞后于城镇化发展的动荡红色"Lay"道路。

"Stand"道路和"Lay"道路的根本区别在于，"Stand"道路国家经济增长主要靠智力化、资本化的产业为支撑，走创新、科技的高附加值经济发展道路，在全球化经济网络中占据中心或关键节点位置；而"Lay"道路国家经济增长则是依靠能源、资源、廉价劳动力为主的产业，其劳动附加值低，在全球化经济网络发展中处于劣势地位。所以研究认为"Stand"道路，实际上是"智力城镇化"道路，而"Lay"道路则是"体力城镇化"道路。

研究定义智力城镇化道路是依靠智力化产业为基础的城镇化发展道路，整体表现出创新性，国家走上理性的发展道路，其主要显性表征为城镇化率超过70%后，人均GDP大于15000美元；体力城镇化道路则是依靠出卖资源能源、提供廉价劳动力产业为基础的城镇化发展道路，整体表现为依托消耗大量资源能耗发展，国家容易陷入动荡的发展局势，其主要显性表征为城镇化率超过70%以后，人均GDP小于15000美元。

城镇化率超过70%后，人均GDP介于15000~25000美元之间的国家则会再次分化，有的成为发展稳定的智力城镇化国家，如韩国，有的容易沦为体力城镇化国家，如希腊、塞浦路斯、捷克。在这个区间的城镇化道路，可以称之为"摇摆"城镇化区间。例如2012年希腊的城镇化率为61.7%，人均GDP为22442美元，面临严峻的外债危机，若无法创新发展，则容易进入体力城镇化国家行列。

## 5.2.2 人工智能：认知城市复杂系统的运营规律

近年来，人工智能发展迅速，国家及各地方政府也纷纷出台相关政策，为人工智能发展保驾护航，并规范人工智能在各个领域的发展。我国重视利用人工智能加大各行各业经济的转型，促进整个国家的发展。十二届全国人大五次会议，李克强总理作政府工作报告中表示要加快培育、壮大新兴产业。全面实施战略性新兴产业发展规划，加快新材料、人工智能、集成电路、生物制药、第五代移动通信等技术研发和转化，做大做强产业集群。2017年7月，国务院印发了《新一代人工智能发展规划》❶，指出人工智能成为国际竞争的新焦点，并且能够给经济、社会建设带来新机遇。"科技创新2030—重大项目"或将新增"人工智能2.0"。党的十九大将"人工智能"写进党代会报告，提出"加快建设制造强国，发展先进制造业，推动互联网、大数据、人工智能和实体经济深度融合"，体现出新时代国家对人工智能发展的重视。人工智能在中国的政治、经济、学术领域都成为重中之重。

人工智能在城市建设领域同样大有前途。2017年7月国务院印发的《新一代人工智能发展规划》特别指出，在城市建设领域，以人工智能"推进城市规划、建设、管理、运营全生命周期智能化"。

中国城市建设和世界经验一样，长久以来就是两种思路，即理想导向和问题导向。始于西方中世纪的乌托邦城市是理想导向的，试图把一个国家的理想体现到一个城市的规划中，要创造一个理想的城市，完成对世界和社会的改良。但是现实很残酷，由于理想城市过于理想化，面临技术瓶颈、价值观挑战，理想城市未能实现。人类到了工业革命以后，城市建设有了第二种思路。20世纪50年代后，在科学社会主义影响下的近现代的城市建设是以当时城市问题为导向的。包括著名的恩格斯对当时英国大城市的工人阶级居住状态的分析，到后来人们针对工业化给城市带来的健康卫生问题，导致了现代城市规划的诞生，这就是问题导向的思路。

而今天的城市建设依托人工智能大规模感知城市、认知城市、认识城市规律，为城市建设提供了全新的思路——以城市规律导向支撑城市建设。城市建设愈加趋于理性，愈发尊重城市规律。而这种规律不是过去的简单逻辑可以模拟的，是一种复杂的生态理性。

当今，城市建设除了最传统的统计数据，还有大量的文件、视频、传感器、地图、卫星、遥感数据等。如何在如此多元的条件下解决这么多的问题是我们现在需要探讨的。

传统的城市建设中，由于技术和观念的限制，人们对于城市规律的探索远远不够，导致作为城市建设主要实现手段的城市规划发展缓慢。现在通过人工智能的辅助，城市建设进入全新时代，人工智能可以辅助城市规划在广度、速度、深度、精度、强度上得到提升。

人工智能带来学习广度的提升。城市是复杂的巨系统，其问题和发展规律是复杂的，源源不断地产生新问题。人工智能通过快速地学习海量城市实践的经验，从中学习优点，吸取教训，其学习能力远超人类。

① 人工智能带来学习速度的提升。传统的城市总体规划每五年修编一次，具有滞后性。但是现在人工智能每小时、每一刻对城市即时的运行问题都可以识别，作出即时的判断、即时的反应，这是原来城市规划工作无法想象的。除了规划速度以外，社会培养一个规划师的速度也得到提升。以往培养一个优秀的规划师从入门到能够成熟地做出高质量的规划，起码需要十年，包括大学、研究生的学习时间，还有实习的时间。但是借助人工智能培养城市规划师，通过大量学习优秀方案、大师手稿、经验教训，使其在很短时间内就可以掌握多种技能。

② 人工智能带来学习深度的提升。传统城市规划中规划师推测城市五年后的规划根据的是个人学习的经验，数据库较小，可能存在一定的误判。但是用人工智能参考大量的历史数据、训练模型、专家经验，可外推的时间可大幅增加。

③ 人工智能带来学习精度的提升。规划师过去做城市规划精度是小区、建筑，但是今天的数据已经变成由个人产生，精确到以人为单位的粒度。在新数据环境下，运用人工智能可以带来精度的大幅提升，真正实现"城市规划是为人民服务的"这一初衷。

④ 人工智能带来学习强度的提升。海量的大数据可以用来感知城市，而人工智能可以用来认知其中的规律、认知城市。人工智能可以认知城市发展规律，在经历了理想导向和问题导向的发展模式后，人工智能推动城市建设进入了全新的时代——以规律为导向的城市建设时代。

综上所述，可以发现未来城市建设领域人工智能技术发展的三个可能性。

① 人工智能的下一代群体智能技术，可大规模应用于城市发展管理。一项规划的编制，需要团队的智慧和协同运作，下一代群体智能很好地契合了这一特征，将对城市建设产生强有力的群体运作模式支持。

② 人工智能的下一代多媒体智能技术，可将城市建设大规模使用的来自卫片、航片、统计数据、地面感知、专访和实地调研等渠道的信息和数据进行综合使用、协同认知和共同支撑决策。如城市发展决策中的领导讲话也可以轻松通过多媒体人工智能将其语义分析纳入城市规划信息的分析系统，各方讲话将被快速分析、分解，并汇聚到城市大数据库内。

③ 人工智能的下一代人机共智技术，可以将城市建设的技术感知、理性学习的机器学习技术和机器人工智能与人的决策系统综合，达到决策意志和机器理性的优化结合。

人工智能技术正在大规模推进，未来的人工智能学科的技术进展正是未来城市建设特别需要的。当前要学习的，不仅是如何直接应用人工智能技术，还应学习人工智能如何更多地为城市规划建设服务，为城市科学健康的发展服务。坚持推进人工智能应用于城市规划建设领域，是中国城市建设在世界前沿的跟跑、并跑甚至领跑的重要技术手段，也是未来持续创新领跑内涵式发展的内生性力量。

## 5.2.3 移动网络技术：服务百姓、共享成果

移动技术的范畴较广，泛指基于个人的移动终端设备。移动技术在中国日益发展壮大，渗入了人们生活的方方面面，5G 技术在城市领域的成熟运用将实现更多可能性。移动技术与大数据结合能够更好地了解人民在城市中如何"吃、喝、住、行"等，深度理解人们的需求，进而精确把握城市建设方向。目前，移动技术在城市建设中有着广泛的实践运用，具有良好的前景。

### （1）应用 3S 技术与移动互联网的城市规划管理和城市建设监控

GIS、RS、GPS 三种技术结合，用以提供直接的数据服务，快速追踪、观测、分析和模拟被观测对象的动态变化，并高精度地定量描述这种变化，实现大范围、可视化、短周期的动态监测效果。同时，在城市规划管理应用中，融入 DPS（数字摄影测量）、ES（专家系统）和多媒体技术，极大地提高了规划管理工作的效率。

利用移动互联网技术结合 3S 技术，利用变更影像数据、建设调查影像数据、高精度航拍数据等，构成多层次、多区域、多时段、多分辨率的遥感影像数据库。城市规划管理人员可以利用不同时期、不同分辨率的遥感影像数据作为规划管理决策的基础资料，通过开放平台将变更的规划管理决策方案数据文件存入规划管理数据库，便于执法人员和群众都能进行实地和远程调用与查询，实时互动，及时获知群众的想法，便于做到公开透明、易于监督，同时有利于决策的科学合理调整与执行。

通过 3S 技术与移动互联网技术，结合智能城市建设，实现不同利益主体的协调工作，减少现实矛盾的激化。能够使违建透明化，鼓励公众参与对违建现象的举报和监督，配合城市规划管理执法，从而减少违建现象，做到科学、高效管理。

### （2）移动 GIS 在城市规划和城市运营管理中的运用

随着计算机移动互联网技术、移动通信技术以及地理信息技术的发展和应用，传统的 GIS（geographic information system）应用正在从桌面 GIS 应用逐渐向移动终端 GIS 应用的方向发展。移动 GIS 是以移动互联网为支撑、以智能手机或平板电脑为终端，结合 GPS 等为定位手段的 GIS 系统。

规划编制工作常常涉及实地调研，当前主要采用的现场调研方法是拿着地形图、项目现状图、项目规划图等各类纸质资料，根据各个工作环节不同的调查目标和需求，利用常规工具完成目视定位、实地调查、测量、记录工作。这种传统调查方法在现场实际操作中存在很大问题，主要表现为调研资料和设备繁多，现场环境条件极大地影响工作开展，调研成果记录难。

目前国内借助 GPS、GIS 等技术，以移动终端为载体，已开发有现场办公系统等软件。如重庆市规划局基于"数字重庆"开发了"重庆市移动规划智能办公平台"，用于辅助规划管理移动办公；武汉市规划研究院研发了移动 GIS 城市规划信息查询系统，实现在手机上对武汉市控制性详细规划成果、现状用地成果进行查询，以及详细规划指标在线查询功能；清华同衡规划设计研究院运用多种传统和现代的技术手段，对圆明园遗址进行精确的信息采集，实现能够充分反映历史建设变迁的学术复原和数字展示，在平板电脑上开发完成了"再现圆明园"移动导览系统。

在国外，移动 GIS 在很多方面都得到了广泛应用，包括城市服务管理、大众城市管理、行业应用、测量等。如瑞士洛桑市通过在基础底图上叠加城市公众服务信息来为旅游者提供城市信息服务指南；许多城市推出移动应用软件（如 CitySourced）方便大众使用智能移动端上报事件，进行城市设施管理维护；洛杉矶环保局利用移动产品进行作业车辆路线优化，解决环卫车辆导航难的问题。

以"平台数据服务为主、移动终端查询采集为辅"的工作模式，在城市规划现场调研一体化方面有广泛的应用前景，不仅可以用于规划编制现场调查工作中，还可以应用于土地整理现场调查工作、国土资源调查、人口调查、交通调查、地形测绘工作等方面。平板电脑是当代计算机发展的一个方向，其便捷性和较强的数据图形处理功能满足规划编制现场调查的需求。

### （3）移动地图智能终端实现城市信息共享

随着数字化技术和智能终端的发展，移动互联网日益成为一个巨大的信息共享平台。特别是随着移动地图的迅猛发展，出现了很多开放接口的系统。目前最主要的移动地图系统有百度地图、谷歌地图等。当前系统已经广泛应用于通信、环境通报、灾害预警、城市规划、交通运输等各个领域中。在移动互联网发展的大趋势下，移动技术也在近几年内得到了长足的发展。最为突出的应用就是百度地图，它为我们提供了查询目的地、规划路线等多种常用的功能，极大方便了民众的城市生活。

### （4）社交媒体数据与城市感知

现代社会经济发展迅速，飞机、火车等公共交通出行方式使人类的流动变得越来越频繁。地理空间内人类的移动看似随机且没有规律，但实际上较大规模人群的移动却隐藏着特定的规律和模式。从个体行为出发发现人类移动模式可以帮助我们研究很多问题，比如人类行为和迁移模式、人口流动预测、传染病的演化和疾病传播预测、优化免疫策略、人类接触模式、城市规划、异常检测、个性化推荐等。

进入大数据时代，随着传感器网络、移动定位、无线通信和移动互联网技术的快速发展与普及，基于个体粒度的时空精细度更高的海量个体移动轨迹获取人类移动模式成为可能。来自不同领域的学者基于手机信令数据、公交卡刷卡记录、社交网站签到数据、出租车轨迹、银行刷卡记录等对人类移动模式进行了研究，这些研究为从个体角度发现人类移动模式提供了一个新视角。同时，移动轨迹处理技术、时空数据表达与挖掘技术的发展和物理学、计算机科学、地理学及复杂性科学等多学科理论方法的交叉也为人类移动性研究提供了有力支撑，促进了移动行为特征分析的定量化。

利用社交网络、移动手机、公交卡等系列数据对城市居民行为进行研究可以应用于城市的空间管理、交通管治、社会服务等方面。同时，相较于 GPS 和网络日志等需要固定研究对象的数据采集手段，此类方法具有样本量大和成本低等优势。随着 Twitter、微博等社交网络的功能逐渐完善，用户快速增长，从社交网络中获取行为信息将愈发展现出其优势，能反映居民活动和出行的信息。

以人类行为记录为素材的城市空间感知对城市规划、社区服务、公共资源配置等方面具有重大意义。近些年来，全球城镇化进程发展迅速，管理低效、资源短缺、环境恶化、交通拥堵等城市问题日益凸显。人是城市的主体，解决城市问题的关键在于理解人类行为，根据人类行为感知城市的空间特性，理解公共资源消耗的特征，最终提出优化城市管理运营的方案。因此需要利用信息通信技术手段感知、分析城市运行的各项关键信息，并在此基础上实现城市的智能化管理和运行。

### （5）移动技术的普及可以共享城市建设成果

随着移动技术的日益普及，尤其是社交媒体和移动互联网的蓬勃发展，民众参与城市建设的平台正在快速建立。城市号召人民加入城市建设的工作中，政府与人民一起打造共同的家园，为我国城市建设公众参与制度建设提供了新的历史机遇。

知识社会以及民主化的进程使得生活、工作在社会中的人们成为城市生活的主体。

以往的城市建设和实施管理大多由少数"精英"进行决策，较少考虑社会公众意见。即便政府开辟了各种公众参与渠道，也往往由于种种原因而流于形式，难以发挥应有的作用。"智慧武汉—城市规划建设公众平台"APP 充分发挥了移动互联网的优势，为社会公众提供了一个方便快捷、即时参与的新媒体渠道，使社会公众能真正地参与到城市规划决策中，参与城市建设。从而展现了当代城市规划应具有的民主与科学精神。

随着互联网的普及，城市规划公众参与形式逐渐由传统的线下参与（座谈会、书面邮件）转向线上参与，城市规划行政管理部门通过在线意见征集、网上调查等形式进行有益的民意征集探索，为规划科学决策提供了参考依据。随着宽带无线接入技术和移动终端技术的飞速发展，在我国互联网的发展过程中，PC（个人电脑）互联网已日趋饱和，移动互联网呈现井喷式发展。据中国互联网络信息中心（CNNIC）发布的第43次《中国互联网络发展状况统计报告》[12]显示，截至2018年12月，中国网民规模达8.29亿，互联网普及率为59.6%，其中手机网民规模达8.17亿，占比达81%。伴随着移动终端价格的下降及Wi-Fi的广泛覆盖，移动网民呈现爆发趋势，我国移动互联网发展俨然进入全民时代。同时移动互联网的发展也对城市规划公众参与方式提出了新的要求。

以微博、微信为代表的新媒体的迅速发展为城市管理和城市规划研究带来了新的思路，为公众参与土地使用和城市规划创造了无限可能。通过系统公众版平台，用户可以通过文字描述、附件上传及地图标注等形式对储备和已供应的城市地块发表意见和建议，提出今后该地块的用地性质与规划目标，对闲置土地、非法更改用地性质的行为进行监督。系统通过对反馈意见进行收集与整理，获取有价值的信息，为以人为本的城市建设理念的实施提供有效途径。

目前在我国法定的城市规划公众参与制度尚不完善的情况下，通过运用移动互联网技术架构城市规划公众参与平台APP客户端，可以弥补个人电脑（PC）互联网参与平台便携性较差的缺点，必将成为当前我国城市规划公众参与格局中的一种不容忽视的方式。城市规划公众参与平台APP不仅能高效地收集城市规划所需的基础数据，还能为社会公众提供城市规划公众参与交流和讨论的平台，高效促进和动员社会力量参与城市建设。作为政府与公众、公众与公众之间的媒介，城市规划公众参与APP平台为协调各方利益、引导各利益相关方有序地达成共识提供了可能，对于促进城市规划事业健康发展、城市建设可持续发展有着深远意义。

### 5.2.4 云技术：链接系统群落

**（1）整合城市信息资源，链接城市系统**

城市中的各个系统的协作协调错综复杂，以往很难迅速而准确地分析城市中各个系统的相互关系并及时应对，而基于云技术的云计算能全面挖掘城市各个系统的信息资源，并整合利用，实现系统恰到好处的融合互补。

云计算最初来源于分布式计算的需求，其概念最早由美国休斯敦的一家小型创业公司在1996年提出，2006年互联网巨头谷歌和亚马逊正式提出"云计算"。"云"是一些可以自我维护和管理的虚拟计算资源，通常是一些大型服务器集群，包括计算服务器、存储服务器和宽带资源等。云计算是一种基于网络的支持异构设施和资源流转的服务供给模型，它提供给客户可自治的服务。云计算支持异构的基础资源和异构的多任务体系，可以实现资源的按需分配、按量计费，达到按需索取的目标，最终促进资源规模化，促使分工专业化，有利于降低单位资源成本，促进网络业务创新。

随着城乡建设信息化向数据集中、数据展现方向转变，为有效利用硬件资源，整合城市空间数据，保障海量数据的安全可靠，消除"信息孤岛"，应将应用资源由组件化逐步过渡到服务化、共享化，建立起城市信息巨型、廉价、稳定的数据中心，但迫切需要解决计算能力和数据处理的巨大需求，云计算、云存储技术是解决以上问题的最佳方案。

智能城市[13]就是"数字城市、物联网、云计算技术等"的集成。云计算是贯穿大数据应用的核心技术，而城市大数据的智能化应用则是实现智能城市的重要途径。大数据离不开云处理，云处理为大数据提供了弹性可拓展的基础设备，是产生大数据的平台之一。自2013年开始，大数据技术已开始和云计算技术紧密结合。

智能城市是以多应用、多行业、复杂系统组成的综合体。多个应用系统之间存在信息共享、交互的需求。各个应用系统需要共同抽取数据综合计算和呈现综合结果。如此众多而繁复的系统需要多个强大的信息处理中心进行各种信息的处理。

功能强大的云计算是智能城市的智慧之源。"智能城市"的"智能"主要体现在对信息深度处理和应用的开放性、易用性和交互性上，它需要具备能够对信息云计算层的构成进行深度处理的处理能力、处理平台和处理软件。构建智能城市一体化智能控制服务平台，需要处理对城市各方面的生活、生产活动以及环境的感知数据，运用统计学、机器学习、专家系统和自动规划等多种方法，从原始数据中挖掘相关信息，提炼出信息中蕴涵的知识，发现规律，提供智能的城市管理、控制和服务。云计算是智能城市重要的信息基础设施，是智慧应用和服务的发生器，海量数据分布式存储和并行处理能力为实现人工智能提供了重要的途径。在满足上述需求的同时，云计算数据中心具备传统数据中心、单应用系统建设无法比拟的优势，如随需应变的动态伸缩能力（基于云计算基础架构平台，动态添加应用系统）以及极高的性能投资比（相对传统的数据中心，硬件投资至少下降30%以上）。

### （2）云计算时代对城市建设领域的两大转变

1）工作思路的转变——从孤立到协同

由于城市是一个复杂的巨系统，其数据量巨大且多源。传统的城市建设随着智能城市等概念的发展逐步变革的同时，也应当同时实现工作思路上的转变。一方面，跨领域的基础数据采集将不再是难点，更重要的是如何将不同领域的数据纳入规划分析中，这需要与相关领域专家的密切合作，例如与社会学、经济学、生物医学等领域的专家共同探讨各类因素在城市中的作用；另一方面，在技术层面则需要与计算机、互联网领域产生更多交集，未来的城市建设工作需要的将不只是一个个专业软件，而是深度的整合。与这些技术前沿领域深入协同工作才能更好地跟上高速发展的信息化时代。

2）参与主体的变化——从政府到公众

城市建设一直在提倡公众参与，大数据、云计算等技术的发展或将带来新的公众参与形式的变革。这种形式是两方面的：从城市建设者的角度来说，需要做的是借助大数据分析工具从多个方向实现建设预期的可控，例如可能对交通、环境噪声、视线、公共设施的服务效率的影响，乃至与周围环境的相互影响；从公众角度来说，如果那些需要专业知识才能解读的方案能转变成非专业人士也可直观理解的可视化图表，那么城市居民就可以更快捷地理解城市建设的意图与实施影响，判断方案优劣，继而通过交互平台即时反馈意见，这将是另一类有价值的数据，并以此为基础形成对城市建设预期的公众评估。如今各类网络社交媒体的兴起使得人们有了丰富的信息获取与意见表达渠道，其与云计算的紧密相连使得网络即时交互平台变成可能，当公众参与成为一种常态之时，城市建设也将真正实现"以人为本"的目的。

### （3）云计算在城市建设领域的应用

1）智慧城市时空信息云平台

国家测绘地理信息局于2012年启动智慧城市时空信息云平台建设试点工作，目前已有46个城市被列为试点城市，其中4个城市已完成并验收，取得了一些具有推广价值的经验。原国家测绘地理信息局印发《关于加快推进智慧城市时空大数据与云平台建设试点工作的通知》和《智慧城市时空大数据与云平台建设技术大纲（2017版）》[1]将先前提出的建设"时空信息云平台"修改为"时空大数据与云平台"。

智慧城市时空信息云平台是通过泛在网络、传感设备、智能计算等新型高科技手段，实时汇集城市各种时空信息而形成的感知更透彻、互联更广泛、决策更智能、服务更灵性和更加安全可靠的地理信息服务平台，是智能城市建设的重要空间信息基础设施。智慧城市时空信息云平台以全覆盖、精细化的全时刻的地理信息为基础，与物联网实时感知相联系，运用云计算技术，面向泛在应用环境按需提供地理信息数据、开发接口和功能软件服务，智能化地服务整个智能城市的规划、建设与运行，是智能城市运行的智能化时空载体。

智慧城市时空信息云平台是一个基于云计算和云服务技术的平台，其不仅能提供快速灵活的基于地上与地下、二维与三维、历史与现状的时空信息云计算服务，还能与智能城市支撑体系中其他信息云（比如经济云、人口云等）协同服务，为规划管理中的日常管理和决策分析提供强大的云计算和云服务技术支撑。城市空间分布格局、城市景观格局、城市产业布局、城市土地开发与利用、城市交通网络和地下管网是城市规划管理的重要内容，这些内容又以城市地理要素对象为管理单元集成于智慧城市时空信息云平台。智慧城市规划决策支持系统不是特指单一的某个业务信息系统，而是指面向城市规划全生命周期的一整套决策支持服务。

智慧城市时空信息云平台作为智能城市整体框架中一个重要的、不可缺少的基础设施，以一种更加直观的信息可视化方式表达事物的时空位置特征信息，作为统一的空间基础和定位基础，统一数据交换共享标准，集成整合现存各类信息，是一项多用户参与、多源异构、多应用、技术环境复杂的系统工程，是建设智能城市的关键性基础信息平台。

为解决城市发展所带来的诸多问题，在可持续发展的新形势背景下，智能城市通过综合运用现代科技、整合信息资源、统筹业务应用系统，建立城市规划、建设和管理的新模式，基于智能感知城市大数据，时空信息云平台为智能城市规划提供了强大的信息支撑、科学决策，成为解决城市发展问题的一条可行之道，也是未来城市发展的新趋势。

基于时空信息云平台的众源信息，不仅可以从社会、经济、资源和环境等多方面深入分析城市建设的社会经济环境效益，还可以从市民生活的角度出发，根据公众在日常生活、工作、出行、休憩中的切身感受来综合评价社会影响和效果，为城市规划与发展提供全方位的参考依据。

城市的发展、投资环境的改善与城市规划、建设与管理紧密相关。时空信息云平台可以充分发挥其天然的优势，实现城市"一张图"的规划、建设、管理三大核心过程的多部门协同与信息共享，实现从规划到建设，再到管理的全过程"一张图"管理。

2）时空信息云服务系统

在数字城市地理空间框架建设成果的基础上，采用云计算技术，通过对硬件资源、数据资源、软件平台进行虚拟化处理，建立城市地理信息云数据中心，以在线地理信息服务的方式支撑智能城市和相关专题信息系统建设。系统集成多来源、多维度、多尺度、多时态的信息，通过提供信息的浏览、查询和统计等功能，支持通用的地理信息应用，同时，提供二次开发接口，支持个性化定制，满足多领域、多部门的应用需求。

3）应用云计算技术构建的城市规划市民互动平台

应用云计算技术构建的城市规划市民互动平台上升至客户端，并安装在人口密集且流动性大的公共场所，市民就可以通过观看大屏幕直观地获得城市的信息。特别是城市规划环境以三维立体模式展示，通过声音传递的方式对规划内容进行介绍，更能够吸引市民的注意力，并与现行的城市规划形成互动。城市规划市民互动平台除了给市民以良好的视觉效果之外，还可以触屏的方式进行人机交互，使市民有选择性地了解自己感兴趣的规划内容，包括规划审批情况，与规划相关的知识都可以通过触屏的方式获得。

## 5.3 小结：创新技术助力城市发展

随着科技的高速发展，不断出现的复杂解题能力越来越强的技术工具，让我们逐渐拥有了更多、更强大的应对城市复杂系统的"复杂思维"方法。以数字技术为代表的全球科技正在跃升发展，大数据、人工智能、移动网络技术、云技术（"大智移云"）和即将到来的"万物互联"等，对于中国城市建设正在产生广泛而深入的影响，必将产生中国城市建设思想方法和工作方法的历史性变革。一系列新型技术工具的不断完善和实际应用，为中国城市建设可持续发展价值体系提供了强有力的技术支撑。

以"大智移云"为代表的复杂科学的介入，突然打开了哲学层面支撑城市可持续发展的技术可能性。复杂科学智能技术的来临，为中国的城市建设可持续发展提供了全新的范式。只有当社会各界视城市为复杂生命体，只有当人们能理解城市的复杂性，只有当社会各界充分理解和重视城市建设工作时，城市建设工作才能尊重城市复杂的生命规律，寻求其复杂生命的生态理性。随着复杂科学智能技术不断导入城市建设，及其复杂技术自身的快速发展和提升，中国城市建设的前景将更美好。

技术升级进步和社会价值取向变革是中国城市建设改革发展的两大推动力。以中华智慧复杂理性为价值观，用以"大智移云"为代表的新技术助力未来中国城市建设可持续发展，运用合理的管理机制与合理的工具，复杂科学智能技术才能更高效、准确地贯彻中华智慧思想，实现安全智能、节能环保、高效运营等未来城市的发展要求，最终实现中国城市建设可持续发展的目标。

# 第 6 章　新时代中国特色城市建设的指导思想与发展战略

## 6.1 新时代中国特色城市建设的价值体系构建

中国城市建设价值体系是与中国特色社会主义制度和根本宗旨联系在一起的，是建设社会主义国家经济、政治、文化、社会、生态"五位一体"体系的城市内在发展根本动力和需求。以符合中国特色本质需求的核心价值精神、以符合为人民服务为宗旨的基础价值精神、以符合世界可持续发展的全球价值精神和以遵循中国社会主义城市发展规律办事的务实价值精神是构成中国特色城市建设价值体系的基本内容和标准。

具体而言，新时代中国特色城市建设价值体系是一个层次清晰、结构严谨的有机整体，具体包括以下四个层次的价值精神和判断标准。

① 倡导实践价值精神的中国城市发展规律是整个价值体系的最基础层。其价值判断的标准是"遵循什么样的城市规律"以及"如何遵循城市规律"，其中"如何看待城市"是遵循这个规律的最核心、最本源的问题。城市是有生命的，是统一的、整体的、智能的。以对待具有智能的"生命体"的标准来对待城市是遵循城市发展规律的起点，也是认识和尊重城市有孕育周期、盛年增长以及迟暮衰败等生命过程的内在要求。

② 判断中国城市建设价值的正反性的第二层标准是"是否符合人类命运共同体可持续发展"的全球性价值标准。可持续是任何一个城市和社会追求的最根本目标，具有人类最终价值导向。其判断标准有三方面：一是城市发展是否具有促进经济可持续发展的导向价值；二是发展是否具有促进社会可持续发展的导向价值；三是是否具有促进创造、创新的导向价值。

③ 以为人民服务为根本宗旨的人民性价值判断是中国特色城市建设价值体系构建的第三层标准。新时代的中国是为满足"人民对美好生活的向往"而不断改进"不充分、不均衡"的中国，以服务人民，为人民谋求幸福感、获得感的城市建设基础价值精神要求就是要不断地通过现代化、科学化、智能化、人性化的综合科技和方法来改善中国城市发展建设的各种区域、城市及其内部不充分、不均衡的问题。

④ 符合中国特色本质要求的城市建设价值精神和要求是整个价值体系最高标准，也是最为关键核心的标准。只有在遵循城市生命体规律、符合可持续发展前提、满足人民美好生活向往的条件下形成促进新时代中国社会主义制度永葆优越性和党的绝对领导的价值精神，才是具有新时代中国特色意义的城市建设价值体系的总的纲领和本质内涵。

## 6.2 新时代中国特色城市建设的指导思想与发展理念

### 6.2.1 指导思想

坚持新时代中国特色的城市建设可持续发展道路，以生态文明的建构为目标导向，尊重城市发展与城镇化的基本规律，以中华智慧为引领，以服务人民为宗旨，以"大智移云"新技术为理性支撑，追求人与自然的和谐、多元系统的统筹、传承与创新的互动，建立人民共享幸福的城市建设新模式。

### 6.2.2 发展理念

**（1）理念一：生态观**

生态观主要指城市建设中的人与自然的环境和谐，反映了城市与自然的依存关系。城市作为人类栖居地，与任何一种其他生物栖居地一样，都是属于地球生态系统的一部分。人类的城市史就是人们在建立幸福家园的进程中为了满足自身生存与发展需求不断与自然相互作用的过程，任何一个时间点上的城市发展状态都是当时人与自然环境相互制约相互平衡的结果。

从目前中国的城市建设来看，城市人工环境的建设对人类赖以生存的自然生态环境造成了严重的破坏，且已经威胁到了人类自身的发展。我们必须充分认识面临的生态环境压力，明确保护、修复生态环境，进而维持城市与自然的和谐，这也是当今城市建设的重要指导思想。城市的经济发展必须与生态环境的保护相互和谐，在强调经济发展的时候，不应该忘记经济发展目标就是要为人类服务，而良好的生态环境就是实现这一目标的根本保证。因此，城市的可持续发展是城市经济发展和生态环境保护两者达到和谐的必经之路。

在城市发展史上，规划对人与自然关系的调控也属于出现最早、最为重要的工作内容。早在几千年前，人们就已经认识到人与自然关系是城市规划所要应对的主要矛盾，如《管子》所提出的都城选址原则，"凡立国都，非于大山之下，必于广川之上。高毋近旱，而水用足；下毋近水，而沟防省。因天材，就地利，故城郭不必中规矩，道路不必中准绳"。《商君书·算地》中论述国民经济的人与自然关系，"故为国任地者：山林居什一，薮泽居什一，薮谷流水居什一，都邑蹊道居什四，此先王之正律也。故为国分田数：小亩五百，足待一役，此地不任也；方土百里，出战卒万人者，数小也。此其垦田足以食其民，都邑遂路足以处其民，山林、薮泽、谿谷足以供其利，薮泽堤防足以畜。故兵出，粮给而财有余；兵休，民作而畜长足。此所谓任地待役之律也"等。这些思想都反映了城市要与自然有适度和平衡的关系。这种探索一直延续至今，合理调控人与自然之间的关系也是现代城市规划百年来理论思考的最主要的内容之一，如霍华德的田园城市理论、麦克哈格的设计结合自然、生态城市理论等。

传统上人们对城市与自然环境之间关系的理解是生态越好、城市越好。这种理解的片面性体现在任何好坏都属于价值判断，是基于一定标准的，脱离了人的自然环境并没有好与坏之分。从人的角度，自然的意义体现在其与人的需求之间的紧密联系，换言之，生态的好坏并非是评价城市好坏的绝对标准，其度量取决于所采用的参照系，例如对于极端的环境保护主义者，其参照系是绝对的脱离人的自然，这姑且也可以算是一种标准。而对于中国特色城市建设来说，人与自然的关系应当是适度的平衡，城市应当在不导致自然系统无法维系的范围内追求人的空间需求最大化。

**（2）理念二：平衡观**

平衡观主要指单体与群落的社会和谐，反映城市与社会之间的权益分配关系。城市具有与生俱来的社会性，民族、性别、年龄、阶层、职业、文化等诸多方面的差异将城市人分化为大量破碎的社会群体和个体，社会分化和寻求认同不断同时发生，这些不同的群体与个体对空间的需求也存在差异。如果将城市视为各种社会角色依据自身需求相互作用而形成的一个空间产出，它实际映射了城市人作为一个整体对空间建设状态的影响，也必然对应着一种特定的社会权益分配结果。在城市发展的进程中，城市的发展状态正是城市人作为一个整体的人与社会权益分配要求之间相互平衡的结果。

从人的需求来看，其在社会层面绝不仅仅是空间所承载的利益，还包括空间所承载的社会归属感、美学、秩序等精神与文化追求。因而，城市规划中基本的物质形态设计实际也对应着人的社会需求。在这个意义上，城市规划追求的应该是个体需求与社会集体需求的一种平衡，其天生就具有社会性。

当人们将目光聚集于人的空间需求的实现结果——人民整体的福祉与城市公平之间的关系时，无论是极度的不公平还是过度的公平都会损害人民的整体福祉。例如改革开放之前的中国，社会关系的过度公平导致激励效应的缺失，损害了经济效率。这种人与社会之间的关系反映到城市空间层面同样适用，无论是过度依赖商品住房还是退回到全民保障的福利住房都无法满足人民的安居要求。例如，一项住房政策的变化影响了人实现住房空间需求的制约条件，并继而改变了人的住房空间需求。那么，这种新的需求水平又处在人的空间需求层级中的哪一个层级呢？因此，对于中国特色城市建设来说，人与社会的关系的适度平衡，是在不引起剧烈社会矛盾的范围内追求人的空间需求最大化。

### （3）理念三：永续观

永续观主要指历史与未来的发展和谐，反映城市与时间之间的进程关系。城市发展具有时间性，这一特性会引起人的空间需求变化。城市人的空间需求有长期与短期之分，两者之间并非经常性地一致，很多时候是相互矛盾的，这在规划实践中往往被表述为长期利益与短期利益之间的取舍。与此同时，空间的长期预期可能改变空间开发的短期行为，并因而改变城市在远期的建设结果，而且不同的空间策略可以改变时间系统的进程。因此，在城市发展的进程中，城市的发展状态同样是空间与时间进程相互平衡的结果。

规划学科之所以从理性思想上出现退缩，在很大程度上是因为在时间的掌握上遇到了难题，导致基于"假设—预测"的工作程序被否定。然而，遇到难题就转而讨论其他问题并不能真正推动学科的发展，也无益于解决实践中的问题。毕竟，城市规划学科作为一门解决城市未来发展问题的学科，时间是无法逃避的研究对象，离开对未来的预测，这一学科也就失去了存在的基础。

城市规划需要聚焦于人的空间需求在长期与短期之间的差异，合理评估城市规划长期预设对中、短期空间开发进程的影响，对影响人的空间需求的外部环境变化作出预判，在这些研究的基础上提出针对时间进程的空间决策，实现空间发展目标在时间上的制导。对于中国特色城市建设来说，历史与未来的关系的适度平衡，是在不影响未来发展潜力的范围内追求人的空间需求最大化。

### （4）理念四：人民观

人民观主要指将以人民为中心作为城市建设的出发点和落脚点，体现为城市建设必须坚持为了人民、依靠人民、由人民共享。从城市发展史来看，人的幸福是城市最根本的价值追求，满足人的全面发展的需求是城市功能完善的根本出发点。与此同时，人民是历史的创造者，是决定城市发展的根本力量。因此，在城市发展的进程中，城市的发展状态正是以人民为核心的行为主体所决定的。

近代以来我国城市规划建设的理论大多来源于西方，而这些基于西方文化构建起来的理论在指导城市发展的同时也带来了严重的城市问题（环境恶化、交通拥堵等）。随着我国大部分地区步入小康社会，以"衣食足"而"知荣辱""知礼仪"，应该从我国城市发展的实际出发，重新审视这些理论在中国城市中的应用。城市应该回归人民城市的本质，基于恢复人民理性、复兴人类聚居文明的角度，思考构建以人民为核心且基于东方文明的城市规划理论。

人民的城市要顺应人民群众新期待，坚持以人民为中心的发展思想，坚持人民城市为人民。城市建设应该聚焦于"以人为本"，不断完善城市规划、建设与管理服务，让百姓在城市中生活得更方便、更舒心、更美好，同时人民的城市应该推动人人参与，注重群众参与度提升和满意度评价，达到人民参与型城市。对于中国特色城市建设来说，城市建设应该以人民为中心，满足人民的多元需求，最大限度地减少各种风险，确保人民群众各种权益的实现。

## 6.3 中国特色城市建设的发展战略

### 6.3.1 战略目标

追求人与自然的和谐、多元系统的统筹、传承与创新的互动，建立人民共享幸福的城市建设新模式。

## 6.3.2 战略措施

### （1）战略措施一：将"天人合一""系统和谐""代际永续"的理念贯彻到城市建设的全过程，以建设可持续发展城市为目标，创建城市建设的可持续发展制度体系

将"天人合一""系统和谐""代际永续"的理念贯彻到城市建设的全过程。城市建设是一项复杂的系统工程，涵盖了空间布局、生态环境、产业发展、交通、基础设施、城市治理等多个方面。"天人合一""系统和谐""代际永续"理念的落实将在未来城市建设可持续发展中扮演重要的角色，同时城市建设过程中还要始终遵循以人民为本的理念，既要创造更多的物质财富和精神财富以满足人民日益增长的美好生活需要，也要提供更多优质生态产品以满足人民日益增长的优美环境需要，不断提高人民群众的获得感。因此，城市建设必须将"天人合一""系统和谐""代际永续"的理念贯穿中国特色的可持续城市建设的全过程，为人民创造良好的生产生活环境。

弘扬和普及城市可持续发展的理念与文化。要使可持续发展的理念贯穿整个城市建设的全过程，离不开全社会的理解与认知。应加强各个领域可持续发展的宣传教育工作，建立、完善可持续发展的道德教育机制，树立可持续发展观、道德观、价值观，形成可持续发展的社会基础。

创建城市建设可持续发展的制度体系。创建城市建设可持续发展的制度体系，依靠制度治理生态、经济与社会，依靠制度确保可持续发展制度贯彻到城市建设的全过程，探索建立城市建设可持续发展的机制和法制环境，建立可持续发展的评价指标体系，加快改革地方政府考核体系，探索建立可持续发展损害责任终身追究制。

### （2）战略措施二：人与自然和谐战略——生态战略

统筹山水林田湖草系统治理，重视自然资源的价值培育，推行绿色生产方式、生活方式和消费模式。

推进污染治理，着力解决突出环境问题。坚持全民共治、源头防治，实施大气污染防治行动计划，开展区域联防、联控、联治，改善城市空气质量，健全重污染天气监测预警体系。强化城市污水治理，加快城市污水处理设施建设与改造，全面加强配套管网建设，提高城市污水收集处理能力。树立垃圾是重要资源和矿产的观念，通过分类投放收集、综合循环利用，促进垃圾减量化、资源化、无害化，加强城市固体废弃物循环利用和无害化处置，建立餐厨废弃物和建筑垃圾回收和再生利用体系。加大城市工业源、面源、移动源污染综合治理力度，提高污染排放标准，着力减少多污染物排放，强化排污者责任，健全环保信用评价、信息强制性披露、严惩重罚等制度。

统筹山水林田湖草系统的自然资源治理，加强对重要资源和生态环境区域的保护，重视自然资源的价值培育。对自然资源进行统一调查和确权登记，统筹自然资源开发利用和保护监管。划定水体保护线、绿地系统线、基础设施建设控制线、历史文化保护线、永久基本农田和生态保护红线，防止"摊大饼"式扩张。加强对重要资源和生态环境区域的保护，实施重要生态系统保护和修复重大工程，让城市再现绿水青山，重视自然资源的价值培育，满足人民日益增长的优美生态环境需求。

推动形成绿色低碳的生产生活方式和城市建设运营模式。加快建立绿色生产和消费的法律制度和政策导向，建立健全绿色低碳循环发展的经济体系。构建市场导向的绿色技术创新体系，发展绿色金融，壮大节能环保产业、清洁生产产业、清洁能源产业。推进能源生产和消费革命，构建清洁低碳、安全高效的能源体系。推进资源全面节约和循环利用，实施国家节水行动，降低能耗、物耗，实现生产系统和生活系统循环链接。倡导简约适度、绿色低碳的生活方式，反对奢侈浪费和不合理消费，开展创建节约型机关、绿色家庭、绿色学校、绿色社区和绿色出行等行动。

### （3）战略措施三：多元系统的统筹战略——空间布局战略、低碳交通战略

1）空间布局战略

空间布局战略：优化城市群及城市空间布局与形态，构建土地利用资源集约、高效和可持续的发展模式。

控制城市空间扩张速度差距。明确城市增长边界的测定与考核，建立城市增长边界与社会、经济、生态效益多元耦合机制，多方控制城市空间扩张速度。优化建设用地指标分解及流转的理论及方法，建设城市土地供给数据库。

建立以城市群为主体且大中小城市和小城镇协调发展的城市区域结构。以城市群为纽带整合城市体系，科学布局大中小城市空间分布及规模结构，构建紧密连接的城市群网络体系，实现大中小城市功能互补。

培育具有增长极功能的核心城市，巩固京津冀、长三角及珠三角城市群中北京、上海、广州—深圳的增长极地位，发展中西部及东北地区新增长极，缩小东西差距，实现均衡发展。构建围绕增长极城市的区域城市生态圈，合理制定区域空间发展规划和环境保护政策，充分利用城市群中小城市作为大城市的产业转移承载地、空间扩展地、旅游休闲集散地、农业服务基地等关键作用，建立围绕增长极城市的区域城市生态系统，实现城市群内部的均衡发展。

集约高效利用土地资源，优化土地利用模式。合理控制城市规模，采取高密度的土地资源开发模式，提高土地空间资源利用程度。优化土地利用结构，通过提高城市土地空间混合利用程度，构建空间紧凑型城市发展模式。重视城市更新，补充完善基础设施及改造低效用地。促进城市内部循环再生能力，包括以建设海绵城市等促进自然资源及生态系统的循环再生，使用新型能源提高资源循环利用，坚持城市土地混合功能开发、土地立体化利用等方式。

推动地下空间资源综合利用，提升抵御资源、能源危机为目标的大型、深层、兼用型的地下工程建设。推进城市地下空间开发利用规划编制，完善城市控制性详细规划中涉及地下空间的内容，协调地下空间规划与有关规划的关系。统筹安排，综合开发，有序利用，提高地下空间的系统性。坚持平时与战时相结合、地下与地上相协调的方针，鼓励坚向分层立体综合开发和横向相关空间连通开发，提高城市地下空间开发利用的整体性和系统性。推进城市地下空间的综合化，准确定位地下空间建设发展在城市中的地位与功能，加强地上、地下空间的一体化开发，重点提升以轨道交通为引导的地下空间综合利用。加强地下水库、油库项目等城市战略资源存储的地下空间开发，节约土地利用资源。

加强城市设计，提倡城市修补，营造良好的城市生活环境。加强城市设计，提倡城市修补。加强对城市的空间立体性、平面协调性、风貌整体性、文脉延续性等方面的规划和管控，留住城市特有的地域环境、文化特色、建筑风格等"基因"。营造良好的生活空间环境，按照功能相对完整、空间疏密有度的要求，将城市空间划分为适宜的紧凑组团和社区空间，同时营造街道化的生活环境。

2）低碳交通战略

低碳交通战略：优化绿色低碳交通导向的城市交通政策，构建以公共交通为主导的交通体系，综合治理交通拥挤顽症。以绿色低碳交通为先导，构建安全、高效、环保节能、以人为本的城市综合交通系统，发挥交通设施对城市可持续发展的支撑与引导作用。

构建以公共交通、步行和自行车为主导的交通体系，合理控制机动车保有量，倡导绿色出行。确立公共交通、步行和自行车为主导的绿色交通发展模式，大城市应大力推进公共汽车、轻轨、地铁等方式统筹协同的综合公共交通系统建设，以提高公共交通分担率为突破口，缓解城市交通压力。合理控制机动车保有量，加快新能源汽车的推广应用，推进人性化慢行交通系统建设，强化慢行系统与其他方式交通系统衔接，倡导绿色出行。

建立满足职住平衡的城市空间结构与功能布局，重点加强城市综合交通枢纽建设及其周边功能的综合开发，并以此布局城市各级公共服务中心，引领城市空间结构调整。以城市空间结构与功能布局为手段，改善职住分离的现状，从源头上削减不合理的出行需求。加强城市综合交通枢纽建设，促进不同运输方式和城市内外交通之间的顺畅衔接、便捷换乘，强化枢纽周边地区商业、办公等功能的综合开发一体化，布局城市各级公共服务中心，引领城市空间结构调整。

优化街区路网结构，提升城市道路网络密度，合理配置停车设施。树立"小街区、密路网"的城市道路布局理念，建设快速路、主次干路和支路级配合的道路网系统，提升城市道路网络密度。合理配置停车设施，鼓励社会参与，放宽市场准入，逐步缓解停车难问题。

实施更严格的交通环保政策，推动交通管理的智慧化建设水平。实施更严格的交通环保政策，加快新能源汽车的推广应用，推进充电站、充电桩等新能源汽车充电设施建设。推动物联网、云计算、大数据等新一代信息技术创新应用，提升新技术在居民出行、车辆通行、交通管控等方面的智慧化建设水平，提高交通系统管理的科学化与精细化，实现交通诱导、指挥控制、调度管理和应急处理的智能化。

## （4）战略措施四：传承与创新的互动战略——绿色建造战略、安全保障战略

1）绿色建造战略

绿色建造战略：提升建筑工业化与绿色化的水平，加强绿色韧性基础设施建设。

推广装配式建筑，提升绿色建筑发展水平，提高建筑节能标准。大力推广装配式建筑，加快建筑工业化设计关键技术和集成技术体系研究，推进EPC"五

化一体"❺的组织方式，制定装配式建筑设计、施工和验收规范。大力推广绿色建筑，提高建筑节能标准，推广绿色建筑和建材，支持和鼓励各地结合自然气候特点推广应用地源热泵、水源热泵、太阳能发电等新能源技术，发展被动式房屋等绿色节能建筑。

完善绿色基础设施规划建设标准体系，重视生态系统设施建设，开展韧性城市的测评。加强综合规划，重视生态系统设施及应急机制，进行稳健性设计，合并冗余部分，提升基础设施的恢复力。开展我国韧性城市的测评，实施重点区域重点干预，推动韧性城市的示范和试点建设。完善绿色基础设施规划建设标准体系，形成推动绿色基础设施发展的体制与机制。

建设绿色循环低碳导向的市政基础设施，统筹城市地下综合管廊建设。按照绿色循环低碳的理念，进行城市交通、能源、供排水、供热、污水、垃圾处理等基础设施规划建设。逐步开展城市地下综合管廊建设，统筹各类管线敷设，综合利用地下空间资源，提高城市综合承载能力。

加快推进区域基础设施一体化，建立城市密集区市政基础设施协同发展机制，搭建城市密集区市政基础设施发展平台。树立基础设施先行的理念，加快推进区域基础设施一体化，统一推进交通、信息、环境、管理等基础设施建设，以高速化、网络化为重点，构建铁、水、公、空的新型综合运输体系，实现城际间基础设施的资源充分共享和效能最大化。建立健全城市群协同发展机制，围绕生产要素自由流动、基础设施互联互通、公共服务设施共建共享、生态环境联防联控联治等关键环节，探索建立城市群管理协同模式，实现城市群一体化发展。实施"互联网+"市政基础设施计划，加强通信光缆、局房、基站等信息通信设施建设，促进大数据、物联网、云计算等现代信息技术与市政基础设施的深度融合，发展智慧道路，建立道路设施与通行主体之间的信息交互机制，提高通行效率，推进城市密集区建设综合性城市运行管理数据库，实现多源信息整合和共享。

2）安全保障战略

安全保障战略：完善城市安全保障体系和应急管理体系，加强城市生命线工程安全保障、海绵城市建设以及城市水系生态治理。

完善城市应急管理体系，加强防灾减灾能力建设，提升突发公共事件应急预案和应急保障体系。重点着眼于抵御台风、洪涝、沙尘暴、冰雪、干旱、地震、山体滑坡等自然灾害，完善灾害监测和预警体系，加强城市消防、防洪、排水防涝、抗震等设施和救援救助能力建设，提高城市建筑灾害设防标准，合理规划布局和建设应急避难场所，强化公共建筑物和设施应急避难功能。

加强城市地震风险动态评估，提高城市抗震"韧性"。建立城市建筑地震风险定期评估制度，动态评估城市建筑抗震能力，逐步对非设防结构的老旧房屋等高风险建筑进行加固改建。在建筑抗震设计标准中将提高城市的抗震"韧性"作为重要指标，将地震后的恢复成本作为抗震能力分析的重要内容。

加快防洪排涝基础设施建设，提升城市洪涝灾害预警预报能力。加快推进排涝系统等灰色基础建设，因地制宜地建设包括地面排涝、地下排涝、深隧等综合排水体系，有效提高城市排涝标准。综合运用"低影响开发措施—河湖水系—生态海绵流域"海绵体系，统筹协调城市外围的防洪标准、城市内部的防涝标准和城市排水管网的建设标准，建设多功能防洪排涝设施，提高城市基础设施抵御洪涝灾害的能力，建设韧性城市。积极推进城市洪涝风险评价，在高风险区强化洪涝监测，并在此基础上加强城市洪涝灾害预警预报能力建设。

加强城市生命线工程的监测、维护与预警。建立完善的城市生命线工程安全管理制度，对关键节点进行监测和维护保养，定期对城市生命线工程进行检查和检修，及时消除存在的破损隐患。建立城市生命线工程网络监测预警体系，合理布设监测设备，对易发生损坏的设备、管线进行实时监测，布设管内压力感知系统等，通过监控中心对数据的实时分析、综合通信系统，形成及时有效的预警体系。加强城市生命线工程网络抗震设计及审查，提高城市生命线工程抗震设计标准，引入基于可靠度的优化设计，通过随机地震反应分析和基于可靠度的设计提供更合理、高效的抗震设计。

推进海绵城市建设和城市水系生态的综合治理。统筹考虑中小暴雨的内涝水量削峰、初雨水质减污和雨水资源利用三大主要建设目标，因地制宜地制定切合实际的海绵城市建设的目标和指标。鼓励在新城区实现雨污分流，老城区原则上不宜大规模改动，但需加强初雨污染布置调蓄池等工程措施。统筹考虑水系治理与水系防洪、供水、生态、景观、文化等功能需求，优先采用生态恢复措施。倡导在保证防洪安全前提下的生态驳岸建设，综合利用河湖水系、湿地、坑塘、绿地等海绵设施，与洪水化刚性对抗为和谐共生，防止全盘否定以往的硬质护岸和堤防工程。

## （5）战略措施五：人与自然的和谐、多元系统的统筹、传承与创新的互动保障战略——技术保障战略与制度保障战略

### 1）技术保障战略

技术保障战略：加快新型智能城市建设步伐，加强城市管理和服务体系智能化建设，推进城市智慧管理。

统筹各类信息资源，推动新技术运用，加快新型智能城市建设步伐。提升、统筹城市发展的物质资源、信息资源和智力资源利用，推动大数据、人工智能、移动互联网、云计算等新一代信息技术创新应用，实现与城市可持续发展深度融合，提升城市治理和服务水平，提高城市运行效率。

加强数字化平台整合，实现政务信息共享。加强市政设施运行管理、交通管理、环境管理、应急管理等城市管理数字化平台建设和功能整合，建设综合性城市管理数据库，促进跨部门、跨行业、跨地区的政务信息共享和业务协同。

强化信息资源社会化开发利用，推广智慧化信息应用和新型信息服务。促进城市规划管理信息化、基础设施智能化、公共服务便捷化、产业发展现代化、社会治理精细化。推进信息网络、数据中心等信息基础设施建设，强化网络安全保障。

### 2）制度保障战略

制度保障战略：推进依法治理城市，建立中国特色的城市可持续管理机制，提升政府的城市建设可持续治理能力。

建立和完善现代化的公共治理体系，完善规划建设管理全过程的法律法规制度。统筹政府、社会、市民三大主体，构建多方参与的公共治理体系，明确主体的公平共享权利，谋求全局的可持续发展。适应可持续城市建设管理新形势和新要求，加强重点领域法律法规的"立改废释"，形成覆盖城市规划建设管理全过程的法律法规制度。

改革城市管理体制，完善城市治理机制。成立国务院可持续发展综合性协调机构，明确中央和省级政府城市管理主管部门，确定其管理范围、权力清单和责任主体，理顺各部门职责分工。赋予地方政府和典型区域更多事权，将中央战略转化为地方行为，强化地方政府和典型区域的环保统一监管职责，并赋予城市和街道更多事权，重点落实市、区、街道、社区的管理服务责任，健全城市基层治理机制。逐步建立科学的财税体制，建立事权和支出责任匹配的体系，同时创新投入机制，综合运用财产税收优惠、利率贷款等，鼓励民间资本参与可持续发展建设，促进高权行政向多元弹性手段转变。

提升政府决策的科学性，建立健全监测评估体系。健全政府出台政策的科学性，建立政策的事前激励、事中指导、事后问责机制和全过程考评机制，明确经济社会发展综合管理部门的可持续发展职责、目标和任务，对国务院各部门和地方政府的可持续绩效进行督查和监督考核。建立健全统计监测指标体系和统计综合评价指标体系，规范统计口径、统计标准和统计制度方法，加快制定城市可持续发展监测评估体系，实施动态监测与跟踪分析，开展规划中期评估和专项监测。

提升人民的决策参与度，实现城市共治共管、共建共享。提升市民对城市发展决策的知情权、参与权、监督权，鼓励企业和市民通过各种方式参与城市建设、管理，真正实现城市共治共管、共建共享。

## 6.4 小结：中国城市建设指导思想指导未来城市建设，实现我国城市的可持续发展

城市是一个复杂的生命体，是具有生命力和高度智能的开放复杂巨系统，且每一个城市都有其独特的生命特征。这就要求我们必须用多维的复杂性方法去认识城市，而中华智慧所具备的复杂理性思维可以从本质上认知城市的复杂性和中国城市问题的特殊性。与此同时，以"大智移云"为代表的复杂科学智能技术的成熟为我们认知城市的复杂性和支撑城市良性发展提供了技术可能性。因此，我们必须坚持新时代中国特色的城市建设可持续发展道路，以生态文明的建构为目标导向，尊重城市发展与城镇化的基本规律，以中华智慧为引领，以服务人民为宗旨，以"大智移云"新技术为理性支撑，追求人与自然的和谐、多元系统的统筹、传承与创新的互动，建立人民共享幸福的城市建设新模式，实现新时代中国城市的可持续发展。

## 本专题注释

❶ 蒙爱军，吴媛姣. 理性的多重意义及适度理性 [ J ]. 科学技术哲学研究，2010，27（3）：40-46.

❷ 孙施文. 中国城市规划的理性思维的困境 [ J ]. 城市规划学刊，2007（2）：1-8.

❸ 同上.

❹ 陈锋. 城市规划理想主义和理性主义之辨 [ J ]. 城市规划，2007（2）：9-18，23.

❺ 仇保兴. 复杂科学与城市规划变革 [ J ]. 城市规划，2009（4）：11-26.

❻ 杨保军. 直面现实的变革之途——探讨近期建设规划的理论与实践意义 [ J ]. 城市规划，2003（3）：5-9.

❼ 韦亚平，赵民. 关于城市规划的理想主义与理性主义理念——对"近期建设规划"讨论的思考 [ J ]. 城市规划，2003（8）：49-55.

❽ 吴志强.《百年西方城市规划理论史纲》导论 [ J ]. 城市规划汇刊，2000（2）：9-18，53-79.

❾ 亨廷顿. 文明的冲突与世界秩序的重建 [ M ]. 乌鲁木齐：新疆人民出版社，2003.

❿ 复杂适应系统（complex adaptive systems，简称CAS），也称复杂性科学（complexity science），是复杂性科学研究的重要领域，由约翰·霍兰（John Holland）在《Hidden Order》（隐秩序）中首先提出，其基本观点是"适应性造就复杂性"。

⓫ 资料来源：中华人民共和国中央人民政府网站. http://www.gov.cn/zhengce/content/2017-07/20/content_5211996.htm.

⓬ 资料来源：中国互联网信息中心. http://www.cnnic.net.cn/.

⓭ 智能城市（Intelligent City）相较于智慧城市（Smart City），更强调城市哲学层面的"智能"，即智能能动性。理想的智能城市是一个生命体，在信息技术的支持下可实现"感知、判断、反应和学习"的循环。智能城市不是一个终极状态，而是一个促进城市集约、智能、绿色、低碳，并不断提升发展水平的过程状态，通过系统的全生命周期的发展理念，最终推动城市的可持续发展。

⓮ 资料来源：中华人民共和国自然资源部. http://wwwmnr.gov.cn/.

⓯ 五化一体，即设计标准化、生产工厂化、现场装配化、主体装修机电一体化、全过程管理信息化。

# 附录

课题一
中国城市建设现状评析与价值体系建构

## 案例研究——从南京城市发展看城市建设价值体系的变迁

# 1 研究概述

## 1.1 研究目的

本次研究的主要目的是为课题一"中国城市建设现状评析与价值体系建构"中的专题二"中国城市价值体系建构研究"提供实证案例的支撑。研究以南京市作为梳理和总结中国大城市建设与规划发展历程的典型案例，深入挖掘改革开放至今的近四十年间，中国大城市规划与建设现实背后城市建设的价值体系演变。

改革开放后，南京城市规划与建设的发展历程，可以说是中国城市发展的一个缩影。首先，南京在城市建设中表现出的历史保护与城市发展之间的矛盾、工业发展与生态建设之间的平衡等问题也广泛存在于大多数中国城市的建设中。其次，近代南京的《首都计划》对中国城市规划的发展具有很大的影响，并且南京的城市总体规划对历史保护、城市空间格局、生态观念等问题的认识始终走在我国前列。因此，将南京作为中国大城市规划与建设的典型案例是比较合适的选择。

## 1.2 研究内容与范围

研究的空间范围以原南京市规划局公布的《南京市城市总体规划（2011—2020）》的规划范围为准，具体包括南京主城，东山、仙林、江北3个副城，9个新城和31个市镇❶。研究对象的时间范围界定为改革开放（1978年12月）至今。

自1978年12月提出改革开放的政策之后，中国城市发展迅速，当下中国城市面临的诸多问题与矛盾开始出现和突显。本次研究的主要目的是为当前中国城市价值体系建构研究提供实证基础，而要剖析中国城市规划与建设背后的价值体系，就必须先对改革开放后城市规划与建设的情况进行梳理和研究。

本次研究分为两个基本范畴，包括南京城市的宏观政策与总体规划和南京城市建设中的学术探索和公众参与。前者是基于上位规划分析政府角色及其价值观，而后者是从专家和公众对城市建设的反馈来分析非政府角色及其价值观念。

## 1.3 研究思路与方法

本次调研主要从政策导向、规划建设、研究热点与网络舆情、城市建设大事记等方面来展开调研。

在政策导向上，一方面，通过对1986~2016年间的《南京市政府工作报告》的梳理，分析期间政府在城市建设中的价值导向变化；另一方面，以1979~2016年间的《南京市统计年鉴》为准，结合2002~2016年间的《南京国民经济与社会发展公报》中一、二、三产的数据，从南京城市产业结构的角度来看南京城市建设中的变化，从侧面印证政府在政策导向上的演变。

在城市规划建设上，主要通过对1980~2017年间的四版南京城市总体规划的解读，分析南京城市建设的规划意图与政府价值观念的变化。

在研究热点与网络舆情上，一方面，选取《城市规划》《城市规划学刊》《现代城市研究》《建筑学报》四种具有学术权威的刊物为检索对象，通过对中国知网收录论文的检索，获取1979~2017年间这四种学术期刊论文的研究热点的数据。以城市发展中的实际问题（课题一）为依据，选取检索结果中在不同时期排名均靠前的13个研究热词，分析改革开放以后城市规划与建设中的学术研究热点及其变化的趋势。另一方面，通过搜索网络信息和阅读当时的报刊，以《南京日报》（南京市委承办）、《新华日报》（江苏省委承办）、《扬子晚报》（非官方承办）为资料来源，搜索不同时期的社会热点，梳理当时市民对南京城市建设情况的关注点和诉求，以此来分析公众对城市建设问题的态度与其在城市建设中所起的作用。

通过对1979~2017年间的《南京年鉴》中大事记的梳理，从城市空间、城市生态环境、城市交通、城市安全、城市重要建筑等与本课题研究框架相关的角度分析不同时期南京城市实际建设的情况，该部分内容作为图表附于文后。

# 2 南京城市建设中政策导向与产业结构的演变

基于改革开放至今《南京市人民政府工作报告》与《南京年鉴》，整理和归纳其中与城市建设相关的信息，政府对城市建设方面的政策导向可归纳为五个方面：经济发展策略、产业结构调整、城乡统筹策略、城市环境策略、城市服务策略。

## 2.1 经济策略：从工业主导到创新驱动，从关注速度到量质并重

20世纪80~90年代，南京市政府先后创建了南京高新技术产业开发区、江宁经济技术开发、南京新港工业区等共9个国家级、省级开发区，出现了建设工业开发区的热潮❷。此外，还引入南化项目、梅山项目等，逐步形成以特大企业为支撑的工业格局。这些政策的实施体现了当时南京以重化工为主，强调经济持续、快速发展的基本经济发展策略。

21世纪的前十年中，南京虽然延续了工业第一的发展策略，但高新技术产业、新兴产业等新型工业迅速发展，逐渐取代传统重化工，成为南京工业发展的新方向。2004年，南京市政府发布了《关于落实科学发展观加快工业产业发展的指导意见》，明确高新技术产业的发展导向。福特汽车、博世—西门子家电、华宝通讯等一批大项目陆续落户南京，逐渐形成南京出口加工区等先进的制造业基地和出口加工基地。在这一阶段中，南京开始强调工业经济运行质量的提升，而不仅仅是经济的增长。

2012年，中央明确提出实施创新驱动发展战略与推进生态文明建设之后，南京的经济策略也随之调整，创新驱动的"五型经济"❸成为南京经济发展的新方向。至今为止，南京已陆续出台了36项政策措施以推动科技与产业紧密融合。考虑到企业的生态效益，南京市政府实施南化、南钢、梅钢等企业转型升级项目及化工园供热一体化项目等，以减少煤耗和污染，并调整产业结构与能源结构。如今，南京的经济策略由"国民经济快速发展"转向"经济平稳运行"，产业发展的量与质成为经济策略中同等关注的重点，生态和创新的要求也在经济策略中占据越来越重要的地位。

经济策略是城市发展与建设的重要基础与方向，南京市政府从工业主导到创新驱动、从关注速度到量质并重的发展策略调整，反映了不同阶段政府在经济发展观念上的演变。

## 2.2 产业结构：从"二三一"型转向"三二一"型

**（1）产业结构优化：主导产业由第二产业转向第三产业**

20世纪80~90年代初，南京市以第二产业，尤其是工业的发展为重心。一些国家重大工业投资项目相继在南京选址建设，南京的工业生产得以快速发展❹。1990年，南京的工业发展达到顶峰，一、二、三次产业的增加值比例达到11.7∶60.5∶27.8，第二产业在

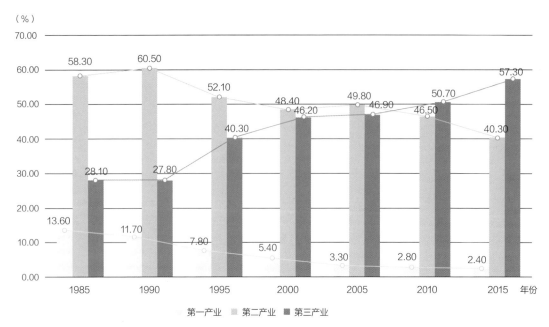

**图1　三次产业增加值占地区生产总值比重**

数据来源：历年《南京统计年鉴》

地区生产总值中所占份额比重超过60%，占据绝对主导地位。

1991年，南京市城市总体规划中提出了"优化产业结构，发展第三产业"的战略调整，产业结构逐渐由工业主导向二、三产并重转变（图1）。南京开始大力发展服务业、旅游业，推动第三产业的蓬勃发展，其在地区生产总值中的比重也逐年攀升。与之相对，南京的工业经济虽处于稳定增长的阶段，但其在地区生产总值中的比重却在逐步下滑。2007年，第三产业已经与第二产业持平，成为拉动南京市经济增长的重要支撑之一。2010年，第三产业取代第二产业成为南京的主导产业，南京"三二一"的发展格局基本形成。

### （2）第二产业结构转型：主导行业由传统重化工向制造业转变

20世纪80~90年代初，化工化学原料和化学制品制造业等重化工产业是南京第二产业中的主导行业。90年代初，化学原料和化学制品制造业与石油加工、炼焦和核燃料加工业各占城市GDP总比值的10.83%、6.51%（图2），是当时在GDP总比值中占比最高的两个行业。

21世纪初，南京确定了新型工业化的发展方向。随后高新技术产业快速发展，装备制造业的比重迅速攀升，逐渐成为第二产业中的主导行业。2000年后，重化工企业中除化工化学原料和化学制品制造业还占

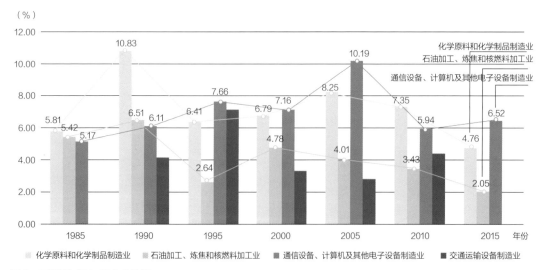

**图2　工业增加值占GDP总比值**

数据来源：历年《南京统计年鉴》

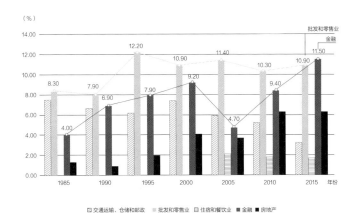

**图 3** 第三产业增加值占 GDP 总比值
数据来源：历年《南京统计年鉴》

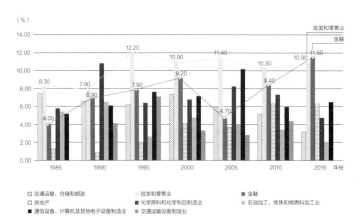

**图 4** 工业、第三产业占 GDP 总比值
数据来源：历年《南京统计年鉴》

有较高的比重之外，石油加工、炼焦和核燃料加工业等行业的占比迅速下滑。2015 年，工业增加值占前两位的行业是通信设备、计算机及其他电子设备制造业及汽车制造业，二者均为制造业。

**（3）第三产业结构发展：批发零售业与金融业成为南京经济的重要支撑**

1991 年，南京提出"发展第三产业"，批发零售业与金融业在 GDP 总值中所占比例迅速攀升（图 3）。1995 年，批发零售业的占比达到 12.2%，此后其占比长期稳定在 10%~11.5% 之间，在二、三产业的各个行业中占据优势地位。而金融业的发展同样受益于南京市政府的经济政策调整，虽然在 2000 年受金融危机影响曾短暂下滑，但 2005 年后行业迅速回温，2015 年金融业的占比已达到 11.5%，超过批发零售业成为二、三产业中的又一主导行业。从图 4 可以看出，2010 年后，批发零售与金融业的比重已远远超过其他行业，成为南京经济的重要支撑。

总体而言，产业结构的优化调整是经济策略的重要方面，从"二三一"型到"三二一"型的产业结构演变，反映出政府在产业结构方面的认知变化，其对南京的城市结构也具有重要的影响。

## 2.3 城乡统筹：从注重基础设施建设到关注人民幸福感

20 世纪 80~90 年代前半期，南京的乡村发展战略是通过外围工业带动村镇发展，以实现现代化工业村镇建设。期间，主要施政措施是加强基础设施建设。南京市政府在全市范围内的 94 个市镇建设自来水厂，自来水覆盖率达 36%。此外，还新建住宅区 292 万 m²，增加人均居住建筑面积，提高村镇的基础设施条件。

1998 年，中央提出"小城镇、大战略"，要求村镇建设和城市建设协同之后，南京开始统筹城乡发展，整合郊县资源，建设新型城镇，郊县工业化、农村旅游化成为落实城乡统筹策略的重要方式。2004 年，公布了《中共南京市委、南京市人民政府关于加快郊县重点城镇发展的意见》，以"三城九镇"[5] 的近期郊县城镇框架为发展目标，提高郊县城镇化率。期间，南京完成了 94 项基础设施工程，并创建了上峰镇、东屏镇两个省级新型示范小城镇。2005 年，南京公布了《关于加快我市统筹城乡发展的意见》以及若干配套政策，以工业区为重点，将主城产业和要素向郊县转移，推动郊县城镇化。2010 年，南京实施《加快推进全域统筹、建设城乡一体化发展的新南京行动纲要》，进一步推进郊县的工业化与农村旅游业的发展。

2010 年后，南京的城乡统筹发展延续了新型城镇化建设和城乡发展一体化的基本策略。但随着南京城市总体规划中"优先关注生态资源保护"策略的提出，南京市政府对城乡统筹策略作出进一步调整，新型城镇化和新农村建设成为统筹城乡发展的新趋势，城乡居民生活环境的改善和人民幸福感的提升成为当下关注的重点。2012 年，南京现代农业"1115"工程[6] 启动，以促进农业增效、农民增收为目标，优化农业区域布局和产业结构。其实施面积 353.2 万亩，涉及江宁区、浦口区、六合区、栖霞区、溧水县、高淳县等 6 个区县、50 个镇街。2013 年，南京实施《南京市美丽乡村建设实施纲要》，开始全域美丽乡村建设，逐步建成 180 个美丽乡村示范村和 1200 km² 示范区，拓展农民增收渠道，加强农村环境综合整治，在解决环境突出问题的同时缩小城乡居民收入差距，提升人民幸福感。

城乡统筹策略涉及城市规划、产业结构调整等多个方面，南京从满足基础设施建设为主的乡村发展策略逐步向改善生活环境、提升人民幸福感的城市统筹策略发展的过程，反映了政府在城市总体建设观念上的变化。

## 2.4 城市环境策略：从环卫设施建设到注重生态环境

20世纪80~90年代前半期，南京的城市环境策略始终围绕城市的基础环卫设施建设展开。期间，南京市政府不断增建大型垃圾处理站、垃圾中转站、公共厕所等基础环卫设施，改善城市卫生条件。同时开展污水治理工作，为进一步的水环境综合整治打下基础。

90年代后半期，随着南京城市环卫基础设施建设的逐步完善，南京的城市环境策略逐步转向生态环境的建设。增建城市绿地、治理水环境、优化城市环境成为城市环境策略的重心。2002年，南京市委、市政府公布了《关于建设"绿色南京"的决定》，全面启动绿色通道、市中心区绿地建设、人居森林和经济林果等林业建设工程，规划建设十大郊野公园和湿地公园。

2010年后，南京市的城市环境策略延续了生态环境建设的观念并进一步推进，人居环境、城市品质的提升成为关注的重点。2010年，南京市政府提出提升城市功能品质、改善人居环境，并公布了《城市环境综合提升三年行动计划》，围绕提升市容环境、城市品质和人居质量，开展新一轮的城市环境综合整治工作。南京逐步完成了秦淮河、玄武湖公园等景区的环境整治工程，及黑臭河道治理等水环境的综合整治工程，并建设绿化公园，增加城市绿化覆盖率，提升城市环境品质与人居环境质量。2016年，南京公布了《城市品质提升三年行动计划》以及配套的一系列设计导则，以回应南京作为江苏省省会、东部地区重要的中心城市、国家历史文化名城、全国重要的科研教育基地和综合交通枢纽的城市定位。此外，还于2016年公布了《市政府办公厅关于推进海绵城市建设的实施意见》，开始全面实施海绵城市建设，控制雨水，缓解城市积水、水体黑臭等问题，减少城市开发对生态环境的影响。总体而言，南京通过城市建成环境整治与城市整体建设控制两个方面综合提升了人居环境与城市品质。

改革开放以来，南京的城市环境策略从最初注重城市环卫设施的完善到着重于公共绿地的建设，再到如今强调人居环境品质的演变过程，反映了不同阶段政府对城市环境的认知变化。

## 2.5 城市服务策略：从保障型到服务提升

进入21世纪之前，南京实施保障型的城市服务策略，主要施政措施是建设与完善各项城市基础设施。1990年，南京扩建了上元门水厂以保障全市供水量；1995年，新建了煤气管道与自来水管道，以保障人均用水、用气的需求。此外，建设城市道路48万 $m^2$，完成巷道路灯系统建设并新增了公交线路，保障居民出行。这一阶段的城市服务策略致力于满足用水、用气、出行等城市居民的基本生活需求。直至20世纪90年代后半期，随着城市建设进程的加快，提高人民的城市生活质量才被提上议程。

进入21世纪之后，随着南京城市基础设施的日趋完善，建立覆盖医疗、出行、收入分配等方面的全方位的城市服务体系逐步取代城市基础服务设施建设，成为南京城市服务策略的重心。在出行方面，南京的公交都市建设持续推进，新辟、调整公交线路81条，新增公共自行车服务点700个，多层级的公共交通体系逐步建立。在医疗方面，2015年南京市公共卫生医疗中心、河西儿童医院投入使用，卫生服务体系健全率达到100%，形成全覆盖的医疗网点。2016年，南京市政府开始深化综合医疗改革，推进医疗、医保、医药"三医联动"，"医联体"、家庭医生制度、"智慧医疗"的建设进一步提升了医疗服务水平。而在收入分配方面，继2003年的富民工程实施之后，2004年南京实施"温暖工程"开展困难群体帮扶救助，提高最低生活保障标准。2010年南京市出台了《关于进一步加强民生工作的意见》，完善民生政策。随着南京城市服务体系的逐步建立，"智慧医疗"、精准扶贫等各专项政策的出台，使城市服务体系朝精细化的方向进一步发展。

改革开放以来，南京的城市基础设施逐步完善，城市服务策略也从保障型向服务提升转变。与此同时，政府的城市建设目标也由保障城市生活需求向提升城市品质演变。

## 2.6 小结

总体而言，改革开放至今的近四十年中，南京市政府在经济发展策略、产业结构调整、城乡统筹策略、城市环境策略、城市服务策略这五个方面的政策导向发生了显著变化，如表1所示。

综合表1与前文来看，南京的城市建设政策随着城市发展的状况不断调整，向着更稳定、高效、科技、生态、品质的方向发展。20世纪80~90年代，南京的城市发展处于相对初步的阶段，缺乏必要的城市基础设施、环卫设施，经济的快速发展主要依靠工业尤其是重工业的支撑。因此，在这一阶段中，南京的经济策略是以工业为主导，逐步发展第三产业，保证经济的快速增长。同时，以城市基础设施建设为主，保障居民的城市生活需求。进入21世纪之后，南京的经济发展迈入新的阶段，城市基础设施基本建设完成，科技、生态、历史保护等观念开始在南京的城市规划与建设过程中逐步占据重要地位。从新型工业的发展到"五型经济"，从重工业主导到制造业、金融业的崛起，从城乡资源整合到美丽乡村的建设，南京经济策略的转变、产业结构的调整和城乡统筹策略的强化均是向着更合理、更生态、更科技的方向发展。并且，随着城市基础设施建设的基本完成，南京的城市环境与城市服务体系开始向着品质化的方向发展，城市品质和居民幸福感成为衡量政府工作成效的重要标准。

简而言之，随着南京的经济策略由追求经济的快速增长转向强调发展的量质并重，城市规划与建设过程中生态与创新的地位逐渐提升，相应地，美丽乡村、人居环境、城市品质成为城乡统筹与城市环境策略中新的发展方向。此外，南京的产业结构也从"二三一"格局向"三二一"转变，改变了工业主导的产业格局。城市服务体系也对城市环境策略与城乡统筹策略的调整作出回应，服务提升型的服务体系建设逐渐取代保障型的城市基础设施建设，成为改善人居环境、提高人民幸福感的重要途径。

南京市政府工作报告中各时段工作重点　　　　　表1

| | 20世纪80年代<br>（"六五""七五"计划） | 20世纪90年代<br>（"八五""九五"计划） | 2001~2010年<br>（"十五""十一五"计划） | 2011~2020年<br>（"十二五""十三五"计划） |
|---|---|---|---|---|
| 经济策略 | 工业主导<br>经济快速增长 | 工业园区建设<br>第三产业发展 | 新型工业化<br>经济高速发展 | 五型经济、科技创新<br>经济平稳运行 |
| 产业结构 | "二三一"格局<br>重化工 | 二、三产并重<br>批发零售业 | "三二一"格局<br>制造业、金融业 | |
| 城乡统筹 | 基础设施建设 | | 郊县资源整合<br>郊县工业化、农村旅游化 | 美丽乡村、青山绿水<br>人民幸福感 |
| 城市环境 | 环卫设施建设 | 生态环境的建设<br>城市公园、风光带综合整治、绿化南京 | | 提升人居环境、城市品质<br>河流整治 |
| 城市服务 | 保障型<br>城市基础设施完善 | | 服务提升型<br>城市服务体系建设 | |

# 3 南京城市总体规划与建设历程回顾

## 3.1 1980版总体规划：《南京市城市总体规划（1981~2000年）》

1980版总体规划是南京市改革开放后编制的第一部城市总体规划，由于"文化大革命"导致南京城市建设工作中断，该版总体规划着重解决南京城市发展面临的实际问题，以图纸和文字说明为主，在指导思想方面阐述得较为简略。根据总结，该版总体规划的指导思想包含以下几个方面。

**（1）第三次全国城市工作会议的主要精神**

在1978年召开的第三次全国城市工作会议上，提出了"认真编制和修订城市总体规划、近期规划和详细规划"的要求。在此背景下，南京市规划局于同年10月份成立，并立刻开始着手编制南京城市总体规划，规划于1980年编制完成。这是该版总体规划编制的总体背景。在第三次全国城市工作会议上提出的一些核心思想也在该版总体规划中得到了体现，如按照当时国家"严格控制大城市规模"的城市建设方针，在市域层面对南京城市人口、生产力进行了布局，提出了"市—郊—城—乡—镇"的圈层式城镇空间格局，奠定了今日南京"多中心、开敞式、组团布局、轴向发展"的雏形。

**（2）中央书记处对北京市工作方针的四点建议**

1980年4月中共中央书记处召开会议，对新时期北京市的建设作出了重要指示，并提出四点建议，具体如下。

第一，要把北京建设成为中国、全世界社会秩序、社会治安、社会风气和道德风尚最好的城市。

第二，要把北京变成全国环境最清洁、最卫生、最优美的第一流城市。

第三，要把北京建成全国科学、文化、技术最发达，教育程度最高的一流城市，并且也是世界上文化最发达的城市之一。

第四，要使北京在经济上不断繁荣，人民生活方便安定。要着重发展旅游事业、服务行业、食品工业、高精尖的轻型工业和电子业。

南京市在编制1980版总体规划的过程中深入学习了中央书记处对北京市工作方针的四点建议，明确了规划的指导思想，并在该版总体规划中得到了体现。如总体方针确定为"把南京建设成为文明、洁净、美丽的园林化城市"；提出将南京建设成为"两个中心"，即江苏省的政治、经济、文化中心，在科技、文化上成为国际活动中心之一；在产业定位上提出将南京建设成为"三个基地"，即以电子仪表、石油化工、汽车制造和建筑材料工业为主的现代化工业基地、科研教育基地和外贸出口基地。

**（3）南京市委、市政府对于南京城市发展的指导意见**

根据南京市当时形成的发展基础、中华人民共和国成立30多年来积累的发展成果、过去城市规划工作的经验教训以及"文化大革命"期间南京城市建设工作受到的冲击，南京市委、市政府按照新时期面临的新情况，本着扬长避短、发挥优势的精神，对该版总体规划的编制提出了指导意见，明确将"圈层式城镇群体"作为该版总体规划的方案核心。与此同时，指出规划要实现"四个保证"，即法律保证、经济保证、组织保证和管理保证，并提出规划应本着"远期着眼、近期着手"的精神，当前必须抓好住宅、道路、排水、环保和绿化"五项工作"。

## 3.2 1991版总体规划：《南京城市总体规划（1991—2010）》

1991版总体规划是南京市第一部依照《中华人民共和国城市规划法》的要求进行编制的城市总体规划。其背景是党的十四大以后，我国市场经济体制改革和对外开放向纵深推进，城市土地使用权有偿转让等政策的实施以及外商投资的推动，加速推进了中国的城市化进程。进入20世纪90年代以后，南京市的社会经济发展水平已经得到了很大提升，1980版总体规划的近期目标已经实现。面对中央加快改革开放步伐的精神和南京市委、市政府加速城乡经济发展的战略部署，原有的总体规划已经不能适应新时期城市发展的要求。因此1991版总体规划作为对1980版总体规划的修订，在指导思想上体现了20世纪90年代城市发展的最新理念，与1980版总体规划呈现出较大的不同。

**（1）全面围绕"以经济建设为中心"的战略目标展开**

本轮规划正处在改革开放以后经济高速发展的时期，为实现世纪末"国民生产总值翻三番、人民生活达到小康水平"的基本目标，本轮总体规划的各项举措均围绕着"大力发展城乡经济""将南京建成现代化程度较高的综合性工业基地"这一核心。但与此同时也非常注重产业结构优化调整，提出大力发展金融、贸易、信息产业等第三产业，实现产业结构由"二三一"型向"三二一"型的战略转变。

**（2）大力提升城市化水平，对城市定位提出更高要求**

本轮规划处于南京城市规模大幅扩张、人口加快集聚、中心城市功能逐渐完善的时期，因此对上轮规划提出的"控制城市规模"的要求有所淡化，提出将城镇化水平提升到80%左右，城镇人口控制在480万人的目标，较上轮规划有了大幅提升。在城市定位上，更加强调要加快城市现代化进程，提出了"建设国际化大都市""下世纪中叶跻身世界发达城市行列"的宏伟目标。

**（3）以都市圈为核心形成现代化大都市的空间格局**

本轮规划在上轮提出的"圈层式城镇群体"的基础上，进一步借鉴国外大城市发展的成功经验，以区域协调发展的视野，跳出老城和主城范围，提出了"南京都市圈"的概念，确立了"以长江为轴，东进南延，南北呼应；以主城为核心，结构多元，间隔分布"的整体空间格局。按照规划区、都市圈与主城三个空间层次对总体规划进行安排，具体对不同圈层的城镇有针对性地确定城市发展目标、产业发展分工、人口集聚引导、建设规模控制和基础设施布局策略，促进城市建设的重点有计划地逐步向外围城镇转移。

**（4）开始重视历史文化名城保护和可持续发展**

本轮规划开始思考解决南京的保护（控制）与发展的协调问题，首次增加了"历史文化名城保护"和"环境保护"章节，以提升主城发展内涵为导向，旨在提高环境质量，保护古都特色。

## 3.3 2001版总体规划：《南京城市总体规划（1991—2010年）》（修编）

随着信息时代来临和市场经济竞争加剧，我国城市步入快速城市化阶段。为了使城市在稳定延续中适应新的形势需要，南京市于2001年组织了南京城市总体规划调整工作。该版规划是21世纪南京市的第一部总体规划（修编），在总结上版总体规划经验和教训的基础上，更加强调城市规划的社会性特征，更加重视城市规划编制与实施的衔接，突出近期发展重点，与此同时在规划指导思想上也紧随时代步伐进行了诸多创新。

**（1）进一步突出区域协调和可持续发展的理念**

在1991版总体规划提出"南京都市圈"概念的基础上，强调"轴向发展、组团布局、多中心、开敞式"的城市空间发展格局，重视历史文化资源的保护，确定了"老城做减法、新区做加法"的城市发展战略，使南京由"山水城林有机组织的小南京"迈向"山水城林有机融合的大南京"，为之后南京市委、市政府确立"一疏散、三集中"（疏散老城人口，建设向新区集中、工业向园区集中、大学向大学城集中）的发展战略、"一城三区"建设重点（"一城"即河西新城区，"三区"即仙林新市区、江宁新市区、江北新市区）的提出奠定了基础。

**（2）提升中心城市的发展定位，拉开大都市的发展框架**

本轮总体规划修编在确认上轮总体规划提出的"长江下游重要中心城市"的城市性质的基础上，进一步明确了现代化中心城市的定位内涵，并且对城市规模进行了较大规模的预留，将城镇人口规模提升到870万，并对各项重大基础设施布局规划进行了全面升级，奠定了南京大都市的发展框架。

**（3）突出历史文化名城保护的地位**

本轮总体规划调整首次编制了历史文化名城保护专项规划，确定了南京历史文化名城保护的总体格局。按照城市整体风貌、历史文化保护区和文物古迹三个层次建立了完整的历史文化名城保护体系，体现出对历史文化名城保护工作重视程度的不断增强和保护力度的不断加大，为之后首部《南京历史文化名城保护规划》的出台奠定了基础。

**（4）推进规划公众参与，注重城市规划的社会属性**

为主动接受社会监督、认真听取各界意见建议、提高公众对城乡规划工作的了解度和参与度，南京市长期以来积极推进规划公众参与工作，并在本轮总体规划调整中得到了全面体现。本轮总体规划调整在开展规划公示和公众意见咨询工作的基础上，采用"开门规划"的方法，强调专题研究、技术支撑，对城市总体规划编制模式作出了不少创新，因此荣获江苏省优秀规划设计一等奖以及中国城市规划学会创新奖。

## 3.4 2010版总体规划：《南京城市总体规划（2011—2020年）》

2010版总体规划是南京市在21世纪编制的第一部总体规划。这一时期，南京的城市发展面临着错综复杂的机遇与挑战。一方面，经过改革开放30年的快速发展，南京市的综合实力和经济发展水平已经实现了质的提升，城市框架已经拉开，跻身特大城市、区域中心城市的行列；另一方面，国内外经济形势复杂，城市产业发展到了加快升级转型的关键时期，国务院关于长三角发展的指导意见等区域发展战略对南京的社会经济发展提出了新的更高的要求。在此背景下，本轮总体规划的编制着眼于新时期南京城市发展的新需求，在指导思想上体现了党的十六大、十七大以来我国的城镇化发展战略与城市规划指导方针、国家和省市政府对南京城市发展的新要求以及当时国内外城乡规划领域的最新理念，树立了构建"区域协调、城乡统筹、高效和谐的新都会"的总体目标，较之前几版总体规划有了明显的提升。

**（1）优先关注生态环境资源的保护**

本版总体规划充分贯彻落实科学发展观的发展理念，围绕"优化城市结构、完善城市功能、提升城市品质"的要求，优先关注生态环境资源的保护，注重协调好人口、资源和环境的关系，促进城市建设和资源利用以及环境保护相协调。

**（2）更加重视历史文化的保护利用**

强化对历史文化资源的保护，制定了"保护好南京悠久丰厚、特色鲜明的优秀传统文化，协调好保护与永续利用的关系，更好地为南京的科学发展和构建和谐社会服务"的规划目标。

**（3）科学确定城市发展的目标定位**

把南京放在全省、长三角和全国层面科学确定中心城市职能，充分发挥南京中心城市的承东启西作用，以加快产业升级和布局调整、增强中心城市功能为目标，提出了"东部地区重要中心城市"的城市性质，明确了南京率先实现现代化的发展目标。

**（4）加强区域协调和城乡统筹发展**

全面积极融入长三角地区的发展，加强与都市圈周边的协调发展，提升城乡交通和基础设施服务水平，优化城乡发展布局，以提高城乡全面小康水平为目标，塑造优良人居环境，加强城乡各类公共服务设施的配套，维护社会公平和公正。

## 3.5 小结

改革开放以来，南京市完成了多轮总体规划编制，实现了城市建设主导思想的转变，并出台了诸多重要城市空间发展政策。通过对这些重要文献进行梳理和总结，从中可以发现改革开放以来南京城市规划和建设价值导向的变迁。

**（1）反映国家城镇化发展思想和城市建设方针的变迁**

城市规划首先是国家城镇化发展主导思想和城市建设方针的体现。南京历版城市总体规划也反映出我国城市建设价值体系的变迁。如1980版城市总体规划体现了第三次中央城市工作会议确定的"严格控制大城市规模"的城市建设方针，对城市用地规模进行了严格的限定，此后1990版总体规划也基本延续了严控城市规模的方针。但随着我国快速城市化进程的推进、市场经济深入带来的城市间竞争加剧以及城市发展新形势的需要，"发挥中心城市的带动作用"已经逐渐取代"严格控制大城市规模"成为我国城镇化发展战略的主流。在此背景下，2001版总体规划对城市人口和用地规模进行了较为充裕的预留，该思想在2011版总体规划中也得到了体现，由"严格控制城市规模"转变为"合理控制城市规模"，通过新区建设和空间协调发展支撑南京建设成为东部地区重要的中心城市的定位。

**（2）逐渐强化对城市发展规律的科学认识和把握**

改革开放之后南京的城市规划工作对于城市发展规律的认识和把握是一个循序渐进的过程。随着时代的进步，城市规划对城市发展规律的体现在很多方面都越来越明显。

在空间发展理念方面。1980版城市总体规划提出了"圈层式城镇空间格局"，最早提出建设市郊卫星城的思想；1990版总体规划首次提出了"南京都市圈"的概念，提出了跳出老城建新城的思想；2001版总体规划调整确定了"老城做减法、新区做加法"的城市发展战略，形成了城市建设"一疏散、三集中"的发展战略。2016年响应中央城市工作会议提出的"特大城市要划定城市开发边界"的要求，开展了城市开发边界划定的试点工作。

在产业发展定位方面。1980版城市总体规划仍然以"三大工业化基地"作为南京城市的发展目标，从1990版总体规划开始逐渐淡化工业基地的定位，2001版总体规划调整确定了"长江下游重要的中心城市"的定位，2011版总体规划中则上升为"东部地区重要的中心城市"。与此同时，城市发展的主要产业空间则从最初的工业基地，逐渐转变为20世纪90年代的以开发区为主导，2010版则以"十大功能板块"作为提升城市品质、集中集聚集约开发的战略选择和重点建设地区，并逐渐对老工业区进行更新升级，并于2016年开展了四大工业片区的布局调整工作。

在区域协同发展方面。南京市多年来长期推进南京都市圈的协同发展工作，都市圈联席会议成员从最初的六市逐渐扩容，在编制《南京都市圈规划（2002—2020）》的基础上，2013年市规划局牵头组织了都市圈八市联合开展了都市圈城乡规划协同工作。与此同时，南京市积极推进国家级新区的筹办工作，2013年编制了《南京市江北新区2049战略规划暨2030总体规划编制工作方案》，并于2014年上升为国家战略。

在历史文化名城保护与城市更新方面。从1990版城市总体规划开始系统性思考老城保护问题，2001版总体规划编制了历史文化名城保护专项规划，同时编制了首部《南京历史文化名城保护规划》。2002年以来逐渐开展了老城环境综合整治工程，以期达到保护古都历史遗产、疏散老城居住人口、改善老城人居环境、塑造老城空间特色、保持老城经济活力等目标。2004年编制了《南京老城保护与更新规划》，2006年出台并实施了《南京市重要近现代建筑和近现代建筑风貌区保护条例》，2010年编制了新版《南京历史文化名城保护规划（2010—2020）》，对历史文化名城保护、文化遗产和历史建筑管理和更新的力度不断增强。

**（3）建立科学、高效、现代化的规划管理体系**

面对城市快速发展变化以及社会日益关注城市规划的新形势，改革开放以来南京市不断探索建立起一套适应现代城市发展形势需要的城市规划管理体系。1978年成立了南京市规划局；1990年出台并实施了《南京市城市规划条例》，明确了市、区两级规划管理的职责分工；2007年《南京市城市规划条例实施细则》开始实行。在此基础上，南京市对规划管理体系不断改革完善。2008年出台了规划项目审批会制度；2015年市委、市政府出台了《关于深化全市城乡规划管理体制改革的意见》，全面完成了规划事权改革。在规划覆盖上，2004年起逐渐实现了控制性详细规划全覆盖，同时在全国范围率先创新性地提出了城市特色意图区的概念，并落实到规划编制和管理工作中；2013年开展了全市城市设计全覆盖行动计划，旨在实现城市设计理念、城市设计成果、城市设计空间要素和城市设计管理实施全覆盖；2010年市规划局设立城乡统筹处，负责全市农村地区的规划工作，基本完成涉农街镇法定规划全覆盖。在规划协同上，2016年完成了各区近期建设规划土地利用现状"一张图"编制工作，并积极推动空间规划"多规合一"工作。

**（4）推进规划公众参与，注重城市规划的社会属性**

为主动接受社会监督，认真听取各界意见建议，提高公众对城乡规划工作的了解度和参与度，南京市长期以来积极推进规划公众参与工作。1990版城市总体规划编制时，南京市在全国范围内率先开展规划公示和公众意见咨询工作；2001版总体规划调整时采用了"开门规划"的方法，强调专题研究、技术支撑，对城市总体规划编制模式进行了创新。2006年南京规划建设展览馆落成，综合实现规划展览、规划公示、公众意见征询等功能。近年来，通过互联网和新媒体建立起全面的规划网络公示和公开制度。2013年起市规划局连续开展了"规划开放日"系列活动，对于普及规划知识、宣传规划制度起到了良好、积极的作用。

# 4 中国城市建设中的研究热点及变化趋势

通过对1980年以来《建筑学报》《规划师》《城市规划》《城市规划学刊》中的文章进行分类研究和量化统计（建筑类合计10714篇，规划类合计17031篇），可以发现学术界的关注热点，如对绿色生态、历史遗产、公共参与和城市安全方面有着持续的关注，同时这些关注点在互联网，报刊等公共媒体中也有所表现。因此，除了分析上述四种权威性专业期刊中的研究热点之外，此次研究还通过查阅大量报刊和互联网信息梳理当时发生的相关事件，进行关联性分析，以求发现城市建设情况与研究热点之间的相互关系。

在规划领域，对《规划师》《城市规划》《城市规划学刊》三种期刊进行统计，涉及"城乡统筹""公众参与""可持续发展"以及"历史遗产保护"等关键词的论文共计9220篇（表2）。对统计数据进行可视化分析后（图5），可知规划领域最为关注的是城市空间、生态和历史遗产问题。同时，近年来对于可持续发展的关注度也明显提高。

在建筑领域，《建筑学报》收录的建筑方面的论文中涉及"绿色建筑""地域性""可持续发展"以及"历史遗产"等关键词的论文共计1856篇（表3）。对这些关键词作数据统计并进行可视化分析后（图6），可以发现建筑领域同样高度重视可持续发展和历史遗产问题，并且对地域性建筑的关注度也非常高。此外，自21世纪初建筑领域开始关注灾后重建问题。

对同时期规划和建筑领域文章的关键词和相关数据进行对比研究，结合城市建设相关事件对城市建设的关注热点进行分析，可以发现以下四个主要的变化趋势。

**规划类关键词数据统计表** 表2

| 刊物 | 类别 | 关键词 | 1980~1989年（共1064篇） | 1990~1999年（共2365篇） | 2000~2009年（共7072篇） | 2010~2017年（共6530篇） |
|---|---|---|---|---|---|---|
| 《城市规划》《城市规划学刊》《规划师》 | 城镇化与城乡统筹类 | 城市设计 | 53 | 268 | 844 | 635 |
| | | 城镇化 | 14 | 15 | 97 | 632 |
| | | 城乡统筹 | 0 | 1 | 70 | 187 |
| | | 城市空间 | 9 | 101 | 667 | 693 |
| | 生态可持续类 | 可持续发展 | 0 | 99 | 320 | 360 |
| | | 环境保护 | 18 | 30 | 72 | 86 |
| | | 生态 | 8 | 107 | 650 | 899 |
| | 公众参与类 | 公众参与 | 0 | 25 | 161 | 143 |
| | 历史遗产类 | 历史街区 | 0 | 8 | 118 | 133 |
| | | 历史保护 | 87 | 215 | 656 | 739 |
| 合计 | — | — | 189 | 869 | 3655 | 4507 |

数据来源：中国知网

**建筑类关键词数据统计表** 表3

| 刊物 | 类别 | 关键词 | 1980~1989年（共2197篇） | 1990~1999年（共2230篇） | 2000~2009年（共3178篇） | 2010~2017年（共3109篇） |
|---|---|---|---|---|---|---|
| 《建筑学报》 | 生态与可持续类 | 可持续发展 | 0 | 37 | 116 | 55 |
| | | 绿色建筑 | 0 | 2 | 33 | 66 |
| | | 生态 | 13 | 45 | 234 | 145 |
| | | 建筑节能 | 8 | 15 | 45 | 28 |
| | 历史遗产类 | 保护 | 107 | 67 | 204 | 229 |
| | | 地域性 | 1 | 6 | 44 | 44 |
| | | 更新改造 | 9 | 8 | 11 | 14 |
| | | 工业遗产 | 0 | 0 | 12 | 36 |
| | | 历史建筑 | 8 | 5 | 68 | 66 |
| | | 历史街区 | 0 | 4 | 20 | 20 |
| | 城市安全类 | 灾后重建 | 0 | 0 | 6 | 27 |
| 合计 | — | — | 146 | 189 | 793 | 730 |

数据来源：中国知网

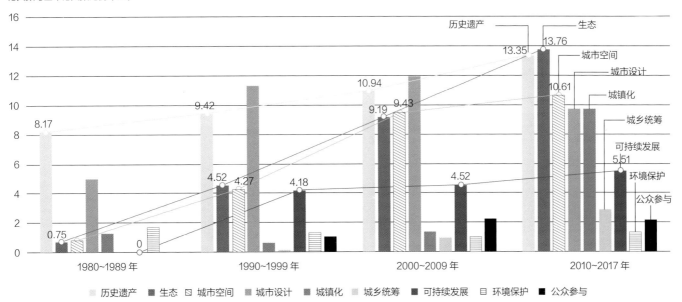

**图5 规划类关键词数据统计**
数据来源：中国知网

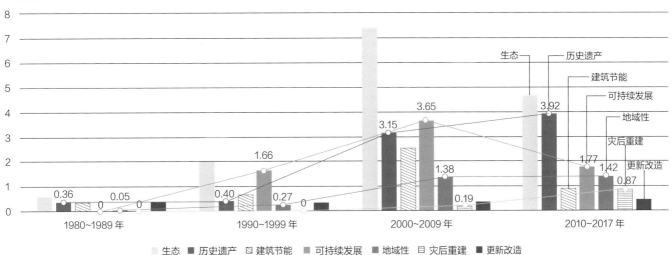

**图6 建筑类关键词数据统计**
数据来源：中国知网

## 4.1 "生态与可持续"的关注度正在稳步上升

1980~1989年，我国学术界已对生态与可持续的问题有所关注，期间发表相关论文共计47篇。1990~1999年，相关论文的发表数量有所提升，达到297篇，占当时总论文数量的7.3%，成为学术界的研究热点之一。进入21世纪后，学术界对此问题的关注度仍在增加，近7年相关论文所占比例已达17.0%。生态与可持续问题是建筑与规划领域共同关注的热点问题，并且公众也逐渐意识到其重要性。

以南京的"法桐让路"之争为例，2011年随着南京地铁3号线启动建设，13个站点沿线的600多棵行道树需要"让路"，引起南京市民和社会各界的争议。当地居民参与到保护法国梧桐树的事件中，不仅出于其对绿化环境的需求，更多的是基于梧桐树所承载的情感诉求。

在此期间，南京市制定了《关于进一步加强市名树古木及行道大树保护的意见》，指出"城市重点敏感路段移植树木或移植树木数量较大的，作出批示前必须先进行公示，广泛征求社会公众意见，市城市绿化行政主管部门根据公众意见审慎作出审批意见，并报市人民政府备案"。随后，南京市政府表示，今后南京的重大工程将试行绿化咨询评估制度，首个试点项目即和此次保护法国梧桐树事件相关的南京地铁 3 号线工程。这也是我国地方通过的首个绿化咨询评估制度，这一制度将和环境影响评估、安全评价等一样成为重大工程实施的一个重要条件。"绿评"成为"法桐让路"事件中最有意义的收获。至此，"法桐让路"事件告一段落。

此次"法桐让路"事件后，城市建设中如何处理好建设和保护树木、生态建设的关系成为生态与可持续研究中又一个热点课题，受到学者们的关注。此外，1997 年，黄光宇、陈勇在《生态城市及其规划设计方法研究》中全面阐释了生态城市的规划与设计方法。近年，俞孔坚等发表了《"海绵城市"理论与实践》进一步发展了生态、可持续的城市建设理念。而吴良镛在《关于建筑学未来的几点思考》一文中从建筑设计的角度探讨了可持续发展中建筑与城市的关系。刘煜的《国际绿色生态建筑评价方法介绍与分析》则从绿色生态建筑评价出发，研究了绿色生态建筑评价的一般内容与方法。总体而言，自 1990 年生态与可持续的问题进入学术界的研究视野之后，便始终是学术界关注的重点，其中涉及的内容也在不断拓展。

## 4.2 "历史遗产"研究一直是学术界研究的重点

从表 2、表 3 来看，1980~1989 年关于历史遗产的论文共计 212 篇，占论文总量的 6.5%，可见当时历史遗产已经是学术界关注的重点之一。进入 21 世纪，关于历史遗产的论文比例有所提升，近 7 年中关于遗产保护的论文数量已占到总量的 13.29%。

历史遗产不仅是学术界关注的重点，公众也已经认识到历史遗产保护的重要性。以南京老城南保护社会讨论事件为例。

2006 年 8 月，南京城南地区南门老街、颜料坊等 5 处地块的拆迁改造，引起全国 16 位建筑、规划、文物、考古界知名专家联名呼吁（国务院总理在专家来信上作出重要批示），引发了一场包括新闻媒体、专家学者、政府及市民在内的社会讨论。2009 年 4 月，改进中的老城南历史保护探索工程引起本地 29 位学者联名呼吁，再次引起社会各界对城南保护的集中讨论。经历两次社会讨论之后，南京市对城南历史保护的认识进一步提升，在既要保护延续历史文化又要改善人居环境的要求下，考虑突破惯性思维，兼顾多方需求，和谐保护与发展的关系。

2010 年，南京公布了《南京老城南历史城区保护规划与城市设计》，提倡以传统院落为单位的小规模整治更新方式，对各地块提出分类整治措施，提出"小规模""院落式"等复兴城南物质空间的方法。该事件的讨论潜移默化地促成了南京历史城区复兴方式的改变，促进了南京市进一步思考在不失传统和历史记忆的同时，如何使城市富有当代的活力和魅力。

在两次老城南改造事件中，媒体既是民众的发声渠道也是政府与民众的沟通渠道，发挥了重要作用。2006 年 11 月，《中国文化报》就报道了专家呼吁叫停老城南拆迁的消息，并持续关注其后续发展。之后，《光明日报》《中国建设报》等报刊也开始关注老城南改造中出现的问题。而《南京日报》《新华日报》等官方媒体则不断发布政府关于老城南改造的最新举措，如南捕厅保护更新规划、颜料坊地块复建等，积极回应专家学者与民众的建言。

基于对南京老城南保护社会讨论事件中各类声音的记录、整理和反思，学术界开始对衰败历史城区在当代复兴中面临的一些现实问题进行讨论❼，如刘青昊和李建波在《关于衰败历史城区当代复兴的规划讨论——从南京老城南保护社会讨论事件说起》一文，从历史遗产的价值观、历史资源挖掘与评定、复兴方法选择、实施制度支撑等多方面展开讨论。此外，余军的《从大屋顶的生与死看现代中国建筑文化》从大屋顶形式的出现出发，提出创作真正的现代中国建筑必须立足于现代中国文化的创造。郭璇的《文化遗产展示的理念与方法初探》从保护与修复、环境景观设计、历史场所利用、文化传播等角度对古迹遗址展示的方法与手段进行剖析。而刘旻在《创造与延续——历史建筑适应性再生概念的界定》一文中，从建筑的"适应性"与"适应性再生"出发进行探讨，指出对新旧建筑间相容性的创造性发现和对历史建筑文化特性的延续是历史建筑适应性再生的本质。

改革开放以来，历史遗产一直是学术界研究的重点之一，从大屋顶形式的探讨到历史建筑再生的思考，从对历史文化名城特征的认知到历史街区保护概念的不断更新，历史遗产研究的内容不断增多，学术界的探讨也越来越深入。

## 4.3 "新型城镇化与城乡统筹发展"的关注度大幅提升

20世纪80年代至今城镇化和城乡统筹发展的研究为学术界所重视。1980~1900年，新型城镇化与城乡统筹的研究相关论文共有76篇，占总数的7.14%，而近7年其所占的比例已达到32.9%，新型城镇化与城乡统筹发展的相关研究正在快速增多。

近年来，南京城乡发展呈现出"大城市、小郊县"的格局，农村经济发展薄弱，二元结构矛盾突出，尤其是农村土地利用不集约问题严重。落实城乡统筹政策要求、加快城乡空间优化整合已经刻不容缓。在大都市边缘区城乡统筹发展水平评估方面，有学者引入"城乡融合度"概念，从大都市边缘区城乡统筹的特定内涵出发，构建了由市域统筹和区（县）统筹两个层级，空间融合度、经济融合度、社会融合度、设施融合度四大系统构成的大都市边缘区城乡统筹发展水平评估模型，并对江宁区城乡统筹发展水平与南京主城关系进行了研究。

基于南京区域差异客观存在的现实，国内学者还从空间结构形态、土地利用、城乡统筹发展水平测度、规划编制和管理等诸多方面开展研究，在"城乡一体化""城乡差异度""城乡协同度""城乡融合度"等方面，从方法和实证上对新型城镇化与城乡统筹发展进行了很多有益探索。刘传江、郑凌云所著《城镇化与城乡可持续发展》一书从理论、实践、体制、战略、政策等方面分析当今中国农村城镇化的发展机制、模式、进程等，并在产业结构、发展要求、全球化等大背景下探讨其可持续发展的战略、政策。周一星在《关于中国城镇化速度的思考》中对我国城镇化超高速增长作出反思，并提出应更多地关注城镇化的质量。近年，单卓然、黄亚平在《"新型城镇化"概念内涵、目标内容、规划策略及认知误区解析》一文中定义了新时期"新型城镇化"的概念，提出新型城镇化的内涵与核心目标，并指出新型城镇化存在的六大可预见性认知误区。

在过去的几十年间，关于"新型城镇化与城乡统筹"的研究经过发展、反思与重构的过程，关注的重点从对发展模式与机制的探讨转向对民生、可持续发展、建设质量的关注，学术界的研究重心随着城市建设的发展不断变化。

## 4.4 "公众参与"成为新的关注热点

公众参与是指社会公众有权平等地通过一定的程序或途径参与环境利益相关的决策、实施活动，使其符合广大公众的切身利益，是缓和进而解决双方矛盾的重要途径。1990~1999年，公众参与开始进入学术研究的视野，是当时比较热门的话题之一❽，可检索的论文共计25篇，占论文总量的1.06%。进入21世纪后，学术界对公众参与的探讨有所增加，相关论文约占总量的2.2%。

2017年3月14日，南京市规划局网站发布了《南京市仙林副城新港—炼油厂片区控制性详细规划NJDBa010-18规划管理单元图则调整》（公众意见征询），拟将新港—炼油厂片区的用地性质由一类工业用地调整为三类工业用地。经过公示，南京市规划局对社会公众的反馈意见进行梳理分析，并与企业、规划编制单位协商后，于2017年4月20日发布公告，决定对原地块规划用地性质不予调整，维持原控制性详细规划确定的一类工业用地性质。从中可以看出，公众对南京城乡规划工作的关注和参与，在城乡规划的制定、决策和实施过程中起到了很大的作用。

早期关于公众参与的文章多为对公众参与模式的探讨和分析。如1999年梁鹤年在《公众（市民）参与：北美的经验与教训》一文，以北美为案例结合我国的实际情况，分析了公众参与的模式与组织方式。郑利军、杨昌鸣则在《历史街区动态保护中的公众参与》中以历史街区的现状为切入点，探讨了我国公众参与的现状与发展方向。而在南京老城南事件、"法桐让路"事件后，公众参与在社会管理中所起的作用开始为学术界所重视，相继发表了《天津建筑遗产保护公众参与机制与实践研究》（刘敏）、《利益均衡视角下的环境保护公众参与机制研究》（葛俊杰）、《新时期公众参与城市规划编制的探索与思考——以南京市城市总体规划修编为例》（徐明尧、陶德凯）等文章，对城市建设与历史遗产保护过程中的公众参与机制进行研究。

近年来，网络成为公众参与城市建设的重要媒介。通过大量转发获得社会的普遍关注后，不仅当地公众参与到地方城市的建设之中，全国网民也都纷纷参与并发表意见。通过网络扩展的公众参与逐步得到来自各级政府、学术界及社会各方的重视，同时希望公众参与能够更加规范化、法律化，并在之后的城市建设中发挥更大的作用。

1979~2017年南京城市建设与政策大事记梳理见

图 7~ 图 13[9]。由上述图可知，在城市发展方面，历史遗产的保护与利用、地域文化特征、城市的可持续发展和生态建设逐步成为学术界关注的焦点。通过与政府工作报告的对比，可以发现学术研究的关注点与政府的政策导向之间有着密切的联系，并且学术研究的成果也会对政府政策导向的转变产生影响。

## 4.5 小结

从文献和资料的梳理与总结中可以看出，南京在改革开放后的四十年历程中，生态与可持续发展、历史遗产的保护利用、地域文化的传承发展、新型城镇化与城乡统筹发展、公众参与等问题逐渐成为学术关注的热点。

课题组对 1979~2017 年南京城市建设与政策的大事进行了梳理（图 7~图 13），并对学术热点与当时南京城市建设中的大事、政府工作报告等进行了综合分析。从中可以看出，学术研究的关注点与政府的政策导向之间有着密切的联系，学术研究的成果也会对政府政策导向的转变产生影响，成为当时的政策焦点。在社会各界对相关重要问题进行共同探讨、反思与重构的过程中，其认识得以在多方面、多层次上提升，并落实到城市建设的各项政策措施上，对城市发展起到了促进作用。

# 5 案例研究总结

课题组对南京改革开放后四十年间城市建设中的政策导向、产业转型、城市总体规划以及同时期的学术热点等多方面进行了全面系统梳理，结合各重要发展阶段期间发生的城市建设大事进行了综合分析，其主要目的在于探求南京城市建设指导思想和价值体系的发展变迁。

综观南京城市建设的全过程，改革开放以来南京城市建设的重心由经济建设转向生态可持续发展、由基础设施建设转向区域协调和城乡统筹，同时科技、生态、历史保护与文化传承等观念在南京城市规划与建设过程中占据越来越重要的地位，在某种程度上亦反映出中国城市建设中价值体系变迁的基本规律和趋势。

从南京历年城市规划的调整过程中可以看出对于城市发展规律的科学认识和把握在逐步深化。城市可持续发展理念由单一追求经济、社会、环境或生态某个单系统的可持续向追求强调以人为核心、系统综合协调、城市可持续发展且符合科学发展规律的方向转变。在城市规划的决策过程中，公众参与、部门联动和共同决策的机制逐步得到健全与完善，政府、专家、公众等社会各界对城市建设中出现的重要问题进行共同探讨和共同决策，并落实到城市建设的各项具体政策与措施上。

总体而言，南京城市建设坚持以人为本，以可持续发展为导向，以科学理性为支撑，以文化传承为内涵，结合城市建设的阶段特点，整合社会各界多方面、多层次上的认识与力量，共同促进南京城市建设的健康、安全、和谐、包容和持续发展。

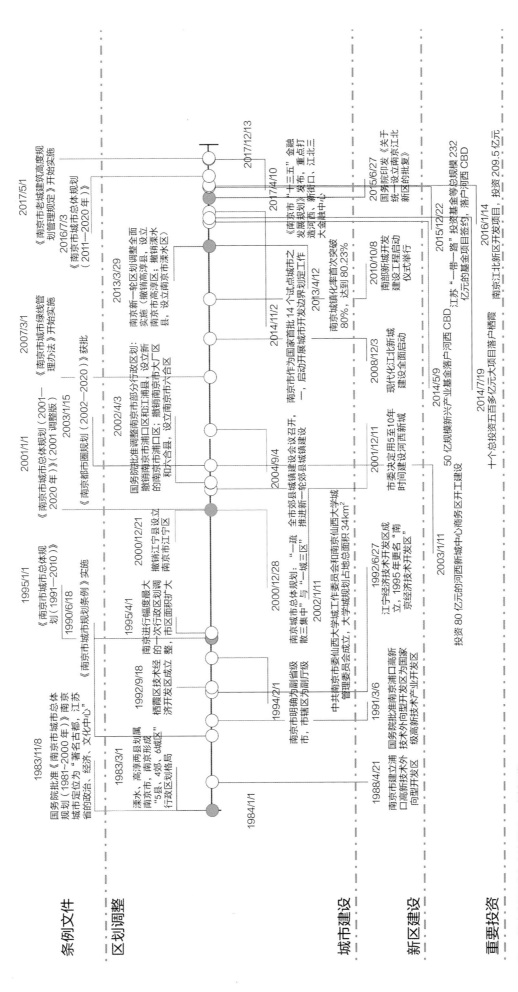

图 7 城市空间开发与土地利用——新城开发

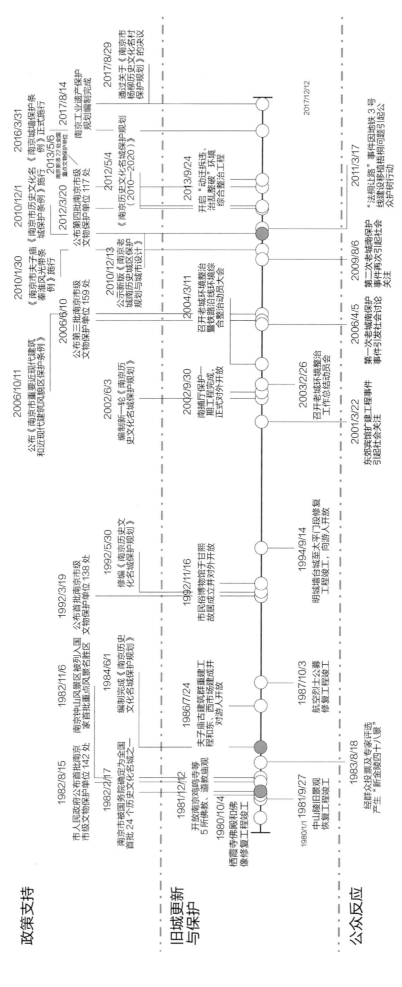

图 8 城市空间开发与土地利用——旧城更新与保护

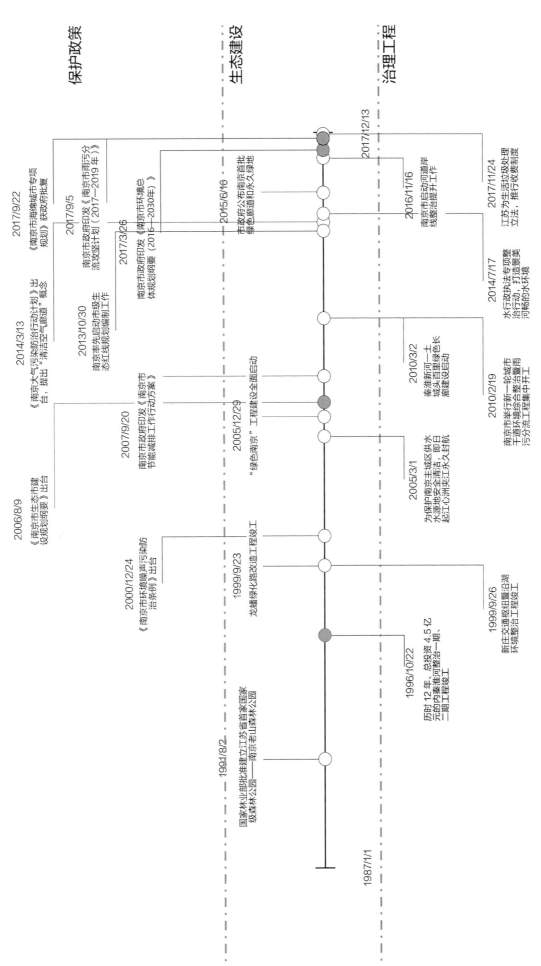

**图 9** 城市生态与环境污染

城市交通

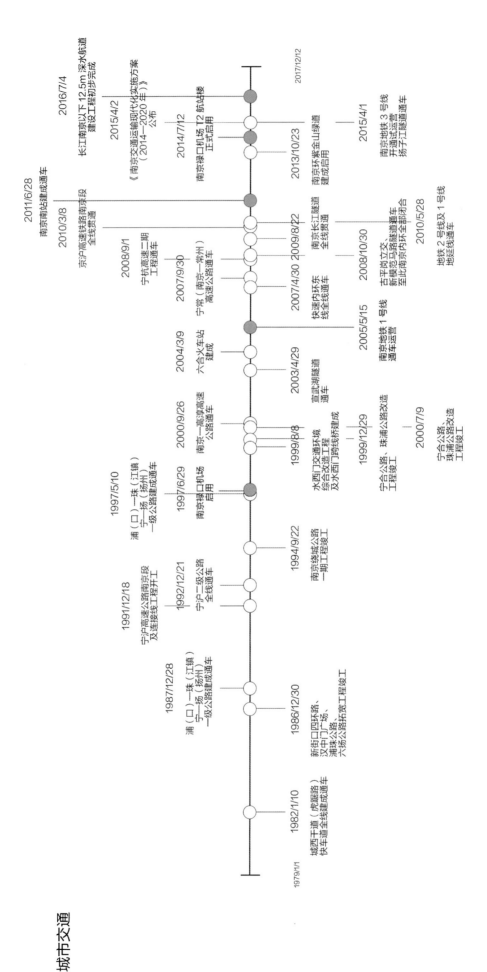

图 10 城市交通体系建设

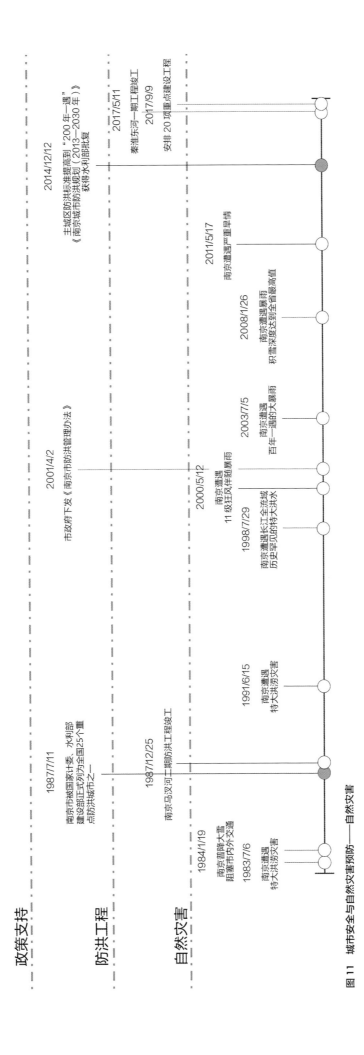

图 11 城市安全与自然灾害预防——自然灾害

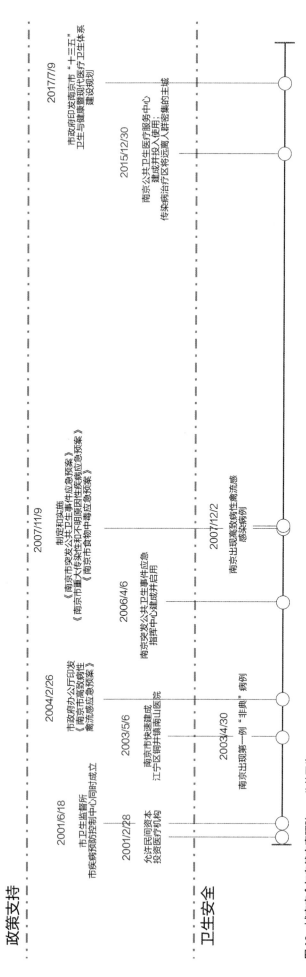

图12 城市安全与自然灾害预防——公共卫生

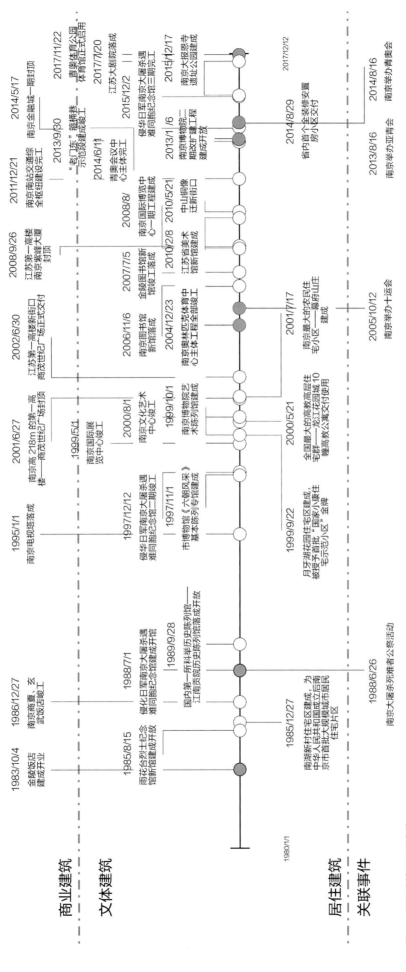

图 13 重要建筑及关联事件

## 本附录注释

❶ 9个新城分别是龙潭、汤山、禄口、板桥、滨江、桥林、龙袍、永阳、淳熙，31个市镇包括竹镇、汤泉、江心洲、八卦洲、麒麟等。

❷ 苏则民. 南京城市规划史稿［M］. 北京：中国建筑工业出版社，2008.

❸ 五型经济即创新型、服务型、枢纽型、开放型、生态型经济。

❹ 苏则民. 南京城市规划史稿［M］. 北京：中国建筑工业出版社，2008.

❺ "三城"，即雄州、淳溪和永阳三个新城，以建成承载主城辐射的综合型卫星城镇为目标。"九镇"，即禄口、汤山、铜井、汤泉、桥林、八百桥、横梁、白马、桠溪九个镇，以建成各具特色的重点城镇为目标。

❻ 农业"1115"工程：2010年11月发布《市政府关于实施农业"1115"工程的意见》，即用3年左右的时间，在全市重点规划建设100万亩高标准粮田、100万亩经济林果、100万亩高效养殖和50万亩标准化菜地。

❼ 刘青昊，李建波. 关于衰败历史城区当代复兴的规划讨论——从南京老城南保护社会讨论事件说起［J］. 城市规划，2011，35（4）：69-73.

❽ 梁鹤年. 公众（市民）参与：北美的经验与教训［J］. 城市规划，1999（5）：48-52.

❾ 资料来源：《南京年鉴》《南京日报》《新华日报》《扬子晚报》。

## 本课题参考文献

［1］ 程泰宁. 东西方文化比较与建筑创作［J］. 建筑学报，2005（5）：26-31.

［2］ 程泰宁. 语言与境界［M］. 北京：中国电力出版社，2015.

［3］ 费移山，程泰宁. 语言·意境·境界——程泰宁院士建筑思想访谈录［J］. 建筑学报，2018，601（10）：7-17.

［4］ 徐匡迪. 中国特色新型城镇化发展战略研究综合卷［M］. 北京：中国建筑工业出版社，2013.

［5］ 蒙爱军，吴媛姣. 理性的多重意义及适度理性［J］. 科学技术哲学研究，2010，27（3）：40-46.

［6］ 沃格林. 城邦的世界：秩序与历史卷二［M］. 陈周旺，译. 南京：译林出版社，2009.

［7］ 孙施文. 中国城市规划的理性思维的困境［J］. 城市规划学刊，2007（2）：1-8.

［8］ 陈锋. 城市规划理想主义和理性主义之辨［J］. 城市规划，2007（2）：9-18，23.

［9］ 易中天. 中国智慧［M］. 上海：上海文艺出版社，2011.

［10］ 仇保兴. 复杂科学与城市规划变革［J］. 城市规划，2009（4）：11-26.

［11］ 杨保军. 直面现实的变革之途——探讨近期建设规划的理论与实践意义［J］. 城市规划，2003（3）：5-9.

［12］ 韦亚平，赵民. 关于城市规划的理想主义与理性主义理念——对"近期建设规划"讨论的思考［J］. 城市规划，2003（8）：49-55.

［13］ 吴志强.《百年西方城市规划理论史纲》导论［J］. 城市规划汇刊，2000（2）：9-18，53-79.

［14］ 吴志强，李欣. 城市规划设计的永续理性［J］. 南方建筑，2016（5）：4-9.

［15］ 吴志强，陈秉钊，唐子来. 21世纪的城市建筑：走向三大和谐［J］. 城市规划，1999（10）：20-22.

［16］ 吴志强. 人工智能辅助城市规划［J］. 时代建筑，2018（1）：6-11.

［17］ 罗文健. 应用3S技术与移动互联网促进城乡规划管理现代化［J］. 低碳世界，2017（11）：178-179.

［18］ 李乐. 基于移动终端的规划综合平台的研究与应用［C］// 中国城市规划学会. 城市时代，协同规划——2013中国城市规划年会论文集. 青岛：青岛出版社，2013.

［19］ 李翔. 从关注经济增长到公平正义：联合国三次人居大会历程梳理浅析［C］// 中国城市科学研究会. 2017城市发展与规划论文集. 中国城市出版社，2017.

［20］ 王豪. 移动智能终端GIS模式研究与实现［D］. 北京：北京邮电大学，2015.

［21］ Masato Naka. 基于社交媒体数据的人类移动模式发现研究［D］. 吉林：吉林大学，2016.

［22］ 吴礼华. 基于手机记录数据的城市空间感知及应用研究［D］. 武汉：武汉大学，2016.

［23］ 刘伟毅. 智慧城市规划公众参与平台APP设计研究——以武汉市为例［C］// 中国城市规划学会. 新常态：传承与变革——2015中国城市规划年会论文集. 北京：中国建筑工业出版社，2015.

［24］ 黄赛. 大数据时代土地利用综合管理信息系统建设研究［C］// 中国科学技术协会，广东省人民政府. 第十七届中国科协年会——分16大数据与城乡治理研讨会论文集. 中国科学技术协会，广东省人民政府，2015.

［25］ 吴昊. 城市规划信息化的新常态——试谈那些"新"名词［C］// 中国城市规划学会. 新常态：传承与变革——2015中国城市规划年会论文集. 北京：中国建筑工业出版社，2015.

［26］ 吴吉朋. 浅谈云计算与智慧城市建设［J］. 电子政务，2011（7）：23-27.

［27］ 邓曙光，陈明，郑智华. 云计算在城市规划市民互动平台的应用［J］. 中国水运，2011，11（11）：113-114.

［28］ 立实. 加快时空大数据与云平台建设 支撑城市规划建设管理和服务［N］. 中国测绘报，2017-12-12（1）.

［29］ 肖建华. 智慧城市时空信息云平台及协同城乡规划研究［J］. 规划师，2013，29（2）：11-15.

［30］ 王俊. 基于智慧城市时空信息云平台的广州智慧城乡规划实施研究［J］. 地理信息世界，2015，22（4）：23-27+45.

［31］ 张永志，董胜光. 云计算在城市规划市民互动平台中的应

用研究[J]. 智能建筑与智慧城市, 2017 (3): 52-53+56.
[32] 程泰宁. 希望·挑战·策略——当代中国建筑现状与发展[J]. 建筑学报, 2014 (1): 28-30.
[33] 石楠, 陈秉钊, 陈为邦, 周一星, 李国才, 卢济威, 孔庆熔, 王富海, 武廷海, 刘奇志, 张兵, 邹德慈. 规划60年: 成就与挑战[J]. 城市规划, 2017, 41 (2): 60-67+74.
[34] 杨保军. 未来中国的城市化之路[J]. 城乡建设, 2016 (12): 9-11.
[35] 孙施文, 张兵, 王富海, 武廷海, 吕传廷, 袁奇峰, 杨保军, 刘奇志, 段德罡, 张松, 俞滨洋. 新常态: 传承与变革[J]. 城市规划, 2016, 40 (1): 85-92.
[36] 杨保军, 陈鹏. 新常态下城市规划的传承与变革[J]. 城市规划, 2015, 39 (11): 9-15.
[37] 杨保军, 陈鹏. 中国的城市化之路怎么走[J]. 城市规划学刊, 2011 (1): 1-7.
[38] 杨保军. 城市规划30年回顾与展望[J]. 城市规划学刊, 2010 (1): 14-23.
[39] 苏则民. 南京城市规划史稿[M]. 北京: 中国建筑工业出版社, 2008.
[40] 刘传江, 郑凌云. 城镇化与城乡可持续发展[M]. 北京: 科学出版社, 2004.
[41] 黄光宇, 陈勇. 生态城市概念及其规划设计方法研究[J]. 城市规划, 1997 (6): 17-20.
[42] 俞孔坚, 李迪华, 袁弘, 等. "海绵城市"理论与实践[J]. 城市规划, 2015, 39 (6): 26-36.
[43] 刘煜, Deo Prasad. 国际绿色生态建筑评价方法介绍与分析[J]. 建筑学报, 2003 (3): 58-60.
[44] 刘青昊, 李建波. 关于衰败历史城区当代复兴的规划讨论——从南京老城南保护社会讨论事件说起[J]. 城市规划, 2011 (4): 69-73.
[45] 余军. 从大屋顶的生与死看现代中国建筑文化[J]. 建筑学报, 1989 (3): 9-11.
[46] 郭璇. 文化遗产展示的理念与方法初探[J]. 建筑学报, 2009 (9): 69-73.
[47] 刘旻. 创造与延续——历史建筑适应性再生概念的界定[J]. 建筑学报, 2011 (5): 31-35.
[48] 周一星. 关于中国城镇化速度的思考[J]. 城市规划, 2006 (1): 32-35.
[49] 单卓然, 黄亚平. "新型城镇化"概念内涵、目标内容、规划策略及认知误区解析[J]. 城市规划学刊, 2013 (2): 22-28.
[50] 梁鹤年. 公众(市民)参与: 北美的经验与教训[J]. 城市规划, 1999 (5): 48-52.
[51] 郑利军, 杨昌鸣. 历史街区动态保护中的公众参与[J]. 城市规划, 2005 (7): 63-65.

中国城市建设可持续发展战略研究

# 课题二

## 中国城市建设中的可持续城市空间发展研究

**课题负责人**　　王建国　郭仁忠　赵　坚
**咨询院士**　　　钱七虎　刘韵洁

# 课题组成员

**课题负责人:**
  王建国  东南大学
  郭仁忠  深圳市规划和国土资源委员会
  赵　坚  东南大学

**咨询院士:**
  钱七虎  中国人民解放军陆军工程大学
  刘韵洁  中国联合通信有限公司

**专题 1 负责人:**
  郭仁忠  深圳大学

**专题 2 负责人:**
  杨俊宴  东南大学

**专题 3 负责人:**
  赵　坚  东南大学
  陈志龙  中国人民解放军陆军工程大学
  韩冬青  东南大学

**专题 1 参加人员:**
  深圳市数字城市工程研究中心  罗婷文 姚　尧 徐志搏 罗　平 文楚君

**专题 2 参加人员:**
  东南大学  王　桥 李百浩 陈晓东 易　鑫 史　宜

**专题 3 参加人员:**
  东南大学  陈　薇 李建春 龚维明 何　磊 戴国亮 范剑才 张　琦
  南京慧龙城市规划设计有限公司  刘　宏 张智峰 王海丰 肖秋凤 唐　菲 田　野

# 课题概述

课题二"中国城市建设中的可持续城市空间发展研究"基于中国城市建设的实践进程,以可持续的空间发展观为指导,针对城市全空间域的多重尺度和国家城市发展"新常态"要求的咨询研究,系统论述了中国城市空间发展的模式及特征,阐明城市更新的内在机制,提出了存量规划的模式,总结了城市地下空间综合利用的措施和关键技术。为国家城市空间发展顶层战略设计提供具有前瞻性、及时而有效的建议和决策依据。课题二从内容上分为三个部分,一是凝练核心问题,二是剖析基本构成维度,三是总结策略建议,具体由三个专题构成。

专题1为"中国城市建设中的可持续城市空间发展的核心问题"。在可持续发展思想的指导下,我国通过建立与国情相适应的发展战略,不断完善政策机制、创新技术手段,实现城市空间开发和土地利用的可持续发展,城市建成区空间的有序更新和功能、文化、环境质量的持续提升,地上、地下空间一体化综合利用等,促进城市中经济、社会、环境的持续繁荣与和谐发展,以及市民生活水平的不断提升,为实现人类的可持续发展服务。中国城市建设的可持续空间发展,正面临城市无序扩张、人口城镇化滞后、区域发展不平衡、交通成本增加等城市外部快速拓展发展问题,存量空间承载压力增大、使用成本增加、安全风险提升、历史问题处理难度增大等城市建成区存量空间发展问题,以及法治体系和管理体制不够完善、对地下空间效益认识不足、缺乏前瞻指导和预控措施、浪费空间资源等城市地下空间建设与发展问题。同时,也出现了城市发展模式向精细品质转变、城市风貌营造向文化特色转变、城市建设规划向智慧理性转变、城市建成环境向生态健康转变的新趋势。城市空间发展过程中的新问题和新趋势要求传统的城市管理开发模式寻求新的变革。

专题2为"中国城市建设中可持续城市空间发展的三大基本构成维度"。从城市空间物理建构的角度看,城市空间可持续发展主要涉及三个基本构成维度,包括城市空间发展和土地利用(水平向度上以增量、扩展为主)、城市既有空间更新改造和活化再生(垂直向度的地上城市空间)、城市空间资源深度挖掘(垂直向度的地下城市空间)。具体解析如下。

城市空间开发与土地利用可持续发展。本研究针对目前快速城镇化过程中土地扩展不合理、人地关系紧张等问题，分析新型城镇化进程中城市空间开发的时空特征，探索面向主要城市问题、促进城市可持续发展、指导城市空间开发与土地利用的基本发展战略。

城市存量空间更新、文化传承和功能提升。针对目前国家严控新增建设用地指标的政策性约束，建成区功能提升、环境改善的急迫需求，本研究得出旧城更新与改造的基本策略，文化传承的城市设计策略、基于活力与特色的小微空间更新策略。

多功能导向的城市地下空间综合开发。针对现阶段高速城镇化过程中地下空间开发利用的诸多特征问题和可能的负面影响，本研究构建了适合我国国情的城市地下空间开发利用模式和管理体制，提出多功能导向的城市地上、地下空间一体化开发利用策略，研究得出城市中心区、轨道站点及高层建筑等地下空间的高效利用策略，以及城市地下空间综合开发的管理、运行和维护的可持续性策略。

专题 3 为"中国城市建设中可持续城市空间发展的策略建议"。本研究基于中国城市建设的实践进程，以可持续的空间发展观为指导，针对城市全空间域的多重尺度和国家城市发展"新常态"的要求，为国家城市空间发展顶层战略设计提供建议和决策依据。具体包括促进城市土地空间平稳发展、协调发展、优化发展的可持续核心策略，城市存量空间更新、文化传承和功能提升的城市设计策略，多功能导向的城市地上、地下空间一体化开发利用策略。

## 课题二 目录

**专题 1** 中国城市建设中的可持续城市空间发展的核心问题 ········ **150**

**第 1 章 中国城市建设中的可持续城市空间发展的核心问题与趋势挑战** **151**
- **1.1 课题背景** **151**
  - 1.1.1 可持续发展思想与可持续城市空间发展 151
  - 1.1.2 中国推进可持续城市空间发展的历史坐标和课题研究的主要内容 153
- **1.2 中国城市建设的发展历程与阶段评析** **154**
  - 1.2.1 中国城镇化发展历程 154
  - 1.2.2 中国城市空间发展现状 155
- **1.3 增量空间：城市在外部快速拓展发展模式中的问题与挑战** **156**
  - 1.3.1 土地城镇化快于人口城镇化 156
  - 1.3.2 区域发展不平衡 156
  - 1.3.3 城市无序扩张大量侵占耕地 156
  - 1.3.4 城市扩张带来的交通成本增加 156
- **1.4 存量空间：城市建成区存量空间发展的问题与挑战** **157**
  - 1.4.1 中国城市建成区存量空间发展现状 157
  - 1.4.2 中国城市建成区存量空间发展的主要挑战 159
- **1.5 地下空间：城市地下空间建设与发展的问题与挑战** **160**
  - 1.5.1 主要问题 160
  - 1.5.2 面临挑战 161
- **1.6 中国城市建设可持续城市空间发展的总体趋势** **161**
  - 1.6.1 趋势一：城市发展模式向精细品质转变 162
  - 1.6.2 趋势二：城市风貌营造向文化特色转变 162
  - 1.6.3 趋势三：城市建设规划向智慧理性转变 162
  - 1.6.4 趋势四：城市建成环境向生态健康转变 163
- **1.7 国内外城市空间可持续发展的经验总结借鉴与分析** **163**
  - 1.7.1 美国城市"精明增长"策略 163
  - 1.7.2 欧洲区域平衡与可持续发展空间战略 164
  - 1.7.3 英国伦敦奥运公园地区开发 166
  - 1.7.4 法国勒普莱西 - 罗宾森的"花园城市"再开发 168
  - 1.7.5 德国弗莱堡生态社区 169
  - 1.7.6 德国慕尼黑会展新城 170

本专题注释　　　　　　　　　　　　　　　　　　　　　　　　　　　　　　171

## 专题 2　中国城市建设中可持续城市空间发展的三大基本构成维度⋯172

**第 2 章　城市空间开发与土地利用可持续发展**　　　　　　　　　　　　**173**
 **2.1　城市土地空间发展与可持续利用**　　　　　　　　　　　　　　**173**
  2.1.1　城市土地空间对可持续发展的重要性　　　　　　　　　　173
  2.1.2　土地空间的核心要素　　　　　　　　　　　　　　　　　174
 **2.2　城市土地空间发展特征分析**　　　　　　　　　　　　　　　　**175**
  2.2.1　城市土地空间发展的规模特征　　　　　　　　　　　　　175
  2.2.2　城市土地空间发展的结构特征　　　　　　　　　　　　　177
  2.2.3　城市土地空间发展的效益特征　　　　　　　　　　　　　180
 **2.3　中国城市土地空间可持续发展战略研究**　　　　　　　　　　　**184**
  2.3.1　国外城市空间发展战略概况　　　　　　　　　　　　　　184
  2.3.2　国内城市空间发展战略　　　　　　　　　　　　　　　　185

**第 3 章　城市存量空间更新、文化传承和功能提升**　　　　　　　　　　**186**
 **3.1　城市存量空间更新的中国智慧与思考**　　　　　　　　　　　　**186**
  3.1.1　城市设计应对中国城市存量更新困境　　　　　　　　　　186
  3.1.2　城市设计范型与价值导向的历史发展　　　　　　　　　　187
  3.1.3　城市设计提升存量空间更新的实效性　　　　　　　　　　188
 **3.2　城市存量空间更新的应对策略与方法**　　　　　　　　　　　　**189**
  3.2.1　城市设计形态分区策略　　　　　　　　　　　　　　　　189
  3.2.2　城市设计文化彰显策略　　　　　　　　　　　　　　　　191
  3.2.3　城市设计政策分区策略　　　　　　　　　　　　　　　　193
 **3.3　存量空间更新的政策建议：大力推进数字化城市设计**　　　　　**194**
  3.3.1　数字化城市设计的技术要点　　　　　　　　　　　　　　195
  3.3.2　面对存量空间的数字化城市设计特征　　　　　　　　　　196
  3.3.3　推进数字化城市设计的价值意义　　　　　　　　　　　　196

**第 4 章　多功能导向的城市地下空间综合开发**　　　　　　　　　　　　**198**
 **4.1　城市地下空间发展阶段与特征分析**　　　　　　　　　　　　　**198**
  4.1.1　城市发展的各个阶段和地下空间的开发利用　　　　　　　198
  4.1.2　我国现阶段城市发展和地下空间开发利用　　　　　　　　200
  4.1.3　国外先进城市地下空间开发利用的发展　　　　　　　　　202
 **4.2　城市地下空间国内外综合开发的策略与方法评析**　　　　　　　**204**

- 4.2.1 国内城市地下空间开发利用的策略与评析 ... 204
- 4.2.2 国外城市地下空间开发利用的策略与评析 ... 207
- 4.2.3 美国基金委对地下空间持续发展的建议（2013） ... 211
- 4.2.4 地下空间相关的研究成果和当前热点 ... 213

### 4.3 城市地下空间综合开发特点分析 ... 216
- 4.3.1 地下空间是三维发展，可向深度发展 ... 216
- 4.3.2 地下空间形体具有灵活性，结构具有更好的防护性 ... 218
- 4.3.3 可大规模综合性规划发展地下城市 ... 219
- 4.3.4 城市地上、地下空间是一体，可综合开发利用 ... 220
- 4.3.5 地下空间有不可逆性，应可转换用途 ... 222
- 4.3.6 地下空间可结合利用地下资源 ... 223

**本专题注释** ... 224

## 专题 3　中国城市建设中可持续城市空间发展的策略建议 ... 225

### 第 5 章 中国城市建设中的可持续城市空间发展策略及技术平台 ... 226

#### 5.1 城市空间开发与土地利用可持续发展核心策略 ... 226
- 5.1.1 城市土地空间平稳发展、协调发展、优化发展策略 ... 226
- 5.1.2 重视土地空间发展过程中的资源价值培育 ... 228

#### 5.2 城市存量空间更新与提升的城市设计策略 ... 229
- 5.2.1 城市设计策略的内涵 ... 229
- 5.2.2 城市设计策略的框架 ... 229

#### 5.3 城市地下空间综合利用与开发核心策略 ... 230
- 5.3.1 蓝图定策，国家战略 ... 230
- 5.3.2 划界定责，"逆向"管控 ... 231
- 5.3.3 轨道牵引，通商促连 ... 231
- 5.3.4 蓄水储能，军民兼用 ... 232

#### 5.4 基于城市多源大数据的 CIM 城市技术平台 ... 232
- 5.4.1 城市多源大数据集成 ... 232
- 5.4.2 CIM 城市技术平台建构 ... 233

**本课题参考文献** ... 234

中国城市建设可持续发展战略研究

课题二
中国城市建设中的可持续城市空间发展研究

**专题 1**

## 中国城市建设中的可持续城市空间发展的核心问题

**专题负责人**　　郭仁忠

# 第1章 中国城市建设中的可持续城市空间发展的核心问题与趋势挑战

## 1.1 课题背景

### 1.1.1 可持续发展思想与可持续城市空间发展

#### （1）可持续发展思想的产生和内涵

可持续发展是当代全球各国共同关心的世界性议题，是不同经济社会发展水平和民族文化背景国家对未来的共同选择。可持续发展思想的提出，是人类在发展过程中不断反省自身发展路径和方式的结果，其产生源自人类对生存环境和资源破坏的反思和对人类前途问题的全球性讨论。20世纪中期，以《寂静的春天》和《增长的极限》等著作为代表，人们开始反思工业革命以来单纯强调经济增长的发展模式，重新审视人类的发展道路。1972年，113个国家和地区的代表在瑞典斯德哥尔摩召开联合国人类环境会议，第一次将环境问题纳入世界各国和国际政治事务议程，并提出人类的生存水平与环境质量之间具有本质的关联；1980年《世界自然保护大纲》颁布，首次明确提出可持续发展的思想；1983年，世界环境与发展委员会（WCED）成立，并于1987年发布名为《我们共同的未来》的报告，从人口、粮食、物种和遗传、工业、能源、人居等方面系统阐述了人类面临的社会、经济、环境困境，把环境保护和人类发展结合起来，指出需要一条"直到遥远未来都能支持全人类共同进步的道路——可持续发展道路"，并提出了迄今为止关于可持续发展的最为经典的概念表述——"既能满足当代人的需要，又不对后代人满足其需要的能力构成危害的发展"，对可持续发展理论的形成和完善起到了里程碑式的作用。1992年，联合国在巴西里约热内卢再次召开环境和发展大会，通过《21世纪议程》《里约环境与发展宣言》等重要文件，前者提出了实现可持续发展的27条基本原则，是在可持续发展方面开展全球合作的框架性文件，后者是世界范围内政府、政府间组织和非政府组织实现可持续发展的广泛行动计划，涉及多达78个方案领域。此后，世界各国愈发重视可持续发展思想，纷纷制定本国可持续发展的战略和计划，并基于《巴塞尔公约》《生物多样性公约》《气候变化框架性公约》《蒙特利尔议定书》等国际条约开展了众多国际合作和行动，可持续发展成为全人类共同的目标。2016年联合国大会第七十届会议通过《2030年可持续发展议程》，该议程呼吁各国现在就采取行动，为今后15年实现17项可持续发展目标而努力。"这17项可持续发展目标是人类的共同愿景，也是世界各国领导人与各国人民之间达成的社会契约。它们既是一份造福人类和地球的行动清单，也是谋求取得成功的一幅蓝图"❶，对未来全球的可持续发展事业产生了深远的影响。

虽然可持续发展已成为人类的共识，但其定义却多达数十种，其中最被广泛接受的仍是《我们共同的未来》报告中的表述，即"既能满足当代人的需要，又不对后代人满足其需要的能力构成危害的发展"。在更加广义的层面，可持续发展还可以被看作"一种发展思想和战略，目标是保证社会具有长期的持续性发展能力，确保环境、生态的安全和稳定的资源基础，避免社会、经济大起大落的波动"❷。可持续发展的核心是发展，同时这种发展是在环境和谐、资源永续的前提下的人类经济与社会的长远、健康、公平的发展。可持续发展包括三个方面的内容：经济可持续发展、社会可持续发展、环境可持续发展。这三方面通常也被称为三重底线或"3E"（Economic，Environment，Equity），它们之间相互关联、相互影响，表明可持续发展是平衡人类经济及社会需求与自然环境资源的综合发展、全面发展、平衡发展。在全世界朝向可持续发展目标迈进的过程中，其内涵和外延不断拓展，涉及可持续经济增长、消除地区贫困、区域协调与公平、社会公正与福利、社会稳定与和谐、历史文化传承和遗产保护、资源保护与能源永续利用、生物多样性保护、污染控制、代际公平、公众参与、人居环境与住房等众多议题，几乎包含了经济、社会、环境、科技发展的方方面面。

## （2）城市空间发展

城市空间是城市经济、社会、文化生活和城市自然、人文环境的载体。广义的城市空间不仅包括城市物质空间，还包括城市经济空间、城市政治空间、城市社会空间、城市生态空间等；狭义的城市空间主要指城市物质空间，以及与之相关的城市空间的社会、经济、文化、生态等属性和它们之间的相互关系。本课题中的城市空间主要指后者。

城市空间发展是城市空间在社会、经济、政治、文化等外在力量以及空间内在规律的影响下，规模、形态、结构以及社会、经济、文化等相关属性的改变过程。当今世界，城市空间承载了人类主要的社会、经济、文化生活，并对自然与人文环境起到至关重要的作用。全世界约有一半人，即 35 亿人居住在城市空间中，到 2050 年这一数字将增至 65 亿，届时超过 70% 的世界人口将在城市生存。城市空间占全球陆地面积的 2%~3%，却产出了全球 GDP 总量的约 70%，消耗了 60%~80% 的能耗，产生了 75% 的碳排放和 70% 的垃圾废物。人类面临的严峻挑战——贫困、气候变化、健康和教育等问题的解决方案必须到城市生活中去寻找。因此，城市空间的发展与实现整个人类的可持续发展息息相关。

首先，城市空间发展包括伴随城镇化进程的城市空间增长。伴随工业化进程，城镇化是一个国家或地区由传统农业社会走向现代社会的自然历史过程，是现代化的必由之路和促进社会全面进步的必然要求❸。特别对于发展中国家，工业化和城镇化是发展的重要引擎。未来几十年中，全世界 95% 的城市空间增长都将发生在发展中国家中。城镇化进程必然包含城镇空间向周边农业地区的扩张、土地利用属性的改变以及城镇建成区规模的增长，采用什么样的城镇化战略和模式将极大地影响一个国家或地区的人地关系以及土地资源结构，从而极大地影响其可持续发展的能力和前景。

其次，城市空间发展包括城市建成区空间形态、结构、属性的改变。由于城市社会经济条件的改变或者物质空间自身的物质性衰退，既有的城市建成空间可能被更新，从而引起其承载的经济、社会、文化生活、自然环境等方面的改变，这些改变将涉及城市产业、经济效率、服务水平、生活质量、微气候与环境、城市历史文化遗产保护、社区文化传承、城市绿地与生态系统的完善、社会利益冲突、社会公平与包容、公众参与等一系列议题，直接影响城市经济、社会、环境以及民生的方方面面，采用哪些城市更新策略、模式和管理与城市的可持续发展密切相关。

最后，城市空间发展既包括地上空间的发展，也包括地下空间的发展。现代城市空间逐步形成地上与地下结合的立体式、一体化综合发展模式，涉及地下基础设施、地下交通体系、地下空间综合开发技术以及地上、地下空间一体化等课题，是拓展城市空间资源、缓解现代城市人口增长压力与土地资源紧张之间的矛盾、推动城市可持续发展的重要方向。

## （3）可持续城市空间发展

可持续城市空间发展是在可持续发展思想的指导下，通过建立与国情相适应的发展战略，不断完善政策机制、创新技术手段，实现城市空间开发和土地利用的可持续，城市建成区空间的有序更新和功能、文化、环境质量的持续提升，地上、地下空间一体化综合利用等，促进城市中经济、社会、环境的持续繁荣与和谐，以及市民生活水平的不断提升，为实现人类的可持续发展服务。

自可持续发展思想出现以来，人类从没有停止建设可持续城市的努力。1976 年，联合国在加拿大召开第一次人类住区大会（人居Ⅰ），通过了《温哥华人类住区宣言》，指出应"以持续发展的方式提供住房、基础设施和服务",并提出"反映可持续发展原则的人类住区政策建议"和"持续性住区"发展规划、设计、建造和管理的建议。1991年,联合国人居署和联合国环境署联合开展了可持续城市发展计划(SCP),这一计划旨在促进《21世纪议程》的实施,提出了住区规划和管理环境导则,先后有30多个国家的城市加入这一计划,我国的沈阳、武汉、贵阳、攀枝花等城市也在其列。1994年,欧洲也开始实施自己的可持续城镇计划(European Sustainable Cities and Towns Campaign)。1996年,联合国在土耳其伊斯坦布尔再次召开人类住区大会(人居Ⅱ),通过了《伊斯坦布尔宣言》和《人居议程》,提出"城市在社会、经济、物质发展等方面的成就可以长久延续;城市中可供发展的自然资源可以长久供给;维持城市远离危害发展的长久安全。"会议提出可持续的人类住区应当人人享有合适的住房、拥有健康和安全的环境、享有基本的服务,并能自由选择工作。2000年在德国柏林举办的"Urban 21:全球城市未来大会"上提出"可持续城市是指改善城市生活质量,包括生态、文化、政治、机制、社会和经济等方面,而不给后代遗留负担的城市发展模式"。2016年,联合国在厄瓜多尔基多召开的联合国住房和城市可持续发展大会(人居Ⅲ)通过了《新城市议程》,其秉承《2030年可持续发展议程》中的原则,提出了共同愿景——"人人共享城市,即人人平等使用和享有城市和人类住区,我们力求促进包容性,并确保今世后代的所有居民,不受任何歧视,都能居住和建设公正、安全、健康、便利、负担得起、有韧性和可持续的城市和人类住区,以促进繁荣、改善所有人的生活质量",为城市可持续发展设定了新的全球标准。同时,会议提出了一系列的执行计划,包括城市可持续发展促进社会包容和消除贫困、人人享有可持续和包容型城市繁荣与机会、环境可持续和有韧性的城市发展、建设城市治理结构、规划和管理城市空间发展等。

## 1.1.2 中国推进可持续城市空间发展的历史坐标和课题研究的主要内容

### (1)中国推进可持续城市空间发展的历史坐标

改革开放以来,我国的城市空间经历了前所未有的快速发展,取得的成就举世瞩目。当前,中国特色社会主义进入新时代,这一历史方位决定了我国可持续城市空间发展的历史坐标。

第一,推进可持续城市空间发展是实践新时代中国特色社会主义的基本方略,决胜全面建成小康社会,在21世纪中叶建成富强、民主、文明、和谐、美丽的社会主义现代化强国的客观要求。城市是我国经济、政治、文化、社会等方面活动的中心,到2020年,全国将有超过60%的人口生活在城市空间中,只有实现城市空间的可持续发展,才能真正坚持人与自然和谐共生,在发展中保障和改善民生,建设美丽中国,实现"两个一百年"的奋斗目标。

第二,推进可持续城市空间发展是解决新时代我国主要社会矛盾的客观要求。改革开放以来,我国东南沿海地区率先发展,城镇化和城市建设成绩斐然,而中西部地区城市发展相对滞后,不平衡、不充分问题突出。与此同时,在很多地区,城乡之间、新老城之间、城市内部各区之间在空间环境、设施配套、文化特征、经济活力等方面存在较大差异。推进可持续城市空间发展,是实现我国城市经济、社会、环境充分发展,解决地区之间以及城市内部发展不平衡问题,实现我国城乡居民美好生活需要的必由之路。

第三,推进可持续城市空间发展是转变城市发展方式,解决当前城市病的突出问题,不断提升城市环境质量、人民生活质量、城市竞争力,提高城市发展持续性、宜居性的客观要求。我国城市空间在快速发展过程中出现了一些问题,如耕地和自然生态资源过度消耗、空气和水资源污染、交通拥堵、土地使用效益低下、文化特色消退和千城一面、城市空间肌理断裂等。可持续城市空间发展就是要在贯彻创新、协调、绿色、开放、共享的发展理念基础上,统筹改革、科技、文化三大动力,"框定总量、限定容量、盘活存量、做优增量、提高质量",立足国情,"尊重自然、顺应自然、保护自然",解决城市病问题,改善城市生态环境,创造和谐宜居、富有活力、各具特色的现代化城市。

第四,推进可持续城市空间发展既是我国新时代发展的客观要求,也是影响带动其他发展中国家,为解决人类共同面对的可持续发展问题贡献中国智慧和中国方案的客观要求。未来几十年中,城市空间的发展将主要集中在发展中国家,构成全球城市空间可持续发展的主战场。中国作为发展中国家之一,有责任和义务通过理论与实践的不断创新,实现具有中国本土特色的城市空间可持续发展道路，并引领其他国家实现世界城市的可持续梦想。

### （2）课题研究的主要内容

本研究以中国特色社会主义的新时代历史方位为坐标，基于中国城市建设的实践进程，以可持续的空间发展观为指导，针对城市全空间域的多重尺度和国家城市发展"新常态"，为国家城市空间发展顶层战略层面提供前瞻性、及时而有效的建议和决策依据。依据城市空间发展的基本构成维度，本课题的主要内容将主要包括以下几部分（图2-1-1）。

1）城市空间开发与土地利用可持续发展

以城市增量空间为主要对象。系统梳理中国城镇化的发展历程，针对目前快速城镇化过程中土地扩展方式不合理、人地关系紧张等现状，分析城市在外部快速拓展发展模式等方面的问题与挑战，总结城市土地空间发展的规模特征、结构特征、效益特征，研究和借鉴国内外城市空间扩展过程中的可持续发展战略，提出促进城市土地空间平稳发展、协调发展、优化发展的可持续核心战略。

2）城市存量空间更新、文化传承和功能提升

以城市存量空间为主要对象。分析我国城市建成区存量空间发展的问题与挑战，研究和借鉴国内外相关发展经验，针对目前国家严控新增建设用地指标的政策性约束，以及建成区功能提升、环境改善的急迫需求，提出通过城市设计达成城市存量空间更新、文化传承和功能提升的策略，包括城市设计的形态分区、文化彰显、政策分区等策略，以及城市设计的数字化体系和城市存量空间的数字化全息平台等。

3）多功能导向的城市地下空间综合开发

以地下空间为主要对象。针对我国现阶段高速城镇化中地下空间开发利用的诸多特征问题和挑战，分析城市地下空间发展阶段与特征、地下空间综合开发特点及其与地质环境作用机制，构建适应我国国情的城市地下空间开发利用模式和管理体制，提出多功能导向的城市地上、地下空间一体化开发利用策略，城市中心区、轨道站点及高层建筑等地下空间的高效利用策略，以及城市地下空间综合开发的管理、运行和维护的可持续性策略。

## 1.2 中国城市建设的发展历程与阶段评析

### 1.2.1 中国城镇化发展历程

城镇化是人类社会经济发展的必然趋势，城镇化水平是衡量国家及区域社会经济发展状况的重要指标，一般以人口城镇化表征。美国地理学家诺瑟姆通过研究世界各国城镇化的变化揭示了城镇化进程S曲线的三阶段发展规律（图2-1-2）。

第一阶段是城镇化的初始阶段，为缓慢城镇化阶段。该阶段的S曲线较为平缓，基本呈现水平或略倾斜的状态。城市人口达到总人口的20%时城镇化进

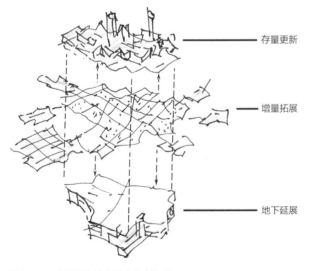

**图2-1-1　本课题的基本研究内容构成**

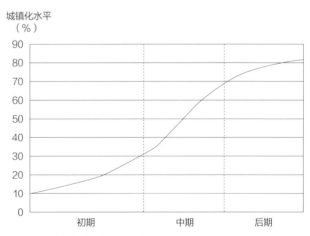

**图2-1-2　城市化发展的诺瑟姆曲线**

图片来源：Northam R M.Urban Geography [M] .New York: J. Wiley Sons, 1975: 65-67.

世界各大洲城镇化率（%）　　　　　　　　　　　　　　表2-1-1

| 地区 \ 年份 | 1950 | 1955 | 1960 | 1965 | 1970 | 1975 | 1980 | 1985 | 1990 | 1995 | 2000 | 2005 | 2010 | 2015 |
|---|---|---|---|---|---|---|---|---|---|---|---|---|---|---|
| 全球 | 29.6 | 31.6 | 33.8 | 35.6 | 36.6 | 37.7 | 39.3 | 41.2 | 43.0 | 44.8 | 46.7 | 49.2 | 51.7 | 53.9 |
| 发达国家 | 54.8 | 57.9 | 61.1 | 64.1 | 66.8 | 68.8 | 70.3 | 71.4 | 72.4 | 73.3 | 74.2 | 75.9 | 77.2 | 78.1 |
| 欠发达国家 | 17.7 | 19.7 | 21.9 | 24.0 | 25.3 | 26.9 | 29.4 | 32.2 | 34.9 | 37.5 | 40.1 | 43.1 | 46.1 | 49.0 |
| 欠发达国家（不含中国） | 20.3 | 22.3 | 24.3 | 26.4 | 28.6 | 30.9 | 33.4 | 35.7 | 37.9 | 39.6 | 41.2 | 43.0 | 44.9 | 46.8 |
| 非洲 | 14.3 | 16.3 | 18.6 | 20.6 | 22.6 | 24.7 | 26.8 | 29.1 | 31.5 | 33.5 | 35.0 | 36.9 | 38.9 | 41.2 |
| 亚洲 | 17.5 | 19.3 | 21.2 | 22.9 | 23.7 | 25.0 | 27.1 | 29.8 | 32.3 | 34.8 | 37.5 | 41.2 | 44.8 | 48.0 |
| 欧洲 | 51.7 | 54.5 | 57.4 | 60.3 | 63.1 | 65.5 | 67.6 | 68.9 | 69.9 | 70.5 | 71.1 | 71.9 | 72.9 | 73.9 |
| 南美洲 | 41.3 | 45.3 | 49.4 | 53.5 | 57.3 | 61.0 | 64.6 | 67.8 | 70.7 | 73.2 | 75.5 | 77.1 | 78.6 | 79.9 |
| 北美洲 | 63.9 | 67.0 | 69.9 | 72.0 | 73.8 | 73.8 | 73.9 | 74.7 | 75.4 | 77.3 | 79.1 | 80.0 | 80.8 | 81.6 |
| 大洋洲 | 62.5 | 64.7 | 66.9 | 68.5 | 70.2 | 70.9 | 70.9 | 70.5 | 70.3 | 69.5 | 68.3 | 68.0 | 68.1 | 68.1 |

数据来源：World Urbanization Prospects: The 2018 Revision

程开始加速，达到30%时进入中期发展阶段。第二阶段是城镇化的中期阶段，当城镇化水平达到30%以后，城镇化进程进入快速发展阶段，加速态势会持续到城镇化率达到70%，此后城镇化进程将进入成熟。第三阶段是城镇化的成熟阶段，城镇化进程进入稳定发展阶段。当城镇化率达到70%后，城镇化进程进入相对缓慢发展状态。

从世界范围看，全球各大洲的城镇化历程基本符合这一规律。表2-1-1为1950~2015年全球城镇化水平变化趋势。可以看到，截止到2015年，全球平均城镇化率已达到53.9%，其中北美洲城镇化率最高，为81.6%，而亚洲城镇化率仅为48%，不及全球平均水平。

中国城镇化进程与发达国家相比较晚，但城镇化发展速度较快。根据统计分析，我国1978年城镇化率约为17.9%，1998年超过30%，2018年逼近60%。中国城镇化发展在短短四十余年的时间内，走过了世界平均需要近1个世纪完成的城镇化进程，我国城镇化率提高了逾40%。在庞大人口基数背景下，中国作为全球城镇化发展最为迅猛的国家之一，这种超速发展给城市建设带来巨大挑战。

## 1.2.2 中国城市空间发展现状

根据历年《中国城市建设统计年鉴》，2014年我国城市建设用地面积为49982.7km²，1981年为6720km²，1981~2014年净增长总量为43262.7km²，年均净增长约1300km²，年均增长率为6.3%（图2-1-3）。对于人均建设用地，以城镇常住人口计，1981年为33.3m²，2014年为66.7m²，年均增长率为2.1%。

在城市建设用地不断扩张的过程中，扩张速率呈现波动性变化特征（图2-1-4）。1992~1998年建设用地扩张速率大幅度减缓，与当时我国颁布严禁建

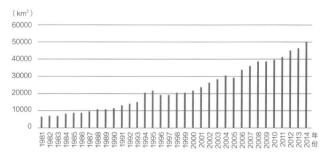

图2-1-3　中国历年城市建设用地面积
数据来源：历年《中国城市建设统计年鉴》

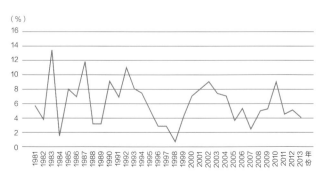

图2-1-4　中国城市建成区面积增长速度
数据来源：《中国城市统计年鉴》

设占耕的政策有关。

在建设用地规模不断增长的同时，用地结构也在发生变化。根据《中国城市建设统计年鉴》，2014年我国城市建设用地中，居住用地占比最高，达到32%，工业用地次之，为20%，两者占比超过50%。考虑到分类标准的一致性，对比2001～2011年的用地结构变化，居住用地、工业用地一直为主要的用地类型，绿地、市政公用设施用地比重有所增加。由此可见，随着城市发展，绿化、基础设施等功能对城市建设空间的占用比例呈增长趋势。

总体来看，当前我国城市建设用地总量大、增速高、变化剧烈，构建可持续的城市空间发展战略，合理引导城市建设，成为关系国家宏观发展的重要内容。

# 1.3 增量空间：城市在外部快速拓展发展模式中的问题与挑战

## 1.3.1 土地城镇化快于人口城镇化

经过几十年的城市建设，目前我国城镇化进程已取得了较好的成果。但在快速城镇化过程中，一些问题也日益凸显，人口城镇化落后于土地城镇化便是问题之一。

过往的城镇化过程中，许多地方将城镇化等同于城市开发建设，过度重视城市边界扩张，从而出现了土地城镇化快于人口城镇化的情况。人口城镇化滞后于土地城镇化，使得城镇占用土地的速度远高于吸纳人口速度，加剧了土地粗放利用，浪费了大量耕地资源，是国家在新型城镇化发展过程中需要高度重视并着力解决的问题。

## 1.3.2 区域发展不平衡

区域发展不平衡是发展过程中出现的不协调、不和谐的关系，它是社会发展中的普遍现象，在全球范围内广泛存在。但在社会经济迅猛发展的过程中，发展不平衡现象加剧，便成为需要重点关注的问题之一。党的十九大报告中特别指出，中国特色社会主义进入新时代，我国社会主要矛盾已经转化为人民日益增长的美好生活需要和不平衡、不充分的发展之间的矛盾。我国大部分城市分布在东部沿海地区、中部交通节点地区，尤其是经济较发达的城市，据统计我国中东部地区聚集了近80%的城市。

## 1.3.3 城市无序扩张大量侵占耕地

人口众多、人均资源占有量少是我国基本国情，特别是适合耕种的土地资源更为稀缺。随着城镇化进程的推进，尤其是在外延扩张式空间发展模式下，城镇建设占用耕地现象突出。我国中东部地区既是优质耕地资源的主要分布地，也是城市聚集、城镇化水平较高的地区，城镇建设与耕地保护之间的矛盾凸显。根据历年《中国国土资源统计年鉴》，1999～2007年我国耕地面积减少近1亿亩，2009年我国耕地面积为20.31亿亩，2015年降至20.25亿亩（图2-1-5）。减少的耕地大部分转化为城市建设用地，用于城市空间不断向外扩张。

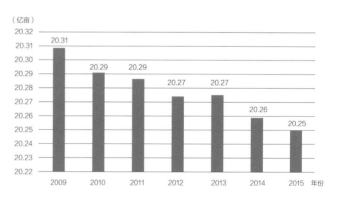

图 2-1-5　中国耕地面积逐年减少

数据来源：《中国国土资源统计年鉴》

## 1.3.4 城市扩张带来的交通成本增加

随着城市空间不断扩张，地表覆被由自然类型向建设用途转变，人流、物流不断集中，特别是在空间快速扩张、城市管理未及时跟进的背景下，一系列社会环境问题由此呈现。地表覆被的变化带来硬化地面增加，导致出现城市热岛效应，城市内涝现象也不断增加。由于人流、物流的集中，特别是在大城市中，交通拥堵、空气污染、水体污染、设施配套落后等社会和环境问题凸显。根据 2016 年《中国主要城市交通分析报告》显示，中国 32% 的城市拥堵情况在加重，而京津冀、长三角、珠三角、成渝地区等发展速度相对较快的地区拥堵的增加最为明显，同时一线城市的拥堵地区正由中心城区向郊区转移。

## 1.4 存量空间：城市建成区存量空间发展的问题与挑战

### 1.4.1 中国城市建成区存量空间发展现状

城市建成区存量空间是相对于城市外扩增量空间的城乡建设已占有或使用的全部空间。从狭义层面来说，城市建成区存量空间为现有城乡空间范围内的闲置未利用空间，包含利用不充分、不合理，产出后使用效率低下的城市已开发建设空间。改革开放以来，在国家调控市场经济的促进下，中国城市的建设开发提速显著，人口向城市快速集聚，城市建设规模迅速扩大。根据联合国近年发布的《全球城市化发展报告》的数据显示，中国已经成为东亚地区城市高集聚的国家和地区之一，并且在中国城市急剧扩张的影响下，亚洲城市年度增长率位列全球各大洲首位。

基于《中国城市建设统计年鉴》数据，2014 年我国共有地级市和县级市 655 个，县 1569 个；城镇建设用地超过 8.9 万 $km^2$，其中城市建设用地超过 60%；中国的城镇人口已经超过 7.8 亿人，近一半的人口生活在城镇当中。然而，在这种快速的粗放型城市扩展模式下，由于地理位置、城市发展模式和经济基础的差别，中国城市建成区存量空间在不同方面存在不协调、不平衡、不匹配的现状特点。

#### （1）人口城镇化与空间城镇化不协调

在城市建设发展整体层面上，我国城市建设用地扩张的速率远高于人口城镇化的速率。中国城市建设过程中的土地增速长期快于人口增速，并且城市人口与城市建设范围之间的差距仍然在持续扩大。

1990~2000 年中国城镇土地建设开发增长近 90%；然而，城镇人口增长却只有 53%。2000~2015 年城镇开发建设用地与城镇人口增长差距进一步扩大，15 年间，城镇开发建设用地增长 113%，而相比之下城镇人口增长仅为开发建设用地的一半。同时，新区建设成为城市增量外扩的开发建设模板，新城、新区的大量开发和建设投入，使城市存量空间资源不能得到较好的利用和合理的优化。但是，由于城市建成区存量空间具有相对完善的公共服务体系设施和功能，大量的人口依然向城市存量空间集中。这种城市空间供给与人口流动规律的差别，使得目前中国的城市建成区存量空间出现人口城镇化与空间城镇化不协调的特点。

#### （2）东部城市存量空间与中西部城市存量空间不平衡

在城市地理分布方面，地区经济发展水平的不平衡导致我国城市建设发展的空间分布不平衡。根据《中国城市建设统计年鉴》的数据分析，2014 年我国城市建成区存量空间排名前十的城市分别为上海市、北京市、广州市、深圳市、天津市、东莞市、杭州市、南京市、苏州市和武汉市。根据上述城市的空间分布来看，其中有 4 座城市位于长三角城市群，2 座城市位于京津冀城市群，3 座城市位于珠三角城市群，中部地区的城市仅有武汉市（表 2-1-2）。

同时，经济发达地区具有更多的就业机会，因而也促使人口大量地向经济发达地区的城市聚集。经济的发展水平和潜力是城市建设发展的内在推动力，而人口的高强度集聚是城市空间增量外扩和存量提升的外在推动力。在经济与人口这两大因素的影响作用下，中国的城市建设发展呈现出明显的东西部和南北部差距。另外，建成区存量空间在各个城市群内部也同样呈现出特大城市、大城市与中小城市之间普遍的不平衡现象。具有较大城市建成区存量空间的城市普遍为直辖市、省会城市及所在城市群的核心城市。

#### （3）人的需求与城市建设发展方式不匹配

人作为城市的主体使用者，城市的建设发展和功能供给应充分考虑人的需求，以人为本进行城市的建设和开发。然而，在过去粗犷的快速化城市建设过程中单方面地追求经济效益和城市规模，导致人的需求被弱化。在城市基础设施方面，新区、新城建设的大量投入，使得城市建成区存量空间基础设施建设和改

中国城市建成区存量空间排名　　　　　　表 2-1-2

| 排名 | 城市名 | 建成区面积 | 地理位置 | 城市行政等级 | 建成区范围 |
|---|---|---|---|---|---|
| 1 | 上海市 | 1563km² | 华东地区（长三角城市群） | 直辖市 | |
| 2 | 北京市 | 1268km² | 华北地区（京津冀城市群） | 直辖市 | |
| 3 | 广州市 | 700km² | 华南地区（珠三角城市群） | 省会城市 | |
| 4 | 深圳市 | 661km² | 华南地区（珠三角城市群） | 地级市 | |
| 5 | 天津市 | 605km² | 华北地区（京津冀城市群） | 直辖市 | |
| 6 | 东莞市 | 590km² | 华南地区（珠三角城市群） | 地级市 | |
| 7 | 杭州市 | 551km² | 华东地区（长三角城市群） | 省会城市 | |
| 8 | 南京市 | 502km² | 华东地区（长三角城市群） | 省会城市 | |
| 9 | 苏州市 | 411km² | 华东地区（长三角城市群） | 地级市 | |
| 10 | 武汉市 | 408km² | 华中地区 | 省会城市 | |

注：表中数据为 2014 年数据。

造投入比例持续下降，城市建成区基础设施水平整体滞后于城市发展速度，城市基础设施供给能力滞后于社会整体需求。在城市建设模式方面，不考虑城市整体功能结构和人民需求的商业地产的盲目建设和追求规模宏大的车站及办公建筑的超标建设，导致城市建筑供需失衡。在城市交通设施层面，特大城市及大城市的交通拥堵现象常态化趋势明显，中小城市高峰时段的拥堵情况愈发显著；城市公共交通体系不完善，导致市民乘车出行耗时长，换乘不便；城市建成区空间品质较低，步行适宜性差；城市公共停车位严重不足。因此，城市建成区存量空间规划利用的基本矛盾与城市自身的发展结构是紧密关联的，其主要表现为人、地及公共服务供给之间不匹配。

综上所述，未来20~30年间，中国的城市数量和城市规模依然会惯性增长。到2030年，中国的城市数量将有可能达到甚至超过1000个；2050年，中国城镇人口将有可能突破10亿人，大量的人口会持续向中心城市集聚。然而，城市的增量外扩并不是无限度、无止境的，城市的增长是有边界的。2011年，中国的城镇化率超过50%，但同时中国城市整体发展速度也开始趋缓。因此，开发利用城市建成区存量空间，提升存量空间使用效率将逐步成为中国城市发展的新模式和新途径。同时，如何实现城市增量外扩和存量开发之间的平衡，以达到城市适度增量与存量利用协调推进的中国城市可持续发展模式，依然是我国城市发展建设面临的挑战。

## 1.4.2 中国城市建成区存量空间发展的主要挑战

城市建成区存量空间相对于城市增量空间而言，其范围和空间承载力是有限的。并且，城市建成区由于其发展时间较长，存量空间所存在的问题会更加复杂。现阶段的城市建成区存量发展和存量规划，主要强调城市存量建设用地规模管控和土地使用效率的提高。本研究通过城市实践案例分析发现城市存量空间发展在保障经济增长、提升用地效益、完善城市功能、坚守生态底线、解决历史遗留问题方面均有所成效。但是，在城市发展和市场经济语境下的存量空间开发利用，可以被认为是一种表层化的城市土地利用方式的变化，而并非城市发展模式的转型。因此，城市存量空间的开发利用在空间承载力、城市使用成本、城市安全风险、城市现状违建处理以及规划管理方面依然面临着挑战。

### （1）城市建成区存量空间承载压力增大

市场经济和商业开发模式驱动下的城市存量空间开发利用大多以拆除重建方式为主。然而，由于城市建成区地价等因素的影响，不断提高的开发项目拆赔比最终均转化为容积率和建设增量，这种模式使得城市建成区存量空间密度不断增加、人口高强度集聚。以深圳为例，2014年深圳全市实际人口密度已经达到9000人/km²，已经超过香港6648人/km²的人口密度。深圳全市现状建设用地平均毛容积率为1.09，规划毛容积率为1.23，现状常住人口的人均建设用地仅80m²/人，远低于北京、上海等超大城市。深圳全市建设用地开发强度已经超过大部分亚洲城市，现状的教育、医疗等公共服务设施和交通市政基础设施在现有容量的基础上，还需要进一步承担人口集聚带来的需求压力，城市基础设施供给不堪重负是必然结果。可以看出，公共基础服务设施体系与城市需求之间的供给不平衡，会给城市建成区存量空间的承载力带来一定的挑战。

### （2）城市建成区存量空间使用成本增加

城市建成区存量空间的利用开发应该是多元的，而并非简单的大拆大建。但是，市场经济环境下的趋利行为导致拆除重建模式的动力强劲，而存量空间综合整治和功能优化的措施却很少。不可否认的现实是拆除重建类的城市更新是将现有空间资源转移给高效使用者并使之价值和使用效率快速提升的捷径之一，同时也是各方利益主体直接即时获得存量空间资产增值收益的最便捷手段。近年来，大多数城市的新供应商品房主要来自于对城市存量空间的更新利用。由于城市建成区的原有住户较多，设施体系相对齐全，城市存量空间土地的拍卖价格居高不下。同时新增居住用地严重不足和改造更新成本高昂，共同导致国内包括北京、上海、广州、南京在内的主要城市房价飙升，从而大大增加了城市建成区存量空间的使用成本。

### （3）城市建成区存量空间安全风险增加

城市存量空间的安全风险不仅来自自然本底的灾害，同时还面临着传染病及城市突发事故等社会公共灾害。一方面，由于前期城市空间的急剧扩张和蔓延，原本位于城市边缘区的潜在危险源逐渐被包围在城市的中间。另外，由于缺乏增量空间，众多城市生活必需的厌恶性设施只能在存量空间里选址，造成"邻避效应"设施优化和整改压力的进一步加剧。同时，人口的快速增长导致城市的生活废弃物（垃圾、生活废水等）急剧增加，而城市原本的生活废弃物处理能力又没有及时地提升，导致处理能力严重不足。大规模城市建设区存量空间开发利用产生的建筑垃圾、淤泥渣土无处堆放，这些都成为影响城市安全的重大隐患。再者，城市存量空间高密度的人口集聚，也使得城市在面临公共灾害时的压力增加，构成威胁城市存量空间的潜在安全风险。

### （4）城市建成区存量空间历史问题处理难度增大

在城市建成区存量空间的更新利用及开发过程中，存量空间的原住民往往存在对所在地块巨大升值潜力的预期，使得更新拆迁中的经济补偿手段缺乏足够的吸引力，建成区原住民多数都会选择就地还建面积的补偿方式。城市存量空间更新开发常常陷入"拆不动、赔不起、玩不转"的困境，增大了对城市建成区历史遗留问题的处理难度。

城市建成区存量空间开发利用实践过程中所显示出的新矛盾和新挑战，同时也会倒逼传统的城市管治模式寻求新的变革和模式，以应对城市存量空间开发过程中的问题。

## 1.5 地下空间：城市地下空间建设与发展的问题与挑战

### 1.5.1 主要问题

#### （1）地下空间法治体系和管理体制不够完善

法治管理的理论与实践不完善。目前我国相关专门性的法规规章还比较缺乏，对地方法规的制定缺乏指导。地下空间开发利用中投资者关心的地下建筑物的权属登记问题、量大面广的结建人防地下室的产权问题、高层住宅楼下的地下车库产权问题、相邻工程连通等问题，都缺乏专门的明确规定。这就造成目前政府各部门之间、投资者与政府之间、投资者与投资者之间没有相关法律法规可以依据、思想不统一、纠纷较多的状况。

地方立法分散且不完备，碎片化现象严重，相互之间衔接不力或缺乏衔接。地方法规或规章仅是对于地下空间开发利用的某个具体方面，诸如地下建设用地使用权的取得方式或产权登记或地铁建设等的尝试性规范。

#### （2）关于地下空间的定位与效益的认识不足

未将地下空间作为资源进行保护和合理利用。过于看重地下空间工程造价，对地下空间产生的环境效益、社会效益没有合理的量化方法，地下空间综合效益没有得到重视。

规划编制有市场、无规范，编制机构有资质、无专业。城市总体规划中城市地下空间规划的作用没有显现。地下空间专项规划与土地利用规划、人民防空规划、地下交通规划、地下管线规划等专业规划和城市近期建设规划等规划的编制主体各异、编制时间不同步、实施期限不一致、内容不衔接。

虽然大多城市已有地下空间专项规划提供指导，但地上、地下一体化考量与区域统筹布局的规划指导的缺失，导致地下空间发展停留在分散布局、缺乏连通、公共性和整体性较弱的初级阶段。

#### （3）缺乏前瞻指导和预控措施，造成地下资源浪费和制约

缺乏对地下空间资源和既有地下空间的探测，尤其是既有建筑下和已建地下空间开发技术、老城区狭小空间内开发地下空间技术。

从我国近年来的若干地下空间重大项目建设来看，缺乏地下空间前瞻性规划引领和对战略性资源的预控措施，导致轨道交通、综合管廊等重大项目或重点工程开发建设的时机成熟时却面临无资源可用的难题。而城市地下空间资源的开发利用可以为诸多城市病和城市发展问题的解决提供一个永续发展的机遇和途径。

## 1.5.2 面临挑战

### （1）与未来中国城市格局相对应的地下空间开发

中国城市发展正在呈现"东中一体、外围倾斜"的新格局，位于重要节点和廊道的城市将迎来地下空间的发展机遇。东部与中部地区的交通网络已经完成，人口也正在从东部向中部地区回流，东部、中部地区的一体化进程初见端倪。地下空间的发展也将在这一趋势下呈现出新的态势，城市地下管廊、地下停车、轨道交通等建设将呈现快速发展态势；针对这些城市的地下空间开发规划研究和适应其独特气候、地理地质特点的技术研究也应提上日程。

### （2）建立符合中国国情的法律法规和政策保障体系

法治建设。推进城市地下空间开发利用的科学立法，完善城市空间资源保护法律法规体系。注重城市地下空间开发重点领域立法研究，健全地下空间资源利用政策支撑体系。深化城市地下空间管理体制机制改革，建立城市地下空间开发建设制度保障体系。强化城市地下空间应用技术与知识产权保护，构建地下空间产业可持续的司法保障体系。

### （3）地下空间建设管理规范化

1）城市地下透明化

对城市地下资源进行全面有效的勘查，将城市地下空间（市政管线、地下交通、商业、综合体、仓储、人防等）的数量、位置、功能、开发利用情况完整掌握，实现城市地下透明化。

2）城市基础设施地下化

从实现城市可持续发展的要求出发，以提高城市韧性为目标，明确城市各类基础设施建设时优先考虑地下建设的功能。

3）地下空间资源分层化

对城市地下空间资源根据其分布情况合理分层，明确各层的主导功能、开发时序、保护策略等。

4）地下空间管制法定化

城市总体规划三维立体化。将地下空间真正纳入城市总体规划，使城市总体规划从原来的平面规划转化成三维立体规划，而不仅仅将城市地下空间规划作为城市总体规划的一个专项规划。

城市地下空间规划综合化。地下空间规划尽管是一项专项规划，但其涉及的内容广，发挥的作用远远超出了其他任何一项专项规划，因此应像编制城市总体规划一样编制地下空间规划，从可持续发展的高度准确定位地下空间建设发展在城市中的地位，明确地下空间开发强度和功能布局、各类设施地下化的指标和策略等。

地上、地下空间利用指标化。从城市可持续发展的角度出发，各城市要明确地下空间人均指标以及各类基础设施下地指标（轨道交通、地下停车库、地下道路、地下变电站、地下污水处理厂、地下垃圾转运站和处理厂等）。

规划设计地上、地下一体化。在规划和设计中，树立地上、地下一体化理念，将地上、地下空间作为一个整体，在功能、布局、造型、装修、园林等各个方面充分发挥地上、地下空间各自的优势，综合考虑，实现地上、地下空间一体化。

### （4）精细化的地下空间开发模式

当前地下空间开发建设已呈现功能综合化、连通立体化、多区一体化等趋势。

大型地下综合体的建设已经成为城市地下建筑的重要形式。目前较多的是依托地铁站点建设的地下街、地下商业综合体，或是综合地铁、火车、客运、社会化停车等两种或多种交通功能的地下建筑。集地上、地下于一体的建筑综合体可以充分实现不同层面和功能空间人流的流动，紧凑布局空间，减少步行距离，也将是未来地下空间发展的主要方式之一。在城市新城核心区的开发中，可以利用其起点高、需求大、制约少的特点，较大规模地整体开发利用地下空间。

# 1.6 中国城市建设可持续城市空间发展的总体趋势

2016年10月，作为2030年可持续发展议程框架下召开的首次全球重要会议，联合国第三届住房和可持续城市大会在厄瓜多尔基多召开。大会通过了《新城市议程》，呼吁建设更加安全、更具恢复力、更加可持续的城市。然而，在1996年联合国人居大会召开时，中国的城市建设和发展重视经济快速增长，忽略了城市发展的质量和长效影响，因此同年中国提出了可持续发展战略。未来的15年是全世界城市实现可持续发展的关键时期，中国作为具有国际影响力的大国，同时也是全球可持续发展转型的重要领导者。20世纪90年代以来，中国快速城镇化进程积累了大量的城市问题，在可持续发展的大语境下和新型城镇化的大背景下，中国的城市建设正逐步呈现城市发展模式从粗放开发向精细发展转变，城市风貌从"千城一面"向地域特色转变，城市规划从经验感性向智慧理性转变，城市环境从消耗侵占向生态健康转变的趋势。

## 1.6.1 趋势一：城市发展模式向精细品质转变

20世纪90年代以来，伴随着经济的高速发展，中国的城市建设也开始快速发展。2010年以来，城市建设空间扩张年均新增建设用地达到2100km²。过去27年间，中国的城市空间以粗放增量外扩的发展模式扩张面积超过3倍。然而，伴随着这种粗放无序的空间开发建设方式的是模式近乎雷同的新城、新区发展建设，以及对自然生态环境的侵占和对城市建成环境空间品质的忽视。2015年12月，时隔37年中央城市工作会议再次召开，提出在"建设"与"管理"两端着力，转变城市发展方式，完善城市治理体系，提高城市治理能力，解决城市病等突出问题。同时，新型城镇化也提出以人为本的城市发展理念。党的第十九届全国代表大会所指出的中国社会主要矛盾的转变的背景下，经过多年高速扩张的中国城市建设发展模式逐步从追求量的增长转变为以人为本、"显优提质"的城市空间精细品质提升。随着主要城市划定城市增长边界，我国城市空间增量外扩规模减小，城市增量扩张速率放缓。城市存量空间作为城市建成区可利用的空间资源，对其的精细化开发利用逐步成为中国城市发展的主要模式。

2015年，海南省三亚市"城市双修"工作全面展开，三亚市作为中国首批"城市双修"试点城市，开始对城市建成区存量空间进行精细化的更新开发工作。城市修补、生态修复工作正是在中国城市转型发展的拐点所诞生的弥补城市建成区历史遗留问题、填补城市建成区空间发展缺陷、给予城市建成区空间二次发展机会的、以人为本的城市空间精细化开发建设模式。中国的城市发展模式也逐渐从增量外扩的新区建设发展转向注重建成区品质的城市存量空间开发利用，注重空间品质的精细化开发建设模式成为中国城市发展的新趋势。

## 1.6.2 趋势二：城市风貌营造向文化特色转变

在我国过去的城市快速增量外拓的发展过程中，由于城市风貌和内涵特色被忽视，导致中国城市风貌普遍的"复制粘贴"现象。雷同的新区建设开发模式、跟风的同质资源开发建设、盲目的商业住区开发建设，导致中国城市的地域特色和文化内涵逐渐消失，取而代之的是"千城一面"的城市建设开发过程中的风貌均质化。另外，在城市高速粗放式开发建设过程中，中华美学价值体系缺乏民族自信与文化自信，导致大量的城市建筑一味追求宏大、媚洋、求异等，缺乏独立的价值判断与哲学美学思考，忽视城市风貌的历史传承，破坏文化积淀。随着中国的城市发展由增量向提质转变，城市本源的文化特色和城市内涵逐渐得到重视。通过城市设计的方法，对城市的天际线、文化风貌、建筑色彩等城市风貌营造的多个方面进行控制，突出城市地方特色文化内涵。同时，保护城市具有的历史文化。具体包括加强对历史文化街区、历史建筑的调查、整理和保护，及时划定保护范围；加强历史文化街区、历史建筑周边的新建建筑管控，增强建筑风貌的协调性，严格控制仿古的假历史街区建设；有序推进老旧城区更新改造，延续城市肌理，对城市进行叠痕营造；保护历史建筑、古树名木。加强城市历史文化挖掘整理，鼓励使用地方建筑材料，支持修缮传统建筑，传承建筑文化和特色。城市风貌回归城市本源的文化特色内涵成为中国城市建设可持续发展过程中的主要趋势。

## 1.6.3 趋势三：城市建设规划向智慧理性转变

城市是复杂的多维生命体，完全单一依靠城市研究专家及城市规划师的经验会导致对城市空间问题的误判，并进而潜在地影响城市的开发和建设。随着我国信息化建设、计算机技术的发展和城市多源大数据的应用，城市建设规划正逐步向客观城市数据辅助城市规划设计转变，城市规划的科学性、客观性、公正性显著提高。中国工程院王建国院士在2017年中国城市规划年会中提出了以数字化技术为依托和基础的第四代城市设计。国内众多城市开始推进"多规合一"信息化平台和城市信息化管控平台的建设，包括江苏城乡规划系统、防城港市规划建设信息平台、长春市"多规合一"信息平台、扬州市规划局智慧规划政务信息平台等在内的多个基于数字化平台的城市建设规划管理系统先后建立。同时，LBS数据、MPS数据、城市街景数据、城市空间数据、城市业态数据等城市大数据和人工智能技术在城市规划和设计实践中的使用，使得城市设计和规划由原来的经验主义向科学理性转变。另外，具有尊重自然规律、尊重整体秩序、尊重代际演化理性特质的中华营城智慧也在中国城市建设过程中得到逐步重视。2017年中国城市规划年会更是以"理性规划"为主题，由此可见在信息数据主导的社会背景下，智慧理性已成为中国城市建设可持续发展的趋势和主题。

### 1.6.4 趋势四：城市建成环境向生态健康转变

自然生态本底是城市发展的基础，也是城市维持健康发展的首要因素。然而，前期无序的空间增量扩张开发缺乏对自然生态的保护，导致出现了大量的填湖、湿地侵占、农田侵占、围海造地等问题，城市地面硬质化范围不断扩大。1949~2009年，全国天然湖泊减少约1000个，平均每年消亡20个；全国湿地开垦面积超过1000万hm²；近海海域水质、酸雨等污染情况严重。同时，由于城市建成区内建筑高度密集，导致城市污染物无法净化，全国主要城市均受雾霾影响。中国城市的粗放开发建设过程中对生态环境的严重破坏和对自然资源的肆意利用导致城市自然生态价值断裂，城市无法实现可持续永续发展。同时，城市内部公共绿地的缺乏、存量空间内的绿地品质低下等问题也威胁着城市的健康发展。党的十八届五中全会提出了"绿色发展"的重要理念，要求坚持绿色富国、绿色惠民，为人民提供更多优质生态产品，推动形成绿色发展方式和生活方式，协同推进人民富裕、国家富强、中国美丽，其所追求的正是人与自然和谐发展。同时，2015年开始开展的生态修复也为中国城市建设发展提出了新的要求，具体包括以下几方面。进行山体修复，加强对城市山体自然风貌的保护，因地制宜地采取科学措施对原有受损山体进行修复；开展水体治理和修复，全面落实海绵城市建设理念，系统开展江河、湖泊、湿地等水体生态修复。加强对城市水系自然形态的保护，整治城市水体，恢复和保持河湖水系的自然连通和流动性，增强水体自净能力；修复利用废弃地，开展针对矿坑、工业企业搬迁后的场地等进行生态修复；完善城市绿地系统，构建完整连贯的城市绿地系统。优化绿地布局，均衡布局公园绿地，拓展绿色空间，提高存量绿地品质和功能。随着高强度的生态环境投入和严格的生态保护及执法体系，中国的城市建成环境正转向生态健康的永续可持续发展。

## 1.7 国内外城市空间可持续发展的经验总结借鉴与分析

### 1.7.1 美国城市"精明增长"策略

美国自20世纪70年代起，由城市郊区化等引发了城市蔓延现象，并导致诸多问题，学者、政府及民众认识到城市蔓延现象的严重性，提出"精明增长"的城市管理模式，包括充分利用城市存量空间，减少盲目扩张，加强对现有社区重建以节约基础设施和公共服务成本，加强混合利用，紧凑集中城市建设，保护开放空间，鼓励公共交通等内容。其核心思想是划定城市增长边界，提高城市土地利用效率，充分利用已开发土地，防止城市蔓延。精明增长通过拓宽容纳社会经济发展需求控制土地的粗放利用现象，以改变城市资源浪费的不可持续发展模式。其认为"精明"的增长是服从市场规律、自然发展模式及人类生活习惯的增长，不仅是经济上的繁荣，还应能够保护环境和提高人们的生活质量。具体扩宽城市增长的途径，按照优先级依次为：现有城区的再开发——基础设施完善、生态环境许可的区域内熟地开发——生态环境许可区域内的其他生地开发。

依据这一理论，美国制定了以总体规划、官方地图等为主要内容的土地利用规划。其中，总体规划描述了地区未来发展的蓝图，包括土地利用、交通通信、住房配置、资源与环境保护、空旷地开发、噪声防治以及防灾减灾等内容；官方地图用于标明已经存在的或规划中的公共设施，主要是为未来的街道、学校以及其他公共需要预留土地。

俄勒冈州的波特兰市于1997年发布《波特兰都市区长远交通和土地利用规划》（Portland Region 2040），为波特兰市中心的紧凑发展和辐射性的交通网络建设作出了完整的规划，意在通过实践"精明增长"理念摆脱美国传统的城市和社区发展模式。波特兰都市区把公共交通作为公共运输工具，同时也作为引导和促进城市增长、清洁空气、城市中心复兴，并且作为与大规模高速公路建设相抗衡的工具。主要手段包括设置城市增长边界（UGB）（图2-1-6），创建多模式的交通系统，鼓励高密度和填充式开发。

波特兰大都市区"精明增长"的具体策略包括以下几方面。

### （1）公共交通引导城市增长

① 将城市用地需求集中在现有中心（商业中心和轨道交通中转集中处）和公交线路周围。2/3的工作岗位和40%的居住人口被安排在各个中心和常规公交线路和轨道交通周围。

② 增加现有中心的居住密度，减少每户住宅的占地面积。

③ 投入1.35亿美元用于保护137.6km²的绿化带。

④ 提高轨道交通系统和常规公交系统的服务能力。规划预测未来20年内机动车交通量可能增加50%，但是波特兰市政府希望其中的21%由道路交通承担，其余出行需求由公共交通系统承担。

波特兰市不仅把公共交通作为主要交通工具，引导了城市的增长、促进了空气的清洁，也将此作为与大规模高速公路建设相抗衡的手段。步行和自行车交通设施条件的改善，使得波特兰在城市开发中减少了土地消耗和机动车交通，同时也减少了空气污染。至今，波特兰市人口增长了一半，土地面积仅增长2%，成为美国最具吸引力的城市之一。

### （2）征收额外税费

为了保障社区服务和公共设施配套，波特兰市政府强制要求开发商争取所需贷款时必须附带建设新增单元或出资翻修旧的住房，或出资修建经济适用房。同时对房地产开发商强制征收建设项目影响费、基础设施维修资助资金等专用于公共设施建设。这些额外费用的征收将增加开发商进行房地产开发的成本，有利于遏制房地产的过度开发，对于提高土地集约利用水平、保障现有居民和新增居民的生活质量也将起到积极的作用。

### （3）存量用地再开发

第一，推行集束分区制，鼓励将住房集中布置在比原有地块更小的面积上，节省出的土地面积按照社区意愿重新利用。第二，公共资本投资政策。将用于市政、服务设施的公共资本集中投放到旧城区内，吸引私人资本向内城转移，激活旧城区土地市场，促进城市土地再利用。第三，对于因污染而暂时废弃的土地的开发，实施税收减免，同时政府和私人机构合作须筹集整个基金的70%，用于污染治理、污染检测及环境保险，以促进其盘活再利用。

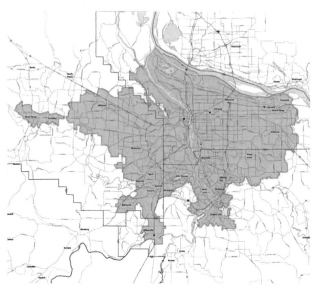

**图2-1-6　波特兰大都市区城市增长边界**
图片来源：http://2030palette.org/

## 1.7.2 欧洲区域平衡与可持续发展空间战略

1999年欧盟发布了《欧洲空间发展战略》（ESDP），

用以促进欧盟的地区平衡与可持续发展，推进欧盟一体化进程。20世纪90年代之后，由于欧盟范围扩张，导致内部区域不平衡问题凸显，严重阻碍了区域均衡与可持续性的空间发展，各成员国的区域差异性增加，违背了区域均衡发展这一欧盟一体化的最高目标，也暴露了许多问题。具体体现在以下几方面。

1）区域空间发展不均衡

欧盟的经济活动主要集中在欧盟核心区和少数大都市，根据欧盟委员会报告显示，以伦敦、巴黎、米兰、慕尼黑和汉堡构成的一个五边形区域，该区域以20%的领土区域创造了50%的GDP，拥有40%的欧盟城市人口。而西班牙、希腊、原民主德国地区、意大利南部等区域则相对落后，人均GDP仅有欧盟平均数的50%左右。

2）城市蔓延问题

欧盟是一个具有高度城市化特征的区域，随着城市人口和人均居住用地面积的增加，居民住房以及建设用地的需求也持续增加。虽然欧洲城市发展较为注重规划秩序，但仍有部分杂乱建设现象存在，导致私人交通量增加、能源消耗上升、基础设施及公共服务代价提升，并影响到周边乡镇及生态环境，危及历史遗迹等文化景观。

3）城市社会分化现象加剧

在高速城市化进程中，欧洲的城市居民在收入及生活等方面的差异逐渐增大，社会分化现象加剧。生产服务业、技术管理人才等向各大城市集聚，而依附的低技能服务业也相应大规模扩张，职业的极化加大了分配的不均衡。此外，欧洲政府提倡公共租赁住房，但此举长期以来积累了大量政府财政压力，因此欧洲各国纷纷出售公共住房，造成公共住房社区边缘化进程加快。各类因素共同作用，导致城市边缘的高层住宅一度定位为中产阶级居住区，致使中产阶级向郊区迁移，边缘群体则因为通勤、就业等原因受困于贫困区。

4）环境恶化

欧洲城市快速发展对周边环境也带来巨大影响。发达国家一直是二氧化碳的主要排放来源，欧盟二氧化碳排放量约占世界总量的15%，二氧化硫及氮氧化合物排放量则占了全球总量的25%。欧洲面临的第二个重要环境问题是水资源问题，水资源短缺现象频繁发生。由于2/3的欧盟人口饮用地下水，地下水枯竭引起的相关问题也愈发受到重视。另一个环境问题是日益增长的新增用地需求与开放空间保护之间的矛盾，欧洲大量扩张城市发展及交通用地，导致许多生态用地被破坏，生态系统濒临瓦解，高质量耕地持续减少。此外，各类文化及历史景观也由于城市扩张而遭受持续增长的压力。

针对欧盟在空间发展、环境问题等方面的特征及问题，需要一个同时关注欧洲地区整体状况及各地区空间发展前景，促进欧盟一体化和可持续发展的空间发展战略。通过建立平衡的多中心城市体系，倡导交通及服务一体化，从而导向均衡、平等及多样化的空间，使区域竞争力更加均衡。为此，欧盟提出了欧洲空间发展战略，其主要包含了以下措施。

### （1）建立平衡的多中心城市体系

欧盟希望构建一个多核心的城市空间体系，以避免人口和经济的过度集中，均衡提高内部各地区的综合竞争能力，建立多个经济一体化区域，在各区域内部实现功能互补，这就要求综合考虑城市之间以及城市和乡镇之间的相互联系，加强城乡合作。

在城市化地区发展战略方面，要求城市化地区持续保持竞争力、吸引力以及活力，战略中的城市化地区包括欧盟门户城市（如国际港口、机场、商品交易中心等）、文化中心、与非欧盟成员国临近城市等。具体做法有在增强大都市区及门户城市的战略地位的同时，提高欠发达地区经济实力，改善发展环境；控制部分发展过快城市扩张速度，以减轻人居压力；为依赖单一经济模式的城市制定多样化发展策略，重视城市发展的功能多样性及社会多样性等。

在乡村方面，欧盟的乡村地区具有人口密度低、农业用地比重大、地方差异性明显等特征。区位较好的地区已实现产业结构调整，综合竞争力较强；而相对偏远的乡村地区尚未实现转型，农业人口比例高，交通落后。因此提出了因地制宜的发展战略。如促进中小城市网络化发展，支持地区交流合作；使用新型能源，发展生态农业；对自然和文化遗产进行保护性开发等。

在城乡合作方面，欧洲空间发展战略计划将城市和乡村作为相互关联的功能实体和空间实体进行区域统筹考虑，以进行城乡合作，协调城乡关系。由于欧盟是多个国家的联合体，因此其城乡合作存在地区尺度、地区间尺度、跨国尺度等不同的行政空间尺度。其更看重经济方面的协同发展，将城乡企业间的合作作为推动地区经济发展的主要途径。主要城乡合作战略包括为乡村地区中小城市提供公共服务，提升生活质量；将乡村区域纳入城市空间发展战略及土地利用规划中；通过项目合作等方式促进中小城镇合作等。

### （2）共享基础设施和信息

多中心城市体系建设需要通过高效的交通基础设施和完备的通信设施建设以支撑城市之间、区域之间有效连为一体。在欧盟人流、物流以及信息集中和极化的驱使下，需要采取措施改善边远地区交通及信息传播能力，以提高可达性，防治区域极化。

在交通方面，由于次级交通网络发展具有促进中小城镇发展、带动整个区域的全面发展等重要作用，因此在欧洲空间发展战略中，要求发展地区公共交通系统，合理布局重要海港和航空港，使欧盟融入洲际交通网络；鼓励欧盟国家间、区域间联合制定交通政策，对大型基础设施项目进行区域影响评价，以便对基础设施进行合理规划。

在基础设施的空间发展统筹方面，由于空间规划会影响人口和劳动力分布，进而对交通产生影响，单纯的新建、扩建基础设施不是解决负面问题的最佳解决方案。因此欧洲空间发展战略要求协调空间发展政策、土地利用规划、交通及信息规划等内容，以改善中小城镇公共服务能力，充分利用现有基础设施，避免低效投资和重复建设。

### （3）科学管理自然和文化遗产

欧洲历来重视文化和自然遗产保护，也提出了相应的保护战略。但事实上各类文化景观仍一直面临威胁。为此欧洲空间发展战略针对自然和文化遗产保护提出了一系列战略建议，如采用适当的综合发展战略规划保护和发展自然资源，在空间和环境影响评价的基础上进行发展；进行综合资源规划，以减少污染物排放；进行水资源综合管理；对文化景观和遗产进行创造性管理，在综合空间发展战略中提升其价值；制定合理的空间发展政策以便后代继承文化遗产等。

欧洲空间发展战略是一项具有指导性的综合空间规划，注重引导，体现公平，对我国开展跨区域空间规划具有一定的借鉴作用。在规划目标和功能方面，欧洲空间发展战略中贯彻"欧盟一体化"这一终极目标，重点体现其战略指导作用和导向功能，表明大区域空间规划应重视战略性，弱化计划性；与此同时，欧洲空间发展战略中很好地体现了平衡与可持续发展的内容，能够协调发展、平衡与保护之间的关系，既保障了整个欧盟区域的空间平衡，又能有效地解决各类人口、经济、资源之间的矛盾；最后，欧洲空间发展战略的内容侧重于在市场化条件下发挥政府的引导作用，通过制定导向性专项发展战略保证市场公平和区域公平。

## 1.7.3 英国伦敦奥运公园地区开发

伦敦奥运公园地区位于伦敦东部的斯特拉特福德（Stratford）附近，该新城利用2012年奥运会这一战略性工具的重大契机，成为利用节事营销活动进行废弃地再开发的典型案例❹。

伦敦作为世界金融中心是该项目的重要背景。与其他仅具有区域影响力的城市不同，伦敦的金融业占比非常高，全球层面的经济需求引发了整个城市区域层面的绅士化过程，生活成本愈发提高，弱势阶层受到的空间分异压力越来越大，最终导致当地社会和全球层面之间的矛盾愈发尖锐。在这一背景下，伦敦出台了2004年伦敦规划（London Plan 2004），对城市的发展方向进行了调整：作为全球城市，伦敦在推动经济发展的同时，也致力于缓和全球层面同地方社会的矛盾（图2-1-7）。同时在开发模式上也有所调整：该规划认为伦敦在延续之前的内城开发和城市复兴政策的同时，应将原来由私人部门主导的城市开发模式转变为由政府主导，同时与私人部门合作，进而在推动经济发展的同时缓和地区内部不断扩大的发展不平衡问题，以维持地方社会的稳定性。但为了实现规划及其社会目标，政府除了自身的引导外，还需制

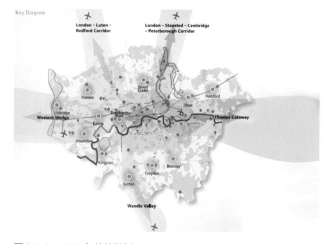

**图2-1-7　2004年伦敦规划**
图片来源：www.mlit.go.jp

定相关的城市营销策略来增强其对私人开发者的吸引力，引入旗舰项目，并对基础设施特别是环境和交通基础设施进行投资❺。

基于以上背景，伦敦政府参照巴塞罗那的城市发展模式，希望利用举办奥运会这一战略性工具，将最为落后的东伦敦地区开发成具有混合功能的新城区。同时结合基础设施的投入，一方面通过住宅、办公等设施满足投资者和经济增长需求，另一方面以公共开放空间为核心，并结合一部分社会住宅建设，来构建更加稳定的社会关系。项目选址位于斯特拉特福德附近，计划将该地区在未来打造为东伦敦地区发展的重要极核，其选址及主要目标包括以下内容。

① 斯特拉特福德是连接英国和欧洲大陆的欧洲之星线路的高铁换乘站之一，是全球性的交通节点，充分体现出项目希望加强与全球层面联系的意图；

② 斯特拉特福德与附近的金丝雀码头金融区有良好的交通联系，通过该地区的建设可为具有较强经济能力的金融行业从业者提供高质量的居住和休闲设施，从而促进该地区金融业的发展；

③ 斯特拉特福德与伦敦中心区之间有一大片工业废弃地，未来该地区基础设施的建设将促使更多的私人开发商参与废弃地的城市更新；

④ 除了战略性层面的考虑外，斯特拉特福德的建设还将提供就业机会，同时改善该地区较为严重的住房短缺问题❻。

在 2005 年伦敦赢得了 2012 年第 30 届奥运会的主办权后，中央政府授权成立具有开发公司性质的奥运实施委员会（Olympic Delivery Authority），负责实施奥运相关设施尤其是奥运公园地区的一系列规划和建设活动，与同样作为核心机构的伦敦奥运组委会（London Organizing Committee of the Olympic Games，LOCOG）和地方政府部门进行合作。整个开发分为 4 个阶段：①第一阶段：制定相关规划（2006 年 4 月~2007 年 4 月）；②第二阶段：征地、土地整理以及设计阶段（2007 年 4 月~2008 年夏季）；③第三阶段：集中建设阶段（2008 年夏季~2011 年夏季）；④第四阶段：场地试运行阶段（2011 年夏季~2012 年 4 月）。

决策者主要是希望通过奥运公园开发获得投资收益，因此伦敦奥运公园建设的着眼点就在于基础设施，75% 的投资都用于基础设施项目，该地区的大片废弃地将得到改造。并且出于减少赛后体育设施维护费用的考虑，包括主会场在内的大部分用于竞技体育的场

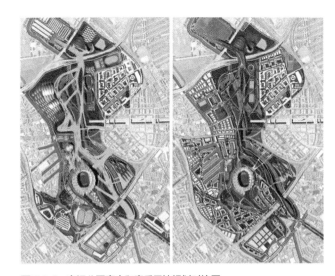

**图 2-1-8 奥运公园赛中和赛后用地规划对比图**

图片来源：易鑫. 伦敦奥运会举办作为城市发展战略的启示[J]. 国际城市规划，2013，28（2）：101-116.

馆，都将作为临时性结构建设。正因为如此，规划对该地区在奥运会举办期间和之后用地结构的安排明显不同。比赛结束后，体育设施用地以及部分开放空间将被各种以住宅为主的新用地类型取代，部分竞技体育设施需要改造，以服务于日常体育活动。结合前期选址对于金融区的考虑，奥运结束后，该地区将具有高质量的环境，为金融业从业者提供相对高质量的居住、休闲和商业设施（图 2-1-8）。

不过伦敦奥运公园地区开发的实际效果与目标仍然有较大差距。首先是奥运申办成功后，由于地方政府与中央政府并未达成一致，出现了融资危机，致使公共资金缺乏，大量以服务社会为目标的建设无法开展。大规模先行启动的房地产开发使得该地区的大量较低收入群体不得不离开该地区，从而造成伦敦内城的绅士化进程进一步向外蔓延。该地区的开发并未明显改善当地的就业，反而在开发过程中设施被拆除，严重影响了当地居民的生活。其次，由于奥运公园等新城项目更具有市场吸引力，致使原本"泰晤士门户"（Thames Gateway）复兴项目的资金被大量占用，从而打乱了整个区域发展的计划。而这实际上与 2004 年伦敦规划的初衷相反，进一步加剧了全球层面和伦敦地方社会之间的矛盾❼。

伦敦的经验体现出在城市利用奥运会等重大事件加强与全球层面的联系的同时，往往也意味着和地方社会各个领域之间的张力变大的过程。不可否认，奥运会这一旗舰项目对规划建设产生了重大影响，吸引了大量的私人资金，对该地区的废弃地进行了改造利用，通过建造金融业配套服务设施的方式促进了该地

区的再开发。但是在新城建设过程中，组织者忽视了地方政府与中央政府的沟通，执行过程中也忽视了施工者与当地居民的沟通，致使出现了融资危机和居民对奥运会建设项目的抵制。公共设施建设不到位也是伦敦奥运公园地区新城建设较为失败的原因之一，对高收入阶层的重视以及社会住宅开发的延迟违背了2004年伦敦规划的初衷，反而加剧了地区发展的不平衡和社会的不稳定性。

## 1.7.4 法国勒普莱西 - 罗宾森的"花园城市"再开发

勒普莱西 - 罗宾森（Le Plessis-Robinson）位于巴黎西南方向，是一个拥有28000人口的小镇。该地区基于建筑师培勒·多尔帖（Payret-Dortail）的方案，在1928~1956年开发建设成为花园城市。从20世纪90年代初开始，这个已有几十年历史的"花园城市"的局部地区得到保护性更新，大部分地区则经历了重建和再开发。项目完成后在社会目标和房屋质量上都较以前有了较大提升。

该地区的开发建设在城市设计、建筑和社会学领域具有重要意义，被视为城市新居住区开发的范例。原本的规划方案中，在下城地区规划了241套住宅，上城地区则安排了1960套住宅，不过当时的住户主要是社会中低阶层，因此规划住宅居住面积很小，已经不适合今天的居住需求。在对这一地区进行评估后，地方政府最终认为不会在大部分地区采用保护性更新的方式，其主要原因是成本过高，而且如果扩大住宅内部的单元，还会减少单元总数，进而造成住宅数量短缺。另外建筑本身质量也不能满足技术要求，建筑主体部分必须替换❸。

基于以上的历史背景以及现今的居住要求，勒普莱西 - 罗宾森实施了两个相互独立的项目：除了在上城区重建一个"属于2000年的花园城市"以外，还对下城区进行保护性更新。虽然两个"花园城市"名字相同，但是却代表了两种不同质量的建筑群，上城区强调满足当代卫生和生态标准，希望抓住这次机会，创造21世纪花园城市，下城区则强调保留记忆，对原有建筑群加以保护。

20世纪90年代初，城市新建和改造工程的竞标中建筑师阿鲁尹·莫杜伊（Alluin-Mauduit）的方案被采纳。根据规划，上城区有1375套住宅房将被拆除，并在原地新建1400套住房，而下城区则会耗巨资对275套住宅加以整修，这算得上是"法国最昂贵的房屋整治项目"。然而，因经费遭到削减，在实施的第一阶段该项目原规划中的露台花园就受到影响，后又因反对该项目的人数增加，项目在第二、三阶段即终止。之后，社区管理部门重新推出了新的花园城市构想，2001年夏维尔·波尔（Xavier Bohl）的新花园城市设计得到采纳，该设计代表了一种追求精巧和新传统主义建筑的潮流，在一定程度上受到美国新城市主义的影响。依照这个设计，2005~2008年间该地区建造了新的居住街区。最终居住区的设计选择了符合当代社会要求的高密度的城市设计方案，同时采用了古典或传统的建筑语汇。这一新的尝试也对花园城市的特征重新进行了诠释：在现有的空间内部增设了一个步行道网络，同时把居民的共享花园与公共空间相互连接起来；街块内部的院落空间也保持了开放与可渗透的特点等。

最终确定的城市设计形式以及所选择的传统建筑外观，是与人们对城市新的"解读"保持一致的。在原有花园城市建筑群的再开发过程中，体现了人们对城市文化遗产和过往历史的一种新的态度。其目的是希望把这座历史短暂的城市与久远的过去联系起来。同时新的花园城市也应体现出20世纪的巨大变革，并且融入当代价值，使舒适性、经济上的吸引力、生活品质、安全、爱护环境和强调高密度这些要求能够相互协调。市长认为设计花园城市的建筑师应使民众把注意力集中在某个项目上，并激起他们对营造某种"形象"的热情。但是这些新建的城市设计项目同时包含了某些旧的风格形式，使人难以确定其所属的年代，而这有可能招致"人为造作"甚至"迪士尼化"的批评，引起人们对新的花园城市表达的各种非议❾。

勒普莱西 - 罗宾森"花园城市"项目采用分片区的方式处理城市文化遗产保护和新城再开发问题，为了符合当今的需要，人们根据今天的标准对历史上的"花园城市"内涵进行大量的再诠释工作。其中新开发的项目获得了大量城市设计奖项，还被城市政策的制定者当作示范项目，而且对其他衰败的城市近郊居住区更新改造产生了重大影响。

## 1.7.5 德国弗莱堡生态社区

弗莱堡市位于德国西南部，生态社区丽瑟菲尔德（Rieselfeld）位于弗莱堡市西侧，占地共有320hm²，在20世纪90年代初开始开发建设，包含住宅和混合功能建筑，是城市扩张新建居住区的典型案例[10]。

20世纪80年代末，弗莱堡的城市人口增长导致当地住房短缺问题日益严峻，城市规划部门开始为城市扩张寻找可能的用地。1991年，城市政府决定开发城市西侧的一块用地，该用地一百多年以来一直被用作处理污水的漫灌区。共320hm²的用地中，大部分需要采取景观保护措施，其中只有70hm²的用地可以用来进行住宅和混合功能的开发。政府计划在这里建设一个容纳11000名居民的丽瑟菲尔德新城区。

开发之初，城市行政管理部门为丽瑟菲尔德地区制定了雄心勃勃的目标：

① 发展弹性的城市设计结构，计划安排4200套住宅，约1000个工作岗位，以及满足本地需求的各种公共和私人服务设施；

② 开发多种住房类型，重点开发容纳多个家庭的住宅以及不超过5层的多层住宅；

③ 建设应符合生态要求，采用低能耗的供热系统、公共交通优先的交通系统、可循环利用的能源系统等；

④ 满足各类人士的需求，发展相应的城市结构和公共空间，实施功能混合开发；

⑤ 鼓励市民和未来居民参与开发过程。

1991年进行的规划方案竞赛中"丽瑟菲尔德项目共同体"（Projektgemeinschaft Rieselfeld，一个由建筑师和规划师组成的区域合作团体）获得了一等奖。该规划方案的建筑密度相对较高，但通过合理地安排包括中央绿地、一系列小型公园、广场以及若干公用庭院，很好地减轻了高密度建设对环境感知的影响。同时方案将规划区西南侧的湿地和周围的森林保留下来，保护了周边的生态环境。在社会层面，该方案清晰地体现出社会融合邻里的目标，在确立一个整体空间架构的同时，还制定了综合性的社会基础设施和公共交通体系建设方案，同时也充分考虑了居民前往外部开放空间的要求。在生态层面，方案则尽可能减少了建设所造成的土地密封性问题，地块收集到的雨水将被汇集到公共绿地的洼地中，经处理后再排放到附近自然保护区

图 2-1-9 丽瑟菲尔德地区鸟瞰图
图片来源：http://www.freiburg-schwarzwald.net

的湿地，实现雨水的再循环（图2-1-9）。

在对规划方案进行少许调整后，1993年丽瑟菲尔德项目的土地出让工作正式展开，并成立了一个合作机构——丽瑟菲尔德项目组（Projektgruppe Rieselfeld），主要负责组织该地区项目的推广和销售活动。土地出让的收入将被用来支付公共道路和基础设施的建设费用。项目对地块进行了细分，保证项目组能够在实施过程中满足社会融合以及相应的空间分布要求。为避免当地的建筑结构和社会结构过于单调，项目规定每个开发商能够获得地块的规模都有限，并且土地出让对象还包括私人和被称为"建造合作社"（Baugemeinschaften）[11]的团体。在丽瑟菲尔德最初的开发目标中，希望在整个住宅项目中有50%为政府补贴住宅（租赁公寓），30%为私人开发的租赁公寓，20%为业主自有住房。同时为了达到可持续发展的标准，项目组还向建造商提出了一系列关于能源使用的要求，指导原则是追求"交流而非压制信息"，即各方都有权获得关于可再生能源的各种信息，以促进可再生能源的开发利用。

在丽瑟菲尔德的社区建设方面，一开始组织者就希望把公共和私人的基础设施建设整合在一起进行。1993年公共基础设施开始建设，1997年新的有轨电车线路正式投入使用，保障了公共交通的服务。并陆续建设学校、教会中心等公共建筑来吸引人群。于1996年专门成立了邻里管理团队，并逐渐发展为一个正式的市民协会，下设16个社区志愿服务小组和一个负责青少年事务的专业团队。

在实际的建造过程中，由于1996年可负担住宅的公共补贴被大量削减，再加上减免税收和贷款条件的吸引力降低，私人投资商放弃了对租赁公寓

的投资，结果占丽瑟菲尔德开发总量50%的可负担住宅目标再也无法达成。如今，大约有20%的住宅得到补贴，有10%是私人开发的租赁公寓，此外还有大约70%是业主自有住宅。在丽瑟菲尔德所有的4000套住宅中，有800套以上是依托建筑合作社建造完成。

时至今日，丽瑟菲尔德已经发展成为一个"正常"的邻里，是弗莱堡的一个高品质生活地区。依靠众多的居民家庭、高质量的城市空间和公共建筑、对于儿童和行人友好的环境、对公共交通系统的重视以及丰富的社区生活，这个地区也形成了自己的特色和认同感。

在丽瑟菲尔德地区的开发过程中，弗莱堡市当局极具前瞻性和有序发展的思路发挥了积极的作用。弗莱堡市实施的新城市政策和法规的目的主要就是在维持由市场推动的住宅开发同时，引入更多社会方面的政策。所以丽瑟菲尔德地区因其可持续发展理念、建筑和城市设计的品质，以及在规划建造期间模范的社区建设工作，被德国规划师称为居住区开发的"示范区"。尽管丽瑟菲尔德居住区在很多方面都很成功，但它对解决当地住房短缺问题的帮助十分有限，尤其是针对中低收入家庭的住宅仍然不够，这也是弗莱堡市面临的挑战，即需要开发新的可负担住房，以容纳数量不断增加的居民。

### 1.7.6 德国慕尼黑会展新城

慕尼黑里姆会展新城（Messestadt Riem）位于慕尼黑东部近郊，距城市中心约7km，占地约560hm²。自1995年开始，经过近20年的筹备建设，现已基本完成，供1.6万人居住和1.3万人在此工作，成为以会展业为核心，集展览、办公、居住以及公园为一体、多功能的新城区❶。

慕尼黑里姆会展新城原为1939年落成的慕尼黑里姆机场（Flughafen Riem）旧址。随着城市发展，原机场由于与城市的距离过近，于1992年搬至城市北部的埃尔丁（Erding）。早在老机场关闭之前，七个专家小组就对老机场今后的用途进行了详细的调研和论证。经过对慕尼黑的经济和社会状况进行分析，专家小组认为老机场可以作为新的会展中心和居住区来建设，并制定目标为：充分利用原有的基础设施；走可持续的生态城市发展道路；建成具有地域特色的城市景观空间❶。当地政府希望通过此项目的开发，为城市提供数量匹配的居住空间和就业机会，并且使其成为城市与自然和谐、具有丰富文化内涵的城市新城区。

1990年里姆会展新城开始规划建设，法兰克福弗劳菲尔德建筑事务所的方案获得了第一名，方案中新城区1/3的用地（北侧）为会展中心与商务办公区，1/3（中部）为居住区，1/3的用地（南侧）为城市景观公园。慕尼黑市政府在该项目中依据《21世纪议程》的要求，努力确保实现平衡和注重生态的城市开发。里姆会展新城中最重要的公共建筑（会展中心建筑群）由丹麦哥本哈根BBP建筑事务所中标设计。会展中心自建成以来，已经成功举办了包括BAUMA、ELECTRONICA、IEPO等世界级的大型国际博览会❶。各大会展活动的举办为新城吸引了大量的企业资金投入，大量的服务产业随之发展，促进了城市更完善的基础设施建设，进而提供了更多的就业岗位，使得里姆会展新城迅速焕发城市活力，带动了周边地区的发展❶。

根据规划，伴随着里姆会展新城的建设，慕尼黑还在位于新城南部的面积200hm²的土地上建设了里姆景观公园，设计由法国景观公司北纬工作室（Latitute Nord）承担。旧机场周围地形平坦，土地是块状的农田和林地，呈现出一种典型的水平方向延伸的农业景观❶。公园的设计既均衡又有强烈的透视感，其中直线的道路、直线的种植方式、直线的湖岸线为公园带来了强烈的视觉指向和深远的视景线。里姆景观公园的规划建设特色鲜明，成为里姆会展新城的又一亮点，该公园也成为慕尼黑第三大城市公园。

在里姆会展新城项目中，生态与可持续规划是项目的重点，新城在各方面的建设中均凸显了该原则。新城的绿化系统强调了开放绿色空间设计，通过改善区域微气候，降低能源和资源的消耗。新城还对旧机场的废弃土地进行改造利用，并保护和重新利用部分原有建筑，将其有机融入新城规划建设之中。同时还将对雨水进行回收利用，降低1/3的自来水消耗量。新城的交通系统通过加强公共交通的方便性和可达性、减少私家车的使用量等方式尽可能地实现新城居民的"无汽车化生活"，进而降低交通噪声和尾气污染。另外，居民也受益于公共交通的普及，目前已有90%的居民使用公共交通。最重要的是，新城项目大力推行可持续发展的日常生活准则，倡导居民按照可持续发展的观念生活，保护生态环境。

慕尼黑里姆会展新城利用旧机场搬迁这一城市结构调整的机会，进行新城开发，成功地将该地区建设成集办公、居住和景观公园为一体的混合功能新城。同时该项目还利用举办德国国家景观展的时机进行城市营销，将可持续发展理念贯穿在城市建设方方面面，在保护生态环境的同时，使居民享受到自然、舒适的生活环境。里姆会展新城在过去20年的不断建设和完善过程中，保持和实现了最初的规划理念，代表了德国这一时期新城建设的较高水准。

## 本专题注释

❶ GA U N. Transforming Our World: the 2030 Agenda for Sustainable Development [R]. Division for Sustainable Development Goals, 2015.

❷ 中国21世纪议程管理中心，中国科学院地理科学与资源研究所. 可持续发展指标体系的理论与实践 [M]. 北京：社会科学文献出版社，2004：5.

❸ 《国家新型城镇化规划（2014—2020年）》.

❹ 易鑫. 伦敦奥运会举办作为城市发展战略的启示 [J]. 国际城市规划，2013，28（2）：101-116.

❺ Baccini, Peter/Oswald, Franz (Hrsg.), Netzstadt. Transdisziplinäre Methoden zum Umbau urbaner Systeme [M]. Zürich: vdf Hochschulverlag AG an der ETH, 1998.

❻ Imrie R, Lees L, Raco M. Regenerating London: Governance, Sustainability and Community in a Global City [M]. London: Routledge, 2009: 57.

❼ Mayor of London. The London Plan [R]. Spatial Development Strategy for Greater London, 2004.

❽ Jouffroy Pascale. De l'utopie à la réalité [J]. Le moniteur architecture AMC, 1991（9）：5-6.

❾ Les cités-jardins. Un idéal à poursuivre [J]. Cahiers de l'Institut d'Aménagement et d'Urbanisme n°165, 2013（4）.

❿ 卡罗利妮·布罗姆巴赫，易鑫，邱芳. 弗赖堡（布雷斯高）的丽瑟菲尔德区——德国城区开发的典范，国际城市规划，2016（2）：39-43.

⓫ "建造合作社"是一种新型的私人合资企业，最早于20世纪90年代中期在德国的弗莱堡和蒂宾根兴起。建造合作社指的是由几个人或几个家庭集体购买土地，并由他们合作，以比较划算的方式建造自己的公寓住宅。通过（与建筑师一起）参与房屋的设计和建造过程，建造合作社的成员在入住之前就可以很好地了解彼此，而且他们可以实现一些房地产市场无法提供的特殊居住构想（例如强调可持续性、社交导向的街区、特殊设计或需要等）。通常情况下，合作社的成员会成立一个（民法意义上的）私营建筑公司，然后在合同中明确规定合作的各种细节（融资、个人和共有财产、义务和权利）。近几年，建造合作社的做法已经在德国得到广泛传播，这种模式被认为是家庭以及其他团体在城市内获得可负担住房的重要途径。此外，城市规划师也强调，建造合作社对改善城市环境和加强邻里凝聚力也有好处。在德国部分城市的住房市场上，建造合作社虽然占比有限，但已经形成了很稳定的客户群。

⓬ 丁一巨. 德国慕尼黑雷姆会展城 [J]. 建筑与文化，2004（10）：34-37.

⓭ 王向荣，林箐. 里姆风景公园 [J]. 风景园林，2007（3）：116-117.

⓮ 乔小燕，胡平. 中德会展中心城市的比较分析——以上海、慕尼黑和法兰克福为例 [J]. 上海经济研究，2010（10）：91-97.

⓯ 卢求. 德国可持续城市开发建设的理念与实践——慕尼黑里姆会展新城 [J]. 世界建筑，2012（9）：112-117.

⓰ 丁一巨. 德国慕尼黑雷姆会展中心绿色空间设计 [J]. 园林，2008（12）：97+96.

中国城市建设可持续发展战略研究

专题 **2**

课题二
中国城市建设中的可持续城市空间发展研究

## 中国城市建设中可持续城市空间发展的三大基本构成维度

**专题负责人**　　杨俊宴

# 第 2 章　城市空间开发与土地利用可持续发展

## 2.1 城市土地空间发展与可持续利用

### 2.1.1 城市土地空间对可持续发展的重要性

土地是人类赖以生存和发展的重要根基，其一方面作为人类活动的重要场所，承载着人类的生存、生产和生活活动，另一方面作为重要的生产性要素，支撑着人类社会经济发展和财富创造。土地资源的有限性使之成为人类实现可持续发展的关键要素，对可持续发展目标的实现具有重要意义。实现土地资源的可持续利用必然会对可持续发展战略的实施奠定坚实的基础，合理开发、利用、保护、治理土地空间资源，科学协调土地空间资源可持续利用与人口增长、经济发展、生态建设、环境保护之间的关系，对人类经济社会的健康发展及未来子孙后代的生存至关重要。

1987 年，世界环境和发展委员会（WCED）在《我们共同的未来》报告中明确提出"可持续发展，既要满足当代人的需求，又不对后代人满足其需求能力构成危害的发展"。城市土地空间的可持续利用是可持续发展理论在土地领域中的延伸，公平、协同和持续的城市土地空间利用将推动和促进可持续发展目标的实现。公平是土地可持续利用的重要前提和基本原则，既包括空间上的区域公平，也包括时间上的代内公平与代际公平。城市土地空间的扩张规模、扩张速度、扩张方式以及对周边产生的非公平性影响的补偿等应在充分尊重公平原则的前提下开展，不能以一地的牺牲换取另一地的发展，更不能以未来的发展机会换取今天一时的快速发展。无序的、无节制的、无方向的、低代价的城市土地空间扩张行为不仅损害了区域公平，也严重影响代内公平乃至代际公平的实现。协同则强调在可持续发展的同一目标下，各方采取联合行动的方式，共同推动可持续发展。土地的可持续不是一个城市、一个地区的问题，不只是土地资源极度紧缺、发展空间不足的大城市需要考虑的，而是需要每一个处于利益共同体中的城市或地区通过各种管理约束手段协同实现。持续则体现出土地空间利用对可持续发展不间断的坚持，其核心是在任何时刻，人类的经济社会发展都不能超越资源环境的承载能力。只有转变发展模式和消费模式、走可持续发展之路，才能从根本上解决人类生存发展的问题。

城市是人地关系最密切、人地矛盾冲突最激烈的区域。进入 21 世纪，中国的工业化、城镇化进程不断加速，城市的生产活动空间和城市居民的生存生活空间需求呈现爆发式增长，导致稀缺的土地资源供给与社会经济增长需求之间逐渐呈现失衡发展的态势。近年来，蔓延式的城市空间增长方式催生了一片又一片开发利用效率低、基础设施水平低、城市服务供给不足、规划管理缺乏以及不完全城镇化等"问题"空间；同时，不断扩张发展的城市也逐渐挤占、消耗农田等农业生产空间和森林等生态资源空间，使粮食安全受到威胁，自然景观结构破碎，同时严重影响土地自我调节能力。在可持续发展战略目标下，如何实现土地资源特别是城市土地空间资源在国民经济各个产业、各个部门之间、各个空间区域甚至代际间的合理分配，促进城市土地空间的集约化与可持续利用，是深化国土空间规划管理的迫切需求。

新型城镇化的背景下，人口城市化和土地城市化二者彼此促进又相互制约，经济社会的发展进步也离不开土地空间资源。城市土地空间的科学开发与合理利用，对社会经济的可持续发展起到至关重要的作用。盲目的新增城市发展用地已经无法适应城市的发展，城市土地空间的扩张应该逐渐由疯狂的数量增长回归理性的量质齐升的新阶段。

## 2.1.2 土地空间的核心要素

城市土地空间的核心要素包含"数量""结构""质量"和"速度"四个方面。通过对城市土地空间要素的了解与把握，能够充分认识城市土地空间的现状与发展特征，对于制定城市土地政策、管控城市土地开发与利用、实现可持续发展的目标具有重要意义。

### （1）城市土地空间利用"数量"

城市土地空间的利用"数量"是指城市所占用、所使用的土地范围大小，反映城市空间在一定发展阶段内，对城市人口、静态物质和各种城市活动的综合容纳能力，是衡量城市规模的基本指标之一，一般用城市建成区面积表示。可持续发展的战略目标下，城市土地空间利用数量应与城市人口社会经济健康发展的空间需求相匹配。毕宝德认为城市合理的用地规模是指城市的发展规模必须符合城镇人口增长的自然规律与经济发展规律，使城镇各方面活动低消耗、高效率，为城市的经济发展和居民生活提供良好的环境，并取得良好的经济、社会和生态效益。在我国"土地城镇化"快于"人口城镇化"且土地资源总量极为有限的背景下，研究合理的城市用地规模十分必要。据中国土地勘测规划院的《全国城镇土地利用数据汇总成果》❶（以下简称《成果》）显示，截止到2016年12月31日，全国城镇土地总面积为943.1万 hm²。其中，城市面积占46.0%，建制镇面积占54.0%。区域分布上，东部地区城镇土地面积占全国城镇土地总面积的40.0%，中部地区占23.3%，西部地区占26.6%，东北地区占10.1%。

### （2）城市土地空间利用"结构"

合理的城市土地利用结构能促进城市功能的发挥及用地效益的提升，促进区域经济与环境的和谐发展。城市土地利用结构包含"数量结构"和"空间结构"两个方面。数量结构是指城市各种类型用地在城市用地中所占的比重，根据《城市用地分类与规划建设用地标准》GB 50137-2011，一般情况下，居住用地宜占城市建设用地的25%～40%，工业用地宜占15%～30%，道路与交通设施用地宜占10%～30%，绿地与广场用地宜占10%～15%，公共管理与公共服务设施用地宜占5%～8%。随着我国城市土地置换和产业结构调整，工业用地、仓储用地和对外交通用地比例呈下降趋势，而道路广场用地、市政公用设施用地和绿地比例呈增加趋势。城市土地利用的空间结构是指各种用地类型的空间布局，从区位论到增长极核理论，再到几何分形理论，城市用地空间布局不断被描述、解析和模拟，而最佳的城市土地利用空间结构至今仍未有定论。但针对具体的城市或区域而言，对其数量结构和空间结构的分析有助于城市建设有管理活动的有序开展，有助于实现城市的可持续发展。

### （3）城市土地空间利用"质量"

城市土地空间利用质量是指城市土地空间的利用过程，以及由此形成的特定利用结果，包括利用结构、功能、布局、强度等，对社会和谐、经济发展与生态保护目标的支撑能力。城市空间利用质量具有客观性、主观性和综合性的特征。客观性主要体现城市空间利用必须符合的结构合理性、功能多样性、布局完善性、强度的适中性等方面的客观要求；主观性主要体现在城市空间利用是以满足和实现人的目的为基础，随着社会经济的发展，人们对城市空间利用的目的和要求也在不断发生变化，城市空间利用质量则必然随着人的主观性而发生改变；综合性表现为在实现人的目的的同时，还要考虑社会和谐、经济发展和生态保护等综合因素。城市土地空间利用质量具有重要的战略意义，它不仅是优化城市土地空间开发格局的重要内容，也是推进我国城市生态文明建设的重要举措，还是促进城市社会经济可持续发展的重要支撑。

### （4）城市土地空间扩展"速度"

扩展速度是城市土地空间的又一核心要素。20世纪80年代以来，中国城市建设用地与经济社会的快速发展相一致，经历了快速的扩张过程，尤其是新城、新区的无序扩张蔓延，存在冒进式扩张的危险。近几年中国城市建设用地的增长速度有所下降，但是净增加量仍然巨大。《成果》显示，2009~2016年，全国城镇土地面积增加218.1万$hm^2$，增幅为30.1%，年均增长3.8%。增长速度总体呈逐渐放缓趋势，年度增幅由2010年的4.7%下降至2016年的2.9%。同时，城镇土地面积增长向中西部地区、建制镇集中，用途结构持续向商服、工矿仓储用地倾斜。童陆亿等通过计算城市扩张的自由度、蔓延度和感官优劣度度量了全国216个主要城市，发现中国城市扩张总体趋于紧凑，但低约束扩张模式所催生的"低质量"城市发展态势依然严峻[2]。建设用地的快速扩张，固然为支撑经济快速发展、满足城市居民的社会需求提供了保障，但也带来了相应的社会经济和生态环境问题，加剧了交通拥堵、环境恶化、住房紧张等城市病的发生。努力构建并完善"国家—地区—城市"多级城市扩张监管体系，防范和遏制城市蔓延，是统筹协调区域城市建设用地开发利用、积极推进高质量城镇化、实现城市可持续发展的必要举措。

## 2.2 城市土地空间发展特征分析

本研究以历年全国土地利用变更调查数据及统计年鉴数据为基础，结合统计分析、空间分析等技术手段，对我国城市空间扩张过程中的土地空间利用规模、结构、效益等指标进行时空分析，以发现我国城市空间扩张的特征规律，并提出适合我国现阶段国情的城市土地空间可持续发展战略。

本研究选取了全国250个地级以上城市为研究对象（由于相关数据缺失，部分研究结果不包含港、澳、台及西藏等地区），城市样本分布如下：东北地区32个，华北地区30个，华东地区74个，华南地区37个，华中地区38个，西北地区18个，西南地区21个。

根据最新城市规模划分标准、按城区常住人口数量将城市划分为五类，分别为：超大城市，城区常住人口1000万人以上；特大城市，城区常住人口500万~1000万人；大城市，城区常住人口100万~500万人；中等城市，城区常住人口50万~100万人；小城市，城区常住人口50万人以下。以2014年常驻人口为参考，城市样本包含超大城市7个，特大城市10个，大城市125个，中等城市78个，小城市30个。

### 2.2.1 城市土地空间发展的规模特征

#### （1）城市建设用地空间分布特征

根据《中国城市统计年鉴》及地方统计年鉴统计结果，2014年我国地级以上城市建设用地总量为40264$km^2$，主要集中在我国中部及东部地区。其中华东地区城市建设用地总面积达到14423$km^2$，占全国城市建设用地总量的36%，其次为华北地区，占14%。西北、西南地区较少，仅分别占6.1%、9.7%。（表2-2-1）。

在我国各省级行政区城市建设用地用量方面，广东、山东、江苏、上海、辽宁五个省级行政区的城市建设用地面积为全国前五位，共占全国城市建设用地总面积的36%。其中广东以3596$km^2$的建设用地面积占全国首位；西藏、青海、海南、贵州、宁夏五个省级行政区城市建设用地最少，这五个省级行政区拥有全国总国土面积的20%，但城市建设用地面积仅占全国的3%（图2-2-1）。

中国各地理分区建设用地面积　　表2-2-1

| 地理区划 | 建设用地面积（$km^2$） | 比例（%） |
|---|---|---|
| 华东 | 14423 | 35.8 |
| 华北 | 5442 | 13.5 |
| 华南 | 4840 | 12.0 |
| 华中 | 4757 | 11.8 |
| 东北 | 4451 | 11.1 |
| 西南 | 3887 | 9.7 |
| 西北 | 2464 | 6.1 |
| 总计 | 40264 | 100 |

数据来源：《中国城市统计年鉴》

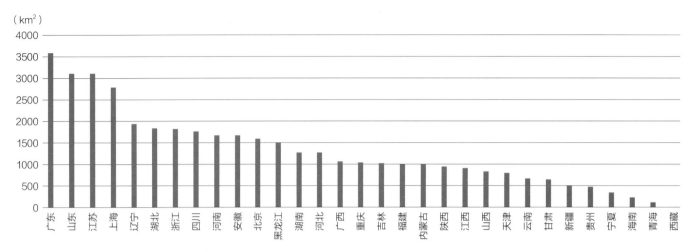

图 2-2-1　2014 年中国部分省级行政区城市建设用地面积

数据来源：《中国城市统计年鉴》

以城市为单元进行对比可以发现，我国城市建设用地主要集中在中东部地区。2014年上海、北京、重庆三个直辖市的城市建设用地面积最大，其中上海市为 2803km²、北京为 1586km²、重庆为 1029km²，这也是我国仅有的三个建设用地面积超过 1000km² 的城市。城市建设用地面积排名前十的还有武汉、东莞、深圳、天津、南京以及成都（广州等城市缺少建设用地统计数据）。排名前二十的城市中，除苏州、东莞、深圳以外均为省会城市或直辖市。

根据不同规模城市比较可以看出，我国城市建设用地数量分布差异极其明显（图 2-2-2）。在选取的 250 个城市样本中，7 个超大城市建设用地总面积达到 8076km²，占城市建设用地总面积的 20%；大型城市是我国城市规模的主要类型，其总建设用地面积为 19748km²，占城市建设用地总面积的 49%。在平均值方面，超大城市平均拥有建设用地 1346km²，特大城市为 514km²，大城市为 153km²，中等城市为 64km²，小城市平均建设用地面积仅为 44km²。超大城市的平均建设用地面积是特大城市的 2.6 倍，是小城市的 30.6 倍。

本研究采用标准差作为建设用地规模空间分布差异性度量指标，以我国七大地理区划为分界进行研究。我国华东、华北地区城市建设用地差异性最高，西南、华南地区次之，华中、东北以及西北地区内部建设用地规模差异性最小。这一结果与我国城市建设用地规模的空间分布结果极为相似。华东、华北城市建设用地总量最高，其内部各城市建设用地规模差异同样最高，而这些区域也是我国经济较为发达的地区；西北及东北地区建设用地总量较低，内部规模差异性最小，而其经济发展也相对落后（表 2-2-2）。

### （2）城市土地空间扩张速度特征

本研究通过分析 1999~2014 年我国城市建成区面积变化，发现城市土地空间扩张的速度特征。

从图 2-2-3 中可看出，我国城市扩张速度存在明显波动。2003 年之前，城市建成区以每年 8%~12%

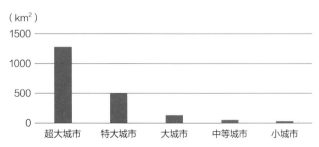

图 2-2-2　中国各级城市平均建设用地面积

数据来源：《中国城市统计年鉴》

中国各地理分区建设用地规模分布差异　表 2-2-2

| 地理位置 | 标准差（km²） |
| --- | --- |
| 华东 | 332.4024 |
| 华北 | 303.3145 |
| 西南 | 240.1413 |
| 华南 | 202.2624 |
| 华中 | 157.5347 |
| 东北 | 125.8220 |
| 西北 | 121.0461 |

数据来源：《中国城市统计年鉴》

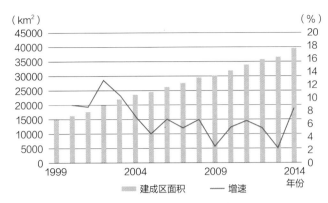

**图 2-2-3　1999~2014 年中国城市建成区扩张速度变化**
数据来源：《中国城市统计年鉴》

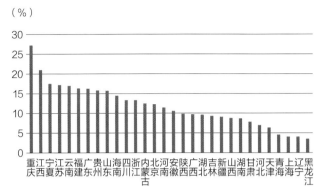

**图 2-2-4　1999~2014 年中国部分省级行政区建成区平均扩张速度**
数据来源：《中国城市统计年鉴》

的速度快速增长，而在 2004 年之后，城市建成区扩张速度下降到 7% 以下，在 2009 年及 2013 年最低，分别为 2.5% 和 2.3%。

分析 1999~2014 年期间我国城市建成区扩张速度的分布情况可知，城市建成区的扩张存在较明显的分区特征，重庆、云南、贵州等西南地区城市以及江西、江苏、福建、广东、浙江等东南沿海区域城市建成区扩张速度最快，年平均扩张速度均在 15% 以上，其中重庆市建成区年平均扩张速度达到 27%，江西省为 21%；我国中部及西北地区城市建成区扩张速度明显较慢，增速普遍在 6%~12%；东北地区以及青海省等地区的城市建成区扩张速度最慢，其中黑龙江、辽宁以及青海等省级行政区建成区年平均扩张速度低于 5%（图 2-2-4）。

### （3）城市建设用地重心迁移特征

图 2-2-5 展示了 2004~2014 年期间我国建设

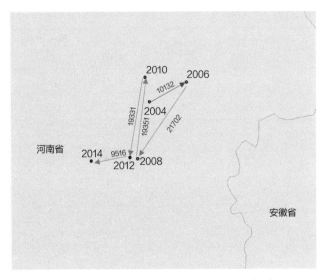

**图 2-2-5　2004~2014 年中国城市建设用地重心迁移图（m）**

用地转移情况。由图可知，我国建设用地中心变化较为稳定，基本呈折线往返式移动。2004~2006 年，建设用地中心向东北方向迁移了 10132m；2006~2008 年转为向西南方向偏移 21702m；2008~2012 年期间，重心迁移在南北方向小幅度震荡；2012~2014 年，建设用地重心向西偏移 9516m。这 10 年期间，我国建设用地重心实际向西南方向移动了 20002m。折线往返式的移动规律说明我国在宏观上对城市建设用地指标分配的把握较为均衡，未出现将建设用地指标过度集中的情况；而我国建设用地重心整体向西部移动，表明了我国城镇化格局正向中西部加快推进，各类西部大开发工程极大地带动了沿线城市的发展。

## 2.2.2 城市土地空间发展的结构特征

### （1）城市建设用地结构的空间分布

根据《中国城市建设统计年鉴》显示，2014 年我国城市建设用地结构分布为：居住用地 16282km²，公共管理与公共服务用地 4848km²，商业服务业设施用地 3638km²，工业用地 10299km²，物流仓储用地 1586km²，道路交通设施用地 7453km²，公用设施用地 1898km²，绿地与广场用地 5581km²。其中，居住用地与工业用地是我国城市建设用地的主要结构类型，二者占据了城市建设用地总量的一半以上（图 2-2-6）。

表 2-2-3 中显示了我国各地理分区中各类建设用地占全国总面积的比例结构。其中，华东地区建设用地总面积占全国的 35.8%，但其工业用地面积却占全

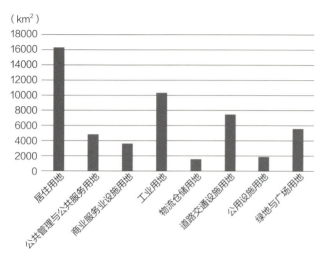

图 2-2-6　2014 年中国城市建设用地结构
数据来源：《中国城市建设统计年鉴》

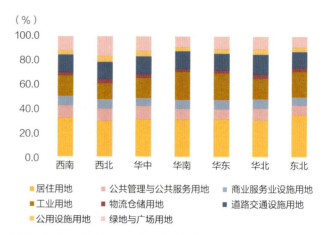

图 2-2-7　2014 年中国各地区建设用地结构
数据来源：《中国城市建设统计年鉴》

国工业用地总面积的 40.1%，而物流仓储用地相对偏低，为全国总面积的 32.7%；华北地区建设用地为全国总面积的 13.5%，而其工业用地面积仅为全国工业用地总面积的 10.6%，物流仓储用地则达到 15.9%；华南地区工业用地总面积占比同样高于其建设用地占比 2.8 个百分点；东北地区的绿地面积明显偏少，仅占全国绿地与广场用地总面积的 9%；西北地区的物流仓储用地、公用设施用地、绿地与广场用地比例则相对较高。

2014 年全国城市建设用地结构中，居住用地占比 31.6%，公共管理与公共服务用地为 9.4%，商业服务业设施用地为 7.1%，工业用地为 20%，物流仓储用地为 3.1%，公用设施用地为 3.7%，绿地与广场用地为 10.8%（图 2-2-7）。在各地区内部结构上，公共管理与公共服务用地、商业服务业设施用地、物流仓储用地、公用设施用地基本平衡，而居住用地、工业用地及绿地与广场用地存在用地结构分布不均衡的现象。东北地区居住用地占该地区建设用地面积的 35%，高于全国平均水平 3.4 个百分点，工业用地为 21.3%，高于全国平均水平 1.3 个百分点；华北地区工业用地比例比全国平均水平低 2.9%，道路交通用地比全国平均水平高 2.0%；华东地区工业用地比例高于全国平均水平 2.3%；华南地区工业用地比例最高，比全国平均水平高 3.1 个百分点；西北地区工业用地比例最低，为 13.4%，低于全国平均水平 6.6 个百分点，而其绿地与广场用地占该地区建设用地总面积的 16.3%，高出全国平均水平 5.5 个百分点；西南地区工业用地占该地区 17.2%，比全国平

2014 年中国各地区建设用地占全国总面积比例（%）　　　　　　表 2-2-3

| 地理位置 | 建设用地 | 居住用地 | 公共管理用地 | 商业服务用地 | 工业用地 | 物流仓储用地 | 道路交通用地 | 公用设施用地 | 绿地广场用地 |
|---|---|---|---|---|---|---|---|---|---|
| 华东 | 35.8 | 35.5 | 32.7 | 37.2 | 40.1 | 32.7 | 34.2 | 34.5 | 34.5 |
| 华北 | 13.5 | 11.9 | 13.3 | 12.8 | 10.6 | 15.9 | 14.1 | 14.0 | 12.0 |
| 华南 | 12.0 | 12.4 | 13.1 | 12.6 | 14.8 | 11.3 | 13.1 | 10.9 | 10.5 |
| 华中 | 11.8 | 11.4 | 13.5 | 9.7 | 9.9 | 11.9 | 11.5 | 13.7 | 12.7 |
| 东北 | 11.1 | 11.9 | 9.2 | 9.8 | 11.4 | 11.6 | 9.9 | 9.8 | 9.1 |
| 西南 | 9.7 | 10.4 | 10.8 | 10.8 | 8.6 | 8.2 | 10.4 | 8.5 | 10.9 |
| 西北 | 6.1 | 6.5 | 7.4 | 7.1 | 4.6 | 8.4 | 6.8 | 8.6 | 10.3 |
| 总计 | 100 | 100 | 100 | 100 | 100 | 100 | 100 | 100 | 100 |

数据来源：《中国城市建设统计年鉴》

**2014年中国各地区建设用地结构（%）**　　　　　　　　　　　　　　　表 2-2-4

| 地理位置 | 居住用地 | 公共管理与公共服务用地 | 商业服务业设施用地 | 工业用地 | 物流仓储用地 | 道路交通设施用地 | 公用设施用地 | 绿地与广场用地 |
|---|---|---|---|---|---|---|---|---|
| 西南 | 32.6 | 10.2 | 7.6 | 17.2 | 2.5 | 15.0 | 3.1 | 11.8 |
| 西北 | 30.1 | 10.1 | 7.3 | 13.4 | 3.8 | 14.4 | 4.6 | 16.3 |
| 华中 | 31.4 | 11.1 | 6.0 | 17.2 | 3.2 | 14.6 | 4.4 | 12.0 |
| 华南 | 30.7 | 9.6 | 7.0 | 23.1 | 2.7 | 14.8 | 3.1 | 8.9 |
| 华东 | 31.2 | 8.6 | 7.3 | 22.3 | 2.8 | 13.8 | 3.5 | 10.4 |
| 华北 | 30.5 | 10.1 | 7.3 | 17.1 | 3.9 | 16.4 | 4.1 | 10.5 |
| 东北 | 35.0 | 8.1 | 6.4 | 21.3 | 3.3 | 13.4 | 3.4 | 9.1 |
| 全国 | 31.6 | 9.4 | 7.1 | 20.0 | 3.1 | 14.4 | 3.7 | 10.8 |

数据来源：《中国城市建设统计年鉴》

均水平低 2.8%。总体而言，各地区工业用地结构的差异最为明显（表 2-2-4）。

### （2）城市建设用地结构的历史演变

由于 2012 年城市建设用地分类标准发生变化，本研究通过分析中国 2000～2010 年期间的城市建设用地结构变化展示其历史演变特征。图 2-2-8 显示了这 10 年期间我国各类型建设用地总量的增长幅度。2000 年中国城市建设用地总量为 24192km²，2010 年为 41805km²，年均增加 1761km²。以 2000 年为基准，道路广场用地与绿地面积增加最为迅速，其中道路广场用地增加了 1.28 倍，年均增加 265.7km²；绿地面积增长了 1.18 倍，年均增加 241km²；居住用地、工业用地以及市政公共设施用地分别增加了 65%、71% 和 80%；仓储用地、对外交通用地以及特殊用地增长幅度较小，均不足 50%。

值得一提的是，我国城市道路与用地增长迅猛的同时，由于公共交通建设没有同步增长，导致我国产生了以私家车为导向的城市道路发展模式，单纯的道路面积增加难以解决城市交通拥堵问题，反而刺激私家车用量的增加，导致了城市环境恶化、出行成本增加等问题。

以 2000 年中国各地区居住用地面积为基准，采用地区居住用地相对 2000 年居住用地增长比例作为地区居住用地相对增长指标，分析结果如图 2-2-9 所示。华南地区居住用地相对增长速度明显高于其他地区，10 年间居住用地面积增长了 121.3%；西北地区居住用地增加最少，相比 2000 年仅增长了 42.1%。

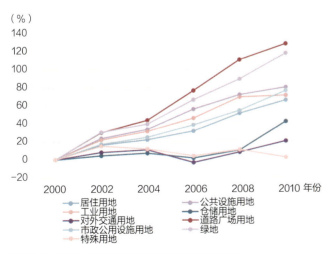

**图 2-2-8　2000～2010 年中国各类建设用地增长幅度**

数据来源：《中国城市建设统计年鉴》

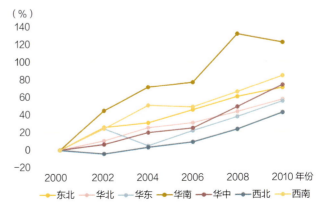

**图 2-2-9　2000～2010 年中国各地区居住用地相对增长速度**

数据来源：《中国城市建设统计年鉴》

2000～2010年中国各地区居住用地增长速度　表2-2-5

| 地理位置 | 绝对增长速度（km²） | 相对增长速度（%） |
| --- | --- | --- |
| 东北 | 74.1 | 7.0 |
| 华北 | 63.5 | 5.7 |
| 华东 | 140.0 | 5.5 |
| 华南 | 93.3 | 12.1 |
| 华中 | 70.8 | 7.3 |
| 西北 | 26.5 | 4.2 |
| 西南 | 64.0 | 8.4 |

数据来源：《中国城市建设统计年鉴》

2000～2010年中国各地区工业用地增长速度　表2-2-6

| 地理位置 | 绝对增长速度（km²） | 相对增长速度（%） |
| --- | --- | --- |
| 东北 | 45.4 | 6.9 |
| 华北 | 54.5 | 8.8 |
| 华东 | 126.7 | 7.0 |
| 华南 | 109.8 | 24.0 |
| 华中 | 31.3 | 4.3 |
| 西北 | 11.4 | 3.7 |
| 西南 | 33.2 | 7.0 |

数据来源：《中国城市建设统计年鉴》

在2008年前后各地区居住用地面积增长都出现了较显著的加速过程。地区居住用地年平均增长速度绝对值方面，华东地区年平均增速为140km²，远高于其他地区；华南地区排名第二，年均增长93.3km²；而西北地区居住用地增速最慢，年平均增长仅为26.5km²（表2-2-5）。

图2-2-10为以2000年中国各地区工业用地面积为基准计算的2000～2010年工业用地相对增长指标。可以看出，华东地区工业用地相对增长速度远高于其他地区，10年间工业用地增长了2.4倍，年均增长109.7km²；西北地区以及华中地区相对增长速度较慢，10年间仅增长了4%左右。与居住用地相对增长速度的特征不同，在2006年之后，各地区工业用地增长速度均出现放缓现象。在绝对增长速度方面，华东地区年平均增长126.7km²，为全国首位；华南地区虽然相对增长速度最高，但绝对年平均增长速度为109.8km²，排名第二；西北地区工业用地年平均增速最慢，仅为11.4km²（表2-2-6）。

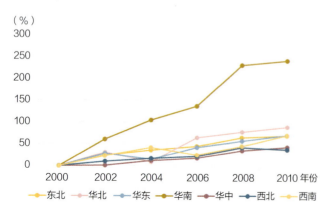

图2-2-10　中国各地区工业用地相对增长速度

数据来源：《中国城市建设统计年鉴》

## 2.2.3 城市土地空间发展的效益特征

### （1）城市建设用地与人口

根据中国城市建设统计年鉴数据，2014年，我国地级以上城市人均建设用地面积为130.8m²，其中新疆、海南以及宁夏等省级行政区城市人口稀少，而城市建设用地相对较多，人均建设用地面积达到160m²以上；东部沿海地区，如浙江、福建、江苏、山东等省级行政区人口较多，土地资源也较为丰富，人均建设用地面积可达150～160m²；北京、上海、重庆、天津四个直辖市人口数量大，人均建设用地面积相对较少，如北京市人均建设用地面积仅为77m²。

为反映我国城市人口增长与建设用地增长的协调性，本研究采用城市建设用地人口增长弹性系数进行计算，公式如下：

$$A = \frac{\Delta X / X}{\Delta P / P}$$

式中，$A$为城市建设用地人口增长弹性系数，$\Delta X$为区域建设用地增加值，$X$为基期建设用地面积；$\Delta P$为人口增加值，$P$为基期人口数量。

研究中选取2004年与2014年中国城市人口及建设用地面积进行计算，2004～2014年，中国城市建设用地人口增长弹性系数为6.54，即城市建设用地增长速度约为城市人口增长速度的6.54倍，土地城市化速度远高于人口城市化速度。其中西南地区人口出现负增长，弹性系数小于0；西北地区人口稀少，因此城市建设用地增长速度相对较高，弹性系数较大；华北地区建设用地人口增长弹性系数为2.58，相对较低。

## （2）城市建设用地与经济发展

研究中采用2004~2014年的建设用地产值增长弹性系数表征我国城市建设用地与地区生产总值的耦合情况。弹性系数越高，说明区域用地模式越粗放，单位用地产出能力越低；反之，弹性系数越低，说明10年间单位建设用地产出能力提高。我国地级以上城市平均建设用地产值增长弹性系数为0.38，华北、华南、西南地区弹性系数低于全国平均值，土地集约性提高；西北地区建设用地产值增长弹性系数为0.74，远高于全国平均水平，说明其建设用地利用模式仍处于粗放式发展阶段。

## （3）居住用地扩张与居住质量

2005~2015年，全国地级以上城市的居住用地面积由9296.85km²增长至16373.91km²，增长了约76%；2005~2015年，城镇居民人均住房建筑面积由26.1m²/人增长至36.6m²/人，增长了约40%。

图2-2-11展示了2005~2015年部分省级行政区居住用地增长与人均住宅建筑面积增长的关系。根据图中趋势线，城市居住用地面积每增长10%，城镇人均住宅面积仅增长1.6%~1.7%。上海市的居住用地出现了负增长，但人均住宅面积依然是增长的，这可能与住宅容积率的提升有关。北京市、天津市的人均住宅面积出现了负增长，贵州省的居住用地和人均住宅面积在10年内均得到了较大提升。相比之下，福建、云南两省的居住用地增长比例较高，人均住宅面积却没有得到相应的增长，这可能与城市人口的增长有关。

综合地理分区和城市规模来看，华北地区各规模城市居住用地的增长都接近均值，华东地区大城市居住用地增速显著高于其他地区同等规模城市，华中地区中等城市居住用地增速较高，华南地区的超大城市、特大城市居住用地增速较高。其中武汉、广州、深圳三市居住用地增速明显高于其他超大城市；汕头、佛山、东莞、成都四市建设用地增速明显高于其他特大城市。

采用表2-2-7中的指标体系对部分城市进行居住质量评价，采用熵权法确定各指标权值。

根据上述评价体系，7个超大城市居住质量各项指标得分如图2-2-12所示。从居住条件来看，上海市、深圳市的准入条件高，人口密度大，综合得分低。从居住环境来看，各超大城市生态环境得分相差不多。从公共服务来看，广州市和武汉市得分较高，其次是

**居住质量评价指标体系**　　表2-2-7

| 指标类型 | 指标 | 单位 | 权值 |
|---|---|---|---|
| 居住条件 | 人口密度（负向） | 人/km² | 0.1 |
| | 房价收入比（负向） | % | |
| 居住环境 | 建成区绿化率 | % | 0.14 |
| | 一般工业固体废物综合利用率 | % | |
| | 污水处理厂集中处理率 | % | |
| | 生活垃圾无害化处理率 | % | |
| 公共服务 | 每万人拥有医院、卫生院床位数 | 张 | 0.76 |
| | 每万人拥有医生数 | 人 | |
| | 每万人拥有普通高等学校教师数 | 人 | |
| | 每万人拥有公共汽车 | 辆 | |
| | 人均城市道路面积 | m² | |

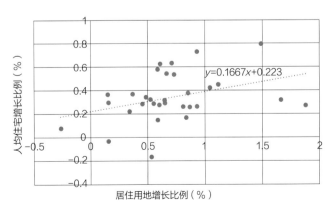

**图2-2-11　2005~2015年部分省级行政区居住用地增长与人均住宅增长**

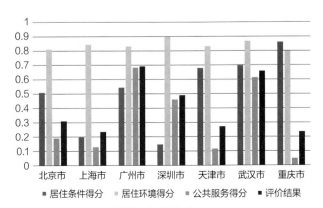

**图2-2-12　2015年超大城市居住质量评价**

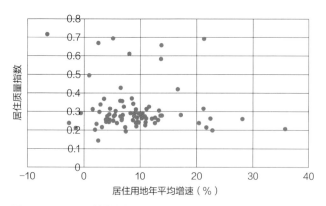

图 2-2-13 居民用地增速与居住质量的关系

深圳市。从综合得分来看，这7个超大城市中居住质量最高的为广州市、武汉市。结合居住用地增长情况来看，这三个城市的居住用地增速明显高于其他同等规模城市。说明这三个城市对市民居住质量比较看重。

从所有样本城市来看，居住用地增速与居住质量无明显相关关系，这说明一味扩张居住用地可能并非改善居民居住质量的有效渠道。改善市民居住质量需从缓解房价矛盾、改善生态环境，尤其是加强公共服务着手（图 2-2-13）。

### （4）道路面积增长与交通拥堵

交通运输部印发的《城市公共交通"十三五"发展纲要》指出，与我国经济社会发展和人民群众的出行需求相比，城市公共交通发展总体滞后的局面仍然没有彻底改变，还存在一些亟待解决的问题。随着我国人口城市化的快速进程，城市交通供需矛盾加剧，公共交通无法满足居民需求，私家车保有量快速增长，加上客观因素导致的居民出行时间集中，交通拥堵现象在城市中普遍存在。

2005年，全国地级以上城市实有铺装道路面积约为3115km²，每万人拥有公共汽车7.57辆；2015年，全国地级以上城市实有铺装道路面积约为5508km²，每万人拥有公共汽车10.66辆。2005～2015年，中国城市道路面积公共交通增长弹性系数为1.88，即城市道路用地增长速度约为公共交通建设速度的1.88倍，道路建设速度高于公共交通建设速度。公共交通建设跟不上道路用地增长的水平，可能会导致私家车数量增长，从而带来城市交通拥堵、环境恶化、出行成本增高等问题（表 2-2-8）。

从 2005～2015年城市道路面积的增长来看，超大城市中北京、上海两市道路面积出现了负增长，这可能与城市规划和交通结构调整有关。超大城市中武汉、重庆两市道路面积增长远超同等规模城市，特大城市中西安市道路面积增长远超同等规模城市，这三市的城市交通仍处于快速增长期。按城市规模来看，随着城市规模的扩大，道路面积年均增速大体是减少的，其中中等城市道路面积增速最快。这说明一线城市经过长时间的发展，城市道路面积已经渐渐趋于饱和。按地区来看，东北和华中地区城市的道路面积增速低于其他地区（表 2-2-9）。

根据高德地图交通大数据发布的 2015 年中国主要城市交通分析报告，2015年全国最拥堵的10个城市依次为北京、济南、哈尔滨、杭州、大连、广州、上海、深圳、青岛、重庆，主要是一、二线省会城市。从空间分布来看，拥堵城市集中于东部沿海地区和内陆省会城市；从城市规模来看，随着城市规模的增大，拥堵指数呈上升态势。

图 2-2-14 展示了部分城市 2005～2015 年道路面积年均增速与拥堵指数之间的关系，可以看出随着道路面积增速的扩大，拥堵指数并没有出现明显下降。这提示仅依靠扩建道路并非改善交通拥堵的有效渠道。在扩建道路的同时，完善城市规划、加强公共交通建

| 不同规模城市道路面积年平均增速 | | | | | 表 2-2-8 |
|---|---|---|---|---|---|
| | 超大城市 | 特大城市 | 大城市 | 中等城市 | 小城市 |
| 道路面积年平均增速（%） | 6.62 | 8.15 | 12.13 | 13.33 | 11.66 |

数据来源：《城市公共交通"十三五"发展纲要》

| 不同地区城市道路面积年平均增速 | | | | | | | 表 2-2-9 |
|---|---|---|---|---|---|---|---|
| | 东北 | 华北 | 华东 | 华南 | 华中 | 西北 | 西南 |
| 道路面积年平均增速（%） | 8.04 | 13.67 | 13.23 | 13 | 9.61 | 13.47 | 14.28 |

数据来源：《城市公共交通"十三五"发展纲要》

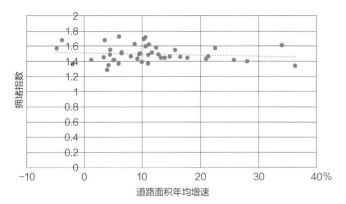

图 2-2-14　城市道路面积增速与拥堵指数

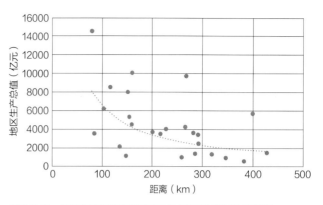

图 2-2-15　长三角城市群城市到经济中心距离与地区生产总值

设也是必要的。

下面以北京市为例，探究我国城市拥堵的成因。北京是我国典型的拥堵城市之一，交通存在明显的潮汐车流，早高峰拥堵路段主要集中在环路南向北方向以及进京方向主要联络线，晚高峰拥堵路段集中在环路由北向南方向及出城方向主要通道。造成北京拥堵的主要原因之一是城市发展方面的因素，如人口密度高、车流量大、城市功能布局失衡等。潮汐车流中众多主干道出现严重的单侧拥堵，这主要是职住分布不平衡造成的。这是根源性的问题，需要靠长期的人口、产业、城市空间的改造来解决。另外在交通设施建设方面，出行过程中，无论是轨道交通还是道路都存在一些瓶颈节点。因此，解决大城市的交通问题根本手段是发展公共交通。

**（5）超大城市对周围地区的经济带动**

增长极理论最初由法国经济学家佩鲁提出，该理论认为经济增长通常是从一个或数个"增长重心"逐渐向其他部门或地区传导，因此应选择特定的地理空间作为增长极带动经济发展。为探究超大城市对周围地区的带动作用，本研究选取我国三大城市群为例，

考察 2015 年城市群中除中心城市以外的各市地区生产总值与其到经济中心距离的关系。

长江三角洲城市群以上海市为中心，包括上海市、江苏省、浙江省、安徽省的部分城市，共 26 市，是长江经济带的引领发展区、中国城镇化基础最好的地区之一。从图 2-2-15 中可以看出，长三角城市群已经出现了经济增长副中心，如杭州、南京、苏州等，随着到经济中心距离的增加，地区生产总值大体呈指数衰减，说明上海市对周围地区带动作用强，并且辐射范围也较广。

珠江三角洲城市群以广州、深圳两个超大城市为核心，包括广州、深圳、珠海、佛山、东莞、惠州、中山、江门、肇庆、汕尾、清远、云浮、河源、韶关共 14 个城市，是华南地区先进制造业和现代服务业基地。同样，随着各市到经济中心距离的增加，地区生产总值呈指数衰减，经济中心带动作用强，但辐射范围不广（图 2-2-16）。

京津冀城市群包括北京、天津两个直辖市，河北省的全部城市及河南省的安阳市，共 14 市。京津冀城市群是中国政治、文化中心，也是华北经济重要核心区。从图 2-2-17 中可以看出，经济中心对区域发展

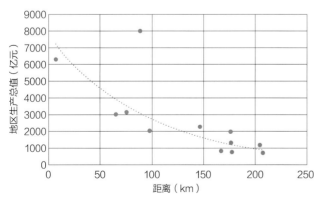

图 2-2-16　珠三角城市群城市到经济中心距离与地区生产总值

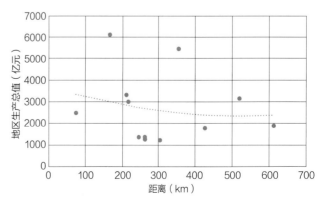

图 2-2-17　京津冀城市群城市到经济中心距离与地区生产总值

的带动作用不明显,大部分城市经济实力不强,很难分享中心城市的发展成果(图2-2-17)。

对比三个城市群,发育程度最高的长三角城市群呈现出多中心空间结构特征,经济活动除了向上海周边扩散,外围也存在其他集聚中心;珠三角城市群发育程度次之,以广州—深圳为核心,经济活动呈圈层式扩散。

## 2.3 中国城市土地空间可持续发展战略研究

面对城镇化过程中人口、产业等要素不断向城市集聚进而引发的一系列城市问题,世界各国普遍通过编制和实施有效的城市空间发展战略,以协调城市空间发展与社会经济发展,保障城市空间的可持续发展。相较我国,西方发达国家、地区和重要城市较早地完成了工业化,并在工业化和城镇化的联动过程中探索实践了一系列应对城市问题的成熟做法,在城市空间发展战略研究方面成果较为丰富,值得我国城市借鉴。

### 2.3.1 国外城市空间发展战略概况

世界主要发达国家均通过编制空间规划落实城市空间发展战略。根据1997年《欧盟空间规划制度概要》的定义,空间规划"主要是由公共部门使用的影响未来活动空间分布的方法,目的是创造一个更合理的土地利用及其关系的地域组织,平衡发展和保护环境两个需求,实现社会和经济发展目标"。

现代城市规划最早源自于英国的"田园城市理论",德国有关空间规划的法律则可以追溯到1900年的《萨克森建筑法》。而大部分国家和地区的空间规划编制主要是在第二次世界大战以后,面对经济萧条、战后重建,以及城市扩张和人口大量增长带来的住房短缺、社会服务供给不足等问题,为保证城市土地空间可持续发展而开始的。尽管制度、观念和社会发展水平等方面的差异使得世界各国和地区空间规划的具体目标、形式、内容各不相同,但其本质都是为了在

一定区域内落地社会经济发展目标,实现城市功能空间合理分布、资源有效配置、土地利用效率提升,所采取的一系列具有法律效力的策略和手段。

普遍来看,世界各国空间规划体系的建立和调整均是通过相关法律的出台和修改来实现的。英国早在1909年就颁布了第一部规划法律《住房及城市规划诸法》。二战结束后,在规划建设战争毁坏地区以及全面建立规划制度以调控发展与开发活动等现实需求的驱动下,英国在1947年出台了《城市规划法》,形成了英国规划体系的基础,并在之后的几十年间根据经济社会的发展不断进行修订。在21世纪初产业全球化、资源环境恶化以及人地矛盾激化的背景下,可持续发展成为全球重要的发展议题。对此,英国在2004年实施规划体制改革,颁布了《规划和强制收购法》以及《城乡规划条例(区域规划)(英格兰)》,形成了沿用至今的"国家规划政策指南—区域空间战略(Regional Spatial Strategy,RSS)—地方发展框架(Local Development Frameworks)"三级规划体系结构。

为指导二战后的快速重建,日本在1946年颁布了《特别都市计划法》以及《国土复兴计划纲要》。经过战后重建,日本经济进入了高增长和城市急剧扩张时期,同时造成了土地无序使用和失调。为了整合全国资源,日本在1950年出台《国土综合开发法》,以资源开发和产业基础开发为主题,确立了以全国国土综合开发规划为核心的"三类"空间规划编制体系和从国家到地方的"四级"国土开发规划体系。随后从1962年到1998年,日本先后编制实施了五次全国综合开发规划,至此,日本国土开发工作基本完成。2005年,日本在原有《国土综合开发法》的基础上进行修改,制定了《国土形成规划法》,实现了规划体系的转向:一是规划编制主题从国家为主导转向国家和地方合作,对国家和地方的职能进行了明确的分工;二是规划目标从强调总量扩张转向强调国土质量提升,要求利用、开发、维护的综合协调与治理。

空间规划体系的建立以及具体城市空间发展战略的制定和实施应与所在国家和地区的社会、经济、政治条件以及发展理念相适应。与英国、日本最初开始建立空间规划体系的背景和动因类似,荷兰在二战后将恢复重建的重点放在西部的兰斯塔德地区(包含阿姆斯特丹、鹿特丹、海牙和乌特勒支等城市),导致该地区城市盲目扩张,住房问题日益突出。为优化兰

斯塔德地区的空间结构，提高地区与国家的国际竞争力，荷兰在20世纪60年代出台《空间规划法》，并开始编制实施全国性空间规划。荷兰前三次全国空间规划（1960年、1966年和1973年）均以分散式发展理念为指导；在1973年后的10年间，大城市发展处于衰退收缩阶段，因此1988年第四次全国空间规划以"紧凑城市"理念构建国家空间结构，计划把兰斯塔德地区打造成世界级城市群，参与国家竞争；2000年第五次全国空间规划基于"城市网络"理念，提出把兰斯塔德地区紧密嵌入欧洲的经济文化背景，开展地方和区域合作，形成国际级的国家城市网络。

区别于上述国家和地区，德国所实施的联邦空间规划主要是为了解决区域发展不平衡问题。根据21世纪初的统计数据和调查，德国东部地区就业人口人均总产值水平明显低于西部地区，失业和贫困问题更明显；在城市空间上，一方面城市和大都市区域的蔓延逐渐蚕食周边的乡村土地空间，另一方面高密度的城市对改善生态环境和提供开敞空间的需求日益强烈。1990年德意志联邦共和国成立以来，德国出台过三个联邦级空间规划，分别是1993年的《空间规划政策指导框架》和2006年、2016年两版《德国空间发展理念和行动战略》（下简称《行动战略》），主要的规划目标是在提高国家发展潜力和竞争力的同时，通过区域合作、基础设施建设和公共服务供给等方式，保障相对落后地区的发展。其中，最新的一版《行动战略》就提出继续发展大都会地区，强化空间之间的协作和网络化，支持结构虚弱地区的发展，保证基础设施的连接；保障人口稀少的乡村地区的公共服务供给和交通通达性；最小化土地利用矛盾，减少土地占用，推动可持续发展。

## 2.3.2 国内城市空间发展战略

自改革开放以来，我国城镇化水平不断提高，人口和工商业活动向沿海地区城市高度集中，导致城市人地矛盾逐渐突出，进而催生了一系列"大城市病"，如住房紧张、交通拥堵、公共服务供给不足、城市空间无序蔓延扩张、环境污染等。其中，以北京、上海、广州等超大城市的问题最为突出，各城市面临的主要问题以及相对应的城市空间发展战略各有特点。

以城市功能疏解应对城市职能高度集中以及单中心圈层结构的弊端。21世纪以前，北京市的城市定位一直是国家的"政治、经济、文化中心"，直到2004年北京市城市总体规划才把全国经济中心的定位取消。2014年习近平总书记考察北京，提出"四个中心"，即全国政治中心、文化中心、国际交往中心、科技创新中心。高度集中的城市职能与古城在空间上重叠，使得北京市形成单中心的圈层空间结构，人口和城市功能向单中心集聚，从而造成区域发展不平衡、职住空间分离与通勤距离长、城市运行效率下降等问题。面对单中心城市空间格局的弊端，《北京城市总体规划（2016年—2035年）》改变单中心集聚的发展模式，提出在市域范围内形成"一核一主一副、两轴多点一区"的城市空间结构，把北京城市副中心和河北雄安新区作为承接非首都功能疏解的重要落脚点。

以网络化空间战略支撑区域一体化发展。与北京市情况相似，长期以来上海市中心城区不断强化集聚和向外蔓延，造成无论是近沪区域范围内，还是上海市域范围内的多核空间格局、新城、新市镇难以形成。对此，2016年《上海市城市总体规划（2017—2035年）》草案提出要形成"网络化、多中心、组团式、集约式"的空间格局。其中以网络化战略支撑区域空间一体化，在区域层面加强城镇网络、交通网络、生态网络和文化网络的建设，提升网络效应，促进协调发展。

先拓展、后提升，持续优化城市空间发展格局。作为改革开放的前沿阵地和南中国的商贸物流中心，广州市对发展空间的需求非常强烈。但长期以来广州市城区一直局限在中心四区，土地资源紧张。2000年广州市政府颁布《广州市城市建设总体战略概念规划纲要》，提出"南拓、北优、东进、西联"的空间发展战略，对应建设南部新区、保护北部生态区、向东延伸建设城市新中心以及促进广佛同城化等重要方向。2006年，广州市在八字发展战略的基础上增加了"中调"战略，形成"十字方针"，标志着广州的城市发展模式从外延式的拓展转向内涵式的优化与提升。截至2018年，"十字方针"前后主导了广州市近20年的城市发展。

# 第 3 章　城市存量空间更新、文化传承和功能提升

## 3.1 城市存量空间更新的中国智慧与思考

### 3.1.1 城市设计应对中国城市存量更新困境

#### （1）中国城市存量空间更新的核心是高品质空间需求

尽管我国城市现实存在肌理破碎、千城一面、文脉断裂等等问题，规模庞大的既有城区客观上构成了城市空间品质与功能提升的巨大"包袱"，但不可否认的是，城市存量空间是城市长期发展的历史积累，是城市功能、文化的主要载体，不能轻率地加以否定，甚至用大规模推倒重建等手段来应对。对于城市存量空间，如何看待其价值与弊病，择优处之，择劣尽之，是中国城市更新面对的课题。

可持续城市空间发展给予我们看待城市存量空间的新视角。与增量空间一样，存量空间也是城市发展的资源，蕴含着城市空间发展的无限潜能。中国城市的存量空间资源与西方国家不同，存在如下三大特点。

① 宏观国家层面，土地资源利用不充分。我国城镇建设用地扩张的速率远高于人口城镇化的速率，与人口流动的实际分布相比，粗放扩张的建设用地资源未得到充分利用。

② 中观区域层面，区域发展不平衡。城市集群内部缺乏协调发展。大、中、小，东、中、西各类城市的产业、人口和城镇化水平分布不平衡。

③ 个体城市层面，城市空间需求与供给不匹配。存量空间资源规划利用的基本矛盾与城市自身的发展结构是紧密关联的，主要表现为人、地及公共服务供给之间不匹配。

中国城市正经历一个"从外延到内涵、从数量到质量、从增量到存量"的历史新阶段，而城市设计恰可成为这一"新常态"阶段在技术支撑方面的"新宠儿"。因此，可以发现中国城市存量空间资源利用的特点，反映了中国城市发展在这一阶段的时代特征，即从单纯的规模提升逐步转化为品质内涵提升，发展价值判断从单一的经济价值维度向"经济价值—人文价值"双重维度转型，表征了市民在满足基本的生存居所要求之后，对城市美学、城市文化等所有高品质的城市空间特质的追求。从"空间规模供给"到"空间品质供给"，从"满足快速城市化的急迫需求"到"满足城市美好生活需要"，是对当下中国城市存量空间发展和变革的判断，也符合中国当下总体发展的时代特征。

#### （2）城市设计的内涵与目标

城市设计作为城市规划编制中的重要方法之一，不仅能够为城市更新所面临的问题提供解

决方案，还能够协助城市更新从政策性走向实施性，并达到提升城市空间品质的目的。在城市空间品质提升的发展导向下，城市设计成为应对中国城市更新困境的有效手段。

传统城市设计主要与城市"美"的塑造，或"城市美化"相关。但今天的城市设计已远远超出了单纯的"美"的问题，它对城市各种要素和系统特有的整合作用使其成为城市规划和建筑设计之间的桥梁（图2-3-1、图2-3-2）。

不同于总体规划、控制性规划等法定规划，城市设计经过长期的发展，以综合考虑城市价值理想和利益要求为导向的发展目标，包括以下几点❸。

① 功能目标。城市设计要满足特定的功能要求，即城市和政府机构为特定的城市设计项目规定的、与经济活动相关联的要求，如土地利用、交通组织、公共空间设置、促进商业和第三产业的发展等。

② 美学目标。城市设计的美学目标分为保护城市自然环境美和通过城市建设使其在外观上显示出人工建设的城市美两方面。城市的自然景观一般是利用植物、绿地、丘陵、水面的不同形态构成庭院、行道树、广场、公园、绿地等景观，并保持其自身的变化。而对于建筑群，则随着不断弥补建筑美方面所缺乏的色彩、形态，城市设计具有因自然环境与人的对比而增强城市美观的实质作用。

③ 文化目标。城市设计的文化目标是对城市文化和城市特色的保护。城市文化是人类文明演进中的重要载体，是人类生产和生活活动及城市物质形态与自然环境长期、不断互动的产物。城市特色在很大程度上包括地域自然禀赋、文化多元性和集体审美认知的差异性。城市文化及其相关的城市建筑形态的视觉表征和人们的社会组织结构、日常生活方式密切相关，也是城市特色的主要载体。城市设计是城市特色彰显、城市文化传承的最主要的技术实现途径之一。

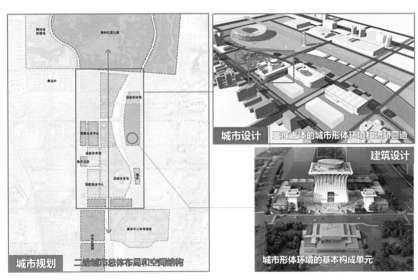

图2-3-1 城市设计是城市规划、建筑设计之间承上启下的桥梁

## 3.1.2 城市设计范型与价值导向的历史发展

城市设计，古已有之。人类自希腊、古罗马、中国等早期文明的城市营造活动中，形成了朴素的城市空间设计经验，并在欧洲、阿拉伯地区、亚洲等不同文化体系中发扬光大，形成了城市设计的萌芽。千百年以来，在城市设计的发展历程中，其关注城市空间形态建构和组织的基本概念并没有发生根本性的改变，但是城市设计依托的理论和技术方法是一直与时俱进的（表2-3-1）。

至此，可以从城市设计的发展史中总结出三代范型，即以建筑学基本原理为主导、以城市三维形体组织为对象的第一代传统城市设计，以科技支撑、功

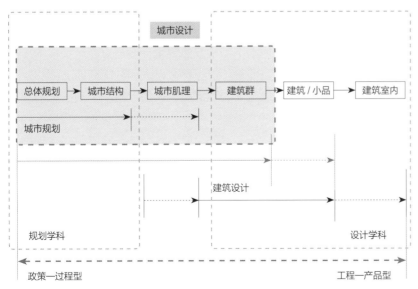

图2-3-2 城市设计的对象范畴

城市设计的范型演进　　　　　　　　　　　　　　　　　　　　表 2-3-1

| 范型代际 | 繁盛时间 | 特点解析 | 代表人物 | 典型案例 |
|---|---|---|---|---|
| 第一代：传统城市设计 | 1920 年以前 | 城市设计所遵循的价值取向和方法论系统基本上以建筑学基本原理和古典美学为指导，对较大空间范围内的建筑进行三维形体控制，直觉感性多于科学理性，这也是该阶段城市设计范型的基本特点 | 西特、沙里宁、吉伯德、卡伦、芦原义信等 | 西特《遵循艺术原则的城市设计》插图 |
| 第二代：现代主义城市设计 | 1860 年工业革命之后 | 设计者不再仅仅关注城市空间的艺术处理和美学效果，而是遵循经济和技术的理性准则，以科技支撑、技术美学、功能区划、三维空间抽象组织为特征，建构城市物质环境的总体理论与方案，以寻求一系列城市问题的解决方案 | 柯布西耶、培根、克里尔兄弟、凯文·林奇、雅各布斯、"小组 10"、拉波波特、罗西、柯林·罗、弗瑞德·科特等 | 柯布西耶设想的"光明城市" |
| 第三代：绿色城市设计 | 20 世纪 70 年代后 | 通过把握和运用以往城市建设所忽视的自然生态的特点和规律，贯彻整体优先和生态优先准则，力图创造一个人工环境与自然环境和谐共存、面向可持续发展的理想城市环境，促进城市环境建设的可持续发展 | 麦克哈格、西蒙兹、霍夫、巴奈特、希尔瓦尼、特兰西克、斯滕伯格等 | 麦克哈格《设计结合自然》插图 |

能区划、三维空间抽象组织为特征的第二代现代主义城市设计，以及基于"生态优先和环境可持续性"原则的第三代绿色城市设计❹。这也表明，在人类的不同历史时期，城市设计始终以解决时下最关键的城市发展问题为导向，并不断被赋予新的内涵。

### 3.1.3 城市设计提升存量空间更新的实效性

从多重尺度对存量空间形态的发展引导、控制管理和科学规划设计是当代中国城镇建设普遍面临的新课题。当下被普遍诟病的存量空间"千城一面""万楼一貌""奇奇怪怪"（此处泛指城市建设中形态不协调现象）等问题，在很大程度上是由"自上而下"和"自下而上"两方面原因及其相互矛盾所造成的，即现行的法定城市规划编制和管理体系内的缺位，控制性详细规划实施中依据经验对较大尺度城市区块的"无差别化"的指标设定和管理，致使城市形态整体失控。

城市总体规划无疑已经成为政府制定发展政策、组织城市建设的重要依据，控制性详细规划也在城市各类用地安排和确定建筑设计要点方面具有技术支撑的作用。但是，对于什么是人们在生活活动和感知层面觉得是"好的、协调有序的"城市空间形态，以及城市品质中包含的"文化理性"，如城市存量空间的社会文化、历史发展、艺术特色等，始终没有找到科学合理的、可具体操作的、具有普适意义的研究切入途径和技术方法，亟待城市设计予以补缺。

过去以三维形态效果图和终极蓝图为表现形式的城市设计受到了一定的批评，很多人抱怨城市规划是"纸上画画、墙上挂挂"。究其原因，主要是两个方面的问题没能得到有效解决：一是规划或者设计编制的科学性和包容性有所欠缺；二是未能很好地揭示和把握城市演进发展的特征和规律，导致规划和设计无法有效纳入城市发展的政策架构和管理体系，存在"一管就死，一放就乱"的现象。"一管就死"说明规划编制的专业内容与实际的社会需求和市场活力要求之间存在偏差，不能同向发力。"一放就乱"说明规划编制的基本原则缺乏科学支撑，专业底线不清，导致管理缺乏抓手且人为裁量空间过大。

所以，城市规划和城市设计编制及其实施的实效性是一个迫切需要破解的关键科学问题。城市环境的广延性、城市建设的连续性、管理体制的多样性、具体决策的分散性，决定了城市设计绝不仅仅是专业技术问题，而应让专业技术及成果形成学理坚实、底线明晰、包容开放并可持续修正优化的实操依据。时代呼唤一种内外兼修，兼顾城市空间形态"高度、宽度、深度、精度（细节）、温度（人性场所）"的新一代城市设计。

## 3.2 城市存量空间更新的应对策略与方法

### 3.2.1 城市设计形态分区策略

城市空间形态作为城市形态在垂直维度的外在表达，反映了城市建设的历史累积，是容纳城市各种经济与社会活动的平台，是城市整体风貌和形象展示的重要窗口，也是塑造整体空间形态的重要手段。在城市设计过程中，无论是整体层面的城市形态设计，还是地段层面的强度规划、高度规划和景观规划，都与城市空间形态紧密相关，因此在城市设计中必须对城市空间形态进行整体布局谋划。

城市设计形态分区的规划思想起源于19世纪以来西方国家先后兴起的城市美化运动，其中以美国的分区（Zoning）法规制度最为典型。早期的形态分区实践在不同程度上对城市空间形态进行了严格的控制，其核心思想是如何通过有目标的规划设计和控制策略，强化对城市高度形态的调控能力，提高城市公共空间的环境品质，推进城市形态的美学效果，以更加有效地组织城市景观，实现城市空间的整体有序。

我国经历了改革开放和快速城市化进程，尤其是21世纪以来，随着城市服务产业的快速发展和土地价值的持续提升，城市高层建筑不断累积和聚集，在形成现代都市景观的同时，也对城市整体空间风貌造成了一定程度的破坏，如高层建筑布局无序、城市密度和开发强度过高、视觉景观紊乱、城市特色丧失……这些问题中有些与城市高度形态密切相关，有些互为因果，交织在一起，是导致目前我国城镇化进程中景观形象水准滞后于建设发展进程的重要原因，也是当下总体城市设计工作需要解决的重要问题。20世纪90年代初我国开展分区规划，1989年颁布实施的《中华人民共和国城市规划法》第十八条明确表述，"大城市、中等城市……在总体规划基础上，可以编制分区规划"。21世纪初，分区规划逐渐被忽视。2008年颁布实施的《中华人民共和国城乡规划法》淡化了对分区规划表述，使得分区规划编制工作的开展陷入了争议，包括其法定规划的地位、工作开展的必须性与相关内容等。

针对目前我国空间形态控制方法在应用中的局限，迫切需要提出创新性的、面向城市存量更新的形态控制方法，使其能够应对城市形态的大规模、多层次、开放性、不确定性等诸多特点（图2-3-3），分析和总结城市形态演化的规律性与主导动因，把握影响城市形态发展的内在机制。同时，还应考虑城市真实演化背后的多种不确定要素的影响，通过适当的空间分析技术的介入与相关动态模型的建立、模拟与调试，综合主客观评价，有针对性地提出可融入城市设计成果的技术方法，尤其是与规划管理直接衔接的城市形态的控制与引导。这是目前国内大量城市设计实践的迫切需求，也对空间形态控制方法的研究提出了更高

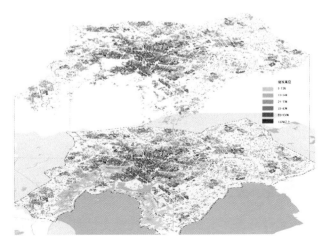

图2-3-3　无锡城市空间高度现状

要求。因此，应基于当下总体城市设计编制的工作框架，建立一种包括刚性格局、评价模型、多元情景、美学修正等技术流程的空间形态整体布局方法，为城市设计实践探索出一种相对更为理性化、客观化的技术方法，形成对解决国内当前城市空间发展无序状态在技术层面上的理性回应（图2-3-4）。

在城市可持续发展的视角下，城市空间可被视为一个有机体加以观察和分析，以了解其生长机制，空间的控制因子与外显因子共同构成了城市形态的整体观（表2-3-2）。城市设计形态分区策略是在城市总体规划的基础上，对局部地区的高度、强度、密度等分区控制因子进行配置，以实现轴线、节点、天际线等分区外显因子优化的目的。根据城市空间形态的"逻辑"内涵属性与"表现"外延属性，城市设计分区规划从空间形态内涵属性中的高度和强度两个核心因子入手，从城市空间形态形成的最根本动力和机制出发，得到城市空间形态的理想模型。再根据空间形态外延属性提炼都市要素、山水要素和文化要素，通过美学和刚性修正来对理想模型进行优化，得到最符合城市发展目标和城市空间特色的空间形态控制原则，为城市空间形象和品质的提升提供依据。

城市设计形态分区策略的主要内容是在梳理、整合各规划管理单元规划成果的基础上，结合上位规划的要求，以市区的整体空间形态塑造为目标，在对既有规划所确定的建设强度分区、高度分区、道路网络、设施布局等方面进行系统分析和研究的基础上，着重对空间形态分区、开敞空间的组织、特色意图区的划定进行研究，开展市区重点地段的概念性城市设计，

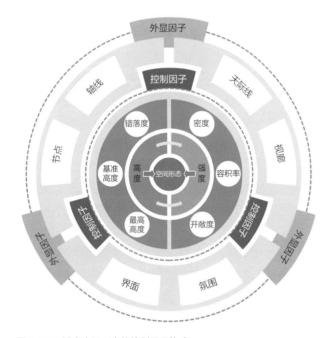

图 2-3-4　城市空间形态的控制因子构成

城市形态分区因子　　　　　　　　　　　　　　　　表 2-3-2

| 因子类型 | 因子名称 | 因子描述 |
| --- | --- | --- |
| 核心控制因子 | 高度 | 街区内建筑高度的最大上限 |
|  | 强度 | 街区内的总建筑面积与用地面积的比率 |
| 辅助控制因子 | 错落度 | 街区内所有建筑的高度差异程度，这里用建筑高度的方差表示 |
|  | 基准高度 | 街区内所占比例最大的建筑高度 |
|  | 最高高度 | 街区内最高建筑的建筑高度 |
|  | 密度 | 街区内建筑基底面积总和占总用地面积的比值 |
|  | 容积率 | 街区内所有建筑面积与用地面积的比值 |
|  | 开敞度 | 街区内部空间的视线可达性和公众可达性的综合程度 |
| 分区外显因子 | 轴线 | 在城市中起空间结构驾驭作用的线形空间要素，通常由城市中公共建筑集中的主要道路、线性形态的开放空间及其端景组成 |
|  | 节点 | 位于城市内部特别是城市重要核心地区的标志性建筑或者标志性景观等，是对城市内部空间认知的重要标识 |
|  | 天际线 | 城市整体面貌的垂直空间投影，是城市审美对象中最具有感染力、震撼力的形态要素 |
|  | 视廊 | 由于人处于某一位置对某一景点的观看的过程中，视线由人眼到景点所经过的整个廊道空间 |
|  | 界面 | 城市中自然景观和建成景观的景观空间的边界空间 |
|  | 氛围 | 围绕或归属于特定根源的有特色的高度个体化的空间景观特征 |

通过可视化的三维形体表达、展示城市空间形态和结构特征，并提出建设时序和开发模式的建议与控制导则。重点内容包括以下几个方面。

① 城市空间形态结构梳理。以国家和地方相关土地政策为指导，分析城市在空间景观等层面的战略定位，从其空间形态框架、景观形象框架等多维角度，对空间高度形态、空间强度形态等进行整体性设计，构建适度超前、富有弹性的空间形态结构。

② 城市空间形态现状分析。剖析现状空间发展中的各类问题，分析其形成原因并提出解决途径。通过文献和历史地图的转译，研究城市空间变迁，将其转化为城市空间形态研究的基础。在此基础上，梳理城市空间形态资源禀赋，挖掘城市发展潜力，对城市空间形态的发展趋势作出判断。

③ 城市空间形态模型构建。在现状资源分析的基础上整合原有规划布局，通过整合相关规划和现状GIS数据，对规划的效果、效应进行合理判断，并对市区、街区空间形态采用技术方法进行研究，归纳街区空间形态模式，通过以上方式对既有部分规划在空间利用方式、空间形态的设计方面作出调整。

④ 城市空间形态分区划定。运用城市设计的方法和GIS空间分析技术，围绕城市空间格局，对城区空间结构和城市形态进行系统分析和研究，划定视觉走廊、空间节点、空间轴线，确定建筑高度分区和开敞空间组织，实现空间综合利用与景观环境、城市形象等之间的协调，体现城市空间形态特色。

⑤ 城市特色意图区划定。以上位规划确定的特色意图区为基础，进一步分析研究山水资源、历史文化资源独特区域以及重要功能和景观敏感区域的界定，并根据城市设计目标，提出相应的建设引导措施。

⑥ 城市空间形态特色凝练。通过市区空间形态规划研究，整合城市整体空间环境资源，塑造具有鲜明空间特色和个性的市区形象。保护和加强城市格局，延续历史文化，强化其系统性和整体性，综合提升和优化环境品质，同时为下层次的控制性详细规划和城市设计的编制提供依据。

## 3.2.2 城市设计文化彰显策略

当前中国城市建设发展正处于由粗放增量型向精细存量型转变的过程。然而，在过去多年的城市无序发展过程中，城市文化内涵及特色被忽视。快速城镇化过程中的"千城一面"和空间均质化等共性问题也日益显著。城市文化内涵对于城市的建设和发展具有重要的作用和意义，城市文化作为一座城市的气质和表征展现的主要部分，其呈现出的是城市的内涵和历史的营城痕迹。城市的文化内涵是一座城市不同于其他城市的特色区别所在，城市文化也包含了城市从古至今的发展过程中的线索和脉络。同时，城市文化也是城市可持续发展过程中的重要因素，城市的可持续发展不仅是城市经济的可持续、城市能源的可持续、城市空间的可持续、城市人口的可持续，同时也应是城市文化和特色的可持续。城市设计作为一种塑造和营造城市的方法和手段，可以通过梳理城市文化脉络，找寻城市的文化特色和内涵积淀，并在此基础上通过划定城市风貌分区，控制和保存具有文化彰显价值的城市风貌；也可以通过对城市整体的高度、密度、容积率等指标的控制，对具有文化内涵价值的街区和地块进行保护，继承并彰显出城市独一无二的文化特色内涵，树立城市文化自信。下面以世界文化遗产"天地之中"建筑群所在的河南省登封市和南宋故都杭州钱塘江地区的城市设计实践为案例，梳理并阐述城市设计过程中的文化彰显策略。

### （1）城市文化资源脉络梳理

城市是自古至今发展而来，其文化的印记存在于城市的各个发展阶段时期。从城垣始筑到高楼林立，中国的城市都或多或少保留着城市建设发展过程中的历史遗迹。这些遗迹既是城市发展的历史印记，也是城市独特的文化内涵。然而，过去十几年中国效仿西方现代化城市建设的过程中，灰瓦白墙被淹没在现代建筑玻璃幕墙的反光之中；丹楹刻桷在快速粗放的城镇化进程中成为秋墟。现今，中国的城市建设发展模式正向注重城市存量空间、显优提质和文化特色转变。因此，在此阶段中如何梳理城市文化脉络，发掘城市历史内涵，彰显城市特色成为首要的任务和工作。在河南省登封市的城市总体设计和杭州钱塘江两岸提升工程中，通过对地方志和历史资料的整理，确定了当地城市发展过程中的历史文化印记和现存遗留，进一步将这些历史文化印记落在城市空间层面，并按照文化遗存的时间顺序进行整理，建构出城市历史文化的包络图，从而对城市文化资源脉络进行梳理（图2-3-5）。在此基础上，整合历史文化包络图中的各个历史资源点、历史文化遗存、历史街区、历史保护

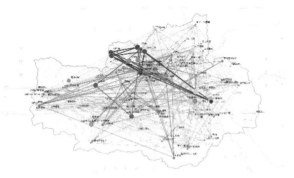

河南省登封市历史文化包络图

杭州钱塘江两岸历史文化包络图

**图 2-3-5　城市历史文化资源包络图**

区和文物古迹，与当地古籍资料中所记载的历史事件、历史故事相叠合，进一步挖掘出独具地方特色的文化和城市的文化分区。例如，在河南登封，通过将历史资源点与历史事件的叠合得出登封市独有的儒、释、道三教共融的文化特征，以及中岳庙天中街庙会的地方文化风俗。在此基础上大致判定了西佛、中儒、东道的登封城市文化格局，并通过城市设计进行提升和塑造。同样地，通过历史事件的叠合分析，在杭州市钱塘江两岸景观提升工程规划的项目实践过程中挖掘出地方独具特色的观潮文化和多元包容的文化特征，其中观潮文化从唐宋年间起一直延续至今，已经成为钱塘江的文化符号。在对地方文化历史内涵的梳理以及与历史事件相叠合的基础上，通过城市设计进一步彰显文化，促进城市文化的可持续发展。

### （2）城市设计彰显文化内涵

在梳理城市文化资源脉络的基础上，城市设计通过对地方文化资源的评价分析，从保护与活化两个不同的方面彰显城市文化内涵。在杭州钱塘江两岸景观提升工程规划项目实践过程中，对城市文化资源的年代、现状情况、更新利用难度、文化价值等进行了分析判定，并针对性地提出相应的处置方式。同时，在文化资源保护与利用的基础上，将城市文化资源按照历史背景和种类进行聚类，并划分成海塘文化、吴越文化、富春文化和三国文化等不同的城市文化特色区，并与城市现状条件和社会背景紧密结合，构建起城市文化活动路径，彰显城市特色文化。在河南登封总体城市设计项目实践中，由于地方的文化资源一直以来被机械化地保护，导致当地居民与外地游客对登封的文化感知均较弱。但是，登封作为古城，其不仅有汉三阙在内的世界物质文化遗产和嵩山脚下的拜山祭祖文化，更因为少林寺的影响，登封的习武文化特质明显。因此，在城市设计过程中，通过对登封文化资源的梳理，确定了佛教文化、儒家文化和道家文化的三个体验区，让本地及外地人通过活动和亲身的参与感知并了解城市文化；提出"紫地变绿地"的设计措施，将处于机械化保护中的优秀历史文化资源与城市公共绿地相结合，对历史进行活化；同时，通过设立与城市公共开放空间和绿地相结合的街头习武健身场所、习武台和比武场馆等设施，将习武文化由学校的封闭院墙内引入城市之中，并让市民和游客能够切身参与到城市文化中，感受独特的习武文化，使习武文化贯穿整座城市，从而丰富城市的文化内涵，彰显城市优秀的文化特色（图 2-3-6）。

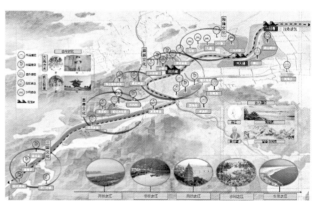

杭州钱塘江两岸文化彰显设计实践

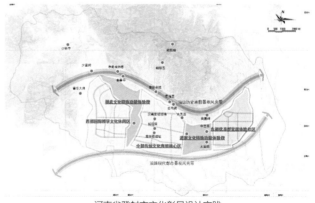

河南省登封市文化彰显设计实践

**图 2-3-6　城市设计彰显文化内涵项目实践**

### 3.2.3 城市设计政策分区策略

政策分区策略是通过对不同地区实行差异化的区域政策以针对性地促进空间发展。相比以"禁建区、限建区、适建区"为核心的"三区"空间管制，政策分区更加综合，跳出了空间规划的局限性，使规划回归公共政策与政府事权。而相比各类规划功能分区、景观分区，政策分区跳出规划编制话语体系，将"技术线"转化为"政策线"，更有助于形成"一级政府、一本规划"，推动规划的高效实施（表 2-3-3）。

在城市存量空间城市设计中，为了实现城市设计形态控制的弹性化，应将强制性的形态控制区域与引导性的形态控制区域加以区分，对于形态控制的管控力度设置不同分级。例如某案例中，基于该城市高度形态影响因素的比较分析，结合强制控制层面以及空间美学层面对地块高度的具体要求，可以将控制强度分区分为四个层级，针对各个强度分区分别提出不同的管控要求和控制指标（表 2-3-4）。

将政策分区与空间形态分区相结合，建立控制强度的管控矩阵，如图 2-3-7 所示即为根据案例城市的高度分级和控制强度分级要求提出的管控矩阵。其

**国内外政策分区实践** 表 2-3-3

| | 规划名称 | 政策分区特点 |
|---|---|---|
| 国外 | 《欧洲空间发展策略》 | 以共同体的资金和项目援助为支撑，直接对空间发展形成影响，各成员国家和地区通过实施该战略，将更容易获得欧盟的项目和资金支持，愿意实施区域合作的地区更容易受益于欧盟的区域政策 |
| | 澳大利亚《澳洲悉尼都会区策略性规划》 | 将区域性土地用途或空间分区归纳为新开发区、主要特别用途区、主要运输通道、区域及次区域中心四大类别，并分别提出了相应的发展原则与建设要求，为各主要政府机构在决策、资源分配及工作协调等方面提供了一个政策框架 |
| | 英国《东南区区域规划指引》 | 根据地区的经济发展水平和面临的问题，将英国东南部主要分为大伦敦地区、泰晤士门户区经济复兴优先区、西部政策区、潜在增长区，并且对各个地区的区域发展及其问题提出了规划指引，对开发商与各地机构进行合作的发展规划、交通规划等提供发展策略 |
| | 荷兰《荷兰第五次全国空间规划》 | 规划对不同的政策分区及下层次的功能类别分区提出了相应的发展意向、原则和建设要求 |
| 国内 | 《珠江三角洲城镇群协调发展规划（2004—2020）》 | 政策分区在我国规划领域实践的开端，该规划通过 9 类政策分区，建立了一套政策分区与空间管治相结合的区域空间管理和调控机制。通过为区域内不同地区赋予差异化的政策和空间管理要求，并在各个部门和各层级政府之间进行事权划分，实现省级政府对区域空间的管理和调控 |
| | 赣州市《赣州市平江县旧城改造规划》 | 尝试将政策分区引入中观空间规划进行应用，借鉴了珠三角地区经验中的分类管控方式，明确了分区定义、实施主体、政策类型以及该政策内容。虽然其中分区的政策内容并不具体，但提出了公众参与反馈修正的分区形成机制，对中观尺度空间的政策分区划定有一定的借鉴意义 |

**城市高度形态的管制强度分级** 表 2-3-4

| 控制强度分区 | 强度控制要求 | 控制指标 | 应用区域 |
|---|---|---|---|
| 一级控制区 | 严格控制地块单元内建筑的高度上限与高度下限指标，建筑高度必须位于限定高度区间，不容许突破 | 建筑限高 建筑限低 | 历史文化街区、机场净空等高度强制性控制区域，城市核心地标、城市核心的视廊、天际线、眺望景观区域 |
| 二级控制区 | 严格控制地块单元内建筑的高度上限，高度限制不容许突破 | 建筑限高 | 一般地标区域，城市视廊、天际线、眺望景观区域 |
| 三级控制区 | 限定地块单元内的建筑限高，但鼓励建筑形态出现一定程度的错落起伏，控制地块单元内建筑错落度不得低于控制范围 | 建筑限高 基准高度 错落度 | 城市交通枢纽、门户空间、景观节点等需要突出城市景观特色的区域 |
| 四级控制区 | 限定地块单元内的建筑限高，允许建筑形态出现一定程度的错落起伏，控制地块单元内错落度不得高于控制范围，限定建筑高度的起伏程度 | 建筑限高 基准高度 错落度 | 城市一般区域，无显著的高度形态控制与景观展示要求 |

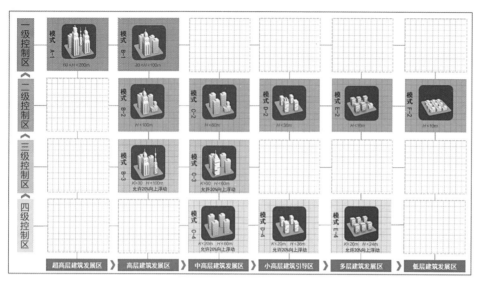

图 2-3-7　城市设计政策分区的策略分类

中高度分级描述若干个城市建筑高度发展等级，控制强度分级主要描述高度形态控制力度等级。这两个要素之间存在复杂的关系，形成了多样的管控模式，具有以下特征。

① 多层次的管控模式。在矩阵形成的诸多管控模式中，由矩阵的左上角至右下角，高度逐渐减低，控制的力度也逐渐减弱。分层控制时，高度以及控制力度所在的层次一目了然。

② 凸显对于重点地区的高度形态控制。超高层建筑发展区与低层建筑发展区处于高度分区两端，反映了城市高度的极端情景，是城市高度形态最重要的两类地区。对这些地区采取最为严格的管理控制，有利于突出重点意图区，抓住重点，便于控制。

③ 突出一般地区的高度形态控制弹性。对于其他高度类型，则根据其用地与区位特征，表现出充分的控制弹性。对于城市门户等地区，适当放松管控力度，鼓励建筑形成有限度的错落起伏，强化地区形态特色。

④ 可持续的高度规划。在高度分区、控制力度分级增加或减少的情况下，这个矩阵依然成立，有利于未来依据因素调整和改变的需要，使高度形态控制成为一个可持续性的过程。

城市设计政策分区策略具有以下优点。

① 通过多因子叠加的方式，确定政策分区的骨架。可结合公众参与以及具体的实施方式，进行细分与微调。

② 按照分区类型确定分区政策，若情况允许，应将规划事权的分级管控融入其中。

③ 政策内容应与当地现有政策挂钩，尽可能地详尽具体，不必大而全，而更应针对重点问题集中解决，有效引导未来的保护与发展。

④ 可广泛应用于非法定规划，可探索其在城市存量空间城市设计中的应用，论证其可行性。

## 3.3 存量空间更新的政策建议：大力推进数字化城市设计

在当下全球化和信息化的时代语境中，城市空间的内涵与形态正在发生日新月异的变革，通过传统的城市设计方法对城市空间进行整合和谋划变得越来越力不从心。主要表现在以下几个层面。

① 核心问题的转变。与增量规划不同，存量空间城市设计关注如何将现有的资源在城市内转移。面对众多产权人共有的存量空间资源，必须控制规划实施的潜在交易成本，实现社会效益的最大化。

② 规划手段的转变。城市设计应从以工程设计为主要工具，转向以制度设计为主要工具。

③ 核心内容的转变。存量空间城市设计应当与可持续的多元目标相一致，与动态变化的弹性实施环境相匹配。

④ 规划师角色的转变。相对增量规划而言，存量空间城市设计的编制不再以设计院为主导，而主要是

由政府部门主导。规划的主要内容不再仅仅是图纸，还包括政策。

城市设计在数字技术的推动下，应对城市这一复杂巨系统的新需求，作出方方面面的变革，从而获得新生。国际城市设计学界和业界在百年的演进脉络中，也逐渐呈现出日益深化的数字化发展的态势，并形成以数字化为特征、基于人机互动的"第四代城市设计"[5]——数字化城市设计。

### 3.3.1 数字化城市设计的技术要点

在数字技术介入城市设计的过程中，不仅要关注技术层面的不断拓展创新，以及因此带来的城市设计工作在效率和内容的提升，也要关注由于数字技术的介入而带来的城市设计整体方法论的变化趋势。这种整体性趋势主要体现在以下方面。

① 全流程的整体介入。改变数字化只在专题分析等单一阶段融入城市设计的模式局限。使数字化技术贯穿于城市设计的整体过程，能真正实现城市设计全流程的可评价、可量化、可分解和可集成。

② 多尺度的综合判断。数字化技术全面融入城市设计也是城市设计方法本身的迭代演进，它可以打破不同尺度城市空间之间的信息数据壁垒，使之在统一的数字化平台上实现多尺度设计，有效提高城市设计效率，并为设计提供了更多元的价值判断视角。

③ 精准交互的跨学科转译。传统的城市设计方法难免局限于规划、建筑和景观的学科思维内，其成果语境缺乏跨学科的包容性和开放度。通过数字化的技术手段，不仅可以促进规划学科与其他更广泛学科的积极互动，也为其与其他学科提供了新的精准对接途径。文化、社会、历史、生态等诸多相关学科以往定性、模糊的分析领域也有相当一部分可以通过数字化手段实现数理模型化与可视化，无缝纳入城市设计以及其他城市建设相关的数据平台。

数字化城市设计源于信息时代丰富的多类型大小数据涌现，"万物皆数"为城市设计的底层架构提供了坚实的基础。可以将数字化城市设计的技术轮廓按照工作流程概括为三个主要类型——基础性工作、核心性工作和实施性工作（图2-3-8）。

① 数字化城市设计的基础性工作。采集流程的数字化方式包括建筑空间抓取技术，高清遥感影像技术，高程、等高线抓取技术等，其传统方式为人工实地采集、测绘；调研流程的数字化方式包括GPS定位技术、天空可视域技术、延时摄影技术，其传统方式为人工问卷调查、访谈；集成流程的数字化方式包括格式、量纲、坐标系、集成平台和手机信令在建筑面积的分配，其传统方式为人工数据汇总、纸质资料收集。

② 数字化城市设计的核心性工作。分析流程的数字化方式包括中心体系技术、眺望体系技术、手机信令大数据技术和业态POI大数据技术等；设计流程的数字化方式包括空间特色技术、空间原型技术、虚实骨架技术、多情景分析技术、多因子叠加技术、参数化平台技术等；表达流程的数字化方式包括全息图技术、三维建模技术、场景渲染技术、动态表达技术等。

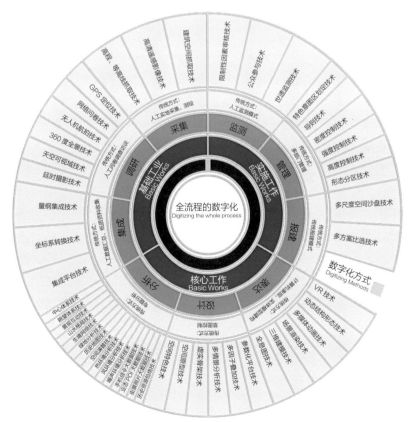

**图 2-3-8　数字化城市设计全流程图**

③ 数字化城市设计的实施性工作。报建流程的数字化方式包括多尺度空间沙盘技术、多方案比选技术等；管理流程的数字化方式包括形态分区技术、高度控制技术、强度控制技术、密度控制技术、导则技术、特色意图区划定技术、项目化技术等；监测流程的数字化方式包括限制性因素审核技术、公众参与技术等。

### 3.3.2 面对存量空间的数字化城市设计特征

#### （1）全尺度的设计对象，贯穿城市形态的整体性思考

中国城市设计所要应对的对象范围主要涉及范围以平方公里计量的城市形态，其社会需求和数量远远大于中小尺度的、以物质形态建设为特点的局部城市设计。大尺度城市设计所涉范围大致类比为中国法定城市规划体系中的控制性详细规划编制单元及以上尺度的规划编制单元。通常来说，对于局部地区的形态变化和引导控制，专业人员可以根据经验和建筑学知识来驾驭，这也是基于视觉美学原则的传统城市设计的主要工作内容。但当下中国城市设计常常依托法定规划编制的规模尺度，动辄涉及数平方公里乃至数十平方公里的城市地区，已不是用常规的城市设计概念、原则和技术方法即可轻易掌控的，经典城市设计原理对此已然失效。

当城市设计的对象达到全局空间形态的尺度，就必须用新的理论分析方法和技术辨析手段揭示城市空间形态要素系统、建构机理乃至演化规律。数字化城市设计一般需要不同相关领域专业人员的"跨界"集群组织，特别是由各种专业性城市规划编制人员和精通数字运算的专家分工协作完成。近年来，大量总体城市设计的设计范围在数百平方公里以上，已经远远超出传统城市设计的操作范畴。在这些项目实践中，全尺度的设计范畴使得对于城市空间的整体性思考得到很好的贯彻。

#### （2）数字化的设计方法，带来革新性的城市空间认知与思考方式

数字化实体虚拟是市民与城市建设决策者参与规划设计、与专业人员沟通的常用方式。早期的城市空间数字化是通过CAD、电子图学（CG）和VR、卫星影像、照相测量、GIS等实现的，正是这些技术使得城市景观的视觉数字化与城市信息的整合成为可能。国内外不少城市的规划管理部门已经建有不同精度、三维立体的城市空间信息数据库，为城市建设提供了很好的帮助。在柏林、格拉斯哥、赫尔辛基、洛杉矶等城市，已经在此基础上初步实现了寻路、导览和虚拟旅游等互动式的数字城市功能。谷歌地图中的Panoramio则可以通过人们上传的海量照片，使电脑前的用户拥有身临其境的视觉感受。

越来越多的证据表明，数字技术的日新月异已经使城市设计技术创新成为可能。数字技术深刻改变了我们看待世界物质形态和社会构架的认知和看法，这在某种意义上是一种全新的世界认知、知识体系和方法建构。例如，基于夜间灯光亮度和密度分布所看到的世界城市化整体图景（比数字表述更加整体直观）、基于交通时间可达性而形成的世界地图（不再是以往仅以物理空间及其城市之间的距离为依据），以及根据相关历史信息绘制的数字化历史全息地图（将城市历史信息可视化并进行空间关联）等。

大数据加深并改变了人们对城市形态和空间组织规律性的认识，在一定程度上重构了人们心目中对城市形态的理解，其数据库已经成为全新的城市设计成果形式，而且可以直接植入当下以信息电子化为特征的规划管理。数据库成果同时可以通过整体关联、联动的方式，实现持续完善的动态更新。

### 3.3.3 推进数字化城市设计的价值意义

对于城市大尺度空间形态而言，数字化城市设计是一种能真正付诸实施的城市设计，它不仅包含了相对完整、系统和可靠的多源数据的集取、分析、综合、集成职能，还包含了面对设计实施、运维管理、城市可持续发展和必要弹性的物质空间形态建构。数字化城市设计具有包容发展变化和持续优化纠错的属性。其工作流程是通过设置一定值域"容错"进而实现城市的正常运转，同时数字化成果明确了城市形态健康生成和成长的把控底限，规避了主观决策的不完备性。

从目前的实践情况看，数字化城市设计既可归属于上位高层次规划，也可与规划共同作用，其基于科

学量化的成果特点，使得城市规划管理有了真正比较可信赖的依据。未来通过掌握大数据技术工具，全局、整体地把握各种与空间、资源、人的活动等方面的信息及其与城市规划和设计相关的意义，就能更好地实现公平和效率原则。

将分属社会、文化、经济和自然等不同系统的城市基础信息在共享的数字平台上整合处理，同时结合经典城市设计的设计创意，城市设计就可以克服以往的主观决断和实施失效的危机，更好地体现系统协同的优势，并为包括城市存量空间在内的高质量发展、历史文化传承和环境品质提升提供依托于最新科技进步的可靠技术支撑。

# 第4章　多功能导向的城市地下空间综合开发

## 4.1 城市地下空间发展阶段与特征分析

### 4.1.1 城市发展的各个阶段和地下空间的开发利用

地下空间的进一步使用由以下几个因素决定：城市维度（包括城市的大小、密度以及发展的成熟度）、地下施工技术、政府的政策以及城市发展规划。其主要改变包括地下空间的类型、大小、深度、单功能到多功能和综合功能（如地下管廊）。

#### （1）城市维度

地下空间的利用可以追溯到人类文明肇始之初，而我们常说的城市地下空间资源的开发利用自工业革命之时，伴随城市现代化发展至今亦近 300 年有余。在不同的城市发展阶段，城市地下空间的需求也发生了相应变化。

作为城市的"被动者"和"消极资源"，每当城市遇到发展瓶颈或重生契机时，地下空间的开发利用才逐渐被人们所认知。伦敦地铁、巴黎拉德芳斯、日本地下街、北美地下城、杭州钱江新城、广州珠江新城以及南京内环东西干道等，都是城市地下空间开发利用的著名案例。

就地下空间的发展历程来看，这些地下空间开发案例曾经给城市乃至国家的现代化进程和地下空间发展带来不同程度影响和示范效应。

① 地下市政功能。地下市政设施是城市维持正常运转所必需的基础功能之一。它的出现要早于地下交通设施或是地下商业设施。早期城市建设地下市政设施系统的行为并非主动为之并有系统规划的，而是往往在自然灾害或重大疫情给城市造成重大损失后，城市的管理者才意识到地下市政设施系统的重要性。

当今社会也常有城市遭遇暴雨出现内涝而引发大规模有关市政设施建设的讨论的现象存在。市政设施是城市的血管，也是城市的命脉。

② 地下交通功能。地下交通功能是地下市政功能外的另一项重要功能。

回顾世界各大城市的发展历程（图 2-4-1），地下交通功能是紧随地下市政功能发展起来的。在汽车尚未发明和普及的年代，地下交通功能主要体现在地铁建设上。世界上第一条地铁的通车时间比市政系统建设晚了起码十年。

现今，随着城市经济的发展和居民收入水平的提高，汽车逐渐走入普通家庭。地铁和地下停车库作为地下动态交通和静态交通功能的代表设施，逐渐取代地下市政功能成为地下空间的主要功能。

中国城市地下空间开发的动因随时代而不断改变。早期城市地下空间开发多为储藏、市政和军事用途；20 世纪 50 年代以前的地下空间开发主要包括两种类型，一类是中国传统的

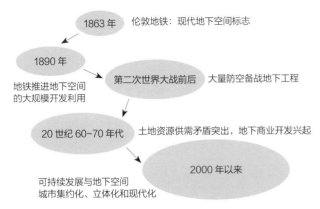

图 2-4-1 地下交通功能的发展历程

用于军事、排水、贮藏功能的坑地道、排水工程以及地窖，另一类是租界中的西式建筑、民国新建筑等配建的地下室、防空洞；50年代后，因备战需要，一些城市建设了较大规模的用于人员掩蔽的防空工事、地下仓储设施等，其他功能类型较少，90年代之前人防工程都是城市地下空间开发利用的主要形式；80年代中期以来，随着土地批租和有偿使用政策的制定和房地产行业的兴起，地下空间开发开始迅速发展；21世纪以来，由于人口城镇化、城市空间紧张、交通拥堵、环境恶化等方面的问题，刺激并推动我国地下空间进入全面发展的时期。

2010年以来，以地铁、综合管廊、地下商业等产业为主导的城市地下空间开发建设已经成为促进中国新型城镇化和城市经济稳定、持续发展的重要领域，是扩大城市内需、挖掘经济潜力和促进城市产业动能的新兴力量。

中国城镇化过程中最具代表性的京津冀、长江三角洲与珠江三角洲三大城市群的快速发展就充分验证了这一"中国特质"：以5.2%的国土面积、23%的人口，创造了39.4%的国内生产总值。其不仅成为推动中国经济快速增长和参与国际经济合作与竞争的主导力量，而且给发展中的中国带来了社会结构深刻变革。

相对欧美发达国家，中国的城市地下空间开发起步较晚，但强大的国家力量和经济需求，已成功将中国打造成为名副其实的地下空间开发利用大国，成为推动和引领世界城市地下空间发展的主力。

通过对我国各城市经济和社会发展数据的研究分析，大多数城市现处于快速发展期，该阶段对应的地下空间需求主要为发展性需求和专业性需求，同时生产性需求将逐渐增大（图2-4-2）。

### （2）施工技术与装备

在城市地下空间工程建设中，根据工程特点和场地条件要求，建造成本较高、工艺要求高的逆作法、顶管法等施工工艺也越来越多地出现在各类地下空间工程建设中。城市建成区、老城区的地下市政基础设施、地下交通设施的兴建和改造已更普遍地选用各种逆作法和顶管工艺技术施工，以便于道路的交通组织，减少对周边商铺、居民的生产生活的干扰。

未来在轨道交通专用技术装备方面，新材料、新技术、新工艺、轻量化、模块化、谱系化、绿色智能、高速重载等领域的发展将上升为国家战略。

### （3）政策及规划

城市地下空间开发利用的政策内容主要集中在以下四个方面。

① 用地管理。除符合法律法规中关于划拨供地的条件外，地下空间开发还实行有偿使用制度。此外，

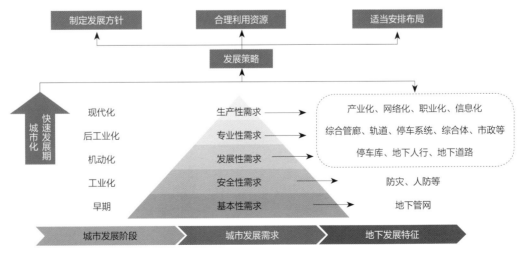

图 2-4-2 城市发展阶段对应的地下空间发展需求与特征

多数参照常规地表土地使用权的管理模式对地下空间的具体供地方式进行了明确。

绝大部分城市规定单建式开发经营性用途的地下空间均采用招拍挂的方式进行土地出让。采用协议方式供地的地下空间类型主要包括地下交通项目、附着地下交通建设项目开发的经营性地下空间，单建地下社会公共停车场只有一个意向用地者的，原土地使用权人利用自有用地开发建设地下空间项目的，与城市地下公共交通设施配套同步建设、不能分割实施的经营性地下空间等几种类型。

② 规划管理。各城市均提出应根据自身发展的需要编制城市地下空间开发利用规划，符合城市总体规划，并与土地利用规划和人民防空、地下管线等专业规划相协调等。

③ 土地出让金。大多数城市规定经营性地下空间出让金参照地面，根据不同层次、功能，按一定比例确定，随地下深度增加而递减；非经营性使用的地下空间，一般规定免收地价款。

④ 产权管理。从现有文件来看，关于地下空间产权性质的规定各有不同，未有明确说法。

地下建设用地使用权权属登记以宗地为基本单位，按照相关法律、法规的规定实施，实行分层、分用途登记原则。

对于结建地下空间，初始登记时与地表建（构）筑物、附着物共同登记；独立开发建设的地下建（构）筑物、附着物，初始登记时独立登记。登记范围以地上宗地投影坐标、竖向高程和水平投影最大面积确定其权属范围。

土地使用证书上注明"地下空间"，并在宗地图上注明每一层的层次和标高范围。对连同地表建筑物一并建设的地下车库（位），其地下空间土地用途按该地表建筑物的主要用途确认，并在土地使用证书上注明"地下车库（位）"。兼顾设防的地下空间，应注明"人防工程"。

## 4.1.2 我国现阶段城市发展和地下空间开发利用

### （1）总体情况

自2013年以来，随着中国经济改革和社会发展步入一个全新的阶段，在新型城镇化战略的推进下，中国的城市发展已经成为发展中国家现代化发展的新范式。在这一引世界瞩目的"中国质态"的伟大社会变革中，城市地下空间开发利用是其重要的显性特质形态之一。

近年来，杭州钱江新城、广州珠江新城等标志性的大型城市地下空间开发工程，已经成为地下空间领域的"大事件"和具有国际影响的经典范例。诚然，从开发利用的规模、类型和应用技术等方面看，我国毫无疑问已成为引领世界城市地下空间发展的主力军，但是，在诸如大深度地下空间等基础研究、地下空间立法和治理体系、专业技术人才和团队的培养扶持、知识产权保护等"软件配套"上，与地下空间开发利用的传统强国相比，我国还存在明显的差距和不足，并且受市场经济的冲击，部分地下空间开发利用已经出现过度商业化、地产化的趋势。

### （2）地下空间开发与规划的时机和条件

当前我国城市地下空间开发所具备的条件包括：城市化快速发展是地下空间发展的大趋势；节约、紧凑、宜居型城市发展模式是城市和谐发展的必然选择；经济增长与城市空间需求是城市地下空间开发的有力支撑；地下空间开发利用有助于提升城市功能和战略地位；地下空间规划是城市规划体系的补充与完善，能够引导城市科学、合理、有序地开发利用地下空间。

### （3）当前中国城市地下空间发展格局

我国城市地下空间发展结构延续"三心三轴"结构。其中，"三心"指地下空间发展核心，即京津冀、长江三角洲、珠江三角洲地区；"三轴"指东部沿海发展轴、沿长江发展轴和京广线发展轴。

除沿海、沿江城市地下空间发展轴外，随着京广高铁干线的开通和沿线交通建设的逐步完善，中部城市的时空距离大幅缩短，从而直接推动了京广沿线城市以地下轨道交通为主导的城市地下空间开发的快速发展，已初步形成我国城市地下空间发展的第三轴。这"三心三轴"的发展态势与我国目前已建成的高铁干线有一定的契合关系，也从一个侧面反映了中国目前的城市发展分布。

根据2017年公布的最新统计数据，中西部地区与东部、东北的地下空间发展水平差距随城镇化加速进程趋于减小。

## （4）东部城市地下空间综合实力整体较强，京沪全国领先

在中国这样地广人多、城市类型多样、区域发展差异较大的城镇化快速推进过程中，不同的城市在城市性质、城市功能、城市发展动力机制、增长潜力、综合承载力等方面差异巨大，城市地下空间开发建设也表现出不同的发展格局和结构特征。同时，在快速发展过程中也不同程度地暴露出建设用地粗放低效、城镇空间分布和规模结构不合理、"城市病"问题日益突出等因忽视城市土地资源集约利用、缺乏统筹和前瞻性地开发地下空间资源所逐渐积累的历史欠账而引发的亟待解决的突出矛盾和问题。

因此，衡量一个城市地下空间综合实力的强弱，绝不能只凭该城市的地下空间实际建设指标，还需考量其管理体制、政策法规完善度、相关规划的编制情况、是否建设满足需求的轨道交通设施以及地下空间存量资源储备等多个指标。

2016年12月，国务院发布的《国家发展改革委办公厅关于加快城市群规划编制工作的通知》中提出，2017年拟启动珠三角湾区、海峡西岸、关中平原、兰州—西宁、呼包鄂榆等跨省域城市群规划编制，意味着一批重要城市群的规划编制进入集中启动期，中国以城市群为主体形态的新型城镇化战略将加快落地实践。

城市群的意义在于推动城市的集约化发展，形成新的、更合理的规模效应，可以发挥城市群内部大中小城市的多层次功能，更科学有效地吸纳人口和产业，形成新的发展动能。

本研究以城市群中各大中小城市作为地下空间综合实力的评价对象，并通过政策支撑体系、开发建设指标、重点工程影响力、可持续发展指标等多个评价要素进行排名（表2-4-1）。以城市为单位，划定中国城市地下空间发展层级，为同一城镇化地区的城市和国内同类城市的地下空间普遍特征和发展方向提供参考。

截至2016年年底，城市地下空间综合实力最强的前五位城市为上海、北京、南京、杭州和广州。

由于2016年南京市政府颁布了一系列有关地下空间的政策性文件，并启动了市域、江北新城以及首个城市建成区内的地下空间规划，使其在政策支撑体系方面取得了较大的提升，因此此项得分大幅上涨，综合实力冲入中国前三。

1）东部城市稳步提升

东部地区各城市群地下空间开发比较均衡，我国地下空间综合实力较强的城市大多聚集于此。区域内各城市相关政策法规较完善，地下空间管理有据可依。具有相当一批有影响力的地下空间开发重点工程，其补充了城市功能，成为拉动城市经济有效增长的新手段。开发建设规模大，其中地下轨道交通建设的引领和带动对地下空间的快速发展发挥了巨大作用。东部地区也是地下空间开发建设领域的人才培养基地，相关专业高校和科研机构多集聚于此。

但是，由于早些年缺乏对地下空间规划管理指导，城市建成区盲目扩大，导致存量用地减少，导致大多东部地区城市的地下空间存量资源量并不高。

2）中部城市奋力追赶

中部地区城市保持地下空间迅猛发展的势头，区域内以1~2个城市为示范，带动周边城市呈圈层式发展，与东部地区城市在各方面的差距逐渐缩小。尤其是一些城市借鉴了东部地区城市的地下空间开发管理模式，表现突出的是以武汉为核心的长江中游地区。整体政策支撑体系日趋完善。

3）西部城市提升空间巨大

由于土地供需矛盾不突出，西部地区大多数城市的地下空间开发建设未得到广泛重视，城市地下空间发展水平普遍不高，其地下空间建设与管理仍处于起步阶段。另外地下空间专业教育资源与人才培养的匮乏，也制约了城市地下空间的发展。

4）东北城市政策推动建设

以哈尔滨、长春、沈阳、大连为轴线，东北地区城市的地下空间综合实力向两侧逐步减弱。东北地区

**地下空间综合实力评价要素**      表 2-4-1

| 政策支撑体系 | 开发建设指标 | 重点工程影响力 | 可持续发展指标 |
| --- | --- | --- | --- |
| • 地下空间管理机制<br>• 相关法规政策<br>• 规划编制 | • 人均地下空间规模<br>• 建成区地下空间开发强度<br>• 停车地下化率<br>• 地下综合利用率<br>• 地下空间社会化主导率 | • 轨道交通<br>• 综合管廊<br>• 大型地下公共工程 | • 存量资源<br>• 智力资源 |

特大城市的地下空间综合实力水平尚可，但整体水平有待提升。应依赖人防建设基础，从政策支持、规划编制等方面积极引导地下空间发展。

### （5）法治建设仍待加强

2013年以来，我国城市地下空间法治体系建设呈膨胀式发展，主要是由于政府大力推动城市综合管廊建设所引发。从这一现象来看，我国城市地下空间法治体系建设可以归纳为以下几个特征。①城市地下空间开发利用日益受到各级政府和社会公众的关注和重视。②城市地下空间法治体系建设，在空间分布上，与中国的城镇化发展、城市地下空间开发的社会化、市场化呈同步势态发展；在立法推动力上，国家宏观政策影响和制约较大。③城市地下空间法治体系由于尚无顶层法律支撑，各类立法实践的形式要件多于内容要件；法治文件层级较低，政府或行政主管部门颁布的规章、政策性文件多于地方性法规，且同步配套保障实施的政策性、规范性执行细则偏少。④指导和规范城市地下空间开发的国家标准、规范严重滞后于中国城市地下空间的快速发展，多为较低层次的技术规范、操作规程。

## 4.1.3 国外先进城市地下空间开发利用的发展

### （1）主要开发动因

本研究通过研究国外先进城市地下空间发展案例，总结出城市发展与地下空间开发利用的动因及其对我国的启示（图2-4-3）。

城市地下空间开发的六大动因分别为：①整合、优化、完善城市基础设施，构建较完备的生命线系统，如地下市政场站、综合管廊等；②结合地铁建设开发，以地铁站为核心向周边连通与延伸，强调步行交通职能，构建便捷的交通网络，提升站域空间土地价值；③改善不良交通环境，通过人车分离，构建相对独立、安全、互不干扰的步行、车行空间，有效缓解交通拥堵和停车难等交通问题，如地下道路（快速路）、地下人行过街通道等；④结合旧城改造建设，为土地资源稀缺、人口密度与建筑密度较大的老城区域拓展发展空间，加强了地上建筑间的联系，同时在一定程度上缓解了交通压力；⑤新城建设时，地上、地下同步规划设计与建设，避免不同设施间的平面与竖向的布局冲突；⑥利用地下深度资源为国有使用，建设公用设施、交通设施，一些国防设施、尖端科研设施可设在深层。

### （2）城市双修与海绵城市

绿洲21体位于日本名古屋荣地区久屋大通公园旁，作为20世纪80年代建成的久屋大通地下街与爱知县文化艺术馆之间的过渡空间，其采用了地上、地下同步立体开发的模式，将大型集会广场、公交车始发站、商业服务、公共步行通道等设施有机地整合在一起，在城市的机能组合、空间的造型艺术、环境的协调和谐等方面成为城市建设经典案例（图2-4-4）。

该项目解决了开辟绿地与实现土地价值的矛盾，完善了广场、绿地的城市功能。同时补偿了广场、绿地的部分建设和管理费用，增强城市综合防灾能力。

### （3）核心区地下服务设施

美国纽约洛克菲勒中心是20世纪最早的建筑综合体之一，位于纽约曼哈顿，占地约8.9hm$^2$，由格状方式排列的19栋大楼所组成，开发强度极高。

其中心地下综合体包括主轴上的下广场（Lower Plaza）以及周围大楼的地下停车场、地下通道和购物中心。主要业态为零售店铺、快餐店与餐厅。

其地下通道连接多个商业中心和21座大型公共建筑，地下广场溜冰场被6栋地标建筑环绕。由于地上租金与房价处于纽约较高水平，普通零售、餐饮等资金准入门槛高，迫使大部分公共服务业转入地下。

地下步行系统实现了区域内部人车分流，改善了高密度开发区域的地面交通。连续的步行空间缩短了地铁与公交的换乘时间，加强了地铁站与大型公共活动中心的联系。同时立体化的步行空间扩大了CBD中央活动区，丰富了公共空间景观，并强化了地下公共空间特性，凸显认知意象。

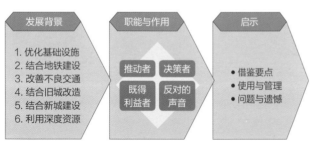

图2-4-3 国外先进城市地下空间发展案例的启示

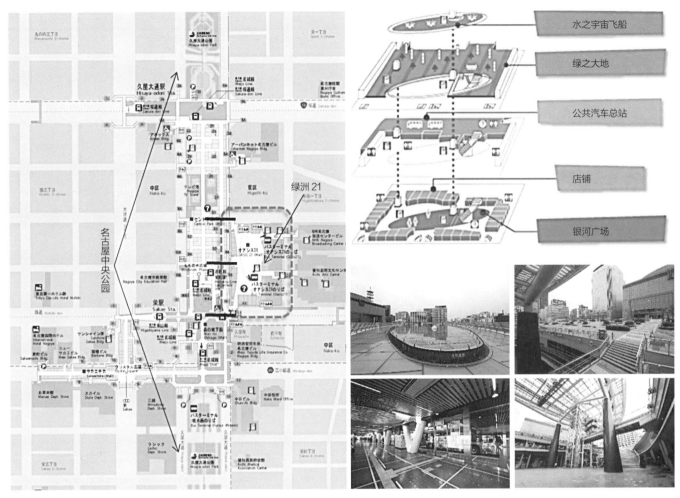

**图 2-4-4　绿洲 21**
图片来源：刘宏、张智峰 摄

由通道串联的核心区建筑地下空间使各建筑物在地下形成了没有其他交通系统隔断的网络，虽然各建筑在视觉层面基本没有联系，但其实际空间联系比街道界面更为紧密。

我国城市的核心区、新城等地区在未来土地和房屋价值较高，在规划与实际建设中可借鉴洛克菲勒中心，将公共服务职能置于地下，突显地下公共空间的魅力，局部采用下沉的形式，能够躲避主干道的噪声与高楼的视觉干扰，创造比较安静的环境气氛，为市民提供一种闹中取静的活动场所。

### （4）公共服务设施与地铁站同步开发

新加坡多美歌地铁站位于乌节路片区，其地下空间开发以地下步行、地下教育科研为主导功能，是地下综合利用的典范工程。

该区域地下空间开发的主要特点包括：深度开发，地下最深达 35m，通过合理的中庭开放设计实现局部自然采光；与新加坡管理大学结合，将部分大学教室和活动设施安置在地下，并与地铁无缝衔接；鼓励市民多用途使用地下空间，实现全覆盖的无障碍通行设计。

### （5）利用深度资源

由于日本大部分地区地基软弱，20 世纪 50 年代末~70 年代的地下空间开发多集中在地下 30m 范围的浅层地下空间，80 年代末开始研究 50~100m 深的地下空间的开发利用问题。

在日本所谓"大深度地下"是指政令规定的没有用于建筑物地下室及其建设的地下深度，或在即将使用地下空间的地点，政令规定的可以支持通常建筑物地桩的地盘最浅深度加上政令规定距离而后的深度。

2001 年 4 月，日本实施《大深度地下利用法》，规定如果在距离地表 40m 以下的地下建设高速公路，可以不必向土地所有人进行补偿，也不需土地所有人

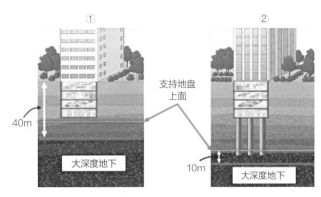

图 2-4-5 日本"大深度地下"开发
图片来源：https://www.mlit.go.jp

同意（图 2-4-5）；私有土地地面下 50m 以外和公共土地的地下空间的使用权归国家所有，政府在利用上述空间时无需向土地所有者进行补偿。

目前日本已经开始研究 100m 深度的地下开发，并制定了《大深度法》，其中规定：

其他关于大深度地下空间开发的法规、政策文件还包括：2000 年 5 月《大深度地下公共使用特别措施法》(2003 年 7 月修订，日本国会)、2000 年 12 月《大深度地下公共使用特别措施法施行规则》(2003 年 7 月修订，日本总理府)、2001 年 4 月《大深度地下公共基础政策》(内阁会议)、2001 年 6 月《大深度地下利用技术准则/注释》(国土交通省城市与区域发展局计划处大深度地下利用规划处)、2004 年 2 月《确保大深度地下公共安全的指南》《大深度地下公共环境保护的指南》(国土交通省城市与区域发展局计划处大深度地下利用规划处)。

建设方针和经验管理方面，1974 年发布有关地下街的基本方针，主要对新增和增建的地下街的建设及规模、安全等进行实行严格限制。1981 年增加了公共地下步行道宽度的计算方法，规定商业空间防火分区限于 200m²，地下街内必须设立防灾中心，对煤气系统严加管理等。

1973 年前的建设方针，新建或扩建地下街须进行包括 10 项内容的可行性论证，除一些必要数据和方案图外，重点论证建设地下街的目的。

日本地下空间的开发模式包括 3 种：政府主导型、股份合作型以及企业独资型（表 2-4-2）。

日本地下空间开发模式　　表 2-4-2

| 借鉴意义 | 实施手段 | 国际参考案例 |
|---|---|---|
| 资源有序供给 | 按时间、空间考虑供需；明确地下空间资源预留；防止开发供给不足或过度开发 | 法国巴黎拉德芳斯；新加坡乌节路 |
| 全空间立体交通运输系统 | 完善防灾系统，弥补空中救援不足；共建"无障碍"三维交通网络；综合管廊统筹地下管线 | 法国巴黎拉德芳斯；日本东京临海副都心 |
| 产业、功能一体化 | 文化传承；拓展产业内涵；补偿公共物权下建设和管理费用 | 新加坡多美歌地铁；希腊雅典地铁沿线；美国华盛顿杜邦圆环 |
| 落实"海绵城市" | 合理布局，控制规模；提出地下开发生态控制引导要求；避免硬质立面过多，"海绵变石头" | 美国纽约低线公园；日本名古屋绿洲 21；巴黎雷·阿莱 |

## 4.2 城市地下空间国内外综合开发的策略与方法评析

### 4.2.1 国内城市地下空间开发利用的策略与评析

相对于发达国家，中国的城市地下空间开发起步较晚，但国内城市（不含港、澳、台地区）具有其他发达国家和地区所不具有的后发优势，强大的国家力量和经济需求以及大量可借鉴的发达国家的成功经验，已成功使中国成为名副其实的地下空间开发利用大国，成为推动和引领世界城市地下空间发展主力。

（1）地下空间开发利用特点

1）发展等级

区位、经济发展水平类似的同一规模等级城市，其地下空间呈现出一定的共性。

超大、特大城市因城市经济、交通的快速发展，呈现出最大限度地向地下挖掘空间的需求，注重地铁和地下空间的持续开发，地铁与消费圈、地下轨道与地下城（地下综合体）、地下道路与消费圈等纵横串联。

大城市的地下空间发展势头较猛，商业资源集聚度、交通枢纽性、城市人活跃度、生活方式多样性、未来可塑性等因素主导了大城市地下空间开发的规模与分布。东部地区大城市地下空间发展较好，人均指标较高，并沿长江向南北区域递减。重点地区、大型地下工程、地下综合体等区域地下空间引领效应突出，建设"地下城"是城市发展的趋势，使人们得以享受地下城的精彩。

中等城市的地下空间呈平稳化发展，地下空间总规模普遍不高，但地下空间综合利用指数相对其他等级城市反而较高；经济发展较好、特色明显的中小型城市如东部地区的县级市、县城等，逐渐成为地下空间开发的新进探索重点。

小城市处于地下空间开发的起步阶段，开发势头良好，以政策引导为主，基本以人防工程建设为主体，以地下停车功能为主，功能较单一。

2）开发特点

地下空间的开发呈现出功能综合化、投资市场化、建设生态化、连通网络化等特点，以促进地下空间的高效利用。

以代表工程上海虹桥商务区为例。虹桥商务区地上和地下建筑面积比例达到1：1，各街区间通过20条地下通道以及枢纽连接国家会展中心（上海）的地下通道，将地下空间全部连通，整个地下空间面积达到260万 $m^2$，可媲美世界闻名的加拿大蒙特利尔地下城❻。

3）开发区域

城市重点地区、交通枢纽的地下空间综合利用成为新常态。

城市中心区、交通枢纽如轨道枢纽区域的地下空间综合利用逐步成熟，地下空间功能利用类型较多，如地下综合体、地下商业、地下文娱、地下停车等功能复合性高。

重点地区地下空间的综合利用的方面，许多城市对地下空间的利用集中在新规划的中心区、重点地区、轨道枢纽地区等，以及围绕综合枢纽建设的相对紧凑、成规模的商业中心、有密集的地铁车站覆盖的城市老商业中心或商业街等区域（图2-4-6）。

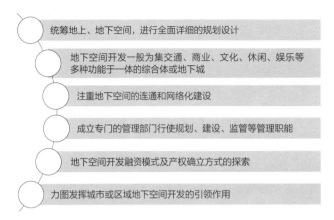

图 2-4-6　重点地区地下空间开发共同特点

### （2）城市地下空间综合利用评价

目前针对地下空间综合利用评价方式的研究，但尚未形成被广泛认可的指标系统，相关的量化特征研究也较为缺乏。与此同时，现有城市评价指标已较为成熟，但各因素与地下空间发展之间的相关性尚未得到较为全面的研究。本研究参考《中国城市地下空间发展蓝皮书》，通过城市地下综合利用率与地下空间社会主导化率两个指标的相关性分析总结出地下空间综合利用的情况，为科学评价中国城市地下空间发展水平、促进地下空间的发展提供参考。

1）指标的确立

地下综合利用率指城市地下公共服务空间规模占地下空间总规模的比例，是衡量城市地下空间市场化开发的综合利用指标。

地下空间社会主导化率指城市普通地下空间规模（扣除人防工程规模）占地下空间总规模的比例，是衡量城市地下空间开发的社会主导或政策主导特性的指标。

数据统计及相关性分析得出，东部地区省会、副省级城市的地下空间社会主导化率及综合利用指数相对较高、单位面积地下空间增长较快，与东部地区的经济发展及市场开放度呈正相关关系。

2）地下空间综合开发率城市排名

地下空间综合利用开发指数城市排名中，全国6个超大城市中深圳、广州和上海均为沿海地区开放度高的城市，其地下空间开发整体水平较高，同时地下空间功能复合性也较高，综合利用、平战结合利用较好。

排名靠前的城市中，特大城市只有苏州，大城市有济南、无锡、常州，中等城市有盐城、桐乡、海宁。可以看出大、中城市地下空间开发处于中期发展阶段，

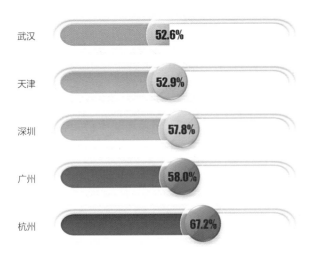

图 2-4-7 2016 年地下空间社会主导化率城市排名

地下空间总规模相对不高,而东部地区城市开放度及社会主导性高,所以地下公共服务空间开发比例相对较高,地下空间综合利用优势突出。如县级市海宁、桐乡皮革城、皮草市场的发展带动了地下空间的综合利用,成为县级市中地下空间综合开发的佼佼者。

3)地下空间社会主导化率城市排名

2016 年中国城市地下空间社会主导化率排名中,杭州、广州、深圳仍是前三甲(图 2-4-7)。社会主导化率较高的城市主要集中在东部,市场化程度较高,地下空间社会为主导。武汉近年来加大了地下空间的开发利用,在满足政策配建的基础上不断扩大社会投资,成为中西部地区唯一上榜的城市。

### (3) 主要城市地下空间开发评析

1)北京市城市地下空间开发特点

据高德地图发布的《2016 年中国主要城市交通分析报告》统计数据,北京的高峰拥堵延时指数为 2.06,拥堵时间成本位列全国第三。城市交通的拥堵、停车的需求等进一步带来对地下空间开发的需求,也对地下空间开发的功能,尤其是动静态地下交通的建设提出了更高的要求。

2016 年北京人均地下空间规模微量增长,地下综合利用率约为 7%,地下公共服务设施开发利用较好。地下空间管理得以进一步加强,将地下空间整治作为市政府重点工作任务,修订了《地下空间综合整治工作联合执法实施方案》,研究制定了《北京市地下空间管理使用标准》,整治地下空间清退"蜗居"人员。并利用现有政府公共安全管理平台和资源对地下空间进行网格化管理,对重点地区和局部的地下空间实施科技手段全覆盖管理,进一步提高地下空间防火、防汛、反恐水平。

2)上海市城市地下空间开发特点

上海城市总体规划秉持"底线约束、弹性适应"的发展模式,在严守建设用地总量的基础上进行存量土地规划。

近年来,虽然上海市进一步完善了立体化交通系统,但实际私家小汽车保有量涨幅持续增大,因此尽管地下停车库的建设力度不断加大,"停车难"依然是上海城市发展的热点和焦点问题之一,停车地下化指标小幅增长。

从地下空间使用功能的角度看,上海市现有地下空间以交通设施为主,约占 71%,包括汽车库、自行车库、轨道交通及附属设施、连接通道等;地下公共服务设施约占 5%,包括旅馆、商场、餐饮场所、娱乐场所、会议场所、文化体育场所、医院、下沉式广场等;地下市政公用设施约占 4%;地下仓储设施约占 3%。地下空间综合利用,尤其是地下商业发展和转型得到了改善,地下商业向内涵多元、地铁共生、区间一体化发展,逐步涵盖了地下商业、餐饮、零售、服务业、公共休憩、展示等功能,同时与地铁全线挂钩,实现多层次共享。

上海市地下空间开发建设的机制、体制建设进一步完善,2014 年 4 月 1 日起施行《上海市地下空间规划建设条例》。近年随着市中心土地资源的进一步紧张,地下空间的出让案例也逐渐增加。

上海市随其地下空间开发的深度、广度进一步加强,成为中国岩土工程新技术应用最多的地方,大量出现的深基坑和人防工程使纪录不断被刷新。轨道交通、大型地下综合体的建设持续发展使地下公共设施更加深层化。

3)广州市城市地下空间开发特点

广州市目前绝大多数的地下空间开发集中在人流密集、商业氛围浓厚的各级中心区,人均地下空间规模在全国范围来看位于中等水平。小汽车保有量的增长快于各类停车位建设(含地上、地下车位),导致停车地下化指标略微下降。地下综合利用水平有所增长,综合性地下空间建设较多。

广州市注重发挥重点地区、重大工程的引领作用。城市地下空间开发建设以万博商务区、珠江新城核心区、地铁沿线地区等重点地区、重大工程作为引领和关注点,带动其他区域的地下空间开发。2016 年已完成地铁沿线地下空间的专题研究,一次性挂出了四个关于地铁沿线地下空间开发研究的招标项目。重点地区、重大工程的地下空间开发建设成为广州城市地下空间开发的亮点之一，注重重点地区地上、地下空间的统筹规划、一体建设，成为一种重要的城市建设发展模式。

## 4.2.2 国外城市地下空间开发利用的策略与评析

随着世界经济的不断发展，城市发展的用地需求进一步增加，而如何充分利用土地资源成为现代人类的一大课题。日本和新加坡国土狭小，但人口密度很大，但其向全世界诠释了如何充分利用国土面积。这也是世界各国的发展重点，必须充分认识到合理利用土地资源的必要性，并加大对地下空间的开发力度。

### （1）东京市区地下空间开发利用的策略与评析

日本国土狭小，但人口众多且分布极不平衡，多数人口集中于各岛沿海平原和沿河地带，以东京、大阪和名古屋三大城市为中心的地区集中了全国近一半的人口。第二次世界大战后日本经济迅速发展，人口和城市的大量聚集引发了城市更新、改造和再开发。

作为地下空间开发利用较早的国家，日本自20世纪60年代开始的城市地铁、地下街、综合管廊（在日本称"共同沟"）建设以及20世纪90年代掀起的大深度地下空间开发利用等形成了特色鲜明的地下空间开发利用的日本模式。

日本建立了较为科学合理的地下空间开发利用管理体制，形成了比较完善的法律体系，有力地推动了地下空间的合理开发利用，为我国地下空间开发利用提供了有益的启示。

1）地下空间开发法律体系

日本城市地下空间开发利用的法律体系主要包括民事基本法律、专项立法、综合立法、配套立法等方面。通过综合立法和专项立法确定了日本地下空间开发利用的统一管理和专项管理体制，由中央政府国土交通厅统一管理、都道府县具体辖区事宜。其主要特点包括以下几个方面。

具有明确的地下空间开发利用的民事法律基础。日本的相关民事基本法律主要包括：《日本民法典》《不动产登记法》《建筑物区分所有法》《大深度地下使用特别措施法》。将城市地下空间权设定为"区分地上权"，并进行地下空间分层确权的立法，引导和规范了土地不同空间层次开发利用的行为。这些法律为地下空间开发利用提供了基本的民事权利的法律基础。这也是我国地下空间法治体系中缺失的部分。

形成综合立法和专项立法相结合的法律体系。日本城市地下空间开发利用的法制化建设实行的是先专项立法、后综合立法，以及专项立法和综合立法相结合的发展道路。根据实践的发展需要，针对地下空间的不同利用形态进行立法。然后逐步总结经验，对地下空间开发利用进行了综合立法管理。目前日本的相关专项法律有《大深度地下使用特别措施法》《共同沟法》等，其中《大深度地下使用特别措施法》是专项立法与综合立法相结合的法制建设范例，已经成为日本实现科学合理、经济高效地开发利用民间土地深层地下空间资源，为国家和公共事业服务的基本大法。该法对各国的地下空间开发利用都具有借鉴意义。

配套、辅助立法完备。日本相关的法律包括《道路整备紧急措施法》《推进民间都市开发特别措置法》《有关民间事业者能力活用临时措置法》，以及《地方自治法》《地方财政法》等。这些法律中主要规定了地下空间开发利用的建设费用辅助制度、融资制度和助成制度等，对有效推进城市地下空间资源的开发利用起到非常重要的激励作用。

2）地下空间管理体制

法律健全，职权明确。国会、政府和社会三方分工明确、共同参与。日本国会和政府全面参与地下空间开发利用管理，由政府相关部门全面负责，同时借助专家委员会的力量提供咨询，专业性高、分工明确、决策透明，形成国会、政府（国土交通省）和社会专家三方共同参与地下空间开发利用的管理体制。这种健全的咨询参谋和信息组织，能够实现行政组织的科学化、合理化和法制化。

综合管理与专项管理相结合。日本地下空间开发起步较早，对其认识与管理在探索中逐步深入。日本从19世纪开始，针对不同开发领域颁布了不同的法律。1963年日本颁布了《有关修建共同沟的特别措施法》，2001年颁布了地下空间开发利用的综合性法律《大深度地下公共使用特别措施法》。地下空间开发利用相关法律由单一管理向综合管理推进。

3）对我国地下空间开发利用管理法律的启示

必须通过立法确立地下空间开发利用的主管机构和管理权限，统一负责地下空间的开发利用，从行政法规方面明确管理机构和管理权限。必须制定或修改相关的立法，将地下空间开发利用纳入法制化轨道。我国相关法律内容包括：《中华人民共和国民法典》中对地下空间的民事权属进行了规定，全国人大颁布的《中华人民共和国物权法》草案对空间使用权作出了规定；修改《中华人民共和国土地管理法》，将地下空间与土地一起调整，或制定《地下空间资源管理法》，使其与《中华人民共和国土地管理法》并行，对地下空间开发利用作出规定；制定专项立法，包括《共同沟法》（或称《综合管沟法》）、《地铁法》等；制定相关配套或辅助立法。

4）规划体系

日本地下空间开发利用的目的是促进都市机能增长，推进都市空间高度聚集利用。在这个目标下，日本地下空间开发在长期的实践中形成了一套成熟的规划体系，包括地下都市计划、地下利用总体规划（master-plan）、地下空间规划导则（guide-plan）、地下交通网络（network）规划、地下街规划五个部分。其中地下都市计划、地下利用总体规划是总体层面的规划，而地下空间规划导则、地下交通网络规划及地下街规划则是片区层面的规划（图2-4-8）。针对地下空间的不同层面进行控制，相互补充、协调并解决上下空间（地面空间与地下空间）、平面与竖向（地下空间之间）、时序建设（近期与远期发展）、地下空间相关利益方、私有与国有土地地下空间利用的关系（图2-4-8）。

以东京地下空间开发为例，东京都的行政范围约有人口1300万人，整个东京都市圈的总人口则高达3670万。东京的地下世界超越了人们以往认知的地铁系统，其之所以能够被称为"世界"，是因为东京就是一座地下的城市，地下轨道系统只是整座地下城的大动脉。东京的地下空间开发完全不同于其他城市的地下工程建设的狭隘和局限。

东京地下空间发达，与地面街道一样四通八达。在同样长而宽，且没有行车干扰的地下，政府引导设置了很多便民的商业功能，包括小百货店、修理店、钥匙店、裁缝店、咨询点、自动贩卖机、小型会展等。大型轨道交通枢纽与发达地下地铁网络使人们通过步行通道即可在地铁站空间与东京庞大而复杂的地下城市空间进行组织和分流。轨道交通换乘的首要任务则要保证每天通勤的人流在上下班高峰期可以迅速地从站内疏散。

东京的地铁站规模可以简单分为三类：首先是最普通的单点小站，占地面积一般不超过300m²，只有乘车之功能；其次是规模、占地较大，功能也相对较丰富的单点大站，如"池袋站"地下占地约2.6万m²；最后是区域性交通枢纽，不同的地铁线路在同一区域里形成地铁换乘的网络，相互渗透和依赖。这些区域的地下功能已经不再以交通为主，而是主要以商业服务业为主，地铁只是起到疏导交通的作用。例如"日本桥—东京站—银座"片区共占地26.3万m²，约为40个标准足球场大小。这里拥有东京最大的交通枢纽——JR东京站，以及东京占地面积最大的地下商业街——八重洲。

节点性的大型车站，以JR东京站为例，为了配合JR线设置，一般有三种方式：地铁站与JR站共同存在于某一建筑内（例如池袋站）通过东武/西武百货的建筑单体，将JR线与地铁结合起来，利用商业单体进行人流的疏导；地铁站与JR站夹着某一建筑，并通过其链接（例如涩谷站）；地铁网与JR站在某一片区内通过街道或者建筑物联系起来（例如东京站）。

## （2）新加坡城市地下空间开发利用的策略与评析

新加坡人多地狭，空间问题一直是新加坡政府面临的发展软肋，随着人口密度持续增加和经济持续发展，土地匮乏与可持续发展对空间的需求之间的矛盾日益突出。传统上，新加坡采用向高层发展和填海造地来解决国土面积的不足。

从1965年到2016年，新加坡填海造地使国土陆地面积增长了22%。但是，由于地理界限、水深、建设成本、环境问题和地缘政治问题等多方面的挑战，这一发展方式已经接近极限。通过高层建筑提高土地容积率的手段也因为民用航空和国防建设对高层空间使用上的限制而逐渐乏力。

近年来，地下空间开发作为拓展空间需求的有力方式，已经成为土地稀缺的新加坡实现经济持续发展最主要的举措。2007年10月，在国家发展委员会指导下，新加坡政府成立了跨部门合作的地下空间总体规划负责小组，旨在从战略层面规划地下空间的长期发展和利用。2010年，新加坡经济战略委员会将发展地下空间作为政府长期经济战略规划的一部分，随后产生了一系列在总体规划、地质调查、加强发展研究和法规政策等方面向地下空间开发利用倾斜的引导性推动。受益于新加坡政府长期以来在法治建设与管理方面的优势和危机意识，尽管新加坡地下空间开发利

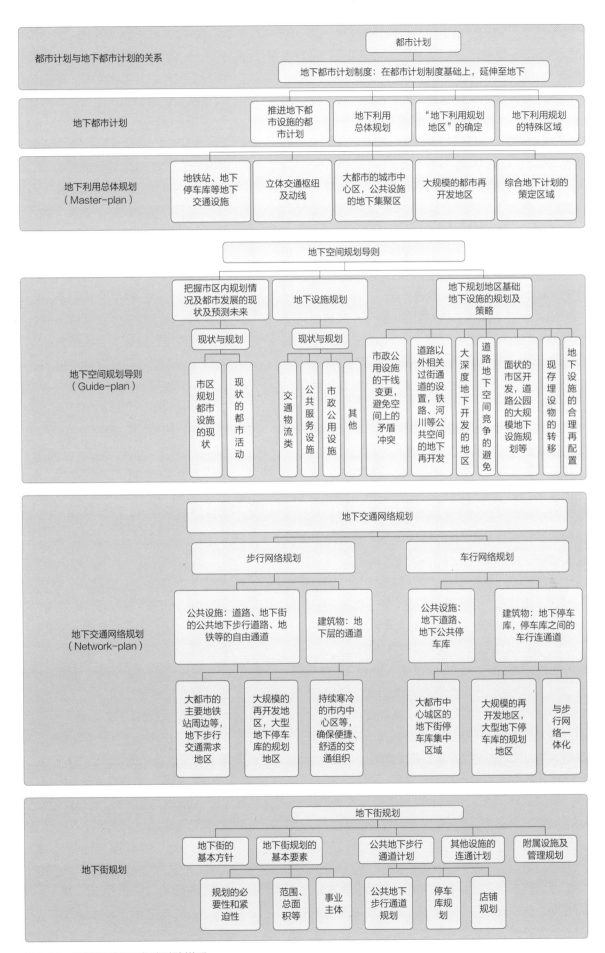

图 2-4-8 日本地下空间开发利用规划体系

用起步不久，却已建成了若干以提升抵御资（能）源危机为目标的大型、深层、兼用型地下工程，成为城市地下空间开发和应用领域的佼佼者之一。

新加坡在地下空间综合应用中的成功经验对我国城市可持续发展具有良好的借鉴意义，尤其是对于土地资源紧张的东部城市及中部大城市。具体值得参考的举措有以下几个方面。

1）建立国家部委牵头的组织跨机构的地下空间总体规划小组

地下空间开发利用是一个复杂的系统工程，具有工程复杂、牵涉面广、协调程度要求高等特点。一个项目的规划建设通常涉及城市土地管理、规划、建设、交通、消防、人防、园林等多个部门，难以有效地组织分配各个相关管理部门的工作职责，形成建设和管理的合力。针对这样的情况，一个顶层的牵头职能部门的作用十分重要。新加坡政策制定周期较短，行政效率较高。2007年10月，在新加坡国家发展委员会指导下，政府成立了跨部门合作的地下空间总体规划负责小组，以促进发展地下空间的理念贯彻和相关政策的建设与执行，以及协调各部门之间在地下空间开发过程中可能出现的推诿与冲突。在新加坡，城市规划、建设、管理分别由不同的相互独立的部门承担。城市的总体规划由城市重建局（URA）负责，它为城市的建设和管理制定宏观的框架；城市建筑的单体设计和建设、城市管理工作由其他部门承担。在这些机构中，规划部门处于重要的龙头地位，行使引导和控制城市建设合理发展的综合职能。由于政府部门职权明确，较易形成高效率的决策和科学管理机制。

2）制定地下空间长远开发的总体规划

坚持规划先行，制定城市地下空间的总体规划。新加坡从20世纪60年代开始填海计划，使其在有限空间中仍拥有一定的开发余地。新加坡城市治理的核心经验是科学处理好规划、建设和管理三者的关系。政府认为，规划统领城市发展的方向是一个先决条件。地下空间规划尽管是一项专项规划，但其涉及的内容广，发挥的作用远远超出了其他任何一项专项规划，因此要像编制总体规划一样编制地下空间规划，从可持续发展的高度准确定位地下空间建设发展在城市中的地位，明确地下空间的开发强度和功能布局，以及各类设施地下化的指标和策略等。新加坡关于地下空间开发总体规划的三个关键目标是：展现地下空间使用现状和计划，确定并维护地下开发的潜在区域，指导地下空间发展和实施。

3）设立国家地质调查局，大范围开展地质调查

开展工程地质勘察，总结完善城市地质资料。城市地下空间的开发利用具有的高风险性、不可逆性以及难适应性等特点，进行工程选址前的地质基础资料勘察是关键因素。为了解决地下信息难以整合的现实，新加坡政府于2015年在其城市重建局下设了一个国家地质信息中心，负责进行系统的地质勘察，为地下空间规划提供三维地质图。该中心也同时重点参与了国家发展部和国家科学委员会展开的"土地和宜居"国家创新挑战研发计划的相关具体研究。

4）修订地下土地拥有相关法案

2015年2月，新加坡议会通过了两个重要立法，即《国家土地所有权法案（修正案）》和《土地收购法案（修正案）》，旨在解决原英国法律体系下土地所有权和收购权针对地下空间的不兼容问题。《国家土地所有权法案》重新定义了地下空间的所有权，即"地面土地所有权只包含地下空间的必要合理的使用深度"。这一定义明确：合理利用是指国家对地下空间使用权的深度；如果没有指定这一的深度，采用低于海平面30m的深度。2015年的《土地征用法案》允许对特定深度范围的地下空间的收购。这一条款促进了一定深度范围的地下空间项目的发展，有利于未来国家和私人土地所有权者对地下空间的开发。

5）建立地下土地价格体系和市场机制（分层）

新加坡在建立新的土地深度方向的分层权属和交易性质的同时，从法律层面支持了地下多层空间的市场价值。土地管理局可以将地表以下的空间以市场价格继续出售，从这个意义上来讲，是鼓励开发商开发和使用地下空间的一种促进措施。因此，在一般情况下，尽管开发地下空间会使建设成本增加，但新的定价机制会使地下空间的总开发成本（土地成本加建设成本）与地面空间开发相当（通常会更低）。新加坡政府利用这一特殊的土地市场机制，使地下空间开发在整体发展过程中更具吸引力。

6）开展各种应用的可行性研究

在跨部门的地下空间总体规划负责小组的指导下，包括深层电站、水回收工厂、焚化长、垃圾填埋场、蓄水池（地下水库）、仓储物流中心、数据中心、港口和机场物流中心等地下基础设施的预可行性研究已经全面展开。

2014年开始，新加坡政府已经计划研究地下物流系统和地下排水储水系统。地下物流系统将尝试通过地下运输系统将一些工厂和配送中心以及规划中的

TUAS港口连成一体，其中一些工厂计划将直接建于地下岩石硐室之中。地下排水储水系统将成为一个大型的地下空间开发应用项目，贯穿全岛及各大水库，并从地下扩大水库容量，以应对新加坡供水依赖马来西亚进口的现状。除此之外，对于岛内任何拟建、新建的中大型基础设施，统一要求提供设置于地下的预可行性研究报告。

7）大力资助"土地和宜居"国家创新挑战研发计划

土地与宜居国家创新挑战计划（Land and Liveability National Innovation Challenge，简称L2NIC）由新加坡国家发展部与国立研究基金会于2013年共同设立，旨在帮助新加坡更好地应对可持续发展和高品质生活对空间需求的挑战。

据官方公布资料显示，迄今为止该计划已进行了两期，共有25个科研项目获得了共计1.35亿新加坡元的资助（1新元约合4.9元人民币）。其科研项目围绕着"创造具有成本效益的新空间"和"以更宜居的生活环境为目标的优化空间利用"两大主题展开。其中过半数的资助项目直接以减少地下建设成本和扩大地下建筑的用途为题。2017年6月，新加坡国家发展部部长黄循财在新加坡第4届城市可持续发展研发大会的开幕式上宣布，发展部将继续拨款1.5亿新元用于推进其三期的"未来城市"计划，研究焦点继续围绕"扩大地下建筑的用途，以节省地面土地"展开。

## 4.2.3 美国基金委对地下空间持续发展的建议（2013）

美国基金委（NRC）在专家论证的基础上于2013年发表了《地下工程促进城市可持续发展》（*Underground Engineering for Sustainable Urban Development*），对城市地下空间的发展提出了若干建议。

1）地下空间是多维度地上、地下城市系统的一部分，是城市可持续性发展重要的一环

地下空间开发是一种资源设计及管理的系统方法，是实现城市可持续发展目标的最有效的解决方案。地下基础设施的建设是推动城市可持续发展的有力措施之一，潜移默化中增加了城市新的基础设施系统。一个维护良好、有弹性并执行充分的地下基础设施对城市未来的可持续性发展至关重要。如果城市的可持续发展是城市规划者和管理者的共同追求，那么通过合理的城市规划和布局，最终将形成城市地上和地下空间资源的合理分配，有效促进城市的健康运作与发展。

2）将现场条件、社区的长期需求和空间灵活性纳入规划设计及生命周期管理中

与其他基础设施的投资相比，地下空间开发利用的生命周期相对较长。一项全面的规划工作应认识到地下空间是一种资源，应尽可能以最好的方式加以利用，同时需将地下设施的长期用途考虑在内。地下工程的初始成本包括对地质条件的调研和管理、公共实施的重新安置、对现有基础设施的潜在影响、对工程背景的要求，以及对沿线交通的控制。通过合理规划和使用城市地下空间，可为城市运输和公共设施提供很好的选择，同时还可提供一系列其他所需的设施，这些设施对地表环境、文化遗址以及潜在的生态环境都有较低的影响。同样地，由于地表施工而引起的社区居民生活质量下降问题，也使人们愈加抵制地表建筑工程。基础设施向地下转移使城市地区的人群保持了流动性，并减少了对大部分地区的环境影响。同时也需要更好地理解项目规划、设计、构建和运营等方面对项目成本和长期效益的贡献。生命周期成本分析的目标是尽可能通过技术改进和设计、管理的调整而降低成本，以及阐明对城市地区的长期收益。以全面和科学的方式，考虑经济、环境和社会影响，建立一个新的框架，以提高可持续城市规划和基础设施发展所需的社会能力和相关研究、教育、培训和实践的能力。

3）确定地下空间的所有权和管理模式，及开发和维护的规范

美国基金委建议在联邦政府内部探索最适当的技术和行政手段，以期将地下空间开发的协调管理作为整个城市系统的一部分。如果基础设施管理的目的是实现整个错综复杂的地下系统的可持续性发展，就必须熟知地下空间所有权、责任方的职能属性。一般而言，城市基础设施和地下基础设施是由许多私人或团体、公共部门及组织拥有建造、经营和维护的权利，继而服务更多的利益相关者。这些不同的群体由于各自的使命不同而被不同的目标驱动、拥有不同的金融工具，导致基础设施的管理、开发和维护具有困难性和多样性。在基础设施生命周期的全阶段，考虑地表和地下基础设施的空间和功能相互依赖关系对城市的可持续发展至关重要。同时研究并掌握所有权、控制

方、职能属性以及地下基础设施的维护和安全等方面的复杂关系，探究多学科交叉研究方法以实现更为现代化的系统管理。

4）保持美国在地下工程教育和技术发展的全球竞争力

为了保持在地下工程学科教育、技术发展和实践中的全球竞争力，美国大力促进和提高政府、大学和工业协会的研究能力，构建适合的制度规划、政策、教育和研究机构，支持跨学科和跨部门的交流，重点培训某些特殊的地下工程领域，例如材料技术、机器人施工技术等，以使美国保持在与城市地下建筑和空间使用有关（包括属于地下基础设施的机械和电力系统）的科学和技术发展的最前沿。

5）提供地下工程的教育、训练以及研究机会

建立新的教育框架系统，以提高可持续城市规划和基础设施发展所需的社会生产力和研究、教育、训练和实践的能力。其中，社会生产力不仅包括劳动力生产力，还包括数量充足的受过培训和经验丰富的工程师、规划师、建筑师、技术人员和其他专业人员，投身于教学、研究、规划、设计、建造、操作和维护有效且有弹性的地下工程设施。让学生接触到与可持续的地下空间使用和工程相关的多学科理论、问题、挑战和机会，培养充分了解地下空间使用对城市生活质量的长期影响的公民和决策者。为了更广泛的跨学科教育、地下空间规划设计和建设的技术开发分配资源，发展多学科、多机构、跨部门的国家研究中心，重点研究地下工程和可持续城市基础设施的不同领域，以培养地下工程的未来引领者。发展大学联盟，凝聚校际师资力量，并且加强工业和大学教授的联系。通过传统的、远程的或混合式的教育模式，提高教学设施规划和培训课程管理。同时，对检查人员、技术人员和复杂的地下设施的经营者进行统一培训管理并颁发相应资格证书。

6）从风险评估的角度去优化整体周期的性能以及城市整体可持续性

工程师和城市规划人员可以更好地改善设施整个生命周期的性能和城市整体的可持续性，并对项目规划和设计的风险评估进行记录和验证，以平衡生命周期中项目在服务交付、初始成本、应对极端事件的弹性以及有效的维护和操作方面的需求。在基础设施生命周期的所有阶段，推进现有和新技术对项目不确定性的建模分析，包括分析和计算设计方法，开发、支护和监测技术，资产管理技术，以及与数据和安全管理相关的技术。结合当前基础设施系统改造投资不足的状况，制定相应策略，调查潜在的危险、急需解决的问题以及灾害演变。工程师可以假设极端事件来加深其对复杂的地下工程系统行为和相互依赖关系的理解，并验证计算模型。

7）改善革新城市地下空间发展规划

实现地下空间持续发展，需要设计地下空间维护保养设施，研发节约成本的技术；在发展决策阶段综合考虑对不同种资源的需求；结合施工现场具体状况，对多种可能的情况进行模型模拟。学术界和利益相关者应联合开发能长期模拟复杂系统的仿真模型，并验证结果，从而理解系统的表现行为和动态反应；探索如何将"军技民用"和其他工业领域的创新技术应用到地下工程。从社会的长期利益考虑，进行地下空间对自然和人造环境影响的长期研究；依据"风险—成本—效益"的原则，全面研究地下空间储存和处置城市垃圾的可持续性的长期影响。

8）对各类地下空间应用及对经济、环境和社会的影响进行全面评估

对不同种类的地下设施项目展开全面而系统的科研调查，回顾和分析各类项目的生命周期，从而鉴定出该项目在性能和花费上最重要的阶段；同时，研究更加普适的评估可持续发展和能够具体评估其对经济、环境和社会影响的通用指标；在考虑到未来使用地下空间的影响的前提下，开发能将地下空间与其他城市资源的价值进行同位比较的定量方法；从可持续发展的角度，对各种施工方法和用料的相关数据进行汇编。

9）注重地下空间设计的实用性、便捷性、方向感、安全及美观，提升地下空间的接受度和利用率

开发和落实基于绩效的安全机制和安全规章制度，不仅针对现有的地下空间利用和相关风险，也可以将现有的一些安全规章制度标准延伸应用到地下空间上；结合人体工程学和复杂系统工程学的概念，为在正常运行和特殊情况下运行的威胁识别、技术与运行决策提供指南；在设计地下空间和制定安全规章制度的过程中，纳入行为学、生物学、生理学、绩效和人力资本的相关概念。研究安全系统的现状和最佳安全操作，确立最低安全系统要求，保证其符合国家级的指南和标准；将国际安全规章制度和指南与本国的进行比较，发现自身存在的不足，从而认识到此领域的现有成果并为未来提供方向。

10）将对自然和人造环境的保护纳入地下空间长

期规划，促进城市可持续发展

细心策划和利用城市地下空间，保证地下空间的长期使用，提升该地区发展的可持续性，将地下空间规划作为城市系统的一部分；同时通过制定合理的监测方案，对地下水、土壤和基础设施实行监测，结合总体地质情况及用途，记录城市地下环境的健康状况。利用不同环境和情景下的监测数据，为其他地区的城市规划提供帮助。

## 4.2.4 地下空间相关的研究成果和当前热点

### （1）国际地下空间相关的研究趋势和走向

近几年来，国内外对城市地下空间发展利用和地下空间技术方面的研究越来越多。在《隧道与地下空间技术》国际学报及其他相关国际学报上，以地下空间相关内容为题发表的期刊文献逐年递增，特别是最近五年，其增速呈现井喷式增长。从文献的统计信息来看，研究热点主要集中在几个方面，包括从城市视角、空间视角、资源整合、社会视角、人文视角、数据和分析工具等方面出发，探讨城市地下空间发展进程中可能面临的机遇与挑战。

1）从城市视角看城市化的快速发展与地下空间的合理利用

在公众日益重视城市生活品质的今天，随着世界城市化的快速进展，城市空间的扩张与城市土地资源紧缺的矛盾愈发突出。地下空间具有特有的优点，作为城市的第二空间，其成为人们探索和开拓城市新疆界时优先考虑的途径之一。城市视角的研究热点主要是从城市的可持续性、韧性、可（宜）居性等因素出发，探讨地下空间的引入在城市范畴内对这些指标可能产生的利弊两方面影响。发展地下空间已经成为现代城市化发展的必经之路，而且将在更长的时间内持续发挥正面的影响。很多国内外城市（如新加坡）甚至已经将地下空间开发量和使用程度作为衡量新型城市化的重要指标之一。

未来城市地下空间的发展将会有着更广阔的空间，因为它不会占用地上耕地，污染小，并且是天然的防灾屏障。对于多数政府而言，开发地下空间对于城市建设至关重要。基础设施以及各类建筑物的空间布置在常规的城市规划中面临诸多困难，而地下空间的利用为城市的基础设施、生活服务设施提供了新的空间，且不以消耗宝贵的地面空间为代价，使城市可以保留其珍贵的地面公共空间。另外，由于地下空间的开发具有不可逆性，为了能够满足人们的长期需求，实现地下空间可持续发展的科学规划尤为重要。

2）从空间视角看城市地下空间的长远规划

为实现城市规划与地下空间利用的可持续发展，需统筹兼顾地对地下空间资源从基本原则、目标、策略、空间结构、功能布局、地下设施布局等方面进行长期总体规划与部署。国际文献以空间视角对其研究的热点主要是从城市规划、总体规划、空间分区、功能用途、实际案例等方面探索将地下空间作为一种特殊资源，在当前的科技水平和城市发展阶段，通过科学的规划分区和功能融合，地下空间开发不再是单一建筑物向地下的简单延伸，而是向一个地下大型综合体进行转变，如地下轨道交通（如地铁）、地下综合管廊（如给水排水系统）、地下物流网（如生活垃圾转运）、地下休闲（如购物中心）、防灾减灾（如民防）等应用。以芬兰赫尔辛基为例，该市单独编制了地下空间总体规划（在国外城市中，这种情况极为少见）。该总体规划中首先强调地下空间与地面规划的协调性；其次，要保留一定的地下预留空间，为未有明确分类的地下设施的未来建设保留地下空间资源，目的是将地下用地类型与区位匹配以发挥最大作用，同时减少市中心地下空间资源的压力；再次，多种地下资源复合利用，除了最为常见的地下空间资源外；还包括地热、岩石等多种地下资源，最后，注重地下空间的环境与安全效益，重视地上、地下一体化与预留规划。

3）城市地下空间资源的合理利用

城市地下空间的科学利用是缓解由于城市化进程过快而导致的城市空间压力的一种有效途径。合理规划城市地下空间，可以大量节省城市用地，节约城市能源，缓解城市交通压力，减轻城市污染，是治理当前诸多城市病的有力手段。从资源复合利用的角度出发，目前研究的热点问题涉及城市范围内包括空间、水、能源和地质材料等地下资源的综合利用效益地下空间开发过程中各利益相关者之间可能发生的冲突和不适当的协同作用，及其解决模式和不同城市条件下营造共赢局面的新规则的制定。

4）从社会视角看城市地下空间立法、管理与学科发展

城市地下空间开发利用是一个复杂的系统工程，

具有工程复杂、牵涉面广、协调程度要求高等特点，且建设具有不可逆性。地下空间建设项目通常涉及城市土地管理、规划、建设、交通、消防、人防、园林等多个部门，难以有效地组织分配各个相关管理部门的工作职责以实现合理的建设和管理，因此容易造成部门间相互推诿、重复管理与无人管理共存的现象，进而导致地下空间布局不合理、利用水平低的结果。地下空间权（一般指地下空间使用权）作为一种新的权利形式出现之后，各类利益相关者之间也必然存在较大的分歧。目前学界对地下空间衍生出来的社会问题的讨论主要集中在治理手段优化、行政主体确立、管理机构设立和机制更新、利益相关者的界定等方面。值得借鉴的是，部分国外城市（如蒙特利尔、新加坡）已基本形成了一套较为完整的地下空间开发利用的综合管理体系：国家层面设立法定的地下空间开发利用领导机构，地方政府按照要求成立专门的机构，负责部署、协调地下空间开发利用，以达到提升管理层次、优化管理架构的目的。我国在对城市地下空间进行开发时，应借鉴国外城市地下空间综合管理的经验，构建出适合我国国情的管理体制，促使城市地下空间开发利用不断向法制化、规范化、科学化方向发展。此外，随着城市地下空间建设需求的增长，当前相关研究人员偏于工程技术化的缺陷也日益凸显，急需一批针对地下空间综合性开发的复合型人才。这对人才培养也提出了更高的要求，结合目前高等学校城乡规划、建筑学、城市地下空间工程专业的人才培养现状，有必要根据新时期城市地下空间建设对规划与设计专业技术人才的要求，针对性地在人才培养方案、教材体系等方面进行改革，以满足大中城市地下空间开发建设中对大量专业人才的需求。

5）从人文视角看城市地下空间的发展

地下建筑学是综合性和科学性很强的学科，涉及城市规划、建筑空间技术、艺术环境、物理、历史等多个学科，目的是从地下空间的开发利用、规划、管理等方面处理好地下空间与整个城市空间的关系。从人文视角观察地下空间综合利用，特别是大规模深层地下空间，还需要从建筑学、室内设计、健康因素、人体工程学和心理学等专业方向考察人处于地下环境时的感受。目前该领域的前沿研究就上述方向展开了一系列的热点研究。随着地下空间利用的种类日趋多样，对于其室内空间的设计提出了更高的要求，不仅要满足人类的健康要求，还要提升生理和心理的舒适度。在缺少自然采光和通风的室内空间，应该对室内环境的构成要素作综合的考虑分析。尽量模拟自然的光环境，完善照明系统，保证有足够的亮度；同时秉承节能低碳的设计理念，将分层级的灯光设置和可再生的新能源引入地下空间室内设计中。除了光环境，还要使室内保持适当的温度、湿度和气流速度，以科技引领宜人的地下微气候营造。同时，地下空间室内设计还需要尊重人们的心理感受。因此设计师应当更加深入、细致地考虑这一点，把它作为地下室内空间设计的切入点，人为地营造出适合人们使用的环境氛围，营造灵活多变的空间。

6）数字化分析城市地下空间

地下空间开发的综合性要求使之必然需要依赖目前信息化技术的发展，从某种角度来看，信息化、智能化技术的蓬勃发展是大规模地下空间综合开发的技术前提之一。以建筑信息系统（BIM）为抓手，推动地下地籍库建设，梳理相关管理部门的责权关系，为规划、设计、建设、运维等多元主体提供共享信息平台是当前与地下空间开发配套的技术热点。具体的研究方向包括地层数字化、地质信息化、地下管线信息化、地下构筑物信息化等。在此基础上，衍生出在统计工具、量化分析、工程造价、综合效益估值等地下空间发展方向的应用。城市地下空间包含大量的地理空间信息和属性信息。3D GIS 技术可以采集、存储、操作、分析和显示地理空间信息和属性数据，能较好地呈现出地下工程完成后工程与环境的协调情况，便于评估工程的社会价值、经济价值和技术价值。同时，依赖三维可视化和空间分析技术，3D GIS 具有表达装饰、道具装置、情报、环境、文化等景观素材的能力，可以较好地展现地下空间景观设计效果，帮助设计者准确把握人、空间、时间三者的相互关系。

7）城市地下工程应用中的特殊问题

地下空间还有很多特殊的用途。民防工程方面，由于其管理的特殊性，缺乏对地下空间的统一规划，使民防工程建设与城市建设没有真正地结合，所以导致地下民防工程零散布置，无法充分利用。防灾避灾方面，由于地下空间具有密闭性、恒压性、恒湿性、恒温性，使其对一些灾害有较好的防御作用，如可防御火灾、地震、气象灾害和战争空袭等。地下空间的再利用方面，包括废弃人防工程的再利用和废弃矿井巷道的再利用，但由于再利用的成本较高导致再次利用的比例极低。环境保护方面，把城市基础设施特别是使城市环境脏、乱、差的设施（如污水和垃圾的集运和处理等），部分商场和餐饮、休闲和健身，如洗浴、游泳和部分要求恒温和无噪声的生产设施，以及产生汽车尾气的交通和产生污气、污液、噪声的设施放置于地下，城市的环境将得到大幅改善。

### （2）中国地下空间相关的研究趋势和走向

1）总量同比有所下降，建筑方向仍占主导

根据中国知网、万方数据、谷歌学术等在线数据库以及南京慧龙地下空间信息数据录入系统（以下简称慧龙地下数据）的检索统计，2016年共发表以地下空间为研究方向或研究内容涉及地下空间的学术论文约1816篇，主要集中在7个主要研究领域，包括建筑学、土木工程、水利工程、测绘科学与技术、地质资源与地质工程、矿业工程、教育学。这7个领域2016年有关地下空间的学术论文发表量之和占总数量的95.82%（图2-4-9）。

此外，有关地下空间的研究正朝着学科化方向发展，逐步扩展至交通运输工程、战略／战术学等领域。

2016年有关地下空间的学术论文中，录入SCI、EI、CSSCI、中国科技核心期刊、北大核心期刊、CSCD、SCIE等核心期刊的共计311篇，占全年地下空间学术论文总数的17%，同比2015年有所下降。

2）规划研究类主题有所上升

按照包括地下空间的规划、设计、建设、管理等的全生命周期视角，本研究将有关地下空间内容的学术论文划分为"地下空间规划研究"和"地下工程建设实施"两个学术研究主题。各学术主题均包括地下交通、轨道交通（以地铁为主）、地下市政、地下公共服务、地下仓储物流、综合利用、人防工程等研究方向。

规划研究仍呈现持续增长趋势。2014年起，我国地下空间相关学术论文发表总量减少，核心期刊收录比例下降。在此背景下，地下空间规划研究主题论文的核心期刊收录比例逆势增长，2015年其核心期刊收录比例高达50%。预测未来城市地下空间的研究热点将逐步由"方案设计、技术支撑"向"统筹开发、综合利用"，即"地下空间开发利用规划与运营管理"方向发展。

政策引领，地下市政、地下物流研究将实现突破性增长。2011~2015年，地下市政主题论文（以综合管廊为首）发表量整体呈加速增长态势，这与中国近年来积极推动基础设施建设以拉动经济有效增长的政策背景相契合。特别是2015年起，基础设施投资市场的放开、中央财政支持等一系列措施全面推进了中国地下综合管廊规划建设，其相关学术研究、工程技术探索等主题论文发表量猛增。地下市政主题的深入研究，有助于中国地下市政行业合理、有序的发展。地下仓储物流主题论文发表量五年间保持稳定，但总数量较少。地下仓储物流系统在发达国家或地区运用广泛，但在国内具体应用实施不多，发展前景相对较为广阔。其他主题学术论文的发表情况基本与整体发展趋势吻合。

3）核心期刊偏重规划研究

2016年，新晋入选中国科学引文数据库核心期刊（CSCD2015-2016）的《地下空间与工程学报》共收录地下空间相关学术论文23篇。其中，地下空间规划研究主题共计20篇，地下工程建设实施主题共计3篇。

基于数据可知，《地下空间与工程学报》相对偏重于地下空间规划研究主题，其收录的学术论文以地下空间综合利用、地下空间资源、地下空间需求、地下空间信息化、地下空间产权等研究方向为主。

4）研究方向仍为政策导向型——以综合管廊为例

学术论文单年数量超"十二五"时期总和。2016年单年发表的综合管廊研究方向学术论文数量多于2011~2015年综合管廊研究方向学术论文的总数量，印证了《2015年中国城市地下空间发展蓝皮书》中"地下市政、地下物流研究将实现突破性增长"的预测结论。

核心期刊收录率趋于稳定。综合管廊相关学术论文2014~2016年核心期刊收录率约为11%~12%，但较地下空间规划研究主题的核心期刊收录率较低，学术论文质量有待提高（图2-4-10）。

地下空间管理有望成为近期重点研究方向。学术研究一般应先于政策制定，因此基于地下空间的多规

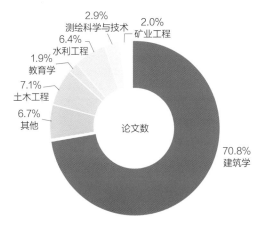

**图2-4-9　2016年各研究领域有关地下空间的学术论文发表数量比重图**

数据来源：中国知网、万方数据、慧龙地下数据等检索数据库

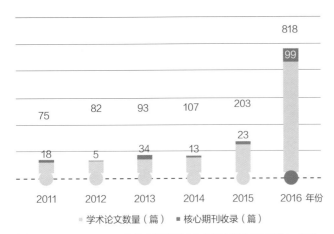

图 2-4-10 2011~2016 年综合管廊研究方向学术论文发展情况一览表

数据来源：中国知网、万方数据、维普资讯等检索数据库

合一、基于地下资源的空间规划、基于信息化（大数据）的地下空间规划管理等有望成为未来地下空间的重点学术研究方向。

## 4.3 城市地下空间综合开发特点分析

### 4.3.1 地下空间是三维发展，可向深度发展

地下空间的开发同地面空间利用一样，具有三维方向。通常意义上地下空间开发与利用是指广域上在城市不同区位上的开发占地面积。但实际在开发利用中不仅在广度方向进行开发，在深度方向同样可以进行多层次的开发与利用，这样在地下空间整体化开发中就形成了横向、纵向和垂直的三维立体空间开发。如图 2-4-11 中的新加坡南洋理工大学多层地下空间开发利用设想，规划了地下数米至一百多米的多层、不同用途的地下空间。这不仅解决了空间利用的集成度的问题，而且可以通过不同深度的分层利用，加强竖向各功能层之间的相互联系和功能互补，丰富了城市土地的利用。

地下空间的立体化开发同时也是节约地下空间开发经济成本的需要。地下空间开发往往位于城市核心区域，以高昂的用地成本为前提，要有效降低开发成本，必然需要在开发深度上加强规划和设计。

但如何去界定一个城市地下空间开发的适宜深度，目前并无统一的指标，因此较为可行的方法是研究国外地下空间开发较为成熟地区的情况，通过对比分析大致确定地下空间的分层区划。对比分析的指标大致包括城市规模、人口密度、人均道路面积、人均公共绿地面积等，分别反映了用地紧缺程度、交通及环境状况。

按照我国实际情况，地下空间开发可以分为四个层次（每个城市可以根据实际的地质、现有建筑、环境等情况调整）：GL~-15m，现有浅层开发深度；-15~-30m，近期中层开发深度；-30~-50m，中期深层开发深度；-50~，远期超深层开发深度。

目前地下空间开发功能分层设置涉及多个方面的因素，但首先应从人的角度进行划分，按照有人和无人划分为有人空间及无人空间，具体情况参见表 2-4-3。一般而言，有人空间由于人的存在，应从安

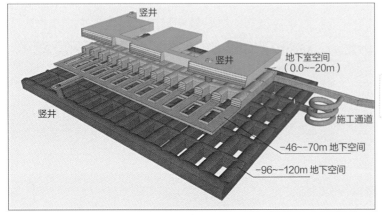

图 2-4-11 新加坡南洋理工大学多层地下空间开发利用设想

图片来源：范剑才，赵坚，赵志业. 新加坡 NTU 深层地下空间规划探讨 [J]. 地下空间与工程学报，2016，12（3）：600-606.

城市地下空间利用内容分类　　　　　　　　　　　　　　　　　　　表 2-4-3

| 有人空间 | 无人空间 | | | |
|---|---|---|---|---|
| 城市生活设施 | 基础设施 | 生产设施 | 贮存设施 | 防灾设施 |
| 住宅、地下室、学校、医院、商店、步行街、办公空间、文化娱乐设施、停车空间、仓库 | 给水排水水管道、煤气、电力、网络、交通设施 | 发电厂、生产工厂 | 能源、粮食、水、废弃物等的仓储设施 | 避难设施、防洪设施、储备设施 |

全、舒适等角度出发，地下空间的开发深度不宜过深，而无人空间由于没有人这个重要因素的限制，理论上开发深度可以不加以限制。

城市地下空间的开发，由于所要解决问题的侧重点不同，经济技术的基础也不同，因此对不同功能需求也有优先程度之分。地下空间的开发应该有目的地分为重点开发设施、次要开发设施，在不同的阶段、不同的空间层次进行开发。在开发顺序上可分为优先开发、选择开发和未来开发。简而言之，即开发有先后，开发有重点，开发有层次。

### （1）优先开发

交通是连接一个城市各种功能的基础，在发展层次上具有最为基础的地位，而地下交通作为改善和加强中心城区交通的重要手段理应优先发展。结合城市经济和工程技术的具体情况，在现阶段应优先发展地铁、地下步行道、地下停车场等设施，地下道路、地下物流虽然也是强化交通功能的一种手段，但由于条件所限，暂不列入优先发展层次。基础设施是城市赖以生存和发展的基础，也是中心城区主要矛盾的所在。应充分利用地下空间的封闭性、低能耗性、环境易控性等特点大力发展地下基础设施，保障能源信息的正常供给，具体包括地下市政管线、综合管沟、地下变电站、地下水库等设施。

### （2）选择开发

在解决中心城区最主要问题的基础上，可以结合中心城区的主要职能修建与其功能相对应的地下设施，作为城市地下空间资源的有效补充，例如地下商业设施、地下文化娱乐设施、地下仓储设施等。这些设施与地面空间构成一个完整的系统，相互协调，可以最大限度地发挥中心城区的集聚效益。

### （3）未来开发

未来的城市将是经济发达、环境友好、人工环境与自然环境协调的生态型城市。要实现这个目标需要更为有效地利用地下空间，真正实现"人在地上、物在地下"的目标。这里的"物"包括交通、物流、信息流、能源流等各种城市功能。未来应大力开发深层地下空间，建设地下道路、地下深层地铁、地下物流等系统，实现城市大部分设施的地下化，形成功能齐全、设施完备的地下城市。

地下空间分层功能设置方面，一般将"人"的活动作为依据，根据人员活动强度，与地下空间联系越紧密的空间置于浅层，其他向深层发展（表2-4-4）。

随着开发技术的进步，在地下空间规划和开发中应从施工、技术、经济等各方面综合考虑，在充分分析、详细规划的前提下，可以先进行深层开发，再进

地下空间功能分层设置　　　　　　　　　　　　　　　　　　　表 2-4-4

| 地下空间开发深度 | 人类活动特征 | 功能设置 |
|---|---|---|
| GL ~ -15m | 人员活动密集 | 居住（仅用于改造）、步行街、旅馆（仅用于中转、短暂停留）、手术和恢复用房、会议空间、轻型基础设施、餐饮空间、娱乐空间、特殊休闲空间、体育运动空间、教育活动、图书馆、创造性环境、宗教活动、轻型交通、停车场、文化中心、剧院、博物馆、办公空间、购物中心、公共集会、有限的运输网络 |
| -15 ~ -30m、-30 ~ -50m | 有选择性的日常活动 | 地铁、高速公路、街道、停车场、基础设施、自动化传输系统、冷藏、能源储存、无污染工业、仓储 |
| -50m ~ | 很少的人类活动、高度自动化技术 | 快速运输系统、快速自动化网络传输系统、能源储存、特殊仓储（长期）、重型基础设施 |

行浅层开发，这样对于施工和后期利用都具有一定的优势。越是深层的功能空间越具有空间、功能、地质方面的稳定性，浅层功能空间涉及的因素会因为社会发展提出新的需求，后开发可以在一定程度上减少不合理性，使地下空间开发利用更趋合理。

## 4.3.2 地下空间形体具有灵活性，结构具有更好的防护性

地下空间的形态是一种非连续的人工空间结构，需要经过系统的规划和长期的发展才能逐步形成连续的空间形态。因而，地下空间的形态关系将是一种建立在地下空间要素综合运用之上的复杂模式，相互连续完整，却又复杂多变。

地下空间形态设计与地面空间相比有相同和特殊之处。相同之处体现在同样具有相应的空间维度和空间形态，特殊之处在于地下空间形态的创造更为灵活、多变。且随着地质环境的差异，其结构形态可以多样化，甚至在空间尺寸上具有更大优势，单体跨度可变化，由数米至数十米。目前已经建造的岩石洞室跨度最大超过60m，未来可达百米。在岩土内建造的地下空间结构具有相当的防护和隔离功能。

城市地下空间形态是地下空间在一定环境、条件下的表现形式。地下空间形态是以一定的形状、大小、方位、色彩、肌理等实现对空间功能的表达，涉及空间的组合及区域、节点、界面等组成要素。地下空间形态设计应该从地下空间组织和空间创造两方面展开。地下空间以人类建设活动为基础，所以必然具有强烈的功能指向性，它是功能和结构的高度概括，映射地下城市发展的持续和继承，体现出鲜明的城市个性和环境特色。

### （1）空间组合

地下空间的组合根据地下建筑的性质、使用功能、规模、环境等不同特点展开。空间组合应满足合理的空间功能要求，做到功能紧凑、分区明确。空间组合方式主要有以下几种方式。

1）线形走道式

线形走道式的组合方式是指地下建筑的各功能空间通过线形走道串联，使平面大致沿一条线排列。线形包括一字形、弧线形或折线性等，走道式可分为内廊式和外廊式。地下商业街是采用这类空间组合形式的典型。线形走道式的特点是流线单一，走向明确而有连续性，空间导向性强。内部人流容易组织，方向性强，人流通行不受干扰，有利于防灾。采用线形走道式组织地下建筑空间要注意在强调走道短捷、方向明确的同时，避免内部空间的单调和呆板。注重空间的过渡与衔接、对比与变化以及空间序列和节奏的处理，同时还应考虑人的心理和生理需求，合理设置绿化、喷泉、休憩区，有选择地引入自然光线。

2）环形大厅式

环形大厅式一般是以一个或多个形状较规则、规模较大的大厅式空间（如中庭、庭院、下沉式广场）为核心，其他空间环绕其周围展开，形成环状平面。这种环形大厅式组合方式的特点是核心突出，具有凝聚力。设计时应合理布置核心体与周围空间的交通联系，并强化核心部分的方向感与标志性，在应急状态下须做到疏散安全。

3）网络混合式

网络混合式一般在规模较大的地下建筑综合体中使用。此种空间类型是混合使用前两种方式使地下建筑空间相互联系。网络混合式的空间组合方式便于结合地面街道与广场布置地下建筑，形成较大规模、多功能的地下商业区，充分利用地下空间。它以多空间节点作为支撑，形成一种更为密切、高效的空间结构形态，代表了未来城市的一种高效空间发展理念。

### （2）设计方法

在具体的地下空间设计中，要依据空间的不同功能要求，尽量创造出开敞、通透、流动、自然的空间效果，消除由于地下空间的封闭、方向感差等问题对人们的心理产生的负面影响。因此，处理好空间的渗透、流动、层次和过渡是地下建筑内部空间设计的基本原则。地下空间的具体创造方法主要包括以下几个方面。

1）创造开放空间

由于地下空间的封闭和内向性，应特别强调创造开放空间。这里所说的开放空间的设计并不仅仅靠空间体量的扩大来实现，更重要的是实现空间的通透与相互渗透。通透空间无论在实用方面还是在视觉印象方面均可构建出合理的开放空间，激发人们在空间中的活动力和流动力。为了形成空间的视觉通透效果，可多采用玻璃墙、镜面或通透玻璃对空间进行水平方向的分割与限定，还可以利用多重玻璃向室内、庭

院、另一室内空间乃至更远的景观渗透。此外，不同形式的可滑动开启的中庭玻璃顶也能够形成室内外空间的直接交流与渗透，创造出通透开敞的空间效果。

2）创造复合空间

由于地下建筑容易给人以压抑、沉闷的心理感受，因而在地下空间设计中要尽量增加空间的层次和复合，形成丰富的空间感受。大小空间的组合是构成复合空间的重要方式之一。大小空间产生了空间量感的对比，并产生了一定范围的领域感、空间之间的融合沟通。许多地下建筑的中庭充分体现了复合空间的特性，这种复合空间适用于大型公共活动中心和交通枢纽，配置不同的环境设施，采用适当的公共艺术手法，使空间小中见大、大中见小、内外结合、相互交错，形成丰富的视觉效果。

3）创造动态空间

为打破地下建筑的沉闷与寂静，需要创造一种动态的环境气氛。直接应用动态要素（景观电梯、自动扶梯、雕塑、轻质帷幕等）可以创造出欢快动感的空间效果。装饰和形体也是创造动态空间的重要因素，顶部设计可活跃空间，直线装饰可产生安全、平坦的直线流动感，弧形装饰可产生柔和动态感。动态空间也经常使用多变的光影、动态性比较大的装饰等，构成一种跳动、闪耀的动态空间。

4）创造生态空间

生态空间是人与自然更为协调、融合的内部空间，是构成现代室内空间的重要手段。在内部空间中引入外部空间的自然景象，构建内外空间相互贯通的生态空间，可使人产生置身于自然之中的感觉。在空间营造中应充分利用自然元素（如水体、植物等），将自然环境氛围引入地下空间，缓解由地下空间的封闭而造成的不良心理影响。

## 4.3.3 可大规模综合性规划发展地下城市

城市地下空间开发利用将不再满足某一单项功能，而是立足于城市的整体建设与功能要求，是多项城市功能的整合共容，如满足交通、商业与环境等的大型综合体。同时，其也不再是一种孤立的空间形态，而是由点、线、面、网等多种形态的空间灵活组合贯通的有机的、丰富的空间整体。

城市地下空间开发利用的过程可以总结为以下几个阶段（表2-4-5）。

城市地下空间的布局应与城市形态和城市的发展实际相协调，这是基本要求。要充分考虑经济和社会发展水平的影响，与城市原有规划相协调，深入探讨地下空间开发会受到的城市原有空间结构、形态、功能布局等因素的影响程度。城市规划中应结合地下空间开发的功能类型、发展特征，在宏观层面就城市布局形态、总体定位等进行规划与引导。城市地下空间的布局形态有单轴式、多轴环状、多轴放射等。单轴式多出现在带状布局的城市中，这样的布局有利于初期的发展，但当发展趋于饱和时，则会成为发展的主要制约因素；大多数城市的发展是呈多轴方向、同心圆式的扩展，因此地铁多呈环状布局，其地下空间的发展模式表现为多轴环状；多轴放射发展的城市地下空间有利于形成良好的城市地面生态环境，并能为城市以后的发展留有更大的余地。

随着城市地下空间的不断发展，地下空间的面积不断扩大而彼此相连，逐渐形成大规模、综合化的地下空间，这是人类利用地下空间拓展城市发展空间的客观规律和必然结果。因此，这些综合化地下空间在设计时必将形成更大的商业、文化、娱乐、交通、仓储等综合空间，从而担负更多的城市功能。

地下空间发展的基本形态由点、线、辐射、网格组成，网络方向发展是地下空间开发利用的演化趋势，

**城市地下空间开发阶段** 表2-4-5

| 阶段<br>内容 | 初始化阶段 | 规模化阶段 | 网络化阶段 | 地下城阶段 |
|---|---|---|---|---|
| 功能类型 | 地下停车、民防 | 地下商业、文化娱乐等 | 地下轨道交通 | 综合管廊、现代化地下排水系统 |
| 发展特征 | 单体建设、功能单一、规模较小 | 以重点项目为聚点，以综合利用为标志 | 以地铁系统为骨架，以地铁站点综合开发为节点的地下网络 | 交通、市政、物流等实现地下系统化构成的城市生命线系统 |
| 布局形态 | 散点分布 | 聚点扩展 | 网络延伸 | 立体城市 |
| 综合评价 | 基础层次 | 基础与重点层次 | 网络化层次 | 系统化层次 |

只有充分利用各形态的特点，才能与城市空间利用相协调，使地下空间利用形成良性发展。

城市地下空间一般可以分为以下几种基本形态。

### （1）点状

点状地下空间是初级的、自发的地下空间利用方式，是构成城市地下空间复杂形态的基本要素。由于缺乏规划，这些地下空间虽然承担着部分的城市功能，但复杂多变。点状地下空间设施广泛分布在城市中，是城市地下空间构成的重要组成部分，承担城市功能并发挥着显著的作用，如城市基础设施中的地下车库、人行通道以及各种仓库等。随着大规模的地下空间开发和利用，点状地下空间逐渐成为各种地下通道与城市地上空间的连接点，如地铁站连接地面空间，同时也是人流集散点。随着地铁的发展，地铁站的综合开发越来越成熟，大型的地铁站已经发展成为集商业功能、文化娱乐、人流集散、停车等多种功能于一体的地下综合体，在某种程度上更加强了其集散和连接的作用。另外，点状地下空间还可直接承担城市上部功能的延伸。

### （2）线状

通过线状地下空间将两侧连通的地下空间形式称为脊状地下空间。这种形态不以解决城市动态交通为目的，多用于商业区域或地下停车系统中，地下商业街或地下车道构成其中的线状地下空间，两侧建筑下的地下室则可能是商铺或停车库。

### （3）辐射状

辐射状地下空间的形态出现在地下空间开发利用的初期，多以某一大型地下设施为核心，通过通道与周围地下设施相连，形成辐射状的空间。这一空间形态通过对某一大型地下空间的综合开发，提升周围地块地下空间的开发深度和利用效益，在局部地区形成一个相对完整的地下空间体系，多为地铁（换乘）站、城市中心广场等。

### （4）网格状

随着地下空间利用的进一步发展，多个较大规模的地下空间的连通逐渐成为必然的需求，从而形成网格状地下空间形态。这一形态多出现在开发程度较大的城市中心区、城市商业区等，以地铁（换乘）站、地下广场、地下商业街为主要组成部分，连接其他地下空间。由于这种地下空间利用形态对城市规划和建设管理的要求较高，因此一般出现在城市地下空间开发利用水平较高的地区。这一形态有利于将现有的城市地下空间整合形成一个系统，从而极大地提高地下空间的利用效益。

### （5）网络状

随着城市地下交通的发展，整个城市的地下空间通过各种交通形式得以连通，从而形成以地下交通为骨架的地下空间网络系统。这种形态在规划城市地下空间总体布局时较为常见，通常情况下，地铁是这一系统的骨架，通过地铁（换乘）站将各种地下空间有机地组合在一起，形成一个完整的城市地下空间系统。

### （6）立体型（地上、地下一体型）

立体型结构是综合考虑城市性质、规模和建设目标，将城市的地上、地下空间作为一个整体进行统筹规划，形成一个一体的、完整的空间系统，进而能够让地上、地下空间充分发挥各自特点，达到改善城市环境、促进城市发展、增强城市功能的目的。这一部分内容将在后文中详细展开。

## 4.3.4 城市地上、地下空间是一体，可综合开发利用

城市空间的立体化发展，不仅促进了城市地上、地下空间的渗透，而且也打破了传统城市建筑内外空间概念的界限。这种城市空间的相互渗透、相互融合，消除了现代城市中巨大建筑体量和地下封闭空间所引起的压抑感，增强了城市空间在平面和垂直方向的连续性和整体性。

城市是一个有机的整体，其地下空间与地上空间在功能和形态上相辅相承、密不可分，同时还存在相互影响、相互制约的关系。因此，城市规划过程中，要以既有的城市地上空间功能为基础，上部与下部统筹考虑，一体化开发，不能相互脱节，而这种上下对应的关系同时也是城市空间不断演变的客观规律的呈现。尤其在新城空间的开发利用中，要做到地上、地下一体化发展，使城市的地上、地下空间统一规划、同步建设、互为补充。对于老城区，则可在充分调研、分析的基础上，将地下空间开发利用中的设计元素与

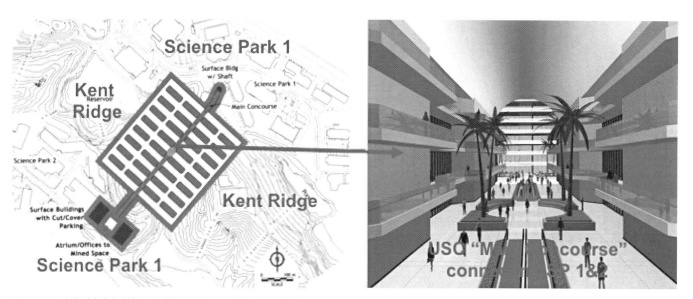

图 2-4-12 规划中的新加坡地下科学城连接地上原有的两个科学园
图片来源：范剑才，赵坚，赵志业. 新加坡 NTU 深层地下空间规划探讨 [J]. 地下空间与工程学报, 2016, 12（3）: 600-606.

地面现有空间相结合、转化，形成"1+1＞2"的良好状态。地下与地上的一体化开发将是我国未来城市建设的主要模式，地下与地上空间、功能、要素的整合建设将会越来越广泛和普遍。如图 2-4-12 所示的新加坡地下科学城就将地上的两个科学园有机地组合成一个地上、地下融合的科学城。

随着城市地下空间的不断发展、地下功能的不断增多，城市对地下、地上空间一体化的设计提出了更多和更新的要求。因此，地上、地下空间的一体化开发在很多方面都影响着城市的建设与发展。就目前世界各国地上、地下空间协调发展的过程来看，地上、地下空间的整合对于促进城市商业的发展、保持城市空间层次的丰富性、提高地下空间环境的质量以及改善地上、地下交通等方面都起到举足轻重的作用。

1）促进城市商业的发展

地下公共空间的商业服务功能在城市公共生活中占有重要地位。合理、有序、安全地组织地上、地下如此大量的人流、增进商业效益，是地上、地下整合空间重要性的体现。

2）保持城市空间层次的丰富性

人口的增加和地球环境的恶化，使人们在建设城市的同时大量开发地下空间和高层建筑，城市立体化不断深化。功能空间的距离拉大，对连接点的要求就越高，地上、地下空间的一体化也就显得尤为突出。

3）提高地下空间环境的质量

通过研究地上、地下空间的一体化形式，整合空间在不同性质的地上、地下功能空间中的不同作用，可以人为地吸引或减缓人流的流动，从而达到对地下空间的利用或保护。从人的角度，如何引导人流；从空间效果的角度，如何克服地下空间的缺点，减少人们在地下空间的急促感和危机感，使地下空间室外化，提高地下空间的质量，都需要我们对整合空间作进一步的深入研究。

4）通过改善地上、地下交通来提高城市运转效率

从城市发展的现状来看，交通枢纽是城市交通网络中的关键点，交通设施的建设推动了地下空间的发展。如何将地上人流合理地引入地下，将地铁等地下交通带来的人流有序地引导到地面上以及理性地安排连接点是设计地下空间的重点。

城市中心区地上、地下空间的一体化需要遵循以下原则。

1）功能协调的原则

城市中心区是城市发展的核心，随着现代城市理论的不断丰富，城市中心区可具有多个不同的功能内涵，如城市行政中心、城市中央商务中心、城市交通枢纽以及新城中心等，其在空间上有分有合。

2）环境协调的原则

城市空间是城市人工环境和自然环境共同作用的三维空间，是城市社会和经济系统的重要载体，对城市生态系统具有重要的影响。新时期城市环境的可持续发展对城市上下部空间的有机协调要求越来越高，地下空间与地面道路、广场、建筑、公园绿地等的关系越来越密切。可通过地下空间中的开敞空间，将阳

光、空气和景观引入地下，使地面建筑、街道、广场以及地下空间有机融为一体。同时通过地下空间的开发降低地面建筑密度，扩大开敞空间，增加城市绿地面积，实现城市地面大气环境的改善，构筑现代意义上的"绿色城市""山水城市""生态城市"。

3）人性化的原则

城市地上、地下空间的一体化除了满足使用上的功能要求之外，还应考虑到人们对空间的物理环境感受、生理安全感受和心理安全感受。因此，城市地下空间的"人性化"设计也就是指设计中要从人的具体需要、心理行为特征出发进行空间设计，以满足人在空间中的活动为最终目的的设计思维模式。主要内容包括满足人们的生理需求、心理需求和精神需求三个层次，为人们创造具有自然亲和力的环境和良好的精神感受，提升城市地上、地下空间的品质。在地下空间开发中需要更好地考虑通道、连接性、方向感、吸引力及舒适度，使地下空间成为人们乐于使用的空间。

4）经济、环境、社会效益相协调的原则

城市地上、地下空间的一体化开发能够在更大的范围内为城市带来良好的经济、环境和社会效益。获得最佳的综合效益是城市地下空间开发的主要目的，明确以上三种效益中的一种作为主要开发目标，进而协调发展其他两方面的效益。例如，在城市交通矛盾最大的节点处，开发利用地下空间应当首先解决地面交通压力（拥堵、停车），可以通过建设地铁站、地下道路、地下停车库、地下人行通道等来获得该区域的社会效益，提高城市的运作效率，在此基础上再开发建设地下商业、娱乐等设施，还可以取得可观的经济效益，并推动城市地面环境的改善。

## 4.3.5 地下空间有不可逆性，应可转换用途

地下空间的开发与利用对于城市的可持续性发展、解决城市面临的诸多问题起到的作用已经不言而喻了，所以地下空间的开发与利用必将成为今后城市空间开发的重点和必备手段。但地下空间与地面空间的开发利用相比存在初期投资成本高、自然采光和通风受到限制、对地质和水文条件要求较高、施工条件复杂、造价较高、工期较长等问题。经费和技术是城市地下空间改造和开发的基础，应该多借鉴国外较为成熟的案例，通过多种渠道予以解决，同时由于其具有不可逆转性的特点，需要在规划之初就积极应对，一旦开发将很难恢复到原来的状态，这就决定了在地下空间改造和开发过程中应该避免无秩序、无计划性的乱挖、乱建、乱改而引起的资源浪费与破坏。

在中华人民共和国成立初期，出于防空目的在一些重点城市，如北京、上海、西安等城市建设了大量的地下防空设施。这些设施受限于当时的技术、经济水平和功能需求，存在空间狭小、阴暗、潮湿的特点，这些既有地下空间和未来新建地下空间都存在后期改造困难的问题。面对地下空间开发中存在的这一必然问题，我们需要在开发之初就针对地下空间利用制定了多功能、可转换的策略。

地下空间一旦开发，必将使用几十年，甚至上百年，其功能会随着社会发展、环境和人类需求的改变而面临新的要求。那么在地下空间设计中，就应在规模尺度、选取材料、空间营造、功能划分等方面合理和超前规划，以满足未来城市发展。其具体规划原则主要包括以下几个方面。

### （1）空间尺度可变性

地下建筑空间尺度的设计上，应具有可变性，在采用新型空间划分材料的基础上，满足不同空间尺寸的需求，应优先选用可变、可重组的模块化材料和尺寸，并在设计之初就形成空间可变选项。

### （2）材料的选取绿色化

地下空间开发建筑材料的使用过程中面临老化替换和功能改变的需求，需要选择对环境无污染、可重复利用的材料，这样才能满足城市可持续发展的需求。在改造过程中，为了减少对环境的污染与破坏，应采用生态环保型材料和新的建筑构造技术、节能减排的空间设计，开发利用新能源与再生资源，从整体上营造绿色生态的地下室内空间。

### （3）功能划分综合化和聚合化

在功能划分上，要整合地下空间的功能，对地铁、地下道路、地下停车场、地下商业区、市政设施等进行综合划分，合理地利用地下各层空间，使功能更加合理、系统更加完整。类似功能种类聚合，将功能、空间可以互补的空间尽可能地水平集中或竖向垂直设置，这样可为今后功能空间的变化增加一定的灵活性，尤其对管道密集的空间、特殊空间、交通空间方面尤为重要。

**（4）规划前瞻性和跟踪性**

地下空间规划的实现需要几年甚至几十年时间，因此好的地下空间规划必须具有一定的前瞻性，具有发展的眼光。人类科技的发展、生活需求的提高都需要一定的空间、技术保障。在规划之初和实施过程中一定要随时跟踪回访，面对计划的改变要积极应对、不断调整，以适应社会的发展，为地下空间的良性运转奠定基础。

## 4.3.6 地下空间可结合利用地下资源

地下空间是所有自然或人工地面（含水面）下人工开发可使用的空间资源。除了土壤和岩石之外，地下资源还包括地下水、地热能以及其他矿产资源。因此地下空间和地面以下的地质材料、地下水、地热能、地下矿产资源应一并作为地下资源考虑。

在地下空间开发的过程中人们应紧密结合地下资源进行规划，以推进城市的能源利用和环境优化。这不仅包括已经得到广泛应用的将地下空间开挖过程中挖出的岩石材料作为建筑材料或填海使用，还包括充分利用地下土壤、地下水等低密度天然能源作为冬季热源和夏季冷源。地源热泵技术就是一种利用地下可再生能源的既可供暖又可供冷的新型中央空调系统，通过地下埋管式的地源热泵或抽取地下水后回灌的水源热泵用作居民小区等建筑的加热、降温等手段。此外，欧美等发达国家开始利用地下含水层建立"水银行"，来调节和缓解供水，不仅可以满足供水需求还可以控制海水入侵和地面沉降，通过土壤改善水质，循环利用污水的同时起到了保护生态环境的作用。

地下空间结构体本身便处在地下，可作为地热传播的载体，便于开采、利用、循环地热能。同时，地下相对恒定的温度使得地下空间结构在能源上的花费可以减少 50%～70%，在冬天很少会产生供热的费用，在夏天用于降温和湿度控制的花费也相对较低。所以地下空间开发过程中更应该紧密结合地热能等地下资源来减少能耗和费用，促进可持续发展。

地下空间在开发过程中不可忽视的方面就是对开发用地地下资源的利用。地下资源丰富，除了我们熟知的矿产资源外，还包含地热、地质等资源，只有在地下空间开发利用时充分利用地下能源，加强环境检测，保护城市整体地质环境，才能保证地下空间的可持续开发和利用。

地下空间的开挖过程实质上是在原有的地质条件下加入一个永久性且相对独立的结构体。值得注意的是这个结构体会对水的流动、水的渗透、地热能传播等城市地质环境造成不可逆的影响。在大型地下工程竣工后，水的流动方向、流程会有很大改变，这往往会造成局部水文地质条件的改变。所以在地下空间开发过程中应考虑水文地质的影响因素，保证水的渗透性和流动性，尽量减少不利影响，真正实现建设海绵城市的目标。

地下空间开发中对水的控制和影响非常具有挑战性，脆弱的地下水资源需要保护，避免其受到污染和损耗。但是大多数地下工程都需要干燥的环境以便于大型机械施工，则需要采取大面积的人工降水措施对地下水进行抽排，将地下水水位降至开挖基底以下，这很可能会导致地下水中某些物理、化学组分和微生物含量的变化，引起水质恶化。同时为了加强施工过程中土体的防渗性和土体强度而进行的化学注浆可能会导致地下水的化学污染。此外，由于地下空间开发是在岩土体内部进行，施工不可避免地会对岩土体产生扰动，引发地面沉降、变形甚至塌陷，这可能对沿线建筑物以及管道产生一定的影响，严重时甚至会导致建筑和管道的破坏，引发巨大的财产损失以及人员伤亡。

总的来看，地下空间施工与地表施工相比，能够减少噪声、振动，并且提供更好的空气质量控制，有利于废弃建筑材料的回收利用，为城市可持续发展作出贡献，但是地下工程的施工需要考虑地下水质量、地下水流动、土壤地球化学、地下温度改变、地热能这些可能会给自然和建筑环境带来冲击的问题。因此，地下空间开发需要有合理的设计规划让水在地下能够保持流动，保证地下水的完善性。地下空间的开发利用也要充分考虑对城市地质特别是水文地质和其他地质条件的影响，尽可能避免对于地下环境的不利影响。

## 本专题注释

❶ 段雯娟.《全国城镇土地利用数据汇总成果》发布[J]. 地球，2018（2）：28.

❷ 童陆亿，胡守庚. 中国主要城市建设用地扩张特征[J]. 资源科学，2016，38（1）：50-61.

❸ 王建国. 城市设计（第3版）[M]. 南京：东南大学出版社，2011.

❹ 王建国. 中国城市设计发展和建筑师的专业地位[J]. 建筑学报，2016（7）：1-6.

❺ 同上。

❻ 裴蓓. 20条通道枢纽串虹桥地下空间 媲美蒙特利尔地下城[EB/OL]. 新民网.［2015-07-07］. http://shanghai.xinmin.cn/xmsq/2015/07/07/28061538.html.

课题二
中国城市建设中的可持续城市空间发展研究

专题 3

# 中国城市建设中可持续城市空间发展的策略建议

**专题负责人** 赵 坚 陈志龙 韩冬青

# 第 5 章 中国城市建设中的可持续城市空间发展策略及技术平台

## 5.1 城市空间开发与土地利用可持续发展核心策略

结合我国城市空间拓展的主要特征及问题，本研究提出面向质量引导、素质提升的城市空间拓展策略。

针对城市外部快速拓展发展模式导致的城市无序扩张、人口城镇化滞后、区域发展不平衡、交通成本增加等问题，城市空间开发与土地利用可持续发展策略包括促进城市空间平稳、协调、优化发展，重视土地空间发展过程中的资源价值培育等。

### 5.1.1 城市土地空间平稳发展、协调发展、优化发展策略

**（1）控制城市空间扩张速度差距，平稳有序地推进城市化进程**

根据章节 2.2.3 中的结论，近年来我国土地城镇化速度远高于人口城镇化速度。许多城市出现"摊大饼"式发展，城市无序扩张，土地利用形式过于粗放，带来了资源利用效率低、耕地资源被占用、城市运行效率下降等不利影响。为了遏制城市蔓延问题，城市增长边界作为一种区域规划工具开始被采用。

针对我国快速城镇化现状，城市增长边界既需要划定永久不可开发的底线以保证城市可持续发展的生态安全底线，体现城市发展的底线思维，也需要划定周边发展的弹性边界以保障不同时期的城市空间扩展，反映出城市发展阶段性特征。

建立城市增长边界测定考核机制，在综合考虑城市自然条件、经济状况、交通状况、政策导向以及环境因素的基础上，预测城市发展规模、人口规模和用地规模。分析城市增长阻力如周边自然保护区、地质灾害分布、地形条件，从而评价城市周边区域用地适宜性，确定适建区、限建区与禁建区，并分析城市增长动力如区位条件、交通设施、市政基础设施。采用地理信息系统等手段如元胞自动机、多智能体技术，预测城市发展潜力空间分布，结合用地规模预测，得到不同时期城市弹性增长边界。

此外，还需要从国家、区域、城市等多尺度定期评估城市增长边界需求。将社会生态效益提升至与经济发展具有同等重要性，建立城市增长边界与社会、经济、生态效益的多元耦合机制，多方控制城市空间扩张速度，并将城市增长空间引向最合理地区，规避风险地区，保护林地、水域、农田等生态敏感地区，结合紧凑增长理念提高基础设施和公共服务设施的

使用效率。

优化建设用地指标分解及流转理论及方法，建设城市土地供给数据库。坚持从整体出发、统筹兼顾的发展思路，以协调社会经济生态发展、协调区域发展为导向，在保障土地节约高效利用的同时，兼顾落后地区用地需求，缩小城市空间发展差距，带动区域共同进步。

### （2）以点带面，通过核心地带调动周边发展

1）以城市群为核心深入贯彻区域发展策略

以城市群为纽带整合城市体系，城市发展不应孤立发展大城市或中小城市，而是合理规划区域发展体系。通过科学布局大中小城市空间分布及规模结构，构建紧密连接的城市群网络体系，实现大中小城市功能互补。核心城市将部分产业及功能向周边城市转移，缓解自身压力；中小城市通过大城市的辐射带动吸纳剩余产业及功能，推动自身发展。

2）培育具有增长极功能的核心城市以带动区域发展

当前我国较发达城市群主要有京津冀、长三角及珠三角城市群，分别以北京、上海、广州—深圳为增长极，而这些增长极都集中在我国东部地区，这与我国东强西弱的空间格局具有紧密联系。应在中西部及东北地区选取区位优势强、资源环境承载力强、人口相对集中的城市进行培育，发展新的增长极，缩小东西部地区差距，带动我国城市发展水平整体提升。

具体来说，一方面提高对欠发达地区的扶持力度，提高欠发达地区的基础设施、生态环境及公共服务水平，在产业布局、资金人才流动等方面向欠发达地区倾斜；另一方面，在东部发达地区资源环境约束和矛盾日益突出的形势下，中西部及东北部地区应主动抓住机遇，在保护环境质量、坚持可持续发展的原则下，在土地资源承载力范围内，有规划、有创新地承接东部产业转移，提高城市综合竞争力。

3）构建围绕增长极城市的区域城市生态圈

我国各大城市群内部都存在区域发展不均衡的现象，这一点在京津冀城市群体现得尤为明显。北京市过强的"扩散效应"与"极化效应"带来了副作用，一方面大量污染性产业外迁至河北省境内，使环境污染由点向面蔓延式扩散，同时也导致周边城市的产业结构更具单一性、重复性；另一方面，北京市因其强大的吸引力导致大量劳动力、资金、高层次人才等流入，却没有发挥其对周边城市的辐射和带动作用，间接减缓了周边城市的社会经济发展。

为促进各城市共同进步，实现城市群快速可持续健康发展，从城市群发展角度应对中小城市进行定位，合理制定区域空间发展规划和环境保护政策，充分利用中小城市作为大城市的产业转移承载地、空间扩展地、旅游休闲集散地、农业服务基地，通过建立良好的城际交通网络，建立围绕增长极城市的区域城市生态系统。

### （3）以城市土地空间发展集约性和可持续性为导向，优化土地利用模式

1）建立土地利用集约性与可持续性评价考核体系

随着人口增长与社会经济发展，我国人地关系日趋紧张，土地资源紧缺、生态环境恶化、城市无序蔓延等问题时刻威胁着人类的生存和发展，提高土地利用的集约性与可持续性是实现我国可持续发展的基础。构建土地利用集约性与可持续性评价考核体系，能够维护区域内社会效益、经济效益以及生态效益的一致性，保持区域综合、高效、持续发展。因此，建立土地利用集约性与可持续性评价考核体系是实现城市空间可持续发展的重要手段。

土地利用集约性与可持续性评价考核体系应具有全面性，能够对土地生产力以及土地利用的社会、生态、经济效益等内容进行综合评价；应具有多时空尺度性，能够针对不同尺度、不同条件下的区域状况进行准确评价；应具有动态性，建立能够反映区域土地利用集约性与可持续性动态变化趋势的评价考核体系，综合反映其空间关系及代际关系。

2）合理控制城市规模，提高土地空间资源利用程度

我国土地资源相对短缺，人口众多，决定我国城市发展必须采取高密度的土地资源开发模式，并适当控制城市规模，提高土地资源利用效率，以使城市保持良好的可持续发展，缓解土地资源紧缺，保护耕地资源。

要控制城市规模，提高土地空间资源利用效率，需要通过建立科学有效的土地资源评估体系，考核土地承载力、社会生态环境容量，掌握城市土地供给能力；坚持严控增量、盘活存量，提高城市外围建成区人口密度、就业密度，降低人均用地面积，提高土地资源利用效率；逐步完善土地利用制度，消除城乡土地制度的二元结构，减少农业用地向城市建设用地转化的利益驱动；逐步建立以市场为主导的管理机制，

鼓励公众参与城市规划、建设及管理，依靠市场经济调节作用，促进城市土地使用管理制度改革，引导城市合理发展。

3）构建空间紧凑型城市发展模式

我国作为人口大国，改善居住空间的需求极为迫切，同时作为人均资源匮乏的国家，我国转变城市无序蔓延的发展态势也势在必行。构建空间紧凑型城市发展模式，有利于提高城市土地利用效率，保护开敞空间及农村土地资源，避免城市无序蔓延，实现城市土地利用可持续发展。

构建空间紧凑型城市发展模式，主要通过适当提高空间密度，推动混合土地利用等方式，制定紧凑式城市空间发展规划，建立多中心模式的城市空间结构战略。实现城市紧凑发展，一是需要优化土地利用结构，通过提高城市土地空间混合利用程度，实现城市生产、生活、生态空间有机互动，达到工作、居住、服务功能一体化，促进效益共生、资源集约；其次要大力发展基础设施建设，改善城市功能，提高城市承载能力；三是重视城市更新，已往过于注重城市外延扩张的发展模式导致土地扩张速度大于人口增长速度，紧凑式城市发展则是在对城市外延边界进行限制的前提下，通过城市有机更新，补充和完善基础设施及改造低效用地；四是促进城市内部的循环再生能力，包括以海绵城市等方式促进自然资源及生态系统的循环再生、使用新型能源提高资源循环利用、坚持城市土地混合功能开发、土地立体化利用等方式。

### （4）统筹优化空间规划体系，推进规划体系重构

我国空间规划体系经多年整合，形成了土地利用总体规划、城乡规划、主体功能区规划和生态功能区划等"多规"并重的形式，分别由原国土部、住建部、国家发改委和原环保部负责组织编制。由于这些规划的编制管理机构分散、层级结构和编制标准不统一，从城市层面来看，各类规划存在管控空间重叠、目标不一致、相互矛盾的问题。

针对这些问题，2014年9月国家发改委、原国土部、原环保部和住建部四部委下发了《关于开展市县"多规合一"试点工作的通知》，开展28个试点城市的"多规合一"探索，主要通过规划对接和部门协商解决规划不一致的问题，然而空间规划体系混乱的根本矛盾未能得到解决，因此规划的标准、流程依然无法统一。

根据2018年国务院机构改革方案，新组建的自然资源部将统一行使所有国土空间用途管制和生态保护修复职责，包括原国土部的职责，国家发改委的组织编制主体功能区规划职责，住建部的城乡规划管理职责等。行政体系的变革为建立统一的空间规划体系带来了契机，应当积极探索和推进主体功能区规划、土地利用规划和城市规划等空间规划体系的重构。

首先应当建立一个层级清晰、分工明确的规划体系。在国家、省级层面，偏重战略指引、区域性协调内容；在市、县级层面，有机融合各项规划，制定统一的空间规划作为基底，实现规划之间的相互联通。各类衍生专项规划在一定时间内依然存在，但大趋势是走向统一。规划体系要根据行政区的面积大小来考虑精细化程度，对于大城市要区分规划层次，在层次之间形成有效传递机制。其次，空间规划体系改革离不开法律法规保障，可以通过制定和修改相关法规来规范空间综合规划的编制主体、审批程序，明确相应的管理职责和各级事权。最后，过去的空间规划偏重建设型规划思路，新时期要求以人与自然和谐共生的观点来看待城市发展，在城市发展的同时也要注重对自然资源和生态环境的保护。

## 5.1.2 重视土地空间发展过程中的资源价值培育

### （1）强化自然资源的资本资产属性，建立"大资源"管理模式

自然资源的综合管理是大势所趋，我国作为资源大国更是如此。在组建自然资源部的背景下，打破传统资源分类方式，建立"大资源"综合管理体系，全面加强政府对综合资源管理的广度、深度、精度，做好自然资源的开发利用、保护管护、治理监督，履行自然资源的用途管制与监管职能。

### （2）促进土地资源、资产、资本"三位一体化"，完善土地市场管理体制机制

推动土地管理制度改革，与金融创新相结合，以土地资本化为重点，实现从单纯的土地资源管理向土地资源、资产、资本"三位一体化"综合管理转变，

完善土地市场管理体制机制，加强土地收益分配机制研究，探索、完善土地收益分配制度，发展改革土地使用权转让增值收益分配办法，建立促进土地节约集约利用的税费调节机制。推动土地金融政策研究，建立土地金融工具，加快土地资本化、资本证券化步伐。加强土地市场管理和服务体系建设，完善土地有形市场，创新交易品种，规范市场管理。

### （3）重视土地的多元属性，提升土地的社会及生态功能地位

土地资源的开发利用应注重经济效益、社会效益、生态效益并举发展。应从区域可持续发展的宏观战略上，提升土地资源的社会经济功能地位，将社会效益及生态效益与经济效益一同纳入区域发展规划决策体系，避免因短期经济效益而牺牲长期社会生态效益的盲目开发行为，以综合效益为导向进行土地集约利用建设。在政策引导与法律约束等方面坚持可持续发展战略，制定基于社会功能与生态功能的政策法规，发挥政府部门的引导作用。建立土地资源开发综合效益评估体系，明确经济效益、社会效益及生态效益的指标地位，对土地资源开发的审批、建设、运营等环节建立长效评估考核机制。

## 5.2 城市存量空间更新与提升的城市设计策略

### 5.2.1 城市设计策略的内涵

城市设计作为城市规划编制中的重要方法之一，不仅能够为城市更新所面临的问题提供解决方案，还能够协助城市更新从政策性走向实施性，达到空间更新、文化传承和功能提升的目的。随着城市设计受到越来越多的关注，国家层面对城市设计工作也提出了具体要求和工作部署。2015年12月召开的中央城市工作会议分析了城市发展面临的形势，明确做好城市工作的指导思想、总体思路、重点任务，是新型城镇化背景下中国城市发展的里程碑。此次时隔37年后召开的中央城市工作会议，提出"要加强城市设计""全面开展、切实做好城市设计工作"，以应对我国新型城镇化发展的需求。

为了解决我国存量土地资源利用不充分、不均衡的基本矛盾，在实现城市人居环境可持续发展的同时，达到以人为核心的新型城镇化"让居民望得见山、看得见水、记得住乡愁"的要求，有必要从国家发展的角度来思考城市设计的作用，将城市设计提升至国家战略层面。

传统城市设计主要与城市"美"的塑造或"城市美化"相关。但今天的城市设计已远远超出了单纯的"美"的问题。从国家战略的高度，城市设计被赋予了对城市的空间立体性、平面协调性、风貌整体性、文脉延续性等方面的规划和管控，留住城市特有的地域环境、文化特色、建筑风格等的内涵。

城市设计策略的根本目的是塑造一个具有地域文化特色和内涵、景致优美、宜居乐业的城市人居环境。正是城市设计塑造的空间环境，构成了良好的城市功能载体，决定了城市的艺术、文化和生活格调，建立了城的品质和特色。

### 5.2.2 城市设计策略的框架

① 建立城市设计管理制度。城市设计管理制度是开展城市设计工作的基本保障。要加强城市设计，必须强化顶层设计，完善城市设计体系，建立城市设计管理制度。随着城镇化发展，城市从平面、外延式发展逐步转变为立体、集约式发展，城市地下、地面、空中成为一体化的立体空间，亟须将二维平面的规划管理模式尽快转变为三维立体的规划管理模式，将城市设计管理作为城市规划管理的重要内容。另外，城市设计的要求应作为批准建筑方案的审核内容，以确保建筑设计单体方案不仅具有精细化的"工匠精神"呈现，同时也符合城市设计层面上的整体有序。

② 明晰城市设计的法定性。深刻理解需求侧的变化、改革供给侧的要素和结构，增强城市设计与城市规划的合力作用，并明晰其在科学意义上的法定性。通过开展城市设计立法，明确城市设计的地位和要求，树立和增强城市设计管理的权威性。近、远期结合推进城市设计立法工作：近期，抓紧制定和实施《城市设计管理办法》，确立城市设计与城市规划的关系，明确城市设计管理要求，依法依规遏制愈演愈烈的建筑

乱象，控制"千城一面"的现象的蔓延；中期，积极推进《中华人民共和国城乡规划法》的修改，对违反城市设计管控要求的规划建设行为进行问责；远期，研究制定《景观风貌管理法》，建立健全更具针对性、系统性的风貌管理法律法规。

③ 确定城市设计的标准。新时期的城市设计工作区别于以往的传统城市设计，将更注重依法推进、融合自然生态和以人为本，更注重体现空间立体性、平面协调性、风貌整体性和文脉传承性，是新型的城市设计。在城市设计工作中，评价城市设计的优劣应从以下出发点确定最终形成的城市空间与形态的具体准则和标准。具体包括：是否以最优的方式发挥了地段特有的经济价值；是否促进了城市整体空间结构优化；是否以"人"的感知和使用为基本出发点评价场所塑造的品质；是否延续和发扬了城市记忆和地方文化价值；是否对强化生态安全与健康作出了积极贡献。

④ 加强城市设计的实施保障。在政府层面，培养和任用足够的专业管理人员；市场层面，作为对政府管理机制的有益补充，应成为我国未来鼓励发展的机制，为此应逐步发展容积率交易等市场平台、城市设计要素奖励等市场工具，并逐步建立起健康的市场监管机制，作为城市设计实施的重要保障。

⑤ 进一步推进城市设计试点。在城市总体层面，建议有条件的城市开展总体城市设计。重点抓好城市的整体风貌特色、自然基底格局、公园绿地和公共空间体系、研究城市历史发展和文化积淀的成因及其当代传承的科学途径。同时布局重点地区的城市设计工作计划。

⑥ 城市设计策略的普及性。城市绝不仅仅是那些视觉上"高大上"的"宏大叙事场景"，而是更需要关注"日常生活场所"营造和市民意愿，通过有效的公众参与和利益相关者参与，关注城市内生动力，"通过政府有形之手、市场无形之手、市民勤劳之手同向发力"。

⑦ 城市设计策略的人文性。城市设计应坚持科学理性与人文关怀相结合的价值观。从城市整体认知、要素广泛联系和城市动态演进的观点出发，综合研究城市空间与形态设计对城市发展和人民福祉的贡献。城市设计应在兼顾效率和公平原则的前提下，向尚未享受到城镇化利益的社会阶层和人群延伸。同时要特别关注城市历史演进中的文化断层修复，挖掘或找回城市特有的地域环境、文化特色、建筑风格等"基因"，增加市民复兴城市文化的信心和愿景。

⑧ 城市设计策略的本土性。应广泛吸取全世界的先进理念、建造技术和方法，同时坚持以本土"基因"为出发点进行周全的分析，探索适应本土的设计方法和技术。我国大尺度城市设计编制实施日渐成为常态，应持续探索在中国法定规划体系内如何更好地实施城市设计，凝练总结中国城市发展的悠久历史经验，自我优化调适机制和渐进优化完善的形态演进过程。

## 5.3 城市地下空间综合利用与开发核心策略

中国城市面临建设用地紧张和交通拥堵的发展瓶颈，东部地区城市及中部地区大城市表现尤为突出。城市可持续发展要求政府具有很强的法治建设与危机意识，并在各方面促进地下空间资源利用，推进以抵御资源能源危机为目标的大型、深层、兼用型的地下工程建设。

### 5.3.1 蓝图定策，国家战略

我国越来越多的城市发展面临土地"控制增长，利用存量"的问题。用地资源有限是我国可持续发展的挑战之一。因此，地下空间开发成为目前保证经济增长所需空间的重要措施之一。

应将地下空间开发利用提升到战略高度并制定措施保障实施。2016年住建部发布的《城市地下空间开发利用"十三五"规划》首次单独将地下空间开发利用规划管理列入五年行动计划，从国家层面对地下空间开发利用提上了一个新高度。具体策略包括以下几个方面。

① 以区域或城市为对象，制定地下空间发展总蓝图，将地下空间发展视为一项投资而非耗资。

② 开展系统的地质调查工作，并建立数字系统。目前我国地下空间规划与管理尚缺乏与地质、现状地下空间的对接，操作性不高。

③ 制定地下土地权益和估价框架。对于任何拟建、新建的中大型基础设施，统一要求提供放置于地下的预可行性研究报告。

④ 给予地下空间发展相关的科研项目专项拨款并建立科研中心。

## 5.3.2 划界定责，"逆向"管控

城市地下空间规划、建设管理日益得到各级政府的普遍重视，地下空间建设已成为城市建设和发展不可或缺的重要组成部分。越来越多的地方政府在对地下空间的用地管理、建设管理、使用管理等方面作出了明确的规定与要求，推进中国城市地下空间合理有序发展，逐渐步入地下空间法治建设正轨。

我国城市地下空间法治建设和治理体系，尤其是立法和治理体系、公共政策支持性体系等方面的基础研究仍呈现分散、缺失和无序的现象，极大地制约了城市地下空间的合理利用和持续发展。

### （1）从立法层面推动

借鉴日本、新加坡等地下空间发达国家的经验，对地下空间的范围与国家征用等内容明确法律约束。因地制宜地从立法角度解决地下空间所有权问题。

### （2）形成高效科学的管理机制

以各项战略、制度和法律法规的严格执行为保障，真正做到城市规划、建设、管理的有机衔接、协同发展。

1）向"逆向"管控思维转变

政府职能部门以及规划从业人员应转变思想，从为建设地下空间找理由向将地下空间开发作为必要组成部分转变。如果未来的基础设施建设如果不利用地下空间，相关政府职能部门必须解释其原因。

2）城市地下空间规划综合化，长远规划与精细化实施紧密结合

科学处理好规划、建设和管理三者的关系。地下空间规划虽然是一项专项规划，但其涉及的内容广，发挥的作用远远超出了其他任何一项专项规划。因此要像编制总体规划一样编制地下空间规划，从可持续发展的高度准确定位地下空间建设发展在城市中的地位，明确地下空间开发强度和功能布局、各类设施地下化的指标和策略等。

3）明确地下空间权属界定

从管理政策入手，用地出让时明确合理开发的平面范围与深度。由政府与开发商协商解决城市地下空间开发。

4）成本转移即地下综合管廊的高开发成本由政府先行承担，但最终转移到相邻用地的地价中，可有效调动社会资金参与城市地下空间开发。

## 5.3.3 轨道牵引，通商促连

目前我国已成为世界上建成和在建轨道交通城市最多的国家。然而，由于我国轨道建设与周边开发是由不同部门分管，设计与开发往往缺乏整体考虑，导致在地下空间需求较大区域的站点与周边地下空间无法连通。同时为了缓解城市交通拥堵、减少汽车尾气对环境的影响，我国不少城市已经采取限牌、限行、限购等方式，大力鼓励公共交通出行。据轨道交通发展数据显示，我国 28 个已开通地铁总里程前十位的城市中，地铁的公共交通出行分担率已达 20% 以上（图 2-5-1）。

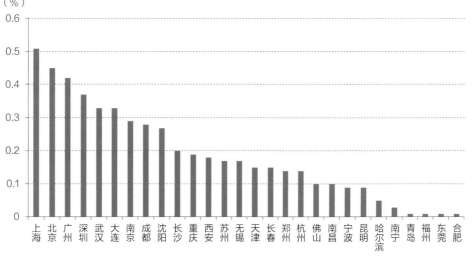

图 2-5-1　城市轨道交通出行分担率分析图

数据来源：根据各城市统计年鉴、地铁公司官网计算，因统计口径不同可能与实际情况存在差异

应出台规划控制方面的政策，以轨道建设为契机，通过规划条件的设置，整体考虑，明确连通平面与竖向的预留要求，解决相互连通、配套的地下工程数量、地下商业定位和优先发展项目等问题。

### 5.3.4 蓄水储能，军民兼用

地下水库、油库项目解决了城市战略资源存储问题，在应对紧急突发事件的同时并节约了宝贵的土地资源这些大型基础设施市政工程既是国家设施，又是民用设施。

## 5.4 基于城市多源大数据的 CIM 城市技术平台

我国的城市建设发展向智慧理性转变，在建筑信息模型（Building Information Model，BIM）应用于城市建筑和土木工程并在城市中广泛使用的基础上，随着人工智能和智慧城市的技术突破和进展，城市信息模型（City Imformation Modeling，以下简称 CIM）作为集合城市多源大数据的技术平台而被逐步重视并而开始为城市设计和管治服务。CIM 城市技术平台构建的基础是城市中的多源大数据，通过对城市多源大数据的综合集成和技术分析，CIM 平台不仅可以实现对城市规划设计的数字化集成和数字化设计，并且可以通过数字沙盘进行城市的数字化表现和数字化管控。

### 5.4.1 城市多源大数据集成

城市大数据的类型多样，产生了丰富的实践应用，具体可以凝练为动、静、显、隐四个实践维度。具体而言，城市动态大数据包括表征人群活动的手机信令用户数据及公交通勤活动、地铁通勤活动、浮动车流等数据；城市静态大数据则从城市尺度建构出从建筑单体、用地地块、道路街巷、街区单元到地形地貌的精细化大模型；城市显性大数据是包括微博、百度搜索等公众用户认知城市的转译数据；城市隐性大数据主要指的是隐含在城市内的支撑城市有序运营的社会、生产、生活及各类型服务职能 POI 的空间位置、产业类别及机构属性等信息数据集成。这些特色各异的大数据直面城市规划与城市设计的当下问题，与城市空间紧密结合、关联研究，可以揭示城市内在的规律和机制，为规划设计的提升提供了更好的工具。同时，城市多源大数据也是 CIM 城市技术平台的基础和先决条件。

#### （1）城市动态大数据

城市动态大数据主要指具有高精度、即时性的，且具有随时间变化动态更新的大规模城市数据。运用此类数据可以进行人群移动性、居民日常行为、旅游者游憩行为、城市空间结构、城市景观、社会网络等方面的规律分析，以更深入真实的视角和更宽阔的视野来揭示城市复杂形态背后的动态演化规律和结构模式。在城市空间设计分析方面，动态大数据能够有效推动城市问题分析、城市空间分析模拟、空间趋势预测、城市空间运行评估和管理的科学化、精准化，促进从注重空间发展结果到重视空间发展过程变化的思维方式的转变，提供了新的认识空间问题、结构、特征、质量的技术手段，以保证城市规划设计实践结果的科学合理。

#### （2）城市静态大数据

城市静态大数据是指城市中相对稳定的物质空间形态的数据信息。城市静态大数据的主要作用是用来对城市形态进行定量分析，进而对城市结构和规律进行判定和分析。如对城市的道路网进行句法分析，分析道路交通的可达性及道路网密度，通过街区和建筑的形态对城市肌理进行分析，通过用地划分的细密程度，对城市的土地利用方式进行分析，通过街区的各项指标分析城市的高度、密度、强度等三维形态的波动情况。

#### （3）城市显性大数据

由于周围环境对人的影响而使人产生对空间环境的直接经验认知，而这些表层认知通过人的主观行为以数据的形式反映出来，这些数据统称为显性大数据。

城市显性大数据主要包括：反映主体人对城市空间环境的关注度，即城市地名搜索数据（如百度搜索指标和热搜排名等）；反映主体人对城市物质空间的喜好度，即情绪数据（如微博签到数据和社交媒体状态体现的情绪高低等）；反映主体人对城市商业空间的满意度，即点评数据（如大众点评和各类网站评论等）；反映主体人对城市空间的认知，即意象数据（如城市街景照片上传数据和旅游网站评论等）。

**（4）城市隐性大数据**

城市隐性大数据是隐含在城市空间中不被直接感知、但支撑城市有序运营的数据信息。城市隐性大数据主要指的是城市内的社会、生产、生活及各类型服务职能POI的空间位置、数据集成。作为非物质空间要素在城市的投影，隐性大数据可以用来分析城市中人口、社会、经济等要素的空间分布特征和整体变化影响因素，也可以剖析城市场所宜人性的内在规律，进而为规划设计提供决策支持。

## 5.4.2 CIM城市技术平台建构

在以上四个维度的大数据的基础上，可以集成城市大数据全息平台，即CIM城市技术平台。它相较于传统地图信息平台而言，具有可定位、可视化、实时监测的特点。同时，进一步将这一平台精确化、空间化及动态化，则能实现从表层到深层的对城市各系统、各单元的全面、综合的信息表达与联动分析，从全过程对城市规划与设计进行嵌合式支持。

在这一平台的建构过程中，需要通过人机互动技术方法、GIS软件平台、大数据获取—清洗—加工等方法建构出城市多源数据全信息复合数据库。基于此，首先通过人机互动技术方法及多软件平台建构出从建筑单体—用地地块—道路红线—街区单元到地形地貌的城市空间形态矢量数据库；其次，建构出城市多源大数据全信息复合数据库，具体涵盖城市绿化系统、城市市政系统、城市微气候系统、城市产业系统、城市人车系统以及城市意象系统等（图2-5-2）。具体而言，这一复合数据库包括以下多源大数据库。①城市生态及绿量大数据：城市自然生态环境、三维绿量指标等基础数据；②城市市政大数据：城市基础设施、城市给排水及管网、城市照明系统、城市污

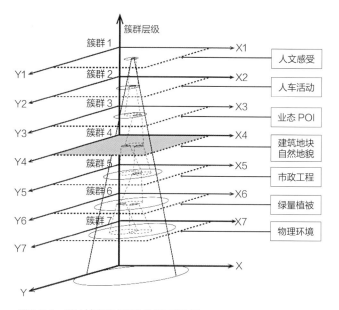

图2-5-2　CIM城市技术平台的分层建构图

水及垃圾处理设施，其中最为直接的体现就是海绵城市的建设；③城市微气候大数据：城市热环境、噪声环境、风环境、光环境等表征数据，是直接影响到城市舒适度的数据指标；④城市产业大数据：是人群在进行各项活动的实体业态表征，主要指社会、生产、生活及制造加工等类型的服务职能POI的空间位置、产业类别及机构属性等信息；⑤城市人车大数据：表征人群活动的匿名手机信令用户数据、公交通勤活动、地铁通勤活动、车流等数据；⑥城市意象大数据：基于微博、flick等公众平台的用户认知及感知数据的转译与输出。这些多源大数据涵盖城市的各个系统、各个维度，是城市真实民生情况的综合表征。进一步通过ArcGIS平台将各类复合数据库分别进行空间位置的放缩、平移、旋转空间处理，从而实现空间对位，并将其置于同一信息处理平台，进行统一的组织管理并建立不同的数据层，建构出基于同一空间位置的城市空间全息地图的空间分析基础模型。同时将多源大数据以统一的数据格式输入城市数字沙盘系统，并按照要求进行数据组织管理，使各数据之间具有统一的用地地块数据处理单元，获得全息地图的综合信息，形成各类大数据投影到空间上所呈现的空间分布特征，即城市绿量空间分布特征，城市市政工程特征，城市风、声、热环境空间分布特征，城市功能结构，城市动静态人车活动分布特征以及城市情绪—意向地图等。最后，根据城市规划设计与管理的需要进行各种两两或者多对象的大数据的组合与相关性分析，获得多源数据融合特征综合信息，其将分析结果通过地理信息

系统进行处理，可构建城市大数据全息平台。CIM城市技术平台的核心构成要素涵盖了上述动、静、显、隐四个维度的城市大数据应用，可以通过它实现多元大数据交叉应用，剖析城市内在规律。从规划设计初期的数字化采集到中期的数字化设计，再到后期的数字化管理，在城市规划和设计的全流程中，CIM城市技术平台均可以发挥很大的重要，从而实现科学理性的城市设计和城市管控。同时，CIM城市技术平台可以通过对城市中的多源大数据进行精准的分析，来统筹协调城市功能，合理配置城市资源，促进中国城市建设的可持续发展。

## 本课题参考文献

[1] 易鑫. 伦敦奥运会举办作为城市发展战略的启示 [J]. 国际城市规划，2013, 28 (2): 101-116.
[2] Baccini, Peter/Oswald, Franz (Hrsg.), Netzstadt. Transdisziplinäre Methoden zum Umbau urbaner Systeme [M]. Zürich: vdf Hochschulverlag AG an der ETH, 1998.
[3] Imrie R, Lees L, Raco M. Regenerating London: governance, sustainability and community in a global city [M]. London: Routledge, 2009:57.
[4] Mayor of London. The London Plan [R]. Spatia: Development Strategy for Greater London, 2004.
[5] Jouffroy Pascale. De l'utopie à la réalité [J]. Le moniteur architecture AMC, 1991 (9): 5-6.
[6] Les cités-jardins. Un idéal à poursuivre [J]. Cahiers de l'Institut d'Aménagement et d'Urbanisme n° 165, 2013 (4).
[7] 卡罗利妮·布罗姆巴赫，易鑫，邱芳，弗赖堡（布雷斯高）的丽瑟菲尔德区——德国城区开发的典范 [J]. 国际城市规划，2016 (2): 39-43.
[8] 丁一巨. 德国慕尼黑雷姆会展城 [J]. 建筑与文化，2004 (10): 34-37.
[9] 王向荣，林箐. 里姆风景公园 [J]. 风景园林，2007 (3): 116-117.
[10] 乔小燕，胡平. 中德会展中心城市的比较分析——以上海、慕尼黑和法兰克福为例 [J]. 上海经济研究，2010 (10): 91-97.
[11] 卢求. 德国可持续城市开发建设的理念与实践——慕尼黑里姆会展新城 [J]. 世界建筑，2012 (9): 112-117.
[12] 丁一巨. 德国慕尼黑雷姆会展中心绿色空间设计 [J]. 园林，2008 (12): 97, 96.
[13] 王建国. 城市设计（第3版）[M]. 南京：东南大学出版社，2011.
[14] 王建国. 中国城市设计发展和建筑师的专业地位 [J]. 建筑学报，2016 (7): 1-6.

国家出版基金项目　中国工程院重大咨询研究项目

# 中国城市建设可持续发展战略研究

## Research on Sustainable Development Strategy of Urban Construction in China

## 中卷

中国城市建设可持续发展战略研究项目组　编著
程泰宁　王建国　主编

中国建筑工业出版社

图书在版编目（CIP）数据

中国城市建设可持续发展战略研究 = Research on Sustainable Development Strategy of Urban Construction in China. 中卷 / 中国城市建设可持续发展战略研究项目组编著；程泰宁，王建国主编. —北京：中国建筑工业出版社，2020.12

ISBN 978-7-112-25627-3

Ⅰ.①中… Ⅱ.①中… ②程… ③王… Ⅲ.①城市发展战略－研究－中国 Ⅳ.①F299.21

中国版本图书馆CIP数据核字（2020）第237766号

# 总目录

## 上卷 | 总报告

### 课题一 | 中国城市建设现状评析与价值体系建构
- 专题 1　中国城市建设现状评析与问题凝练　　062
- 专题 2　城市建设价值体系建构　　092

### 课题二 | 中国城市建设中的可持续城市空间发展研究
- 专题 1　中国城市建设中的可持续城市空间发展的核心问题　　150
- 专题 2　中国城市建设中可持续城市空间发展的三大基本构成维度　　172
- 专题 3　中国城市建设中可持续城市空间发展的策略建议　　225

## 中卷

### 课题三 | 城市资源—环境—生态可持续保障与管理策略研究
- 专题 1　城市建设中的能源可持续发展与大气污染控制策略研究　　242
- 专题 2　城市建设中的水环境健康与水资源循环战略研究　　270
- 专题 3　城市建设中的资源—环境—生态协同模式研究　　290

### 课题四 | 城市建筑与基础设施工程可持续发展战略研究
- 专题 1　建筑工业化及绿色建造发展战略研究　　350
- 专题 2　基础设施品质工程及绿色坚韧化战略研究　　390
- 专题 3　城市及城市群市政基础设施系统构建战略研究　　433

## 下卷

### 课题五 | 城市交通可持续发展模式与公交都市战略研究
- 专题 1　总体研判　　464
- 专题 2　源头调控　　500
- 专题 3　过程优化　　515
- 专题 4　末端管理　　550

### 课题六 | 城市安全保障与自然灾害应对战略研究
- 专题 1　城市安全评价体系及自然灾害预防策略　　578
- 专题 2　城市基础设施群与生命线工程网络风险防控策略　　598
- 专题 3　海绵城市建设与河湖联控城市洪涝防治策略　　631

### 课题七 | 城市建设可持续发展战略实施保障体系研究
- 专题 1　城市建设可持续发展政策分析　　678
- 专题 2　城市建设可持续发展保障体系　　690
- 专题 3　城市建设可持续发展保障措施　　702

中国城市建设可持续发展战略研究

## 课题三

## 城市资源—环境—生态可持续保障与管理策略研究

**课题负责人** 杨志峰
**咨询院士** 郝吉明

# 课题组成员

**课题负责人：**
　　杨志峰　　北京师范大学

**咨询院士：**
　　郝吉明　　清华大学

**专题1负责人：**
　　江　亿　　清华大学

**专题2负责人：**
　　曲久辉　　清华大学

**专题3负责人：**
　　杨志峰　　北京师范大学

**专题1参加人员：**
　　清华大学　　燕　达　胡　姗　郭偲悦　李叶茂　张　洋　钱明扬

**专题2参加人员：**
　　北京师范大学　　李迎霞　卢中铭　高　岩　薛婧妍　唐守娟　张鹏鹏
　　　　　　　　　　熊　欣　程一涵

**专题3参加人员：**
　　北京师范大学　　刘耕源　梁　赛　郝　岩　李　慧　杨　青　尹雪梅
　　　　　　　　　　郑宏媚　陆韩静　吴　琼

# 课题概述

课题三"城市资源—环境—生态可持续保障与管理策略研究"是整个项目的四个城市建设应对战略之一，将针对城市建设发展过程中存在的资源、环境、生态等问题，研究由资源输入型向自给型城市、环境污染型向良好型城市、生态脆弱型向保育型城市的发展战略，明确资源—环境—生态的作用关系及格局特征，提出生态宜居城市的目标指标体系及技术路径。本课题在内容上分为三部分，一是城市建设中的能源可持续发展与大气污染控制策略研究，二是城市建设中的水环境健康与水资源循环战略研究，三是城市建设中的资源—环境—生态协同管理模式研究，具体由三个专题构成。

专题1为"城市建设中的能源可持续发展与大气污染控制策略研究"，重点在于如何实现能源结构的调整，全面实现中央提出的能源供给侧和消费侧革命。我国城市能源系统面临着大气污染和气候变暖两大主要问题，在保障能源供应安全、满足社会发展和经济增长的前提下，低碳发展和雾霾治理是未来城市能源系统发展的主要导向。破解雾霾问题、实现低碳发展，需要推动"能源系统四项革命"，即能源消费革命、能源供给革命、能源技术革命和能源体制革命。其中能源供给革命是龙头，需要从中国的实际情况出发，彻底改变目前的能源供给结构，从碳基以燃煤为主的能源结构变为可再生能源为主导的低碳能源供给结构。在此基础上，围绕未来能源结构，推行与之相适应的能源消费革命、能源技术革命和能源体制革命。

专题2为"城市建设中的水环境健康与水资源循环战略研究"，重点在于提出城市水环境和水资源顶层设计与治理路径。推动水环境—水生态健康发展，需要强调"顶层设计、减排优先、综合防治、技术创新与生态修复"五条主线。以"保护、改善、利用、融合"为理念，遵循"十三五"时期提出的"源头减排、过程控制、末端治理"的全过程控制要求，以系统工程思路利用水环境生命周期的管理理念开展城市水环境治理和水安全改善工作，在方法上强调顶层设计、减排优先、综合防治、技术创新与生态修复。

专题3为"城市建设中的资源—环境—生态协同模式研究"，重点关注关联性问题和影响，提出破解城市资源—环境—生态问题的三大策略，实现保护、恢复和促进生态系统可持续发展目标，强化资源配置、污染防治与生态保护联动协同，形成规划合力，增强生态环境保护工作的整体性、系统性、协调性和有效性。以加大环境治理力度和筑牢生态安全屏障两方面为重点，体现跨部门城市规划的属性，突出政府作为生态公共资源的产权主体的职责作用。

课题三 目录

专题 1　城市建设中的能源可持续发展与大气污染控制策略研究 ⋯⋯⋯⋯ 242

第 1 章　研究背景和过程　　243

第 2 章　我国城市发展所面临的能源与环境问题　　244

第 3 章　我国能源的远景规划　　245
 3.1　能源需求总量预测　　245
  3.1.1　我国目前能源消费总量　　245
  3.1.2　我国能源需求总量发展趋势分析　　246
  3.1.3　我国工业部门能源需求总量未来预测　　246
  3.1.4　我国建筑和交通部门能源需求总量预测　　249
  3.1.5　我国未来能源消费总量　　249
 3.2　能源供给低碳规划　　249

第 4 章　城市能源低碳发展路线及存在问题　　252
 4.1　城市供电系统低碳发展路线及存在问题　　252
  4.1.1　我国电力系统现状及发展趋势　　252
  4.1.2　可再生电力地域分布不平衡问题　　252
  4.1.3　城市电力调峰的问题及建议　　253
 4.2　城市供热系统低碳发展路线及存在问题　　254
  4.2.1　我国北方城市供热现状　　254
  4.2.2　供给侧如何"开源"　　255
  4.2.3　需求侧如何"节流"　　256
  4.2.4　我国北方供暖低碳发展路线　　256
  4.2.5　集中供热热网的发展趋势　　257
  4.2.6　热价计价机制问题及建议　　258
 4.3　城市区域供冷发展现状及存在问题　　259
  4.3.1　区域集中供冷的发展现状　　259
  4.3.2　区域集中供冷能耗高的原因　　259
 4.4　城市天然气多联供发展现状及存在问题　　261

| 第 5 章 | 城市对能源系统"低碳节能减排"的认识 | 263 |
|---|---|---|
| 5.1 | 能源消费总量控制 | 263 |
| | 5.1.1 总量核算方法的改进建议 | 264 |
| | 5.1.2 坚决落实能耗总量控制，而不是追求节能量和可再生比例 | 264 |
| 5.2 | 碳排放总量控制 | 264 |
| | 5.2.1 现行责任核算方法存在的问题 | 265 |
| | 5.2.2 碳排放核算方法改进建议 | 265 |
| 5.3 | 大气污染物总量控制 | 266 |

| 第 6 章 | 总结与思辨 | 267 |
|---|---|---|
| 6.1 | 城市能源系统建设中存在的问题总结 | 267 |
| | 6.1.1 很多城市对什么是节能、低碳没有正确的认识 | 267 |
| | 6.1.2 一些技术在不适宜的地方应用和推广 | 267 |
| 6.2 | 节能工作的"措施导向"与"效果导向" | 268 |
| 6.3 | 城市能源系统发展的政策建议 | 268 |
| | 6.3.1 按照"效果导向"，建立科学的定量核算方法和基准值 | 268 |
| | 6.3.2 改变节能低碳补贴政策机制 | 269 |

**本专题注释** — 269

## 专题 2　城市建设中的水环境健康与水资源循环战略研究 ——— 270

| 第 7 章 | 我国城市建设过程中的水环境水资源现状分析 | 271 |
|---|---|---|
| 7.1 | 城市水体黑臭、富营养化及地下水污染治理任务依然艰巨 | 271 |
| | 7.1.1 黑臭水体治理任重道远 | 271 |
| | 7.1.2 地下水环境污染形势严峻 | 272 |
| | 7.1.3 突发性污染不容忽视 | 273 |
| 7.2 | 城市水资源面临的困境 | 273 |
| | 7.2.1 水质不优，水量不均，不确定性多 | 273 |
| | 7.2.2 洪旱灾害并存，产业布局无约束 | 273 |
| | 7.2.3 城市水基础设施薄弱 | 274 |
| 7.3 | 城市水生态环境破坏多 | 274 |

| 第 8 章 | 我国城市建设过程中的水环境水资源困境成因分析 | 276 |
|---|---|---|
| 8.1 | 城市粗放扩张，经济增长量强质弱 | 276 |
| 8.2 | 水污染来源复杂，面源污染难控，污水处理能力、技术待提高 | 277 |
| 8.3 | 环境监测管理力度不够 | 278 |

## 第 9 章　我国城市水环境与水资源可持续发展策略建议　　279
### 9.1 我国水环境健康发展策略　　279
- 9.1.1 加强顶层设计贯彻海绵生态理念　　279
- 9.1.2 水环境治理流域化、系统化　　279
- 9.1.3 产业结构优化，革新污水处理技术　　280
- 9.1.4 加强水环境监测与管理　　281

### 9.2 城市水资源生态调控的战略建议　　282
- 9.2.1 科学定量城市生态需水和城市经济人口空间发展　　282
- 9.2.2 驱动水资源生态调控的技术创新　　283
- 9.2.3 推广"集中 + 分布式"的城市水基础设施体系　　283
- 9.2.4 构建城市跨尺度的水资源生态调控体系　　284
- 9.2.5 加快水资源监控与审计环节建设　　285

### 9.3 城市水生态重塑完善的战略建议　　285

## 第 10 章　城市水环境健康与水资源循环关键问题研讨　　287
- 10.1 单要素达标 VS 系统优化　　287
- 10.2 高标准设计 VS 建设运维监管　　287
- 10.3 水质、水量综合调控 VS 分部门管理　　287
- 10.4 用水效率指标思考：用水量 VS 耗水量　　288
- 10.5 以水定城、定产、定人 VS 经济发展　　288

## 本专题注释　　289

# 专题 3　城市建设中的资源—环境—生态协同模式研究　　290

## 第 11 章　我国城市建设过程中的资源—环境—生态现状分析　　291
### 11.1 我国城市建设过程的资源、环境、生态问题的特点分析　　291
- 11.1.1 城市建设导致资源环境压力逼近或达到承载力上限　　291
- 11.1.2 解决城市建设中遗留的生态环境问题仍需时日　　293
- 11.1.3 统一的国土空间规划与调控机制不健全，城市自然生态空间挤占严重，生态服务功能下降　　293
- 11.1.4 "冒进式""蔓延型"城镇化模式将会持续增加资源、环境、生态压力　　294

### 11.2 我国城市生态建设的现有问题梳理　　294
- 11.2.1 城市生态建设具有很强的生态补偿色彩　　294
- 11.2.2 城市生态环境建设工程大、成本高　　295
- 11.2.3 城市生态建设缺乏特色　　295

### 11.3 城市在资源、生态、环境管理方面的协同模式仍待加强 — 295

11.3.1 生态红线保护制度基本形成，社会—经济—资源—环境—生态协同
发展模式有待建立 — 295

11.3.2 城市生态环境仍存多头监管和"碎片化"监管问题 — 296

11.3.3 上游水污染物对下游城市水体造成污染，流域水资源管理难以协调上下游利益 — 298

11.3.4 大气污染物存在跨界传输，但是区域协同控制机制尚不完善 — 299

11.3.5 将高消耗、高污染企业转移到外部区域 — 299

11.3.6 现有政策措施对非工程手段的重视不够充分 — 300

## 第12章 生态管理对城市资源、环境、生态的关联性分析 — 302

### 12.1 全国地级市的城市化与资源、环境、生态的十五年变化 — 302

12.1.1 全国地级市城市总体动态比较 — 302

12.1.2 城市资源、环境、生态问题的区域化差异显著 — 303

12.1.3 城市资源、环境、生态状态的改进具有"行政优势"的特点 — 305

12.1.4 城市资源、环境、生态耦合呈现"同群效应"和"俱乐部收敛"特征 — 305

### 12.2 各生态环境要素与城市建设的关联性影响分析 — 309

12.2.1 水资源与城市生态建设的关联性影响 — 309

12.2.2 土地与城市生态建设的关联性影响 — 309

12.2.3 生物资源与城市生态建设的关联性影响 — 310

12.2.4 空气质量与城市生态建设的关联性影响 — 310

12.2.5 能源与城市生态建设的关联性影响 — 311

### 12.3 中国四大直辖市资源—环境—生态协同关系比较 — 311

12.3.1 基于生产视角的协同关系分析 — 312

12.3.2 基于消费视角的协同关系分析 — 313

12.3.3 四个直辖市协同关系综合比较 — 318

## 第13章 破解城市资源—环境—生态问题治理困境的三大策略 — 330

### 13.1 城市协同性生态治理的思路与框架 — 330

### 13.2 完善协同生态治理中的四个主体功能 — 331

13.2.1 协作性城市生态治理中的政府及其完善 — 331

13.2.2 协作性城市生态治理中的企业及其完善 — 331

13.2.3 协作性城市生态治理中的非政府组织及其完善 — 332

13.2.4 协作性城市生态治理中的公民及其完善 — 333

### 13.3 破解城市生态治理困境应推进"三个转变" — 333

13.3.1 从地方分治模式向府际共治模式转变 — 333

13.3.2 从政府包揽模式向社会共治模式转变 — 334

13.3.3 从事后治理模式向全程共治模式转变 — 334

### 13.4 城市生态治理技术策略 — 335

13.4.1 亟须完善城市自然资源资产台账管理、确权登记、红线管控、
负债清单考核的控管方式 — 335

13.4.2 建立城市自然环境资产"天地一体化、监管一张图"的立体监管体系 — 335

13.4.3 推进城市领导干部自然资源资产离任审计制度 — 336

### 第14章 城市资源—环境—生态协同发展关键问题研讨 　　　　　　　　　　337
#### 14.1 保持战略定力，跨越重要关口，差异化推进城市生态环境保护工作 　337
#### 14.2 从地权解锁城市基本生态控制线的不安 　　　　　　　　　　　　　　338
#### 14.3 建立城市生态治理"三位一体"的管理模式 　　　　　　　　　　　　338
#### 14.4 运用工程及非工程治理手段实现协同调控 　　　　　　　　　　　　　339
##### 14.4.1 工程手段的全链条完善 　　　　　　　　　　　　　　　　　　　339
##### 14.4.2 社会经济系统宏观层面的非工程手段 　　　　　　　　　　　　　340

## 本专题注释 　　　　　　　　　　　　　　　　　　　　　　　　　　　　　　341

## 本课题参考文献 　　　　　　　　　　　　　　　　　　　　　　　　　　　　341

课题三
城市资源—环境—生态可持续保障与管理策略研究

**专题1**

**城市建设中的能源可持续发展与大气污染控制策略研究**

**专题负责人** 江 亿

# 第 1 章　研究背景和过程

我国城市发展过程进入了一个新阶段。经过近三十年城镇化发展，我国城市化率从改革初期的不到 30% 增长到超过 50%，城镇房屋总量从不到 100 亿 $m^2$ 增长到 350 亿 $m^2$，与城市密切相关的制造业和服务业占国民经济总量也从不到 50% 增加到 85% 以上，城镇化拉动了我国社会和经济的飞速发展，城市为社会和经济发展提供了巨大的平台。

进入新时期，随着我国城镇化建设基本完成，我国城镇化面临的主要矛盾已经出现变化：城镇化率与城市基础设施不适应社会经济发展的需要的基本状态已经出现了转变，目前我国城市建设已基本满足社会和经济发展的需要，城镇化也会从以前的迸发式增长阶段转为缓慢增长期。在这样的新时期，城市发展的主要矛盾已经转为持续发展和社会公平与协调、交通拥堵、用能增加、环境污染，以及碳排放难以抑制的矛盾。要在生态文明的理念下实现城市的可持续发展，必须把工作的重点从大规模建设转移到消除贫困、解决能源与环境问题以及交通拥堵治理上。根据项目要求，本专题研究重点为城市发展面临的能源与环境问题，针对缓解气候变化与低碳发展的目标，针对治理雾霾、还百姓以蓝天的需要，研究如何实现能源结构的调整，全面实现中央提出的能源供给侧和消费侧革命。

研究工作从两个方面的调查开始：一方面，从我国及全球的能源现状和减碳形势出发，研究未来我国的能源结构，从能源与碳排放总量控制的要求，得到未来城市的能源结构和控制目标；另一方面，通过对不同气候带的多个城市的能源环境状况的调查分析，研究了这些城市发展面临的能源环境具体问题。在这两方面的调查研究与综合分析的基础上，针对我国不同区域的具体情况，分别给出各地区城市发展相关能源与环境的具体技术路径与政策机制建议。

研究组先后对北京、江苏、河南、河北、山西、山东、辽宁、吉林、宁夏、内蒙古、新疆等省级行政区进行了调查研究，又专门对鹤壁市、张家口市、通州副中心、济南市、银川市、苏州市、乌鲁木齐市、太原市等城市进行了深入调查和研究，分别给出这些城市目前面临的清洁取暖行动的解决方案，并具体考察了武汉、广州、深圳、珠海等地的一批区域能源中心项目，对目前在我国南方地区发展较快的这类能源系统方式作了初步分析。

# 第 2 章　我国城市发展所面临的能源与环境问题

　　未来的能源发展首先要考虑的是气候变化和由此引起的碳排放约束。2016 年 4 月至今，全球已有 170 多个国家签署《巴黎协定》，该《协定》正式确定了未来全球温升控制低于 2℃ 且尽可能争取 1.5℃ 的奋斗目标。我国作为负责任的发展中大国，同时也是最大碳排放国，正以积极务实的态度履行自己的国际义务，参与全球气候治理。2017 年我国由于使用化石能源所造成的二氧化碳排放总量已超过 100 亿 t，人年均碳排放达到 7.5t，已大大超过了目前全球人均碳排放 4.9t 的水平。我国已经郑重承诺在 2030 年以前二氧化碳排放总量将达到峰值，2030 年开始碳排放总量将逐年降低。按照《巴黎协定》的要求，如果要实现全球平均温度不超过 2℃ 的目标，2050 年全球二氧化碳排放总量应在 150 亿 t 以内，这时人均年碳排放量应控制在 2.5t 以下。假设我国 2050 年人口为 14 亿人的话，碳排放总量应不超过 35 亿 t，仅为目前的 1/3。如何在 30 年左右的时间内，在满足我国社会和经济持续发展的前提下，既实现将我国建成现代化强国、实现中国梦的目标，又使二氧化碳排放总量控制在仅为目前的 1/3，这是我国今后三十年能源领域发展面临的巨大挑战。即使将全部能源改为天然气，按照目前能源消费总量计算，二氧化碳排放量还是会达到每年 70 亿 t，所以只有通过能源供给侧的革命，将 60% 以上的能源转变为零碳能源（太阳能、风能、水力、地热、生物质能、核能、潮汐能等），10% 转变为天然气，并且通过消费侧革命，改变用能方式，大幅度降低用能总量，才有可能实现这一目标。

　　未来城市能源发展还须考虑大气质量和老百姓对蓝天的需求。近年来我国东部和北部地区长时间、高浓度可吸入颗粒物的"雾霾"天已经严重影响了百姓的生理和心理健康，全面治理雾霾、还百姓以蓝天已成为从中央到地方、从专业人士到普通百姓的要求和愿望。研究表明，不合理使用化石能源是导致大气污染和雾霾现象的根本原因，电力、工业、交通、供热是 PM2.5 的四大污染源。为了缓解雾霾，工业停产限产、汽车限量限行、采暖"煤改气、煤改电"，这些措施可以使雾霾现象得以缓解，但如果其代价是对经济发展和百姓生活改善产生负面影响，则将很难持续。只有通过消费侧革命彻底改变能源消费模式，在实现低碳的同时实现能源清洁化，才有可能彻底消除雾霾，而不对经济发展和百姓生活产生显现影响。

　　破解雾霾问题，实现低碳发展，只能依靠能源的供给侧和消费侧革命。只有彻底改变目前的能源供给结构，从碳基以燃煤为主的能源结构转变为可再生能源为主导的低碳能源供给结构，才有可能彻底消除污染物和碳的排放。而新的能源供给结构需要有新的能源消费模式，需要彻底改变目前对应以燃煤为主的能源消费模式，以适应低碳能源的供给结构。同时，还需要尽可能降低用能需求，减轻发展低碳能源的压力。

# 第 3 章　我国能源的远景规划

未来能否依靠以零碳的可再生能源为主，支撑中国的社会和经济发展？这需要先分析和预测我国未来的能源需求总量，根据需求量和我国的资源环境状况设计我国未来能源生产和输送模式，再根据新的能源供给方式研究与其相对应的能源消费方式。

## 3.1 能源需求总量预测

### 3.1.1 我国目前能源消费总量

2016 年，我国的电力消费总量为 6 万亿 kW·h，发电以外的直接燃料消费总量为 28.8 亿 tce，如果电力全部按照发电煤耗折算为标煤，则能源消费总量为 46.8 亿 tce。工业、交通和建筑运行三大部门能源消费分解见表 3-3-1。

| 我国能源消费总量（2016 年） | | | | 表 3-3-1 |
|---|---|---|---|---|
| 用能部门 | 电力消费<br>（万亿 kW·h） | 直接燃料消费<br>（亿 tce） | 折算能效消费总量<br>（亿 tce） | 占总能耗比重 |
| 工业 | 3.9 | 16.5 | 28.2 | 61% |
| 交通 | 0.6 | 7.2 | 9.0 | 18.9% |
| 建筑 | 1.5 | 5.1 | 9.6 | 20.1% |
| 总计 | 6.0 | 28.8 | 46.8 | 100% |

注：表中的能源总量是将电力按照发电煤耗折合为标煤的结果，由于我国有 1.8 万亿 kW·h 的电力源自可再生能源与核能，现行的能源统计表按照热值法计算这部分能源，所以比此表数值少 180gce×1.8 万亿 =3.2 亿 tce。

表 3-3-1 表明，我国目前的能源消费结构和发达国家有很大不同。我国工业生产能耗占总能源的 63%，而发达国家这一比例大多在 30%~35% 之间。我国人均工业生产用能已经与发达国家的人均水平接近，且超出英、法等国目前状况。与此相对应的是，我国在建筑和交通领域的能耗占比却远低于发达国家。目前，中国人均建筑运行能耗为美国的 1/5，为经济合作与发展组织（OECD，以下简称经合组织）国家的 1/3；人均交通能耗为美国的 1/9，经合组织国家的 1/5。这反映出目前中国的社会与经济发展与发达国家还存在一定差距。

### 3.1.2 我国能源需求总量发展趋势分析

图 3-3-1 是自 2000 年以来我国每年的能耗总量，显示出一次能源总量、发电用能量以及非发电用能量的逐年变化。在 21 世纪开始的几年，多个能源研究机构对未来的能源消费量进行了预测，但实际发展比预测结果要快。例如在 2004 年通过的《能源中长期发展规划纲要 2004—2020》中，预计 2020 年我国一次能源消费总量将达到 30 亿 tce，结果不到 5 年，2007 年我国实际能源消费量就达到这一预测值；2008 年前后一些机构预测在 2020 年我国能耗将达到 40 亿 tce[1]，结果 2012 年我国实际能源消耗量就已经超出 40 亿 t。由于预测值总是跟不上实际的发展，之后的研究和预测就给出了非常高的未来预测值。例如《能源生产和消费革命战略（2016—2030）》中的总量控制目标为 2020 年的一次能源消费总量 50 亿 tce，2030 年 60 亿 tce。然而，从目前实际能耗变化看，2013 年我国燃煤消耗总量已经达到峰值，之后总能耗的增加量基本上可以由可再生能源的增量来满足；自 2014 年以来能源的弹性系数降低到 0.3 以下；尽管 GDP 增长仍然在 6.5% 以上，但 2014~2017 年已经连续四年一次能源消费量的增长率不超过 1.5%，至今总能耗没有超过 44 亿 tce（可再生电力按照热值折算）。

这是由于随着中国社会进入新时期，经济发展模式也出现了巨大的转变：由依靠制造业产量的增长带动 GDP 增长转变为依靠制造业质量的提高；由依靠制造业规模的增长满足人民物质消费的需求转变为依靠提高服务业比例的增加来适应人民美好生活的需要；由大规模制造业产品出口转变为通过"一带一路"形式带动技术与工程服务的全套出口模式。这样，能源消耗总量与 GDP 的增长关系就会完全不同于以往。图 3-3-2 显示出世界上部分国家在完成现代化之后人均能耗与 GDP 之间的关系。可以看出，不少国家进入"后工业化"时期后，尽管 GDP 仍持续增长，但人均能耗已经稳定于一定水平，甚至有所降低。

### 3.1.3 我国工业部门能源需求总量未来预测

工业是 2000 年来拉动我国能源消费总量持续增长的主要领域，但是未来我国的工业能耗很难再像 2000 年以来的变化趋势一样持续增长。原因有以下几方面。

第一，我国城市建设和基础设施建设已经初步完成，今后不可能再有如此持续的大规模基本建设。图 3-3-3、图 3-3-4 分别对比了我国与其他国家的人均住宅面积和公共建筑面积。可以看到，我国的人均住宅面积是 41$m^2$，已经超过了亚洲发达国家日本和韩国，接近欧美国家水平。我国虽然与欧美发达国家还有一定的差距，但这是因为我国的城市人口规模普遍较大，大城市、特大城市、超大城市比比皆是，城市人口密度高、公共建筑服务效率高。未来只要不"大拆大建"，维持建筑寿命，由城市建设和基础设施

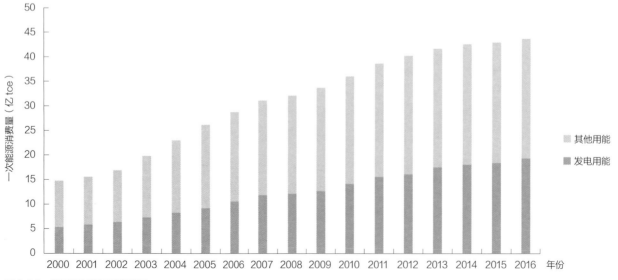

图 3-3-1　我国历年能源消费总量

数据来源：《中国能源统计年鉴》

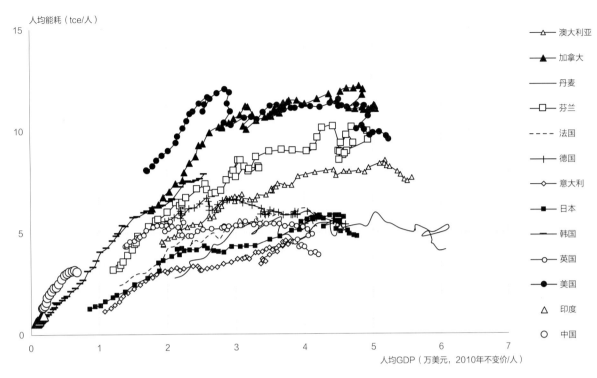

图 3-3-2 部分国家人均能耗与人均 GDP 的关系

数据来源：国际能源署数据库．http://www.iea.org；世界银行数据库．https://data.worldbank.org.

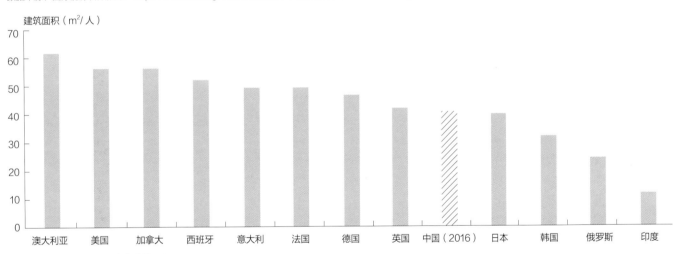

图 3-3-3 部分国家人均住宅建筑面积

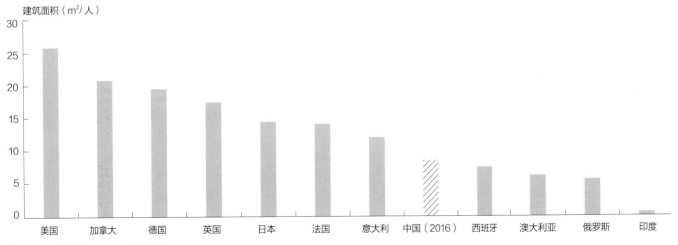

图 3-3-4 部分国家人均公共建筑面积

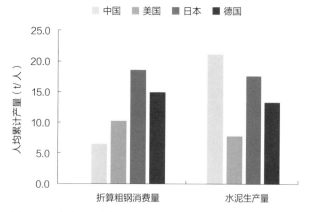

图 3-3-5　部分国家人均 30 年累计产量

数据来源：钢铁 World Steel Association, Steel Statistical Yearbooks (EB/OL). https://www.worldsteel.org；水泥：USGS. Cement Statistics and Information (EB/OL). https://www.usgs.gov.

注：消费量考虑了生产量和进出口量，进出口的各类钢材均按照一定比例折算为粗钢量，水泥生产量由于未能获得各国进出口量因此无法计算消费量。

建设拉动的钢铁、建材等高能耗产业也就很难再像以往那样持续增长。

第二，我国目前五大高能耗产业的产品人均累积量已经接近甚至超过发达国家水平。图 3-3-5 表示我国粗钢消费量和水泥生产量的 30 年人均累计值与发达国家的对比。其中钢铁消费量的比较还应考虑到美国、日本、德国都是汽车出口大国，汽车制造需要消费大量的钢材，而且我国主要以铁矿石为原料，采用高炉—转炉法生产钢铁，废钢回收并用电弧炉法生产的钢铁比例仅占 6%，而发达国家如美国、日本、德国的这一比例分别为 63%、23%、30%。这表明中国这些产品的积累量已经与发达国家持平，已经基本完成以大量物质产品生产为主要目标的工业化过程，制造业的进一步发展将由目前依靠量的增长转变为主要依靠质的提高，而质的提高很难造成能源消费的同步增加。

第三，自 2014 年开始，我国制造业能耗增长已经显著放缓，制造业能耗增长率与工业增加值之比已经降低到 0.1 以下，这就定量地表明我国制造业已经开始从依靠量的增长拉动转变为依靠质的增长拉动。

图 3-3-6 显示出目前世界主要的发达国家工业领域单位 GDP 能耗水平，未来预测我国 GDP 总量 40 万亿美元，其中工业占 40%，即 16 万亿美元。如果经过结构调整和技术进步，工业制造的主要领域单位 GDP 能耗接近发达国家水平，那么即使平均 GDP 能耗比经合组织国家均值高 10%，16 万亿美元产值也只需要约 18 万亿 tce 的能源投入（电热值法），这可以分解为 5 万亿 kW·h 电和 12 亿 tce 的直接燃料。如果按人均工业能耗来比较，按此预测结果，未来我国人均工业电耗 4000kW·h，人均工业直接燃料消耗 1 tce，则与美国目前状况接近，并已超过英、德、法、意等经合组织国家。考虑未来工业生产效率的不断提升和产业结构的转型，5 万亿 kW·h 电和 12 亿 tce 直接燃料的能耗总量应该不会被突破。

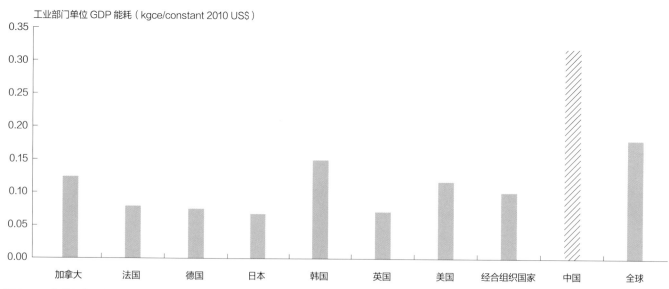

图 3-3-6　部分国家工业单位 GDP 的能耗（2016 年）

数据来源：国际能源署数据库. http://www.iea.org；世界银行数据库. https://data.worldbank.org.

注：图中数据为工业部门终端能耗／工业部门 GDP。

### 3.1.4 我国建筑和交通部门能源需求总量预测

建筑和交通的用能是我国目前与发达国家在人均能耗指标上差异最大的领域，我国在这两个领域的人均用能显著低于发达国家。随着社会发展和居民生活水平的不断提高，这两个领域的人均能耗有可能会有所提高，但是未来是否会发展到接近经合组织国家甚至接近美国目前的人均水平呢？如果 2050 年我国人口仍为 13 亿，建筑和交通人均能耗达到经合组织国家目前水平，则仅建筑运行和交通运行的能耗就需要约 60 亿 tce，大于我国目前的能耗总量；如果达到美国水平，则需要 130 亿 tce，为目前全球能耗总量的 80%。把目前发达国家的用能模式复制到我国的建筑和交通领域是环境资源所无法承载的。

这样，能否实现未来能源及低碳发展目标的关键就是未来建筑运行和交通的用能总量。除物流交通外，建筑运行（主要指民用建筑，工业建筑运行能耗属于工业生产能耗）与客运交通的能源消耗与 GDP 并无直接关系，因此未来能源消耗的增长并不是直接由 GDP 来推动，而是由于 GDP 增长、人民生活水平提高，其对建筑与交通提供的服务水平的需求不断提高而可能造成的能耗增长。因此，需要解决的问题就是未来应该提供什么样的建筑与交通服务来满足社会发展和人民生活水平提高所产生的需求增长，而同时又不能导致这两个领域的能耗总量像发达国家那样飞速增长。

根据清华大学建筑节能研究中心多年研究的成果，我国如果全面按照生态文明的理念发展城市建设，在建筑和交通领域发展中国特色的服务体系❷，是可以在较低的能耗水平基础上满足社会和经济发展需要的。

在建筑领域，如果未来城乡建筑总量控制在 800 亿 m² 内，建筑使用方式继续保持目前这种外窗可开，大多数时间依靠自然通风，室内环境控制采用"部分时间、部分空间"的模式，北方供暖热源以低品位余热为主，同时考虑加大终端用能中电力占比，可以预测在 2.5 万亿 kW·h 电（目前为 1.5 万亿 kW·h 电）再加上 2.5 亿 tce 的直接燃料的能耗水平下即可满足要求。按照发电煤耗来折合电力消耗，则总能耗维持在 10.5 亿 tce 以内。

在交通领域，电力应该成为未来的主要交通用能，例如轨道交通、各类汽车和内河船舶。按照目前的技术水平 25kW·h 电力替代 10L 燃油，假设未来运输量比目前增加 40%，通过电能替代可以把未来的交通用能总量控制在 2 万亿 kW·h 电和 2.5 亿 t 燃油以内（等效于目前 10.5 亿 t 燃油可提供的运输量）。实现该目标的前提是大力发展公共交通，大幅度减少燃煤、建材和钢材的运输。

### 3.1.5 我国未来能源消费总量

根据上述分部门预测结果，我国未来能源需求总量约 46.5 亿 tce（表 3-3-2），其中电力消费 9.5 万亿 kW·h、直接燃料消费 18 亿 tce。电力消费的 9.5 万亿 kW·h 中工业用电 5 万亿 kW·h，建筑运行用电 2.5 万亿 kW·h，交通用电 2 万亿 kW·h。其中交通用电量是当前 4 倍，是考虑主要的地面交通都转变为纯电动方式。非电的燃料消费 18 亿 tce，主要满足工业生产的需要、炊事以及部分交通用油（飞机），其中工业消费 12 亿 tce，交通消费 3.5 亿 tce，建筑用能 2.5 亿 tce。

**我国未来能源消费总量预测** 表 3-3-2

| 用能部门 | 电力消费（万亿 kW·h） | 直接燃料消费（亿 tce） | 折算能效消费总量（亿 tce） |
|---|---|---|---|
| 工业 | 5 | 12 | 27 |
| 交通 | 2 | 3.5 | 9.5 |
| 建筑 | 2.5 | 2.5 | 10 |
| 总计 | 9.5 | 18 | 46.5 |

## 3.2 能源供给低碳规划

按照上述未来的能源需求，电力占到了终端用能的 60%，应该主要依靠水电、风电、光电和核电这些零碳电力来供应；而占总量 40% 的直接燃料则需要尽可能依靠零碳的生物质燃料来满足需求。

目前我国西部地区年水电发电量为 1.2 万亿 kW·h，如进一步开发利用，可以增长到 1.5 万亿 kW·h；风电目前为 0.2 万亿 kW·h，并完全可以增长 5 倍，达到年发电 1 万亿 ~1.2 万亿 kW·h；光伏电力使用目前还很少，但考虑到其丰富的资源状况，未来完全可以发展出 5 亿 kW 的装机容量（约 50 亿 m²），每年产生 0.7 万亿 ~0.8 万亿 kW·h 的光电。由此，西部地区可开发生产可再生电力 3.5 万亿 kW·h，其中水电约占 40%。风电、光电都属于一天内随机变化的电源，需要有足够的灵活电源为其调峰。除了水电可以参与调峰外，大约还需要由火电提供 1.5 万亿 kW·h 的调峰电力，与可再生电力配合，形成稳定的优质电源。西部地区当地用电量约为 2.5 万亿 kW·h，因此可以剩余约 50% 的电力即每年 2.5 万亿 kW·h 电，通过西电东输满足东部沿海地区的电力需求。而东部地区需要约 7 万亿 kW·h 电力，除了接收西电东输的 2.5 万亿 kW·h，还需要 4.5 万亿 kW·h 电力。可在东部沿海地区发展核电，每年提供 1 万亿 kW·h，风电、光电、水电等可再生电力每年可供 0.5 万亿 kW·h，再由燃煤、燃气为燃料的火电提供 3 万亿 kW·h。东部地区接收西部稳定的长途输电和当地沿海的核电共 3.5 万亿，占总电量的 50%，随机变化的可再生电力提供 0.5 万亿 kW·h，由火电提供的 3 万亿主要作为灵活电源，用于应对电力负荷侧的峰谷变化。约 1/3 分布于"胡焕庸线"以东区域的北方供暖区，其冬季供暖期约发电 0.4 万亿 kW·h，同时排除低品位余热 0.6 万亿 ~0.7 万亿 kW·h，可以作为北方东部地区冬季供热的最合适的热源。胡焕庸线东部的北方供暖地区按照供暖建筑面积计算，约占我国北方供热区域的 50%，另外 50% 的供热区域位于"胡焕庸线"以西。因此，胡焕庸线以东的供暖区可以从当地的热电联产中获取约 0.6 万亿 kW·h，即约 21 亿 GJ 的余热作为供暖热源，另外 50% 位于"胡焕庸线"以西地区的供暖建筑也可以从当地用于调峰的 1.5 万亿 kW·h 火电发电过程中获得约 0.45 万亿 kW·h，即约 16 亿 GJ 的余热作为供热热源。由此可得，我国未来所需的 9.5 万亿 kW·h 电力中，有 5 万亿 kW·h 电力来源于零碳的核电与可再生电力，4.5 万亿 kW·h 来源于基于化石能源的火电，这需要消费大约 9 亿 t 标准煤和 3000 亿 m³ 天然气。我国目前已有火电装机容量 11.5 亿 kW 的火电装机容量，火电年发电量为 4.4 万亿 kW·h。这些电厂可基本满足东西部地区调峰电厂容量需要，如在一些地区适量增加少量的燃气调峰电厂，即可满足源侧和汇侧对电力的调峰需要。同时这些主要用于调峰的火电在冬季还可以为北方的集中供热系统提供约 37 亿 GJ 的热量。东部和西部地区电力的生产、输送和消费规划以及电力生产及辅产的余热规划见表 3-3-3。

为了实现低碳，未来相当于 18 亿 tce 的直接燃烧燃料应主要来源于生物质能源。我国目前可以获得的生物质能源有农业秸秆 5 亿 t、林业秸秆 4 亿 t、动物粪便 3 亿 t、餐厨垃圾 1 亿 t（都已折算为干料），这些生物质能源如充分利用，可折合 8 亿 t 标准煤。此外还可以发展在戈壁滩、盐碱地以及工业置换出来的重金属严重污染、不适宜种植作物的土地上大量种植速生的能源植物，这也可以获得约 1 亿 tce 的生物质燃料。由这些生物质的零碳型燃料可以提供相当于 9 亿 tce 的燃料。这些生物质能可以通过两种途径加工成高效、清洁、易使用的商品能源：一是压缩成颗粒燃料，从而可高效、清洁燃烧；二是通过生物法或热

我国"胡焕庸线"东西部地区的能源生产和消费 表 3-3-3

| | | 西部地区 | | | 东部地区南方 | | | 东部地区北方 | | |
|---|---|---|---|---|---|---|---|---|---|---|
| | 总生产量（万亿 kW·h） | 当地消费总量（万亿 kW·h） | 供暖季的余热（亿 GJ） | 西电东输（万亿 kW·h） | 自产（万亿 kW·h） | 接收西部电力（万亿 kW·h） | 消费总量（万亿 kW·h） | 自产（万亿 kW·h） | 接收西部电力（万亿 kW·h） | 消费总量（万亿 kW·h） | 供暖季的余热（亿 GJ） |
| 水电 | 1.5 | 2.5 | 16 | 2.5 | | 2.0 | 5.0 | | 2.0 | | 21 |
| 风电 | 1.2 | | | | 0.3 | | | 0.2 | | | |
| 光电 | 0.8 | | | | | | | 0.5 | | | |
| 火电 | 1.5 | | | | 2.1 | | | 0.9 | | | |
| 核电 | 0 | | | | 0.6 | | | 0.4 | | | |

解法制备成燃气。在制气过程中，还会分离出气态二氧化碳固体碳，因此这一过程还可实现部分的二氧化碳负排放。另外所需的 9 亿 tce 的直接燃料则只能依靠燃煤、燃油以及天然气提供。因此，我国未来在满足社会发展和经济增长的前提下需要的化石能源为 12 亿 tce、2.5 亿 t 燃油以及 4500 亿 $m^3$ 天然气，共折合约 22 亿 tce。扣除掉生物质燃料加工过程回收的二氧化碳，由于能源消费导致的碳排放可控制在 43 亿 t 以内（表 3-3-4）。

我国未来能源规划　　　　　　　　　　　表 3-3-4

|  |  | 电力消费（万亿 kW·h） | | 非电燃料消费（亿 tce） | |
| --- | --- | --- | --- | --- | --- |
|  |  | 2017 年 | 2050 年 | 2017 年 | 2050 年 |
| 需求预测 | 工业 | 3.8 | 5.0 | 16 | 12 |
|  | 建筑 | 1.7 | 2.5 | 4.5 | 2.5 |
|  | 交通 | 0.5 | 2.0 | 5 | 3.5 |
| 合计 |  | **6.0** | **9.5** | **25.5** | **18** |
| 供给规划 | 水电 | 1.2 | 1.5 | 生物天然气 | 3.5 |
|  | 风电 | 0.24 | 1.5 | 生物固态燃料 | 5.5 |
|  | 光电 | 0.07 | 1.0 | 化石燃料 | 9 |
|  | 核电 | 0.2 | 1.0 | — | — |
|  | 火电 | 4.3 | 4.5 | 余热副产品 | 37 亿 GJ |
| 合计 |  | **6.01** | **9.5** | **25.5** | **18** |

# 第 4 章 城市能源低碳发展路线及存在问题

根据第 3 章对未来我国能源总体结构的规划,为了实现非化石能源在电力和非电燃料两类能源中占比分别超过 50%,城市能源系统以及终端用能方式也需要作出相应转变,以与未来的能源供给结构和模式相匹配。城市能源系统主要包括供电、供热、供冷以及供燃气,未来这些系统应该如何转变,如何进行供给和消费侧革命,当前发展进程中会出现什么问题,将在本章中逐一介绍。

## 4.1 城市供电系统低碳发展路线及存在问题

### 4.1.1 我国电力系统现状及发展趋势

电能是未来城市能源消费的主要组成,电气化水平反映一个国家的社会经济的发展情况,人均用电量提升是人民消费水平和消费能力提高的标志之一。2015 年我国人均用电量为 4231kW·h,约为美国人均用电量的 1/3,日本人均用电量的 1/2,与发达国家相比仍存在一定差距,尤其在人均生活用电量上还有很大的增长空间。《电力发展"十三五"规划》提出"人均用电量 5000kW·h 左右,接近中等发达国家水平""电能占终端能源消费比重达到 27%"等发展要求。我国电力消费总量仍将持续快速增长,电力在终端能源消费中的占比也会越来越大。

我国的电力结构仍以火电为主:2017 年,火力发电量 4.66 万亿 kW·h,占全部发电量的 71.8%;可再生能源发电量 1.58 万亿 kW·h,占全部发电量的 24.3%;核能发电量 0.25 万亿 kW·h,占全部发电量的 3.9%。未来根据第 3 章的规划结果,要满足低碳发展要求,我国供电系统中非化石电的比例必须提高到 50% 以上,这依赖于水电、风电、光电、核电等非化石电源的进一步发展。然而,城市电网要想接入如此高比例的非化石电力,必须要解决地域分布不平衡和电力调峰问题。

### 4.1.2 可再生电力地域分布不平衡问题

我国可再生电力资源的分布与消费市场极不均衡。我国水力、风力以及太阳能资源的分布状况仍然符合 20 世纪 30 年代胡焕庸先生提出来的我国资源与需求之间的二八分布规律。我国 80% 的人口分布在连接漠河与腾冲间的胡焕庸线以东，同时这又是全国 80% 以上 GDP 的产出地和消费全国 80% 以上能源的地域。然而我国的可再生能源资源的 80% 以上却分布于胡焕庸线以西地域。实际上，煤、油、气这些化石能源的 80% 以上也分布于胡焕庸线以西。

水电只能在丰富的水力资源地区发展，所以我国主要的水电分布在西部地区。目前长江、黄河以及横断山脉地区的水力资源已经充分开发，待开发的水力资源集中于西藏雅鲁藏布江流域。风力资源则集中于内蒙古、甘肃和新疆等北方部分地区，以及东部沿海一带的海上风电。在这些风力资源充沛的地域发展风电，同样的初投资可以获得的效益远高于其他风力资源稀薄的地区。尽管这几年西部地区风电大开发，但已开发量还不到可开发资源的 5%，风电仍大有可为。随着光伏电池成本的迅速下降和新技术的不断涌现，这几年光伏电力一直在飞速增长。光伏电池的效益也与当地太阳能资源相关。我国西部地区太阳能辐射年总量在 1800～2000（kW·h）/$m^2$ 之间，而东部和内陆地区的太阳能年辐射总量不超过 1300（kW·h）/$m^2$，约为西部地区的 2/3。同时，东部地区土地和空间资源严重不足，而西部地区相对来说有充裕的土地和空间资源。所以，太阳能光电未来也应该以西部太阳能资源富集区为重点。从这一思路出发，把西部地区作为发展风电、光电等可再生电力的能源基地，符合当地资源环境状况，还有可能通过发展可再生能源拉动这一地区的经济增长。

我国的能源禀赋特征决定了大规模西电东输、北电南供的供电格局。国家电网公司在"十二五"期间规划了"三纵三横"的特高压骨干网架，在"十三五"期间进一步发展形成"五横五纵"的特高压电网整体布局。通过特高压输电线路实现跨大区的电力输运是解决我国可再生电力消纳、地域发展不平衡问题的重要手段。

## 4.1.3 城市电力调峰的问题及建议

未来随着能源结构转型风、光电在电力生产中占比逐渐增大，风、光电具有波动性和不确定，要求电网具有一定的调峰能力。而且，未来随着产业结构转型中工业用电在用电负荷中占比逐渐降低，电力需求

侧的峰谷差会逐渐拉大，这对电网调峰提出了更高的要求。同时，从未来长途输电的格局考虑，为了节约输电走廊、节约经济成本、保障电网安全，长途输电通道都希望保持在高负荷下稳定运行。供电城市不能直接把风、光电用于长途输送，而受电城市接收到稳定的长途负荷也不能直接满足城市的供电要求，供需两侧城市都需要调峰。

如何构建与高比例可再生能源供给相适应的城市能源系统是能源消费革命的重要工作。具体方法包括：在交通领域增大电动汽车比例和发展智能充电桩；在建筑领域发展直流建筑和分布式蓄电；在工业领域发挥电炉炼钢等工业的灵活性为电网调峰，而不是建设自备电厂独立运行等。综合各项技术，同时配套相应的电价政策和激励政策，实现将刚性供需关系转变为柔性供需关系的消费侧革命，才能打破目前可再生能源发展缺少灵活电源的瓶颈。

鉴于我国不同地区电源、负荷特点不同，城市电力系统调峰也呈现出差异化的发展模式。

### （1）西北地区城市：风、光、火互补，实现稳定送电

西北地区的新疆、甘肃、青海、内蒙古西部等地区是风电和光电的重要生产基地，是煤炭和天然气的主要产区，是我国能源开发重心迁移的目的地。充足的能源是"西部大开发""一带一路"倡议等政策中基础设施建设和社会经济发展的坚实基础，大量的可再生电力不仅能推动西北地区城市的低碳发展，还能对外输电成为新的经济增长点。由于风、光电的随机性和间歇性，独立给城市供电或通过特高压电网输送是不经济、不安全的。恰好西北地区有大量的火电机组，而且环境承载力大，通过配备一定比例的具有灵活调峰能力的火电机组，实现与风、光电的互动互补，可满足本地区的电力峰谷调节，还能使长距离输电通道保持稳定、高负荷的运行，将输电通道的年利用小时数提高到 7000h 甚至更高，从而降低长途输电的经济成本，推动西部能源的开发利用。

### （2）华东地区城市：需求侧响应和燃气电厂为"西电"和核电调峰

东、中部地区发达城市云集，随着产业结构的调整，东、中部地区的工业用电比例将会下降，同时随着城镇化发展和人民生活水平提高，生活消费用电比例也会增加，电力消费结构改变将会拉大城市用电负

荷的峰谷差。东、中部地区是西电东输的主要受电端，而且沿海地区还有核电资源，可以获得大量的低碳电力。然而，长途输电和核电都属于稳定供电，只能承担华东地区的基础负荷，因此华东地区城市需要解决当地的调峰问题。一方面，应该发展需求侧响应技术，通过终端用电设备的智能化运行，如电动车充电桩、公共建筑的蓄冷蓄热装置、直流建筑与分散式蓄电等，配合峰谷电价政策，使电网负荷趋于平滑；另一方面，可以适度发展天然气调峰电厂或燃煤调峰电厂，满足电力负荷峰值，并且为本地电力系统安全提供有力的保障。

### （3）华北、东北、蒙东：热电协同为风电调峰

华北、内蒙古地区是我国风电的主要生产基地，多年来面临着风电消纳的压力，2017年内蒙古、吉林、黑龙江的弃风率分别为15%、21%、14%。弃风问题主要出现在冬季，原因是大量热电联产机组采用"以热定电"的方式运行，为了保证稳定供热，热电联产机组保持稳定运行，不再像夏季纯凝工况那样灵活调节，无法为风电调峰。而且，近年来东北地区用电需求增长放缓，而供热需求却依然快速增加，供给侧热电比与需求侧热电比失衡，导致冬季电力过剩和热源紧缺的双重矛盾，为了保供热、保民生，优先热电联产发电，从而挤占了风电的上网指标。热电矛盾是这些地区冬季弃风的根本原因，因此应该大力发展热电协同，化解冬季热电矛盾。热电协同包括两个方面：其一是发挥供热系统的"柔"性帮助电力系统调峰，通过储热设备和建筑物自身的蓄热能力，供热系统可以成为供电系统的可间断用户，实现从"以热定电"向"以电定热"或"热电协同"的运行模式的转变，使冬季供热不再是电网调节的负担，而成为电网调峰、风电消纳的有效手段；其二是热电协同规划，综合考虑电和热的需求，尤其是冬季热电比需求，在当前电力过剩、热源紧缺的形势下，不应以供热为目的建设热电比低的燃气热电联产项目，而应该鼓励电厂余热利用，以增大供给侧的热电比。

### （4）南方地区：水电调节，北电南供

一方面，西南地区是水电的主要生产基地，水电自身具有良好的调节能力，应该充分发挥水电的调节能力帮助当地电网和长距离输电线路调峰。另一方面，北方地区的电力过剩是由于热电比失衡，即需求侧热电比高而供给侧热电比低造成的。南方地区没有集中供热，不存在热电矛盾，因此，通过北电南供，就能够实现大区之间的热电协同，从而缓解热电比矛盾，解决电力过剩问题。

## 4.2 城市供热系统低碳发展路线及存在问题

### 4.2.1 我国北方城市供热现状

我国北方冬季供暖地区主要是指《民用建筑热工设计规范》GB 50176-2016中确定的全国建筑气候区划中的严寒地区和寒冷地区，包括北京、天津、河北、山西、内蒙古、辽宁、吉林、黑龙江、山东、河南、陕西、甘肃、青海、宁夏、新疆15个省（自治区、直辖市）的全部地区或部分地区。截至2017年，我国北方城镇供暖面积为140亿$m^2$。

我国北方城镇冬季采暖能耗是我国建筑能耗的最大组成部分，同时也是我国建筑节能潜力最大的领域。2017年北方城镇供暖能耗折算标准煤为2.01亿tce，占全国建筑总能耗的21%。2001~2017年，由于清洁热源的发展、供热系统效率的提高以及建筑围护结构的增强，单位面积供暖能耗从原来的23kgce/$m^2$降低到14kgce/$m^2$，下降了39%。预计到2030年我国北方地区城镇建筑面积规模会增加到200亿$m^2$，为了满足全社会能耗总量控制和碳排放控制分摊责任，北方城镇供暖的总能耗需要控制在1.40亿tce以下，这意味着北方供热的单位面积能耗需要降低到7.02kgce/$m^2$以下，这对于供热系统而言是艰巨的任务。

供暖是北方雾霾天气的重要因素。从我国北方典型城市的大气污染状况全年分布可以看出，污染最严重的天数大多集中在冬季采暖季，冬季供暖与大气污染的关系密切。我国每年与供热相关的燃煤消耗有2亿tce之多，其中相当一部分是通过污染严重的锅炉房和散煤炉烧掉，其单位燃煤污染排放量是燃煤电厂的数倍，而且排放时间集中于冬季，空间集中于北方地区，因此燃煤是我国雾霾产生的重要根源。

北方供暖节能减排是我国城镇建筑节能的主要任

务，又是北方地区污染治理的重点工作。北方供暖节能减排工作在思路上应有重大转变，全面从热的"质"和"量"视角审视目前供热系统的节能潜力；在技术上应该"开源"和"节流"并重，挖掘以热电联产和工业余热为主的低品位余热，进一步降低建筑耗热量，减少输配系统和用户的过热损失；在政策机制上应该依靠市场力量，形成节能技术迅速推广、科学规划顺利落实的机制，全面实现最佳的技术方案、最优的体系结构和最好的运行模式。

## 4.2.2 供给侧如何"开源"

我国北方供暖系统热源以燃煤为主，其中热电联产的供热面积占比51%，燃煤锅炉占33%，天然气锅炉占12%，其他热源包括工业余热、地热、中水等不到4%（图3-4-1）。近年来，在清洁供热的压力下，取缔散煤燃烧和小锅炉、压减大型燃煤锅炉已经成为能源结构转型的大趋势。一边是城镇化发展带来的需求增加，一边是燃煤锅炉替代留下的供热缺口，如何获得巨量、经济、清洁、低碳的热源是当前北方供暖的燃眉之急，同时也是未来低碳热源转型的主要问题。

事实上，建筑供暖要求的室温是20℃左右，因此只要是能够在20℃下释放热量的热源从原则上讲都可以作为供暖热源。目前我国城镇供热热源中仍有超过一半是各类锅炉，包括燃煤锅炉、燃气锅炉、电锅炉，把高品位能源转换为低品位热量存在严重的浪费，因此不应作为建筑供暖的主要热源。北方供暖要实现低碳发展，必须彻底改变当前的热源模式，向以低品位热源为主的能源结构转型。目前我国北方供暖面积132亿m²，未来将发展到200亿m²。这种情况下如何才能找到足够的低品位热源以满足未来的供热需求？

### （1）电厂余热和工业余热潜力巨大

电厂和工业企业蕴含巨大的低品位余热，其热源主要包括以下几类：电厂锅炉燃煤、燃气燃烧排放的烟气，其排烟温度一般在60~180℃之间，锅炉燃烧排放的烟气热量约占其总产热量的10%，燃气轮机的排烟气量则接近15%；电厂汽轮机乏汽余热的热量通过冷却塔、空冷岛等各种冷却装置排放到环境中去，排热温度一般在20~40℃，燃煤纯凝电厂的乏汽余热约占电厂燃料总热量的50%，燃煤热电联产电厂抽凝机组的乏汽余热占抽汽供热量的30%~50%，燃气联合循环电厂所排放的乏汽余热占电厂燃料总热量的约25%；各种工业生产过程中的低品位余热，包括烟气余热、冷却循环水余热、渣水余热等，往往难以被自身的工艺流程使用，但是可以回收用于城市集中供热，目前建成的诸多工业余热供热案例已凸显出工业余热供热的显著经济效益和节能效益。

### （2）可再生能源有力补充

其他适宜供热的可再生能源主要包括城市污水余热和垃圾燃烧释放的热量、江河湖海水源热泵、浅层地热和深层地热、生物质、太阳能、空气源热泵等。不同类型的可再生热源有其分布特点，而且对气候条件和供热负荷特点的要求不尽相同。如全国城市污水和生活垃圾用于供热的潜力约为2.35万MW，不到城镇供热总需求的5%；水源热泵具有很强的地域性，只适宜江河湖海的周边地区使用；生物质、太阳能需要大量的土地面积，更适合用于农村和县城等负荷稀疏地区，很难大量用于大规模的城市集中供热；浅层地源热泵要求冬夏平衡，在严寒地区适用性不强；中深层地热正处于发展初期，打井初投资较高；空气源热泵在严寒地区冬季室外温度很低时能源效率不高。可再生能源供热并非适用于所有地区，某地区的成功案例的技术也不一

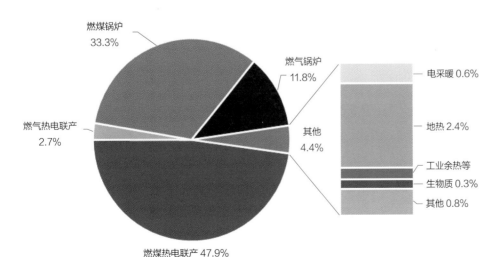

**图3-4-1　北方城镇集中供热各热源供热面积结构组成**

定适用于其他案例，因此，可再生能源供热应该因地制宜地发展。

### （3）核能供热查漏补缺

上述远景规划是基于总量规划的。实际情况中，由于热源和热负荷的分布不均衡以及供热管网的限制，我国可能仍存在一些城镇不能通过上述方式实现低碳供热。这样的现象可能出现在东、中部大城市、东北严寒地区的诸多城市、内陆欠发达地区的诸多城市、新疆局部地区以及各地区的小县城。对于这些清洁热源确实匮乏的地区，核能供热不失为一种可选的方案。近年来，长距离供热技术的发展使得核供热设施能够远离城市，解决了长久以来阻碍核能供热的核恐慌问题，而且在清洁供热形势下，核能供热与天然气、深层地热相比更具有经济竞争力，因此，在新阶段核能供热将会成为清洁供热热源的有力补充。

### 4.2.3 需求侧如何"节流"

#### （1）加强保温，解决老旧建筑热耗高的历史遗留问题

改善围护结构的保温和气密性是降低建筑采暖需热量的根本措施。围护结构改善的重点是气密性差的钢窗、外门。通过全面更换这些门窗，使换气次数降低到 0.5 次/h 以下，不仅可以大幅度降低采暖需热量，而且还可以显著改善室内的舒适性，是投资少、见效快的民生工程。据测算，这两项工作在供热领域全面落实后，可以使我国北方地区的老旧建筑平均全年需热量（不同气候地区平均）降低到 0.25 GJ/（$m^2 \cdot a$）以下。同时，进一步贯彻国家各项建筑节能标准中对新建建筑围护结构保温的要求，新建建筑平均需热量（不同气候地区平均）可以低于 0.2 GJ/（$m^2 \cdot a$）。

供热节能工作应该重点关注老旧建筑。这些老旧建筑在 20 世纪建成，存量约有 20 亿 $m^2$。其中外墙传热系数高的，热耗数倍于新建建筑，如果全面进行增加外保温和改善气密性改造，将产生显著的节能效果。老旧建筑热耗高是历史遗留问题，也是社会发展不平衡、不充分的体现，因此，每年国家投入的节能改造基金和地方政府对热力公司的补贴应该偏重用于老旧建筑的改造和高热耗补贴，而不是平均分配。

#### （2）加强调控，避免过量供热

大量调研结果显示，不均匀供热和过量供热导致的热耗增加占比在 30% 以上，这是对能源的巨大浪费。目前采用的各类"流量平衡阀""气候补偿器"等措施，都是为了解决这类不均匀供热问题，但实践证明这些方式很难使局部过热的问题得到全面彻底的解决。其问题在于采暖末端，解决的措施也应落实在采暖末端。设置在用户末端的室温调节手段是局部过量供热的有效解决方法。近年来，由于政府的大力推动，室内调控装置已经在很多地区普遍应用，但解决过量供热的应用效果并没有凸显，问题是尚未制定出合理的热费机制，以有效调动用户主动进行室温调控的积极性。

### 4.2.4 我国北方供暖低碳发展路线

建筑供暖要求的室温是 20℃ 左右，因此只要是能够在 20℃ 下释放热量的热源从原则上讲都可以作为供暖热源。建筑供暖应以低品位能源为主，而燃煤锅炉、燃气锅炉、电锅炉都是把高品位能源转换为低品位热量，造成严重的浪费，因此不应作为建筑供暖热源。目前我国城镇供热热源中仍有超过一半是各类锅炉，这与未来节能和低碳发展的要求不符。因此，北方供暖要实现低碳发展，必须彻底改变当前的热源模式，向以低品位热源为主的能源结构转型。目前我国北方供暖面积 140 亿 $m^2$，未来将发展到 200 亿 $m^2$，如何找到足够的低品位热源满足未来的供热需求成为关键问题。

根据前文分析，西部地区为了调节风电、光电的变化，需要有足够的火电为其调峰，已形成稳定的优质电源。调峰火电的余热则可以作为西部地区冬季供热的主要热源。而东部地区为了适应终端用电末端的峰谷差变化，也需要足够的火电作为调峰电源。这些火电在冬季的余热也成为东部北方地区的供热热源，冬季北方东西部地区可以从电厂余热中获得的余热量约为 37 亿 GJ。此外，从坐落在北方地区的钢铁、冶金、化工、建材等高能耗工业生产过程中，也可以在供暖季获得 100℃ 以下的低品位热量 10 GJ。如果回收工业低品位余热的 50%，热电联产余热的 80%，则至少可在供暖季获得 35 亿 GJ 的余热热量。如果我国未来北方地区可接入城镇集中供热管网的建筑面积为 160 亿 $m^2$，则平均每平方米可以获得用于供暖的

余热 0.22GJ/m²，接近 0.23GJ/m² 的供暖平均需热量。如果在终端再采用天然气锅炉或天然气吸收式热泵调峰，补充严寒期热量，由天然气提供 0.02GJ/m² 的热量，那么只需要再补充 110 亿 m³ 天然气，就可以解决这 160 亿 m² 城镇建筑的供暖热源。所需要的能源仅为 110 亿 m³ 天然气和输配工业与发电余热的水泵电耗（约 400 亿 kW·h），以及提取部分低品位热量所需要的一些蒸汽和电力（约折合 1200 亿 kW·h 电力）。按照发电煤耗计算，1600 亿 kW·h 电力再加上 110 亿 m³ 天然气，共折合燃煤 5300 万 tce，折合单位供热能耗 3.5kgce/m²，仅为目前北方地区供暖强度的 1/4。这应该是实现城镇供暖低碳节能热源的方向，而且与我国整体的能源发展方向一致。北方城镇建筑的另外 20% 约为 40 亿 m²，由于各种原因不能与集中供热网连接，则可以采用各类电动热泵或燃气壁挂炉分散采暖。如果两种方式各占一半，则需要 800 亿 kW·h 电力和 200 亿 m³ 天然气，折合 5500 万 tce。这使得我国未来城镇建筑达到 200 亿 m² 后，总的供暖能耗为 1.08 亿 tce，仅为目前 140 亿 m² 供暖建筑时的 54%。

## 4.2.5 集中供热热网的发展趋势

随着热源转型和热负荷发展，城市集中热网也需要向与之相适应的模式发展。基于对大量北方城市供热系统的调研，包括北京通州副中心、山西太原、宁夏银川、山东济南等，供热热网呈现的新趋势主要包括：多元互补的热源结构、多能协同的运作模式和长途输送的热网结构三个方面。

### （1）多元互补的热源结构

如图 3-4-2 所示，低品位余热包括热电联产、电厂乏汽余热以及冶金、化工等其他工业低品位余热等，承担供热的基础负荷。除了中、低温热能以外，电力可以作为驱动能源配合利用低品位热源或者用以降低热网回水温度，而天然气则作为以低品位热源为基础的城市集中热网调峰热源。从降低大气污染的角度看，对于燃煤热电联产，应选择远离城市中心的燃煤热电厂作为热源，其余全部以工业余热、电和天然气等清洁能源供应。从城市电力支撑需要一定比例的城市电源考虑，可以在城市中控制和建设合理规模的天然气热电联产系统，同时兼顾电力调峰。在节能方面，用以低品位热源为主的供热能源结构取代独立锅炉房供热，将使北方城市供热能耗降低一半。

### （2）多能协同的运行模式

以城市热网为纽带，在北方城市形成热、电、气协同的运行模式。热力系统很容易实现日内的负荷调节，这是由于热网、建筑围护结构本身具有一定的热惯性，此外热用户对于室内温度波动也具有一定的容忍度，因此短时间内的热源负荷波动对于供热安全性和舒适性几乎没有影响。应充分利用热网自身的热惯

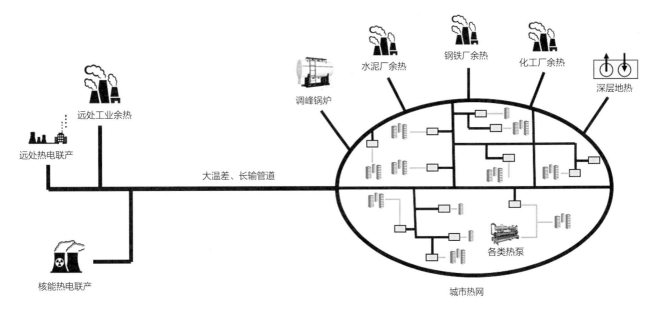

**图 3-4-2　供热系统新模式**

性，同时在热网系统中建设蓄热装置，实现热网与电网的协同，可以让城市供热系统起到为电网日间调峰的作用，并从中得到经济上的实惠，因为以热水为介质的储热系统的造价远比蓄电装置低廉。热力系统实现季节性储能极其困难，而燃气系统则可以通过建设大型地下储气库、发展缓冲用户等方式解决这一问题，因此燃气系统可以帮助热力系统实现季节性的负荷调节。当然，燃气通过调节管道压力和建设小型储气装置能很容易地实现日内调峰，可以起到电网调峰的作用。因此，由于电力、热力、燃气系统各自调峰难易程度不同，通过三者互补，发挥各自的特点，可以解决其他二者的困难。

### （3）长途输送的热网结构

低品位热源一般具有容量大、远离负荷中心的特征，单一热源的供热能力动辄数千万甚至上亿平方米建筑面积，而且一般分布在远离中心城市的地区，需要超大规模供热管网长距离输送至供热负荷中心。对于热网而言，超低温回水温度所形成的热网大温差供热，可使热网输送能力提高80%，为大规模、远距离输送热量奠定了基础，在经济、合理的前提下可以将热源送至数百公里以外的城市。当然，对于这种原本闭合循环且温度较高的热网系统，在长距离输送过程中还应该考虑防止水击所带来的管网承压以及汽化等问题，这些热网运行的安全问题都可以通过相应技术手段加以解决。因此，未来的热网将打破过去热网局限于一个城市的格局，实现城际供热。就像燃气管网由过去每个城市孤立的煤气网变为西气东输的区域天然气管网一样，热网可以将远离城市的低品位热源的热量送往邻近的多个城市，从而构筑多城市联网的区域热网体系。

## 4.2.6 热价计价机制问题及建议

未来供热系统的热源主要来自低品位热量，要有效回收这些低品位热量，降低热网回水温度是关键。目前降低热网回水温度的技术方法有很多，包括采用低温辐射末端、增大热力站板换的换热面积、实现庭院管网的精心调节、采用吸收式换热器或电动热泵等。然而，掌握降低热网回水温度主动权的热力公司却缺乏降低热网回水温度的积极性，到目前为止还没有任何一个城市集中供热系统能把回水温度降到30℃以下，其核心问题出在现行的热价计价机制上。

降低热网回水温度的技术主要用于热网末端，其或是热力站，或是用户家，且降低回水温度技术的设备投资、维护运行都由热力公司承担。然而，降低回水温度的收益主要在热源侧产生，因为低回水温度大幅提高了余热的回收效率，而热网输配能耗降低和热损失减少带来的收益只占很小一部分。因此，热力公司投入了大量的人力、物力，最终如果没有从中获得足够收益的话，则会导致热力公司因缺少积极性而不努力降低回水温度，从而导致整个供热系统无法推进合理的节能减排方案。这一问题如果不能得到全面解决，将会对整个供热行业的进步与发展产生重大的负面影响。

长期以来，热力公司和热源厂之间执行"按热计价"的热价体系，集中供热的热价是基本不变的，热力公司需要向热源厂支付的热费由用热量乘以热价得到。显然，降低回水温度不会影响用热量，热力公司无法通过原有的热价体系获得收益。事实证明，原有"按热计价"的热价体系已经不利于推动供热领域的节能减排，而且从热的价值与其温度品位的原理出发，"按热计价"的热价体系也是不科学的。

因此，建议推出"按温计价"的热价体制。例如，热源厂与热力公司之间的热量结算可以改用如下公式：$Q=(T_{供水}-40℃)\times G\times C_P\times 0.001$。其中 $Q$ 为计量热量（GJ/h）、$T$ 为温度（℃）、$G$ 为循环流量（t/h）、$C_P$ 为水的比热容[4.18kJ/(kg·K)]。不再计量回水温度，无论实际回水温度是多少，一律按照40℃计算。当实际的回水温度高于40℃时，仍然按照40℃计算热量，热力公司就要向热源厂多支付热量费用作为补偿热源厂的费用；如果实际的回水温度低于40℃，则热力公司仅需要向热源厂支付40℃以上热量的费用，30~40℃的热量免费，以补偿热力公司在降低回水温度过程中的付出。需要说明的是，这里的40℃是一个参考的回水温度标准，实际中也可以通过热源厂和热力公司协商，共同确定一个协议温度。各地可根据不同的实际情况，对这一参考温度在40℃的基础上作出调整。

采取"按温计价"的热价体系可以促进供需双方主动进行降低回水温度、回收低温余热的改造，最终双方受益，共同促成供热系统的节能减排，进而鼓励更多远距离的电厂改造为热电厂以替代燃煤锅炉。为此，建议国家相关部门尽快制定"按温计价"的集中供热热价体制，并落实北方地区城镇强制执行。

# 4.3 城市区域供冷发展现状及存在问题

## 4.3.1 区域集中供冷的发展现状

长期以来，我国城市传统的供冷模式以分体式空调和小规模的集中供冷（一楼一冷站）方式为主。2003年，大规模的区域集中供冷系统（以下简称区域供冷系统）的概念在国内提出，并在广州大学城中首次应用。此后，在全国各地又涌现出一大批具有代表性的区域供冷项目，包括北京中关村区域供冷项目、上海浦东国际机场冷热电三联供项目、南京鼓楼软件园区域供冷项目、深圳前海服务业合作区区域集中供冷项目、珠海横琴新区区域供冷项目、三亚海棠湾区域集中供冷项目等。为了推动区域供冷项目实施，很多地方政府把区域供冷归为节能减排的重点示范项目，专门制定了区域集中供冷建设运行管理办法，甚至还提供优惠和补贴。可见我国当前区域供冷系统正呈现极速发展的态势。在区域供冷快速发展形势下，本研究专门对多个典型区域供冷项目进行了调研和实测，结果却发现没有一个区域供冷系统的实际运行效果比传统供冷模式更节能。

### （1）广州大学城集中供冷系统

广州大学城总体规划面积43.3km$^2$，规划总人口35万人。其区域供冷系统共设4个区域供冷站，总装机功率37.6万kW，其中1号冷站采用溴化锂和常规电制冷机组，2~4号冷站采用电制冷加冰蓄冷系统，总蓄冰量达到94.9万kW·h。1号冷站的设计供回水温度为3/13℃，其余为2/13℃。据了解，广州大学城集中供冷系统的冷价为0.61元/（kW·h），电价为0.61元/（kW·h），仅等效于一个能效比（COP）为1的电动制冷机，从经济效益而言，该供冷系统显然不及分体式空调。

### （2）珠海横琴新区区域供冷项目

横琴新区建设用地总面积约30km$^2$，其中高新技术开发区等工业占地3.84km$^2$，商业、文化娱乐及医疗金融用地超过20km$^2$。在区内拟采用冷热电三联供系统，共建设9个区域供冷站，每个区域供冷供热站的服务半径均约2km，服务总建筑面积1500万m$^2$。设计供冷水温度低于4℃，回水温度低于12℃。

### （3）国外案例

日本是区域供冷技术发展最早的国家之一。日本晴海区域供冷系统的供冷区域占地6.13hm$^2$，供冷面积43.5万m$^2$，区域供冷的容积率达7.1，采用大型电动离心制冷机作为冷源，并且运用了热回收、水蓄冷、二级泵系统等先进节能技术，是全日本能效第二高的区域系统。日本新宿区域供冷系统是2002年以前亚洲最大的区域供冷系统，供冷区域占地24.3hm$^2$，供冷面积222.3万m$^2$，区域供冷容积率9.1，冷冻水管长4km，采用燃气三联供系统，是日本燃气区域供冷系统中能效最高的。根据实际调研，分析得到两个系统的实际能效与能效比为3.13和2.13的电动热泵相当。然而，我国普通大型公共建筑供冷系统的综合能效比基本都能达到3.1以上。精心规划和运行的日本区域供冷系统的能效比也不过与我国普通的小规模冷站集中供冷系统相当，可见区域供冷系统在能效上并不占优势。

## 4.3.2 区域集中供冷能耗高的原因

总有人用区域供冷与区域供热比较，认为区域供冷跟区域供热一样，只是把输送热量改为输送冷量。区域供热在我国北方地区取得了显著的节能减排效果，然而为什么区域供冷在南方却"屡战屡败"，至今仍没有一个成功的案例呢？南方区域供冷系统和北方区域供热系统到底是可类比的吗？

### （1）低效输配

北方的大型供热管网，供回水温度是130/60℃，供回水温差70K。这是为了使有限的循环水量输送尽可能多的热量。而区域供冷能够实现的最大供回水温差只能达到5/15℃，温差10K。同样的循环水量可输送的冷量仅为供热时的1/7。而实际建筑的冷负荷又往往大于热负荷（典型办公建筑：热负荷50W/m$^2$，冷负荷100W/m$^2$）。这就意味着同样的建筑规模供热与供冷所需要的循环水量相差14倍！因此供热管网与供冷管网的要求完全不同。这就是为什么无论在日本还是美国，现行的各个区域供冷供热管网都是四管制，冷水、热水分别循环。这不仅是由于这些系统希望同时供冷、供热，更因为供热、供冷对管网的技术要求的巨大差异。然而，我国南方（如江苏省）的大多数区域供热/供冷系统采用冷热公用的统一管网，冬季供热也按照小温差（不超过20K）运行，这就使这些系统冬季热量输送效率很低，供热管网的冬季运行经济性也不如北方地区。

大型管网需要运行水泵驱动循环水在管网中循环从而输送热量或冷量。对于大温差的供热系统，主循环水泵电耗不到输送热量的1%，这部分电力转换为热量，释放到循环水中，成为供热热量。而区域供冷时，由于其温差减少到1/7，循环水泵相对电耗就会增加7倍，接近总供冷量的7%。这部分水泵耗电也会转为热量，加热循环的冷水，从而损失约7%的冷量。日本新宿的集中供冷系统的实测输送管道损失冷量达10%，其循环水泵电耗占总供冷量的8%。

### （2）增加用冷量

北方供热需求是同步变化的。建筑冬季供暖主要是为了补偿通过建筑外围护结构传热和冷风渗透造成的热损失，室内外温差是影响建筑供暖需热量的主导因素，而室内人员、设备发热量等其他因素是次要因素。供热需求随室外气温变化而变化，再考虑建筑的热惯性，可得知不同建筑对热量的需求是同步性变化的。因此，采用集中供热方式，统一调整供暖参数就可以在一定程度上实现均匀供热。

然而，南方供冷需求是非同步变化的。建筑夏季集中供冷主要是为了排出室内的热量。此时由建筑围护结构导热和室外空气渗入造成的热量一般不到总排热量的30%，其余70%是由于外窗太阳照射、室内人员和设备发热等因素造成的。因此，建筑的朝向、外窗状况、使用状况和通风状况会造成各座建筑及各房间之间的冷量需求极不同步，而且这种排热需求受建筑围护结构的影响小，所以一天内要求的排热量变化很大。这就是为什么绝大多数建筑的夏季空调都仅在使用期间运行，而不像北方供热那样全天持续运行。在需求严重非同步变化的情况下，如果采用集中供冷，统一设定供冷参数，就会造成严重的过量供冷，形成极大的浪费。例如夜间商务区90%的办公建筑停止使用，不需要供冷，而只有不到10%的建筑属饭店、歌厅类，正处于最大冷量需求期。此时供冷系统既要保证冷水供应参数，以满足这10%需求者的需要，又要把循环流量和供冷量调小到10%以下，无论是改变水泵运行台数还是转速，都很难高效地实现这些要求。同时当管网流量降到10%时，管网传热造成的冷量损失就会从原来的3%提高到30%以上。同样的问题也出现在居住小区。当工作日80%的住户都上班、上学，家中无人不需要使用空调，而只有20%的住户有人在家，仍需要供冷，此时总的冷量需求有可能降至最大冷量需求的5%以下，热源、管网就只能低效运行，或为不需要供冷者强行供应。

美国校园建筑大多采用集中冷源的区域供冷方式，其结果是所有建筑都是24h空调连续运行，一天内总的供冷量几乎不变，末端冷量过量供应时再采用大量的末端再热（蒸汽或电）来调节，造成巨大的冷热抵消。实测的典型美国集中供冷校园夏季单位面积消耗冷量$1.02GJ/m^2$，同期还消耗热量$0.5GJ/m^2$（在夏季）。这个校园所处地区气候条件接近北京，而北京市采用中央空调的各类办公建筑全年供冷量范围仅为$0.1\sim0.35GJ/m^2$。采用区域供冷方式是美国校园建筑单位面积实际能源消耗量为北京校园建筑4倍以上的重要原因之一。

### （3）很难找到优势冷源

无论是区域供冷还是区域供热，集中系统都会导致能量的过量供应和输送系统的低效，由此导致实际用能量的大幅度增加，区域供冷的这一问题比区域供热更为严重。集中系统要节能，前提一定是有高效的冷/热源，通过源侧的高效弥补输配的低效。供热中锅炉的供热煤耗约40kgce/GJ，而热电联产的供热煤耗在20kgce/GJ以下，因此可知热电联产的供热效率是锅炉的两倍以上，所以区域供热可以利用热电联产之类的高效热源，抵消集中管网的损耗，实现整体节能。那么区域供冷是否也能找到高效的冷源，弥补输送系统的低效和过量供冷的损失呢？根据现行国家标准，分体空调的能效比至少在3以上。小规模集中供冷冷站中的新型电动离心制冷机的能效比已经能达到6以上。从以下分析可知，区域供冷系统很难轻易找到比其更高效的冷源。

地源热泵系统。地源热泵系统以地下土壤为冷/热源，冬天从土壤取热，夏天向土壤排热，要求保持冬夏取/放热量的平衡。根据对长江中下游地区运行的地源热泵系统的实测数据，夏天地源热泵的地源侧温度约20℃，系统制取的冷水温度为7℃，最好的冷机的能效比仅为4.7。

冷热电三联供系统或热电联产+溴冷机系统。这两种系统的原理都是利用发电机组发电后排出的热量驱动溴冷机制冷。其中前者的发电机组和溴冷机组位于同一个地方，而后者是分开的，需要建设供热管网把热量输送到末端的冷站中再进行制冷。无论是燃煤电厂还是燃气—蒸汽联合循环电厂，制冷用的热量一般都来自于抽凝机组中最后一级抽气。事实上，这部分抽气原本是可以在低压缸中继续做功发电的，并非是采用不可发电的废热制冷。根据各类汽轮机参数可以计算出，该系统即使扣除吸收制冷多消耗的冷却泵和冷却塔风机电力，最终的能效化也很难达到 6。

超大型电动制冷机。电动制冷机是目前一楼一冷站规模供冷系统的常用冷源，随着容量增加，离心式制冷机的能效会有所提高，但是，当容量大于 2MW 后，容量增加对制冷机能效提高的作用便不再明显。公共建筑冷负荷按 100W/$m^2$ 估算，2MW 的机组大概对应 1 万 $m^2$ 的供冷面积，约为一栋办公建筑的规模，也就是说区域供冷扩大供冷规模，使用的超大型制冷机与单栋建筑的大型制冷机相比不会有明显的能效提升。

## 4.4 城市天然气多联供发展现状及存在问题

近年来，天然气热电联产，尤其是分布式天然气多联供，得到国家政策的大力支持，成为能源领域的热点之一。2011 年，国家发改委颁布了《关于发展天然气分布式能源的指导意见》，提到"天然气分布式能源具有能效高、清洁环保、安全性好、削峰填谷、经济效益好等优点，""到 2020 年，在全国规模以上城市推广使用分布式能源系统，装机规模达到 5000 万 kW"。2013 年，为推动分布式发电应用，《分布式发电管理暂行办法》颁布，其中把天然气多联供系统列为适用发电方式。在"十二五"能源规划和"十三五"能源规划中，都明确提出发展"天然气"分布式能源项目。目前，国内已经规划或建成有多个分布式天然气多联供系统，并在未来呈现出快速增长的趋势。但是，天然气热电联产或分布式多联供系统的发展真的适合我国国情，真的能够提高我国能源系统的效率吗？

天然气不是"零碳能源"，也不是完全的"清洁能源"。天然气仍属于化石能源，也是生物质经过千万年积累生成，同样属于不可再生的矿产资源。将天然气列入新能源只是对比于我国大量使用了几百年的燃煤。在发达国家燃油应用已有百年历史，燃气的大规模应用也已经超过 40 年，因此不能称之为"新能源"。相对于燃煤，天然气燃烧过程生成的可吸入颗粒物很少，这也是将天然气称为"清洁能源"的原因。目前构成大气雾霾现象的主要污染物之一是氮氧化合物，天然气在燃烧过程中同样会排放氮氧化合物，和燃煤相比，产生同样的热量时，天然气排放的氮氧化合物大约为燃煤的 70%。因此，天然气只是比燃煤排放的污染少一些，而不是完全意义上的"清洁能源"。

我国是"多煤少气"的国家，天然气资源匮乏。2016 年我国天然气消费总量 2083 亿 $m^3$，占能源消费总量的 6%，其中净进口量 714 亿 $m^3$，占天然气消费总量的 34%。2016 年国际天然气贸易总量为 10800 亿 $m^3$，其中中国占比 7%。未来，如果我国 50 亿 tce 的能源总量中天然气占 15%，即 6000 亿 $m^3$，那么即使国产天然气达到 2000 亿 $m^3$，则还需要进口 4000 亿 $m^3$，占目前国际贸易总量的 40%。2017 年底出现的"气荒"现象仅是因为增加了约 200 亿 $m^3$ 的采暖需求，就造成天然气价格疯涨的现象，如果未来我国天然气进口量达到全球贸易市场额 40%，那么将不仅涉及能源安全、能源价格问题，还将涉及国与国之间的政治和外交问题。

因此，我们不应简单地认为天然气是燃煤的替代能源，而应把天然气视为宝贵资源、战略能源，研究如何充分利用天然气。未来我国能源产业的一大重点是提高电力可再生能源比例，而天然气蒸汽联合循环电厂可以迅速启停或进行大幅度的容量调节，在电力调峰中有着燃煤电厂无法比拟的优势，而且这也是发达国家目前最主要的调峰方式。

因此，我国应把有限的天然气资源优先用于电力调峰中，而不是热电联产或冷电联产。而且，在实际应用中，天然气热电联产或分布式多联供系统的运行还会导致诸多能源问题。

第一，天然气用于热电联产或分布式多联供后便丧失了电力灵活调峰能力。因为机组都会采用"以热定电"或"以冷定电"的方式运行，根据热/供负荷调节，而不是根据电力负荷调节。当前的政策并没有鼓励分布式多联供系统参与电力调峰，如《分布式发电管理暂行办法》中所述是"分布式发电以自发自用为主，多余电量上网，电网调剂余缺"。而分布式天然气多联供不仅不参与电网调峰，反而需要电网帮助其调峰。

第二，天然气热电联产激化了城市的热电比矛盾。天然气热电联产的热电比小于1，也就是说为了生产1份供热量，必须向电网供出1份以上的电量。然而，我国北方城市冬季的热电比需求普遍偏大，即城市的电力负荷小、供热负荷大，如果要满足城市供热负荷势必导致电力过剩，而一旦限制热电联产发电量又会导致供热量不足。例如北京市率先全面实现"煤改气"，把燃煤电厂全都改为燃气电厂后，便出现了热源紧缺的问题，不得不新建大量的锅炉来填补缺口。

第三，用天然气冷电联产作为区域供冷的方式不节能。供热与供冷的本质区别在于供热是缺少热量，而供冷是缺少功，无论是电动制冷机还是吸收式制冷机，都是利用电能或高温蒸汽做功，把室内的热量排到室外。可以证明，天然气冷电联产的效率不如大型天然气电厂＋电动制冷机的方式。而且区域供冷系统由于输送温差小导致输配效率极低，而且输配水泵消耗的电量大部分转为热量与冷量抵消。目前还找不到一个区域供冷项目，其实际效果是比传统供冷方式压更节能、经济的。

综上所述，我国是天然气资源匮乏国家，发展天然气热电联产及分布式多联供不符合我国国情，而应该集中宝贵的天然气资源用在电力调峰上。而且，分布式天然气多联供系统的实际运行并没有提高能源系统的整体能效，反而还导致诸多能源问题，包括丧失电力灵活调峰能力、激化城市热电比矛盾及冷电联产区域供冷不节能、不经济等。因此，不应再大力发展分布式天然气多联供系统。

# 第 5 章 城市对能源系统"低碳节能减排"的认识

城市能源系统开展"低碳节能减排"工作的前提是城市对"低碳节能减排"有正确的认识，有科学的定量核算方式和基准值，实现能耗总量控制、碳排放总量控制和污染物总量控制，否则"低碳节能减排"工作根本无从谈起。

本课题调研了多个城市在能耗、碳排放、污染物总量控制方面的核算方法和实际效果，发现在能耗和碳排放总量控制方面目前缺乏科学、统一的核算方法，很多城市不知道当地的能耗总量和碳排放总量到底是多少，而且很多城市不追求总量控制，转而追求可再生能源比例和节能量，偏离了总量控制的目标，建设了诸多不适宜的"节能"项目。

## 5.1 能源消费总量控制

实行总量控制的前提基础是有科学的能源消费核算方法，然而调研发现各地的能源消费核算并没有统一的方法标准，而且其各自的计算方法也存在不合理的地方，甚至出现误导。

例如某城市的生态城为了实现 20% 以上的可再生能源比例，全区采用地源热泵供暖，希望将从地下取出的热量算作可再生能源。然而，当系统建成以后，投资巨大的地源热泵系统却废弃不用，而改用城市集中热网来供热，原因是地源热泵的耗电量太大。事实上，很多地源热泵的耗电量即使折回发电煤耗也确实比热电联产高。为什么能耗高的算作可再生能源，而能耗低的反而不算可再生能源？为了追求可再生能源指标，很多类似的案例都误入了高能耗的歧途。国家提出提高可再生能源的本意是好的，但是一旦把热泵提取热量算作可再生能源，导向就发生了偏差。其根本原因是能源品位的差异，电是高品位能源，热是低品位能源，不同品位的能源应该区别对待，不能混在一起计算。但是，品位的概念不容易被大众接受，而能源消费核算又没有统一的标准算法，于是大多数人都采用上述的错误算法，从而导致判断失误。

如果延续上述能耗核算方法的思路，正确的做法应该是把燃料、电、热、冷等不同品位的能源区分开，分别统计总量和各自的可再生能源比例。但是实际计算中，大多数人把耗热量算入终端消费总能耗中，而不把耗冷量算入其中。计算方法的边界不清晰，不同情况下可以随意划定计算的边界。

此外，在很多方案报告或地方政府报告中，地源热泵所提取的热量会被认定为节能量或可再生能源量，那么理所当然地这部分热量应该属于能源消费总量的一部分，但是在计算总能耗的时候（比如城市的能源消费总量），这部分热量又不计在内。混乱的能源消费量的核算方法导致可再生能源量等指标不仅不能科学地反映系统的能耗情况，反而常常被滥用，以致误导他人。

### 5.1.1 总量核算方法的改进建议

正确的能源消费核算方法应该分别统计燃料、电、热、冷等不同品位的能源。但是考虑到实际情况，这种统计方法过于复杂，而且很多人对品位还不理解，所以建议终端能源消耗仅分为耗燃料量和耗电量两类，分别统计总量，分别计算指标，而耗热量和耗冷量则从源头实际消耗的电力和燃料出发，将其折算到耗电量或耗燃料量中。这样既避免了能源品位的混淆，又易于实际操作。

以建筑能耗为例，参考《民用建筑能耗分类及表示方法》GB/T 34913-2017，建筑用能的边界位于建筑入口处，建筑能耗对应满足建筑各项功能需求从外部输入的电力、燃料、冷/热媒等能源。建筑能耗不包括安装在建筑上的太阳能、风能利用设备等提供的可再生能源，但是这些设备运行所消耗的外部电力是需要计入建筑能耗的。因此，发展屋顶光伏、屋顶风电而利用的太阳能和风能不再计入能源消费总量，也不会核算到可再生能源比例指标中，其节能效益只体现在降低外部输入能源量上。

建筑能耗中的冷/热量应折算为电力或化石能源。冷/热量的折算是按照相应冷/热源的制备和输送所消耗的电力或化石能源计算。例如一套综合能效比为4的地源热泵供热系统，其消耗1kW·h电量，可提取3kW·h地下热量，为建筑提供4kW·h的供热量，在建筑能耗核算中不计算地下提取的热量，因此建筑能耗仅为1kW·h的耗电量。如果耗热量是来自热电联产这类同时输出多种能源的设备，则供热量可以按照㶲分摊法折算到相应投入热电厂的燃料消耗量中。

冷/热供应系统普遍规模较小，供热系统往往是城市规模的热网或小区锅炉房，供冷系统一般都位于建筑内部，因此冷/热量的追溯过程并不复杂。冷/热量的计算是现在能源消费核算方法中最混乱的部分，新的核算方法中如果只出现燃料和电两类能源，会使能源消费总量指标的计算和使用清晰很多。

### 5.1.2 坚决落实能耗总量控制，而不是追求节能量和可再生比例

能源消费总量控制是从源头落实环境治理的根本途径，是扭转敞口式能源消费、缓解能源供应压力的重要抓手，是中国应对气候变化、实现对外承诺目标的重要手段，是中国社会经济可持续发展的客观要求。然而，很多地方政府把能耗总量控制误以为是追求可再生能源比例、追求节能量，尽管前者与后者有关联，但并不是等价的。

评价节能项目时常有一种说法叫形成了多少吨标煤的"节能量"。这里所谓的"节能量"是相对值，把系统运用节能技术之前理论发生的能耗量作为基准，计算节能技术运用前后的能耗差值。事实上，"节能量"并没有实际发生，只有当人们改变了使用方式后才会展现出来，而当前尚没有直接的节能效果。"节能量"的大小与需求总量和能耗强度都有关系，降低需求总量或降低能耗强度都能够产生"节能量"，有时能耗需求总量增加、强度降低可以形成"节能量"，有时能耗强度上升但只要需求降下来了也可以形成"节能量"，因此以"节能量"为评价标准在很多情况下不能准确评估一个系统是否高效、节能。而且"节能量"的大小与能耗总量的基数有关，基数越大，"节能量"更容易增大，很多城市新上节能项目后，"节能量"增加了，但是节能项目本身并不是零能耗项目，城市能源消耗总量反而上升了。追求"节能量"对于节能减排犹如隔靴搔痒，甚至会误导增加不必要的能源需求。

很多地方一味追求可再生能源比例、追求节能量，却忘记了能耗总量控制的初衷。控制能耗总量并不是可再生能源用得越多越好，也不是与预期相比节能得越多越好，而应该实实在在地考察系统到底消耗了多少能源、能源消耗的强度是多少，从而真正落实国家能耗总量和强度"双控"的目标。

## 5.2 碳排放总量控制

在应对气候变化方面，中国也展现了大国的担当，在提交的2030自主行动目标中承诺了2030年碳排放达到峰值，单位GDP排放比2005年下降60%~65%。这使得碳排放成为除能耗之外，我国社会发展过程中的又一重要约束。《"十三五"控制温室气体排放工作方案》中指出"把低碳发展作为我国经济社会发展的重大战略和生态文明建设的重要途径，采取积极措施，有效控制温室气体排放"，并且把"碳

排放总量得到有效控制"作为主要目标。

碳排放分为直接碳排放和间接碳排放。其中直接碳排放指的是实际物理过程中向大气排放的温室气体，也称作物理排放量。碳排放总量控制的目标是直接碳排放。但是，与能源消耗不同，碳排放的责任主体与实际排放主体可能是分离的。例如对于人们生活中消耗的电力、热力等能源或城市建设中消耗的钢铁和水泥等材料，消费者并没有排放二氧化碳，但是消费者的使用是导致生产者排放的根本原因。因此，碳排放还包括间接碳排放，即由某一过程导致、其他过程产生的直接碳排放。碳排放核算方法作为碳排放总量控制的基础，不仅要准确核算碳排放的总量，还要理清碳排放的责任分摊。

## 5.2.1 现行责任核算方法存在的问题

本研究调研了多个城市。我国已从 2013 年起启动了碳交易试点，7 省市根据各自的实际情况确定了不同的碳交易市场实施方案。在碳排放核算方面，北京、上海每年都有发布二氧化碳核算和报告指南。

上海的核算方法计入了直接碳排放以及用热、用电所产生的间接碳排放。这样有利于促进生产者直接减少化石燃料的燃烧，也有利于促进电能、热能的消费者节约电热的使用。但显然该算法重复核算了电力、热力生产和消费部门的碳排放量，使得核算出的碳排放总量与实际产生量并不相等。而北京的算法则在核算用电的间接碳排放时考虑了外调电的比例，即本市发电已在电厂处核算了直接碳排放，在核算间接碳排放时不再计入这一部分发电，只考虑由外省输入的电能，从而避免了重复核算的问题。但是随着碳市场的发展，当其他地区也纳入到碳排放核算体系中之后，重复核算问题仍会出现。此外，北京和上海的核算方法尽管考虑了热、电的间接碳排放，但是没有考虑各类生产材料和工业产品的间接碳排放，该核算方法无法促进材料的节约使用。

目前国内外研究较多的碳排放责任核算方法主要有四类，分别是生产者责任法、生产者 + 用电 / 热者责任法、消费者责任法以及责任分摊法。四类核算方法具有各自的优势，同时也存在各自的问题。

### （1）生产者责任法

这是目前国际上使用最广泛的碳排放核算方法，将产品生产过程中的碳排放计算为生产者的责任，由生产者承担，其计算的一般方法是计算生产过程的能耗并通过碳排放系数计算碳排放量。常见的生产者责任核算方法有领地排放、安全生产排放、最终生产排放、收入侧排放等核算方法，其中政府间气候变化专门委员会（IPCC）采用的就是领地排放核算方法来计算各国的碳排放量。生产者责任法可以有效约束生产者的碳排放行为，促进生产者提高能效，但是缺点是无法促进消费侧减排，因为消费者在消费和使用产品时不承担相应的碳排放责任。

### （2）生产者 + 用电 / 热者责任法

这是我国碳排放试点所采用的核算方法，这种方法计入直接碳排放与用电 / 热所产生的间接碳排放，可以促进生产侧减少碳排放，同时也有利于促进消费侧节约热和电的使用，但是缺点是没有对材料、产品的使用进行约束，并且还有双重核算的问题。

### （3）消费者责任法

这种核算方法回溯产品的生产过程，计算最终产品全过程的总碳排放量，由最终产品的消费者承担碳排放责任。这种方法的核心思想是消费是产品生产的驱动力，所以消费者应当为产品生产所产生的碳排放负责。这种方法可以有效抑制消费者的过度消费行为，促进消费侧的减排行动。但由于生产者不承担碳排放责任，这种方法无法对生产者产生约束，无法促进生产者低碳生产。而且全过程回溯的核算方法复杂程度高、可操作性差，简化计算存在较大的偏差。

### （4）责任分摊法

该算法的核心是通过不同的方式确定相关碳排放在生产者与消费者之间的分配比例，目前有固定系数法、产品增加值法、碳排放累加法等具体分摊方法。但这些方法均不能将碳排放责任与减排主体准确地对应起来，无法有效促进各方的减排行动。

## 5.2.2 碳排放核算方法改进建议

上述四种碳排放责任核算方法都有各自的问题，最根本的原因是它们都没有同时满足科学性、有效性和公平性三条原则。

科学性原则：封闭范围内的直接碳排放之和应等于碳排放责任之和。

有效性原则：有利于促进尽可能多方面的低碳行动，与减排路径相契合。

公平性原则：尽量减少人为设定的标准值，采用基于客观现实的标准。

本研究基于上述三条原则，提出了新的基于产品基准值的碳排放核算方法。该方法首先对包括能源在内的产品建立碳排放基准值，基准值的取值由同类产品的社会平均生产碳排放确定。以电力为例，电力的碳排放基准值是核算边界内所有发电设备供电碳排放强度的均值。基于基准值，可分摊生产者与消费者之间的碳排放责任。例如，在生产侧，当各发电企业的供电碳排放强度不同时，碳排放强度高于基准值的发电企业就应该对超出部分的碳排放承担责任，从而促进了生产侧的减排行动；在消费侧，由于消费者需要承担基于基准值计算的间接碳排放责任，因此也促进了消费者的减排行动。当然，产品基准值的建立应该循序渐进，可以先从电力、热力、钢铁、建材等主要大宗产品做起，逐步扩大产品的种类以及覆盖面。

基于产品基准值的碳排放核算方法能够合理地对生产者消费者之间的碳排放责任进行分摊，并且使得碳排放责任总量与实际碳排放相一致。把行业平均值作为基准线，碳排放量高于基准线的生产者需要向低于基准线的生产者购买碳排放权，以此促进行业整体提高生产效率；而消费者仅对产品的消费量负责，多消费则多担责，少消费则少担责，也可以同时促进消费侧的节约消费。这与我国的低碳发展路径相契合。以此核算方法为基础，在城市和国家层面上能更好地分摊碳排放责任，准确核算碳排放总量，以促进碳排放总量控制工作的进行。

## 5.3 大气污染物总量控制

雾霾已成为我国城市居民生活的最大困扰，污染物总量控制是改善环境质量、解决区域性环境问题的重要手段。2000年《中华人民共和国大气污染防治法》开始实施，对于主要大气污染物排放总量的控制同步实行。最近发布的《"十三五"主要污染物总量控制规划》指出"深入推进主要污染物排放总量控制工作，""明确主要污染物总量控制目标要求"，对主要大气污染物中的二氧化硫、氮氧化物等实行总量控制。据了解，各省市在"十二五"期间已经对污染物总量进行考核，"十三五"期间也对大气污染物总量实行了更严格的控制。

统筹规划各地大气污染物总量控制指标。大气污染物总量控制指标直接影响各地方实际减排工作的开展，而减排工作又与民生问题、经济问题和能源问题密切相关，因此制定科学合理的指标是大气污染物总量控制的关键。目前各省市总量控制目标的制定流程大致是先由上级环保部门提出要求，再由各地方部门结合具体情况制定各自的目标，最后上报审核。上级环保部门负责各地指标的统筹规划，责任重大，应该兼顾各地区生态环境容量和经济发展情况，同时把能源安全等其他相关因素也考虑在内，确定科学合理的大气污染物总量控制指标。

制定科学的大气污染物排放总量核算及考核方法。"十二五"期间环保部发布了《"十二五"主要污染物总量减排统计办法》《"十二五"主要污染物总量减排监测办法》等文件，明确了污染物总量核算的方法。实际操作中，由于成本和技术原因，大部分企业能不具备直接检测污染物排放总量的能力，而一般都采用物料衡算法或产排污系数法来估算污染物排放总量。产排污系数法是基于能源消耗或产品产量等基本信息，结合对应的排污系数和除污设备效率进行估算。2017年末环保部发布了《计算污染物排放量的排污系数和物料衡算方法》等相关文件，为各行业的污染物总量核算提供更加详细的方法和依据，应该有效落实在未来污染物总量核算的工作当中。

企业考核中应用污染物总量来评价减排效果，而不能片面地关注排污强度。现实中有些企业通过空气旁通等办法对烟气中的污染物浓度造假，而其排放总量是实实在在的。因此，打赢蓝天保卫战必须严格控制大气污染物总量，合理规划控制指标，制定科学的核算方法，把总量控制真正落实到地区、落实到企业。

# 第 6 章　总结与思辨

## 6.1 城市能源系统建设中存在的问题总结

### 6.1.1 很多城市对什么是节能、低碳没有正确的认识

中央提出的总量和强度双控，应该是总能耗、总碳排放、能耗强度及碳排放强度。然而，由于缺乏科学、统一的核算方法，很多城市不知道当地的能耗总量和碳排放总量到底是多少，总量控制根本无从谈起。而且，很多城市追求可再生能源比例和节能量，偏离了总量和强度双控的目标。例如有些项目为了追求可再生能源比例而采用地源热泵供暖，但是实际运行中发现使用热电联产城市集中供暖更经济节能，于是废弃了地源热泵。再者，新建项目也核算节能量，由于没有统一的标准，很多项目故意把对比值设定得很高，从而获得巨大的节能量。由此可见，节能量的大小并不能反映新建项目是否真的节能，反而容易产生误导，如一些新建项目称其节能，但实际上却增加了社会的总用能量。尽管"能耗和总量"控制被明确提出，但是很少有城市真正落实到位，甚至没有朝着正确的方向发展。

### 6.1.2 一些技术在不适宜的地方应用和推广

鉴于区域供暖技术在北方地区取得了巨大的成功，近年来南方地区一些城市也在效仿推行区域供冷。很多地方将其列为重点节能项目。区域供冷虽然扩大了输配半径，但却很难找到比传统离心机更高效的冷源，反而大幅增加了输配能耗，而且供冷需求不同步现象也导致了耗冷量的增加。在本研究调研的区域供冷系统中，没有一个比传统的一楼一冷站式的供冷方式更为节能。因此，区域供冷不应在南方大面积推广。

目前国家鼓励发展分布式能源，其中对于天然气冷热电多联供的推广力度很大。在《关于发展天然气分布式能源的指导意见》《分布式发电管理暂行办法》及"十三五"能源规划中均明确提出要发展这类项目。然而，天然气多联供系统并不完全适合我国国情。我国是"多煤少气"的国家，天然气资源匮乏。宝贵的天然气资源应该优先用在解决电力调峰问题上，而不是用于发展热电联产和冷电联产。事实上，在我国供热可以通过燃煤热电联产和工业余热得到很好的解决，采用天然气冷电联产作为区域供冷又被证明并不节能。而且，天然气用于热/冷电联产由于需要以热/冷定电，反而丧失了天然气发电的电力调峰能力，同时还降低了城市的热电比，造成诸多能源问题。因此，在我国不应提倡大力发展天然气多联供。

地源热泵、水源热泵在一些地区获得了显著的节能效果，而且热泵从地源、水源提取的热量在现行混乱的核算方法中被认为是可再生能源。因此很多地区纷纷制定财政补贴政策，鼓励

地源热泵和水源热泵的发展。事实上地水源热泵有其适用条件，但是财政补贴和"可再生能源"的误解把这些技术引导应用于不适宜的地方，促成了很多节能效果并不理想的项目。

## 6.2 节能工作的"措施导向"与"效果导向"

以往城市建筑节能工作主要关注的是具体推广落实了哪些节能技术，以实施和落实各项节能技术为目标，相应的政策机制就成为针对节能技术应用的财政补贴和推广节能技术与措施的强条标准：为生产某项节能相关产品的生产商提供财政补贴，为使用某项节能相关产品的用户提供补贴，将在工程上采用某项节能技术和产品作为强制型标准。通过这三种方式，实现一项节能技术的全面落实和推广。

然而，绝大多数建筑节能技术都有其适宜的场合与条件，不考虑建筑具体的环境和使用条件，以及建筑的使用模式和行为模式，全都通过财政补贴和规范强条的方式去推广，就会导致在不合适的场合与条件下，推行一些并不适宜的节能技术的情况出现。生产者为了获得补贴而生产，业主为了获取补贴而购买，设计者被强条所约束而采用，而处于全过程链最末端的使用者只能被动地接受，哪方面也不能对其最终是否有节能效果负责。这样使得许多在一些地方很有效果的节能技术被推广到不适宜的场合。而且，由于缺乏"效果导向"的科学核算方法和基准值，中央提出的"总量和强度双控"也无法在实际中得到真正落实。

能源总量和强度控制重点作用于高能耗建筑，目的是使全社会建筑用能总量得到控制，从而在解决能源、碳排放和大气污染问题中起到更大作用，但不一定采用前沿的"零能耗""负能耗"技术。从社会发展看，目前其瓶颈是如何降低能耗总量，因此，先进的节能技术与"零能耗"的探索可作为科研领域研究与科技发展的方向，而调动全社会资源大规模推动的建筑节能工作应该着重于"总量与强度控制"。

## 6.3 城市能源系统发展的政策建议

### 6.3.1 按照"效果导向"，建立科学的定量核算方法和基准值

实行总量控制的前提基础是有科学的能源消费核算方法，然而，目前我国尚缺少一套核算方法能够根据其电、气、冷、热等分类能源消耗量计算出地区或建筑的能耗总量和碳排放总量。现行的能耗算法还不能科学地处理分类、煤电换算以及热电折算问题。能源数据统计应该按照建筑、交通、工业等进行分类，与国际标准接轨；电力核算到底按照123gce/kWh还是320gce/（kW·h）还需要统一；热电不同品位能源之间如何折算也需要有科学的核算方法。此外，现行的碳排放总量核算方法也没有理清直接碳排放和间接碳排放责任分摊问题。因此，应该按照"效果导向"，尽快建立科学的定量核算方法，特别是改进现行的国家统计体系，使其适应城市能源系统的低碳节能发展要求。《民用建筑能耗分类及表示方法》GB/T 34913-2017提供了一套科学的用能核算方法，应该参考这套方法，尽快建立科学、统一、定量的能源消耗和碳排放核算方法。

有了科学的定量核算方法，还应该确立科学、公平的基准值。目前在一些试点城市对于公共建筑能耗已经通过历史法确定了其能耗定额，促进了公共建筑的节能。类似的措施也应针对住宅、交通等其他用能对象实施，以促进全社会的节能低碳行动。鉴于现行措施中存在的问题，如历史法确定定额不能形成统一基准线，梯级电价变相鼓励了中央空调系统等，应尽快完善相关政策机制。《民用建筑能耗标准》GB/T 51161-2016中对不同区域、不同功能的建筑给出了用能约束值和目标值，可以参考这一标准确定统一的基准线，区分高能耗建筑和低能耗建筑，从而促进针对高能耗建筑的节能减排行动。

应该按照"效果导向"，坚决落实中央提出的总量和强度双控，尽快建立关于能耗量、碳排放量和污染物排放量的科学核算方法以及基准值，构建公开、透明、平等的平台，建立符合城市能源系统和低碳节能发展要求的国家统计体系。

## 6.3.2 改变节能低碳补贴政策机制

我国节能低碳工作应该抓住三个关键点：老旧建筑改造、新技术推广以及节能效果落实。要根据不同的问题使用不同的方法。

对于老旧建筑改造问题，应该给予补贴。例如北方地区的建筑采暖能耗，其特点是高档建筑能耗低、老旧低档建筑能耗高。老旧低档建筑能耗高的原因不是因为其不节能，而是由于历史原因造成的。而且老旧低档建筑的住户往往有相当比例是低收入人群。对于这样的低收入人群和历史遗留问题，应该给予财政补贴，建立由第三方管理的建筑节能基金，为高能耗建筑中的低收入人群能够承担采暖能耗过高的差价，同时分期、分批地对其进行节能改造，解决社会发展不平衡、不充分的问题。

对于科研创新项目，作为科研示范项目的应该给予补贴；而在技术推广中不应再给予补贴，新技术的高成本应该从节能收益里回收。如果一项技术在经济上不可行，那么这项技术就不应该被推广，因为这与党的十八大明确提出的"市场在资源配置中起决定性作用"相违背。如果给技术推广应用以补贴，就会导致很多项目为了获得补贴而实施。同时由于缺乏节能效果后评估，大量的补贴都用于高能耗建筑，而不能真正降低全社会的能耗总量和碳排放总量。

对于节能效果的落实，应该尽快实行用能定额制，设置统一的基准线，区分高能耗建筑和低能耗建筑，并对高能耗建筑罚款。停止技术推广补贴并实行能耗超额罚款，以罚代奖，使各方重新重视技术的实际效果和建筑的实际能耗，落实中央提出的总量与强度双控，从而抑制高能耗建筑的发展，促进城市的节能低碳发展。

## 本专题注释

❶ 中国能源中长期发展战略研究项目组. 中国能源中长期（2030、2050）发展战略研究 综合卷 [M]. 北京：科学出版社，2011.

❷ 江亿. 中国建筑节能理念思辨 [M]. 北京：中国建筑工业出版社，2016.

中国城市建设可持续发展战略研究

专题 2

课题三
城市资源—环境—生态可持续保障与管理策略研究

## 城市建设中的水环境健康与水资源循环战略研究

专题负责人　　曲久辉

# 第 7 章 我国城市建设过程中的水环境水资源现状分析

20世纪80年代改革开放以来我国经济快速增长，第一、第二产业发展迅猛，城市化进程突飞猛进，粗放式发展背后付出了环境恶化的代价，水体富营养化、黑臭、断流及水资源短缺等涉水问题日益突出。水生态破坏、水资源短缺、水环境污染是"一条绳上的蚂蚱"，绝不能分而治之，如何在城市建设进程中加强生态环境保护，确保城市建设与生态文明可持续发展是一道重大课题。

## 7.1 城市水体黑臭、富营养化及地下水污染治理任务依然艰巨

### 7.1.1 黑臭水体治理任重道远

全国地表水考核断面多是重要的大江大河的断面，而城市内河多数是人工河道或者小支流，流量小且承担城市排水功能，由于城市中的强人类活动排放导致城市内河污染严重。我国城市河道中约80%已受不同程度的污染。许多城市的内河水质常年严重超标。如北京市凉水河末端水质常年处于劣Ⅳ类，合肥市南淝河常年基本为劣Ⅴ类。近年全国水域的水环境质量调查数据显示，流经我国42个大中城市的44条河流中，93%的河段水质已被污染，50%的重点饮用水源地不符合相应标准。国家环保局污染控制司对城市河段进行的调查统计显示，约87%的河段受不同程度的污染，其中为11%重度污染，16%为严重污染，15%为中度污染，33%为轻度污染，仅23%的城市河段水质较好。

2016年，全国295座地级及以上城市中，共有221座城市排查出黑臭水体1945个，其中，河流1674条，占86.1%；湖、塘271个，占13.9%。有74座城市没有发现黑臭水体。60%左右的黑臭水体分布在广东、安徽、江苏、山东、湖北等地区，其中广东省被排查出黑臭水体244个，总长906.981km；安徽省217个，总长523.097km；江苏125个，总长252.508km；山东省164个，总长384.917km；湖北省142个，总长达到2000.309km，是全国各省级行政区中总长度最长的。目前，黑臭水体整治工作正在有序进行中。截至2017年底，黑臭水体全国总认定数为2100个，水体面积达到1484.727$km^2$，其中已完成治理1120个，占53.3%，治理中790个，190个处于方案制定阶段（图3-7-1）。但从面积看，仅完成治理169.45$km^2$，而未完成治理面积1315.281$km^2$（包括治理中、治理方案制定中），

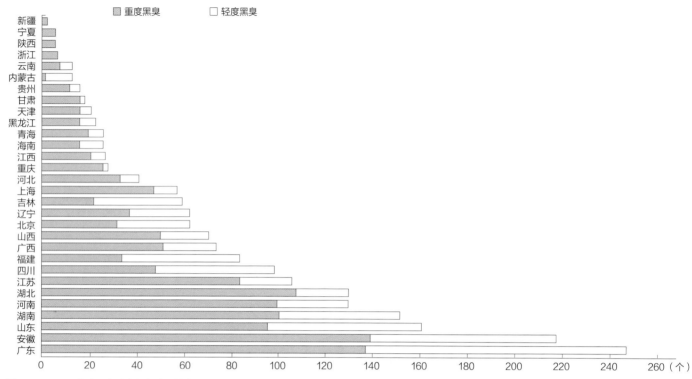

图 3-7-1　2016 年全国部分省级行政区城市黑臭水体数目

治理完成率仅为 11.4%。同时还要严防治理后反弹。据资料显示，每条城市黑臭河道长度平均为 2~4km，每公里河道整治资金约为 3500 万 ~4500 万元；目前黑臭水体中河流占比最高，总长约为 5596km。按照每公里黑臭河流整治资金 4000 万元计算，其整治费用高达 2238 亿元。再计入黑臭湖塘等的治理费用，金额十分庞大。按照"水十条"的要求，2030 年内城市建成区黑臭水体总体要得到消除，那么 2030 年内，我国需要投入到黑臭水体治理中的费用将非常高昂，黑臭水体治理将面临巨大市场考验。

黑臭水体作为与民众切身相关的环境污染问题，《水污染防治行动计划》（国发〔2015〕17 号）中将城市黑臭水体治理作为重点治理领域，要求"于 2017 年底前实现水面无大面积漂浮物，河岸无垃圾，无违法排污口；于 2020 年底前完成黑臭水体治理目标。直辖市、省会城市、计划单列市建成区要于 2017 年底前基本消除黑臭水体"。同年，住房和城乡建设部会同环境保护部、水利部、农业部组织制定了《城市黑臭水体整治工作指南》，对黑臭水体的识别、治理及保障措施提出了具体要求，黑臭水体治理步入系统化、专业化阶段。2018 年 6 月初，生态环境部、住房和城乡建设部联合开展城市黑臭水体整治第一批专项督查，共对 8 省（自治区、直辖市）的 20 个地级城市进行了督查。督查发现，黑臭水体中，既有一批治理成效好的，也有治理成效差、没有完成整治任务的。根据督查情况将治理不善者列入"曝光台"，以督促加强整改，达到环境治理的目标要求。

## 7.1.2 地下水环境污染形势严峻

我国地下水污染形势不容乐观，污染源多，污染途径复杂，局部污染严重。《2016 中国环境状况公报》显示：由遍布全国的 6124 个地下水监测点的评价结果可知，水质为优良级、良好级、较好级、较差级和极差级的监测点分别占 10.1%、25.4%、4.4%、45.4% 和 14.7%，主要超标指标为锰、铁、总硬度、溶解性总固体、"三氮"（亚硝酸盐氮、硝酸盐氮和氨氮）、硫酸盐、氟化物等，个别监测点存在砷、铅、汞、六价铬、镉等重（类）金属超标现象。各流域地下水水质监测结果总体水平均较差（表 3-7-1）。

同时，地表水的不合理使用会加速地下水的污染问题，对人体的身体健康造成非常严重的危害。有学者指出，现在我国地下水污染的发展趋势是由浅至深、从点到面、从城市到农村，地下水的污染问题越来越

2016年各流域片区地下水水质综合评价结果  表 3-7-1

| 流域 | 测站比例（%） | | |
| --- | --- | --- | --- |
| | 良好以上 | 较差 | 极差 |
| 松花江 | 12.9 | 72.0 | 15.1 |
| 辽河 | 10.6 | 60.6 | 28.8 |
| 海河 | 31.1 | 52.0 | 16.9 |
| 黄河 | 25.5 | 44.1 | 30.5 |
| 淮河 | 25.1 | 65.4 | 9.5 |
| 长江 | 20.0 | 65.7 | 14.3 |
| 内陆河 | 26.0 | 48.6 | 25.4 |
| 全国 | 24.0 | 56.2 | 19.8 |

严重。监测显示北方地区的地下水污染情况非常严重。在北京，局部浅层地下水中监测出含有六六六、DDT等有机农药的残留物质和多环芳烃、单环芳烃等有机物，这些有机物可以致畸、致癌、致基因突变。地下水的污染和超采互相作用，形成恶性的循环。

### 7.1.3 突发性污染不容忽视

1995 年以来，全国共发生 1.1 万多起突发水环境事件，2014 年，全国共发生突发环境事件 471 起，较 2013 年减少 241 起，其中重大事件 3 起，较大事件 16 起，一般事件 452 起。环境保护部直接调度处置突发环境事件共 98 起，包括重大事件 3 起，较大事件 12 起，一般事件 83 起，严重影响人民群众生产生活，因水环境问题引发的群体性事件呈显著上升趋势。

## 7.2 城市水资源面临的困境

### 7.2.1 水质不优，水量不均，不确定性多

我国城市的水资源禀赋差异明显，供水来源各异。可持续的城市水资源管理需要因地制宜，协同与周边区域的取水、用水关系。但是，水资源时空变化的复杂性、不确定性与水资源利用的相对确定性之间存在矛盾，存在着许多未被认识的领域。人们希望能对水资源的利用、保护，包括水资源的数量、质量、分布等有定量的了解、把握，以便与未来社会经济的发展较好地协调。但是水资源本身是一个变量，是一个受复杂自然因素控制的非线性过程，降水量、降水强度、蒸发量、径流量等与水资源相关的参数都是变量，都具有非线性的特征，它们的交叉、综合就更复杂，更难以定量描述和预测。对水资源的评价、利用一般都采用多年平均的数字，作为一种近似的过程描述。与此相应，每个时期的规划、计划与实际的水资源变化过程都存在一定的误差。也正因为如此，每年都会出现一些在利用、保护、管理中令人措手不及的突发事件。

### 7.2.2 洪旱灾害并存，产业布局无约束

城市水资源管理与城市防洪减灾协同存在一定的分歧。空间上，我国东南部地区的城市人口稠密区、经济发达区，是多雨区、水资源较丰富区，而往往也是洪涝灾害的高发区、重灾区。而西北和北部地区基本上是缺水区、干旱区，城市社会经济发展受到水资源的严重制约。我国湿润区与干旱区的洪与旱并不只存在简单的对应关系，而是存在交叉的关系，湿润区城市发生旱灾的频率和危害同样十分严重，成为当地受灾面积最大、损失最大的自然灾害之一。我国的洪旱灾害，即水资源的瞬时过剩与长期的缺乏并行，我国水资源的未利用与短缺并存，造成城市洪旱灾害的交叉。例如 2012 年 7 月 21 日，北京暴雨疯狂肆虐，雨量历史罕见。暴雨引发房山地区山洪暴发，拒马河上游洪峰下泄。全市受灾人口达 190 万人，其中 79 人遇难，经济损失近百亿元。如何既能有效地做好城市防洪减灾，同时为城市提供可持续的水资源，仍亟待摸索可复制和推广的协同模式。2013 年 11 月 29 日，浙江省委十三届四次全会提出"五水共治"，即是治污水、防洪水、排涝水、保供水、抓节水，统筹推进水生态文明建设。

传统的产业布局，对于水资源的约束考虑较少，导致我国一些宏观战略布局的失误，不仅加重了水资源危机，而且对水环境造成严重威胁，对区域社会经济的发展极为不利。如北方干旱、半干旱区大量布局钢铁、化工、纺织、印染、造纸、有色冶金等耗水型工业。我国各城市正通过国家一系列举措，包括全国

节水型社会建设试点（水利部 2004 年）、水生态文明城市建设试点（水利部 2014 年），不断尝试调整城市的产业结构，构建与水资源承载能力相适应的经济结构体系。以西安市为例，西安把经济结构的战略性调整作为促进节水型社会建设的基础工作来抓，通过实施产业规划，采取政策措施，压缩印染、纺织、炼钢、造纸、机械加工等高耗水行业，全市年工业用水量从 5.4 亿 $m^3$ 下降到 4.9 亿 $m^3$。特别是从 2006 年以来，关停规模以下造纸厂 300 余家，使全市造纸企业数量控制在 20 家以内，并全部进行循环用水工艺改造。同时，加快发展高新技术产业、大力振兴现代装备制造业，全面提升旅游产业，做强做大现代服务业，积极发展文化产业，扶持打造具有西安特色的优势产业集群。在"四区两基地"建设中，根据区域水资源配置方案，积极实施工业发展和经济结构调整战略，以节水、节能为重点，推进技术创新。积极实施农业内部结构调整，优化农产品区域布局，重点扶持发展优质粮食、畜牧、蔬菜、果品四大主导产业，积极推动节水型灌溉，提高水资源利用率。

### 7.2.3 城市水基础设施薄弱

我国城市水基础设施建设与管理质量偏低，技术与管理体系不全，缺乏统一规划，综合协同能力差。在城市基础设施系统建设中，由于条块管理、规划不足等原因，给水排水、能源、交通等基础设施难以实现城市内部协调布局和区域间有效衔接，在一定程度上导致发展失衡，综合效益无法得到充分发挥，造成水资源的大量浪费与污染。我国城市供水管网漏损率达 15% 以上，最高达 70% 以上。管网老化，管材质量差，建设标准低，缺乏维护，重地上建设、轻地下规划，城建施工经常碰触管网等，是造成目前我国城市供水管网漏损率偏高的主要原因。再生水基础设施尚未大规模地得到推广和应用。工业用水重复利用率为 60%~65%，而发达国家一般在 80%~85% 以上。全民节水行动计划提出，到 2020 年，缺水地区城市管网漏损率必须控制到 10% 以下，规模以上企业工业用水重复利用率达到 91% 以上。

为了统一协同建设和管理城市基础设施，国务院高度重视推进城市地下综合管廊建设，2013 年以来先后印发了《国务院关于加强城市基础设施建设的意见》《国务院办公厅关于加强城市地下管线建设管理的指导意见》，部署开展城市地下综合管廊建设试点工作。截至 2016 年 12 月 20 日，全国 147 个城市、28 个县已累计开工建设城市地下综合管廊 2005km，全面完成了年度目标任务。2017 年，针对地下综合管廊这一城市看不见的"生命线"，多省市已主动积极出台相关规划，加速推进建设。地下综合管廊建设可有效改变"天空蜘蛛网之困、马路拉链之苦"，促进城市空间集约化利用。但是，全面完成城市综合管廊替代目前已有的基础设施需要经历一段漫长的过程。同时，城市综合管廊的建设成本高昂，不是所有的城市都能够承担。除了城市综合管廊之外，还需开发其他的创新工程以进一步提升城市水基础设施，保障城市供水效率和品质。

## 7.3 城市水生态环境破坏多

城市不透水面积、水面比例和径流利用率、城市化地区水环境变化、城市土地利用类型等，都会影响城市的河流生态❶。由于城市排水管网不健全，雨污分流不彻底，在湖泊补水河道仍然存在暴雨期大量溢流生活污水入河现象，恶化了城市水生态环境。城市水生态环境还要承受降雨形成的地表径流污染的影响。降雨径流中固体悬浮物和营养盐浓度极高，大量流入河湖中，对河湖水质产生了极大影响，造成城市水体的严重富营养化。水资源的系统性被城市与区域土地利用所分割。水资源的综合功能被单一利用目标所代替。水资源所依托的生态与环境受到破坏，植被退化、水土流失、土壤沙化等使水资源的涵养、调节能力降低。

近 10 年来，特别是国家"水专项"实施以来，我国许多高校、科研机构、流域机构等单位开展了一系列河流（段）湖泊等水体治理及生态修复的研究工作，在理论与应用方面取得了显著进展。内外源污染的有效控制可以明显改善河道、湖泊等天然水体的水质，但同时也发现，由于生境退化和生态结构受损，单纯的水质改善并未获得与之相匹配的水体生态多样性的改善和生态功能的恢复❷。

目前主要的城市水生态修复包括如下几个主要措

施：一是实施生态补水，提高水体连通功能。通过增加上游生态供水能力，加强沿河水量调度，实施外流域调水、生态补水、河渠连通等手段恢复河流水体联系，维持河道一定的水体连通功能，形成动态河流。二是修复生境，提高自我维持能力。通过开展生态清淤、生态驳岸、橡胶坝、生态绿化等生态工程措施，恢复河流水生植被，改善河流水质，兼顾生态系统结构及功能，实现底泥污染搬出，降低河流内源污染，修复河道生态环境。三是加强入河污染物控制，提高水质自净能力。重点治理河岸污染源，控制入河排污总量，实现水功能区水质目标。通过布置生物浮床和浮岛设置生态净化区，岸边引种净水能力较强的植物，形成一定面积的"缓释区"；通过人工湿地、土地处理、人工增氧、生物治污、生态治污等多种方法相结合，降低河流污染物浓度，进一步净化河道水质，逐步改善和培养水体天然自净能力。四是改善景观环境，提升景观带动能力。采用增加植被覆盖率或固沙抑尘替代措施和方式，对河道进行绿化平整、植草绿化或者封河育草，形成绿色景观带，达到改善生态环境的目的。

由于水生态系统和城市经济系统、社会系统、空间利用等存在着系统性和复杂性的耦合关联，同时，城市水生态系统覆盖的面积广阔，对工程与管理的空间布局优化有着很高的要求，因此截至目前，我国城市水生态环境的恢复与改善仍旧面临着巨大的挑战。

# 第 8 章　我国城市建设过程中的水环境水资源困境成因分析

## 8.1 城市粗放扩张，经济增长量强质弱

伴随我国经济高速发展，粗放型经济增长方式导致城市用水量和排污量急剧增加，水环境污染不断加剧，水资源遭到过度浪费，和谐社会可持续发展与水环境、水资源的新型矛盾加剧。据统计，2015 年全国城市污水排放总量为 336 亿 t，并呈直线上升趋势。2016 年，我国污水排放总量已达 631 亿 t，污染物排放量大，COD、氨氮等排放量都居全球第一，并已检测出多种新型污染物。尽管污水处理厂的处理能力不断提高，仍有大量工业废水和生活污水未经处理或者经过简单处理后直接排入河流中，使得我国江河湖泊普遍遭受污染。我国水环境问题突出表现在排放总量明显超过水环境的承载力，也就是说超过了水环境容量，呈现出流域性、结构性、复合性、长期性的特点。水质的急剧恶化加剧了水资源的短缺。

长期以来，企业单纯追求经济效益，以利润最大化为终极目标，而很少考虑其行为的生态后果，结果是企业内部经济性的实现是以外部不经济性为代价的。如地下水的污染会引起优质水源的减少，超采现象会更加严重，会造成地下水的降落漏斗的面积越来越大，导致地下水的水位持续下降。地下水位的降低改变原来的水动力状态，会导致污水向降落漏斗倒灌，造成深层地下水污染，对地下水的水质产生严重不利影响。地表水的情况亦如此，由此可见严峻的水环境问题将是社会、经济、自然可持续发展最关键的制约因素之一。同时，由于污水处理设施基础建设投资大、运行费用高，企业没有处理污水的积极性。有些企业宁愿缴纳罚款，也不愿进行污水处理，这使得工业生产管理中的环境治理与生产相割裂，解决水污染问题困难重重。然而，由于水环境污染自身具有隐蔽性及复杂性，水环境生态系统的健康维护和水环境系统科学管理的加强变得尤为重要。

虽然中国经济结构调整取得了重大进展，呈现出第一产业比重持续下降、第二产业持续上升、第三产业比重总体上升的动态特点，然而产业结构演变的非均衡性特征较为突出，存在着结构不合理、产业结构内部升级较为缓慢、地区产业结构不平衡、地区间产业同构化突出等不足之处。同时，技术开发与创新能力不强，水平较低，增长质量不高；传统产业比重过大，技术改造进展不大，高技术产业发展对工业结构升级及带动作用较小；第三产业内部总量偏小、比重偏低，发展水平滞后。资源环境问题仍是"约束条件"，国际产业转移将促使产业结构不断升级。

## 8.2 水污染来源复杂，面源污染难控，污水处理能力、技术待提高

常见的水污染源分类有下列几种。①按污染物属性分类：物理污染源、化学污染源、生物污染源（致病菌、寄生虫与卵）以及同时排放多种污染物的复合污染源。②按污染源在空间分布方式分类：点源污染（如城市污水和工矿企业与船舶等废水排放口）、线源污染（如输油管道、污水沟道以及公路、铁路等）和面源污染（如农田里的农药、化肥等）。③按污染物分类：汞污染源、酚污染源、热污染源、放射性污染源等。④按受纳水体分类：地面水污染源、地下水污染源、大气水污染源、海洋污染源。⑤按污染源排放时间分类：连续性污染源、间断性污染源和瞬时性污染源。连续性污染源又可分为连续均匀性污染源和连续非均匀性污染源。⑥按污染源的流动性分类：固定污染源和流动污染源。固定污染源数量多、危害大，是造成水污染的最主要的污染源。⑦按导致水污染的人类社会活动分类：工业污染源、农业污染源、交通运输污染源和生活污染源。其中，工业污染源是造成水污染的最主要来源。工业门类繁多，生产过程复杂，污染物种类多、数量大，毒性各异，不易净化，对水环境危害最大。工业废水中所含成分多样，除一些重金属元素外，还会含有氮、磷、钾等各种化学元素以及一些不可溶的悬浮物，甚至一些工业废水中还含有有毒物质或放射性元素。如皮革废水中微生物抑制性因素多，难以高效处理；制药废水成分复杂，色度大、COD 浓度高、可生化性差，属于难生物降解有机废水；国内石油需求量不断增大，导致近几年开采出的原油品质逐渐下降，原油中的杂质也越来越多；化工园区在进行污水处理的过程中装置较多，影响化工污水处理的因素很多，脱盐水装置中含有很多高盐分，循环水系统中会含有比较高的磷、化工装置中含有非常高的有机物、高氨氮，富含很多消泡剂等。污染源种类繁多，并具有不同的表现形式及其自身特点，所以每种污染源都有其处理或拦截时需注意的地方，故很难做到完全控制。相比点源污染，面源污染的过程与成分更为复杂，不确定性更大，时空范围更广，更加难以控制。

截至 2016 年末，我国城镇污水处理率为 91.90%，县城污水处理率为 85.22%，污水处理能力达 1.7 亿 $m^3/d$。污水处理厂的建设和运行资金在经济发展滞后地区较为短缺。我国如果要在短时间内大力提升城市的污水处理能力，就必须要在短时间内投入大量资金来建设足够数量的污水处理厂。按照 1.25 亿 $m^3/d$ 的处理能力、运行成本 0.5 元 /$m^3$ 计算，每年这些污水处理厂的运行成本就要 250 亿元左右，而且还需要 2000 多亿元的后续资金。短时间内要进行如此大额资金的投入，在很多地区十分困难。

虽然我国的污水处理技术不断进步，但不可否认的是，我国的污水处理技术仍有较大的提升空间。一方面，污水成分的分析技术仍不到位，污水成分分析是处理污水的前提，只有对其分析充分，才能科学有效地进行污水处理。另一方面，污水处理的工程设施不够完善。有很多城镇的重工业区，仍采用技术相对落后的污水处理设施，导致污水处理不能达到国家污水排放要求。有的工厂或者重工业区，只重视污水设施的建设或排水管主干道的铺设，忽视了支管与收集支管的建造，导致原有污水收集管网无法有效利用，不能充分发挥收集污水的作用。在全国已建成的 3000 多座污水处理厂中，因管网建设不合理的原因造成污水处理厂低负荷运行或不正常运转的污水处理厂约占总数的 2/3。造成此类现象的主要原因包括：①老城区生活污水和雨水共用管道，导致污水就近排入雨水管或水体；②通过改造的污水管道不能与接户支管配套，影响生活污水流入城市污水主管道；③新建的污水厂将建设重点放在了污水处理设备和污水流入主管道的建设，而忽视了对支流管道的配套建设，对污水处理的效率有严重的影响。

目前我国的城市污水处理厂中，有大部分处理工艺都是采用活性污泥法，随着对水资源质量要求的提高，城市污水处理厂不得不开发改进型的工艺技术，如 AB 法、A/O 法、A/A/O 法、CASS 法、SBR 法、氧化沟法等。这些改进的工艺技术在我国城市污水处理厂被广泛运用，但污水在经过一级物理处理和二级生化处理后依然含有很高的 TN 和 TP，排入水体后容易造成水体富营养化，出现赤潮等现象，为此在原有污水工艺上进行进一步的创新和改进就显得尤为重要。而目前我国尚缺乏先进的城市污水资源化利用技术。城市污水资源化利用事业的发展必须以新技术作为支撑和保证。而我国现有的设备和所采用的城市污水资源化利用技术难以满足实际需要。所以，要有效提升我国城市的污水处理能力，需要通过不断改进现有的污水

处理技术，同时加大对新技术研发的投入力度，生产不同水质的再生水，以满足生活生产的不同用水需求。

目前，我国政府出资建设完成的很多分散形式的污水处理设施都是采取政府部门进行监管、企业资管的市场化运行模式。虽然在污水处理过程中，污水的处理效率得到了有效提升，但是在管理过程中仍然存在一定的问题，比如政府与企业部门相关的义务划分不明确等。

## 8.3 环境监测管理力度不够

我国水环境监测自 2018 年国家机构改革以后统一由生态环境部监管，从以往"多头管理"的模式转变为统一监管，从制度上有了根本的保障。从前分属于水利部、环保部、国土资源部等部门的环境监测职能由现在的生态环境部统一执行，大幅提高了监管效率。但是一直以来国控监测点偏少，很多城市内河没有国控监测点的现状在短期内很难得到大幅改善，监测布点的力度有待加强。

我国水环境质量监测标准和排污标准提出污染物有 98 项，和我国水监测标准分析法不吻合。而且我国水质分析法缺乏系统性，导致正在使用的水质标准缺少严肃性，给实施带来困难。西方发达国家水环境监测方法比较系统，比如美国有 EPA500 系列饮用水分析法、600 系列城市水工业废水分析法、CLP 系列实验室分析法等。按照国际惯例，水质分析要求一个项目有配套的系列分析法，而我国目前还未达到这个标准。对重点控制的 8 项污染物缺少简单快捷的现场分析法，导致应急监测时无法及时判断污染事故起因。

目前从我国水环境监测和多方面科研成果可以看出，城市河流和其他水系的污染物主要是有机物，水环境管理部门和业内专家已经认识到这种情况。然而我国水质监测污染物指标中有机物项目多是综合指标。因为缺少有机污染物控制指标，所以，因为缺少有机污染物控制指标，难以掌握整体污染情况，影响了我国水环境控制目标的实现。发达国家十分重视有机污染物监测，美国进行常规监测的有机污染物有 114 种。我国《污水综合排放标准》中规定了 30 多项有机污染物，《地表水环境质量标准》中仍然以重金属与综合污染物为主要监测指标。所以，我国相关部门应该提高对有机污染物的重视，加快水环境有机污染物的研究步伐。

水污染管理制度方面我国已经逐步走向成熟。2016 年 12 月 11 日，中共中央办公厅、国务院办公厅印发的《关于全面推行河长制的意见》公布，意见指出，全面推行河长制是落实绿色发展理念、推进生态文明建设的内在要求，是解决中国复杂水问题、维护河湖健康生命的有效举措，是完善水治理体系、保障国家水安全的制度创新。意见要求，地方各级党委和政府要强化考核问责，根据不同河湖存在的主要问题，实行差异化绩效评价考核，将领导干部自然资源资产离任审计结果及整改情况作为考核的重要参考。2017 年 3 月 5 日，第十二届全国人民代表大会第五次会议中，国务院总理李克强作政府工作报告，提出全面推行河长制，健全生态保护补偿机制。河长制是一个可以加强"九龙治水"的各部门间工作联系的有效机制保障，可以有效调动地方政府履行环境监管职责的执政能力。让各级党政主要负责人亲自抓环保，有利于统筹协调各部门力量，运用法律、经济、技术等手段保护环境，方便各级地方领导直接进行环保决策和管理。但是在河长制的引领下我国水环境治理的管理方面还存在一些有待改进的地方。

流域层面协调机制不健全，水环境监管手段缺乏有效性，派出机构难以协调水污染防治中的跨界问题，而水污染很容易跨区域，因此协调联动机制必不可少；但在此之上又有属地管理的原则，河道流经的地方政府各有自己的处置权。因此导致在实际操作层面，尤其是涉及跨省域的突发水污染事件上，各地方互相配合方面尚欠周全。

各级环境监管机构缺乏有效的监管手段，环境监管的法律约束机制不够完善，政府环境监管问责制有待强化，环境监管的内部约束机制不健全。水生态检测方法缺失，水环境监测中缺少完整的生态监测方法，缺少系统的生态监测质量保证体系。公众参与水污染防治机制不健全，水环境监管能力薄弱，城市环境监管多地处于空白。由于很多污染设施都附有较大的调节池，使一些违规企业有机可乘，白天将生产废水排入调节池内，晚上则利用潜水泵等提升设备直接偷排至外环境水系。治理费用高于排污收费，使得一些商家宁愿交罚款也不主动改善水处理设备。同时一些排污单位钻环保部门空子，制造假象，遇到治理设施检查才启动设施正常运转。也存在一些废水治理设施看似正常运行，但实际并没有治理效果的情况。

# 第 9 章　我国城市水环境与水资源可持续发展策略建议

## 9.1 我国水环境健康发展策略

### 9.1.1 加强顶层设计贯彻海绵生态理念

城市建设涉及规划、设计、建设、运营、维护等多个环节，其成功实施的关键取决于规划层面的顶层设计。城市建设前，需在总体规划、专项规划、设计导则及管控制度的设计中以保障水环境健康发展为基石，贯彻海绵城市低影响开发的设计理念和指标，及时将低影响开发设计要求与城市新区的总体规划、控制性详细规划、场地竖向设计、排水防涝、水系统、绿地系统等规划设计相结合，实现"多规合一"。加强城市水系统综合规划、海绵城市总体规划，加强技术布局的顶层设计与规划，积极落实"水污染防治行动计划"。采取"七字法"，即"截、引、净、减、调、养、测"，将流域层面的"大海绵"与城市区域的"小海绵"有机结合，在竖向设计、上下游关系、海绵设施优化设计等方面实现整理优化，既要保障流域和城市的防洪排涝要求，又要充分利用海绵城市设施对雨水的滞蓄能力，减少面源污染进入城市水体，提高城市水体的生态净化能力，在景观设计的同时实现生态净化功能。创新研究污染组合控制技术和工艺优化，把景观生态学和园林的理念与水污染治理有效结合，将远山、近岸、四季、水流有机融合，实现城市水体的生态修复。如黑臭水体治理时应杜绝污水直排进入城市水体，实现污水全部截流；近期达到城市水体沿岸污水全部截留，尾水入河前尽量经尾水湿地净化后排河，利用具有净化功能的水生植物系统，进一步净化污水处理厂尾水中的氮、磷，避免污水厂过度处理，实现节能降耗，远期提高污水处理厂尾水排放标准；转变城市给水排水规划理念，加强中水回用、一水多用。

### 9.1.2 水环境治理流域化、系统化

重视地表水体的流域性和上下游关系，对下游城市水体的污染问题开展系统分析和全流域改善策略研究。坚持统筹协调、系统管理，突出重点、综合治理，政府主导、市场运作，依法防治、社会监督的方针。全面落实科学发展观，实现水污染治理模式从末端治理向流域水环境综合治理转变，从单纯水质管理向流域水生态管理转变，从目标总量控制向容量总量控制转变。统筹治污与治水的关系，统筹水利工程与生态平衡的关系，统筹发展经济和生态保护的关系。保护水环境，坚持"山水林田湖生命体"的流域综合管理理念，开展流域水生态功能分区，

识别其生态服务功能，把保护生态服务功能和禁止开发区、限制开发区、优化开发区和重点开发区有机结合在一起，确定各空间的生态服务功能、相应要求的水环境标准以及允许的污染物承载力。如图3-9-1所示，遵从"六水共治"的理念建立我国水环境基准标准体系，推动容量总量控制制度，将排污许可证制度作为水环境治理的重要抓手。建立流域风险预警管理制度，不能总是被动地接受水环境污染问题的发生，而是要把预防做在前面，既要关注突发性环境问题也要关注累积性的水环境污染问题。

以"保护、改善、利用、融合"为指导，在理念上强化用生命周期理论对水环境污染的源头、过程、末端进行全过程评估与治理。以系统工程思路利用水环境生命周期（污水的产生、处理、输送、再生、排放和利用）的管理理念开展城市水环境治理和水安全改善工作。明确城市水体典型污染物的分布特征、污染来源和生态风险，量化典型污染物对水质的影响过程及影响机理，开展城市地表水体点源、面源污染负荷的量化工作，从生命周期可持续角度评估和应用源头减排、过程剪断、末端治理的系统举措。水污染防治的生命周期包括：废水（污水）的产生——污染源；废水（污水）的处理、输送——废水管道系统；废水（污水）的处理、再生和利用——处理厂、再生厂；废水（污水）的排放和利用——不同回用户、不同受水体。生命周期管理的概念在防治工业污染及减少资源消耗方面发挥了极大的作用，也可用于水污染防治的各方面。水污染来自工业、农业、城市、生活等不同源头，有产生、收集、处理、再生、利用和排放等不同阶段。一百多年来，水污染的性质随着经济、社会的进步不断变化，水污染防治也经历了不同的阶段，目前已经进入全面考虑水污染防治各环节的革新时期，以满足绿色发展的要求。

## 9.1.3 产业结构优化，革新污水处理技术

通过实施清洁生产和发展低碳经济、转变能源消费结构、推进产业结构调整、严格环保准入要求，从源头减少水污染的排放。优先发展现代服务业，加速新型工业化进程，形成以高新技术产业为先导、以先进制造业为主导的工业发展结构。着力推动化工产业的生态转型，发展绿色化工。严格环保准入要求，按流域与区域实施产业环保准入，实施清洁生产和发展低碳经济。发展企业、园区、产业多层面的循环经济，对现有工业集中开发区进行生态化改造。产业结构的调整不是一劳永逸的。随着经济的发展、科学技术的进步，影响产业结构调整的各种因素之间的关系也随之发生改变，对于水环境污染控制与质量优化导向的产业结构也应随时进行调整。因此，按线性规划模型计算的优化方案也应随着经济的发展、生态环境保护投入力度的加大及水污染治理技术的进步而进行调整。另外，区域不同产业类型组合的空间格局特征对水环境污染控制的影响评价是下一步的研究方向。应从以下四个方面引领中国环保产业的变革，使其由数量竞争向质量竞争转变，由工程竞争向技术竞争改变，由项目竞争向服务竞争改变。①技术突破性：科学原理创新、跨领域技术的集成创新，可对产品性能或形态

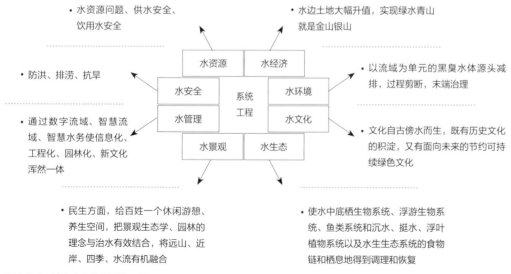

**图3-9-1　城市水体治理系统工程**

产生重大影响。②产品颠覆性：以该项技术为核心的产品具有颠覆性创新，有望引发产品与服务的更新换代。③市场广泛性：对新产品或服务需求广泛，市场和产业容量大；或引发和培育出新市场需求，对产业具有广泛可嵌入性。④产业变革性：与其相关的产业在组织管理模式、产品制造生产模式、商业运行模式等方面进行相适应或创新性变革。

通过技术创新，改进环保工艺，推动中国环保产业竞争模式由数量到质量、工程到技术、项目到服务的转变，防止二次污染的产生，降低能耗，提高处理效率，从过程剪断影响水环境健康要素的迁移，从末端减少污染水环境健康要素的产生。当前更加注重污水的深度处理和污水回用，而深度处理和污水回用必须以污水处理技术的改进和设备的不断更新换代为基础。国际先进的污水处理技术、矿物质技术、光催化技术和超声波处理技术都是污水处理的发展方向。增大污水处理厂的规模，大型的污水处理厂因其污水处理能力强、来水水质稳定、日常管理方便等优势将成为未来污水处理厂发展的趋势。多种污水处理的技术应灵活运用。不同城市的污水情况是不同的，如各种污染物比例、不同季节的污水产量。污水处理厂应该根据实际情况，制定相应的污水处理策略，避免设备、资源等的浪费，提高污水处理的产量和质量。

落实城市污水集中处理制度，随着工业废水和生活污水排放量的增加，分散、小型污水处理设施由于不经济、建设缓慢，无法解决大量污水处理问题。与此相比，集中建设大型城市废水处理厂具有基建投资少、运行费用低、易于管理的优点，故《水污染防治法》明确规定城市污水应当进行集中处理，其《实施细则》亦规定城市建设管理部门应当按照城市总体规划，组织编制城市排水和污水处理方案，并按照方案的要求组织建设城市污水处理设施。大力发展城市污水处理产业，提高污水处理效率，就必须把污水处理推向市场，走产业化的道路，发挥市场机制作用，按照经济规律发展环保事业。长期以来，城市排水设施以及污水处理的建设和运营管理都是以国家和地方政府投资为主，缺乏市场主导，不利于污水处理事业的发展。应改变政府单一投资办企业的封闭模式，按照"谁污染，谁治理"的原则，对利用污水处理设施的企业和居民征收水污染治理费。污水处理厂应在政府的监管下按照现代企业制度的要求，完善法人治理结构，转换经营机制，建立高效的运行机制。同时要扩大投资渠道，吸引多方投资。

### 9.1.4 加强水环境监测与管理

完善水环境监测体系。鉴于我国水环境监测多头管理、重复混乱，要提高水环境监测效率首先要完善管理体系。水环境监测的重要内容是水质监测，水质监测数据的真实客观是水资源管理的基础条件。所以，相关部门应该完善水环境监测的质量体系和管理体系。完善水环境监测管理体系应该合理分工，明确责任，让各部门人员了解水质监测的重要性，让每个人认真履行监测职责。同时各部门和人员应该团结协作，确保水环境监测的数据真实可靠，为水利工程建设和水资源保护提供参考数据，同时也为水资源评价创造条件。所以，完善水资源监测管理体系是做好水资源监测工作的基础和前提。

制定配套标准分析法。加快标准分析法的制定和推行步伐，贯彻落实水环境标准与污水排放标准，努力形成分析方法的系列化，制定饮用水、地表水、废水等不同水体的标准分析法，努力跟国际标准接轨。提高实验室质量和监测质量，加强监测全程质量控制。现阶段我国并存多个水环境监测规范，包括原水利部的《水环境监测规范》和原环保局实施的《地表水和污水检测技术规范》《水污染物排放总量检测技术规范》，这两套标准有互补也有重复之处，比如两者都规定了地表水、污水的检测项目和方法。原环保部的规范未明确规定地下水监测问题，原水利部的规范里则对此作了规定。现在新组建的生态环境部可以理顺相关的规范，"多规合一"，形成简洁明了的统一的水环境监测规范。

实行优先监测，改善重金属及有机物监测频次。相关部门应该加快研究水环境优先监测项目，加大有机污染监测力度，对于长期没有检出以及处在标准以下的污染项目适当删减，逐渐以单项控制指标代替过去的综合控制指标，加大污染物形态分析力度，确保监测结果客观真实。从监测结果可以看出我国城市河流污染物中有机物占了约70%，在用的检测指标不能真实体现有机污染物种类和污染水平。虽然我国在水环境质量标准中增加了68种有机物，在污水排放标准中增加了28种有机污染物，但是实际监测中未落实到规定项目，如何贯彻落实有机污染物的监测是水环境监测面临的重要问题。很早以前我国环境管理就开始重视对水中重金属的控制，考虑到目前我国不同水体中重金属浓度基本达标或者浓度较低，所以可以灵活处理重金属监测频次，如按照原则一年一次，在每年最后常规监测中监测重金属含量。如果达标仍保持每年监测一次，如果重金属含量超标那么下一年度超标重金属项目按照常规频次进行监测，其他未超标项目仍采用每年监测一次。

改良环境监测体系，同时加强水污染处罚制度的实施，加强国际水环境监测合作，结合实际学习国际先进技术和经验，提高我国的监测水平，完善现有的监测体系，提高对水环境监测数据的分析能力，有效防治水污染问题。

贯彻落实"河长制"管理办法。统筹管理水环境管理各部门之间的职务关系，充分利用各部门的特长与优势将水环境治理效果最优化。同时地域水环境集成管理对于流域水环境管理同样非常重要，严守"三条红线"，有效组织各治水部门之间的"协同"工作，强化考核问责与社会监管。

按照当地水环境的特点，着力创建可靠完善的法制法规，健全水资源利用与水污染防治的立法机制，以有助于从源头上约束与控制水环境的管理。在立法过程中对相关部门和各地区的实际状况要综合考虑，建立健全运营机制，让各主管单位的职责有所明确，由上至下层层把好关，严格控制审批与监督。积极强化人们的普法意识，对于有关水环境的知识应当定期、定时进行普及，使保护水环境、合理使用水资源等深入民心。为了加强政府对水环境管理运行的指导与监管，转变政府职能与积极发挥市场机制的效用乃明智之举。明确界定水环境管理有关权利，让所有权与使用权实行分离，创建水资源有关权利的市场交易制度。此外，还要积极推行现代企业管理创新制度，使水环境管理的组织形式更加丰富，不断健全与完善水环境管理的投融资体制，倡导实施水环境管理治理新模式。

完善相关法律体系及水价收费标准，改变水资源费的征收方式，将水资源费和污水处理费纳入供水成本，让水价能够充分体现城市水资源的资源性和稀缺性，满足市场经济的客观规律。在监管上强调以加强监管机制为保障，加强水污染监管的立法，从法律上进一步明确水污染防治相关部门的权责，通过立法强化环保主管部门在水环境监管问题上的统管及协调作用。优化水环境监管的组织体系，在横向上通过修订相关法律进一步明晰各部门之间的边界，在纵向上进一步明确中央和地方政府在环境监管上的事权和责任。通过调整财税、干部考核等机制增强地方政府加强环境监管的动力，同时增强环境监管机构的独立性，建立并完善环境公益诉讼制度并制定完善的配套法律法规。

# 9.2 城市水资源生态调控的战略建议

## 9.2.1 科学定量城市生态需水和城市经济人口空间发展

目前关于生态需水的研究集中在流域尺度。流域生态需水内涵包括生态健康评价、生态需水量计算和水资源的优化配置；流域生态需水研究目标需要兼顾维持流域生态系统健康和水资源可持续利用；流域生态需水研究的理论基础涵盖环境科学、生态学、水文学、水力学和系统论等学科，方法具有多学科性、系统性和整体性的特点。在选取计算方法时应根据流域的主要环境问题和生态目标，选用适当的计算方法。针对泥沙较多的河流建议采用环境功能设定法；以保护生物为目标的需水研究建议采用生态学方法和水力学方法；针对污染较严重和生态退化的河流，建议采用计算结果偏大的方法；在北方干旱和缺水地区，建议首先满足最小生态需水量，将生态功能法与综合法相结合，设定不同时间和空间的目标，划分等级计算最小、中等和适宜的生态需水量，为管理部门科学决策提供定量的科学依据❸。

城市是流域里取水、用水和排水的重要节点。城市的生态需水核算可以借鉴流域的理论体系和计算方法，核算城市生态需水阈值，明确满足城市生产生活和生态系统健康的生态需水"量"的上下限和临界问题，构建城市生态需水分区与分类技术体系，解决不同生态需水时空差异性问题，确立城市不同时空尺度生态需水标准设定方法。以生态系统健康为目标，量化水利工程建设和城市化等高强度人类活动与生态系统交互作用，从物质量和价值量角度解决水生态系统健康维育的技术难题；运用城市水可再生性评价与用水生态网络优化配置理论与方法，解决水量、水质与水生态耦合评价的技术难题，科学预留生态蓄水；采用基于投入产出分析的流域水足迹和虚拟水动态核算方法，实现流域生态需水的工程输水和非工程调控保障，平衡河流健康维持和人类需求保障的生态调度模式。

## 9.2.2 驱动水资源生态调控的技术创新

《水污染防治行动计划》提出，2020年万元GDP用水量要比2013年下降35%。通过"节水控源"方式进行水资源综合调控，了解区域是否有节水的潜力，建立和完善以流域为单元的水资源统一管理体制。

目前，再生水的利用在水资源匮乏的北京、长春等城市已经有了一定比例的使用。再生水已成为北京的第二水资源。《城市污水再生利用 景观环境用水水质》GB/T 18921-2019 标准规定了将再生水回用于景观环境时的水质要求，但存在的问题是规定的再生水景观水质标准与地表水景观水质标准之间有较大差距，再生水中氨氮、总磷和总氮水质标准值是地表水景观水体Ⅳ类标准的3.3倍、5倍和10倍。因此，当再生水补入一般景观湖泊时，由于再生水氮、磷含量高，使得一般景观湖泊水体氮、磷含量也明显增高，富营养化程度加重。

再生水使用的出水水质标准应包含面向水环境保护需求和面向水资源可持续循环利用的两类标准。第一类是指根据当地环境和社会可持续发展要求而需达到的出水水质标准，应在顶层设计、长远规划的基础上提出；第二类是完全满足水资源循环利用的标准，使污水从根本上实现再生，这类标准应考虑对包括新兴污染物在内的有毒、有害污染物的深度去除，对缺水地区的水生态安全发挥保障作用。

技术创新需要在三方面作出努力。一是创新商业模式，建立综合环境服务和工业企业生产过程综合治污的投资方式与回报机制。随着水环境保护由末端治理向全过程防控延伸，向循环经济与资源综合利用深入，向资本运作发展，环保企业应突破传统治污模式，积极探索产品/服务、市场运作、营销方式等商业模式。二是加强环保实体经济与金融合作。环保产业持续增长、高市盈率等特性，引导着社会资本投向。具备一定规模的环保企业应进一步强化上市融资、再融资，促进资本层面的整合与并购升级，打造行业龙头。中、小环保企业可通过发行企业债、公司债等方式拓宽融资渠道，扩大业务范围。三是注重技术研发引进与成果转化。水务是环保产业中最大也是发展最成熟的行业，环保企业应进一步研发核心技术、打造精品工程、创新商业模式、注重品牌建设、树立行业典范，作领域内的"领跑者"。

## 9.2.3 推广"集中+分布式"的城市水基础设施体系

优化城市水基础设施，推广"集中+分布式"的城市水基础设施，提升我国城市水基础设施质量。《海绵城市建设绩效评价与考核指标（试行）》对雨水收集和再生水使用提出了约束性考核要求，鼓励在海绵城市改造中配套分布式的水资源供给基础设施。雨水收集并用于道路浇洒、园林绿地灌溉、市政杂用、工农业生产、冷却等的雨水总量（按年计算，不包括汇入景观、水体的雨水量和自然渗透的雨水量）与年均降雨量（折算成毫米数）的比值，或雨水利用量替代的自来水比例等达到各地根据实际确定的目标。人均水资源量低于$500m^3$和城区内水体水环境质量低于Ⅳ类标准的城市，污水再生利用率不低于20%。再生水包括：污水经处理后，通过管道及输配设施、水车等输送用于市政杂用、工业农业、园林绿地灌溉等用水，以及经过人工湿地、生态处理等方式，主要指标达到或优于地表Ⅳ类要求的污水厂尾水。

我国的城市雨水收集利用系统的研究起步相对较晚。目前集中在某些严重缺水的小面积以及局部地区，并且在这些地方的应用也不够标准化。一些大型城市雨水利用的研究还基本处于探索阶段。雨水的收集处理需要按照严格的水质标准来进行，只有达标之后才能够投入使用，且对于相中的絮凝剂、消毒剂都要有严格的把控，并且需要定期清洗过滤设备。目前还有一些小区的雨水处理系统不严格遵守规定，使得清水池中呈黑色，有些甚至还有泡沫，偶尔散发阵阵恶臭。水质较差的再生水用于喷灌时易溅洒到行人身上，污染衣物，甚至造成身体不适，并且易堵塞管道和腐蚀设备，这样反而使得后期的维护成本更高❹。

为了更好地配合再生水基础设施的投资与管理，应该着力实现城市灰水、黑水分类管理和处理，优化城市污水处理效率（图3-9-2）。灰水这一说法在国内使用得比较少，在国际上也没有较为统一的定义。一般而言，灰水是指除冲厕用水以外的其他家庭废水，包括淋浴、洗手、洗衣和厨房废水等。相对其他废水，灰水回用具有不可比拟的优势。在水量方面，灰水大约占家庭废水总量的75%。由于灰水水量大，且水量稳定，因此可以作为可靠的供水水源。在水质方面，相较于尿液和粪便，灰水所含的污染物质极少，其中含氮不超过家庭废水的3%，含磷不超过10%。灰水的COD还是比较低的，一般不超过30mg/L。由于

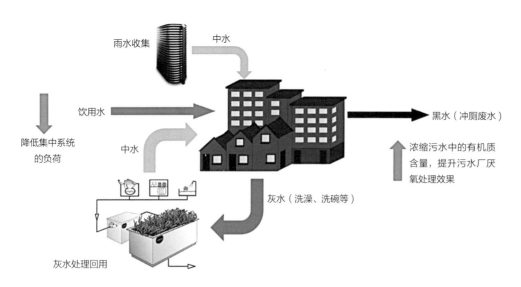

图 3-9-2　城市灰水、黑水分类管理和"集中 + 分布式"的城市水基础设施体系

灰水的污染成分较少，且污染程度低，故处理工艺简单，如果不考虑污水收集系统的造价，其处理成本是比较低廉的，适合采用分布式的污水处理工艺处理后作为中水用于城市非饮用水使用。黑水则主要指含有粪便的有毒废水。灰水和黑水分离后，城市污水处理厂处理含高浓度有机质的黑水的效率将得到提高，更有利于厌氧消化，促进有机污染物的能源转化，实现近零能耗、零排放的现代污水处理系统。

强化城市智慧水基础设施管理水平。以 GIS 子系统为基础，实现水源、供水设备等监测以及水力模型、漏损控制等应用，从而实现安全供水、节能降耗和降低漏损，提高供水服务水平和业务管理水平。针对污水处理厂、中水厂、雨水泵站、雨水调蓄池、用户排污口、入河排水口、内涝点、雨水管道、污水管道、水质监测点进行在线监测、预警及应急处置。综合城市降雨过程、地面径流水文过程以及地下管道排水能力和地表积水情况，构建排洪模型，以科学准确的方式分析城市内涝的影响范围、积水深度、积水量和积水时间等致灾因素，从而为内涝防治对策和应急抢险预案的制定提供依据，为优化城市分布式雨水收集系统提供信息基础❺。关键技术涉及传感器数据按需获取、管网三维建模和运营大数据的实时分析技术，实现对城市水基础设施的动态管理、预警预报以及智慧处理等功能。

建立吸引社会资本投入城市水生态环境保护的市场化机制。积极推动设立融资担保基金，推进环保设备融资租赁业务发展。推广股权、项目收益权、特许经营权、排污权等质押融资担保。采取环境绩效合同服务、授予开发经营权益等方式，鼓励社会资本加大城市水环境保护投入。

## 9.2.4 构建城市跨尺度的水资源生态调控体系

根据各地区或流域水资源的情况，进行人为的、有目的的调配，最终实现水资源在一定区域范围内不同城市的合理配置。2016 年经国务院授权，水利部正式批复了长江流域第一批跨省主要江河流域（汉江、嘉陵江、岷江、沱江、赤水河）水量分配方案。仍需要进一步由省级分配到各市。在分配手段方面，应同时使用市场和计划两种分配手段，计划调控属宏观范畴，市场分配属微观范畴。两者是公平与效益的关系，即计划调控以实现公平发展为目标，市场分配则以追求效益最大为原则❻。保障安全高效的水资源供给，就水源地开拓、水源地环境保护与水资源分配等问题与周边地区建立区域协调机制，综合解决水源地与水资源保护和周边地区发展问题❼。在城市街道、园区等尺度，将不同生产环节中排出的水，直接或经过简单处理后再投入到生产过程中。在城市社区微观尺度范围内，有目的地采用各种措施对雨水资源进行收集和利用。

明确和落实城市管理各方责任。建立区域城市群水污染防治工作协作机制。地方政府对当地水环境质量负总责，要制定水污染防治专项工作方案；排污单位要自觉治污、严格守法；用水单位要严格取水。逐年考核计划实施情况，督促城市管理各方履责到位。定期公布城市建成区内水质最差、最好的区域的水环境状况。依法公开水污染防治相关信息，主动接受社会监督。强化城市公众参与和社会监督，邀请公众、社会组织全程参与重要环保执法行动和重大水污染事件调查，构建全民行动格局。

## 9.2.5 加快水资源监控与审计环节建设

我国水资源生态调控法律与政策体系正趋于完善。《中华人民共和国水法》（2016年7月修订）、《最严格的水资源管理制度》（2012年1月份）、水资源论证、取水许可、《水量分配暂行办法》、水资源税改革、行业用水定额、《关于推进农业水价综合改革的意见》和《城市节约用水管理条例》等一系列法律法规和政策出台和实施为水资源生态调控从规划、取水和用水提供了重要的保证。2014年，中央确定河北省为全国唯一地下水超采综合治理试点；2016年3月，又确定河北为水资源费改税改革唯一试点省份，要求河北先行先试，为全国提供可复制、可推广的经验。2016年7月1日，河北省启动水资源税改革试点工作，将原来收取的水资源费降为零，改征水资源税，按照鼓励使用再生水、合理使用地表水、抑制使用地下水的原则设定税额标准。严重超采区工商业取用水单位的税额标准最高为6元$/m^3$，是原水资源费的3倍；特种行业取用水最高税额标准达80元$/m^3$，是原水资源费的40倍。

法律和政策体系的完善要求进一步加强监控的建设。目前，国家正在加强水资源监控能力建设，但我国水资源监控能力建设仍远滞后于经济和社会发展的需求。系统平台的使用率不高，对管理工作的支撑作用尚未达到预期的效果，例如平台尚存在重要闸坝的监测数据尚未录入、重要取水口的全部信息尚未准确反映、各水文及水质监测站点数据联通不畅等问题[8]。国家水资源监控能力建设的另一个问题是国家水资源监控能力建设项目范围为规模以上取水户，对市级取水户覆盖不全。市（县）取水户一般取水量较小，多属于私人企业，管理规范程度不一，计量条件参差不齐，部分企业对取水许可及有偿使用制度尚存在认识不清的问题，取水监控系统现场安装及协调难度较大，且日常运行维护问题较多。在国家水资源监控能力建设二期工程中亟待加快提升和优化水资源监控。

加快水资源绩效审计与城市水资源管理相融合，在环境财政财务收支审计和环境绩效审计基础上合理开展水资源综合管理。但在我国目前的水资源治理和管理过程中，治理过程和治理结果等信息弄虚作假、水库水富营养化、河网水质污染严重等现象不时见诸报端。根据现行法律规定，审计传统业务范围属于财政财务收支情况，而水资源管理基础上的水资源绩效审计则侧重于水资源治理专项资金的合法合规性，注重水资源治理专项资金投入的经济效益、社会效益、生态效益。尽管其有一些量化考核指标，但是这些指标的审计核算无信息公开，导致水资源绩效审计内容可操作性不强，特别是综合治理活动的社会效益、生态效益的外部性不易评价，信息也很难获取，绩效评价流于形式，缺乏实际内容，说服力有待考证。审计实务比较空洞，没有客观、公允地反映水资源治理的实质。另外，开展环境绩效审计主体单一，独立性差。目前环境相关的审计开展主体主要是政府审计部门，几乎没有社会审计机构开展环境审计业务，审计制度亟待完善。

## 9.3 城市水生态重塑完善的战略建议

城市水生态的构建建立在完整的城市水系统耦合，具体包括：治理设施与全系统生态通量的耦合，主要环境介质与污染负荷消减的耦合，水质、水量与水生态的耦合，水质目标与治理、管理、运行体系的耦合，水体水质改善与生态系统健康的耦合和水环境修复与水生态系统完整性的耦合。需建立生态质量评估、完整的指标体系、系统的方案设计进行指导和规范。

开展城市水环境改善的系统研究和工程实践，因地制宜设计制定水源水质改善、水厂高效净化和管网安全送配一体化的饮用水安全保障研究方案，将水环境改善、污水回用和城市景观建设有机结合。

探索建设智慧城市水质—水资源—水生态综合体，将数据监测、系统评估、技术优化、决策应用和制度更新有机结合，提升城市应对气候变化、未来不确定和突发事件的应对能力，持续纠正水质—水资源—水生态综合体中的薄弱环节，合理调配资源，促进水质—水资源—水生态综合体与经济的协同发展（图3-9-3）。

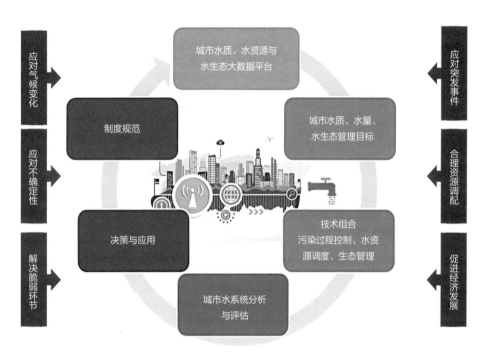

图 3-9-3　智慧城市水质—水资源—水生态综合体

# 第 10 章 城市水环境健康与水资源循环关键问题研讨

## 10.1 单要素达标 VS 系统优化

城市水的单项要素如水环境、水资源、水生态等自成体系，其标准、技术方法等较为成熟，同时各个要素之间紧密相连，相互影响制约，若割裂单独设定目标设计规划缺乏系统性和整体性。

采用系统优化的方法设定多目标，并对多目标进行优化，实现水系统综合目标的整体优化；构建城市水系统综合规划，用以关联总体规划和涉水专项规划；在多目标优化和水系统综合规划的基础上确定单要素目标。

## 10.2 高标准设计 VS 建设运维监管

目前我国城市建设中重建设、轻后期运行维护的现象较为突出，后期城市绿色设施的维护运行资金保障不足，而且很多绿色设施的运行寿命也较为有限，在设计建设时考虑较少，导致很多绿色设施的后期养护情况堪忧。

应用全生命周期管理理论，全面考虑水污染防治各环节以满足绿色发展的要求。应在进行设计方案评估时充分论证后期运行维护费用及设施寿命，对后期运维所需资金在设计开始便充分考虑，尽量选择低运维成本的设计方案，实现高标准设计和建设运维监管并重。

## 10.3 水质、水量综合调控 VS 分部门管理

目前我国环保、水务部门各自分别管理水质和水量。从水务一体化管理的发展趋势来看，水质、水量的联合调控是未来水量调配和水污染控制的主要决策和技术之一。

进一步加强陆域污染负荷产生排放与水质目标的整体调控管理，加强水量和水质的整体调控。一方面，需要根据各个流域污染总量控制目标和流域经济发展结构特征，反推制定更为严格的行业排放标准及污水处理标准；另一方面，按照水量调控的要求，制定更为严格的行业和用户节水标准，同时按照水功能区的要求，适当调整水利工程调度运行规则，合理增加水环境容量。

## 10.4 用水效率指标思考：用水量 VS 耗水量

《最严格的水资源管理制度》确立的水资源管理"三条红线"，指严格控制用水总量过快增长、着力提高用水效率、严格控制入河湖排污总量。其中，用水效率通过万元工业增加值用水量衡量。用水计量的是从地表水或者地下水抽取的水量；部分水使用过后经处理能够返回补充当地水资源；而耗水计量的是生产生活过程中直接蒸发彻底弥散的水，无法回到当地水生态系统。控制耗水量对于水资源涵养至关重要。用水效率更多是鼓励水的循环使用，耗水效率更直接取决于生活生产方式的工艺升级与创新。

建议基于现有的《最严格的水资源管理制度》，将用水红线调整为用水耗水红线。目前国际上尚未对各类产品和工艺形成完整的耗水标准，需要客观、科学、引领性地建立行业耗水标准。与此同时，可借鉴美国和欧盟正在积极立法推动的家用设备水效标识，其类似能效标识，旨在鼓励用户选择用水效率更高的产品。

## 10.5 以水定城、定产、定人 VS 经济发展

目前地方政府以"项目为王、环境是金"为着力点，一方面要促进地方经济发展，另一方面要求执行最严格的水资源管理制度。经济发展与水资源管理之间的协调是否有效落实仍有待考察。《北京城市总体规划（2016年—2035年）》率先落实以水定人、定产，规划到2020年单位地区生产总值用水在现状16.6$m^3$/万元的基础上下降15%，到2035年下降40%以上。按照以水定人的要求，根据可供水资源量和人均水资源量，确定北京市常住人口规模到2020年控制在2300万人以内，2020年以后长期稳定在这一水平。并进一步提高人均可供水量，到2020年人均水资源量（包括再生水量和南水北调等外调水量）由现状约176$m^3$提高到约185$m^3$，2035年提高到约220$m^3$。按照此要求，北京市2035年的可供水资源总量约为51亿$m^3$。

2016年北京市GDP达到24899.26亿元。按照以水定产思路，北京市GDP到2020不超过32974.07亿元，2016~2020年GDP增长率限制在7.2%以下。到2035年不超过55404.77亿元，2020~2035年GDP增长不能超过3.52%。现有的规划限制的经济增长速度低于党的十九大报告提出的到2035年基本实现社会主义现代化，保持5%的GDP增长速度。如果北京维持全国平均的GDP增长速度，到2035年单位地区生产总值水耗将下降67%以上。

建议进一步探索"水、人、城"三者相融合的健康的水生态文明建设模式，并合理有效地体现在城市总体规划中，提升城市总体规划的全局性、整体性和可操作性。进行水资源承载力和生态蓄水量评估，然后确定适宜的人口规模、产业结构以及城市公共事业用水量，明确经济增长速度和经济规模，协调经济发展与水资源供需的关系，建立适宜的水资源管理模式。抓紧制定和完善水资源调度法规体系，依法规范调度程序、制度、手段，加强配套规章制度建设，增强水资源调度的可操作性。对于应急调度要结合实际情况着手研究相应的管理办法，逐步规范调度，建立长效机制，使应急调度的管理方式趋于常规化。

## 本专题注释

❶ 宏瑾靓. 基于变化环境下城市水文效应研究 [J]. 水利规划与设计, 2007 (12): 50-60, 80.

❷ 钱璨, 黄浩静, 曹立成. 河道水质强化净化与水生态修复研究进展 [J]. 安徽农业科学, 45 (34): 44-46.

❸ 刘静玲, 任立华, 杨志峰, 崔保山. 流域生态需水学科维度方法研究与展望 [J]. 农业环境科学学报, 2010, 29 (10): 1845-1856.

❹ 黄新冬. 海绵城市雨水收集利用系统存在的问题探讨 [J]. 低碳世界, 2017, 24: 140-141.

❺ 王海燕, 胡婷, 章利光. 智慧管网应用与分析 [J]. 城乡建设, 2017, 16: 56-58.

❻ 刘建超. 大凌河水资源分配研究 [J]. 黑龙江水利, 2016, 2(1): 52-54.

❼ 刘安国, 李惟依, 马睿娟. 纽约水资源管理中的区域协调对北京市的借鉴意义 [J]. 北京社会科学, 2014 (7): 113-120.

❽ 张锐, 韩鹏, 王超. 海河流域水资源监控系统运行管理工作的思考 [J]. 水利信息化, 2017 (2): 66-68.

课题三
城市资源—环境—生态可持续保障与管理策略研究

**专题3** 城市建设中的资源—环境—生态协同模式研究

**专题负责人**　杨志峰

# 第 11 章 我国城市建设过程中的资源—环境—生态现状分析

## 11.1 我国城市建设过程的资源、环境、生态问题的特点分析

### 11.1.1 城市建设导致资源环境压力逼近或达到承载力上限

我国快速的城市发展没有充分考虑资源—环境—生态承载力的要求，直接导致资源的过度开采、环境质量不佳、生态系统退化。城市建设需要大量的资源支撑，例如水资源、化石燃料、金属矿石和非金属矿石。快速的城市建设产生快速增加的资源需求，也直接导致了一系列的资源—环境—生态问题。

华北地区的社会经济发展增加了水资源需求量，导致地下水超采严重。由于多年的地下水超采，华北平原已经成为世界上最大的"漏斗区"。目前河北省共有地下水漏斗区 25 个，其中漏斗面积超过 1000km$^2$ 的有 7 个。其中最大的一个漏斗面积超过 8800km$^2$，而这个面积大约相当于北京市市区面积的 12 倍。为了满足工业、农业以及居民生活用水，从 20 世纪 80 年代起，河北开始超采地下水，年均超采 50 多亿 m$^3$，已累计超采 1500 亿 m$^3$，面积达 6.7 万 km$^2$，超采量和超采区面积均为全国的 1/3。类似的情况也出现在北京市。北京市人口规模和经济规模远远超过当地水资源承载力，需要依赖南水北调来支撑当地的生产消费活动。北京市十年来的人均水资源量只有 107m$^3$，刚刚到极度缺水线的 1/5。南水北调的水可以在一定程度上缓解北京市的水资源短缺问题，但是很难从根本上解决问题。

京津冀地区是我国重要的人口集聚区和经济增长极，区域面积 21.5 万 km$^2$，占全国国土面积的 2.27%。2014 年常住人口 1.11 亿人，占全国总人口的 8.08%；地区生产总值 6.66 万亿元，占全国经济总量的 9.84%。京津冀地区是全国大气污染和水污染最严重、水资源最短缺、资源环境与发展矛盾最为尖锐的地区，京津冀地区环境容量[1]。处于"负债状态"。京津冀地区各市大气环境容量均处于负债状态，且一次 PM2.5 负债程度最高。其中，大气环境容量资产负债最严重的地区主要集中在唐山、邯郸、石家庄、邢台等市，负债相对较低的地区为秦皇岛、廊坊、衡水、承德、天津和张家口等市（图 3-11-1）。京津冀地区各市水环境容量资产均处于负债状态，且 COD 和氨氮负债程度均较高。其中河北省水环境容量资产负债最高，其 COD 和氨氮负债率分别为 -440% 和 -941%。水环境容量负债较高的地市为石家庄、邯郸，负债较低的地市为邢台、秦皇岛和唐山（图 3-11-2）。如果要保持京津冀地区大气环境和水环境的"收支平衡"，按目前的资源消耗和环境损害程度计算，大气环境的收支平衡需要 2~3 个京津冀的面积，水环境的收支平衡甚至需要 4~8 个京津冀的面积。

煤炭大省山西改革开放以来累计生产原煤 100 亿 t 左右，煤矿开采使生态环境本就脆弱的

山西出现了大面积的煤矿采空塌陷区，导致了一系列的环境和生态问题。据山西省国土部门的资料显示，截至2015年，山西煤炭开采导致的生态环境经济损失至少达770亿元；至2020年，煤炭开采导致的生态环境经济损失至少达850亿元。山西省发改委2008年摸底调查的结果显示，改革开放以来，山西累计生产原煤近百亿t，形成63亿$m^3$的采空区，采空区面积5115$km^2$，引发的地表沉陷面积达2978$km^2$，造成矿山地面塌陷、地裂缝、滑坡、崩塌约2146处，3309个村庄、66万人受到影响，1082$km^2$的耕地、42.6$km^2$的林地遭到破坏。煤炭采空区主要会导致三方面的环境和生态问题：①煤矸石大量堆积，环境污染加重。山西煤矸石堆积量已超过10亿t，且以每年5000万t的速度增加。矸石中的有害成分通过径流、淋溶和大气飘尘，严重破坏了周围的土地、水域和大气环境。②水资源漏失量大，人畜饮水困难。采煤造成的水资源破坏面积超过2万$km^2$，导致1678个村庄的80万人口、10万头大牲畜饮用水困难。年排放矿井水5亿t，山西省受污染的河流长度达3753km，致使太原、大同、阳泉、长治、晋城、临汾等城市水质含盐量较原先有不同程度地升高。③水土流失面积大，植被破坏严重。采煤造成土地裂缝、土壤退化、粮食减产，甚至颗粒无收。

在全国范围内，主要污染物排放总量超过环境容量，导致环境质量不佳。依据《2016年中国环境状况公报》数据，2016年，全国338个地级及以上城市中，有254个城市环境空气质量超标，占75.1%；338个城市共发生重度污染2464天次，严重污染

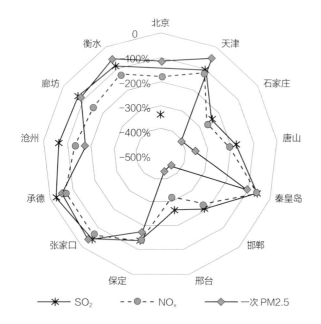

**图 3-11-1　2013年京津冀地区大气环境容量资产负债率**

数据来源：蒋洪强，刘年磊，卢亚灵，等. 京津冀地区环境资产负债表编制研究[J]. 中国环境管理，2017，9（6）：53-59.

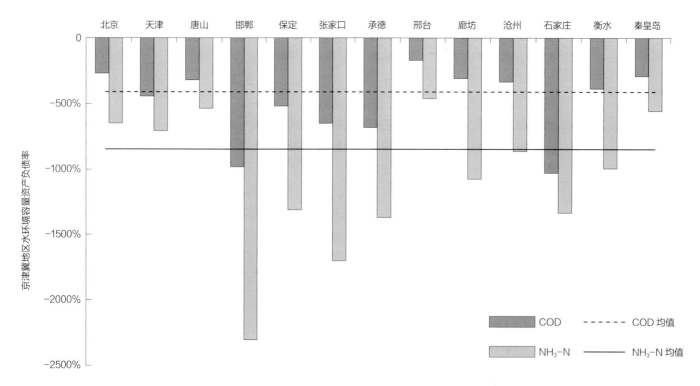

**图 3-11-2　2013年京津冀地区水环境容量资产负债率**

数据来源：蒋洪强，刘年磊，卢亚灵，等. 京津冀地区环境资产负债表编制研究[J]. 中国环境管理，2017，9（6）：53-59.

784天次。2016年，1940个国考断面中，Ⅲ类以下水质（不适合作为饮用水源）的断面占32.3%；112个重要湖泊（水库）中，Ⅲ类以下水质的占33.9%；6124个地下水监测点中，水质为较差级和极差级的监测点占60.1%。

### 11.1.2 解决城市建设中遗留的生态环境问题仍需时日

早期我国城市建设资金匮乏，生态环境保护意识薄弱，环境治理的设备、技术、机制不到位，旧城区内部工业区的点源污染和居民区的面源污染得不到及时治理。城市建设缺乏规划引导，居住区、工业区布局混杂，工业产生的噪声、污水、粉尘和固体废弃物与居住区的生活污水、垃圾废弃物交叉影响，生产和生活功能的杂糅加剧了城市环境问题的产生，人多地少的矛盾进一步恶化了旧城区的居住条件和人居环境质量。由于人力、物力和财力问题，城市更新对于旧城区环境问题的整治也往往显得心有余而力不足。

旧城区内部环境基础设施不尽完善主要表现在：缺乏足够数量的生活垃圾收集处理设施，垃圾转运站和处理站运营能力不足；雨污分流管网系统严重滞后，缺乏足够的地下管网和污水处理设施，雨污合流的现象突出，甚至很多生活用水采用明渠的形式直接下渗或从地表直接排入河流；污染物收集、储运和处理的区域衔接和协调能力不足，难以做到"区域一盘棋"，统筹治理城市各类污染。城市更新往往注重看得见、摸得着的环境建设，对"隐性"的环境基础设施建设缺乏重视。另外，环境基础设施建设涉及多职能部门的协调，需要跨区域合作，并对资金财力和改造周期也有较大的要求。

### 11.1.3 统一的国土空间规划与调控机制不健全，城市自然生态空间挤占严重，生态服务功能下降

2016年，全国2591个县域中，生态环境质量为优、良、一般、较差和差的县域分别有534个、924

个、766个、341个和26个。其中，质量为优和良的县域面积占国土面积的42.0%，主要分布在秦岭—淮河以南及东北的大、小兴安岭和长白山地区；质量为一般的县域占24.5%，主要分布在华北平原、黄淮海平原、东北平原中西部和内蒙古中部；质量为较差和差的县域占33.5%，主要分布在内蒙古西部、甘肃中西部、西藏西部和新疆大部。

基于卫星遥感监测、环境质量监测，综合生态环境保护管理评价、人为因素引发的突发环境事件及局部区域自然生态变化详查等，对国家重点生态功能区818个转移支付县域生态环境进行监测，对其中723个县域2015~2017年的生态环境变化进行考核（海南省三沙市及新增94个县域不考核）。与2015年相比，723个县域中，2017年生态环境"变好"的县域有57个，占7.9%；"基本稳定"的县域有585个，占80.9%；"变差"的县域有81个，占11.2%❷。

同时由于人口密集、农业开发强度大及城镇化持续发展，生态用地被不断挤占。以京津冀地区为例，1984~2015年，农田面积减少（77.72%下降至68.97%），城镇面积增加（9.43%增加至16.89%）❸（图3-11-3）。

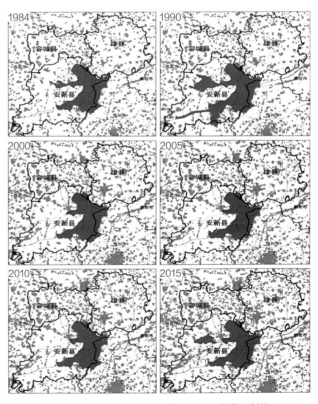

图 3-11-3 京津冀地区土地利用类型变化情况

### 11.1.4 "冒进式""蔓延型"城镇化模式将会持续增加资源、环境、生态压力

由于深层次的体制机制问题尚未解决，我国依赖资源和资本高投入的工业发展模式并未改变，电子、钢铁、机械、石化、化工、汽车等重工业仍是许多城市的支柱产业，第三产业比重普遍偏低且增长乏力。而发达国家城市环境明显好转时，其工业从资本依赖型向效率依赖型转变已经历百年，且第三产业已成为其经济增长的主要推动力，如美国1980年、日本1995年和英国1998年的三次产业比重分别为2.8 : 36 : 61.2, 1.9 : 38.2 : 59.9和1.8 : 29.5 : 68.7。

若保持目前的工业发展状态和趋势，并在2020年前保持年均7%的经济增长速度，那么在未来十多年中，我国平均每年将有2173亿$m^3$水资源、29.5亿tce被工业企业所消耗，同时产生27.3亿t工业固体废弃物，排放1195万t工业烟尘、3315万t工业二氧化硫和382亿t工业废水。在工业环保设施缺口尚未得到有效填补的情况下，这无疑会为本已脆弱的城市生态系统带来更强的生态胁迫效应。

根据诺瑟姆的S形城市化发展曲线分析，我国已进入城镇化的快速发展阶段。国内相关专家学者的预测也表明（表3-11-1），2020年以前，中国城镇化水平将以年均0.77~1.16个百分点的速度增加，并在2020年底达到55%~70%。即使以较为合理的年均提高0.8个百分点的速度增加，且假定城市人均资源消耗量和人均废弃物排放量保持在2007年的水平不变，按目前的城市人均用地水平和资源消耗水平计算，在未来十多年中全国城市将累计消耗5264亿$m^3$的淡水，占用2.6万$km^2$的土地，产生21亿t的生活垃圾，排放4200亿t的生活污水，增加468万辆汽车（未计入企业和政府用车）。若延续以往的"冒进式"和"蔓延型"城镇化模式，我国城市生态环境将面临极为严峻的挑战。

## 11.2 我国城市生态建设的现有问题梳理

### 11.2.1 城市生态建设具有很强的生态补偿色彩

当前我国生态建设的基本特点之一是偏重于基础设施建设，如市政生活污水的管网设施、河道疏浚整治、扩大绿地、兴建大型公共设施等，主要是补偿生态建设上的历史欠账。如石家庄市政府为改善城市环境空气质量，2014年投入治理资金4350万元，重点对河北华电和东方热电2个燃煤大户的6台循环流化床锅炉进行了脱硫治理；投资1450万元对石家庄市西北水泥企业粉尘污染进行了整治；为改善市区西北部生态环境，投资16.4亿元实施滹沱河生态开发整治工程。

生态补偿性的建设虽然在一定程度上起到改善城市生态环境的作用，但此类生态建设往往是补偿城市规划或建设过程中的失误，以及环保建设方面的欠账，还需要多部门的长期努力，辅之以强大的资金支持才能卓见成效。

**快速城市化对中国城镇生态环境的影响预测** 表3-11-1

| 2020年城镇化水平 | 57%* | | 55%** | | 60%*** | |
|---|---|---|---|---|---|---|
| | 累计量 | 年均量 | 累计量 | 年均量 | 累计量 | 年均量 |
| 生活用水量（亿t） | 5315 | 409 | 5264 | 405 | 5390 | 415 |
| 城市建设用地（$km^2$） | 30252 | 2327 | 26482 | 2037 | 35907 | 2762 |
| 生活垃圾（亿t） | 21.23 | 1.6 | 21.02 | 1.62 | 21.53 | 1.66 |
| 生活污水（亿t） | 4265 | 328 | 4224 | 325 | 4326 | 333 |
| 公交车（万标台） | 23.74 | 1.83 | 20.78 | 1.60 | 28/17 | 2.17 |
| 出租车（万辆） | 37.70 | 2.90 | 33.00 | 2.54 | 44.75 | 3.44 |
| 私家车（万辆） | 472.98 | 36.38 | 414.04 | 31.85 | 561.39 | 43.18 |

注：*为周一星2005年预测值；**为周干峙2005年预测值上限；***为《有中国特色的城镇化道路研究》课题组预测值。

## 11.2.2 城市生态环境建设工程大、成本高

生态建设工程规模大、投资高基本上是所有城市生态环境建设都具有的特点，如上海市的苏州河环境综合整治工程总投资为86.5亿元，延安路中心绿地的造价为1.2万元/$m^2$，张家浜6.8km河段整治耗资2.5亿元，虹口港水系整治项目耗资约为1亿元/km。

## 11.2.3 城市生态建设缺乏特色

处于不同城镇化阶段的城市进行生态环境建设时，往往容易忽视自身所面临的主要生态环境问题，对于城市的生态建设定位不够准确，以至于在生态建设目标的确定、衡量指标的设定、优先项目的选择等方面都向高标准看齐，不考虑本城市的特点和经济发展水平，使生态建设生搬硬套，失去风俗、文化的独特性，最终导致城市的生态环境建设千篇一律，缺少自己的建设特色。

# 11.3 城市在资源、生态、环境管理方面的协同模式仍待加强

## 11.3.1 生态红线保护制度基本形成，社会—经济—资源—环境—生态协同发展模式有待建立

中央全面深化改革领导小组第二十九次会议审议通过了《关于划定并严守生态保护红线的若干意见》，提出要按照山水林田湖系统保护的思路，实现一条红线管控重要生态空间，形成生态保护红线全国"一张图"。但是，我国城市在社会、经济、资源、环境、生态五个方面的发展程度仍然存在不协同的问题，有待建立协同的发展模式。

基于数据可得性，本研究以我国除港、澳、台地区及海南省三沙市以外的289个地级及以上城市为研究对象进行筛选指标分析。

在生活便宜度维度下，如城市的空间聚集性较低，城市之间的互动程度较低且较为分散，其中，"高—高"集聚的城市主要分布在内蒙古中东部、河北、山东、北京、天津等地区。在经济发展度纬度下，城市分布具有一定的集聚性特征，主要城市间呈现"高—高"集聚的特征，这些城市主要分布在两个区域，其一是内蒙古中部、辽宁、山西、河北、山东等地区，其二是浙江、福建、广西、广东等地区，共有163个城市表现为此特征。环境健康度维度下，289个城市的空间相关性较高，主要表现为"高—高"集聚，其中共有224个城市间的空间相关性呈现"岛—岛"集聚的城市互动特征，广泛分布于除西藏、新疆、甘肃、青海以外的27个省级行政区。社会和谐度维度下，城市空间相关性的聚集类型较为分散，只有108个城市属于"高—高"集聚类型，分布在内蒙古、广东、福建、山东、山西、辽宁等地区。文化丰裕度维度下，城市空间相关性的聚集类型同样较为分散，仅有76个城市属于"高—高"集聚类型，分布在河北、山西、浙江、山东、安徽、上海等地区。资源利用度维度下的城市空间的相关性关系与环境健康度纬度相似，主要表现为"高—高"集聚"逐顶"竞争，共有205个城市呈现此特征，主要分布在除云南、西藏、新疆、甘肃、宁夏、四川以外的省级行政区。城市安全度维度下，城市的空间相关性也同样表现较弱，其中属于"高—高"集聚类型的城市只有68个城市，133个城市属于"低—低"集聚。

比较来看，在不同维度下，地级市以上城市的互动性表现出不同的特征，其中环境健康度与资源利用度两个维度下，城市的空间相关性主要表现为"高—高"集聚的特征，城市之间的互动性较强。

另外，指标间通过1%的显著性检验的城市一共有97个，占比33.56%，说明城市宜居度在这些城市与邻接城市之间是存在显著的辐射效应的，而且是正向辐射作用。这种具有正向辐射效应的城市中有59个城市位于东部地区，15个位于中部地区，24个位于西部地区。说明东部地区的城市宜居度增长极的辐射效应最强，在城市宜居度排名竞争中表现出的领导作用最明显。这种大区域间的分布差异是可以解释的。东部地区城市经济发达，开放程度较高，城市规划与管理理念较为先进，城市宜居建设较易立标杆，正向示范作用明显。

就东部地区来看，只有北京市的显著相关水平为

1.24，没有通过1%的显著性检验，与周边邻接城市宜居度的相关性较低。这是由于北京独特的城市背景所决定的。北京是全国政治、经济、文化中心，有着其他城市不可比拟的综合优势资源。因此即使北京的城市宜居度建设为全国其他城市树立标杆，带头示范，积累经验，但由于其不可复制的优势资源，对其他邻接城市的正向辐射作用也会显得较弱。

就中部地区来看，城市宜居度的正向辐射效应显著性较强的城市较少，另外还有黑龙江省与吉林省没有一个通过正向辐射效应显著性的城市，其城市宜居度正向辐射效应较弱。这是由于中部地区经济发展水平与东部地区城市具有一定的差距，受人口较多、人均收入较低等因素的影响，在城市宜居建设过程中有不同的掣肘因素，所以城市宜居度的标杆示范作用较差，正向极辐射效应较差。

就西部地区来看，重庆、贵州、陕西、宁夏四个省级行政区的城市宜居度正向辐射效应都没有通过显著性检验，其他省级行政区城市即使通过显著性检验，城市数量也较少，多是省会城市或旅游城市，这与这些城市在省内的综合实力地位有关。值得注意的是，四川省城市宜居度正向辐射效应通过显著性检验的城市有7个，这些城市都具有一个共同的特征，即都是汶川地震受灾的主要城市，因受灾而带来的新城市建设得到政府与社会的扶持，其城市宜居建设的示范性较强，几个城市之间相互学习，有效地促进了本城市的宜居性建设。

## 11.3.2 城市生态环境仍存多头监管和"碎片化"监管问题

我国城市的生态环境监管存在多头监管问题。例如，水环境问题在很多情况下会涉及水资源，但是水环境问题和水资源归属不同的部门监管，水环境问题归环境保护部监管，水资源归水利部监管。这就使得解决水环境问题时，要在环境保护部和水利部之间进行协调，在一定程度上降低了政策效率。除此之外，还存在多个部门同时管理一个生态环境问题的现象。以生活垃圾的监管为例，生活垃圾回收利用和处理问题涉及三个部门：住房和城乡建设部、国家发展和改革委员会和生态环境部。住房和城乡建设部的部分职能涉及生活垃圾处理设施的管理，国家发展和改革委员会的部分职能涉及生活垃圾的回收利用以及生活垃圾发电（新能源的一部分），生态环境部的部分职能涉及生活垃圾的清运、处置等方面。因此，在进行生活垃圾管理战略决策的时候，就涉及多个部门的职能。生活垃圾处理设施的规划需要与住房和城乡建设部协调，生活垃圾回收利用规模以及生活垃圾焚烧规模的规划需要与国家发展和改革委员会协调，生活垃圾收集、运输、填埋方面的规划需要与生态环境部协调，在一定程度上降低了生活垃圾管理战略决策的效率，甚至会在某些方面产生部门间监管的重叠和冲突，同时也会出现由哪个部门来主导生活垃圾管理战略决策的问题。

除了多头监管问题，我国的城市生态环境监管还存在"碎片化"监管问题。例如，我国的城市环境污染监管归生态环境部，城市能源方面的监管归国家发展和改革委员会，土地资源、矿产资源、海洋资源等自然资源的监管归自然资源部，水资源的监管归水利部，农业资源的监管归农业农村部。但实际上城市生态环境系统是一个有机整体，系统内各要素通过元素循环紧密联系在一起。例如，人类赖以生存的一种营养元素——氮元素的循环就涉及生态环境系统的各个要素。如图3-11-4所示，农作物和动物相关的氮元素涉及土地资源（种植、养殖）、水资源（灌溉、饮水）、能源（燃料、电力）和农业资源（粮食、蔬菜、动物产品等），工厂、商业和家庭相关的氮元素涉及环境污染（氮氧化物、氨氮等污染物），污水处理相关的氮元素涉及能源（燃料、电力）和水资源（回用水和废水排放）。由此可见，氮元素的循环和管理涉及多个部门的职能范围，要把氮循环作为一个有机整体进行全方位管理，就需要把"碎片化"的氮元素监管职能进行有机整合，这将有助于提高政策决策的效率。

城市生态环境的多头监管和"碎片化"监管问题，使得城市生态环境问题涉及多个职能部门。如图3-11-5所示，职能部门参与城市生态环境监管的时候，职责范围存在重叠、对抗、缺失等现象，各个职能部门大多各自独立决策，从而可能会导致不同部门间的政策手段存在重复、矛盾现象，甚至有些方面的政策手段还存在空白。这些现象会在一定程度上削弱多种政策手段共同实施产生的效果，并且可能会导致生态环境问题的迁移转化。

研究发现，不同类别的政策手段在共同实施时，其实际综合效果并不等同于单独实施时理想效果之和，这就意味着不同类别的政策手段之间存在相互影响。

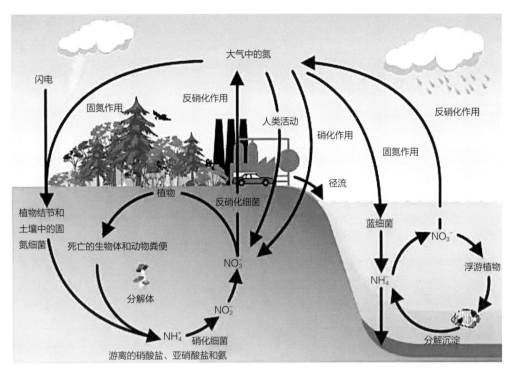

图 3-11-4 氮元素循环流程图
图片来源：芦红绘制

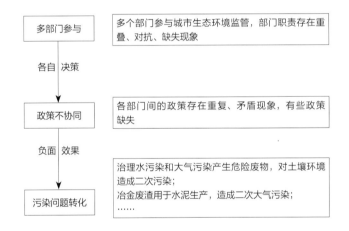

图 3-11-5 多头监管和"碎片化"监管问题示意图

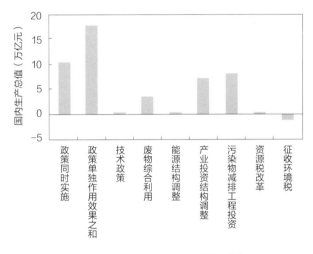

图 3-11-6 7 类政策手段对我国国内生产总值的贡献作用

以我国 7 类典型环境经济政策手段（征收环境税、资源税改革、污染物减排工程投资、产业投资结构调整、能源结构调整、废物综合利用和技术政策）为例，本研究对比了其实际综合效果与单独实施时理想效果之和。结果如图 3-11-6 所示，环境税、能源结构调整和资源税对国内生产总值的贡献为负值；产业投资结构调整、污染物减排工程投资、废物综合利用和技术政策对国内生产总值的贡献为正值。这 7 类政策手段共同作用时对国内生产总值增长的贡献小于其分别单独作用时对国内生产总值增长的影响之和。这意味着，从经济增长角度来看，各种政策手段之间存在着相互抵消作用。例如，环境税、技术政策、产业投资结构调整和资源税在一定程度上减少了经济系统对可回收资源的回收利用量。废物综合利用对国内生产总值具有较大的拉动作用。因此，在多种政策手段综合作用下，环境税、技术政策、产业投资结构调整和资源税在很大程度上削弱了废物综合利用对国内生产总值的正面贡献，使得 7 类政策手段共同作用时对国内生产总值增长的贡献小于其分别单独作用时对国内生产总值增长的影响之和。由此可见，多头监管和"碎片化"监管会使得很多政策手段的制定过程相对独立，在具体实施的时候，政策手段之间又会相互干扰，从而降低政策手段的整体效果。

已有的对火电行业技术选择的研究发现，在煤炭火力发电厂，利用空气冷却技术替代水冷却技术，虽然可以降低水资源的消费量，但是也会降低热效率并增加 $CO_2$ 排放量。2012 年在煤炭火电厂推广空气冷却技术减少 8.3 亿~9.4 亿 t 水资源的消费量（约相当于北京年用水量的 60%），但是增加 24.3 百万~31.9 百万 $tCO_2$ 排放量❹。由此可见，某一项政策手段在不同的生态环境问题上具有不同的溢出效果。各监管部门在进行政策决策时，如果不充分考虑本部门政策对其他部门的溢出效果或者其他部门政策对本部门监管生态环境问题的溢出效果，就很可能会导致政策间的冲突，降低政策决策效率和政策实施效果。

党的十九大提出，设立国有自然资源资产管理和自然生态监管机构，完善生态环境管理制度，统一行使全民所有自然资源资产所有者职责，统一行使所有国土空间用途管制和生态保护修复职责，统一行使监管城乡各类污染排放和行政执法职责。在统一行使职责的体制建立过程中，有关部门的职责如果能够独立剥离的，应当予以剥离，合并到统一监管的部门；如果不能独立剥离的，则可按照"一岗双责"的要求予以保留，分工负责。在实际操作中，有如下两个问题需要关注。

生态环境涉及的范围比较广泛，要区分生态环境监管职能与其他职能，就要明确生态环境涵盖的范围以及生态环境监管职能的范畴。因此，在设立国有自然资源资产管理和自然生态监管机构的过程中，如何明确生态环境监管职能的范畴及其与其他相关职能的区别，是一个亟待解决的问题。

对于无法独立剥离的职责，应理清如何区别相关部门的城市生态环境监管职责与设立的国有自然资源资产管理和自然生态监管机构的职责。同时，生态环境污染问题往往与自然资源资产和自然生态紧密相连，例如地表水污染问题的治理往往涉及水资源管理与规划。因此，如何协调国有自然资源资产管理和自然生态监管机构的自然资源和自然生态监管职责与环境保护部的生态环境污染监管职责，以便实现有效的自然资源和自然生态监管和生态环境污染治理，也是我国城市生态环境管理中亟待解决的问题。

## 11.3.3 上游水污染物对下游城市水体造成污染，流域水资源管理难以协调上下游利益

对于跨界河流，上游企业排放的水污染物会顺着水流流向下游地区，对下游地区的水质、经济生产和人民健康造成影响。下面用江浙交界水污染"筑坝"事件和松花江水污染事件两个比较典型的案例来阐释跨界河流水污染问题。

2001 年 11 月，江苏省吴江市盛泽镇长期超标准排放污水，远超出当地水环境的承载能力，致使省际边界地区河网水体水质普遍为劣 V 类，水生态环境严重恶化，对区域生产、生活造成了很大危害。为此嘉兴市秀州区王江泾镇、西堰镇群众自筹资金，用船只和机械沉船筑坝，封堵了边界河道麻溪港。"断河事件"后，嘉兴 47 户渔民将盛泽镇的 21 家印染企业告上法庭。

2005 年 11 月 13 日，中石油吉化双苯厂爆炸导致松花江发生重大环境污染事件，导致哈尔滨市大面积停水，形成的硝基苯污染带流经吉林、黑龙江两省，造成 1949 年以来该地区最大规模的污染事件并造成重大经济损失。哈尔滨等城市的居民连续数日只能靠外界供应的纯净水度日。

流域管理与行政区域管理间的矛盾是我国跨行政区水污染治理管理机制的问题根源。流域管理部门负责水质管理和监测，但是污染防治属于地方行政区域管理。由于地方行政区划分割，导致污染防治部门在治理时往往"自扫门前雪"。同时沿河企业属于不同地区，环保部门很难找到污染的责任主体，因此在管理上存在很多问题，只能尽量做好协调工作。《中华人民共和国水污染防治法》第 4 条规定，各级人民政府的环境保护部门是对水污染防治实施统一监督管理的机关。《中华人民共和国水法》第 13 条规定，县级以上地方人民政府有关部门按照职责分工，负责本行政区域内水资源开发、利用、节约和保护的有关工作。因此，流域水污染治理是按照地区划分进行的。这一属地管理规定和原则的核心是强化地区政府的管制责任，以政府的行政方式直接进行流域水污染治理。各行政区只能根据属地管理的原则对范围巨大、结构复杂的流域水污染实行"分治"，由此产生不同行政区划之间明显的区域分割。这就给我国的跨行政区流域水污染治理带来很大的挑战。

## 11.3.4 大气污染物存在跨界传输，但是区域协同控制机制尚不完善

因为大气是一直在流动的，大气层中的污染物也随着大气流动而迁移，这就产生了大气污染物的跨界传输问题。在珠三角地区，广州、深圳、珠海、东莞、佛山空气中 $SO_2$ 外来源的贡献约在 40%，而江门、肇庆、惠州、中山等市外来源的贡献在 55% 以上。1 月份，长三角各城市空气污染中，上海、南京、杭州等城市 $SO_2$、$NO_x$ 和 PM10 的外来源贡献率分别在 39%、20% 和 24% 以上；受外来影响较大的城市有舟山、镇江、嘉兴和绍兴，外来影响所占 $SO_2$、$NO_x$ 和 PM10 的比例分别在 56%、40% 和 44% 以上；7 月，舟山、南通、扬州、泰州和湖州受外来污染物影响较大，$SO_2$、$NO_x$ 和 PM10 外来影响占的比例分别为 66%、46% 和 53% 以上。在京津冀地区，2004 年的数据表明北京大气环境中 20% 的 PM10 及 23% 左右的 $SO_2$ 都是来自北京周边地区。从季节上看，1 月和 4 月主要来自河北省境内的邯郸、邢台、石家庄和保定一带，分别占北京外来总沉降量的 42.3% 和 38.4%；7 月份和 10 月份主要来自秦皇岛、唐山、天津和廊坊一带，分别占北京外来总沉降量的 59.2% 和 59.1%。北京市 PM2.5 污染物大约 30%~40% 来自外区域输送，北京市 $SO_2$ 来源于周边燃煤排放带来的硫酸盐输送。北京城区大量污染物通过低空气团来自于东南方向的近距离输送。京津冀近周边的沙尘层输送至北京，与本地的污染性气溶胶混合后加重污染。

而目前，我国大气污染防治法在跨行政区域横向联合治理方面的法律规定还存在空白，区域大气污染联防联控法律规范尚未破题。

美国在跨界大气污染防治方面具有比较成功的经验。美国的《清洁大气法》为规范各州的大气跨界污染行为，有一条俗称的"好邻居"条款，即要求每个州在其实施计划中必须要有相应的条款：禁止州境内的任何污染源或其他类型的排放活动排放出的大气污染物的量，会显著导致其他州空气质量不达标，或对任意其他州维持国家环境空气质量标准造成干扰。同时，美国《清洁大气法》中还有俗称的"坏邻居"条款：如果对其空气质量造成影响，下风向州可上诉到联邦环保局，要求减少上风向州跨州的交通污染。也就是说美国《清洁大气法》授权联邦环保局直接规范上风向州的污染源，并有相应的制裁条款。

我国也将京津冀地区作为试点开展跨界大气污染防治行动。环境保护部通过了京津冀及周边地区开展跨地区环保机构试点筹备组建工作方案，并于 2018 年组建京津冀大气环境保护局，这是国内首个为重点解决区域大气环境问题而设置的跨地区环保机构。其目的为提高跨地区环保统筹协调和监督管理能力，推进跨地区污染联防联控，实现统一规划、统一标准、统一环评、统一监测、统一执法。如果京津冀地区试点工作成功的话，这种模式可以向全国主要的城市群区域推广。

## 11.3.5 将高消耗、高污染企业转移到外部区域

将高消耗、高污染企业转移到外部区域，通过购买其产品间接导致外部区域污染，目前缺乏有效机制来控制产业转移导致的环境问题转移。

如图 3-11-7 所示，以 A、B 两个城市为例，城市 A 生产产品排放了污染物，其所生产的产品被城市 B 消费，城市 B 的消费就间接导致了城市 A 的污染物排放，这就是所谓的产业转移（或者说区域间贸易）导致的环境问题转移，即产品的生产环节与消费环节分别位于不同的区域。

京津冀城市群就存在典型的产业转移导致的环境问题转移。首钢、北京焦化厂、北京一机床铸造车间、北京内燃机总厂铸造车间、北京白菊公司洗衣机生产基地、北京汽车厂等工厂均转移到了河北的保定、廊坊和沧州等地。在以首钢（迁至河北后更名为首钢京唐公司）为龙头企业的曹妃甸地区，遍布的均为钢铁产业链上的企业。而在海港开发区内分布的也多为与北京焦化厂（迁至河北后更名为唐山佳华公司）相关的煤化工产业链上的企业。这些企业属于高能耗、高污染产业，其生产过程在河北的保定、廊坊和沧州等地消耗了大量能源，排放了大量污染物。北京的生产消费活动将转移到河北这些企业的产品作为上游投入，从而间接导致了河北的污染问题。

**图 3-11-7** 产业转移导致的环境问题转移示意图

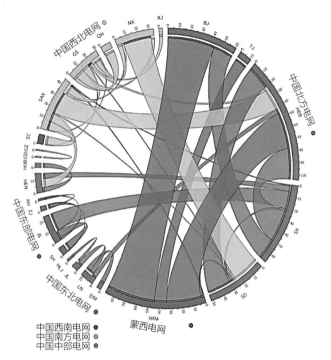

图 3-11-8　2011 年中国区域间电力贸易的水稀缺性问题隐含传输

已有研究分别对我国区域间的电力传输和产品贸易所导致的环境问题转移进行了分析。中国区域间电力传输导致了发电产生的 $CO_2$ 的跨区域转移。2013 年我国跨省电力传输量占总发电量的 14%，全国发电排放了 37 亿 $tCO_2$，其中，跨省电力传输导致了 13%（4.8 亿 t）的 $CO_2$ 转移。电力消费的主要区域集中在京津冀、长三角和珠三角地区。不仅是 $CO_2$，区域间的电力传输也导致了水稀缺性问题的跨区域转移。如图 3-11-8 所示，2011 年我国电力行业消耗了 26.7 亿 t 稀缺性水资源，其中，11.8% 的稀缺性水资源消耗（3.1 亿 t）是由跨省电力传输所导致的。

不仅区域间的电力传输会导致环境问题转移，如果把范围放大到区域间所有产品的贸易，也会同样发现环境问题转移现象。2007 年我国区域间产品贸易导致了 5 种常规污染物（$CO_2$、$SO_2$、$NO_x$、COD 和氨氮）的跨区域转移。作为我国经济最发达的地区，京津冀、长三角和珠三角地区是各地生产产品的主要消费区域，这些产品贸易也间接导致了其他地区的污染物排放。中部地区由于人口规模很大，产品消费规模也很大，其所需求的部分产品需要从外部区域调入，也间接导致了外部区域的污染物排放。

由此可见，城市 / 区域间产品贸易所导致的环境问题转移现象普遍存在。但是，现有的环境问题监管机制只关注区域内的直接污染源及其末端控制手段，并没有关注区域内和区域外的间接驱动力（消费活动）。目前尚缺乏有效的机制来解决产业转移 / 产品贸易带来的环境问题转移。

直接污染源（一般是生产产品的企业）的环境问题治理可以通过工程手段来实现，例如安装废水处理设施和大气污染物去除设施。而间接驱动区域（一般是产品消费区域，如北京）可能没有太多的直接污染源，但是其通过消费活动间接驱动了其他区域的污染物排放，这也就意味着工程手段在间接驱动区域没有太大的意义，应该利用非工程手段（例如转变消费模式、区域间污染控制技术合作等）对间接驱动区域进行调控。而目前，城市生态环境监管尚未对非工程手段给予足够的重视，非工程手段方面的机制尚不完善。

## 11.3.6　现有政策措施对非工程手段的重视不够充分

社会经济系统通过资源开采和污染物排放对生态环境系统施加影响，社会经济活动是一系列资源、环境、生态问题的主要驱动力。社会经济活动包括生产活动和消费活动，生产活动之间以及生产活动与消费活动之间都存在产品的供给和使用关系。生产消费活动以及产品在这些活动间的流通关系，便构成了社会经济系统的结构。社会经济系统结构可以分解为如下因素：末端控制水平（例如污染物排放强度、资源效率、环保设施的去除效率等）、初始投入（主要是人力和资本）结构、产业结构（产业之间的供给与使用关系）、消费结构（各种产品在消费总量中所占的比例）、消费规模（消费的产品总量）。

当前的环境政策手段都是通过调控社会经济系统的各种结构因素来减缓社会经济系统的资源、环境、生态影响。针对社会经济系统的调控措施大体可以分为工程手段和非工程手段两类。工程手段包括建设污水处理厂和固体废物处理厂、在企业安装废水处理设施和大气污染物去除设施、建设人工湿地工程等手段；非工程手段包括产业结构调整、消费行为引导、调整税率 / 补贴 / 价格等手段。

我国过去的资源环境保护工作主要依赖工程手段，例如，通过在燃煤电厂安装脱硫、脱硝、除尘设施来减少大气污染物的排放量，通过建设污水处理厂、提高生活污水集中处理率来减少居民家庭的水污染物排放量，通过建设人工湿地等工程来减少水环境中的污染物、提升水质。

我国在工程手段方面取得了突出成就，但是对非工程手段的使用尚不充分。已有学者对1992~2010年间我国的各种社会经济因素对资源环境压力变化的贡献进行了分析（图3-11-9），通过对26类资源环境指标进行分析，发现工程手段（反映为图中的物质强度）是减缓资源环境压力的主要社会经济因素，非工程手段（例如图中的生产结构、消费结构、人均消费规模）则影响很小，甚至产生负面作用。

进一步缩小研究的范围，有学者对2006~2010年间我国社会经济因素对四种常规污染物（COD、$NH_3$-N、$SO_2$、$NO_x$）排放量变化的贡献进行了分析（图3-11-10），研究结果发现，2006~2010年间推动我国四种常规污染物排放量下降的主要因素是工程手段（包括末端去除效率的提升和污染物排放强度的下降），非工程手段（例如图中的生产结构、消费结构、消费规模）则影响很小，甚至产生负面作用。

因此，在城市化过程中，我国应该加强非工程手段的运用，与工程手段相辅相成，提高环境政策的效率。

| 指标 | 变化量 | 生产强度 | 生产结构 | 最终需求强度 | 最终需求结构 | 人均需求 | 人口 |
|---|---|---|---|---|---|---|---|
| 非金属矿石 | 677% | -9% | 4% | -4% | 16% | 86% | 8% |
| 有色金属矿石 | 639% | -34% | -9% | 22% | 19% | 93% | 9% |
| 铁矿石 | 463% | -59% | -11% | 22% | 25% | 112% | 10% |
| 石油污染 | 346% | -31% | -20% | 14% | -10% | 134% | 12% |
| $CO_2$ | 278% | -103% | -2% | 8% | 21% | 161% | 15% |
| 农产品 | 261% | -32% | -2% | -24% | -11% | 156% | 14% |
| 大气中的Hg | 255% | -142% | -4% | 26% | 27% | 178% | 16% |
| $N_2O$ | 205% | -166% | 11% | 9% | 22% | 206% | 18% |
| 能源 | 196% | -143% | -17% | 3% | 25% | 213% | 19% |
| 大气中的As | 179% | -203% | 22% | 9% | 22% | 230% | 20% |
| 大气中的Se | 179% | -203% | 22% | 9% | 22% | 230% | 20% |
| $NO_x$ | 99% | -396% | 20% | 14% | 39% | 389% | 33% |
| 氨氮 | 95% | -73% | -95% | -86% | -28% | 352% | 30% |
| 固体废弃物 | 86% | 138% | -183% | -317% | -20% | 444% | 38% |
| 甲烷 | 85% | -166% | -102% | -112% | 14% | 430% | 36% |
| 林产品 | 75% | -467% | 3% | 21% | 44% | 499% | 42% |
| $SO_2$ | 50% | -816% | 30% | 20% | 69% | 735% | 61% |
| 水体中的Cu | -40% | 0% | 260% | 492% | 66% | -667% | -51% |
| 水体中的Zn | -40% | 0% | 259% | 492% | 66% | -666% | -51% |
| 水体中的Cd | -78% | 686% | 8% | -75% | -65% | -421% | -33% |
| 挥发酚 | -82% | 573% | -9% | -20% | -38% | -376% | -29% |
| 水体中的Pb | -86% | 601% | 7% | -52% | -56% | -371% | -29% |
| 水体中的Cr | -86% | 703% | -38% | -56% | -70% | -406% | -32% |
| 水体中的As | -86% | 556% | -24% | -15% | -37% | -353% | -27% |
| 氰化物 | -93% | 549% | -22% | -24% | -42% | -335% | -26% |
| 水体中的Hg | -95% | 530% | -8% | -33% | -40% | -323% | -25% |

图3-11-9　1992~2010年间我国社会经济因素对资源环境压力变化的贡献

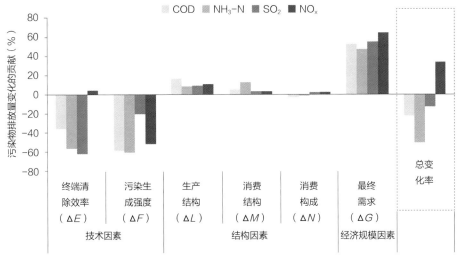

图3-11-10　2006~2010年间我国社会经济因素对四种常规污染物排放量变化的贡献

# 第12章 生态管理对城市资源、环境、生态的关联性分析

## 12.1 全国地级市的城市化与资源、环境、生态的十五年变化

本研究选取全国283个地级市2000~2015年的数据分析，结合中国工程院发布的《中国生态文明发展水平评估报告》《中国城市绿色竞争力指数报告》等最新研究成果，得出如下结论。

### 12.1.1 全国地级市城市总体动态比较

**（1）城市化水平综合指数**

全国地级市城镇化水平的空间分布特征上，东部地区尤其是沿海地区城市的城镇化水平综合指数较高。十年间全国地级城市的城镇化水平均有较大幅度的提高。2000年，仅珠三角与长三角地区的城镇化水平综合指数较高。2010年，华北、华中、东北以及中南部地区地级市的城镇化水平综合指数都有明显增加。

**（2）生态占用与污染排放总量综合指数**

全国地级城市生态占用与污染排放总量的空间分布上，东部地区以及川渝地区的城市具有相对较高的生态占用与污染排放总量。从时间动态演变来看，十年间全国地级城市的生态占用与污染排放总量有所降低，尤其是华北、华中地区生态占用与污染排放的综合指数明显减小。

**（3）资源消耗与污染排放强度综合指数**

全国地级城市资源消耗与污染排放强度的空间分布上，2000年我国东南沿海地区的城市有相对较低的资源消耗与污染排放强度，到2010年，全国地级市的资源消耗与污染排放强度均比较低。从时间动态演变来看，十年间全国地级城市的资源消耗与污染排放强度都有较大幅度的降低。

**（4）全国地级城市的动态比较**

从2000~2010年的城镇化综合水平上看（图3-12-1），规模城镇化的增幅在经济、用地

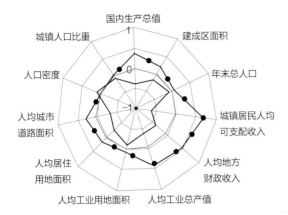

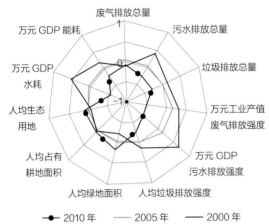

● 2010年　—— 2005年　—— 2000年

**图 3-12-1　全国地级城市的动态比较**

数据来源：《中国生态文明发展水平评估报告》《中国城市绿色竞争力指数报告》等

和人口三个方面的表现并不一致。其中，十年间GDP的增幅最大，其次为城市建成区面积的扩张幅度，相对而言，城市总人口的增幅较小。经济城镇化相对于规模城镇化、用地城镇化和人口城镇化是增幅最大的，城镇居民人均可支配收入、人均地方财政收入和人均工业总产值均表现为明显的快速增长趋势，即城市居民、政府和工业收入在十年间增幅巨大。三类主要城市用地类型的变化同样表现出增幅差异。其中，城市道路面积的增幅最大，居住用地面积的增幅次之，工业用地面积的增幅相对较小。人口城镇化在十年间的增幅相对于其他三类城镇化测度指标最小，人口密度和城镇人口比重都有所增长。

从2000~2010年的生态环境效应上看，污染物排放总量呈现逐年递减的变动趋势，工业废弃物、生活污水和生活垃圾的排放总量均有所降低，特别是在生活废弃物的减排上成效显著。相对于排放总量，污染物排放强度在十年间的降低幅度更为明显，三类主要污染物的减排效果明显。在生态占用的影响方面，十年间城市建成区内的绿地面积呈现增加的趋势，而城郊耕地与生态用地面积则呈现减少的变动趋势，生态占用影响应当引起重视。在资源消耗强度上，万元GDP水耗和能耗强度均在十年间有所降低，但资源消耗总量并未显著减少。

## 12.1.2　城市资源、环境、生态问题的区域化差异显著

城市生态环境问题的区域化差异显著，存在明显的"洼地"现象，南方城市面临更为严重的水污染问题，北方城市面临更为严重的大气污染、垃圾污染和能源消耗问题。

### （1）东、中、西部城市

根据国家发改委的划分，我国除港、澳、台地区可划分为西部、中部和东部地区。其中，西部地区包括省级行政区共12个，分别是四川、重庆、贵州、云南、西藏、陕西、甘肃、青海、宁夏、新疆、广西、内蒙古；中部地区包括8个省级行政区，分别是山西、吉林、黑龙江、安徽、江西、河南、湖北、湖南；东部地区包括11个省级行政区，分别是北京、天津、河北、辽宁、上海、江苏、浙江、福建、山东、广东和海南。

如图3-12-2所示，在城镇化综合水平上，东部城市的规模城镇化、经济城镇化、土地城镇化和人口城镇化水平均高于中西部城市。

在生态环境效应上，东部城市工业废气和生活污水的排放总量高于中西部城市，但生活垃圾的排放总量却相对较低，这与东部城市较高水平的垃圾处理率有关。东部城市各类污染物的排放强度低于中西部城市，这主要归因于东部城市相对高水平的经济总量或产出。东部城市的建成区绿化水平高于中西部城市，但其对城郊耕地和生态用地的侵占同样相对较高。

### （2）北方城市与南方城市

南北城市的划分参照秦岭—淮河一线进行区分，位于秦岭—淮河一线以南的城市为南方城市，反之则为北方城市。

如图3-12-3所示，在城镇化综合水平上，北方城市具有相对较高的城市建成区面积、城镇人口比重及人均居住用地面积，而南方城市则拥有相对较高的人均可支配收入。在城镇化的其他方面或具体指标上，

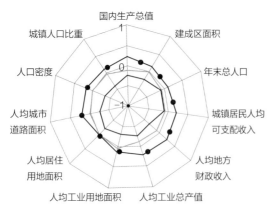

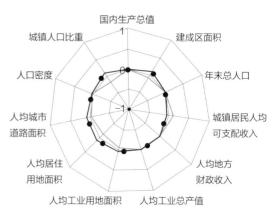

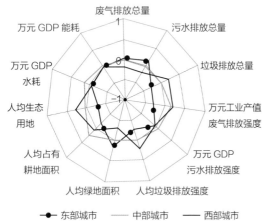

图 3-12-2　东、中、西部城市的综合比较

数据来源：《中国生态文明发展水平评估报告》《中国城市绿色竞争力指数报告》等

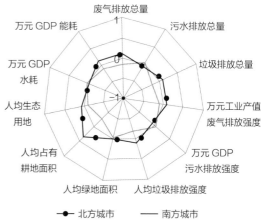

图 3-12-3　北方、南方城市的综合比较

数据来源：《中国生态文明发展水平评估报告》《中国城市绿色竞争力指数报告》等

二者并无多少差异。

在生态环境效应上，北方城市具有相对较高的工业废气排放总量和生活垃圾排放总量，而南方城市生活污水的排放总量则要高于北方城市。同样地，北方城市工业废气排放强度以及人均垃圾排放强度也要高于南方城市，南方城市生活污水的排放强度则要高于北方城市。说明北方城市具有相对较为严重的大气污染和垃圾污染，南方城市的水污染问题则相对更加严重。在生态占用与资源消耗影响方面，北方城市具有更多的耕地面积、更高的能耗强度，而南方城市的水耗强度则要更高。简言之，南方城市面临着更为严重的水污染问题，北方城市面临着更为严重的大气污染、垃圾污染和能源消耗问题。

### （3）沿海、沿江城市与内陆城市

沿海、沿江城市主要指沿海开放城市和沿长江的地级城市。如图 3-12-4 所示，在城镇化综合水平上，沿海、沿江城市的规模城镇化、经济城镇化、用地城镇化和人口城镇化水平均要高于内陆城市。

在生态环境效应上，沿海、沿江城市的污水排放

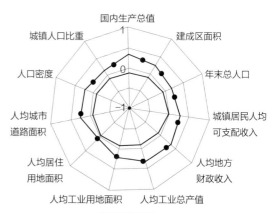

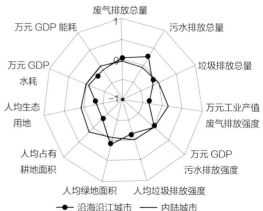

图 3-12-4　沿海、沿江城市与内陆城市的综合比较

数据来源：《中国生态文明发展水平评估报告》《中国城市绿色竞争力指数报告》等

总量显著高于内陆城市，其废气排放强度则显著低于内陆城市。说明沿海、沿江城市借助其靠近水体的区位优势，污水排放削减力度不足，而大气污染治理则要优于内陆城市。在生态占用的影响上，沿海、沿江城市的建成区绿化面积高于内陆城市，但其对城郊耕地和生态用地的侵占却也更为严重。在资源消耗上，沿海、沿江城市的水耗强度与内陆城市并无差异，能耗强度则略低于内陆城市。总之，沿海、沿江城市对水资源的占用和水污染问题应引起重视。

### 12.1.3 城市资源、环境、生态状态的改进具有"行政优势"的特点

城市资源、环境、生态状态的改进具有"行政优势"的特点，大城市与小城市、城市群与城市之间差距明显。特大城市和大城市各类污染物的排放总量要明显高于中小城市，污染物排放强度却要低于中小城市。说明当前我国城市资源、环境、生态状态改进的动力在很大程度上来源于政府的压力。事实上，除了政府的推动，更需要企业、社会和公众的广泛参与，才能形成持久的内生改进动力。

本研究以城市规模为依据进行了特大城市、大城市、中等城市与小城市的综合评估和比较研究。城市的空间尺度范围一般为市区及部分市辖县。1989年制定的《中华人民共和国城市规划法》已于2008年1月1日废止，而同时实施的《中华人民共和国城乡规划法》没有设定城市规模的条文。目前我国尚未从立法的层面对大、中、小城市规模的概念进行统一。2010年，由中国中小城市科学发展高峰论坛组委会、中小城市经济发展委员会与社会科学文献出版社共同出版的《中小城市绿皮书》依据目前中国城市人口规模现状，对划分界定大、中、小城市提出了新标准：依据市区常住人口，将全国主要城市分为巨大型城市（1000万人以上）、特大城市（300万~1000万人）、大城市（100万~300万人）、中等城市（50万~100万人）、小城市（50万人以下）。

如图3-12-5所示，在城镇化综合水平上，城市人口规模越大，其城镇化水平就相对越高，特别是在规模城镇化上，不同规模等级的城市差别极其显著。也就是说，特大城市和大城市的规模城镇化、经济城镇化、土地城镇化和人口城镇化水平均要高于中小城市。

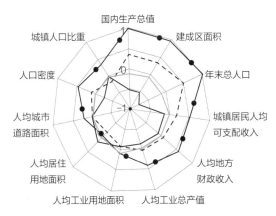

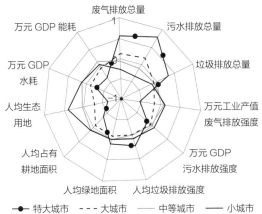

**图 3-12-5　不同规模城市的综合比较**

数据来源：《中国生态文明发展水平评估报告》《中国城市绿色竞争力指数报告》等

而在生态环境效应上，特大城市和大城市各类污染物的排放总量要明显高于中小城市，污染物排放强度却低于中小城市。特大城市和大城市的建成区绿化水平高于中小城市，其对城郊耕地和生态用地的侵占同样相对较高。特大城市和大城市具有相对较低的水耗和能耗强度，但其对资源的占用总量也较高。

### 12.1.4 城市资源、环境、生态耦合呈现"同群效应"和"俱乐部收敛"特征

我国城市资源、环境、生态状态的改进往往会在地理位置上形成一定的集聚，同省下辖城市之间通过构建有效的协调发展机制，形成合力提升；这也使得区域之间的差距会不断扩大，拥有相同稳态特征的空间组群最终收敛于相同的长期发展目标路径，显示出"俱乐部收敛"特征。

#### （1）城市群城市与其他城市的综合比较

城市群城市主要包括京津唐、长三角、珠三角、

长株潭、武汉和成渝城市群的城市。

如图 3-12-6 所示，在城镇化综合水平上，城市群城市的规模城镇化、经济城镇化、用地城镇化和人口城镇化水平均要高于其他城市。

在生态环境效应上，城市群城市的工业废气排放总量和生活污水排放总量均显著高于其他城市，但其废气排放的强度却相对较低。在生态占用的影响上，城市群城市具有相对较高的建成区绿化面积，其对城郊耕地和生态用地的侵占也更为严重。在资源消耗强度上，城市群城市与其他城市并无显著差异，但不排除城市群城市的资源消耗总量仍然较高。简言之，城市群城市的污染排放总量、生态占用总量及资源消耗总量相对较高，即对生态环境的直接和实际影响较大。

### （2）资源型城市与其他城市的综合比较

所谓资源型城市即城市的生产和发展与资源开发有密切关系。具体来讲，根据资源开采与城市形成的先后顺序，资源型城市的形成有两种模式：一种为"先矿后城式"，即城市完全是因为资源开采而出现的，如大庆、金昌、攀枝花、克拉玛依等；另一种为"先城后矿式"，即在资源开发之前已有城市存在，资源的开发加快了城市的发展，如大同等。

如图 3-12-7 所示，在城镇化综合水平上，资源型城市的规模城镇化、经济城镇化和人口城镇化水平与其他城市并无显著差异，但其在用地城镇化的水平上则要高于其他城市，突显了其土地资源的比较优势。

在生态环境效应上，资源型城市具有相对较高的工业废气排放总量和生活垃圾排放总量。资源型城市的各类污染物排放强度均要显著高于其他城市，说明资源型城市在环境污染物排放总量和强度上表现不佳，是其环境问题的症结所在。另外，资源型城市具有相对较高的建成区绿化面积、城郊耕地面积及生态用地面积，说明其土地资源优势还是比较明显的。在资源消耗强度上，资源型城市同样表现不佳，其水资源和能源消耗强度均相对较高。总之，资源型城市在环境污染和资源消耗方面影响较大。

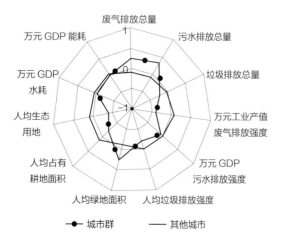

**图 3-12-6　城市群城市与其他城市的综合比较**

数据来源：《中国生态文明发展水平评估报告》《中国城市绿色竞争力指数报告》等

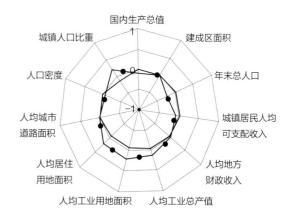

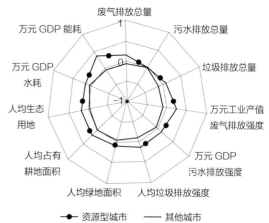

**图 3-12-7　资源型城市与其他城市的综合比较**

数据来源：《中国生态文明发展水平评估报告》《中国城市绿色竞争力指数报告》等

### (3) 老工业城市与其他城市的综合比较

根据《国务院关于全国老工业基地调整改造规划（2013~2022年）的批复》（国函〔2013〕46号），老工业基地是指"一五""二五"和"三线建设"时期国家布局建设、以重工业骨干企业为依托聚集形成的工业基地。老工业基地的基本单元是老工业城市。根据上述时期国家工业布局情况以及有关指标测算，全国共有老工业城市120个，分布在27个省级行政区，其中地级城市95个，直辖市、计划单列市、省会城市25个。

如图3-12-8所示，在城镇化综合水平上，老工业城市在规模城镇化方面的优势较其他城市较为明显，特别是在建成区面积上，表明其城市扩张显著。在经济城镇化方面，老工业城市的人均工业总产值、人均地方财政收入都要高于其他城市，但人均城镇居民可支配收入却没有明显差别，说明老工业城市的政府收入和工业收入增加明显，但居民收入的增加则不显著。在用地城镇化方面，老工业城市的工业用地面积优势最为显著。此外，老工业城市的人口密度和城镇人口比重等人口城镇化水平也要高于其他城市。

在生态环境效应上，老工业城市各类污染物的排放总量、排放强度以及对资源的消耗强度均要明显高于其他城市，而老工业城市的生态用地占用影响不及环境污染和资源消耗。

### (4) 环保卫生城市与其他城市的综合比较

环保卫生城市包括获得环境保护重点城市、国家环境保护模范城市和国家卫生城市称号的地级城市。

如图3-12-9所示，在城镇化综合水平上，环保卫生城市的规模城镇化、经济城镇化、用地城镇化和人口城镇化均要显著高于其他城市，特别是在经济城市化上，城镇居民人均收入和地方政府财政收入的提高使得这些城市有能力去投资参评环保卫生城市。

在生态环境效应上，环保卫生城市的工业废气排放总量和生活污水排放总量仍然相对较高，表明环保卫生城市也难以解决污染物排放总量居高不下的问题。在污染物排放强度方面，环保卫生城市的工业废气、生活污水和生活垃圾排放强度均显著低于其他城市，说明环保卫生城市在污染物排放强度的减排工作上较

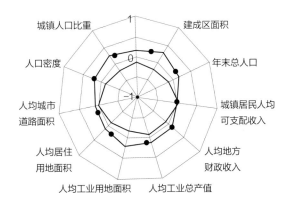

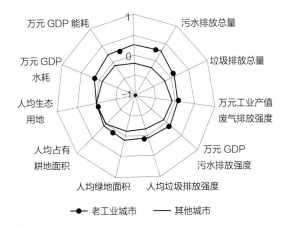

**图 3-12-8　老工业城市与其他城市的综合比较**

数据来源：《中国生态文明发展水平评估报告》《中国城市绿色竞争力指数报告》等

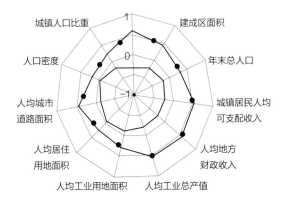

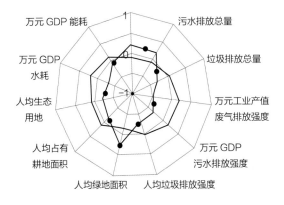

**图 3-12-9　环保卫生城市与其他城市的综合比较**

数据来源：《中国生态文明发展水平评估报告》《中国城市绿色竞争力指数报告》等

有成效。在生态占用的影响上，环保卫生城市具有相对较高的建成区绿地面积，但其城郊耕地和生态用地面积损失也较高。在资源消耗强度方面，环保卫生城市的万元 GDP 水耗和能耗都相对较低。总之，环保卫生城市在污染物排放强度和资源消耗强度方面的工作卓有成效，但却仍然无法有效解决城镇化导致污染物排放总量和生态占用总量居高不下的负效应。

### （5）生态园林城市与其他城市的综合比较

生态园林城市包括获得国家级生态示范区、国家生态市、国家园林城市称号的地级城市。

如图 3-12-10 所示，在城镇化综合水平上，生态园林城市的规模城镇化、经济城镇化、用地城镇化和人口城镇化均要显著高于其他城市，特别是在经济城市化上，城镇居民人均收入和地方政府财政收入的提高使得这些城市有能力去投资参评生态园林城市。

在生态环境效应上，生态园林城市的各类污染物排放总量与其他城市相比差别不大。在污染物排放强度方面，生态园林城市的工业废气、生活污水和生活垃圾排放强度均要显著低于其他城市，说明生态园林城市在污染物排放强度的减排工作上较有成效。在生态占用的影响上，生态园林城市具有相对较高的建成区绿地面积，但其城郊耕地和生态用地面积损失也较高。在资源消耗强度方面，生态园林城市的万元 GDP 水耗和能耗都要相对较低，特别是水耗强度远远低于其他城市。总之，生态园林城市在污染物排放强度和资源消耗强度方面的工作卓有成效，但同样无法有效解决城镇化导致污染物排放总量和生态占用总量居高不下的负效应。

### （6）生态省下辖城市与其他城市的综合比较

生态省下辖城市包括获得国家生态省称号的省份下辖的所有地级城市。

如图 3-12-11 所示，在城镇化综合水平上，生态省下辖城市的规模城镇化、经济城镇化和用地城镇化均要显著高于其他城市。特别是在经济城镇化上，城镇居民人均收入和地方政府财政收入的提高使得这些城市的所在省份有能力去投资参评生态省。

在生态环境效应上，生态省下辖城市的各类污染物排放总量和生态占用总量与其他城市相比差别不大。

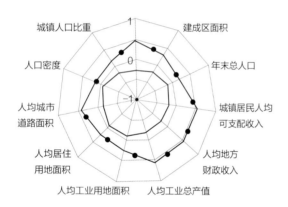

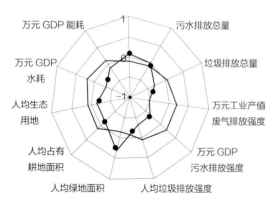

**图 3-12-10 生态园林城市与其他城市的综合比较**

数据来源：《中国生态文明发展水平评估报告》《中国城市绿色竞争力指数报告》等

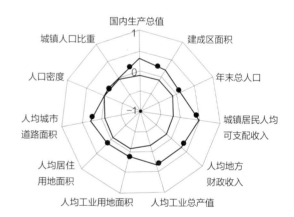

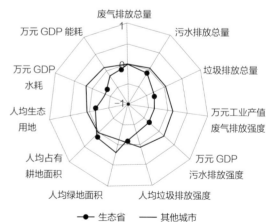

**图 3-12-11 生态省下辖城市与其他城市的综合比较**

数据来源：《中国生态文明发展水平评估报告》《中国城市绿色竞争力指数报告》等

在污染物排放强度方面，生态省下辖城市的工业废气、生活污水和生活垃圾排放强度均要显著低于其他城市，说明生态省下辖城市在污染物排放强度的减排工作上较有成效。在资源消耗强度方面，生态省下辖城市的万元 GDP 水耗和能耗都相对较低，特别是水耗强度远远低于其他城市。总之，生态省下辖城市在污染物排放强度和资源消耗强度方面的工作卓有成效，其在污染物排放总量和生态占用总量方面优于环保卫生城市或生态园林城市的原因很可能是因为生态省下辖城市中既有大城市也有中小城市，这一结果事实上是这些城市的平均值。

## 12.2 各生态环境要素与城市建设的关联性影响分析

### 12.2.1 水资源与城市生态建设的关联性影响

伴随着城镇化的快速发展，我国城市规模越来越大，城市人口增加，工业迅速发展，城市用水量急剧增加。中国水资源问题不仅包括水量问题，同时还包括水质问题。有些城市中，居民的生活废水和工业废水大部分未经处理就被直接排出，污染了地表水和地下水。中国环境保护部门近期报告显示，全国只有不超过一半的水可以经过处理达到安全饮用的级别，并且 1/4 的地表水已被污染到甚至不适于工业使用的程度。水资源供给及利用中的一些问题，如洪旱灾害对社会经济发展的影响、降水不足与用水浪费导致的区域性水短缺、生态退化与水污染加重、产业结构和布局与水资源条件不相适应及水资源管理体制与制度创新不足等，在直接或间接地影响着我国的城镇化进程。

尽管水资源管理是城市生态管理的重要组成部分，但目前我国对于水资源管理的经验仍相对不足，缺乏统一的、可操作性强的水资源管理体系。不少研究也揭示出对于水资源指标与经济发展关系的认识仍不足；在城市建设与开发过程中，忽视了水资源管理的长期规划与可行性分析；水资源利用规划与管理的决策与实施过程缺少公众的广泛参与。在城市水资源管理问题上西方发达国家已经形成了一套比较完善的体系，如建立完善的法律法规体系、充分发挥水管理协会的作用、广泛的公众参与、同时开展水资源管理示范区建设。这些方面都是我国在城市水资源管理方面急需加强的，同时要建立城市可持续水处理系统、最大限度地削减污染，实现水资源的循环利用，提升城市雨水的渗透能力和涵养能力，实现城市水资源的可持续利用，形成"水资源、水环境、水经济、水安全、水文化、水管理"六位一体的生态型城市可持续水管理模式。

总的来说，诚如相关研究所述，为缓解我国城市水资源压力，应该建立健全城市水资源管理体系，实现水资源的优化配置，同时要提升水环境容量，构建与水资源承载力相协调的经济结构体系。此外，还要限制高耗水行业的盲目发展，优化高耗水产业的空间布局，通过技术进步提高水资源利用效率。

### 12.2.2 土地与城市生态建设的关联性影响

城市建设依托于土地。土地承受自然和人为因素双重动力作用，不停地与城市环境的物质和能量进行交换。土地资源的开发与利用是否合理，决定了生态城市建设的成败。从某种意义上看，研究城市生态管理模式对土地资源的影响意义深远重大。

据《全国土地利用总体规划（2006—2020）》专题研究报告，从城市用地人口容纳能力、建筑容纳能力和产出水平来看，我国城市用地均存在较大的挖掘潜力。然而，之前很长一段时间内我国城市规划编制的立足点在城市外围用地扩张及新增建设用地布局安排方面，对于城市建成区内部关注相对较少，对建设用地规模和效益关系的研究也相对较少，使得城市已有用地布局的调整优化力度不够，对于城市用地潜力挖掘也不到位。相关研究也揭示，城市盲目的外延发展会导致城市交通量、市政管网等不断增加，影响城市及周边地区的自然环境，这种土地利用规划方式非常不利于土地和附着其上的各种资源的集约利用。

在相关土地资源政策方面，目前主要实施的包括土地数量异地占补平衡政策。但需要注意的是，新开发土地的生产力大多远低于被占熟地的生产力，且难以发挥熟地原有的生态服务功能。鉴于此，不少研究指出，城市土地生态的科学管理必须改变土地管理与经济、生态脱节的正反馈控制政策，变土地数量的异地占补平衡为土地生产和生态服务功能的就地占补平衡，变土地的单目标地籍管理为多目标的社会、经济、环境复合生态管理。通过核定每个生态功能区的生物质生产力、生态服务功能和人文生态资产，对各生态功能区土地利用的生产和生态功能实施总量科学控制。同时，城市产业结构对城市土地利用结构及格局也有影响，具体体现在其对土地资源及其他资源在各产业、部门间的重新分配和组合的要求。在以第一产业为主的阶段，土地利用变化的驱动力是农用地和环境用地间的竞争，随着第二、三产业的不断增长，区位条件好的农用地会向建设用地转移，当到达第三产业快速增长的阶段，农用地会向建设用地和环境用地快速转移。

鉴于此，在实现城市土地利用可持续发展以及集约利用的过程中，应该完善城市土地管理方面的立法和执法，完善土地利用规划体系，协调土地利用总体规划与城市总体规划的关系。应加强城市规划管理，按照城市产业结构调整的要求以及土地价值规律，对城市土地进行置换。同时，也需要调整土地利用结构和空间布局，提高城市土地利用综合效率。另外，依据土地的生态承载力，优化城市空间格局，改善城市环境。

### 12.2.3 生物资源与城市生态建设的关联性影响

生物资源是人类生存和发展的战略性资源，是建设生态城市的重要支撑。城市生物多样性为城市生态系统提供了诸多生态系统服务功能，对改善城市环境、维持城市可持续发展有着重要的作用。随着快速的城镇化进程和人类盲目的建设，城市生物区系组成受到破坏，自然生物群落种类减少。据统计，全球尺度的生物多样性（以地球生态指数计）已下降12%，制约了城市生态环境的稳定与协调发展。

城镇化对生物多样性的影响是一个复杂的过程，诸多因素共同决定了城市生物多样性分布格局。外来物种入侵，原始野生动植物衰退，凡此种种正在使脆弱的城市生物多样性面临严峻的考验。城市的建筑、交通等设施建设破坏自然绿地，原始植被结构被人为改变，生物丧失栖息地；工农业污染物不经处理随意排放，导致河流、湖泊和近海水域的水质下降，水体富营养化，水生动植物数量下降，饮用水源受到污染。然而，生物多样性及生态系统的恢复却是一个漫长甚至不可逆的过程。当前，我国城市生态建设多从人的生存发展环境及空间的角度出发，对人与其他生物和谐共存的考虑及具体实施措施的考虑及设计相对不足，缺乏城市生物多样性保护规划。

城市生物多样性保护是实现保护城市自然生态环境的唯一选择。有学者提出，应根据绿地的功能和生境类型对城市植物进行配置，构建以自然群落为基础的人工群落，保护城市绿地系统中的植物多样性；在动物多样性方面，通过规划栖息地和建设生态廊道的方法对其进行保护。目前，城市生物多样性规划在我国仍处于探索阶段，相关科学研究也存在较多的疑问。在进行合理规划之外，政府应加强立法建设，建立独立的针对城市生物多样性保护的法律法规；加强宣教工作，增强民众对生物多样性保护的意识。同时运用景观生态学方法和理论，在城市规划过程中充分考虑生物多样性保护和建设。

### 12.2.4 空气质量与城市生态建设的关联性影响

空气属于可更新资源，它具有自然资源所共有的一切属性，具有良好的流动性，因而使一定区域内的空气质量趋于一致，并对生态城市建设提出要求与制约。区域性雾霾现象是我国面临的一个新的、重大的复合型大气环境污染问题。城镇化过程中燃烧排放的污染物，各种机动车尾气、工业的超标排放、有毒重金属混入大气，使得近几年我国特大城市雾霾现象日趋严重，空气品质持续恶化，严重影响着人们的身心健康，与我国建设生态型宜居城市的目标背道而驰。

目前将空气作为一种资源价值形态的相关研究较少，作为城市的一种重要自然资源，空气资源的价值一直没有得到足够的重视，缺乏关于空气资源价值量估算方法和理论的研究。由于长期以来空气都被人类无偿使用，许多地区对空气资源的使用陷入了恶性循环的怪圈。有学者提出应该制定合理的经济政策，坚持对空气资源的有偿使用原则，做到"谁利用谁补偿，谁破坏谁恢复"。不少研究显示，我国存在区域大气环境容量与经济发展不相匹配的问题，经济越发达的地区大气环境容量越低、大气环境压力越大，严重制约经济布局和发展。

历史上，美国就是因为"洛杉矶烟雾事件"启动了《空气污染法》的立法进程，成为世界空气污染法的立法先导，其立法经验可为我国相关立法提供启示。大气环境保护不仅需要法律的保障，更需要民众的监督，所以在环境治理过程中应更广泛地纳入公众参与，让群众更好地参与到立法与监督中来。同时对一些高污染、高排放的产业，要进行限制并严格管制，建立和实施严格的排放标准，实行大气环境污染问责制，做到从源头抓起。另外，在城市规划过程中，尤其是新城规划时，要充分考虑立地环境以及气候条件，对建筑物的设计、街道、绿地和空地的布局要进行合理规划，提升大气环境容量。

## 12.2.5 能源与城市生态建设的关联性影响

能源作为一种可耗竭的战略性资源，在经济发展、国家安全与环境保护中扮演着十分重要的角色，对生态城市建设的支撑作用不言而喻。城市居民和工商业能源消费随着城市人口化率的增加而增多，能源和环境问题也成为进一步城镇化的制约条件；另一方面，城镇化也要求能源结构升级，提高能源利用效率，控制污染物排放，以使居民生活的环境质量不断得到改善。我国城市能源消耗约占我国能源总消耗的 3/4，城市能源消费存在以下突出问题：能源对外依存度过高；一次能源消费以煤为主，能源消费过度高碳化；能源环境污染形势严峻；能源使用效率较低；能耗水平和增速均高于世界城市平均水平等。

我国未来城市能源利用的总体目标是城市能源消费逐步实现可持续、低碳、清洁和绿色。能源结构优化、提升新能源比例和清洁能源比例、提高城市能源利用效率，以及规模化的新能源利用将是我国城市能源利用的发展战略重点。国家相关部门对城市能源消费管理方面也提出了若干重要的政策要求，将页岩气和煤层气等新型能源确定为未来城市能源消费的重要组成部分，并从城市空间的角度，对建筑节能和城市节能提出了明确要求。而关于城市规模与空间形态对能源利用效率的影响研究及提炼对城市空间规划的指导性策略方面还有待加强。

能源对生态城市建设的影响多从资源禀赋、产业结构、技术进步、能源价格等对能源效率的影响来考察。有些研究表明，资源丰裕程度与能源效率显著负相关，即控制其他影响因素时，资源禀赋越充裕的地区能源效率越低；如果产业结构中的效率和结构份额对能源效率均为正向影响，则产业结构比重的提高也会对总能源生产率产生正向影响。还有研究论证了技术进步对能源效率具有显著的正向作用，同时在长期的能源效率提升中存在技术扩散性效应。也有研究认为，当前中国能源的相对价格并没有体现出使用能源的完全成本，能源价格的提高反而会降低能源效率。这些研究及发现对于确定生态城市能源利用结构、制定能源政策和提高能源利用效率具有很好的启示。

## 12.3 中国四大直辖市资源—环境—生态协同关系比较[5-7]

我国共有四个直辖市：北京市、上海市、天津市和重庆市，直接由中央政府管辖。直辖市往往具有较多的居住人口，且在政治、经济和文化等各方面具有重要地位，因此其对资源—环境—生态复合系统的研究具有重要意义。

北京市位于华北平原北部，背靠燕山，毗邻天津市和河北省，是我国的首都和政治、文化中心。北京市 2017 年底常住人口为 2170.7 万人，比上年末减少 2.2 万人。地区生产总值 2.57 万亿元，增长速度为 6.8%。2016 年全年北京用水总量 38.8 亿 $m^3$，比 2015 年增加 1.6%。其中生活用水 17.8 亿 $m^3$，增长 1.7%，工业用水 3.8 亿 $m^3$，下降 2.6%，万元 GDP 水耗为 15.12$m^3$，下降 4.78%。万元 GDP 能耗 0.275tce，下降 4.87%。2016 年城市污水处理率为 90.0%，增加了 2.1%。2016 年废水排放总量与 2015 年相比增长 8.8%，万元 GDP 二氧化碳排放下降 5.1%。2011~2014 年建设用地和城乡建设用地增长速度均明显放缓，征占土地中集体建设用地比例由 44.4% 升至 47.4%，2014 年建设用地和城乡建设用地增长规模分别为 2011 年的 48.5% 和 38.6%。

上海市是中国南北海岸中心点，位于长江和黄浦江入海汇合处，北界长江，东濒东海，南邻杭州湾，西接江苏和浙江两省。上海境内缺乏金属矿产资源，建筑石料也很稀少，陆上的能源矿产同样匮乏。2017年末常住人口2418.33万人，比上年末下降0.06%，GDP为3.01万亿元，增长6.9%。2016年用水总量32.04亿$m^3$，与2015年相比增长2.6%，工业用水排放总量3.66亿t，与2015年相比下降22%；COD排放1.44亿t，下降37%。万元GDP能耗0.427tce，下降7.8%。"十二五"期间，新增建设用地规模逐年递减，从原来的50$km^2$以上降至目前的20$km^2$以下，全市森林覆盖率由12.6%提升至15.0%。

天津市位于华北平原北部，东临渤海，北依燕山，是中国北方最大的沿海开放城市。截至2017年末，天津市常住人口为1556.87万人，与2016年相比降低0.34%，地区生产总值18595.38亿元，相比于2016年增长4.0%，而2016年比2015年增长9.0%，可见天津市GDP增速明显下降。天津的矿产资源、地热资源及海洋资源十分丰富，有渤海和大港两大油田，是国家重点开发的油气田。已探明石油储量40亿t，油田面积超过100$km^2$，天然气地质储量超过1500亿$m^3$，煤田面积80$km^2$。已发现的10个具有勘探和开发利用价值的地热异常区面积2434$km^2$，热水总储藏量达1103.6亿$m^3$，是中国迄今最大的中低温地热田。2016年天津市水资源总量为18.92亿$m^3$，相比于2015年增长了47.6%，用水量8.7亿$m^3$，增长6.1个百分点。废水排放总量降低1.6个百分点。2005年末，天津市各类用地情况如下：农用地面积707330$hm^2$，占土地总面积的59.3%。其中，耕地面积445503$hm^2$，占土地总面积的37.4%。建设用地面积346269$hm^2$，占土地总面积的29.1%。其中，城镇工矿用地129197$hm^2$，占全市总面积的10.8%，农村居民点用地86301$hm^2$，占全市总面积的7.2%，交通水利及其他用地130771$hm^2$，占全市总面积的11.0%。未利用地面积138133$hm^2$，占土地总面积的11.6%。

重庆市地处中国内陆西南部，长江上游地区，东邻湖北、湖南，南靠贵州，西接四川，北连陕西。幅员面积8.24万$km^2$，为北京、天津、上海三个直辖市总面积的2.39倍。2017年常住人口3075.16万人，地区生产总值19500.27亿元，与2016年相比分别增长了0.9%和9.3%。2016年城市用水总量13.95亿$m^3$，比2015年下降了3.3%，生活污水排放量增加了54.2%，工业废水排放总量下降27.2%。2016年万元GDP能源消费量0.529tce，降低6.9个百分点。全市土地总面积82339.33$km^2$，其中农业用地占74.85%，建设用地占土地面积的6.42%，未利用地占土地总面积的18.73%。

## 12.3.1 基于生产视角的协同关系分析

从生产端出发，四个直辖市各指标情况如表3-12-1所示。北京市的食物氮、磷产量最少，$SO_2$排放量、$NO_x$排放量以及氨氮排放量也最少；上海市的能源产量和农林园牧渔面积均最小，而$CO_2$排放

四个直辖市基于生产的资源—环境—生态协同关系　　　　表3-12-1

| 序号 | 一级指标 | 二级指标 | 单位 | 北京 | 上海 | 天津 | 重庆 |
|---|---|---|---|---|---|---|---|
| 1 | 资源 | 食物氮产量 | 万t | 23.74 | 37.23 | 26.86 | 74.52 |
| 2 |  | 食物磷产量 | 万t | 16.29 | 51.32 | 50.08 | 42.13 |
| 3 |  | 一次能源总量 | 万tce | 469.50 | 91.12 | 2911.19 | 3230.58 |
| 4 |  | 取水量 | 亿t | 34.81 | 120.19 | 23.37 | 77.43 |
| 5 | 环境 | $CO_2$排放量 | 百万t | 96.11 | 175.33 | 90.52 | 88.51 |
| 6 |  | $SO_2$排放量 | 千t | 105.55 | 344.94 | 227.45 | 597.38 |
| 7 |  | $NO_x$排放量 | 千t | 98.14 | 249.17 | 127.81 | 145.22 |
| 8 |  | COD排放量 | 千t | 188.64 | 206.83 | 158.07 | 303.74 |
| 9 |  | 氨氮排放量 | 千t | 4.39 | 5.66 | 5.13 | 11.61 |
| 10 | 生态 | 农林园牧渔总面积 | 万$km^2$ | 104.92 | 32.62 | 55.38 | 604.91 |

量、$NO_x$ 排放量较多；而天津市的取水量最小，$CO_2$ 排放量、COD 排放量较少；重庆市食物产量和一次能源产量最大，$SO_2$ 排放量、COD 排放量、氨氮排放量以及土地利用面积均最大。

## 12.3.2 基于消费视角的协同关系分析

利用 Leontief 模型，从消费端对四个直辖市各指标的核算结果如表 3-12-2 所示。北京市和上海市的最终需求导致的食物、能源产量均较大，且造成的污染物排放量也较大，而天津市和重庆市的最终需求导致的各指标值则相对较小，但均大于基于生产角度核算的指标值。其中，北京市的最终需求导致的 $SO_2$ 排放量小于上海市和重庆市的排放量，农林牧渔利用面积也相对较少。

图 3-12-12～图 3-12-15 是四个直辖市的最终需求对全国各省的指标数值的影响情况。北京市的最终需求对全国各省的指标值均有一定影响，其中，对食物产量的影响主要集中在中东部地区，而对食物氮和食物磷产量的分布情况存在一定差异；对一次能源总产量的影响范围较小，主要集中在北京市周边地区，包括河北、山西以及内蒙古；对取水量的影响范围较广，包括新疆、广东、江苏等地；对大气污染物排放的影响主要集中在东北部地区，导致河北、山西、内蒙古等地的排放量较大，且 $CO_2$、$SO_2$、$NO_x$ 三个指标的图形具有一定的相似性；对水污染物排放的影响范围较广，主要集中在东部地区，包括河北、山东、安徽、福建等地；对土地利用情况的影响主要集中在北部地区，对内蒙古的土地利用面积影响最大。

上海市的最终需求对全国各省的指标值有一定的影响。其中，对食物产量的影响主要集中在中东部地区，食物氮和食物磷产量的分布情况有明显的差异性，上海市的最终需求导致河北的食物氮产量最高，而当地的食物磷产量最高；对一次能源总产量的影响范围较广，主要集中在中西部地区，其中内蒙古、山西以及陕西是上海市最终需求导致能源产量较高的省级行政区；对取水量的影响范围较广，包括新疆、河北、内蒙古等地，其中上海当地取水量最大；对大气污染物排放的影响主要集中在中东部地区，导致当地的排放量最大，其次是浙江、河北、山东等地的排放量较大，且 $CO_2$、$SO_2$、$NO_x$ 三个指标的图形具有一定的相似性；对水污染物排放的影响范围较广，主要集中在中东部地区，包括本地及河北、浙江等地；对土地利用情况的影响较小，主要集中在北部地区，其中对内蒙古的土地利用面积影响最大。

天津市的最终需求对全国各省的指标值也有一定的影响，尤其是食物产量和氨氮排放量。其中，天津市的最终需求对食物产量的影响主要集中在中东部地区，导致河北的食物氮产量最高，且内蒙古、山东、河南等地的食物氮产量均超过天津市本地产量，山东的食物磷产量最高，河北、辽宁、江苏、安徽等地的产量也相对较高；对一次能源总产量的影响范围较小，主要集中在距天津市较近的地区，包括河北、山西以及内蒙古；对取水量的影响范围主要包括新疆、内蒙古、黑龙江等地，特别导致了新疆的取水量远远超过其他各省；对大气污染物排放的影响主要集中在东北

四个直辖市基于消费的资源—环境—生态协同关系　　　　　　　　表 3-12-2

| 序号 | 一级指标 | 二级指标 | 单位 | 北京 | 上海 | 天津 | 重庆 |
|---|---|---|---|---|---|---|---|
| 1 | 资源 | 食物氮产量 | 万 t | 134.16 | 197.31 | 80.43 | 87.13 |
| 2 | | 食物磷产量 | 万 t | 168.52 | 220.39 | 81.96 | 79.11 |
| 3 | | 一次能源总量 | 万 tce | 5007.98 | 8498.49 | 3941.31 | 4620.56 |
| 4 | | 取水量 | 亿 t | 120.49 | 212.19 | 91.43 | 93.88 |
| 5 | 环境 | $CO_2$ 排放量 | 百万 t | 154.36 | 194.52 | 106.10 | 99.60 |
| 6 | | $SO_2$ 排放量 | 千 t | 435.11 | 598.55 | 346.48 | 518.12 |
| 7 | | $NO_x$ 排放量 | 千 t | 264.88 | 358.99 | 193.21 | 174.59 |
| 8 | | COD 排放量 | 千 t | 522.90 | 645.80 | 313.21 | 371.30 |
| 9 | | 氨氮排放量 | 千 t | 13.89 | 18.01 | 8.68 | 11.60 |
| 10 | 生态 | 农林园牧渔总面积 | 万 $km^2$ | 1203.33 | 2193.29 | 1277.93 | 807.34 |

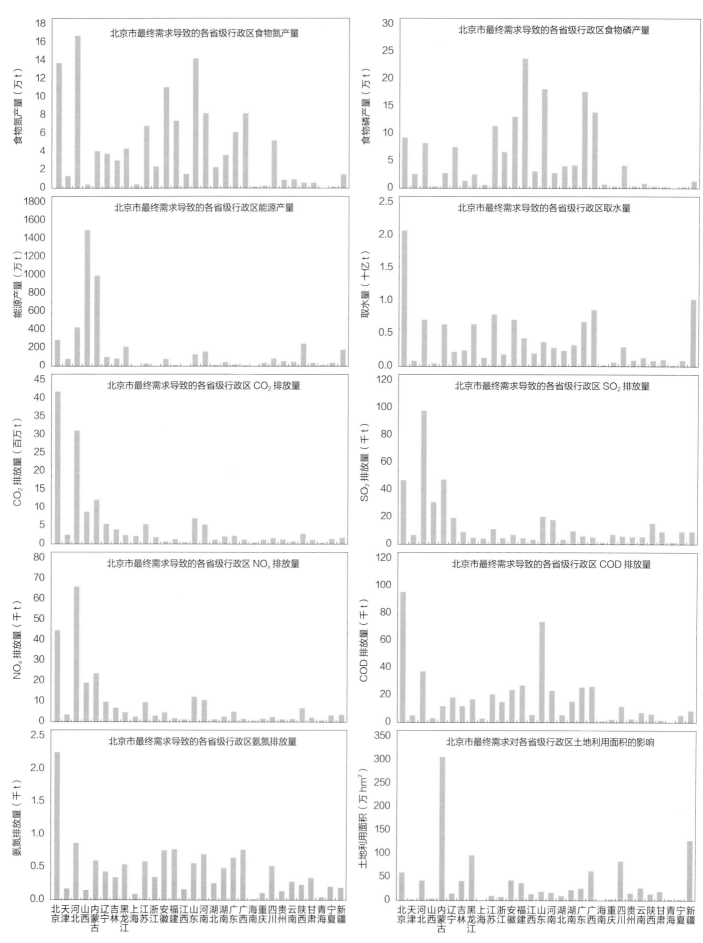

图 3-12-12　北京市最终需求对各指标的影响（不含港、澳、台地区及西藏自治区）

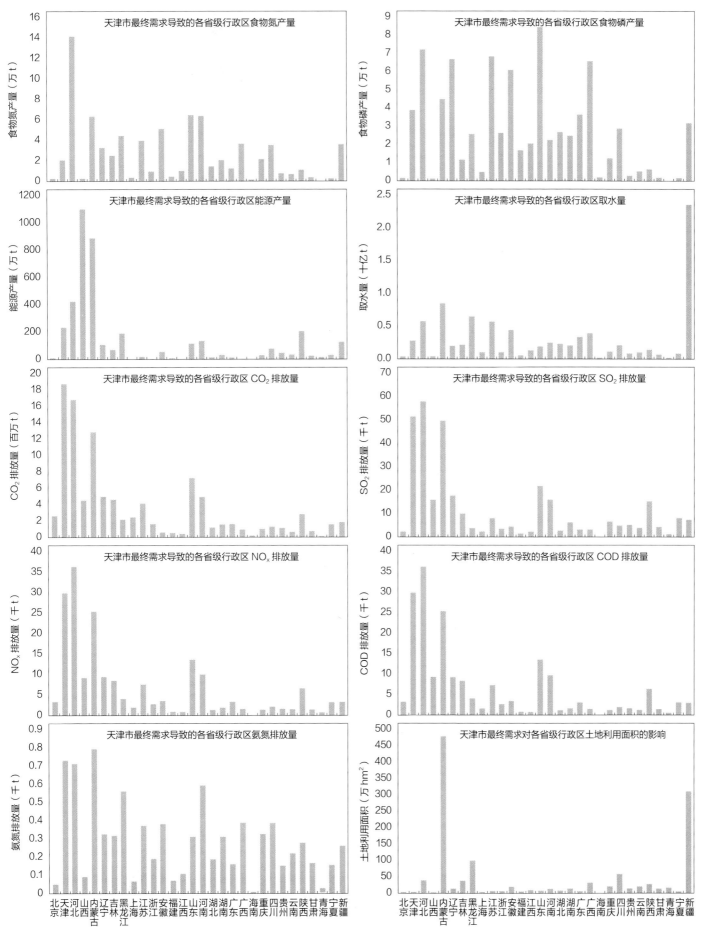

图 3-12-13　天津市最终需求对各指标的影响（不含港、澳、台地区及西藏自治区）

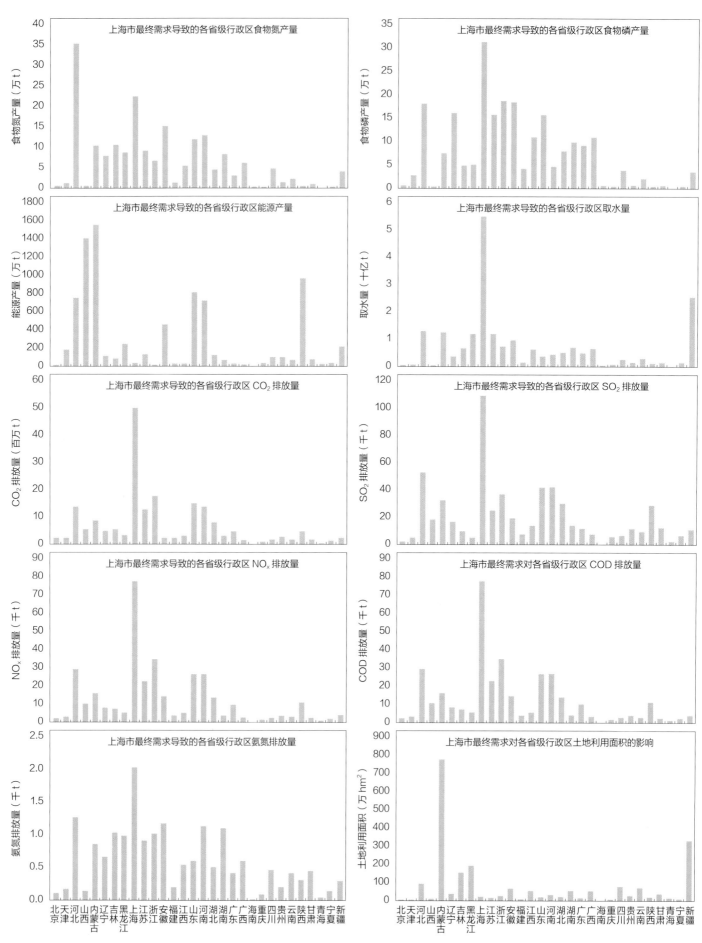

图 3-12-14 上海市最终需求对各指标的影响（不含港、澳、台地区及西藏自治区）

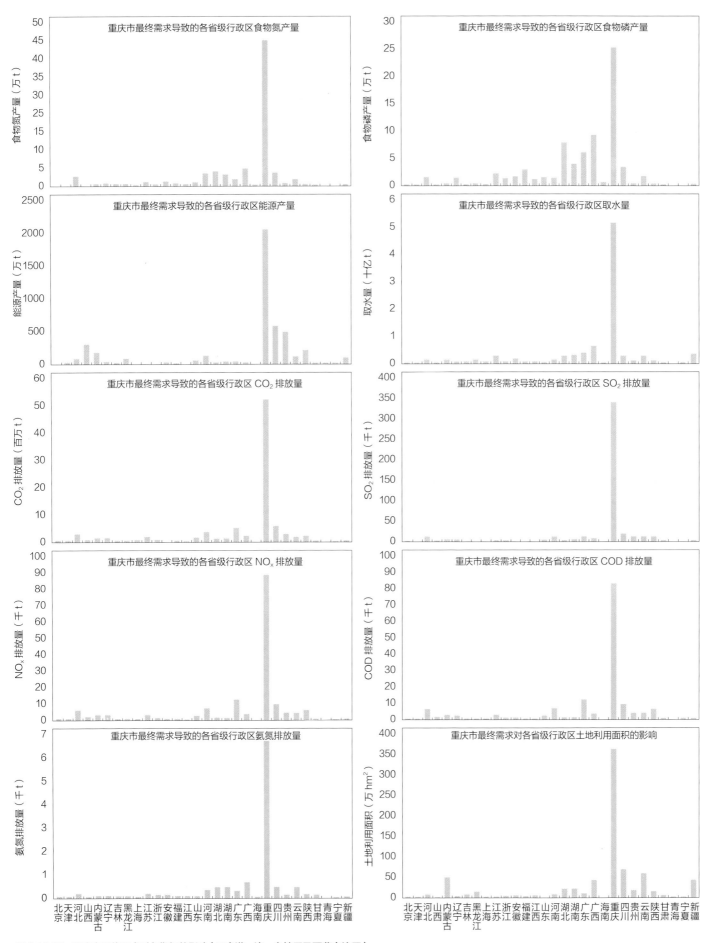

图 3-12-15　重庆市最终需求对各指标的影响（不含港、澳、台地区及西藏自治区）

部地区，导致河北、内蒙古等地的排放量较大，且 $CO_2$、$SO_2$、$NO_x$ 三个指标的图形具有一定的相似性；对水污染物排放的影响中，COD 的排放量要大于氨氮排放量，而氨氮排放的影响范围更为广泛，主要包括内蒙古、河北、山东、河南等地；对土地利用情况的影响范围较小，主要集中在北部地区，其中对内蒙古和新疆的土地利用面积影响最大。

重庆市的最终需求对全国各省的指标值影响较小，主要是对当地的资源、环境、生态系统产生影响。对食物产量的影响主要集中在中部地区，食物磷产量的影响范围相对于食物氮产量要更为广泛；对一次能源总产量的影响范围较小，主要集中在重庆市周边地区，包括四川和贵州；对取水量的影响范围较小，主要影响当地的取水量，其次是广西、广东等地；对大气污染物排放的影响主要集中在西部地区，主要对周边地区的影响较大，包括四川、广西等地；对水污染物排放的影响范围较广，主要集中在中西部地区，包括本地及广西、四川等；对土地利用情况的影响主要集中在西北部地区，包括四川、云南、内蒙古等地。

### 12.3.3 四个直辖市协同关系综合比较

四个直辖市各指标总量、人均值、单位 GDP 数值如图 3-12-16、图 3-12-17 所示。基于生产角度，重庆市的食物氮产量、人均产量以及单位 GDP 产量均为最大，而北京市均最小。上海市的食物磷产量最大，而其人均产量小于天津市，北京市的值均最小。对于能源产量，北京市和上海市的总产量、人均产量以及单位 GDP 产量均远远小于天津市和重庆市。上海市的取水总量最大，其次是重庆市、北京市、天津市，人均取水量排序相同，而对于单位 GDP 取水量而言，重庆市最大，其次是上海市、天津市、北京市。在环境方面，上海市排放的 $CO_2$ 和 $NO_x$ 量最大，其人均 $CO_2$ 和 $NO_x$ 排放量也最大，重庆市最小，而单位 GDP 排放量最小的是北京市，其次是上海市、天津市，重庆市最大；对于 $SO_2$ 排放量，重庆市的排放总量、人均量以及单位 GDP 排放量均最大，北京市最小，上海市的排放总量大于天津市，而人均量及单位 GDP 排放量小于天津市；重庆市的 COD、氨氮排放总量和单位 GDP 排放量最大，但其人均排放量小于天津市，北京市和上海市的单位 GDP 排放量较小。

对于土地利用情况，总量、人均值和单位 GDP 数值较为统一，重庆市面积最大，其次是北京市、天津市、上海市。

基于消费角度，上海市的食物氮产量、人均食物氮产量最大，重庆市的这两个指标最小，但其单位 GDP 食物氮产量最大，北京市的单位 GDP 食物氮产量最小。上海市的食物磷产量、人均食物磷产量、单位 GDP 产量均最大，北京市次之，重庆市是四个直辖市中最少的，此外四个直辖市的单位 GDP 食物磷产量相差较小。能源消费方面，上海市的能源产量、人均能源产量远高于重庆市，重庆市的单位 GDP 能源产量最高，天津次之，北京最低。上海市的取水量和人均取水量均为最大，远高于取水量和人均取水量最低的重庆市的数值，重庆市的单位 GDP 取水量最大，北京市的最小。从环境方面来看，上海市 $CO_2$、$NO_x$ 的排放量和人均排放量最大，重庆市的 $CO_2$ 和 $NO_x$ 排放量最小，重庆市的 $CO_2$ 单位 GDP 排放量最高，这一指标数值最小的是北京市，天津市的 $NO_x$ 单位 GDP 的排放量最高，这一指标数值最小的是北京。对 $SO_2$ 这一指标分析可知，上海市的 $SO_2$ 排放量为四个直辖市中最多的，重庆市次之，天津市的 $SO_2$ 人均排放量最高，上海市次之，重庆市的单位 GDP 排放量是最高的，上海市的该指标数值最低。上海市的 COD 以及氨氮排放量最高，北京市的 COD 人均排放量最高，上海市的氨氮人均排放量最高，重庆市的 COD 以及氨氮单位 GDP 排放量最高，上海市的 COD 以及氨氮单位 GDP 排放量最低。从土地利用情况来看，四个直辖市存在较大的差异性，上海市的土地利用面积最大，重庆市的最小；天津市的人均土地利用面积最大，重庆市的最小；天津市的单位 GDP 土地利用面积最大，北京市的最小。

为了更好地理解和分析资源—生态—环境复杂系统的协同关系，本研究分别统计了北京、天津、上海、重庆四个直辖市在"十一五""十二五"及"十三五"期间各部门对于经济发展、资源利用、生态空间及环境治理方面的政策建议。

表 3-12-3 显示北京市在"十一五""十二五"和"十三五"期间，发布了大量政策文件，对经济、资源、环境和生态各方面制定了严格的指标。比较这些指标可以发现，在经济快速发展的同时，北京越来越注重环境的保护和绿色发展。值得注意的是，这类政策文件都是由各分管部门单独制定，关注的指标也

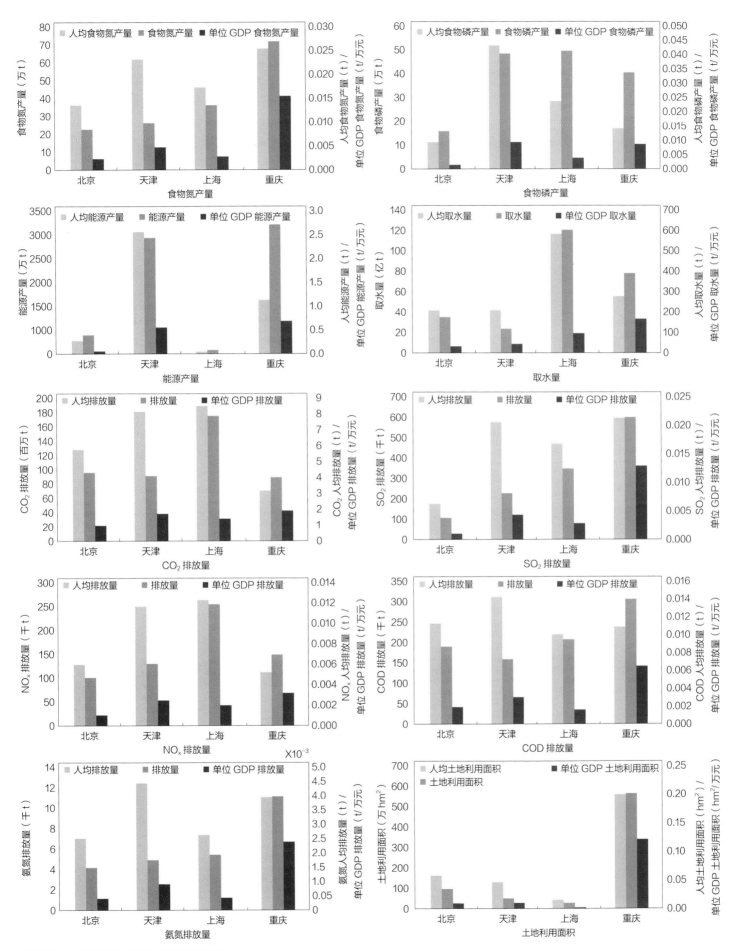

**图 3-12-16** 基于生产角度四个直辖市指标协调

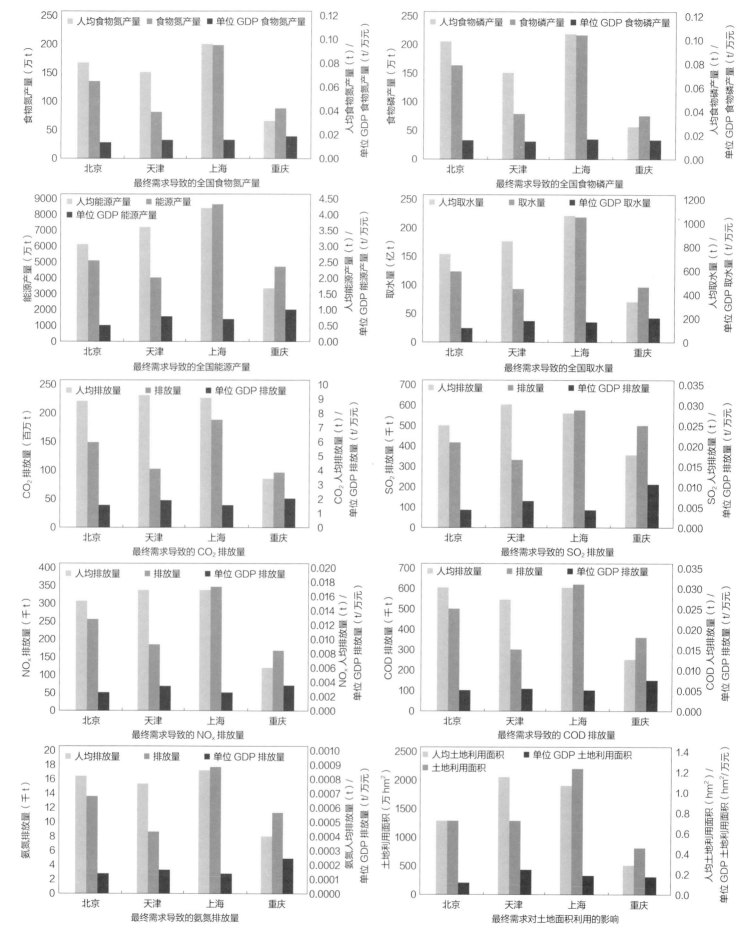

图 3-12-17　基于消费角度四个直辖市指标协调

比较单一，如《"十一五"时期水资源保护及利用规划》是由北京市水务局负责制定，只提到了水资源利用相关的政策，关于经济发展和环境保护的并没有涉及；再如《"十二五"时期环境保护和建设规划》只关注了环境保护及生态建设相关内容，对经济建设、资源利用并没有关注。可以看出，目前我国在政策的制定上缺乏对经济、资源和环境关联的考虑，部门之间过于独立，对各系统的协调性关注较少。

北京市各部门政策文件汇总　　表 3-12-3

| 文件名称 | 颁发部门 | 颁发年份 | 指标类型 | 相关指标 |
| --- | --- | --- | --- | --- |
| 《北京市国民经济和社会发展第十一个五年计划发展纲要》 | 北京市人民政府 | 2006 | 经济调节 | 万元地区生产总值能耗（tce） |
| | | | | 万元地区生产总值水耗（$m^3$） |
| | | | | 地方财政收入增长率（%） |
| | | | 公共服务 | 城市空气质量达标率（%） |
| | | | | 全市林木覆盖率（%） |
| | | | | 中心城污水处理率（%） |
| | | | | 中心城再生水利用率（%） |
| 《"十一五"时期水资源保护及利用规划》 | 北京市水务局、北京市发改委 | 2006 | 资源利用 | 污水处理率（%） |
| | | | | 中心城管网漏失率（%） |
| | | | | 全市水土流失综合治理率（%） |
| 《"十一五"时期环境保护和生态建设规划》 | 北京市环境保护局 | 2006 | 环境治理 | 二氧化硫排放量（万 t） |
| | | | | 化学需氧量排放量（万 t） |
| | | | | 生活垃圾无害化处理率（%） |
| | | | | 城市空气质量优良天数比率（%） |
| | | | 生态建设 | 城市绿化覆盖率（%） |
| | | | | 自然保护区个数（个） |
| | | | | 森林覆盖率（%） |
| 《"十一五"时期能源发展和节能规划》 | 北京市能源局 | 2006 | 节能降耗 | 可再生能源占一次能源消费比率（%） |
| | | | | 二氧化碳排放减少量（亿 t） |
| | | | | 全市建筑单位面积采暖能耗（tce） |
| 《"十一五"时期土地资源保护与开发利用规划》 | 北京市国土资源局 | 2007 | 土地利用 | 市域建设用地总规模（$km^2$） |
| | | | | 耕地保有量（万亩） |
| | | | | 人均公共绿地面积（$m^2$） |
| 《国民经济和社会发展第十二个五年规划纲要》 | 北京市人民政府 | 2011 | 经济发展 | 地区生产总值年均增速（%） |
| | | | | 服务业占地区生产总值比重（%） |
| | | | 绿色发展 | 万元地区生产总值能耗降低（%） |
| | | | | 万元地区生产总值水耗降低（%） |
| | | | | 万元 GDP 二氧化碳排放降低（%） |
| | | | | 城市空气质量优良天数的比例（%） |
| | | | | 二氧化硫、氮氧化物、化学需氧量和氨氮排放减少（%） |
| | | | | 再生水利用率（%） |
| | | | | 生活垃圾资源化率（%） |
| | | | | 全市林木绿化率（%） |
| | | | | 耕地保有量（$km^2$） |

续表

| 文件名称 | 颁发部门 | 颁发年份 | 指标类型 | 相关指标 |
|---|---|---|---|---|
| 《"十二五"时期环境保护和建设规划》 | 北京市环保局、北京市发改委 | 2011 | 环境保护 | 污染物排放总量削减（%） |
| | | | | 总悬浮颗粒物与可吸入颗粒物年均浓度下降率（%） |
| | | | | 全市地表水断面水质改善率（%） |
| | | | | 优质能源占能源消费总量的比重（%） |
| 《"十二五"时期水资源保护及利用规划》 | 北京市水务局 | 2011 | 节水指标 | 万元地区生产总值取水量（亿 $m^3$） |
| | | | | 城市居民家庭节水器具普及率（%） |
| | | | | 农业节水灌溉面积比例（%） |
| | | | | 工业用水重复利用率（%） |
| | | | 供水指标 | 自来水供水占有率（%） |
| | | | | 城区供水安全系数 |
| | | | | 城区供水漏损率（%） |
| | | | 污水处理及再生利用指标 | 污水处理率（%） |
| | | | | 再生水利用率（%） |
| | | | | 全市污泥无害化处理率（%） |
| | | | 水资源保护指标 | 治理水土流失面积（$km^2$） |
| | | | | 建设生态清洁小流域（条） |
| | | | | 跨省市界 COD 考核断面 |
| 《国民经济和社会发展第十三个五年规划纲要》 | 北京市人民政府 | 2016 | 红线约束 | 常住人口规模（万人） |
| | | | | 城乡建设用地规模（$km^2$） |
| | | | | 用水总量（亿 $m^3$） |
| | | | | 能源消费总量（万 tce） |
| | | | 绿色宜居 | 细颗粒物（PM2.5）浓度下降（%） |
| | | | | 重要水功能区水质达标率（%） |
| | | | | 中心城绿色出行比例（%） |

如表 3-12-4 所示，近年来，上海市通过推进环境税费改革、自然资源产权制度建设、划定生态保护红线、实行资源有偿使用制度和生态补偿制度等方式，大力加强生态文明制度建设。但仍然存在一些问题，例如：①政策由各部门独立制订，关注指标类型较为单一，对于经济、资源、生态环境各体系的政策缺乏关联性和协调性；②政策目标以污染治理为主，在产业准入、源头管控、绩效管理等方面的政策较少；③区域层面政策联动有待提升，需建立利益协调、合作共赢的环境政策体系，为促进区域整体环境质量的改善和经济社会的协调发展保驾护航。

表 3-12-5 显示天津市在《国民经济和社会发展第十一个五年计划发展纲要》中对经济发展、资源利用及可持续发展类型的指标均有涉及，在资源、经济和生态环境的关联关系和协调发展方面落实得比较到位。但相较于北京市和上海市，天津市的环境政策体系不够完善，特别是在生态环境保护方面涉及较少，各部门对于"十一五""十二五""十三五"规划纲要的政策解读和响应计划不够充分，文件中对指标体系的制定不明确。

上海市各部门政策文件汇总　　　　　　　　表 3-12-4

| 文件名称 | 颁发部门 | 颁发年份 | 指标类型 | 相关指标 |
| --- | --- | --- | --- | --- |
| 《上海市国民经济和社会发展第十一个五年计划发展纲要》 | 上海市人民政府 | 2006 | 经济发展 | 年均经济增长率（%） |
| | | | | 第三产业增加值占全市 GDP 比重（%） |
| | | | | 地方财政收入增长率（%） |
| | | | 经济调节 | 单位生产总值综合能耗下降率（%） |
| | | | | 工业区单位用地产值（亿元 /km²） |
| | | | | 环保投入占全市生产总值的比例（%） |
| | | | | 环保重点监管企业污染物稳定达标排放率（%） |
| 《"十一五"时期环境保护和生态建设规划》 | 上海市环境保护局 | 2007 | 环境治理 | 环境空气质量优良率（%） |
| | | | | 饮用水水源地水质达标率（%） |
| | | | | 生活垃圾无害化处理率（%） |
| | | | | 万元生产总值用水量下降率（%） |
| | | | | 化学需氧量排放总量控制（万 t） |
| | | | | 二氧化硫排放总量控制（万 t） |
| | | | 生态建设 | 城市绿化覆盖率（%） |
| | | | | 自然保护区个数（个） |
| | | | | 森林覆盖率（%） |
| 《"十一五"时期能源发展规划》 | 上海市能源局 | 2008 | 节能降耗 | 能源消费总量（亿 tce） |
| | | | | 优质能源占能源消费总量的比重（%） |
| | | | | 电网线损率（%） |
| | | | | 天然气产销差率（%） |
| 《"十一五"时期土地资源节约集约利用规划》 | 上海市国土资源局 | 2006 | 土地利用 | 亿元固定资产投资额地耗水平（%） |
| | | | | 人均城镇建设用地（m²） |
| | | | | 农业用地产出率（万元 /km²） |
| 《国民经济和社会发展第十二个五年规划纲要》 | 上海市人民政府 | 2011 | 经济结构 | 全市生产总值年均增长率（%） |
| | | | | 第三产业增加值占 GDP 比重（%） |
| | | | | 地方财政收入（亿元） |
| | | | | 居民消费率（%） |
| | | | 人口资源环境 | 常住人口年均增长率（%） |
| | | | | 单位生产总值能源消耗降低率（%） |
| | | | | 单位 GDP 二氧化碳排放降低率（%） |
| | | | | 供水水质 |
| | | | | 工业园区单位产值（亿元 /km²） |
| | | | | 环保投入占全市生产总值的比例（%） |
| | | | | 二氧化硫、氮氧化物、化学需氧量和氨氮排放减少（%） |
| | | | | 人均生活垃圾处理量减少率（%） |
| | | | | 生活垃圾无害化处理率（%） |
| | | | | 森林覆盖率（%） |
| | | | | 城镇污水处理率（%） |
| | | | | 环境空气质量优良率（%） |

续表

| 文件名称 | 颁发部门 | 颁发年份 | 指标类型 | 相关指标 |
|---|---|---|---|---|
| 《"十二五"时期环境保护和建设规划》 | 上海市环保局、上海市发改委 | 2012 | 环境质量 | 集中式饮用水水源地水质达标率（%） |
| | | | | 地表水环境功能区达标率（%） |
| | | | 污染减排 | 污染物排放总量削减（化学需氧量、氨氮、二氧化硫、氮氧化物）（%） |
| | | | 环境安全 | 污水处理厂污泥处理率（%） |
| | | | | 人均生活垃圾处理量减少率（%） |
| | | | | 医疗废物集中处置率（%） |
| | | | | 工业固体废物综合利用率（%） |
| | | | | 环保重点监管工业企业污染物排放稳定达标率（%） |
| | | | | 农田秸秆资源化综合利用率（%） |
| | | | | 建成区绿化覆盖率（%） |
| | | | | 危险废物无害化处置率（%） |
| | | | 优化发展 | 单位生产总值 $SO_2$ 排放强度（%） |
| | | | | 单位生产总值 COD 排放强度（%） |
| | | | | 环保投入占全市生产总值比值（%） |
| | | | | 单位工业增加值工业固体废物产生量（t/万元） |
| 《"十三五"时期水资源保护及利用规划》 | 上海市水务局 | 2017 | 水资源 | 用水总量（亿 $m^3$） |
| | | | | 万元 GDP 用水量下降率（%） |
| | | | | 供水水质综合合格率（%） |
| | | | | 万元工业增加值用水量下降率（%） |
| | | | | 年地下水回灌能力（万 $m^3$） |
| | | | | 公共供水管网漏损率（%） |
| | | | | 年地下水开采量（万 $m^3$） |
| | | | 水环境 | 城镇污水处理率（%） |
| | | | | 污水厂污泥无害化处理处置率（%） |
| | | | | 农村生活污水处理率（%） |
| | | | | 重要水功能区水质达标率（%） |
| | | | 农田水利 | 节水灌溉面积覆盖率（%） |
| | | | | 农田灌溉水有效利用系数 |
| 《国民经济和社会发展第十三个五年规划纲要》 | 上海市人民政府 | 2016 | 经济发展 | 生产总值增长率（%） |
| | | | | 劳动生产率（万元/人） |
| | | | | 服务业增加值占全市 GDP 比重（%） |
| | | | 生态环境 | PM2.5 年均浓度（μg/$m^3$） |
| | | | | 能源消费总量（亿 tce） |
| | | | | 森林覆盖率（%） |
| | | | | 人均公园绿地面积（$m^2$） |

**天津市各部门政策文件汇总** 表 3-12-5

| 文件名称 | 颁发部门 | 颁发年份 | 指标类型 | 相关指标 |
| --- | --- | --- | --- | --- |
| 《天津市国民经济和社会发展第十一个五年计划发展纲要》 | 天津市人民政府 | 2006 | 经济发展 | 地区生产总值年均增长率（%） |
| | | | | 全社会固定资产投资年均增长（%） |
| | | | 资源利用 | 万元GDP能源消耗降低率（%） |
| | | | | 万元工业增加值能源消耗降低率（%） |
| | | | | 万元工业增加值取水量降低率（%） |
| | | | | 万元GDP电力消费量降低率（%） |
| | | | | 工业固体废物综合利用率（%） |
| | | | 可持续发展 | 年均人口出生率（%） |
| | | | | 城市生活垃圾无害化处理率（%） |
| | | | | 环境空气质量优良天数比例（%） |
| | | | | 建成区绿化覆盖率（%） |
| | | | | 二氧化硫排放总量（万t） |
| 《"十三五"时期生态环境保护规划》 | 天津市发改委 | 2017 | 大气环境质量 | 城市空气质量优良天数比率（%） |
| | | | | 细颗粒物年均浓度下降（%） |
| | | | | 重度及以上污染天数比例下降（%） |
| | | | 水环境质量 | 重要水功能区水质达标率（%） |
| | | | | 丧失使用功能的水体断面比例下降（%） |
| | | | | 城市集中式饮用水水源水质达标率（%） |
| | | | 土壤环境质量 | 受污染耕地安全利用率（%） |
| | | | | 污染地块安全利用率（%） |
| | | | 生态状况 | 森林覆盖率（%） |
| | | | | 林木绿化率（%） |
| | | | | 森林蓄积量（万m³） |
| | | | | 湿地保有量（万hm²） |
| | | | | 重点生态功能区所属县域生态环境健康指数 |
| | | | 污染物排放总量 | 污染物排放总量减少（%） |
| | | | | 区域性污染物排放总量减少（%） |
| | | | 生态保护修复 | 新增水土流失治理面积（km²） |
| | | | | 自然保护区占国土面积比例（%） |
| 《天津市土地利用总体规划（2006—2020年）》 | 天津市国土资源局 | 2009 | 土地利用 | 城镇化水平（%） |
| | | | | 耕地保有量（万亩） |
| | | | | 具有生态功能的土地占全市土地总面积比例（%） |
| 《国民经济和社会发展第十二个五年规划纲要》 | 天津市人民政府 | 2011 | 经济发展 | 全市生产总值年均增长率（%） |
| | | | | 第三产业增加值占GDP比重（%） |
| | | | | 地方财政收入（亿元） |

续表

| 文件名称 | 颁发部门 | 颁发年份 | 指标类型 | 相关指标 |
|---|---|---|---|---|
| 《"十三五"时期水务发展规划》 | 天津市水务局 | 2017 | 资源配置 | 用水总量（亿 m³） |
| | | | | 万元 GDP 用水量下降率（%） |
| | | | | 城乡生活和工业生产用水保证率（%） |
| | | | | 万元工业增加值用水量下降率（%） |
| | | | | 城市管网漏损率（%） |
| | | | 水环境保护与水生态修复 | 地表水水源地水质达标率（%） |
| | | | | 城镇污水集中处理率（%） |
| | | | | 中心城区污水管网普及率（%） |
| | | | | 污水处理厂污泥无害化处置率（%） |
| | | | 农田水利 | 节水灌溉面积覆盖率（%） |
| | | | | 农田灌溉水有效利用系数 |
| 《国民经济和社会发展第十三个五年规划纲要》 | 天津市人民政府 | 2017 | 经济发展 | 生产总值增长率（%） |
| | | | | 服务业增加值占 GDP 比重（%） |
| | | | 生态环境 | 水质达标率（%） |
| | | | | 林木绿化率（%） |

表 3-12-6 显示重庆市重视对经济、资源及生态环境等政策的制定，在这些领域开展了很多尝试，推进建立"产权清晰、多元参与、激励约束并重、系统完整的生态文明制度体系"。各部门都制定了明确合理的指标体系，重视经济建设、资源利用、生态环境的协调发展。从表中可以发现，重庆市在国民经济和社会发展的"十一五""十二五""十三五"规划纲要中，均涉及了经济、生态、环境、资源各方面的政策，对各系统的关联关系较为关注。

通过比较分析，我国四个直辖市在环境经济政策的制定方面的共同问题是大多数文件由单一分管部分独立制订，只关注了资源、环境和经济其中一个方面的内容，而忽略了这些系统之间的互相关联和协调性。如水务局制定的规划只涉及水资源利用方面的政策，而环保局则只关注环境保护和生态建设，对于资源利用配置方面没有涉及。

**重庆市各部门政策文件汇总**　　　　　　　　　　　表 3-12-6

| 文件名称 | 颁发部门 | 颁发年份 | 指标类型 | 相关指标 |
|---|---|---|---|---|
| 《国民经济和社会发展第十一个五年计划发展纲要》 | 重庆市人民政府 | 2006 | 经济发展 | 地区生产总值年均增长率（%） |
| | | | | 服务业增加值占地区生产总值比重（%） |
| | | | 协调发展 | 大都市区与大生态区人均 GDP 比值（%） |
| | | | | 户籍人口城镇化率（%） |
| | | | | 城乡居民人均可支配收入比（%） |
| | | | | 文化产业增加值占 GDP 比重（%） |
| | | | 绿色发展 | 森林覆盖率（%） |
| | | | | 森林蓄积量（亿 m³） |
| | | | | 主城区 PM 2.5 浓度下降（%） |
| | | | | 主城区空气质量优良天数比率（%） |

续表

| 文件名称 | 颁发部门 | 颁发年份 | 指标类型 | 相关指标 |
| --- | --- | --- | --- | --- |
| 《国民经济和社会发展第十一个五年计划发展纲要》 | 重庆市人民政府 | 2006 | 绿色发展 | 主要污染物排放总量减少（%） |
| | | | | 单位地区生产总值能耗降低（%） |
| | | | | 单位GDP二氧化碳排放降低（%） |
| | | | | 单位地区生产总值用水量降低（%） |
| | | | | 净增建设用地总量（hm²） |
| 《"十一五"时期环境保护和生态建设规划》 | 重庆市环保局 | 2013 | 环境治理 | 可吸入颗粒物年均浓度（μg/m³） |
| | | | | 二氧化硫、二氧化氮年均浓度降低（%） |
| | | | | 中心城和新城污水处理率（%） |
| | | | | 再生水回用率（%） |
| | | | | 化学需氧量、氨氮排放总量控制（万t） |
| | | | | 生活垃圾无害化处理率（%） |
| | | | | 生活垃圾分类收集率（%） |
| | | | | 生活垃圾资源化率（%） |
| | | | | 工业固体废弃物综合利用率（%） |
| | | | 生态建设 | 城市绿化覆盖率（%） |
| | | | | 自然保护区面积占全市国土面积比例（%） |
| | | | | 山区水土流失有效治理面积（%） |
| | | | | 森林覆盖率（%） |
| | | | | 全市林木覆盖率（%） |
| | | | | 农业废弃物资源化综合利用率（%） |
| | | | | 郊区农业污染综合治理率（%） |
| 《"十二五"时期能源发展专项规划》 | 重庆市能源局 | 2010 | 节能降耗 | 非化石能源消费比重（%） |
| | | | | 煤炭占全市能源消费比重（%） |
| | | | | 天然气占全市能源消费比重（%） |
| | | | | 单位GDP能耗（tce/万元） |
| | | | | 二氧化碳排放强度（%） |
| | | | | 能源生产总量（万tce） |
| | | | | 能源需求总量（万tce） |
| 《国民经济和社会发展第十二个五年规划纲要》 | 重庆市人民政府 | 2011 | 经济增长 | 地区生产总值（亿元） |
| | | | | 第三产业增加值占GDP比重（%） |
| | | | | 工业总产值（亿元） |
| | | | | 人均地区生产总值（元） |
| | | | 结构质量 | 城镇化率（%） |
| | | | | 非农产业增加值比重（%） |
| | | | 资源环境 | 人口自然增长率（%） |
| | | | | 三峡库区长江干流水质（类） |
| | | | | 主城区空气环境质量满足Ⅱ级天数（天） |
| | | | | 单位地区生产总值能耗降低（%） |

续表

| 文件名称 | 颁发部门 | 颁发年份 | 指标类型 | 相关指标 |
|---|---|---|---|---|
| 《国民经济和社会发展第十二个五年规划纲要》 | 重庆市人民政府 | 2011 | 资源环境 | 单位GDP二氧化碳排放降低（%） |
| | | | | 耕地保有量（万hm²） |
| | | | | 二氧化硫、氮氧化物、化学需氧量和氨氮排放减少（%） |
| | | | | 工业固体废弃物综合利用率（%） |
| | | | | 森林覆盖率（%） |
| 《"十二五"时期环境保护和建设规划》 | 重庆市环保局、重庆市发改委 | 2011 | 环境质量 | 城市集中式饮用水水源地水质达标率（%） |
| | | | | 主城区环境空气质量优良天数比例（%） |
| | | | | 长江、嘉陵江、乌江水质 |
| | | | | 地表水环境功能区达标率（%） |
| | | | 污染减排 | 污染物排放总量削减（化学需氧量、氨氮、二氧化硫、氮氧化物）（%） |
| | | | 环境安全 | 城市生活污水集中处理率（%） |
| | | | | 人均生活垃圾处理量减少率（%） |
| | | | | 工业固体废物综合利用率（%） |
| | | | | 城市生活垃圾无害化处理率（%） |
| 《"十三五"时期水利发展规划》 | 重庆市水务局 | 2016 | 水安全保障 | 用水总量（亿m³） |
| | | | | 万元GDP用水量（m³/万元） |
| | | | | 农村集中供水率（%） |
| | | | | 万元工业增加值用水量（m³/万元） |
| | | | 水资源保护 | 集中式饮用水水源地水质达标率（%） |
| | | | | 新增治理水土流失面积（km²） |
| | | | | 重要江河水功能区水质达标率（%） |
| | | | 农田水利 | 节水灌溉面积覆盖率（%） |
| | | | | 农田灌溉水有效利用系数 |
| 《国民经济和社会发展第十三个五年规划纲要》 | 重庆市人民政府 | 2016 | 经济发展 | 地区生产总值年均增速（%） |
| | | | | 产业结构调整投资占全社会固定资产投资比重（%） |
| | | | | 服务业增加值占全市生产总值比重（%） |
| | | | 协调发展 | 大都市区与大生态区人均地区生产总值比值（%） |
| | | | | 户籍人口城镇化率（%） |
| | | | | 城乡居民人均可支配收入比（%） |
| | | | | 文化产业增加值占地区生产总值比重（%） |
| | | | 绿色发展 | 森林覆盖率（%） |
| | | | | 森林蓄积量（亿m³） |
| | | | | 主城区细颗粒物（PM2.5）浓度下降（%） |
| | | | | 主城区空气质量优良天数比率（%） |
| | | | | 主要污染物排放总量减少（%） |
| | | | | 单位地区生产总值能耗降低（%） |

续表

| 文件名称 | 颁发部门 | 颁发年份 | 指标类型 | 相关指标 |
|---|---|---|---|---|
| 《国民经济和社会发展第十三个五年规划纲要》 | 重庆市人民政府 | 2016 | 绿色发展 | 单位地区生产总值二氧化碳排放降低（%） |
| | | | | 单位地区生产总值用水量降低（%） |
| | | | | 净增建设用地总量（hm²） |
| | | | 生态环境 | PM2.5年均浓度（μg/m³） |
| | | | | 能源消费总量（亿tce） |
| | | | | 森林覆盖率（%） |
| | | | | 人均公园绿地面积（m²） |

# 第13章 破解城市资源—环境—生态问题治理困境的三大策略

## 13.1 城市协同性生态治理的思路与框架

从某种意义上来说，生态文明汇集了追求环境公共福祉的共同愿望诉求。生态文明实质上就是人类在改造自然以造福自身的过程中为实现人与自然之间的和谐所做的全部努力和所取得的全部成果，它代表了人与自然相互关系的进步状态。生态文明既包含人类保护自然环境和生态安全的意识、法律、制度、政策，也包括维护生态平衡和可持续发展的科学技术、组织机构和实际行动。在建设生态文明的进程中，人类作为建设的核心和主体处在一种主动而非被动的地位，而人类社会的各类组织与结构、程序与机制则是人类有意识集结、规划、设计、推动运行的结果，体现了人类积极的主观能动性特征，这种能动性促使人类积极地与自然实现和谐，而非简单地"统治"或"控制"自然，通过更好、更有效的方式建构人类与自然的和谐关系，是人类社会一直孜孜不倦所追寻的起点，而最大限度地实现人类自身的利益也是我们建设生态文明的最终归宿。在生态文明目标的语境下，我们追寻的是经济与社会、地区与地区、城市与农村、人与人、人与社会、人与自然、今人与后人之间的协调发展，而这些和谐关系的建构正是应和了人类追求环境公共福祉的内在精神本质，也只有通过这种共识的达成才能促成人与自然关系的最佳和谐状态的最终实现。与此同时，生态文明的内涵推动了以社会关系的协作进步为主导的行为准则。生态文明所追求的人与自然间的和谐，实质是人类本性与人类社会的发展进步状态，这种进步状态是以人与人、前人与后人，以及人与自然（或者生态系统）、人与社会经济之间的和谐共生、平衡发展为目标的，它追求经济有效、社会公正和生态良好的良性发展，并涉及世界观与价值观、生产方式与生活方式、发展模式与消费模式、社会制度和法律制度等诸多范畴。

生态文明追求的是一种可持续发展的道路和理念，从文明的高度来统筹经济建设、政治建设、文化建设、社会建设的各项内容，通过生态文明的建设高屋建瓴地实现人与自然、人与社会的协同发展，建设生态文明已然成为我国社会发展的一项重要目标定位。可见，这种发展必然是社会体系整体的进步，这其中包含了自然关系的协作进步，更包含了社会关系的协作进步，而这种自然关系与社会关系的协同进步还会反过来影响与推动生态文明的真正实现。由此，生态文明的建设与深化必然能够通过对社会个体与各类组织的内外影响推动协作性环境治理的有效实现。

借助生态文明的推广和深化能够有效指导现实协作。生态文明的内涵包括社会关系的协作进步，这种进步体现在通过整合的力量实现和谐关系的创造与各类问题的解决，也就意味着只有通过社会多方力量的汇集才能实现预期效果的实现。协作内在的平等、互利、共赢等理念需要内化精神的构筑，也需要外在氛围的引导。从现实来看，党的十七大报告首次把生态文明写进党的行动纲领，十八大又把生态文明建设作为"五位一体"之一列入中国特色社会主义事业的总体布局，而十九大报告在生态文明建设问题上的理论和实践创新，说明国家通过政治意志来推进和促成生态意识自上而下的贯通，而其中蕴含的协作理念也必然与生态意识相结合，向协作的生态观念转变，再进入协作生态实践的具体领域，进而推动形成整个社会层面的意识自觉和理想诉求。换言之，就是从政治层面构建起因地适宜的生态伦理价值规范，通过大众传媒、社会活动和知识教育等柔性的方式进行引导，使各级政府、企业组织、社会组织及其成员逐渐把生态价值观内化到其精神世界中，引导社会各类组织及公民个体为环境事业共同积极开展协作，指导协作行为。

真空之间的权责矛盾，使得现行的管制型环境治理体制很难解决此类跨域、跨职能的环境问题。不同部门共同管理环境问题，从整体结构而言缺乏统一性和协调性，因此对于环境资源的综合调配会产生各种机制性障碍。所以，面对这些问题，构建一个统筹协调的制度构架是十分必要的。尤其在环境监管和行政执法领域，由于上述原因的存在，导致各个部门都拥有执法资质和一定的监测能力。正是由于多部门分管，职能交叉严重，才需要建立"统一监管、分工负责"和"国家监察、地方监管、单位负责"的环保监管体系，将各领域、各部门、各层次的监管资源和执法力量进行整合，建立真正权威的、独立的、一统的环境监管体制。

## 13.2 完善协同生态治理中的四个主体功能

### 13.2.1 协作性城市生态治理中的政府及其完善

按照现代社会的分工原理，政府各部门必然进行职能的有效划分，而生态环境系统作为一个复杂整体，必然会涉及各个职能部门的权责问题。由于环境管理职能在实际的分配划定上较为分散和权责交叉不清，环境管理的治理效果往往大打折扣，而且各个职能部门均有各自的分工侧重，对于环境治理问题的有效协作就显得更为迫切和重要。在现有的行政体制构架下，环境保护职能一般分散在发改、环保、林业、水利、交通、国土等多个部门，分管部门之间关系不明确，环保部门统一监督管理的职能在很大程度上被肢解和架空。因此，在政府各类职能部门分工和层级分权的现实环境下，构建统筹协调的制度结构就显得尤为重要。环境问题从产生到不断外溢，会逐步形成局部性的、区域性的乃至全球性的问题。尤其我国现阶段最突出、最典型的问题莫过于区域性的雾霾污染和流域性的水污染，这些环境问题不断蔓延，其解决的困难程度不仅表现为空间范围与行政管辖的区域矛盾，更多地实际上是环境问题相关的各职能部门职责交叉或

### 13.2.2 协作性城市生态治理中的企业及其完善

作为城市生态治理主体中的重要构成，企业也是环境开发利用、污染破坏中最主要的实体之一，这样的多重身份更要求企业在环境治理的过程中承担更多的责任。首先，作为污染制造者，企业需要承担污染所带来的治理责任，因为从经济学的视角来看，企业所进行的生产经营活动造成的污染属于经营成本的范畴，如果这种成本不能由生产者承担而由整个社会来共同承担，实际上就是违背了社会的基本公正。因此，企业作为污染者有责任承担起环境治理的相关成本，以此刺激其采取一定的有效措施来减少污染，防止污染进一步恶化，这也是外部成本内部化的一种考虑。在实践中，污染者付费原则常被细化成很多创造性的方式而实行，包括用于支付建立和运营废物处理服务的用户费、对用完即弃的商品收税、对企业和机构收取超过国家和地方排放标准排放污染物的关于许可的费用、对某些有害环境的行为收取许可证费或者对污染的预防或治理而支付的费用等。

让污染者承担治理成本与治理责任，从效用方面保证了主体行为与结果承受的一致性，在一定程度上确保了对公平、正义等社会价值的实现。同时，作为开发利用者，企业同样需要承担后续的保护和补偿责任。在自然资源与环境的开发与利用过程中，很难做到对原有生态环境的完整保留，必然会造成不同程度和范围的改变或破坏，而且由于环境自身修复速度缓

慢以及生态体系本身的整体性，这种改变与破坏所造成的影响会长期存在甚至波及更广的范围。盲目的开发行为会导致不同程度的生态失衡，因此开发之后的养护成为有效减少对生态环境破坏影响的必要措施。通过养护以及后续的恢复、整治，高效整合地利用各类不可再生资源，保持可再生资源的再生张力，可以使开发与养护有效结合，以养护为开发的保障手段，为开发利用自然资源创造更优良、可循环的、持续发展的生态条件。除此之外，在对环境的利用中，由于利用权力的初始分配差异会造成客观事实上的发展权利的不平等，例如流域上游的生态保护者比下游的人需要遵守更为严格的法律规定或更少的权利分配，如遵守更为严格的水质标准等，因而需要对他们的行为作出一定限制和调整，这种调整或限制实际上造成这部分人上述权利的部分或完全丧失，从而使生态服务功能的其他享受者或受益者的权利得到保障。因此需要一种补偿机制来弥补这种权利的失衡。鉴于此，企业作为环境资源的利用者，需要按照一定的原则与标准承担相应的补偿责任。这种补偿不仅是对已利用的资源进行经济上的等值对价，更包括对已利用的资源重新恢复进行相应的补偿，通过一系列有偿使用生态资源和恢复自然环境的补偿机制来实现。当然，其具体执行具有一定的复杂性，因为生态补偿实际上是生态资源在社会行为者之间的一种转让，它是嵌入在社会关系、价值观与社会感知中的。

另外，作为环境的破坏者，企业需要承担相应的修复行动责任。这项责任意味着如果企业造成了生态资源和自然环境的破坏，其需要承担对其破坏对象进行修复和整治的责任，换言之，即便是在环境污染过程中承担了经济赔偿，也不能免除其通过具体行为恢复自然生态本貌的义务。这类责任实际在我国的相关法律中也有规定，例如在我国的《水土保持法》《矿产资源法》《草原法》等多部法律中均涉及企业在破坏自然环境后对其恢复的法定责任。

### 13.2.3 协作性城市生态治理中的非政府组织及其完善

非政府组织是一种非营利的社会中介组织，具有以下基本特点：是非政府的、自主管理的社会组织；是合法的社会组织；不是宗教团体，也不是种族团体；是非政党性质的、不谋取政治权力的社会组织；是非营利的社会组织；其组织的活动目标是社会公益性的；具有一定的志愿性质。

非政府组织作为当今社会改革与发展的重要推动力，为社会提供了更加多元的公共服务供给机制，值得注意的是其中重要的一部分就是对于促进环境问题解决和生态环境治理方面所起到的积极作用。首先，环保非政府组织的作用体现在其能够促进公民环保意识的培养形成。"环境意识是指在对环境知识有一定认识的前提下，所形成的对环境的一种带有道德色彩的心理觉悟。它有两层含义：人们对环境问题和环境保护的认识水平和程度；在行为上有一定的自觉性，也就是人们为环境保护而不断调整自身经济活动和社会行为以及协调人与自然关系的实践活动的自觉性。"❽环境意识的培养与公民环保行为的产生有着紧密的联系，只有将环保内化于心，外在的行为才得以彰显。大量的环保非政府组织由于其相较于政府组织更贴近公民生活、更灵活以及非功利性的立场，使其推广的环保理念更易被民众所接受，其非官方的、更具平等性的身份以及网络式的辐射范围使环保宣传更生动也更具效果。而且因为环保非政府组织往往由关注环境治理与维护的专家学者、法律界人士、热衷环保事业的市民等各界人士组成，其所专注的领域集中确定，成员又往往有环境治理与保护的专业知识背景和强烈的使命感，所以，环保非政府组织的专业化成员构成也为其赢得了更具权威性的影响力。除此之外，环保非政府组织还能够在一定程度上帮助公民实现其应有的环境权利，对于环境污染的受害者和弱势群体往往能提供更为专业和更具针对性的资金与法律援助，维护社会正义。其次，环保非政府组织可以成为公民与政府间对话与沟通的承接力量。环保非政府组织作为一种缓冲力量，可以帮助公民寻求表达诉求的途径和提供其与政府进行沟通对话的桥梁，有助于政府与社会公众之间双向的沟通联系以及问题和信息的反馈，并化解可能存在的误解与矛盾。第三，环保非政府组织作为一种民间力量，可以对政府、企业、公民等主体开展相应的社会环境责任监督，通过各种方式积极参与环境决策，发挥民主监督的积极作用。

环保非政府组织的作用不言而喻，作为城市生态治理的重要主体，必须探索促进其发展的各种有效途径，实现城市生态治理体系的有机完善。促进环保非政府组织的发展，需要从社会发展环境和环保组织自身双方面提升，具体而言主要体现在以下两方面。一方面，积极扩展环保非政府组织发展的有效空间，优化配置环境公共资源。环境公共资源包括国家有关环境法规、政策、标准和服务设施，政府和全社会对环境事业有形和无形的各类投入，社会各界（尤其是企业）在生产、生活和消费领域对环境所承担的社会责任等。在建立有效动员环境公共资源、增加环境公共资源总量的基础上，运用市场机制优化配置环境公共资源，实现环境公共资源的社会化和资本化，是提高环境公共资源的使用效益、解决我国目前人民群众日益增长的环境需求与环境事业供给不足矛盾的有效途径。转变政府的职能，创造积极条件鼓励和支持环保非政府组织对环境公共资源的充分利用，为环保非政府组织健康发展和更好地提供环境公益服务开辟广阔空间。另一方面，对于环保非政府组织而言，要依据自身的相对优势充分发展在环境治理中的能力和水平。因为在环境治理的协作中，每一主体都应依照其本身的特点和拥有的资源来构成治理的有机整体，各主体功能的发挥依赖的是自身的优势，治理工作的内容分配也并非整齐划一，取长补短、通力合作、资源整合才是环境协作治理的精髓。所以，环保非政府组织需要明确自身在环境治理中什么是能做与不能做的、什么是能做好与不能做好的、什么是该做的与不该做的，明确自身优势，准确定位治理责任，加强能力培养，提升组织内部的业务能力和管理水平，积极开展非政府组织间的交流与合作，借鉴国内外有益经验，提高环保非政府组织的服务和治理的层次。

### 13.2.4 协作性城市生态治理中的公民及其完善

城市公民之所以成为环境治理有机主体的一部分，一方面迎合了城市生态治理的客观需求，另一方面则主要是源于其自身所拥有的公民权利。作为一项基本人权，公民环境权益的实现可以说是现代社会进入文明阶段之后对人的尊严和自由得以重视一个重要表征。可见，公民的环境权是一种以多元性、集合性、"渗透性"为主要特征的综合权益，作为人类的基础权利和其他各项权利息息相关、密不可分。公民的环境权实质上也是一种权利和义务的统一，因为对环境的保护既是每个公民应享的权利，也是每个公民应尽的义务，二者是辩证统一的。公民对环境权利的运用与实施的可实现途径也是多样的，其中包括环境使用权、知情权、参与权等，每一项权利的充分实现都成为落实公民环境权利的保障。尤其是参与权的有效实现成为公民在环境治理中拥有独立身份与资格进行协作的重要前提和保证。公民的环境参与权包括不同形式的参与、自我管理体系、公民投票、特别议会委员会、公众意见、大众传播、专业联合会、生态和平主义者及其他运动、消费者联合会以及其他非正式的团体和个人，其决策过程尽可能公开和民主，为个人或团体自我认识，以及为国家和社会之间的健康联系创造有益框架。概括而言，这种权利指公民自觉且民主地通过参加决策，参与制定相关环境政策、标准，加入相关环境保护组织实施公益保护性行为，或介入环境纠纷的调节等相关活动，致力于生态环境的维护与发展。公民的环境参与权，并不单单意味着实现的是公民个人的环境权利，其更是联系个体权益与集体权益的桥梁和纽带，通过相应的机制和途径的建立实现不同利益团体或集团的有效沟通与协调。通过公民这种环境参与权的实现，使得各种个体、团体的利益诉求能够得以充分地表达，并有机会寻求各方利益的平衡。

## 13.3 破解城市生态治理困境应推进"三个转变"

解决城市生态治理"碎片化"问题，应着重推进治理路径的"三个转变"，即从地方分治向府际共治转变、从政府包揽向社会共治转变、从事后治理向全程共治转变，最终建立起政府、市场、社会等主体间相互协调、政策措施步调一致、体制机制运行完善的生态治理体系。

### 13.3.1 从地方分治模式向府际共治模式转变

突破以行政区划为界限的分割治理模式，采取府际合作的协同治理模式，通过协同共治的方式，解决地方分治造成的生态治理弊端，促使城市生态得到有效治理。

一是构建跨区域生态协同治理的组织机构。2016年9月22日，中共中央办公厅、国务院办公厅印发的《关于省以下环保机构监测监察执法垂直管理制度改革试点工作的指导意见》明确提出，探索按流域设置环境监管和行政执法机构、跨地区环保机构，有序整合不同领域、不同部门、不同层次的监管力量。

目前来看，统筹解决跨区域生态环境问题，成立一个统筹协调机构是其前提和保障。这一机构应广泛代表区域整体利益或者能够有效协调各地区城市利益，全面协调和解决资源利用、污染纠纷、污染处置等事务。

为此，应成立跨区域生态环境保护协作办公室，对整个区域的生态治理作出科学规划，统筹管理跨行政区的重大生态基础设施建设、重大生态环境保护项目、重大生态环境产业政策、重大生态资源开发利用等工作，实现地区间联合执法的常态化，促进地区间持久有效的合作。

二是在构建跨区域生态治理组织机构的框架下，区域内城市政府间应建立系统化的府际生态共治整体联动机制作为保障。建立决策共商机制，实现生态建设和环境治理联合会商、通报、监测和执法，统筹实施流域修复与保护政策，管理运营区域治理与发展资金，探索区域协作实施区域治理新模式。建立利益共享机制。统筹考虑区域内城市间产业规划制定、产业结构布局、产业项目引进等，通过转移支付、税收分成等形式，探索建立跨区域产业合作的利益分享机制。

## 13.3.2 从政府包揽模式向社会共治模式转变

按照整体性治理理论，社会力量在城市生态协同治理中的作用不可或缺。政府部门应突破过去政府包揽生态治理、忽视社会共治的传统模式，引导社会力量参与并实现共同治理。

一是在决策层面要实现生态公共政策的民主化。生态公共政策民主化，就是让公众和社会组织顺畅参与生态环境治理的过程，充分表达意见并行使监督的权利。一方面，要着力拓展公众参与民主决策的途径。生态公共政策应集中体现人民群众在生态环保方面的利益和诉求，确保公众的知情权、建议权，激发公众参与的热情，提高公众的社会自治程度。另一方面，要强化生态公共政策的监控与反馈机制，通过公众监督，加大生态问题的曝光力度，形成全社会倒逼生态治理的强大舆论压力，对政策执行情况及时地跟踪、评估和监督，确保政策的进度和效用。

二是在执行层面要创新社会参与机制。破除政府生态治理的单一包揽局面，构建政府、企业、非政府组织、公众共同参与的治理模式，形成治理主体间合作、协调、谈判、商讨的伙伴关系，推进多元主体参与城市生态共治的政策协调、工作推进、落实监督等机制建设，呼吁公众参与到生态文明建设和环境保护中来，推动实现城市生态环境的多元治理态势。

## 13.3.3 从事后治理模式向全程共治模式转变

改变"先污染后治理"的模式，建立"事前预防—事中管理—事后问责"的全程治理体系。

一是从源头上实现整体布控。建立以生态保护红线、环境质量底线和资源利用上限为核心的生态红线管控制度，明确工程项目准入标准，严格监管项目建设过程。建立基于"利益共享、责任共担"的流域生态补偿模式，着重解决区域内城市间上下游水质保护与受益分离的问题。按照"谁污染谁治理，谁受益谁补偿"的生态补偿原则，设置补偿基金，专项用于上游产业结构调整和产业布局优化、流域综合治理、水环境保护和水污染防治等。

二是在过程中实现实时监控。建立城市资源环境承载力监测机制，区域间协同监管，严守生态底线。加快建立跨区域环境联合执法、交叉检查、污染联防联控、跨界污染纠纷处置等工作机制，建立生态治理工作联合执法督察组，共同针对公众反映的突出环境问题、生态建设合作协议的重要内容，以及污染防治工作落实情况开展联合督察，全面监督和检查影响生态安全的区域环境布局、产业布局等工作，切实提高环境执法效能。

三是在结果上实现及时问责。建立领导干部生态文明建设责任制，明确城市党政一把手是保护生态环境、推动环境治理的第一责任人，把生态考核与目标责任制考评结合起来。突出政绩考核的引导作用，将城市生态治理指标纳入地方领导干部政绩考核评价体系，增强党政领导干部"为官一任，造绿一方"的责任感和使命感。强化落实"河长制"，促进水生态治理常态化。加大对地方政府和各部门环保职责履行情况督查力度，真正将城市生态环境保护工作落实到位。

量"的原则，完善现有的单项资源实物量表和质量表。逐步扩大自然资源资产负债表核算范围，逐步将7类自然资源等纳入核算范围。建立自然资源资产核算报告体系，在编制自然资源资产负债表过程中，同步编写自然资源资产核算评价报告和自然资源保护开发利用报告等作为补充，全面反映自然资源的资产变化和开发利用保护情况。探索将核算结果应用于空间治理体系。生态红线与保护区面积的划定应与保护政策措施相适应，创新自然生态空间的统一监管模式，执行生态红线管控考核和追责。

## 13.4 城市生态治理技术策略

### 13.4.1 亟须完善城市自然资源资产台账管理、确权登记、红线管控、负债清单考核的控管方式

统一行使全民所有自然资源资产所有者职责。由新组建的自然资源部负责对全民所有的矿藏、水流、森林、山岭、草原、荒地、海域、湿地、滩涂等各类自然资源资产进行统一调查统计、统一确权登记、统一标准规范、统一信息平台，推动自然资源产权制度改革，建立和实施自然资源有偿使用制度，完善价格形成机制和评估制度，依法征收资源资产收益，负责管理由中央直接行使所有权的自然资源资产等。

突出自然资源资产台账中资源过耗阈值的城市特点。研发具有地域针对性、资源利用问题针对性和发展阶段针对性的负债核算技术，逐步提高负债核算的定量化水平和精确程度。设置有中国特色的自然资源资产负债表，在自然资源资产负债表编制中突出生态环境（审美）价值，推动推进新时代美丽中国建设。

以国家相关顶层设计为导引，完善自然资源资产确权登记管理。以空间、资源两个维度界定自然资源，破题确权登记分类难题；融合生态功能区与生态红线，解决登记单元划界问题；探索多城市顶层设计并开展试点，缓解"争议区"确权症结；利用信息平台融合，完善登记簿落地。

联合自然资源部、生态环境部进一步推动生态红线落地。基于生态红线完善自然资源负债表，可以按照"先单项再综合、先实物量后价值量、先存量后流

### 13.4.2 建立城市自然环境资产"天地一体化、监管一张图"的立体监管体系

由生态环境部统一行使监管城乡各类污染排放和行政执法职责，统一拟定生态环境政策、规划和标准，加强跨区域、跨流域环境保护的统筹职责，推动环境保护的城乡统筹、陆海统筹、区域流域统筹、地上地下统筹，实现污染治理的要素综合、职能综合、手段综合，进行全防全控。

形成生态环境保护新的管理体系，充分调动各方力量参与生态环境保护和治理，明确和落实政府、企业的环境治理责任，综合运用政策、制度、规划、监管、监测、执法等多种手段，坚决打好污染防治这一决胜全面建成小康社会的攻坚战。

政策上需将《自然资源法》的立法工作提上日程。制度上需健全源头保护、节约集约利用、有偿使用和生态补偿制度。规划方面应思考新时代的空间规划体系及监管模式，区分资源载体使用许可、载体产权许可和产品生产许可，空间规划应服务并作用于国土空间用途管制。完善自然资产监察体系，解决自然资源管理机构之间的协作和职能分配问题，改善国有自然资源管理部门生态职能严重缺位的现状，与社会公众构建共同监察体系。进行自然资源监测体制顶层设计，利用技术创新增强自然资源监测体制改革的可行性。理顺自然资源执法观念和体制，实现从"多家管、大家用"到集中统一管理的转变，提升监管执法的地位，整合优化自然资源监督力量，实现垂直管理，健全自然资源执法监管手段，充分利用卫星遥感监测、电子眼、物联网等现代信息技术，发挥大数据优势，实现监管的数据共享，提高监管成效。

### 13.4.3 推进城市领导干部自然资源资产离任审计制度

从目标协同、信息协同、资源协同、技术协同和规范协同方面设定自然资源资产负债表与领导干部自然资源资产离任审计的联动方式。自然资源资产负债表需要分别从人为因素和自然因素两个维度进行设置，直观地揭示出核算期间自然资源资产的增减变动总量，反映出核算期间党政领导干部的行为引起的自然资源资产的总体变化情况。还需要对未来维护、恢复、补偿的资源环境进行重新估值，揭示出领导干部任期内对自然资源损害的严重程度。

自然资源资产审计在充分发挥对离任领导干部进行监督管理、考核评价的作用时，应围绕以建设生态文明社会为审计目标，以政策、资金、法律法规执行情况、报表等项目为审计方向，实行"经济责任＋自然资源资产负债表"的创新审计模式，将经济责任审计与自然资源资产离任审计同步实施，充分运用审计结果。并且在应用过程中不断完善和创新，使领导干部自然资源资产离任审计逐步系统化、全面化。

构建领导干部自然资源资产离任审计保障机制，主要从三个方面进行：第一，通过统筹协调领导干部自然资源资产离任审计相关部门的力量，综合其他部门的专业知识及数据资源；第二，强调从内部加强自然资源资产管理和量化机制，健全自然资源资产管理的内部控制与资源核算体系；第三，理清审计人员各自在离任审计工作中的职责，明确离任审计的评价标准，促进对领导干部的精确化考核，保障领导干部自然资源资产离任审计能够有效运行。

# 第 14 章 城市资源—环境—生态协同发展关键问题研讨

## 14.1 保持战略定力，跨越重要关口，差异化推进城市生态环境保护工作

一是保持战略定力，确立城市发展"坚持保护优先"的原则。党的十八大以来，坚持生态环保优先已经成为中国制定各项重大发展战略的重要原则。例如，"长江经济带发展战略""京津冀协同发展战略""雄安新区发展战略"等重大区域发展战略，都把生态环保放在了优先考虑的位置。同时也要清晰地认识到，生态文明建设的成果来之不易，城市生态系统脆弱、环境承载压力较大，生态文明建设水平仍滞后于经济社会发展的基本国情并没有根本转变，稍有懈怠便可能前功尽弃。这就要求城市必须贯彻绿色发展理念的自觉性和主动性，全力打赢污染防治攻坚战。

二是大力推进市级生态环保机构和管理体制改革。2018年国务院机构改革方案实施，组建了生态环境部，进一步优化了生态环境保护职能的机构设置，有助于突出责任、提高效率。同时组建自然资源部，旨在着力解决自然资源所有者不到位、空间规划重叠等问题，实现山水林田湖草的整体保护、系统修复、综合治理。为了加强地方环保工作，严格实行环境保护党政同责、一岗双责，地方环保部门也由所在地管理转变为由环保部垂直管理，以便加强其监测、监察、执法职能，并建立了中央和省级环境保护督察、问责和追责机制，以督促各级地方政府解决突出的环境污染问题。此外，城市层面也建立了河长制和湖长制，由城市各级党政主要负责人担任"河长"或"湖长"，负责组织和领导相应河湖的管理和保护工作。这些改革举措都有助于进一步完善生态环保的管理体制。

三是差异化推进城市生态环境保护工作。由于我国幅员辽阔，不同城市生态环境及经济发展的基础差别很大，生态文明建设的起点各不相同，因而需要精准识别城市资源禀赋特征，因地制宜地选择适当的绿色发展模式。对于"经济发达、生态优良"的城市，应将绿色发展作为发展的主要特色，注重自然资源的循环再生，实现自然资本的保值、增值，优化资源财富收益分配，实现人与自然、当代与后代之间的收益共享；对于"经济发达、生态较差"的城市，应增加生态环境治理投入，优化能源消费结构，提高环境质量，逐渐推进城市产业结构的绿色化转型和生态修复；对于"经济落后、生态优良"的城市，若其地理条件优越，自然景观、人文资源丰富，则宜发展生态旅游产业或生态农林经济模式，关键是通过生态产业化和市场化的途径释放生态红利；对于"经济落后、生态较差"的城市，首要任务是建立自然保护区或国家公园，通过中央财政的转移支付或生态补偿等方式进行自然保护和恢复，维护好其本原的生态价值。

## 14.2 从地权解锁城市基本生态控制线的不安

从传统意义上说，基本生态控制线内的区域被视为非建设开发区，通常不会考虑对其开发建设的权利以及行为进行约束和管理。但是，从城市基本生态控制线内的实际情况来看，确实存在着大量的建设行为，同时线内的居民也有强烈的发展诉求，而简单将这些建筑视为违法建筑并进行清退是难以解决目前的问题的。目前面临的主要困境包括几个方面。

地权现状错综复杂。以深圳为例，1992年深圳市特区内统一征地以及2004年深圳市宝安、龙岗两区统一转地后，原农村集体统一从"村"变为"社区"，深圳成为全国第一个没有农村建制的城市。然而，在此过程中遗留了诸多的问题，如征转地历史遗留问题、违法建筑处理问题，以及原农村集体土地的产权问题等。线内社区的建设用地更是深刻地反映出这一问题。

地权不清情况下的收益分配边界不清。土地产权的模糊不清使收益的实现和分配过程也陷入混乱。线内社区多为后发展地区，现有土地产权的模糊性和权利运作机制的缺位，不仅压抑了社区本身的合理权利诉求，也不利于满足对生态用地本身的合理开发和保护需要，甚至在面临社区强烈的发展诉求时，很容易引起群体性事件和激烈的矛盾冲突。

受管制状态下地权及利益实现路径较少。深圳生态社区在空间上受到多重空间管制的约束，包括基本生态控制线、水源保护区、土地利用总体规划管制分区、基本农田、城市"四线"管理等。从现状上限制了生态社区的发展，从存量开发的角度也使社区建设用地的存量优化增加了难度。此外，由于线内大部分区域处于规划真空状态，很难指导地权及其合理利益的实现。

在这样的背景下，需要重新回归地权本身，明确社区及其他利益相关方所拥有的哪些权利和收益是合理合法的，在权利行使过程与生态保护之间如何协调，冲突发生时可能有哪些途径来进行利益协调等。根据目前的经验来看，可取的做法是建立生态区域的分级分类管制制度，明确哪些区域的建设用地必须进行清退，哪些区域的建设用地可以在符合生态环境保护的要求下进行开发，同时允许这些建设用地向适宜在生态地区发展并且具有高附加值的功能转变，例如教育、养老、医疗、设计等相关产业。并在此过程中，创新权益实现驱动力机制，探索构建多元利益点，建立线内外利益共享、责任共担实施路径，充分利用规划、土地、产权、财税、金融、政策等各方面的利益点，按照权责利对等原则，将开发建设活动、生产生活活动与线内建设清退、生态修复、生态补偿等责任进行捆绑，引导开发建设、生产生活为其生态外部性买单。

## 14.3 建立城市生态治理"三位一体"的管理模式

城市生态治理"三位一体"的管理模式，即规划设计、产业分类及管理运营的三合一。政府的职能部门和行业企业主体进行对接和对话，从设计、施工到运营管理通盘考虑，形成完整的生态治理链条，建造一个完整的生态城市。

以加大环境治理力度和筑牢生态安全屏障两方面为重点，强化资源配置、污染防治与生态保护联动协同，体现规划的跨部门属性，形成规划合力，突出政府作为生态公共资源的产权主体的职责作用，增强生态环境保护工作的整体性、系统性、协调性和有效性。

把握新定位，落实新要求，实现区域协同环境整治。设立面向城市群的国有自然资源资产管理和自然生态监管机构，健全资源生态环境管理制度；完善经济社会发展考核评价体系，整合国家科技力量建立区域决策支持和规划机构；大力推进城市自然资源监管制度改革，完善城市生态环境空间规划管理，并推进城市化健康发展。亟须完善城市自然资源资产台账管理、确权登记、红线管控、负债清单考核的控管方式；建立城市自然环境资产"天地一体化、监管一张图"的立体监管体系；推进城市领导干部自然资源资产离任审计制度。

# 14.4 运用工程及非工程治理手段实现协同调控

非工程手段主要包括两个方面：社会经济系统宏观层面的非工程手段和产业链层面的非工程手段。

## 14.4.1 工程手段的全链条完善

### （1）亟须制定科学的治理技术标准

目前我国城市河流的生态治理还处于探索阶段，缺乏科学的技术标准和规范的有效保障，很多工法没有任何规范可借鉴，存在较大的随意性。而英国早在20世纪90年代就制定了《河流修复指南》；美国先后在1992年和1998年出版了《水域生态系统的修复》和《河流廊道修复》，指导河流修复工作；日本发布的《河川砂防技术标准及解说》提出河道护岸应采用"近自然工事"或"多自然型建设工法"等。此外，目前我国在生态治理中使用的生态材料、设备等也缺乏相应的国家标准、技术导则或规范，没有经过认证和监管，在规划、设计、施工、验收等阶段存在一定的盲目性。应尽快出台相应的规范或标准，统一城市河流生态治理的技术要求，指导规划、设计、施工和验收。

### （2）亟须规范系统的生态修复标准

有必要尽快制定系统性的生态修复标准，以在以后的河流治理中发挥指导作用。生态修复标准应根据河流的防洪重要性、所处地理位置、生态工法及景观服务设施的淹没忍受度、地区的经济实力和资金筹措条件等因素合理确定。并根据城市的具体情况，根据河流的等级、周边人口的数量以及可能遭受洪水的频率来确定，协调"水来人退、水退人还、水退草丰"的次数与度。对于穿越重点城区地段的郊区中小河流，考虑到应由人、水、绿共享河道空间，满足人们运动、亲水、赏景的需求，生态修复标准可作适当降低。

### （3）及时叫停"伪生态"行为

当前有些城市河流人工景观特色太过鲜明，一条河设置几十道橡胶坝，开阔笔直的水面一览无余，河道两侧的硬质铺装、花岗岩栏杆整齐划一，大搞河岸装修。这样的治理营造了人工景观，却失去了河道的生物多样性，大量的硬质护岸不仅观感不好，而且不符合生态河流的三向连通，这种标榜河流生态治理的行为是"伪生态"行为，应及时叫停。真正的河流生态治理应是由死变活、由直变弯、由硬变软，拆除硬质护岸，换为软体缓坡生态护岸，让河流自由呼吸，恢复其健康生命。如对河岸硬质直墙"削头"处理，对硬质边坡覆土绿化，隐蔽堤防特征，建设景观型堤防。同时，真正的生态河流还应以小见大、以柔克刚、以水带绿、以绿养水，从面积和容量上确保"绿"大于"水"，在资源性极度缺水的城市应杜绝大水面。

### （4）完善截污治污配套工程

生态河流治理中应考虑利用一定的微循环和过滤系统来改善水质，如安装推流、曝气等专业设备增加水体的流动性，设置功能湿地，促进污染物的沉降、过滤、吸收等，但主要还是依靠河流中浅水湾内水生动、植物的天然净化作用来净化水质。但水生动、植物的天然净化作用极其有限，通常浅水湾面积与水面面积比例须达到20%以上，才能兼顾水质净化和景观的功能。日前央视《经济半小时》曝光的部分河流的水质污染均是由于排入河道的未经处理的污水量超出生态河流自身的净化承载能力导致的。

河流生态治理前应实施雨污分流等截污工程措施，并完善相应的污水处理配套工程，严格禁止未经处理的污水直接排入河道。此项工作需要规划、市政、水务等多部门联合，及时规划建设，彻底排查截污，有效杜绝污染源入河。

### （5）建立专业的河流生态治理队伍

城市河流的生态治理追求的是生态水利，而不是景观河道。确切地说，城市河流生态设计是水生态的保护与修复设计，而不是景观园林设计，也不是河岸广场装修，需要由专业的水利队伍融合环境、生态、园林等多专业的学科知识，才能最终建成集防洪、排水、景观、生态、人文于一体的多元化河流。水利部印发的《关于水生态系统保护与修复的若干意见》也明确指出水生态系统保护工程是水利基本建设工程的重要组成部分。因此，城市河流的生态治理应由专业的水利队伍执行建设，营造百姓喜爱的河道空间。

### （6）创新多专业的河道管理模式

河流生态系统的良好运行需要工程技术和管理维护协同作用，也需要水利、生态、环境、生物、园林等多专业知识的配合，还需要较为专业的后期管理维护才能稳固治理成效。

首先，水生植物的种植和养护具有季节性，需要按照园林植被要求进行专业化、季节性的管理维护，如病虫害防治、多年生植物的防寒越冬措施等，并对生态恢复状况进行综合监测，及时调整管控；其次，人为栽植、培育的河道水生植物、水生动物和微生物系统脆弱，天然调节平衡能力较差，需要对河道中的"产生者—消费者—还原者"生物链进行人工干预平衡，促进生态系统的良性演进；第三，需要加强河道管理人员在生态河流管护方面的专业培训，创新城市生态河流的管理模式，实现城市河流多功能效益的可持续发展。

## 14.4.2 社会经济系统宏观层面的非工程手段

社会经济系统的产业链有三个核心环节：初始投入环节、中间生产环节和最终消费环节（图3-14-1）。针对不同的产业链环节，需要实施不同类型的非工程手段。非工程手段调控的社会经济因素主要包括：初始投入结构、生产结构、消费结构和消费规模。

### （1）政策层面

初始投入环节位于产业链的最初始端，主要包括人力和资本的投入。人力和资本是生产所必需的两类生产要素，有了初始投入环节的人力和资本的投入，下游的生产环节（以及相关的资源使用和污染物排放）和消费环节才能够运行。针对初始投入结构的非工程手段主要是通过贷款利率调节和补贴力度调节来优化投资结构。在初始投入环节，根据企业自身及其下游合作商的环境影响大小，确定相应的企业贷款利率、企业补贴力度，有助于企业减小自身的直接环境影响、并通过调整其产品分配行为来选择环境表现好的下游合作商，从而可以减少全产业链的环境影响。

生产结构一般被认为表征行业生产技术（即生产单位产品所需要各部门投入的产品的量）。调控生产结

图3-14-1 典型产业链的三个主要环节及其调控因素

构的非工程手段主要包括两个方面。①国家设立行业准入标准，对新建企业的生产技术水平进行全面审核。现在我国很多行业都有清洁生产标准和技术指导文件，这些标准和文件主要关注企业生产技术的资源使用水平和污染物排放水平，但是尚未充分关注企业生产技术对其他上游投入产品（指除资源之外的原材料、半成品、添加剂等上游投入）的使用水平。因此，国家现行的行业准入标准和技术指导文件应扩展其涵盖的系统边界，将其他上游投入产品纳入考察范围。②通过调整对企业的税率或者补贴力度，鼓励企业使用高效的生产技术，淘汰落后的生产技术。我国现行的生产技术管理手段多为强制性手段（例如行政命令、国家产业结构调整目录），对税率、补贴等市场手段的运用尚不充分。因此，在城市的企业管理中，应该加强对市场手段的运用，建立科学的生产技术评估方法和税率/补贴率制定方法，针对不同技术水平的企业制定差异化的、合理的税率、补贴率，通过税率/补贴率影响其生产成本和净利润，进而借助市场机制鼓励企业淘汰落后生产技术。

这里所说的消费包括居民消费、政府消费、资本形成和出口。调控消费结构的非工程手段主要包括以下几个方面。①建立产品的环保标签认证机制，通过科学方法量化产品中所隐含的环境影响（即生产该产品所直接产生的环境影响和间接导致上游行业产生的环境影响），依据产品环境影响的大小对产品进行环保分级。②在环保标签认证机制的基础上，依据产品的环保分级，对产品征收不同的消费税或者给予不同的政府补贴。这些差异化的消费税和政府补贴，可以增强环保分级较高的产品的市场竞争力，从而促进消费者对环保分级较高产品的购买倾向。目前，我国对家用电器的能耗进行了分级认证，并对节能产品给予节能补贴。但现在的能耗分级考虑的是家用电器的直接能耗（即使用过程中直接消耗的能源），没有考虑家用电器在生产过程中的直接和间接能耗。因此，应该扩展现行能耗分级的系统边界，使其涵盖消费品的各个生产环节和使用环节，考虑更多的环境影响类别，

并应用于更广泛的产品类别。③依据产品的环保分级，调整对出口产品的税率或者补贴力度，进而促进国内生产结构的绿色化。

消费规模是指居民消费、政府消费、资本形成和出口的总规模。调控消费规模的非工程手段主要是针对居民消费的政策手段，通过环保宣传教育鼓励居民家庭适度消费、避免铺张浪费。例如，外出就餐时，应根据个人需求点菜，减少甚至避免剩饭剩菜。

### （2）技术层面

针对初始投入结构和生产结构的非工程手段包括：①建立科学的生产技术评估方法，评估不同生产技术的生命周期环境影响（包括直接影响以及对上游和下游的间接影响），服务于企业的生产技术准入审核；②在生产技术生命周期评估的基础上，建立企业的税率/补贴率制定方法，增强环保生产技术相对于落后生产技术的市场竞争力，同时优化企业对其产品面向下游合作商的分配行为。

针对消费结构的非工程手段包括：①基于生命周期理念建立产品的环保标签认证机制；②建立消费品的环保分级方法；③对消费品征收消费税或者给予政府补贴的方法。

针对消费规模的非工程手段包括建立针对消费者的环保宣传教育体系，提高消费者的环保意识。

针对对口单位的非工程手段包括：由国家发展和改革委员会、工业与信息化部、生态环境部制定针对初始投入结构、生产结构和消费结构的政策手段；由文化和旅游部制定针对消费规模的政策手段；财政部则提供主要资金来源。

## 本专题注释

❶ 环境容量指在一定环境质量目标下，一个区域内各环境要素所能容纳某种污染物的最大量。
❷ 国家监测总站. 国家重点生态功能区县域生态环境质量状况 [R]. 2018. https://www.xianjichina.com/special/detail_352030.html.
❸ 同上。
❹ 潘荔. 火电行业节水现状、政策标准及潜力分析 [R]. 2017. http:www.doc88.com/p-45929027002042.html.
❺ 中国工程院. 中国生态文明发展水平评估报告 [R]. 北京：中国工程院，2017.
❻ 联合国工业发展组织绿色产业平台中国办公室. 2019中国城市绿色竞争力指数报告 [R]. 北京：联合国工业发展组织绿色产业平台中国办公室，2019.
❼ 刘世锦，刘耕源. 基于"生态元"的全国省市生态资本服务价值核算排序评估报告 [R]. 深圳：深圳腾景大数据应用科技研究院，2019.
❽ http://www.doc88.com/p-1743534896109.html.

## 本课题参考文献

[1] 陈长虹，王冰妍. 中国能源政策的大气污染物减排效果与附加效应——上海案例研究 [J]. 上海环境科学，2003，22（10）：682-689.
[2] 陈楷根，曾从盛，陈加兵. 基于资源环境考虑的产业结构选择基准的探讨 [J]. 人文地理，2003，18（6）：73-76.
[3] 崔凤军，杨永慎. 产业结构的城市生态环境的影响评价 [J]. 中国环境科学，1998，18（2）：166-169.
[4] 樊杰，陶岸君，梁育填，陈小良，张有坤. 小尺度产业空间组织动向与园区规划对策 [J]. 城市规划，2010（1）：33-39.
[5] 胡珊，张远航，魏永杰. 珠江三角洲大气细颗粒物的致癌风险及源解析 [J]. 中国环境科学，2009，29（11）：1202-1208.
[6] 黄德生，张世秋. 京津冀地区控制PM2.5污染的健康效益评估 [J]. 中国环境科学，2013，33（1）：166-174.
[7] 李丽平，周国梅. 切莫忽视污染减排的协同效应 [J]. 环境保护，2009（24）：36-38.
[8] 刘文新，张平宇，马延吉. 资源型城市产业结构演变的环境效应研究 [J]. 干旱区资源与环境，2007，21（2）：17-21.
[9] 陆大道. 论区域的最佳结构与最佳发展——提出"点—轴系统"和"T"型结构以来的回顾与再分析 [J]. 地理学报. 2001，56（2）：127-135.
[10] 吴丹，张世秋. 中国大气污染控制策略与改进方向评析 [J]. 北京大学学报（自然科学版），2011，47（6）：1143-1150.
[11] 田春秀，李丽平，杨宏伟，等. 西气东输工程的环境协同效应研究 [J]. 环境科学研究，2006，19（3）：122-127.
[12] 王海鲲，张荣荣，毕军. 中国城市碳排放核算研究——以

无锡市为例[J]. 中国环境科学, 2011, 31(6): 1029-1038.

[13] 王杨君, 董亚萍, 冯加良, 等. 上海市PM2.5中含碳物质的特征和影响因素分析[J]. 环境科学, 2010, 31(8): 1755-1761.

[14] 王海建. 经济结构变动对环境污染物排放的影响分析[J]. 中国人口、资源与环境, 1999, 9(3): 30-33.

[15] 徐颂. 珠江三角洲产业结构调整与生态环境关系[J]. 环境保护, 1998(7): 32-33.

[16] 杨宏伟. 应用AIM/Local中国模型定量分析减排技术协同效应对气候变化政策的影响[J]. 能源环境保护. 2004, 18(2): 1-4.

[17] 于文金, 邹欣庆. 江苏盐城海岸带环境效应与产业调整定量研究[J]. 中国环境科学. 2008, 28(2): 188-192.

[18] 赵海霞, 曲福田, 诸培新. 环境污染影响因素的经济计量分析: 以江苏省为例[J]. 环境保护, 2006(2): 57-61.

中国城市建设可持续发展战略研究

## 课题四
## 城市建筑与基础设施工程可持续发展战略研究

**课题负责人** 肖绪文
**咨询院士** 缪昌文 江欢成
 沈祖炎 王复明

# 课题组成员

**课题负责人：**
 肖绪文  中国建筑股份有限公司

**咨询院士：**
 缪昌文  江苏省建筑科学研究院有限公司
 江欢成  上海现代建筑设计（集团）有限公司
 沈祖炎  同济大学
 王复明  郑州大学

**专题1负责人：**
 肖绪文  中国建筑股份有限公司
 吴　刚  东南大学

**专题2负责人：**
 吴智深  东南大学
 冯大阔  中国建筑第七工程局有限公司

**专题3负责人：**
 张　全  中国城市规划设计研究院

**专题1参加人员：**
 中国建筑股份有限公司技术中心  田　伟 吴文伶 张起维 刘　星 周　辉
 中国建筑第七工程局有限公司  卢海陆

**专题2参加人员：**
 东南大学  吴　京 杨小丽 朱　虹 周　臻 孙泽阳 万春风 宋守坛 冯德成

**专题3参加人员：**
 中国城市规划设计研究院  张志果 程小文 张桂花 林明利 魏保军 陆品品 白　桦 孙增峰
  牛亚楠 黄　悦 余　忻 李　韬
 东南大学  杨小丽

# 课题概述

城市建筑与基础设施工程可持续发展战略研究以工程视角，从城市建筑、城市市政工程及城市群的点、线、面三个维度，以绿色发展理念作为指导思想，分别对建筑工业化及绿色建造发展、基础设施品质工程及绿色坚韧化和城市及城市群市政基础设施系统构建进行了战略研究。

基于城市的"点"，对建筑工业化及绿色建造发展战略进行了研究。首先，阐述了建筑工业化的概念，指出"建筑装配化"较"建筑工业化"更为准确。其次，追踪了绿色建造的发展历程，指出我国绿色建造发展的机制、标准不完善，执行过程缺乏有效监督、运作模式缺乏协调等问题。再次，分析了低价中标、强制性监理、建筑师权限与责任不对等问题，总结了现有绿色建造管理模式，提出了工程项目绿色建造总承包负总责（PEPC）与基于全生命期的工程设计咨询服务（DCS）相结合的工程项目管理模式（PEPC+DCS）。此外，结合建造技术的发展趋势，总结出了装配式建造、信息化建造等10项绿色建造技术。最后，提出了绿色建造发展的战略及精益化、专业化、机械化、信息化、装配化五个发展策略，并从政府、行业、企业三个层次提出了相关保障措施。

基于城市的"线"，对城市基础设施品质工程及绿色坚韧化进行了战略研究。首先，从狭义和广义角度对城市基础设施进行了分类，并分析得出基础设施投资大、质量要求高、运维费用高等特点。其次，分别梳理了我国城市供排水、交通运输、防灾安全、能源供给、邮电通信等系统的现状，分析了城市基础设施建设重量轻质、重建轻养、功能单一、利用率低下等问题。最后，基于城市基础设施的现状及问题，提出了践行绿色建造、提升基础设施品质、推进基础设施智能运维、提升使用寿命、提升城市基础设施规划设计水平和促进基础设施多功能化等策略。

基于城市的"面",对城市群市政基础设施系统构建进行了战略研究。首先,回顾了我国城市市政基础设施发展的历程,并指出其存在区域发展不均衡、城市群内部协同效应不明显等问题。其次,分别就水系统、能源系统、管线与管廊系统和环卫系统介绍了国外的相关案例,并从城市群的视角提出了城市基础设施的发展对策。再次,在以上市政设施发展策略分析的基础上,建议将"绿色建造、系统统筹、开放共享、机制创新"作为指导我国市政基础设施建设的总体战略。最后,给出了建立绿色市政基础设施评价标准体系、强化城市市政基础设施统一管理、建立城市群市政基础设施共建共享机制、推动社会各方参与市政基础设施建设和管理、拓宽市政基础设施建设和维护资金来源等政策建议。

# 课题四 目录

## 专题 1　建筑工业化及绿色建造发展战略研究　　350

**第 1 章　背景及意义**　　351
　1.1　研究背景　　351
　1.2　研究意义　　352
　1.3　技术路线图　　352

**第 2 章　建筑工业化及绿色建造**　　353
　2.1　建筑工业化　　353
　2.2　建筑装配化　　354
　2.3　绿色建造　　354
　2.4　建筑装配化与绿色建造的关系　　355

**第 3 章　绿色建造发展现状**　　356
　3.1　绿色建造发展历程　　356
　　3.1.1　国外发展历程　　356
　　3.1.2　国内发展历程　　359
　3.2　所取得成绩　　360
　　3.2.1　形成绿色建造的基本法律及政策基础　　360
　　3.2.2　建立起基本的规范和标准　　361
　　3.2.3　发展一系列适合国情的绿色建造技术　　362
　3.3　存在的问题　　362
　　3.3.1　机制体制不完善，未形成绿色建造发展的大环境　　362
　　3.3.2　绿色建造标准体系不完善　　363
　　3.3.3　绿色建筑政策执行缺乏有效监督　　363
　　3.3.4　项目管理和运作模式缺乏协调　　363
　　3.3.5　绿色建造技术水平有待提升　　364

## 第 4 章　绿色建造管理模式研究　　365
### 4.1 现状　　365
### 4.2 问题及分析　　367
#### 4.2.1 低价中标　　367
#### 4.2.2 强制性监理　　368
#### 4.2.3 建筑师权限与责任不对等　　370
#### 4.2.4 工程管理模式　　370
### 4.3 解决办法与对策　　372
#### 4.3.1 大力推广 EPC 建造模式　　372
#### 4.3.2 建立覆盖工程项目全生命期的 PEPC+DCS 管理模式　　373

## 第 5 章　绿色建造技术创新研究　　375
### 5.1 装配式建造技术　　375
### 5.2 信息化建造技术　　376
### 5.3 地下资源保护及地下空间开发利用技术　　376
### 5.4 楼宇设备及系统智能化控制技术　　377
### 5.5 建筑材料与施工机械绿色化发展技术　　377
### 5.6 高强钢与预应力结构等新型高性能结构体系关键技术　　378
### 5.7 多功能、高性能混凝土技术　　378
### 5.8 施工现场建筑垃圾减量化及资源化技术　　379
### 5.9 清洁能源开发及资源高效利用技术　　380
### 5.10 人力资源保护及高效使用技术　　380

## 第 6 章　绿色建造的发展战略、策略及保障措施　　382
### 6.1 发展战略　　382
### 6.2 发展策略　　383
#### 6.2.1 精益化　　383
#### 6.2.2 专业化　　383
#### 6.2.3 机械化　　384
#### 6.2.4 信息化　　384
#### 6.2.5 装配化　　384
### 6.3 保障措施　　385
#### 6.3.1 政府层面　　385
#### 6.3.2 行业层面　　385
#### 6.3.3 企业层面　　386

## 第 7 章　绿色建造发展建议　　388
### 7.1 启动以绿色建造为核心的企业信用等级评价制度，推动"工程完全质量"的水平提升　　388
### 7.2 加强绿色建造技术创新　　389

**本专题注释**　　389

## 专题 2　基础设施品质工程及绿色坚韧化战略研究　　390

**第 8 章　城市基础设施分类与特点**　　**391**
　**8.1 城市基础设施的分类**　　**391**
　　8.1.1 狭义分类　　391
　　8.1.2 广义分类　　392
　**8.2 城市基础设施的特点**　　**392**
　　8.2.1 基础设施建设投资更大　　392
　　8.2.2 基础设施工作环境更恶劣　　393
　　8.2.3 基础设施要求质量更高　　393
　　8.2.4 基础设施更需要后期持续养护　　393
　　8.2.5 已建基础设施更难重建　　393

**第 9 章　城市基础设施现状与短板**　　**394**
　**9.1 当前城市基础设施的现状**　　**394**
　　9.1.1 水源供水排水系统　　394
　　9.1.2 交通运输系统　　395
　　9.1.3 环保环卫处理系统　　395
　　9.1.4 防灾防卫安全系统　　396
　　9.1.5 能源供应系统　　396
　　9.1.6 邮电通信系统　　397
　**9.2 当前城市基础设施的短板**　　**398**
　　9.2.1 质量较差，重"量"轻"质"　　398
　　9.2.2 寿命短，重"建"轻"养"　　400
　　9.2.3 功能单一　　401
　　9.2.4 抗灾害能力弱且灾后复原力不强　　402

**第 10 章　城市基础设施品质工程战略策略**　　**404**
　**10.1 绿色化策略**　　**404**
　　10.1.1 概念　　404
　　10.1.2 对策　　405
　**10.2 长寿命化策略**　　**406**
　　10.2.1 长寿命化对实现城市基础设施可持续发展具有重要的战略意义　　406
　　10.2.2 长寿命化的对策与建议　　406
　**10.3 多功能化策略**　　**408**
　　10.3.1 提升智慧城市基础设施建设能力的策略　　408
　　10.3.2 "共同杆"建设　　411
　　10.3.3 综合管廊建设（"共同沟"）　　411
　　10.3.4 海绵城市建设的优化策略　　413

### 10.4 韧性城市建设 — 414
#### 10.4.1 韧性城市概念及理论演变 — 414
#### 10.4.2 研究现状 — 415
#### 10.4.3 我国韧性城市发展需求 — 416
#### 10.4.4 当前我国韧性城市建设面临的主要问题 — 416
#### 10.4.5 抗震韧性城市建设的策略与方案 — 417
#### 10.4.6 国内应对极端气候的经验与教训 — 419
#### 10.4.7 国外应对极端气候的经验与教训 — 423
#### 10.4.8 城市基础设施及结构体系坚韧化的策略 — 426
#### 10.4.9 建设韧性城市未来研究热点与展望 — 428
### 10.5 措施建议 — 429

**本专题注释** — 430

---

## 专题 3　城市及城市群市政基础设施系统构建战略研究 — 433

### 第 11 章 城市市政基础设施历史发展阶段 — 434
#### 11.1 "一五"至"五五"时期：先生产，后生活 — 434
#### 11.2 "六五"至"七五"时期：企稳回升 — 434
#### 11.3 "八五"至"十二五"时期：快速发展 — 435
#### 11.4 "十三五"时期以来：高质量发展 — 435

### 第 12 章 城市市政基础设施建设存在的问题 — 436
#### 12.1 设施建设投入欠账大，总量不足 — 436
#### 12.2 设施发展水平偏低，存在短板约束 — 436
#### 12.3 区域发展不均衡，城市群内部协同效应不明显 — 437
#### 12.4 城市基础设施管理分散，产业集中度低 — 437

### 第 13 章 各类城市市政设施发展策略 — 438
#### 13.1 水系统 — 438
##### 13.1.1 系统概述 — 438
##### 13.1.2 主要问题 — 438
##### 13.1.3 总体战略 — 439
##### 13.1.4 城市群 — 440
##### 13.1.5 政策建议 — 440
#### 13.2 能源系统 — 441
##### 13.2.1 系统概述 — 441

  13.2.2 主要问题 　　441
  13.2.3 发展战略 　　442
  13.2.4 城市群 　　442
  13.2.5 政策建议 　　444
 **13.3 地下管线系统** 　　**445**
  13.3.1 系统概述 　　445
  13.3.2 主要问题 　　445
  13.3.3 发展战略 　　446
  13.3.4 政策建议 　　446
 **13.4 环卫系统** 　　**448**
  13.4.1 系统概述 　　448
  13.4.2 主要问题 　　448
  13.4.3 发展战略 　　449
  13.4.4 城市群 　　449
  13.4.5 政策建议 　　450

**第 14 章 城市市政基础设施发展战略建议** 　　**451**
 14.1 绿色建造：提升市政基础设施系统质量 　　451
 14.2 系统统筹：建立市政基础设施建设的"拳头模式" 　　452
 14.3 开放共享：促进城市连绵带市政基础设施共建共享 　　452
 14.4 机制创新：促进市政基础设施运营管理模式创新 　　452

**第 15 章 城市市政基础设施发展政策建议** 　　**453**
 15.1 建立绿色市政基础设施评价标准体系 　　453
 15.2 强化城市市政基础设施的统一管理 　　453
 15.3 建立城市群市政基础设施共建共享机制 　　453
 15.4 推动社会各方参与市政基础设施建设和管理 　　454
 15.5 拓宽市政基础设施建设和维护资金来源 　　454

**本专题注释** 　　454

**本课题参考文献** 　　454

中国城市建设可持续发展战略研究

**专题 1**

课题四
城市建筑与基础设施工程可持续发展战略研究

## 建筑工业化及绿色建造发展战略研究

**专题负责人**　　肖绪文　吴　刚

# 第1章 背景及意义

## 1.1 研究背景

### （1）"绿色化"成为我国现代化发展的主题

"绿色化"建造的首要目的是提升建筑功能和品质，使其更安全、更健康、更生态、更耐久，甚至更人性、更具民族文化特征等，在全面提升建筑功能和品质的基础上，努力做到可持续发展。当今时代人类正面临着资源耗竭和生态环境恶化的严峻挑战，可持续发展已成为全世界的主题，要求我们从衣、食、住、行等各个方面都要践行可持续性的要求，以更好地应对未来的挑战。建筑的建造和运行过程中消耗大量的资源，对环境也造成了巨大影响，推进建筑领域的可持续发展已势在必行，绿色化成为建筑领域的发展主题。

### （2）建筑业在发展的同时消耗了大量资源和能源，给环境带来负面影响

作为国民经济的重要支柱产业，建筑业为推动我国经济发展、造福社会、改善人类生存环境、提高人们生活水平作出了重要贡献，但是由于建造方式的陈旧和粗放，使建筑业在快速发展的同时也消耗了大量的自然资源，排放了大量的污染物，造成了巨大的环境压力。快速城镇化带动建筑业持续发展，我国建筑业规模和市场不断扩大。根据《中国统计年鉴（2016）》数据，我国建筑业企业房屋竣工面积由2005年的15.9亿$m^2$迅速增长至2015年的42亿$m^2$，施工面积由2005年的35.3亿$m^2$迅速增长至2015年的124亿$m^2$。建筑规模的增长必将伴随能源消耗和碳排放的增长：一方面，建筑在建造过程中要消耗大量建材和能源；另一方面，不断增长的建筑面积也使建筑运行过程带来大量建筑运行能耗。

### （3）建筑业发展中存在着不平衡、不协调的问题

为了响应国家绿色发展、可持续发展战略，解决建筑业资源能源消耗问题，我国建筑业展开了一系列绿色行动。2001年，我国颁布《绿色生态住宅小区建设要点与技术导则》；2003年编制《绿色建筑评价标准》，并于2006年颁布实施；2010年颁布《建筑工程绿色施工评价标准》，从技术和管理措施的层面对绿色施工提出了要求，大力促进了绿色施工在行业内的推广应用。但目前建筑业的绿色化还远远不够，建筑业的发展也存在着诸多不平衡、不协调问题，如绿色建造在不同区域的发展很不平衡、建筑生命周期各阶段的绿色化发展不平衡等。

## 1.2 研究意义

研究和推进绿色建造具有重大意义，主要体现在以下几个方面。

### （1）有利于建筑业转型升级，实现可持续发展

在我国建筑业是一个劳动密集型行业，并对环境产生大量污染。长期以来，劳动强度大、作业条件差是建筑生产的特征。绿色建造强调依靠系统的科学管理和技术进步，在工程立项策划、设计和施工过程中最大限度地节约资源、降低能耗、减少污染和保护环境，生产绿色建筑产品。绿色建造有利于建筑业向科技密集型产业转型升级，实现社会经济可持续发展。

### （2）有利于提升建筑业国际化水平，促进"一带一路"倡议实施和中国制造"走出去"

当前，欧美发达国家已经把绿色环保纳入市场准入考核。美国建造者和承包商协会推出的绿色承包商认证的评审内容不仅包括承包商承建LEED项目的情况，还涵盖承包商绿色建造与企业绿色管理情况。这些绿色壁垒对我国建筑企业的国际化提出了更大的压力和挑战。因此，推行绿色建造，有利于提升建筑企业的绿色建造能力和国际化水平，加强我国建筑业与国际规则接轨，提升国际竞争力，促进"一带一路"倡议实施和中国制造"走出去"。

### （3）有利于实现施工过程节能、降耗和减排

绿色建造包括绿色策划、绿色设计和绿色施工三个阶段，其中施工过程对环境有重要影响，包括噪声污染、扬尘污染，以及施工过程的能耗等。因此，实现绿色施工对于节能、降耗、减排非常重要。

### （4）有利于建造产品节能降耗，高效运行，减少污染排放，保证全生命周期环境效益最大化

绿色建造着眼于立项策划、设计和施工过程的有机结合和整体绿色化，能够促使参与各方立足于工程总体角度，从工程立项策划、设计、材料选择、楼宇设备选型、施工过程等方面进行全面统筹，有利于工程项目综合效益的提高。同时，绿色建造要求参与各方通过科学管理和技术进步，改进设计和施工工艺，进行工程立项绿色策划、绿色设计和绿色施工，实现资源和能源高效利用，从而最终形成绿色建筑产品。绿色建造从项目立项策划阶段就开始实行绿色化，有助于绿色建筑产品的节能、降耗、减排，能够保证全生命周期的环境效益最大化。

## 1.3 技术路线图

本课题的研究技术路线图如图4-1-1所示。

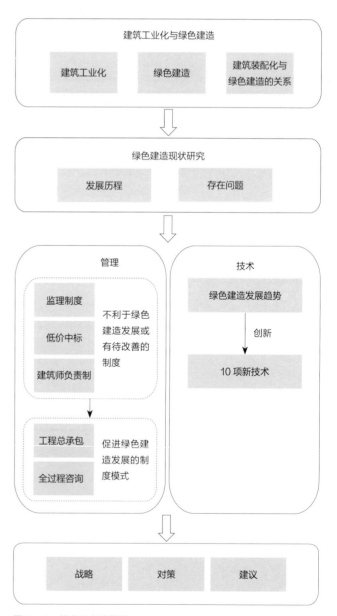

**图4-1-1 技术研究路线图**

# 第 2 章　建筑工业化及绿色建造

## 2.1 建筑工业化

### (1) 工业化

对于工业化的界定，业内有着不同的说法，联合国经济委员会对工业化的定义为：生产的连续性；生产物的标准化；生产过程各个阶段的集成化；工程高度组织化；尽可能用机械代替人的手工劳动；生产与组织一体化的研究与开发。《大英百科全书》中对"industrialization"的定义为"社会经济向以工业为主导地位的经济秩序转变的过程。"工业化（industrialization）是指国民经济中一系列重要的生产函数（或生产要素组合方式）连续发生由低级到高级的突破性变化（或变革）的过程❶。工业化既是人的专业化分工，加快了人的知识积累和技术的创新，又是物的专业化分工，如产业、区域、产品、工序、技术等方面的专业化分工。这与农业时代是完全不同的。农业是以家庭为单位，是全方位的集中型的生产方式；而工业必须是纵向分工与横向分工相结合，纵向分工指的是生产流程（产品设计、生产、销售）每个环节的分工，横向分工是指各种不同的产品、各种各样的技术与知识，并由各种各样的技术工人、发明家来管理❷。

社会化大生产是工业化过程中的显著特征，而工业化生产的产品具有三方面的基本特征：一是产品是在自动化生产线上完成的，二是产品必须是标准化的，三是产品是重复生产的。

### (2) 建筑工业化

住房和城乡建设部主编的《中国建筑业改革与发展研究报告（2014）》指出"建筑工业化是以标准化设计、工厂化生产、装配化施工、一体化装修和信息化管理为主要特征的生产方式，并在设计、生产、施工、开发等环节形成完整的、有机的产业链，实现房屋建造全过程的工业化、集约化和社会化"❸。

1974 年，联合国《政府逐步实现建筑工业化的政策和措施指引》定义"建筑工业化"为：按照大工业生产方式改造建筑业，使之逐步从手工业生产转向社会化大生产的过程。其内容也可概括为"四化"：一是设计标准化；二是房屋构件部品化；三是施工安装机械化；四是管理信息化❹。

"建筑工业化"主要强调"工业化"，"建筑"是修饰"工业化"的。而"工业化建筑"，主要强调"建筑"，"工业化"是修饰"建筑"的。因此，《中国建筑业改革与发展研究报告（2014）》和《政府逐步实现建筑工业化的政策和措施指引》中给出的是"工业化建筑"的概念，而不是"建筑工业化"的概念。"工业化建筑"是建筑，既然是建筑就包含设计、施工等环节，但"建筑工业化"是不可能的，因为不可能所有建筑都在生产线上完成，而是只能在现场完成。

## 2.2 建筑装配化

建筑装配化是把通过工业化方法在工厂制造的工业化产品（构件、配件、部件），在工程现场通过机械化、信息化等工程技术手段，按不同要求进行组合和安装，建成特定建筑产品的一种建造方式。

建筑的"三件"（构件、配件、部件）的加工过程，是可以工业化生产的，生成的产品也是标准化的。而"三件"运输至现场后通过安装、拼接建造建筑的过程并不是在工厂完成的。同时，建筑作为一种产品有着与工业产品不同的特性，它不是标准化的，而是需要根据当地自然条件和客户需求进行设计的，所以它不能通过工业化的生产方式完成。此外，建造和制造的最大区别在于，建造是在现场完成的，制造是在工厂完成的，因此建筑是建造出来的，不是制造出来的，而建筑的"三件"（构件、配件、部件）是可以制造的。

综上所述，本研究认为"建筑工业化"的名称不够精确，在接下来的论述中，将统一代之以"建筑装配化"的名称。

## 2.3 绿色建造

绿色建造是着眼于工程全生命周期，在保证质量和安全前提下，践行可持续发展的理念，通过科学管理和技术进步，最大限度地节约资源和保护环境，实现绿色施工要求，生产绿色建筑产品的工程活动。绿色建造的基本理念是"资源节约、环境友好、过程安全、品质保证"，包括以下六个方面含义❺。

绿色建造的目标是推进社会经济可持续发展和生态文明建设。绿色建造是在人类日益重视可持续发展的基础上提出的，绿色建造的根本目的是实现策划、设计、施工过程和建筑产品的绿色化，从而实现社会经济可持续发展，推进国家生态文明建设。

绿色建造的本质是以节约资源和保护环境为前提的工程活动。绿色建造中的节约资源强调的是在环境保护前提下的资源高效利用，与传统设计和施工所强调的单纯的降低成本、追求经济效益有本质区别。

绿色建造的实现要依托系统化的科学管理和技术进步。绿色策划、绿色设计和绿色施工是绿色建造的三个主要环节，其中绿色策划是绿色建造的纲领，绿色设计是实现绿色建筑产品的关键，绿色施工能够保障建造过程的绿色化，系统化的科学管理和技术进步是实现绿色建造的重要途径。

绿色建造的实现需要政府、业主、设计、施工等相关方协同推进。政府、业主、设计与施工单位各方应对绿色建造分别发挥引导、主导、实施等作用。

绿色建造的前提条件是保证工程质量和安全。绿色建造的实施首先要满足质量合格和安全保证等基本条件，没有质量和安全的保证，绿色建造就无从谈起。

绿色建造能实现过程绿色和产品绿色。绿色建造是绿色建筑的生成过程，绿色建造的最终产品是绿色建筑。

绿色建造是在传统建造目标设定量（成本、质量、工期、安全）的基础上，增加环保目标所提出的，从实现途径来看，需要业主、设计、施工等相关各方密切配合，必然会引起法规制度、规范规程、设计思路、施工技术等方面的一系列变化。

绿色建造是指工程建造的全过程，包括绿色策划、绿色设计和绿色施工三个阶段（图4-2-1）。但绿色建造不是这三个阶段的简单叠加，而是其有机整合。

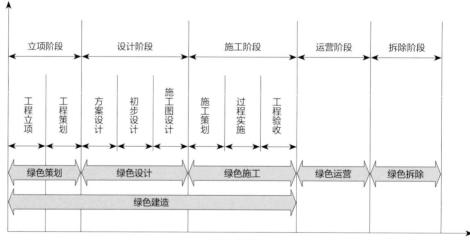

图4-2-1　绿色建造示意图

绿色建造能够促使参与各方立足于工程总体角度，从工程立项策划、设计、材料选择、楼宇设备选型、施工过程等方面进行全面统筹，有利于工程项目绿色目标的实现和综合效益的提高。

## 2.4 建筑装配化与绿色建造的关系

### （1）建筑装配化是推进绿色建造的重要举措

建筑装配化能够减少现场工作量，改善劳动强度，减少污染排放，是推进绿色建造的重要举措。同时，建筑装配化能够通过节省建材（钢材、水泥）和节约现场施工用电量等方式，实现资源节约和环境保护，达到绿色建造的目的。有研究表明，与传统的施工方式相比，装配建筑能够使能耗降低20%~30%，材料损耗减少约60%，建筑垃圾减少约83%，可回收材料增加66%。由此可见，建筑装配化可以实现资源节约和环境保护，它与绿色建造的理念和目标是一致的。因此，建筑装配化是实现绿色建造的重要手段。

### （2）建筑装配化是实现绿色建造的重要途径，但并非唯一途径

建筑装配化在施工现场主要进行预制构配件的拼接即可，与传统现浇模式相比，把施工现场大量的高强度作业移到"工作环境可实现人为控制的厂房内"进行现代化生产，改善了工人作业条件，减轻了劳动强度。现场作业量的减少，使扬尘、噪声和废弃物排放也相应减少。因此，建筑装配化是实现绿色建造的重要途径，可以大幅提升绿色建造水平。但建筑装配化不是推进绿色建造的唯一途径，除了建筑装配化，实现绿色建造还有很多其他的途径，如信息化技术、施工污染控制技术等，以及其他各种实现建筑节能、节地、节水、节材和环境保护的技术。随着技术进步，将来可能还会出现实现绿色建造的其他技术手段。总之，绿色建造是工程建设发展追求的目标，而实现这一目标的途径是可以随着时间、空间而变化的，而建筑装配化是现阶段实现绿色建造这一目标的重要途径。

### （3）绿色建造为建筑装配化指明了发展方向

现阶段，我国建筑装配化尚处于发展阶段，建筑、结构、装修、设备的标准化程度不高，亟须为建筑装配化的发展指明方向。建筑装配化应秉持"资源节约、环境友好、过程安全、品质保证"的理念，推动建筑装配化不断向前发展。

### （4）绿色建造是发展趋势，是推进建筑装配化的目的

绿色发展、可持续发展是未来的主题。而建筑行业历来是高耗能、高污染行业，因此推行绿色建造是大势所趋。推进建筑装配化是实现绿色建造的重要途径，因此，国务院及各级政府多次发文，要求加快推进建筑装配化，以实现建造过程资源节约和环境保护。例如，2016年，中共中央、国务院发布《关于进一步加强城市规划建设管理工作的若干意见》，提出大力推广装配式建筑，减少建筑垃圾和扬尘污染，缩短建造工期，提升工程质量。2017年国务院办公厅发文《关于促进建筑业持续健康发展的意见》，提出推进装配式建筑，争取用10年左右的时间，使装配式建筑占新建建筑面积的比例达到30%。可见，推进装配式建造，是为了提高资源利用效率，减少环境污染，其目的就是实现绿色建造。

# 第 3 章 绿色建造发展现状

## 3.1 绿色建造发展历程

### 3.1.1 国外发展历程

#### (1) 绿色建造的发展历程

伴随着人们对能源与环境问题的重视程度的提高，绿色建造在发达国家经历了从萌芽、探索到发展的演变。

发达国家绿色建造的发展经历了三个阶段。第一阶段自 20 世纪 90 年代初至 21 世纪初，绿色建筑、绿色设计、绿色施工分别独立发展，绿色设计与绿色施工作为绿色建筑生成阶段的活动，均从绿色建筑的概念派生而来，并已基本成型；第二阶段自 21 世纪初至 2008 年，绿色建筑生成过程的各个阶段逐步整合；第三阶段自 2008 年金融危机之后至今，绿色建造高度整合，社会化程度不断提高。

1）美国

美国绿色建筑的发展可分为三个阶段。

第一阶段是启动阶段，以 1993 年美国绿色建筑委员会（U.S. Green Building Council，USGBC）的成立为标志。美国绿色建筑委员会是第三方独立机构，它的成立被认为是美国绿色建筑整体发展的开始，而绿色建筑的兴起被认为是美国最为成功的环境运动。1998 年，美国绿色建筑委员会制定了绿色建筑评价系统——领导型的能源与环境设计（Leadership in Energy and Environmental Design，LEED），并开始进行绿色建筑评估。在美国绿色建筑委员会的推动下，绿色建筑的理念逐步得到推广，相关政策关注点也随之改变，除能耗外，建筑材料的安全性、室内空气质量、建筑用地选址等问题同样引起了社会关注。

第二阶段是发展阶段，以 2005 年《能源政策法案》的颁布为起点。《能源政策法案》是美国现阶段最重要的能源政策之一，体现了国家的能源发展战略。该法案对建筑节能给予了前所未有的关注，对绿色建筑发展起到了关键性的促进作用。

第三阶段是扩展阶段，以美国前总统奥巴马在 2009 年初签署的《经济刺激法案》为标志。该法案中提出有超过 250 亿美元的资金将用于推动绿色建筑发展，发展绿色建筑成为美国能源改革和经济复苏的重要组成部分。

2）英国

英国的绿色建筑始于 20 世纪中叶以后，它的发展历程大致可分为以下三个时期。

第一阶段是 20 世纪 60~70 年代的理论酝酿时期。1972 年联合国在瑞典首都召开讨论环境问题的第一次国际会议，并发表了《联合国人类环境会议宣言》，标志着全球环境意识的觉醒。在这种背景下，建筑师们开始从不同角度进行反思，最具代表性的是剑桥大学的 John

Frazer 和 Alex Pike 等人研究的"自维持"住宅（Autonomous House），即"除了接受临近自然环境的输入以外，完全独立维持的住宅"。其研究内容主要包括建筑材料的热性能、暖通设备的能耗效率和可再生能源等技术问题。此时期节能建筑虽然不是完全意义上的绿色建筑，但节能建筑的研究和探索却为绿色建筑的发展积累了技术和经验。

第二阶段是 20 世纪末的实践探索时期。20 世纪末期，世界环境与发展委员会（World Commission on Environmental and Development，WCED）在《我们共同的未来》报告中，向全世界正式提出了可持续发展战略。英国建筑研究院（Building Research Establishment，BRE）加快了对能源与环境问题的研究，并于 1990 年发布了世界上第一个绿色建筑评价体系 BREEAM。自此，英国绿色建筑的发展进入了新阶段。1994 年，英国政府制定了本国的可持续发展战略——《可持续发展：英国的战略选择》，这一国家战略为建筑节能和绿色建筑发展创造了良好的社会环境。同时，英国政府在 1997 年 12 月与欧盟签订《京都议定书》之后宣布将在 2016 年前使本国所有的新建住宅实现零碳排放，到 2019 年所有非住宅新建建筑必须达到零碳排放，并制定了一系列鼓励节能和绿色建筑的政策。

第三阶段是 21 世纪以来的初步发展时期。21 世纪以来，英国进一步确立了可持续发展战略思想。自 2001 年以来，政府拨款数十亿英镑，提高居民家庭用能效率，责成能源公司提供节能灯泡、保温设备、高能效电器和锅炉。并制定了世界第一部《气候变化法案》，其第一个用法规的形式对节能减排作出了规定，即到 2020 年英国二氧化碳排放减少 26%~32%，到 2050 年要减少 60%。至此，英国的绿色建筑进入稳步发展时期。

3）日本

为了推广建筑节能，日本建筑节能标准不断更新，从最早的《旧节能基准》到后来的《新节能基准》，直至现在执行的《下一代节能基准》，对建筑节能都提出了严格要求。

在加强建筑节能的同时，日本对建筑与环境的共生关系以及建筑品质的提升尤其关注。日本建筑环境与节能协会（Institute for Building Environment and Energy Conservation，IBEC）于 1990 年建立了环境共生住宅研究会，制定了《环境共生住宅认定标准》，1998 年开始认证工作，并于 2000 年颁布《住宅品质确保促进法》，其中包含了具有重要意义的"住宅性能标识制度"。

随着世界范围内对绿色建筑的普遍关注，2001 年，在国土交通省的主导下日本成立了构筑可持续建筑理念、开发建筑物环境性能综合评价工具的委员会——日本可持续建筑协会（Japan Sustainable Building Consortium，JSBC）。日本可持续建筑协会搭建了建筑物综合环境性能评价体系（CASBEE）的框架，2002 年完成了最早的评价工具——CASBEE 事务所版。CASBEE 工具群逐步扩大到对街区建设等建筑物之外的环境性能进行评价，并于 2009 年 4 月 1 日将其名称从"建筑物综合环境性能评价体系"变更为"建筑环境综合性能评价体系"。

此外，随着住宅保温隔热技术的推广、普遍生态意识的提高，日本于 2005 年颁布了《自立循环型住宅设计导则》，主要对住宅节能程序进行衡量。日本建筑环境与节能协会于 2007 年成立了健康维持增进住宅研究会，基于健康成本（health capital）开展了一系列有关住宅健康的研究。2009 年起，日本可持续建筑协会开始了全寿命周期减碳（Life Cycle Carbon Minus，LCCM）住宅的研究，旨在利用节能技术、节能生活方式以及可再生能源以降低住宅全生命周期的二氧化碳排放。2012 年 7 月，日本政府制定了《低碳住宅与公共建筑路线图》（Roadmap for Low Carbon Housing and Building），提出了建筑节能减碳的目标和实施办法。并于 2012 年 12 月出台《低碳城市推进法》（Low Carbon city Promotion Law），第一次以立法的形式对低碳建筑的认证和低碳城市的建设提出了要求，体现了日本对绿色建筑的关注从单体建筑向区域规划和城市层面的转变。

4）德国

德国大力倡导发展绿色建筑。德国绿色建筑的发展紧紧围绕"建筑节能、提高建筑功能和品质、增强居住和工作的舒适感"的要求，真正体现出节能、环保、绿色的概念。

德国绿色建造的政策、法规主要包括：《施工现场垃圾减量化及再生利用技术指南》（Technical Guideline for Waste Reduction and Recycling on Construction Sites-municipal Waste）、《德国联邦交通、建筑和城市开发部可持续建筑指南》（BMVBS: Guidelines for Sustainable Construction. Berlin 2001）、《德国建筑及建筑系统节能法规》（German Regulation for Energy Saving in Buildings and

Building systems）、《德国标准 18599 建筑能效》（DIN V 18599 Energy Efficiency of Buildings）。

除了法规政策，德国推行绿色建造的另一方式是管理技术创新，即将绿色建造整合设计、施工，并在生成过程中考虑建筑物建成后的物业管理和拆除的问题。并行工程（co-engineering）是其中一个重要的举措，将绿色建筑策划、设计、施工、建筑的使用及拆除后的再生利用作为一个有机的整体考虑。整合设计（integrated design systems）也在绿色建造领域成为一项更为常态化的工作。

### （2）建筑装配化的发展历程

建筑装配化的建造方式在国外也得到了充分发展。

1）美国 ❻❼

起源于 20 世纪 30 年代的汽车房屋是美国装配式住宅的一大主流，其当时主要用来野营。二战期间野营的人减少，这种房车就作为一个分支业务而存在，其特点是既能独成一个单元，也能互相连接起来。至此，美国装配式建筑产业化、标准化的雏形出现了。

20 世纪 60 年代后，随着生活水平的提高，美国人对住宅舒适度的要求也越来越高。专业工人的短缺进一步促进了建筑构件的机械化生产，这也直接促使美国集成装配建筑进入一个新阶段，其特点是现浇集成体系和全装配体系，从专项体系向通用体系过渡。

到了 20 世纪 70 年代，装配建造体系迫切需要统一的标准与规范。不仅人们对住宅的要求不断提高，美国又恰逢第一次能源危机，使建筑界开始致力于实施配件化施工和机械化生产。于是，美国国会在 1976 年通过了《国家产业化住宅建造及安全法案》，并于同年在严厉的联邦法案的指导下出台了美国装配住宅和城市发展部（HUD）的一系列严格的行业标准。

1990 年后，美国建筑产业结构在"装配式建造潮流"中进行了调整，兼并和垂直整合加速，大型装配式住宅公司收购零售公司和金融服务公司，同时本地的金融巨头也进入装配式住宅市场。

2000 年，美国通过产业化装配住宅改进法律，明确装配住宅安装的标准和安装企业的责任。美国装配式建筑走上了快速发展的道路，产业化发展进入成熟期。其要解决的重点是进一步降低装配式建筑的物耗和环境负荷，发展资源循环型可持续绿色装配式建筑与住宅。

近十年，信息时代到来后，数字化语境下的集成装配建筑发展渗透到建造技术的各个层面，诸如"数字化建构""模数协调""虚拟现实""功能仿真"等概念术语在学术界风起云涌。美国建筑界不断深化使用电脑辅助设计建筑，用数控机械建造建筑，借用数字信息定位进行机械化安装建筑。

2）德国

随着现代工业技术的发展，建造房屋可以像机器生产那样成批成套地制造，只要把预制好的房屋构件运到工地装配起来就完成了。纵观德国装配式住宅的工业化发展历程，大致经历了三个阶段 ❽。

第一阶段（1945~1960 年）是工业化形成的初期阶段，其解决的重点是建立工业化生产（建造）体系。特别是战争的破坏、城市化发展以及难民和无家可归者的涌入使得民主德国和联邦德国的住宅极度短缺，这为 PC 预制构件的发展提供了肥沃的土壤。在这一时期，德国各地出现了各种类型的板式住宅建筑体系，如 Cauus 体系、Plate Assembly 体系、Larsena & Nielsen 体系等。这些体系可采用框架体系和非框架体系，主体结构构件有混凝土预制楼板和墙板。特别是 Plate Assembly 体系在德国得到了广泛应用，德国拜耳集团在勒沃库森最早建造的 4 层楼的染料厂就是 Plate Assembly 体系的板式结构。

第二阶段（1960~1980 年）是工业化的发展期，其解决的重点是提高产品（住宅）的质量和性价比。人们对住宅舒适度的要求、经济环境的变化、产业的深化发展与专业工人的短缺进一步促进了建筑构件的机械化生产，这也直接成就了德国装配式建筑的突破发展。这一时期，除住宅建设外，德国的中小学校以及大学的广泛建设，使得柱、支撑以及大跨度的楼板（7.2m/8.4m）在装配式框架结构体系的运用中逐渐成熟。特别是联邦德国工业厂房以及体育场馆的建设使得预制柱及预应力特型桁架、桁条和棚顶得到了装配应用。

第三阶段（1981 年之后）是工业化发展的成熟期，其解决的重点是进一步降低住宅的物耗和环境负荷，发展资源循环型住宅。"从大幅度节能的各种构件到评价各项生态指标的装配建筑，德国都实践于装配式住宅与建筑，这就需要装配式住宅与节能标准相互之间充分融合。"德国预制装配住宅协会（DVHA）会长巴拉克·斯科特指出，"德国装配式建筑工业化的实践证明，利用工业化的生产手段是实现装配式住宅与建筑达成低能耗、低污染、资源节约、提高品质和效率的根本途径。"

3）日本

日本建筑装配化的发展大致经历三个阶段。❾

第一阶段是19世纪50~60年代的起步阶段。当时日本住宅产业建设的矛盾焦点是恢复战争创伤、适应城市化的发展、解决房荒，其重点是住宅建造方式的工业化、提高建设效率。二战后初期，民间的开发商基本没有作为，日本住宅产业化和工业化在这个时期完全由政府主导。20世纪60年代，日本住宅建筑工业化有了相当发展，混凝土构配件生产首先脱离建筑承包企业，形成独立行业。构配件与制品的工厂化生产和商品化供应发展很快，参与住宅生产的各类厂家越来越多。日本政府围绕住宅生产与供应，将各有关企业的活动加以"系统化"协调。

第二阶段是20世纪70~90年代的发展阶段。20世纪70年代初，由于住宅工业化和部人量的实施，日本真正迎来了住宅工业化和产业化时代。这个阶段是日本住宅从"量"变到"质"变的转换期。特别是这期间日本经历了二次石油危机后，对住宅建设提出了节能要求。住宅产业在维持每年提供100万户住宅的高速发展的同时，在扩大居住面积、提供住宅品质和性能、丰富居住设备等方面也取得了较大的成果。

这一时期还有两个很重要的特征：第一，日本民间开发商的研究开发实力大大增强，已经研究开发出一些工业化的办法来建设有多方面需求、更高标准的住宅；第二，20世纪70年代初期发生的世界范围的石油危机使得日本住宅的建安费用提高了很多，为了降低住宅的建安费用，日本政府不要求全部采用PC构件，使技术开发和建设方式呈现多样化。

第三阶段是20世纪90年代的成熟阶段。20世纪90年代后期，日本住宅政策开始重视节能环保，提出了"环境共生住宅""资源循环型住宅"的理念，并进行了众多的试验性建设，先后提出了"100年寿命"和"200年长寿命"住宅的发展目标，促使住宅建设的法律框架、政策制度、规划理念、市场开发、建筑材料、住宅部品以及施工方法都随之不断调整和创新。日本建筑装配化技术及其他建筑技术日趋成熟。

## 3.1.2 国内发展历程

### （1）绿色建造的发展历程

20世纪末，随着我国经济的发展，能源环境问题日益凸显，我国逐渐开始重视可持续发展，"绿色设计"的概念被引进，"绿色施工"也逐渐在实践中得到重视。21世纪初，我国通过颁布政策文件、制定标准、建立评价体系、进行工程示范等方式，将"绿色设计""绿色施工"落地实施。而近五年来，"绿色建造"的理念得到推广，各方逐渐重视贯穿策划、设计、施工全过程的"绿色建造"。

我国工程项目的立项、设计和施工分属于建设单位、设计单位和施工单位，三者相对独立，各自发展。三者的分离使绿色建造的整体效果不佳，对环境污染的协同控制力度不足，造成我国绿色建造的发展总体滞后。尽管绿色设计和绿色施工已逐渐为业界认可，但在我国绿色建造的推进尚处于起步阶段，主要按绿色设计和绿色施工分别推进，绿色策划发展较少。

1）绿色策划

立项阶段的绿色策划，主要体现在项目可行性研究中的环境影响评价。

我国在1979年颁布的《中华人民共和国环境保护法（试行）》中首次规定了环境影响评价制度。国务院有关部门于1981年颁布的《基本建设项目环境保护管理办法》和1986年的修改补充文件中，对我国的环境影响评价制度作了具体的规定：凡从事对环境有影响的一切建设项目，都必须进行环境影响评价，实行环境影响报告书或报告表的审批制度；未经审批的项目，一律不准上马。后根据《环境保护部门规章和规范性文件修正案》（国家环保总局令第6号，1999年7月8日），国务院于1998年11月29日发布并施行《建设项目环境保护管理条例》。此后环境影响评价基本参照此文件执行。

2）绿色设计

我国的"绿色设计"概念是20世纪70年代从国外引入的，可以分为萌芽阶段（1978~1992年）、成长阶段（1993~2006年）、发展阶段（2007年至今）等三个阶段。为了更好地推动绿色设计、绿色建筑和建筑节能工作，原建设部分别启动了绿色建筑创新奖（2004年）、示范工程（2007年）、设计和运行评价标识（2007年）等工作。2007年，建设部为贯彻落实《国务院关于印发节能减排综合性工作方案的通知》

要求，开展了 100 项绿色建筑示范工程与 100 项低能耗建筑示范工程的评选。2007 年 11 月，我国开始进行绿色建筑评价工作，有效推动了我国绿色设计和绿色建筑的发展。

3）绿色施工

相对于绿色设计，我国的绿色施工起步较晚。2003 年，我国提出绿色奥运的理念后，业界才开始重视并逐步推进绿色施工。

2007 年，建设部发布《绿色施工导则》，明确了绿色施工的原则，阐述了绿色施工的主要内容，制定了绿色施工总体框架和要点，提出了发展绿色施工的新技术、新设备、新材料、新工艺和开展绿色施工应用示范工程等。2012 年 4 月，住房和城乡建设部与民政部、中国建筑业协会协商并决定，整合中国建筑节能协会、中国建筑业协会建筑节能分会的原有职能，新成立中国建筑业协会绿色施工分会，具体负责绿色施工推进工作。自成立以来，绿色施工分会单独组织或联合地方行业协会开展培训三十余次，参会人数达六千余人次，为各企业输送了绿色施工专业人才，有效推动了绿色施工的实施。2012 年 7 月，住房和城乡建设部绿色施工科技示范工程指导委员会成立，旨在规范绿色施工工程实施工作程序，加强对绿色施工科技示范工程实施工作的领导和管理。

### （2）建筑装配化的发展历程

国内建筑装配化发展历程也分为三个阶段。

1）发展期（1950~1980 年）

中华人民共和国成立之初，国务院就出台了《关于加强和发展建筑工业化的决定》，在国家建委和各工业部委共同推动下，建筑装配化覆盖了建筑、交通等领域。兴建了数以千计的预制构件加工厂，一度几乎所有的建筑都有"预制装配元素"。水平构件几乎均采用了预制装配式，工业厂房装配率更是高达 95% 以上。

2）停滞期（1980~2008 年）

唐山大地震震害调查表明，按照我国当时相关规范建造的预制装配式建筑抗震性能并不好，倒塌严重。导致 1980~2008 年期间我国预制装配式建筑几乎绝迹，混凝土现浇结构大行其道，现浇技术得到了长足发展。

3）重新启动期（2008 年至今）

2008 年后，我国劳动力资源逐渐匮乏，机械化程度得到了较大提高，国内再次开始对建筑装配化进行探索。2010~2014 年，北京、沈阳、上海和江苏等地分别出台了建筑装配化相关政策。2016 年，国务院密集出台了建筑装配化相关政策。中建、万科、远大等企业分别开发了建筑装配化体系的成套新技术。

## 3.2 所取得成绩

### 3.2.1 形成绿色建造的基本法律及政策基础

为贯彻我国节约资源、保护环境和可持续发展的国策，全国人民代表大会、国务院相继发布了《中华人民共和国节约能源法》《中华人民共和国建筑法》《中华人民共和国可再生能源法》《民用建筑节能条例》《公共机构节能条例》等法律法规，结合我国国情，对国家的能源发展战略、可再生能源利用、建筑节能等提出了具体要求，并建立了较为完善的工程建设监管程序和建筑节能制度，为我国进一步发展绿色建筑奠定了坚实的法律基础，形成了良好的外部环境。

近 30 年来，国家先后制定了 11 部与绿色建筑、绿色建造内容相关的法律。与此同时，国务院和政府相关部门还陆续发布了 30 多项有关绿色建筑和绿色建造的法规和政策文件。

建筑装配化方面，2016 年 2 月《关于进一步加强城市规划建设管理工作的若干意见》发布，提出加大政策支持力度，力争用 10 年左右时间，使装配式建筑占新建建筑的比例达到 30%，积极稳妥推广钢结构建筑。2017 年 2 月颁布《国务院办公厅关于促进建筑业持续健康发展的意见》，提出要坚持标准化设计、工厂化生产、装配化施工、一体化装修、信息化管理、智能化应用，推动建造方式创新，大力发展装配式混凝土和钢结构建筑，倡导具备条件的地区发展现代木结构建筑，不断提高装配式建筑在新建建筑中的比例。力争用 10 年左右的时间，使装配式建筑占新建建筑面积的比例达到 30%。

住房和城乡建设部发布的建筑装配化相关政策包括：2017 年 1 月发布国家标准《装配式混凝土建筑技术标准》《装配式钢结构建筑技术标准》《装配式木结构建筑技术标准》，2017 年 6 月 1 日起实施；2017

年 3 月一次性印发《"十三五"装配式建筑行动方案》《装配式建筑示范城市管理办法》《装配式建筑产业基地管理办法》三份文件，全面推进装配式建筑发展，提出到 2020 年，全国装配式建筑占新建建筑的比例达到 15% 以上，其中重点推进地区达到 20% 以上，积极推进地区达到 15% 以上，鼓励推进地区达到 10% 以上，培育 50 个以上装配式建筑示范城市、200 个以上装配式建筑产业基地、500 个以上装配式建筑示范工程，建设 30 个以上装配式建筑科技创新基地。

各省市也相继出台了关于推广装配式的政策，包括稳妥推广装配式混凝土结构、钢结构和木结构，规定装配的比例、财政补贴及优惠税率、装配式发展目标、推进住宅产业化基地等。

## 3.2.2 建立起基本的规范和标准

在绿色设计和绿色施工方面，我国已初步建立了国家和地方相关标准体系，发布了 20 多项有关绿色设计的标准规范和 10 多项有关绿色施工的标准规范，涵盖建筑节能设计、节能改造、评价标准、施工技术等多方面，如《民用建筑热工设计规范》GB 50176-2016、《绿色建筑评价标准》GB/T 50378-2019、《建筑工程绿色施工规范》GB/T 50905-2014 等。

国家和地方针对装配式建筑相关技术发布了标准和图集 76 本，其中国家标准 6 本、国家图集 9 本、行业规范 3 本、地方标准与图集 58 本（表 4-3-1）。

**国家装配式建筑相关技术标准、图集汇总**　　　　　表 4-3-1

| 序号 | 地区 | 类型 | 名称 | 编号 | 适用阶段 | 实施时间 |
|---|---|---|---|---|---|---|
| 1 | 国家 | 标准 | 《装配式混凝土建筑技术标准》 | GB/T 51231-2016 | 设计、生产、施工、验收 | 2017 年 6 月 |
| 2 | 国家 | 标准 | 《装配式钢结构建筑技术标准》 | GB/T 51232-2016 | 设计、生产、施工、验收 | 2017 年 6 月 |
| 3 | 国家 | 标准 | 《装配式木结构建筑技术标准》 | GB/T 51233-2016 | 设计、生产、施工、验收 | 2017 年 6 月 |
| 4 | 国家 | 图集 | 《装配式混凝土结构住宅建筑设计示例（剪力墙结构）》 | 15J939-1 | 设计、生产 | 2015 年 3 月 |
| 5 | 国家 | 图集 | 《装配式混凝土结构表示方法及示例（剪力墙结构）》 | 15G107-1 | 设计、生产 | 2015 年 3 月 |
| 6 | 国家 | 图集 | 《预制混凝土剪力墙外墙板》 | 15G365-1 | 设计、生产 | 2015 年 3 月 |
| 7 | 国家 | 图集 | 《预制混凝土剪力墙内墙板》 | 15G365-2 | 设计、生产 | 2015 年 3 月 |
| 8 | 国家 | 图集 | 《桁架钢筋混凝土叠合板（60mm 厚底板）》 | 15G366-1 | 设计、生产 | 2015 年 3 月 |
| 9 | 国家 | 图集 | 《预制钢筋混凝土板式楼梯》 | 15G367-1 | 设计、生产 | 2015 年 3 月 |
| 10 | 国家 | 图集 | 《装配式混凝土结构连接节点构造（楼盖结构和楼梯）》 | 15G310-1 | 设计、施工、验收 | 2015 年 3 月 |
| 11 | 国家 | 图集 | 《装配式混凝土结构连接节点构造（剪力墙结构）》 | 15G310-2 | 设计、施工、验收 | 2015 年 3 月 |
| 12 | 国家 | 图集 | 《预制钢筋混凝土阳台板、空调板及女儿墙》 | 15G368-1 | 设计、生产 | 2015 年 3 月 |
| 13 | 国家 | 验收规范 | 《混凝土结构工程施工质量验收规范》 | GB 50204-2015 | 施工、验收 | 2015 年 9 月 |
| 14 | 国家 | 验收规范 | 《混凝土结构工程施工规范》 | GB 50666-2011 | 生产、施工、验收 | 2012 年 8 月 |
| 15 | 国家 | 评价标准 | 《装配式建筑评价标准》 | GB/T 51129-2017 | 设计、生产、施工 | 2018 年 2 月 |

### 3.2.3 发展一系列适合国情的绿色建造技术

#### （1）绿色设计技术

绿色设计技术主要包括建筑选址、布局、朝向、环境配置等的优化，以及室内光环境、风环境、热环境的优化。此外，随着技术的发展，建筑设备的效率大幅提高，建筑材料的性能也大大优化，提高了能源使用率。此外，许多新技术的投入使用，使得绿色设计可采用的手段增多，如新型建筑材料、使用可再生能源的设备系统、智能运行控制系统等。

#### （2）绿色施工技术

我国绿色施工技术的发展主要围绕施工过程中的"四节一环保"展开。除了加强现场管理、提高现有工艺技术等手段外，一些新型施工设备及技术的使用也大幅提升了绿色施工的水平，如现场非传统电源照明、溜槽替代泵送混凝土、混凝土结构承重与保温一体化施工等。此外，前文提到的一些新技术、新设备在项目中的使用，需要发展出相应的建造安装技术，也对绿色施工技术的发展提出新的要求。

#### （3）工程总承包模式

工程总承包（engineering procurement construction，EPC）模式，又称设计、采购、施工一体化模式。是指在项目决策阶段以后，从设计开始，经招标，委托一家工程公司对设计—采购—建造进行总承包。在这种模式下，按照承包合同规定的总价或可调总价方式，由工程公司负责对工程项目的进度、费用、质量、安全进行管理和控制，并按合同约定完成工程。

工程总承包模式推广应用初具规模，为绿色建造下一步发展打下基础。为扶植工程总承包业务的发展，与工程总承包相关的政策法规相继出台，包括《关于培育发展工程总承包和工程项目管理企业的指导意见》《关于工程总承包市场准入问题说明的函》《关于推进建筑业发展和改革的若干意见》《关于进一步推进工程总承包发展的若干意见》《关于促进建筑业持续健康发展的意见》《住房城乡建设部关于进一步推进工程总承包发展的若干意见》等，为工程总承包业务的健康发展提供了制度保障，对推进工程总承包业务的快速发展产生了极大的推动作用。

国内现已有多家具有工程总承包能力的企业，工程总承包项目所占市场份额不断增大。根据中国勘察设计协会的统计数据推测，2007~2016年，全国勘察设计行业中从事工程总承包业务的企业工程总承包合同额呈逐年增长趋势，总体市场规模估算在5000亿元左右。

而对于以施工为基础的工程总承包，住建部《2016年建筑业发展统计分析》显示，全国建筑业企业完成建筑业总产值193566.78亿元。截至2017年4月30日，财政部全国PPP综合信息平台项目库入库项目12700个，投资总额153272.80亿元，而PPP项目多采用工程总承包模式。

在各方的共同推进下，2015年全国新开工的装配式建筑面积大概在3500万~4500万$m^2$之间，近三年新建预制构件厂大概有100多个。经过"十二五"时期的大力推动，目前全国已有56个国家住宅产业化基地、11个住宅产业化试点城市，行业整体呈现出蓬勃发展的状态。综合各方面情况来看，大力推进装配式建筑和建筑产业化的发展已经成为普遍趋势。2016年国内新开工的装配式建筑面积达1亿$m^2$。

## 3.3 存在的问题

### 3.3.1 机制体制不完善，未形成绿色建造发展的大环境

政府在绿色建造发展过程中扮演着重要的角色，而我国由于长期积累下来的制度方面的问题，导致绿色建造在政策制定和配置上存在着很多问题。另外，在监管和协调机制上的不完善，也使政府对绿色建筑发展的引导作用大大削弱。

#### （1）政府过度依赖强制性政策和行政手段

虽然我国的市场经济发展已经初具规模，但是政府仍然偏向于使用行政手段和强制性政策干预微观经济的发展。这种政策的效果往往迅速而明显，实现目标的手段不够灵活。强制性政策在面对动态的市场时显得较为僵化，缺乏灵活性，无法适应市场的快速变化，甚至可能阻碍市场的正常运行。另外，强制性政策在执行的过程中缺乏有效的监督机制，对政策执行效果的评估缺乏客观性。

### （2）缺乏配套的激励性政策

我国制定的绿色建筑和绿色施工相关政策和标准绝大部分是强制性的，缺少相关的激励性配套政策，导致对绿色建造的经济激励没有得到制度化的规范，也致使强制性政策难以实施。因此，一方面，绿色建筑和绿色施工的发展缺乏稳定的财政支持，另一方面，绿色建筑和绿色施工发展由于地区经济的差别也在区域上存在较大的差别。

绿色建造的政策制定需要强制性政策和相应的财政、税收、金融政策配合，充分调动各方主体的积极性，通过"有形的手"和"无形的手"的共同作用推动绿色建造的发展。

## 3.3.2 绿色建造标准体系不完善

我国虽然颁布了《绿色建筑评价标准》《民用住宅节能标准》以及其他涉及水、电、材料等的绿色标准，但是总的来说还不是十分全面，而且执行起来也存在很多问题。

### （1）缺乏适应性

我国幅员辽阔，各地气候、地理、自然资源、社会习俗等方面都存在着较大的差异，所以单一的绿色建筑评估体系无法满足所有情况的要求，缺乏灵活性和适应性。另外，在借鉴外国经验时没有结合我国的实际情况，造成评估缺乏客观性。因此，我国在借鉴国外评估体系和评价方法时一定要做到全面的本地化，因地制宜地实施。

### （2）定性多、定量少

在我国绿色建筑、绿色施工标准的很多评估项目都只有定性评估，而没有定量评估，这给评估工作带来很大难度。定量分析在国际上已经取得了很好的效果，我国在标准制定时应该增加定量分析的比重，以定性的方式检测建筑绿色设计环节生态目标达到效果，用定量指标来衡量其达到的环境性能实现的程度。

### （3）绿色策划、绿色设计、绿色施工各阶段标准独立，缺少"三位一体"的绿色建造标准

立项阶段的绿色策划是设计与施工的基础，我国现有标准多针对设计阶段或施工阶段，缺少针对立项阶段绿色策划的规范标准。

### （4）建筑装配化的发展缺乏顶层设计

目前，国家层面还没有出台扶持新型建筑装配化的产业发展政策。各地方政府制定的扶持政策还存在产业激励措施不系统、技术体系集成研发不重视、装配式建筑预制率偏低等问题，对建筑装配化的长远发展缺少科学的系统规划。

## 3.3.3 绿色建筑政策执行缺乏有效监督

对绿色建造政策执行缺乏有效的监管和评估，导致绿色建造相关政策缺乏执行力，这一方面是监管主体的问题，另一方面则是监管机制的问题。现今我国建筑主管部门实行的是节能审查备案制度，但是制度所规定的监管方式和监管范围存在很大的漏洞，也没有引入第三方机构评估，往往导致节能标准无法执行到位。因此，绿色建造的发展需要建立完善的内、外监管体系。

## 3.3.4 项目管理和运作模式缺乏协调

绿色建造是一项系统工程，管理和运作模式贯穿于策划、设计、施工的全生命周期中，政府、开发机构、科研机构、设计机构、建设单位、产品供应商、消费者乃至媒体作为直接或间接的参与者，发挥着各自不同的作用，而我国现阶段这一有机链条还并未形成。我国目前主要的工程承包模式中，建筑设计与施工往往分属不同的单位。施工单位只能照图施工，其结果是施工中不断发生设计变更，造成管理成本增加、工期拖延、投资超额、资源浪费，这与绿色建造的理念是相背离的。

建筑装配化缺少配套的监管机制。我国在建筑装配化项目的招投标、施工许可、施工图审查、质量检测和竣工验收等监管流程上，还没有形成促进新型建筑装配化加快发展的创新机制。由于没有实行工程项目设计—施工一体化招投标机制，不能实现设计、生产和装配施工的一体化，造成多个环节脱节，不能实现项目从规划、设计、施工、管理的全产业链整体利益最优。此外，适应于推广工业化建筑的施工许可、

施工图审查、质量检测和竣工验收等监管机制的缺失，也在一定程度上造成了工业化建筑建造过程的不确定性，增加了项目标准化管理的难度。

### 3.3.5 绿色建造技术水平有待提升

#### （1）引进技术吸收不够

绿色建筑技术研究在国外发展较早，已有大批成熟技术和定型产品，如何引进国外技术并转化为适宜本土的技术，同时利用国产材料降低成本，使其可在国内大量生产并推广应用，是目前急需解决的现实问题。

#### （2）新技术盲目堆积使用，效率不高

"衡量绿色建筑技术优劣的首要标准，是看其在提高建筑的资源利用效率上的贡献度，而不是仅关心其对自然环境依赖度的绝对降低值。"绿色建筑技术应用的目的在于提高建筑对于资源的利用率，大量的技术叠加未必能达到资源利用和配置效率的最佳，反而往往在增加成本的同时降低了综合效益。因此发展绿色建筑技术不能只专注技术本身，如何选择技术、集成和优化多项技术也同等重要。

#### （3）缺乏基于全生命周期的综合性、系统性绿色建造集成技术

我国立项、设计、施工各阶段长期割裂，各部分绿色技术多独立研发，自成体系，不是真正意义上的绿色建造技术。集成技术的缺失，也阻碍了绿色建造从项目立项开始介入，降低了绿色建造的整体效益。

#### （4）建筑装配化在设计、关键技术及集成技术方面也存在一些突出问题

1）设计技术方面[⑩]

工业化建筑设计关键技术发展较慢。工业化建筑一体化、标准化设计的关键技术和方法发展滞后，设计和加工生产、施工装配等产业环节脱节的问题普遍存在。

工业化建筑设计技术系统集成不够。只注重研究装配式结构而忽视了与建筑围护、建筑设备、内装系统的相互配套。

工业化建筑设计技术创新能力不足。工业化建筑还没有形成高效加工、高效装配、性能优越的全新结构体系，基于现浇设计、通过拆分构件来实现"等同现浇"的装配式结构，不能充分体现工业化生产的优势。

工业化建筑围护设计体系存在差距。与全新装配式结构体系相配套的建筑围护体系还存在很大差距，制约装配式建筑发展的"墙板"问题需要得到有效解决。

2）关键技术与集成技术方面

从设计、部品件生产、装配施工、装饰装修到质量验收的全产业链关键技术缺乏，且系统集成度低。

装配式建筑的关键配套产品和智能化生产加工技术应用性开发明显不足，高性能钢筋连接产品和连接技术没有得到重视。

装配现场缺乏协同适用的标准化、协同化、工具化的吊装与支撑体系，建筑结构和机电装修部品的一体化程度低。

BIM信息技术对设计、生产加工、施工装配、机电装修和运维等全产业链的协同发展还没有形成有效的平台支撑。

3）适用建筑装配化的结构体系开发滞后

全新的适用建筑装配化的结构体系没有形成。现有的装配式结构都是基于"等同现浇"的思想完成设计与施工，导致需要投入大量的人力与物力，对按照现浇进行设计的结构重新拆分构件，同时也导致施工现场两种建造模式并存，额外增加了施工组织成本，未发挥出装配式建筑快速建造的优势。

4）装配化施工专业技术能力欠佳

灌浆监检测术缺失。灌浆是实现预制构件连接的必要施工步骤。我国目前灌浆还停留在现场监管阶段，对灌浆饱满度检测的技术还不成熟。

施工技术间协调性差。施工技术是建筑、结构、机电、装修多专业的集成，比现浇混凝土结构要求高，我国现阶段技术间的协调和衔接不够完善。

5）构件、部件和配件（三件）生产自动化水平较低，未形成成熟生产线

预制构件、部件和配件的生产尚处于自动化生产的初级阶段，大部分预制构件的生产是由手工操作来完成的，不具备标准化流水线的生产条件，发挥不了生产线自动化的生产优势。如模具的组织与固定、钢筋网片（桁架）的焊接、钢筋的布置、混凝土布料、脱模等还不能完全实现自动化。

# 第 4 章　绿色建造管理模式研究

## 4.1 现状

我国工程项目管理在 20 世纪末期兴起，工程项目管理的模式逐步形成。我国的工程项目管理具有以构建工程项目为出发点的管理模式的特点。通过工程项目建设和管理相结合的一种方式，提高了工程项目管理的水平。在工程项目管理中实际的管理与建筑市场建设是互相融合的，工程项目管理是在稳定的建筑市场中发展起来的。

目前我国的工程管理项目主要分为业主自行管理模式、业主委托承包商建设模式以及 PMC 模式三种模式，它们在具体的实施上也存在着很大的差异。

业主自行管理模式起步较早，发展较完善，是我国最常见的一种管理模式，是指业主与施工方直接签订合同，由业主自行责成有关机构对工程项目进行直接的管理。

业主委托承包商建设模式是对工程项目中不同阶段的工程进行管理，总承包商按照合同的约定，让具有一定承包能力的大型承包公司进行管理。

PMC 模式是指承包商代表业主进行全过程的项目管理，由具有工程经验的工程公司在运行过程中对工程项目的设计、采购以及施工情况进行管理，以降低工程项目的成本。

绿色建造管理模式分为三个阶段，即策划阶段、设计阶段和施工阶段。

1）工程项目策划阶段

业主需要对项目进行可行性研究，推行绿色建造会对项目投融资产生影响，需要额外增加预算成本和融资量。首先初步对临时用地和环境影响评价进行估算。在招投标阶段，投标企业是否具备实施绿色建造的资质，其投标报价能否真实地反映出合理的成本估算，这些都是发包企业需要考虑的问题，同样需要国家出台政策来进行规范。在工程发包过程中，由于工程项目的发包模式不同，其绿色建造过程的实施效果会存在很大的差距，而目前我国大多数企业缺乏相应的经验。我国现阶段传统的承包模式中，设计与施工过程往往存在割裂，施工单位独立地进行施工活动，当设计发生变更时，返工现象会造成工程成本的增加和建筑材料的浪费，这与绿色建造的理念相背离。而工程总承包模式能够使得承包者从全局的角度对整个工程项目进行统筹规划，合理配置资源，实现节约和环保的目标。在绿色建造模式中实行工程总承包模式，能够从工程的总体出发统筹考虑，合理规划建筑设计阶段、物料采购阶段的施工工艺和造价等方面，这样可以有效节约资源，避免浪费，提高项目收益，增加抗风险能力。但是我国工程总承包模式发展缓慢，急需相应的法律法规进行规范。

2）设计阶段

设计阶段采用信息技术将设计、施工全过程实现整合，可以有效避免施工过程中出现的设计缺陷、返工等现象。据有关文献资料显示，设计阶段所造成的重复施工现象会导致约三成的投资总额的浪费。

近几年，建筑行业信息化技术和智能化技术得到了较好的发展，在一些领域已经推广开来，但是仍然存在着一些亟待解决的问题。比如信息标准还未成形；各个建造阶段的信息存在不兼容的现象，特别是涉及绿色建造模式时；信息技术在实施时未能实现全局性的绿色建造模式应用；项目的绿色建造模式缺乏相应的计量标准等这些问题制约着绿色建造的发展。

3）项目施工阶段

施工阶段作为绿色建造的实施阶段，是面临阻碍因素较多的阶段。项目施工经验的缺乏导致人员培训成本上升，材料、设备等供应链的绿色化程度缺乏控制，施工过程中管理成本、设备成本、新技术和新工艺的创新和实施成本都会增加，这些增加了施工方的成本顾虑。此外，绿色建造的环保要求往往会限制材料和能源的消耗，而新技术和新工艺的可控性较差，在使用初期很可能会有风险和浪费。国内传统的建设项目有时会为了追求工程进度而不惜加大能源、人力和材料的投入，这也与绿色建造的要求相悖。

现今我国建筑工程的管理存在着较多的弊病，体制的发展已进入一个相对稳定但急需创新的阶段，主要存在的问题涵盖了工程建设全周期的各个方面。

### （1）工程项目招投标阶段

作为眼下全球最具公开、公平性质的一种采购竞争方式，我国工程招投标制度自从1981年鲁布革水电站工程首次确立之后迎来了飞速的发展。截至2016年底，建筑行业依法公开招标项目的公开招标率超过了90%，全国仅从事工程招标代理的机构、企业单位有6495家，从业人员超过58万人，总营业额高达2544亿元。

我国招投标市场经过三十余年的发展初期阶段，各项规章制度有其适宜性，也同时存在着局限性。尤其是低价中标因其能够有效降低工程造价，节约资金的作用，获得了广泛的应用。但现今我国建筑业面临的社会需求已经从"速度快"向"质量高"转变，由于低价中标会引发以次充好、围标、串标、工程债务、劳资纠纷、恶性竞争等问题，已不能适应新的社会发展要求。

### （2）工程建造阶段

工程建设阶段存在的问题主要在于目前工程管理模式与绿色建造发展的理念相背离。我国在工程建设过程中以强制性监理为主要监督手段，以设计、施工分别单位承包为主要管理手段，此两项制度为我国建筑业的蓬勃发展作出了相当大的贡献，但在绿色理念越来越深入人心的当下，急需制度的改革创新。

我国自推行建设工程监理制以来，建设工程监理行业历经了试点、推广和规范完善的三个发展阶段，仅用了不足20年的时间，大致完成了西方国家近80年才走完的发展历程。在许多大、中型城市，有相当数量的监理企业已具备了向项目管理公司发展的基础条件，以跳跃性的方式促使监理企业产生质的飞跃。我国的工程监理制度虽然是借鉴国际上"业主方的项目管理"模式而建立的，但实际上我国的监理过程与国际上通行的做法还有一定的区别。我国的监理过程一般只针对项目实施阶段的施工过程，我国的工程监理规范也只限于施工阶段。监理单位受业主的委托，依照法律法规及有关的技术标准、设计文件和合同实施施工阶段的监理。监理单位是业主方项目管理的延伸，为业主提供施工阶段工程建设管理和咨询服务。但在我国监理单位实行常驻现场模式，日常工作中与施工方打交道的时间较多，逐步造成了监理对设计、施工不负责任，对工地没有管控权的局面，丧失了强制性监理制度设立的初衷。

### （3）工程项目全过程责任划分不明确

现阶段，我国建筑主管部门正大力推广建筑师负责制，强调建筑师对施工全过程负总责。推行建筑师负责制是与国际接轨的重要途径，是提高设计质量和建筑品质的需要。但目前我国建筑业存在诸多问题，强行推广建筑师负责制可能会导致建筑师权利与责任不对等的局面。例如，2016年住房和城乡建设部正式批准在上海市浦东新区设立建筑业综合改革示范区。对示范区重点项目的跟踪调查表明，关于建筑师的责权利，12.5%的调查对象认为政府出台的相关政策文件没有予以明确，有20.8%的调查对象认为不太明确。对于政府出台的相关政策文件，绝大部分开发商和建筑师都比较了解或非常了解，但施工方和监理方的绝大部分人员都处于不太了解或不了解的状态。报告显示，72.7%的调查对象认为建筑师负责制面临的最主要困难是现行法律法规未将建筑师的责权利统一。建筑师作用的发挥、建筑师负责制的推行需要赋予建筑师更多的话语权和责权利。当前还存在设计企业和建筑师个人之间的责权界定不明晰、企业资质评定与注册建筑师制度的矛盾、建筑师的身份定位和业务范围未明确等一系列问题，也是建筑师负责制试点和推行面临的最大难题。此外，63.6% 的调查对象认为要推行建筑师负责制应当建立建筑师执业人员责任保险机制，50% 的调查对象认为当前建筑师的综合能力与业务素质难以与建筑师负责制相匹配，还有 50.5% 的调查对象认为存在设计收费偏低的问题。

综上所述，建造阶段的管理模式创新，推广新型总承包管理模式已刻不容缓。

## 4.2 问题及分析

### 4.2.1 低价中标

#### （1）存在问题

我国招投标市场经过三十余年的发展初期阶段，各项规章制度有其适宜性，也同时存在着局限性。随着我国建筑业面临的社会需求已经从"速度快"向"质量高"转变，低价中标已不能适应新的社会发展要求。

"最低价中标"是一种国际上通行的评标方式，在国外的政府采购和工程建设招标中均被广泛运用。但我国低价中标法在工程建设、电缆采购、煤化工产业和房地产业中都出现过严重的问题。比如 2013 年大唐集团虎山电厂项目中四川明星电缆、安徽宏源特种电缆采用"低价中标"以次充好、恶意竞标的行为；2017 年西安地铁三号线被查出的"奥凯问题电缆"，引起了社会广泛关注。建筑行业低价中标的恶果暴露无遗，甚至被吐槽为"饿死同行、累死自己、坑死业主"。

更有甚者，承包商为了在投标过程中加大中标概率，通过压低成本价投标的方式，导致工程项目在建设过程中不断地追加、变更、索赔甚至向分包商压缩成本，不仅在一定程度上拖慢工期、造成工程质量下降，还造成了建设过程中的种种不合理支出及资源浪费现象。如大唐克旗煤质天然气项目招标时为了节省投资，采纳了低价投标方案和投标方，但在后期不得不针对水处理问题追加了近 20 亿元的投资，在运营中还得承担 7 元 /t 的水处理成本，远远高于普通废水处理的 4 元 /t 的成本。房地产业建材商、设备供应商更是因为本就较为低迷的市场需求下的"低价中标"而苦不堪言。

如果在我国现行法律、招投标体制和监管模式下，工程项目建设依然按照"低价中标"原则评标，特别是最低价中标，"奥凯问题电缆"现象还会频发，甚至还会引发更严重的后果。

#### （2）问题分析

为何在国外政府采购和工程建设招标中均被广泛运用的"低价中标"在我国就会引发以次充好、围标、串标、工程债务、劳资纠纷、恶性竞争等诸多问题？这主要由以下几个原因造成。

在当前越来越多的招标人在评审中采用最低价中标原则的趋势以及建筑市场竞争日益激烈的环境下，投标方被迫采取低价竞争策略来获得建设工程承包权。这应当是低价中标高价结算现象存在的基础性因素。从招标方方面来看，政府投资的建设工程和以国有投资为主体的建设工程大多按规定采取经评审的最低价中标办法来确定中标方。现阶段我国民间投资的建设工程中招标方追求低价是较为普遍的倾向。一些招标方为了降低建设成本，在建设工程交易中对投标方或中标方压级压价，或双方私下达成降低实际合同价的非法协议。

有的投资人受商业利益的驱动，甚至忽视了建设质量。因此，在现实中很少看到招标方对投标方给出的很低的投标报价提出质疑。从投标方方面来看，企业为了在竞争越来越激烈的市场中生存，不得不压缩企业利润水平，通过压低报价以求中标。通常情况下，中标之后中标方会试图通过多种方式弥补低价中标造成的利润损失，其中就包括低价中标、高价结算方式。

除此基础性因素之外，导致低价中标、高价结算现象的其他因素还很多。不同的项目，在不同的地区和不同的条件下，产生低价中标、高价结算现象的因素也各有不同。比如，个别地区仍残留地方保护主义思想，在建设工程招投标活动中，本地相关投标方私下达成共识，通过压低报价把外地投标方挤出本地市场。又如，由于种种原因，个别投标方与招标方或其项目管理公司串通投标，由私下协定的投标方以非正常低价中标，各自谋取相关利益。另外，也有一些投标方与设计单位、造价咨询、工程监理等机构联手合作，或在设计时故意留下待今后更改的部分，或在做清单时故意将工程量改变，中标后再进行变更等。

综上所述，导致低价中标、高价结算现象的原因各有不同，但实现途径基本都是中标方低价中标后，通过大量的设计变更或附加协议来增加建设工程的总投资，以弥补其低价中标的损失。

### （3）低价中标的危害

排除恶意低价竞标的情况，由于中标方通过超常规低价中标获得了建设工程承包权，无论中标方是否最终实现高价结算，其实都会导致不良后果，主要表现在以下五个方面。

打乱了招标方既定的建设投资计划。低价中标、高价结算往往导致工程实际投资超出投资计划，令招标方处于若不追加工程投资就会面临工程不能按期完工的尴尬境地。这无论对政府投资项目还是民间投资项目建设都造成了不利影响。如果招标方与中标方不能在追加投资上达成一致意见，或遇招标方无法或不能追加投资，而中标方又无法弥补资金缺口的情况，则容易形成"烂尾楼"工程、"豆腐渣"工程等。

扰乱了建筑市场秩序。低价中标、高价结算往往令经政府部门批准的投资计划和甲乙双方依法签订的工程合同失去应有的约束力，也让工程交易时的招投标活动最终失去应有的严肃性。若不能及时、有效地加以制止，让低价中标、高价结算现象形成蔓延趋势，势必会扰乱政府部门和社会各方长期共同建立并积极维护的建筑市场秩序，严重时甚至会危及政府监督部门的公信力。

影响建筑行业的健康发展。一方面，非正常的低价中标往往让那些报价合理、有实力的投标方无法获得工程承包权。长此以往会对建筑行业的发展产生不良导向，进而影响建筑行业的健康发展。另一方面，低价中标的企业，会想方设法弥补资金缺口，为获得招标方增加投资而反复谈判、扯皮。也可能因此影响到材料款拨付和人工费支付等，形成社会不稳定因素。一些中标方或因此丧失了信誉，甚至葬送了企业的发展前途。而那些预期通过设计变更和工程量变更来确保自身有利可图的中标方，若最终得不到招标方的认同，类似问题也将同样产生。

可能增加工程的使用维护成本。随着建设工程质量和安全意识的提高以及相关制度措施的不断完善，如今很少有人在涉及建设工程主体结构安全的部分打主意，违规获取额外利润。但这些通过低价中标的企业为获得利润或者减少损失，会在不影响主体结构安全的部分偷工减料、以次充好、粗制滥造，给工程建成后的使用带来不便，并增加维护成本，给建设行业的商业贿赂现象滋生留下空间。正如前所述，一部分中标方为实现自身有利可图，往往与项目管理公司、设计单位、造价咨询机构、监理单位等建立起不正常的合作关系。也不能排除其中少部分单位或个人，受利益驱使而导致商业贿赂行为的发生。

### （4）对策

建立完善的工程项目管理体制，引入全过程的设计咨询服务机构，代表甲方进行监管，解决业主在建设过程中缺乏施工专业性知识的问题，防止低价中标、高价结算和以次充好的现象。

制定和完善相关规定，细化合同相关内容，严格限制报价更改。中标之后，招标方、投标方必须对中标的最低报价进行复核，查有无漏项或计算错误，确保中标价已包括所有工程内容。签订合同后，在合同中尽量详细载明因政策变化、市场材料价格变化、设计变更、工程量变化、现场签证、索赔等导致的不确定风险，以及应由合同双方承担的责任，发现错误时，报价不得修改。中标方要么明知亏损也坚持完成，要么放弃正式签约，用投标保函赔偿招标方损失。

## 4.2.2 强制性监理

### （1）存在问题

我国建设监理制度在实施过程中虽然取得了较为显著的成效，但是随着建设工程社会化、专业化的发展，建设监理制度存在的问题越来越突显，主要表现在以下三个方面。

1）在监理服务中难以保持独立的法律地位

从法律关系上来讲，业主、监理、施工应该是相互平等的主体，监理受业主委托，但其本身是独立的，监理服务是由独立的社会化的监理机构来实施的。独立性是保证监理工作公平、公正的一个基本要求。业主作为委托单位，和监理单位之间是通过监理委托合同确定的一种合同关系，是一种互惠互利、等价有偿的服务关系，双方地位应该是相互平等的。但在实际的工程建设实施过程当中，不少业主认为监理单位是为业主服务的机构，因此必须服从业主的领导，按照业主的旨意行事，而不论这些要求是否合理、合法。同时，一些监理单位因为一方面要从业主处谋取利益，另一方面本身人员素质不高，对业主提出的要求不能够提出合理的意见和建议，而只是一味逢迎，存在所谓的"大业主、小监理"的现象。

另外，监理单位作为第三方，应该遵循"公平、公正"的原则履行监理职责，独立公正地行使监理职权，不仅维护业主方利益，同时也要维护被监理单位的合法权益，这是监理工作的社会性要求。但是，往往在工程实践中，施工单位提出的合理变更要求得不到监理单位的支持；部分业主为了局部利益而做出损害国家、社会或施工单位利益的行为，监理单位不能够站出来进行制止，其独立性不能够体现。

2）部分建设工程管理模式不利于监理开展工作

这源于我国的建设工程管理模式尚未与国际真正接轨，在我国实际的建设工程中，还常常经常遇到以下情形。

第一种，在有些大型工程建设中，除建设、承包、监理三个主体之外，上级部门往往成立工程指挥部等现场管理机构，直接介入工程管理，掌握工程建设的主要决策权，对于监理工作，往往以命令形式加以干预，将监理机构作为下属单位进行管理。

第二种，在有些建设项目中，投资方或建设方、承包方可能同属一个主管行业系统，甚至有时上级单位成为被监理方，因此任何一方违反合同都不会被诉诸法律，而是以行业内上级意见裁定，监理意见常被轻视而搁置。

第三种，建设方是项目法人，但却不是实际投资者，不是业主，而只是业主组建的管理机构，仅执行经营管理职能，但监理合同却是与建设方签订。建设方掌握监理费和工程款的拨付权，监理范围、深度由建设方确定，不少情况下监理只能主要承担或只承担现场质量控制功能，进度和投资管不了，也无法真正落实业主意图。

这些建设工程项目在很大程度上仍然体现建设方或投资方自行管理工程的模式。由于建设方的现场管理人员往往考虑自身利益而不能严格地按合同文件办事，加之其对监理的工作程序、制度和行业特点知之甚少，因而实现监理的科学化、规范化就难以做到。监理行为存在的基础被淡化，三元一体相互独立、相互制约的合理建设市场结构体制也就难以形成。

3）监理企业的体制缺陷使其难以保持独立公正

通常情况下，国有监理单位都是采用或实质上是行业系统所属企业的管理模式，这种监理行业从属于主管系统的模式是在一定的前提条件下产生的，是计划经济向市场经济转变过程中逐步推行监理制的必然产物。这种模式实际上是为了适应实际情况而采取的不规范模式，弊端较多。由于经济体制上的原因，行业特点较强的监理单位多数未从根本上独立。即使已经完成股份制改造的监理单位，最大股东仍是原来的上级单位，仍然由原来的行业系统管理。监理单位往往没有人事、财务的独立自主权。出于人事、财务等方面的考虑，监理只能接受合同之外的上级指示或意图。无法真正做到科学、独立、公平、公正。

除建设监理制度本身存在的问题外，建设工程监理的实施效果也欠佳。监理公司为了降低人力成本、扩大利润，往往大量聘用专业素养不高的人员，自己仅保留少量的高资质人员以确保企业资质，致使很多甲方并不相信监理，往往自己额外聘请大量工程管理人员参与监控建设过程，造成人力和管理资源的重复和浪费。另外，现场监理"吃里扒外"现象也层出不穷，他们一方面拿着建设单位的监理费，另一方面却对施工单位进行吃、拿、卡、要，社会影响较为恶劣。监理单位进驻现场后，办公、住宿、餐饮等场所往往是由施工总承包来负责，致使监理单位与施工单位打成一片，对施工总承包的监督有不利影响。

### （2）对策

针对以上问题加以分析，主要源于我国现行的法律、法规尚不完善，合同中主体关系不明等问题，主要对策包括以下几个方面。

1）取消建设工程强制性监理制度

建设工程强制性监理制度违背了监理设立的初衷，在一定程度上阻碍了工程建设的发展，尤其是不适于EPC和PEPC等新的建造模式，因此建议取消其强制性，而应彻底交给市场来选择。

2）转变监理的角色

监理的主要任务是为工程项目提供咨询服务，包括工程策划、设计、施工及后期的运维。而现阶段监理的职责只囿于施工阶段的质量监督，甚至只是施工过程的监工，与国外发达国家的监理职能有着较大差别，不能与国际较好地接轨。因此，应转变现有监理的角色，为工程项目提供咨询服务。

3）提升从业人员的专业素养

工程项目咨询服务对从业人员专业的要求较高，而现有监理从业人员的专业素养普遍偏低，因此应提升专业人员的专业水平。可通过提高咨询工程师准入门槛，推动专业素养的提高。

## 4.2.3 建筑师权限与责任不对等

### （1）存在问题

推行建筑师负责制是国际惯例，有利于保障工程质量、控制工程投资、确保设计的完成度，有利于中国建筑师在贯彻中央"一带一路"倡议的背景下走向世界，这种发展趋势已在业内达成共识。但是，目前我国推行的"建筑师负责制"存在诸多问题，其主要问题包括以下几个方面。

我国建筑师的执业范围受现行法律约束，《中华人民共和国注册建筑师条例》使我国建筑师职业实践和实施工程控制的业务范围实质上更多地被限制在建筑设计环节，无法对工程项目的全过程进行实际有效的控制。

由于我国建筑师的教育培训、职业实践、管理体制与国际规则有很大的差异，大学本科的专业教育中大多缺少建筑师职业实践相关课程，因此 UIA-PPC 导则中的两个最核心的内容——法律责任和职业道德是建筑师本科职业教育中缺失的。毕业后建筑学专业学生多向建筑图纸设计人员方向发展，很难与国际建筑师互认并拥有平等的话语权，也成为国内推进建筑师负责制的短板。

现行的管理体制中设计企业执行的是单位资质和个人资质双轨制，责任主体界限有模糊地带。同时企业资质评定与注册建筑师制度的矛盾带来责权问题。目前工程项目管理中监理对施工质量负有全责，因此在推行建筑师负责制过程中必须考虑建筑师与监理的关系、与总承包商的关系，责任明确到位。

设计保险险种不完善，缺少勘察设计行业保险的相关法律法规。我国建筑行业激烈的市场竞争条件下，总体上设计费过低。国内大型设计院及一线设计单位收费相对较高，基本上能达到国家收费标准的 80% 左右；省级院的收费平均水平约为国内大型设计院的 70% 左右，约为国家收费标准的 50%~80%；一些地级院的设计收费标准仅达国家收费标准的 20%~40% 左右。且多有设计费支付进度差、拖欠严重的情况发生。

建筑师执业过程中可能面临责权利不平等。二次深化设计各单位各自为政，相关责权难以界定。在施工招投标过程中，由于缺少成文的规定，招投标过程中基本没有建筑师技术判断的话语权。建筑师无法参与施工招投标，使建筑师无法对施工进行有效的控制，施工过程的管控基本由代建机构、施工单位、监理单位承担。注册建筑师处在被动的施工服务状态，无法发挥技术控制的主导作用，同时二次分包与材料、设备选购等关键环节也没有建筑师技术控制的话语权。

### （2）对策

经以上分析，提出如下对策。

推行建筑师负责制是与国际接轨的重要途径，是提高设计质量和建筑品质的需要。但是在现行体制机制下，结合我国的国情，在我国实施建筑师负责制还存在一系列问题。建筑师负责制要在我国真正落地还需要一段时间，在这段时间要实现建筑业的国际化和建筑品质的提升，还需要不断完善制度，寻求适合推进建筑师负责制的新管理模式，循序渐进地推进建筑师负责制。

企业需要探索项目全过程服务等利于推进建筑师负责制的新模式。推进企业管理模式从被动的设计者转为项目把控者进行项目的全过程管理。目前国内建筑设计行业现状为以企业法人单位为主，建筑师依托法人参与建筑设计过程，企业为建筑师提供了技术保障、管理体系和职业组织架构，同时承担了社会风险、法律责任等，为建筑师提供了创作发挥的平台。在推进建筑师负责制的过程中，企业法人需要继续承担平台的作用，逐步转变观念，突出建筑师的独立化，拓宽企业发展路径。设计企业应有意识地培养有专业背景的复合型人才，建设单位也应提供全过程的技术管理的机会。通过多方位的培养和锻炼，使建筑师具备团队领导、沟通协调、采购招标、合同管理、造价控制、施工管理等多方面的能力和知识，真正达到项目的全过程管理要求。

## 4.2.4 工程管理模式

绿色建造理论是从建筑产品的全寿命周期的视角对建筑材料的研发、运输、使用以及建筑产品的规划、设计、施工等各项环节进行绿色化改造。绿色建造是一个结构性的系统工程，覆盖策划、设计和施工三个项目建造阶段，涉及整个项目的所有参建单位和政府及行业监督部门。要保证如此多的参建单位有序地开展工作，就需要其都在一个共同的组织体系内工作。

需要依托于建设项目参建企业角色，在不同的项目管理组织模式下对传统的建设周期各阶段进行绿色化改造和提升。同时，绿色建造理论的提出也为项目管理打开了全新的领域和全新的项目管理目标，为了保障绿色建造管理目标的实现需要匹配相应的组织管理体系（图4-4-1）。

从绿色建造面临的主要问题分析，在建造全过程参与、前期策划介入、有效控制成本和降低风险等方面，承包商对工程的介入程度越深，对于绿色建造的推进越有利（图4-4-2）。

在绿色建造管理过程中，绿色化程度的实现是在建造过程中物化的。不论具体采用何种模式，都需要将绿色化的任务分解到各个环节，并明确参与方的职责。但是，一旦完成了任务分解与职责分配工作后，绿色等级方面需求的实现过程就会融合到一般性工作中去。实现全过程绿色建造模式必须基于国家建设项目管理流程，在建设各个阶段细分工作内容，增加各个环节的绿色化改造考量，贯彻绿色建造理念，提升建造全过程的绿色化程度（图4-4-3）。

工程总承包模式有利于绿色建造责任主体的划分。总承包商站在工程项目总体的角度从建筑设计、材料选择、楼宇设备选型、施工方法、工程造价等方面全面统筹资源，减少环境负影响，实现资源和能源的高效利用，有利于工程项目综合效益的提高，更利于绿色建造在项目实施过程中的落地。

但我国工程总承包的发展缓慢。究其原因，在很大程度上是由于受传统的建筑管理体制的影响。具体表现有以下几个方面。

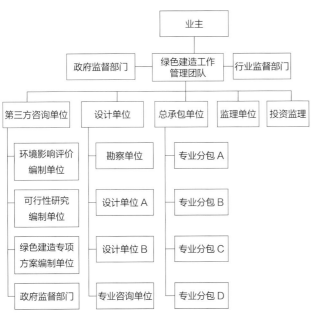

图4-4-1　绿色建造组织管理体系

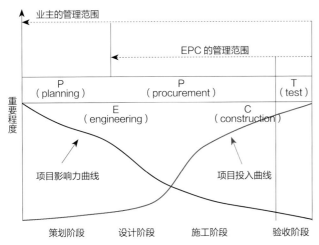

图4-4-2　项目总承包模式管理范围

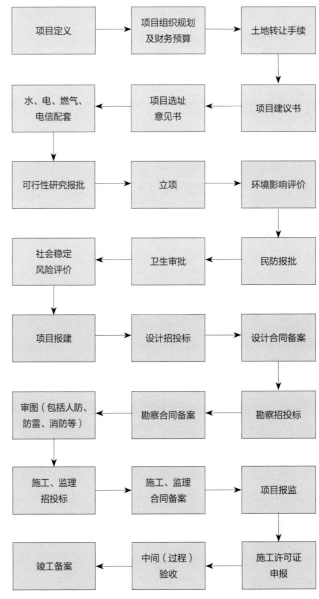

图4-4-3　建设项目流程图

项目业主作为建筑市场的主体，在工程项目建设过程中处于主导地位。在项目建设过程中由于业主方管理水平参差不齐、专业水平不高、对建设程序和法规不熟悉，以及部分业主照顾部门利益、个人利益等诸多因素，导致业主方擅自将工程肢解发包、违规分包等不规范的行为发生。

有关工程总承包的法律法规还不够完善。应该通过行业的法律法规，规范建设方的建设行为，同时为实现工程总承包创造条件。以法律形式保障垫资、带资建设的承包商的利益，明确建设项目还款最低利息和资金偿还期限，形成一种有利于承包商开展融资的市场环境，降低承包商的资金风险，鼓励工程总承包模式的推广。

建筑市场的产业结构失调，缺少具有总承包能力和强大经济技术实力的大型企业，而多是大量经营范围、经营方式和经营能力都基本相同的中小型企业。这些企业之间没有区分各自的目标市场，更没有体现出各自技术和管理上的优势，导致了建筑市场的混乱及无序，催生了工程发包领域的不规范行为。

主要总承包模式主要事项对比分析　　表 4-4-1

| 序号 | 比较内容 | PPP | EPC | D-B |
|---|---|---|---|---|
| 1 | 代表利益 | 业主 | 承包商 | 承包商 |
| 2 | 介入项目时间 | 早 | 中 | 晚 |
| 3 | 与分包商的关系 | 合同关系 | 合同关系 | 合同关系 |
| 4 | 与设计单位的关系 | 合同关系 | 协调关系 | 协调关系 |
| 5 | 工作范围 | 大 | 中 | 小 |
| 6 | 与业主签订的合同 | 成本加酬金 | 总价合同 | 总价合同 |
| 7 | 作为业主的融资顾问 | 参与 | 不参与 | 不参与 |
| 8 | 承包商承担风险 | 大 | 中 | 中 |
| 9 | 承包商对项目的控制 | 中 | 高 | 中 |

## 4.3 解决办法与对策

### 4.3.1 大力推广 EPC 建造模式

本研究综合调研了目前主流的总承包模式，选取了 D-B、PPP、工程总承包（以下简称 EPC）三种较适宜绿色建造推广的管理模式进行对比分析。对于承包商来说，三者的差异性分析如表 4-4-1 所示。

经过对比分析，工程总承包模式更有利于绿色建造责任主体的划分。EPC 有很多种衍生和组合，例如 EP+C、E+P+C、EPCm、EPCs、EPCa 等。

目前国家正大力推进建筑工业化、工程项目总承包的管理模式改革。鼓励企业打破部门、行业、地区、所有制的界限，鼓励具有较强竞争力和综合实力的大型企业实行联合、兼并。部分企业在优势互补的原则下展开了兼并重组活动，产业链的一体化趋势明显，为构建完善 EPC 业务市场供应链体系作出了重大贡献。如中建集团积极拓展建筑业产业链上游的设计、咨询和项目开发、投融资业务，以及下游的维修、养护和委托管理。

在绿色建造大发展的背景下，EPC 模式可以很好地在工程项目全过程贯彻绿色建造理念，由总承包单位进行项目绿色建造组织管理体系的制定，绿色建造的责任主体清晰，对绿色建造的全过程落地具有良好的推进作用。

对 EPC 全流程进行分析，可以总结出其具有特点。

EPC 对绿色建造的支持能力突出。业主把工程的设计、采购、施工和开工服务工作全部托付给工程总承包商负责组织实施，业主只负责整体的、原则的、目标的管理和控制，使总承包商更能发挥主观能动性，运用其先进的管理经验为业主和承包商自身创造更多的效益，提高了工作效率，减少了协调工作量，从而使工程项目设计变更更少，工期较短。同时由于采用的是总价合同，基本上不用再支付索赔及追加项目费用，项目的最终价格和要求的工期具有更高的确定性。

目前 EPC 在我国面临较大的推广难度。我国建筑市场以民用为主，传统民用建筑设计企业的组织构架使人力、技术资源分散在各科室和子公司，各科室和子公司又以单一的设计、造价咨询或项目管理为主营业务，造成彼此之间协作深度不够，无法形成以项目控制为中心的 EPC 生产模式。传统民用建筑设计企业与施工企业相比，在采购资源、现场管理能力上还存在差距。且企业内部以设计优势作为 EPC 业务基础的知识管理、知识集成体系及标准化工作模式尚未建立，难以支撑 EPC 业务的资源聚集和持续发展。

EPC 要求总承包企业具有完善的设计、施工能力。EPC 盈利模式要求总承包企业结合项目设计和前期策划等，通过优化设计、精心管理，在合理的范围内控制好各项建设目标来实现企业效益。

EPC 要求建立完善的企业信用网络。在传统的民用建筑领域，我国大部分业主对承包商的能力和信用缺乏信心。大部分业主仍然习惯于设计、施工分别招标，相互制约；同时在部门和个人利益的驱使下，业主内部组织容易形成多个利益主体，采用 EPC 业务模式在一定程度上会产生削弱业主对项目控制力度的心理感觉，导致 EPC 业务模式难以推广应用。

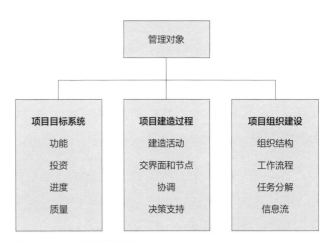

图 4-4-4　PEPC 的管理对象

## 4.3.2 建立覆盖工程项目全生命期的 PEPC+DCS 管理模式

### （1）PEPC

对大中型建设工程在投资、进度、质量三大目标控制等方面存在的问题，许多学者表示问题的根源并不仅仅在技术层面上，更主要的还是在组织与管理水平上。另据德国 IPB 资料显示，"一个项目靠采用先进的技术或技术装备只能使工程利润提高 3%~5%。而依靠改进管理方式却能使利润增加 10%~20%。先进的项目管理模式将大力促进工程项目管理水平的提高。"因此，改进管理、强化控制、寻求适应我国国情的项目管理模式已刻不容缓。

针对大型建设项目的组织流程和工程管理现状，在 EPC 总承包模式（设计—采购—施工）的基础上，鼓励项目承建方在工程项目的立项规划阶段介入，成立绿色建造专业工作团队，以现代信息技术、通信技术和工程经验为手段，为业主提供项目管理服务，在整个项目实施全过程提供具有战略性、宏观性、前瞻性的定量分析和定性分析相结合的目标规划和控制，即 P+EPC 模式。

PEPC 模式的管理对象应包括项目整个系统，从不同的角度考察项目的不同特征。具体而言，PEPC 模式管理对象包括项目的目标系统、项目的建造过程管理和项目组织，这三者的关系和内容如图 4-4-4 所示。

### （2）工程设计咨询服务（DCS）

合理的工程项目组织管理模式对绿色建造的推广具有重要作用。我国现行的工程项目组织管理模式忽略了工程项目本身的自律能力和履约能力建设，过分看重第三方的"旁站监督"和专项方案论证，不利于工程项目终身负责制的落实，不利于工程建设企业自身技术能力的提升。

基于此，本研究提出基于全生命期的工程设计咨询服务（Design Consult Service，以下简称 DCS），其涉及建设工程全生命周期内的策划咨询、前期可研、工程设计、招标代理、造价咨询、工程监理、施工前期准备、施工过程管理、竣工验收及运营保修等各个阶段的管理服务，将管理范围向前延伸至工程立项策划，视野向后拓展到工程的运维阶段。

同时可将 PEPC 模式与 DCS 相结合，形成 PEPC-DCS 整体项目总承包模式。一方面，明确了总承包商作为绿色建造的责任主体，应履行绿色建造全过程的组织与协调，将工程立项策划、设计与施工深度融合，打破多元主体的传统建造模式，有效控制建造全过程的各种影响因素，促进工程项目绿色建造实现整体效益最大化，全面强化企业的市场和现场总体管理和技术能力；另一方面，应加快培育具有基于全生命期设计咨询服务能力的企业，参与建造期的全过程和使用期的全寿命的咨询服务，全面促进我国工程品质的精益化建造和物业运行的科学化管理。这种管理模式实现了与国际管理规则的无缝对接，可进一步加速我国"一带一路"倡议的实施和中国建筑业"走出去"的步伐。

除此之外，DCS 还具有如下优势：①项目建设全过程中，DCS 作为与甲方签署咨询服务合同的单元，对项目的质量安全、产出效果、总体经费等多方面负责，有助于落实建筑师负责制；②在项目招投标阶段，DCS可协助业主严格把关标书及合同，防止低价中标导致的后期价格变更、以次充好等问题；③在项目建造阶段，DCS可取代监理制度，作为甲方代表监督总承包方的项目质量及进度。

# 第 5 章 绿色建造技术创新研究

绿色建造技术是实现绿色建造的基础。绿色建造由项目策划、设计与施工环节所组成，而各个环节的实现均需相应技术作为支撑。换言之，绿色建造技术的水平高低，直接决定了绿色建造的实现程度。随着我国对绿色建造要求的进一步提高，绿色建造的技术也需要相应的创新。本着最大限度地节约资源和保护环境的原则，结合现阶段绿色建造的技术水平，本研究提出了装配式建造、信息化建造、地下资源保护及地下空间开发利用、楼宇设备及系统智能化控制、建筑材料与施工机械绿色化发展、高强度与预应力结构等新型高性能结构、多功能高性能的混凝土、使用现场建筑垃圾减量化及资源、清洁能源开发及资源高效利用、人力资源保护及高效利用 10 项绿色建造创新技术并指出了每项技术创新尚存在的问题。

## 5.1 装配式建造技术

装配式建造是指将建筑的构件、部件和配件在工厂中预制，再运输到施工现场进行安装，进而形成建筑产品。与传统现浇施工方式相比，装配式建造技术具有缩短工期、提高生产效率、减少现场劳动力、提高建筑质量等优点以及节约能源和资源的优势。装配式建造技术更符合"四节一环保"要求，与国家可持续发展的原则一致。在环境保护越来越重要的今天，传统建筑业的施工方式已经不符合建筑业转型升级的需要，发展装配式建筑将成为建筑业转型升级的必然途径。

装配式建造技术主要包括装配式混凝土建造技术、装配式钢结构技术和装配式木结构技术。

但目前装配式建造技术的发展还存在较多问题，应从以下几个方向探索解决。

### （1）研发新型结构体系

装配式建造技术的核心在于节点的连接方式从而形成结构体系。研发新型的装配式结构体系是装配式建造技术发展的重要影响因素。新型的结构体系意味着全新的施工工艺和施工方法，除了对工程质量和施工安全的影响，还会在人力、能源、环境方面对人类社会产生不同程度的影响。

### （2）建立健全完整的技术标准体系

目前，我国完整的混凝土预制装配技术标准体系尚未形成，建筑的设计、生产、施工、验收环节都缺乏标准。标准体系的不成熟阻碍了装配式建筑的发展。我国装配式建筑部品标准的数量远远达不到发达国家的水平，因此完善标准体系是发展装配式建筑的当务之急。

### （3）研发自动化施工吊装设备

装配式构件吊装安装设备是完成装配式建造必不可缺的工具。现阶段我国装配式构件生产技术日益成熟，但与之相匹配的施工现场构件吊装安装设备的研发进展缓慢，这将直接影响到施工效率、施工质量和施工安全，因此推进装配式建筑施工吊装设备的研发技术，是实现装配式建造的必要手段。

## 5.2 信息化建造技术

信息化建造技术是指利用计算机、网络和数据库等信息化手段，对工程项目施工图设计和施工过程的信息进行有序存储、处理、传输和反馈的建造方式。我国建筑业由于其产品不标准、复杂程度高、数据量大，项目团队临时组建，各条线获取管理所需数据困难，使得建筑产品生产过程管理粗放，在工程项目建造过程中信息交流程度不足，造成人力、材料、机械等资源的不必要浪费。同时，建筑工程建造过程是一个复杂的综合活动，涉及众多专业和参与者。因此，建造工程信息交换与共享是工程项目实施的重要内容，信息化建造技术将对改变这种状况起到巨大的作用。信息化建造有利于施工图设计和施工过程的有效衔接，有利于各方、各阶段的协同和配合，通过信息技术实现类似于制造业的精细化施工，从而提高施工效率，减小劳动强度，减少排放，减少更多的能耗。

信息化建造技术是一大突破点，是绿色建造技术的发展重点之一。而信息化建造技术的发展应重点研究以下几个方面。

### （1）开发绿色建造全过程模拟与监控技术

绿色建造全过程模拟技术可以在工程建造之前就明确建造工序，发现存在的问题。应注重绿色建造全过程的模拟，施工图设计信息、施工过程信息的实时反馈、共享、分析和应用，发展绿色建造全过程实时监测技术、绿色建造可视化控制技术以及工程项目质量、安全、工期与成本的协同管理技术，建立实时性强、可靠性好、效率高的信息化建造技术系统，真正实现绿色建造全过程的信息化。

### （2）推进 BIM 技术应用的广度和深度

建筑信息模型（以下简称 BIM）技术是信息化建造的重要手段之一。在信息化和工业化融合的背景下，利用 BIM 技术共享，实时获取准确数据，提高项目协同能力，加快工期推进，降低资源消耗。探索建立一体化的信息化管理平台，应用 BIM 技术支撑建筑全产业链的信息贯通、信息共享、协同工作，提高管理效率和效益，解决设计—施工脱节问题，实现项目各参与方的信息共享、协同工作，提升全项目、全过程、全产业链的信息化管理水平，实现全面信息化。

### （3）优化建筑企业信息化管理技术与系统

办公自动化（OA）、电子商务、企业资源计划（ERP）等信息化管理技术与系统也为建筑企业绿色建造创造了巨大价值。办公自动化提高整个企业的沟通率，加快了节奏，减少工作延误。电子商务使建筑业更加透明化，在提高商务效率的同时，让节能环保的材料更加普及。企业资源计划系统的实施，使企业级管控得到提高，提高了整个企业的响应和决策速度，使项目部的运营效率有很大提高，从而有利于项目部降低资源消耗。

## 5.3 地下资源保护及地下空间开发利用技术

地下空间能维持和促进人类社会的可持续发展。对于城市建设和发展领域，地下空间是迄今为止尚未被大规模开发利用的自然资源。地下资源保护及地下空间开发利用技术的发展应注重以下几个方面。

### （1）地下空间的多形态利用技术

地下空间开发利用的目标是通过空间的地下拓展，满足城市持续发展对空间、容量的需要，最终实现"和谐城市"的目标。从城市综合效益最大化原则出发，根据地下空间的空间特性和地下空间开发利用的功能环境适应性原则，研究多种形态的地下空间开发利用技术。未来城市地下空间开发利用的主要领域应包括地下交通、市政公用设施、物流、公共服务设施、防灾、储藏和生产等功能，基本覆盖城市各功能子系统，形成地面以生活、居住、办公、游憩功能为主，地下为交通、市政公用设施、防灾、储藏功能的竖向功能划分，构建地上、地下协调运作的空间系统。

### （2）地下空间的功能与布局规划技术

在大体确定城市性质和规模以及城市总体布局基本形成后，对城市地下空间中各种构筑物进行统一规划、合理布局，将地上和地下各部分有机整合，明确城市开发利用地下空间的发展方向，是城市地下空间开发工作的指导，同时也是下阶段的详细规划和管理的依据。随着工程技术水平的提升，以及人们对城市地下空间在城市发展中重要性认识的逐渐深化，地下空间的功能与布局规划研究日益重要。在确定城市地下空间布局时，应意识到城市的发展、人们对城市地下空间开发利用认识和工程建设能力的提高，要求为城市今后的发展留有空间，对城市地下空间资源进行保护性开发，也就是城市规划中常提到的"弹性"。

### （3）地下资源的保护与利用技术

在人们享受地下商业、交通带来便利的同时，地下空间开发利用所引起的生态环境问题也逐步显现。地下空间的开发，不能以损坏地下环境为代价，应研发符合绿色建造理念的地下空间开发利用技术，并注重地下资源的保护和合理利用，以及对周边环境、生态的保护。

### （1）统筹分析，精确确定楼宇智能化系统的技术方案

以智能楼宇建筑电气节能为例，我国已在建筑电气节能设计、施工、管理等方面开展了大量的节能降耗工作，但由于在节能方案、措施的制定过程中，没有进行统筹分析，各类工程师未对楼宇建筑内部现有系统进行全面了解和综合能耗分析判断，导致在节能工作开展时，只能片面地进行单一节能产品的选型安装或实施分项的节能方案措施。

### （2）研发功能可靠的自动化设备

楼宇建筑普遍缺乏相应的基础自动化设备。当建筑电气系统进行节能产品选型安装和节能措施实施后，不能对相应的节能数据及运行效果进行实时动态的记录、跟踪和统计分析管理，导致建筑电气系统节能产品或节能措施在实施一段时间后，相关系统不能有效地协调运行，达不到预期的持续节能效果。

### （3）强化既有建筑的智能设计与改造

对既有建筑进行系统智能化设计与改造是提高其综合服务水平的有效措施，不仅可以保障建筑内部各系统发挥出优良的功能特性，同时还可以进行电气系统优化控制管理，使各设备均能处于在最优工况，从而大大减少建筑电气系统的能源消耗，降低住户单元面积日常费用开销。

## 5.4 楼宇设备及系统智能化控制技术

楼宇智能化系统一般包括：综合布线系统、计算机网络系统、电话系统、有线电视及卫星电视系统、安防监控系统、一卡通系统、广播告示系统、楼宇自控系统、酒店管理系统、物业管理系统、智能楼宇管理系统（集控平台）及数据中心机房建设等。

楼宇设备及系统智能化控制技术的发展应注重以下几个方向。

## 5.5 建筑材料与施工机械绿色化发展技术

绿色建筑材料是指与生态环境相适应的建筑材料。"绿色建筑材料"是在 1988 年第一届国际材料研究会上被提出的，在 1992 年联合国召开的世界环境与发展大会上，研究并确立了可持续建筑材料的发展方向。我国将绿色建筑材料定义为：采用清洁生产工艺，不用或少用天然资源，大量使用工农业或城市固态废弃物生产的无毒害、无污染、放射性水平低的、可以回收利用的建筑材料。

建筑材料是建筑行业的重要组成部分,最近几年绿色建筑材料成为新兴产业,其主要包括绿色墙体材料、绿色保温隔热材料以及绿色装饰材料等几类。生产和使用绿色建筑材料,既能够节地、减少资源消耗、保护生态,又可以使建筑业更好地发展,带动社会经济的增长。

建筑材料与施工机械绿色性能评价及选用技术的发展应注重以下两个方向。

### (1)建立健全建筑材料与施工机械绿色性能评价体系

目前国际上通用的是全生命周期(LCA)评价体系。它是从材料的整个生命周期对自然资源、能源及环境和人类健康的影响等多方面、多因素进行定性和定量的评估。而能耗(油耗、电耗)、噪声(司机座位和外部辐射)、排放(有害气体和颗粒物等)构成了评价施工机械绿色性能的三大指标,满足这三大指标的施工机械基本满足节能减排要求。而事实是我国现有的材料和机械的评价体系并不能满足当前建筑业市场的要求,建筑材料与施工机械绿色性能评价体系仍迫切需要完善。

### (2)因地制宜地进行建筑材料与绿色施工机械的选用

绿色建筑材料的评价方法由基本准入条件和绿色度评价两部分构成。绿色建筑材料选用的必须是符合绿色建筑材料评价要求的建材,同样地,绿色施工机械的选用也必须在保证质量、安全等基本要求的前提下,最大限度地降低能耗与减低环境的负担。因地制宜地进行建筑材料与绿色施工机械的选用,能够保障建造过程的排放、噪声、能耗指标均能满足当地有关法律法规和标准要求,必将具有良好的市场前景。

## 5.6 高强钢与预应力结构等新型高性能结构体系关键技术

新型高性能结构体系是指具有高安全性、高施工性、高适用性、高耐久性以及工业化建筑特征的结构体系。随着时代的发展,单一的传统建筑结构体系已经不能满足当前人们的需求,迫切需要研发新型高性能的结构体系,来缓解我国人口压力,改善日常生活、办公环境。这就要求设计师必须要考虑诸多方面的因素,在确保建筑物的质量同时,发挥个人的想象力,加强对新型建筑结构体系的研究和应用。高性能建筑结构体系是解决我国工程建设中存在的资源消耗大、环境污染重、抗灾能力不足、使用寿命短等突出问题的核心技术,是实现建筑工程可持续发展的关键之一。

### (1)高强钢结构体系

随着钢材生产工艺的改进,新型高强度结构钢材(名义屈服强度不低于460MPa)不断涌现,与之匹配的焊接技术也日渐成熟。由于高强度钢材在建筑空间、结构安全及环境可持续发展等方面相比普通强度钢材具有显著优势,使得高强度钢材逐步在多个建筑和桥梁结构工程中得到应用,如国家体育场(鸟巢)、中央电视台新台址、深圳湾体育中心、凤凰国际传媒中心和扬州体育场工程等都采用了国产Q460钢材。

### (2)预应力结构体系

预应力钢结构(prestressed steel structure):在结构上施加荷载以前,对钢结构或构件用特定的方法预加初应力,以在施加荷载时保证结构的安全和正常使用。钢结构或构件先抵消初应力,并考虑预应力的作用,然后再按照一般受力情况工作。

新型高性能结构体系关键技术的发展应注重研发和深化:多功能混凝土结构体系、高性能(高强/耐候/耐火)钢结构体系、柔性与刚性大跨度空间结构体系、超高层建筑高效结构体系、高性能组合结构体系、城市大型地下空间结构体系、城市异形复杂桥梁结构体系等。并针对以上新型高性能结构体系研发配套的设计与施工综合技术。

## 5.7 多功能、高性能混凝土技术

从1824年波特兰水泥发明以来,混凝土技术有了飞速发展。混凝土强度不断提高,现在应用的混凝土强度高达250~300MPa;其工作性能不断改善,向着大流动性和自密实方向发展；同时混凝土结构由低层向高层与超高层方向发展；应用领域不断扩大，从地上到地下，从陆地到海洋、航天；混凝土结构的工作寿命不断延长，由几十年提高到百年，甚至超过百年。混凝土在工程中的巨大应用是其他工程材料无法比拟的。从全球来看，每年每人混凝土的使用量约1t，其中我国的混凝土使用量最大，约 30 亿 $m^3$/年。混凝土材料为人类的建设作出了巨大贡献。但在混凝土材料的应用与发展过程中，也存在着资源匮乏、能源高消耗、碳排放量大以及污染环境等问题。结合当前行业实际需要，研发多功能的高性能混凝土技术，从根本上改变混凝土的施工工艺，以达到长寿命、省资源、节能、绿色与环保的目的，是绿色建造技术发展的重要方向之一。

多功能、高性能混凝土是混凝土的发展方向，符合绿色建造的要求，应从混凝土性能和配比、搅拌和养护等方面加以研发并推广应用。多功能、高性能混凝土的基本特性应满足：①自密实性，即无沁水，无扒底，均匀流动，便于施工；②自养护性，即节省大量水资源和人力，对超高层建筑的混凝土施工技术尤为重要；③低发热量，即保证混凝土入模温度，减小内外温差，避免温度开裂，这对大体积混凝土及大型结构构件十分重要；④低收缩性，即避免由早期收缩、自收缩过大和约束过强造成裂缝；⑤高保塑性，即保持混凝土的塑性以便于泵送施工，特别是超高泵送施工；⑥高耐久性，即针对不同环境具有不同的抗腐蚀性能，保障混凝土结构的工作寿命。

高性能、多功能混凝土的发展方向包括轻型高强混凝土、重晶石混凝土、透光混凝土、加气混凝土、植生混凝土、防水混凝土和耐火混凝土等。

## 5.8 施工现场建筑垃圾减量化及资源化技术

随着世界经济的飞速发展，人们对工作、生活环境的要求也越来越高，建筑的更新换代成为必然，导致建筑废弃物在城市固体废弃物中所占的比重越来越大。许多国家和地区建筑废弃物已占到城市固体废弃物总量的 30%~40%。我国每万平方米建筑面积产生建筑工程废弃物约 500~600t。建筑废弃物的无序堆放，不但侵占了宝贵的土地资源，耗费了大量费用，而且清运和堆放过程中的遗散和粉尘、灰砂飞扬等问题又造成了严重的环境污染。因此，现场废弃物的减量化和回收再利用对于保护土地资源、减少环境污染具有重要作用，现场废弃物减量化及回收再利用技术成为绿色建造技术发展的核心主题。

### （1）高周转可再生模板技术

通过采用铝合金模板、塑料模板等周转次数多、耐久性高、使用寿命长的环保型模板取代木模，减少施工现场固体废弃物的产生。

### （2）装配式建筑的物料资源源头控制技术

对预制构件、部品、部件实施标准化、系列化和体系化设计，在工厂进行批量化生产，运至现场高效化装配，以具有标准化的接口与独立功能的模块为基础，通过各种不同功能模块的组合来实现多样化和个性化的组装，形成结构机电装修一体化设计，通过全过程信息化管理实现精益建造。

### （3）施工现场装配式道路施工技术

利用预制混凝土路面板代替现浇混凝土路面完成施工现场临时道路，在不影响使用功能的同时，更加美观、整洁，且预制混凝土路面板可多次周转利用，符合绿色环保的要求。

### （4）可周转、模块化施工现场临时设施技术

可周转、模块化施工现场临时设施技术包括塔吊基础、旗台基础、集成房屋、施工围挡等。常规施工过程中，塔吊基础多为现浇，塔吊拆除后需要将塔吊基础破碎，产生大量的混凝土碎块、废弃钢筋，既浪费了人力，又消耗了物力。可通过装配式钢结构塔基代替现浇混凝土基础。

### （5）钢筋自动化加工技术

钢筋是建筑行业必不可少的建筑材料。但建筑施工技术发展至今，钢筋加工仍然采用"半人工半机械化"加工，自动化加工程度不高，工人劳动强度大、效率低，钢筋加工速度不能满足现场施工需求。对于钢筋加工量大的项目，钢筋自动化集中加工、统一配送是比较好的技术路线。

现场废弃物处置应遵循减量化、再利用、资源化的原则，具体措施包括：

① 注重建筑垃圾减量化技术的研发，从源头上减少建筑垃圾的产生。

② 研究深化建筑垃圾施工现场分类收集、回收和再生利用技术，最大限度地对建筑垃圾进行回收和循环利用。

③ 建筑垃圾资源化处理，对于不能再利用的废弃物，应本着资源化处理的思路分类排放、充分利用或进行集中无害化处理。

## 5.9 清洁能源开发及资源高效利用技术

清洁能源的利用是实现绿色施工的重要体现，包括太阳能、空气能的已用技术。

### （1）施工现场太阳能光伏发电照明技术

施工现场太阳能光伏发电照明技术是利用太阳能电池组件将太阳光能直接转化为电能储存并用于施工现场照明系统的技术。发电系统主要由光伏组件、控制器、蓄电池（组）和逆变器（当照明负载为直流电时不使用）及照明负载等组成。

施工现场太阳能光伏发电照明技术中的照明灯具负载应为直流负载，灯具选用以工作电压为12V的LED灯为主。在生活区安装太阳能发电电池，保证道路照明使用率达到90%以上。

### （2）太阳能热水应用技术

太阳能热水技术是利用太阳光将水加热的装置。太阳能热水器分为真空管式太阳能热水器和平板式太阳能热水器，其中真空管式太阳能热水器占据国内95%的市场份额。太阳能光热发电比光伏发电的太阳能转化效率更高，它由集热部件（真空管式为真空集热管，平板式为平板集热器）、保温水箱、支架、连接管道、控制部件等组成。

### （3）空气热能技术

空气能热水技术是运用热泵工作原理，吸收空气中的低能热量，经过中间介质的热交换并压缩成高温气体，通过管道循环系统对水加热的技术。空气能热水器是采用制冷原理从空气中吸收热量来加热水的"热量搬运"装置，把一种沸点为低于−10℃的制冷剂通到交换机中，制冷剂通过蒸发由液态变成气态，从空气中吸收热量，再经过压缩机加压做功，制冷剂的温度就能骤升至80~120℃。其具有高效节能的特点，比常规电热水器的热效率高达380%~600%，制造相同的热水量，比电辅助太阳能热水器利用能效高，耗电只有电热水器的1/4。适用于施工现场办公、生活区临时热水供应。

清洁能源开发及资源高效利用技术应秉承因地制宜的原则使用清洁能源，完善相关技术标准，积极开发新的便于施工现场应用的清洁能源。

## 5.10 人力资源保护及高效使用技术

人是劳动生产的根本，建筑工人是建筑施工的终端实施者，是建筑施工的安全、质量和成本的基础。目前，特大型建筑企业虽然向设计—施工、融资—设计—施工等方向发展，但主体依然是施工，需要大量的劳动力。建筑业是劳动密集型产业，应坚持"以人为本"的原则，以改善作业条件、降低劳动强度、高效利用人力资源为重要目标，对施工现场作业、工作和生活条件进行改造，进行管理技术研究，减少劳动力浪费，积极推行"四新"技术，进行工艺技术研究，强化劳动保护措施，把人力资源保护和高效使用的发展主题落到实处，这也是实现绿色建造的基本保障之一。

人力资源保护及高效使用技术的重点研发方向包括以下两个方面。

基于信息化的人力资源管理技术。信息化人力资源管理的实现不仅是一种高新技术的应用，更是一种全新的管理理念和管理思想的导入。信息化人力资源管理使人力资源管理部门从提供简单的人力资源管理信息转变为提供人力资源管理知识和解决方案，合理安排劳动力计划，在不浪费劳动力的前提下，提高了人力资源的使用效率。

提升现场施工机械化水平，改善繁重的体力劳动现状。采用机械化程度和自动化程度高的设备、合理的作业组织方式，能够改善体力劳动、提高工作效率，在保障施工质量的同时降低劳动力的消耗。

# 第 6 章 绿色建造的发展战略、策略及保障措施

## 6.1 发展战略

推进绿色建造应以绿色发展理念为指导，强化政府的主导作用、企业的主体作用和社团的桥梁纽带作用；强化国家政策引导，以技术和管理创新驱动绿色建造发展，坚持以人为本；高效利用资源，最大限度地减少废弃物排放，推进资源的全面节约和循环利用，全面实现城市建设中的绿色建造，为实现国家可持续发展作出应有贡献。

推进工程项目绿色建造，应着眼于建筑的"全生命周期"，立足于建筑"生成"的全部过程，以实用、经济和美观为目标，对工程立项策划、设计与施工进行"三位一体"的绿色筹划。这是一种可实现建筑产品的品质更优、经济技术性能更好、生态环境效益更高，可促进建筑业由劳动密集型向技术密集型和管理密集型转变的建造模式。应严格控制有害气体含量，研发并推广业主参与的"菜单式"精装修模式，打造健康、舒适、个性化的建筑宜居环境。顺应我国"加快推进工业化、城镇化和新农村建设"的时代要求，把推动绿色建造作为加快我国建筑业发展、增强建筑业国际竞争力的重要目标，举全行业之力，促使我国城镇化建设又好又快发展，为建设"美丽中国"作出贡献。

推进绿色建造是一个复杂的系统工程，需要相关各方加强协作、统筹协调，基于现状分析，从绿色建造的趋势、目标、理念意识等角度出发，通过政策法规、规范标准、管理模式、技术体系及人才培养五个层面的综合建设，达到工程示范应用的初步目标，在工程示范过程中不断完善科学的评价体系，并落实过程总结，达到全面系统推进绿色建造的目标（图 4-6-1）。

基于绿色建造的现状，用 2 年（2018~2020 年）的时间进行我国绿色建造发展方向的探讨及论证。基于我国的具体国情确定绿色建造的发展目标，并从可持续发展的角度明确建筑行业推行绿色建造的必然性，加强绿色建造的宣传推广，不断强化绿色建造的意识及理念。

在前两年的工作基础上，用 5 年（2020~2025 年）的时间在政策法规、规范标准、管理模式、技术体系及人才培养五个方面完成系统推进。

2025~2028 年，在各大城市和地区进行重点工程项目的示范应用，并对实施效果进行评价，并在评价过程中不断完善绿色建造的评价体系、建立健全评价制度，加强绿色建造经验总结，保证 2028 年后在全行业全面推广应用绿色建造。

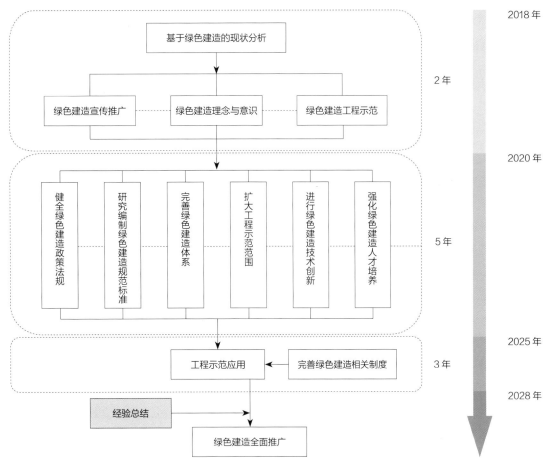

图 4-6-1 绿色建造推进十年规划

## 6.2 发展策略

我国从"十五"时期就开始了绿色建筑、绿色施工的研究和产业化推广工作。经过多年的发展，我国绿色建造已经有了很好的基础，预计在未来十年甚至更长一段时期内，我国绿色建造的发展都将是以"绿色程度"的提升为主。

### 6.2.1 精益化

精益建造的过程能够促使有效的资源得到最合理的应用，增加建筑施工企业的利润，提高其业绩。通过实施精益建造，能够提高组织中的生产效率，降低建造成本，提升工程质量。

精益建造可以从管理上弥补绿色建造的不足，而绿色建造反过来能够促进精益建造的发展，将二者相结合可以实现良性互动与共同发展。由此可见，"精益化"是绿色建造实现的必然要求。

### 6.2.2 专业化

就目前建筑行业的需求，结合国家对建筑行业绿色可持续的发展需要，推进建筑从业人员专业化培养的重要意义具体表现在以下几方面。

**（1）实现人力资源的高效利用**

通过专业化人才队伍的建设，注重人才的能力培养，能够解放劳动力，通过个人能力的提升缓解整体劳动强度，一专多能解放富余劳动力，实现人力资源的高效利用。

### （2）工程管理和实施双渠道优化

在工程建造过程中，专业化的管理和操作人才能够分别从管理和实施角度对作业内容和作业环节进行优化，经过合理的策划实施，从根本上避免不必要的资源浪费情况，减少环境污染，实现建造过程的绿色化。

### （3）为工程安全建造提速和提质提供可靠保障

专业化作业人才整体素质较高，对工作内容理解更到位，在工程建造过程中能够更好地发挥主观能动作用，在保障安全建造的同时实现提质增效。

以"专业化"的方式提高行业从业人员的个人素质，能够提升人力资源的高效利用，真正贯彻落实"以人为本"的科学理念，同时依靠人才专业技能的提高有效改善工程生产过程中的资源浪费及环境污染，提升工程建造品质。因此，推进"专业化"是推进绿色建造的基本策略。

## 6.2.3 机械化

现代建筑施工中机械设备的需求量越来越大，机械化程度越来越高，在今后的工程建设中机械将逐渐替代人工劳动，占据主体地位。机械化施工的优势包括以下几方面。

提高建筑施工效率。机械化施工可以在很大程度上提升施工效率，实现标准化作业，有效缩短施工工期，减少用工数量，降低劳动强度，改善作业条件。

保障工程质量。机械化施工能更好地达到标准化生产要求，从而减少人为操作带来的误差等问题，有效保障施工质量，减少施工中的返工和窝工现象，避免不必要的浪费。

降低生产成本。机械化施工可以使人力、材料、设备和资金等达到最经济的利用，使利润最大化。且机械化建造能形成标准化的绿色产品，提高市场认知度，创造良好的经济和社会效益。

在保证质量、缩短工期、减少资源消耗的要求下，建筑工程机械化实现了机械设备和劳动力资源配置的优化组合，提高资源的利用效率，这与绿色建造的原则不谋而合。因此，建筑工程机械化是实现绿色建造的基本方式。

## 6.2.4 信息化

在现代信息化社会，建筑物不仅仅是遮风避雨的场所，更是人、信息和工作环境的智慧结合，是建立在建筑设计、行为科学、信息科学、环境科学、社会工程学、系统工程学、人类工程学等各类理论学科之上的交叉应用，充分运用信息化技术将成为未来建筑的标志。

建筑信息化从根本上讲就是实现建筑节能、节材及资源节约的一种方式，符合绿色建造的根本目的。目前，我国城镇化快速发展，粗放式圈地造城模式正在加速转型，建筑信息化的发展方向将与智能、绿色、节能、生态结合起来，全面提升我国新型城镇化建设水平。因此，建筑信息化是实现绿色建造的重要工具。

## 6.2.5 装配化

装配化建造的内涵主要包括：

① 建筑设计标准化：以统一的建筑模数为基础，形成标准的建筑模块，促进构配件的通用性和互换性。

② 构配件生产工业化：形成满足各种建筑构、配、部件生产要求，采用现代化流水线设施，高效生产出"品质好、质量优"、充分满足现场实现装配化要求的各类产品。

③ 施工现场装配化：把通过工业化方法在工厂制造的工业产品（构件、配件、部件），在工程现场通过机械化、信息化等工程技术手段，按不同要求进行组合和安装，建成特定建筑产品。

④ 施工作业机械化：机械化既能使目前已形成的钢筋混凝土现浇体系的质量安全和效益得到提升，更是推进建筑生产工业化的前提。它将标准化的设计和定型化的建筑中间投入产品的生产、运输、安装运用机械化、自动化生产方式来完成，从而达到减轻工人劳动强度、有效缩短工期的目的。

⑤ 建筑形式多样化：在建筑设计实现标准化的同时，不仅要满足各种功能要求，还必须兼顾建筑多

样化要求，以展示时代精神和民族特色，丰富城市景观。

⑥ 工程管理信息化：工程项目管理必须实现各参与方、各专业无障碍沟通，将建筑产品生产过程中各个环节通过统一的、科学的组织管理来加以综合协调，以项目利益相关者的满意为标志，达到提高投资效益的目的。

与传统现浇模式相比，装配式建造把施工现场大量的高强度作业移向"工作环境可实现人为控制的厂房内"进行现代化生产，现场作业量的减少，扬尘、噪声和废弃物排放也大大减少，可改善工人作业条件，减轻劳动强度，保护环境，减少污染，提升绿色水平，促进产业链融合，实现建筑多样化，减少施工安全隐患，保证建筑品质。装配式建造是用现代工业化的大规模生产方式代替传统的手工业生产方式来建造建筑产品，是实现绿色建造的重要途径。

## 6.3 保障措施

### 6.3.1 政府层面

#### （1）完善法律法规体系

我国现阶段推进绿色建造的法律法规存在诸多问题，如体系不完整、强制性不足、可操作性不强、修订不及时以及涵盖范围不全面等。在国家层面，我国目前还没有专门针对绿色建造的法律法规，造成了工程项目建设时无法可依的现象；在地方层面，只有江苏、浙江两省出台了地方法规，且仅局限在绿色建筑范围内；同时，部门的规章制度有时显得法律效力不够。

#### （2）因地制宜制定评价标准

我国幅员辽阔，各地差异非常大，不同地区的气候、地理环境、自然资源、社会习俗都有着巨大的差别，居住环境也非常不同。因此，绿色建造评价标准体系宜采用二元结构，使其能够适用于全国不同区域的建筑。第一层次是国家标准，只对全国共性的问题作出规定，同时根据当地的发展状况针对不同地区设置不同的权重；第二层次是地方标准，各省（区、市）结合自身情况，因地制宜地制定相应的评估标准。

#### （3）强化经济激励力度

首先，国家主管部门和地方政府应根据实际情况，建立不同地区、不同类型的绿色建造补贴标准；其次，各省（区、市）应大幅提升绿色建造补贴标准，同时改变现有的定额补贴形式，采取按（建筑面积或绿色投资额）比例形式补贴；最后，完善税收政策，保障绿色建造相关方的投资及长期成本收益在相应的建设环节得到合理的分配。

#### （4）完善工程项目管理模式

落实国务院及相关部委的政策文件。一方面，推进覆盖项目策划阶段的工程总承包，进一步明确工程总承包的绿色建造责任主体；另一方面，积极推进全过程工程咨询，鼓励企业通过联合经营、并购重组等方式发展全过程工程咨询，培育一批具有国际先进水平的全过程工程咨询企业。

#### （5）建立长效监督机制

成立专门的监管机构。由于绿色建造监管涉及建设、国土、规划、环保、园林、房管等多个领域，为推进绿色建造可采取不同形式。

健全长效机制，强化监督检查。在现有机制的基础上，各省（区、市）应进一步建立长效监察机制，通过建立常态化的监督检查机制，使工程项目建设者牢固树立绿色建造的观念。同时，要发挥外部监督作用，鼓励公民参与民间非政府组织，进一步畅通和拓宽监督渠道，广泛接受群众监督。

完善失信处罚机制。通过信息共享，推动其他部门和社会组织依据法律法规采取行政性、市场性、行业性和社会性的手段对严重失信行为采取联合惩戒措施。同时，应加大对失信企业和个人的处罚力度，可考虑对工程项目绿色建造的相关单位或个人实行终身责任制。

### 6.3.2 行业层面

#### （1）完善绿色建造行业组织

全面加强绿色设计、绿色施工、绿色建材等绿色建造领域行业组织建设，进一步深化改革、加快发展，扶持和打造一批具有代表性、排头兵地位的绿色建造领域行业组织。通过各级相关协会、学会的工作，宣传、贯彻和落实国家有关建筑绿色建造的方针政策、法规、规章和标准，推广绿色建造的理念、方法、经验，培养绿色建造相关专业人才，健全绿色建造有关标准规范，向政府主管部门提供绿色建造的信息和建议。

### （2）完善绿色建造团体标准

在国家标准的指导下，在现有标准的基础上，大力发展绿色建造团体标准，鼓励具备相应能力的学会、协会、商会、联合会等社会组织和绿色建造技术联盟协调相关市场主体共同制定满足市场和创新需要的标准。同时，随着绿色建造理念在市政工程中的深入，应加快相关标准体系的建立。

### （3）培养绿色建造专业人才

经过多年的发展，目前我国工程项目积攒了大量的"工期为先"的技术、工艺，掌握先进绿色建造技术的人才较少。应当充分发挥行业协会的作为，积极开展绿色建造人才的培训认证，围绕工程项目绿色建造的设计审查、施工管理、质量监督、验收规定展开人员培训，并大力开展农民工教育与培训，为绿色建造的发展储备充足的技术工人。

### （4）增进行业交流合作

积极发挥行业组织的桥梁作用，组织开展国内外绿色建造的交流与合作，组织绿色建造示范工程和特色工程的观摩和交流，提升我国绿色建造水平。

### （5）加强绿色建造宣传

发挥行业组织的作用，通过多种渠道宣传国家有关节能、减排和绿色建造的方针政策、法规、规章和标准。积极宣传绿色建造及其相关法律法规、政策措施、典型案例、先进经验，倡导绿色消费理念，推动各国家、省级示范区建立绿色建造宣传展示窗口，尤其是新产品、新技术、新材料和新工艺如城市地下装配式结构等，应大力宣讲"四新"产品的同时，积极宣传国家推广"四新"产品所采用的相关税收优惠、财政补贴等一系列的奖励，以及在市场准入、资金支持等方面的鼓励措施。同时定期开展贴近百姓的宣传推广活动，提高公众对绿色建造的认知度，积极引导公众参与，形成全社会共同推进绿色建造工作的良好态势。

## 6.3.3 企业层面

### （1）强化工程项目绿色建造的协同推进理念

企业应强化绿色建造的理念，增强绿色建造的意识，积极自觉地推进绿色建造，协同推进基于绿色建造理念的工程立项策划、设计和施工。在项目策划阶段纳入绿色建造理念，在工程项目建议书中，应对绿色建造进行研究和论证，明确工程项目建设过程及建设产品的绿色指标要求，作为设计和施工的重要依据。企业在绿色设计工作中要做好节能规划，考虑建筑物应有较长的使用寿命，采用较少产生建筑垃圾的结构设计，包括基于建筑节能思想、可再生能源综合利用、建筑生态环境、资源集约化利用、环保与健康的设计，选用较少产生建筑垃圾的建筑材料和再生建筑材料，考虑便于建筑物将来维修、改造以及拆除时建筑材料和构件的再生问题。进一步强化绿色施工，提高公众特别是从业人员的绿色施工意识。同时，企业应设定绿色施工目标，并在此基础上建立绿色施工管理体系和相关制度，保证绿色施工目标层层分解落实。

### （2）积极开展绿色建造技术研究

在保障安全、质量的前提下，对传统建造技术进行绿色化审视与改进，并进行绿色建造专项技术创新研究，构建全面、系统的绿色建造技术体系。一方面，通过原始创新、集成创新和引进、消化、吸收再创新，瞄准绿色建造的装配化、智能化、机械化、精益化和专业化发展方向，进行绿色建造技术的创新研究，提高绿色建造水平。另一方面，要对传统建造技术进行绿色审视和改进，应至少覆盖但不限于环境保护技术、节能与能源利用技术、节材与材料资源利用技术、节水与水资源利用技术、节地与施工用地保护技术、人力资源保护和高效使用技术、施工机械维护和高效利用技术及其他"四新"技术等。

### （3）培养熟悉工程策划、设计和施工的复合型人才

目前我国设计、施工分离的体制，无法培养同时熟悉工程策划、设计和施工的复合型人才，严重阻碍了我国绿色建造的推进和发展。因此，企业在提升自身技术、管理水平的同时，还需重点提升全产业链各环节人才的技术、管理能力，形成专业化的策划、设

计、采购、生产、施工、安装队伍，重点培养精通设计、生产、施工的复合型管理人才。

### （4）提升绿色策划、绿色设计与绿色施工的协同能力和技术水平

提高装配式建造水平，加快落实国家政策文件。企业应坚持标准化设计、工厂化生产、装配化施工，着力提升装配式设计、施工水平。

提升企业信息化应用水平。加快推进建筑信息模型技术（BIM）在规划、勘察、设计、施工和运营维护全过程的集成应用，实现工程建设项目全生命周期的数据共享和信息化管理。大力发展智慧工地管控技术，有条件的企业应建立集进度管理、安全管理、质量管理、现场实时监控等功能于一体的工程项目管控平台，供企业不同层级、不同部门的管理者使用。

# 第 7 章　绿色建造发展建议

## 7.1 启动以绿色建造为核心的企业信用等级评价制度，推动"工程完全质量"的水平提升

改革现行的工程项目管理制度，以推进绿色建造，最大限度地减少资源消耗和对环境的负面影响为目标，建立健全工程项目绿色建造总承包负总责（Planning Engineering Procurement Construction，以下简称 PEPC）与基于全生命期的工程设计咨询服务（Design Consult Service，以下简称 DCS）（图 4-7-1）相结合的工程项目管理模式（PEPC+DCS）（图 4-7-2），能够改变既有工程建造主体责任的多元化状况，实现管理技术统筹，提高由工程的工艺性质量和功能性质量构成的"工程完全质量"水平。

PEPC 是在 EPC 管理模式的基础上，向前延伸至工程立项策划阶段的设计、施工等建造的全过程的工程总承包。DCS 是基于工程项目的全生命期，着眼于工程立项策划、工程设计和工程施工全过程的设计咨询服务。两者的有机结合可有效打破多元主体的传统建造模式，实现"工程完全质量"的提升。

为此，建议相关部门对企业遵守绿色建造法律法规、履行环保社会责任和工程建造过程的业绩表现进行企业信用等级评价，以便规范企业的诚信行为，并在工程建设投标中予以正向激励，敦促企业自发、自愿、自觉地推进绿色建造。

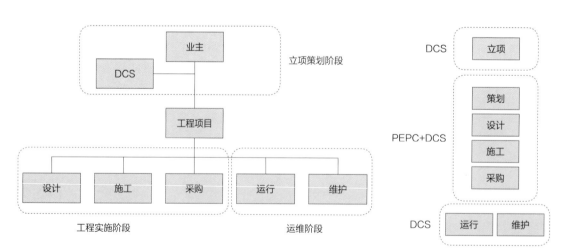

图 4-7-1　基于工程项目全过程的设计咨询服务组织 DCS

图 4-7-2　PEPC+DCS 绿色建造创新管理模式

## 7.2 加强绿色建造技术创新

绿色建造技术的创新对工程品质提升有着重要的支撑作用。应加大绿色建造技术创新的研发投入，加强绿色建造领域智库和科技创新团队的建设，构建绿色建造技术的"产学研用"体系，站在工程产品建造全过程的角度进行系统的绿色化思考，进行绿色建造的综合技术研究，重视相应标准和规范的研究编制，服务绿色建造实践。当下应特别重视适合建筑装配化特点的新型结构体系和技术的创新研究，以加速推进我国建筑装配化的步伐。

### 本专题注释

❶ 纪颖波. 我国住宅新型建筑工业化生产方式研究[J]. 住宅产业, 2011（6）: 7.

❷ 张山. 新时代背景下我国建筑工业化发展研究[D]. 天津: 天津大学, 2015: 6-7.

❸ 住房和城乡建设部. 中国建筑业改革与发展研究报告（2014）[M]. 北京: 中国建筑工业出版社, 2014: 85.

❹ 王玉. 工业化预制装配建筑的全生命周期碳排放研究[D]. 南京: 东南大学, 2016: 65-67.

❺ 肖绪文, 冯大阔. 我国推进绿色建造的意义与策略[J]. 施工技术, 2013, 42（7）: 1-4.

❻ 王志成, 约翰·格雷斯, 约翰·凯·史密斯. 美国装配式建筑产业发展趋势（上）[J]. 中国建筑金属结构, 2017（9）: 24-31.

❼ 王志成, 约翰·格雷斯, 约翰·凯·史密斯. 美国装配式建筑产业发展趋势（下）[J]. 中国建筑金属结构, 2017（10）: 24-31.

❽ 王志成, 安得烈·R·杰姆斯. 德国装配式住宅工业化发展态势（一）[J]. 住宅与房地产, 2016（26）: 62-68.

❾ 刘长发, 曾令荣, 林少鸿, 郝梅平, 庄剑英, 高智, 苏桂军, 周银芬, 李慧芳, 王刚. 日本建筑工业化考察报告（节选一）（待续）[J]. 21世纪建筑材料居业, 2011（1）: 67-75.

❿ 叶浩文. 新型建筑工业化的思考与对策[J]. 工程管理学报, 2016, 30（2）: 1-6.

中国城市建设可持续发展战略研究

课题四
城市建筑与基础设施工程可持续发展战略研究

专题2 基础设施品质工程及绿色坚韧化战略研究

**专题负责人** 吴智深 冯大阔

# 第 8 章　城市基础设施分类与特点

改革开放以来，我国基础产业和基础设施的投资大幅增长，大批项目陆续建成投产，使得基础产业飞速发展，城市基础设施水平得到极大提升，缓解了国民经济的"瓶颈"制约，为国民经济的发展和人民生活水平的提高提供了坚实的物质基础。城市基础设施建设作为推进城市化进程必不可少的物质保证，是实现国家或区域经济效益、社会效益、环境效益的重要条件，对区域经济的发展具有重要意义。

实际上，城市基础设施不仅是建设城市物质文明和精神文明最重要的物质基础，也是保证城市持续发展的支撑体系，是国民经济和社会发展的基本要素。然而基础设施建设在满足经济的快速发展和人民生活水平的快速提高方面还存在着不少问题，经济社会的可持续发展对交通、水利等城市基础设施建设提出了更高的要求，基础产业和基础设施投资建设的任务仍然艰巨。本研究将结合城市基础设施的特点，从我国基础设施建设、维护的现状出发，指出我国城市基础设施存在的品质不高、维护不足、防灾能力弱且复原力不足等主要问题，并提出解决措施建议。

## 8.1 城市基础设施的分类

城市基础设施一般是指为城市直接生产部门和居民生活提供共同条件和公共服务的工程设施，是城市生存和发展、顺利进行各种经济活动和其他社会活动所必须具备的工程性基础设施和社会性基础设施的总称。它对于生产单位尤为重要，是其达到经济效益、环境效益和社会效益的必要条件之一。城市基础设施的含义有狭义和广义两个层次。

### 8.1.1 狭义分类

狭义的城市基础设施多指工程性基础设施，主要包括六大系统。

#### （1）水源供水排水系统

包括水源工程、输水工程和管理设施，自来水生产及供应设施，雨水排放设施，污水排放处理设施以及下水管网设施。给水排水工程不仅能高效地输送城市的用水和排泄城市内的降水和污水，而且能有效地抑制水媒传染病的流行和环境水污染的失控。

### （2）交通运输系统

包括城市内部交通的道路、桥梁、客货运站、停车场，电车、汽车、出租汽车、货运汽车、地下铁道、交通管理等设施，以及城市对外交通的航空、铁路、公路、水运等设施。交通运输系统是城市运行的经济命脉，它为人民创造了便利快捷的生产条件、生活环境和就业环境，也为我国的运输业，尤其是如火如荼的物流行业提供了强有力的现实支持。

### （3）环保环卫处理系统

包括空气、水体净化设施，废弃物、垃圾处理设施，环境监测设施以及环境卫生和市容管理设施，园林绿化设施等。环保环卫处理系统不仅能维护干净整洁的城市面貌，更能高效地处理城市废物并增加其社会效益。

### （4）防灾防卫安全系统

包括防火、防洪、防风、防雪、防地面下沉、防震、防海水入侵、防海岸侵蚀及人防战备等设施，具体的基础设施包括避难场所、运输网络、医疗机构、消防机构、物资场所以及治安场所等。防灾防卫安全系统主要是利用工程的方法来有效地预防和处理城市中的各类危险，减轻灾害事故对城市社会经济的破坏。

### （5）能源供应系统

包括电力生产及输变电设施，煤气、天然气、石油液化气供应设施和热力生产及供应设施。能源供应系统为城市提供了大量清洁且使用便利的能源，保障了生产部门和居民生活的正常运作。

### （6）邮电通信系统

包括邮政、市内电话、长途电话、国际电话、电报、传真、广播、电视和电脑网络等设施。邮电通信系统保障了城市内外的信息通畅，从而实现"足不出户而知天下事"的理想城市。

## 8.1.2 广义分类

广义的城市基础设施还可以按服务性质分为以下三类。

### （1）生产基础设施

包括服务于生产部门的供水、供电、道路和交通设施，仓储设施，邮电通信设施，排污、绿化等环境保护和灾害防治设施。

### （2）社会基础设施

包括服务于居民的各种机构和设施，如商业和饮食、服务业、金融保险机构，住宅和公用事业、公共交通、运输和通信机构，教育和保健机构，文化和体育设施等。

### （3）制度保障机构

包括公安、政法和城市建设、规划与管理部门等。

城市基础设施水平会随着经济和技术的发展而不断提高，因此未来城市的基础设施种类将更加繁多，服务将更为完善。

考虑到广义的基础设施涵盖范围过于宽泛，对其全面研究和讨论缺乏指导意义，因此本研究中的基础设施均指狭义的城市基础设施。

# 8.2 城市基础设施的特点

相较于普通建筑类土木工程设施，城市基础设施具有如下几个特点。

## 8.2.1 基础设施建设投资更大

建筑结构施工的特点是工程量大、工期长、投资高等，而基础设施建设比普通建筑结构施工更加"费时费力"。不论是线路建设、港口建设、场道建设，还是运输工具建造，其投资动辄上亿，工期也通常在若干年以上。

## 8.2.2 基础设施工作环境更恶劣

相较于一般建筑工程承受的恒荷载、活荷载、风荷载和地震作用，城市基础设施所受荷载作用更加复杂，随机性更大。以最常见的桥墩为例，桥墩是支承桥跨结构并将恒载和车辆活载传至地基的构筑物，墩身和台身是支承桥跨的主体结构，不仅承受桥跨结构传来的全部荷载，而且还直接承受土压力、水流冲击力、冰压力、船舶撞击力等多种荷载，跨海大桥的桥墩还要承受海水腐蚀等环境作用。

## 8.2.3 基础设施要求质量更高

许多城市基础设施，如港口、桥梁、公路，要求更高的施工和维护质量。例如，作为交通生命线系统中重要的枢纽部分，桥梁结构在地震时受到严重破坏可能造成道路不能通行，且其本身震后难以及时修复使用，给震后的抢险救灾带来很大的困难，造成的间接损失甚至可能超过直接损失。

## 8.2.4 基础设施更需要后期持续养护

建筑工程受工作荷载和环境作用较为确定，能够在设计时按照设计使用年限选择合适的材料和相应的构造，建造时通过提高质量、绿色建造等措施，基本保证建成结构在使用年限内使用功能正常且不需很多维护。但基础设施不同于普通建筑工程结构，其工作环境一般比较复杂，甚至有时主要工作荷载会改变。

仍然以桥梁为例，既有桥梁在服役期间，一方面由于受到地震作用或车辆、船只的撞击及环境的恶劣作用，桥墩可能受到较大的损伤，需要对其进行修复，延长桥梁的使用寿命；另一方面，随着交通量的不断增加，行车密度及车辆载重越来越大，桥墩负荷日趋加重，其刚度、强度或延性等不再满足现行规范的要求，就需要及时对其服役状态进行评估，必要时还需对其采取适当的加固措施，恢复或提高其功能和承载能力。例如铁路桥梁，由于列车尤其是货运列车的不断提速，轻型桥墩的横向振动明显加剧，影响了行车平稳性和旅客乘坐的舒适度，甚至影响行车的安全性，所以横向振幅超限的桥梁成了铁路全线提速的"瓶颈"，需对其进行加固，增大其横向刚度。

因此，对于城市基础设施，由于社会经济的发展和城市对其功能要求的不断演化，同时基础设施本身的使用性能和耐久性能也受到材料、结构、荷载和环境的影响不断劣化，定期对其开展有效地维护和加固是不可避免的。

## 8.2.5 已建基础设施更难重建

以交通运输设施为例，交通运输项目设施具有系统性、网络性和整体性的特点。各种运输手段的运输能力、时间、空间各不相同，运输条件迥异，因此规划交通项目时必须形成一个综合的、系统的交通运输网络。交通运输设施一般都具有鲜明的专业特点，技术规范严格，建成后很难改为他用，因此必须从经济资源优化配置的角度，对交通项目等基础设施的建设资金、技术、选址等统一规划，统筹兼顾交通运输设施与其他行业之间的关系，尽量避免设计寿命一百年的设施使用几年就因重新规划等原因拆除重建。

综上所述，城市基础设施的建设是一项耗资巨大、功能重要且十分难以重建的项目，城市基础设施的调研、规划和后期建设必须作充分的研究，在建基础设施要保证质量，已建基础设施需要做好后期养护工作。

# 第 9 章 城市基础设施现状与短板

## 9.1 当前城市基础设施的现状

改革开放以来，通过近30年的大规模投资建设，我国城市基础设施水平得到明显提升，农业、能源、原材料供给能力迈上新台阶，交通运输、邮电通信形成了纵横交错、覆盖全国的网络体系，水利、环境、教育、文化、卫生、体育设施规模显著扩大，三峡工程、西气东输、南水北调、青藏铁路、京沪高铁等一大批重大设施建设顺利完成或向前推进。作为经济稳定增长的一大政策着力点，上述领域基础设施项目的扎实推进不仅直接拉动了经济增长、创造就业，为经济发展注入强大后劲，也通过改善民生让人民群众真正分享到改革发展所带来的滚滚红利。

据相关资料显示，2015年全国固定资产投资（不含农户）额为502005亿元，比上年增长15.7%，而同期第三产业中基础设施投资（不含电力）额为86669亿元，同比增长21.5%，这一增速不仅远远高于同期制造业及房地产投资增速，也高于投资领域整体增速❶。事实上，基础设施建设已当仁不让地成为中国经济社会健康可持续发展的有力支撑，持续不断地为"稳增长"与"惠民生"增添强劲动力。以水利、交通、能源、棚户区改造、节能环保、信息等为重点的多领域基础设施建设和民生工程全面开花。下面总结当前我国城市基础设施建设在各领域的发展现状。

### 9.1.1 水源供水排水系统

我国城市供水与排水的数量与质量都有很大提高。2005年我国自来水综合生产能力已达到2.47亿t/d❷，供水管道长度超过37.93万km，全年城市供水总量达到502.06亿$m^3$。其中，生产用水209.8亿$m^3$，生活用水243.73亿$m^3$；用水人口达3.27亿人，用水普及率为91.1%，人均日生活用水量达204.1L；上海、北京、广州、天津等城市的自来水普及率已达到100%。城市下水道总长度24.11万km，日污水处理能力7990万t，全年污水处理量近90亿$m^3$，污水处理率为25.84%。

2015年年末，我国城市供水综合生产能力达到2.97亿$m^3$/d，比上年增长3.5%，供水管道长度71万km，比2006年的43万km增长了65.1%（图4-9-1）。2015年，年供水总量560.5亿$m^3$，其中生产运营用水162.4亿$m^3$，公共服务用水77.1亿$m^3$，居民家庭用水208.9亿$m^3$。用水人口4.51亿人，人均日生活用水量174.5L，用水普及率98.07%，比上年增加0.43个百分点。

2015年年末，全国城市污水厂日处理能力14028万$m^3$，比2006年的9734万$m^3$增长了44.1%（图4-9-2）；排水管道长度54.0万km，比2006年的26.1万km增长了106.9%。城市年污水处理总量428.8亿$m^3$，城市污水处理率91.90%，比上年增加1.72个百分点，其中

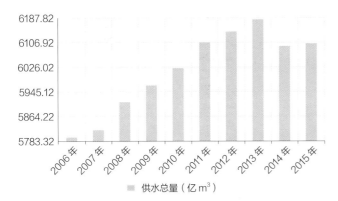

**图 4-9-1　2006~2015 年全国城市供水总量柱状图**
数据来源：国家统计局，https://data.stats.gov.cn/easyquery.htm?cn=C01

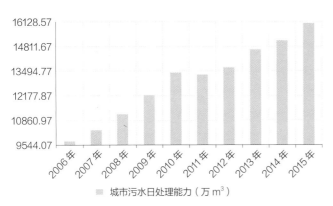

**图 4-9-2　2006~2015 年全国城市污染水日处理能力柱状图**
数据来源：国家统计局，https://data.stats.gov.cn/easyquery.htm?cn=C01

污水处理厂集中处理率 87.97%，比上年增加 2.03 个百分点。城市再生水日生产能力 2317 万 m³，再生水利用量 44.5 亿 m³。

## 9.1.2 交通运输系统

改革开放以来，我国城市道路和公共交通设施建设飞速发展。据统计，1980 年全国实有铺装道路长度 3 万 km[3]，按当时 220 个城市计算，每个城市平均实有 137km；到了 2005 年，城市实有铺装道路长度为 24.7 万 km，总长度增加 7.2 倍。1980 年每万人铺装道路长度仅为 3.3km，2005 年达到 6.9km，增长 1.1 倍。

2005 年铺装道路面积 39.2 亿万 m²，平均每万人拥有铺装道路面积 10.9km²，比 1985 年增长 2.5 倍；城市桥梁 52123 座，比 1985 年增加 22632 座。随着城市全方位的对外开放，对外经济联系和人员往来频繁，城市对外交通迅猛发展，其紧张状况得到根本性缓解，2005 年完成客运总量 483.69 亿人次。城市内部交通，特别是公共交通的发展也得到有效推进。2005 年，城市拥有公共交通车辆 31.33 万标台，每万人拥有公共交通车辆 8.6 标台，公共交通客运量 483.69 亿人次；城市出租车达到 93.7 万辆。

2015 年全年，全国完成铁路公路水路固定资产投资 26659.00 亿元，比上年增长 5.5%，占全社会固定资产投资的 4.7%；完成铁路固定资产投资 8238 亿元，投产新线 9531km，其中高速铁路 3306km；完成公路建设投资 16513.30 亿元，比上年增长 6.8%。其中，高速公路建设完成投资 7949.97 亿元，增长 1.7%。普通国省道建设完成投资 5336.07 亿元，增长 15.7%。农村公路建设完成投资 3227.27 亿元，增长 6.5%，新改建农村公路 25.28 万 km[4]。

## 9.1.3 环保环卫处理系统

环境治理越来越受到重视，其投资数额逐年增长，环境工程在城市设施建设中的地位越来越重要。从投资数据上看，2005 年，全国环境污染治理投资 2388.0 亿元，比上年增加 25.1%，占当年 GDP 的 1.31%，而 2010 年，环境污染治理投资已增长至 6654.2 亿元，较 2005 年增加了 178.65%，占当年 GDP 的 1.67%；2005 年，城市环境基础设施建设投资 1289.7 亿元，比上年增加 13.1%，而 2010 年城市环境基础设施建设投资 4224.2 亿元，比上年增加 68.2%（图 4-9-3）。此外，2005 年，我国工业固体废物综合利用率为 55.8%，2010 年的工业固体废物综合利用率增长至 69%；2005 年，我国建成烟尘控制区 3452 个，烟尘区控制面积达 3.7 万 km²，

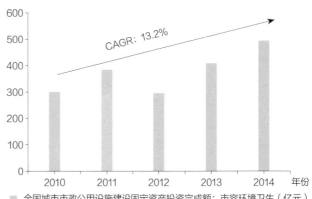

**图 4-9-3　全国市容环境卫生固定资产投资完成额柱状图**
数据来源：中国环卫服务行业市场现状及发展前景分析，https://www.h2o-china.com/news/243139.html
注：CAGR 是 Compound Annual Growth Rate 的缩写，即复合年均增长率。

建成环境噪声达标区1734个，环境噪声控制区面积12623km²，覆盖率为61.1%。其中，苏州新区率先实现噪声达标区覆盖率96%，烟尘浓度达到排放标准，烟尘控制区覆盖率100%，工业项目排放的废水经过处理，达到地表三级标准。

城市绿化建设日新月异。2005年，全国城市建成区绿化覆盖面积达到60万hm²，建成区绿化覆盖率上升到25.5%，而2010年，全国城市建成区绿化覆盖面积已达149.45万hm²，绿地面积133.81万hm²，公园绿地面积40.16万hm²，建成区绿化覆盖率38.22%，绿地率34.17%，人均公园绿地面积10.66m²。同时，各地根据地域特色，建设了一大批高质量的公园绿地、城市片林和林荫大道，加强了城市自然资源和生物多样性保护。截至2010年底，全国共设立了63个国家重点公园和41个国家城市湿地公园，命名了180个国家园林城市、7个国家园林城区、61个国家园林县城、15个国家园林城镇，以及22个国家森林城市。2015年，全国城市建成区绿地率达36.34%；人均公园绿地面积达13.16m²，比2014年增加0.56m²。城市建成区园林绿地面积为188.8万hm²，城市公园绿地面积为60.6万hm²，城市公园数量增至13662个。

城市卫生设施建设加快，保洁工作进一步强化。2005年，我国城市清运垃圾粪便1.94亿t，大中城市基本做到日产日清；垃圾粪便无害化处理量超过7600万t，处理率达到55.4%。自2013年城乡环境卫生建设的财政支出就突破了1000亿元，并且在2010~2014年期间环境卫生支出增速都达20%左右。根据国家统计局统计数据，截至2014年底（图4-9-4），

全国城市道路面积达68.30亿m²，城市清扫保洁面积达67.61亿m²，生活垃圾清运量达1.79亿t，粪便清运量1551.97万t。2014年我国城市环境卫生固定资产投资额达495亿元，同比增长21.16%，占全国市政公用设施固定资产投资的3%，环卫行业过去10年的复合增长率维持在16%。

### 9.1.4 防灾防卫安全系统

伴随着城镇化进程的加快，城市聚集的社会财富和人口越来越多，各种灾害对城市乃至整个国家所造成的损失亦越来越大。许多特大城市位于沿海、沿江河畔，汛情不断，信息灾害、金融危机、恐怖袭击等新的灾害对城市的威胁也日益凸显。当前，城市基础设施主要是在设计阶段提升基础设施的防火、抗风和抗震等性能来实现防灾，然而仅仅提升基础设施的性能还是远远不够的，还需要相关部门具备高素质的灾害应急管理能力。

与城市灾害日益严重的现实相比较，我国目前城市的灾害应急管理能力是比较薄弱的。由于投入不足、重视程度不够等原因，安全生产重、特大事故时有发生，安全生产的形势依旧严峻。同时，由于人口和财富的积聚，一旦城市遭受巨大的人为或自然灾害，引起的经济损失将十分巨大。政府在城市灾害应急管理中发挥着动员社会力量和配置社会资源的主导作用，但是目前的城市灾害管理体制存在严重缺陷，分类别、分地区、分部门的单一灾害管理模式下，虽然各部门各司其职，但由于城市灾害的特点往往是群发性和链状性，现有的单一灾害管理模式难以应对日益严重的城市灾害。同时，当前城市灾害救援的法律制度不健全，救援资源利用率低下，专业救援队伍的装备整体水平较为落后。我国目前的城市灾害救援工作与救灾过程中产生的实际需求相比还存在着很大差距，建立科学、完善的灾害救援体系迫在眉睫。

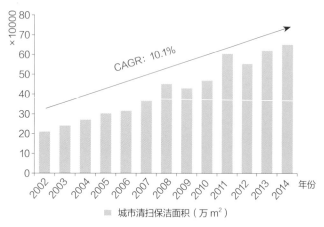

**图4-9-4 城市清扫保洁面积柱状图**

数据来源：中国环卫服务行业市场现状及发展前景分析，http://www.h2o-china.com/news/243139.html

注：CAGR是Compound Annual Growth Rate的缩写，即复合年均增长率。

### 9.1.5 能源供应系统

电力和能源供应发生了根本性的变化。中华人民共和国成立初期，绝大多数城市的能源主要是煤炭，

有的城市还依靠薪柴和木炭。即使在改革开放之初，全国许多城市仍然缺电，由于缺电拉闸，不少工厂不得不停产，或一个星期只开三四天工，生产遭受严重损失，也给城市居民生活带来诸多不便。目前我国大多数城市电力和各种能源供应充足，能源结构日趋合理，洁净能源逐步成为城市的主要能源，煤炭及煤球已在不少城市绝迹。

相关报告显示，2015年底全国发电总量已达5.81万亿 kW·h，比2006年的2.87万亿 kW·h 增长了102.72%❺（图4-9-5）。相应的电力设施也得到了极大的发展，2015年底全国全口径发电装机容量15.07亿 kW，居世界第一位。而2005年全国发电装机总容量为5.17亿 kW，10年间增长了近3倍。同时，并网风电、并网太阳能发电更是高速发展，我国已成为世界上可再生能源装机利用规模最大的国家。在电网建设方面，截至2015年年底，全国电网220kV及以上输电线路回路长度达61.09万 km，公用变电设备容量达31.32亿 kV·A。与2005年相比，10年间输电线路回路长度增长了2.4倍，变电设备容量增加了3.69倍❻。

2016年中国天然气表观消费量为2058亿 m³（不含向港、澳地区供气），同比增加6.6%，增速超过2015年。天然气在一次能源消费结构中占比6.4%，我国用气人口数首次突破3亿人❼。同时，随着煤气供应量减少，液化石油气供应量持平，天然气供应量迅速增加。2016年，国内天然气产量1369亿 m³，同比增加1.7%。根据发布的《2017—2021年中国供热行业市场深度调研与发展趋势预测研究报告》显示，2012~2016年，中国城市集中供热面积在不断增长，2016年增长到69.63亿 m²。但受到房地产发展速度放缓的影响，城市集中供热面积增长速度也有所下滑。

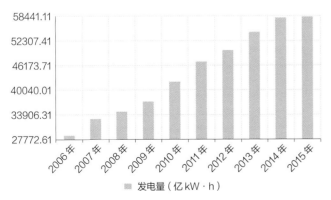

**图4-9-5　2006~2015年全国城市发电量柱状图**
数据来源：国家统计局，https://data.stats.gov.cn/easyquery.htm?cn=C01

尽管我国电力等能源基础设施建设取得了巨大成就，然而在中国经济进入新常态的背景下，能源基础设施还有许多不适应经济、社会新发展的地方。就供给侧而言，核心区外围城市副中心的建设相对缓慢，无法吸引核心区的人口向外分流。结构性改革的支撑能力也有待提高。例如，新能源汽车产业是国家重点发展的战略性新兴产业，其中充电桩等能源基础设施不足已成为目前制约其发展的重要因素之一。此外，在新一轮产业革命背景下，智能电网已成为美国等发达国家重点建设的基础设施。受配电网发展相对滞后等因素的影响，目前中国的智能电网建设步伐相对较慢，难以满足快速发展的分布式可再生能源发电的消纳需求。

## 9.1.6　邮电通信系统

通信事业是我国近几年发展最快的公用事业。中国电信网络规模已跃居世界第二位，电话普及率由1979年的0.38%提高到2005年的57.22%，2/3以上的城市居民家庭拥有住宅电话。东部城市，特别是沿海经济发达城市电话普及速度惊人。按国际惯例至少要100~200年才能达到的发展水平，广州仅用了20年❽就已达到。

在"信息高速公路"建设方面，截至2015年底，全国光缆线路总长度达到2487.3万 km，接近2006年427.9万 km 的6倍，其中2015年底全国长途光缆线路长度为96万 km，比2006的72.24万 km 增加了33%；在移动通信设施建设方面，2015年底，全国移动通信基站总数达466.8万个，是2010年139.8万个的3倍多，其中2015年底3G/4G基站数达320.7万个，占移动通信基站总数的比例近70%，比2010年提高了35个百分点。

在互联网宽带接入端口方面，2015年全国互联网宽带接入端口数量达到5.77亿个，是2006年6486.36万个的7倍多（图4-9-6）。特别是互联网宽带接入端口"光进铜退"趋势更加明显，2015年各种类型数字用户线路（xDSL）端口比2014年减少3903.7万个，总数降至9870.5万个，占互联网接入端口的比重由2014年的34.3%下降至20.8%；2015年光纤接入端口比2014年净增1.06亿个，达到2.69亿个，占比由2014年的40.6%提升至56.7%❾。

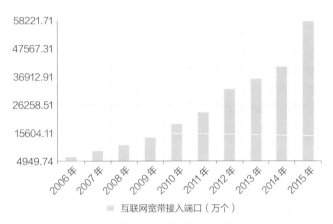

图 4-9-6　2006~2015 年城市互联网宽带接入端口数变化
数据来源：国家统计局，https://data.stats.gov.cn/easyquery.htm?cn=C01

尽管目前中国信息通信基础设施已得到较为完善的发展，但仍不能满足工业化和信息化深度融合的需要。我国亟须大力发展以宽带和泛在链接为根本特征、表现为"网络＋云资源＋公共平台"综合体、提供"资源＋通信＋信息应用"综合服务的新一代网络基础设施。

虽然我国城市基础设施已经取得了巨大发展，但从我国城市发展的现状和趋势看，城市基础设施还远远落后于城市发展需要，主要体现在质量较差、寿命短、功能单一、抗灾害能力弱四个方面。

## 9.2 当前城市基础设施的短板

### 9.2.1 质量较差，重"量"轻"质"

在过去的几十年间，基础设施的发展为我国经济的增长和人民生活水平的提高作出了巨大的贡献，但是这种快速的发展也伴随产生了一系列粗放式建造导致的基础设施建造质量上的严重问题。

其中以现场浇筑混凝土结构、手工作业为主的传统粗放式建筑业生产方式存在以下突出问题。①建造行业消耗了大量能源、资源。2017 年我国建造行业完成房屋竣工面积 41.19 亿 $m^2$，其中 80% 以上为高能耗建筑，单位建筑面积能耗是发达国家的 2 倍以上[⑩]。建造行业用水占到淡水供应量的 17%，水回用率仅为发达国家的 25%。另外我国河道已无多少沙子可挖供混凝土建造使用。我国基础设施体量庞大，粗放的建设模式造成对资源的大量浪费，对我国的可持续发展尤为不利。②建造行业劳动生产率低。我国建造行业的劳动生产率与国外发达国家相比仍有很大差距，建造行业人均竣工面积大约是美国和日本的 25%，建造工业化水平低。③工程结构寿命短，抗震性能差。我国的工程结构耐久性不足，平均寿命不足英国、美国和日本等国建筑的 1/2，房屋建筑平均寿命英国为 132 年，美国为 74 年，而中国仅为 25~35 年[⑪]。同时地震时人员伤亡多源于被地震损坏的房屋等工程结构，而不是源于地震。④建造行业环境污染严重。我国建筑垃圾数量已占到城市垃圾总量的 30%~40%，约为发达国家的 2 倍，此外我国大、中城市基建工地是城市扬尘的主要来源之一，建筑业在空气污染中的占比为 15% 左右[⑫]。

此外，随着沿海开发及国家东、中、西区域合作示范区等国家战略的深入推进，我国工程建设尤其是高层建筑越来越多，深基坑也越挖越深，但深基坑若达不到严格的施工要求，则可能会对相邻建设工程带来影响。因此，"楼脆脆""楼歪歪""楼裂裂"等现象频频出现，建筑结构设计安全问题一度受到人们的广泛关注。例如上海"莲花河畔景苑"在建楼房被"压力差"压成"楼脆脆"；南京正在施工的"中兴大楼"塌方，致使一墙之隔的"望江矶 2 号"的 5 栋房屋相继开裂，居民紧急疏散；成都"校园春天"小区的两栋相邻楼房发生倾斜，靠在一起等。城市基础设施中部分建筑结构、桥梁体系等由于在设计过程中存在着一定的缺陷，而这些缺陷在施工之前并没有及时发现，同时施工过程中偷工减料、浮皮潦草，养护工作落实不到位等原因也导致结构较早地出现病害。这些设计、施工、养护等过程中遗留的问题会严重影响到结构的质量，在经年累月的使用中，结构性能上的不足会暴露得越来越明显，导致结构病害频发，更为严重的会损害人民的生命财产。

从 21 世纪初开始我国城市基础设施建设步入了快速发展期，不断完善的城市基础设施为我国经济的腾飞提供了有力的支撑，但同时也暴露了很多弊病，如不加以改善，建设速度提升反而会造成更严重的问题。国家统计局数据显示，2016 年底我国城镇化率已经达到 57.4%[⑬]。根据国际经验，城市化水平在达到 70% 前都会快速发展，城市化进程的快速推进需要完善的城市基础设施与之配套。国民经济和社会发展统计公报显示[⑭]，2017 年各月基础设施投资均保持了 20%

左右的增长速度，全年完成投资140005亿元，增长19%，增速比上年提高1.6个百分点；占全部投资的比重为22.2%，比上年提高2.2个百分点；对全部投资增长的贡献率为52.9%，拉动投资增长3.8个百分点。其中，生态保护和环境治理业投资增长23.9%，道路运输业投资增长23.1%，公共设施管理业投资增长21.8%，水利管理业投资增长16.4%，增长速度不仅远远高于同期制造业及房地产投资增速，也高于投资领域整体增速。在基础设施建设快速增长的同时，基础设施投资还需要深入细致地调查研究，避免盲目投资、过分追求规模的弊端，为子孙后代节省更多的资源[15]。特别需要关注以下几个方面。

### （1）城市基础设施建设发展不均衡、不协调

城市基础设施作为城市综合服务功能的重要载体，其建设和发展应尽可能与城市保持同步协调发展。传统发展模式已经引发了诸如盲目投资、规划不合理、与城市经济社会环境不相匹配等诸多不可持续问题，严重制约其健康发展。20世纪90年代中期以来，我国加大了对交通基础设施建设的投资力度，但从整体上讲各地区交通建设发展的不平衡性特征突出。一些地方政府的建设观念难以及时更新，譬如交通基础设施建设重地上部分而轻地下部分，因此对于地下停车场、地下综合管廊等设施的建设往往兴趣不大。有些地方政府对城市开发建设过度，已有的道路容量不能满足要求，或者道路性质与道路两侧的建设用地性质不协调，使城市中交通性干道"生活化"，甚至因为城市布局带来城市交通的"潮汐式"流动，造成新的城市交通拥堵等一系列问题。

### （2）城市基础设施建设缺乏全局规划

由于建设观念的制约、建设和管理规划的局限、政绩考核对环境污染要素约束的不明朗等特点，使得城市的基础设施建设在推进中和建成后的监督和维护的过程中带来比较严重的环境污染。例如许多道路由于规划或监督的不完善，拆了建、建了拆，长期修修补补，造成噪声污染、大气污染、水污染以及交通拥堵等，给城市居民工作和生活带来很大影响；公路养护管理力量严重不足、人员老化严重，无法满足规定要求等因素，也使得道路在使用过程中出现较多的污染。诸多原因使得基础设施建设面临较大的环境污染制约，成为国家中心城市建设快速推进的一大障碍。

一些城市有新城和旧城之分，而旧城的建设大多经历过计划经济时代，当时固定资产投资占GDP比重低，从"一五"到"五五"期间，各阶段的市政公用设施建设投资总额仅占国内生产总值的0.14%~0.40%，缺乏系统性的全局谋划。改革开放以来，随着城市经济的快速发展，旧城居住区更新进程加速，然而城市基础设施供需矛盾却更加突出。旧城的交通基础设施问题主要是设施和管网系统两个方面原因导致的：设施方面的原因表现在设施种类不全、设施配置时容量不足、标准低下，设施布置形式单一上；管网系统问题表现在管网型制安全可靠性差、管网敷设形式单一和管网系统材料传统易老化上。与新城建设的广阔空间相比，旧城建设空间明显受到刚性约束，再加上设施和管网的陈旧，改造起来难度很大，在征地拆迁时会遇到政府各部门难以合作协调、干部群众的思想工作难做、征地拆迁资金紧张、能提供的补偿有限、失去农田和家园的农民安置困难等问题，导致旧城城市交通承载量难以有效提高、交通供给缺口大、交通拥堵现象严重的后果。

### （3）经济能力的可持续性不强

在城市财政支出体系中，城市基础设施是一个非常重要的支出内容。据世界银行的一项调查分析，在发展中国家，城市基础设施投资一般达到政府公共支出的40%~60%，占GDP的2%~8%[16]。但随着我国经济的快速发展和人民生活水平的提高，社会各界迫切要求各级政府加快城市基础设施的建设，改善城市生活环境，提高城市生活质量。2016年我国城市公用建设固定资产投资合计17460亿元，其中，中央财政拨款占总额的1.44%，地方财政拨款占总额的31.24%，国内贷款占总额的32.39%，企业自筹占总额的21.4%，债券占总额的0.43%[17]。这些数据表明，地方政府的财政支持是城市建设资金的主要来源。然而由于政府财政制度滞后、地方政府职能错位及相关制度建设不完善，导致资金自给能力严重不足，阻碍了城市建设的发展。根据世界银行2016年的报告，发达国家由政府承担的公共基础设施建设投入通常达到35%，发展中国家大约可达到13%。但在我国，城市基础设施建设50%以上的投资均由地方政府承担。

我国地方政府对城市基础设施建设的投融资力度不断增加，这不仅是因为要解决城镇化发展中新增需求的问题，还要解决诸多城市基础设施的"历史欠账"问题。如城市道路交通压力问题，北、上、广这样的特大城市及一些省会城市交通拥堵日趋严重，成为城

市经济社会发展的"瓶颈",城市地下管网、污水和垃圾处理、排水防洪等配套设施严重滞后、低效,无法满足城市持续和快速发展的需要。如今,这些在过去传统的低成本城镇化时期被忽视或回避的城市基础设施升级、维护等问题逐步显现,需要不断增加投入,逐步提高城市的可持续发展能力。

## 9.2.2 寿命短,重"建"轻"养"

我国土木工程建设从20世纪50年代开始发展,特别是改革开放以来,我国用30年时间完成了西方发达国家近百年的发展历程,取得的成就举世瞩目,大规模的基础设施建设也有力地推动了土木工程科学技术的进步。我国拥有世界上总里程最长的高速铁路网,高速公路总里程也居世界第一。在桥隧建设方面,我国也取得了令人惊叹的成就,曾是世界最长的杭州湾跨海大桥,跨度最大的斜拉桥苏通长江大桥及建成通车不久的世界最长跨海大桥——港珠澳大桥,均代表了世界最先进的工程技术水平。种种数据表明,我国的土木工程建设,无论是投资规模还是建设规模早已达到世界领先水平。

但是我国整体工程技术水平与国际先进水平相比还存在一定差距。在建设和运营管理中仍存在不同程度的工程安全问题,而地震、强风、洪水、冰雪灾害的频发和恶劣环境的影响也使土木工程的安全、耐久与防灾能力面临严峻的考验。发达国家的发展经验已经告诉我们,在经过基础设施的大规模发展之后,随着大量的结构逐渐进入老龄化,结构劣化问题日益突出,对结构进行恰当和合理的维护管理将成为我国土木结构及基础设施领域最重要的任务。

以建筑为例,我国建筑的寿命远远低于世界发达国家水平,与英国建筑的平均寿命132年和美国建筑的平均寿命74年相比,我国许多建筑的寿命不超过25年。据统计我国现有住宅中,已使用15年以上、需中修的旧住宅总面积约为21亿$m^2$,使用25年以上、需要改造性大修的旧住宅总面积约为10亿$m^2$,分别占总量的32.8%和17.1%[18],是目前建筑结构维护改造的主体对象。随着我国城镇住宅进入老化高峰期,今后建筑的维护加固费用将更为庞大。2017年一年我国竣工房屋面积超过了40亿$m^2$[19],按全国每平方米750元建筑成本计算,至少需花费3万亿元。如

设计使用期为50年,实际只能满足25年的使用要求,我国每年的隐性建筑损失至少有1.5万亿元。

公路作为重要的交通基础设施,在我国也得到了飞速发展。2016年,我国公路总里程达到469.63万km,国家高速公路网基本建成。高速公路总里程超过了57.95万km,等级公路总里程达到422.65万km,覆盖95%以上的20万以上城镇人口城市,二级及以上公路里程达到60.12万km[20]。但是经过30多年的建设使用,我国公路老化损坏现象严重,已逐渐显现老龄化现象,维护费用不断提高。"十二五"期间,我国用于公路养护的费用平均每年达到了2200亿元以上,且未来资金投入力度将进一步加大[21]。

据2016年的统计,我国已有公路隧道超过11000座,总长接近10000km,铁路隧道同样超过11000座,总长超过9000km,水工隧道总长超过10000km[22]。但同时需要注意的是,我国的隧道结构健康状况不容乐观,约有近50%的隧道存在各类病害劣化问题,预计到21世纪30年代,将有4000多座隧道服役超过50年,大量隧道进入老龄化阶段,维护费用将急剧增加。

近年来我国桥梁建设取得了巨大的成就。1988年我国桥梁只有12.4万座,而截至2016年,我国桥梁总数超过86万座,已跃居世界第一,预计到2025年我国桥梁将突破100万座,成为当之无愧的桥梁大国[23]。然而,随着在役桥梁数量和桥龄的日益增长,在役桥梁的安全和健康形势十分严峻。在存量桥梁中,15%以上的桥梁为危桥、病桥,结构老化事故频发,难以满足经济发展的需要,甚至对公共安全产生威胁。我国桥梁的设计寿命为100年,但主梁下挠、混凝土开裂等原因使得在役桥梁寿命远小于其设计寿命。我国约有60%的桥梁实际寿命不足25年,如我国1992年建成的三门峡大桥在运营十年后主梁下挠220mm,1995年建成的黄石大桥、1997年建成的虎门大桥,在运营7年后主梁下挠分别达到305mm和223mm,严重影响这些桥梁的运营安全。据统计,下挠桥梁的使用寿命不超过30年。主梁混凝土开裂也影响桥梁的实际寿命,据统计,开裂桥梁的使用寿命为11~27年,平均寿命不到20年。

总体来说,我国当前城市基础设施发展与发达国家基础设施发展高峰情况相类似,而我国土建结构数量更多,资产总量更大,建设质量问题可能更为严重,后期维护管理的压力也将更为严峻。这些问题对我国经济的可持续发展将是一个巨大的挑战。

## 9.2.3 功能单一

功能复合的概念早已渗透到城市建筑设计和市政项目规划中，比如目前很多大型的高铁站均设计成具有复合功能的综合体，其不仅能够高效利用优势土地资源、提高车站自身的城市竞争力，还能带动周边城市发展和转型、改善城市生活品质。我国基础设施多为专项投资，它们往往被以工程化的设计来保证这些系统在特定时间内可以最高效地完成某个单一目的。例如，道路大多是单一功能导向的为车辆在设计；河道则往往以防洪为单一目的，被裁弯取直和硬化，忽视了基础设施与城市开放空间的结合，以及它们还应具有的社会、审美和生态方面的功能。这种单一效益的思维和操作方式诚然保证了其本身既定目标的实现，但却影响了基础设施对城市的整体贡献。

有关研究表明：到 2025 年末全球将有超过 60% 的人口生活在城市里，2050 年城市居民将占 70%。随着城市人口的急剧膨胀和建设用地的不断扩张，自然开敞空间的面积大幅减少，生态环境破碎化愈加严重，城市热岛效应、灰霾效应、雨洪雨污效应及水体富营养化等生态环境问题日益突出。而之前单一功能的基础设施不利于生态系统复合管理，阻碍了生态系统服务功能的优化和提升进程。因此，许多城市对基础设施重新审视，要求城市基础设施更具弹性、适应性和功能复合性的特点。

基础设施缺乏多功能性的例子很多。比如一些城市为求领导政绩，不顾城市发展的实际要求，匆忙地修路架桥、铺管走线，这些项目由于没有经过认真的调查和研究，没有完善的设计，也没有经过专家的论证或听取市民的意见，往往只考虑短期的和局部的效益，从而造成基础设施利用率低、浪费大。最典型的例子就是"马路拉链"的问题（图 4-9-7），城市各类地下管线纵横分布，常常会带来重复破路埋管问题，有些道路一两年内要开挖好几次，道路施工带来的施工污染、安全隐患、交通堵塞更是额外损失（图 4-9-8）。

分开铺设的燃气管、雨水管、污水管以及高压电线等带来重复破路埋管的问题，可以通过应用综合管廊技术解决。综合管廊又称共同沟或综合管沟，是一种新型的管线布设方式，它是建于城市地下用于容纳两类及以上工程管线的构筑物及附属设施的统称（图 4-9-9）。综合管廊将多种管线集约化布设，而且预留了检修人员通道，具有科学利用地下空间、日常检修不需要开挖路面、保护管线免受腐蚀或外力损坏以

**图 4-9-7** 南京某路段"马路拉链"图

图片来源：龙虎网，http://www.longhoo.net

**图 4-9-8** 南京某路段交通拥挤图

图片来源：https://ss.sohu.com/infonews/article/63446715968457277745

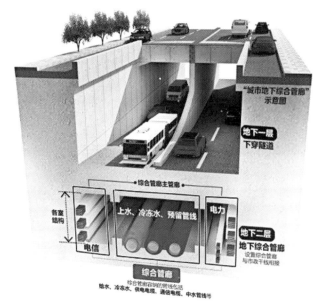

**图 4-9-9** 城市地下综合管廊示意图

图片来源：http://www.sh-zhenda.com/zhenda/db88d264-7e85-dfcd-701e-7c89bfe21ac7.shtml

及增强管线的抗震能力等优点，因此受到了越来越多的关注。

近年来，天津、大连、沈阳、青岛、宁波、哈尔滨等很多城市已出台政策支持综合管廊建设，尤其是新区建设方面，但老城区的综合管廊改造进度缓慢。2015年4月，住房和城乡建设部提出每年投资1万亿元用于建设城市综合管廊的规划，随后联合财政部公示了10个试点城市；同年8月，国务院办公厅印发了《关于推进城市地下综合管廊建设的指导意见》。"十三五"期间我国迎来了综合管廊的建设高潮。推进城市地下综合管廊建设，不仅有利于保障城市安全，而且对于完善城市功能、美化城市景观起到重要的作用。

## 9.2.4 抗灾害能力弱且灾后复原力不强

近年来，中国的城镇化率从41.8%提高到了57.4%。依据此趋势，中国的城镇化率将在2050年超过70%。随着城镇化进程的加快，城市人口增加迅速，城市对道路、给水排水系统、电力供应、能源供应、通信网络等人工基础设施的依赖程度与日俱增，城市的灾害易损性以及城市所面对的灾害风险日益明显。而且随着城市建设用地面积的增加，城市直接受到灾害影响的概率也随之增加。2013年11月18日，我国在华沙气候大会上正式发布了《国家适应气候变化战略》，并指出气候变化已对中国的粮食安全、水安全、生态安全、能源安全、城镇运行以及民众财产安全构成严重威胁，提高国家适应气候变化的综合能力意义重大。其中，人口和财富高度集聚的城镇化地区是重点适应区域之一。

过去数十年来，中国城镇化快速发展导致城市建设中存在大量的历史欠账。气候变化背景下，极端天气和气候事件频发，脆弱的城市防灾能力导致风险叠加和放大效应。如2012年北京7·21暴雨、2013年夏季上海持续酷热高温、10月浙江余姚洪水，以及秋冬季节蔓延全国大片城市地区的严重雾霾天气等。如果不及时予以重视并提升城市整体的灾害风险应对能力，未来还会有更多不可预知的灾难给城市运行和可持续发展带来巨大阻力。

以震灾为例，我国近年地震灾害多发。据统计，2008年至今大陆范围内发生5级以上地震356次。

2014年我国地震灾害共造成311万人次受灾，736人死亡，66万人次紧急转移或异地安置，36万人次需紧急生活救助，11.5万间房屋倒塌受损，直接经济损失超过408亿元，灾害损失惨重。而且，中国仍然处于追求城镇化进程的粗放增长时期，城市应对灾害的危机处理能力还有待完善。在不稳定的扰动因素的作用下，屡屡出现城市功能失效、居民生命财产损失、社会组织失序等灾难性后果。

城市"大雨必涝、雨后即旱"和"有河必臭"等问题也日益突出（图4-9-10），引发大家对传统城市建设模式的反思。我国大多数城市居民的雨水资源利用意识不强，对雨水资源的利用率较低，城市中雨水的疏排、回收、利用完全依靠公共排水设施。而城市排水管网建设的滞后，又使得雨水分流效果不明显。之前有较长的一段时期，在对城市进行给水排水规划时，未明确"确立雨水是重要资源"，更未建立雨水"合理利用再排放"的重要战略指导思想，使得大量的雨水资源被直接排走，与我国水资源紧缺现状形成冲突。

一些原先设计的排水系统未考虑未来城市的发展，而老管道远远达不到排水要求，使得设计水道难以承接不断增大的汇水面积内的雨水。并且，有的城市地下排水管道设计时为降低造价故意将管道直径按照标准下限进行设计，忽略了后期污水可能造成的堵塞问题。有的城市大规模的用地蔓延忽略了原有的生态平衡，破坏了原有的排水和内涝防治系统，致使河道行洪能力缩减，雨水调蓄能力降低。随着城市向周边扩展，以往城外的行洪河道变成城市的内河，行洪能力缩减。而城市中原有的河湖经大规模改造已所剩无几，幸存的河流水面也大幅度减少，调蓄雨水的能力大大降低。

图4-9-10　南京某路段雨后积水图
图片来源：https://www.chinanews.com/tp/hd2011/2011/07-19/56206.shtml

以往解决城市内涝的理念为增大排水量，这势必增加地下管道的数量，而根据海绵城市的理念，降雨可就地消纳和利用，且本地所产生的污水必须在本地治理，不能把治理污水的负担转移到下游。2015年至今，全国已有30座城市开展海绵城市建设国家试点，重点是解决城市建设中的水环境、水生态和内涝问题。虽然目前效果还不能令人满意，但海绵城市并不是一天就能够建成的，而是可能需要5年、10年，甚至更长时间才能解决。各地政府应摆正心态，积极开展海绵城市的相关工作，提升城市应对自然灾害的能力（图4-9-11）。

中国作为世界上最大的发展中国家，人口众多、能源资源匮乏、气候条件复杂、生态环境脆弱、发展不均衡的基本国情决定了中国是最易受到气候变化不利影响的国家之一。全球气候变化已对中国经济社会发展产生了诸多不利影响，成为可持续发展的重大挑

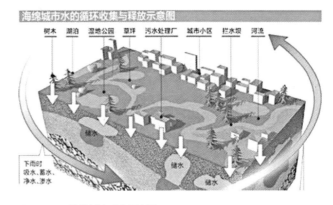

图 4-9-11　海绵城市系统示意图

图片来源：http://house.dzwww.com/news/yw/201607/t20160726_6155385.htm

战。随着快速城镇化进程的推进，配套设施建设亟待加快，缺位的城市应急、应变系统和社会管治机制需要不断补充、更新，以使城市功能得到进一步完善。

# 第 10 章　城市基础设施品质工程战略策略

针对城市基础设施的短板，本研究通过调研，建议从绿色化、长寿命化、多功能化和坚韧化四个方面来提升当前城市基础设施品质。

## 10.1 绿色化策略

### 10.1.1 概念

绿色基础设施（green infrastructure，GI）是在人居环境、生态保护和绿色技术三大领域起源发展、逐步形成的概念，旨在构建"自然生命支撑系统"，实现生态、社会、经济的协调和可持续发展[24]。

对城市基础设施建设可持续发展概念的界定，既要在可持续发展范畴之内，又要体现城市基础设施这一特定领域。城市基础设施的建设运营改变了城市经济、社会和环境的原有形态，三者共同作用影响城市基础设施建设可持续发展，是经济、社会、环境三个维度的统一体。综合学者对城市基础设施建设可持续发展的定义，结合可持续发展概念，本研究将城市基础设施建设可持续发展定义为城市基础设施建设在保障并促进城市经济、社会、环境发展的同时，能够满足与城市经济、社会、环境的协调平衡，其经济子系统、社会子系统、环境子系统三者能够保持协调一致发展，最终实现城市基础设施乃至城市持续健康发展（图4-10-1）。

城市基础设施建设可持续发展是经济子系统、社会子系统、环境子系统三个维度的统一体。在经济子系统方面，城市基础设施中有些部分能够参与各项生产，直接带动城市经济发展，其提供的产品和服务也为城市活动提供运行基础，支持和保障城市各项生产等经济活动。在社会子系统方面，城市基础设施提供了多样的物质基础，其建设和发展对满足人类的基本需要、提高城市居民生活质量、实现人的全面发展至关重要。在环境子系统方面，城市基础设施建设能够改善目前城市出现的空气污染、城市垃圾、交通拥挤、水污染等主要环境问题，改善城市环境质量，提高环境可持续发展。

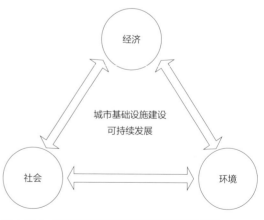

**图 4-10-1　城市基础设施建设可持续发展概念模型**

## 10.1.2 对策

### （1）加强城市基础设施绿色建造新技术、新工艺的研究和推广应用

城市基础设施的建造和维护通常涉及新技术、新工艺、新材料的使用，提升基础设施性能将保证基础设施长期有效地发挥效用。在维护的检测手段上，需要现代化的综合检测设备。但是，在城市基础设施实际经营过程中，目前仍缺乏科学化及自动化的管理维护技术，难以获取即时性与持续性的系统化信息，难以掌握环境及结构系统特质的变化。因此基础设施的建造及维护要以科技创新为支撑，在结构、工艺、设备、材料等关键技术方面有所突破，达到城市基础设施的长寿命目标。在科技创新过程中，应总结具有特色、有效的传统工艺和工法，针对工程设计、施工、管养、材料、装备等全产业链开展技术创新与集成创新，基于智慧城市的理念推进信息技术和工程建养技术深度融合，打造以信息化、智能化和绿色建造为特征的工程全产业链创新体系，实现资源共享、优势互补。

### （2）优化工程管理模式，贯彻基础设施的绿色建造理念

城市基础设施管理中存在着一种较为普遍的重建设、轻运营和维护的观念，对基础设施建成后如何发挥其最大功能效益没有引起足够的重视，以至于有些基础设施项目在其使用年限内即发生损伤、破坏或管理维护不力等现象，有时也出现在规划设计中企图节省经费而导致长期耗费高昂的维护成本等情况。城市基础设施品质工程应践行现代工程管理发展的新要求，以优质耐久、绿色环保、安全经济为目标，全面深入推进"发展理念人本化、项目管理专业化、工程施工标准化、管理手段信息化、日常管理精细化"的现代化工程建设管理方法，完善建设管理体系。重视提升基础设施维护管理水平，通过现有的技术和合理、及时的维护管理，对于目前很多达不到设计寿命的结构，争取使其达到设计寿命，对于保养较好的混凝土结构，力争使其使用寿命大大超出原有设计寿命，争取在全寿命周期成本（life cycle cost，LCC）最小化的前提下，在合理控制维护管理成本的条件下，实现实际使用寿命加倍的理想目标。智慧城市理念与城市基础设施管理维护的结合体现在智慧城市建设基于信息化，通过云技术的运用、传感技术的应用、图像识别技术的使用，对城市规划布局信息、设施建设进度、设施的健康程度信息进行高效、精准的采集，同时对数据进行分析，提高效率，节约管理成本，对城市基础设施规划以及资源利用分配提供帮助，进而作出科学决策，合理利用资源。

### （3）建、养结合，全生命周期管理和核算

以公路为例，公路作为重要的交通基础设施，2015年我国公路总里程达到457.7万km。但是我国公路老化严重，"十二五"期间，我国用于公路养护的费用平均每年达到2200亿元以上。我国隧道预计在21世纪30年代，将有4000多座服役超过50年，大量隧道进入老龄化阶段，维护费用将急剧增加。建设质量问题及后期维护管理的压力对我国经济的可持续发展将是一个巨大的挑战。建议从全寿命的角度来评价城市基础设施，将建设的理念从"重量轻质"转变为"量质并重"，从"重建轻养"转变为"全寿命优化"。在工程设计工作中应坚持科学统筹规划，坚持可持续发展观，认真落实"以人为本、安全至上、环境优化、资源节约和全寿命周期成本"的科学设计理念。通过基础设施的长寿命化设计，改变以往满足规范最低标准的设计方式，通过较少的额外投入，显著抑制结构的全寿命周期成本，节省大量的自然和社会资源，获得丰厚的经济回报和良好的社会效益。同时在设计阶段重视环保设计、生态设计，追求自然和谐的设计理念。

### （4）促进基础设施多功能化，提升基础设施的综合性

我国基础设施多为专项投资、数额巨大，而且往往仅重视单一功能的设计。这种单一效益的思维和操作方式严重影响了基础设施对城市的整体贡献。许多城市应对基础设施重新审视，使城市基础设施更具弹性、适应性和功能复合性。

### （5）提升城市基础设施的规划设计水平、科技创新能力和绿色环保水平，建立城市基础设施的品质评价体系

由于建设观念的制约、建设和管理规划的局限、政绩考核对环境污染要素约束的不明朗特点等，使得城市的基础设施建设在推进和建成后监督和维护的过程中会带来比较严重的环境污染，成为国家城市建设

快速推进的障碍。为保障智慧城市基础设施高质量的规划建设，需要有一套系统的评价指标体系，以规范、指导智慧城市基础设施的建设。评价体系应践行创新、协调、绿色、开放、共享的发展理念，追求工程内在质量和外在品位的统一。在评价体系中应体现基础设施的可持续性，包含可建造性、可维护性、可适应性的评价因子。通过可建造性评价，达到节省投资、缩短建设周期、提升设计使用寿命的目的；通过可维护性评价可以降低运营成本和生命周期的费用，延长使用寿命；可适应性评价则应注重结构的可改造性、功能的可更新性、技术的可升级性。

## 10.2 长寿命化策略

### 10.2.1 长寿命化对实现城市基础设施可持续发展具有重要的战略意义 [25]

在混凝土结构的全寿命维护管理中，考虑荷载与环境作用下结构的耐久性问题（如氯离子对混凝土的侵蚀、持续往复荷载引起结构的疲劳、极限环境对结构的作用等）一直都是非常重要的方面。不久的将来，在建设规模收缩及基于经济的考量更需精细化的时代，提高结构的耐久性、延长结构的服役年限，无疑是缓解未来矛盾的一个很好的途径，而现代材料、施工工艺、维护手段的发展使其成为可能。如当前桥梁的设计年限为100年，但只要维护和管理得当，其真正使用寿命达到200年乃至300年的可能性很大。美国土木工程师学会提出2025年实现全寿命周期成本减半的行动纲领，其中结构的长寿命化设计与管理则是关键，是实现单位成本效益最大化的必然途径。一般来说，只要结构在其寿命期内能满足其净现值（net profit value，NPV）为正值，其服役寿命越长就越经济。因此，我国提高混凝土结构的耐久性和服役寿命的理念、开发针对土木结构与基础设施的长寿命技术和系统已刻不容缓，且应将其贯彻于结构设计、施工、运营和维护管理等整个过程。

### 10.2.2 长寿命化的对策与建议

加强城市基础设施品质评价和品质维护的科技研究，发展品质评价和维护的新技术和新工艺。

20世纪中叶是欧美发达国家发展建设高峰期，直至目前土木工程在西方发达国家仍处于关键产业地位，但总体上西方发达国家的大规模基础设施建设基本完成，已建成服役的大部分混凝土结构存在不同程度的劣化现象。在有限的财政预算范围内对其进行合理的维护管理已成为目前发达国家土木工程建设的重点。

美国桥梁从20世纪20年代开始较大规模的建设，到60年代左右达到高峰，随后建设速度略有下降，但仍保持着较大的建设规模[26]。20世纪20~30年代建成的桥梁到80年代服役时间便超过50年，进入了老龄化。目前美国桥梁服役期超过50年的已超过60万座，由此带来的问题频发。美国联邦公路总署于2011年进行的桥梁检查统计报告显示：美国已有超过20万座桥梁存在病害、承载力不足问题，约占桥梁总数的35%。美国土木工程师协会（ASCE）指出，在未来20年，美国有缺陷的桥梁的维修加固费用将超过1800亿美元。为了应对这种情况，美国联邦公路总署于2005年提出和启动了桥梁长期性能项目（Long-term Bridge Performance Program，LTBP）。该项目是一个持续至少20年的长期项目，旨在通过收集全美高速公路桥梁的高质量桥梁数据，促进人们对桥梁劣化及长期性能状况的认识和理解，实现桥梁的合理优化及长寿命化管理。

欧盟桥梁管理项目（BRIME）的统计表明，目前欧洲有接近8.4万座混凝土桥梁需要维修加固，欧盟大多数国家的桥梁与国道缺陷率超过30%，各国每年用于桥梁维护的费用占所有桥梁重建费用的0.5%~1.0%[27][28]。德国的相关调查研究指出，德国在今后15年里，每年需花费72亿欧元来逐步翻新基础设施，比原有的预算要多出70%。英国苏格兰地区2014年对其主干道上的结构物（主要是桥梁）的检查和监测结果表明，所有的结构主要承载构件中只有61%是状态比较完好的，状态差和很差的则占18%。2003年12月欧盟针对铁路桥启动了"可持续桥梁：为将来交通需求及结构长寿命的评估"（Sustainable Bridge: assessment for future traffic demands and longer lives）项目，旨在提高欧洲铁路运输能力及延长结构使用寿命。随后欧盟进一步提出了长寿命桥梁（Long Life Bridge）项目，旨在通过运用先进的结构分析技术，对结构进行必要的维护与管理，达到延长既有桥梁使用寿命的目的。此项目在欧洲第七框架研究计划资助下于 2011 年开始执行，为期三年，研发重点主要包括桥梁荷载与动力特性、桥梁全寿命及疲劳评估三个方面。

日本在战后随着经济的发展，其基础设施建设也得到迅猛发展，目前其基础设施社会资产已达 700 兆日元。以桥梁为例，日本从 20 世纪 50 年代开始加速建设，到 80 年代达到顶峰，在 50~60 年代建造的大量桥梁在 21 世纪初便陆续超过 50 年的服役期，进入老龄化阶段[29][30]。日本目前桥梁的维护费用巨大，每年接近 30 兆日元，几乎与工程建设投资预算相当。从日本的房屋与基础设施投资来看，总投资从 21 世纪初回落，且新建结构的投资回落显著；维护管理费用则快速增长，从 20 世纪 90 年代开始一直保持在较高水平，并自 2000 年后显著增加，很快成为投资的最主要部分。预计到 2036 年左右新建结构的投资预算将缩减殆尽，日本在房屋及基础设施上的投资将基本只能满足结构的维护管理、更新与灾后的恢复重建等需要。预计在 2037 年左右，日本基础设施的维护管理费与更新费用将超出政府预算，形成财政赤字，且赤字规模呈逐步增长状态，日本的房屋及基础设施等社会资本的可持续发展将遇到很大的挑战。

大量的基础设施老化引起了日本政府的警惕。为避免步美国的后尘，日本对基础设施结构积极开展了维护和管理活动，并制定一系列法律、法规对结构的检查及维护对策等作出了规定。同时，为减缓结构短命造成的拆除重建所带来的物质和资金压力，大力提倡对结构采取适当的延命措施，并从结构的全寿命维护管理角度进一步提出结构的长寿命化设计理念，推出了针对基础设施长寿命化的国家基本规划。2013 年日本国土交通省要求各地政府制定桥梁长寿命化计划，目的就是在桥梁发生致命性损伤之前发现问题并及时采取维修加固措施，延长桥梁的服役寿命。通过引入长寿命化等预防保全措施，日本在 2037 年左右，房屋与基础设施的投资预算将不再出现赤字，预计可将在 2037 年可能出现的房屋与基础设施预算赤字推迟到 2047 年，大大缓解未来政府预算不足的困境，给社会留下缓冲和解决问题的时间（图 4-10-2）。

在韩国，随着 20 世纪 70 年代的经济腾飞，其桥梁数量从 1970 年的 9322 座快速上升为 2006 年的 22937 座。但之前韩国修建的桥梁通常只有 30 年的使用寿命，远低于发达国家 50~75 年的平均寿命[31]。结构的短命意味着大量的维修加固和拆除重建活动，需要花费大量的资金，除此之外还需要耗费更多的其他社会成本，对韩国的发展造成了制约。韩国 2006 年的统计分析表明，全国每年约将有 700 多座桥梁需要重建或彻底大修。在此背景下，为改善结构的使用寿命普遍低下的问题，韩国在 21 世纪初提出并开始实施桥梁长寿命计划。韩国建设技术研究所在 2002~2006 年开展了一项名为"桥梁 200"的项目，旨在通过开发超高强、高耐久混凝土，实现桥梁 200 年的使用寿命。自 2007 年开始，韩国进一步开展了"超级桥梁 200"的项目，目的是开发高超强混凝土应用于斜拉桥，发展 200 年可持续使用的桥梁，在延长使用寿命的同时降低 20% 左右的维护成本。

由此可见，发达国家的基础设施在经历集中建设期后均会出现大量结构集中老龄化的问题。大量事实也表明经济高速成长期高密度的基础设施建设往往容易埋下混凝土结构的耐久性隐患，其早期对结构全寿

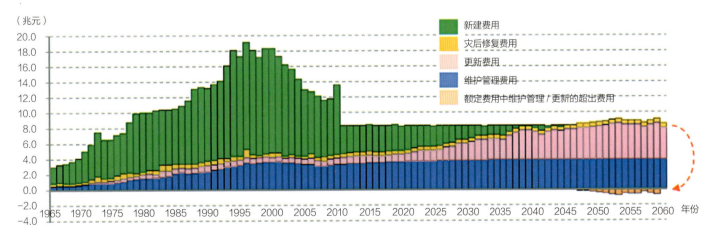

图 4-10-2　引进长寿命化后日本房屋与基础设施投资统计及预测图
图片来源：吴智深，戴建国，万春风. 混凝土结构维护管理工程学 [M]. 北京：科学出版社，2016.

命维护管理的不重视已给后面带来了严重的问题。目前，西方发达国家在混凝土结构维护管理上面临的问题和严峻挑战，就是在建设高峰期没有充分重视后期维护管理的深刻教训，也是我国土木工程建设的前车之鉴。目前，通过开发先进的高性能材料和建造技术、提升养护管理水平等手段，提高结构的使用寿命，推动结构的可持续发展，已逐渐成为世界各国的共识。

## 10.3 多功能化策略

改革开放以来，我国基础产业和基础设施的投资大幅增长，大批项目陆续建成投产，使得基础产业飞速发展，城市基础设施能力得到极大增强，缓解了国民经济的"瓶颈"制约，为国民经济的发展和人民生活水平的提高提供了坚实的物质基础。城市基础设施建设作为城镇化进程中必不可少的物质保证，是实现国家或区域经济效益、社会效益、环境效益的重要条件，对国家和区域经济的发展具有重要意义。

实际上，城市基础设施不仅是建设城市物质文明和精神文明的最重要的物质基础，也是保证城市可持续发展的支撑体系、国民经济和社会发展的基本要素。但基础设施建设在满足经济的快速发展和人民生活水平快速提高方面还存在着一定的矛盾和问题，经济社会的可持续发展对交通、水利等城市基础设施的建设提出了更高的要求，基础产业和基础设施投资建设的任务仍然艰巨。

基于目前我国基础设施存在功能单一、多头管理等问题，因此迫切需要实现基础设施的多功能化，具体措施包括智慧城市基础设施建设、"共同杆""共同沟"与综合管廊建设以及海绵城市建设等。

### 10.3.1 提升智慧城市基础设施建设能力的策略

智慧城市运用信息和通信技术手段感测、分析、整合城市运行核心系统的各项关键信息，从而对包括民生、环保、公共安全、城市服务、工商业活动在内的各种需求作出智能响应，其实质是利用先进的信息技术，实现城市智慧式管理和运行，进而为城市中的人创造更美好的生活，促进城市的和谐和可持续成长。智慧城市的建设应坚持以人为本，关注绿色与可持续发展，使民众能够积极参与。智慧城市的建设关键在于更新传统的城市基础设施，以实现高效能、省能源的低碳城市目标。智慧基础设施是包括土木基础设施建设及运营服务的信息化高级阶段，是智能化土木工程建造技术和新兴信息技术相结合的产物，它利用系统集成的方法，将智能型计算机技术、通信技术、信息技术与建筑艺术有机地结合，通过对设备的自动监控、对信息资源的管理、信息服务及其功能与结构的优化组合，适应信息社会的需要，具有安全、高效、舒适、便利和灵活等特点。安全是土木工程基础设施设计和维护的基本要求，同时为了土木工程基础设施的长寿命安全服役，需要确保其健康。土木工程基础设施长寿命化的主要任务是延长既有设施的服役寿命和对新建设施进行长寿命设计，而土木工程健康监测是确保土木工程长寿命安全服役的最有效手段。土木工程健康监测贯穿土木工程的各个方面及整个全寿命周期，主要包括工程施工监测、基础设施运营状态监测、结构健康监测和工程灾害监测。

我国在智慧城市基础设施建设中仍然存在着许多的问题和不足。当前我国各地在推进智慧城市基础设施的建设中，感知终端能力不足，覆盖范围不广；信息基础设施共建共享程度不够，运营管理效率较低；智慧城市基础设施建设存在盲目超前、重复建设、产能过剩等现象；投资主体分散，政府投入大量财政资金，对民间资本开放不够。因此，智慧城市基础设施在建设时必须进行统一规划，选择合适的建设模式，最大限度地发挥其价值和效益。

**（1）树立智慧理念，系统谋划智慧城市基础设施实施步骤**

智慧城市建设首先要树立智慧理念，只"智"缺"慧"的新城市构建模式是偏重信息技术和硬件设施的组合，缺少对技术和硬件设施应用带来的结果进行考量，缺乏从"问题导向"来解决实际大城市病的视角。系统谋划智慧城市基础设施项目的实施，一是要从城市的实际问题出发，"一城一策"创建智慧方案；二是要做好指导智慧城市基础设施建设的顶层设计工作，要注重网格化地理系统和公共信息平台的搭建，把能源、通信、公安、排水、交通等基础设施载体建设好；

三是要强化典型智慧城市基础设施应用；四是要探索智慧城市基础设施建设投融资和建立智慧城市保障体系；五是要建立智慧城市建设人才的培养机制。

### （2）提高管理水平，开展智慧城市基础设施建设规划

智慧城市的核心目标是城市的可持续发展，因而如何利用新一代信息技术，支撑以可持续发展为目标的新型规划编制模式，成为传统城市规划突破过于理想化的瓶颈、理性规划推动城市可持续发展的重要研究方向。要发挥智慧城市基础设施建设作为智慧城市的根基作用，必须对信息基础设施布局、城市基础硬件（包括城市公共设施、地下管线、电力布线等）、城市基础软件（平台、支撑硬件的软件）进行统筹规划，确保智慧城市基础设施科学规划、合理布局、统筹安排、分期实施。

### （3）抓好项目引进，加快推进重点领域智慧城市基础设施建设

建设智慧城市一要通过互联网、现代通信网和物联网把城市中的物理基础设施、信息基础设施、社会基础设施和商业基础设施连接起来，建设成新一代的智慧化基础设施；二要落实运营项目，包括智慧的交通、智慧的教育、智慧的公共事务服务管理等；三要发展与物联网、"云计算"相关联的产业。同时，要全力抓好项目引进建设，因为在智慧城市建设中，大项目的支撑、集聚效应十分重要。

### （4）推进研发先进传感测试技术，实现快速准确的检测监测

基础设施由于体量大、结构形式复杂等原因，单一的局部或整体的检测或监测手段，难以反映结构损伤程度以及对结构性能的影响。加之结构性能劣化是一个长期缓慢变化的过程，传统的检测和监测的传感手段难以满足综合反映结构使用性能和安全性能的要求。透彻感知是智慧基础设施实现的前提条件，利用无处不在的智能传感器，可以对结构、环境、设备和人及其状态实现全面、综合的感知和运营状态的实时感测。

2009年，在I-35W密西西比河大桥崩塌仅一年半后，美国标准与技术研究院（NIST）等机构拨款资助一系列"技术更新项目"（Technology Innovation Program）。其中密歇根大学主持的智慧桥梁项目（获资1900万美元）就是利用无线传感技术，建立桥梁与管理者之间的双向信息渠道。该项目旨在加速结构健康监测领域的技术发展，并最终提高桥梁等基础工程设施的安全性能。在其中提出的智慧桥梁项目中，使用了4种不同的传感器以获得桥体水平和垂直方向不同的数据参数，并结合车载传感设备，监测车桥耦合响应，特别是大型车辆通过时动态的响应，以期达到预测桥梁寿命的目的。另外，该项目在桥体的关键点涂覆了一种新型碳纳米管材料，以实现通过肉眼直接观测裂缝和腐蚀，该技术有望大幅提高现有桥梁检测的可操作性和实用性。该项目的特点是通过无线传输技术，结合多种检测和监测手段，构建桥梁与管理者之间的"对话"平台。

### （5）运用智能数据处理技术，提高建筑及基础设施的管控效率

数字化技术可以实现全部工程信息数据的融合、无缝链接与自动传输，使得设计工程师、施工工程师等不同背景人员都可以利用集成数据对整个工程结构的建设过程或工作状态进行模拟仿真及分析，以便尽早发现缺陷，对结构未来运营的安全性与可靠性进行预判。在数据平台的基础上，利用智能化的处理技术提取有效信息，为维护决策提供基础，对提高基础设施的管控效率有很大帮助。

让结构拥有"智慧"，进而实现与管理者的互动，以达到掌握实时运营状态的目的。除了无线网络技术，工程技术人员还根据其他诸如有线网络、电信网络、互联网、物联网等网络技术，针对不同的结构形式提出了"智慧桥梁""数字桥梁""数字隧道"等多种信息化管理理念。这一系列的管理理念都是为了更有效地掌握结构状态信息，为制定有针对性的维护管理方案提供数据支撑。

### （6）应用智能化决策技术，有效降低运维成本，提升运维品质

智能决策技术（intelligence decision technology，IDT）是人工智能和决策支持系统紧密结合的成果。IDT充分应用了多种人工智能算法，使决策支持系统能够更充分地应用已有的数据及信息，通过决策问题的模型化、决策过程的逻辑化、求解运算的数学化，发挥人工智能推理的优势来解决复杂决策问题。混凝土结构的最优维护管理策略可根据结构全寿命周期总成本（life cycle cost，LCC）最小化来确定，即在

城市基础设施的长寿命化过程中，设定城市基础设施预期寿命，通过智能化决策技术选择最优的维护技术，以降低运营维护成本，提升运维品质。

### （7）整合行政资源，理顺智慧城市基础设施建设体制机制

目前智慧城市基础设施建设涉及多个管理部门，政府应组织经信、规划、城管、建设、公安、水务、交通等部门建立智慧城市基础设施建设综合协调小组，协调解决智慧城市基础设施建设中的重点和难点问题。城市公共信息平台是智慧城市建设最重要的物理平台，应像城市的路网、能源系统一样，围绕着感知、共享、协同三个理念进行合理化改造，对公共信息的管理应当实行集中统一、信息共享、服务社会、保障安全的原则，最大限度地搭建智慧城市信息公共平台。

### （8）选择适合的智慧城市基础设施建设投融资模式

通过分析国内外的智慧城市建设模型，基于我国基础设施建设量大、政府财政支出有限的现状，国家正在鼓励和推广引进社会资本到基础设施建设领域。在社会资本引入的背景下，应当依据城市发展的程度及建设规模选择适合的投融资模式。

一是针对非经营性项目和经营性项目采取不同的投融资运作模式，如非经营性项目可开展BT（build/建设和transfer/移交）模式，准经营性项目可以开展PPP模式（public-private partnership，政府和社会资本合作），纯经营性项目可开展招投标拍卖、BOT模式（build-operate-transfer，建设—经营—转让）、TOT模式（transfer-operate-transfer，移交—经营—移交）等。二是按照智慧城市基础设施的分类选择建设模式，包括：信息网络设施，如有/无线宽带、物联网等网络基础设施，可采用国有独资企业建设运营、BOT模式等；信息共享基础设施，如云计算平台、大数据基地和信息安全服务平台等数据中心基础设施，可开展PPP模式、BOO模式等；智能化改造的传统基础设施，包括智能电网/智能管网，可开展BT模式、ABS模式等。三是建设项目的投资、建设、运营"三位一体"，一些风险可控和城市重点建设项目可由政府或政府组建的国有独资公司包揽建设；部分项目投资建设后可实行O&M（委托运营）模式。

### （9）提高技术创新能力，加速集成创新

应加强技术创新，在智慧城市前期所需关键技术上，要加大政府资金投入，在云计算、物联网、大数据、人工智能等与智慧城市发展密切相关的核心技术领域取得突破，并不断向下游辐射，以技术创新带动产业升级，以产业升级带动产业链延伸，推动技术、产业、资本的聚合。

不断集合城市分散的科技创新资源，形成攻克关键技术的合力。高度重视技术规范和产业标准建设，鼓励企业掌握核心技术，引导企业积极参与国际标准化工作，推动智慧城市各项标准与国际先进国家和地区的标准对接。

集成创新能力是对相对独立的创新要素、创新内容、技术创新成果的整合，通过集成和优化，创造出相当于原独立模块数倍的价值的过程。通过集成创新，能够加速智慧城市内部创新资源的配置，放大创新成果的价值。在注重提高技术创新能力水平的同时，尤其要加速集成创新能力的提升，通过集成创新，整合智慧城市相关技术的研究资源，加速创新成果的工程化和市场化，使城市的创新能力最大化。

推动政、产、学、研合作，推动智慧城市基础设施建设各主体间的技术共享，形成互为支撑、协同发展的创新网络环境。培育科技中介机构，活跃技术交易市场，提高城市科技创新的活跃度。

### （10）优化产业结构，大力发展低碳产业

借鉴国外走低碳、集约、绿色、高效的发展模式，不断调整智慧城市产业结构，大力发展清洁能源，使城市经济从高碳走向低碳、从低效走向高效、从不清洁走向清洁、从不可持续走向可持续发展。大力发展信息产业，打造完整产业链，形成信息产业集群。重点打造集云计算、教育、医疗、物联网、互联网、环保六大产业于一体的智慧城市产业集群。

大力发展电子商务，打造智慧城市与电商一体化的新型产业集群模式，全面提升城市信息化水平。提高财政支持力度，重点扶持电子商务园区建设、项目入驻、平台创建、办公租赁、人才引进等。全面优化电子商务发展环境，鼓励各类主体加强合作，拓展基于5G、云计算和物联网等新技术的移动电子商务应用。加快推进电子商务应用，建立健全电商保障体系，为发展电子商务创造条件。

## 10.3.2 "共同杆"建设

当前我国城市道路的路灯、监控设备、通信设备等普遍是"单杆单用"，由此带来不少问题。单一使用带来资源浪费，增加运营成本；一些部门重建轻管，废弃的杆不及时清除，造成安全隐患，也影响城市景观，还给胡乱张贴的"小广告"提供了空间。

而未来智慧道路只需竖立一根杆，就能实现几乎所有功能。作为多杆合一的智慧道路共同杆，可实现路灯杆、视频杆、标识标牌杆、信息屏杆等杆件的高度整合，同时杆体内预留不少于3个开孔结构，可满足未来新增设备接入的需求，减少重复立杆与道路频繁开挖。同时，还可以实现精细管理，提升道路管理智能化水平。例如深圳南山区沙河西路深圳湾生态科技园门口的"智慧道路共同杆"，其外形类似普通路灯，但自带有一个LED显示屏，能实时滚动显示周边路况、出行时间、周边停车位、天气状况等信息，甚至还配备了紧急报警装置和无线局域网，位于杆周边50m范围内的市民都可以免费接入局域网。与国内外现有的智能路灯解决方案相比，"共同杆"的"杀手锏"在于运用智能技术实现道路的精细管理。杆内集成了视频、物联网中继、环境检测器等23种传感设备，支持道路全景监控、交通运行监测、道路险情预警、车路协同控制、智能定向诱导、沿线设备物联等功能。

## 10.3.3 综合管廊建设（"共同沟"）

我国城市基础设施目前存在"重建设、轻规划"的现象，城市道路管道和功能区的规划建设缺乏前瞻性。有些城市为追求政绩不顾城市发展的实际要求，盲目地修路架桥、铺管走线。这些项目由于没有经过认真的调查、研究，没有完善的设计，也没有经过专家的论证或听取市民的意见，往往只考虑短期的、局部的利益，从而造成基础设施利用率低、浪费大，例如典型的"马路拉链"问题。

新常态下的城市发展模式应由粗放式到精细式、由混乱到规矩、由增量到存量、由传统到低影响开发、由重地上到重地下转变。城市的发展不再一味追求传统"摊大饼式"的扩张，而是更多地注重城市发展质量，向集约型、生态宜居型的新型城镇化发展。

分开铺设的燃气管、雨水管、污水管以及高压电线等，常常会带来重复破路埋管的问题，随着科学技术的发展以及城市化水平的提高，采用综合管廊的模式进行管线铺设已成为城市建设和城市发展的趋势和潮流。综合管廊又称共同沟或综合管沟，是一种新型的管线布设方式。它是建于城市地下用于容纳两类及以上工程管线的构筑物及附属设施的统称，是代表"精细化、集约化、可生长化"的先进市政基础设施，是城市市政基础设施现代化的标志之一。综合管廊将多种管线集约化布设，而且预留了检修人员通道，具有科学利用地下空间、日常检修不需要开挖路面、保护管线免受腐蚀或外力损坏和增强管线的抗震能力等优点，因此受到了越来越多的关注。

### （1）我国城市综合管廊建设情况

我国综合管廊建设起步较晚，但是后期建设工程规模大，速度较快。1958年在北京天安门广场敷设了国内第一条综合管廊。20世纪70年代，随着经济建设的发展，我国开始借鉴国外先进的建设经验，很多城市相继开展创新，探索城市综合管廊建设（表4-10-1）。据住建部统计，截止到2012年5月31日，我国已建或在建城市综合管廊设施共计904.828km。2016年，我国城市综合管廊建设开工2005km。经过近几十年的发展与研究，我国在建设城市综合管廊的过程中充分吸收国外先进技术，并积累了相当丰富的经验，在规划、设计、施工、材料及设备等方面也逐步具备初步自主研发能力。部分城市已开始进行相关法规建设的创新试点，使城市综合管廊建设向更好的方向发展，达到世界领先水平。

### （2）相关政策相继出台，积极推动城市综合管廊建设

在"资源节约型、环境友好型"社会的发展背景下，我国城市基础设施面临转型升级。2013年9月16日，国务院办公厅下发《国务院关于加强城市基础设施建设的意见》（国发〔2013〕36号），这是改革开放后首次以国务院的名义就城市基础设施建设发文，其后又陆续出台了一系列国家政府文件以推动和指引城市综合管廊建设，加强我国城市基础设施建设。2015、2016年先后确定第一批10个、第二批15个试点城市，探索综合管廊建设模式。并在2017年政府工作报告中明确提出统筹城市地上、地下建设，再开工建设城市综合管廊2000km以上。

**我国城市综合管廊的建设情况** 表 4-10-1

| 项目 | 建设时间 | 建设情况 | 备注 |
|---|---|---|---|
| 北京天安门广场地下综合管廊 | 1958年 | 断面为方形，宽 3.5~5m，高 2.3~3m，埋深 7~8m，长 1076m；内部敷设热力、电力和电信管线，并预留自来水管的位置 | 我国第一条城市综合管廊 |
| 上海浦东张杨路地下综合管廊 | 1994年 | 全长 11.125km，共容纳给水、电力、电信和煤气 4 种市政管线 | 被称为"中华第一沟"，是我国大陆第一条大规模、长距离的现代化综合管廊 |
| 广州大学城地下综合管廊 | 2003年 | 与广州大学城同步建设 10km 干线管廊和 5 条总长 7km 的支线管廊，管廊内敷设自来水、中水、热水、电力、通信共 5 种市政管线，总投资 3.5 亿元，2004 年开始运营 | 国内目前距离最长、规模最大、体系最完善的城市综合管廊 |
| 北京中关村（西区）地下综合管廊 | 2005年 | 断面 12.5m×2.2m，全长 1.9km，采用五舱结构，燃气、通信、给水、电力、热力管线独立分舱 | 结合地下环形车道和地下空间综合开发建设 |
| 上海世博园区地下综合管廊 | 2007年 | 为配合世博园区建设，建设了 1 条现代化的城市综合管廊，集成 3 种管线设施 | 首次尝试预制拼装综合管廊技术 |
| 珠海横琴新区环岛地下综合管廊 | 2010年 | 为推动横琴新区开发，建设了全长 33.4km 的环岛综合管廊，形成日字形环状管廊系统，分水信舱、中水能源垃圾舱和电力舱 3 个舱室，敷设给水、通信、中水、集中供冷、垃圾收集、电力四大类 6 种管线，2012 年开始运营 | 综合管廊建设技术日渐成熟、完善 |
| 金华金义都市新区地下综合管廊 | 2014年 | 总投资额约 2.6 亿元第一期工程全长 5.2km，除管廊本身的防护能力外，还能作为紧急状况下的临时应急疏散通道 | 兼顾人民防空需要 |

为解决巨大的城市综合管廊投资资金缺口，政府出台了一系列国家政策吸引更多的社会资本，特别是民间资本。政府发挥前期建设的主导作用，为后期城市综合管廊的更大规模建设与运营管理积累宝贵经验。随着城镇化工作的持续推进，在更多的国家政策的引导下我国综合管廊建设将迎来发展机遇。

### （3）我国已具备系统建设管廊的经济基础

据发达国家城市地下空间开发与人均 GDP 的统计分析，当该城市或地区的人均国民生产总值达到 1000 美元左右时城市地下空间开发建设属于起步阶段；为 1000~3000 美元时属于发展阶段；人均 GDP 超过 5000 美元，可开始建设城市综合管廊；人均 GDP 超过 10000 美元，具备大规模兴建城市综合管廊的条件。研究可得，我国已建有管廊的城市在始建 3~7km 的城市综合管廊时，人均 GDP 为 3000~5000 美元，这与发达国家的综合管廊建设经验并不矛盾。据统计，我国在 2015 年小城市数量有 458 个，中等城市数量有 113 个，大城市数量有 72 个，特大城市数量有 8 个，超大城市数量 5 个。其中有 77 个城市人均 GDP 超过 1 万美元，200 多城市人均 GDP 超过 5000 美元，城镇居民人均收入约 4521 美元[13]。由此可见，我国很多城市在不同层次上具备建设综合管廊的经济基础。

### （4）我国城市综合管廊技术已日臻成熟

目前我国一些主要城市均建有城市综合管廊，其技术已日臻成熟，逐渐探索出了结合地下空间开发建设、市政道路建设、新城建设、区域改造等建设形式，大幅降低了城市综合管廊建设成本。在解决各管线纳入城市综合管廊的适宜性方面，《城市综合管廊工程技术规范》GB 50838-2015 涉及给水、雨水、污水、再生水、电力、通信等城市管线采用综合管廊方式敷设及安装时的技术规定及标准，并特别增加了燃气、排水管道采用综合管廊方式敷设时的具体技术要求和相关技术标准。盾构、预制拼装等施工技术的推广，将大幅缩短建设周期，减少对环境及交通的影响。如上海世博园区综合管廊总长 6.4km，其中现浇整体式综合管廊长约 6.2km，预制预应力综合管廊长约 200m。据测算，与传统现浇工艺相比，该试点区段工期缩短 45%，节省土建成本 4%。

BIM 技术等新技术和理念的融入使城市综合管廊建设更智能、高效、经济最优。BIM 具有可视化、协调性、模拟性、优化性及出图性等特点，以三维数字技术为基础，对管廊项目信息进行模型化，提供数字化、可视化的工程方法，贯穿工程建设从方案到设计、建造、运营、维修、拆除的全寿命周期，有助于各专业沟通协调，估算最优管廊建设规模，减少管线碰撞等不必要损失。新的建设形式、施工技术、信息技术为城市综合管廊建设其提供了可靠、高效的技术支持。

针对我国地下管线错综复杂、事故频发、管道老化严重、道路反复开挖等问题，城市综合管廊建设可有效地利用地下空间，系统地整合地下管线，提升道路、管线服务年限，改善市容景观。城市综合管廊建设符合新型城镇化要求，是我国经济和城市发展到一定阶段的必然结果。在政府的大力推动和先进的预制装配式、管道盾构施工技术及 BIM 技术等新兴技术的参与下，我国综合管廊将进入规模空前、高速建设的发展阶段，为城市的健康和安全服务。

## 10.3.4 海绵城市建设的优化策略

如果每逢大雨城市主要依靠管渠、泵站等"灰色"设施来排水，以"快速排除"和"末端集中"控制为主要规划设计理念，则往往造成逢雨必涝，旱涝急转。伴随着我国大规模的城市建设，以城市排水和内涝为代表的水安全问题日益凸显。而根据世界卫生组织的报告，全球每年约有 10 亿人在遭受缺水的困扰。有人提出 21 世纪的水资源和 20 世纪的石油资源一样重要。针对城市的旱涝问题，可以通过建设海绵城市来解决。

海绵城市是指城市能够像海绵一样，在适应环境变化和应对自然灾害等方面具有良好的"弹性"，下雨时吸水、蓄水、渗水、净水，需水时将蓄存的水"释放"并加以利用。在这一"吸"一"收"的过程中实现了城市内部良性的水循环系统，还能自动去除水系统中的污染物质，并保持城市水土。

建设海绵城市，提高城市应对旱涝灾害的能力，可以从以下几个方面考虑。

### （1）强化政府主导

政府是城市的管理者，必须承担公共物品生产和供给的主要责任。在海绵城市建设中，政府应担当主导者，除提供公共政策、财政支持，制定法律规范，还应统筹协调规划、国土、交通、道路、园林等职能部门，在各相关规划编制过程中落实低影响开发雨水系统的建设内容，协调多部门和社会利益，统筹海绵城市的各项工作。政府要积极转变职能，由原来大一统的传统职能积极向服务型职能转变，创新政府的引导与监督功能，如强化城市洪涝预警调度能力，加强城市防汛工作的信息化建设。政府还要在国民教育中起到主导作用，真正加大对生态文明教育的投入，培养和传播环境保护的价值理念，让公众充分认识海绵城市建设给社会带来的巨大效益。

### （2）多层次发展

构建多层次开放空间，形成"海绵城市"生态本底。要妥善处理人与自然、人与城市、城市与产业、城市与生态的关系，深化对城市发展规律的认识。秉承生态城市的理念，最大限度地修复原有的河流水系，构建自然河流景观带、生态绿廊、城市绿环、社区公园和道路绿带的多层次开放空间，形成"海绵城市"生态本底。注重营造微环境，把地面的"大水泥盖子"分解成一个个独立的"小海绵"，为海绵城市建设提供良好基础。

### （3）加大社会宣传力度

在全社会加强宣传海绵城市建设，让人们意识到，原有的城市建设模式造成了严重的生态问题，而海绵城市的建设就是要彻底解决这些问题。通过多方面的宣传，引导广大市民理解海绵城市建设，并参与到海绵城市建设中来；同时持续改善人居环境，提升市民获得感、满意度。

### （4）完善政策法规

国家应将海绵城市建设纳入绿色发展的战略框架，建立完备的水资源法律和政策体系，研究制定强制和鼓励政策，促进城市雨洪综合利用，限制城市建设中过多的不透水路面，强制在市政工程建设中采取雨水利用措施，在全国范围内进行规范化和指标化海绵城市建设。因海绵城市建设公益性较强，社会和生态效益显著，但经济效益相对较小，通过适当的奖罚机制也可以充分调动社会公众参与建设的主动性和积极性，有效引导海绵城市建设的规模化、产业化发展。

### （5）创新融资渠道

海绵城市建设面临巨额投资、复杂的系统性关联、回报机制不明、多头管理等挑战，单靠政府一肩挑担明显力所不逮，应以市场化方式调动更加广泛的社会资源来推进海绵城市建设。在《城市管网专项资金管理暂行办法》中，我国历史上第一次将城市管网建设作为中央预算内投资的主要方向。预计未来数年有1万~2万亿元用于海绵城市、地下综合管廊建设等试点示范类项目。政府经济的支持对于未来大规模的海绵城市建设而言，更像是一种投资导向，只能起到杠杆作用，要真正缓解海绵城市建设的资金瓶颈，创新投融资渠道是唯一的解决办法。要研究制定符合海绵城市发展建设特点的投融资政策，首先应重点制定政府与社会资本合作（PPP）的政策机制，组建具有综合业务能力的企业集团和联合体等方法；其次应鼓励地方探索除PPP外的多种类、多渠道投融资模式，鼓励相关金融机构加大对海绵城市建设信贷的支持力度。

## 10.4 韧性城市建设

### 10.4.1 韧性城市概念及理论演变

#### （1）2008年之前的研究：从"平衡"到"适应"、从"生态系统"到"社会—生态系统"

韧性的概念最早出现于20世纪70年代的生态学领域，美国佛罗里达大学生态学教授霍林（C. S. Holling）于1973年在其著作《生态系统韧性和稳定性》（Resilience and Stability of Ecological Systems）中提出"生态系统韧性"的概念，即"生态系统受到各种原因扰动后恢复到稳定状态的能力"，并于1996年在《工程韧性与生态韧性》（Engineering Resilience Versus Ecological Resilience）一书中进一步辨析了"生态韧性"区别于传统"工程韧性"概念的特殊之处，指出这两种不同韧性的定义源于对于"稳定性"和"平衡"等概念的不同理解。"工程韧性"主要关注系统在收到干扰之后恢复到均衡状态或稳定状态的能力，其评价指标通常为"系统恢复到平衡状态的速度"，而"生态韧性"则关注系统改变其结构之前能够承受的干扰量（干扰程度）[33]。1996年谢礼立院士在《论工程抗震设防标准》中提出工程设防标准应考虑合理的设防原则、设防目标、设防环境、与经济相符合的设防水准和等级，并给出了具体的建议[34]。2001年霍林在其著作《适应性循环：理解人类和自然系统中的转变》（Panarchy: Understanding Transformations in Human and Natural Systems）中首次将生态系统韧性的概念运用于人类社会系统，在此基础上提出"适应性循环"模型，描述社会—生态系统中干扰和重组之间的相互作用及其韧性变化[35]。2001~2007年间，美国的城市和区域规划学者、生态学者、环境学者陆续开始关注城市系统应对灾害的韧性问题[38,39]，韧性的概念开始被多种学科运用，具有从技术词汇到概念描述的多重定义[40-43]。研究对象从生态系统韧性拓展至社会—生态系统韧性，且韧性定义为"系统经受变化时吸收干扰、重组，并能够从本质上保持相同的结构、识别性和反馈的能力"。我国学者谢礼立2002年提出了针对工程结构的《基于抗震性态的设防标准研究》，形成了一套完整的基于性态的抗震设防标准确定的原则、方法和框架[44]。从城市生态角度来看，城市生态系统韧性受到城市多尺度社会—经济和生物物理过程的影响，且长期处于适应性循环过程中。城市化地区从开发阶段向保存阶段变化时，城市人口的增长引发无节制的城市蔓延，城市模式和系统在这一过程中逐渐变得刚性和死板。因而，城市在发展过程中从一个具有自然稳定的用地状态变为碎片化的用地状态，城市韧性随之降低，应对突发事件的能力衰退。例如，美国新奥尔良在2005年遭受卡特里娜飓风毁灭性打击之前的40年中，城市景观日趋致密、郊区蔓延，人类的干预导致滨海湿地消失、堤坝系统维护缺失等一系列缓慢的变化使得城市在受飓风冲击时受到巨大破坏[45,46]；美国凤凰城在独栋住宅文化价值导向下，城市布局偏向分散的"郊区化"，造成基础设施、建设材料和通勤能源成本的大幅增加，能源危机风险增加。

#### （2）2008年至今的研究：应对长期不确定性的韧性研究

从2008年开始，随着人们对金融危机、全球气候变暖、极端灾害、城市恐怖袭击等危机的深入认识和应对技术手段的提升，世界各国来自工程学、公共管理学、计算机科学、社会学、经济学等更多学科背景的研究者加入到韧性城市的研究队伍中，短短五年中产生了大量研究成果，这些成果主要来自于美国、英国、日本等国家，研究领域包括区域规划、环境科学、工程学、生态学、地理学、公共管理及政策等。

韧性概念由于具有动态性、"弹性更好的状态"、恢复原有功能较快等内涵特征[47][48]，开始被广泛运用到城市系统面对未来不可完全预测的、大量的、不确定的气候变化的适应性策略研究中[49]，成为目前研究的重点[50]。

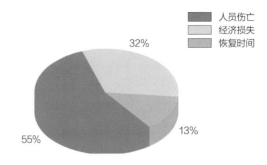

图 4-10-3　基础设施地震下损失比例

## 10.4.2　研究现状

韧性最初的典型模式[51]是 Holling 提出的"适应性循环"（Panarchy）。这一模式的核心内涵是系统如何在外界扰动下，尽可能保全系统的稳定性，并且能够在及时恢复受损功能的基础上进一步提升系统的能力。相关研究的共同处是将韧性理解为"维持状态及恢复原状的能力。1999 年，Mileti[52]与 Tobin G.[53]分别将韧性定义为"某个地区经受极端自然事件而不遭受毁灭性损失、破坏、生产力下降、正常生活且不需要大量地区外援助的能力"和"一种社会组织结构，能够尽量减少灾害的影响，同时有能力迅速恢复社会经济活力"。随后，美国纽约州立大学布法罗分校和加州大学伯克利分校和加州伯克利大学对 361 个城市进行了风险评估，发现 40.2% 的城市韧性处于差或极差状态，其中包括迈阿密、洛杉矶、亚历山大和奥兰多等[54]。2002 年，Godschalk D R 提出韧性城市指"一个可持续的物质系统或人类社区，其具备应对极端事件的能力，包括极端压力下具备生存和功能运转的能力"[55]。2005 年在日本兵库县举办的世界减灾会议所确定的兵库行动框架明确了建立韧性社区的必要性，并通过建立适应性政策、将风险降低到可接受水平、恢复受影响项目等方法建立韧性社区。2009 年，UNISDR（联合国国际减灾署）认为韧性指"暴露于危险中的系统、社区或社会，具有抵御、吸收、适应和及时高效的从危险中恢复的能力，包括保护和恢复其重要基本功能"；并于 2012 年构建了"提升城市韧性的十大指标体系"，主要包括制定灾害风险评估、长期收集更新并向社会公众公开防灾数据资源、管理维护应急基础设施、评估学校和医疗场所的防灾安全性能、确保学校和社区开展防灾减灾教育培训等指标。2015 年同一会议制定的兵库行动框架再次强调要建立国家及社区层面的面对灾害时的韧性，即建设灾害层面的韧性城市和韧性社区。

从基础设施角度来看，建筑物和构筑物是城市的载体，韧性城市的建设离不开建筑物和构筑物的抗震设计。20 世纪 90 年代后，为了减轻地震灾害损失，基于性能的抗震设计得到了广泛的重视和发展，韧性抗震城市理念的也随之萌芽。基于韧性抗震城市的理念，美国纽约布法罗大学地震工程多学科研究中心（MCEER）等研究机构建议，可以通过降低地震发生时的功能损失或提高震后修复速度来实现"韧性"抗震。基于这一理念，美国旧金山、洛杉矶等城市陆续提出了"城市抗震韧性"的建设目标。谢礼立院士（2002）等人研究了地震灾害对城市运行的影响，指出主要可从人员伤亡、经济损失和恢复时间三个方面来考察，其各部分损失比例如图 4-10-3 所示。吴智深等人提出了重要结构在大震或巨震下应具有快速恢复的能力，特别是生命线工程等[56]，并从结构性能提升角度[57]以及智能化角度开展了相关研究[58]。"城市抗震韧性"的性能指标类同房屋结构抗震的性能设计，具体内容如下所示：①在遭遇中小地震时城市的基本功能不丧失，可以快速恢复；②在遭遇严重地震灾害时，城市应急功能不中断，不造成大规模的人员伤亡，所有人员均能及时完成避难，城市能够在几个月内基本恢复正常运行等。

除此之外，国内学者也就社区防灾空间、防灾减灾设施、应急机制等方面进行了较为系统的研究，《城市社区应急避难场所建设标准》《城镇防灾避难场所设计规范》等规范标准都相继通过审批并指导社区防灾减灾的建设。很多专家学者也开始研究社区防灾空间规划及评价，庄丽在其博士论文中讨论了社区抗震防灾相关的评价标准，邓燕的论文《新建城市社区防灾空间设计研究》研究了城市新建社区防灾空间的建设策略；北京工业大学高晓明[59]在其硕士论文《城市社区防灾指标体系的研究与应用》从城市综合防灾规划入手，进一步分析城市社区防灾空间的功能特征，并初步探讨了与社区防灾相关的环境要素规划指标。

## 10.4.3 我国韧性城市发展需求

中华人民共和国成立以来，我国的城市化发展迅猛。而韧性一词来源于物理学，与之相关联的是弹性。物理学中的弹性，指物体发生弹性形变后可以恢复原来状态的一种性质。韧性，指材料在塑性变形和断裂过程中吸收能量的能力。城市问题研究者把弹性一词移植于城市规划建设领域中，提出"弹性城市"概念[60]~[64]，指城市能够适应新环境，遭遇灾难后快速恢复原状，而且不危及其中长期发展。然而，城市作为一个复杂的系统，承受过大外界干扰后，完全依靠自身能力恢复到原有平衡状态是难以实现的，也即完全弹性的城市难以实现且会过大增加建设成本。因此，一些学者、政府机构开始从经济、社会、生态、防灾等不同的角度提出韧性城市建设的理念。

中国的城市化率将在 2050 年超过 70%[65]。随着城镇化进程的加快，我国城市人口增加迅速，城市对道路、给水排水系统、电力供应、能源供应、通信网络等人工基础设施的依赖程度与日俱增，城市的灾害易损性以及城市所面对的灾害风险日益明显。而且随着城市建设用地面积的增加，城市直接受到灾害影响的概率也随之增加。而且，我国仍然处于城镇化进程的粗放增长时期，城市应对灾害的危机处理能力还有待完善。在各种灾害面前，屡屡出现城市功能失效、居民生命财产损失、社会组织失序等严重后果。

与此同时，气候变化已对我国的粮食安全、水安全、生态安全、能源安全、城镇运行以及民众财产安全构成严重威胁，提高国家适应气候变化综合能力意义重大。过去数十年来，中国城市化快速发展导致城市建设中存在大量的历史欠账。气候变化背景下，极端天气和气候事件频发，脆弱的城市防灾能力导致风险叠加和放大效应。随着我国快速城镇化进程的推进，滞后的配套设施建设，缺位的城市应急、应变系统和社会管治机制等，导致灾害过后屡屡发生城市功能瘫痪的事件，城市脆弱性十分明显。因此，增强城市的"韧性"，已刻不容缓。

## 10.4.4 当前我国韧性城市建设面临的主要问题

### （1）灾害破坏性大，易引发难以预料的衍生灾害反应

随着我国社会经济的迅速发展，城市灾害的发生日益频繁，人员伤亡、经济损失也较为严重。同时，与其他区域发生的灾害相比，城市灾害最大的特点就是灾害的衍生性，原生灾害通常会诱发一连串的次生、衍生灾害，进一步扩大灾害影响规模，其中，震灾的链式反应尤为典型。

### （2）灾害导致社区非物质层面的损害难以定量评价

对社区非物质层面的损害主要包括对居民心理健康及社区经济社会结构的损失。灾害本身具有的突发性、威胁性、不确定性等特征，广大的社区居民在赖以生活的家园面对灾害的威胁时将承受巨大的心理压力，并且会根据所遭受灾害级别的不同产生不同的应激反应。社区居民心理的反应可分为轻度心理应激、严重心理应激、极严重心理应激，而三种应激反应的相同之处在于：产生恐慌的状态，认知能力迅速降低，导致盲目从众、慌乱无措的情景。社区是城市的基础单位，其社会经济结构往往具有自发性和灵活性，缺乏统一的管理，灾时易受损。同时，灾时社区的社会经济结构损失程度与社区居民应激心理是有直接的联系的。

### （3）社区总体发展不平衡，难以协调抗震防灾能力

总体来讲，各地社区对防灾减灾工作开展程度不一，社区应急能力建设的整体发展水平不平衡。在我国，已建成的减灾示范社区或者是地震安全社区都有专门的减灾规划，各类防灾社区比较完善，防灾减灾能力较强；城市中大部分普通新建小区也具备基本的防灾空间及防灾资源。但是城市中其他社区，尤其是现存的老旧小区，建筑设防及外部环境防灾能力不足，防灾韧性较差。社区基础防灾能力的不均衡导致统一的防灾减灾标准的普遍适应能力较差。

### （4）理论研究不足，相关法规缺乏

我国现行的城市规划相关法规尚未结合韧性城市的理念及目标，无法适应新的城市发展需求，无法在法律法规层面为韧性城市建设提供切实保障。城市防灾规划与韧性城市密切相关，而目前我国防灾工作相关法律法规体系不完善，导致防灾管理工作混乱，防灾工作程序、防灾规划不规范，防灾制度建设、管理机构、决策系统等落后于防灾工作的实际需要。而韧性城市作为一种全新的城市规划理念，在实践过程中公众对其概念、内涵没有足够的认识，造成相关概念的混淆，其实施具有盲目性。

### （5）前期风险评估难度较大

我国在韧性城市建设过程中，由于经费、技术等方面的限制，只能对重点地区进行建设。城市灾害的风险评估可以为韧性城市建设指明方向和重点，而目前我国城市对于灾害风险的重视程度还不够，且由于数据来源、质量等方面的限制，导致风险评估的难度较大。另外，我国防灾规划大多缺乏规划评估的内容，而规划评估是制定规划决策的依据和基础，只有进行相应的规划评估，规划决策才更具有科学性和可操作性。在风险评估技术方法上，针对单一灾害的风险评估方法已有很多，但是对于多种灾害的风险评估尚缺乏有效的技术方法应对。

### （6）与现有规划的关系不明晰

在现有规划体系下，我国的城市规划种类繁多，而相关规划之间的衔接存在诸多问题，"多规合一"成为发展的趋势。而在韧性城市规划过程中，往往没有理清与现有规划之间的关系，盲目地编制规划，导致各个规划之间衔接的难度增加，进而导致韧性城市规划目标无法实现。

### （7）缺乏规划实施主体

城市防灾规划对韧性城市建设影响深远，涉及其他诸多领域，如金融、保险、应急等，在实施过程中也同样需要众多部门、行业的共同合作。在我国目前的体制下，城市规划、设计、建设、管理没有对城市防灾减灾进行全盘的考虑。一旦多种灾害同时发生或引起次生灾害，就将出现多头管理的混乱局面，导致城市防灾规划的实施缺少监督管理、缺少专业技术人员等问题。

## 10.4.5 抗震韧性城市建设的策略与方案

### （1）山地城市近郊村镇抗震韧性设计策略

山地城市在地震灾害影响下与平原城市相比主要有以下特征：①多灾种叠加性；②灾害不确定性和复杂性；③道路、公共开敞空间等避灾和救灾空间缺乏、安全性较差[12]。城市近郊村镇位于中心城区外围，受城市影响较大，但从空间特征和社区治理结构上呈现明显的乡域特征。随着我国城镇化进程加速，中心城区外来务工人口不断流入，近郊村镇人口不断增长，与有限城镇空间的矛盾不断增加，但其防灾能力较中心城区相比存在较大差距。在山地条件和城镇化进程的综合作用下，山地城市近郊村镇存在较大的灾害风险，灾后造成的经济损失和人员伤亡相对较多。由于地形、地质环境的原因，灾后救援难度也相对较大。

针对山地近郊村镇现状及存在的问题，本研究通过对物质要素和非物质要素的梳理，提出抗震韧性设计策略，使各要素能够满足韧性城市的主要特征，进而提升山地近郊村镇的抗震韧性水平。针对各基本要素的策略如下。

① 建筑要素。对无法满足抗震要求的建筑进行加固或拆除。对新建重点建筑物提高设防等级，采用减隔震等先进的抗震技术，提升建筑物的整体抗震性能。以此增强系统面对地震灾害的鲁棒性。

② 道路要素。依据相关规范对街道的高宽比进行控制，防止地震引起的建筑物倒塌造成道路堵塞。对道路出入口等关键节点进行山体加固和地质灾害排查，增强系统的鲁棒性。对道路进行分类、分级，并制定相应的保障措施，以满足灾时的避难和救灾需求。同时，增设冗余救灾通道，打造立体救援交通网络，保障城镇与外界的连通性和可达性，提升系统的高效性。

③ 公共开敞空间。对公共开敞空间安全性和可达性进行评估，保证可利用公共开敞空间灾时的安全性和可达性。保证公共空间配置的均等化，根据村镇居民的人口密度确定开敞空间的容量；根据村镇地形，安排不同面积的开敞空间用于紧急避难，坡度较大的地区可采用小空间配置；根据不同的用地性质，配置不同容量的空间。保证居住用地空间容量的充足，从而增强系统的鲁棒性和高效性。针对山地条件下可利用公共开敞空间缺乏以及部分开敞空间可达性差的问

题，可选取安全性高、可利用空间大的室内公共空间用于灾时避难，增强系统的冗余性，提升避灾救灾的能力。

④ 市政基础设施。市政基础设施的配置应满足居民的需求，并在此基础上提升基础设施的抗震设防能力，增设冗余基础设施，增强系统的鲁棒性和冗余性。

⑤ 城市功能。针对村镇功能单一的状况，可采取由村镇集体统一改造和修缮闲置建筑，并将建筑统一交由专业企业进行管理。发展本村镇特色产业，引导居民就近、集中就业。丰富村镇的功能，提升村镇的功能复合性。灾害发生时，复合的村镇功能可以在一定程度上增强系统的冗余性和鲁棒性。

⑥ 居民要素。村镇本地居民由于受传统乡土社会文化的影响，实体聚集空间的交流能增强居民的归属感。居民归属感的建立是增强居民凝聚力、提升灾害互救能力的重要环节。因此，应提升实体聚集空间的品质和数量。对于村镇的外来务工人员，首先要保证其居住空间的安全性和宜居性，更重要的是创造利于外来务工人员交流融合的交往场所，促进外来务工人员的情感表达，为其提供具有包容性的村镇空间。基于本地居民和外来务工人员凝聚力提升的要求，应打破现代村镇建设中建筑单体和宅院独立化的隔离状态，改善空间层次，塑造"私密—半私密—半开放—开放"的多层次递进、层次分明的外部空间。

⑦ 组织要素。建立政府协调、本土化实施、多方参与的抗震韧性组织架构。完善组织的规章和制度，在村镇防灾组织和管理中引入PPP模式，促进投资主体的多元化，减轻政府的投资管理压力，形成长效救灾管理机制。增强村镇居民的参与性，融入社区组织建立社区志愿者团队，增强居民的自救、互救能力。引入防灾领域专家学者和专业技术人员，提供科学、完善的技术支撑。

### （2）抗震韧性城市建设的建议方案

建设抗震韧性城市的理念是对传统抗震工程的一次重大发展，但现阶段的科学研究积累还远不足以满足抗震韧性城市的需求[65~70]，需要在以下领域深入开展研究，并辅以相应的政策与经济保障。

① 充分开展学科交叉，深入研究影响城市抗震韧性的关键要素，对城市抗震韧性提出可量化的评价模型和方法。现阶段我国城市抗震韧性尚无可靠的量化评价方法，城市抗震韧性的现状和问题认识不清，抗震韧性城市难以落地。城市的韧性不仅和工程结构的抗震性能有关，还与城市的社会、经济运行息息相关，需要综合利用社会学、经济学和工程学的最新前沿成果。

② 发展数据获取与分析技术，建设和完善城市基础数据，明确城市建筑、基础设施和社会经济活动的现状和基本运行发展规律。完善信息公开和共享机制，使城市基础数据实现及时更新和完善。城市基础数据是分析和评价抗震韧性的基础。现阶段我国大部分城市基础数据资料不全，数据条块分割，更新迟缓，完全无法满足韧性城市研究的需求。没有健全的信息公开和共享机制，城市基础数据就很难成为跟上城市发展进程的"活"数据。

③ 突破传统局限于结构工程的建筑和基础设施抗震设计理念，建立综合考虑功能需求和动态成本管理的基于韧性的抗震设计方法，研发能够保障震后功能、减少地震损失的新型建筑工程体系（包括结构体系和非结构体系）。

④ 综合采用各种政策和经济手段，加大防震减灾投入，改变现阶段政府单一减灾投入主体现状。建设抗震韧性城市，首先需要投入保障。我国现阶段防震减灾投入的主体是政府。考虑到我国庞大的既有建筑和基础设施存量，建设抗震韧性城市仅靠国家投入是远远不够的，必须通过合理的政策措施，特别是巨灾保险等手段，将防震减灾工作转化为一个全民投入的、具有经济效益的事业，才能真正落实抗震韧性城市的建设目标。

⑤ 改变工程建设理念，强化工程抗震性能评价。我国的工程建设标准受到过去经济基础薄弱、工程人员水平较低的制约，难以满足现阶段抗震韧性城市需求。突出表现在我国现行的工程建设标准在抗震方面只有"合格"和"不合格"两个指标，导致业主和设计人员对提升工程结构的抗震性能缺乏积极性，大量工程结构按照"最小用钢量""规范下限要求"进行设计。甚至在北京、上海等发达地区，在土建结构成本已经不足房价的5%的情况下，业主还要求工程师一公斤、一公斤地减用钢量。导致很多新建筑从诞生之日起就已经"先天不足"。因此，迫切需要探索有效手段，使"抗震性能好"的建筑能够通过适当的方式体现出来，调动业主和工程师提升工程抗震性能的积极性。

⑥ 完善防震减灾教育，改变政府、民众对防震减灾工作的关注点。现阶段我国防震减灾教育过于重视"救灾"和"应急"，而忽视了最关键的"防灾"和"抗

震"工作，对于减轻地震灾害的有效手段、提升工程结构的抗震能力等方面都明显重视不足。

## 10.4.6 国内应对极端气候的经验与教训

面对各种极端灾害，韧性城市的研究在国内尚处于起步阶段，但具有非常迫切的现实需求。同时，我们也应该注意到，英、美等发达国家对韧性城市的研究是相当本土化和具体的，对于韧性的研究也常常与社会公平、公众参与和大数据分析等概念和技术交叉❶。而我国城市无论是从自然条件、社会结构、经济体系、环境本底还是从行政管治背景看，都与西方城市有较大的差别，因此韧性城市理论的应用更应考虑中国特色。继海绵城市建设热潮之后，韧性城市建设开始成为我国城市建设的趋势，成都、德阳、深圳、黄石等城市已开展了韧性城市的规划建设，并已取得较好进展。

### （1）四川省成都市

2011年8月，"第二届世界城市科学发展论坛暨首届防灾减灾市长峰会"在成都召开，包括成都在内的10个城市共同加入"让城市更具韧性"行动，讨论并通过《成都行动宣言》和《城市可持续发展行动计划》。该《宣言》提出加强合作，包括提供各种与让城市更具韧性"十大指标体系"有关的优秀经验及合作机会（表4-10-2），并与其他城市分享成功应用的工具、方法和法令。其具体特点是将减灾韧性指标与城市发展规划结合起来，组织公共意识宣传教育活动，建立国际机制、履行义务，加强城市层面的灾害和应急管理，协调利益相关者及市民团体，使其成为应急管理的必要组成部分，并且应该更加关注那些极易遇到危险和应对能力有限的低收入群体。此外，成都市还在灾害预警系统、避难设施建设等方面做了大量工作，建立了更具韧性的城市抗风险机制。

### （2）广东省深圳市

深圳作为我国探索市场经济体制的"试验场"，是我国发展最快的城市之一。深圳被称为"基本按规划建设起来的城市"，既能够实现高速的社会经济发展，又能够保证城市规划的贯彻执行。这在很大程度上反映出深圳市城市规划对外部发展环境具有较强的适应能力，即具有韧性。

1979年以来，深圳市城市规划实践在编制、执行与管理过程中发挥出了刚性。例如，《深圳经济特区城市总体规划（1986—2000）》（以下简称86版总规）确立了稳定、切实的城市空间发展结构，直接对接道路交通、公园绿地建设等系统性工程项目，有效导控了城市总体建设与发展。同时，86版总规还编制了近中期建设规划，确定先期实施的重点项目以及项目详细规划蓝图，使总规直接"落地"，保证了规划的严

**让城市更具韧性"十大指标体系"** 表4-10-2

| 序号 | 内容 |
|---|---|
| 1 | 以市民团体和民间社团的参与为基础，成立专门机构开展协调工作，以使公众了解和降低灾害风险；建立地区联盟，确保各部门了解其在降低灾害风险和相关准备方面的职责与分工 |
| 2 | 制定降低灾害风险专项预算并出台鼓励性措施，鼓励私人、企业等社会各界以及公共部门投资，以减少其所面临的风险 |
| 3 | 掌握关于危险和隐患的最新资料，编制风险评估报告，并制定城市发展规划和决策；确保公众随时可获得该市灾害抗御能力相关信息及计划，并与公众就相关内容开展充分讨论 |
| 4 | 投资兴建并维护能够降低风险的关键基础设施（如泄洪设施），并在需要时作出相应调整，以应对气候变化 |
| 5 | 评估每所学校和卫生保健设施的安全性，并进行必要的升级维护 |
| 6 | 实施并执行实际可行的风险防范建筑法规和土地使用规划原则；确定供低收入市民避难的安全区域，并且针对非正式居住区开发可行的升级项目 |
| 7 | 确保学校和当地社区开展有关降低灾害风险的教育课程和培训 |
| 8 | 保护生态系统和天然缓冲区，以减轻洪水、风暴以及所在城市可能遭受的其他危害，适应气候变化 |
| 9 | 在所在城市装设预警系统并培养相关机构和全民的应急管理能力，定期开展公众应急演习 |
| 10 | 确保灾后重建以满足受灾人口的需求为重心，在相关设计与实施中预先计划并纳入受灾人口和社区组织的需求，包括家园重建和生活保障 |

格执行。为保证资源的可持续利用,《深圳市城市总体规划（1996—2010）》（以下简称96版总规）将城市非建设用地纳入规划研究范畴，该非建设用地规划在2000年以后转化成更为严格的刚性控制手段。深圳首先于2005年在全市层面划定了基本生态控制线，之后又在2007年将刚性控制内容扩展为"四区五线"，用以保护城市战略型资源。

在城市规划成果与规划管理过程中，也应具有对社会经济发展变化的灵活适应性[72]，即韧性。在深圳市城市规划成果中，最能够体现韧性规划思想的即"带状组团结构"。这一结构在1982年首次提出，随后在86版总规中得以延续与深化，具体为将特区划分为六大组团，每个组团"自成一市"，各种功能就地平衡，组团之间用绿化带进行隔离，通过东西向的主干道相串联。《深圳市城市总体规划（2010—2020）》（以下简称07版总规）通过加强关外组团的东西向联系，形成了"网络+组团"的空间结构，进一步提升了系统的稳定性与组团发展的灵活适应性。

深圳城市规划中的刚性与韧性实践在发展过程中逐步形成了良好的协同与制衡关系，实现了韧性规划、区间控制和动态组织的三大核心方法[73]。

### （3）四川省德阳市

德阳市位于成都平原东北部，是成渝经济区重要的区域中心城市和成都经济区重要增长极，也是四川省重点规划在建百万人口城市，辖区面积5911km²，户籍人口392万人。由于境内河流众多，地形起伏，且处于青藏高原地震区，在韧性城市建设方面，德阳市面临的最主要的挑战为洪水的威胁及地震活动，此外还包括经济转型、洪水滑坡、环境污染等。采取的主要措施包括：①坚持集约发展，切实保护土地；②重视环境保护，促进持续发展；③科学保护利用，合理开发资源；④加强治理修复，保护生态环境。以制度为突破口，在全省率先试点开展环境污染责任保险，建立实施主要污染物总量指标管理制度，建立实施重点流域水质超标扣罚制度，建立跨区域城市饮用水源保护合作机制，全面推进德阳市生态文明体制改革。其韧性城市建设亮点如表4-10-3所示。

德阳市韧性城市建设的主要举措　　　　　　　　表4-10-3

| 主要领域 | 主要举措 |
| --- | --- |
| 信息化建设 | 作为住建部城乡规划管理中心确定的西南片区第一个试点城市，建设独具德阳特色的数字园林系统，使城市园林逐渐向标准化、精细化方向发展；<br>实施"互联网+"战略，加快智慧城市建设；<br>气象部门每天制作发布"空气污染气象条件预报"，并在广汉高速等6个高速公路收费站建立集能见度、空气湿度、气温等8个要素为一体的自动气象观测站。同时，空气质量及PM2.5指标已于2015年11月开始在市、省、国家环保网上即时发布，公众可登录网址和手机终端随时了解当地环境空气状况 |
| 生态红线保护 | 建立实施一系列生态红线保护制度，对生态功能保障、环境质量安全和自然资源利用等方面提出更高的监管要求，从而促进人口、资源、环境相均衡，经济社会、生态效益相统一；<br>为实施红线制度，进一步完善技术和数据支撑，完成《森林分类区划界定》，着力推进新一轮森林资源二类调查，摸清森林资源家底 |
| 水资源保护 | 为保障用水安全，创新水资源管理，实行最严格水资源管理制度，出台了实行最严格水资源管理制度的实施意见和考核工作实施方案，完成了《德阳市实行最严格水资源管理制度"三条红线"控制目标专题报告》，将用水总量控制目标、用水效率控制目标、重要江河湖泊水功能区水质达标率控制目标等"三条红线"目标分解到各县（市、区）人民政府，并要求切实加强水资源管理，节约和保护水资源 |
| 自然保护区管理 | 为了进一步理顺自然保护区管理体制，对于目前存在的保护区与矿权管理重叠问题，相关职能部门协商制定《四川九顶山省级自然保护区、龙门山国家地质公园、蓥华山省级风景名胜区重叠区域管理办法》，经德阳市人民政府审定后颁布实施 |
| 湿地资源保护 | 2014年出台了《德阳市城市湿地资源保护规划》，德阳市域湿地资源空间总体格局为"两带三核、九廊多点"，将湿地生态格局的统筹规划、保护范围的控制、湿地的生态修复及景观带的建设结合起来，形成兼具城市防洪功能和人工湿地景观风貌的湿地系统；<br>湿地公园建设方面，明确选址亭江新区，打造湿地生态文化教育与体验的窗口，将核心湖打造成城市湿地景观的生态肌底，同时利用污水处理厂中水建设郊野湿地公园，沟通核心湖公园和郊野湿地公园，将二者连为一体 |

续表

| 主要领域 | 主要举措 |
|---|---|
| 环境监管 | 实施纵向"网格化"监管，按照"责任主体、网格结合、属地管理"的原则，以市、各县（市、区）环境保护监管划分为依据，将本辖区内环境保护监管网格划分为4级网格，并出台《德阳市环境保护局环境保护网格化管理工作制度（试行）》 |
| 环境治理手段 | 逐步完善资源有偿使用和生态补偿制度，充分发挥市场配置资源的作用；推进生态环境治理和保护体制机制建设，通过区域联动、部门联动，实现多部门联合执法，区域环境治理联动合作；<br>出台《设立水质超标资金并试行重点小流域考核断面水质超标资金扣罚制度》，以重点小流域考核断面水质监测数据为依据，将经济手段用于环境监管，构建规范、有效的流域水环境管理机制，激发各县（市、区）政府治理水环境污染的内在动力，促进污染物总量减排和水环境持续改善 |
| 区域环境治理联动合作机制建设 | 在成都、德阳、绵阳、遂宁、乐山、雅安、眉山、资阳八市已经签署《成都经济区区域环境保护合作协议》的基础上，签署《成都经济区八市环境应急管理工作合作协议》，充分发挥各方在应急处置装备、技术等方面的优势，实现应急物资相互调剂、应急力量相互支援、应急信息相互共享，努力提高突发环境事件应急处置工作的预见性、科学性和有效性；<br>编写突发环境事件应急处置案例汇编和工作手册，拟定区域突发环境事件应急处置预案，开展联合应急演习，着力提高区域环境事件应急处置水平 |
| 建立健全多部门联合执法机制 | 以环保专项行动为契机，环保、发改、经济和信息化、监察、司法、住房城乡建设、工商和安全监管部门以及电力监管机构加强协作配合，确定部门联动具体流程，以联席会议的方式加强部门联动；<br>积极建立市级部门、旌阳区和德阳经济技术开发区的大气污染防治联动，成立专项检查组进行排查和整改，健全重污染天气预警会商和应急联动机制，出台《德阳市重污染天气应急预案》，进一步细化《德阳市雾霾天气监测预警平台建设方案》；<br>市气象局与市环保局联合开展大气重污染天气预报预警工作，实现环保监测数据和气象数据共享，同时以重污染天气应急指挥部为平台，积极应对重污染天气，制定《人工影响天气作业减轻大气污染工作方案》 |
| 工作统筹协调 | 成立专门组织，协调推动工作，成立环境保护委员会，由市领导担任主任，负责统筹、协调、推动全区的环境保护工作，研究解决重大环境问题；<br>目前德阳市环境保护委员会共计24个成员单位，德阳市政府每年向各成员单位分解下达年度环境保护工作目标任务并实施量化考核，并根据工作需要，不定期召开会议，研究环境保护工作 |
| 环境保护工作目标考核机制 | 建立、实施一系列环境保护工作目标考核机制，科学制定考核评价指标和考核程序，推进考核落地。制定出台《关于改进和完善县乡党政领导班子和领导干部政绩考核工作的实施意见》，让考核不仅成为引导各级领导干部树立正确政绩观的"绿色指挥棒"，还成为提升城市发展质量的助推器；<br>将生态文明建设纳入党政领导班子和领导干部政绩考核指标体系，由考核主体设置具体考核内容，作为县级领导班子和领导干部年度考核"一票否决"事项，并将环境保护纳入区域重点镇专项目标考核；<br>生态环境保护与节能减排重点工作专项奖励考核纳入市委、市政府清理保留的六大奖励考核之一 |
| 环境保护规划 | 为实现经济发展与环境保护的协调发展，积极推进、完善重点生态功能区保护规划和环境总体规划，例如在《成德同城化空间发展战略规划》中，实施主体功能区划发展战略，将成都、德阳两市的用地范围划分为生态保育区、优化型发展区、扩展型发展区、提升型发展区四大主体功能区，根据不同区域的资源环境承载能力、现有开发强度和发展潜力，统筹谋划人口分布、经济布局、国土利用和城镇化格局，确定不同区域的主体功能；<br>在《德阳市城市总体规划（2014—2030）》中，将山水田园城市作为发展目标 |

## （4）重庆市

重庆市位于长江之畔、四川盆地之中，在梅雨锋面西南气旋的影响下，经常面临暴雨灾害以及旱灾风险。每年4~10月的暴雨易发季节，重庆地区发生洪水的概率特别高，近年年均发生7次以上。根据科学模拟测试，随着全球气候变暖，重庆周边地区年均气温到2025年可能比现在升高1~2℃，2050年可能比现在升高3~4℃，各种自然灾害风险将进一步增加。

近年来，随着重庆城市建设步伐加快，主城区规模扩大，城市内部建筑密度增大，同时受全球气候变暖的影响，极端暴雨天气增多。当城区遭遇超过其排水系统能应对的暴雨天气时，内涝灾害将会发生。根据市政部门的统计，重庆城区近十年遭遇了2007、2009、2013年三次强降水导致的严重内涝事件，主城区部分地区出现排水不畅、内涝、交通堵塞现象，带来了严重的社会影响和经济损失。

造成雨水内涝的原因主要有如下几个方面：①规划理念落后，设计技术标准偏低，设计标准有待提高；②城市建设快速发展与排水（防涝）设施存在矛盾，引发雨水内涝；③排水（防涝）设施的维护管理低效，信息化水平不够；④雨水调蓄功能缺失，缺少雨水调蓄设施和初期雨水处理设施。

2014年重庆市人民政府印发《关于加强城市基础设施建设的实施意见》，要求进一步提升重庆城市基础设施建设和管理水平，提高城市综合承载能力，保障城市运行安全，促进经济社会持续健康发展。该《意见》针对增强城市排水防涝能力，要求各区、县（自治县）建成区基本达到国家规定的防洪标准，其中主城中心城区能有效应对不低于50年一遇的暴雨，主城以外各区中心城区能有效应对不低于30年一遇的暴雨，各县（自治县）中心城区能有效应对不低于20年一遇的暴雨。一是要加强城市防涝设施建设，结合重庆水文、地质条件和气候特征，及时修订暴雨强度计算公式和地方排水标准，全面完成地下排水管网普查。于2014年6月底前完成各区、县（自治县）城区排水防涝设施建设规划，到2024年全市各区、县城全面建成较为完善的城市排水防涝体系。二是要加强城市防洪设施建设，加快推进长江、嘉陵江、乌江及其他主要支流河道整治和堤防建设，加强城市水系保护和管理，完善城市防洪设施，健全预报预警、指挥调度、应急抢险等措施。到2015年通过工程措施和非工程措施，全市各区、县城区建成区基本达到国家规定的防洪标准。

重庆市洪涝灾害大多是由短时间的暴雨、上游来水和城区积水未能及时排除引起的。为了降低洪灾风险、提高基础设施抵御自然灾害的韧性，可以采取一些工程措施[75]来保证。

1）完善城市防灾体系，提高城市防洪标准

评价一个城市的发展潜力并不能只看城市未来生产总值的上升空间，而更应该注重城市的防灾减灾体系建设。重庆市自成为直辖市以来，主城区面积以每年20km²的速度在增加，如此猛增的发展速度，在世界城市发展史上也是罕见的。但随着城市发展规模越来越大，由人类开发活动引起的各类灾害也越来越多[76]。因此，在着力推进经济建设的同时，应完善城市防灾体系，减轻灾害损失。洪涝灾害包括两部分：一部分是本地降雨形成的涝灾，另一部分是汇集到河流中却排不掉而引起溃坝或倒灌进城形成的洪灾[77]。重庆市位于长江上游地区，应从流域的角度设计符合重庆市特殊地理环境的防洪标准，同时应考虑全局性。防洪体系是一个复杂的系统，只有提高防洪标准，才能控制洪涝灾害风险，将灾害损失降到最低。

2）合理规划城市排水管网

排水管网是城市防洪的重要工程设施，也是城市发展的重要基础工程。如果排水管网设计与城市防洪标准不匹配，即使城市本身已经具有较高标准的防洪系统，仍然会在排水能力不足的区域形成积水，造成内涝，使交通和其他基础设施遭到破坏。在城镇化背景下，洪涝灾害多发区域为地势低洼地区，如地下商场、地铁口区域、地下停车场及地下仓库等。这些地方容易积水，并且容易引发雨水倒灌的现象。因此，在易形成洪涝灾害的地方，应按照城市排水标准的3~5倍来设计防洪设施[78]。只有这样，才能减轻灾害损失，降低洪灾风险。

3）扩大城区透水面积

降雨落在城市不透水的地表上，不能下渗到土壤中，只能从地表汇流到城市排水管网，再通过排水管网将降水排到河流之中。短历时内的强暴雨，如果超出排水管网的排水能力，就会形成积水。即使能够及时排出，整个区域的降雨一起汇流到河流中，也会给河流的防洪带来压力，甚至会使下游地区面临遭受洪灾的风险。因此，植树造林、增加绿地的占地面积、在所有可能的地方铺设透水砖，可以让部分降雨下渗到土壤中，这样既可以减小排水管网的排水压力，又可以降低河流的洪灾风险。

4）修建蓄水池

蓄水池能够起到临时调蓄洪水的作用。适当地修建一些地下蓄洪池和楼顶蓄水池，就可以为排水赢得一些时间，也为防洪减灾赢得时间。重庆市建设用地紧张，建筑物密度大，可以考虑在一些无法开辟绿地的区域修建地下或楼顶蓄水池。重庆市位于长江上游，如果在铺设排水管网时就修建了地下蓄水池，还能减轻下游洪水压力。另外，在地势高一点的地方建设蓄水池，可以减轻地势低洼地的积水，同时也降低了洪涝灾害风险。

5）湖北省黄石市

黄石市位于湖北省东南部、长江中游南岸，是武汉城市圈副中心城市、华中地区重要的原材料工业基地，也是国务院批准的沿江开放城市。黄石市矿产资源丰富，工业文化底蕴深厚，工业基础较好，有"青铜故里""钢铁摇篮""水泥故乡"和"服装新城"之称，已形成冶金、建材、纺织等14个主导产业。但作为我国重要的矿业城市和原材料工业基地，黄石经历了先有矿山后有城市、先生产后生活的城市发展过程。长期以来的矿山采掘和开山取石，造成开山塘口多且植被恢复难；工业区和生活区犬牙交错，造成绿化用地碎片化；原材料工业的高能耗、重污染、强运输，造成环境治理难，城市环境为此付出了沉重代价。近年来，黄石以创建国家园林城市、全国卫生城市、中国优秀旅游城市和全国文明城市等为载体，借入选"全球100韧性城市"之机大力优化城市布局、完善城市功能、提升城市形象、增强城市韧性。由于矿业和工业的发展带来空气和水污染问题，在韧性城市建设方面，黄石市面临的主要挑战为污染减排和治理、土壤修复及自然资源的保护，此外还包括雨季洪水、滑坡问题、危险废弃物处置、自然资源消耗及环境退化等。

黄石市正积极开展韧性城市建设相关工作，在"两镇一区"城乡总体规划中运用了低冲击的设计理念，以减小对自然环境的过度开发；申报国家"海绵城市"第二批试点，将城市河流、湖泊和地下水系统的污染防治与生态修复结合起来，防止出现城市内涝。黄石应将生态韧性建设作为建设韧性城市的突破口，在开山塘口、工矿废弃地、大气污染、水体污染治理等方面率先作为。同时，与全球韧性城市建设先进城市进行交流，找到最适合自身的韧性城市建设重点。在韧性城市建设上，黄石市主要采取举措如表4-10-4所示。

## 10.4.7 国外应对极端气候的经验与教训

2012年联合国气候变化专门委员会（IPCC）发布了《管理极端事件及灾害风险，推进适应气候变化》特别报告[20]，提醒国际社会气候变化将增加灾害风险发生的不确定性，未来全球极端天气和气候事件及其影响将持续增多、增强。这一警示绝非空穴来风，气候

**黄石市韧性城市建设主要举措** 表4-10-4

| 主要领域 | 建设举措 |
| --- | --- |
| 资源枯竭转型绿色发展 | 2013年作出"坚持生态立市，产业强市，加快建成鄂东特大城市"的战略决定，确立的目标是：5年创建国家森林城市和国家环保模范城市，再通过5~10年的努力，基本建成鄂东特大城市，成功创建国家生态市；旗帜鲜明地提出"早日走出采矿经济时代""不欠生态新账，多还生态旧账"等执政理念 |
| 引领第六产业稳步迈进 | 产业链延伸，发展循环经济；<br>农业功能拓展，创办集果蔬种植、观光采摘、休闲服务、农特销售为一体的新型农业模式；<br>第六产业突起，建万亩玫瑰基地，发展"芳香经济" |
| 统筹谋划，建设美丽乡村 | 以创建国家森林城市为重心，加快推进"绿满黄石"行动，全面启动城区边、集镇边、干道边、长江边、湖泊边植绿工程，力争实现绿色全覆盖；<br>重点推进生态治理，集中关闭所有"五小"企业，对工业企业重点污染源进行全面整治，实现达标排放；<br>政府积极引导企业走转型发展的新路子，即"上山"（造林）、"下乡"（做生态农业）、"进城"（做商业或服务业）；<br>大力实施生态修复，对工矿废弃地进行生态修复，如开山塘口、石漠化荒地，并对大冶湖水面进行恢复；<br>在农村保洁方面，对村庄进行高标准环境整治，全面建立"户分类、村收集、镇转运、市处理"的垃圾清运体系；加大财政投入，运用市场化运营办法开展农村保洁，建立新型城乡一体化保洁长效机制；通过养殖环节病死猪焚烧无害化处理试点，探索有效的病死畜禽无害化处理长效机制；<br>提高农村基础设施水平，实现"村村通客车"，解决老百姓出行难，推进城乡基本公共服务均等化，同时积极探索农村小水利管护、农村精神文明建设等机制；<br>在农村思想文化建设方面，修复文化古迹，推进农村文化礼堂进祠堂建设，在保留祠堂祭祀、省亲传统功能的基础上，赋予其弘扬传统文化、传播先进文化、倡导公序良俗、促进农村和谐等新功能，将传统底色、时代特色和文化亮色融为一体 |
| 深化改革，确保改有所成 | 土地确权登记颁证试点加快推进，在大冶进行了湖北省农村土地承包经营权确权登记颁证工作推进试点；<br>农村金融体制改革成效显著，主动适应农村实际、农业特点、农民需求，综合运用财政税收、金融监管等措施，推动金融资源继续向三农倾斜；<br>涉农资金整合机制不断完善，以县（市）区为平台，开展涉农资金整合机制创新，初步建立了"性质不变、管理不变、各记其功、统筹使用"的财政涉农专项资金统筹使用工作机制；<br>强力推进生态环境保护执法，成立了黄石市公安局环境保护警察支队，成为"生态执法"强有力的保障，把绿色化发展纳入法律的刚性约束，对"踩红线者"严肃追究和惩处 |

变化背景下，许多极端事件超出了人类知识和经验的范畴，即使是拥有完备的防灾减灾和应急管理能力的发达国家，也难免应对失措[80]。在遭遇到台风、洪涝等极端气候事件打击下，美国、英国、荷兰等国家的城市决策者意识到应对气候灾害风险的重要性，先后制定了城市防灾计划或适应计划，其中的经验和教训值得我国城市借鉴。

### （1）发达国家极端气候事件及适应行动

1）澳大利亚[81]

2010年末至2011年初，澳洲昆士兰州遭遇了百年一遇的洪灾，导致1/3的区域受灾，近千万人口紧急疏散，20万人口受到洪灾的直接影响。受灾最严重的是位于沿海河口附近的布里斯班市，城市中心商务区、工商业和居民住宅损失惨重。据估算，洪灾造成的直接经济损失近24亿澳元，间接影响当年GDP损失高达300亿澳元。洪灾发生前，布里斯班市政府已经颁布了一系列适应气候变化的政策文件，例如《布里斯班应对气候变化和能源危机的行动计划》《灾害管理计划2011—2012》《布里斯班中心商务区应急预案》等。然而，洪灾的规模和影响却远远超出了经验预计。

洪灾过后，政府立即着手完善相关政策法规，提高了原有的城市规划和灾害防范标准，例如将新建民用住宅的洪水防御标准提升为2011年洪水的最高水位。此外，相继出台了《洪灾行动计划》（Flood Action Plan）和《灵活应对洪灾的未来战略2012—2031》（Flood Smart Future Strategy 2012—2031），以应对未来不可预期的极端洪水风险。

2）美国[82]

2012年11月，一场特大风暴桑迪横扫美国西海岸1000英里范围内的地区，位于哈德逊河口、拥有820万人口的纽约是其中的重灾区，导致43人死亡和190亿美元的经济财产损失。这一事件直接推动了"纽约适应计划"的出台，并且也间接推动了美国各地的适应行动。桑迪飓风之所以造成如此巨大的灾害，并且引起了从地方到整个国家的重视，是因为其不仅打破了历史纪录，其影响的程度和波及范围也远远超出了美国灾害管理部门的认识。这使得美国开始从机制设计入手，在长期气候变化风险下考虑灾害管理和长期应对问题。

2013年11月1日正值桑迪飓风袭击1周年，美国前总统奥巴马发布了《为美国应对气候变化影响作好准备》的总统令，作为"总统气候变化行动"的重要组成部分，以全面加强美国防范气候灾害的能力。其中包括加强联邦政府与地方不同主体的合作行动与规划，确保经济、基础设施、环境和自然资源的安全，成立由白宫领导的跨部门的"气候预警和韧性委员会"（Council on Climate Preparedness and Resilience）、由不同级别地方政府组成的"适应气候变化特别工作组"，鼓励和支持各种"气候韧性投资"项目，加强土地和水资源的韧性管理，为各级政府和社会提供科学信息、数据及政策工具等七部分内容。

### （2）城市适应规划：各国推进韧性城市的行动指南

适应规划是政府部门制定的有计划的适应政策和行动。根据美国麻省理工学院的估计，全球约有1/5的城市制定了不同形式的适应战略，但是只有很少一部分制定了具体、翔实的行动计划。表4-10-5列举了一些最有代表性的城市适应规划，例如美国纽约的适应计划、英国伦敦的适应计划、美国芝加哥的气候行动计划、荷兰鹿特丹的气候防护计划、厄瓜多尔基多的气候变化战略、南非德班的城市气候保护计划等。这些城市适应规划各有特色，大多为专门的城市适应计划，覆盖的范围和领域广泛，尤其是针对不同的气候风险设计了不同的适应目标和重点领域。可以发现，其中一个显著的共性就是强调城市对未来气候风险的综合防护能力，以打造安全、韧性、宜居的城市为目标。

### （3）"纽约适应计划"：打造韧性城市

近年来，美国地方政府不但成为适应行动的主导力量，并且已经成功地自下而上地影响和推动了适应行动在美国联邦层面的实质进展。根据对美国298个地方政府的调查，有59%已经制定了各种形式的适应规划，纽约、华盛顿、芝加哥等城市是适应战略设计的先锋，其中"纽约适应计划"可谓集大成者。世界资源研究所适应政策专家希瑟·格里斯博士点评说："我从未看到比'纽约适应计划'更具深度的城市适应规划。""纽约适应计划"为全球所瞩目，其独到之处值得我们学习和借鉴。

2013年6月11日，纽约市长发布了《一个更强大、更具韧性的纽约》报告。在这份长达438页的报告的扉页上有这样一段醒目的文字："谨献给在桑迪飓

**全球 6 个最具代表性的韧性城市发展适应规划**　　　　表 4-10-5

| 城市 | 对应策略 | 发布时间 | 主要气候风险 | 目标及重点领域 | 投资（美元） |
|---|---|---|---|---|---|
| 美国纽约 | 《一个更强大、更具韧性的纽约》 | 2013 年 6 月 | 洪水、风暴潮 | 修复桑迪飓风影响，改造社区住宅、医院、电力、道路、供水排水等基础设施，改进沿海防洪设施等 | 195 亿 |
| 英国伦敦 | 《管理风险和增强韧性》 | 2011 年 10 月 | 持续洪水、干旱和极端高温 | 管理洪水风险，增加工业和绿化，到 2015 年完成 100 万户居民家庭的水和能源设施更新改造 | 23 亿 |
| 美国芝加哥 | 《芝加哥气候行动计划》 | 2008 年 9 月 | 酷热夏天、浓雾、洪水和暴雨 | 以建设人居环境和谐的大城市典范为目标；特色有用以滞纳雨水的绿色建筑、洪水管理、植树和绿色屋顶项目 | — |
| 荷兰鹿特丹 | 《鹿特丹气候防护计划》 | 2008 年 12 月 | 洪水、海平面上升 | 到 2025 年对气候变化影响具有充分的韧性，建成世界最安全的港口城市；重点领域包括洪水管理、船舶和乘客的可达性、适应性建筑、城市水系统、城市生活质量；特色包括应对海平面上升的浮动式防洪闸、浮动房屋等 | 4 千万 |
| 厄瓜多尔基多 | 《基多气候变化战略》 | 2009 年 10 月 | 泥石流、洪水、干旱、冰川退缩 | 重点领域包括生态系统和生物多样性、饮用水供给、公共健康、基础设施和电力生产、气候风险管理 | 3.5 亿 |
| 南非德班 | 《适应气候变化规划：面向韧性城市》 | 2010 年 11 月 | 洪水、海平面上升、海岸带侵蚀等 | 目标为 2020 年建成非洲最富关怀、最宜居城市；重点领域包括水资源、健康和灾害管理 | 3 千万 |

风中失去生命的 43 个纽约人及他们的亲人。纽约将与受灾的家庭、企业和社区一起努力，确保未来的气候灾难不再重演。"报告还解释了"韧性"的含义：一是能够从变化和不利影响中反弹的能力，二是对于困难情境的预防、准备、响应及快速恢复的能力。可见，"纽约适应计划"旨在全面提升纽约应对未来气候风险的能力。

"纽约适应计划"包括五大部分，分别是桑迪飓风及其影响、气候分析、城市基础设施及人居环境、社区重建及韧性规划、资金和实施。其中城市基础设施及人居环境中又具体包括海岸带防护、建筑修复、经济恢复（保险、公用设施、健康等）、社区防灾及预警（通信、交通、公园）和环境保护及修复（供水及废水处理等）。

从内容可知，"纽约适应计划"是以建设韧性城市为理念，以提高城市抗击未来气候灾害风险的应对能力为目标，以提升城市未来竞争力为核心、基础设施和城市重建为切入点，以大规模资金投入为保障，全面构建城市气候防护体系。总体来看，作为城市适应气候变化的总体长远规划，"纽约适应计划"有以下几个独到之处。

① 高瞻远瞩的战略视野。气候变化对传统的灾害风险管理体系提出了新的挑战。与美国联邦紧急事务管理署（FEMA）基于历史灾害信息的传统风险评估不同，"纽约适应计划"采用了 IPCC 第五次科学评估报告中最新的、精度更高的气候模式，对于纽约市 2050 年之前的气候风险及其潜在损失进行了评估。计划指出，如果未来发生与桑迪同等规模的飓风，经济损失将高达 900 亿美元，为目前经济损失的 5 倍，海平面上升及飓风导致的洪水淹没人口数字则是传统评估结果的 2 倍。

② 详尽全面的行动指南。计划针对未来可能影响纽约安全的几个主要风险，包括海平面上升、飓风、洪水、高温热浪，详细列举了 250 条适应气候变化的战略行动计划，明确了各个重点领域、优先工作等，体现出"纽约适应计划"坚实的可操作性。

③ 强大的资金支持。气候灾害风险应对能力强大的纽约不是一天可以建造起来的，为此，"纽约适应计划"设计了总额高达 129 亿美元的投资项目，将在未来 10 多年间逐步落实。其中，80% 的资金用于受灾社区重建，包括修复住宅和道路，提升医疗、电力、地铁、航运、饮水系统等城市公共基础设施；20% 的

资金将用于研究改进和新建防洪堤，恢复沼泽和沙丘及其他沿海防洪设施。

④ 关注民生的城市更新。"纽约适应计划"90%以上的投资将流向城市基础设施和灾害重建项目，预计未来数十年可避免上千亿美元的损失。巨额投资将推动旧城更新改造，尤其是边缘群体居住的老旧社区。通过基础设施建设，既可以消除灾害隐患，还可以创造就业岗位、减小城市社会阶层的分化、增强城市凝聚力。

对于近年来开展的适应行动，纽约总结了三条成功经验。一是强有力的领导和决策机制，纽约市从市长层面就非常重视气候变化问题，并于2006年4月组建了"纽约长期规划与可持续性办公室"，重点关注减排和适应议题，2007年9月推出了旨在提升纽约城市可持续性的"规划纽约"（PlaNYC2030）计划，2010年推动成立"纽约气候变化城市委员会"（New York City Panel on Climate Change），并组建了适应、海平面上升等跨部门的工作组，旨在将行动意愿转化为政策和实践；二是从灾害中学习，尤其重视对低概率、高强度潜在灾害风险的防范，关注相关的经济、社会脆弱性问题，并将这种风险意识纳入决策过程；三是科学决策和信息支持，纽约市调动研究力量，开发了《气候风险信息》《适应评估指南》《气候防护标准》等决策工具书，针对不同气候变化情景下海平面上升、风暴潮、高温热浪、城市洪水等灾害风险的发生概率，提出新的气候防护标准以及多种适应政策选项，供城市管理者选择。

## 10.4.8 城市基础设施及结构体系坚韧化的策略

近些年来，全球城市风险呈上升趋势，且面临的风险日趋多样化。全球著名的保险和再保险组织劳合社发布的《全球城市风险指数报告》指出：2015~2025年，全世界301个主要城市可能会面临多达18种自然和人为风险，这些风险对全球GDP造成的损失预计可能高达4.6万亿美元。

尽管很多城市已经将风险管理列为城市管理的工作重点，但这还远远不够。政府、投资者、保险公司都希望将提升复原能力作为解决城市风险的有力补充。为了更好地管理风险、从未来的灾害中尽快复原，基础设施的管理者和运营者必须跳出单一的资产风险管理的窠臼，在整个基础设施体系内和系统间建立起有效的复原力，这就需要考虑突发事件发生时基础设施性能可能发生的改变。

该《报告》提出了提升城市基础设施复原力的若干原则[38]，具体包括：① 防止失效。规划和设计原则：加强综合规划，重视生态系统设施及应急机制，进行稳健性设计，合并冗余部分，提升系统多样性；运行原则：投资信息管理，维护资产，加强灾害风险管理。② 加速恢复。规划和设计原则：应急预案，设计恢复机制，允许故障"软化"功能；运营原则：加强跨部门协调，明确关键资源，建立独立恢复系统。③ 提升性能。规划设计和运营原则：提高灵活性，反省过去，规划未来，集思广益，建设安全文化，制定激励措施，管理需求。

国外经验表明，基础设施、制度建设以及政府职能划分对促进韧性城市建设发挥了重要作用。基础设施是城市架构的载体，在面临灾害时最先受到冲击，其性能水平直接影响城市恢复的性能（图4-10-4），即复原力。如图4-10-5所示，复原力的基本属性主要包括鲁棒性、快速性、冗余性和智能性，其可通过技术、组织、社会和经济手段来进行控制，实现提高韧性城市的可靠性和快速修复性，并减少其失效风险。因而，基于城市系统复原力技术（图4-10-6）评估城市建筑和基础设施遭遇灾害下的韧性，结合风险分析和针对基础设施在灾害下的损伤风险评估，评价城市系统的复原力，并采取相应手段对其进行提升，是促进韧性城市建设的必备手段。

对于城市结构抗震预防能力方面，我国的谢礼立院士提出了6个步骤，包括地震危险性分析、地震监

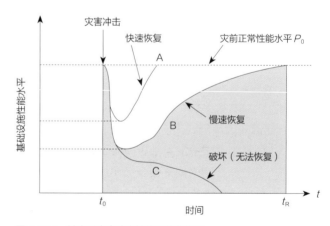

**图4-10-4 城市受灾害冲击性能评估曲线图**

图片来源：赵旭东，陈志龙，龚华栋，李强．关键基础设施体系灾害毁伤恢复力研究综述［J］．土木工程学报，2017，50：62-71．

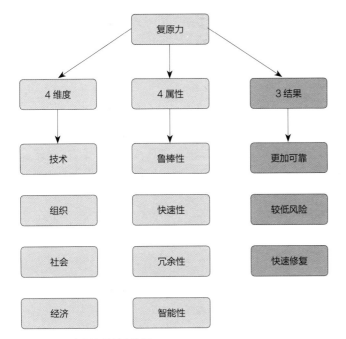

**图 4-10-5　复原力的基本特征**

图片来源：赵旭东，陈志龙，龚华栋，李强. 关键基础设施体系灾害毁伤恢复力研究综述 [J]. 土木工程学报，2017，50：62-71.

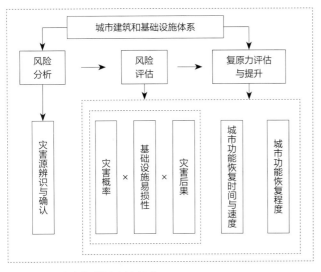

**图 4-10-6　灾害应对的复原力技术**

图片来源：赵旭东，陈志龙，龚华栋，李强. 关键基础设施体系灾害毁伤恢复力研究综述 [J]. 土木工程学报，2017，50：62-71.

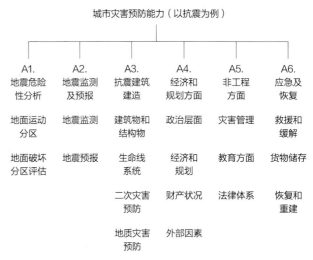

**图 4-10-7　城市抗震韧性提升步骤**

图片来源：谢礼立，马玉宏. 基于抗震性态的设防标准研究 [J]. 地震学报，2002，24：200-209.

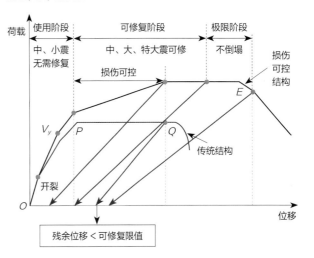

**图 4-10-8　损伤可控结构理论**

图片来源：Wu Z S, Fahmy M F M, Wu G. Damage-Controllable Structure Systems Using FRP Composites [J]. Journal of Earthquake and Tsunami, 2011, 5 (3): 241-258.

测及预报、抗震建筑建造、经济和规划方面、非工程方面和应急与恢复方面（图 4-10-7）。针对工程结构的坚韧化，吴智深等人提出了结构损伤可控的思想和设计理论[84]（图 4-10-8），指出对于不同的韧性要求设定不同的结构可修复限值，通过损伤控制筋和界面粘结滑移等关键技术控制结构的残余位移小于可修复限值，可使结构达到相应的韧性要求。

在各个国家和城市的努力下，气候适应相关政策正在逐渐走向成熟，但目前绝大多数城市适应行动仍过于形式化、项目化和部门化。不同城市面对的气候风险是有差异的，但是适应计划的前瞻性、务实性、创新性、强有力的领导以及科学决策支撑必不可少。对于我国未来城市发展而言，建设韧性城市需要注意以下几点。

### （1）构建中国特色的韧性城市理论

中国各地区自然、社会、经济差异巨大，不同地区的发展历史、发展阶段、社会文化背景不同，因此需加强韧性城市规划的政策研究和技术支持，韧性城市理论的应用更应该考虑到中国特色，使韧性理论本身更为"韧性"[85]。

中国正处于城镇化超常规发展阶段，短短几十年走过了发达国家用一个多世纪走过的道路，城市人口和规模在短时间内剧增，城市建设远远落后于城镇化的进程，城市在刚建好甚至设计之初就已落伍，因此若不在城市规划时留足"余地"，城市生态韧性和基础设施韧性将受到严峻的挑战。

不同城市应有不同的韧性发展策略。西部生态脆弱地区的城市应格外关注城市生态韧性；外向型经济的东部沿海城市，应着重发展多样性经济，同时考虑到全球气候变化的影响、海平面上升、台风、暴雨等极端气候的影响，城市基础设施的工程韧性也应得到强化。

开展韧性城市的政策研究，推动相关部门的重视和协作行动。在挖掘传统经验和智慧的同时，也需要借鉴现代城市规划技术，例如加强城市空间规划技术在韧性城市规划中的研究和应用，建设气候决策信息平台等。

### （2）开展我国韧性城市的测评

开展我国韧性城市的测评，将会使我国韧性城市理论的发展更有依据和针对性，可推进我国城市韧性的提升[86]。

构建符合我国城市发展中长期需要的韧性城市评测体系与工具，使城市的韧性能力的量化或半定量评价具有可操作的依据。

针对我国大中型城市开展规模化评测，掌握我国城市韧性水平的总体空间格局，识别脆弱性极高的城市，可引起政府、学术界、公众和行业等相关机构和组织的广泛关注，使其认识到强化城市韧性的重要性。

基于测评指标，提出韧性能力建设的战略措施，推动相关城市韧性规划的中长期能力建设。

针对城市规划实践，按照分三步走的思路：①对现有规划进行韧性评估，通过对编制新一轮规划的前置性参考文本和专项规划的评估来实现韧性规划向常态化方向发展，并与建设相结合；②提出韧性建设的方法、技术指南和费用效益匡算体系等，有效支撑韧性城市的能力建设；③开展不同空间尺度的评价，包括区域、城市、城区甚至街区，提高高分辨率的城市空间格局脆弱性识别，为城市韧性的精细化规划提供依据。

### （3）构建城市应对气候变化的协同治理机制

气候变化问题涉及多目标和多个治理领域，包括气象、防灾减灾、水利、农业、生态、卫生、环保、规划等众多决策管理部门。从灾害风险管理到治理，需要政府转变角色，改变传统的以单一部门、单一灾种为主导的模式，开展跨学科、多领域、多部门的共同协作。在灾害应急响应及灾后重建方面，应当跨界整合应急力量，例如美国凤凰城在灾害应急与灾后重建方面对姐妹城市成都的援助与经验分享，组建包括不同领域人员的应急队伍，建立与周边城市、乡镇的区域联动响应机制等。

在我国一些经济发达的大城市，社会公众的气候变化意识和环境治理诉求日益提升。在建立城市气候变化协同治理机制过程中，应当借鉴国际上比较先进的城市治理理念和经验，例如伦敦的气候变化伙伴关系，发挥社会各界的力量，广泛吸纳公众、专家、企业等不同利益相关方参与决策过程。应当在全方位整合的基础上，以沟通实现团结协作，借助社会媒体的参与，让灾害事件在公众面前真实展现，不仅可以让充分知情的公众适度参与应急救援，还能让政府的应急救援措施为公众所了解，达成良好的政民合作。

### （4）重点区域重点干预，推动韧性城市的示范和试点建设

在韧性城市建设中，应进行重点区域重点干预，在应对灾害时"朝前看"，计划要有可持续性。对自然灾害影响风险大的城市来说，应急响应和灾后重建应成为衡量城市管理能力的重要指标；"城市区域划分管理"应在灾害防控上充分体现[87]，对高风险地区进行重点干预，提高其风险抵抗能力，从而搭建起一套完善的城市防灾减灾体系，并且将计划持续下去，如加固建筑、整修道路、修建公园等避难场所；改善管理机制，提高居民的抗风险意识；提高当地的就业率，增加当地居民的收入，让整个区域的应急自救能力普遍提高。

## 10.4.9 建设韧性城市未来研究热点与展望

城市面临的各类灾害风险往往具有不确定性和复杂性，单纯依靠工程学思维从物质环境的角度出发无法解决城市灾害问题，城市灾害韧性研究和城市灾害韧性评价作为一种新的研究思路，对于城市可持续发展具有重要意义。韧性城市建设未来的研究热点包括以下3个方面[88]。

首先，完善韧性城市评价体系。韧性评价是韧性理论工具化的突破口，但目前针对国内城市的研究较少，已有的研究成果定性多过定量，同时评价往往忽略了人在防灾减灾中的作用，因此韧性评价从定性转

移到定量研究以及如何科学合理地选择评价指标会是未来的发展方向[20]。

其次，从概念研究到规划基本方式转变。虽然新概念的多重维度和复杂内涵在短时间内很难形成统一答案，但是定义的多重维度和内涵并不影响理论框架的建立和研究实践。传统城市规划实现制定明确发展目标的工作思路并不能使城市较好地适应灾害带来的冲击，城市规划在提升灾害韧性方面需要进行很多工作。对规划技术、建设标准等物质层面的探讨与公众参与、社会均等性等社会层面的结合，将有利于全面增强城市系统的结构适应性，扭转被动的工程学思维。

最后，加强多尺度的灾害韧性研究。区域灾害韧性、城市灾害韧性和社会灾害韧性是城市灾害韧性研究的三大发展趋势。区域灾害韧性研究在探讨气候变化对城市的影响方面具有重要作用；城市灾害韧性研究则是如何加强系统韧性的最佳切入点；社区灾害韧性研究已经从社区的物理环境、住区选址和场地设计的探讨转移到关注社会和人在防灾减灾方面的作用以及社区的合作和运行机制，社区居民成为社区韧性的研究主体。结合当前大数据、3S技术的应用，这3个方面将成为韧性理论本土化应用的突破口。

对于一座城市而言，建立起一套基础设施恢复系统本身就是十分困难的，而现实生活中的很多情况又为达成这一目标增加了挑战。因此，面对如此艰巨的任务，需要各方的共同努力。

# 10.5 措施建议

针对我国目前城市基础设施存在的品质不高、维护不足、抗灾韧性不足等主要问题，应积极采取绿色化、长寿命化、多功能化等措施和策略，提升当前城市基础设施的品质，并积极推进韧性城市建设，提升城市基础设施的抗灾能力和灾后复原力。

## （1）绿色化战略

地方政府城市基础设施的主管部门应将城市基础设施的建设重点从"重量轻质"转变为"量质并重"，在策划和设计阶段强调绿色建造的理念，尊重科学规律，合理安排设计和建造的进度。通过基础设施的品质化设计，改变以往满足规范最低标准的设计方式，通过较少的额外投入，显著抑制结构的全寿命周期成本，节省大量的自然和社会资源，获得丰厚的经济回报和良好的社会效益。同时在设计阶段重视环保设计、生态设计，追求自然和谐的设计理念。科技部、住建部和交通部等国家相关部门应加强城市基础设施绿色建造新技术、新工艺的研究和推广应用，通过新技术、新工艺、新材料的应用，提升基础设施的品质，保证基础设施长期有效地发挥功能。优化工程管理模式，贯彻基础设施的绿色建造理念，践行现代工程管理发展的新要求，全面深入推进"发展理念人本化、项目管理专业化、工程施工标准化、管理手段信息化、日常管理精细化"的现代化工程建设管理方法，完善建设管理体系。强化基础设施的信息化和建造过程中的智慧化，通过在设计过程和建造过程中的全局化设计和规划，充分利用工业化的生产能力，达到节省资源、人力和能源，提升基础设施品质性能的目的。

## （2）长寿命化策略

将"重建轻养"的理念转变为"全寿命优化"的理念，加强城市基础设施品质评价和品质维护的科技研究，发展品质评价和维护的新技术和新工艺，促进这些新技术和新工艺在城市基础设施运营维护过程中的应用。利用先进的传感、检测技术，及时掌握环境和荷载对基础设施的影响和基础设施的服役状态，并采用智能化、系统化的手段提升基础设施管理和养护的水平。大力推行基础设施智慧化，通过云技术的运用、先进传感技术的应用、图像识别技术的使用，对城市规划布局信息、设施建设进度信息、设施的健康程度信息进行高效、精准的采集，同时对数据进行高效分析，以提高效率、节约管理成本，为城市基础设施规划以及资源利用分配提供帮助，促进决策科学化、资源利用高效化。

地方主管部门要树立城市基础设施的智慧理念，系统谋划智慧城市基础设施项目的实施；提高管理水平，开展智慧城市基础设施建设规划；抓好项目引进，加快推进重点领域智慧城市基础设施建设；整合行政资源，理顺智慧城市基础设施建设的体制和机制，并探索适合的智慧城市基础设施建设的投融资模式。科技部门推进研发先进传感测试技术和基础设施智慧化研究，提高科技创新能力，加速技术集成创新，为实现快速准确的检测监测和决策、维护提供技术支持。

通过智能数据处理技术提高基础设施的管控效率，利用智能化的决策技术有效降低基础设施的运行和维护成本，提升运维品质。

### （3）多功能化策略

提升城市基础设施的规划设计水平、科技创新水平和绿色环保水平，促进基础设施多功能化，提升基础设施的综合性，对城市地下管网和地上布线进行综合设计和一体化建设，推进"共同杆""共同沟"和地下综合管廊的建设。大力加强综合管廊相关的管理、规划、设计和施工技术研究，理顺管理关系和利益关系，完善入廊标准、准则和条件，充分发挥城市基础设施的经济效益和社会效益。

### （4）韧性化战略

强化灾变条件下基础设施的韧性理念，重视灾害对城市影响的衍生性和链式反应，加大韧性城市理论研究投入，系统研究城市基础设施韧性的评估方法和提升措施，加大对提升基础设施韧性的关键技术研究。

各地政府应重视城市基础设施应对灾害的韧性问题，结合城市及其潜在灾害特点，编制具有地方特色的城市防灾规划，评估在役和拟建基础设施的灾害易损性，结合风险分析和损伤风险评估，建立健全韧性基础设施评价制度，采用技术措施加强基础设施的抗灾韧性，并建立灾害防治预案，逐步提升城市面对灾害的韧性。

## 本专题注释

❶ 2020—2026年中国基础设施市场深度调查分析及发展前景研究报告[R].中国产业调研网，https://www.cir.cn/R_QiTaHangYe/27/JiChuSheShiShiChangXingQingFenXiYuQuShiYuCe.html.

❷ 顾宁珑. 安徽城市设施建设状况的分析与评价[D]. 马鞍山：安徽工业大学，2013.

❸ 程鹏，栾峰. 公共基础设施服务水平主客观测度与发展策略研究——基于16个特大城市的实证分析[J]. 城市发展研究，2016，23（11）：117-124.

❹ 胡乃龙. 沈阳市城市化进程中的基础设施建设与管理研究[D]. 沈阳：东北大学，2009.

❺ 世界能源统计年鉴2016[R/OL].http://www.360doc.com/content/18/0522/23/8527076_756245821.shtml.

❻ 李鹏飞. 中国基础设施建设与供给侧结构性改革. [2017-07-30]. https://www.sohu.com/a/160820527_673573?_f=index_businessfocus_0_1.

❼ 汪云龙. 中国城市基础设施投资与国民经济增长关系的实证研究[D]. 太原：山西财经大学，2018.

❽ 陈芹芹. 延安市老城区公共基础设施管理问题研究[D]. 延安：延安大学，2018.

❾ 韩江. 电信基础设施运营效率评价及提升策略研究[D]. 天津：天津商业大学，2017.

❿ 住房和城乡建设部计划财务与外事司，中国建筑业协会. 2017年建筑业发展统计分析[R]，2017.

⓫ 王茜. 中国建筑平均寿命仅30年 年产数亿吨垃圾. [2010-04-05]. https://news.qq.com/a/20100406/000036.htm.

⓬ 国家发展与改革委员会. 国家新型城镇报告2016[M]. 北京：中国计划出版社，2017.

⓭ 汤礼莎. 弹性城市建设背景下中国典型城市人居环境优化研究[D]. 长沙：湖南师范大学，2018.

⓮ 国家统计局. 中华人民共和国2017年国民经济和社会发展统计公报[EB/OL]. [2018-2-28]. http://www.stats.gov.cn/tjsj/zxfb/201802/t20180228_1585631.html.

⓯ 冯潇思. 政府购买服务视角下我国城市基础设施建设融资的研究[D]. 长春：吉林大学，2018.

⓰ 郭琪. 我国城市基础设施投资的预测及其对经济增长的影响分析[D]. 南京：南京师范大学，2018.

⓱ 中华人民共和国住房和城乡建设部. 2016年城乡建设统计公报[EB/OL]. [2017-08-18]. http://www.mohurd.gov.cn/xytj/tjzljsxytjgb/tjxxtjgb/201708/t20170818_232983.html.

⓲ 万广华，朱翠萍. 中国城市化面临的问题与思考：文献综述[J]. 世界经济文汇，2010（6）：106-116.

⓳ 住房和城乡建设部计划财务与外事司，中国建筑业协会. 2017年建筑业发展统计分析[R]，2017.

⓴ 交通运输部. 2016年交通运输行业发展统计公报[EB/OL]. [2017-4-17]. http://zizhan.mot.gov.cn/zfxxgk/bnssj/zhghs/201704/t20170417_2191106.html.

㉑ 潘孝军. 中国城市化研究文献综述[J]. 四川职业技术学院学报，2010，20（3）：54-56.

㉒ 洪开荣. 我国隧道及地下工程发展现状与展望[J]. 隧道建设，2015，35（2）：95-106.

㉓ 张喜刚，刘高，马军海，吴宏波，付佰勇，高原. 中国桥梁技术的现状与展望[J]. 科学通报，2016，61（4-5）：415-425.

㉔ 栾博，柴民伟，王鑫. 绿色基础设施的发展、研究前沿及展望[J]. 生态学报，2017，37（15）：1-10.

㉕ 吴智深，戴建国，万春风. 混凝土结构维护管理工程学[M]. 北京：科学出版社，2016.

㉖ LTD O D D. Federal Highway Administration [J]. FOREST, 1991, 519: 759-2220.

㉗ FIP. Model Code for Concrete Structures Structural [C]. Federal Institute of Technology Lausanne-EPFL, Section Genie Civil, Swizerland, 2010.

㉘ Moodi F, Knapton J. Research into a Management System for Diagnosis, Maintenance, and Repair of Concrete Structures [ J ]. Journal of Construction Engineering Management, 2003, 129 ( 5 ): 555-561.

㉙ Standard Specification for Concrete Structures, -2001 "Maintenance" [ S ]. JSCE, 2003.

㉚ 宫泽晋史，吴智深，原田隆郎. 高度なトンネルマネジメントシステムの具現化に関する研究 [ C ]. 土木学会第 58 回年次学术讲演会论文集，2003: 415-416.

㉛ 吴智深，戴建国，万春风. 混凝土结构维护管理工程学 [ M ]. 北京：科学出版社，2016.

㉜ 郭震. 城市综合管廊建设适宜性评价研究 [ D ]. 西安：西安建筑科技大学，2018.

㉝ C S. Holling Resilience and Stability of Ecological Systems [ J ]. Annual Review of Ecology and Systematics, 1973, 4 ( 4 ): 1-23.

㉞ 谢礼立，张晓志. 论工程抗震设防标准 [ J ]. 四川地震. 1996 ( 4 ): 14-29.

㉟ C S. Holling. Engineering Resilience Versus Ecological Resilience [ J ]. Engineering Within Ecological Constraints, 1996 : 31-44 .

㊱ Pickett S T A, Cadenasso M.L., Grove J.M.. Resilient Cities: Meaning, Models, and Metaphor for Integrating the Ecological, Socio-economic, and Planning Realms [ J ]. Landscape and Urban Planning, 2004, 69 ( 4 ): 369-384 .

㊲ Lawrence J Vale, Thomas J. Campanella. The Resilient City: How Modern Cities Recover from Disaster [ J ]. Journal of Historical Geography, 2007, 33 ( 2 ): 458-459 .

㊳ Maru Y T. Resilient Regions: Clarity of Concepts and Challenges to Systemic Measurement [ R ]. CSIRO Sustainable Ecosystems, 2010 .

㊴ Folke C. Resilience: The Emergence of a Perspective for Social-ecological Systems Analyses [ J ]. Global Environmental Change, 2006, 16 ( 3 ): 253-267 .

㊵ Adger W N. Social and Ecological Resilience: Are They Related? [ J ]. Progress in Human Geography, 2000, 24 ( 3 ): 347-364 .

㊶ Carpenter S, Walker B, Anderies J. M., et al. From Metaphor to Measurement: Resilience of What to What? [ J ]. Ecosystems, 2001, 4 ( 8 ): 765-781.

㊷ Klein R J T, Nicholls R J, Thomalla F.. Resilience to Natural Hazards: How Useful is This Concept? [ J ]. Global Environmental Change Part B: Environmental Hazards, 2003, 5 ( 1 ): 35-45 .

㊸ Resilience Alliance. Resilience [ EB/OL ]. http://www.resalliance.org/576.php.

㊹ 谢礼立，马玉宏. 基于抗震性态的设防标准研究 [ J ]. 地震学报，2002，24 ( 2 ): 200-209.

㊺ Campanella R, Etheridge D., Meffert D. J. . Sustainability, Survivability, and the Paradox of New Orleans [ J ]. Annals of the New York Academy of Sciences, 2004, 1023 ( 1 ): 289-299.

㊻ Kates R W, Colten C E, Laska S., et al. Reconstruction of New Orleans after Hurricane Katrina: A Research Perspective [ J ]. Proceedings of the National Academy of Sciences, 2006, 103 ( 40 ): 14653-14660.

㊼ Wildavsky A B. Searching for safety [ M ]. Transaction Publishers, 1988.

㊽ Barnett J. Adapting to Climate Change in Pacific Island Countries: the Problem of Uncertainty [ J ]. World Development, 2001, 29 ( 6 ): 977-993.

㊾ Thomalla F, Downing T, Spanger-Siegfried E, et al. Reducing Hazard Vulnerability: Towards a Common Approach Between Disaster Risk Reduction and Climate Adaptation [ J ]. Disasters, 2006, 30 ( 1 ): 39-48.

㊿ Evans J P. Resilience, Ecology and Adaptation in the Experimental City [ J ]. Transactions of the Institute of British Geographers, 2011, 36 ( 2 ): 223-237.

(51) 郭小东，苏经宇，王志涛. 韧性理论视角下的城市安全减灾 [ J ]. 上海城市规划，2016 ( 1 ): 41-44.

(52) Mileti D S. Disasters by Design: Areassessment of Natural Hazards in the United States [ M ]. Washington: Joseph Henry Press, 1999.

(53) Tobin G. Sustainability and Community Resilience: the Holy Grail of Hazard Planning [ J ]. Envimnmental Hazards, 1999 ( 1 ): 13-25.

(54) 蔡建明，郭华，汪德根. 国外弹性城市研究述评 [ J ]. 地理科学进展，2012，31 ( 10 ): 1245-1255.

(55) Godsehalk D R. Urban Hazard Mitigation: Creating Resilient Cities [ C ]. Urban Hazard Forum, John Jay College, Umversity of New York, 2002.

(56) Wu Z S, Wu G, Fahmy M F M, et al. Recoverability Enhancement of Reinforced Concrete Bridge Piers with FRP Composites [ C ]. Toronto: 9th US National and 10th Canadian Conference on Earthquake Engineering ( 9USN/10C-CEE ), 2010.

(57) 吴智深，吴刚，汪昕，等. 玄武岩纤维在土建交通基础设施领域研究与应用若干新进展 [ J ]. 工业建筑增刊 ( 第六届全国 FRP 学术交流会论文集 ), 2009, 39 ( 10 ): 1-14.

(58) 沈圣，吴智深，杨才千，等. 基于分布式光纤应变传感技术的改进共轭梁法监测结构变形分布研究 [ J ]. 土木工程学报，2010，43 ( 7 ): 63-70.

(59) 高晓明. 城市社区防灾指标体系的研究与应用 [ D ]. 北京：北京工业大学，2009.

(60) Ainuddin S, Routray J K. Community Resilience Framework for an Earthquake Prone Area in Baluchistan [ J ]. International Journal of Disaster Risk Reduction, 2012, 2: 25-36.

(61) 邵亦文，徐江. 城市韧性：基于国际文献综述的概念解析 [ J ]. 国际城市规划，2015，30 ( 2 ): 48-54.

(62) 廖茂林. 韧性城市建设的国际经验及启示 [ J ]. 城市，2016 ( 8 ): 21-25.

(63) 谢起慧. 发达国家建设韧性城市的政策启示 [ J ]. 科学决策，2017 ( 4 ): 60-75.

(64) 郑艳. 推动城市适应规划，构建韧性城市——发达国家的案例与启示 [ J ]. 世界环境，2013 ( 6 ).

(65) 杨雅婷. 抗震防灾视角下城市韧性社区评价体系及优化策略研究 [ D ]. 北京：北京工业大学，2016.

(66) 郭小东，安群飞，苏经宇. 山地城市近郊村镇抗震韧性设计策

㊅ 略[J]. 城市与减灾, 2017 (4): 35-40.

㊆ 陆新征, 曾翔, 许镇, 等. 建设地震韧性城市所面临的挑战[J]. 城市与减灾, 2017 (4): 29-34.

㊇ 李亚, 翟国方. 我国城市灾害韧性评估及其提升策略研究[J]. 规划师, 2017, 33 (8): 5-11.

㊈ 胡啸峰, 王卓明. 加强"韧性城市建设"降低公共安全风险[J]. 宏观经济管理, 2017 (2): 35-37.

⑩ 潘庆华, 白潇. 韧性城市概述和对我国城市规划的一些思考[J]. 四川建筑, 2017, 37 (3): 41-42.

⑪ 曹莉萍, 周冯琦. 纽约弹性城市建设经验及其对上海的启示[J]. 生态学报, 2018 (1): 1-10.

⑫ 徐江, 邵亦文. 韧性城市: 应对城市危机的新思路[J]. 国际城市规划, 2015 (2): 1-3.

⑬ 顾朝林. 气候变化与适应性城市规划[J]. 建设科技, 2010 (13): 28-29.

⑭ 王富海. 从规划体系到规划制度——深圳城市规划历程剖析[J]. 城市规划, 2000 (1): 28-33.

⑮ 罗瑜. 城市排水防涝分析与海绵城市建设——以重庆城区为例[J]. 建筑节能, 2017 (3): 112-113.

⑯ 宣茂华, 郭跃. 城市化发展对重庆市洪涝灾害的影响研究[J]. 黄河水利职业技术学院学报, 2013, 25 (3): 17-20.

⑰ 重庆晨网. 20余小时15区县暴雨重庆主城雨量刷新半世纪纪录[EB/OL]. [2013-02-05]. http://cqcb.com/cqnews/2010-07-06/83785.html.

⑱ 裘书服, 陈珂, 温家洪. 2007年7月重庆和济南城市暴雨洪水灾害认识和思考[J]. 气象与减灾研究, 2009, 32 (2): 51-53.

⑲ 刘建芬, 王慧敏, 张行南. 城市化背景下城区洪涝灾害频发的原因及对策[J]. 河海大学学报, 2012, 14 (1): 73-75.

⑳ IPCC. Managing the risks of extreme events and disasters to advance climate change adaptation (SREX) [EB/OL]. 2012-03-28. http://ipcc-wg2.gov/SREX/.

㉑ IPCC. The Forth Assessment Report of the IPCC [R]. IPCC, 2007.

㉒ 郑艳. 推动城市适应规划, 构建韧性城市——发达国家的案例与启示[J]. 世界环境, 2013 (6): 50-53.

㉓ 苏洁. 城市复原力建设, 保险公司也能使上劲[J]. 中国保险报, 2017 (5): 1-3.

㉔ Wu Z S, Fahmy M F M, Wu G. Safety Enhancement of Urban Structures with Structural Recoverability and Controllability [J]. Journal of Earthquake and Tsunami. 2009, 3 (3): 143-174.

㉕ 郑艳, 王文军, 潘家华. 低碳韧性城市: 理念、途径与政策选择[J]. 城市发展研究, 2013 (3): 10-14.

㉖ 徐振强, 王亚男, 郭佳星, 等. 我国推进弹性城市规划建设的战略思考[J]. 城市发展研究, 2014 (5): 79-84.

㉗ 夏丽莎, 刘莉. 打造一个具有韧性的城市[EB/OL]. 2011-8-15. http://sichuandaily.scol.com.cn/2011/08/15/20110815601183996173.htm.

㉘ 杨敏行, 黄波, 崔翀, 肖作鹏. 基于韧性城市理论的灾害防治研究回顾与展望[J]. 城市规划学刊, 2016 (1): 48-55.

㉙ Wu Z S, Fahmy M F M, Wu G. Damage-controllable Structure Systems Using FRP Composites [J]. Journal of Earthquake and Tsunami, 2011, 5 (3): 241-258.

课题四
城市建筑与基础设施工程可持续发展战略研究

## 专题3 城市及城市群市政基础设施系统构建战略研究

**专题负责人**　　张　全

# 第 11 章 城市市政基础设施历史发展阶段

根据不同时期的经济发展水平、国家政策导向和城镇化进程，本研究将中华人民共和国成立以来划分为"一五"至"五五"时期、"六五"至"七五"时期、"八五"至"十二五"时期和"十三五"时期以来四个阶段。

## 11.1 "一五"至"五五"时期：先生产，后生活

"一五"至"五五"时期，即中华人民共和国成立之初至改革开放初期（1952~1980年），是我国城市发展的起步期。在我国城市建设起步阶段，基础设施投资占基本建设投资的比重很小，基本在 2% 左右，基础设施发展水平较低。这一历史阶段的基础设施发展特征取决于当时城市的社会经济背景、政治政策导向以及重大自然灾害。这一时期我国实行计划经济体制，期望利用国家行政的动员能力来加速工业化发展，并由此形成了特殊的国家工业化模式，即工业和一切与工业相关的产业由国家出资兴办并由国家经营。然而这种国家工业化的模式有其不可避免的弊端。反映在基础设施领域，表现为基础设施被视为支持工业化而不得不付出的代价，作为代价，显然是越低越好，因此社会经济建设的思想是"先生产，后生活""先治坡，后治窝"。高度集中的计划经济体制，因其可通过行政手段控制资源分配，从而为人为降低基础设施建设成本提供了条件。基础设施发展的顺序自然也是先满足工业生产，生活类基础设施只是附带品。另外，这一时期还经历了"大跃进"、三年困难时期、中苏关系恶化和"文化大革命"等重大事件，基础设施的发展严重滞后于城市需求的提升。

## 11.2 "六五"至"七五"时期：企稳回升

1978 年至 20 世纪 90 年代初期，我国实行改革开放，随着市场取向的经济体制改革逐步深化，以应对基础设施供给缺口为重心，国家逐渐增加对基础设施的投入。这期间基础设施累计投资 640.17 亿元，基础设施投入占基本建设投入的比重逐年提升，由 1980 年的 3% 提高至 1990 年的 4.1%，城市基础设施水平有了显著发展。但长期的基础设施短缺带来的制约和影响仍继续存在，落后的基础设施是城市发展的主要障碍，主要表现为城市资源能源供应短缺、环境污染逐渐显现。

## 11.3 "八五"至"十二五"时期：快速发展

20世纪90年代，党的十四届三中全会确立了建立社会主义市场经济体制的改革目标，我国的工业化开始摆脱传统的体制模式束缚，国家工业化向一般工业化转变的步伐更为加快。与此同时，随着大批农民工进城务工，以沿海城市为标志，城乡分割体制开始全面动摇，我国城镇化步伐大幅加快。在此背景下，大城市尤其是特大城市对基础设施的需求全面高涨，基础设施建设迎来了快速发展的历史时期。同时以提高效率为主旨的体制融合开始出现在基础设施融资及运营体制上，基础设施的国有、国营体制不仅受到了冲击，而且有了进一步改革的条件。附属于政府行政的基础设施管理机构，特别是公用事业机构，纷纷开始了以政企分开为特点的转型。此外，基础设施投融资机制也开始多元化，例如以固定回报为主要模式的准BOT或BOO工程在全国范围内出现。国家投入的增加、管理体制的改革以及投融资体制的多元化，使得这一时期基础设施发展水平有了较高提升。

世纪之交至"十二五"时期，我国进入快速城镇化阶段，基础设施投融资体制由多轨并存逐渐向市场化加速并轨，初步形成了"政府引导、社会参与、市场化运作"的新局面。其特征是基础设施新建项目不仅向外商投资者开放，而且向国内民营企业等各类社会资本开放。特别是实施土地招拍挂后，政府可以通过收取土地出让金、土地使用费及环境收益金加收资金等土地置换的方式融资建设城市基础设施，使基础设施投资增长快速。"十二五"时期，我国城市市政基础设施投入力度持续加大，累计完成投资9.5万亿元，比"十一五"时期投资增长近90%。

## 11.4 "十三五"时期以来：高质量发展

党的十九大指出，我国经济已由高速增长阶段转向高质量发展阶段，正处在转变发展方式、优化经济结构、转换增长动力的攻关期，建设现代化经济体系是跨越关口的迫切要求和我国发展的战略目标。

2017年5月，经国务院同意，住建部、国家发改委联合印发的《全国城市市政设施建设"十三五"规划》也重点强调市政基础设施的增量、提质、增效，提出到2020年要建成与小康社会相适应的布局合理、设施配套、功能完备、安全高效的现代化城市市政基础设施体系，基础设施对经济社会发展的支撑能力显著增强。

# 第 12 章 城市市政基础设施建设存在的问题

## 12.1 设施建设投入欠账大，总量不足

我国经济快速增长及城镇化水平快速提高的背景下，公共产品与服务不足仍是"短板"。长久以来，我国市政基础设施建设的投入远低于合理水平，设施投入历史欠账巨大。"十二五"时期，城市市政基础设施固定资产投资占基础设施投资、全社会固定资产投资的比例持续下降，其与房地产住宅投资之比也从 2011 年的 38.3% 下降到 2014 年的 31.0%，与 50%~100% 的合理区间仍有较大差距（表 4-12-1），尤其是对于地下设施投入更显不足。同时，市政基础设施服务需求持续增加，建设标准不断提高，进一步加剧了市政基础设施总量不足的形势，影响和制约了我国城镇化的健康发展。

城市市政基础设施投资比例变化  表 4-12-1

| 城市市政基础设施投资占比 | 2010 年 | 2015 年 | 变化幅度 |
|---|---|---|---|
| 占基础设施*投资比例 | 18.9% | 12.3% | 降低 6.6 个百分点 |
| 占全社会固定资产比例 | 4.8% | 2.9% | 降低 1.9 个百分点 |
| 与国民总收入的比例 | 3.3% | 2.3% | 降低 1 个百分点 |

注：*基础设施的统计范围包括：电力、热力、燃气及水生产和供应业，交通运输、仓储和邮政业，水利、环境和公共设施管理业。
数据来源：根据中国城市建设统计年鉴、中国统计年鉴相关数据整理。

## 12.2 设施发展水平偏低，存在短板约束

市政基础设施建设水平低是导致"城市病"的根本原因。我国城市路网级配不合理，2015 年，城市路网密度普遍低于 7km/km²，尤其是作为城市"毛细血管"的支路网，密度不足国家标准要求的 1/2。"十三五"时期有 300 多座垃圾填埋场面临"封场"，新建垃圾处理设施选址困难，"人地矛盾"日益凸显。城市开发建设用地挤占山水林田湖生态空间，导致城市生态功能严重退化。

从部分发达国家城市基础设施建设的经验来看，均衡式的发展、品质化的建设、精细化的管理、多维度的保障是持续提高城市基础设施质量的重要途径。从我国的情况来看，城市市政基础设施老化，旧账未还、又欠新账，一些城市的市政基础设施建设距离绿色、低碳和循环理念的要求差距很大，由此引发的城市内涝、交通拥堵、"马路拉链""垃圾围城"、地下管线安

全事故频发等各类"城市病"呈现出集中爆发、叠加显现的趋势，严重影响城市人居环境和公共安全。

## 12.3 区域发展不均衡，城市群内部协同效应不明显

我国中西部地区市政基础设施发展水平总体上仍落后于东部地区。截至 2015 年底，西部地区污水处理率仍然落后东部地区 10 个百分点左右；中西部地区建成及在建轨道交通密度为 10.5km/百万人，不足东部地区的 1/2；西部地区垃圾焚烧处理占比仅为 24%，与东部地区 55% 的水平仍有较大差距。老城区市政基础设施由于建成历史长、建设标准低、改造难度大等原因，设施水平明显低于城市新区，尤其体现在供水、排水、供热、燃气等设施的"最后 1 公里"，其改造和维护长期不到位，严重影响老城区居民生活品质的提升。

在城市群内部，各城市之间市政基础设施建设各自为政、自成体系，缺乏有效的沟通和衔接，导致某些重大市政基础设施出现重复建设或无法建设两种不利局面。当市政基础设施建设门槛比较低时，城市之间出现"你有我有"重复建设的现象，造成设施能力的闲置和浪费；当市政基础设施建设门槛比较高时，城市之间无法形成合力，从而出现"你无我无"的现象，造成市政基础设施的能力空缺。

## 12.4 城市基础设施管理分散，产业集中度低

与发达国家完成基础设施的建设之后的管理放权不同，我国在城镇化快速发展和城市基础设施高速建设时期，将城市规划建设管理事权已经完全交给地方政府，而城市政府在城市建设管理体制设置方面的政出多门、管理碎片化问题十分突出，严重割裂了城市基础设施建设的系统性。

市政公用企业"小、散、弱、差"成为制约其服务水平提高的瓶颈。以供水行业为例，根据 2015 年对 858 个县城的抽样调查，共有 891 家供水企业，供水能力前 10 位的供水企业只占调查总供水能力的 13%，84% 的供水企业供水能力在 5 万 $m^3/d$ 及以下，24% 的供水企业供水能力在 1 万 $m^3/d$ 及以下，距离成熟的产业发展模式差距较大。由于缺乏专业化、规范化、规模化的建设和运营管理，城市市政基础设施的运行效率、服务质量难以有效提高，设施效能无法得到有效发挥，同时安全隐患也较多。与此同时，由于市政基础设施监管信息化水平普遍偏低，监管手段缺乏，难以实现对大量、分散的小企业的有效监管，距离规范化、精细化和智慧化管理仍有较大差距。

# 第13章 各类城市市政设施发展策略

## 13.1 水系统

### 13.1.1 系统概述

城市水系统是以水循环为基础、水通量为介质、水设施为载体、水安全为目标、水管理为手段的综合系统,是城市大系统的重要组成部分❶(图4-13-1)。从系统的组成看,城市水系统是自然水循环和社会水循环的耦合系统,包括水源及给水系统、用水系统、排水及回用系统、雨水系统;从系统的内涵看,城市水系统涉及水资源、水环境、水生态、水安全、水文化等各个方面;从系统的循环看,城市水系统中各子系统之间存在复杂的通量变化、水量耗散、水质代谢和能量交换,贯穿于整个循环过程。

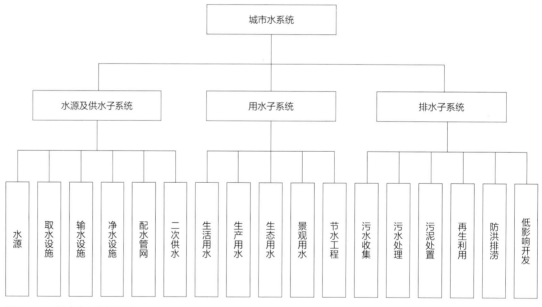

图4-13-1 城市水系统结构划分

### 13.1.2 主要问题

**(1)城市供水安全保障程度有待提高**

我国部分水厂建设标准低,难以应对饮用水标准提高和水源水质下降的双重压力。由于长期被动适应城市"摊大饼"式扩张,供水管网改造进程慢、效益低,不仅造成城市每年漏损水量总计高达 84 亿 $m^3$，而且带来高能耗、高物耗和高成本。城市供水应急能力较差，单一水源城市供水安全风险突显，大多数供水企业应急预案针对性和可操作性不强。

### （2）城市污水收集处理系统效能低

部分地区的污水收集系统仍不完善，导致城市污水处理设施的效能不能充分发挥。在一些地区，由于污水管网系统的建设年代久远、地质条件改变等原因，致使管网漏损或断裂，跑、冒、滴、漏现象严重，甚至有河水倒灌进入污水管网的情况，使得污水处理厂的进水浓度大幅降低。现有合流制排水管网的雨污分流改造力度需要进一步加强，对于部分改造难度较大的管网系统，应采取截留、调蓄等措施控制合流制溢流污染。

### （3）城市节水设施水平低

城市供水管网老化、材质落后问题突出，特别是大中城市长期以来被动适应城市"摊大饼式"快速扩张，管网系统和管网资产逐步趋于"劣化"，漏损高、能耗高、成本高，管网改造投资负经济效益凸显。根据中国城市建设统计年鉴，"十二五"期间城市供水管网漏损水量合计约达 400 亿 $m^3$。城市再生水利用发展空间巨大，但目前仍面临缺乏水质提升投资积极性和分质供水基础设施保障等瓶颈制约。

### （4）城市排水防涝压力较大

随着我国城镇化进程的快速发展，城镇化建设导致下垫面性质和城市降雨的产汇流机制发生变化。受防洪排涝体系不衔接、排水设施管理维护不到位等因素的综合影响，部分城市排水系统整体运行效率偏低，给城市运行和人民群众生活、生产带来较大影响。

## 13.1.3 总体战略

在总体战略上，应坚持"节水优先，治污为本，科学开源，保障安全"❷。

近年来，我国城市水源污染、暴雨内涝、管道爆裂等突发性事件频发，对城市水安全保障提出了更高要求，尤其是在国家全力推进新型城镇化的大背景下，必须按照生态文明建设的要求，遵循城市水系统循环规律，适时调整城市水安全保障战略，因此建议将"节水优先，治污为本，科学开源，保障安全"作为新时期我国城市水安全保障的总体战略，并以此来引导城市水系统的规划、设计、建设和运行，进而促进城市水系统的良性循环。

### （1）节水优先是战略基础

鉴于我国水资源相对短缺的基本情况，必须把"节水优先"作为保障水量安全的战略基础，这是缓解水源短缺、减低设施投资、减少污水排放、提高用水效率的优先选择和必经之路。我国水资源总量约为 2.8 万亿 $m^3$，实际可利用量仅为 9500 亿 $m^3$，如不采取强有力的节水措施预测到 2030~2050 年，全国的需水量将可能接近可用水量的极限。因此，必须以水资源的承载能力为约束，从过去的"以需定供"向"以供定需"策略转变，努力建设节水型城市；要遏制不顾水资源条件的扩张性需求，防止无序、过度开发水源，慎行长距离、跨流域、高代价的调水，尽量减轻对自然环境和生态系统的破坏，避免城市水系统陷入调水越多、浪费越大、污染越严重的恶性循环。

### （2）治污为本是战略重点

面对当前我国城市水环境污染的严峻形势，必须把"治污为本"作为摆脱水质危机的战略重点，这是改善水环境、保护水资源、恢复水生态、保障水安全的必然要求和根本出路。我国城市水环境整体恶化的趋势尚未得到根本遏制，城市饮用水水源污染依然严重，有关机构对水源水质的监测结果表明，近十年来我国重点城市的水源水质仍呈恶化趋势，水源水质达到Ⅱ类标准的比例不到 20%。南方一些降水量丰沛或水系发达的城市，也因水源污染出现了严重的缺水问题。因此，必须摆脱过去主要依靠末端治理削减水污染负荷的路径依赖，促进从末端治理向源头减排、过程控制、末端治理和生态修复相结合的战略转变，实现水污染的全过程控制和水环境的综合整治，逐步改善城市水环境质量，遏制"水质型"缺水问题蔓延，确保饮用水水源安全。

### （3）科学开源是战略智慧

针对我国许多城市面临的缺水与内涝并存的双重挑战，必须把"科学开源"作为兴利除害的重大战略举措，这是缓解水资源供需矛盾、防止城市洪涝灾害、促进水生态文明的智慧选择和重要举措。必须突破筑坝建库提引地表水、打井挖沟抽取地下水的传统开源模式。一方面，要因地制宜，在合理开发地表水、地下水等传统水资源的同时，大力推进再生水、雨水、海水、微咸水等非传统水资源的开发利用。经净化处理后的城市污水是城市的再生水资源，其数量非常巨大，可作为作物的灌溉用水、工业冷却水、城市绿化用水、环境用水和地面冲洗水等。另一方面，要大力推行低影响开发建设模式，合理控制土地开发强度，建设雨水滞流、渗透、收集和处理利用系统，有效控制城市地表径流，提高城市对雨水的吸纳和蓄滞能力，努力建设"海绵城市"，降低城市内涝风险。

### （4）保障安全是战略目标

基于近年来水污染事故频发、城市内涝、管网爆裂等严峻形势，必须把"保障安全"作为治水的出发点和落脚点，这是建设生态文明、改善人居环境和促进城市健康发展的必然要求。首先，要保障饮用水安全，"让群众喝上放心水"。要通过理念、科技和体制机制创新，努力构建饮用水安全"从源头到龙头"全流程的保障体系和"从中央到地方"分层级的监管体系，不仅要应对突发性风险，也要考虑累积性风险。第二，要保障城市的水环境安全，营造城市宜居环境。城市水环境治理不仅要采取工程措施治理工业点源，也要考虑城市面源污染，更要考虑生态修复等非工程措施。第三，要保障城市的防洪排涝安全。通过提高标准、完善规划、加快建设、细化管理等措施，建设经济合理、生态环保并兼顾雨洪资源利用的城市排水防涝综合体系。

## 13.1.4 城市群

对于城市连绵带，应突出水系统的区域协调、统筹互联。在供水设施配置方面，应促进区域统一供水或城乡统筹供水，通过区域输水管道的设施或区域应急水源地建设等提高单个城市的保障程度，从而实现城市群整体供水安全保障程度的提高。在排水设施配置方面，应当从区域或流域的角度协调重点设施的空间选址，如上游排水口与下游取水口之间应当保持一定距离，上游城市的再生水可以补充下游城市的景观水等，实现水量平衡，促进污染控制，保障城市连绵带用水和排水安全。

以珠三角地区为例，珠三角地区社会经济发达，区域供水排水通道上下游交错污染突出。由于区域排水格局缺乏统筹，各市之间排水矛盾不断加剧。各城市往往向河道上游取水、向下游排污，导致下游城市的饮水受到污染，使得跨区污染问题异常突出，长期存在的缺水及水环境问题无法得到彻底解决，严重阻碍了珠三角地区水资源的可持续利用。珠三角地区水质劣于Ⅲ类的河段占总评价河道总长的42.7%，其中城市河段污染较为严重，生态环境建设及生态恢复能力不足，部分水库水质呈现富营养化状态。咸潮入侵、突发性水污染事件等严重威胁珠三角地区的排水安全，也严重影响其供水安全。随着海平面的上升和极端气候的频发，咸潮发生的频率和上溯的距离将不同程度地增加，对珠三角地区沿海城市的水安全构成不可忽视的威胁。

应按照供、排分流的原则，合理安排供水通道和排水通道，避免不同城市取水、排水相互交叉混合，建设和保护清水走廊供水通道，实现供水排水的协调统一、互通可控。在珠三角地区西、北江片区逐步建立"靠西取水、靠东退水"的供水排水格局，东江片区通过各类水闸及控制枢纽，逐步实现供水排水分离。同时，根据现状水资源分布、水功能区划、主要河道水质现状、取排水口分布情况，并考虑咸潮河流污水回荡的影响，划定珠三角地区5条主要供水通道和9条主要排水通道。供水通道的水质目标按不低于Ⅱ类控制，严禁新增排污口，依法关闭或迁移对水体污染大的排污口，在河涌适当位置建设水闸并进行科学调度，防止河涌污水进入供水通道；排水通道必须坚持执行严格的污水排放标准，所有排水均必须经过处理达到排放标准后再排放，实行严格的污染物总量控制，确保满足水功能区划水质目标。

## 13.1.5 政策建议

### （1）加强城市水系统规划建设的系统性

加强供水、用水、排水、雨水、再生水等各专业的统筹与协调，重点加强通量循环、设施规模、空间布局、水质标准的统筹，使其满足城市饮用水安全保障、污水充分收集和处理、雨水合理组织与排放等多个方面的需求。加强自然条件（降雨、自然水系等）、社会经济（人口、用地等）和科技进步（用水方式、节水效率等）等不确定性因素对城市水系统规划的作用，加强物联网、人工智能等高新技术在复杂市政网络系统精细化过程管理中的应用。

### （2）提升城市水系统设施的费效比

对于一个明确的城市水系统目标，城市水系统构建方案存在多种选择，应当寻求"城市水系统目标—涉水设施发展标准—生命周期经济成本"三者之间的合理与平衡，尽可能从空间（规模占地）、时间（生命周期）、安全（预警减灾）等方面提高系统效率。

### （3）探索城市群水系统的构建模式

建立城市群水系统协调联控机制，协调和优化上下游、左右岸城市水资源利用与污染物排放，实施区域重要水源地共建、共管、共享，探索城市群上下游城市净水厂、污水厂及管网的共享使用机制，制定城市群防洪联调联动机制。

## 13.2 能源系统

### 13.2.1 系统概述

城市能源系统是一个非常复杂的网络系统，包含城市能源生产、加工转换、输运、存储、消费、排放全过程，其最终目的是最大限度地满足城市终端能源消费需求（图4-13-2）。

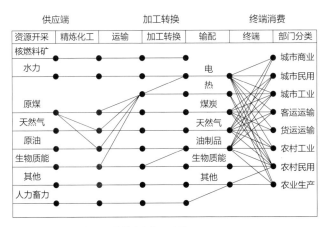

**图4-13-2 城市能源系统基本框架示意图**

城市能源系统一般包括城市供电系统、煤炭供应系统、燃气供应系统、油品供应系统、可再生能源系统、供热系统等。因存在复杂的加工转换关系，各子系统之间往往相互交叉。

### 13.2.2 主要问题

#### （1）区域能源基础设施发展水平不均衡

"十二五"期间，虽然全国各地区能源均等化供应水平显著提高，但由于各地区受资源、条件、经济发展、市场结构、基础设施、产业体系、城市化水平等因素影响，不同地区燃气、供热基础设施发展不平衡的情况依旧存在。与东部沿海地区、环渤海地区相比，其他地区燃气、供热系统的发展水平仍有差距。

#### （2）部分燃气、供热系统基础设施老化，事故安全隐患较大

早期敷设的供热、燃气管网受到技术和工艺的限制，管材质量差，自动化水平低，加之部分企业在建设初期投入不足，使用了低质甚至不合格产品，造成管道腐蚀严重，供热管网保温层脱落、地沟进水和管件失效的情况普遍，形成事故隐患的同时也浪费了大量能源。

#### （3）能源清洁高效利用水平有待提高

目前，城市燃气利用规模的增长主要来自于居民和工商业用气，交通运输和分布式能源领域的利用规模较小，在重点用煤领域进行"煤改气"工程上还有潜力可挖。北方采暖地区城镇集中供热系统用能还主要以化石燃料燃烧成热为主，在能源高效利用技术推广和可再生能源供热方面尚需提高。

#### （4）燃气特许经营制度管理水平有待提高

自2004年4月《市政公用事业特许经营管理办法》发布以来，特许经营制度对我国燃气行业的发展起到了积极作用。但在近年来的实践中不难发现，部分燃气企业存在将燃气特许经营变成垄断经营的情况，燃气特许经营制度管理水平有待提高。目前，我国燃气、供热行业在定价机制上还受到诸多非市场因素影响，造成供热价格"倒挂"现象普遍存在，部分地区

燃气价格也存在"倒挂"现象，不利于引导供热、燃气企业科学生产，也不利于促进用户节约、高效用能。燃气、供热价格机制仍需进一步完善。

## 13.2.3 发展战略

在发展策略上，应坚持"节约优先，绿色低碳，智慧升级，服务均等"。

目前，我国生态环境恶化趋势难以遏制，高强度的化石能源开发和过快增长的能源消费是其重要原因。超过生态环境承受和修复能力的持续高强度化石能源开发势必造成无法补救和不可逆转的严重生态环境灾难。另外，无止境的化石能源消耗导致温室气体和多种有害物质排放不断增加，严重污染环境。我国二氧化硫、氮氧化物、烟尘、人为源大气汞排放以及可吸入颗粒物浓度长期高居世界前列，其绝大部分来自化石能源燃烧。可吸入颗粒物已成为大气污染的焦点，东北、华北、华东甚至华南地区持续出现雾霾天气。长时间的雾霾表明这些地区颗粒物浓度已超过大气环境承载力极限。在末端治理手段极其有限的情况下，必须推进能源革命，从根本上改变依赖高强度开发和低效率利用化石能源的格局，才能有效遏制生态环境持续恶化的趋势，才能符合建设"美丽中国"这一宏伟愿景的要求。

### （1）节约优先

把节约优先贯穿于经济社会及能源发展的全过程，集约高效开发能源，科学合理使用能源，大力提高能源效率，加快调整和优化经济结构，推进重点领域和关键环节的节能发展，合理控制能源消费总量，以较少的能源消费支撑经济社会较快发展。

### （2）绿色低碳

着力优化能源结构，把发展清洁低碳能源作为调整能源结构的主攻方向。坚持非化石能源与化石能源高效清洁利用并举，逐步降低煤炭消费比重，提高天然气消费比重，大幅增加风电、太阳能、地热能等可再生能源和核电消费比重，形成与我国国情相适应、科学合理的能源消费结构，大幅减少能源消费排放，促进生态文明建设。

### （3）智慧升级

未来能源系统是分布式和集中式相结合的、高度开放式的新型能源体系。该系统横向多源互补，纵向"源—网—荷—储"协调互动，实现多能互补，最大限度地提高能源资源利用效率，降低经济发展对传统化石能源资源的依赖程度，从根本上改变我国的能源生产和消费模式，可有效解决我国当前能源消费和环境、经济发展之间的矛盾。这是能源系统全新的发展模式与运行模式，需要在当前电网、气网、热网等基础网络基础上，结合互联网技术，通过智慧化改造得以实现。

### （4）普遍服务与均等化

保障和改善民生、服务人民群众，是我国能源发展的根本出发点和落脚点。应统筹城乡能源协调发展，加强欠发达区域能源基础设施建设，改善其用能条件，提高能源基本服务均等化水平，让能源发展成果惠及全体人民。

## 13.2.4 城市群

由于城市集中分布，城镇群能源特点主要包括：①能源需求总量大，能耗密度大，本地资源一般不能满足发展需求，能源供应保障压力大；②由于限制在一定空间范围内，且同属共同的气候分区，各城市能源消费具有类似的时间特征，能源调峰压力大，在特定气候灾难面前能源安全风险大；③核心城市一般经济水平较高、支付能力较强，在区域能源市场上占据主导地位，在区域能源供应总体不足时，城镇群中的一般城市将可能首先面临能源危机；④城镇群间的资源优化配置及产业互补，有助于提高城镇群能源利用综合效率。

### （1）多元化、多渠道是城镇群能源安全供应的基础

单一或少数能源品种不足以支撑城镇群各产业、各行业能源需求。另外，一个城市如果过多依赖一种能源品种，当该类能源因资源或输运通道而出现问题时，势必会造成供应短缺。为此，要保证能源供应安全，城市应从单纯依靠一种能源向使用多种能源转变，

即一元化向二元化、多元化转变。从目前的能源消费结构看，我国大部分城镇群仍以煤炭供应为主，属一元化供应模式。目前打破这种供应模式的方法主要集中在加大天然气、核能、水电等清洁能源利用量，减少煤炭消费占比。未来随着可再生能源技术及储能技术的提高，可再生能源也将成为打破一元化能源供应模式的主要能源类别。

保障单类品种能源的安全供应亦十分重要。单类品种多源化是保障该类能源安全供应的重要手段。例如，《北京市"十二五"时期能源发展建设规划》中提出"到2015年实现从山西、内蒙古、河北等5个方向、10大通道接受外部电力"的方针；《天津燃气发展"十二五"规划》中提出"在现有大港、华北、陕北、渤海4个气源基础上，新增永唐秦线天然气、唐山液化天然气、中海油煤制天然气北线天然气、天津港液化天然气气源，使气源数由4个增加至8个"的气源建设方案。多方向、多源头不仅使其能互相备用，在能源市场由卖方市场向买方市场转变时，城市也能够选择经济性较好的来源，从而降低城市能源供应成本。

## （2）建立与城镇群的功能定位及影响力相适应的能源系统的配置方式

能源是城市及社会发展的动力。能源的供应形式影响着城市经济、社会、环境、竞争力发展及居民生活品质提升。反之，优越的城市定位也需要清洁的能源供应作为保障。

如《京津冀城镇群"十一五"能源规划》中，京、津、冀各自承担的经济社会功能与作用不同，规划能源配置结构也有差异：北京市发展目标为国家自主创新的中心区、经济管理中心、国际科技创新中心，建设空气清新、环境优美、生态和谐的国际化城市，规划以清洁能源为主，煤炭消费总量逐步下降；天津市将成为在国际上有影响力的港口城市，国际贸易和国际物流将是主流业务领域，另外由于处于沿海地区，环境承受能力较强，可以配置一定的煤炭能源，并逐步增加清洁能源比重，远期控制煤炭消费总量；河北省是区域能源生产加工基地，以配置煤炭为主，但需扩大煤炭的洁净使用，逐步增加清洁能源比重。

## （3）促进协同发展，实施能源革命

能源结构的调整涉及社会经济生活的方方面面，能源结构合理与否，不仅关系到能源产业本身的发展，对经济的发展也有着巨大的制约作用。能源结构一般由一定科技水平下可利用的能源资源状况所决定的。产业革命以来，能源发展反映了两大趋势：一是随着经济的发展，人均能源消费量不断增长；二是能源构成在不断变化，总体趋势是从含碳量高向含碳量低转变，即从传统的化石能源逐步向优质能源和清洁能源转变。能源结构向多元化和均衡的方向发展，既是能源战略转型的核心问题，更是国民经济宏观战略朝向可持续发展方向的理性选择。

实现低碳化的、有序的能源结构是城镇群甚至我国能源战略定位的根本。国内外实践经验表明，能源结构不断优化是经济发展的加速器，建立清洁高效的能源结构是实现能源可持续发展的基础。但考虑到我国资源禀赋结构，在能源供给方面，如果没有新的技术突破、大的结构变动和有力的政策支持，以煤为主的能源结构在中长期内难以改变。特定条件下，如一些区域清洁能源供应充足，该区域或个别中心城市能源结构调整将会比较顺利。但当清洁能源供应不足时，城镇群或城镇群中多数城市的能源结构调整将变得十分困难。

比如京津冀的协同，应首先认清制约京津冀发展的最大瓶颈是生态环境的巨大压力。在经济新常态下，京津冀协同发展被放在重要战略位置，在推动能源革命的背景下有利于解决好京津冀地区的生态环境问题。目前，雾霾治理已成为京津冀合作的着力点。京津冀三地唇齿相依，大气污染呈现明显的区域特征。无论过度使用煤炭还是汽车尾气所引起的大气污染物排放，都说明造成雾霾天气的重要原因是能源消费结构不合理、节能减排技术水平低。在京津冀协同发展形势下，三地将形成新的城市主体功能格局。其中，进行能源消费结构调整，尤其是削减燃煤消费、大力推进清洁能源开发利用，是协同发展的先手棋。当然，解决生态环境问题不能单纯依靠能源消费变革，还必须通过能源生产技术革新提高能源利用效率，同时需要支持新能源和可再生能源产业发展，释放能源革命的新动力。

再如长江经济带协调对促进能源结构升级具有重大意义。长江经济带东起上海、西至云南，涉及7省2市。一方面，可以充分发挥水运运量大、成本低、节能节地等优势，大幅度减少因过多依赖公路运输所造成的大气污染，有效实现运输方式的节能环保；另一方面，以上海、武汉和重庆为中心形成三大城市群，可以促进我国经济发展沿着长江流域自东向西推进，推动经济结构优化调整，而经济结构变动与单位生产总值能源消耗密切相关。在长江经济带建设中，应处理好提高东部地区经济发展质量和开发内陆地区的关系，既充分发挥东部发达地区的科技创新优势，带动内陆地区工业化水平提高，又牢固树立绿色可持续发展理念，防治环境污染，提高资源使用效率，降低单位生产总值能耗。

### （4）电力在终端能源消费中占比将会大幅提高，电网建设变得尤其重要

近些年，优质能源在我国大多数城市终端能源消费中的比重逐年增加，煤炭所占比重持续下降，其中终端用电则保持了较快增速。分行业看，工业在我国终端能源消费中一直占有较大比重，终端煤炭逐渐向工业集中；交通行业是最大的终端石油消费行业，但目前，电力能源在交通行业开始发展，且势头迅猛。终端天然气消费中，民用天然气增长较快，工业用气比重不断下降，但仍然保持在50%以上。工业用电结构呈现明显的重型化趋势，虽然工业用电在终端电力消费中的比重缓慢下降，但重工业在工业用电中的比重不断增加。

转变能源发展方式，必须坚持以电力为中心。自20世纪末以来，新能源革命在世界范围内悄然兴起，世界各国能源和电力的发展都面临转型升级的重大挑战。大规模接纳可再生能源电力和智能化成为电网发展的趋势和方向。

### （5）骨干能源节点、通道及储备是城镇群能源建设的主体

城镇群能耗总量一般较大，所需能源需大量从外部调入，能源输运通道是保障外调能源顺利进入城镇群及各个城市的必备条件。为保障输运安全，能源通道内一般需安排一定范围的隔离用地，对能源设施（如架空线、油气管道、专用铁路等）进行保护。受我国土地使用政策影响，这些保护用地常常与城市建设用地相矛盾，为此，城市用地规划应为能源通道预先预留空间。

另外，为防止突然出现的复杂情况，城镇群应建立可靠的能源储备体系，这是保障城市能源持续、稳定供应的必要手段，是城市安全的重要组成部分。例如，《长江三角洲城市群发展规划》中对长三角城镇群能源规划提出：完善天然气主干管网布局，加快天然气管网互联互通，增加主干线管道双向输送功能；推动、完善沿长江清洁能源供应通道建设，加快区际、区内石油管网建设，推进宁波、舟山等原油储备基地建设等。《长江中游城市群发展规划》中也提出：重点统筹区域能源储备基地建设，推进泛武汉—长株潭—环鄱阳湖大型煤炭配送基地，建设长江中游原油储备基地，建设九江、湖口等储气库；完善能源网络通道，加快输油管道建设，完善天然气输送网络和蒙西至华中地区铁路煤运通道建设，推进跨区输电通道和主网架建设；强化能源保障与安全联动。

城镇群层面，可纳入骨干能源节点项目包括500kV及以上电压等级的枢纽变电站、换流站，天然气分输站、储气库，城市级煤炭储备中心、成品油储备库等、核电厂、流域水电厂、抽水蓄能电站、液化天然气码头等。这些设施是城镇群能源供应系统的骨干设施，是保障各城市能源供应安全的关键。

## 13.2.5 政策建议

### （1）构建城市低碳能源体系，促进节能降耗

加强宏观引导，以建设清洁低碳、安全高效的现代能源体系为目标，因地制宜地探索适用于各城市、城镇群的低碳技术应用组合，从规划、建设、运行、管理等全环节贯彻低碳节能理念。优化产业与产品结构，建立工业项目准入机制及重点耗能企业监管机制，强化企业节能奖惩机制，制定节能强制标准，促进工业节能。新建建筑实施严格的节能设计标准，既有建筑有计划地进行节能改造，推进建筑节能。发展清洁燃料驱动的交通运输工具，改善城市道路网布局，加强交通节能。大力宣传，提高公众对能源的危机意识和节约意识。

### （2）改革能源领域政府管理体制，建立区域能源管理协调机制

城镇群及区域可成立综合性的能源管理机构，负责落实国家对城镇群及区域提出的能源系统发展建设目标，并结合实际情况对目标进行进一步分解，负责督促区域内能源系统发展建设目标的实现。协调本区域能源资源配置和调度，制定本区域能源战略规划和能源政策，统筹协调不同种类能源的发展。建立区域能源信息系统，对年耗能超过2000tce的重点用能单位实行用能监测。

### （3）完善能源价格形成机制

合理利用价格调节各类能源的供求关系，形成有利于能源结构调整和可持续发展的能源价格结构和比价关系。对电力和天然气等具有垄断特征的能源产品实行合理的价格监管。拉大峰谷差价、实行差别价格、推行季节性价格，促进能源供需平衡、能源节约和合理使用，稳定能源市场。改革建筑供热计量和收费制度。

### （4）建立统一开放、竞争有序的能源市场

通过特许经营等形式打破垄断，逐步开放能源市场。净化煤炭供应市场，形成相对统一的煤炭供应市场体系。完善碳排放交易体系与运行机制，拓宽以市场为导向的节能减排渠道。

### （5）制定和完善能源法规和标准

研究制定电网、热网、天然气管网供应系统安全标准和条例。深化可再生能源投资补助和价格补贴政策，构建与技术发展阶段相关的补助与政策扶持体系，避免盲目补贴，促进技术的可再生能源技术的成熟与发展。完善节能地方法规和一系列节能标准和条例。制定煤炭、电力、天然气、热力和油品供应的预警和应急条例。

## 13.3 地下管线系统

### 13.3.1 系统概述

城市地下管线包括供水、排水（雨水和污水）、燃气、电力、通信、热力、工业等管线，以及与这些管线存在系统联系的附属设施。它是城市基础设施不可或缺的组成部分，如同城市的神经和循环系统承担着资源供应、物资输送、信息传输、废污排放等功能（图4-13-3）。它是城市维持生存、运行优化和发展扩张的物质基础，被称为城市的"生命线"系统。

综合管廊主要包括三种类型，分别为干线综合管廊、支线综合管廊及缆线综合管廊。其中，干线综合管廊内敷设的主干长输工程管线，通常采用独立分舱的方式建设；支线综合管廊内敷设的支干配给工程管

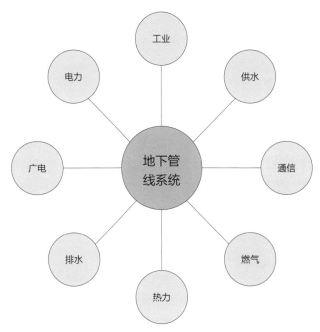

图4-13-3 地下管线系统示意图

线，通常采用单舱或双舱的方式建设；缆线综合管廊内通常敷设的电力电缆、通信光缆的管线通常采用浅埋的沟道的方式建设。

### 13.3.2 主要问题

#### （1）地下管线安全事故频发，安全隐患突出[3]

我国城市地下管线多为20世纪80年代敷设，工艺标准落后，老化腐蚀严重，且多得不到及时的维护及更新，易造成地下管线破裂、爆炸、泄露等安全事故。

而且，在施工过程中，地面工程施工单位和管线建设单位在施工前无法查清管线信息，施工过程中也往往缺乏保护措施，导致管线损坏事故频发。轻则造成停水、停气、断电以及通信中断，重则引起危险气体泄露、燃气爆炸等灾难性事故，严重影响了城市的正常运转和人民群众的生命财产安全。据不完全统计，全国每年因施工而引发的管线事故造成的直接经济损失达到数十亿元，间接经济损失达到数百亿元。

另外，随着城镇化的快速发展，城市人口迅速增加，地下管线负荷增大，加速了管道的老化，缩短了管线的寿命周期。而各类管线的不合理建设，也带来了重大安全隐患，包括建筑违规压占管线，地下管线

交叉"打架"，造成城市地下管线错综复杂，给地下管线的维护和抢修工作带来了困难。甚至很多无单位管理和维修的管线仍然在运行使用，一些工业废弃管道没有进行必要的安全处置，成为潜伏在城市地下的"炸弹"，随时可能引发安全问题。

### （2）地下管线规划建设不合理，造成空间资源浪费❹

城市道路下的浅层地下空间资源十分有限。近年来，随着城市地下开发活动的增加，浅层地下空间资源已明显不足，加上架空线入地以及一些管理技术上的问题，导致中心城区的主要交通干道交叉口的地下管线敷设凌乱无序，包括地铁车站上部空间和老城区的管线情况复杂。而且，由于城市地下空间资源使用的无偿性，致使部分企业受利益驱动，抢占地下空间管线位置，造成一部分管线没有空间位置，另一部分管线空间闲置，影响管线空间资源的合理开发和配置，加剧了地下管线敷设的空间资源矛盾。

另外，由于城市地下管线缺乏统一的规划、建设和管理，基础现状情况不明，路面反复开挖现象屡见不鲜。路面的反复开挖，不仅浪费资源和有限的建设资金，还使居民生活和出行受到了多方面的影响。据不完全统计，全国每年由于路面开挖造成的直接经济损失约 2000 亿元。

### （3）地下综合管廊建设推进难度大，运维管理等长效机制形成难❺

在我国，功能性较全的综合管廊从 2000 年后才逐渐出现，至今有十几年的发展历程，虽然国家出台了一系列的相关政策和规定，但仍然存在着政策覆盖不全面、技术规范不系统、施工管理不完善等问题，尤其在运维管理方面存在很多急需解决的问题，导致地下综合管廊推进难度大。

## 13.3.3 发展战略

在发展战略上，应坚持"安全优先，集约高效，智慧韧性，真实长效"。对于地下空间的开发和利用，应统筹各类地下设施的建设需求，合理配置建设空间，优化建设时序，提高各类地下设施的可维护性和地下空间的综合利用率。

### （1）安全优先

地下管线作为生命线工程，是城市基础设施服务能力和城市综合承载力的重要组成部分。严格落实标准、规范要求，高标准规划，高质量建设，高要求维护，提高地下管线系统自身的安全运行能力，对于保障城市的正常运行、提高城市的防灾抗灾水平至关重要。

### （2）集约高效

强调规划引领，统筹需求，按照重要性和建设时序，科学合理地利用地下空间资源，避免地下空间资源闲置。在保证安全的前提下，集约布局各类管线，确保地下管线系统高效、无障碍运行。

### （3）智慧韧性

建立完善的地下管线综合管理信息系统，以此为平台，应用于城市的日常运行管理中，提升城市智慧管理水平，保障城市高效运行，建设韧性地下管线系统，保障其安全运行。

### （4）真实长效

建立地下管线综合管理信息系统的动态更新机制，确保智慧系统真实对接城市地下管线系统的真实情况，正确指导更新改造。建立地下管线系统维护的长效机制，合理安排新建、更新、维护计划，推动地下管线系统逐步得到完善、健全。

## 13.3.4 政策建议

应坚持存量改造升级与增量高质量建设相结合，落实"平台为基，完善管理，治理隐患，布局管廊"。

### （1）完善地下管线管理平台，建立动态更新、共享使用的机制

在地下管线普查的基础上，完善地下管线综合管理信息系统，满足城市规划、建设、运行和应急等工作的需要。综合管理信息系统和专业管线信息系统应按照统一的数据标准，实现信息的即时交换、共建共享、动态更新。推进综合管理信息系统与数字化城市管理系统、智慧城市融合。充分利用信息资源，做好

工程规划、施工建设、运营维护、应急防灾、公共服务等工作，以综合管理信息系统为依据建设工程规划和施工许可管理。

## （2）完善规划、设计、建设、管理的全生命周期管理

加强城市地下管线的规划统筹。制定城市地下空间开发利用规划，统筹地下各类设施、管线布局。依据城市总体规划编制地下管线综合规划，对各类专业管线进行综合，合理确定管线设施的空间位置、规模、走向等，并加强与地下空间、道路交通、人防建设、地铁建设等规划的衔接和协调。

严格实施城市地下管线规划管理。按照先规划、后建设的原则，依据经批准的城市地下管线综合规划和控制性详细规划，对城市地下管线实施统一的规划管理。

统筹城市地下管线工程建设。按照先地下、后地上的原则，合理安排地下管线和道路的建设时序，统筹道路和各专业管线的工程建设，力争一次敷设到位，并适当预留管线位置。

严格规范建设行为。城市地下管线工程建设项目应履行基本建设程序，严格落实各项制度，明确相关责任人，确保施工作业安全。对违规建设施工造成管线破坏的行为要依法追究责任。

## （3）开展安全隐患排查，推进管网改造工作

重点排查安全隐患，推动地下管线有序改造升级，提高已建地区的地下管线系统综合服务保障能力。以地下管线系统综合管理平台为基础，定期更新基础数据，系统分析问题，定期排查安全隐患，将其纳入地下管线的改造升级计划，监督落实安全隐患整改计划。设立专项资金，引导地方财政加大投入，加快城市地下管线系统的更新改造，系统解决由地下管线老化、破损、配置不合理引发的城市病，提高百姓获得感和幸福感。统筹管线主管部门的要求和所有部门的需求，合理设置地下管线系统的更新改造计划，统一推进，有序实施，既有效解决地下管线系统的问题，又确保对城市的正常生活节奏减少干扰。在管线普查的基础上，定期排查地下管线存在的隐患，制定工作计划，限期消除隐患。同时，对存在安全风险、事故隐患，超期服役、影响景观、质量较差的老旧管线加大改造力度。

## （4）合理布局综合管廊，集约利用城市地下空间

在城市新区、各类园区和成片开发区域，新建道路必须同步建设地下综合管廊，老城区因地制宜地推动综合管廊建设，逐步提高综合管廊配建率。在交通流量较大、地下管线密集的城市道路、轨道交通、地下综合体等地段，城市高强度开发区、重要公共空间、主要道路交叉口、道路与铁路或河流的交叉处，以及道路宽度难以单独敷设多种管线的路段，优先建设地下综合管廊。

规划建设地下综合管廊的区域，所有管线必须入廊，合理安排各类管线的入廊顺序，有序推进。健全入廊制度、有偿使用制度、收费保障制度和监管制度等，形成入廊完备、收费合理、运行顺畅、保障充分、监管有力的综合管廊长效运行管理体系。

通过建设地下综合管廊的方式配置地下管线，具有以下几方面优势。

① 科学合理地开发利用地下空间资源，集中布置各类管道，改变以往各类管道随意占用市政道路和地下空间的局面，可节省土地，提高地下空间的利用效率。

② 市政管线按照规划需求一次性集中敷设，避免了反复开挖引发的"马路拉链"现象，为城市环境保护创造了条件，减少了对城市道路和绿地的反复开挖，减少了对其他管线的挖掘事故，降低道路维修费用，也解决了地下检修的困难。

③ 地下综合管廊结构坚固，本身可以抵御一定的冲击荷载，可以有效发挥防灾避险的功能，提高"生命线"工程的承载能力。

④ 地下综合管廊寿命较长，一般可达50年以上，甚至有的可以达到百年。虽然其前期投资较大，但是如果对前期投资和后期费用进行合理分配，并从全生命周期的角度来分析，综合管廊的造价还是相对经济的，且实现了一次投资、长期使用的目的。

因此，未来城市群的地下管线配置方式应向以综合管廊为主的方式发展。根据使用功能和服务区域的需要，分别配置干线综合管廊、支线综合管廊和缆线综合管廊三类。其中，干线综合管廊不以直接服务于沿线区域为目的，主要设置于车行道下，承担资源和能源转输功能；支线综合管廊直接服务于沿线区域，一般设置于人行道下，承担资源和能源的直接供给功能；缆线综合管廊指收纳两个单位以上的缆线并进行设置和管理，一般设置在支路的地下，可以根据

需要设置，以提供安全舒适的通行空间，提升城市景观，提高设施的防灾能力，增强通信、电力网络的可靠性。

### （5）构建区域统一调度的地下管线输配系统

在重要城市、重要终端、重要调配设施之间，设置连通性的输配管线，实现大区域能源、水资源的联合调度，提高资源利用效率和安全保障能力。针对重要性级别高、设防级别高的地区的区域连通性管线，以干线综合管廊的形式，提高设施安全运行能力和监督管理水平，确保生命线工程的抗风险能力。建设实时监控、动态管理、无缝对接源头和终端的智慧运维系统和管理机构，实现城市群范围内资源的合理、高效调配，促进供应能力和使用需求的有效衔接，提高高峰时段的保障能力和低谷时段的利用效率。

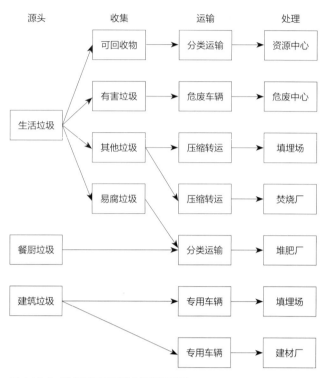

图 4-13-4　城市环卫系统基本框架示意图

## 13.4 环卫系统

### 13.4.1 系统概述

环卫系统是指为有效治理城乡固体废弃物而进行的垃圾清扫、收集、运输、处理、处置、综合利用等活动的总称（图4-13-4）。从垃圾来源看，主要包括生活垃圾、建筑垃圾、餐厨垃圾等；从垃圾处理方式看，主要包括填埋、堆肥、焚烧等。

城市生活垃圾的分类收集是一项系统工程，是城市生活垃圾处理发展过程中的一个重要步骤。通过分类收集，可有效地实现废弃物的重新利用和最大限度的资源回收，为卫生填埋、堆肥、焚烧发电、资源综合利用等先进的垃圾处理方式的有效应用奠定基础，为垃圾处理实现减量化、资源化、无害化目标创造良好条件。

### 13.4.2 主要问题

#### （1）垃圾分类收集整体推进缓慢，对收运及处理环节造成影响

除北京、上海等大城市外，全国城市垃圾分类整体推进缓慢。源头分类不足对垃圾收运处理及资源化利用造成一定影响，制约后续气体收集、渗滤液处理、堆肥处理、焚烧处理等工作的开展。

从全国范围看，垃圾分类收集政策尚不健全，现行规定相对滞后，实质性、可操作性的内容较少，对于具体分类方式、方法缺乏明确规定。同时，垃圾分类收集配套设施建设相对滞后，城市生活垃圾无害化处理水平与城市经济发展水平严重不协调，全国性的垃圾分类系统建设和运行体系尚未形成，相关宣传教育工作也需要进一步加强。

#### （2）餐厨垃圾资源化机制体制尚待完善

目前餐厨垃圾处理市场在收费机制上不完善，处理技术尚不成熟，由此阻碍了餐厨垃圾资源化发展。处理设施建设水平方面，"十二五"规划建设餐厨垃圾处理站242座，总处理规模3.02万t/d。截至2015年年底实际建成运行设施43座，投运规模仅为0.71

万 t/d，在建设施 35 座，处理能力 0.68 万 t/d，与"十二五"规划中提出的目标还存在较大差距。目前，大部分餐厨垃圾处理场仍处于立项阶段，已经落地运营的项目较少。此外，现状餐厨垃圾收运体系不能与最终回收处置方式很好地匹配，收运一体化工作仍需完善。

### （3）建筑垃圾管理政策缺位，建筑垃圾资源再生之路任重道远

2015 年我国建筑垃圾产生量已超 15 亿 t，约为城市生活垃圾的 5~6 倍。建筑垃圾填埋处置占总量的 90% 以上，再生利用率不足 8%，其中分拣废金属等约占 2%，生产再生砖等约占 5%。从全国范围看，目前仍存在建筑垃圾处理公司少、建筑垃圾资源获取成本较高、建筑垃圾直接排放成本费用较低、资源处理设备投入较大、再生产品缺乏市场竞争力、政策扶持和财政补贴少等问题，建筑垃圾资源化仍需进一步探索。与此同时，国家层面对建筑垃圾及渣土的管理政策相对较少，对城市建筑垃圾及渣土管理的普遍缺位导致滑坡灾害等安全事故，对建筑垃圾填埋设施的监管工作需得到足够重视。

## 13.4.3 发展战略

在发展战略上，应坚持发展分类投放、分类收集、分类运输、分类处理的垃圾处理系统。

### （1）建立分类垃圾收运处理体系

完善垃圾分类相关标识，配备标志清晰的分类收集容器；改造既有垃圾房、转运站、压缩站等，适应和满足生活垃圾分类要求；更新老旧垃圾运输车辆，配备满足垃圾分类清运需求、密封性好、标志明显、节能环保的专用收运车辆，避免垃圾分类投放后重新混合收运。加快危险废物处理设施建设，建立健全非工业源有害垃圾收运处理系统，确保分类后的有害垃圾得到安全处置。鼓励利用易腐垃圾生产工业油脂、生物柴油、饲料添加剂、土壤调理剂、沼气等，或与秸秆、粪便、污泥等联合处置。统筹规划建设生活垃圾终端处理利用设施，积极探索建立集垃圾焚烧、餐厨垃圾资源化利用、再生资源回收利用、垃圾填埋、有害垃圾处置于一体的生活垃圾协同处置利用基地，建立与分类品种相配套的收运体系、与再生资源利用相协调的回收体系、与垃圾分类相衔接的终端处理设施。

### （2）推进垃圾焚烧处理设施建设

充分认识垃圾焚烧处理工作的紧迫性、重要性和复杂性，提前谋划，科学评估，规划先行，加快建设，尽快补上城市生活垃圾处理短板。优先安排垃圾焚烧处理设施用地计划指标，地方相关管理部门可根据当地实际单列，并合理安排必要的配套项目建设用地，确保项目落地。鼓励利用现有垃圾处理设施用地改建或扩建焚烧设施，建设高标准清洁焚烧项目。选择先进适用技术，严控工程建设质量，加强飞灰污染防治，有条件的地区应积极推进产业园区建设。

### （3）推进餐厨垃圾和建筑垃圾的处理与资源化利用

推广餐厨垃圾收运处理一体化服务，提升餐厨垃圾处理技术水平，探索餐厨垃圾、园林垃圾、粪便等有机垃圾一体化处理和资源化利用模式。加强建筑垃圾源头减量与控制，加强建筑垃圾资源回收利用设施及消纳设施建设，积极拓展建筑垃圾再生利用产品市场利用渠道，鼓励建筑垃圾回用于道路及海绵设施建设，开展建筑垃圾存量排查及安全隐患整治。

### （4）推进垃圾回收利用市场化运行

持续推进垃圾分类与再生资源回收的"两网融合"。进一步加强废品流通系统的管理，完善再生资源回收网络，畅通回收物资进入废品收购和流通体系的通道。提高废物回收环境标准及市场准入制度建设，逐步减少和规范城市拾荒者，将拾荒者纳入专业化环卫管理公司进行统一管理。提高垃圾分类回收资源化利用水平，建成废旧物品能收则收、应收尽收、精细分类的再生资源回收体系，推进低值物品回收利用。

## 13.4.4 城市群

对于城市连绵带，应统筹重大环卫设施建设的共建共享。

实施城市生活垃圾区域统筹收运处理，有利于实现设施共享，提高设施利用效率；有利于择优选择处

理方式，提高资源化利用水平；有利于统一质量标准，提高收处管理水平。在城市连绵带内优化重大环卫设施规划布局，统筹生活垃圾焚烧与飞灰处置设施建设，推进区域性垃圾焚烧飞灰配套处置工程建设，并开展飞灰资源化利用技术的研发与应用。严格按照危险废物管理制度要求，加强对飞灰产生、利用和处置的执法监管。既要满足城市连绵带城市的垃圾处理需求，又不能对相邻城市造成环境影响，实现设施共享、效率最优、影响最小的目标。

加强生态环境共建共保，强化区域环境联防联控。以保障区域危险废物环境安全为目标，积极探索城市连绵带环境保护合作机制，成立固体废弃物环境监管联动工作领导小组，建立危险废物跨市转移处置联合监管工作联席会议制度，建立危险废物环境监管联动协调机制，理顺跨区域环卫处理设施管理和收费机制。

### 13.4.5 政策建议

**（1）完善固体废弃物法规政策体系**

加快完善国家、地方两个层面的垃圾管理法规政策体系，做到有法可依。国家层面重点完善物质回收、环境保护、财税优惠、科技进步、资源能源管理、投融资体制、预算管理等方面的协调关系，制定包装物回收、电子电器回收、电池回收、垃圾填埋和垃圾焚烧等专门性法规。地方层面着重构建具有地域特点的垃圾管理和设施建设的法规、政策、制度体系，明确相关方的责权利，明确违法成本，建立与信用管理相挂钩的机制。

**（2）加强垃圾分类、回收、利用监督管理**

建立并完善政府依法监管、第三方专业监管、社会公众参与监督的垃圾治理综合监管体系和多层次风险防范体系。健全覆盖垃圾收运处理全过程的监管法规与标准体系，制定垃圾分类、收运、转运、处理及其相关设施的服务运行规范和考核评价标准，建设全过程智慧化监管平台，对转运站、填埋场、焚烧厂等设施的运行管理、污染排放、节能减排、安全管理等指标进行量化打分，实施垃圾分类、收运、处理、回收的运行管理绩效考评，并定期向社会公布。

**（3）建立先进适用的垃圾管理技术体系**

加快推进不符合国家标准和环保要求的垃圾处理设施升级改造或关闭治理，根据垃圾特性和实际运行情况，因地制宜地选择适合当地经济社会发展水平的先进适用技术，提高对垃圾处理的适应性。建立城市垃圾管理大数据系统，建立垃圾数据的收集、报送、处理、分析、发布系统，通过大数据系统整合资源、共享信息，以掌控城市垃圾处理各环节的运行状况，为垃圾减量与分类回收、垃圾处理与资源利用等相关政策的制定提供技术支撑。

**（4）创新垃圾产业发展投融资机制**

深入推进建设运营模式创新，通过公私合营、特许经营、购买服务、投资补助、财政贴息等多种方式，鼓励各类社会资本积极参与垃圾处理和资源利用设施的建设及运营管理，选择有能力的企业承担垃圾分类、收集、转运、处理、处置及资源化利用的工作。建立完善的环卫市场准入机制、价格形成调整机制、市场退出机制，完善企业履行社会责任的征信机制，探索和引进第三方机构开展垃圾处理服务的质量审计工作。积极推进垃圾处置服务费征收体制改革，落实"使用者付费"和"谁污染，谁付费"原则。突出垃圾处理的公益属性，明确政府在垃圾处理工作中的责任，确保环境质量和城市安全运行。

**（5）动员社会力量参与共同治理**

积极开展多种形式的宣传教育，普及垃圾分类知识。强化国民教育，着力提高全体市民的垃圾分类和资源环境意识。落实社会单位和公众的责任，共同开展相关工作。社会单位和公众是产生垃圾的责任主体，应促进其树立节约观念，依法依规参与垃圾分类、垃圾处理的工作。建立垃圾分类督导员及志愿者队伍，引导公众分类投放。充分发挥新闻媒体的作用，形成良好的社会舆论氛围。

# 第 14 章　城市市政基础设施发展战略建议

本研究结合中央及国务院的相关要求，在各类市政设施发展策略的分析基础上，建议将"绿色建造，系统统筹，开放共享，机制创新"作为指导我国市政基础设施建设的总体战略。

## 14.1 绿色建造：提升市政基础设施系统质量

### （1）优化绿色基础设施布局

绿色基础设施布局需要从国家高度进行战略性总体部署，将绿色基础设施的生态、社会、经济效益统筹考虑，将绿色基础设施布局与灰色基础设施布局置于同等重要的地位。在区域尺度上，绿色基础设施布局规划需要自上而下的不同城市之间的相互合作和协调，为避免城市权利不平衡、地方保护主义等问题，需要统筹协调各城市间的衔接问题，加强区域各城市政府之间的合作。在城市尺度上，绿色基础设施布局规划应与城镇体系规划、城市总体规划等相协调，并建立部门间的协同机制，共同推进绿色基础设施的建设。在社区尺度上，绿色基础设施布局与居民的日常生活联系紧密。因此，需加强公众参与的管理程序，充分调动社区居民的积极性，广泛采纳意见、建议，合理布局绿色基础设施。

### （2）构建低碳生态的市政基础设施网络

节约集约利用土地、水、能源等资源，促进节水、节能、节地及垃圾分类，强化环境保护和生态修复，减少对自然的干扰和影响，推动形成绿色低碳的生产生活方式和城市建设运营模式。优化和调整市政基础设施网络结构，科学确定各类市政基础设施的规模和布局，形成规模合理、等级有序、联系密切的市政基础设施网络，提高市政基础设施服务水平。

### （3）推动市政基础设施的绿色建造

以绿色建造提升城市系统的制造品质，降低基础设施建设过程中的能耗成本、环境成本和人力、物力成本，延长市政基础设施寿命，促进运维技术的创新，提高城市韧性。

## 14.2 系统统筹：建立市政基础设施建设的"拳头模式"

### （1）统筹各类设施建设

统筹城市水、能源、环卫、交通、绿地等各类设施的建设，改变目前存在的按专业"指头式"推进各项基础设施建设的模式，建立城市市政基础设施建设统筹推进机制，优化各类设施的建设规模、空间布局、建设时序和建设技术，使市政基础设施发挥最大化的整体效益。

### （2）加快补齐市政基础设施短板

重点加强对短板市政基础设施的建设力度，保障市政基础设施有效供给，提高设施水平和服务质量，优先加强涉及城市安全的市政基础设施建设，着力提高市政基础设施应对各种风险的能力，提升市政基础设施运营标准和管理水平，消除安全隐患，保障城市健康运行。

### （3）市政基础设施均衡发展

做好市政基础设施系统与局部、建设与管理、需求与时序、地上与地下、生产与生活、投资与融资等各方面的统筹协调工作，促进市政基础设施建设的均衡发展。

## 14.3 开放共享：促进城市连绵带市政基础设施共建共享

### （1）逐步缩小市政基础设施发展的地区差异

对于东部地区城市群，应进一步提升城市基础设施现代化水平，推动基础设施服务城乡均质化，通过系统优化整合，形成低碳绿色、集约高效、标杆引领的现代化基础设施体系。对于中西部城市群，应契合西部地区承接国际及沿海地区劳动密集型产业转移及农民工吸纳安置的定位，配合产业集群发展和人口聚集，加速提升城市基础设施服务能力，构建适度超前、功能配套、安全高效的基础设施体系，并以区域性中心城市和城市群为核心，辐射带动周边区域基础设施建设发展。

### （2）促进城市连绵带内部市政基础设施共建共享

在城市群内部，以水资源流域优化配置、上下游供水排水设施统筹布局、重要水源地共建共享共管、能源输送通道及网络的综合保障、大型垃圾焚烧设施共享等为重点，拓展市政基础设施资源的区域及城乡配置空间，实现市政基础设施的共建共享，提高市政基础设施运行效率和建设水平。

## 14.4 机制创新：促进市政基础设施运营管理模式创新

### （1）建立市政基础统一管理机制

在管理层面，建立统一的城市基础设施管理部门，避免多头分割带来的不协调、不平衡、不充分。在工程建设层面，协调不同设施的建设布局、建设时序、建设规模，避免重复投资、重复建设和反复开挖。

### （2）提高市政设施产业集中度

促进市政基础设施全国统一大市场的建立与发展，消除地方性的市场壁垒，提高产业集中度，拓宽资金来源渠道，鼓励社会资本参与市政基础设施的投资、建设与运营。深化市政基础设施的供给方式改革，进一步完善公用事业服务价格形成、调整和补偿机制，建立城市市政基础设施项目库制度，发挥项目库的基础支撑作用。

### （3）促进市政基础设施智慧升级

在城市密集区应积极推进市政基础设施智慧建设，加强各类市政基础设施管理数字化平台建设和功能整合。建设综合性城市运行管理数据库，逐步消除"信息孤岛"，实现多源信息整合和共享。通过信息化、智慧化建设，提高市政基础设施建设、运行和管理的精细化、专业化水平。

# 第 15 章　　城市市政基础设施发展政策建议

## 15.1 建立绿色市政基础设施评价标准体系

建议住房和城乡建设部尽快出台关于绿色市政基础设施评价的标准体系。建立涵盖城市群、城市、社区尺度及市政基础设施建造质量的绿色市政基础设施的评价体系，推动市政基础设施建设过程中土地、水、能源的节约集约利用，促进节水、节能、节地及垃圾分类。通过海绵城市建设促进城市发展模式的转变，通过黑臭水体的治理推进"厂网河（湖）岸"整体环境质量水平的提升，通过垃圾分类推动城市环卫体系的整体换挡升级和城市居民文明素质的提高，通过综合管廊建设全面摸清城市管网家底并建立管网定期更新维护机制。推动市政基础设施的绿色建造水平，并提高市政基础设施自身的可维护性及应对突发载荷的韧性。并在此基础上，开展全国范围的绿色市政基础设施建设评价，引导城市市政基础设施高质量发展。

## 15.2 强化城市市政基础设施的统一管理

建议住房和城乡建设部与各城市人民政府全面统筹城市水、能源、环卫、交通、绿地等各类设施的管理和建设，进一步加强市政基础设施的管理能力配置力度，并完善不同部门间的协调机制，改变目前市政基础设施"按条分割、缺乏统筹"的管理方式，强化市政基础设施作为一个系统、一个整体的管理模式。加快对老旧市政基础设施的改造和升级，做好市政基础设施系统与局部、建设与管理、需求与时序、地上与地下、生产与生活、投资与融资等各方面的统筹协调工作，促进市政基础设施全面发展。

## 15.3 建立城市群市政基础设施共建共享机制

建议建立城市群内部各城市之间的协调机制，重点对城市群内部水资源流域优化配置、上下游供水排水设施统筹布局、重要水源地共建共享共管、能源输送通道及网络的综合保障、大型垃圾焚烧设施共享等重大市政基础设施的建设和管理情况进行充分统筹，避免重复建设和低质量建设，建立"责、权、利"相统一的建设和管理体系，充分发挥市政基础设施的整体效益。

## 15.4 推动社会各方参与市政基础设施建设和管理

建议各城市人民政府建立智慧城市管理平台，搭建社会各方共同参与城市治理和市政基础设施建设的沟通渠道，并使其成为"听民意、解民困、汇民力、凝民心"的综合平台。城市市政基础设施建设应以老百姓关心的"交通堵不堵""水体臭不臭""垃圾多不多""空气好不好""绿地多不多"等为着力点，不断提高老百姓的幸福感和获得感。同时，大力推广政府和社会资本合作（PPP）模式，充分发挥市场机制的决定性作用，形成政府投资和社会资本的有效合力，共同推进市政基础设施建设。

## 15.5 拓宽市政基础设施建设和维护资金来源

建议各级人民政府把加强和改善城市市政基础设施建设作为重点工作，确保必要投入。要不断推进价格机制改革，统筹运用税收、费价政策，建立健全公用事业和公益性服务财政投入与价格调整相协调机制，促进政府和社会资本合作，保证行业可持续发展，满足多元化需求。努力拓宽PPP项目的融资渠道，充分调动各类金融机构的积极性，鼓励其为符合条件的PPP项目提供融资支持。支持符合条件的企业发行企业债券，扩大债券支持范围和发行规模，在有效控制企业债券市场风险的前提下，充分发挥企业债券对市政基础设施建设的支持作用。

## 本专题注释

❶ 邵益生. 城市水系统科学导论［M］. 北京：中国城市出版社，2015：38-40.

❷ 该战略由中国城市规划设计研究院邵益生研究员牵头提出，并由住房和城乡建设部提交2014年第5次中央财经领导小组会议.

❸ 赵泽生，刘晓丽. 城市地下管线管理中存在的问题及其解决对策［J］. 城市问题，2013（12）：80-93.

❹ 同上.

❺ 白旭峰，赵艳，展鹏飞. 国内外地下综合管廊的发展现状及存在的问题［J］. 佳木斯大学学报（自然科学版），2017，35（6）：959-961.

## 本课题参考文献

［1］ 纪颖波. 我国住宅新型建筑工业化生产方式研究［J］. 住宅产业，2011（6）：7.

［2］ 张山. 新时代背景下我国建筑工业化发展研究［D］. 天津：天津大学，2015：6-7.

［3］ 住房和城乡建设部. 中国建筑业改革与发展研究报告（2014）［M］. 北京：中国建筑工业出版社，2014：85.

［4］ 王玉. 工业化预制装配建筑的全生命周期碳排放研究［D］. 南京：东南大学，2016：65-67.

［5］ 肖绪文，冯大阔. 我国推进绿色建造的意义与策略［J］. 施工技术，2013，42（7）：1-4.

［6］ 王志成，约翰·格雷斯，约翰·凯·史密斯. 美国装配式建筑产业发展趋势（上）［J］. 中国建筑金属结构，2017（9）：24-31.

［7］ 王志成，约翰·格雷斯，约翰·凯·史密斯. 美国装配式建筑产业发展趋势（下）［J］. 中国建筑金属结构，2017（10）：24-31.

[8] 王志成，安得烈·R·杰姆斯. 德国装配式住宅工业化发展态势（一）[J]. 住宅与房地产，2016（26）：62-68.

[9] 刘长发，曾令荣，林少鸿，郝梅平，庄剑英，高智，苏桂军，周银芬，李慧芳，王刚. 日本建筑工业化考察报告（节选一）（待续）[J]. 21世纪建筑材料居业，2011（1）：67-75.

[10] 叶浩文. 新型建筑工业化的思考与对策[J]. 工程管理学报，2016，30（2）：1-6.

[11] 顾宁珑. 安徽城市设施建设状况的分析与评价[D]. 马鞍山：安徽工业大学，2013.

[12] 程鹏，栾峰. 公共基础设施服务水平主客观测度与发展策略研究——基于16个特大城市的实证分析[J]. 城市发展研究，2016，23（11）：117-124.

[13] 胡乃龙. 沈阳市城市化进程中的基础设施建设与管理研究[D]. 沈阳：东北大学，2009.

[14] 汪云龙. 中国城市基础设施投资与国民经济增长关系的实证研究[D]. 太原：山西财经大学，2018.

[15] 陈芹芹. 延安市老城区公共基础设施管理问题研究[D]. 延安：延安大学，2018.

[16] 韩江. 电信基础设施运营效率评价及提升策略研究[D]. 天津：天津商业大学，2017.

[17] 住房和城乡建设部计划财务与外事司，中国建筑业协会. 2017年建筑业发展统计分析[R]，2017.

[18] 国家发展与改革委员会. 国家新型城镇报告2016[M]. 北京：中国计划出版社，2017.

[19] 汤礼莎. 弹性城市建设背景下中国典型城市人居环境优化研究[D]. 长沙：湖南师范大学，2018.

[20] 国家统计局. 中华人民共和国2017年国民经济和社会发展统计公报[EB/OL]. [2018-2-28]. http://www.stats.gov.cn/tjsj/zxfb/201802/t20180228_1585631.html.

[21] 冯潇思. 政府购买服务视角下我国城市基础设施建设融资的研究[D]. 长春：吉林大学，2018.

[22] 郭琪. 我国城市基础设施投资的预测及其对经济增长的影响分析[D]. 南京：南京师范大学，2018.

[23] 住房和城乡建设部. 2016年城乡建设统计公报[EB/OL]. [2017-08-18]. http://www.mohurd.gov.cn/xytj/tjzljsxytjgb/tjxxtjgb/201708/t20170818_232983.html.

[24] 万广华，朱翠萍. 中国城市化面临的问题与思考：文献综述[J]. 世界经济文汇，2010（6）：106-116.

[25] 交通运输部. 2016年交通运输行业发展统计公报[EB/OL]. [2017-04-17]. http://zizhan.mot.gov.cn/zfxxgk/bnssj/zhghs/201704/t20170417_2191106.html.

[26] 潘孝军. 中国城市化研究文献综述[J]. 四川职业技术学院学报，2010，20（3）：54-56.

[27] 洪开荣. 我国隧道及地下工程发展现状与展望[J]. 隧道建设，2015，35（2）：95-106.

[28] 张喜刚，刘高，马军海，吴宏波，付佰勇，高原. 中国桥梁技术的现状与展望[J]. 科学通报，2016，61（4-5）：415-425.

[29] 栾博，柴民伟，王鑫. 绿色基础设施的发展、研究前沿及展望[J]. 生态学报，2017，37（15）：1-10.

[30] 吴智深，戴建国，万春风. 混凝土结构维护管理工程学[M]. 北京：科学出版社，2016.

[31] LTD O D D. Federal Highway Administration [J]. Forest, 1991, 519: 759-2220.

[32] FIP. Model Code for Concrete Structures Structural [C]. Federal Institute of Technology Lausanne-EPFL, Section Genie Civil, Swizerland, 2010.

[33] Moodi F, Knapton J. Research into a Management System for Diagnosis, Maintenance, and Repair of Concrete Structures [J]. Journal of Construction Engineering Management, 2003, 129 (5): 555-561.

[34] Standard Specification for Concrete Structures, -2001 "Maintenance" [S]. JSCE, 2003.

[35] 宮澤晋史，吴智深，原田隆郎. 高度なトンネルマネジメントシステムの具現化に関する研究[C]. 土木学会第58回年次学術講演会論文集，2003：415-416.

[36] Holling C S. Resilience and Stability of Ecological Systems [J]. Annual Review of Ecology and Systematics, 1973, 4 (4): 1-23.

[37] 谢礼立，张晓志. 论工程抗震设防标准[J]. 四川地震. 1996（4）：14-29.

[38] Holling C S. Engineering Resilience Versus Ecological Resilience [A]//Schulze PC. Engineering Within Ecological Constraints. Washington D.C.: National Academy Press, 1996: 31-44.

[39] Pickett S T A, Cadenasso M L, Grove J M. Resilient Cities: Meaning, Models, and Metaphor for Integrating the Ecological, Socio-economic, and Planning Realms [J]. Landscape and Urban Planning, 2004, 69(4): 369-384.

[40] Clout H, Lawrence J Vale, Thomas J Campanella. The Resilient City: How Modern Cities Recover from Disaster [J]. Journal of Historical Geography, 2007, 33(2): 458-459.

[41] Maru Y T. Resilient Regions: Clarity of Concepts and Challenges to Systemic Measurement [R]. CSIRO Sustainable Ecosystems, 2010.

[42] Folke C. Resilience: The Emergence of a Perspective for Social-ecological Systems Analyses [J]. Global Environmental Change, 2006, 16(3): 253-267.

[43] Adger W N. Social and Ecological Resilience: Are They Related? [J]. Progress in Human Geography, 2000, 24(3): 347-364.

[44] Carpenter S, Walker B, Anderies J. M., et al. From Metaphor to Measurement: Resilience of What to What? [J]. Ecosystems, 2001, 4(8): 765-781.

[45] Klein R J T, Nicholls R J, Thomalla F. Resilience to Natural Hazards: How Useful is This Concept? [J]. Global Environmental Change Part B: Environmental Hazards, 2003, 5(1): 35-45.

[46] Resilience Alliance. Resilience [EB/OL]. http://www.resalliance.org/ 576. php.

[47] 谢礼立，马玉宏. 基于抗震性态的设防标准研究[J]. 地震学报. 2002，24（2）：200-209.

[48] Campanella R, Etheridge D, Meffert D J. Sustainability, Survivability, and the Paradox of New Orleans [J]. Annals of the New York Academy of Sciences, 2004, 1023(1): 289-299.

[49] Kates R W, Colten C E, Laska S, et al. Reconstruction of New Orleans after Hurricane Katrina: A Research Perspective [J]. Proceedings of the National Academy of Sciences, 2006, 103 (40): 14653-14660.

[50] Wildavsky A B. Searching for safety [M]. Transaction Publishers, 1988.

[51] Barnett J. Adapting to Climate Change in Pacific Island Countries: the Problem of Uncertainty [J]. World Development, 2001, 29(6): 977-993.

[52] Thomalla F, Downing T, Spanger-Siegfried E, et al. Reducing Hazard Vulnerability: Towards a Common Approach Between Disaster Risk Reduction and Climate Adaptation [J]. Disasters, 2006, 30(1): 39-48.

[53] Evans J P. Resilience, Ecology and Adaptation in the Experimental City [J]. Transactions of the Institute of British Geographers, 2011, 36(2): 223-237.

[54] 郭小东, 苏经宇, 王志涛. 韧性理论视角下的城市安全减灾 [J]. 上海城市规划, 2016 (1): 41-44.

[55] Mileti D S. Disasters by Design: Area Assessment of Natural Hazards in the United States [M]. Washington: Joseph Henry Press, 1999.

[56] Tobin G. Sustainability and Community Resilience: the Holy Grail of Hazard Planning [J]. Environmental Hazards, 1999 (1): 13-25.

[57] 蔡建明, 郭华, 汪德根. 国外弹性城市研究述评 [J]. 地理科学进展, 2012, 31 (10): 1245-1255.

[58] Godsehalk D R. Urban Hazard Mitigation: Creating Resilient Cities [C]. Urban Hazard Forum, John Jay College, Umversity of New York, 2002.

[59] Wu Z S, Wu G, Fahmy M F M, et al. Recoverability Enhancement of Reinforced Concrete Bridge Piers with FRP Composites [C]. Toronto: 9th US National and 10th Canadian Conference on Earthquake Engineering (9USN/10CCEE), 2010.

[60] 吴智深, 吴刚, 汪昕, 等. 玄武岩纤维在土建交通基础设施领域研究与应用若干新进展 [J]. 工业建筑增刊 (第六届全国FRP学术交流会论文集). 2009, 39 (10): 1-14.

[61] 沈圣, 吴智深, 杨才千, 等. 基于分布式光纤应变传感技术的改进共轭梁法监测结构变形分布研究 [J]. 土木工程学报. 2010, 43 (7): 63-70.

[62] 高晓明. 城市社区防灾指标体系的研究与应用 [D]. 北京: 北京工业大学, 2009.

[63] Ainuddin S, Routray J K. Community Resilience Framework for an Earthquake Prone Area in Baluchistan [J]. International Journal of Disaster Risk Reduction, 2012, 2: 25-36.

[64] 邵亦文, 徐江. 城市韧性: 基于国际文献综述的概念解析 [J]. 国际城市规划, 2015, 30 (2): 48-54.

[65] 廖茂林. 韧性城市建设的国际经验及启示 [J]. 城市, 2016 (8): 21-25.

[66] 谢起慧. 发达国家建设韧性城市的政策启示 [J]. 科学决策, 2017 (4): 60-75.

[67] 郑艳. 推动城市适应规划, 构建韧性城市——发达国家的案例与启示 [J]. 世界环境, 2013 (6).

[68] 邓燕. 新建城市社区防灾空间设计研究 [D]. 武汉: 武汉理工大学, 2010.

[69] 杨雅婷. 抗震防灾视角下城市韧性社区评价体系及优化策略研究 [D]. 北京: 北京工业大学, 2016.

[70] 郭小东, 安群飞, 苏经宇. 山地城市近郊村镇抗震韧性设计策略 [J]. 城市与减灾, 2017 (4): 35-40.

[71] 陆新征, 曾翔, 许镇, 等. 建设地震韧性城市所面临的挑战 [J]. 城市与减灾, 2017 (4): 29-34.

[72] 李亚, 翟国方. 我国城市灾害韧性评估及其提升策略研究 [J]. 规划师, 2017, 33 (8): 5-11.

[73] 胡啸峰, 王卓明. 加强"韧性城市建设"降低公共安全风险 [J]. 宏观经济管理, 2017 (2): 35-37.

[74] 潘庆华, 白潇. 韧性城市概述和对我国城市规划的一些思考 [J]. 四川建筑, 2017, 37 (3): 41-42.

[75] 曹莉萍, 周冯琦. 纽约弹性城市建设经验及其对上海的启示 [J]. 生态学报, 2018 (1): 1-10.

[76] 徐江, 邵亦文. 韧性城市: 应对城市危机的新思路 [J]. 国际城市规划, 2015 (2): 1-3.

[77] 顾朝林. 气候变化与适应性城市规划 [J]. 建设科技, 2010 (13): 28-29.

[78] 王富海. 从规划体系到规划制度——深圳城市规划历程剖析 [J]. 城市规划, 2000 (1): 28-33.

[79] 罗瑜. 城市排水防涝分析与海绵城市建设——以重庆城区为例 [J]. 建筑节能, 2017 (3): 112-113.

[80] 宣茂华, 郭跃. 城市化发展对重庆市洪涝灾害的影响研究 [J]. 黄河水利职业技术学院学报, 2013, 25 (3): 17-20.

[81] 重庆晨网. 20余小时15区县暴雨重庆主城雨量刷新半世纪纪录 [EB/OL]. [2013-02-05]. http://cqcb.com/cqnews/2010-07-06/83785.html.

[82] 裘书服, 陈珂, 温家洪. 2007年7月重庆和济南城市暴雨洪水灾害认识和思考 [J]. 气象与减灾研究, 2009, 32 (2): 51-53.

[83] 刘建芬, 王慧敏, 张行南. 城市化背景下城区洪涝灾害频发的原因及对策 [J]. 河海大学学报, 2012, 14 (1): 73-75.

[84] IPCC. Managing the risks of extreme events and disasters to advance climate change adaptation (SREX) [EB/OL]. [2012-03-28]. http://ipcc-wg2.gov/SREX/.

[85] IPCC. The Forth Assessment Report of the IPCC [R]. IPCC, 2007.

[86] 郑艳. 推动城市适应规划, 构建韧性城市——发达国家的案例与启示 [J]. 世界环境, 2013 (6): 50-53.

[87] 苏洁. 城市复原力建设, 保险公司也能使上劲 [J]. 中国保险报, 2017 (5): 1-3.

[88] Wu Z S, Fahmy M F M, Wu G. Safety Enhancement of Urban Structures with Structural Recoverability and Controllability [J]. Journal of Earthquake and Tsunami, 2009, 3 (3): 143-174.

[89] 郑艳, 王文军, 潘家华. 低碳韧性城市: 理念、途径与政策选择 [J]. 城市发展研究, 2013 (3): 10-14.

[90] 徐振强, 王亚男, 郭佳星, 等. 我国推进弹性城市规划建设的战略思考 [J]. 城市发展研究, 2014 (5): 79-84.

[91] 夏丽莎, 刘莉. 打造一个具有韧性的城市 [EB/OL]. [2011-8-15]. http://sichuandaily.scol.com.cn/2011/08/15/20110815601183996173.htm.

[92] 杨敏行, 黄波, 崔翀, 肖作鹏. 基于韧性城市理论的灾害防治研究回顾与展望 [J]. 城市规划学刊, 2016 (1): 48-55.

[93] Wu Z S, Fahmy M F M, Wu G. Damage-controllable Structure Systems Using FRP Composites [J]. Journal of Earthquake and Tsunami, 2011, 5 (3): 241-258.

[94] John M. The Rule of Unintended Consequences: Sydney's Water Supply Strategy. Built Environment, 2006, 32 (4), 434-446.

[95] Kennedy L, Holmes L, McDonald S, Jencks, G,

Braswell G. Low-impact Development [J]. Water Environment & Technology, 2008, 20（4），34-43.

[96] 冀紫钰. 澳大利亚水敏感城市设计及启示研究 [D]. 邯郸：河北工程大学，2014：1-74.

[97] 梁晓莹，宫永伟，李俊奇. 美国明尼苏达大学体育馆区域（TCF Bank Stadium）低影响开发技术应用案例研究 [J]. 建设科技，2015，（17）：72-75.

[98] 孙艳伟，魏晓妹. 低影响发展的雨洪资源调控措施研究现状与展望 [J]. 水科学进展，2011，22（2）：287-293.

[99] 田鑫. 日本新能源汽车产业发展战略分析 [J]. 日本研究，2014（4）：25-29.

[100] 潜旭明. 美国的国际能源战略研究—— 一种能源地缘政治学的分析 [D]. 上海：复旦大学，2010.

[101] 彭芳乐，孙德新，袁大军，廖少明，朱合华. 城市道路地下空间与共同沟 [J]. 地下空间，2003（4）：421-426，457.

[102] 朱思诚. 东京临海副都心的地下综合管廊 [J]. 中国给水排水，2005，21（3）：102-103.

[103] 刘敏. 浅析德国柏林垃圾管理 [J]. 环境卫生工程，2015，23（6）：71-74.

[104] 邵益生. 城市水系统科学导论 [M]. 北京：中国城市出版社，2015：38-40.

[105] 赵泽生，刘晓丽. 城市地下管线管理中存在的问题及其解决对策 [J]. 城市问题，2013（12）：80-93.

[106] 白旭峰，赵艳，展鹏飞. 国内外地下综合管廊的发展现状及存在的问题 [J]. 佳木斯大学学报（自然科学版），2017，35（6）：959-961.

中国工程院重大咨询研究项目

# 中国城市建设可持续发展战略研究

Research on Sustainable Development Strategy of Urban Construction in China

## 下卷

中国城市建设可持续发展战略研究项目组　编著
程泰宁　王建国　主编

中国建筑工业出版社

图书在版编目（CIP）数据

中国城市建设可持续发展战略研究 = Research on Sustainable Development Strategy of Urban Construction in China. 下卷 / 中国城市建设可持续发展战略研究项目组编著；程泰宁，王建国主编. —北京：中国建筑工业出版社，2020.12

ISBN 978-7-112-25627-3

Ⅰ.①中⋯ Ⅱ.①中⋯ ②程⋯ ③王⋯ Ⅲ.①城市发展战略－研究－中国 Ⅳ.①F299.21

中国版本图书馆CIP数据核字（2020）第237764号

# 总目录

## 上卷 | 总报告

### | 课题一　中国城市建设现状评析与价值体系建构
专题 1　中国城市建设现状评析与问题凝练　　062
专题 2　城市建设价值体系建构　　092

### | 课题二　中国城市建设中的可持续城市空间发展研究
专题 1　中国城市建设中的可持续城市空间发展的核心问题　　150
专题 2　中国城市建设中可持续城市空间发展的三大基本构成维度　　172
专题 3　中国城市建设中可持续城市空间发展的策略建议　　225

## 中卷

### | 课题三　城市资源—环境—生态可持续保障与管理策略研究
专题 1　城市建设中的能源可持续发展与大气污染控制策略研究　　242
专题 2　城市建设中的水环境健康与水资源循环战略研究　　270
专题 3　城市建设中的资源—环境—生态协同模式研究　　290

### | 课题四　城市建筑与基础设施工程可持续发展战略研究
专题 1　建筑工业化及绿色建造发展战略研究　　350
专题 2　基础设施品质工程及绿色坚韧化战略研究　　390
专题 3　城市及城市群市政基础设施系统构建战略研究　　433

## 下卷

### | 课题五　城市交通可持续发展模式与公交都市战略研究
专题 1　总体研判　　464
专题 2　源头调控　　500
专题 3　过程优化　　515
专题 4　末端管理　　550

### | 课题六　城市安全保障与自然灾害应对战略研究
专题 1　城市安全评价体系及自然灾害预防策略　　578
专题 2　城市基础设施群与生命线工程网络风险防控策略　　598
专题 3　海绵城市建设与河湖联控城市洪涝防治策略　　631

### | 课题七　城市建设可持续发展战略实施保障体系研究
专题 1　城市建设可持续发展政策分析　　678
专题 2　城市建设可持续发展保障体系　　690
专题 3　城市建设可持续发展保障措施　　702

中国城市建设可持续发展战略研究

# 课题五

## 城市交通可持续发展模式与公交都市战略研究

**课题负责人** 郑健龙　王　炜
**咨询院士** 杜彦良

## 课题组成员

**课题负责人：**
郑健龙　长沙理工大学
王　炜　东南大学

**咨询院士：**
杜彦良　石家庄铁道大学

**专题 1 负责人：**
郑健龙　长沙理工大学
王　炜　东南大学

**专题 2 负责人：**
刘　攀　东南大学
马　林　中国城市规划设计研究院
黄海军　北京航空航天大学
高自友　北京交通大学

**专题 3 负责人：**
龙科军　长沙理工大学
高广军　中南大学

**专题 4 负责人：**
任　刚　东南大学
王殿海　浙江大学

**专题 2 参加人员：**
香港理工大学　　　　　　　　林兴强
香港科技大学　　　　　　　　杨　海
交通运输部规划研究院　　　　李鹏林
东南大学　　　　　　　　　　杨　敏　季彦婕　刘志远　徐铖铖　孟　强　赵　德

**专题 3 参加人员：**
同济大学　　　　　　　　　　杨晓光　马万经
交通运输部公路科学研究院　　李　斌
北京工业大学　　　　　　　　关宏志
长沙理工大学　　　　　　　　黄中祥　王正武　吴　伟　周和平　况爱武　向　往
东南大学　　　　　　　　　　王　昊

**专题 4 参加人员：**
北京航空航天大学　　　　　　　　　王云鹏
公安部道路交通安全研究中心　　　　王长君
清华大学　　　　　　　　　　　　　张　毅
中山大学　　　　　　　　　　　　　余　志
同济大学　　　　　　　　　　　　　孙　剑
北京四通智能交通系统集成有限公司　关积珍
东南大学　　　　　　　　　　　　　李志斌　胡晓健　李大韦　李豪杰　华雪东

# 课题概述

总的来说，我国城市交通问题的产生主要体现在"源头、过程、末端"三个环节上：在交通产生源头上，缺乏对交通需求的有效调控，形成了不合理的出行结构；在交通运行过程中，缺乏对交通系统的合理诱导，导致了无序的交通运行环境；在交通末端上，缺乏对交通参与者的科学管理，引发了混乱的交通秩序。由于"源头、过程、末端"三个环节间相互关联、相互影响又相互制约，单纯地解决与应对任一部分都无法从根本上缓解城市拥堵问题。

结合"交通强国""公交优先"等国家战略，依托中国工程院重大咨询研究项目课题五"城市交通可持续发展模式与公交都市战略研究"，在解析与明确我国城市交通拥堵形成机理、把握国家交通发展战略的基础上，总结并明确提出了我国城市交通系统的发展战略："构建具有中国特色的公交主导型城市综合交通体系"。

基于对我国交通问题及交通发展战略的认识，在目前我国的实际交通运行现状下，城市交通系统必须做好三个方面的工作：交通系统要引导城市开发，在交通源头上积极调控出行需求；要提升城市功能，在交通运行过程中不断反馈优化交通设计方法及方案；要适应城市环境，在交通末端提升交通管理科技及理念。通过构建"源头调控、过程优化、末端管理"的城市交通可持续发展体系三大基本策略，明确城市交通发展模式，优化城市交通出行结构，更新城市交通设计方法，提升城市交通管控水平。

源头调控：针对当前我国城市日益严重的交通供需矛盾，建立适合中国国情的TOD发展模式。针对城市群，构建多层级覆盖广、空间集约与运行高效的城际交通网；针对都市圈，构建多核分散、职住平衡为特征的快速通勤网；针对大城市，实现集约化土地利用与公交导向的交通结构优化；针对中小城市，完善慢行交通设施及绿色和谐的交通网络。通过多模式公交系统的规划、建设与发展，引导城市空间合理利用与土地开发，实现城市空间、土地利用与交通发展模式、交通出行结构间的系统性协调，从源头上实现城市交通系统供需平衡。

过程优化：针对城市交通基础设施各自为政、条块分割的现实情况，准确把握交通系统整体功能薄弱之处，建立以网络优化、多模式协同、交通功能提升为主要任务的城市交通系统完整性"交通设计"方法，实现交通设施设计的"完整对象、完整功能、完整范围、完整空间、完整参与、完整价值体系"；针对多模式交通枢纽的属性特征，进行多样化协同设计，实现面向综合交通枢纽的无缝换乘、面向商业枢纽的集中一体化设计，以及面向居住区站点的慢行交通衔接。通过交通运行过程的优化与反馈，提升交通系统整体性能。

末端管理：针对当前城市智能交通系统的技术瓶颈，把握"以人为本、源流并控、精耕细作、挖潜增效"的核心思路，创新人性化交通需求管理，完善智能化交通系统控制，提供共享化公交畅通服务。基于互联网大数据及人工智能技术，用统一的数据、统一的方法、统一的软件、共享的平台构建集土地利用开发、交通设施建设、交通管理控制、交通政策制定于一体的智能管控决策支持虚拟平台，深化城市交通精准管控与协同服务，高效利用城市资源。

课题五 目录

## 专题 1　总体研判 —— 464

**第 1 章　国家重大需求及城市交通存在的问题** —— 465
 **1.1　响应国家重大需求** —— 465
 **1.2　剖析城市交通问题** —— 467

**第 2 章　系统调研与国内外对比分析** —— 470
 **2.1　调研工作及数据分析** —— 470
  2.1.1　城市交通系统供需平衡控制方面 —— 470
  2.1.2　城市交通基础设施网络优化方面 —— 475
  2.1.3　城市交通系统运行效能提升方面 —— 475
 **2.2　国内外发展趋势** —— 476
  2.2.1　公交引导型的城市空间发展国内外对比分析 —— 476
  2.2.2　城市交通基础设施网络优化方面 —— 479
  2.2.3　城市交通系统运行效能提升方面 —— 485
 **2.3　主要调研结论** —— 487
  2.3.1　城市交通系统供需平衡控制方面 —— 487
  2.3.2　城市交通基础设施网络优化方面 —— 488
  2.3.3　城市交通系统运行效能提升方面 —— 489

**第 3 章　城市交通系统供需平衡机理与总体思路** —— 490
 **3.1　新型城镇化对城市交通系统发展的影响分析** —— 490
  3.1.1　快速城镇化对交通系统影响 —— 490
  3.1.2　快速机动化引起的交通结构转型 —— 491
 **3.2　城市空间演变对交通需求的作用机理** —— 492
  3.2.1　城市空间规模和人口增长对交通需求的作用 —— 492
  3.2.2　城市空间功能结构布局对交通出行方式的作用 —— 492
 **3.3　城市交通供给建设对通行效率 / 出行效率的作用机理** —— 494
  3.3.1　道路网密度和结构对通行效率的作用 —— 494
  3.3.2　公共交通系统配置对出行效率的作用 —— 495
 **3.4　城市交通系统供需平衡及演化机理** —— 496
  3.4.1　交通供需平衡动态关系的基本作用机理 —— 496
  3.4.2　交通结构优化与系统调控对交通供需的影响 —— 496

3.5 缓解城市交通拥堵的总体思路　　498

# 专题 2　源头调控　　500

## 第 4 章　城市交通系统供需平衡控制策略　　501

### 4.1 公交引导的城市空间发展策略（TOD）概述　　501
4.1.1 基本内涵　　501
4.1.2 政策背景　　502
4.1.3 研究思路　　503

### 4.2 城市群 TOD 模式发展策略　　503
4.2.1 区域经济一体化　　503
4.2.2 城市群目前面临的挑战　　504
4.2.3 城市群交通、经济、人口的相关性　　505
4.2.4 城市群空间集约与高效城际交通网的发展策略　　506

### 4.3 都市圈 TOD 模式发展策略　　507
4.3.1 都市圈 TOD 发展目前面临的挑战　　507
4.3.2 都市圈职住平衡与以轨道交通为骨干的快速通勤网　　507

### 4.4 大城市 TOD 模式发展策略　　508
4.4.1 大城市 TOD 发展目前面临的挑战　　508
4.4.2 大城市集约化土地利用与公交导向的交通结构优化　　510

### 4.5 中小城市 TOD 模式发展策略　　511
4.5.1 中小城市 TOD 发展面临的问题　　511
4.5.2 中小城市慢行交通设施完善和绿色和谐交通网络构建　　513

# 专题 3　过程优化　　515

## 第 5 章　城市交通系统设施建设优化策略　　516

### 5.1 城市交通基础设施建设问题反思　　516
5.1.1 城市交通基础设施建设发展情况　　516
5.1.2 城市交通基础设施建设存在的问题　　517
5.1.3 城市交通基础设施建设应对策略　　520

### 5.2 优化城市道路等级配置　　520

  5.2.1 现状问题分析   520

  5.2.2 策略及措施分析   523

  5.2.3 实施措施建议   526

**5.3 构建多模式、多层次公交网络**   **529**

  5.3.1 多模式、多层次公交网络的内涵   529

  5.3.2 国外先进公共交通系统借鉴   531

  5.3.3 多模式、多层次公交网络发展举措及建议   535

**5.4 增设城市道路完整性交通设计**   **538**

  5.4.1 我国城市道路建设中交通设计的缺失   538

  5.4.2 完整性交通设计理念和案例   539

  5.4.3 加强城市道路交通设计的举措   542

**5.5 重视多模式交通设施协同设计**   **543**

  5.5.1 综合交通枢纽设计的国内外比较   543

  5.5.2 多模式交通枢纽（换乘设施）协同设计方法   544

  5.5.3 改善交通枢纽（换乘设施）功能协同举措   548

## 专题 4　末端管理　550

### 第 6 章　城市交通系统运行效能提升策略　551

**6.1 我国城市交通管理发展脉络梳理**   **551**

  6.1.1 城市交通管理体制和政策的演变   551

  6.1.2 道路交通管理技术的发展   552

  6.1.3 对我国城市交通管理和系统效能提升策略的思考   552

**6.2 创新人性化交通需求管理**   **553**

  6.2.1 倡导以人为本的交通系统效能评估体系   553

  6.2.2 调控机动车拥有量，改进机动车限牌限购政策   555

  6.2.3 调控机动车使用，均衡出行需求时空分布   556

**6.3 完善智能化交通系统管理**   **558**

  6.3.1 强化基于城市虚拟交通系统的智能决策   558

  6.3.2 深化基于交通大数据共享平台的协同管控   559

  6.3.3 重视面向城市突发交通事件的应急处置   561

**6.4 提供共享化公交畅通服务**   **564**

  6.4.1 保障多方式、多层次公交运行智能畅通   564

  6.4.2 加强公交衔接组织，构建公交出行高效闭环   565

  6.4.3 拓展以公共交通为主体的共享出行服务模式   567

**本课题参考文献**   **570**

中国城市建设可持续发展战略研究

专题 1

课题五
城市交通可持续发展模式与公交都市战略研究

## 总体研判

**专题负责人** 　郑健龙　王　炜

# 第1章 国家重大需求及城市交通存在的问题

当前，在新型城镇化和社会步入中等收入的背景下，我国城市建设已经进入了从"粗放式"到"品质化"、从支持生产到促进消费、从增量发展到存量更新的转型期。在这一时期，一方面，是全国各地急风暴雨式的城市高速发展与城镇化建设；另一方面，由于缺乏科学合理的价值体系引导，城市在建设与发展同时也引发了包括城市交通严重拥堵、空气污染（雾霾）严重、城市运行效率低下等一系列"城市病"，对中国未来可持续发展造成巨大威胁。

从城市建设的战略需求与城市发展的实际需要出发，近年来我国陆续提出了包括公交都市计划、新型城镇化、"一带一路"、京津冀协同发展等多项涉及城市与交通发展的顶层规划与政策，并在国家层面明确提出，城市交通系统需要引领并支撑我国未来城市快速、可持续的发展。随着相关国家规划与政策在试点城市的落地，部分较为明显的城市与交通问题得到一定程度的改善，城市与交通系统在功能与作用上互动融合的良性循环也逐渐显现；然而，对于我国数以百计、规模与形态不尽相同的城市而言，如何处理好城市发展、交通建设与用地限制之间的关系，如何采取措施应对以交通拥堵为代表的交通问题将持续困扰着我国未来城市的发展。

如何把握未来我国城市可持续发展的方向，剖析目前我国城市发展进程中所面临的各类交通问题，找准城市发展与交通发展、建设间的关系，发挥与强化交通系统在城市发展过程中的引领作用，进一步缓解日益严重的城市交通拥堵问题，提出适合我国当下时期的城市与交通发展之路，是摆在国家与各级政府面前的棘手问题，亟待战略研究支撑。

## 1.1 响应国家重大需求

当今世界，可持续发展已经成为人类社会发展的基本共识，城市可持续与交通可持续的理念也越来越被人们广泛提及与接受。无论是发达城市还是发展中城市，都把追求更多的民众能够享有优美的生态环境、优质的服务设施、多样化的住宅和人性化社区、丰富的公共空间、便捷的交通和基础设施网络等目标作为城市发展愿景。然而，在实际的城镇化发展进程中，"重城市建设、轻城市规划""重城市规模、轻城市功能""重城市设施、轻城市管理"的理念，将城市变成了一座座"钢筋混凝土森林"，人类距离"可持续、包容、创新、弹性、创意、宜居"的城市发展目标越来越远，城市交通问题也随之愈发凸显。

实际上，传统城镇化路径对土地资源的消耗是巨大的，正是如此，传统的城镇化道路在我国无法一直推行。早在2012年，党的十八大报告中明确提出了"中国特色新型城镇化"的概念。随后，在2013年召开的中央城镇化工作会议上进一步强调"走中国特色、科学发展的新型城镇化道路"。2015年，中央城市工作会议上，再次将"城市工作"上升到中央层面进行专门的研究部署。

《国家新型城镇化规划（2014—2020年）》中明确提出，"以综合交通网络和信息网络为依托，科学规划建设城市群""发挥综合交通运输网络对城镇化格局的支撑和引导作用"。从已发布的系列决策部署和规划编制上来看，新型城镇化的核心是以人为本，主要围绕着如何让交通运输成为经济发展的"先行官"而展开。可以认为，我国的"新型城镇化"之路是一条完全不同以往的发展道路，是一条直面城市问题、着力提升城市功能与运行效率的内涵之路。这其中，如何发挥好交通系统的引领作用，尤其是处理好城市发展和交通建设的关系，是新型城镇化发展的关键所在。

作为完善城市群布局与形态的探索，同时考虑到为优化开发区域发展提供示范和样板的需要，我国着眼于区域协同，于2014年提出了京津冀协同发展的国家战略。由于面临着生态环境持续恶化、城镇体系发展失衡、区域与城乡发展差距不断扩大等突出问题，实现京津冀协同发展与创新驱动是面向未来打造新型首都经济圈的需要，对于全国城镇群地区可持续发展具有重要示范意义。然而，目前京津冀城市群的可持续发展，特别是交通可持续方面存在着诸多共性问题：交通发展滞后于城市发展，不同交通方式之间的发展水平失衡；交通规划、设计、施工、管理等多个领域相互独立、缺少衔接；交通基础设施长期高负荷运转，在交通运营和管理上极度复杂。一方面，目前以京津冀为代表的我国城市交通系统各自为政，系统内缺乏功能有机互动，难以有效支撑城市群的协同发展；另一方面，城市，特别是区域间的协同发展没有完整地考虑交通出行的本质，缺乏对交通系统的全局统筹，导致两者间难以互利共赢，从而形成良性循环。针对京津冀协同发展过程中的交通建设与发展问题，习近平总书记专门提出"着力构建现代化交通网络系统，把交通一体化作为先行领域，加快构建快速、便捷、高效、安全、大容量、低成本的互联互通综合交通网络"。就现阶段而言，如何发挥交通系统对城市的服务作用，落实城市交通系统先行，强化城市立体化多方式复杂交通网络间的协同效用，降低城市居民的出行成本与城市日常功能的运行成本，对于促进城市群地区城镇体系的协调发展是非常必要的。

在国际合作发展与交流共赢层面，我国提出了建设"新丝绸之路经济带"和"21世纪海上丝绸之路"的"一带一路"合作倡议，近年来也取得了非常显著的成效："一带一路"沿线辐射城市的发展要素不断聚集，城市体系更加完善，沿线重要城市的中心功能愈加凸显，城市经济发展增速明显，产业结构日趋合理完善，城市区位条件优势逐步提升。特别是在交通领域，一批交通基础设施重点通道和关键节点建设已经取得突破并初见成效：在中国—东盟方向，已形成连接中国与东盟的两对铁路口岸，基本建成或规划建设高速公路通道8条；在中国—欧洲方向，已建成两条铁路连接通道；在中国—中西亚方向，已与中亚国家形成了北、中、南三大陆路运输通道。在"一带一路"国家顶层合作倡议的支持下，我国及"一带一路"沿线国家的交通系统实现了全方位、多层次、宽领域的合作，将有力支撑区域社会与经济的全方位发展，并将有望推动我国及"一带一路"沿线国家"城市交通区域化，区域交通城镇化"。习近平总书记明确指出，交通联通是"一带一路"合作发展的基础，这其中既包括交通运输等基础设施的"硬件"建设，又包括制度、规则、标准衔接融通的"软件"建设。在做好交通系统"硬件"建设工作的同时，全面提升交通领域的科技软实力，进一步整合与提升交通系统的整体效能，是支撑区域及城市可持续发展的重要保障。

仅就城市交通系统自身而言，早在2011年，交通运输部发布《关于开展公交都市建设示范工程有关事项的通知》（交运发〔2011〕635号），正式提出并启动了公交都市创建工程。开展公交都市建设示范工程，是贯彻落实公共交通优先发展战略，调控和引导交通需求，缓解城市交通拥堵和资源环境压力的重大举措，意义重大且影响深远。通过公交都市的建设，可以有效优化城市公交系统，明确城市公交系统的主体地位，进一步发挥交通对城市发展的引领作用，缓解城市交通拥堵状况，满足广大人民群众的多样化出行需求。当下，我国城市交通结构与出行需求间失衡，公交系统无法满足居民的基本出行需求，导致以交通拥堵为代表的交通问题频发，降低了城市交通系统的运行效率。相对城市发展而言，交通系统发展滞后，难以支撑社会经济与城市的快速发展。利用好公交都市的政策，构建与城市形态、结构和功能相匹配的交通系统，进一步优化城市交通系统出行结构，是实现公交导向的城市精明增长，达到交通供需平衡的关键所在。

2017年10月18日，中国共产党第十九次全国代表大会在北京隆重召开，习近平总书记在大会报告中提出了"交通强国"发展战略，到2035年，使我国进入世界"交通强国"的行列。"交通强国"发展战略，要求交通系统由"规模速度型"转向"质量效率型"，优化存量资源配置，扩大优质增量供给，实现供需动态平衡。城市交通系统必须抓住机遇，构建公交主导型城市交通供需平衡模式，从源头调控城市交通；实现城市交通设施建设重心从"增量积累"向"存量优化"的转变，强化交通网络优化，重视多模式交通协同；推动新一代交通科技创新，深化城市交通精准管控与协同服务，提升城市综合交通系统效能；着力构建与"交通强国"相适应的城市交通框架体系，实现城市交通系统从高速增长向高质量发展的跨越升级。

## 1.2 剖析城市交通问题

改革开放40年，在快速城镇化与新型城镇化进程中，城市交通系统发挥着基础性、先导性与服务性作用，已越来越成为社会生产、生活组织体系中不可缺少及不可替代的重要环节。可以认为，交通系统总体上支撑了城市经济与社会的平稳、快速发展。特别是进入21世纪以来，城市交通系统的基础设施建设与服务水平取得了跨越式发展，运输能力得到了很大提升，长期存在的出行难、出行贵等交通"瓶颈"状态得到了很大转变。一方面，科技进步和经济水平的发展使得城市中交通出行需求激增，传统、简单的交通方式已不能满足日益多样化的出行要求；另一方面，由于工业发展为城市交通提供的各种交通工具越来越多，城市交通系统也逐渐呈现"出行工具多元化、出行结构层次化、出行方式组合化"的特征。

然而，城市交通需求高速、非均衡的增长在促进城市交通飞速发展的同时，也给城市带来以交通拥堵为代表的诸多问题。近年来，交通拥堵已经成为制约我国城市社会可持续发展的主要瓶颈，诱发了交通事故率上升、环境污染加剧等其他交通问题，直接影响到国计民生的保障与改善，给国家节能减排、新型城镇化、公交都市以及"交通强国"战略的实施带来严峻挑战，这一问题亟待解决。

城市的交通拥堵问题通常表现为在早、晚高峰，城市重点交叉口、重点路段大范围出现常态化的车多拥挤且车流缓慢现象。根据高德地图的数据显示，2018年第三季度（Q3），全国高峰时8%的城市处于拥堵状态，57%的城市处于缓行状态，2017年同期处于拥堵及缓行状态的城市分别为26%及55%。从近四年不同类型城市高峰小时拥堵情况来看，自2016年全国城市拥堵达到近年来的最高峰之后，2017~2018年我国主要城市高峰拥堵情况有所缓解（图5-1-1）。预计在未来，我国城市的交通拥堵状况将保持波动态势，城市交通拥堵的发展情况仍不容乐观。

交通拥堵对社会生活最直接的影响是增加了居民的出行时耗与出行成本。据调查，全国有12个城市的居民日均通勤时间超过了1h，其中，北京通勤出行人均往返时间达到1.32h/天。一、二线城市通勤高峰花费在拥堵上的时间占出行总时间的50%。过长的通勤时间导致隐性的人力资源成本浪费，根据《中国百姓出行大数据报告》，北京人均拥堵时耗的等价浪费达到9700元/年，南京人均拥堵时耗的等价浪费也高达6600元/年。除此之外，交通拥堵还导致车辆只能在低速状态行驶，频繁的停车和启动不仅增加了汽车的能源消耗，同时也增加了车辆的尾气排放量：根据国际绿色和平组织的数据显示，我国拥堵排名前10的城市，PM2.5年平均值都在60μg/m³以上。

除了交通拥堵与交通污染之外，交通出行的品质低下，也进一步降低了城市交通系统的运行效率，并

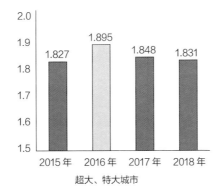

图 5-1-1　我国主要城市高峰小时拥堵延时指数

数据来源：高德年度出行报告

在出行末端放大了出行者对交通问题的感知。我国城市交通流混合异质的复杂特性，加上城市规划、道路规划、道路设计与实际道路管理与控制间的脱节等问题，导致我国城市道路特别是交叉口区域出现交通秩序混乱的现象。此种情况下，若有几起并不相关联交通事件的发生，随时间的堆叠与演化，就有可能造成交通流的缓行（甚至拥堵）。并且，交通系统中的单点问题也容易向上下游蔓延，城市交通网络从整体上看仍然较为脆弱。另外，公交系统作为我国大力推动的环境友好型出行方式，自身不够优秀，公交服务水平低下，包括运行速度慢、准点率低、车内环境差、换乘不便捷等问题常常为乘客所诟病，加上公交网络规划与布局不合理，公交基础设施的建设缺乏统筹，公交优先政策难以落实到位，公交系统对乘客缺乏足够的吸引力，公交主导型出行结构很难短期内在我国大范围形成。

此外，城市中的停车问题也是不容忽视的。根据一期《中国青年报》针对 2007 名城市居民的调查显示，88.6% 的受访者认为城市停车难问题严重，73.4% 的受访者认为乱停车现象普遍。据北京交通发展研究中心统计，2015 年，北京市机动车保有量为 561.9 万辆，备案停车位仅有 190.6 万个。类似地，2015 年底杭州主城区小汽车保有量为 113 万辆，而同期备案停车位总数约为 62 万个；南京主城六区机动车保有量为 90 万辆，而同期备案停车位总数约为 61 万个。与国际通行的每辆车 1.2~1.3 个泊位（100% 的基本停车位和 20%~30% 公共停车位）相比，我国城市停车供需矛盾相当严重。由于城市核心区规划建设较早，停车位以及停车设施极缺，没有可供改建成公用停车场的储备土地，导致很多私家车流向了周边道路。而新建小区往往对停车位"只卖不租"，使得许多人选择将车辆停放在小区道路以及周边市政道路，这在进一步加剧城市停车难问题的同时，又可能诱发交通拥堵等其他交通问题。

以上各种交通问题的表象特征让人担忧，但是交通问题的诱发根源则更需要引起重视。从表面上看，交通问题的引发原因可能存在于多个方面，在交通规划、交通建设、交通运营、交通管理以及交通服务提供等多个环节均有可能存在问题，但是深究引起我国以拥堵为代表的交通问题成因，其根源是快速城镇化所引发的城市交通供给与交通需求间的失衡。这其中包括了总量失衡与结构失衡两方面问题（图 5-1-2）。

从供需总量上看，机动化、城镇化及社会经济水平的发展诱发了交通出行需求量的逐年增长。虽然近年来在城市交通基础设施方面的持续资金与技术投入使得城市道路交通网络、公共交通网络日趋完善，交通供给的缺口得到了一定弥补，但在总量上，由于城市的总体空间限制，交通供给的增长仍与需求之间存在较大差异，在短期内两者很难相匹配。仅以北京及南京两个城市为例。北京市自 2009 年至 2017 年 9 年间，机动车保有量由 401 万辆增长至 591 万辆，增长幅度超过 47%，但是这期间城市道路通车里程仅增加不足 2.5%（图 5-1-3）。南京市由于没有明确的限牌、限号政策，交通供需间的矛盾变化显得更加明显：自 2008~2016 年的 9 年间，南京市的汽车保有量增长超过 3 倍，而同时期的人均道路面积增幅仅有 26.9%（图 5-1-4）。

供需总量的失衡已经很难调和，而供需结构上的失衡则更多是城市交通发展策略制定与居民出行方式选择行为所造成的。从城市交通供需结构上来看，由于在交通供给层面过分着重发展私人小汽车方式以及较为先进的轨道交通方式，致使交通供给缺乏了层次性。而出行者不合理的出行方式选择使得城市实际形

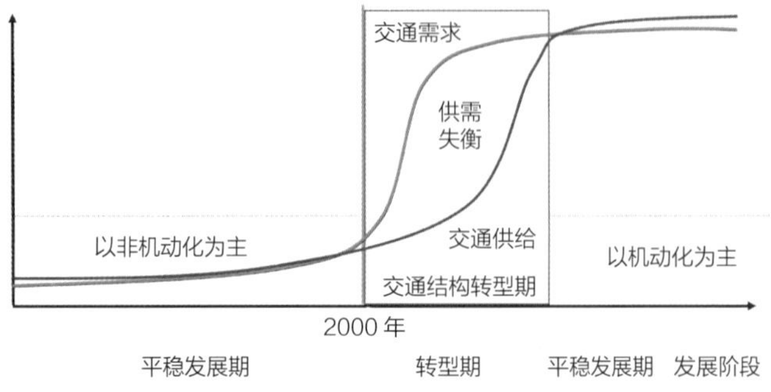

**图 5-1-2　交通拥堵问题的形成机理分析图**

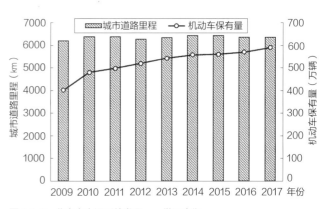

**图 5-1-3　北京市交通系统发展——供需失衡**

数据来源：北京市统计局

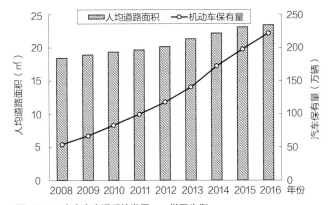

**图 5-1-4　南京市交通系统发展——供需失衡**
数据来源：南京市统计局

成的交通结构等级配置不当，造成了交通需求的结构失衡。这种供需间的结构性不匹配加剧了交通供需之间的失衡，使得高峰时期交通拥堵得以常态化发生。

造成供需结构失衡的另外一个重要因素是快速城镇化引发的城市空间扩张、居民职住分离、城市交通系统建设发展间的不匹配性。从城市社会空间分布对城市出行距离的影响来看，我国城市新增人口普遍分布在城市边缘，许多城市外围新城成为名副其实的"卧城"，职住分离现象愈发严重。城市外围地区进出中心区的出行需求越来越大，出行距离越来越长，特别是早、晚高峰的通勤出行，其距离增加速度非常快。这种长距离出行要求城市交通系统为居民提供快速、大运量、多样化的出行方式。然而，从城市空间分布对出行方式的影响来看，城市外围地区的公共交通服务水平均严重不足，公共交通的需求与有限的公共交通资源之间存在巨大落差。近年来，在机动车需求管理和道路系统建设上投入巨大，但由于城市空间扩展引发的外围居住人口数量庞大、公共交通服务水平较低，新建道路设施除提高私人机动交通出行比例、引发交通系统结构性失衡外，并不能有效遏制各类交通问题产生的趋势。由于城市的空间扩张，居民出行距离的增加对出行方式结构提出新的要求，这与城市交通系统的供给间存在差距，客观上加剧了交通系统的结构性失衡。

# 第 2 章　系统调研与国内外对比分析

## 2.1 调研工作及数据分析

### 2.1.1 城市交通系统供需平衡控制方面

项目自立项以来，课题组进行了一系列的调研和数据采集工作。2017 年 7~9 月，对国内外城市群、大城市、中小城市的城市空间和交通需求演变进行了详细的调研工作。主要工作如表 5-2-1 所示。

前期调研工作　　　　　　　　　　表 5-2-1

| 调研时间 | 调研对象 | 调研形式 | 调研内容 |
|---|---|---|---|
| 2017.07.14 | 南京市规划和自然资源局 | 会议调研 | • 南京市社会经济及交通运输情况 |
| 2017.08.04 | 南京市规划和自然资源局 | 会议调研 | • 南京市总体空间格局及发展思路<br>• 南京智慧城市、能源低碳项目进展介绍 |
| 2017.08.15 | 南京市规划和自然资源局去东南大学调研 | 会议调研 | • 南京市交通需求发展<br>• 南京市交通结构演变历程<br>• 南京市公共交通发展现状 |
| 2017.08.21 | 中国城市规划设计研究院交通分院 | 会议调研 | • 城市空间对交通需求的影响<br>• 城市多模式交通协同策略<br>• 综合交通网络规划建设体制与机制 |
| 2017.08.23 | 南京市交通管理局 | 会议调研 | • 南京市交通管理政策<br>• 南京市智能交通系统建设<br>• 南京市大型活动的交通组织与安全保障 |
| 2017.08.24 | 南京市交通管理局 | 会议调研 | • 南京市道路网络、常规公交、轨道交通等<br>• 综合交通系统发展情况 |
| 2017.09 | 荷兰埃因霍温理工大学 | 实地考察会议调研 | • 荷兰兰斯塔德城市群空间布局和发展策略<br>• 高效集约的交通网络布局模式<br>• 中心城市交通枢纽布局特点 |
| 2017.08 | 新加坡国立大学 | 实地考察会议调研 | • 新加坡中心城区空间结构和交通需求演变历程<br>• 新加坡高品质公共交通系统构建模式<br>• 新加坡交通需求管理策略实践 |

## （1）城市群空间与交通模式演变

### 1）我国东、中、西部的城市群发展模式

以长三角、珠三角和京津冀为代表的成熟城市群，在交通运输领域，客运需求较旺盛，高速公路网较密集，网络也较完善。早在2013年，这些地区的人口密度便达到了1010人/$km^2$，人口密集。其城际交通客运量日均为660万人次，预计2020年将达到1100万人次，客运量较大。但区域内的轨道交通起步较晚，城际系统尚未建成，无法满足较高的客运需求，严重制约了经济发展。此外，该地区私家车的数量越来越多，公交体系弱化，也是导致客运需求得不到满足的一个重要因素。

以长江中游、山东半岛、成渝等为代表的处于中期发展阶段的城市群，相对仍处在发展起步阶段，人口密度较大，依托高速公路和高等级公路大力发展公共客运和专业化货运。成都与重庆的成渝发展主轴之间已经建立了高速公路和高速铁路，快速联系两城市，进行客运和货运的快速交流，同时能带动线路周边多座城市如遂宁、内江、永川等加快发展。此外，为了加快沿江地带的城市发展，成渝城市群以重庆为支撑，利用沿江地带的高速铁路、公路，发展长江黄金水道为干线，带动沿江城市如泸州、江津等的发展，加快区域内的经济联系。但是，成渝城市群现在还存在交通需求与供给严重不平衡的问题，限制型运输的状况明显存在。在成都、重庆之间的交通走廊上，交通资源明显匮乏，整个城市群的交通结构也极不合理。

以太原、黔中、滇中等为代表的处于初期发展阶段的城市群，与东部城市群相比，其总体人口、经济密度不大，客货运输强度也较弱。滇中城市群在2013年建成昆玉铁路（设计速度160km/h）并通车，这一段既有铁路在滇中地区用作城际列车，目前，在此通车的城际列车有昆明—曲靖、昆明—玉溪、昆明—楚雄。此外，为了满足更多的客货运需求，为产业发展创造条件，滇中地区还建设了云贵高速铁路、沪昆高速铁路，加快了滇中城市群轨道交通网络高速化步伐。除了对铁路网的建设，滇中地区也加快了高等级公路的建设进程。截至2013年，滇中城市群高速公路里程1406km，投资新建及改造二级以上公路超过3000km，公路路网密度进一步加大，极大地完善了滇中城市群交通网络化结构。滇中城市群属于单核心发展模式，目前正在逐步构建网络化的城市群综合交通。

### 2）国外城市群交通发展模式

① 日本——以轨道交通为主的交通模式。作为轨道交通王国的日本，其城市拓展和都市圈形成是与其发达的轨道交通密切相关的。城市轨道交通减少了居民的出行时间，引导了城市中心居民向郊区外迁和郊区的城市化发展。同时，轨道交通加强了大城市与区域内各中小城市、城镇之间的联系，形成了以城市为中心的都市圈。东京通过发达的城市轨道交通网络形成了一个以东京站为中心、半径为50km的首都交通圈，圈内共拥有轨道交通线路里程3100km。同时，在各条铁路沿线的站点都建设了相当数量的停车场，停车—换乘系统大规模发展。由于存在发达的轨道交通网和相应的配套设施，公共交通在城市群的交通出行方式中占较大的比重，城际间铁路和公路客流分担比例大约为65%和35%。以轨道交通为主的发展模式形成了沿线点状、高密度的空间发展格局。

② 美国——以小汽车为主的交通模式。1913年美国福特汽车公司开始大量生产大众化小汽车，小汽车数量的增加促进了城市的进一步扩张。美国国会于1956年通过了《州际和国防高速公路网计划》法案，计划建设连接所有5万人以上的城市和约6.8万km的高速公路网服务于全国。由于政策上偏向于大规模的公路建设以及其他因素的共同作用，使美国在30年的时间里造就了一种小汽车社会的发展模式，纽约城市群便是以发达的高速公路网为依托，从北部波士顿中心工业带，向南经纽约、费城、巴尔的摩，直到华盛顿，连绵不绝，长达600km，成为连接美国东海岸各城市最有效的交通廊道和最大的经济联系廊道，极大地提升了各城市之间的经济联系强度。纽约城市群内城市的市域交通客货运输主要以公路为主，承担近一半的交通量。但是城市群内部的客运交通中，轨道交通仍旧占有85%的比重。这是因为，只有通过大运量、低成本的轨道交通才能满足迅速增长的经济和随之增长的交通需求。

③ 欧洲——公路和铁路并重的交通模式。与美国城市化空间拓展模式不同，欧洲许多国家有比较严格的规划控制、长远的发展设想和保证长远目标逐步实现的政策措施，使城镇发展呈现出与公共交通系统互相依存、互为促进的良性循环的状态。伦敦城市群采用轨道交通和高速公路并重的发展模式，每天有大量的客流自城市群内都市圈外围地区到市中心。作为一个单中心、单核发展模式的城市群的典型，伦敦的线路主要呈现放射状，且按城市规模等级、公路与铁路数量分布呈现金

字塔状。这种公路与铁路并重发展的交通模式有利于城市化区域的可持续发展。

④ 兰斯塔德城市群。兰斯塔德城市群位于荷兰莱茵河三角洲，地跨南荷兰省、北荷兰省、乌得勒支省和弗莱福兰省土地面积 11000km²，拥有人口 710 万，整个城市群呈现马蹄形状。兰斯塔德城市群交通网的高效主要体现在两个方面：一是多层次；二是广覆盖。兰斯塔德城市群的铁路主要有三个层次，分别为国际快车、快车和慢车。兰斯塔德城市群的交通网络覆盖很广，四通八达，串联着大大小小的城镇。在这里，由港口、机场、公路、铁路等组成的发达的交通运输网络和海陆空立体式交通运输体系将兰斯塔德地区的南翼、北翼和乌得勒支三个"经济核心区"及该地区众多中心城市紧密连接在一起。兰斯塔德地区河网密布、分布着大大小小的港口，拥有欧洲第一、第六大机场，连通城市群内部的同时，也扮演着国际门户的角色。兰斯塔德地区交通网的覆盖面广，以中心城市为主要节点并连通周边各大中小城市，互联互通的交通将各城市紧密相连，有效缓解了城市群快速扩张和无序蔓延的问题，促进城市群空间的集约利用和城市之间的良性互动。

**（2）大城市空间与交通需求演变**

1）南京市

从总体上看，南京市的建设用地扩张，特别是城镇用地扩张呈现加速趋势。1985 年以来南京市主城区的扩展经历了从单中心向多中心模式的转变。1985~1995 年主城区的扩张主要是以老城为中心向西南的河西地区、东北方向蔓延式扩展，城市发展基本上是处于单中心发展模式。1995 年以来，城市的扩张在主城区主要向河西、雨花台等南部地区扩张，城市发展的多中心格局初显。2001 年以来仙西、江北和东山新城建设快速推进，形成了多核发展的城市格局。

自 1997 年以来，南京全市机动车保有量持续增长。2015 年，全市机动车拥有量达到 224.06 万辆；私人小汽车保有量 172.1 万辆，占全市汽车总量的 86.9%，较上年增加 23.5 万辆，增幅 15.8%，近 10 年来增长幅度首次降到 20% 以下。此外，非机动车从 2000 年的 155.5 万辆增加到 2015 年的 647.8 万辆（图 5-2-1、图 5-2-2）。

组团式发展的城市空间格局使得在主城和副城间的交通方式也随之发生变化。1997~2005 年，主城区步行和非机动车出行比例稳步减少，而各种机动车出行比例增长很快，尤其是出租车和私家车出行。而 2006~2015 年步行出行比例基本不变，小汽车出行比例持续增加，且随着轨道交通的快速发展，轨道交通的出行比例逐年稳步增加。

2）新加坡

新加坡是一个面积仅有 719.9km² 的岛国，拥有总人口约 560.73 万。新加坡在独立之后的 40 余年中取得了城市经济和城市建设上的较高成就，新加坡的城市中心区也获得了较大转变，成为城市形象的窗口和城市功能的集中体现，是世界城市中心区成功建设的一个典型案例。新加坡通过良好的规划以及政府强有力的管理，较好地解决了土地资源瓶颈约束，经济、自然环境和人民生活品质得到一个飞跃的提高，成为一个典型、怡人的现代化热带花园城市。

新加坡城市中心区并非孤立发展，而是同城市整

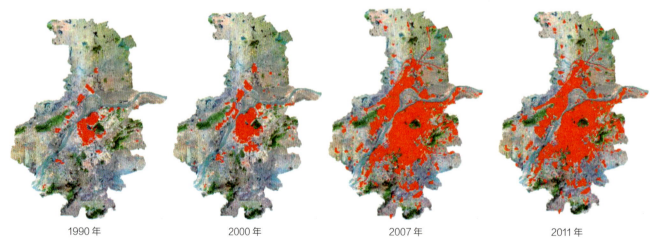

**图 5-2-1 南京城市建设用地拓展图**

图片来源：《南京市城市总体规划（2011—2020）》

体的空间发展有着紧密的互动。在这种互动中，城市中心区的位置一直处于相对稳定的状态：以新加坡河口为中心，呈现出了"圈层+跳跃"式的空间增长模式，且在不同的空间发展阶段，其功能结构也在不断地发展完善。纵观整个中心区发展过程，四个阶段的特征分别为：殖民地时期的单中心城市结构，20世纪70年代轨道交通的建设，90年代多中心体系的形成以及21世纪多中心体系的优化。中心体系的建构拓展了城市空间，构建了合理的城市中心体系，为新加坡中心区向着世界级商务中心区的建设提供支持和保障（图5-2-3）。

新加坡近年来机动车保有量和私人小汽车拥有量均无明显变化，甚至稍有下降趋势，且数量均保持在相对较低水平（图5-2-4）。

新加坡居民出行结构中（不含私人小汽车出行），公共交通出行比例较高，其中常规公交出行比例逐年上升，轨道交通出行比例略有下降，二者交通出行比例稳定在85%左右，出租车出行比例稳定在15%左

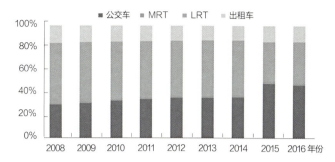

图 5-2-5 新加坡居民出行结构

右（图5-2-5）。

### （3）中小城市空间结构与交通需求演变

在过去30多年里，我国中小城市迅速发展，在经济、政治、文化、社会等方面都有了不同程度的改善和进步。伴随城镇化的快速发展，我国中小城市交通体系在设施规模、运输能力和服务质量等方面取得了较大成就。

1）国内典型中小城市

从全国范围内的百强市中选取了15个中小城市进行研究，各样本城市的常住人口规模以及城市道路里程和道路网密度如表5-2-2所示。

各样本城市2011~2015年的私人小汽车拥有量均处于增长趋势，2015年的小汽车拥有量比2011年增长了近1倍。样本城市的小汽车平均增长率都处于10%以上，最高的平均增长率甚至达到22.77%。随着城镇化进程的加快，中小城市经济发展加速，小汽车数量基本呈指数级增长。

将各样本城市的出行结构依次定位在五种交通发展模式中。我国中小城市交通出行结构发展模式具有多样性，但主要集中在小汽车导向型发展模式和不完全发展模式，少数几个城市属于其他三种模式（图5-2-6）。

2）国外典型中小城市

选取国外比较有代表性的中小城市进行研究，选取的城市有奥克兰、堪培拉、伯克利、戴维斯、川崎市、威尼斯、代尔夫特、苏黎世、哥本哈根、巴塞尔、纽伦堡、开罗、曼谷、吉隆坡。对所选取的城市的交通出行结构模式进行分类。从图5-2-7可以看出，A模式的中小城市主要集中在北美，B模式的中小城市代表为日本城市，欧洲的中小城市则主要为C模式和D模式，而东南亚地区的小城市主要为E模式。

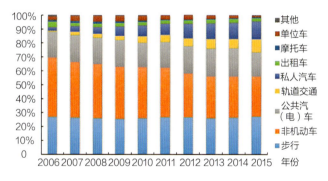

图 5-2-2 历年南京主城交通出行方式结构图

数据来源：《南京市国民经济和社会发展统计公报》

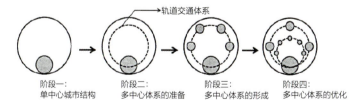

图 5-2-3 新加坡城市中心区同城市整体空间的互动发展示意图

图 5-2-4 新加坡车辆拥有情况图

所选样本城市基本情况（2016年）　　　表 5-2-2

| 城市名称 | 常住人口规模（万人） | 道路里程（km） | 城市道路网密度（km/km²） |
|---|---|---|---|
| 余姚市 | 83.77 | 676.42 | 1.91 |
| 任丘市 | 83.50 | 444 | 2.82 |
| 丹阳市 | 81.15 | 549 | 16.26 |
| 义乌市 | 78.2 | 546.4 | 5.30 |
| 三亚市 | 75.7 | 566.4 | 2.08 |
| 石狮市 | 68.30 | 592 | 3.59 |
| 长兴县 | 65.45 | 308 | 6.42 |
| 永康市 | 60.20 | 338.62 | 2.51 |
| 句容市 | 59.20 | 244 | 2.63 |
| 象山县 | 52.40 | 444 | 14.80 |
| 德清县 | 50.14 | 203 | 7.00 |
| 安吉县 | 47.57 | 372 | 13.28 |
| 海宁市 | 41.35 | 393 | 7.98 |
| 扬中市 | 28.20 | 114 | 8.20 |
| 嘉峪关市 | 24.59 | 978 | 7.41 |

数据来源：各城市统计年鉴

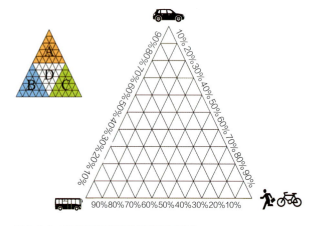

| A 模式 | 小汽车导向型发展模式 |
|---|---|
| B 模式 | 公交导向型发展模式 |
| C 模式 | 慢行交通导向型发展模式 |
| D 模式 | 均衡发展模式 |
| E 模式 | 不完全发展型模式 |

- A 模式：象山县、丹阳市、扬中市、句容县、长兴县、海宁市
- B 模式：任丘市、三亚市
- C 模式：义乌市
- D 模式：永康市
- E 模式：德清县、安吉县、石狮市、余姚市、嘉峪关市

图 5-2-6　样本城市交通出行结构发展模式

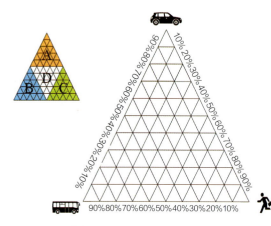

| A 模式 | 小汽车导向型发展模式 |
|---|---|
| B 模式 | 公交导向型发展模式 |
| C 模式 | 慢行交通导向型发展模式 |
| D 模式 | 均衡发展模式 |
| E 模式 | 不完全发展型模式 |

- A 模式：奥克兰、堪培拉、伯克利、戴维斯
- B 模式：川崎市
- C 模式：威尼斯、代尔夫特
- D 模式：苏黎世、纽伦堡、巴塞尔、开罗、哥本哈根
- E 模式：曼谷、吉隆坡

图 5-2-7　国外中小城市交通出行结构发展模式

## 2.1.2 城市交通基础设施网络优化方面

项目自 2017 年 2 月立项以来，课题组便积极组织开展相应的调研和数据采集工作，主要工作包括以下内容。

① 组织召开了课题五的专家咨询会，邀请了国内著名专家 12 人参会，与会专家对课题五的三个专题分别提出了针对性建议。

② 参与项目组组织的课题启动会、中期检查会。

③ 2017 年 8 月，课题组到中国城市规划设计研究院、交通运输部规划研究院、北京交通发展研究中心进行调研。

④ 针对北京市、上海市、长沙市、株洲市等城市进行了调研和数据收集工作，掌握我国城市交通系统现存问题；针对部分国外城市交通网络规划建设开展了调研。

⑤ 2017 年 12 月，课题组到长沙市规划局、株洲市规划局进行调研，了解其公交都市建设情况。

⑥ 针对收集的资料数据进行统计分析，总结归纳国内外城市综合交通网络建设经验、存在的问题。

## 2.1.3 城市交通系统运行效能提升方面

### （1）调研总体情况

通过网络和文献资料初步分析了国内外城市在交通管控和智能交通发展方面的情况，并将南京、北京、深圳以及新加坡作为国内外城市的典型案例进行调研，有针对性地开展了多项调研活动。

改革开放以来，我国经历了世界上规模最大、速度最快的城镇化进程。截止到 2017 年 10 月，全国汽车保有量达到 2.12 亿辆，其中私人小汽车达到了 1.5 亿辆。全国有 52 座城市汽车保有量超过 100 万辆，24 座城市汽车保有量超过 200 万辆。其中，北京、成都、重庆、上海、苏州、深圳 6 座城市汽车保有量超过 300 万辆。

近年来，我国城市道路基础设施建设、公共交通发展、交通管理水平显著提高，但在城镇化、机动化的快速发展提出的新要求、新挑战下，还存在着许多不适应、不平衡、不充分的问题。按照中央城市工作会议要求，全国公安交通管理部门勇于担当、主动作为，积极研究新时代的交通管理工作。2016 年 11 月，公安部在上海召开了全国公安交通管理工作会议，提出了"公路安全"与"城市畅通"并重的战略举措，要求依法科学共治城市交通。2017 年 4 月，公安部在深圳召开了全国城市道路交通管理工作现场会，推广深圳等城市的交通管理经验做法。为了提升城市交通综合治理水平，2017 年 8 月，公安部、中央文明办、住房和城乡建设部、交通运输部联合印发了《城市道路交通文明畅通提升行动计划（2017—2020年）》，在全国开展城市交通文明畅通提升行动计划，推动各城市试点，为"十三五"期间我国城市交通管理工作作出了战略安排，具有重要意义。

### （2）城市交通管理的创新实践

各地城市交通管理部门勇于探索、敢于创新、专于实践，积极应用交通工程、智能交通、物联网、大数据、"互联网 +"等先进技术不断创造城市交通治理新经验。

① 依托科技手段治理交通秩序。全国交通管理同行在城市交通方面也探索出了一些成果，如行人闯红灯、违法鸣笛抓拍以及二次识别的技术与运用。广州的"鹰眼"、重庆的"猎鹰"，这些技术为重点车辆的监管起到了非常好的效果。上海、济南、南昌等城市采取人脸识别技术，查处非机动车和行人的交通违法行为。

② 推进交通信号设施规范化建设。公安部交管局部署全国公安交通管理部门，特别是城市交通管理部门开展了"两化"工作，对交通信号灯配时、交通标志标线的设置进行了全面排查，目前已经整改了信号灯 2 万多组、交通标志 4 万多块、交通标线超 5 万 km。大连、苏州、南通、福州在这方面都有所创新。

③ 不断优化交通组织设计。各城市交警发扬工匠精神，运用先进的管理理念和交通工程技术，全面优化城市区域路段、路口交通组织，努力把空间布全、把时间分配到最优，把每一个路口、每一条道路的通行潜力发挥到最大。深圳、成都、西安等城市发明了针对路口的交通组织和区划的新技术，如借道左转、双待叠加、拉链通行等通行模式。南宁、海口等城市针对非机动车作了积极的探索，推出了电动自行车、自行车的专用待行区域和专用信号，推出了蓄水式的通行方式。

④ 构建动态交通智慧化管理体系。杭州运用大数

据建设城市道路智慧治堵工程，也就是城市"交通大脑"；武汉整合了全市两万多路视频监控并且接入了交通、保险、城管等11个部门的信息，运用"警务魔方"进行交通的调控和管理；重庆等地初步建成了大数据分析研判平台，并且运用RFID技术对公交优先、货车通行进行调控。

⑤ "情指融合"提升执法勤务效能。深圳探索以指挥中心为龙头，以情报中心、督察中心、宣传中心三大中心为驱动，打造铁骑勤务、夜间勤务、卡口勤务三大勤务。沈阳、南京、苏州、石家庄、南宁等地建设"最强大脑"（指挥中心）和"最快双脚"（骑警）。长沙交警将交管信息平台和指挥平台高度融合，将指挥体系构建到最基层的路口。

### （3）城市交通管理的创新要求

当前，我国城市交通发展已经进入到新的发展期。面对新时代，城市交通管理需要有新举措、新作为。

① 提高社会化水平，以城市道路为基础，畅通提升行动技术为载体，完善党委领导、政府负责、社会协同、公共参与、法制保障的道路交通治理体制。

② 提升法治化水平，以修订道路交通安全法为前提，完善交通法律体系；推进依法行政，全民守法；严格规范公正文明执法。

③ 提升智能化水平，目前全国已经有270多个城市在建设智慧城市，要夯实基础，加快推进智能交通系统的建设运用，建设完善交通感知系统、智能控制系统、出行服务系统和执法管理系统。加强信息共享融合，建设城市"交通大脑"，加强执法与智能服务的深度融合，实现城市交通精准治理和服务。

④ 提升专业化水平，要加大人才吸纳、培养和引进力度，不断壮大专业人才队伍，要加强与科研院所、高校企业的合作，通过共同研发项目合作、购买服务等方式用好市场社会专业的力量。

## 2.2 国内外发展趋势

### 2.2.1 公交引导型的城市空间发展国内外对比分析

#### （1）公共交通导向的城市空间发展评价指标体系

我国自2000年后广泛开始了对TOD模式的研究和实践，但在具体实施过程中，TOD容易被概念化，为了定量化地分析和评价TOD模式，需要构建TOD评价指标体系。根据《ITDP公交导向发展评价标准》，影响居民出行的TOD建成环境可归纳为6"D"，分别是Density（密度）、Diversity（土地利用多样性）、Design（城市设计）、Destination accessibility（目的地可达性）、Distance to transit（距离公共交通站点的距离）以及Demand management（需求管理）。6D评价指标体系如表5-2-3所示。

6D评价指标体系　　　　　　　　　　表5-2-3

| 6D指标 | 指标内容 |
|---|---|
| 密度<br>（Density） | 常住人口密度（人/km²） |
| | 工作场所密度（个/km²） |
| | 兴趣点POI密度（个/km²） |
| | 住宅密度（个/km²） |
| 多样性<br>（Diversity） | 土地利用混合熵 |
| | 商业用地强度（%） |
| | 职住比 |

| 6D 指标 | 指标内容 | | |
|---|---|---|---|
| 设计<br>（Design） | 路网密度<br>（km/km²） | 公路 | 总计 |
| | | | 高速公路 |
| | | 城市道路 | 总计 |
| | | | 快速路 |
| | | | 主干路 |
| | 十字路口比 | | |
| | 道路宽度（m） | | |
| | 道路面积占比（%） | | |
| 目的地可达性<br>（Destination Accessibility） | 住宅到最近商店距离（km） | | |
| | 住宅到最近工作场所距离（km） | | |
| | 住宅到最近商业中心 CBD 距离（km） | | |
| | 住宅到最近常规公交站点距离（km） | | |
| | 住宅到最近轨道交通站点距离（km） | | |
| 公交距离<br>（Distance to Transit） | 常规公交线网密度（km/km²） | | |
| | 轨道交通线网密度（km/km²） | | |
| | 常规公交平均站间距（km） | | |
| | 轨道交通平均站间距（km） | | |
| | 常规公交站点密度（个/km²） | | |
| | 常规公交站点覆盖率（%） | | |
| | 轨道交通站点覆盖率（%） | | |
| 需求管理<br>（Demand Management） | 停车场密度（个/km²） | | |
| | 停车成本（元） | | |

## （2）中外典型大城市 TOD 模式对比分析

南京面临城市空间无序扩张、交通供需不平衡、交通拥堵严重等一系列城市问题。而新加坡通过交通土地利用协同式发展、创新性的交通政策等措施，已经形成了公共交通为主导的城市综合交通体系，实现了城市可持续发展，其成功经验已成为我国许多大城市借鉴的范例。以下根据表 5-2-3 中的 6D 评价指标体系，对比分析南京、新加坡两个城市的 TOD 模式（表 5-2-4）。

南京是我国东部地区重要的中心城市，2016 年中心城区面积 782.45km²（玄武区、秦淮区、鼓楼区、建邺区、雨花台区、栖霞区），常住人口 447.63 万人。南京是国家综合交通枢纽，公路网密度居全国中心城市前列；基本形成以轨道交通为骨干，常规公交为主

**南京和新加坡整体对比** 表 5-2-4

| 一级指标 | 量化指标 | 南京 | 新加坡 |
|---|---|---|---|
| 城市规模 | 城市中心区人口（万人） | 447.63 | 560.73 |
| | 城市中心区面积（km²） | 782.45 | 719.9 |
| 经济水平 | 人均 GDP（万元） | 12.73 | 34.42 |
| 交通出行结构 | 步行分担率（%） | 27 | — |
| | 非机动车分担率（%） | 29 | — |
| | 公共交通分担率（%） | 26 | 63 |
| | 私人小汽车分担率（%） | 13 | 23 |
| 出行特征 | 机动车保有量（万辆） | 172 | 58 |

数据来源：《南京市国民经济和社会发展统计公报》& 新加坡陆路交通管理局

体的多元公共交通体系。

新加坡是一个面积只有719.9km²的岛国，总人口约为560.73万，在快速城市化及人口密度方面，远远高于欧美各国。新加坡是世界贸易和航运中心、远东地区金融中心之一，是一个典型的现代化热带花园城市。全岛已经构筑起一个高度发达的交通网络，公共交通以地铁、巴士为主，以轻轨、出租车为辅。

1）职住密度

南京市主城区住宅密度和工作场所密度远低于新加坡，呈现出明显的单中心形态，主城区内4.8%的土地面积集聚了半数以上的人口和各类资源。新加坡住宅及工作场所密度则分布较为均衡，呈现多中心形态。

2）土地利用多样性

南京市轨道交通站点周边，高土地利用混合熵区域较少，多为居住用地，用地性质单一。而新加坡轨道交通站点1km覆盖区基本都在高土地利用混合熵区覆盖范围内，反映出新加坡轨道站点周边多采用高容积混合土地利用开发模式。

3）路网设计

对比南京市和新加坡路网密度，南京市城市中心区域路网密度较高，但也仅仅达到18~23km/km²，外围区域路网密度较低。新加坡整体路网密度很高，多个区域路网密度达到23~28km/km²，而且路网密度空间差异不大。

4）目的地可达性

南京市住宅高密度区集中在城市中心区域，住宅高密度区和轨道交通站点的位置不匹配，导致TOD的目的地可达性不强。新加坡住宅高密度区分布较为零散，基本呈现出轨道交通站点密集区域和住宅高密度区域相吻合的状态。

5）公交距离

南京市公交站点高密度区域集中在城市中心区，外围城区密度较低，分布不均衡。新加坡公交站点密度整体较高，且分布均衡。而且南京普遍存在建筑与道路间距过大、步行换乘距离长等问题，影响公交的吸引力。

6）停车需求管理

南京市停车设施集中在城市中心区，外围区域轨道交通站点周边停车设施缺失，无法实现停车换乘。而新加坡的停车需求管理较为合理，轨道交通站点密集区域基本覆盖停车设施的高密度区域，停车换乘设计合理。

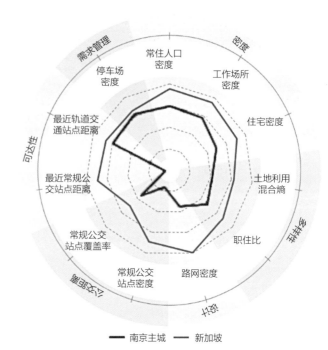

**图 5-2-8　南京、新加坡TOD指标对比分析雷达图**
图片来源：https://www.ura.gov.sg/Corporate; http://ghj.nanjing.gov.cn/ghbz/zxgh/

7）南京TOD模式总结评估

总体而言，南京公共交通引导下的多中心、开敞式城市形态尚未完全形成，单中心城市形态仍为主导，优势公共资源集聚；城市开发强度与站点布局未形成正相关，站点开发强度仍有显著提升空间；公交线网密度分布不均衡，中心城区线网密度较高，而外围城区线网密度较低；城市外围区域的轨道站点周边缺乏合理的停车换乘设施（图5-2-8）。

## （3）中外典型中小城市空间TOD模式对比分析

昆山市是我国典型的中小城市，目前存在着个体机动交通快速发展、公共交通出行分担率低等一系列的交通问题。哥本哈根作为丹麦首都，将城市规划和交通规划部门整合，贯彻综合性的交通政策，优先步行和自行车，形成了可持续的城市交通系统，对我国中小城市的交通发展有着借鉴意义。因此，根据表5-2-3中的6D评估指标，对两个城市的TOD模式进行对比分析。

如表5-2-5所示，昆山与哥本哈根在城市规模上相似，都属于人口小于百万的中小城市。此外，根据2016年的数据，昆山市的GDP总额为3160.29亿元，在我国中小城市中排名首位，其经济水平也与哥本哈根相当。在出行特征方面，哥本哈根的小汽车分担率和机动车保有量都低于昆山，其公共交通分担率是昆山的近两倍,说明哥本哈根在倡导公共交通出行、控制小汽车增长和城市可持续建设方面总的来说要优于昆山市。

昆山和哥本哈根城市整体对比　表 5-2-5

| 一级指标 | 量化指标 | 昆山 | 哥本哈根 |
|---|---|---|---|
| 城市规模 | 城市人口（万人） | 82.35 | 60.25 |
| | 城市面积（km²） | 925.17 | 86.6 |
| 经济水平 | 人均 GDP（万元） | 19 | 40 |
| | 失业率(%) | 1.98 | 5.9 |
| 交通出行结构 | 步行分担率（%） | 17.23 | 17 |
| | 非机动车分担率（%） | 35.01 | 30 |
| | 公共交通分担率（%） | 9.48 | 20 |
| | 私人小汽车分担率（%） | 31.02 | 22 |
| 出行特征 | 机动车保有量（万辆） | 44.03 | 25.26 |

1）住宅密度

昆山市的住宅密度远低于哥本哈根的住宅密度,只有城市中心区有相对较高的住宅密度,呈现出明显的单中心形态。哥本哈根市住宅密度分布较为均衡,呈现多中心形态。

2）土地利用多样性

哥本哈根市公共交通站点 500m 覆盖区基本都在高土地利用混合熵区覆盖范围内。昆山市的中心城区区域,公共交通站点 500m 覆盖区和高土地利用混合熵区基本匹配,但在城市边缘部分地区两者相分离。

3）路网设计

对比昆山市和哥本哈根市的路网密度,昆山市的路网密度要远远低于哥本哈根市的路网密度,仅有部分区域的路网密度达到 16km/km²,多数区域只有 0~6 km/km²。哥本哈根市整体路网密度很高,多个区域路网密度达到 24~36km/km²,而且路网密度空间差异不大。

4）目的地可达性

昆山市住宅高密度区集中在城市中心区域,住宅高密度区和轨道交通站点的位置基本匹配。哥本哈根市住宅高密度区分布较为分散,基本呈现出轨道交通站点密集区域和住宅高密度区域相吻合的状态。

5）公交距离

昆山市的公交站点密度远低于哥本哈根市,且分布不均衡,城市中心区的公交线网密度相对较高,而周边地区密度明显较低。哥本哈根市的公交站点密度整体较高,且分布相对均衡,更为合理。

6）停车需求管理

昆山市的停车设施建设相对欠缺,公共交通站点

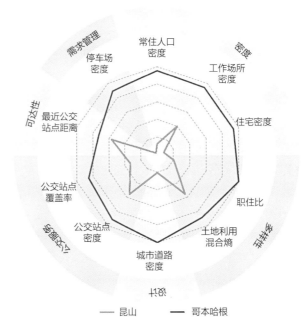

图 5-2-9　昆山、哥本哈根 TOD 指标对比分析雷达图

密集区域停车场较少。哥本哈根市的停车需求管理较为合理,停车设施基本做到全城市覆盖,且与公共交通站点相匹配。同时,哥本哈根市的慢行交通系统相当发达,自行车路网完善,自行车停车点密度高。

7）昆山 TOD 模式总结评估

总体而言,昆山市尚未形成合理的公共交通引导下的城市形态;城市开发强度与公交站点布局未形成正相关,公交站点开发强度仍有显著提升空间;其公交站点覆盖率、密度低,且线网密度分布不均衡,主要集中于中心城区,外围城区线网密度较低;停车设施建设不完善,慢行交通系统不发达（图 5-2-9）。

## 2.2.2 城市交通基础设施网络优化方面

经过近 30 年的发展,我国构建了初具规模的综合交通网络体系。改革开放后,我国政府更加重视交通行业在国民经济发展中的战略地位,加大了交通基础设施建设投资的力度。由于发展进度过快,交通基础设施问题也逐渐凸显。近年来,城市交通基础设施建设中,重土木工程、轻交通工程、缺系统工程问题比较突出,导致国内虽然修建了大量高质量的交通基础设施,但是没有将各交通设施整合为一个统一的系统,交通拥堵和交通事故问题日益突出。

下面将分别从道路网等级配置、城市公交网络建

设、城市道路交通设计、城市交通枢纽建设 4 个方面进行国内外对比和分析。

### （1）城市道路网等级配置

城市道路网设置合理的等级级配，可以保障城市道路交通流由低一级道路向高一级道路有序汇集，并由高一级道路向低一级道路有序疏散。通过网络和文献资料调研，选择国内外代表性的四个城市（阿布贾、曼谷、北京、华盛顿）交通网络配置对比。比较可看出，以北京为代表的中国城市路网主干路网密度与国外相比，干道网密度大于阿布贾和曼谷等城市，与发达城市（华盛顿等）相当；但是，在以次干路、支路为主体的交通性路网密度上，北京市的交通性路网密度明显低于华盛顿市，也不如曼谷等中等发达城市。由于次干路、支路比例太低，使交通流量向干道集中，道路拥挤，交通问题很难解决（图 5-2-10）。

### （2）城市公交网络

目前典型的公交网络包含轨道、快速公交、常规公交等多种公交模式，大城市建立层次分明、功能清晰、布局衔接合理的多模式公交网络，对于提高公交系统运行效率、为居民出行提供良好的服务水平具有重要的作用和意义。

选择国外若干知名公交都市（德国慕尼黑、加拿大渥太华、巴西库里蒂巴）开展调研，探讨其公交网络建设经验和特征。

1）慕尼黑公交网络

慕尼黑市的公共交通系统占据较大的市场份额，主要归功于公共交通网络在服务和票制方面的高度整合。该区域的城市地铁和郊区铁路线路由慕尼黑市区内环形的有轨电车补充支持，加上由私人运营的常规公共汽车和小型公共汽车为郊区的轨道交通车站提供支线"饲喂"服务。城市内和郊外的新城镇沿着某些轨道交通线路逐渐形成，传统上的市中心因为高质量的公共交通服务和积极的交通宁静化运动得到了复兴。

在公交网络方面，U-Bahn，即德国的城市地铁，服务于城市中心地区；S-Bahn，即德国的郊区轻轨，为远郊的居民往返城区提供了便利。同时，市区运行的有轨电车和公交车则主要起到轨道交通网络的接驳作用。

在公交运营管理方面，政府组建了地区公交管理部门，以确保快速轨道交通网的运行时刻和配套的公交相吻合。统一票价保证整个公共交通网络的票价系统整合。近几年来，当地规划部门加大力度建设和完善火车站内外的设施与环境。为了建设的顺利进行，采取了多种交通管理策略，如通过停车限制来减少私家车使用；同时，通过加强人行道和自行车道建设，

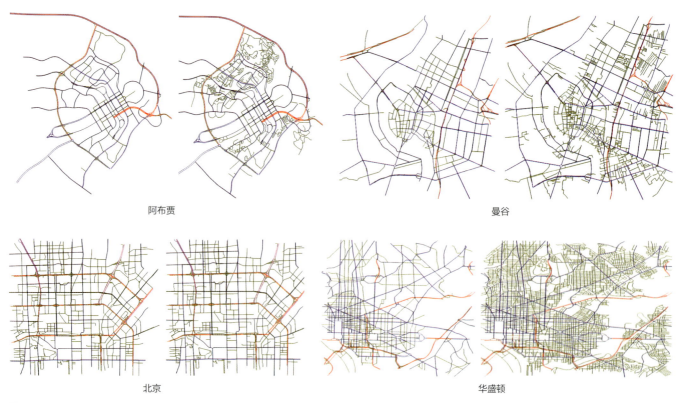

阿布贾　　　　　　　　　　　　　　　　　　　曼谷

北京　　　　　　　　　　　　　　　　　　　华盛顿

**图 5-2-10　四个城市主干路网与交通性路网**

促进居民选择"绿色"的交通方式出行（图 5-2-11）。

2）渥太华、库里蒂巴公交网络

与慕尼黑不同，渥太华和巴西的库里蒂巴选择以快速公共汽车（BRT）为主导的公共交通系统，该模式既引导城市的发展，又能服务郊区居民，公共汽车专用道是这两座城市区域整合的基石。除了比轨道交通投资低以外，BRT 公交专用道在提供服务方面有着潜在的优势。

在渥太华，同一辆公共汽车既可在主干线运营，又可在社区内的支线线路上运营，以此减少换乘需求。渥太华的公共汽车专用道系统每天运送 20 多万人次，乘客往返于城市中心之间。在出行高峰时段，进入城市中心和就业中心的出行中，渥太华的公交分担率也与北美许多同等规模城市相当。渥太华公共汽车专用路系统最重要的服务特征就是采用了直达快车和大站快车的运营模式，为乘客提供在居所和上班场所之间直接的、无须换乘的通勤运输服务（图 5-2-12）。

库里蒂巴将快速公交作为大容量的载运工具，其运行功能类似于地铁，运行特点和优势为：在干线上站点多、直达线速度高，换乘场站齐全、灵活等（图 5-2-13）。

**图 5-2-11　慕尼黑老城区有轨电车**

**图 5-2-12　渥太华快速公交**

图片来源：https://www.quanjing.com/imgbuy/qj6629258530.html

**图 5-2-13　库里蒂巴快速公交**

图片来源：http://blog.sina.com.cn/s/blog_4de904f701000byi.html

渥太华和库里蒂巴的快速公交表明，只要确保高质量的公共交通服务，无论是轨道交通还是公共交通，都可以促进形成紧凑型土地发展的模式。

3）给我国城市公交网络的启示

国外发达城市的公交都市建设选择了与自身条件相适应的公交网络和模式，我国城市的用地具有很强的混合型特征，因此，混合型公交网络模式是我国城市公交网络的可行方案。

混合型公交网络的做法为：一方面，将土地发展集中在公共交通主干线沿线；另一方面，调整公共交通线路以满足城市发展向郊区扩散，促进公共交通系统与土地的协调发展，即部分是适应性城市，部分是适应性公共交通系统。因此，混合型的公交都市发展模式在许多方面汇集适应性城市和适应性公共交通系统的共同优点。

### （3）城市道路交通功能与精细化设计国内外分析

我国城市道路设计与建设是沿用公路的设计建设标准，注重其结构稳定性、材料耐久性等，而缺少对其交通功能的考虑，导致部分道路通行效率低下、交通安全事故频发等。课题组针对国外发达城市的道路交通功能与精细化设计开展调研，对比国内外的做法，为我国城市道路的设计建设提供参考。

1）人性化的设计理念

荷兰的路肩与路面呈 45°，行人或骑行者如果冲出路肩不会立即摔倒。这样人性化的道路设计能让使用者更好地预测自己的行为，机动车也能给予行人和骑行者更多的空间（图 5-2-14）。

日本的道路交通追求精致和有序。其道路设施非常人性化，尤其注重行人和非机动车的通行空间与优

**图 5-2-14** 荷兰人性化路肩设计
图片来源：https://www.sohu.com/a/190473229_672448

化设计，各类交通流有序运转，做到了各行其道，交通渠化非常合理、规范（图5-2-15）。

2）高密度、窄路幅的设计理念

大阪和东京的路网布局属于典型的高密度、窄路幅设计模式，高密度的路网使得临街界面非常丰富，路面宽度适中，非常适合行人活动。而以北京为代表的中国城市道路则坚持"宽路、大院"的设计模式，由于道路宽度大，使得行人跨越困难，道路两厢的商业价值下降，加之慢行交通不能得到安全与便利性保障，道路效率和安全性也降低（图5-2-16）。

3）对步行与非机动车的重视

日本的道路交通设计重视非机动车和行人的出行，

**图 5-2-15** 日本城市道路空间渠化

大阪

北京

**图 5-2-16** 大阪与北京的道路尺度

在街道和交叉口为非机动车和行人提供了充分的通行权和空间（图5-2-17、图5-2-18）。

在日本，自行车作为重要的交通工具，承担了地铁、公交的衔接作用。为此，在公交站点和地铁站点布置了适当的自行车停靠和停车空间（图5-2-19）。

4）公交优先的道路设计理念

欧美发达国家为了鼓励公交出行，为了提高公交运行效率，在城市中心用地极为紧张的区域设置公交专用道，确保公交通行权（图5-2-20）。

### （4）城市交通枢纽设计与建设国内外现状

对比国内外交通枢纽建设和设计特征，国内外综合交通枢纽主要特点包括：

① 枢纽布置呈立体化、集约化发展趋势；
② 引入先进的设计理念，充分体现人性化；
③ 枢纽交通功能的综合性和集成度高；
④ 交通枢纽结合地下空间资源综合开发，呈现功能多样化；
⑤ 整合交通资源，交通枢纽逐步成为城市公共交通发展的核心，承担交通和城市发展双重功能；

图 5-2-17　交叉口对非机动车与行人通行空间的处理

图 5-2-19　自行车停放场

图 5-2-18　支路和小区道路限制与禁止机动车通行

图 5-2-20　公交专用道设置

图片来源：https://m.thepaper.cn/newsDetail_forward_1286252

⑥ 交通组织与管理智能化，运营管理一体化；

⑦ 联程联运"一票到底"。

下面选择国内外若干典型交通枢纽进行对比分析，以期为我国交通枢纽设计建设提供参考。

1）德国柏林中央火车站

柏林中央火车站位于市中心，由原来的莱尔特车站改建而成，是德国秉承"让乘客方便的同时对城市无妨碍"（trouble-free train services）的铁路建设与运营理念以及建设一体化城市综合交通体系的一次成功尝试。将所有交通模式以十字交叉方式连接到同一个车站，并在同一大厅内实现垂直换乘，该站为当今欧洲乃至世界上最具典型意义的大型综合性换乘枢纽，其特征就是位于不同楼层的交通方式都可以与长途铁路直接连接，保证了各交通方式间的换乘距离及换乘时间最短。除了满足交通功能之外,三个楼层的商场可以和一个购物中心相当,车站上层还安排了完善的办公、商务功能,各种功能实现了有效衔接。

2) 美国纽约港务局汽车总站

港务局汽车总站(Port Authority Bus Terminal)位于纽约曼哈顿中城区,是全美国最繁忙的公共汽车站,也是州际公共汽车进出纽约市的主要门户,甚至有客运班线服务至加拿大北部地区和墨西哥。该站位于交通要道,有多条地铁和市内公交线路通过,无论从纽约市的哪个位置出发,均可迅速、便捷地到达长途汽车总站。在1970年改建时,纽约港务局从连接新泽西州的林肯隧道出口处修建了一条公交专用道接入总站,确保了公交车辆和其他车辆的有序、快捷通行,最大限度地减少了对曼哈顿中城的交通影响。目前,该汽车站准备在现有基础上新建办公大楼,以缓解商业用房紧张的局面。

3) 上海虹桥综合交通枢纽

该枢纽设计从布局入手,本着换乘量"近小远大"的原则水平布局三大设施,从经济合理的角度按"上轻下重"的原则垂直布局,实现轨道、高架车道、人行通道的上下叠合;然后以换乘流线直接、短捷为宗旨,协调机场、磁浮、高速铁路各自的到发时间,在多方案比选、优化过程中强调勾勒清晰简单的换乘格局,其主要特点包括以下内容。

① 枢纽专用高架快速道路系统,实现枢纽集散交通与区域交通分离。

② 按"西进西出、北进北出、南进南出"原则引导高架快速道路交通流向,保持枢纽道路系统良好的互通性,使旅客有多种选择。

③ 快速系统采用单向大循环组织方式。

④ 保证公交优先原则,公交站距离枢纽设施最近,均布置在车站和机场门口。

⑤ 枢纽内部商业布局包括:换乘层的街区式零售商业与枢纽平台层的商业综合开发。换乘层在两条人行通道之间设置大型步行商业区,大型商业步行区中间设置一条充满地域特色、文化情趣的纵向步行商业休闲街,充分满足到发旅客、中转旅客的商业购物、娱乐休闲需求。

4) 深圳罗湖枢纽

罗湖枢纽遵循以人为本、人车分流、"管道化"组织的设计理念,依托地面、地下集散广场,打造南北向人行换乘主通廊及东西向人行换乘次通廊(图5-2-21)。地铁车站采用"一岛两侧"站台形式,中间岛式站台上客,两边侧式站台下客,实现上下车客流分离。车行设施围绕人行空间布设,并与周边道路合理衔接,实现不同目的、不同方向人流与车流的"管道化"组织(图5-2-22)。

罗湖枢纽在一体化建设运营方面也进行了探索。建设阶段由市政府统一部署,由深圳地铁集团成立罗湖枢纽物业管理处承担运营,统一管理枢纽交通层、公共汽车场站、出租车场站、人行下沉广场等设施,同时建立与国铁、口岸、地铁、长途汽车及周边商业之间的管理协调及联动机制,有效提高枢纽运营效率。

图 5-2-21 枢纽交通组织

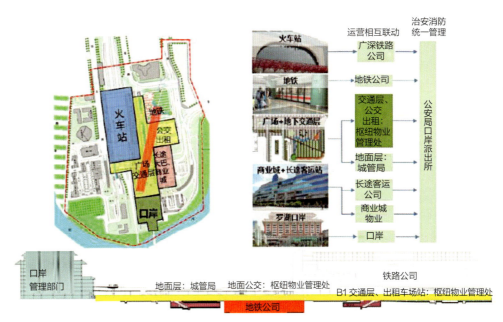

图 5-2-22 枢纽一体化设计

5）深圳北站

深圳北站延续了罗湖枢纽的设计思路，将疏解铁路客流作为主要任务，整体布局采用"十字"骨架结构，以国铁站房为核心，周边紧凑布置地铁车站、平南铁路、公共汽车场站、出租车场站、长途汽车客运站及社会车辆停车场等接驳设施（图 5-2-23）。地铁 4、5、6 号线车站与东广场国铁站房一体化设计，尽可能减少换乘距离。公共汽车场站、出租车场站、长途汽车客运站均结合枢纽附属建筑一体化建设，为乘客提供舒适的室内候车环境。车行设施采用专用匝道与留仙大道、玉龙路等城市主干路衔接，实现车流"管道化"组织，保障枢纽对外交通效率。

## 2.2.3 城市交通系统运行效能提升方面

目前，交通基础设施、交通工具、交通运行管控的智能化经历了多年发展，现阶段发展趋势向数据分析精确化、设备之间联通化、控制方式协同化的方向发展。

### （1）交通系统运行态势精确感知和智能化调控

随着交通检测及信息采集设备的建设推进，包括视屏数据、刷卡数据、手机通信数据等的实时交通运行信息每分每秒都在产生，根据 IBM 的调查，2/3 的企业在对大数据分析后获取了大量有用信息，然而在

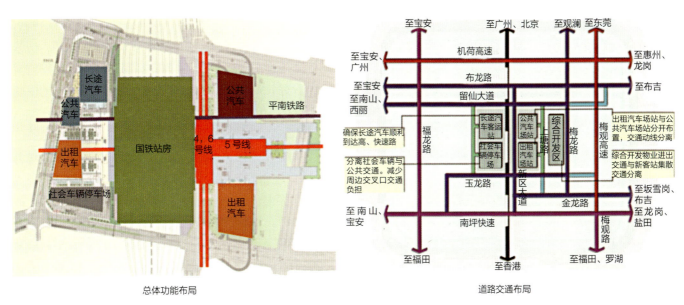

图 5-2-23 总体功能布局与道路交通布局

交通行业中的各交通方式产生的各种不同格式的信息限制了交通行业的大数据分析发展。因此，对这些海量数据进行精确感知和智能化调控是大数据时代对智能交通技术提出的新要求。

世界范围内的城市交通基础设施以及载运工具都在快速的智能化进程中，与之配合的数据处理中心及管控理念也与之同时更新。在世界各国建立智能交通控制中心的过程中，都提出了数据标准化的要求，优秀的数据是进行数据分析的基础。可以说，对交通运行态势的精确感知是交通智能化的绝对基础，在其基础之上才能进行智能交通的进一步分析。现有的智能交通系统也是基于交通数据采集、设备采集的路网信息进而实现智能管控的。未来发展的智能化交通调控理念，更是需要在其基础之上实现更新。

### （2）载运工具智能化与人车路协同控制

载运工具的智能化近年来在新兴互联网公司的带动下得到了飞速的发展，包括一般的自动泊车、车道保持等基本功能，以及高端的自动驾驶都已经成为或即将成为现实。

从 20 世纪 70 年代开始，美国、英国、德国等发达国家就开始了无人驾驶的研究，近几年随着机器学习的发展，无人驾驶在可行性和实用性方面都取得了突破性进展，如谷歌、优步等公司都宣传将在未来数年推出无人驾驶汽车。

现阶段，载运工具所配备的智能化系统更多的是辅助驾驶技术，这些技术无法实现自动驾驶功能但是能够减轻驾驶员的负担，辅助驾驶员感知周围交通环境，协助驾驶员安全行车。自动泊车系统，通过图像采集装置和车载距离探测装置，通过采集图像数据及周围物体距车身的距离数据，得到汽车的当前位置、目标位置及周围的环境参数，依据上述参数作出自动泊车策略，控制装置则做出角度、方向及动力支援等方面的操控，驾驶者只需控制车速即可。主动巡航控制系统，通过毫米波雷达探测前面障碍物的距离，自动保持车距，并实现主动刹车，如奔驰 S 级车上对该系统有较大范围应用。车道保持，通过摄像头捕捉道路图像，随后由处理器分析出其中的车道线，当车辆的中心线在规定距离外与车道线重叠时，将修正信号传递给方向盘，方向盘自动修正偏航，提示驾驶员偏离车道。摄像头的识别精度在一些情况下（如夜间、雨天或标线不清晰等）会受到影响。辅助视觉系统，通过摄像机、雷达、激光等提供对驾驶员视觉死角的辅助视觉，发现相应的障碍，同时在夜间等视觉条件较差的环境下通过设备检测增强"可视"的视觉范围。

### （3）基于移动互联的综合交通智能化服务

在载运工具智能化的同时，道路基础设施的智能化也需同时跟进，将智能化的载运工具相互通信以及与智能化的道路基础设施相互通信，构成一个智能化的车联网系统。

日本较早提出了 Smartway 车联网系统的概念。Smartway 是通过信息通信技术将车辆和道路连接在一起的平台，主要由车辆、通信和道路构成。Smartway 的主要功能包括：电子收费、多功能付费、浮动车数据采集服务、道路管理与运营、向驾驶员提供信息（如支持安全驾驶的信息、提示与警告信息、多用途信息、语音信息、交通拥挤与出行时间信息、停车设施信息）、网络连接、公共汽车定位、其他各类应用（如车辆诊断、"免下车"服务、进出控制及轮渡付款等）。

美国于 2009 年 9 月发布了智能驾驶系统结构规划，明确指出了该系统的核心是车车（V2V）、车路（V2I）和车辆移动设备之间的高速网络。欧洲也于 2010 年 7 月发布了智能交通系统指导，将车联网的技术演示与示范列为优先领域之一。目前车联网的服务主要包括自动碰撞报警、道路救援、目的地辅助、车辆远程状态诊断等。

### （4）交通系统控制全局最优化

随着大数据、人工智能化时代的到来，基于数据分析进行的区域交通控制将不再仅仅是理念上的技术，过去通过人工判别、决策的交通系统控制方式，通过数据分析技术的革新将被淘汰，取而代之的是通过实时数据分析从而对区域内的交通运行进行统一的协同控制。

在数字化的理念驱动下，现今交通系统内的各类基础设施已进行或正在进行数字化的更新，对这些数据驱动的交通系统的控制方式需要与时俱进地进行优化，需要适应终端所采集到的各种类型的数据，其控制算法从模型驱动转变为数据驱动。以日本目前不断发展的 UTMS'21（Universal Traffic Management System）为例，该系统以交通控制系统为中心，集成车辆信息系统、运营管理系统、动态线路诱导系统等 8 个子系统，利用路网中设备传输至管理中心的道路信息，将路网上的交通需求和交通流信息准确无误地传输给驾驶者，实时进行交通信号控制等，从而避免交通堵塞，致力于实现"安全、舒适和环境友好的交通社会"，是目前世界 ITS 领域中最先进的交通系统之一。

另外，在数据驱动的交通系统建成后，交通系统控制优化目标也将适时地从点线扩展至全面，实现区域交通协同控制，并结合出行需求进行交通系统的管理。以德国柏林为例，通过多年的交通检测设施的布设，包括线圈、视频、浮动车等技术覆盖了柏林市的道路、公交、出租车等多模式交通方式。通过这些设备实现对全路网的监测，柏林交通控制中心通过使用所采集的数据及交通仿真程序，能够提供全市路网未来 15~30min 的交通状态预测；整合私人交通与公共交通，为出行者规划最合理的出行计划。

**（5）主动式交通安全保障与交通应急联动**

主动式安全是指为避免事故发生而采取的预防性手段和措施。目前交通领域内的主动安全技术发展方向是利用卫星定位、无线通信、移动终端、传感器和数据挖掘等技术，提供全面综合的行车安全辅助服务，与上文提到的载运工具智能化、人车路协同在技术、功能、产品和服务上都存在一定的交集。

与被动安全相比，主动安全是在事故发生前采取相应的预警措施来避免事故发生，可以在一定程度上保障人们的人身及财产安全，日渐受到人们的关注。从最初的安全带、安全气囊等简易的被动安全设施到后期的 ABS 汽车防抱死制动系统、ESP 电子限滑辅助系统等车载主动安全设备，现代主动安全技术的发展方向不断趋于智能化。

主要发展方向与载运工具智能化大致类似，在现有设备的基础上，监测车辆的运行状况，通过对周围交通环境的感知和通信，保障车辆安全行驶，并逐步完成自动驾驶辅助。

在载运设备实行主动安全防控的同时，发生事故前的交通运行状态及安全状态辨识、发生事故后的交通应急处置也需适应智能化时代的要求。在城市监控中心收集到来自道路基础设施所采集的各类信息，通过对其的分析学习，从而辨识当前道路的运行安全情况。在事故发生后，通过道路交通基础设施与事故单位之间的通信，所采集的数据上传至中心后，快速识别事故信息，积极联动各事故救援相关单位，是交通智能化后对事故应急处置联动的要求。

## 2.3 主要调研结论

### 2.3.1 城市交通系统供需平衡控制方面

我国自 2000 年后开始了对公共交通为导向的土地利用发展模式（transit oriented development）的研究和实践，TOD 规划理念获得广泛认可。TOD 就是要系统地协调土地开发和公共交通的建设，实质上反映了交通与城市的协同关系，体现了"精明增长"的思想，可以从根本上控制交通供需矛盾的激化和产生。但在具体实施过程中，TOD 容易被概念化，缺乏系统的技术体系支撑和规划设计方法，难以实现 TOD 概念的土地开发格局。

1）宏观层面：难以实现 TOD 概念的土地开发格局，交通向中心城区集聚现象仍十分明显

中国特大城市、大城市目前面临土地、能源、水资源、生态环境"四个难以为继"的局面，现阶段在城市总体规划中均已明确提出积极推进 TOD 发展模式，"发挥交通对城市空间结构调整的引导作用，积极推进以公共交通为主导的城市开发模式"。在城市空间结构方面，力图利用组团内部平衡特性减少长距离交通出行。

但目前依据 TOD 概念进行的土地开发并没有明确的发展目标和策略，使得在实际发展中总体规划修编提出的"理想"发展格局遇到"现实"问题。具体表现在：原城市外围地区城镇化进程加快，城市连绵扩展，居住地扩散；组团交通出行中，组团内机动化出行增长不多，组团间机动化出行大量增加，居民平均出行距离逐年提高，交通向中心城区集聚的现象仍十分明显。

2）中观层面：TOD 规划实践上缺乏系统的技术体系支撑和规划设计方法

目前轨道交通规划开始重视轨道交通与城市发展的协调，开展了轨道交通线路沿线的详细规划，采用"珠链式"土地开发模式，调整轨道交通站点周边用地规划，整合沿线的各类交通设施，在 TOD 规划实践上做了大量有益的探索。但由于缺乏系统的技术体系的支撑，目前尚未形成统一、科学化、层次化、合理化的规划设计方法：规划、设计和建设环节衔接不足；缺少全线统筹与策划；缺少市场分析，包括不同业态的供给能力、容纳能力等；缺少场站综合体设计、站城一体化设计等。

3）微观层面：轨道交通站点周边土地开发强度不高，地下空间开发综合利用不足

土地与交通之间结合不紧密的问题仍较为突出，如轨道交通站点规划设计对车站周边土地发展预计不足，在土地开发和配套交通设施建设等方面与香港存在明显差距。对比深圳轨道交通一期和香港地铁站点土地开发强度，深圳轨道交通沿线开发强度明显低于香港，如深圳车公庙站的核心腹地容积率仅为3~4，而香港旺角站达到12~15。

在站点周边交通设施规划方面，深圳与香港同样存在差距，如大部分国内轨道站仅设置了4个地铁出入口，与周边商业建筑没有形成良好接驳，高峰期间地铁出入口行人流量已经全部接近饱和，而香港的旺角站其所处区位及腹地开发强度与华强北站类似，地铁站设置了15个出入口，并与周边建筑及步行系统形成无缝接驳，极大地提高了站点通达性。

## 2.3.2 城市交通基础设施网络优化方面

### （1）城市道路网等级配置不合理，低等级道路数量少

近50年中国城市道路发展快速，但路网等级配置尚存在缺陷。《城市道路设计规范》CJJ 37—2012（2016年版）中规定快速路、主干路、次干路、支路比例为1：2：3：6，即便是国内北京、上海等一线城市也未能完善支路建设。由于支路数量少，交通流量向主干路集聚，道路拥挤不断产生，交通问题很难解决。

另外，城市交通基础设施建设大多由各部门根据各自需要和管理界限，在不同的历史背景下，按照不同时期的要求规范逐步建成，导致我国许多城市虽然修建了大量高质量的交通基础设施，但"各自为政"，无法将各交通设施整合为统一的系统。

### （2）城市公交线路庞杂，层次不合理，服务水平低

公交都市成为城市交通发展的热点方向，多个城市的公交都市规划已经步入正轨。但目前国内公交都市的发展还存在诸多问题，如公交线路庞杂、总体流量大、重复系数高、换乘不便、运营成本高、服务水平低等。

公共交通网络包含轨道、快速公交、常规公交等多种公交模式线路，以及连接多条线路的枢纽和站点。国内在公交都市的建设实施过程中，由于公交、地铁等归属部门不同，建设时间、标准不统一，导致公交利用率低、无法良好地衔接应用。建立层次分明、功能清晰、布局衔接合理的多模式公交网络是公交都市发展的当务之急。

### （3）城市道路完整性设计不足，道路系统功能薄弱

城市道路设计是整体性、系统性的，必须综合考虑每一个交通参与者的需求，营造现代交通的氛围。目前国内部分城市在城市道路整体性设计方面做得还不够。

城市道路完整性设计是解决目前城市道路拥挤的有效措施之一，不仅需要设计者对交通设计完整性和道路系统总体功能的理解与把握，而且需要各方协助配合，包括交通部门的严格管理和各技术部门对数据收集和分析的配合，做到及时反馈路网交通状况、及时调整。

### （4）城市交通枢纽规划欠合理，设计与需求不协调

近年来，我国城市交通枢纽需求持续增加、规模不断扩大、内外交通联系愈加复杂。同时，枢纽内产权划分、共享空间切分、治安卫生权责、消防人防设计、运营费用分摊等问题影响枢纽建设与运营，难以有效解决。各投资主体意愿不统一、标准不一致、要求有差异，导致目前交通枢纽建设存在枢纽、轨道建设时序与城市发展不匹配等一系列问题，不利于枢纽建设工作推进。

这些问题主要表现在：不同交通方式运能不匹配，服务时间不协调；缺少协调考虑乘客需求、安保需求、商业需求和管理需求；标识系统识别度较低，风格不统一，信息不规范，设计不简洁；建设时序不协调，影响城市发展的整体效益和效率；物理衔接不协调，枢纽对城市造成一定割裂，不能融入城市；文化产业不协调，枢纽以单一集散功能为主，缺乏商业元素、文化元素的注入。

## 2.3.3 城市交通系统运行效能提升方面

### （1）交通管理机制协调性不足，管理反馈系统不完善

城市交通管理涉及城市交通规划、建设和管理等多个部门，部门之间协调性不足，使得城市交通发展各阶段存在脱节分割的问题，并导致交通管理盲区和遗漏区的出现，整体工作效率有待提升。

例如，参与南京"智慧交通"管理和服务的部门包括分管南京市交通、公安交管、城管、建委、规划、信息中心、航空、铁路等多家单位，各部门都分别掌握一定的交通信息资源，由于各部门之间的业务区隔和管理界限，尚未形成能够统揽全局、可以协同联动、具有更高权威的机制体制来带动全市"智慧交通"发展。同时，还未形成完善的交通管理反馈系统，各部门在全面开展工作时忽视了工作效果的反馈性能，没有能够根据工作的反馈效果对工作进行分析完善。

### （2）智能化交通管理体系不完善，智能交通系统分散建设

智能化交通管理已经成为城市交通发展的必然趋势，很多城市的智能交通管理体系已经基本形成，但是还不完善。智能交通系统分散且存在重复建设问题，尚未完全实现信息共享。

智能交通系统的建设，大多由各部门根据各自的业务需要和管理界限，在不同的历史背景下，以不同时期的技术条件逐步建立起来。这种"分散建立"导致各部门信息来源不同、渠道不一、标准不统一、数据不能集中、信息不能完全共享，从而导致数据难以深度挖掘、无法融合应用。电子警察、监控设备等相关基础设施的覆盖率不够。同时，公交专用道或优先道没有形成网络体系，需要将绿波管控与公共交通的优先发展相结合。

### （3）城市车辆管控关注度不够，交通需求管理政策措施实施不到位

机动车保有量的迅猛增长以及居民的高比例私人机动化出行是造成众多交通问题的直接原因。目前除了北京、上海少数城市外，各城市对车辆总量以及车辆出行的控制力度均不够强。

控制私人小汽车数量的增长，根据车辆的出行特性实施道路资源的重分配，严格限制高污染、违规车辆的出行等管控措施是城市近、远期交通发展必将经历的过程。各地在道路交通管理过程中实施过多种交通组织管理措施，但是由于经济效益低、政策支持不足、法律保障不健全等原因，导致措施落地性不足或实施效果不佳，从而使得夜间停车泊位共享、错时上下班等预期效果良好的措施无疾而终。

### （4）"互联网"背景下亟待创新城市交通治理理念和方式，充分发挥交通大数据作用

"互联网+"是当前的潮流所在，大势所趋。"互联网+"新交通模式不断发展给传统的智能交通建设和交通管理手段带来巨大的冲击与变革。城市交通亟待创新发展理念，创造性地进行"智慧交通"系统规划设计；创新强有力的政策支撑，特别是行业部门的监管以及与传统交通模式的融合等方面。

交通数据的深层价值有待进一步挖掘和开发，已建成系统智慧化有待提高。虽然各城市的交通信息化建设在数据采集和系统平台搭建方面已有不少成就，但是由于交通数据资源的条块化分割和信息碎片化等现象严重，造成数据种类繁多且缺乏统一的标准，缺乏对交通数据的收集与深度挖掘，基于大数据的交通信息服务价值链尚未真正形成，交通大数据分析在有效支持交通管理、决策、规划、运营、服务以及主动安全防范等方面有待完善与提高。

# 第 3 章　城市交通系统供需平衡机理与总体思路

## 3.1 新型城镇化对城市交通系统发展的影响分析

### 3.1.1 快速城镇化对交通系统影响

改革开放以来，我国经历了史上规模最大、速度最快的城镇化进程，常住人口城镇化率从1978年的18%上升到2015年的56.1%，城市发展波澜壮阔，取得了举世瞩目的成就。城市发展带动整个社会经济发展，城市建设成为现代化建设的重要引擎。2006年我国东、中、西部城镇化水平分别为54.6%、40.4%和35.7%。其中，上海城镇化水平最高，为88.7%；其次为北京和天津，城镇化水平分别为84.3%和75.7%。截至2015年，全国常住人口城镇化率为56.10%，城镇化水平比2006年提高13个百分点，年均提高1.3个百分点（表5-3-1）。

中国常住人口城镇化率历年统计数据　　表5-3-1

| 年份 | 2005 | 2006 | 2007 | 2008 | 2009 | 2010 | 2011 | 2012 | 2013 | 2014 | 2015 |
|---|---|---|---|---|---|---|---|---|---|---|---|
| 城镇化率（%） | 43.0 | 43.9 | 44.9 | 45.7 | 46.6 | 47.5 | 51.3 | 52.6 | 53.7 | 54.8 | 56.1 |

数据来源：国家统计局

但在城市空间快速扩张的过程中，存在着城镇空间增长低效、城市交通拥堵严重、环境质量低下等问题，"城市病"日益突出。从世界城镇化发展的普遍规律来看，我国城市发展仍处于城镇化率30%~70%的快速发展区间，在快速城镇化和快速机动化的双重压力下，城市空间与交通供需平衡的冲突尤为强烈。当前，我国多数大城市的布局形态为单中心发展模式，以同心圆的形式向四周扩散，城市无计划的扩张和过度依赖机动车的模式导致城市无序蔓延扩张与交通拥堵等问题愈发突出。

城镇化进程加快和机动化水平提高导致城市交通需求激增，而城市交通基础设施建设相对滞后。另外，由于城市空间结构的限制、交通流时空分布不均导致城市内部尤其是中心区域道路资源供不应求，交通拥堵现象凸显，交通运行效率低下。截至2017年，全国汽车保有量达2.17亿辆，与2016年相比，全年增加2304万辆，增长了11.85%。汽车占机动车的比例持续提高，近五年占比从54.93%提高至70.17%，已成为机动车的主体。过快增长的机动车保有量已远超城市道路网络的交通负荷，给城市交通发展带来巨大压力。城市交通拥堵正在由通勤高峰时段向全天各时段蔓延，由局部路网向全局路网扩散，交通拥堵成了目前城市交通运行的常态，"出行难"成了居民出行的深刻体验。

## 3.1.2 快速机动化引起的交通结构转型

随着城市经济增长速度和机动化水平发展的加快，居民的出行强度也随之发生一系列变化。急速上涨的私人小汽车保有量和低效的公交出行，促使更多的居民选择私人小汽车出行，过多的私人小汽车使用进一步加重了城市交通拥堵状况。以南京市为例，在城市空间演变过程中，南京城市人口持续增加，1990~2000年南京市户籍人口增长率为8.58‰，总人口增长率为18.54‰。2000年以来南京市人口增长速度是改革开放以来最快的时期。2000~2011年，南京市户籍人口增长率为16.06‰，总人口增长率为30.66‰。截至2015年末，全市户籍人口653.40万，年末常住人口达到823.59万（图5-3-1）。

1997年以来，全市机动车保有量持续增长。2015年，全市机动车保有量达到224.06万辆，其中，私人小汽车拥有量172.1万辆，占全市汽车总量的86.9%，较上年增加23.5万辆，增幅达15.8%（图5-3-2）。

1997~2005年，南京市主城区步行和非机动车出行比例逐步减小，机动车出行比例快速增长。城镇化过程中，居民的出行距离普遍增长、出行次数整体增加以及出行范围扩大，加大了人们对机动化出行的需求。持续增长的机动车保有量促使机动化出行需求和供给矛盾恶化，导致城市交通问题一直得不到有效解决（图5-3-3）。

快速机动化在提高社会运转效率的同时，给我国城市带来诸如交通拥堵、环境污染等问题。以私人小汽车为主的城市交通体系不利于城市的可持续发展，构建以公共交通为主体的综合交通体系才是协调城市交通发展和缓解城市交通拥堵问题的根本出路。然而，现阶段我国私人交通的增长速度远超公共交通的发展速度，城市公交出行分担率整体较低。城市轨道交通设施不足、公共交通服务水平低等问题严重制约了公共交通的发展和城市交通的可持续发展。

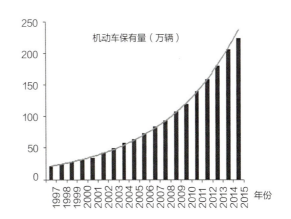

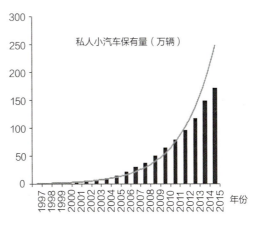

图 5-3-2 南京市机动车及私人小汽车发展趋势

数据来源：南京历年交通年报

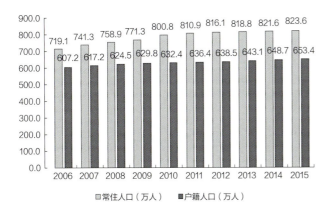

图 5-3-1 南京市人口变化示意图

数据来源：南京历年交通年报

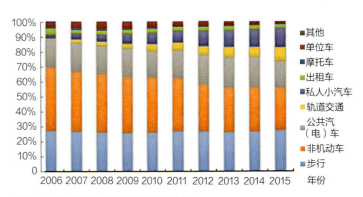

图 5-3-3 南京市主城交通出行方式结构图

数据来源：南京历年交通年报

## 3.2 城市空间演变对交通需求的作用机理

城市空间演变对城市交通需求作用显著,特定城市空间演变模式衍生对应的城市交通模式,其作用机理主要体现在城市空间演变的规模、人口的增长、空间结构布局、空间功能的混合程度和人口分布等方面。

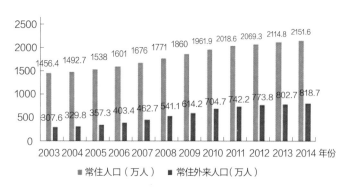

图 5-3-4　北京市 2003~2014 年人口增长图

数据来源:《北京市统计年鉴》

### 3.2.1 城市空间规模和人口增长对交通需求的作用

城市规模和城市交通总量有直接关系,城市规模越大,交通需求量也就越大,从而对大运量交通系统产生需求。整体上,城市客流总量与城市空间规模之间表现出正相关的关系。随着城市演变过程中城市可达空间的扩大,居民平均出行距离不断增加,从而使人们对快速高效交通系统产生需求。同时,城市空间规模的扩大使居住和其他各种用地功能不断趋于分散,导致居住用地和其他功能用地距离增大,造成居民出行距离的增加。特别是在单中心城市,随着城市空间规模的扩大,居民出行距离的增加更加明显。

城市空间演变(规模和人口)对交通方式具有一定的选择性,城市的演变不断推动交通方式结构的转变,城市越大,居民对城市公共交通需求就越大。在空间规模小的城市,人口总量小,居民的出行距离相对较短,常规公交、自行车以及步行等方式就能满足居民的日常出行需要;交通需求量小,同时对大运量快速交通缺乏相应的需求。而随着城市空间规模的扩大,居民出行距离变长,必然导致增加对速度快、运量大的交通方式的需求。因此,城市空间演变过程会不断推动城市交通结构的转变和城市交通水平的提高。

以北京市为例,1991 年北京市建成区面积为 1042km²,占北京市土地总面积的 6.4%;2001 年北京市建成区面积为 1944km²,占北京市土地总面积的 11.9%;2007 年建成区面积达到 2686km²,占北京市土地总面积的 16.4%,比 2001 年增长 38.2%,年均增长速度为 5.5%;2007~2011 年建成区增长速度再次提高,2011 年建成区面积为 3502km²,占北京市土地总面积的 21.4%。北京市户籍人口从 1982 年的 917.8 万增长到 2010 年的 1257.8 万,共增加 340 万,年均增长 12.14 万,年均增长率为 1.17%。全市常住外来人口从 1982 年的 17.2 万增长到 2010 年的 704.7 万,共增长了 687.5 万,年均增长 24.55 万,年均增长率为 14.74%,是户籍人口增长量的 12.58 倍(图 5-3-4)。

以南京市为例,1985 年南京市建设用地总面积为 785.52km²,主要集中在江南主城区、江北大厂、浦口区的老城区及雄州街道、珠江街道,以及溧水县和高淳县城关镇。1995 年建设用地总面积为 896.46km²,比 1985 年增加了 110.94km²,年均增长率为 1.33%。增加的用地主要在老城区的周边。2001 年建设用地总面积为 1159.89km²,比 1995 年增加了 263.43km²,年均增长率为 4.89%。最新报告显示,2017 年南京市的建设用地面积达到了 1892.80km²,比 2001 年增加了 732.91km²,年均增长率为 3.95%。

### 3.2.2 城市空间功能结构布局对交通出行方式的作用

城市功能及布局影响交通发生源和交通吸引点的空间分布,城市空间的功能区可划分为商业区、工业区、居住区、休闲区、绿化区和仓储区等,不同的功能区具有不同的特性,从而导致了不同的交通吸引和生成特性。住宅区是城市客流产生的源泉,决定了客流生成的规模,其规模和密度越大,产生的交通需求就越大;商业区具有强大的客流吸引功能,同时又提供了大量的就业机会,往往是重要的客流吸引源。工业区主要是对非服务性就业产生较大的吸引作用而对其他客流影响较小。城市空间结构不平衡导致客流时空分布不均。城市演变过程中城市公共资源、就业岗位以及生活配套设施的分布不均，导致人口与就业分布失衡，从而导致出行需求在出行空间上分布不均匀（如潮汐现象），造成空间上的道路资源浪费和区域性拥堵；城市空间结构导致出行需求在时间上分布不均衡，存在明显的早、晚高峰，导致高峰时段交通需求远远大于路网通行能力，从而造成长时间排队和拥堵，降低路网通行效率。

合理的城市空间布局模式不仅可以减少大量无效交通需求，而且可以有效利用城市时空资源，均衡交通客流的时空分布。通过协调和平衡土地使用的各种方式使相关的不同功能区彼此靠近，减少出行距离。混合土地开发利用有利于城市发展公共交通，减少居民出行距离，促进交通环境和路网建设，同时可以使该区域的各种设施充分发挥作用，使用各种功能的时间可以相互交错，降低早、晚客流高峰拥挤度。

以北京市为例，2016年北京市平均出行距离达到了12.2km，而2000年为8km，2005年为9.3km，2016年的居民平均出行距离相较于2005年增长31%，侧面反映了城市空间的扩张。私人小汽车出行距离逐年增加，而公共交通的出行距离在逐渐减小。从时间分布上来看，2016年大于100min的长时间出行占到了总出行量的20%。2015年末，北京市有约68%的常住人口分布在四环以外，在早高峰期间，四环外的通勤人员大量向四环内城区聚集；在晚高峰期间，四环内的通勤人员大量向四环外流出，职住分离情况明显。

近年来北京市轨道交通迅速发展，但私人小汽车拥有量仍逐年增长，私人小汽车出行比例并未随轨道交通的大量投入而表现出下降趋势。2015年通勤出行（不含步行）中私人小汽车出行比例仍高达31.9%。六环内各交通方式出行时耗晚高峰略高于早高峰。在出行效率方面，私人小汽车出行效率仍体现出一定优势，其次为轨道交通、出租车、电动自行车、公共汽（电）车、自行车（图5-3-5）。

以南京市为例，从1997年至2014年，南京市主城区的日出行总量呈上升趋势。2015年，主城区居民人均出行次数2.6次/日，主城区常住人口一日出行总量达到904万人次。由于南京城市空间的拓展，居民的出行时空分布发生改变。一方面，城市规模扩大直接导致居民出行距离增加。根据现状调查结果，南京市主城区居民平均出行距离为6.5km；近10年来平均出行距离增幅超过40%，随着城市规模的拓展，预计居民

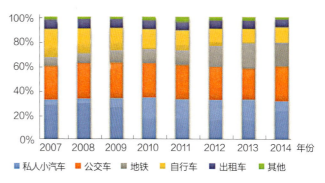

**图5-3-5 北京市历年交通出行方式构成**
数据来源：《北京市交通发展年报》

平均出行距离还将继续增加。另一方面，居民出行时间也随之发生改变。2001年南京市居民平均出行时间为26.5min，略高于1999年的出行时间。随着城市空间扩展，2011年主城区居民平均出行时耗为32.2min，外围区居民平均出行时耗为29.6min。2015年，主城区居民平均出行时耗为29.2min，外围居民的平均出行时耗总体上低于主城区。其中，仙林副城居民出行平均时耗29.2min，与主城区基本持平；东山副城与江北新区的居民出行平均时耗均为26.5min。

人口和就业密度的分布与城市交通总量有着密切联系，均匀分布和集中分布对城市交通需求总量有不同影响，多中心与单中心的经济密度分布情况也会对城市的交通吸引点以及城市交通源的分布情况产生直接影响。商业、办公等建成环境密度越大的城市空间区域，说明这些区域经济越繁荣，需求越大，导致地段越容易发生交通拥堵现象；居住密度和就业密度都会影响居民的出行需求和方式选择，居住或就业高密度地区的出行距离相对较长，但有利于发展大运量的快速公交模式，同时加强私人小汽车的抑制作用。

以北京市为例，朝阳、海淀、西城、东城4个中心城区聚集了大量的企事业单位，能够提供大量就业岗位，为就业吸引力强地区；而昌平、门头沟、石景山、通州、房山等城区的居住密度明显大于就业密度，成为早高峰的主要客流发生源和晚高峰的主要客流吸引源。根据资料统计，在北京城中心（故宫和天安门广场）所在地，居住人口较少；在距天安门5~25km区域属于人口居住的最密集区，特别是在三环至五环之间，人口居住最多；近年来在五环之外也出现了大型居住区如回龙观、天通苑、望京等。在距离天安门35km、50km、70km处，即新城所在地的街道人口密度较大，如顺义、房山、怀柔、平谷、密云等。近30年北京市人口

分布变化表现为由尖锐单峰式分布格局向较低缓多峰式分布格局转变。距离天安门5km的人口密度从1982年最高为59210人/km²，到1990年、2000年依次下降为51674人/km²、39774人/km²，但2010年又稍微上涨为40887人/km²。核心区内人口密度下降的街道增多，城市功能拓展区和城市发展新区人口密度增加的街道增多，说明核心区人口向外疏散，城市功能拓展区和城市发展新区人口不断集中。

以南京市为例，2000~2010年南京市各地域人口均呈现增长态势，但各地域间人口增长差别较大。城市中心区人口增加20.9万，人口密度由3万人/km²增长到3.5万人/km²，年均增长率为1.55%。近郊区人口总量增加148.4万，人口密度由2000人/km²增长到3500人/km²，年均增长率达到6.30%。这一时期，南京都市区人口增加183.1万，人口密度年均增长率为3.52%；而远郊区人口增加较为缓慢，人口总量和密度年均增长率仅为0.52%。从分地域的人口分布变动情况来看，近郊区成为10年间南京都市区人口增加最快、吸纳人口最多的地区。由于2000年以来南京市"一城三片"空间发展战略的实行，仙林、东山和江北等新城快速发展，郊区优越的自然条件吸引许多居民迁居于此；另外，工业郊区化、经济开发区和大学城的建设带动了居住人口的外迁，促进了居住郊区化的发展。主城区与三大副城之间通道的交通量总体呈上升趋势。

## 3.3 城市交通供给建设对通行效率/出行效率的作用机理

### 3.3.1 道路网密度和结构对通行效率的作用

城市道路网络长度、密度的快速增长，并未明显改善城市的出行效率。近年来国家投入了大量的资金发展交通，不管是交通设施的数量、规模还是运输能力、交通供给方面都取得了巨大成就。但是，道路交通的大发展并未能解决城市中由于交通带来的"城市病"，反而"城市病"有愈演愈烈的趋势。2007年末全国城市道路里程24.6万km，是1980年的8.2倍；城市道路面积达42.4亿m²，人均11.4m²。另外，我国城市道路里程和道路面积均呈增加趋势，还修建了地铁、高架桥等许多道路基础设施，地面交通资源也在不断丰富。但城市机动车保有量同期增长仍大大超过了道路增长，交通供需矛盾仍然突出。

在城市道路网建设过程中，不少城市忽略路网合理性的问题，在规划过程中或一味新建道路，或大修高等级道路，或盲目改造交叉口，造成城市交通问题不但没有得到解决，反而越来越复杂尖锐；另外，城市空间形态不合理，导致路网结构不完整，居民出行过于依赖快速路和主干路等高等级道路，造成次干路和支路利用率低。加之传统的城市规划是以土地使用规划为核心，城市交通规划与道路系统规划往往作为一种配套性的规划依附于土地使用规划，单纯的土地使用规划难以保证交通的合理性，而城市交通与道路系统规划又难以符合城市总体规划布局，致使土地使用与交通组织和道路系统脱节、城市规划与交通规划缺少协同。另外，城市交通系统规划、建设、管理涉及多个政府部门，各部门条块分割，整体协调性不足，使得城市交通发展各阶段存在割裂问题。

以北京市为例，截至2015年末，北京市区城市道路总里程达到6355km，其中城市快速路达到263km，比"十五"末增加14.3%，主、次干路里程达到3462km，比"十五"末增加15.6%，城市支路总里程为2630km，道路总面积达10002.5万m²。北京市机动车保有量年增加率为15%，而道路长度和道路面积的年平均增加率仅为1.2%和3.7%，车流量年增长速度已达18%。随着超强度的土地开发，市中心区吸引、产生大量交通流，城区单位面积机动车保有量为近郊区的9倍，机动车出行强度为近郊区的5.1倍。在市区400多处主要干路交叉口中，高峰小时机动车流量超过1万辆以上的路口有55个，5000~10000辆的有51个，严重拥挤堵塞的路口和路段达99处。三环路以内110条主干道路中，有80多条道路交通流量达到饱和或超饱和状态，连接各主干路的二环路高峰小时机动车交通流量已达1.1万多辆，三环路最高峰时的交通流量已达1.4万辆/h。市中心区道路网高峰期间的平均负荷度超过90%，11条主干路的平均车速降至12km/h，有近1/5的路口和路段呈现瘫痪状态（图5-3-6、图5-3-7）。

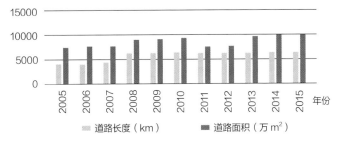

图 5-3-6 北京市道路长度与面积

数据来源:《北京市交通发展年报》

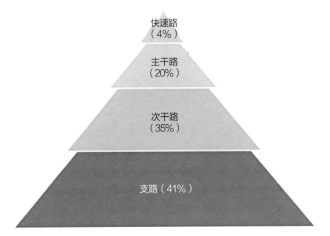

图 5-3-7 北京市道路结构组成

数据来源:"十二五"规划

### 3.3.2 公共交通系统配置对出行效率的作用

2015年底,我国在37个城市开展了"公交都市"示范工程建设工作。"公交都市"创建城市拥有公共汽(电)车运营车辆28万标台,占全国总量的45%;开通城市轨道交通线路99条,运营线路里程3034km,分别占全国总量的94%和95%;公交专用车道里程达5052km,占全国总量的59%;年客运量375亿人次,占全国总量的49%。截至2016年底,全国已有28个城市开通运营城市轨道交通线路,城市轨道交通发展迅速;众多城市快速公交线路已成网运营,快速公交建设继续加快;各城市在重要路段、重点时段积极施划公交专用道方案,加快落实公交路权优先战略,公交专用道建设逐步完善;城市公交场站建设投入力度加大,多数城市实现公共汽(电)车进场率100%,公交场站建设稳步推进。截至2015年底,全国公共汽(电)车总数为56.2万辆,其中新能源公交车辆8.7万辆,同比增长137%;空调车占比62%,同比增长17%,车辆配置条件明显提升,公交出行的舒适性得到进一步提升。

然而,公交建设仍存在着线网功能不够明确、层次结构不尽合理的问题。公交线网布局过于单一,线网布局未能考虑由于线路承担客流、行驶路线及服务区域不同而带来的功能差异,未能按照线路服务功能和区域不同而形成有效的层次结构,同时城市道路条件也在一定程度上影响公交线网布局。缺乏合理规划设计的线网布局往往使得整个公交网络系统难以发挥应有效率。

以北京市为例,北京市轨道交通建设成效显著,轨道交通营运线路长度持续快速增加,年均增长率高达40.25%。截至2015年底,轨道交通共运营18条线路,运营总里程达554km。轨道交通快速发展的同时,2000年后公共汽(电)车的运营线路长度增加缓慢,平均年增加率仅2.14%。公交系统本身结构性问题仍然突出,仅重视骨架网的建设,而忽视了整个公交系统结构性的优化,且公交系统主体网缺乏、常规支撑网效率不高(表5-3-2)。

北京市公共汽(电)车供给能力　表 5-3-2

| 指标 | 计量单位 | 2013年 | 2014年 | 2015年 |
| --- | --- | --- | --- | --- |
| 运营车辆 | 辆 | 23592 | 23667 | 23287 |
| 运营线路条数 | 条 | 813 | 877 | 876 |
| 运营线路长度 | km | 19688 | 20249 | 20186 |
| 年客运量 | 亿人次 | 48.43 | 47.72 | 40.60 |

数据来源:《北京市交通发展年报》

截至2014年底,北京市轨道交通线路18条,运营里程527km,车站318座,换乘站47座,轨道交通"三环、四横、五纵、七放射"的骨干线网基本实现。2015年12月26日,轨道交通14号线中段和昌平线二期2条轨道交通新线开通试运营(表5-3-3)。

北京市轨道交通供给能力　表 5-3-3

| 指标 | 计量单位 | 2013年 | 2014年 | 2015年 |
| --- | --- | --- | --- | --- |
| 运营车辆 | 辆 | 3998 | 4664 | 5024 |
| 运营线路条数 | 条 | 17 | 18 | 18 |
| 运营线路长度 | km | 465 | 527 | 554 |
| 年客运量 | 亿人次 | 32.05 | 33.87 | 33.24 |

数据来源:《北京市交通发展年报》

公共汽（电）车近 10 年间增加总量不到 10%，总量占全市机动车总量的近 4.23%。据调查，相当一部分线路乘车环境较差、空间拥挤，高峰小时客运量在 1500 人次以上的线路有 60 条。公交线网层次结构不明确，站点、线路规划不合理，公交调度运营模式落后，造成公交系统的运营效率较低。另外，常规公交、快速公交、地铁、城铁未能有效整合，导致城市多模式公交出行在衔接和换乘过程中出现诸多问题。此外，公交线路仍然存在很多服务盲区，公交班次少、发班周期长，公交拥挤等问题也未能得到实质性改善。

## 3.4 城市交通系统供需平衡及演化机理

### 3.4.1 交通供需平衡动态关系的基本作用机理

城市形态、土地利用、人口分布等空间发展要素是影响城市交通需求的重要因素，城市道路网络密度、结构和布局以及城市公共交通构成是城市交通供给的重要组成部分，城市交通系统的供需平衡是城市交通系统运输效率得以正常发挥的基础。与传统被动适应式交通供给优化模式不同，主动引导式供需平衡策略结合系统耦合平衡控制，引导交通供给的系统结构优化、完善交通供给，提高交通供给的有效性及运输效率；通过引导交通结构优化来调整交通需求，从而提高交通需求的合理性及出行效率。该模式下的效率平衡相对持久，更适于城市交通系统可持续发展。

主动式交通供需平衡主要从城市交通拥堵源头着手，诊断诱发道路拥堵的交通症结，调整交通需求的分布与强度，构建合理的交通网络布局，达到科学预防城市交通拥堵的目的，从根本上打破城市交通系统建设"道路越建越多，交通越来越堵"的被动局面，推动城市交通可持续发展。以"公共交通优先"发展引导交通结构优化，以交通资源配置优化引导系统结构优化，提高交通需求合理性和交通供给有效性，实现主动式供需平衡，从源头上解决结构性拥堵瓶颈。

### 3.4.2 交通结构优化与系统调控对交通供需的影响

当前我国千人小汽车拥有量为 200~300 辆/千人，而发达国家机动化水平为 600~800 辆/千人，我国城市未来在机动化程度上还存在很大的潜在发展需求。因此，在演绎我国城市交通供需平衡机理时，应立足于我国城市快速城镇化和机动化的背景，结合我国复杂国情揭示结构性拥堵瓶颈的产生机理，剖析公交主导型交通系统供需平衡模式对缓解大城市交通拥堵的作用机制，为构建公交主导型城市交通系统、保障主动式交通供需平衡、缓解大城市结构性交通拥堵提供基础理论与关键技术支撑。

供需平衡是缓解拥堵的本质出路，具体作用机理如图 5-3-8 所示。以南京市为例，2000~2017 年南京市经历了最为重要的城市交通结构转型期。此间，城市机动化发展水平增长极为显著，私人小汽车保有量从 2000 年的 2 万辆增加至 2017 年的 180 万辆，增加近 90 倍。在 2000 年初，城市道路实际发生地面交通需求与同期的路面交通供给能力基本持平；至 2017 年，快速增长的城市机动化水平给城市道路交通带来很大压力，实际发生的路面交通需求已超过路面交通供给能力，道路交通系统供不应求（$V/C \geq 1$），城市道路网络整体呈现交通拥堵状态。如何有效抑制实际地面交通之外的潜在交通需求，对未来城市交通发展期的交通系统供需平衡调控有重要意义。有效协调和控制潜在交通压力的主要途径有：①通过限行、拥堵收费、停车管理等方法管控路面交通需求；②通过轨道、慢行交通等方式转移路面交通需求；③依靠调整交通出行结构如增加公交出行率的方式，提高路面利用效率。因此，在交通结构转型期，综合上述三种方法调控交通供需关系，协调和控制机动化背景下路面交通需求总量愿望和路面交通供给能力间的差值，有望在未来发展和形成以公交为主导的供需平衡交通系统，从根本上解决由城镇化、机动化引发的交通拥堵问题。

交通结构是影响交通系统供需平衡关系的关键要素，具体作用机理如图 5-3-9 所示。以南京市为例，2000 年以来，地铁模式分别跨越从无到有质变的阶段以及线路增加至小规模成网量变的阶段，地铁线路先后从 3 条、4 条增加至 6 条，以此为界城市交通结构优化下的期望公交需求量分别为 25%、30%、40%；然而，在此期间，南京城市实际公交吸引出行

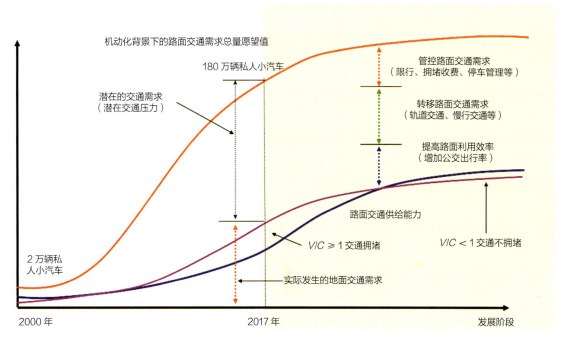

图 5-3-8　供需平衡—交通拥堵关系

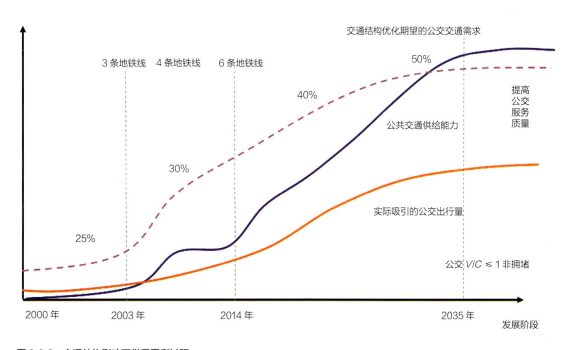

图 5-3-9　交通结构影响下供需平衡过程

量和公共交通供给能力增长趋势均不显著。2014 年后南京市轨道交通线路初步成网，随后轨道交通线路持续增加，城市公共交通供给能力有明显提升，至 2035 年公交供给能力有望满足城市交通结构优化期望（公交率为 50%）的公交需求量。然而，以南京城市机动化出行需求和当前交通出行结构预测得到的未来实际吸引公交出行量，其增长走势远低于城市未来公交的供给能力，大规模的公交资源未被充分利用，公交大运量输送优势没有得到充分发挥。而公交服务水平提升是提升公交吸引力的重要手段，是打破当前不合理的交通结构和实现以公交主导的供需平衡关系的关键。

交通供给能力和质量的提升对交通系统的供需平衡也有显著作用，具体如图 5-3-10 所示。基于我国城镇化发展进程和私人小汽车发展速度，至中期 2025 年南京市机动化交通需求总量将从 2017 年的 180 万辆私人小汽车增加至 250 万辆，远期 2035 年该需求总量有望突破 300 万辆。2017 年，南京市地面交通

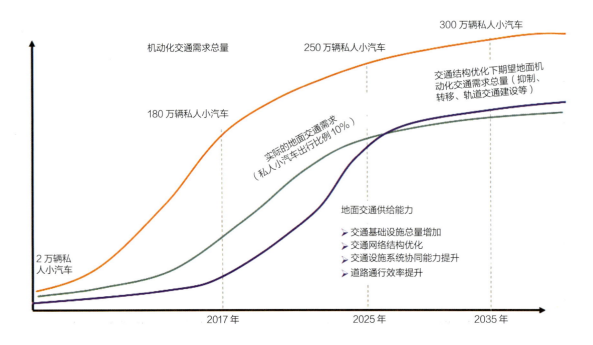

图 5-3-10　交通供给能力和质量影响供需平衡过程

供给能力仍然不足，不仅低于同年城市机动化交通需求总量，也远低于 10% 私人小汽车出行比例的地面交通需求。有效提升地面交通供给能力和充分发挥其使用效率是补足当前交通供不应求的重要手段，从交通基础设施扩建、交通网络结构优化、交通设施系统协同能力提升和道路通行效率提升四方面着手，最大限度地提升地面交通的供给能力，缩小其与 2025 年地面实际交通需求的差距。高强度的机动化水平在远期还需结合抑制、转移、轨道交通建设等多重手段，通过交通结构优化方式控制地面机动化需求总量，实现 2035 年远期的交通系统供需平衡目标（图 5-3-10）。

## 3.5　缓解城市交通拥堵的总体思路

缓解城市交通拥堵应转变以往以车为本的理念，向"以人为本"转型，构建以公交为主导的最优交通结构。传统的城市交通系统规划、建设与管理以满足私人小汽车通行为目的，以小汽车为上的交通资源配置挤占公共交通、步行、非机动车道路时空资源，导致城市道路交通环境持续恶化。缓解城市交通拥堵的根本在于从城市交通本质出发，为城市所有居民的空间转移提供高效的输送模式。"以车为本"式城市交通扩容以降低其他类型交通的出行效率为代价，加剧城市道路的生活、生态、环境、安全等功能退化。"以人为本"的交通理念则以所有城市居民出行效率为目标，资源共享式地合理分配通行权、道路资源使用权和占用权，构建以公交为主导的城市交通体系，实现人们在城市空间上的高效转移。

缓解城市交通拥堵问题还需立足于国家新型城镇化规划，在满足居民机动化出行基本需求的基础上，着眼于国情形成城市交通机动化的中国模式，构建以公交为主体、自行车、私人小汽车、步行等方式协同的综合交通系统。城市最优交通结构是在满足城市居民出行效率的前提下形成的城市低碳交通结构。最优交通结构基于居民不同出行方式的出行距离曲线和不同交通方式的优势出行距离来确定，以最佳城市交通分担率搭配各类交通方式，提升城市居民的出行效率。由于不同城市空间形态、城市规模、城市人口密度、经济发展水平对应于不同的居民出行距离和出行时耗，因此不同城市类型在定制最优交通方式组合时也不尽相同。城市类型主要根据城市规模、用地布局和经济发展水平进行系统归类，主要分为特大城市、大城市和中小城市三类。大城市应该建立以轨道交通为骨干，地面公交为主体，步行、自行车、私人小汽车等多种交通方式协调运转的综合交通体系。在道路交通资源配置有限的背景下，高品质的城市公共交通体系能充分发挥自身优势，并结合步行、自行车、私人小汽车的交通特征，为城市提供不同运量的高效便捷的交通输送服务，满足城市居民中长远距离出行需求。

　　缓解交通问题应从理性引导居民出行方式优化交通结构、精准实施智能交通管控保障通行效率、协同重塑交通供给体系提升运输能力三大措施着手，建立公交主导型城市交通系统的供需平衡。公交主导型城市交通系统可结合城市土地开发、交通设施建设和交通管理等措施引导居民的出行方式，通过优化交通结构的方式控制人们因城镇化发展而日益增长的机动化出行需求。同时，响应交通运输部《推进智慧交通发展行动计划（2017—2020年）》的号召，聚焦基础设施、生产组织、运输服务和决策监管等方面的智能化建设，应用现代化技术、信息化管理、互联网和大数据，掌握城市交通运行态势和发展趋势，精准实施智能交通管控，提升交通供给能力和控制交通需求，双向管控缩小供需差，保障路网通行效率。最后，通过构建"网络协同、信息协同、服务协同"的现代城市综合交通体系，有效应对新型城镇化背景下城市交通面临的新需求、新问题、新挑战，重塑交通供给体系提升运输能力，调控城市交通机动化下的供需矛盾关系（图5-3-11）。

　　建立以公交为主导的综合交通体系，形成以"主动引导、效率优化"为根本特征的城市交通系统供需平衡模式是缓解城镇化背景下的城市交通拥堵问题的根本：一是从社会活动、出行需求、交通工具、出行路径、道路流量多方着手，调节城市综合交通系统的供需平衡关系，主动引导城市的远期开发；二是集合城市形态、土地利用和相关政策，结合道路、轨道、公交网络以及相关交通管制、交通诱导、交通控制，协同城市综合交通体系提升近远期的城市功能；三是采用源流结合式的交通管理方式引导交通网络流，提升城市综合交通系统效率以适应城市的近期发展。因此，要实现城市交通可持续发展目标，必须秉持"供需平衡、主动引导、效率优先、以人为本"的基本思路，坚持"引导交通需求、完善交通供给、提升通行效率"的基本策略，结合公交导向型（TOD）开发策略扩展城市空间和开发城市用地，构建以主动式供需平衡模式为核心，以"高效、安全、节约、环保"为综合优化目标的公交主导型城市交通系统。

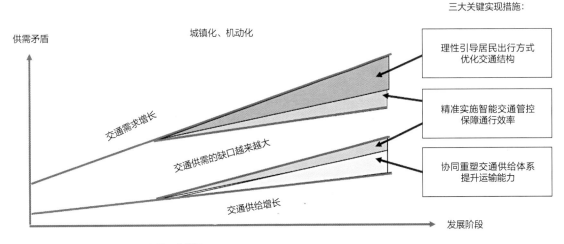

**图 5-3-11　实现系统供需平衡的三大措施**

中国城市建设可持续发展战略研究

专题 2

课题五
城市交通可持续发展模式与公交都市战略研究

**源头调控**

**专题负责人** 刘 攀 马 林 黄海军 高自友

# 第 4 章　城市交通系统供需平衡控制策略

## 4.1 公交引导的城市空间发展策略（TOD）概述

### 4.1.1 基本内涵

美国建筑设计师哈里森·弗雷克最早提出了一种以公共交通为中枢、综合发展的步行化城区概念，即公共交通为导向的土地利用发展模式（transit oriented development，TOD）。TOD 的设计思路由邻里单元的概念沿袭而来。邻里单元理论主要针对私家汽车交通对传统街区带来的噪声污染和儿童交通安全问题，随着城市空间郊区式扩张的不断推进，城市中心区衰落、社区纽带断裂、交通拥堵、环境恶化等一系列问题日益严峻，TOD 理念由此产生。TOD 强调以公交枢纽为中心、以 400~1000m 为半径建立城市中心或者社区中心，围绕这一中心将工作、商业、文化、教育、居住等活动的用地"混合"在一起，并适当提高用地开发强度，使居民出行能方便地选择公交车、自行车、步行等绿色交通方式。TOD 能够系统地协调土地开发和公共交通的建设，引导居民的出行行为和交通方式选择，其实质反映了交通与城市的协同关系，体现了"精明增长"的思想。将被动的供给压力转化为主动的带动需求发展的牵动力，利用交通的发展，尤其是公共交通的发展来驱动城市土地利用的发展，形成与交通建设相协调的城市布局形态、产业结构，使得交通资源的供给成为影响交通需求分布和强度的主导因素，从根本上控制交通供需矛盾的产生和激化（图 5-4-1）。

TOD 模式可从宏观、中观、微观三个层面构建多层次互动、高效耦合的交通与土地协调利用机制。在宏观层面，可以通过公交走廊引导城市轴线型空间形态，以轨道交通或其他公共交通廊道和枢纽为骨架及节点，布局城市各级公共服务中心，并依据公共交通的服务水平划分城市的居住与就业功能及建设强度；在中观层面，可结合城市分区发展的不同要求，将

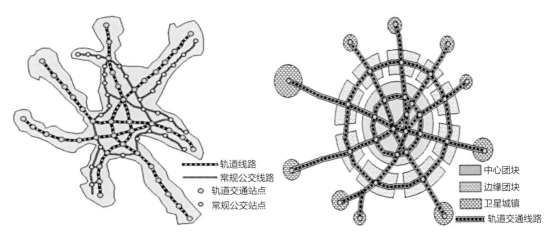

图 5-4-1　公交导向下的城市空间发展形态示意图

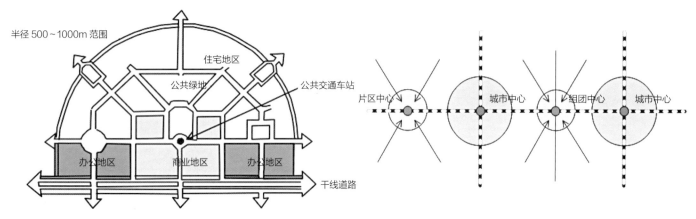

图 5-4-2 公交枢纽与城市中心体系关系示意图

轨道或其他大容量公共交通沿线的土地划分为不同的发展片区，进一步明确各片区的功能定位、用地性质、建设规模、市政及交通附属设施布局，优化沿线道路系统、地面公交系统、换乘设施配置和步行系统；在微观层面，可以以公共交通站点为中心组织城市社区，将商业、娱乐、居住等功能整合在步行可达范围之内，形成适宜步行的混合功能社区，从而方便居民选择公共交通工具出行，减少机动车辆的使用（图 5-4-2）。

## 4.1.2 政策背景

在绿色交通和新型城镇化战略背景下，公共交通将从原来的"满足出行"的基本功能向"引导城市发展"的战略性功能转变，TOD 规划理念在我国被广泛认可，以公共交通为导向的土地利用发展是顺应国家发展战略的必然选择，也是打造"公交都市"的重要核心。

在国家层面，相关政策体现了部分 TOD 规划理念，如 2012 年，国务院发布的《关于城市优先发展公共交通的指导意见》中明确提出："统筹城市发展布局、功能分区、用地配置和交通发展，倡导公共交通支撑和引导城市发展的规划模式"；2015 年，中央城市工作会议强调城市建设工作是一个系统工程，要坚持集约发展，提倡城市修补，树立"精明增长""紧凑城市"理念，推动城市发展由外延扩张式向内涵提升式转变等；2015 年，住房和城乡建设部发布《城市轨道沿线地区规划设计导则》，要求："充分结合轨道线网规划，优化城市功能布局和空间结构，通过开发强度及人口的非均等化控制，实现城市人口与就业岗位沿轨道交通廊道集约布局"；2016 年，《住房和城乡建设部关于加强生态修复城市修补工作的指导意见》中提出："改善出行条件，大力推行街区制，鼓励打开封闭社区，打通断头路，增加支路网密度，加强轨道交通站点与地面公交的衔接，方便城市居民公交出行"。

各级地方政府也积极推进 TOD 建设模式，如广东省住房和城乡建设厅于 2011 年发布了《珠三角城际轨道站场 TOD 综合开发规划编制技术指引》，从土地使用、交通组织和城市设计等层面给出了规划指引；南京市政府 2012 年发布《关于进一步加快发展我市轨道交通的若干意见》，充分认识加快发展轨道交通是优化城市布局、提升城市功能和加速城市现代化进程的关键，着力构建以轨道交通为骨干，地面公交为主体，多层次、立体化、有机衔接、协调发展的公共交通体系；2012 年，南京市成为首批"公交都市"创建城市，明确提出逐步建立以公共交通为导向的城市发展模式，以城市控制性详细规划的编制及轨道交通建设为契机，坚持以公共交通为导向土地利用理念，对轨道交通线网沿线土地进行规划与控制，预留走廊和开发用地，并结合车站周边用地进行综合开发；2015 年，南京市政府发布《关于推进南京市轨道交通场站及周边土地综合开发利用的实施意见》，指出"轨道交通是城市公共交通网络的核心组成部分，加快发展轨道交通是缓解城市交通拥堵、实现绿色低碳发展的客观需要，是优化城市空间布局、提升城市功能、加速城市现代化进程的关键"，要求"建立符合南京市发展实际的轨道交通场站及周边地区综合开发利用模式"。

### 4.1.3 研究思路

以城市空间演变与交通供需平衡两者作为关联研究对象，分别从城市群、都市圈、大城市、中小城市四个层次开展研究。调研国内外典型城市的 TOD 发展策略，基于城市空间演变与交通供需平衡的互动理论，剖析城市（群）—城区形态—土地开发—人口分布—交通模式的协同机理，提出城市空间规划从物质形态构造向供需平衡控制的转变策略，探索具有中国特色的城市交通机动化模式，建立以公交为导向的土地开发利用和交通资源配置体制。

其意在深化落实交通建设引领城市可持续发展政策，系统地协调土地开发和公共交通的建设，提高交通需求的合理性，引导居民的出行行为产生和交通方式选择，聚焦我国城市与交通在快速城镇化和快速机动化的双重压力下所面临的突出问题，为实现我国城市的精明增长和交通供需持续平衡的远期目标提供支撑。

## 4.2 城市群 TOD 模式发展策略

### 4.2.1 区域经济一体化

城市群是指以 1 或 2 个大型城市为核心，包括周围若干个城市所组成的内部具有纵向和横向经济联系，并具有发达的一体化管理的基础设施系统给予支撑的经济区域。它是世界各"流"的汇集地、连接区域和世界经济体系的节点。我国目前主要有京津冀、粤港澳、长三角等城市群，它们都是对东亚甚至世界经济有明显影响的全球性城市群，是国家发展规划和区域性规划的重要目标。

京津冀城市群包含北京、天津两个直辖市以及河北省的部分城市，其布局如图 5-4-3 所示。该地区的协调发展一直是国家重大发展战略，为了促进该区域的一体化，需要对京津冀各部分作出科学定位。北京作为国家的首都，是区域内的金融、商贸、信息中心和高端服务业基地，天津则是区域内主要的航运中心，是具有国际意义的大型港口，河北省则更注重对新型材料、交通装备的生产和农业、畜牧业的加工。各部

**图 5-4-3** 京津冀城市群一体化

图片来源：http://www.zgkyb.com/yw/20170922_44867.htm；http://dg.tianan-cyber.com/page-241207948687.aspx

分的分工合作、空间重组和整合能有效地引导人口、产业的适度集中，加强科技的协调创新。因此，如何推进区域中交通互联，因地制宜地构建便捷高效的交通网络，使得各地优势在京津冀地区协调发展的大背景下聚集和释放成为该地区城市群发展的重点问题。

粤港澳城市群主要由香港、澳门两个特别行政区和广东省部分城市组成。其一体化的发展主要体现在"一带二轴三翼四区"的空间布局上。"一带"指沿海经济带，"二轴"指以广州为中心的两轴，"三翼"指粤东地区、粤西地区以及粤北北部山区，"四区"指小珠江三角核心区及围绕该区的三个区域。这样的布局使得它对周边毗邻地区和更深腹地具有直接拉动作用，更容易形成集聚效应，促进该地区城市之间的互动，使得合作更紧密。一体化空间布局需要以一体化的交通作为支撑，基础设施的互联互通是促进要素自由流动、推进大湾区协同发展的重要前提。因此，如何根据该地区创新的空间布局，统筹规划区域交通系统，优化重大交通基础设施建设、管理模式、线网走向，优化高速公路、铁路、城市轨道与内河航道等交通网络的布局，打造内联外通的城市群发展格局是推动该地区发展亟待解决的问题。

可以看出，城市群内区域经济一体化发展问题与城市群综合交通系统协同问题息息相关。在其发展的过程中，如何提升改造区域内的路网规划、建设区域综合枢纽以提升地区间的服务水平、实现基础设施一体化发展等都是需要重点关注的问题。

## 4.2.2 城市群目前面临的挑战

### （1）城市群空间的非集约利用与不紧凑发展

作为中国门户的长江三角洲城市群在发展过程中空间不断扩张。据统计，1997年该地区土地面积为7.78万 $km^2$，而如今其面积达到了21.17万 $km^2$，增加了将近3倍。空间的无限蔓延导致中心城市间出行距离和时间远高于国外较为发达的城市群（以兰斯塔德城市群为例），如表5-4-1～表5-4-4所示。城市群空间没有得到高效利用，因而增加了出行成本，制约了城市群的发展。

**兰斯塔德城市群中心城市出行距离（km）　表5-4-1**

|  | 鹿特丹 | 海牙 | 乌得勒支 |
|---|---|---|---|
| 阿姆斯特丹 | 60 | 55 | 40 |
| 鹿特丹 | — | 25 | 50 |
| 海牙 | — | — | 60 |

**兰斯塔德城市群中心城市出行时间（min）　表5-4-2**

|  | 阿姆斯特丹 | 鹿特丹 | 海牙 | 乌得勒支 |
|---|---|---|---|---|
| 阿姆斯特丹 | — | 41 | 50 | 27 |
| 鹿特丹 | 42 | — | 24 | 38 |
| 海牙 | 48 | 24 | — | 37 |
| 乌得勒支 | 24 | 38 | 38 | — |

**长江三角洲城市群中心城市出行距离（km）　表5-4-3**

|  | 南京 | 杭州 | 合肥 |
|---|---|---|---|
| 上海 | 301 | 169 | 457 |
| 南京 | — | 249 | 156 |
| 杭州 | — | — | 410 |

**长江三角洲城市群中心城市出行时间（min）　表5-4-4**

|  | 上海 | 南京 | 杭州 | 合肥 |
|---|---|---|---|---|
| 上海 | — | 61 | 45 | 130 |
| 南京 | 59 | — | 68 | 58 |
| 杭州 | 45 | 68 | — | 138 |
| 合肥 | 128 | 58 | 136 | — |

### （2）城际轨道交通网不通达

我国大部分城市群的交通系统仍以公路为主导，铁路网的建设仍在起步规划阶段。客运轨道线路没有严格的层级划分，仅由高速铁路和城际铁路组成。就目前来看，它们的覆盖度并不高，尤其是城际铁路，在部分不发达地区，如黔中城市群几乎是空白。高速铁路虽比城际轨道交通规划建设更早，但是其覆盖度仍然较低。如表5-4-5所示，长江三角洲城市群中三、四级城市中均存在高速铁路的空缺，与兰斯塔德城市群相比，铁路网的多样性和覆盖度都是远远不够的。

**长江三角洲城市群部分城市高铁站点与线路数　表5-4-5**

| 城市等级 | 城市 | 高铁站点数（个） | 高铁线路数（条） |
|---|---|---|---|
| 一级城市 | 上海市 | 8 | 3 |
|  | 南京市 | 6 | 3 |
|  | 杭州市 | 5 | 3 |
| 二级城市 | 无锡市 | 5 | 3 |
|  | 常州市 | 5 | 3 |
|  | 苏州市 | 8 | 2 |
| 三级城市 | 温州市 | 5 | 1 |
|  | 金华市 | 0 | 0 |
|  | 衢州市 | 0 | 0 |
|  | 徐州市 | 1 | 1 |
| 四级城市 | 南通市 | 0 | 0 |
|  | 淮安市 | 0 | 0 |
|  | 盐城市 | 0 | 0 |
|  | 扬州市 | 0 | 0 |

### （3）交通枢纽与城市中心相互分离

在国内，由于早期规划缺陷使土地利用与交通枢纽未较好地结合在一起，也存在为了带动新城区的发展扩张，交通枢纽通常都位于离市中心较远的位置。据统计，我国京沪线和武广线上38个高铁站到市中心的平均距离高达14.12km。而作为长三角城市群重要交通节点的虹桥高铁站也同样远离市区，如表5-4-6所示，中心城区各行政区划内到高铁车站的平均用时最高达到 70min，为居民出行带来极大不便，严重脱离了市中心和居民生活区域。

上海市中心各区到虹桥
高速铁路站或平均用时　表 5-4-6

| 行政区划 | 平均用时（min） |
|---|---|
| 静安区 | 40 |
| 黄埔区 | 46 |
| 虹口区 | 46 |
| 杨浦区 | 70 |
| 浦东新区 | 50 |
| 普陀区 | 44 |
| 徐汇区 | 40 |
| 长宁区 | 27 |

## 4.2.3 城市群交通、经济、人口的相关性

由于我国地大物博，地域跨度比较大，因此东、中、西部的发展存在着较大差异，这种差异在城市群上也表现得十分明显。长江三角洲城市群是改革开放以来首批崛起发展的城市群，其优越的区位条件使其发展更加迅速，先天的优势带动地区经济增长、人口聚集，城镇化率迅速提高，交通体系比较完善；中原城市群在区位上起着承接东、西的作用，作为东、西连接的重要节点，其经济发展速度较快，人口密度相对较大，交通体系正在迅速发展；黔中城市群位于西部，受区位和当地经济发展的影响，该区域经济落后且人口密度较小，交通基础设施严重不足。我国城市群由东往西，经济、人口、交通方面发展水平都逐渐降低，发展十分不平衡。

为了更加直观地比较三个典型城市群在经济、人口、交通方面的差异，选取了如表 5-4-7 所示指标进行对比分析。根据表中的数据可以明显看出长三角城市群无论是在经济、人口还是在交通方面都远优于中原城市群和黔中城市群，而中原城市群作为东、西部衔接处，其各方面的发展水平又远优于黔中城市群。三个典型城市群在经济、人口、经济方面呈现明显阶梯状的差距以及它们在城际轨道交通方面建设欠缺的形势。

指标体系　表 5-4-7

| 城市群 | | 长三角 | 中原 | 黔中 |
|---|---|---|---|---|
| 经济 | 城镇化率（%） | 70.52 | 45.73 | 34.61 |
| | GDP（亿元） | 137967 | 60344 | 7111 |
| | 人均GDP（元） | 86804 | 37249 | 35555 |
| 人口 | 常住人口（万人） | 15894 | 16200 | 2000 |
| | 人口密度（人/km²） | 754 | 564 | 372 |
| 交通 | 铁路运营里程（km） | 8960 | 5017 | 2884 |
| | 中心城市平均出行时间（min） | 76.1 | 184.9 | 300.4 |
| | 中心城市平均距离（km） | 290.3 | 322.3 | 221.8 |
| | 中心城市平均站点数量（个） | 2.5 | 1.8 | 1.5 |
| | 平均速度（km/h） | 229 | 105 | 58 |
| | 综合交通枢纽（个） | 10 | 5 | 2 |
| | 次级城市平均出行时间（km） | 90 | 137 | 235 |
| | 城际铁路规划里程（km） | 6000 | 500 | 750 |

数据来源：各城市群统计年鉴与交通发展年报

观察指标，可以看出，一个城市群的经济、人口、交通优劣是同步的。为了验证三种指标之间是否有相关性，在此将三个城市群的三种指标分别标准化并合并，作出雷达图（图 5-4-4）。从图中可以看出，三个城市群的雷达图呈现相互包含的关系，三个指标的优劣是同步的，说明它们存在一定的相关性。

为了更直观地得到经济、人口、交通之间的相关性，本研究中利用主成分分析法从三个城市群的三种指标提取出了第一主成分，通过求三种指标第一主成分之间的相关性得到经济、人口、交通之间的相关性，结果显示，交通与经济相关性为 0.9829，交通与人

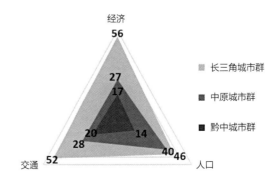

图 5-4-4　三个城市群经济、人口、交通雷达图

口相关性为 0.9363，经济与人口相关性为 0.8557。显而易见，三者之间表现出显著的相关性。这一结果也印证了交通能推动经济、人口的增长，经济、人口的需求也能促进交通体系的不断完善，它们之间相互影响、相互作用。

## 4.2.4 城市群空间集约与高效城际交通网的发展策略

### （1）空间集约发展，土地高效利用

城市群发展过程中，对土地资源的需求导致了城市群空间的快速蔓延和扩张。然而土地资源有限，空间的无序蔓延也会增加城市群交通成本，不利于城市群内城市之间创建紧密的经济联系。据悉，兰斯塔德城市群从1995年至今，居民上下班的出行距离几乎没有改变，城市扩张程度较小，结构维持着长期的稳定性，这都要归功于它的"绿心"和"紧凑城市"理念，这两个理念有效地控制了城市的过度分散，高效利用土地。兰斯塔德城市群内中心城市之间最小距离仅为25km，最大距离不超过60km，这一布局增强了城市之间的经济联系。因此，应该保证城市群空间的集约发展，提高土地开发强度，高效利用土地资源。政府部门可以通过确立相关发展理念、颁布相关政策并通过有效引导来达到目的。

### （2）加快轨道交通建设，缩短城市"距离"

通过国内外城市群的对比和对国内城市群交通指标的分析发现，我国城市群轨道交通基础设施十分欠缺，高速铁路与城际轨道交通仍然还在规划、起步阶段，严重阻碍了城市之间的经济联系，制约了城市群发展。城市群发展过程中应该重视并加快轨道交通建设，尽早形成多层级、广覆盖的轨道交通线网，满足多样化需求，缩短城市"距离"。例如，兰斯塔德城市群的城市轨道交通分为国际快车、快车和慢车。其中，国际快车只在几个主要的大城市停靠；快车只在主要的站点停靠，每10min发一趟；慢车则是每一站都停靠，多层次多样化的铁路网系统满足了乘客不同的需求，也大大提高了运输效率。另外，城市群内的轨道交通网密集且覆盖范围广，串联起了该区域绝大部分城镇，国内的城市群轨道交通建设可以参考兰斯塔德城市群轨道交通建设，系统化、多层次地规划并提高铁路覆盖密度，在构建轨道交通系统的过程中，还要注重区域内不同城市之间、不同交通方式之间、各交通方式不同层次之间的一体化协同发展，实现无缝衔接、数据共享，从而促进城市群内不同"流"的便捷高效传递。

### （3）重视枢纽建设，融入市民生活

参考兰斯塔德城市群鹿特丹中心火车站，它建立在整个城市的主要经济区。一走出车站便直接进入城市的商业商务功能区，10min的可达范围内分布着各种各样的商业商务服务。此外，这里的高铁乘客专用通道与另一处建筑中的文化娱乐设施直接相连，乘客出了高铁车站可以快速方便到达。鹿特丹中央火车站的站前广场将鹿特丹中央火车站与城市中心紧密连接起来。广场内分布商务、休闲设施、商场以及公共交通设施，在这里人们可以购物、娱乐、休憩；车站的南出口与代尔夫特街相连，是一条综合商业街，有许多商场、饭店和咖啡厅；车站的北出口连接着公共交通区域，有许多公共交通设施，如出租车停车场、公交站、自行车停放点等。

交通枢纽能刺激区域内经济的发展，带动周边地区的开发，对交通运输效率、成本的影响也是不容忽视的。应该重视交通枢纽的建设，将枢纽的规划建设与城市土地利用规划相结合，使得交通枢纽与城市的发展高度融合，而不应该与城市中心和居民生活相互分离。综合交通枢纽不仅是区域内的重要节点，还是各交通方式的汇聚点，因此在建设城市交通枢纽的同时还应该注意区域之间、不同交通方式之间的互联互通，实现各交通方式的无缝衔接，促进区域内综合交通体系的协同发展。

### （4）交通带动发展，秉承交通先行

通过研究国内城市群经济、人口、交通指标的相关性发现，三者之间呈现显著性相关，它们相互影响、相互作用，相辅相成。交通规划对城市群规划、城市群内部城市的土地利用有着至关重要的影响，因此在城市群规划的过程中应当秉承"交通先行"的理念。例如，兰斯塔德城市群成立了专门的规划部门，将交通与城市群规划融为一体，以交通引导城市群的发展，成为享誉世界的城市群发展的成功案例。所以，我国在城市群发展规划过程中，可以借鉴国外经验，秉承"交通先行"的理念，让交通带动城市群的发展，重视

对交通的规划建设。我国地大物博，城市群由东到西差异巨大且等级不同，因此在构建城市内交通系统的过程中，还需要考虑行政区划分问题，因地制宜。如何突破行政区是重要问题，在行政区划分交界点处站点、运营权的问题需要关注。

# 4.3 都市圈TOD模式发展策略

## 4.3.1 都市圈TOD发展目前面临的挑战

### （1）都市圈依赖"一极集中"发展

随着城镇化进程的加速，制造业大规模集聚和城市人口快速增长带来了都市圈规模的无序扩张，都市圈的人口变化和土地利用结构加剧呈现"一极集中"特征。一方面，常住人口从都市圈中心向周边地区迁移，导致职住关系失衡、通勤距离大幅度增加；另一方面，中心区商务办公用地面积快速增长，中心区就业人口显著增加。空间结构、功能布局、人口、资源向城市中心的过度聚集引发了各类区域性问题，包括交通堵塞、基础设施不足、居住环境恶化等一系列问题。

### （2）都市圈轨道交通网络模式单一

不同模式的轨道交通服务特点各不相同。对照国际经验，全球城市普遍采用多种模式协调发展的轨道交通系统结构，有效引导区域发展，如东京都市圈3515km的轨道交通线路中包含358km地铁、2914km铁路（含私人铁路等）及243km中运量轨道交通（含单轨、自动导轨、有轨电车等）。而我国大部分都市圈的轨道交通网络模式单一，网络结构不合理，难以适应不同功能区域、不同出行目的和距离的需求。

### （3）都市圈轨道交通网络延展性差

由于集中建设区延绵与核心区高密度开发，主要交通轴带的客流强度均可能超过一条地铁线路的设计运力。在规划初期缺乏预见而没有预留较宽通道和多线路建设空间，造成轨道交通线路无法兼顾时效与运力，都市圈轨道交通网络延展性差。

## 4.3.2 都市圈职住平衡与以轨道交通为骨干的快速通勤网

### （1）构建多核分散、职住平衡为特征的都市圈

1）理性构架就业"多中心"的空间结构

成熟都市圈空间结构的特征之一就是"多中心"，将"一极单核"空间结构转变为"多核分散"区域格局，不同城市既保持了一定的独立性（内部功能平衡），又形成了特色鲜明、错位发展的分工格局（外部功能互补），城市间通过发达的交通体系保持紧密联系。这种大都市圈的发展模式既有效疏解了过度集聚的中心城市功能，突破了"单极依赖"的发展瓶颈，又可以实现整个都市圈均衡、有序、协调发展的目标。

2）推行职住通廊引导的空间组织模式

都市圈的空间组织应考虑在大尺度空间内进行有效的职住平衡组织，围绕城市快速交通通道组织职住通廊的空间组织模式。将城市的主要就业和居住功能区沿快速交通通道布局，在重要的交通站点附近进行重要居住、服务或者就业功能节点的组织，以交通节点为中心进行混合型的土地利用规划，改善交通节点的换乘功能，促进多种交通方式的协调。这种空间模式可以归纳为"指状模式"或者"串珠式模式"，如图5-4-5所示。

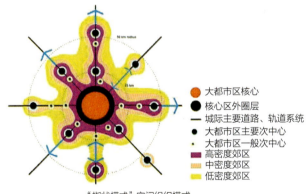

"指状模式"空间组织模式

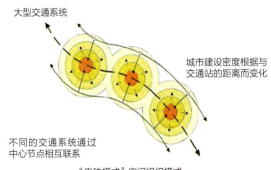

"串珠模式"空间组织模式

**图5-4-5 以职住平衡通廊组织的都市圈空间结构模式**

3）积极培育职住平衡的社区体系

在城市规划中，首先应该保障规划区域在职、住数量上的适当配比，形成职住平衡的良好环境。特别是在大型保障房社区的建设中，要考虑到入住者的实际情况，适当配套一定的就业岗位和公共交通设施。

### （2）完善轨道交通为骨干的快速通勤网建设

1）重构都市圈公共交通骨架、强化新城与主城区快速通勤联系

按"一张网、多模式、广覆盖、高集约"的原则，构建由区域城际铁路、轨道交通快线、城市轨道交通以及中低运量轨道交通等构成的多模式轨道交通系统，构建城际线、市区线、局域线3个层次的轨道交通网络，实现都市圈沿交通轴向发展、人口与就业岗位在枢纽集聚。以公共交通提升空间组织效能。各新城均规划至少一条城际线连接中心城，形成中心城区联系新城、核心镇、中心镇及周围城镇的轨道交通射线，通过新建、改造等技术手段达到快线标准，使新城与中心城枢纽之间的站点间轨道交通出行时间小于40min。

都市圈轨道交通在功能上分为市区线及市郊线，其中市区线主要服务城市范围，平均站间距相对较小，客流负荷强度较大，市郊线主要联系城市与外围新城，平均站间距较大，运营速度相对较高，以解决城市与外围新城的通勤客流，构建由区域城际铁路、轨道交通快线、城市轨道交通以及中低运量轨道交通等构成的多模式轨道交通系统。考虑到未来都市圈人口规模和轨道交通客流的剧增，在轨道交通站点容量上需要进行规划预留，如大编组的轨道交通线路，为今后急剧增长的轨道交通客流提供相对宽松的乘车空间，避免客流过大导致的乘客拥挤问题。

2）发展多元的中运量公共交通系统

在都市圈中心城区外围轨道交通不能提供直达服务但具有客流需求的走廊，发展中运量公共交通，为更广阔的地区提供有竞争力的服务，包括有轨电车、BRT、胶轮系统、无轨电车等多种形式。中运量公共交通系统可以填补轨道交通服务空白地区、补充轨道交通运能不足的公交走廊，在公共交通服务仍较为薄弱的外围片区，中运量公共交通系统将提高组团之间的联系效率与服务品质，实现30~40min公共交通可达；并沿主要客流走廊构建外围组团之间的骨干线路，提高公共交通出行效率和可靠度。

## 4.4 大城市TOD模式发展策略

### 4.4.1 大城市TOD发展目前面临的挑战

在快速城镇化和快速机动化的双重压力下，我国许多大城市出现了城市空间无序扩张、城市交通拥堵严重、环境质量低下等"城市病"。传统的城市空间与交通分离发展模式造成城市空间与城市交通契合度不高，城市规划与交通规划脱节，交通系统供需失衡，严重制约了城市的可持续发展和生态文明建设。在此关键时期，公共交通在引领和支撑城市绿色健康发展中的重要作用并未突显，城市交通与城市发展的良性互动关系未得到统筹协调。具体表现在以下几方面。

### （1）公共交通与城市建设的良性互动尚未形成

目前依据TOD概念进行的土地开发并没有明确的发展目标和策略，使得在实际发展中难以形成公交与城市建设的良性互动，城市总体规划提出的"理想"发展格局遇到"现实"问题。具体表现在：原城市外围地区城镇化进程加快，城市无限连绵扩展，城市土地开发利用与公交线网布设联系不紧密，城市空间建设与公交发展时序不匹配；城市公交枢纽周边用地复合利用开发强度不够；公交站点布局呈现明显的区域不平衡性，城市中心区域公交站点密度显著高于城市外围。

以南京市为例，南京市部分外围新城与中心城区联系较弱，尚未有轨道交通线引导地区开发，外围新市镇的交通衔接有待加强。部分区域无快线覆盖，进入中心城区时间较长，公交时空可达性有待加强。

### （2）职住分离现象导致长距离通勤交通猛增

近些年，伴随城镇化的快速发展和变革，城市内部空间结构发生大规模重组与调整，土地利用与产业结构的协调性也受到很大挑战，组团间机动化出行需求大量增加，职住空间错位的问题并没有得到缓解，形成了大量长距离通勤交通，且潮汐现象突出。

以南京市为例，城市单中心形态明显，中心城区承担绝大部分就业岗位，南京市平均出行时耗为26.8min，其中轨道交通为57.4min；平均出行距离5.4km，其中轨道交通为14.2km。通勤交通向中心城区集聚，轨道交通线网内未实现区域内职住平衡（图5-4-6）。

### (3) 城市交通供需不平衡现象持续加剧

随着城市用地向外快速扩张，居民通勤出行距离日益增加，机动化出行需求不断提高。机动车保有量的年累积增长率明显高于道路的增长率，但交通设施扩容有限，交通供需严重不平衡，且增长差距仍在增大，必将导致我国城市拥堵状况日趋严重。

以南京市为例，截至2015年，南京市道路网络初具规模，井字加外环快速路系统和"六纬九主干路"系统基本建成，道路里程10年累计增长率为50%，但机动车累计增长率持续攀升已超300%，私人小汽车持续呈爆发式增长态势，交通设施建设的慢变难以应对交通需求的快变（图5-4-7）。

### (4) 城市建设环境与慢行交通系统不协调

慢行是人本交通的重要体现，优质的慢行交通系统应赋予或恢复部分街道给人们交流沟通的功能，不能只关注"通行"的质量，更需重视"驻足"的感受（图5-4-8）。

目前的慢行交通系统规划没有与城市设计、建筑设计融合，忽视了慢行空间的塑造和活动场所的营造，城市环境建设对行人不友好。道路慢行空间被占用现象突出，慢行交通系统不连续，且非机动车静态交通设施缺乏，步行、非机动车交通环境亟待进一步改善。

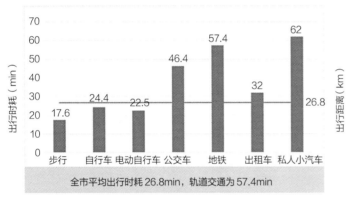

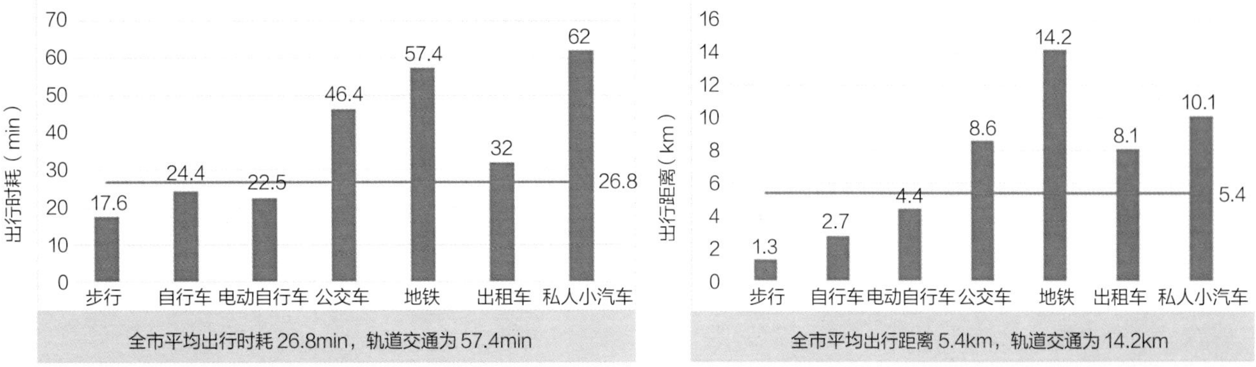

**图 5-4-6　南京市平均出行时耗及出行距离**
数据来源：《南京市交通发展年报》

| 交通设施建设 | | 交通需求 |
|---|---|---|
| ■ 公路网规模10年增长58% | | ■ 对外客运总量10年增长60% |
| ■ 机场、铁路、水运建设稳步推进 | ⇄ | ■ 对外货运总量10年增长90% |
| ■ 城市轨道交通运营里程高达258km | | ■ 主城出行距离10年增长44% |
| ■ 城市道路网规模10年增长50% | | ■ 主城出行总量10年增长80% |
| ■ 公交场站、专用道建设卓有成效 | | ■ 全市机动车10年增长接近300% |

**图 5-4-7　近10年南京市交通供需发展状况比较**
数据来源：《南京市交通发展年报》

**图 5-4-8　建设环境与步行交通协调关系对比**

## 4.4.2 大城市集约化土地利用与公交导向的交通结构优化

### （1）城市空间结构与公交导向发展的耦合

结合城市空间形态、产业形态，以公共交通为导向，集中建设新区，老城人口向外围疏散，通过公交走廊引导城市形成轴线型空间形态，避免城市形成单中心蔓延式的发展模式；以轨道交通或其他公共交通廊道和枢纽为骨架及节点，布局城市各级公共服务中心；以轨道交通及其他公共交通的服务水平为依据，分布城市的居住与就业功能及建设程度，实现公共交通走廊内的职住平衡（图5-4-9）。

### （2）城市高品质公共交通体系构建

高品质的公共交通体系必然是多元化的，不同公交方式和线路之间优势互补、适度竞争，以满足不同出行者的多元化出行需求。围绕提高面向高峰通勤出行的公共交通服务水平，提升公共交通系统的机动性和可达性。机动性主要通过轨道交通、快速公交、公交专用道实现客流走廊提速，可达性主要通过分层搭网、换乘枢纽提供多元服务。其中，地铁系统用以承担连接主要地区间重要交通干线上的大部分客流，保证整个交通系统宏观运行效率和稳定；轻轨系统是地铁系统的补充和拓展，主要用于连接地铁车站与主要居住区、商业区；公共汽车系统的主要作用是承担区域内部和相邻区域间的近距离交通，并为地铁和轻轨网络提供客流补给和网络完善服务；出租车系统用于填补公共交通与私人交通间的空白，满足市民特殊的出行需求。通过建立多层次的公交服务模式，满足乘客多样性的服务需求（图5-4-10）。

### （3）城市公交枢纽引导周边地区综合开发

公共交通枢纽和站点建设应与周边用地开发同步进行，积极推广"轨道交通站点＋上盖物业"的TOD开发模式；以大中运量公共交通站点为中心组织城市社区，将商业、娱乐、居住等功能整合在步行可达范围之内；以城市更新为契机，调整用地功能，构建小尺度、高密度路网和路权清晰、功能多元的慢行空间，营造具有吸引力与活力、富有特色的步行和自行车交通出行环境，改善交通服务水平（图5-4-11）。

### （4）生活圈与慢行交通的协调

整合地块、街区、单元，组成"生活圈"模式，围绕步行组织500~800m半径的空间单元，形成用

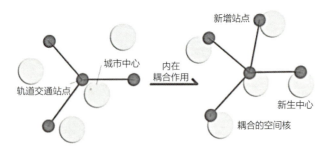

**图5-4-9** 交通节点与城市中心网络的耦合

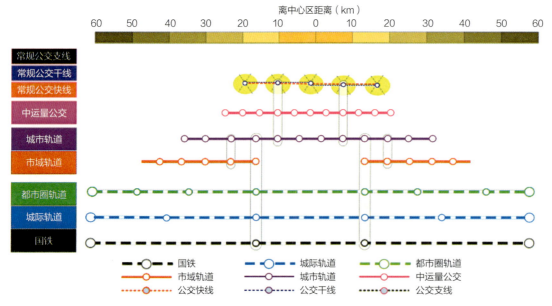

**图5-4-10** 城市高品质公共交通体系示意图

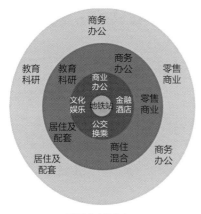

圈层式功能分布

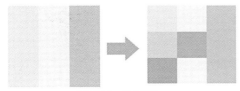

平面复合一体化利用

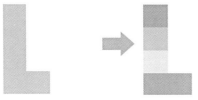

立体复合一体化利用

图 5-4-11 轨道交通站点周边土地复合利用开发

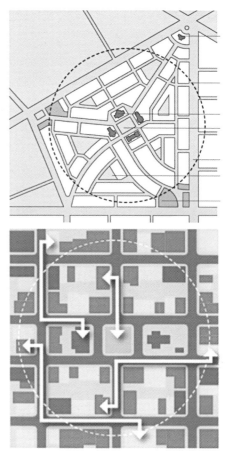

图 5-4-12 慢行交通"生活圈"示意图

地类型多样、混合模式，保障日常生活在"生活圈"内完成。保障独立、连续、安全的慢行空间，营造舒适便捷的出行环境，实现慢行与公交、环境的有机衔接。重点改善步行和自行车交通的路权与环境，提供宜人的出行环境、安全的存放条件和方便的租赁地点，重视慢行与公共交通的衔接，引导市民绿色出行，保障市民基本出行，体现交通公平性（图 5-4-12）。

## 4.5 中小城市TOD模式发展策略

### 4.5.1 中小城市 TOD 发展面临的问题

#### （1）城市粗放式发展，对交通问题缺少合理认识

一方面，城镇化呈现爆发式发展，机动车数量激增，而城市土地开发利用与道路线网布设水平远远落后于城镇化发展速度，导致原有的城市空间被膨胀的城市人口压缩；另一方面，管理者对交通问题重视程度不够，缺少系统性研究和认识，仅通过传统的交通管理手段来治理交通拥堵问题。

相较而言，城镇化发展水平较高、经济实力较强的中小城市面临着更大的交通需求和更严峻的交通形势，从而对交通发展更为重视，能够更及时地认识到交通发展与城镇化相辅相成的相互作用，对交通问题给予高度重视并进行系统性研究，调整交通发展战略、大力发展公共交通，提高道路等级、优化路网结构，并实施相应的管控措施。而处于城镇化发展初期或快速城镇化阶段的经济实力相对落后的中西部中小城市仍旧把发展中心放在城市建设、经济发展上，缺少对交通问题的关注和系统性认识，城市交通依然呈现粗放的发展模式。

#### （2）交通供需矛盾突出

大部分中小城市正处于城镇化发展初期，城市迅速扩张，出行距离增大，城市非机动化出行的比例整

体呈下降趋势，城市交通中非机动化出行明显向机动化出行方式转变。此外，机动车规模的扩大也带来了停车困难的问题，既有的道路资源尚不满足通行需求，更不会压缩道路通行空间用于停车，而路外停车设施的建设在中小城市尚未广泛开展，缺少停车场出入口的人性化设置和对周围交通影响的考量等因素也带来了一定程度的停车拥堵问题（图 5-4-13）。

以昆山市、常熟市、长兴县为例，近 10 年，几个样本中小城市的机动车增长量居高不下，相同年份道路里程的增长幅度非常小，道路规模没有明显扩大。而道路扩张的高峰时期在 2003~2006 年，这也是刺激机动车保有量大幅增长的一个重要因素。数据充分表明了交通设施的供应已难以应对飞速增长的交通需求，交通问题的供求矛盾严重制约了城镇化的进一步发展。

### （3）出行结构不合理，公共交通、慢行交通占比不足

由于公交系统自身发展速度和服务水平不高，公交出行方式比重整体下滑，在交通方式竞争中处于劣势，受到其他机动化出行方式的强烈冲击，公共交通、慢行交通在以私人小汽车为主要服务对象的道路环境中并没有体现优势，因而造成了私人小汽车越多越堵、越堵越多的恶性循环。

以常熟市为例，近 10 年私人小汽车数量在机动车总量中所占的比例逐年上升，2016 年已超过 80%，而公交车和出租车的数量并没有明显变化。公交车的数量作为城市公共交通服务水平的评价指标之一，反映了城市公共交通的发展水平，也是导致常熟市公交分担率不足 5% 的重要原因（图 5-4-14）。

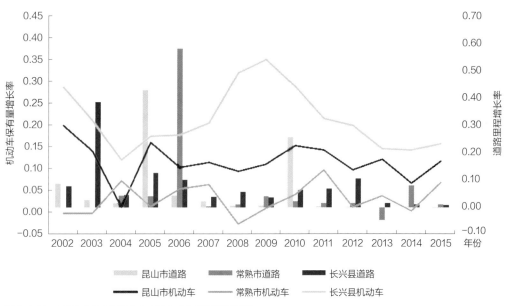

图 5-4-13 2002~2015 年三座中小城市交通供需发展情况
数据来源：各城市统计年鉴

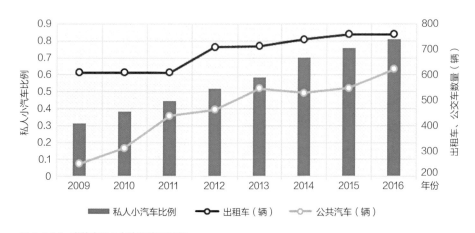

图 5-4-14 常熟市近 8 年车辆发展趋势

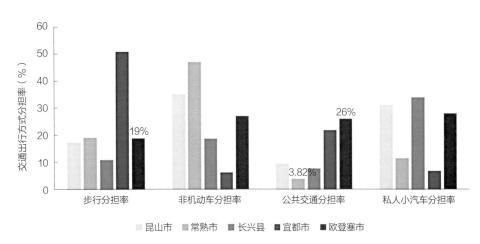

图 5-4-15 国内外中小城市交通出行结构对比

将国内样本中小城市与国外中小城市丹麦的欧登塞市的整体出行结构进行对比，可以看出欧登塞市的公交车、私人小汽车、非机动车和步行出行分担率相对均匀。其中，公交分担率达到了 26%，超过了国内四座中小城市；步行分担率为 19%，在五个案例城市中也相对较高。而国内城市的各种出行方式分担率数值相差较大，出行结构不够均衡。以城镇化水平较高的昆山市和长兴县为例，出行结构均呈现私人小汽车出行分担率高、公共交通及慢行交通分担率低的现状，较高的私人小汽车出行分担率导致老城区停车资源紧张、道路拥堵的问题，而较低的公共交通、慢行交通分担率与落后的公共交通、慢行交通设施、服务水平有关，进一步推动了出行机动化、私人化的发展，增加了城市交通的压力（图 5-4-15）。

## 4.5.2 中小城市慢行交通设施完善和绿色和谐交通网络构建

### （1）保障良好的慢行交通环境

中小城市的城市规模较小，城市居民多以短距离出行为主。因此，应提倡以自行车为主体的交通方式，构建完善的慢行交通网络，根据条件设置慢行车专用道及机非隔离带，适当设置绿化，在交叉口设置人性化的停车等候区，为短距离出行、与公交的接驳出行提供相对独立且安全的慢行出行道路空间；提供自行车专用停车点，方便骑行者停车换乘。公共自行车和新兴的共享单车作为慢行交通系统的一种补充方式，可以更好地完成与公共交通的接驳，解决居民出行"最后一公里"问题，提高公共交通的吸引力（图 5-4-16）。

在欧登塞市政策和规划中，将骑行者作为"道路之王"，受到最好的对待，引导居民为一个更健康和良好的环境改变使用交通工具的习惯。为推动中国的自行车政策和规划，骑行者的意愿、健康、安全、社会和经济效益，以及气候、停车、维修和盗窃自行车等问题都应当投入力量开展研究。此外，国内中小城市还应在政策方面对慢行交通进行鼓励和支持，与限制私人小汽车发展策略结合使用，通过税收、区域收费等经济手段和限行等管理手段，引导和鼓励居民减少选择小汽车出行方式，推动城市可持续发展。

### （2）构建多层次的高品质公共交通体系

公共交通与私人小汽车相比，具有运量大、运输效率高等特点。因此，中小城市应落实公交优先的发展策略，提高公共交通的服务水平。

公交体系建设分为两部分，首先是要根据不同公交方式的特点和不同居民的出行需求，建设多层次的

图 5-4-16 彩色铺装的自行车专用道

公交系统，保证公交的运输效率。其中，快速公交用以承担城市中心地区重要交通干线上的大部分客流，保证中心区交通系统的高效、稳定运行；常规公交一方面用于对中心区快速公交的补充，另一方面承担主要居住区、商业区及相邻区域间的连接沟通；社区公交的主要作用则是承担区域内部的短距离交通，尽可能地实现"点对点"运输，满足更多居民对出行的需求。通过建立多层次的公交服务模式，满足乘客多样性的出行需求，形成"快速公交＋普通常规公交＋社区公交"三层次公交线网布局。

另外，通过提高公交系统的信息化水平，建立先进的公交智能调度管理系统，优化公交车内部环境和人性化设计，创造良好的公共交通出行环境，从而提高公共交通的竞争力，吸引更多的出行者选择公共交通方式出行。

### （3）落实以公共交通为导向的城市规划理念

城镇化进程中，以私人小汽车为导向的土地发展模式会导致城市的无序蔓延，带来诸多不可避免的交通问题。通过转变土地发展模式向以公共交通为导向转变，适度限制私人小汽车发展，鼓励慢行交通和公共交通发展，优化交通结构，能够逐步引导城市用地布局向更加集约化的多中心组团式的格局演变，有效利用中小城市有限的空间资源，解决城市交通拥堵问题。中小城市管理部门应充分意识到 TOD 模式对城市发展的意义，引导交通结构良性发展，实现城市可持续发展。

以欧登塞市为例，为了提高综合交通系统效率、降低市中心的机动车出行比例，采取了关闭分隔城市中心区的高速公路、建造一条新的电车轨道的措施，作为该市城市发展战略的一部分。

### （4）构建一体化智能交通管控平台

针对交通信息不完善、管理较分散的问题，管理部门应当建设一体化智能交通系统，通过交通检测、交通诱导、停车诱导等多个子系统来监测交通运行状况，及时发现、解决交通问题。通过线圈、卡口、视频等多种途径收集实时交通信息，在集成的中央处理平台汇总信息、发现拥堵点，通过信息发布平台及时发布路况信息和诱导路径，疏导交通拥堵。通过多途径、大体量的交通数据，充分把握交通的实时运行状况和整体运行情况。

以长兴县为例，智能交通系统于 2015 年底在长兴县城内全面建成，通过交通诱导、停车诱导等多个子系统来疏导交通拥堵，同时加强公共交通系统建设，提高公交出行比例，新建公共停车位，缓解交通拥堵和停车压力。

中国城市建设可持续发展战略研究

课题五
城市交通可持续发展模式与公交都市战略研究

## 专题 3　过程优化

**专题负责人**　　龙科军　高广军

# 第5章 城市交通系统设施建设优化策略

## 5.1 城市交通基础设施建设问题反思

### 5.1.1 城市交通基础设施建设发展情况

改革开放以来，我国城市空间扩展显著，城镇化进程迅速，2016年中国平均城镇化率达到57.4%，较2000年的17.4%增长了2倍多。在城市发展过程中，政府非常重视基础设施建设，不断加大交通基础设施的投入，尤其在城市公共交通领域尤为显著（图5-5-1）。2013年9月国务院发布了《国务院关于加强城市基础设施建设的意见》，明确表示要以城市公共交通为导向，通过加快城市轨道交通建设带动其他相关产业发展；同时，加强交通枢纽建设，提高交通基础设施换乘效率。2016年，政府在交通基础设施的总投入为5.4万亿元，较2007年同比增长312.6%（图5-5-2）。

过去10年，我国城市交通基础设施经历了大发展、大建设的阶段，无论是城市道路，还是轨道交通和公交，均得到了长足发展，城市交通基础设施投资也逐年增长，具体如下。

① 城市道路，由2007年24.6万km增长到2016年38.2万km，年增长率约5.0%（图5-5-3）。

② 城市轨道，2010年地铁线路总长1217km，2017年增长到3976km，年平均增长率约18.5%（图5-5-4）。

③ 公交专用道，2009年公交专用道2805km，到2017年，增长到10914km，年平均增长率达18.7%；BRT快速公交增长率约5.7%（图5-5-5）。

④ 城市交通基础设施投资，市政公用设施建设固定资产投资额逐年增长，尤其2007~2010年，增长尤为迅速，年平均增长率达12.5%（图5-5-6）。

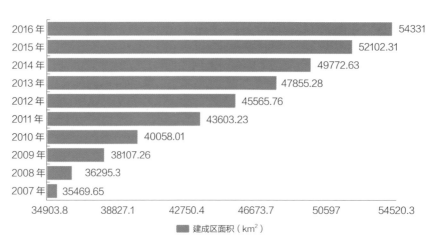

图5-5-1 2007~2016年中国城市建成区面积统计图

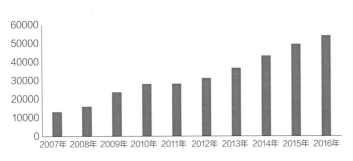

图 5-5-2　2007~2016 年交通基础设施投资统计图

数据来源：《中国城市统计年鉴》

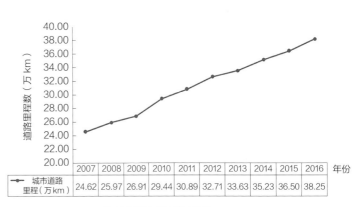

图 5-5-3　2007~2016 年城市道路里程增长情况

数据来源：《城乡建设统计公报》

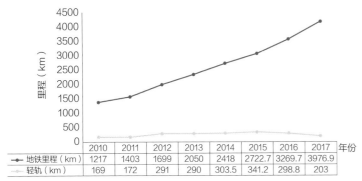

图 5-5-4　2009~2017 年城市轨道交通里程增长情况

数据来源：《中国城市轨道交通协会信息》

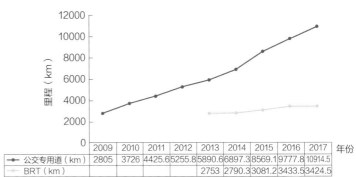

图 5-5-5　2009~2017 年城市公交专用道和 BRT 里程增长情况

数据来源：《交通运输行业发展统计公报》

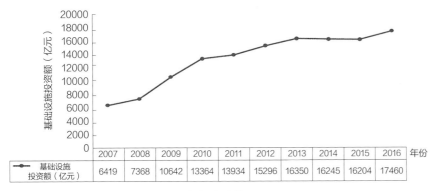

图 5-5-6　2007~2016 年城市交通基础设施建设投资情况

数据来源：《中国城市建设统计年鉴》

未来规划中，政府对交通基础设施的投入仍在持续增加，"十三五"期间中国交通运输总投资将达到 15 万亿元，其中铁路固定投资 3.5 万亿元，公路 7.8 万亿元。到 2020 年，高速铁路营运里程将达到 3 万 km，大城市覆盖率达到 80%，各种运输方式衔接将更加紧密，重要城市群核心城市间、核心城市与周边节点城市间实现 1~2h 通达，同时将打造一批现代化、立体式综合客运枢纽，旅客换乘更加便捷，城市交通基础设施日渐完善。

## 5.1.2 城市交通基础设施建设存在的问题

### （1）问题描述

当前，我国城市交通基础设施总量满足通行要求且工程质量水准较高，取得了举世瞩目成绩，但仍存在"交通功能薄弱，系统功能缺失"的问题。长期以来，我国交通基础设施高度重视"土木工程""结构工程"设计，而遗漏"交通工程"设计和"系统协同"

设计，交通基础设施在规划、工程可行性研究、道路设计、运营管理整个流程中，由于缺少"交通工程与系统协同设计"环节，导致后期的运行和服务中出现交通流秩序混乱、交通效率低下、交通冲突数量增多、交通事故多发等问题。另外，既有的道路规划、设计与建设仍以"私人小汽车导向"模式为主，即道路的选线、规模拟定、几何设计、结构设计、管理控制方案大都是基于私人小汽车运行特征和行为能力的设计模式，而对公共交通、慢行交通等考虑不足，不能体现交通基础设施的"公平性"服务原则，也造成多方式交通系统在设施层面缺乏有效协同。交通基础设施首要功能是交通服务功能，有必要通过"交通工程和系统协同设计"环节来梳理和加强交通功能建设，有效提升运行效率，缓解交通拥堵。

### （2）具体表现

#### 1）交通功能薄弱

长期以来，交通基础设施设计与建设重点关注的是交通基础设施的结构、力学、材料性能，而缺少对交通流运行特征、交通流运行原理、交通安全等的考虑，从而导致交通运行不畅、交通事故频发等问题，具体表现在：道路网络结构不合理，支路网密度低，长、短程交通出行全部集中在主干路，造成主干路上分合流、交织运行数量增多，交通冲突数量增多，严重影响城市道路网系统的整体通行效率；部分路段上下游"通行能力不匹配"形成局部交通瓶颈产生拥堵；城市道路平面交叉口缺少"面向全体出行者的交通流组织设计"导致人车混行、交通秩序混乱形成拥堵；公交停靠站设计不合理形成局部瓶颈引发拥堵；道路设计与管理在时空资源分配上缺少对公交车的系统考虑，导致公交车通行效率低下。

#### 2）系统协同缺乏

城市综合交通系统是由城市道路网络、轨道交通网络、公交网络以及对外交通构成的有机整体，其中综合交通枢纽和轨道、公交站点是支撑多模式交通网络协同的关键节点。由于缺少顶层制度的保障和相关设计规范的约束，城市综合交通枢纽普遍存在多模式交通之间缺乏高效衔接的问题，轨道和公交站点周边的P+R和B+R换乘设施也普遍容量不足，难以支撑多方式组合出行的需求，不利于公交主导型交通方式结构的发展。

### 案例一：郑州市陇海路—中州大道互通立交拥堵

郑州市陇海路—中州大道互通立交建设耗费6.5亿元，立交桥全面通车两个多月后，即成为郑州市区有名"堵点"，立交范围1km，高峰时段需要0.5h以上才能通过（图5-5-7）。

**图 5-5-7 郑州市陇海路—中州大道互通立交拥堵现场**
图片来源：网易新闻

原因简析：该立交连接了陇海路、中州大道、机场高速公路、航海路4条干线，立交设计方案中，由于交通流预测不准确、交通工程功能设计缺失，在局部路段存在上下游车道数不平衡的问题：由陇海路高架桥接入中州大道北侧有4条车道，由机场高速公路、航海路接入有5条车道，共计9条车道合流到中州大道100m后，道路宽度急剧变成4条车道，形成瓶颈。

### 案例二：城市道路平面交叉口缺少渠化，时空资源使用权不明确

案例简析：在我国诸多大、中、小城市中，城市道路平面交叉口缺少交通渠化设计，交通标志、标线缺失，没有为行人、非机动车、公交车、小汽车规定其合理的通行空间，经常发生机动车与行人、自行车冲突，从而导致交通事故和交通拥堵问题；另外，由于城市道路宽、尺度大，这也导致了行人过街时间长，降低了交叉口通行效率和安全性（图5-5-8）。

**图 5-5-8 城市道路平面交叉口渠化缺失造成时空资源使用权不明确**

### 案例一：综合交通枢纽内多模式交通缺乏高效衔接

案例简析：航空港、高铁站、公路客运站与城市轨道交通、公交之间缺乏无缝连接。

昆明市五大公路客运站一体化规划建设程度不高，换乘距离偏大。昆明火车站多数公交线路站点设置在站前广场之外，沿周边道路布置，给乘客换乘造成不便（图5-5-9）。

重庆东站是重庆"三主两辅"高速铁路主枢纽客运站，联系城际铁路与城市轨道交通、常规公交等多种交通方式，但重庆东站近期仅有轨道交通6号线支线与之配套。城市轨道交通6号线现在在发车班次、线路衔接方面都会存在一定程度的不便，对外交通联系需绕行10km才可实现与其他区域的交通转换，并且与重庆东站的运力不匹配。

南宁火车东站与公共交通无缝衔接真正实现"零距离"存在差距。因原有规划方案未获得铁路部门的认可，常规公交大部分线路只能设在北广场的西侧道路，平层换乘存在200m的距离，失去了公交车与高铁"零距离"换乘的机会（图5-5-10）。

图 5-5-9　昆明火车站公交换乘无一体化衔接

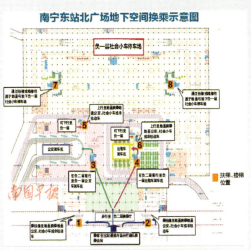

图 5-5-10　南宁火车东站北广场公交换乘点布局

图片来源：张倩. 南宁东站2015春运交通组织大调整，实现立体式换乘[N]. 南宁新闻网，2015-02-04.

### 案例二：公交换乘设施匮乏，多方式组合出行难以获得有效支撑

案例简析：私人小汽车、公交车换乘（P+R）设施与自行车、公交车换乘（B+R）设施缺乏。

北京市轨道交通站点周边P+R停车场的停车位数量普遍短缺，停车换乘效率不高，高峰时段停车压力较大。停车场超负荷运转以及交通监管设施的缺失导致停车场内停车方式混杂，停车场外道路交通拥堵（图5-5-11）。

福州市在地铁1号线沿线的大部分站点出入口附近已设置有自行车停车带，但停车带的容量稍显不足，随意停放现象严重，影响了站点出入口的客流集散（图5-5-12）。

图 5-5-11　停车场容量不足导致路边停车容量不足

图片来源：李长峰. 北京P+R停车场一位难求 多车场早晨8点就爆满[N]. 北京青年报，2015-03-06.

图 5-5-12　三叉街地铁站自行车停车现状

图片来源：李长峰. 北京P+R停车场一位难求 多车场早晨8点就爆满[N]. 北京青年报，2015-03-06.

### 5.1.3 城市交通基础设施建设应对策略

针对我国城市交通基础设施普遍存在的交通功能薄弱与交通系统协同缺乏等问题，以提升路网的整体效率、提高道路通行功能为目标，按照点、线、面三个层次，提出四个应对策略，实现城市交通设施建设重心从"增量积累"向"存量优化"的转变。

#### （1）"面"层：综合交通网络优化

策略一：优化道路网络等级配置。

合理的路网等级配置和路网密度可以有效疏解道路交通压力，最大限度实现道路网的交通功能。城市基础设施建设应回归城市道路的"街区化"设计理念，通过减小道路宽度、增加支路微循环提升道路的友好性和可达性；针对道路断面进行合理的功能分区，实现步行休闲、自行车、小汽车、公交车、市政、绿化等功能的协调；将"窄马路、密路网"的小街区规划设计理念纳入《城市道路交通规划设计规范》GB 50220—95。

策略二：构建多模式、多层次公交网络。

提高公共交通的运行效率是缓解交通拥堵、提升道路交通功能的重要途径，建设"公交都市"应构建"轨道交通为骨干、常规公交为主体、其他方式为补充"的多模式公交系统，完善公交网络结构、站距与线路层次的级配关系，以公交走廊作为城市的发展轴，促进人口居住和就业沿公交走廊两侧集聚，构建最佳"居住地 + 公交走廊 + 就业地"出行组合，引导城市合理发展。

#### （2）"线"层：完整街道功能设计

策略三：增设城市道路完整性交通设计。

为加强和提升城市道路交通功能，在当前的道路"规划—可行性研究—设计—建设—运营管理"流程中增设"完整性交通设计"环节，参照《城市道路设计规范》CJJ 37—2016等编制"城市道路交通设计"规范标准，明确其法律地位；通过"完整性交通设计"，在道路全时空范围内，面向全体服务对象，明确其通行权、各冲突交通的处理模式、同一时空范围内交通流的优先方式等，确保城市道路安全、高效、运行公平。

#### （3）"点"层：综合枢纽换乘协同

策略四：重视多模式交通设施协同设计。

促进综合交通枢纽发展是提高交通运输整体效率和服务水平、降低运输成本的有效途径。首先，在体制机制层面，要进一步拓展"大交通"制度深化改革，针对当前城市轨道交通、公交、城市道路等分属不同管理部门的现状，通过机制体制改革，统一、协调建设与运营管理，在管理体制层面实现协同。其次，建议加快研究以综合交通枢纽为核心，城市道路、轨道交通、地面公交、机场、高铁等互联互通的城市综合交通系统协同布局优化技术，加强综合交通枢纽内多模式交通的一体化无缝衔接设计。同时，将枢纽内常规公交、城市轨道与对外交通之间的换乘距离和换乘设施便利性纳入交通枢纽设计的评价指标体系，并编制城市客运交通枢纽相关设计规范。

## 5.2 优化城市道路等级配置

### 5.2.1 现状问题分析

#### （1）城市道路网密度普遍较低

合理的道路网密度是保障城市交通运行效率的重要基础，对提高城市路网交通可达性、降低道路交通延误具有重要作用。根据国家标准《城市道路交通规划设计规范》GB 50220—95，人口超过200万的城市道路网密度规范值为 $5.4$~$7.1km/km^2$，人口小于200万的城市道路网密度规范值为 $5.3$~$7.0km/km^2$。如图 5-5-13 所示，呈现了 20 个人口超过 200 万的国内城市 2015 年道路网密度，其中 7 个城市的道路网密度低于该规范值下限。虽然南京、武汉和沈阳等城市道路网密度相对较高，但与发达国家城市相比差距仍然很大（图 5-5-14），明显小于发达国家城市的路网密度值。

近年来，虽然国内主要城市持续进行道路网系统建设，但与机动车保有量增长率相比，道路网密度增长有限，图 5-5-15 分析了国内主要城市 2012~2016 年道路网密度增长率与机动车保有量增长率的关系，国内主要城市近五年机动车保有量增长率远大于道路网密度增长率，机动车数量急剧增加，交通需求增长速度与城市道路建设速度不平衡，城市道路承载能力濒临极限。

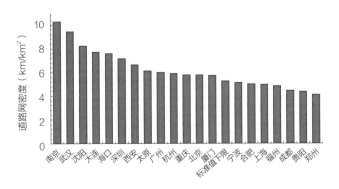

图 5-5-13　2015 年 20 个国内城市道路网密度

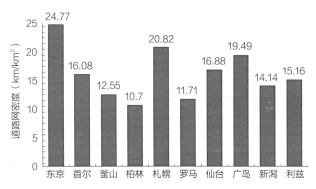

图 5-5-14　国外城市道路网密度

### （2）城市道路承载能力趋于极限

根据国家标准《城市道路交通规划设计规范》GB 50220—95，车均道路面积规范值为 25m²/辆。在选取的 20 个大城市中，广州、合肥、武汉车均道路面积均大于 40m²/辆，厦门、贵阳等均低于规范值。按照一辆普通小汽车占地面积 15m² 估算，部分城市道路网机动车承载能力已接近饱和。南京市以车均道路面积 62.6m²/辆居于我国城市榜首，但与发达国家的城市相比，车均道路面积仍存在较大差距（图 5-5-16）。

从道路空间增长来看，近五年（2012~2016年），我国 10 个大城市道路里程和面积分别增长了 16.97% 和 22%，同期机动车保有量平均增长了 52.54%，各城市具体增长情况如图 5-5-17 所示。机动车保有量增长速度大于道路空间增长速度，交通需求的快速增长加剧了道路承载能力濒临极限的严重程度。同时，对比全国城市道路里程和面积增长率，可以看出目前国内城市道路建设普遍存在追求"宽大马路"的现象（图 5-5-17、图 5-5-18）。

### （3）城市道路越建越宽，人均道路面积不足

近五年国内城市道路平均宽度变化（图 5-5-19）表明，道路平均宽度逐年增加，我国道路建设依然追求"宽大马路"。相比于国外发达国家其他城市，国内城市呈现"大尺度街区、稀疏路网"格局，在实际城市交通系统运行中，暴露出很多弊端，包括：①可达性低，出行距离长；②过街困难，导致"中国式"过马路；③公交服务渗透力弱，覆盖率难以提高；④公交重复系数高、串车概率较大。

城市人均道路面积可以反映城市道路资源的人均供给水平，人均道路面积越大，说明城市道路资源的人均供给水平相对越高；反之，说明人均供给水平相对越低。根据国家标准《城市道路交通规划设计规范》GB 50220—95，城市人均占用道路用地面积宜为 7~15m²。在选取的 20 个国内城市中（图 5-5-20），北京、大连、贵阳等 9 个城市人均道路面积均低于标准规范。与主要发达国家城市平均人均道路面积（22m²/人）相比（图 5-5-21），即使是 20 个大城市中人均道路面积最高的南京市，仍然存在明显差距。

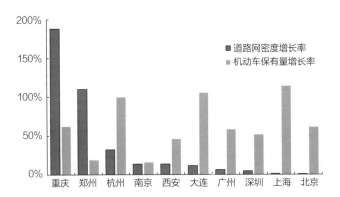

图 5-5-15　2012~2016 年 10 个国内城市道路网密度增长率与机动车保有量增长率

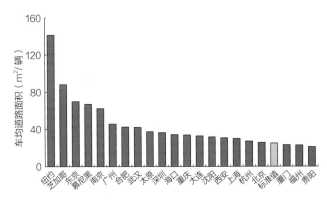

图 5-5-16　2016 年国内外 24 个大城市车均道路面积

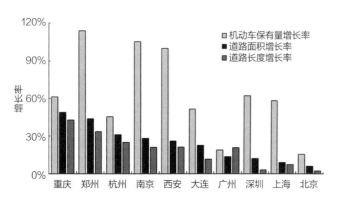

图 5-5-17　2012~2016 年 10 个城市道路里程、面积和机动车保有量增长率
数据来源：各城市统计年鉴

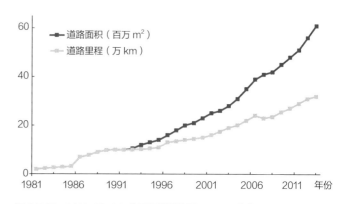

图 5-5-18　1981~2013 年全国平均道路面积、里程变化
数据来源：国家统计局

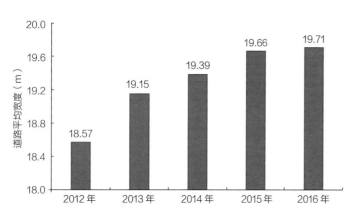

图 5-5-19　近五年国内城市道路平均宽度变化

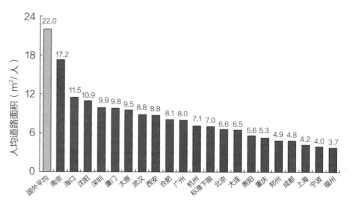

图 5-5-20　国内 20 座城市人均道路面积
数据来源：《中国统计年鉴》

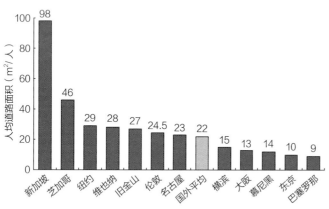

图 5-5-21　国外 12 个城市人均道路面积

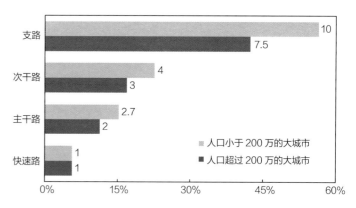

图 5-5-22　《城市道路交通规划设计规范》GB 50220—95 规定的道路级配

### （4）道路级配总体欠佳，重快速路、主干路建设，轻次干路和支路建设

目前我国的城市道路级配结构总体欠佳，主要体现在重视快速路、主干路建设，而轻次干路和支路建设，造成了城市路网结构失衡。如图 5-5-22 所示，根据国家标准《城市道路交通规划设计规范》GB 50220—95，人口超过 200 万的大城市，城市快速路、主干路、次干路和支路的比例建议值为 1：2：3：7.5；人口小于 200 万的大城市，比例建议值为 1：2.7：4：10。如图 5-5-23 所示，郑州、南京、杭州、重庆、广州和昆明等城市次干路和支路比例相对较低。在道路里程和道路网密度一定的条件下，不合理的道路网级配结构已成为城市交通运行效率不高的主要原因。

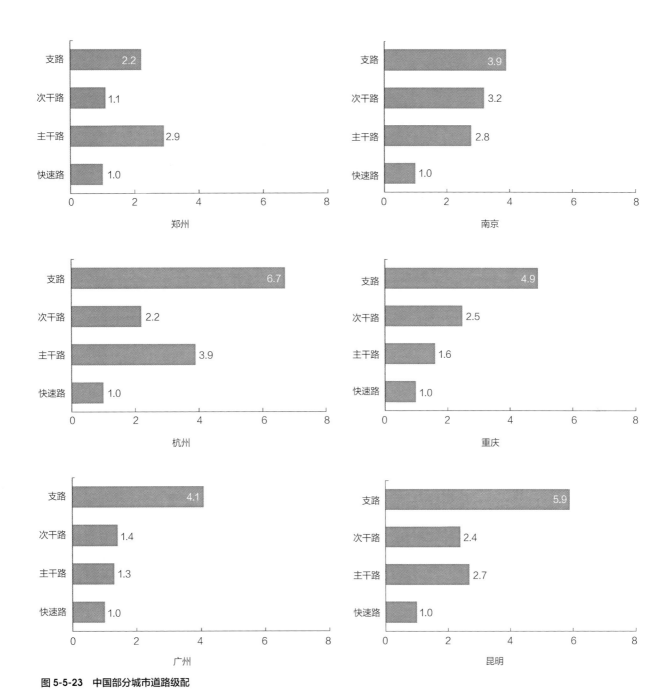

图 5-5-23　中国部分城市道路级配

## 5.2.2 策略及措施分析

### （1）合理的路网等级配置

城市道路网必须具有合理的等级配置，以保障城市道路交通流由低等级道路向高等级道路有序汇集，并由高等级道路向低等级道路有序疏散，从而通过对不同等级道路交叉口间距的控制及对不同出行距离交通的分流来提高路网的运行效率。《城市道路交通规划设计规范》GB 50220—95 推荐的道路网等级级配，是在理想的交通条件下，考虑机动车交通给出的建议。

在实际确定城市道路网等级级配初值时需要综合考虑城市对外交通模式、城市对外衔接方式、城市空间布局、自然地理条件、经济发展水平和重要建筑物分布等条件，根据实际情况作适当调整。

国外实践经验表明，理清道路功能至关重要，可以提高道路网的运行效率，不同等级道路的主要服务对象不同，各类交通在这些道路上的优先级也不同。根据城市交通模式及道路服务优先级进行调整，同时结合国外不同类型典型城市道路路网级配状况（表 5-5-1），给出国内不同类型城市道路路网级配建议值（表 5-5-2）。

国外不同级别城市道路路网级配（%）　　表 5-5-1

| 道路等级 | 超级城市 洛杉矶 | 特大城市 名古屋 | 大城市 圣迭戈 | 中等城市 萨克拉门托 | 小城市 弗雷斯诺 |
|---|---|---|---|---|---|
| 快速路 | 9.5 | 3.3 | 7.57 | 8.98 | 5.67 |
| 主干路 | | 13.3 | | | |
| 次干路 | 13.3 | | 10.91 | 6.20 | 8.96 |
| 集流街道 | 13.2 | 83.4 | 14.37 | 12.01 | 14.45 |
| 地方街道 | 64 | | 67.15 | 72.81 | 70.93 |
| 支路 | | | | | |

国内不同类型城市道路路网级配建议值（%）　　表 5-5-2

| 道路等级 | 城市类型 | | |
|---|---|---|---|
| | 大城市 | 中等城市 | 小城市 |
| 快速路 | 7~12 | 5~10 | — |
| 主干路 | 15~20 | 15~20 | 10~20 |
| 次干路 | 13~20 | 10~15 | 15~30 |
| 支路 | 60~75 | 55~75 | 45~70 |

## （2）合理的路网密度

《城市道路交通规划设计规范》GB 50220—95 中对大中城市路网密度规定为：快速路为 0.3~0.4km/km²，主干路为 0.8~1.2km/km²，次干路为 1.2~1.4km/km²，支路为 3~4km/km²。各城市应根据自身经济水平、地形特点、发展模式以及生活习惯等条件，结合城市的交通建设情况，确定合理的道路网密度。以现有规范为基础，结合国外不同类型城市道路网密度（表 5-5-3），给出国内不同类型城市道路网密度的建议值区间（表 5-5-4）。

国外不同级别城市城区道路网密度（km/km²）　　表 5-5-3

| 级别 | 名称 | 一般城区平均值 | | | 核心区平均值 | | |
|---|---|---|---|---|---|---|---|
| | | 干路密度 | 支路密度 | 总密度 | 干路密度 | 支路密度 | 总密度 |
| 超级城市 | 东京 | 4.36 | 20.41 | 24.77 | 7.35 | 20.63 | 27.98 |
| | 首尔 | 5.01 | 11.08 | 16.08 | 6.30 | 15.50 | 21.80 |
| 特大城市 | 釜山 | 3.15 | 9.41 | 12.55 | 6.62 | 15.62 | 22.24 |
| | 柏林 | 2.18 | 8.52 | 10.70 | 3.13 | 11.39 | 14.52 |
| 大城市 | 札幌 | 1.77 | 19.05 | 20.82 | 2.90 | 19.51 | 22.41 |
| | 罗马 | 2.19 | 9.53 | 11.71 | 3.61 | 13.84 | 17.09 |
| 中等城市 | 仙台 | 1.49 | 15.39 | 16.88 | 4.72 | 14.21 | 28.93 |
| | 广岛 | 2.61 | 16.88 | 19.49 | 4.15 | 21.33 | 25.48 |
| 小城市 | 新潟 | 1.50 | 12.64 | 14.14 | 2.19 | 20.75 | 22.94 |
| | 利兹 | 2.46 | 12.70 | 15.16 | 3.00 | 20.64 | 23.64 |

不同类型城市道路网密度建议值（km/km²）　　　　表 5-5-4

| 道路等级 | 城市类型 | | |
|---|---|---|---|
| | 大城市 | 中等城市 | 小城市 |
| 快速路 | 0.5~1.25 | 0.3~0.7 | — |
| 主干路 | 1.25~2.59 | 1.25~2.5 | 0.9~1.4 |
| 次干路 | 2.5~3.75 | 1.875~2.5 | 1.4~1.6 |
| 支路 | 3.69~5.625 | 3.2~4.8 | 3.5~4.6 |

### （3）去"大院"：改善路网结构，恢复支路功能

从机关大院到学校、工厂，形形色色的封闭型新旧"大院"造成了稀疏的公共路网、纷杂的"断头路"和不堪重负的干路（图5-5-24）。《中共中央国务院关于进一步加强城市规划建设管理工作的若干意见》指出，我国新建住宅要推广街区制，原则上不再建设封闭住宅小区，已建成的住宅小区和单位大院要逐步打开，实现内部道路公共化，解决交通路网布局问题，促进土地节约利用。通过打破"大院"，推广实行街区制来实现城市交通结构优化。中共中央 国务院的意见对"打开单位大院围墙、实现内部道路公共化"有了政策依据，需要政府部门、军队和学校等单位带头开辟公共道路，开放"大院"内高等级内部道路，使其起到城市支路的作用（图5-5-24）。

转变用地开发模式，限制新型大院的产生，不再制造新的"围城"，把大院"占领"的道路重新归公，使内部道路得以社会共享；以不"侵犯"城市道路为前提，合理规划居住小区规模（如支路间距330m，则规模应限定在0.33km×0.33km=10hm²以下）；以组团或楼宇为单位建设新校区和配备安保系统，缩小安保管理范围；发展积极开放的社会氛围，构建和谐社会。

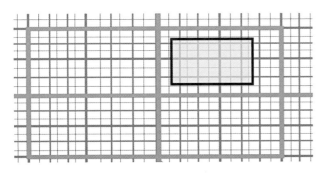

图5-5-24 "大院文化"的弊端

### （4）"窄路密网"：提高道路网密度，采用小街区尺度

积极推行"窄路密网"规划政策，并与城市空间发展相协调，道路网的走向和肌理要符合城市主要发展方向，并处理好与对外交通系统的衔接。道路网的规划指标包括街区大小、道路网密度、道路宽度和道路面积率，这些指标要与土地利用性质和建设强度相互协同、相互适应和相互制约。要体现集约运输，为公共交通提供良好的运行环境，包括公共交通线路网密度和车站覆盖率，同时，道路要为轨道交通预留通道空间。"窄路密网"的规划设计应充分体现绿色、低碳、便捷、宜人、高效的规划目标和远景。规划应提高道路网的连通性和可达性，尤其是绿色、低碳出行方式的可达性。

### （5）街区化：控制道路宽度，创造宜人的街道空间

积极引入街区制发展理念，在城市中心区，通过加密支路网打造与"窄路密网"相辅相成的小街区形态，打造以人为本的交通道路网络系统。加密住宅区路网，引入生活道路：将生活道路（市政路）引入居住区内部，将城市生活引入居住区内部，形成尺度适宜的街区单元。地块内部的生活型道路不仅具有城市支路属性，同时也是居民日常生活起居的重要场所。同时，将公共交通引入居住区内部，使得居住区交通与城市交通较好地衔接。

在推广"街区制"的过程中，要注意先易后难、循序渐进，防止出现"一刀切"，要在不同时期、不同地域分步骤、差异化地推行。在新建开放街区前，要先对建造区域的土地出让面积、路网密度、社会环境等因素进行全面的调查与评估，在符合各方面条件的情况下新建一部分"街区制"小区做试验，等到积累

一定经验，公众体验到"街区制"的好处并逐步接受"街区制"时，再大面积推行"街区制"小区，并逐步打开已有封闭小区。对打开已有的封闭小区，也要先试点再推广。

不同城市的路网密度、封闭小区规模、安全保障等级都有所差别，因此，要根据不同地域的不同情况开放封闭小区。在城市中心、车流量大的地区，可以适量开放一些大型封闭住宅区；在城郊或车流量不大的地区，可以减少开放数量。对于基础设施配套完善、安全等级高的小区，可以先行开放；对于安全保障程度低、公共配套设施不完备的小区，开放的速度要减缓。在开放过程中也要尊重小区业主的意愿，不能强制开放。

### （6）微循环：积极组织单行交通，提高道路网运行效率

改善街区路网节点，实现路网微循环。通过打通片区内的断头路，优化交通组织，提升综合交通管理，加强片区内外路网衔接，为片区路网微循环创造可能。在微循环区域内，对于密度较大、平均路幅较窄的道路网，宜实施单向交通。单向交通主要通过将主干路上的交通流分流至支路来分散交通压力。

城市道路微循环系统存在地段特征的差异性，必须在改造和设计的过程中对其进行审慎考虑。为了与城市总体规划相匹配，城市道路微循环系统也应具有一系列动态时段值。动态时段值应包括现状时段值、近期建设（5年）时段值、远期建设（10年）时段值和远景建设时段值。各时段值应能契合当时的城市发展水平和交通状况。解决当时的组团片区交通问题，同时还要能对城市交通起到一定的分流作用，并保持良好的交通环境。

### （7）"单向二分路"：综合开发模式路网系统

"单向二分路"综合开发模式即将较宽道路拆分为两条单行线，并将原本一条路上的超大车流分解到两条用"中分带"分隔较远的道路上的"单向二分路"形式。在"单向二分路"的基础上，将原有的传统主干路围合成的超大街区进一步细分成网格化的小型街区，通过增加路口等方式，让行人步行直达社区任意一处位置，同时让机动车尽量避免左转，大大降低路口的拥堵率。同时，在此基础上叠加慢行交通系统、公共交通系统，以实现交通出行的低碳化、宁静化（图5-5-25）。

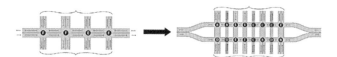

图 5-5-25 "单向二分路"原理示意

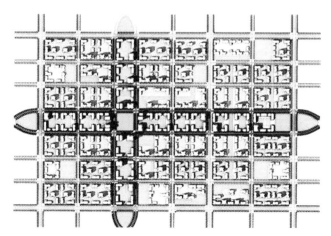

图 5-5-26 "单向二分路"综合开发模式路网
图片来源：http://www.itfly.pc-fly.com

降低居住区周边道路等级，将居住区内干路转变成低等级二分路来分散机动车、自行车以及行人交通。通过引入"单向二分路"、添加非机动车道以及添加辅路的方法将大街区改造成高密度、小尺度网状路网的居住街区。这一模式在美国、加拿大等多个国家的城市成功应用，包括旧金山、纽约、温哥华等。其中，两条单向行驶的道路需要相互平行，间距不宜过大，以100~200m为宜。最后形成由多种宽度和类型的街道与不同尺度的街区构成的路网结构，营造适宜的人步行和人与人交流的舒适步行空间环境（图5-5-26）。

## 5.2.3 实施措施建议

针对城市道路网络存在的问题，结合优化策略及措施分析，提出以下建议。

### （1）相关技术规范的修订和完善

通过采取"去大院"、"窄路密网"、街区化、微循环以及"单向二分路"等措施来优化路网级配和路网密度，需要在交通规划和交通设计两个方面对现有相关技术规范进行修订和完善，指导规划和设计人员的实际工作，使措施得以落地，最终实现路网的优化。

在规划中做到控制道路宽度，创造宜人的街道空间：①积极组织单行交通，提高道路网运行效率；②提高公共交通线路网密度和车站覆盖率，方便公共交通出行；③构建绿色通道网络，营造优质出行环境。

在交通设计中注意的要点为：①道路交叉口小切角处理，形成紧凑空间；②交叉口小转弯半径，保护过街安全；③信号灯短周期控制，提高过街效率；④控制站台间距，提供适宜的候车空间；⑤控制干路过度展宽，保障过街友善；⑥支路设置路段停车并收窄交叉口，丰富街道活力；⑦打造完整街道，营造街道魅力，充分体现以人为本的规划设计理念。针对以上要点，对相关技术规范提出一些修订和完善措施建议（表5-5-5）。

**针对相关技术规范的修订和完善措施建议** 表5-5-5

| 相关技术规范名称 | 修订和完善措施建议 |
| --- | --- |
| 《城市道路交通规划设计规范》GB 50220—95 | 完善道路网规划指标体系 |
| | 体现窄路密网的布局理念和相关要求 |
| | 适度提高公共交通线路网的密度指标 |
| | 细化步行和自行车专用路的规划设计要求 |
| | 修订平面交叉口进出口设置展宽段的相关规定 |
| 《城市道路工程设计规范》CJJ 37—2012（2016年版） | 适当缩小城区公共汽车站间距 |
| | 修订城区合理公共汽车站间距 |
| 《城市道路交叉口规划规范》GB 50647—2011 | 修正平面交叉口转角部位红线切角长度 |
| | 修正平面交叉口右转路缘石半径取值规定 |
| | 修正平面交叉口进出口道展宽的相关规定 |
| 《城市道路交叉口设计规程》CJJ 152—2010 | 修正平面交叉口进出口道展宽的相关规定 |
| | 修正地块或建筑物出入口离交叉口停车线的距离 |
| | 修正平面交叉口右转路缘石半径确定取值的规定 |
| | 修正公共汽车站与交叉口进出口道距离的规定 |
| 《城市居住区规划设计标准》GB 50180—2018 | 将小区（级）路也纳入城市支路范畴，并达到支路的技术要求，让生活街区的尺度精细到居住组团级别，而非居住小区级别 |

1)《城市道路交通规划设计规范》GB 50220—95

规范直接指导道路网规划设计，需要对以下几个主要方面进行完善。

① 要充分体现"窄路密网"的布局理念和相关要求。

② 完善道路网规划指标体系，包括道路网结构、道路网密度、道路宽度、道路面积率、人均道路面积等，这些指标都需要按"窄路密网"的理念来重新制定。中心区干路网密度建议值为3.75~6.25km/km$^2$，路网总密度建议值为8.69~13.125km/km$^2$；而在城市一般地区干路网密度范围建议值在1.25~2.5km/km$^2$，道路网密度建议值为4.375~6.25km/km$^2$。通过将我国与美国大城市道路设计规范中道路里程级配的对比（表5-5-6），参考国外大城市各等级道路里程比重，对我国规范中支路的所占比重进行调整，根据城市规模适当提升支路所占比重，发挥其在城市路网中微循环的作用。

③ 适度提高公共交通线路的路网密度，缩小公共交通站距，提高车站覆盖率，中等及以上规模城市应规定公交专用道的规划控制。

④ 进一步细化步行和自行车专用道的规划设计要求。

⑤ 重新修订关于平面交叉口进出口设置展宽段的相关规定，干路应限制过度展宽，支路不应进行展宽，

我国与美国大城市道路设计规范的规定对比（%）　　表 5-5-6

| 道路等级 | 我国规范大城市道路里程比重 | 美国规范大城市道路里程比重 |
| --- | --- | --- |
| 快速路 | 6.4~9.0（7.7） | 5~10（7.5） |
| 主干路 | 12.8~19.2（16.0） | |
| 次干路 | 19.2~22.4（20.8） | 10~15（12.5） |
| 集流街道 | — | 5~10（7.5） |
| 地方街道 | — | 65~80（72.5） |
| 支路 | 48~64（56） | |

注：括号中的系数为上下限的平均值。

反而要结合路段停车对交叉口进行收窄处理，缩短行人过街距离，增加交叉口的行人集散空间。

2)《城市道路工程设计规范》CJJ 37—2012

该规范直接指导道路具体设计，需要对以下几个主要方面进行完善。

① 适当缩小关于对城区公共汽车站间距宜为 400~800m 的规定。

② 重新修订关于对公共汽车站设计规定："道路交叉口附近车站宜安排在交叉口出口道一侧，距交叉口出口路缘石半径终点宜为 80~150m"。小街区的交叉口间距为 100~250m，该规定在小街区道路网下无法执行，且增加了对向车站的换乘距离。

3)《城市道路交叉口规划规范》GB 50647—2011

该规范直接指导道路交叉口规划，需要对以下几个主要方面进行完善。

① 修正关于对平面交叉口转角部位红线切角长度（干路 20~25m，支路 15~20m）的规定，应进一步缩小以形成紧凑的街角空间。

② 修正关于对平面交叉口右转路缘石半径按不同设计时速确定取值（无非机动车道 10~25m，有非机动车道 5~20m）的规定，应按满足不同车型最小转弯半径要求来确定，采取小转弯半径，强制右转车辆先减速再缓慢通行，保护行人过街安全。

③ 修正关于对平面交叉口进出口道展宽的相关规定，该规定在小街区路网下无法执行，上一个交叉口出口道还未渐变完便已进入下一个交叉口的进口。

4)《城市道路交叉口设计规程》CJJ 152—2010

该规范直接指导交叉口具体设计，需要对以下几个主要方面进行完善。

① 修正关于对平面交叉口进出口道展宽的相关规定。

② 修正关于对地块或建筑物出入口在各级道路上要求离开平面交叉口停车线（主干路不小于 100m，次干路不小于 80m，支路不小于 30~50m）的距离规定，否则有些小地块将面临出入口开设困难的情况。

③ 修正关于对平面交叉口右转路缘石半径按不同设计时速确定取值（10~25m）的规定，应与《城市道路交叉口规划规范》GB 50647—2011 的修正一致。

④ 修正关于对公共汽车站与道路交叉口进出口道距离（出口道离开对向停车线干路 50m、支路 30m，进口道离停车线 20m + 排队长度）的规定。

5)《城市居住区规划设计标准》GB 50180—2018

① 该规范直接指导居住区规划设计。根据该规范，居住区按居住户数或人口规模可分为居住区、小区、组团三级，1 个居住组团规模（300~1000 户、1000~3000 人）相当于"窄路密网"下的 1 个小街区规模，1 个居住小区（3000~5000 户、5000~15000 人）相当于 5~10 个居住组团（小街区），1 个居住区（10000~16000 户、30000~50000 人）相当于 3 个居住小区。

② 该规范仅将居住区道路（用以划分小区的道路）纳入城市支路范畴，且要求道路红线宽度不宜小于 20m，而小区路（用以划分组团的道路）未纳入城市支路范畴，仅作为居住小区内部道路，技术标准要求不高（路面宽 6~9m）。因此，在片区控制性详细规划中仅将居住区（级）道路作为城市支路纳入规划控制管理，这会造成由城市道路所划分的居住小区面积较大，相当于"窄路密网"下 5~10 个小街区（居住组团）。这是导致出现大型封闭居住小区的主要原因之一，应当进行修订，将小区（级）路也纳入城市支路范畴，并达到支路的技术要求，让生活街区的尺度精细到居住组团级别，而非居住小区级别。

### （2）差异化实现街区定制

设计手段从批量复制转变为单品定制、从管理导向转变为功能导向，从界内转变为跨界，从粗犷转变为细腻，从政府意志、工程师意志转变为公众参与。道路精细化设计要突破传统的交通学科，统筹考虑社会学、经济学等各类因素，实现街道差异化与特色的塑造。

### （3）破解政策机制瓶颈并尽快提高城市街区路网规划实施率

尽快完善道路审批管理、道路用地供应、道路资金渠道等政策机制。制定发展目标和年度实施计划，按照分区分类、先易后难、突出重点的思路，坚持规划先行与完善功能相结合，有序完善道路网系统，解决路网布局问题。健全规划实施的经济调控，完善规划实施的法律监督，提高规划实施的技术保障及推进规划实施的公众参与。

### （4）制定完善的相关法律法规，构建补偿机制

"去大院"、推广街区制等措施都要遵循依法推进原则，在政策制定过程中，应及时修正与完善相关法律法规，明确厘定对道路、绿地、停车位、公共设施等资源的归属权，处理好街区制与《中华人民共和国物权法》的关系，让街区制的推广有理有据。在开放封闭住宅区的过程中，需尽快建立补偿机制，对私人权益受到损害的居民给予合理的补偿。此外，还应制定与街区制配套的专项法律法规，并完善物业、交通、房地产等方面的相关法律法规，维护居民利益，加快形成"窄路密网"的街区微循环路网体系。

## 5.3 构建多模式、多层次公交网络

### 5.3.1 多模式、多层次公交网络的内涵

多层次城市公交网络是指形成客运主通道的骨架网、公交主干线的主体网及普通公交线的支撑网三级层次的网络结构。与城市道路网络结构需要有一个合理的结构配置以提高道路网络的整体运输效率一样，城市公交网络的三级层次也应该有一个合理的配置。主要的网络结构层次可以分为以下三大类。

① 公交骨架网。它主要承担城市居民的长、远距离出行，一般采用大运量交通模式，形成城市客运快速通道。在特大城市，骨架网由轨道交通线路组成；一般大城市，骨架网可由轨道交通线路与先进的 BRT 网络形成；而中等城市，骨架网可由 BRT 网络形成。尽管公交骨架线路的运输能力强、通行速度快、运行效率高，但由于规划线路少，不足以成为城市公交主体。

② 公交主干网。它是城市客运交通的主要承担者，一般采用中等运量的交通模式，发达国家通常采用有轨电车、导轨公交、BRT 等，我国除了可采用国外的一般模式外，特别推荐投入少、见效快的公交绿波主干线（准 BRT）。公交主干网主要分布在城市的主、次干路上，由于公交主干网的线路比较多、速度比较快、效率比较高，承担了城市客运量的主要部分，是城市公共交通网络的主体。

③ 公交支撑网。它由普通公交线路组成，是公交骨架网、公交主干网的驳接线路，承担城区内广大社区居民的日常出行。公交支撑网线路主要分布在城市道路网的支路、社区道路及部分次干路。支撑网的线路、站点应该分布密集，便于市民搭乘。尽管支撑网线路分布密集，但由于支撑网公交线路运输能力弱、通行速度低，不足以成为城市公交主体。

多模式公交是指城市交通发展中公共交通的组成在原有的单一常规公交和辅助公交的发展中增加了各种大容量快速公交，如 BRT 系统、轨道交通，其中轨道交通分为轻轨（LRT）、重轨（HRT）。由于与常规公交在运营速度、运营形式以及路权所有等方面有所不同，因此其在公共交通体系中的地位与常规公交不同。随着城市交通的不断发展，未来这几种公交方式将共同存在，并且城市公交的主体地位以及客流主要载体都会由单一常规公共交通模式向多种公共交通模式的主体转变。国内许多大城市在实施公交优先战略过程中，除大力建设轨道交通之外，也开始优化地面公交系统，着重形成多层次、多元化的公共交通综合体系，由传统的单一公共汽车系统向市郊轨道、地铁、有轨电车、常规公交、微循环公交巴士、城乡公交等多模式公交系统转型。例如，北京、广州等城市已建成地面快速公交和公交专用道，上海已规划和建成张江有轨电车等中运量公交系统，深圳正谋划构建"轨道交通 + 地面快速公交（常规公交 + 公交专用道）"等多元化公交网络系统。

目前国内城市的公共交通网络结构组成主要可以分为三大类别。

① 以轨道交通系统为主导，地面公共汽车运输系统为支撑的城市公共交通网络结构。代表性的城市有上海、北京、广州和深圳等特大型一线城市。该类城

市的轨道交通网络已经形成，分担着城市的大部分客流量，在城市公共交通系统中起到了不可或缺的作用。

② 以地面公共汽车运输系统为主的城市公共交通网络结构。该交通网络结构的城市主要是我国的中小型以下或部分大型、特大型城市，如济南、海口、泉州等城市。该类城市由于尚未建成轨道交通网络，在公共交通中主要以地面交通作为主要的公共交通模式。

③ 地面公共汽车运输系统与城市轨道交通系统结合的城市公共交通网络结构。该类城市的特点是轨道交通网络已经初具规模，但是完善度不高。在城市公共交通系统中，地面公共交通还是占据着重要的结构组成地位，与轨道交通一起在城市公共交通网络系统中发挥着作用。该交通网络结构的城市主要是我国的一些特大型二线城市及部分三线城市，如武汉、南京、成都等省会城市。

这三类城市公共交通网络的详细特征和存在的一些问题如下。

### （1）轨道交通系统为主导的公共交通网络

这类城市的轨道交通承担了城市主要的公共交通客流量，是城市未来大力发展布局的重点部分。以上海市为代表，截至2018年3月上海市的轨道交通客流量占据总公共交通客流量的53%。上海市轨道交通设施建设程度较高，15条轨道交通线路（含磁悬浮）已形成"环+放射"状的城市轨道交通网络骨架。其中，内环外以放射状长距离轨道交通线路为主，线路基本覆盖中心城重要地区及外围重点新城；内环内采用"环+方格"状的轨道交通网络布设形式，乘客可较为便捷地换乘其他轨道交通线路到达目的地。由于地面公交线路主要沿道路网布局，上海市地面公交线网呈"环+放射"状分布状态，因此线路资源在中心城内聚集度较高，内环以内地面公交线网密度为5km/km²，300m站点覆盖率达94%；而内、外环间公交线网密度仅2.3km/km²，整个外环以内地面公交300m站点覆盖率为70%。

上海、北京等国内一线城市虽然公共交通基础设施水平优于全国其他城市，但是我国以上海市为代表的一线巨大型城市的公共交通网络与国外同等级的城市相比还存在很多不足之处：① 轨道交通网络层次类别相对较单一。市域通勤铁路规模有待进一步加大，不同类别轨道交通功能有待进一步明确。目前，上海市轨道交通主要以地铁网络为主，市域通勤铁路仅金山铁路支线一条。东京、伦敦、纽约、巴黎等国际城市通勤铁路规模均远大于地铁规模，且功能定位比较明确，市域通勤铁路功能主要为市区和郊区的中长途客运运输与通勤交通，而地铁功能则主要是服务于中心城区中短距离出行。其他部分轨道交通快线、专线则主要服务于机场、火车站等大型综合交通枢纽。② 轨道交通网络密度较低。上海市的人口众多，城市也在进一步向外围扩大，单一的地铁网络无法满足城市外围地区群众对公共交通的需求。上海市可以加大市域通勤铁路建设，进一步提升轨道交通线网密度，满足市民多层次的轨道交通出行需求。③ 地面公交网络系统的线路和站点部分指标整体偏低，不利于轨道交通与其他公共交通的交通衔接。

### （2）地面公共汽车系统为主的公共交通网络结构

目前在全国大部分还没有开通、建设地铁等轨道交通的城市，城市公共交通系统主要由地面公共汽车系统来承担。以山东省济南市为例，截至2016年底，济南市已经形成了以大量快速公共交通为骨干、普通公共汽车为主体、城区公共交通与对外交通紧密衔接的城市交通体系。目前，济南市已经形成了国内首个完整BRT公共交通网络系统，共有8条运营线路，共计88.2km。但是目前，伴随着我国二、三线城市城镇化进程的纵向深入发展，城市结构和功能日趋完善，过去的公交发展模式已很难适应城市快速发展的需求。以济南市为代表的国内二、三线尚未发展轨道交通网络城市的公共交通网络的主要弊端有：① 公共交通组织模式单一，不能适应新形势下城市规划要求。地面公交系统存在线路过长问题，从而导致目前主城区公交车辆周转时间长、间隔不均匀等造成济南市公交系统运行效率不高的问题。② 城市轴向大运量快速轨道交通系统完善度相对较低，难以支撑城市轴向放射式空间构架，城乡公交一体化尚需逐步完善。③ 线路分布失衡，运力配置不合理。城区部分地区的公共交通线路分布不均，导致部分地区的交通过于拥堵。④ 城市道路等级结构不合理。济南市区的主干路覆盖率较低，道路通行能力较低，造成地面公共交通系统的运行效率下降，交通进一步拥堵。

### （3）地面公共汽车系统与轨道交通系统相结合的公共交通网络结构

这一类城市主要是目前国内已有运营地铁网络系统的城市，如天津、南京、武汉、成都等城市。以天津市为例来详细说明。目前天津市的轨道交通主要包括4条地铁线路和1条轻轨线路。线网覆盖10个市辖区，运营里程166km，共设车站112座。轨道交通主要覆盖天津市区的部分区域，以及一条连接天津滨海新区的9号线。截至2014年底，天津市公共汽车线路数达657条，线路总里程达14682km，其中，中心城区线网里程852km，线网密度为2.54km/km$^2$。天津市的城市公共交通网络以地面的公共汽车为主，轨道交通辅助分担部分客流量。目前，我国以天津市为代表的国内大型、超大型城市的公共交通目前共同存在的主要问题为：①轨道公共交通的线网里程较短。天津市面积过大，且市区与滨海新区距离较远，轨道交通线网总里程过短不利于城市公共交通骨干作用的发挥，影响城市公共交通分担率的整体提升。②城市轨道交通尚未形成网状运营线路。目前我国大部分大型城市的轨道交通网络正处于快速建设期，城市的公共交通也正处于由地面公共交通转向轨道交通系统的过渡期，造成公共交通系统无法满足城市人口迅猛增长所带来的巨大公共交通出行需求。③大运量的轨道交通网络层次类别相对较单一，无法形成完善的网络结构。天津作为直辖市，面积广、人口多。但目前天津的轨道交通主要以地铁为主，缺乏铁路、轻轨以及有轨电车等多种模式的轨道交通。单一的地铁轨道交通无法满足天津市部分群众的公共交通出行需求。

## 5.3.2 国外先进公共交通系统借鉴

### （1）伦敦

伦敦公共交通系统以轨道交通为骨架，公共汽车、有轨电车、轮渡为辅助。线路之间纵横交错，形成了密集、便捷的公共交通网络。据伦敦交通委员会统计，平均每条地铁线路与10条公共交通线路交叉，地铁线路与火车的交叉站点多达46个，各种交通工具的换乘距离均在1mi（1mi=1.609344km）之内。据统计，在伦敦市区，公共交通出行量占总出行比例的72%；在伦敦大都市区范围内，公共交通出行量占总出行比例的38%。

轨道交通采用多层次、多类型的交通模式，分为地铁、快速轻轨（以地面或高架形式为主）以及高架独轨等类型，形成了一个综合的轨道交通系统。在伦敦，地铁与城郊铁路"共轨"也是一种常见的轨道交通方式，既能实现线路资源共享，又有利于提高城市周边旅客进入市区的换乘方便度，还能充分发挥铁路集疏运的功能。在伦敦市，地铁是公共交通的核心，1863年伦敦市第一条城市地铁投入运营，至今已拥有完善的地铁网络。目前，伦敦地铁公司是唯一一家地铁运营商，共运营12条线路、275个车站，地铁线路里程416km，承担着伦敦大都市区公共交通客运量的26.3%；地面轨道交通（包括火车和轻轨）集中在泰晤士河南岸地区，其客运量占伦敦大都市区公共交通客运总量的23.7%。

伦敦市的市郊铁路线路网十分稠密，呈现放射状，里程650km，设有550个车站，市中心有15个终点站。伦敦公共汽（电）车作为地铁、轻轨系统的补充，定位于服务中短距离出行，共有线路700多条，车辆6500多辆，日均客流540万人次，运营企业38家，其客运量占伦敦大都市区公共交通客运总量的50%。

伦敦公交网络的主要特征如下。

① 公交网络覆盖全城。伦敦地铁是城市公共交通的核心，运送速度比地面交通速度快一倍以上。伦敦城市以环形划分区域，从市中心1区（伦敦老城区）向外围放射至6区，其中1区主要是政府、议会、王室、金融城，以及商业街和主要旅游景点的集中地。地铁和轻轨线路平均每小时的列车次数达90班次，车次间隔最密时仅2min。在市中心区，一般步行10min之内至少会有一座地铁站。此外，市郊铁路与地铁一样具有高速、准时的特点，主要集中在泰晤士河南岸地铁较少的地区，与地铁共同构成整座城市的骨干公交网络，在高峰时段，近80%进入市中心的出行是通过轨道交通实现的。

② 伦敦不同公共交通方式之间换乘方便。每条地铁线路与多条线路交叉，其中地铁与火车之间有46个交叉站。伦敦市有5座机场，每个机场都有地铁或快速直达列车。

③ 通过整合和建设公共交通大型换乘枢纽，使乘客可以在公共汽（电）车线路、轨道交通、国铁以及长途客车间进行无缝换乘。伦敦市中心区周边的公共交通车站大部分都整合了公交、轨道交通、国铁。

④ 通过优化公共汽（电）车网络，扩大公共汽（电）车网络在外围区的覆盖面，使90%的家庭在400m服务半径内能够到达公共交通站点。在城市中心区增设公交专用道，设置交叉口公交信号优先，道路最左边的一条车道通常被开辟为公交专用道，每条

专用车道路面都印有红色的专用车道字样。目前，伦敦设立了总长为580km的公交专用道，占伦敦市总路线长度5%，承担了伦敦市1/3的客流量。

### （2）库里蒂巴

库里蒂巴已形成了较为完善的公共交通系统（无轨道交通），其最大特点是利用地面常规公共交通解决城市交通问题。库里蒂巴是巴西私人小汽车人均拥有量排名第二的城市，但现存在问题是私人小汽车的使用率很低，大部分居民会选择公共交通工具上下班。据最近的一项调查，库里蒂巴市75%的通勤出行选择公共交通，日均客运量达190万人次。

库里蒂巴公共交通系统的线路可分为快速线、支线、区际联络线和环线、大站快车线、常规的整合放射线及市中心环线等，其中公共汽车有340条线路、26个终点站，覆盖了该市1100km的道路，其中公共交通专用道60km，公共汽车日行驶里程为38000km。库里蒂巴市的公共交通系统内共设有三类车站，即管式车站、大型公共交通站和传统车站。其中，管式车站距离多为500~1000m，其最大优势是可大大加快乘客的上下车速度。此外，还使乘客免受气候条件的影响，同时同一平面登车设计和进站口自动升降装置使年老者和残疾人乘车更方便。大型公共交通站多位于综合公共交通网络的轴线上，其中中转式的大型公共交通站为不同的线路提供分隔开的上下车站台，并以地下通道的形式连接这些站台，方便乘客换乘（图5-5-27）。

库里蒂巴的公交网络主要特征如下。

① 公交驳运与客流平衡，以BRT系统为核心的一体化公共交通系统为库里蒂巴城市空间布局与发展规划提供了基础。库里蒂巴市并未按"摊大饼"模式发展，全市人口密度为370人/km²，在超400km²的市区范围内。在城市外围区域，BRT轴线将郊区主要居住区、城镇与市中心区连接起来，据此产生了在主要轴线上开辟BRT系统的需求，并通过公交驳运线与BRT系统相连，改善了公交客流在方向上的不均衡现象。20世纪70年代，库里蒂巴市区的常规公交将近90%客流量都在高峰方向上，而现在客流方向性比例大致为60∶40。主要轴线沿线既有出行的产生，也有出行的吸引。另外，城市中心区与外围区、远郊区城镇间通过绿地系统进行隔离，绿地系统对城市中心区的环境改善起了重要作用。

② 公交服务体系层次分明，全市共有1570辆公共交通车辆，分8种车型以6种方式运营：一是8条在主干路上运营的红色直达巴士（Express Buses），二是30条在主干路和主要街道上运营的银色快捷巴士（Rapid Buses），三是70条在大容量干路上运营的快捷双铰接巴士（Bi-Articulated Buses），四是8条在城市中央商业中心区周围干路运营的绿色市区巴士（Inter-District Buses），五是110条在城市街道与地区终点站之间运营的黄色转运巴士（Feeder Buses），六是2条为弱势群体服务的白色特别线。

③ 充分考虑用地属性的公交网络布局，在鼓励土地高密度使用的居住用地和商业用地附近，公共交通专用道路以及双关节公共汽车的使用将使得公共交通系统能够达到与小区公共交通需求相一致的较高的运送能力。而对于人口密度仅为中等或低密度的居住区，为了提高运营效益和公共交通服务的便捷性，使公共交通乘客能够方便地到达其他居住区或者交通节点，需要规划运送能力相对较低而灵活性更高的线路。

**图 5-5-27　库里蒂巴 BRT 运营图**

图片来源：澎湃新闻、新华社

④ 建设完备的公共交通车站枢纽。库里蒂巴为使公交一体化，注重不同线路间换乘站点建设，特别确保专用道和其他运输线路的高效衔接，大型公交站多位于综合公共交通网络的轴线上，可分为中转式的大型公交站和终端式的大型公交站。中转式的大型公交站为不同的线路提供分隔开的上下车站点，并以地下通道的形式连接此类站台，从而使乘客方便换乘。终端式的大型公交车站位于结构轴线道路的末端，在站内配建有大型的基础设施，可以方便周围居民使用，减少居民向市中心集结，从而减少市中心的交通压力。

## （3）东京

东京是世界上典型的以轨道交通为主导的大都市。在东京首都圈内，由17条国铁JR线（新干线）、13条私营铁路系统构成的轨道交通网络骨架维系着东京首都圈、东京交通圈城市带。外部和城际市民通过区域公共轨道交通网络体系进入东京都和区部城市中心或山手环线的综合换乘枢纽，然后利用东京都和区部的地铁系统及地面公共交通到达城市各片区，满足了大量乘客的需求。

国铁JR线（Japan Railway Line）是电气化铁路，也称新干线，承担了东京首都圈市际间及市内的部分交通出行，总长度近900km。国铁JR线由两条环线及若干条放射线组成，以东京站为中心向首都圈及其他地区辐射。新干线车站设在东京都和区部，市民出行主要选择新干线进出东京区部、东京都，其站点与城市地铁、轻轨连成一体，组成综合交通枢纽，换乘方便。新干线的利用率非常高，年运载量在1.4亿人次以上，这为上班族和旅行者的出行提供了很大便利。

私营铁路线大部分以区部山手环线为终点或起点，主要由东急线、小田急线、京急线、西武线、京王线、东武线、京成线等13条线路组成，覆盖了东京首都交通圈及其以外的其他地区。私营铁路线由20家民营铁路公司运营管理，运营时速达40~45km，站距2km左右，高峰时运行间隔4min，有效地补充了国铁JR线的不足。

东京区部地铁线网由东南海滨城市中心向北、向西扇形发展，呈放射式布局，地铁线路系统由13条线路组成，其中环线1条（也称山手环线），绕东京区部市中心运行，连接东京市的东京、上野、池袋、新宿、涩谷、品川等32个综合枢纽站；放射线12条，主要覆盖东京都区部，总里程超过280km，运营时速30~35km，站距1km左右，与区域国铁JR线、私营铁路线衔接联运。大量人流通过地铁线路快捷地进入中心城区各区域的工作场所。地铁线路的方便高效特点吸引了众多城市居民选择公共交通工具。

作为东京区部地铁线网系统的补充，东京地面公共交通系统沿城市道路呈网络状分布。城市道路中划出了大量公共汽车专用道，保障地面公交体系的优先权，也确保了地面公交的发达、快捷、准确和高效。地面公共交通系统以公共汽车、出租车为主，与轨道交通站点、城市交通枢纽、对外交通枢纽衔接紧密，换乘距离短，服务水平高，分布密度大，指示清晰，便于乘客的换乘和使用，满足了大部分市民的基本出行需求。据有关部门统计，在轨道交通和地面公交系统车站400m服务范围可以覆盖90%以上的居民和上班族（图5-5-28、图5-5-29）。

东京的公交网络主要特征如下。

① 综合便捷的城市公共交通换乘枢纽。东京区域

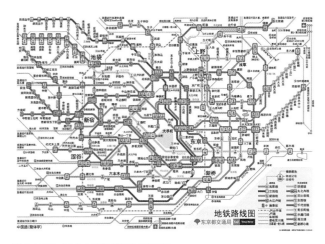

图 5-5-28 日本东京轨道交通线路图
图片来源：东京Metro地铁官网

图 5-5-29 日本东京公交运营图
图片来源：中国客车网

中各种运输系统汇集连为一体的主要枢纽多达32个，它们是乘客集散、转换交通方式的重要场所，实现了市内、市外交通的无缝衔接，保证了城市生产、生活的高效进行。综合交通换乘枢纽基本实现了各种交通方式之间同台零换乘。枢纽车站往往有若干层，与大铁路相连接的车站站台多达十几个，出租车、市内公共汽车分布在枢纽两侧地面一层，自行车、私人小汽车、客车停车场设计在地面以下。轨道交通线路和铁路线高架在地面一层以上，既保证了轨道交通的安全、快速运行，又没有对城市用地发展造成阻隔。人流与地面公交线路、轨道交通线路各行其道，没有交叉干扰，客流组织合理、高效、有序。

② 高效利用土地资源，实现轨道交通与地面交通方式的无缝衔接。东京、大阪等城市对轨道交通换乘枢纽的等级分类没有明确规定，只是根据地面交通的换乘需求判断是否配置交通广场，然后根据车站周边的土地利用状况及车站功能定位，参考已有同类型车站，设定接驳交通方式分担率，进而计算广场所需空间，并进行各种交通设施的空间布置。

③ 整合快速交通站点周边交通资源，了解快速交通站点周边2~3km区域中公交线路分布情况，如在公交线路少的区域可以规模性开展租赁自行车业务，在区域内大学和业务设施区域建立租赁自行车站点，形成末端交通网络化运营。

### （4）斯德哥尔摩

斯德哥尔摩公共交通系统由地铁、轻轨和市郊铁路以及公共汽车组成。其中，公共交通运量占整个瑞典交通运输量的50%，每天均有超过四成（高峰时段七成以上）的城市人口选择公共交通工具出行。斯德哥尔摩是城市与轨道交通协调发展的典范，以市区为中心辐射状通向几个卫星城的地铁系统，形成了公共交通的主骨架。斯德哥尔摩拥有北欧地区规模最大的城市轨道交通系统，共有9条轨道交通线，其中地铁、轻轨和市郊铁路各有3条，每条线又有多条分支延伸到市郊的各社区，总长度超过400km，有240多个站点。其轨道交通在市区主要在地下运行，而城区外大多数都在地面上运行，形成一张四通八达的网络。除了发达的轨道交通系统外，还有四通八达的公共汽车线路，目前，公共汽车线路建设400余条。

斯德哥尔摩公交网络的主要特征如下。

① 快捷的区域性公共交通网络。斯德哥尔摩大多数新城镇的高密度住宅区都分布在轨道交通车站附近，可尽可能方便居民快捷地选择轨道交通方式。低密度的住宅区则通过人行道、自行车道与轨道交通的车站相连，公共交通成为社区生活中必不可少的组成部分。许多位于郊区的轨道交通车站还与城镇中心广场连接在一起，而广场是禁止轿车进入的。

② 以公共交通为导向的社区发展产生了高效的、双向平衡的交通流。在高峰期，系统的双向客流量之比为45：55，造成这种平衡的主要原因是区域规划中，沿轨道交通走廊将人口和工作岗位的增长集中在紧凑混合开发的郊区市镇中心，产生了由城区到郊区城镇去上班的反向通勤。这样，轨道交通系统克服了潮汐性客流的弱点而得到均衡利用。

③ 加快以快速交通为骨干的综合交通体系的建设，提高公共交通设施和装备水平，设置专用道保障公交专用路权，提高公交运行速度和安全性能以及列车准点率。

④ 优化各种交通方式、设施之间的衔接，将轨道交通站、公交站与商业设施相结合，建设城市综合体，形成商务、休闲、交通一体化的立体式综合换乘站。

⑤ 实施多元网络工程，加大轨道交通网络建设力度，强化轨道交通的主骨架作用；优化公交线网，增加公交车辆投放，提供商务快巴、社区公交、通勤班车等多样化公交服务，满足市民不同层次出行需求。

### （5）巴黎

巴黎是世界上公共交通网络最完备的城市之一，其公共交通网络主要由市区地铁、市郊快速铁路、郊区铁路、公共汽（电）车等组成。目前，巴黎大区公共交通出行量占总出行量的35%，巴黎市公共交通出行量占总出行量的67%。

轨道交通是巴黎最重要的公共交通方式，在整座城市生活中占有突出地位，共有14条地铁线，全长211km，有381座车站，日均客流近500万人次。其中，129座换乘站是连接不同线路的枢纽，使各条线路相互沟通，形成一个统一的网络，从城区的任何一点到达地铁站不超过500m。同时，市郊快速铁路非常发达，共5条，总长超过360km，是横穿巴黎市区并伸向东西、南北郊区的客运大动脉，也是连接郊区与城区、连接不同郊区的重要通道。其中，城区的19座车站大部分与地铁站相交，换乘十分方便。

巴黎市共有公共汽车线路310多条、有轨电车线路 2 条，共有车辆 5500 多辆，日均客运量 260 多万人次。设置了 480 多条全天或部分时间禁止其他车辆使用的公交专用道，公共汽（电）车在路口享受优先放行待遇。

巴黎的公交网络主要特征如下。

① 轨道交通与其他交通方式的有效衔接。巴黎市内的 6 座火车站分布在巴黎的 6 个方向，均已成为巴黎城市交通的枢纽站，如巴黎北站、巴黎里昂站等火车站，将公共汽车、地铁、RER 线、市郊铁路等整合成一体，乘客可以很方便地换乘各种交通工具；位于巴黎北郊的戴高乐机场也有快速轨道交通（RER）和高速列车综合车站，机场旅客既可换乘 RER 线进入巴黎市区，也可直接乘高速列车去法国其他城市，而不必进入巴黎市内转车。另外，在一个公共交通系统内，还注重有轨交通与公共汽车之间的衔接，尤其在换乘站有轨交通车辆一般都要与对应班次公共汽车衔接后才发车，确保换乘旅客不脱班次。

② 公交专用道基础设施的建设完备。巴黎多数街道狭窄，且 80% 为单行线。但是不管街道如何狭窄，巴黎市主要路段都设有专门的公交专用道，并印有醒目的"BUS"字样，甚至在很多单行车道设置"逆行公交车道"。巴黎市大多数路段均设置专门的公交车通行信号灯，保证公共汽（电）车优先通行。有的路段在接近路口几十米处，不仅用粗线划分公交专用道，而且以一定的凸起作为隔离，防止其他汽车抢占公交车道，在少数关键路段，还全程建有与人行道齐高的隔离设施，形成封闭的公交车道，彻底阻止其他车辆入内。

③ 为保证公交形式的多样性，多渠道地利用社会资源，提高替代私人小汽车交通的出行服务供给，对既有的地面公交网络进行了差异化重组，将巴士线路也划分成干线和支线两种类型，并通过公交专用道、信号优先等技术手段，切实提高前者的运营速度，形成地面快速公交走廊，延长夜间巴士线路的运营时间。

④ 在多样化的基础上，通过优化站点布局和换乘枢纽建设，加强不同交通形式之间在空间上的衔接整合。使得公交出行既有丰富的可选择性，又保证了同时相互转换的顺畅便捷。尤其是通用的智能交通卡的推广，为各种公交之间的无缝衔接带来很好的客户体验。

### 5.3.3 多模式、多层次公交网络发展举措及建议

过去 30 年我国综合交通运输取得长足进步，公路、铁路、水运及航空运输运营里程和客运量增长显著。与此同时，我国城镇化和机动化进程快速推进，城市居民出行需求增加和交通设施建设更为迅速。目前，我国城市公共交通系统中，公共汽车、轨道交通占主体，承担了城市 80% 以上的客运量。地面常规公共交通仍然是目前我国各大城市的主要运输方式。由于财政体制、经营体制、管理水平以及道路通信条件等诸多因素的限制，城市公共交通的发展仍存在不少突出问题，严重制约了其重要作用的发挥，主要表现在以下几个方面：①城市公共交通规划工作滞后，规划内容不完善，各种交通方式之间还未能做到充分衔接和协调，城市公共交通中轨道交通、公共汽（电）车等组成部分难以发挥系统的整体性；②部分城市的公共交通模式较为单一，随着人口的增多以及交通需求的剧增，传统单一的交通模式越来越难以满足城市发展的需要，公共交通的模式单一也增加了地面道路的拥堵程度；③城市公共交通基础设施建设严重不足，大运量公交系统建设缓慢，公共交通线网覆盖不均衡，公交运力结构失衡，没有真正发挥大运量城市公共交通方式在大城市交通出行中的主力军作用，公共交通设施用地被侵占或者被改变用途的情形较为严重；④城市公共交通发展缺乏系统完善的法规保障和政策支撑体系。我国城市公共交通行业的法规体系还很不健全，导致政府在市场监管过程中缺乏必要的法律支持，主体不明，权责不清，行为不规范，监管不到位。在政策支持上，对公共交通基础设施的投入普遍不足，公交优先战略落实不到位。

我国大部分城市的地面公交发展较为落后，但谈及公交优先发展，很多城市热衷于建设地铁，从一个极端（非常落后的地面公交）跳到另一个极端（建世界上最先进的轨道交通系统）。实际上，从低水平小运量的地面公交（目前的公交模式）到大运量的地铁之间，有多种交通出行模式。现在许多城市都注重轨道交通和普通公交的建设，位于两者之间的主干公交网也不可被忽视。多模式的公交体系中要有大运量快速度的轨道公交网，也要有小运量低速度的普通公交网，两者之间要有中运量准快速的主干公交网。我国城市交通的特点是地面上"车堵人不堵"，机动车平均人数 1.2 人，80% 的车辆是一人一车，地下则是人堵车不

堵，从地铁的拥挤程度便可以看出来。两者之间的公交结构不尽合理。

目前，我国的城市交通结构与经济结构一样，处于转型期。不同人口规模城市的交通规划应该根据本市的特征因地制宜地采取不同的规划措施。在国内，我国政府推出要构建"公交都市"和"畅通工程"两项重大举措。许多中大型城市纷纷提出大力发展轨道交通系统，积极推进地面快速公交系统和公交专用道网络建设，构建多层次、高效率的多模式公共交通综合体系。中小型城市的举措主要是优先发展公共交通网络，优化城市公共交通路网结构，加快道路交通基础设施的规划和建设等。

2016年，交通运输部下发了《城市公共交通"十三五"发展纲要》，明确了未来五年我国城市公共交通发展的总体思路、发展目标和重点任务。"公交都市"是指以"公共交通引领城市发展"为战略导向，打造发达的一体化都市公交体系，并辅以必要的交通需求管理手段，实现城市的可持续发展。其强调的是通过科学规划城市公共交通系统，改变传统的交通被动适应城市开发，实现以公共交通为导向的城市发展模式。"公交都市"是国际大都市发展到高级阶段，在交通资源和环境资源紧约束的背景下，为应对私人小汽车高速增长和交通拥堵所采取的一项城市战略措施，已成为全球大都市的战略发展方向。强化交通规划及引导城市发展的地位，将"公交都市"建设与经济建设、城镇化发展统一到同一高度。加强公共交通对城市性质、功能和对城市规模容量支撑作用的研究，建议将"轨交+慢行""公交+慢行"作为客运交通主要发展模式，并制定相应的政策和计划。

"畅通工程"是2000年以来，公安部、建设部在国务院领导下为提高全国地级以上城市及部分县级市城市道路交通管理水平而开展的一项重要工作。其目的是大力解决道路交通的突出问题，切实提高我国道路交通的现代化管理水平。随着我国经济、社会的快速发展，道路交通的需求迅速增长，而道路交通供给却严重不足，一些城市总体规划和交通规划不完善、交通综合运输体系不健全、交通运输结构不合理、路网结构不科学、道路交通设施匮乏、公民交通法制意识淡薄等问题愈发突出，城市道路交通面临的社会要求高和管理水平低的矛盾十分突出。2018~2020年，通过实施城市道路交通"文明畅通提升行动计划"，构建科学系统的城市道路交通管理组织领导及考核评价体系、绿色顺畅的城市交通综合运输体系、文明智慧的城市道路交通治理体系，重点在交通秩序整顿、交通组织优化、交通基础建设、交通出行供给等方面取得明显效果。

## （1）基于轨道交通的发展举措

### 1）轨道交通线路引导复合客流通道

轨道交通线路导向的复合通道包括轨道交通本身的复合通道，以及轨道交通、道路交通的复合通道。轨道交通本身的复合通道简称为"轨道交通宽通道"，指双向布置4条及以上运营正线股道的线路或区段。它便于组织"大站快车"运营，也提高了通道本身的轨道交通运能。东京的山手线便是一条"宽通道"环线，区间运营最少4条正线股道，某些区段有6~8条，局部区段甚至有10条。山手线通道全长34.5km，运营正线（一线两股道）长度则长达100km左右。另外，东京的中央线、东海道线、东北线等JR放射线也是双向至少4条正线股道的"宽通道"，这些轨道交通线路的运能因"宽通道"而大幅度提升。轨道交通与道路交通的复合通道是指OD相同，由各类轨道交通和城市干路构成的平行通道。复合通道上轨道交通承担了主客流（尤其通勤客流），同时道路交通与轨道交通发挥各自优势、功能互补。复合通道中的道路系统一般包括高速公路、快速路（汽车专用路）、城市主干路等，轨道交通包括城际铁路、市域轨道交通、通勤铁路、市区地铁等。东京交通圈内形成了5条对外复合通道。其中，东京与横滨之间的东海道走廊是东京最大的公共轨道客流复合通道，由轨道交通和道路交通两大系统组成：轨道交通系统包括5条线路，道路交通系统包括3条主要干路。

### 2）轨道交通网络引导圈层用地格局

目前我国的轨道交通系统均以发展地铁作为主要方向，结构层次单一，忽略了发展其他轨道交通方式，如轻轨、有轨电车和市内铁路等。地铁系统虽然可以节省市区用地，但是带来的问题却是前期投资过大，后期运营维护成本过高，以及施工周期过长等问题。圈层式轨道交通网络一般包括三个层次：①高密度、小站距的市区轨道交通网络系统，主要为高密度、高容量的中心城区服务；②长放射、支线型的市域轨道交通网络系统，主要为中密度、走廊式的市域范围服务；③通道型、大站距的区域轨道交通网络系统，主要为低密度、松散型的都市圈其他地区服务。大巴黎地区高密度、短站距的地铁网络主要为面积约105km$^2$的市中心服务，而长放射的区域快速铁路 RER 线重点为市区外围的城镇化地区提供至市中心的服务，国铁 SNCF（Société nationale des chemins de fer français, SNCF）则主要为广大郊区、巴黎地区提供至市区的通勤出行服务。东京交通圈的地铁系统主要为中心城区内部提供服务，私铁主要为外围及近郊城镇化地区服务，JR 线则主要为近远郊区提供通勤服务。在我国，许多城市随着城镇化进程的进一步深入与扩大，在未来可以选择发展多种模式的轨道交通来满足市民日益增加的出行需求。

3）轨道交通建立立体化换乘枢纽，强化与其他交通方式衔接

养成"地铁城市"的良好观念，统筹研究轨道、现代有轨电车、常规公交等多种公交网络系统，形成功能清晰、层次分明、简洁高效的市级综合换乘枢纽、区域大型换乘枢纽和一般换乘枢纽三级枢纽体系，强化与其他交通方式的换乘衔接，促进城市综合交通网络体系的形成。在多层次公交线网规划中，首先要进行区域划分，并进行各区域内的公交换乘枢纽选址。其选址主要考虑节点的网络拓扑结构、客流强度和交通区位等因素，并对使各级枢纽在一定的吸引范围内覆盖的人口数最大进行综合分析后确定其结构布局。

**（2）基于地面公共交通的发展举措**

1）大力推广双向公交专用道

瑞典的斯德哥尔摩在全市的很多路段划定了公交专用道，保障公交专用路权，大大提高公交运行速度和安全性能，提高准点率。实行道路通行优先安排大力推进公交专用道建设。推行设置双向公交专用道，要大力优化公共交通线路和站点设置，逐步提高覆盖率、准点率和运行速度，改善公共交通通达性和便捷性。要继续增加公共交通优先车道，扩大信号优先范围，逐步形成公共交通优先通行网络。并且在继续实行允许机场巴士、校车、班车使用公共交通优先车道的同时，可以考虑允许多乘员社会车辆使用公交专用通道，提高道路通行能力，减少交通拥堵情况。

2）"主线+支线+区间线"三个层次的中小型城市城区公交主线路网络

对于我国大部分中小型城市，交通特性和大城市交通状况存在着很大不同。其道路和交通设施的城镇化与机动化发展滞后，道路等级不合理，导致交通压力主要集中在主干路。"两中心"辐射模式：市中心，面向城市内部，从中心向外辐射，确保能到达城市内的任意位置，使城市居民都能便捷到达市中心。汽车站，面向市域内周边各乡镇以及对外客运交通。城区公交线网：主线以现状客流走廊为主且结合城市未来发展方向，引导城市发展，主要承担主客运走廊，线路贯穿城市南北、东西走向且沿大中型集散点、居民区设置；支线的作用为辅助城市主线，解决城市居民出行需求，减少公交盲区（逐步实现居民在离居住地 5min 路程内有公交理念）。乡镇公交线网：乡镇公交穿插城市，主要承担重点乡镇与城市之间的联系，辅助城市公交、减少城区内公交盲区。刺激乡镇居民出行需求，带动城市发展。

3）协调城市地面交通系统网络与城市用地的关系

城市的交通活动是土地利用水平和交通设施共同作用的结果。当前，我国城市交通方式结构正处于转型之中，导致城市发展方向的不确定性。快速公交系统的规划建设必须和城市土地相协调，确立公共交通的优势地位，通过公共交通导向的城市空间拓展和土地利用模式，引导城市空间有序增长，遏制城市无序蔓延。快速公交系统带来的城市土地相对可达性的变化，将会影响到城市用地的功能性选择，有效地提升沿线土地价值。快速公交系统在规划和建设的同时，必须通过最大限度地加强与其他公共交通方式的合作，努力扩大对潜在客源的吸引。快速公交系统与其他交通方式之间应做到有效的相互衔接，以降低乘客出行换乘次数、出行时间、出行费用，提高出行效率。

4）发展公共交通接驳系统

在我国大中型城市，由于市区面积较大，人口众多，市中心房价相对较高，因此很多人选择住在城市外围，这部分市民也占据了城市人口的很大比例。市区外围的交通网络密度相对稀疏，因此发展和完善城市公交接驳系统能够避免城市人口的过于集中化和密集化。巴西库里蒂巴市的 BRT 公交接驳系统可以作为一个很好的案例。在库里蒂巴市的城市外围区域，政府发展 BRT 系统将郊区主要居住区、城镇与市中心区连接起来，平衡了公交客流在方向上的不均衡。该 BRT 网络系统相对于传统的地面公交系统，运量更大、效率也相对较高，极大地满足了城市外围区域市民的交通出行需求。库里蒂巴市的例子可以适用于我国的一些中小型城市。英国伦敦以及日本东京将发展市区铁路作为连接城市外围区与市中心区域的交通纽带。铁路运输的成本比地铁低，但同时运量大，速度相比于普通地面公交也更快，极大地提高了城市外围与市中心的交通连接效率。该措施适用于我国的大型、超大型城市。

# 5.4 增设城市道路完整性交通设计

## 5.4.1 我国城市道路建设中交通设计的缺失

### （1）我国城市交通面临的问题

1）交通拥堵问题

根据《中国主要城市交通分析报告》（2017年）中关于城市交通拥堵延时指数的统计数据，我国各大中型城市高峰时期拥堵情况较为严重，2017年全国有四分之一以上的城市通勤高峰处于拥堵状态，一半以上的城市通勤高峰处于缓行状态。

数据统计显示，早高峰拥堵排名前10的城市中，多数位于北方，哈尔滨连续三年成为年度早高峰最为拥堵的城市，是唯一一座在早高峰期间拥堵延时指数超过2.0的城市。晚高峰中，全国拥堵前10的城市中晚高峰拥堵延时指数都超过了2.0，其中广州晚高峰拥堵延时指数高达2.158。

2）交通安全问题

公安部道路交通安全研究中心的报告显示，我国城市道路里程仅占全国道路总里程的7.5%，但城市道路交通事故却占全国道路交通事故的45.8%，城市道路交通事故伤亡人数占全国道路交通事故伤亡总数的38.8%，城市道路百公里交通事故率是高速公路的4倍、普通公路的10倍，城市道路交通安全远比想象的更复杂。而在这些事故中，30%发生在交叉口，行人事故伤亡人数在城市交通事故伤亡人数中的占比超过30%，每年都有上万名行人因交通事故受伤甚至死亡。统计近5年代表性城市的交通事故数及死亡人数，如表5-5-7、表5-5-8所示。

由表5-5-7和表5-5-8看出，近年来，随着各城市对交通安全的重视，在机动化和城镇化呈几何增长情况下，交通事故数量和事故死亡人数逐年下降，但是，无论是事故数还是事故死亡人数，仍处于高位运行，城市道路交通安全压力仍很大。

3）慢行交通便利性问题

我国现有交通基础设施主要基于"小汽车导向"的设计理念，而缺少对行人、非机动车通行"优先权"的考虑，人行道、过街设施、非机动车道等基础

**各城市道路交通事故数（起）**　　表 5-5-7

| 年份 | 北京市 | 上海市 | 广州市 | 南京市 | 长沙市 |
|---|---|---|---|---|---|
| 2011 | 3934 | 2085 | 2664 | — | 1306 |
| 2012 | 3196 | 2256 | 2455 | 1187 | 1307 |
| 2013 | 3063 | 2011 | 2521 | 1187 | 1450 |
| 2014 | 3268 | 1172 | 2700 | 1183 | 1509 |
| 2015 | 2639 | 1044 | 2676 | 1181 | 1624 |
| 2016 | 3160 | 794 | 2544 | — | 1418 |

**各城市道路交通事故死亡人数（人）**　　表 5-5-8

| 年份 | 北京市 | 上海市 | 广州市 | 南京市 | 长沙市 |
|---|---|---|---|---|---|
| 2011 | 924 | 944 | 930 | — | 244 |
| 2012 | 918 | 916 | 889 | 507 | 233 |
| 2013 | 860 | 914 | 879 | 507 | 232 |
| 2014 | 923 | 902 | 852 | 504 | 231 |
| 2015 | 921 | 868 | 847 | 503 | 221 |
| 2016 | 1359 | 759 | 808 | — | 219 |

设施不受到尊重，行人和非机动车的通行权不受重视，人—机冲突、机—非冲突问题严重。

另外，受到传统的城市景观、视觉、日照、通风等设计理念限制和影响，大街道、宽马路设计在我国非常普遍，加剧了中心城区出行的机动化，同时，大街道也导致行人过街困难，影响到街道的休憩、商业等功能。

### （2）城市交通基础设施建设存在的问题

道路作为交通系统中重要的组成部分，其设计建设必然站在整个系统角度，总结过去我国城市交通基础设施设计与建设，主要存在以下问题。

1）城市道路规划、建设与管理脱节

我国现有的管理体制条件下，城市道路规划、建设、管理分属于规划局、建设局（市政局）、交通局和交警部门，部门与部门之间处于平行关系，容易发生管理脱节问题。主要体现在：

① 规划难落地。道路红线、规模、等级等宏观指标由城市总体规划、城市用地规划等上位规划限定和确定，交通在城市总体规划中属于从属地位，目前我国还缺少TOD的城市开发理念，也就导致了规划与后期建设、管理脱节问题，或者规划不落地问题。

② 建、管脱节。道路建设和管理分属于不同部

门，受传统的公路设计建设思想影响，我国城市道路设计、建设仍以道路结构耐久性、成本经济性等为重点，而缺少从后期交通运营、交通流组织等角度的考虑，交付交警管理过程中，出现道路设计与交通流不匹配、建设方案与交通需求不适应等问题。

2）城市交通基础设施设计、建设的"土木工程化"问题

我国交通基础设施建设多被视为"土木工程"，更关注其力学和材料性能，而对其交通"安全、通畅、环保、便捷与效率"的考虑极为缺乏。交通设施的建设犹如没有"建筑师"的"结构工程"，导致交通基础设施与交通流特征呈现出不适应性，从而导致了诸多交通问题。另外，交通管理是在基础设施的交通功能不完善的条件下进行，不仅其管理和执法成本巨大，而且其效果也差强人意。

主要体现在以下几个方面。

① 在服务对象（研究对象）层面，现有的道路设计与建设服务对象"以车为本"，缺少面向全体出行者的"以人为本"设计理念。

② 在理论方法层面，现有的道路设计与建设大多基于运动学、力学、材料学、结构设计理论等，而很少运用人的出行行为理论、资源优化理论、可持续发展理论、社会公平理论等科学理论来优化道路设计方案。

③ 在设计与评价指标方面，现有的道路设计与建设大多考虑车辆的运动性能参数（如速度、加速度）、结构的稳定性、材料的耐久性等，而对通行能力、交通流密度、延误、交通冲突、安全性等交通功能性参数考虑不足。

### 5.4.2 完整性交通设计理念和案例

#### （1）交通设计理念

1）交通设计的定位

针对目前城市道路"多头管理""建管脱节"等问题，"交通设计"立足交通系统层面，从技术角度，利用交通设计"衔接"交通规划与道路设计、施工，使规划"落地"；"衔接"道路设计、施工与交通管理，发挥管控方案的效益。

交通设计与规划、道路设计、交通管理的衔接关系如图5-5-30所示。

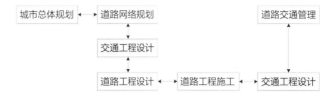

**图5-5-30 交通设计的定位（1）**

图片来源：戴继锋，周乐. 精细化的交通规划与设计技术体系研究与实践[J]. 城市规划，2014, 38（Z2）：136-142.

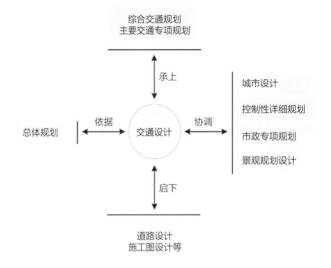

**图5-5-31 交通设计的定位（2）**

图片来源：戴继锋，周乐. 精细化的交通规划与设计技术体系研究与实践[J]. 城市规划，2014, 38（Z2）：136-142.

具体而言，交通设计以城市总体规划为依据，向上承接综合交通规划与专项规划，向下承接道路设计，同时，交通与城市空间和土地利用密切相关，因此，交通设计还需协调城市建设中的其他相关规划和设计，如图5-5-31所示。

2）将"交通空间"与"城市空间"协同整合，进行完整性交通设计

作为城市专项规划与设计中的一类，交通设计和其他专项规划、设计之间的工作内容有明确的界限和区别，也正因为如此，交通工程师往往把交通设计的重点放在道路红线范围之内，对红线之外的城市空间和景观环境缺少考虑。

在国内城市中，道路红线以内的步行道和绿化与红线以外的绿色景观和街道小品等，相互之间往往没有任何关联和协调。反观中国香港、东京等城市轨道交通与城市功能结合较好的城市，大型住宅及公共设施布设在轨道交通线路之上，形成立体开发的案例极为常见，对于轨道交通和城市开发来说都是双赢的，而中国内地城市的轨道交通线路往往都严格规划布设在道路红线以内，从而使交通基础设施和两侧的建筑开发脱节。

**图 5-5-32 典型街道横断面示意图**

因此,有必要将交通设计与城市总体空间协同,统筹与其他城市功能的协调性,进行完整性设计。即完整性交通设计应统筹考虑路网功能、交通组织、道路空间、公交、步行及自行车、景观环境、交通标识、交通信号等各类设计要素,统筹考虑交通基础设施的通行功能与生活服务、城市交往、景观生态等多方面的功能要求。

3)面向城市道路不同"功能需求"进行交通设计

① 面向城市快速路和主干路,回归交通快速通行的本质。

面向城市快速路和主干路,交通设计的理念就是对交通系统、交通基础设施进行合理设计,使得交通回归为人和物的快速移动,以人和物的"快速、安全、便捷"移动为目标。因此,需对路网密度、路网间距、单位进出口、交通组织方式进行合理设计,以快速通行为设计目标。

② 面向城市次干路和支路,回归"街道"的功能,加强慢行交通功能。

街道与公路不同在于,街道不仅承担交通功能,还承担着旅游、休憩、商业、绿化等功能。因此,针对次干路和支路,可设计道路的"服务功能"和"生活功能",注重街道空间环境本身的设计,营造出宜人的空间体验感。典型的街道横断面如图 5-5-32 所示。

4)秉承"均等化服务""公交优先"的设计理念

摒弃以往道路设计建设中"小汽车为中心"的设计思想,转向以"人"为中心的设计理念。因此,交通设计应从交通的实际参与者角度出发,平等地考虑交通的各类参与者,包括行人、非机动车骑行者、公交出行者等的出行需求和质量。在设计方案中体现"以人为本",重视"弱势"的步行者和自行车等交通系统使用者,大力提倡慢行通道,在道路空间中划分"公交专用通道",保障公交优先;进行 P+R 和人性化交通接驳设计等。

### (2)交通设计案例

---

**案例一:交叉口交通设计**

案例简介:在我国诸多大、中、小城市,城市道路平面交叉口仍只是在道路设计层面,内部缺乏交通设计,交叉口内部混行严重,交通事故频发,运行效率低下,通行能力严重不足(图 5-5-33、图 5-5-34)。

**图 5-5-33 缺乏交通设计的道路交叉口**

图片来源:http://mooc.chaoxing.com/course/654358.html

**图 5-5-34 交通设计后道路交叉口**

图片来源:http://mooc.chaoxing.com/course/654358.html

## 案例二：考虑完整性的交通设计

案例简介：完整性交通设计应考虑的交通要素主要包括四个方面：一是交通体系方面的要素，二是交通管理方面的要素，三是工程建设方面的要素，四是与相关规划有关的控制要素（图5-5-35）。

**图 5-5-35 南昌市阳明路完整性交通设计的设计实例**

图片来源：戴继锋，周乐. 精细化的交通规划与设计技术体系研究与实践 [J] 城市规划，2014，38（S2）：136-142.

## 案例三：面向城市道路不同"功能需求"的交通设计

案例简介：不同的"功能需求"应进行不同道路与交通设计，如快速路和主干路应重点面向"交通功能"，实现人和物的快速移动；而次干路和支路，应更多面向"服务功能"和"生活功能"，实现道路向街道的转变（图5-5-36~图5-5-38）。

图 5-5-36 面向"交通功能"的交通设计　　图 5-5-37 面向"服务功能"的交通设计　　图 5-5-38 面向"生活功能"的交通设计

> **案例四：考虑"以人为本"的多方式换乘和接驳交通设计**
>
> 案例简介：只有"以人为本"的公交出行方案足够优秀，才能吸引出行者放弃"小汽车"出行，换乘与接驳设计是其中重要一环。以轨道交通为例，我国大多数城市都在规划或建设轨道交通系统，轨道交通的核心是轨道交通站点，影响轨道交通服务水平的最大因素是站点的接驳是否方便，为避免建成后存在交通问题，非常有必要对轨道交通的接驳体系进行交通设计，重点协调落实接驳设施用地和车站出入口及附属设施用地，详细布置步行、自行车、公交、小汽车（出租车）等各种接驳交通设施空间。

## 5.4.3 加强城市道路交通设计的举措

### （1）编制/修编相关规范，落实交通设计的法律地位

当前，我国城市道路交通规划设计的规范与标准主要包括以下方面（表5-5-9）。

城市道路交通相关规范和管理办法　　表5-5-9

| 内容 | 主要内容 | 主要对象 | 角度 |
|---|---|---|---|
| 交通规划 | 交通发展目标、水平、政策，道路红线与用地 | 交通系统 | 宏观 |
| 道路工程设计 | 道路规模、几何尺寸、结构设计、材料 | 道路 | 微观 |
| 交通管理与控制 | 明确驾驶规则，规范车辆和驾驶者行为 | 人、车辆 | 微观 |

① 《城市道路交通规划设计规范》GB 50220—1995：确定交通发展目标、水平、政策，明确道路用地、道路红线等宏观指标，注重道路在整座城市多个功能的载体（市政设施载体、绿化、交通、美观等）。

② 《城市道路工程设计规范》CJJ 37—2012（2016年版）：确定道路规模、几何尺寸、结构设计等，注重道路结构稳定性、材料耐久性。

③ 《城市道路交通设施设计规范》GB 50688—2011：选择交通安全标志、交通标线、信号灯等交通管理设施。

由上面的规范内容和面向对象可看出，还缺少一个专门的"环节"面向"人-车-路"系统的整体性设计，交通是人-车-路综合的系统，单独从"道路"或者"车辆"某方面开展设计显然有不足，不能从系统整体上来提高道路的系统功能和整体运行效益。

为此，建议编制《城市道路交通设计规范》来弥补当前道路设计的缺陷，本规范的主要内容、特征和功能可以包括以下方面。

① 面向对象：人-车-路-管理组成的系统。

② 主要内容：按照需求，将交通系统划分为子系统，如平面交叉口、公交停靠站、公交线路、停车场、非机动车车道、行人过街设施等。针对各种交通子系统的构成、运行特征、运行机理等，提出系统效率和安全改善对策。

### （2）优化交通管理体制机制，解决道路规划、建设与管理脱节问题

由于我国城市行政体制分割，当前道路交通规划、建设与管理分属城市规划局、建设局（市政局）、城管局和交警部门，由于部门分管，直接导致部门之间管理脱节问题。为此，建议成立专门的协调机构——"城市交通工作协调小组"，以主管交通的副市长为组长，下设办公室，规划局、交通局、建设局、市政局、城管局和交警部门等为小组成员单位（图5-5-39），该机构主要职责如下。

① 编制、出台城市交通工作的相关制度，包括道路交通设计工作制度。

② 审核城市交通规划、重点交通建设工作建设方案等。

③ 组织成员单位就城市重大交通问题（拥堵、安全）召开联席会议。

④ 负责"畅通工程""公交都市"城市建设工作，配合其他城市建设工作。

⑤ 制定审核交通重点工作年度任务。

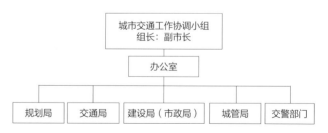

**图 5-5-39　城市交通管理体系**

## 5.5 重视多模式交通设施协同设计

交通枢纽作为多模式综合交通网络的衔接点，承接了各种交通模式之间的交通转换功能，其运行效率直接影响到整个综合交通网络的效率和质量。本课题针对我国城市交通需求和供给特征，提出建设"公交主导型综合交通网络系统"。对此，城市交通枢纽设计将围绕"公交主导型综合交通网络"来开展。本部分内容将从三个方面展开。

① 城市综合交通枢纽问题和需求研究。针对交通枢纽设计开展国内外比较，找出我国交通枢纽设计存在的问题。

② 从设施层面提出多模式交通的协同设计方法。面向"公交主导型综合交通网络"，提出枢纽协同设计理念、原则和主要模式。

③ 从"网络协同、信息协同、服务协同"三层面提出多模式交通协同保障和措施。重点从线网优化、运营管理、服务等角度提出枢纽功能的改善措施。

### 5.5.1 综合交通枢纽设计的国内外比较

选择国内外 17 个代表性交通枢纽进行比较分析，比较内容和指标包括：枢纽规模、停车设施、周转量、换乘距离等，如表 5-5-10 所示。

由表 5-5-10 得出，我国综合交通枢纽设计存在

国内外典型综合交通枢纽情况比较　　　　表 5-5-10

| 枢纽名称 | 总用地面积（hm²） | 总建筑面积（hm²） | 枢纽层数（层） | 停车场泊位（个） | 自行车泊位（个） | 周转量（万人次/日） | 换乘距离（m） |
|---|---|---|---|---|---|---|---|
| 日本新宿车站 | 2.46 | 3.8 | 4 | >430 | — | 364 | — |
| 日本东京车站 | — | 2.6 | — | 1832 | — | 88 | — |
| 法兰克福中央车站 | 53.3 | — | — | — | — | 35 | — |
| 柏林中央火车站 | 10 | 17.5 | 5 | — | — | 30 | — |
| 旧金山跨海湾交通中心 | 1.8 | 13.9 | 6 | — | — | 30 | 60 |
| 巴黎拉德芳斯换乘枢纽 | — | — | 4 | 5000 | — | 40 | <60 |
| 北京西站 | 51 | 70 | >5 | 1025 | — | 15 | — |
| 北京南站 | 50 | 32 | 5 | 911 | — | 28.7 | "零换乘" |
| 北京四惠公交枢纽 | 6.51 | 3.66 | — | 222 | 2000 | 36.8 | — |
| 北京宋家庄枢纽 | 4.2 | 5.26 | 5 | 110 | 2000 | 30 | — |
| 北京六里桥长途客运枢纽 | 7.7 | 3.22 | — | 1023 | 4021 | 27.5 | — |
| 北京苹果园公交枢纽 | 52.81 | 55.14 | >5 | 736 | 3000 | 90 | — |
| 上海虹桥枢纽 | 130 | 1376 | 5 | 12750 | — | 110 | 6m 到达换乘廊道层 |
| 南京南站 | 70 | 45.8 | 5 | 3078 | — | — | <100 |
| 深圳福田综合交通枢纽 | 7.86 | 13.7 | 6 | 712 | — | 35 | 无缝接驳 |
| 广州南站 | 25.8 | 61.5 | 5 | 2399 | — | — | — |
| 广州站 | — | 12 | — | — | — | 34.2 | >400 |

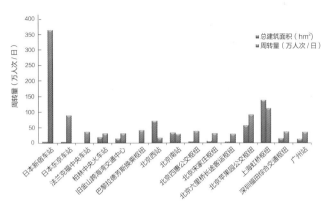

图 5-5-40 国内外典型枢纽周转量对比

主要问题表现在以下方面。

① 与国外发达的交通枢纽相比较，我国的综合交通枢纽建设规模大、占地面积大，但是枢纽的周转能力和运转效率不高，投入产出比相对较低，如图5-5-40 所示。例如，作为国内最繁忙的综合交通枢纽之一的北京西站占地面积达 51hm²，建筑面积达 70hm²，其乘客周转量为 15 万人次/日；而日本东京车站建筑面积仅为 2.6hm²（约占北京西站的 1/27），但其周转量高达 88 万人次/日（为北京西站的 5.9 倍）；日本新宿车站占地面积 2.46hm²（仅为北京西站的 1/21），建筑面积 3.8hm²（仅为北京西站的 1/18），但其周转量高达 364 万人次/日（为北京西站的 24 倍）。同样，法兰克福中央车站、柏林中央火车站、旧金山跨海湾交通中心、巴黎拉德芳斯换乘枢纽等交通枢纽的运行效率也远高于我国典型交通枢纽。

② 我国城市交通枢纽大多依托对外交通场站来建设，如火车站枢纽、机场枢纽、长途客运枢纽等，但是城市中心城区面向市内交通的枢纽和公交换乘站点建设则极为欠缺，城市内公交换乘站、公交首末站、公交枢纽站缺乏用地规划，占用道路换乘、占用道路过夜作为首末站的情况非常严重。一方面，城市综合交通网络协同设计理念缺失，长期以来，轨道交通、公交网络、道路网络建设分属不同部门，不同的建设时序和不同的建设部门导致换乘枢纽和节点建设缺位；另一方面，中心城区用地紧张，土地价格高昂，也是导致城市公交枢纽、公交站场建设落后的重要因素。

根据《城市道路公共交通站、场、厂工程设计规范》CJJ/T 15—2011 要求，在用地特别紧张的大城市，公交首末站（枢纽站）、停车场、保养场的用地可按每辆标准车用地不小于 200m² 综合计算。资料显示，我国大多数城市公交站场用地严重不足，如表 5-5-11 所示。

国内部分城市公交站场用地对比　　表 5-5-11

| 城市 | 车辆数（辆） | 场站占地总面积（hm²） | 车均拥有场站面积（m²/车） | 规范要求（m²/车） |
| --- | --- | --- | --- | --- |
| 长沙（2009） | 3458 | 34.3 | 99.2 | 200 |
| 武汉（2009） | 6976 | 73.4 | 105.2 | 200 |
| 太原（2009） | 2011 | 30.8 | 153.2 | 200 |
| 昆明（2008） | 3124 | 33.9 | 108.5 | 200 |
| 深圳（2009） | 11066 | 118.0 | 106.6 | 200 |

③ 枢纽的多模式交通一体化水平和程度较低，没有发挥枢纽整体效益，不同交通模式之间的衔接、匹配质量不高，体现在：线路匹配度不高，不同模式的线路设置上竞争多于协作，线路重复率高，线路对接容量不匹配；运营服务不统一，票制、票价、运营时刻等不一致；换乘设施缺少、信息诱导不佳，加大了换乘距离和换乘信息搜索难度，降低了换乘环境条件。

## 5.5.2 多模式交通枢纽（换乘设施）协同设计方法

### （1）多模式交通枢纽的分类

1）功能分类

借鉴国内外研究经验，考虑土地利用层次与综合交通，将交通站点（枢纽）分为居住区站、商业区站、综合枢纽站、交通接驳站、一般站点，体现出城市公交站点典型的场所特征与交通换乘功能，二者特征均不明显的称为一般站点（表 5-5-12）。

2）交通转换方式分类

根据出行者在交通工具之间转换的方式分类，将交通站点换乘分为公共交通系统内部（即公交与公交之间）换乘和个体交通与公交之间的换乘两种情况。

① 公共交通换乘是指各种形式的公共交通工具之间的转换，包括常规公交、快速公交、轻轨、地铁等，公交换乘也可以称为"乘车换乘"。乘车换乘侧重于公交线路转换问题，因此，合理的公交线网密度、公交停靠站覆盖率、换乘步行距离是此类换乘方式的关键。

交通枢纽（站点）的分类及特征　表 5-5-12

| 序号 | 站点类型 | 典型特性定性描述 |
|---|---|---|
| 1 | 综合枢纽站 | 站点位于大型城市对外交通节点，多种交通衔接方式特征显著 |
| 2 | 居住区站 | 站点合理吸引区范围内以居住区为主，居住场所特征显著 |
| 3 | 商业区站 | 站点合理吸引区范围内聚集较多的商业、金融、文娱用地，公共建筑比例高，是邻近地区经济活动的中心 |
| 4 | 交通接驳站 | 站点位于"中心—郊区"换乘节点，或中小型城市对外交通节点 |
| 5 | 一般站点 | 上述四种特征均不明显 |

② 个体交通换乘则是指个体交通方式（小汽车或自行车）在换乘站点将个体交通工具停放在停车场并换乘公共交通工具进入市区的出行方式，因此，个体交通换乘也可以称为"停车换乘"。停车换乘设施侧重于解决个体交通停车换乘的问题，因此，合理的换乘站点位置、密度、规模和停车诱导是提高此类换乘方式吸引力、改善其运行效率的关键。

以轨道交通站点为例，乘车换乘与停车换乘的原理可用图 5-5-41 表示。

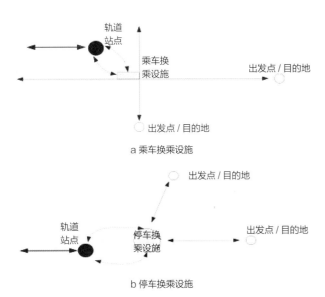

图 5-5-41　乘车与停车换乘设施示意图

### （2）交通枢纽协同设计方法

枢纽具有双重属性，首先，它是城市多方式综合交通网络的"节点"，承担了方式之间的交通转换功能；其次，它也承担了人们活动的"场所"功能，连接了人们的居住、商业、工作等活动场所，而不同的活动场所对枢纽的功能需求也不同。

交通枢纽的协同设计应遵循以下理念和原则。

① 以"构筑公交主导型多方式复杂交通网络"为目标，以"公交出行链"为对象，以"提升公交服务质量，增强公交出行吸引力"为任务，开展交通枢纽的规划与设计。

② 以 TOD 理念为指导，注重交通换乘站点规划设计与土地利用的结合，强调轨道交通/BRT 站点步行区范围与城市高密度土地开发紧密结合，促进城市土地利用与城市交通融为一体，实现可持续发展。

③ 坚持分类建设、因地制宜原则，以站点位置、性质、连接路线、功能为基础，因地制宜，选择合理的换乘模式。灵活选择 B&R、P&R 等换乘设施，扩大公交服务半径和范围。

### （3）交通枢纽主要布局模式

1）综合交通枢纽站无缝换乘模式

交通枢纽站点主要客流为机场、火车站、汽车站等对外交通的集散客流，为实现其快速集散客流，应构建机场、铁路、城市轨道、常规公交一体化的综合换乘枢纽，设施布局采用枢纽站点立体化建筑综合体的开发模式，尽量减少乘客换乘距离，实现无缝换乘，使乘客下了飞机或火车，"足不出户"即可到达城市主要区域。

> **典型案例：南京地铁—南京火车站综合枢纽**
>
> 南京地铁1号线南京站为铁路、地铁、出租车、普通公交车的综合枢纽，采用立体式建筑综合体实现交通方式之间无缝衔接的布局模式，轨道交通位于火车站地下一层，铁路位于地面层，轨道交通的入口布置在铁路客运的出口，两者相距不到100m，换乘十分方便，真正做到了两者之间的无缝衔接，如图 5-5-42 所示。
>
>
>
> 地铁与火车站无缝衔接　　地铁与出租车无缝衔接
>
> **图 5-5-42**　南京火车站枢纽无缝换乘案例

### 2）商业区站集中一体化模式

商业区站点位于CBD区，集中了商业、商务、行政办公、文化娱乐等公共活动，具有高建筑密度、高容积率、高就业岗位等特征。商业区站点不仅承担了本地客流（步行吸引区范围内客流），而且承担了较大中转换乘客流。所以，此类站点不仅要配备完善的步行系统，而且要设置高质量的接驳换乘系统。步行系统将换乘站点与核心区大型商业网点和商业区直接便捷联系，同时，步行系统有助于实现轨道交通、常规公交之间的"零换乘"。

城市核心区坚持公交优先的交通政策，为避免大量小汽车驶入，商业区站点通常不设置私人小汽车的停车换乘，但可以考虑设置小汽车和出租车的上下客接驳。同时，商业区站点需要考虑商业利益，将站点与商业网点有机结合，设置城市广场和富有特色的街道，将周边公交站点、社会停车场以及大型商业、文化、娱乐设施联系集中一体，构成舒适、便捷的步行网络，形成集中一体化的布局模式。

---

**典型案例：日本新宿车站**

新宿车站为日本大型的商业区站点，作为世界上使用人次最多的枢纽站，每日周转高达364万人次，新宿站也是世界上出口数量最多、换乘最复杂的车站，其西口广场换乘设施共设有4层，从上至下依次为高架步道系统、地面层广场、地下一层中央广场、地下二层停车场（图5-5-43~图5-5-45）。

- 高架步道系统，离地面高7m，将各主要商业设施及新宿车站在空中连为一体，同时也为周边的商业设施提供了步道外廊。
- 地面层广场，作为公共汽车的换乘系统，共有80条公共汽车线路，并通过自动扶梯与其他层面相连。
- 地下一层中央广场，为各铁路、地铁车站以及公共汽车、出租车等各种交通工具提供相互转乘的空间，广场周边还设有商店、饮食店以及通向高层建筑和百货店的入口，并与车站南口地下商业街、东口地下商业街相连。
- 地下二层为设有430多个车位的停车场。

图5-5-43　高架步道系统
图片来源：www.bapimi.com

图5-5-44　地面层公交转乘系统
图片来源：www.bapimi.com

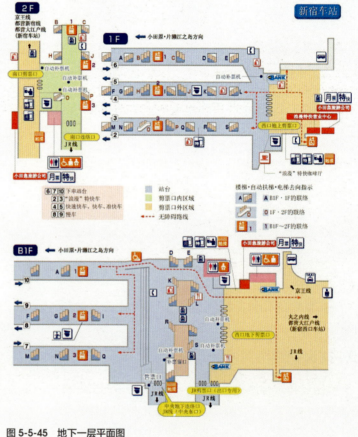

图5-5-45　地下一层平面图
图片来源：http://wenzhang.16fan.coma250779.html.jpg

3）居住区站自行车优先模式

居住区站点位于以居住功能为主的片区内，其客流一般为片区内的集散客流，即出行的起点或终点位于居住片区内，且以上下班的通勤交通为主。因此，居住区站点主要的换乘方式应为自行车换乘和公交换乘，发展自行车优先模式，设置方便的步行设施，以及数量足够、方便的自行车换乘设施；如果居住区位于市中心地区，通常不设置小汽车停车换乘设施，如果居住区位于市郊或远离市中心城区，则应设置小汽车换乘设施 P+R，引导出行者通过小汽车换乘轨道或公交出行。

### 典型案例：南京地铁迈皋桥站

迈皋桥站（南京市）是一个典型的居住区站点案例，站点为高架站点，分为地面和地上两层。地面层为站点检票大厅和出入口，地上层为候车和乘车层。采用了自行车优先模式进行换乘，考虑了三种自行车停车场的布置模式：①在车站出入口附近路侧设置自行车停车场，如图 5-5-46a 所示；②在高架桥下设置自行车停车场，如图 5-5-46b、图 5-5-46c 所示；③在站前交通广场设置自行车停车场，如图 5-5-46d 所示。

a 出入口附近路侧设置自行车停车场

b 利用高架桥设置自行车停车场

c 利用高架桥设置自行车停车场

d 在站前交通广场设置自行车停车场

**图 5-5-46　自行车停车换乘系统图例**

图片来源：安萌，翟长旭. 基于站点功能定位的轨道交通换乘设施布局规划研究 [C] // 中国城市规划学会，重庆市人民政府. 规划创新：2010 中国城市规划年会论文集. 重庆：重庆出版社，2010.

## 5.5.3 改善交通枢纽（换乘设施）功能协同举措

从网络协同、枢纽站点用地保障、运营管理协同、服务协同等角度，提出交通枢纽功能协同保障体系和具体举措。

### （1）网络协同

在此讨论的网络协同主要是公交线网与轨道交通线路的协同问题。因为，多模式交通转换中，私人交通（步行、非机动车、机动车）主要取决于站点设施条件，如步行距离、停车场、非机动车停车泊位等，而与网络关系不大。

均衡的一体化协同模式如下。

目前国内大多数城市的普通公交线路之间、BRT与普通线路之间、轨道交通与普通线路之间处于无规范的竞争状态，尤其是轨道交通网络刚刚起步的城市更为明显，因此，如何打造常规公交与轨道交通线网一体化模式是重点和难点。

在此，依据当前我国轨道交通和公交发展特点、阶段，本研究提出轨道交通与地面公交线网"均衡的一体化协同模式"（图5-5-47）。均衡的一体化模式主要特点为：

① 公交走廊内，轨道交通线路为主干线，大多数地面普通公交线路主要承担轨道交通线路的"补充""喂给"功能。

② 轨道交通沿线设置合理的站点，拥有良好的换乘设施和便利的换乘空间，为P+R、B+R提供便利条件。

③ 保留少量与轨道平行的普通公交线路，以保持有限的公交资源重复服务，提高公交线路服务的"冗余度"。

④ 给予市民公交出行更多的选择权。

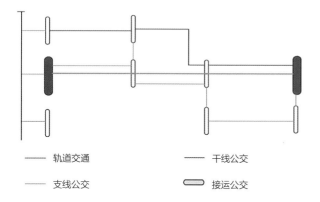

图 5-5-47　公交线网均衡的一体化协同模式

### （2）构建交通枢纽站点用地保障机制

轨道交通、快速公交和普通公交客流需要相应的土地利用形态支持，实施枢纽站点、轨道交通站点和公交站点用地控制及保障站点交通用地是前提条件。具体的用地保障措施包括：

① 制定交通枢纽、轨道交通站点和公交站点（含首末站）交通用地控制规划。根据枢纽、站点的换乘模式，选择与用地布局形态和空间结构相适应的站点地址；从用地范围、用地性质、用地强度等方面明确用地控制；以步行吸引范围为核心，提出土地开发策略。

② 将交通枢纽、轨道交通/公交站点的交通用地控制规划纳入法制化轨道，融入城市总体规划、用地规划中。

> **典型案例：交通枢纽站点用地保障机制**
>
> 案例分析：中国香港设立相关法规、政策，在体制上成功设定了轨道交通与城市建设、物业发展的联动，促进轨道交通建设从纯粹的公益事业转化为有商业经营、房地产开发支持的良性发展实体。中国台湾制定了《台湾地区大众捷运系统土地联合开发办法》，该办法从联合开发的计划、规划，土地取得与开发方式，开发项目管制，申请与审查程序，监督、管理及处罚、奖励等方面规定了产业联合开发的政府、公司以及其他参与实体的责权利。

### （3）运营管理协同保障体系

枢纽站点是多模式交通衔接和集结地，由于我国当前城市交通基础设施仍存在多头管理现象，如地铁、公交、城市道路、用地、建筑等分属不同部门，部门利益和多头管理直接导致交通枢纽运营管理存在部门不协同问题，因此，一体化的运营管理是重要保障，根据当前我国各大、中、小城市轨道交通、快速公交（BRT）、地面公交建设阶段，本项目提出"统一管理体制、运能匹配设计、换乘调度协调"的多模式交通枢纽运营管理协同保障体系，如图5-5-48所示。

统一管理体制：针对当前交通枢纽涉及多个部门（建设、国土、交通、铁路等）的现实，坚持"大交通部"制深化改革，组建"交通委"来履行多个部门的叠加/交叉职能，以达到多部门协调统一的目的。

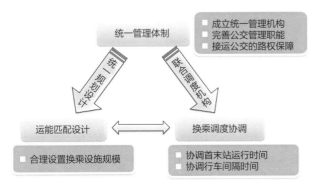

图 5-5-48 运营管理协同保障体系

### （4）服务协同

统一的票价体系是建立多模式交通系统的重要组成部分。世界多座大城市的成功经验表明，"1次出行—1张车票—1个价格"是公交系统吸引力的决定性因素。在具体的措施上包括：低换乘费用、分段计程票制、智能卡支付系统、互联网+售检票系统等。

---

**典型案例：个性化轨道交通服务**

案例分析：长沙市轨道交通推出"多次出行一票"制：一日票定价15元、三日票定价40元，首次刷卡激活后，可分别在24h和72h内不限次数和里程乘坐长沙地铁1、2号线。该模式丰富了票卡种类和购票方式，为乘客提供更多个性化服务。

中国城市建设可持续发展战略研究

专题 **4**

课题五
城市交通可持续发展模式与公交都市战略研究

**末端管理**

专题负责人　　任　刚　王殿海

# 第 6 章　城市交通系统运行效能提升策略

## 6.1 我国城市交通管理发展脉络梳理

### 6.1.1 城市交通管理体制和政策的演变（图 5-6-1）

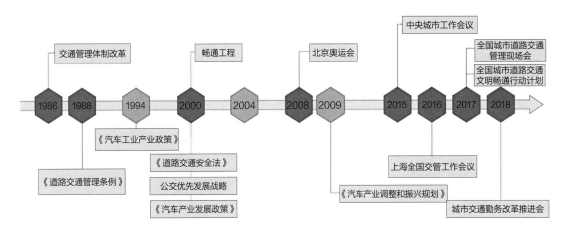

**图 5-6-1　我国城市交通管理政策演变**
图片来源：戴帅. 关于城市交通管理智能化的发展与思考 [EB/OL]. (2018-04-17). http://www.7its.com/html/2018/anli_041716512.html

1986 年，公安部正式接管了全国城乡道路交通管理工作，城市道路是由公安部门负责，乡村公路是由农机部门负责。1988 年，国务院出台了《道路交通管理条例》，建立起新的交通规则。

2000 年，公安部和原建设部两部委，实施了全国城市交通"畅通工程"，以专家为指导，通过一线城市的示范路等为突破口，优化交通出行结构，鼓励信号控制、交通诱导系统的应用，缓解交通拥堵。

2004 年，国家颁布实施《中华人民共和国道路交通安全法》，让道路交通管理走上了法治之路。国务院同步发布了公交优先发展战略，把公交提到了前所未有的高度，作为国家战略来优先发展。

2008 年对全国的智能交通发展来说是一个具有代表性的里程碑。为办好奥运会，北京市开展了轨道交通以及智能交通的大规模建设，我国的智能交通开始走向了世界。

2009 年，为应对世界金融危机，我国再次出台了产业调整政策，这时候我国汽车产销量达到了 1300 万辆，位列世界第一。2017 年，我国已经连续 8 年汽车产销量都是世界第一，而 2009 年，我国汽车保有量突破 1 亿辆。

2015 年底，我国在改革开放以后第一次召开了中央城市工作会议，集中讨论解决交通拥堵等突出的"城市病"问题。

2016年，公安部在上海召开全国道路交通管理工作会议，提出了公路安全与城市畅通并重。2017年4月，公安部在深圳召开了全国城市道路交通管理的现场会，这对城市交通管理来说是具有里程碑意义的。同年，公安部、交通运输部、住房和城乡建设部、中央文明办联合启动《城市道路交通文明畅通提升行动计划（2017—2020）》。

2018年3月，公安部在长沙部署召开了城市交通勤务改革的现场推进会，要求密切联系智能交通系统建设，利用当前掌握的实时动态数据与业务数据平台相关联，把情报、指挥、勤务、督察四位一体往前推进。

### 6.1.2 道路交通管理技术的发展

20世纪80年代，信号灯开始推广使用，更多是通过工程技术解决交通上的问题，只是计算机、无线控制的技术开始，并没有得到大规模应用。

20世纪90年代，互联网开始逐步得到应用，是网络和智能产品比较初级的阶段，交通智能应用也是比较初级的。

2000年以后，信息技术开始加速发展，3G/4G等技术都开始逐渐商业化。而且遥感技术、高清摄像技术的应用，也使智能交通往前大步推进。

2010年，大数据、智能化、人工智能等技术都出现了，智能交通、城市交通大脑得到了快速发展和大规模应用。

在智能交通的发展过程中，20世纪80年代还只能叫作技术，如电视监视技术，无法称为电视监控技术，不能成为平台和系统。到90年代，逐步建立起了信号控制系统，也开始研发了检测技术、监测技术，是智能化的起步阶段。

到了2000年，公安交管警务的卡口系统得到了应用，尤其是交通管理的"信息六合一平台"建设，把所有的公安交管的事故、违法的数据都汇集在一起，使交通违法监测系统、指挥平台系统的建设和作用发挥成为可能，这时候可称为智能化和信息化的并行阶段。

到了2010年，是智能化与信息化深度融合的阶段。通过可视化的交通指挥中心为载体，可以实现在公安网内集成指挥平台上应用，在互联网上还可以实现服务应用，另外各地还建立了自己的大数据分析平台。这些数据、系统、平台的运算和运行通过信息诱导、信息服务、交通控制等途径实现，都是建立在数据运算、技术发展和智能化的基础上（图5-6-2）。

### 6.1.3 对我国城市交通管理和系统效能提升策略的思考

当前，我国城市交通发展滞后于城市发展，因此要注重学习借鉴国内外先进经验，积极探索城市交通管理新路子。要坚持法治思维，充分运用社会治理理论、系统工程思想、交通工程原理，创新理念、制度、

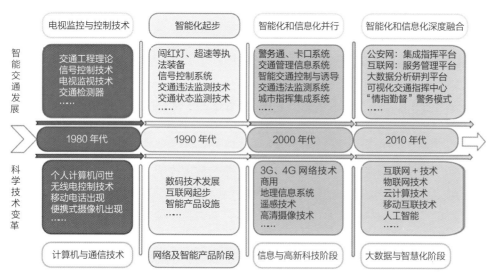

图 5-6-2　我国道路交通管理技术发展
图片来源：戴帅. 关于城市交通管理智能化的发展与思考［EB/OL］.（2018-04-17）. http://www.7its.com/html/2018/anli_041716512.html

机制、方法，不断提升城市交通治理社会化、法治化、智能化、专业化水平。

① 亟待建立健全城市交通综合管理体系，推动形成协同共治的城市交通管理格局。要健全完善政府主导的城市交通综合协调机制，建立交通综合治理属地责任制，推动相关部门各司其职、各负其责，统筹规划、建设、管理环节，研究解决城市交通新情况、新模式、新业态，推动城市交通从"末端管理"向"前端治理"延伸。

② 城市交通管理的理念需要由单纯提高供给转为同时对交通需求进行调控。更多考虑资源和环境容量约束，从"供给侧"与"需求侧"两端发力，综合运用土地利用、经济杠杆、政策法规及交通管理、控制和设计等多样化、人性化手段，对交通需求总量、出行方式及时空分布进行科学调控，减少机动车出行量，使供需在不同的阶段和层次上达到相对平衡。

③ 借助现代信息通信技术，推动智慧交通建设，提升城市交通系统管理"软实力"。要推进智能交通管理系统的建设应用，建设完善交通感知系统、交通智能控制系统和执法管理系统，深化融合"互联网+"交通，提升交通诱导、指挥控制、调度管理和应急处理的智能化水平。要加强信息共享融合，建立城市"交通大脑"，强化交通"思维能力"，打破"信息孤岛"，实现城市交通精细治理、精准执法、精心服务。

④ 从城市交通管理的角度落实好公共交通优先发展政策，破解城市公共交通发展"不优秀"这一难题，改善交通出行结构。大力推进城市公交专用道和公交信号优先发展，保障公交运行速度和准点率。开展公交智能化调度系统建设，完善公交乘客出行信息服务系统，提高公交出行信息服务水平。打造"公交畅通城市"，全面提升公交系统承载力与吸引力，大幅提升居民出行效率和交通系统效能。

综上所述，"互联网+"驱动的城市交通系统效能提升的总体策略是在交通需求和供给基本定型的条件下，按照"以人为本、源流并控、精耕细作、挖潜增效"的思路，融合智能交通技术和"互联网+"等新兴技术，推动新一代交通科技创新，深化城市交通精准管控与协同服务，通过政策、工程、技术、执法等手段，均匀负荷、挖掘容量、规范秩序、保障公交畅通，提升城市综合交通系统效能（图5-6-3）。

具体行之有效的策略和实现措施包括：

① 创新人性化交通需求管理，推行"以人为本"

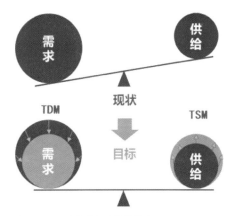

图 5-6-3 城市交通系统效能提升总体策略

的效能评估体系、"红牌车计划"、出行时空均衡化措施等。

② 完善智能化交通系统管理，强化基于虚拟交通系统的智能决策、协同管控、应急处置等。

③ 提供共享化公交畅通服务，构建智能公交系统、公交出行高效闭环、共享出行服务等。

# 6.2 创新人性化交通需求管理

## 6.2.1 倡导以人为本的交通系统效能评估体系

### （1）坚持以人民为中心的发展思想，树立"以人为本"的交通管理价值取向

《雅典宪章》规定城市四大功能中，交通功能的本质为完成人和物的空间移动。而我国过去城市交通规划、建设和管理的思路主要是从"以车为本"角度出发，通过大量修建大路网、宽马路等城市道路基础设施，为机动车交通特别是小汽车出行提供载体和便利，关注交通流通行能力和移动速度，通过增加道路供给解决交通拥堵问题。城市公交系统建设中未充分实现"以人为本"，如在建设中过于注重轨道里程数、公交站点数量等硬性指标，而对于公交出行接驳、出行服务质量、多交通方式协同等方面考虑较少，导致公交系统不够优秀，吸引力不足。

人是城市交通出行的主体，是出行服务的主要对象。对待现阶段城市交通出现的问题，首先要在认知

层面从"以车为本"向"以人为本"转变，即从关注车辆行驶的畅通转向满足人的出行为目的，从而实现可持续城市交通发展。人、车、路、环境是构成交通系统的四大要素。人始终是交通的主体，车和路是为人的出行而服务，环境是为人的出行提供保障的要素。城市交通不仅是人、车、路、环境各要素的简单叠加，也同城市可持续发展、绿色健康发展等战略目标紧密相关，关注可达性和出行品质，形成以服务为核心导向的交通系统。

目前我国尚未实现人的出行与城市交通和谐发展，城市交通普遍存在若干难题，如交通拥堵、交通安全、交通污染、能源消耗等。为了解决这些问题，需要坚持党的十九大提出的"坚持以人民为中心的发展思想"，在城市交通需求管理中倡导"以人为本"的理念，注重城市交通在绿色、可持续发展过程中保持经济活力、社会公平、公众健康和环境质量，保障基本出行需求，并调节弹性出行需求，最终实现系统效能提升（图 5-6-4）。

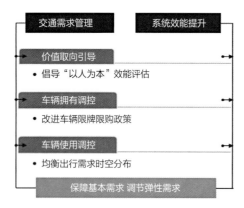

**图 5-6-4 交通需求管理策略结构**

### （2）构建"以人为本"的交通系统效能评价体系

在资源和环境的制约下，城市不可能满足无节制交通需求，既要强调交通需求与人居环境间的矛盾，也要强调个体出行付出和回报的协调，以获得公众理解和支持。实现"以人为本"城市交通理念，执行关键在于客观、科学地对城市交通的运营状况和系统效能进行评估。传统交通效能评价体系主要依赖的道路设施数量、机动车运行速度等硬性指标，已经无法满足当今时代关注人的出行的要求，构建"以人为本"的城市交通系统效能评价体系，对于评判交通规划和管理效果、挖掘交通系统问题根源、提升交通出行服务质量、促进城市交通健康发展等至关重要，且对提升人民城市生活质量、推进城市文明建设、促进和谐社会发展具有积极影响。

城市交通系统效能评价涉及多层次、多方面内容。传统交通系统评价过程过于偏向道路与交通设施的硬件指标以及机动化交通运行状态，而忽视了"以人为本"要求，体现在指标体系层次不够人性化，评判结果偏离"以人为本"的初衷。为此，倡导交通系统效能评估体系的人性化，需要从人的出行全过程考虑出行各环境的服务质量，增加公众参与城市交通规划和管理各环节，为满足人的出行需求而服务。

在实际执行层面，可构建"以人为本"的交通系统效能评价体系（图 5-6-5），主要包括以下方面。

① 个体出行直接指标：出行时间、出行费用。构建个体出行过程中直接评价指标，关注道路交通设施为个体出行所提供的直接服务效能。

② 出行的外部性影响：交通拥堵、能源消耗、环境污染。关注城市交通可持续发展效能，分析城市交通系统中由人的出行导致的外部性影响。

③ 健康交通出行模式：公交换乘、慢行体系。构建绿色、低碳、健康的交通模式，通过公交换乘和慢行交通构建城市人本精神和人文活力。

④ 多维出行过程评价：便捷性、舒适性、安全性。关注出行过程整体体验，充分考虑出行过程中使用交通工具的便捷、舒适和安全等综合效能。

⑤ 满足人的出行需求：服务水平、满意程度。评价过程中关注交通服务的质量，以提升满足人出行服务水平为目标，提高个体出行过程满意度。

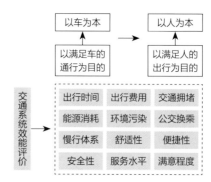

**图 5-6-5 "以人为本"的城市交通系统效能评价体系**

## 6.2.2 调控机动车拥有量，改进机动车限牌限购政策

### （1）因地制宜实施汽车分类发展政策

针对我国不同区域、不同规模城市的交通发展特征，借鉴国外经验，适当调整全国"一刀切"的汽车发展政策。对已出现较明显拥堵的大城市，在大力发展公共交通和提高交通管理水平的同时，应当旗帜鲜明地出台控制汽车消费政策，如提出每年汽车增长量的控制指标；提高购置税，加大购车成本；加强汽车上牌管理，严格实施按车位证上牌管理的办法；提高停车收费标准，实行差别化的停车管理收费政策；通过收取拥堵费、排污费、环境税等手段，提高机动车使用成本，抑制机动车需求。

这一限制性政策在很多发达国家和地区同样被广泛应用，借此来调控机动车的保有量。例如，在法国和荷兰，购买车辆的消费税大约为车辆本身价值的30%~50%；在丹麦，购买私人小汽车所需缴纳的各种税款甚至相当于车辆本身价值的2~3倍，并根据车辆体积和排量等参数的增加而提高；在新加坡，购车者除了必须竞买拥车证之外，还要额外支付高达车辆价值2.5倍的消费税。在同样人口密集的中国香港，从1982年即开始征收高额车辆登记税。2011年，为了进一步抑制私人小汽车拥有量的增长，缓解交通拥堵状况，香港特区政府再次调高私人小汽车首次登记税。根据香港运输署记录的数据，该项举措取得了十分显著的成效：在之后相当长的一段时期内，香港私人小汽车拥有量不升反降，直到1990年才恢复到1981年的数量，之后增长也十分缓慢。

对于中小城市和西部欠发达地区，可结合实际情况，考虑适当放宽对私人小汽车的限制政策，充分体现"因地制宜、分类施策"的原则。

### （2）优化机动车限牌限购组合政策

限制机动车保有量是缓解城市交通拥堵的重要措施。目前，北京、广州、上海、贵阳、天津、杭州、深圳已采取相关政策（图5-6-6）。北京限牌政策为通过摇号获取购车资格，上海则通过竞价决定车牌归属，其他城市在北京和上海的基础上，多采取摇号和拍卖相结合。但强制限牌、限购政策影响了城市居民改善生活质量的普遍购车需求，竞价政策对低收入人群拥有私人小汽车不公平，因此有必要对现有限牌限购政策进行改进。

鼓励居民购车促进汽车工业发展是国家宏观政策导向，严格限制车辆购置并非良策，允许居民拥有车辆、合理引导车辆使用，是"以人为本"交通管理政策的体现。我国目前北京、天津、杭州等城市采取了限牌出行政策，可以改进现有政策措施，在摇号、竞拍等限牌限购政策基础之上，采用限制车牌使用和特殊车牌管理相结合的办法，兼顾经济性和公平性。

### （3）借鉴实施新加坡"红牌车"计划

在人性化交通需求管理中，可借鉴新加坡的车牌管理经验（图5-6-7），发放的特殊车牌包含非高峰汽车（OPC）、专用许可证（RD）车、危险物品（Hazmat）运输车、限制使用（RU）车等，以使用权受限让渡拥有权和经济权，有效调控机动车使用需求，缓解高峰期道路拥堵。

为了有效抑制私人小汽车数量增长，新加坡从1990年开始，私人购车者必须首先竞标取得数量有限的拥车证（certificate of entitlement，COE），拥车证价格相当高昂。自1991年开始实施周末用车计划（WEC），1994年修改为非高峰汽车计划（OPC），2010年再次修订为非高峰汽车计划修订版（ROPC）。

图5-6-6 我国大城市机动车限牌限购政策发展

图 5-6-7 新加坡特殊车牌发放与管理
图片来源：新加坡华人圈

例如，新加坡采用的"红牌车计划"（Off Peak Car，OPC），和普通车辆相比，红色牌照车辆不受高昂的拥车证限制，但只能在周末、节假日、早 7:00 以前和晚 7:00 以后非繁忙时段使用。假如车主在非允许时段有急事需要用车，那就需要提前购买一张特别行驶证，一天费用为 20 新币。政府对该类车车主返还 17000 新币的拥车税和每年 800 新币的路税作为鼓励。目前红牌车占新加坡私人小汽车拥有量的 5%~10%，在允许私人购车的同时，一定程度上限制了车辆在高峰时段的使用。

### 6.2.3 调控机动车使用，均衡出行需求时空分布

交通拥堵根源在于道路设施通行能力无法满足机动车出行需求。对机动车使用进行调控，可以使其时空分布更加均衡、合理，进而充分利用道路设施通行能力，并可促进高效、节能、环保的公共交通和非机动化交通出行，对于缓解城市交通拥堵、改善空气质量、提升交通安全等具有积极作用。机动车使用调控

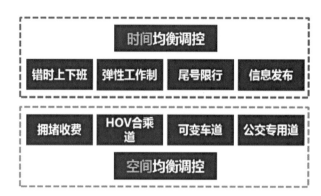

图 5-6-8 机动车出行需求时空均衡策略

政策可向交通参与者传递理念，即交通资源（如道路、停车、燃油、时间等）是公共稀缺资源，对于占用公共资源的外部成本需要个体出行者承担，将交通压力和交通问题合理分散到出行用户上。具体实际执行过程中，机动车使用调控的方式主要可以分为时间均衡调控和空间均衡调控两个层面（图 5-6-8）。

#### （1）时间均衡策略

在时间均衡调控方面，机动车限行政策在我国部分大城市采用。北京、杭州、成都等城市实践表明，开始采取限行管理短时间内机动车使用总量得到控制性削减，城市交通拥堵严重程度、拥堵道路数量、平均运行速度均有所改善，取得立竿见影的效果，但随着时间推移其效果有一定下降。如何将机动车限行政策常态化管理以及如何考虑出行公平性需要完善。

错时上下班策略在国内外城市也得到广泛应用，通过调整上下班时间，可以将部分高峰客流量调整到非高峰时段，降低高峰时期流量峰值，有效降低高峰期交通负荷，是一项行之有效的"削峰填谷"交通需求管理策略。目前北京、重庆、杭州、深圳、温州、济南等城市已经相继推行错时上下班制度。

弹性工作制是指员工在完成规定工作或工作时长下，可以灵活、自主地选择工作具体时间或地点，以代替统一、固定的上下班时间制度，其安排工作和其他活动出行时更加灵活自主，可根据交通情况调整出行属性，避开高峰时间和地点，在满足自身出行需求的基础上有益于整体交通系统优化。

近年来综合交通信息化建设和交通资源系统平台快速发展，先进的大数据研判和精准交通信息发布技术使出行者能够获取城市路网交通状态和突发事件信息，个体可根据情况决定出行时间和路径，系统则可以合理引导出行需求，有利于城市路网交通流分布的均衡优化。

## （2）空间均衡策略

空间均衡调控中典型策略为拥堵收费，本质上是一种交通需求管理的经济手段，通过将拥堵外部性进行内部化，减少机动车使用需求和调节空间分布。拥堵收费并非"一刀切"式管理，而是在执行过程中分时段、分路段、分车类，根据交通拥堵规律制定合理收费空间区域和收费基率，从而实现机动车交通流空间分布的引导和优化，改善拥堵区域的交通状况（图5-6-9）。

车道管理策略是交通需求空间均衡的重要手段。公交专用车道设置可优先保障公交车出行需求，满足高峰期公交快速运行和提升公交车运行速度，进而增加公交车吸引力，充分利用有限道路资源和通行能力满足更多个体出行需要。近几年我国深圳、成都等城市先后推行HOV合乘车道，可提高道路人均使用率、减少人均出行时间、缓解交通拥堵。HOV车道宜根据合乘需求、交通流量分布等情况进行设计，应尽可能地实现精细化、便利化和人性化。在部分路段和交叉口设置可变车道，如潮汐现象比较明显路段设置可逆车道，可依据不同时段车辆流量、流向特点，对交通流进行灵活调控，充分利用道路空间资源（图5-6-10）。

**图 5-6-9　城市中心区拥堵收费**
图片来源：https://mt.sohu.com

**图 5-6-10　城市机动车道管理策略**
图片来源：https://www.sohu.com、https://news.sina.cn、《甘肃日报》

# 6.3 完善智能化交通系统管理

## 6.3.1 强化基于城市虚拟交通系统的智能决策

### （1）促进"城市智慧交通大脑"的健康发展

当前，我国正在抢抓人工智能发展的重大战略机遇，构筑人工智能发展的先发优势。人工智能技术被视为提升城市精细化管理水平，破解人口膨胀、交通拥堵、环境恶化等"大城市病"的有效手段，类似于"城市大脑"这样的智慧城市系统相继在杭州、苏州、衢州、中国澳门、雄安、马来西亚吉隆坡等国内外城市落地，将逐渐成为超大城市、特大城市的"标配"。

"城市交通大脑"试图将人、车、路和流量数据都接入系统，通过人工智能分析技术，把互联网大数据转化为业务策略，形成城市交通实时大视图，以此来完成城市交通系统的精明规划、精致设计与精准管控，如"互联网+"信号优化等。但是，目前"城市交通大脑"建设中也存在很大争议，突出问题是主导建设的互联网公司对城市交通系统的复杂性、专业性了解不够，过于相信数据特别是短时流量数据的作用，过于依赖末端"高精尖"的交通管理与控制，忽视甚至无视城市规划、土地利用、交通政策、设施建设等深层次因素，缺乏专业的交通建模与分析，导致"城市交通大脑"缺乏真正的思维能力，由此得到的城市交通解决方案其实施效果往往差强人意甚至适得其反。

综合理论和实践经验，我们认为，"城市虚拟交通系统"是"城市智慧交通大脑"建设的核心，"城市虚拟交通系统"的作用是给"城市智慧交通大脑"赋予"交通优化的思维能力"。没有"城市虚拟交通系统"作为支撑平台的"城市智慧交通大脑"只能说是交通大数据的集合，无法形成"智慧交通"，是一个不会思考的"城市交通大脑"。

建设"城市交通大脑"，应该采用人工智能和专业判断相结合、互联网大数据和交通模型双轮驱动的技术路线，集成互联网公司、传统智能交通企业和交通专业科研院所等各家优势，以"城市虚拟交通系统"平台建设为核心和先导，做好顶层设计，有序推进实施，避免目前已经出现的一些弊端。

### （2）抓好城市虚拟交通系统的总体设计

一直以来，我国智能交通系统建设存在交通基础数据库与交通解决方案严重脱节问题。一方面，大数据解决了综合交通的监视问题（如交通监控中心），但还没有用大数据进行交通的科学规划、精准管控、优化诱导；另一方面，综合交通的解决方案仍然是基于传统的交通分析模型（条件假设、理论推导、实验验证、工程应用，如四阶段模型）。上述技术瓶颈大大限制了智能交通系统的性能，进而极大地削弱了其在解决城市交通问题中的实际作用。大数据环境下"互联网+交通"的核心是"+"，瓶颈也是"+"，当务之急是研发能够把互联网大数据用于提升交通问题解决方案技术水平的理论方法、系统软件与基础平台，突破我国智能交通发展的技术瓶颈，形成城市交通问题的智能化决策方案。

城市虚拟交通系统构建是突破上述技术瓶颈的关键，是实现城市交通智能决策的基础。城市虚拟交通系统建设的重点是以测试平台的形式为"城市智慧交通大脑"提供全方位的技术支撑，即使用"统一的数据、统一的方法、统一的软件，共享的平台"为"城市智慧交通大脑"的决策（城市形态与土地开发改造方案、城市交通设施建设方案、城市交通管理与控制方案、城市交通政策制定方案）提供"基础数据快速获取技术、决策方案快速生成技术、交通分析系统集成技术、实施效果虚拟仿真技术"等定量化、可视化的决策支持（图5-6-11）。

### （3）加快虚拟交通系统智能决策落地实施

按照"以精确感知为基础，以精细建模为依据，以精明规划、精致设计、精准管控为目的"的思路，通过互联网技术等手段获取城市交通静态基础数据、

图 5-6-11　城市虚拟交通系统及其测试平台架构

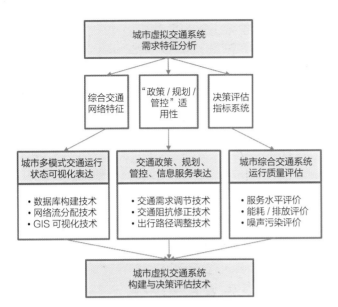

图 5-6-12　城市虚拟交通系统智能决策实施环节

动态出行数据和实时流量数据，突破由交通状态感知上升为出行需求感知的交通虚拟仿真关键技术，构建定制式城市虚拟交通系统及仿真测试平台，形成城市交通从"末端管理"上溯至"前端治理"，涵盖城市土地利用、交通政策制定、交通设施建设、交通管理控制等环节的整体解决方案，使得将来"城市智慧交通大脑"具有"交通优化的思维能力"（图 5-6-12）。

城市虚拟交通系统智能决策的落地实施一般包含 5 个环节。

① 需求特征分析。通过对交通现状特征的调研，归纳虚拟交通系统的技术需求特征，包括综合交通网络特征、交通政策与交通管控方式特征、交通决策评估指标特征，形成具有针对性的城市虚拟交通系统建设方案。

② 可视化表达。在需求特征分析环节获得的综合交通网络特征基础上，对数据结构设计、基础数据库构建、网络流分配、GIS 可视化系统等方面进行研发，实现城市多模式交通运行状态的可视化。

③ 交通要素表达。在交通政策、规划、管控方式适用性及特征分析的基础上，应用交通供需平衡分析理论研究交通政策法规影响下交通需求的调节技术、交通建设与管控方案作用下交通系统供给能力的修正技术以及交通信息环境下出行路径的调整技术，并研究上述技术的计算机表达方法。

④ 综合质量评估。在交通评价指标体系适用性分析的基础上，从综合交通网络的路段和节点两个方面，分别建立交通服务水平、交通能耗与排放以及交通噪声污染评价模型，实现对各类交通政策、规划建设、交通管控以及信息服务实施效果的评估。

⑤ 系统构建与决策。对上述环节进行集成，对城市虚拟交通系统进行开发、实现及应用。

## 6.3.2　深化基于交通大数据共享平台的协同管控

### （1）建立跨部门的交通大数据共享平台

通过跨部门、跨行业的交通信息采集，实现数据统一标准、接口统一规范，打破部门信息壁垒、促进部门间业务系统的基础信息资源共建共享、互联互通，建立集静态基础数据、动态出行数据和实时流量数据于一体的城市交通大数据共享平台，避免重复建设。结合业务实践制定一整套满足城市交通管理实际需求的主数据标准，逐渐建立健全规范可行的数据采集机制、数据更新机制、数据共享机制，从根本上保证交通信息资源的全面规范采集、及时有效更新、合理共享应用（图 5-6-13）。

### （2）构建城市交通智能化协同管控体系

在大数据共享平台基础上，建立健全跨平台、跨部门工作流程，实施交通信息实时采集、传输、汇总、整理、分类、处置、发布、评估等全过程管理，提高运行监测、控制诱导、停车管理、勤务指挥等方面的智能化水平，实现管控决策自动化、管控流程规范化、管控手段科学化，缩短交通管控响应时间，提升居民出行效率和系统整体效能。

为此，需要基于实时多源交通流监控数据（如车辆 GPS 数据，感应线圈数据，微波监测数据）、道路

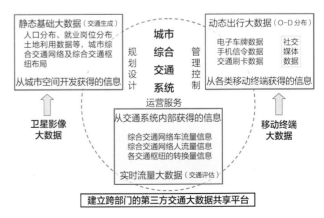

图 5-6-13　城市交通大数据共享平台结构

几何特征数据（如车道数量、渠化方案）、信号配时数据以及天气数据，对路网瓶颈交叉口以及瓶颈路段进行实时辨识。交叉口的排队长度、排队时长、饱和度，以及路段速度与占有率，将作为瓶颈辨识的关键指标，并量化分析瓶颈点段的影响范围以及影响强度。建立瓶颈成因动态辨识模型，并实时预测交叉口以及路段产生瓶颈的概率，进行瓶颈预警。针对交通状态数据源多样性，常态与非常态事件的自动辨识和分类是进行协同管控的基础。将多源交通状态数据作为深度学习模型的输入层，开展无监督学习，得到事件形成机理、扩散途径、影响范围与程度，计算交通状态属于不同事件的概率，从而输出事件的类别。

最后，将交通协同管控措施应用于城市交通常态与非常态。在不同状态下制订相应的基于多目标的协同管控方案，并进行评估。针对常态复合网络的单一瓶颈，采取调整信号控制方案使交叉口通过量最大化，利用匝道控制使快速路路段通行能力最优；针对常态下的通道层方案，采用地面道路交叉口协调控制、快速路匝道协调控制等手段，来实现通道时空资源最大化；针对常态下的网络层，进行节流与疏散控制，达到网络的战略调控与主动管理。针对非常态下的复合网络交通管控，分为拥堵预防和缓解、疏散和优先两个策略，第一个策略以拥堵疏散为目标，第二个策略以特殊车辆优先及快速疏散为目的（图5-6-14、图5-6-15）。

### （3）探索"互联网+"信号控制与优化

在"互联网+"环境下，如何突破传统信号控制理论的限制、实现动态信号控制成为当前信号控制研究和实践新趋势。将大量的实时动态交通数据与信号控制系统自身的数据资源融合应用后，通过构建一套新的控制参数模型能进一步提升控制方案与交通的适配性，从而提高交叉口和路段的通行效率。

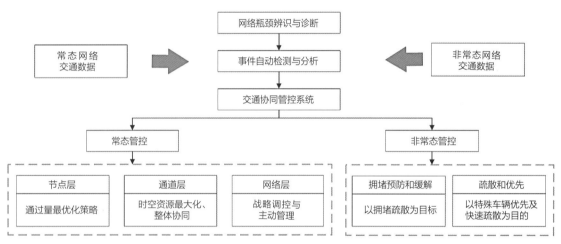

**图 5-6-14　城市交通智能化协同管控流程**

交通态势综合监测

主动式信号控制

车辆优先控制

可变车道控制

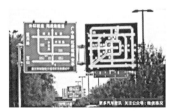
主动式交通诱导

智能停车管理

**图 5-6-15　城市交通协同管控场景**

图片来源：https://www.sohu.com

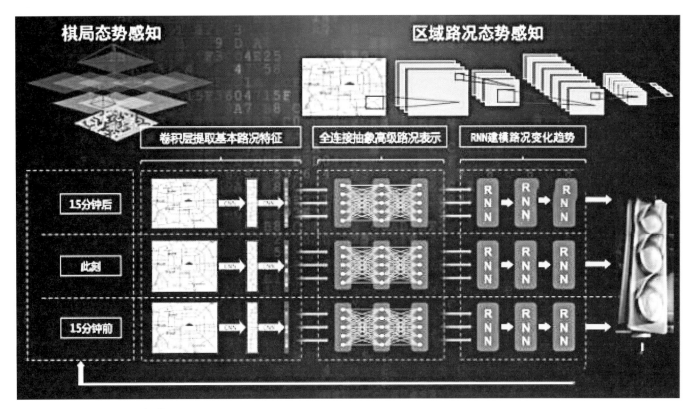

**图 5-6-16　智慧交通信号控制系统**
图片来源：智慧交通

2017年，北京、济南等城市开始利用"互联网+"信号控制技术（或称智慧交通信号控制系统）来缓解交通拥堵。智慧交通信号控制系统在联网互通的基础上，利用路况大数据，推出了交叉口信号控制的报警和溢出功能，以及实时监控交叉口拥堵功能，而且还在绿波带分析、信号配时评估、反向优化控制及合理性智能分析报告方面不断进行探索，辅助交管部门在全市范围内制订区域整体信号控制的协同优化方案。智慧交通信号控制系统正在通过人工智能技术和大数据分析能力真正帮助城市管理者和交通行业从业者解决实际存在的问题（图5-6-16）。

## 6.3.3 重视面向城市突发交通事件的应急处置

### （1）完善城市交通应急管理体制机制

城市交通突发事件是指直接或间接对城市交通产生不良影响，造成城市交通系统紊乱或失控的各类突发性事件，包括自然灾害事件（如地震、洪水、台风、暴雨雪、大雾等）、生产事件（如气体泄漏、火灾、爆炸、道路抢修、交通事故等）、社会公共事件（如罢工、游行、流行病、恐怖事件等）及其他给人们的生产、生活、工作带来不便，给城市的建设和发展带来损失的交通事件。

当发生交通突发事件时，便会打破正常的交通运行状态，导致交通设施的破坏或者功能丧失，特别是主要道路交通走廊的破坏及功能丧失，将大大降低城市综合交通系统连通性和可靠性。城市突发交通事件还具有"连锁反应"和"放大效应"，突发交通事件若得不到及时控制，极有可能蔓延成全局性的交通堵塞，引发更严重的二次交通事件。除突发交通事件以外，大型活动往往会造成交通量剧增，对城市交通的运行产生较大影响。因此，建立起科学有效的城市交通突发事件应急管理体系成为交通部门以及相关部门的重要职责，也是确保城市安全的关键措施之一（图5-6-17）。

目前，受我国经济发展水平、科技实力和管理能力的影响，城市突发交通事件应急管理体制机制尚待健全。为提高应急管理水平，在十三届全国人大一次会议上通过了组建应急管理部的机构改革方案。此次机构改革着眼于转变政府职能，破除体制机制弊端，

图 5-6-17　城市突发交通事件和大型活动影响

图片来源：《新京报》《羊城晚报》

将国家安监总局的职责、国务院办公厅的应急管理职责、公安部的消防管理职责、民政部的救灾职责等进行整合。应急管理部的组建为城市突发交通事件应急管理的长远发展做出全方位、战略性、根本性变革，具有划时代意义。

### （2）建立城市突发交通事件应急管理系统

城市道路交通应急管理系统通过应急事件监测和数据分析，得出事件等级，提取事件处理优化模型并制订相应应急预案，各应急保障部门（公安、消防、急救、民防等）之间进行协调联动，提高各单位的快速反应能力、应急救援能力、综合服务能力等，用最短的时间排除事故，恢复交通。按照应急事件响应的流程，可以将城市道路交通应急管理系统分为应急事件信息系统、应急事件决策系统、应急事件救援系统及贯穿于上述系统之间进行信息传输的通信系统4部分（图5-6-18）。

① 道路交通应急事件信息系统主要由信息检测子系统、监控子系统及信息发布子系统三部分组成。道路交通应急事件信息系统是指集成各种检测、监测设备（如感应线圈、视频监测设备、微波检测设备、浮动车信息采集设备），与相关信息部门协调，收集有关气象、道路环境、交通流状况（交通流量、流速、区间行程时间）等信息，及时预测、发现、分析应急事件的发生地点、规模及发展趋势，为应急反应决策及指挥提供可靠依据，同时通过通信平台以可变情报板、交通广播电台、手持终端设备等手段将道路路况、交通信息发布给交通事件参与者和影响者。

② 应急事件决策系统是指依据应急事件影响程度制订各类应急预案。预案内容应包括应急机构的组成和职责，应急通信保障，抢险救援人员的组织和资金、物资的准备，应急、救助装备的准备，灾害评估准备，应急行动方案等几部分。在预案的基础上指定事件救援所需调用的部门，明确各部门的职责以及权限，确定应急救援所需设备、制定救援实施的具体步骤、提出进行应急交通控制的方案，为救援车辆形成绿色通道、提出交通诱导的策略等，在收到信息系统的应急信息报告后，通过资源数据库和专家辅助决策系统对应急事件的类型、严重程度进行分析，然后启动相应的应急事件处理预案进行救援。

③ 事故应急救援系统是指协调各救援部门（交警、医院、消防、道路维修部门、武装警察、军队等）在收到应急事件通报后根据决策系统的预案分工，各司其职进行应急事件处理和组织救援，交通指挥部门对现场实行必要的交通管制，根据决策系统提供的救援绿色通道和交通诱导方式，协助其他部门以最快的速度实施应急救援，在最短的时间内排除应急事件。

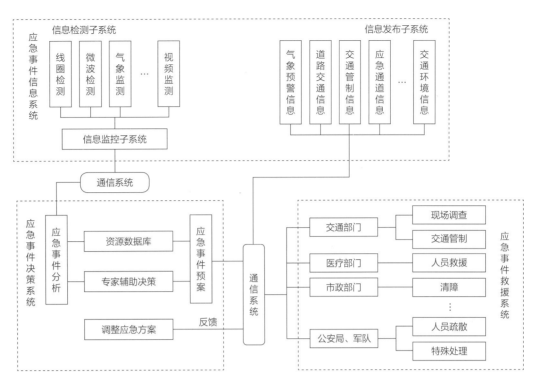

图 5-6-18　城市突发交通事件应急管理系统框架

④ 应急事件通信系统是保证城市道路应急系统正常运营的重要基础，贯穿信息、决策、救援三个系统，它实现了传统通信方式与计算机技术的融合，以及固定通信与移动通信的融合，为应急事件提供了可靠性高、传输速度快、能支持各种方式的事件接处警的通信系统，保障了在不同区域、不同通信网络内的统一调度、统一指挥、统一组织，满足了应急事件快速反应、实时动态监控的需要，可实现各部门之间的有效沟通和信息的实时共享。

## （3）增强城市交通突发事件在线推演能力

建立支撑复杂环境下交通情景再现与预判的在线推演平台。通过人工智能和机器学习，实时推演和预测交通运行状态，实现"感知—推演—管控—服务"闭环。一是可以提供短时交通预测和路径规划服务，进行交通流调控；二是对交通事件进行推演模拟，及时制订快速响应方案，最大限度降低对城市交通的影响。例如，深圳正在建设交通在线推演平台，全面拓展其覆盖的道路网络范围，非常具有前瞻性、实用性和推广价值（图 5-6-19）。

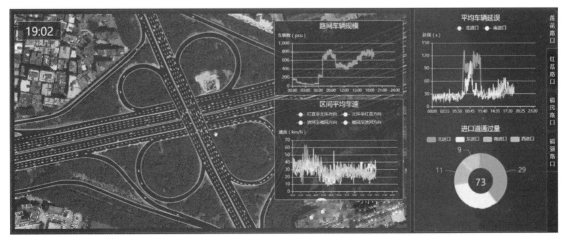

图 5-6-19　深圳市局部路网实时在线推演平台

图片来源：深圳市城市交通规划设计研究中心

# 6.4 提供共享化公交畅通服务

## 6.4.1 保障多方式、多层次公交运行智能畅通

保障多方式、多层次公交运行智能畅通，就是在网络分配、调度优化、信号控制、预测模型算法等关键理论研究的前提下，利用系统工程等理论和方法，将现代通信、信息、电子、控制、计算机网络、定位技术、GIS等新技术集成运用于公共交通系统，在公交系统内部，通过构建基于大数据的信息管理系统和控制调度模式，实现公共交通调度、运营、管理的信息化、现代化和智能化，提高服务水平，促进公交优先。在公交系统外部，优化时空资源利用、信号协同控制和公交车辆速度诱导，实现地面各类公交车辆绿波通行，实质性保障公交优先。基于"互联网+"与共享交通等新兴技术与模式，扩大公共交通内涵，为居民提供更加便捷、灵活的公交出行服务。通过综合运用多方式、多层次的保障手段实现公交运行智能畅通，在增强公交企业的管理水平和服务水平，提高公交企业的运营效率和效益的同时，为城市居民提供更加安全、舒服、便捷的公交服务和信息服务，从而吸引出行者选择公交方式出行，以缓解城市交通拥堵，解决城市交通问题，创造更大的社会和经济效益。

### （1）建设公交调度智能优化系统，促进公交优先

车辆调度是影响公交运营系统运行成本、效率和服务能力、水平的重要内容，是智能公共交通系统的核心构成。公交车辆调度的优化手段，从是否具备实时性上可以分为静态调度和动态调度。静态调度主要内容是公交行车计划编制，包括发车频率、发车时刻表、运力和司乘配置计划。动态调度则是在可获取车辆实时位置和速度、断面客流情况、道路交通状况等实时信息的基础上，选择最合适的调度方案，减少车辆实际行驶状况与行车计划之间的差距，使线路车辆数量保持在最佳状态。公交动态调度建立在静态调度基础上，静态调度方案是否准确科学对公交动态调度影响较大（图 5-6-20）。

实现线路公交车辆静、动态调度优化，可改变传统调度作业方式中调度员对线路上车辆运行状态不清、实时交通状况不明、多数时候凭经验调度的模式。运用智能公交系统的先进手段，通过历史运营数据和动态数据，汇集调度专家及调度预案，形成调度经验和知识库，形成推理及辅助决策，从而提高调度管理水平和决

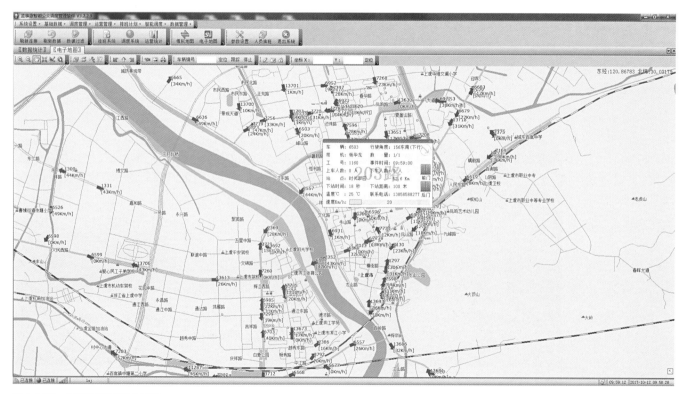

**图 5-6-20** 公交调度智能优化系统

图 5-6-21 瑞士苏黎世优先通行的有轨公交车
图片来源：http://blog.sina.com.cn/cici0213

图 5-6-22 公交优先控制
图片来源：《扬州日报》

策水平。以公交大数据的历史数据为基础对静态调度进行优化，以实时信息为基础对动态调度进行优化组织，以科学的流程、最低的社会经济成本完成车辆调度，以最少的车辆资源完成最大运力，是提高公交企业整体运营效率和服务质量、促进公交优先的重要途径。

### （2）构建公交路网协同控制体系，保障公交优先

在城市道路中，影响交通状况的位置主要是道路交叉口，公交车相对于其他车辆来说有载客量大、运行速度慢等特点，如果公交车在道路交叉口不能顺利通过会产生更多延误，因此分析公交优先的难点主要是在交叉口上。如果公交车可以在一个甚至多个交叉口都顺利通过，交通延误便会大幅度减小，整条线路的运行时间也相应减小，这就保障了公交车的准点率和服务水平。瑞士苏黎世就是通过将道路面积的很大一部分分配给有轨电车、公共汽车和自行车，建立封闭的公共汽车专用道和更多封闭的专用轨道，在交叉口给予公交车辆以优先权等措施，提高了公共交通的服务水平，加强了公共交通在市场竞争中的地位，成功打造出在欧洲最有效的地面公共交通系统（图 5-6-21）。

随着各城市对公交优先的大力支持，交叉口信号控制又面临着新的挑战。公交信号优先策略的实施，会对非优先方向的车流造成较大的负面影响，尤其是在非优先方向拥堵严重的情况下，这种负面影响会更加明显。应在保证公交优先通行的基础上，尽量减小其对非优先方向车辆通行效率的影响，使得交叉口各相位通行能力相协调。此外，目前很少对交叉口可靠性在信号控制中的应用做出有效研究，而公交信号优先可能会破坏路网从而导致交叉口可靠性降低，因此，交叉口可靠性是公交信号优先研究中不可避免的问题。同时，公交信号优先也面临着其他挑战。传统的公交信号优先多采用线圈检测器或者视频采集技术，通过检测公交车辆位置来预测公交车辆到达交叉口时间。然而，这些数据采集方法只能获得有限信息，并且精度较低，会影响优化模型的准确性。而车联网技术通过车载电子设备可以获取准确的车辆静态以及动态信息，为解决传统交通技术问题带来了新的机遇（图 5-6-22）。

## 6.4.2 加强公交衔接组织，构建公交出行高效闭环

围绕公共交通优先发展战略，各城市多集中在轨道交通、公交专用道以及公交车辆等方面，但公交出行的本质是乘客"门到门"出行链的总体效率，包括等车、乘车、换乘以及"最后一公里"4 个环节。其实，早在 20 多年前欧美发达国家便已经有了"门到门"公共交通服务。但将先进的通信和计算机技术相结合，作为一种旅客公共运输方式，提供大范围的、高效率的"门到门"出行服务，还是从 20 世纪 90 年代开始。在智能运输系统中，"门到门"公共交通的研究属于先进的公共运输系统或先进的乡村运输系统范畴。到目前为止，欧洲已开展了多个有关"门到门"公共交通的示范项目。其中，欧盟 ITS 第四框架中的重点项目先进的公共交通运营系统（SAMPO）的

实施促进了"门到门"公共交通在欧洲各国的发展。SAMPO的目标是根据不同乘客（如一般公众、老人、残疾人和其他特殊群体）的需要提供更高水平的公共交通服务，同时降低人口稀疏地区公共交通运营的成本。此外，如机场的"门到门"班车服务，旅游景点与宾馆之间的往返服务，残疾人出行的"门到门"服务等遍布北美许多大城市。

在我国还没有真正意义的为公众服务的"门到门"公共交通。根据国内各大城市的交通综合调查数据，北京公交"门到门"平均时速9.9km，低于全国平均时速10.3km，甚至低于自行车的平均速度。以北京亦庄—方庄为例，早高峰期间，市民在换乘、候车以及"最后一公里"损耗的时间占出行总时间的54%。上海的调查研究也表明，当存在其他可替代的交通方式时，70%的乘客会放弃公交出行。因此，我国公共交通系统亟待通过一体化空间设计与全过程信息服务，实现公交与其他交通方式之间无缝衔接、零距离换乘，解决"首尾一公里"、换乘等待等瓶颈问题，提高"门到门"安全出行链的总体效率（图5-6-23）。

### （1）完善公共交通体系功能层次及布局，压缩"门到门"乘车时间

以乘客多样化的出行需求为基础，结合大城市空间结构发展的趋势，构建多层次的公交线网。在出行距离达到一定值时，通过提供不同层次的公交线路能最大限度减少最多乘客的出行总时间。考虑不同城市公交发展程度存在的差异性，城市公交线网分级应根据居民出行需求、城市空间布局、发展规模及实际公交发展状况等确定：一般来说，特大城市公交线网可分为公交快线、公交干线、公交支线及公交微线四个等级，大城市公交线网可分为公交干线、公交支线及公交微线三个等级。

### （2）整合优化各交通模式的换乘衔接，压缩"门到门"换乘时间

以"绿色优先+三个整合"的原则为导向，对公共交通出行链换乘环节进行优化。一方面，坚持以步行、公交及自行车优先为原则布局交通接驳设施；另一方面，从方式、功能及运营三个层面分别对接驳设施进行系统整合。方式整合，利用车站来组织步行、自行车及公交等交通系统，使轨道交通成为主要的交通方式和接驳对象；功能整合，通过车站整合各种接驳交通设施，通过以轨道站点锚固停车、公交、自行车等设施，形成综合换乘枢纽，形成高效率交通接驳系统；运营整合，整合交通各层级换乘时刻表，实现整体运营网路时间集约化。

### （3）改善公共交通"最后一公里"系统，压缩"门到门"首末段时间

一方面，积极构建步行和自行车道网络及停车设施，保障慢行交通通行空间，同时合理设置步行连廊及安全岛，保障慢行交通安全和舒适；另一方面，发展公共租赁自行车及微循环公交等新的接驳交通方式，填补盲点区域，有效延伸站点步行区。公共租赁自行车网点布设应当以大型客流集散点（公交站）为锚固点，按照不同服务功能的网点进行逐层布设，有机连接轨道/公交站点、商场、居住区等大型客流集散点。为方便市民使用，网点间距一般在200~500m为宜（理想步行距离）。在轨道交通线路单线延伸区域及轨道交通服务不能很好覆盖的大型居住区设置微循环公交，并将轨道站点、干线公交站点及区域公交枢纽等主要客流吸引源进行串联，兼顾代步和接驳功能。

### （4）全方位提供公共交通实时信息服务，完善公共交通出行服务品质

以公共交通全过程出行链条为出发点，整合多模式公共交通信息服务内容，结合公交线网优化方案及租赁自行车点位布局的落实，提供内容涵盖轨道、公交、租赁自行车、步行等多种出行方式的全方位动态交通信息（如实时到站时间、租赁自行车点实时车辆数、结合路况搜索等）。重视慢行交通，提供租赁自行车动态导航。通过实现各环节信息发布的全覆盖，使乘客在出发前便

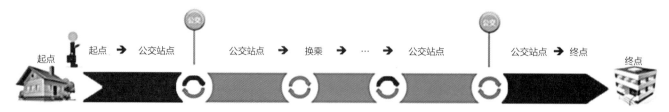

**图 5-6-23** 公交出行链

能基本判定整个出行链的时长,包括步行时间、候车时间及换乘时间等,并根据出行的急缓程度、出行费用等综合考量,进而选择最佳的出行方案,避免在出行途中遭遇堵车使时间加长,影响心理预期。

### (5)优化完善公共交通运营体制,保障"门到门"全出行链效率提升

以实现多模式公共交通协同发展、便捷换乘接驳为关键点,建立高位统筹管理机制。通过统筹管理多模式公共交通,以协同规划、综合评估、统一收益分配等方式突破当前各公交模式间独立运营、缺乏协同的现状,使公共交通真正在网络上进行整体融合,达到整体网络效率提升的目标。以提高公共交通出行链全程效率和质量为目标,优化公共交通评估体系。通过增加"以人为本"的基于公共交通出行链全程服务质量的指标,制定精细化的服务评价指标体系,提升公共交通整体服务水平。以跨模式公交信息的高效传播为手段,建立统一数据管理平台。通过建立信息的及时共享、整合及创新,让各模式交通信息整合从而发挥更大作用,优化公交出行链全程效率(图5-6-24)。

**图 5-6-24 各类公交衔接设施**
图片来源:《重庆晨报》、东南网

## 6.4.3 拓展以公共交通为主体的共享出行服务模式

出行是城市社会活动中的必需环节。随着城镇化进程的加剧,人们不但关心出行的需求能否达成,更关心出行的质量和体验。未来出行服务越来越关注出行感受,要求能够提供个性化的、注重体验的全过程服务,对出行链进行一体化的整合与优化。出行的过程可以看成一个服务和被服务的过程,即出行者作为被服务者,接受基础道路设施、公共交通设施、交通服务体系服务的过程。私人小汽车出行存在着费用高昂、闲置率高、停车困难等问题,而传统公共交通体系在舒适性、通达性等方面又存在局限性。近年来,有学者提出"出行即服务"(Mobility as a Service,MaaS)的理念,集成移动互联、自动驾驶、共享交通等新理念、新技术,整合以公共交通为主体的各种交通方式,探索MaaS共享模式,实现从个人拥有出行工具到出行作为消费服务的转变、公共交通服务从"站到站"到"门到门"的转变。

一般而言,共享交通方式包括汽车共享、自行车共享、网约车、合乘车、共享巴士等多种新型交通方式,这些新型交通方式也被称作传统交通方式的可替代交通方式(Alternative Mode),这些方式运营服务特征各异且大多独立运营。而且,目前普遍存在的"最后一公里"问题,本质上源自于多方式之间不协调。同时,并非任一单独的服务都能提供最贴合出行者个性化的出行需求,如"门到门"出行要求、费用最节约、速度最快、最健康等需求,而具体出行过程中的环节还是需要用户自主决策和操作。整合多方式资源,基于MaaS和集成出行服务理念,实现多方式集成共享出行服务模式对改善出行体验有重要意义(图5-6-25)。

### (1)建设以用户为中心的定制化服务体系

MaaS的理念在于将用户置于运输服务的核心位置,根据其个性化需求,为其提供定制化出行方案。MaaS将多种类型的运输方式整合为按需提供的单一化出行服务。MaaS将所有的运输方式合为一体,用户只需通过单一账户支付月度费用即可享受各种类型的运输服务。

### (2)构建具有高互操作性和统一标准的MaaS生态系统

目前,相互独立的运输方式在出行链中没有良好衔接,造成许多交通资源的浪费。一个MaaS生态系统有效实施的前提之一就是开放的中间层平台,从而将交通服务提供者与MaaS运营者进行关联。通过建立一个基于统一规则、标准接口和一致管理B2B的平台,开发多种商业模式,从而不再需要每个参与者独自去克服技术和组织上的障碍。通过鼓励出行者更多地选择公共交通方式,改变出行服务的运行环境以及重新定义不同运营者的商业模式,从而改变整个交通运输系统。通过完成交通出行的服务化和数据的共享,MaaS供应商整合各种不同的出行服务,基于用户的出行需求共享数据帮助交通运营者改善服务(图5-6-26)。

**图 5-6-25　MaaS 理念图**

图片来源：深圳市城市交通规划研究中心

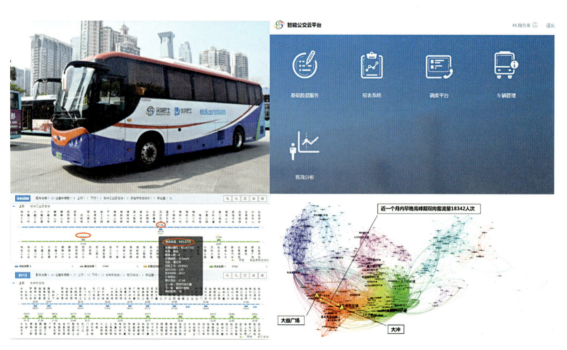

**图 5-6-26　深圳市基于 MaaS 服务的公交云平台**

图片来源：www.zgxwkb.com

## （3）打造利于 MaaS 发展的制度和政策环境

目前，存在于不同地区、不同交通运输方式之间的差异和障碍非常多，需要政策的介入来应对。MaaS 对政府的影响虽然较少被考虑，但也同样重要。政府应该抓住机遇与私人交通及出行服务商合作，共同建立有利于促进 MaaS 平台发展的制度和政策环境。一方面，政府应通过协调和促进各种交通方式，提高公共和私人交通以及相关基础设施的利用率；另一方面，政府应采用多种方式推动交通出行服务商实现基于 MaaS 的新的商业模型，推动政府—企业—民众多方参与，打破原来的政府主导模式。例如，芬兰的 Whim APP（图 5-6-27）和新加坡的 My Transport APP，以及深圳市的优点巴士（图 5-6-28）都是政府参与、企业为主运营的，可以提供不同模式的服务。

## （4）大力发展 MaaS 技术体系

智能手机的普遍应用、自动驾驶技术的进步、共享经济的概念等都推动着 MaaS 的发展。随着拼车服务的兴起，以及电动汽车的出现和自动驾驶功能的最终实现，交通及出行服务正在变成一个复杂的网络，这个网络将交通服务和基础设施与移动科技和大数据结合在一起。因此，公共和私人交通相关的规划与决策过程要更加灵活和考虑周全。出行规划不再被定义为单一的、线性的决策过程，而是一个由人、线下、线上和数据共同组成的复杂的相互关联的网络。这就要求管理部门和运营商基于 MaaS 理念，拓展以公共交通为主体的共享出行服务模式，集成多方式信息和运营调度，为出行者提供全链条出行计划和服务。这种服务模式一方面可以提高用户出行的便利性，提升出行服务质量；另一方面，可以整合客流资源、优化多方式运力资源配置，提高运营收益。

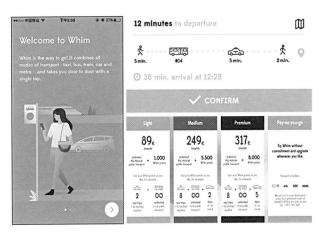

图 5-6-27　芬兰基于 MaaS 的全出行链服务 Whim APP
图片来源：深圳市城市交通规划研究中心

图 5-6-28　深圳市基于 MaaS 服务的优点巴士
图片来源：深圳市城市交通规划研究中心

# 本课题参考文献

[1] 梅振宇, 王炜, 陈峻, 等. 我国城市交通需求管理（TDM）对策研究[J]. 现代城市研究, 2004（4）: 49-53.

[2] 汪光焘. 中国城市交通问题、对策与理论需求[J]. 城市交通, 2016, 14（6）: 1-9.

[3] 赵丽珍. 我国城市群交通模式选择对策[J]. 综合运输, 2012（12）: 27-31.

[4] 丁金学, 罗萍. 新时期我国城市群交通运输发展的思考[J]. 区域经济评论, 2014（2）: 108-113.

[5] 余柳, 孙明正, 王婷, 等. 城市群交通一体化发展国际经验借鉴与中国路径探讨[J]. 道路交通与安全, 2015（4）: 1-7.

[6] 王艳丽, 董治, 李林波, 等. 国外城市化背景下城市群交通特征研究[C]//全国博士生学术论坛——交通运输工程学科. 2009.

[7] 王鹏, 张秀生. 国外城市群的发展及其对我国的启示[J]. 国外社会科学, 2016（4）: 115-122.

[8] 姜策. 国内外主要城市群交通一体化发展的比较与借鉴[J]. 经济研究参考, 2016（52）.

[9] 单刚, 王晓原, 王凤群. 城市交通与城市空间结构演变[J]. 城市问题, 2007（9）: 39-44.

[10] 孙斌栋. 我国特大城市交通发展的空间战略研究: 以上海为例[M] 南京: 南京大学出版社, 2009.

[11] 杨少辉, 马林, 陈莎. 城市空间结构演化与城市交通的互动关系[J]. 城市交通, 2009, 7（5）: 45-48.

[12] 曾祥平. 中小城市居住空间结构的演变研究——以郴州市为例[J]. 住宅与房地产, 2019（18）: 49.

[13] 陈新. 城市交通网络布局与优化策略研究[D]. 武汉: 华中科技大学, 2005.

[14] 赵胜利. 城市道路基础设施的优化[J]. 黑龙江科技信息, 2010（16）: 254.

[15] 郭虹位. 绿色交通理念下城市空间布局的优化策略研究[J]. 智能城市, 2016, 2（7）: 266.

[16] 姚文琪, 郑玉颜. 提高城市轨道交通效能的规划对策与建议[J]. 城市规划学刊, 2011（5）: 79-85.

[17] 罗仁坚. 城市交通运输系统发展思路与建议[J]. 宏观经济管理, 2009（3）: 30-32, 36.

[18] 莫杨辉, 张培林, 谢羽盟. 新型城镇化与综合交通发展的互动关系计量研究[J]. 交通运输系统工程与信息, 2019（5）: 13-19.

[19] 蔚建峰. 新型城镇化对城市交通发展影响研究[J]. 工业B, 2015（40）: 18-19.

[20] 毛盈盈. 新型城镇化背景下城市交通发展趋势分析[J]. 科技研究, 2014（4）: 514.

[21] 陈莎. 新型城镇化背景下城镇群交通发展趋势和策略[C]//新型城镇化与交通发展——中国城市交通规划年会暨学术研讨会. 2014.

[22] 胡浩. 城市空间扩展与城市交通间关系与作用机制研究[D]. 上海: 同济大学, 2010.

[23] 范海英. 城市交通与城市空间结构互动演化机理研究[D]. 西安: 长安大学, 2018.

[24] 肖秀珍. TOD策略对城市空间结构的作用[D]. 西安: 长安大学, 2007.

[25] 王懋盛. 城市交通与城市空间结构交互研究[J]. 中国集体经济, 2017（12）: 9-10.

[26] 叶彭姚, 陈小鸿. 基于交通效率的城市最佳路网密度研究[J]. 中国公路学报, 2008（4）: 98-102.

[27] 姜晓敏. 面向交通效率的城市路网结构关键特征优化[D]. 合肥: 合肥工业大学, 2016.

[28] 王铁奇. 中国道路交通网络结构分析[J]. 科技视界, 2013（3）: 5-6.

[29] 揭远朋, 冯雪松, 解振全, 等. 基于出行效率提升的公共交通线网优化研究[J]. 武汉理工大学学报（交通科学与工程版）, 2018, 42（2）: 263-267.

[30] 过秀成, 孔哲. 城市轨道交通网络演变机理及生成方法[M]. 北京: 科学出版社, 2013.

[31] 刘勇. 城市群空间结构演化: 交通运输业的作用及机理[M]. 北京: 经济管理出版社, 2010.

[32] 魏军, 李利. 交通供需平衡机理模型[J]. 长安大学学报（自然科学版）, 2010, 30（6）: 86-89.

[33] 胡绍荣. 城市道路交通供需平衡理论研究[D]. 西安: 长安大学, 2004.

[34] 华雪东. 基于供需平衡的多方式交通系统出行结构优化研究[D]. 南京: 东南大学, 2016.

[35] 马李京. 基于效率的城市交通结构优化研究[D]. 成都: 西南交通大学, 2015.

[36] 夏宝龙. 加快缓解城市交通拥堵的思路与对策[J]. 现代城市, 2013, 8（1）: 1-3.

[37] 周聚荣. 交通需求管理（TDM）策略对缓解城市交通拥堵的研究[J]. 中国市政工程, 2013（5）: 12-15, 107.

[38] 雷洋, 黄承锋. 城市交通拥堵治理的研究综述和建议[J]. 综合运输, 2018, 40（4）: 8-11.

[39] 吴黎明, 王栋, 赵筝. 当前TOD模式在我国的发展策略研究[J]. 安徽建筑, 2011, 18（5）: 9-10, 13.

[40] 田伟, 阚馨童, 孙懿飞, 等. 公交导向发展模式（TOD）促进新型城镇精明增长[J]. 农村经济与科技, 2018, 29（3）: 259-260.

[41] 张祥永. 城市公共交通对城市空间的引导作用分析——以河南省新乡市为例[D]. 长沙: 中南大学, 2011.

[42] 毛燕武. 大TOD模式与城市群可持续发展互动机制研究——以长三角城市群为例[J]. 智能城市, 2016（7）: 1-2.

[43] 刘生龙, 胡鞍钢. 交通基础设施与中国区域经济一体化[J]. 经济研究, 2011（3）: 72-82.

[44] 张卫, 糜志雄. 我国新型城镇化的发展趋势、挑战及对策[J]. 宏观经济管理, 2018,（8）: 47-53.

[45] 陈明明. 基于TOD模式的城市区域发展规划策略研究——以长沙地铁2号线周边片区为例[J]. 中外建筑, 2014（7）: 91-93.

[46] 杜轩, 张永, 任刚. 基于TOD模式的中小城市公共交通规划[J]. 交通运输工程与信息学报, 2010（2）: 109-114.

[47] 赵光惠. 基于TOD模式的中小城市公共交通规划研究[J]. 低碳世界, 2018（11）: 244-245.

[48] 刘昱洋. 国家中心城市交通基础设施建设的瓶颈与突破[J]. 区域经济评论, 2017（6）: 93-98.

[49] 赵玥. 城市交通基础设施建设计划编制理论方法及其应用研究[D]. 北京: 北京交通大学, 2010.

[50] 杨陈润. 城市发展与交通基础设施建设关系的一些思考[J]. 山西建筑, 2014, 40（11）: 27-29.

[51] 王娟. 城市道路等级配优化研究[D]. 长春: 吉林大学, 2011.

[52] 周竹萍. 基于交通方式分担的城市道路等级配置方法研究[D]. 南京: 东南大学, 2009.

[53] 曾明华, 李夏苗. 多层次多模式综合交通网络设计研究[J]. 交通运输系统工程与信息, 2010, 10 (2): 23-29.

[54] 林浩. 多模式地面公交的适应性与网络构建方法研究[D]. 南京: 东南大学, 2016.

[55] 许俊萍. 公共交通导向型城市发展模式的多层次测量评估方法[J]. 华侨大学学报 (自然科学版), 2016, 37 (3): 369-374.

[56] 傅诚. 城市道路交通设计中存在的问题及改进措施[J]. 交通建设与管理, 2014 (3): 96-98.

[57] 程琳, 王炜, 王京元, 等. 城市道路网络容量、交通规划和交通管理[J]. 公路交通科技, 2005, 22 (7): 118-122.

[58] 王炜. 城市交通管理规划方案设计技术[J]. 交通运输工程学报, 2003 (2): 58-61.

[59] 邱丽丽, 顾保南. 国外典型综合交通枢纽布局设计实例剖析[J]. 城市轨道交通研究, 2006 (3): 55-59.

[60] 史学磊. 综合交通枢纽规划研究综述与建议[J]. 建筑技术开发, 2017, 44 (5): 161-162.

[61] 李晓伟, 王炜, 杨敏, 等. 交通枢纽可达性对多模式综合交通客运方式竞争的影响[J]. 公路交通科技, 2016, 33 (12): 106-112.

[62] 刘武君. 综合交通枢纽规划[M]. 上海: 上海科学技术出版社, 2015.

[63] 赵鹏林, 刘永平. 综合交通枢纽现状、困境及解决途径——以深圳市为例[J]. 城市交通, 2016 (3): 54-60.

[64] 李陈昕. 我国城市公共交通管理体制改革研究[D]. 湘潭: 湘潭大学, 2015.

[65] 雷黎. 交通政策法规、环境与可持续发展[M]. 北京: 北京交通大学出版社, 2012.

[66] 江玉林. 中国中心城市可持续交通发展年度报告 2007[M]. 北京: 人民交通出版社, 2007.

[67] 周学农. 智能化城市道路交通管理系统的发展[J]. 系统工程, 2000 (6): 48-53.

中国城市建设可持续发展战略研究

## 课题六

城市安全保障与自然灾害应对战略研究

**课题负责人**　　王　浩　张建云　王　超

# 课题组成员

**课题负责人：**
  王　浩　　中国水利水电科学研究院
  张建云　　水利部　交通运输部　国家能源局　南京水利科学研究院
  王　超　　河海大学

**专题1负责人：**
  左其亭　　郑州大学
  丁相毅　　中国水利水电科学研究院

**专题2负责人：**
  李　杰　　同济大学
  杨志勇　　中国水利水电科学研究院

**专题3负责人：**
  刘家宏　　中国水利水电科学研究院
  邵薇薇　　中国水利水电科学研究院

**专题1参加人员：**
  郑州大学　　　　　　　　王　鑫　陶　洁　甘　容　马军霞　韩淑颖　李佳伟
  　　　　　　　　　　　　李东林　刁艺璇
  中国水利水电科学研究院　李　昆　张盼伟　吴雷祥　赵晓辉　张　博　曹　岩

**专题2参加人员：**
  同济大学　　　　　　　　彭勇波　丛北华　艾晓秋　王世芬　黄天辰　招伟杰
  清华大学　　　　　　　　陆新征
  东南大学　　　　　　　　傅大放　张科峰

**专题3参加人员：**
  中国水利水电科学研究院　翁白莎　于赢东　梅　超　周晋军　栾　勇　向晨瑶
  　　　　　　　　　　　　王　英　郑　爽
  北京大学　　　　　　　　俞孔坚

# 课题概述

课题六"城市安全保障与自然灾害应对战略研究",针对快速城镇化背景下城市洪涝等自然灾害频发,以及城市基础设施群与生命线工程网络灾害风险等引起的城市安全问题,重点研究自然灾害作用下的城市安全风险应对策略,分别从城市安全评价、自然灾害及其危险性、城市受灾体脆弱性、城市洪涝防治等角度,研究自然灾害背景下城市安全评价及预警策略、城市基础设施群与生命线工程网络风险防控策略、海绵城市建设与河湖连通城市洪涝防治策略,集成提出城市安全保障与自然灾害应对战略,为国家城市建设总体战略提供支撑。课题下设3个专题。

专题1为"城市安全评价体系及自然灾害预防策略",在梳理我国城市主要灾害及其特征的基础上,分析自然灾害对城市安全的影响,研究自然灾害下城市安全评价方法;针对主要自然灾害,提出基于物流、人流、信息流等大数据信息的城市安全预防策略。专题1将从自然灾害及其危险性的角度分析并提出预防预警策略。

专题2为"城市基础设施群与生命线工程网络风险防控策略",针对地震、火灾、重大事故灾害等背景下的城市生命线工程灾害风险与安全问题,开展专题调查与研究,提出相关策略及建议。专题2将为我国城市安全保障与自然灾害应对战略的建构提供支撑。

专题3为"海绵城市建设与河湖联控城市洪涝防治策略",在识别我国当前城市洪涝防治中的关键问题基础上,结合城市内涝与外洪的联合防治,提出我国城市洪涝的综合防治策略。专题3将在此基础上集成提出应对自然灾害的城市安全保障战略。

# 课题六 目录

## 专题 1　城市安全评价体系及自然灾害预防策略 —— 578

**第 1 章　自然灾害下的中国城市安全现状** ——579
- 1.1 城市安全内涵界定 ——579
- 1.2 中国城市主要自然灾害及其特征 ——579
  - 1.2.1 城市主要自然灾害概况 ——579
  - 1.2.2 城市自然灾害的分类 ——580
  - 1.2.3 城市自然灾害的特征 ——581
- 1.3 中国城市自然灾害防控体系现状 ——581
  - 1.3.1 城市自然灾害预警体系 ——582
  - 1.3.2 城市自然灾害应对体系 ——584
  - 1.3.3 自然灾害防控体系的基本特征与存在的问题 ——585
- 1.4 面向自然灾害的城市安全保障思路 ——586

**第 2 章　城市安全评价体系及自然灾害预警策略** ——588
- 2.1 自然灾害与城市安全 ——588
- 2.2 城市安全评价体系 ——589
  - 2.2.1 评价总体架构 ——589
  - 2.2.2 单一种类灾害下的城市安全评价方法 ——589
  - 2.2.3 指标库 ——589
- 2.3 中国城市安全评价 ——592
  - 2.3.1 城市洪涝灾害评价 ——592
  - 2.3.2 城市干旱灾害评价 ——592
  - 2.3.3 城市低温灾害评价 ——592
  - 2.3.4 城市沙尘暴灾害评价 ——592
  - 2.3.5 城市地质灾害安全评价 ——592
  - 2.3.6 城市自然灾害安全综合评价 ——593
  - 2.3.7 现有预警防控体系的缺陷 ——593
- 2.4 未来城市自然灾害预警及防控战略 ——594
  - 2.4.1 国家层面上的城市自然灾害预警防控战略 ——594
  - 2.4.2 区域层面上的城市自然灾害预警防控战略 ——594
  - 2.4.3 重点城市的自然灾害预警防控策略 ——596

**本专题注释** ——597

# 专题 2　城市基础设施群与生命线工程网络风险防控策略　　598

### 第 3 章　城市基础设施群与生命线工程网络　　599
#### 3.1　我国城市关键基础设施现状与安全风险　　599
　　3.1.1　城市基础设施系统及其规划建设概述　　599
　　3.1.2　城市基础设施群与生命线工程灾害典型案例分析　　602
　　3.1.3　城市基础设施群与生命线工程主要安全风险分析　　606
#### 3.2　城市埋地市政管网地震灾害风险防控建议　　610
　　3.2.1　典型城市埋地市政管网抗震安全现状及存在的问题　　610
　　3.2.2　典型城市埋地市政管网地震灾害风险评估　　611
　　3.2.3　城市埋地市政管网地震灾害风险防控建议　　613
#### 3.3　城市地铁隧道火灾风险防控建议　　614
　　3.3.1　城市地铁隧道火灾损失现状及风险评估　　614
　　3.3.2　典型城市地铁隧道火灾隐患分析　　615
　　3.3.3　城市地铁隧道火灾风险防控建议　　617
#### 3.4　城市建筑群地震风险防控建议　　618
　　3.4.1　我国主要城市建筑群地震影响风险评估　　618
　　3.4.2　典型城市建筑震害风险分析　　619
　　3.4.3　城市建筑区地震风险防控建议　　622
#### 3.5　城市建筑群火灾及突发事件安全风险防控建议　　623
　　3.5.1　火灾及突发事件对城市建筑区影响典型案例分析　　623
　　3.5.2　城市建筑群火灾及突发事件安全风险评估　　625
　　3.5.3　城市建筑区火灾及突发事件安全风险防控建议　　628
#### 3.6　城市基础设施群与生命线工程网络风险防控策略　　629
　　3.6.1　城市基础设施群与生命线工程网络总体风险　　629
　　3.6.2　城市基础设施群与生命线工程网络灾害综合防御理念　　629
　　3.6.3　城市基础设施群与生命线工程网络灾害综合应对策略　　630

**本专题注释**　　630

# 专题 3　海绵城市建设与河湖联控城市洪涝防治策略　　631

### 第 4 章　城市洪涝灾害防治策略　　632
#### 4.1　中国城市洪涝防治中的关键问题　　632

|   |   |   |
|---|---|---|
| | 4.1.1 我国洪涝灾害特征 | 632 |
| | 4.1.2 城市洪涝成因分析 | 634 |
| | 4.1.3 城市洪涝治理应对现状 | 639 |
| | 4.1.4 城市洪涝防治中的问题 | 639 |
| **4.2** | **海绵城市建设与河湖联控对城市洪涝防治的作用** | **641** |
| | 4.2.1 国外雨洪管理经验 | 641 |
| | 4.2.2 海绵城市内涵及其发展历程 | 645 |
| | 4.2.3 海绵城市建设对城市洪涝防治的作用 | 650 |
| | 4.2.4 河湖连通内涵及其发展历程 | 652 |
| | 4.2.5 河湖连通对城市洪涝防治的作用 | 654 |
| **4.3** | **海绵城市建设与河湖联控对城市洪涝防治的效果** | **655** |
| | 4.3.1 海绵城市建设与河湖系统联合防控机制 | 655 |
| | 4.3.2 典型城市洪涝防治效果分析 | 657 |
| **4.4** | **我国城市洪涝综合防治策略** | **661** |
| | 4.4.1 关于海绵城市建设 | 661 |
| | 4.4.2 关于城市水系设计 | 662 |
| | 4.4.3 关于生态修复对策 | 663 |

**第 5 章　城市安全保障与自然灾害应对战略建议　　665**

　5.1　现状及存在的问题　　665

　5.2　战略建议　　666

**本专题注释　　668**

**本课题参考文献　　668**

中国城市建设可持续发展战略研究

**专题 1**

课题六
城市安全保障与自然灾害应对战略研究

## 城市安全评价体系及自然灾害预防策略

**专题负责人**     左其亭    丁相毅

# 第1章 自然灾害下的中国城市安全现状

## 1.1 城市安全内涵界定

城镇化是人类发展的必然过程，我国城镇化水平已从1978年的17.9%提高到2016年的57.4%，但还远远低于发达国家现阶段的平均水平（85%以上），城镇化依然是当代中国发展的第一要务。随着城镇化进程的不断推进，人口和财富愈发集中于城市之中，城市基础设施不断完善，人们的生活水平也日益提高，与此同时，灾害或突发事件给城市带来的损失也越来越大，因此，城市安全保障成了城市可持续发展中的重要环节。

城市安全涉及的范围很广，如自然灾害、人为事故、突发事件、袭击破坏等，本研究中的城市安全保障主要关注的是在洪涝灾害、气象灾害、地质灾害等自然灾害情况下，为统筹解决城市洪涝成灾、基础设施脆弱短命、安全保障系统不力等问题，从战略层面提出应对自然灾害的城市安全保障策略。

## 1.2 中国城市主要自然灾害及其特征

### 1.2.1 城市主要自然灾害概况

我国自然灾害频发，其主要特点为链式效应强，一起自然灾害的发生往往会引起一系列次生和衍生灾害的发生，形成灾害链，造成的损失巨大。1998~2004年，自然灾害在我国造成的直接经济损失高达2023亿元。除了经济损失，自然灾害也在我国造成了众多重大人员伤亡事故。其中，2000~2007年，我国平均每年有2500人因灾死亡。在所有的自然灾害中，气象灾害中的干旱、洪涝、暴雨、雪灾、冰雹、台风等，地质灾害中的地震、崩塌、滑坡、泥石流等，海洋灾害中的风暴潮、巨浪等，对我国的影响最大。

根据亚洲减灾联合会（Asian Disaster Reduction Center，ADRC）提供的信息，我国在1998~2016年（截至2016年5月8日）19年间主要发生的自然灾害有洪水、地震、台风、滑坡和暴雨，这些自然灾害约占总灾害数的80%。灾害的发生具有联动性，如同多米诺骨牌效应。在1998~2016年，单独发生的灾害事件中，地震灾害发生的次数最多，占灾害总数的19%，其次是台风、洪水与滑坡，各类自然灾害发生的频次如图6-1-1所示，其中其他自然灾害包括火山爆发、寒潮、热浪等不常见自然灾害。表6-1-1展示了有死亡人数记录的自然灾害的相关统计数据。

由于天气和地理位置的差异，自然灾害具有一定的区域特点。我国南方因为降雨较多，所以

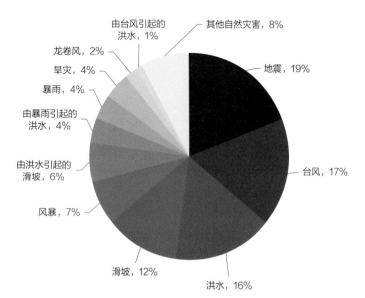

图 6-1-1　1998~2016 年我国各类自然灾害发生频次

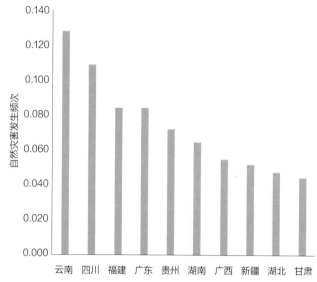

图 6-1-2　1998~2016 年我国各类自然灾害发生频次最高的十大地区

| 不同灾害的死亡人数统计 | | 表 6-1-1 |
|---|---|---|
| 自然灾害 | 死亡人数（人） | 相对发生频次 |
| 地震 | 77040 | 19% |
| 洪水 | 2067 | 20% |
| 滑坡 | 1500 | 18% |
| 台风 | 550 | 17% |
| 龙卷风 | 475 | 2% |
| 风暴 | 304 | 7% |
| 暴雨 | 108 | 4% |
| 其他自然灾害 | 237 | 13% |

暴雨和洪水灾害频发；我国北方气候干燥，则易发生旱灾等。其中，洪水灾害主要发生在四川、湖南、广东等地区，地震灾害主要发生在云南、新疆、四川、西藏、甘肃等地。1998~2016 年，我国的自然灾害频发时间集中在 5~8 月，灾害发生地主要集中于云南、四川、福建、广东、贵州、湖南等省份。在这些省份中云南发生的自然灾害次数最多，占到总自然灾害的 13%。发生在四川省的自然灾害数量也偏高，其占灾害总数的比重虽然不及云南省，但是也超过了 10%。其次为福建、广东、贵州、湖南等省份。图 6-1-2 展示了 1998~2016 年我国自然灾害发生频次最高的十大地区。

据民政部 2017 年 1 月 13 日公布，2016 年，我国发生的主要自然灾害有洪涝灾害、台风、风雹和地质灾害，旱灾、地震、低温冷冻、雪灾和森林火灾等灾害也有不同程度的发生，这些自然灾害共导致约 1.9 亿人受灾，1432 人死亡，274 人失踪，1608 人因灾害住院治疗，910.1 万人被紧急转移安置，358.8 万人需紧急生活救助。除此之外，2016 年发生的自然灾害还造成 52.1 万间房屋倒塌，334 万间房屋受到不同程度的损坏，农作物的受灾面积也达到了 2622 万 $hm^2$，其中 290 万 $hm^2$ 绝收，直接经济损失高达 5032.9 亿元。2016 年的灾情相比于 2015 年明显偏重。

### 1.2.2　城市自然灾害的分类

原国家科委、国家计委、国家经贸委自然灾害综合研究组将自然灾害分为八大类：气象灾害、海洋灾害、洪水灾害、地质灾害、地震灾害、农作物生物灾害、森林生物灾害和森林火灾。在诸多种类的自然灾害中，仅有气象灾害、洪水灾害、地质灾害（本研究将地震归类于地质灾害）会对现代城市产生明显影响，因此，本研究中涉及对"城市自然灾害"的研究和评价也限于上述 3 类，其中每类自然灾害都由具体的几种构成。我国城市自然灾害的种类划分如表 6-1-2 所示（表中仅列出分布较为广泛和影响较为强烈的典型灾种）。此外，本研究涉及的城市自然灾害，仅限于自然环境和极端自然事件所导致的灾害，至于人类作用所导致的污染等灾害不予详细讨论。

城市气象灾害：一般由特殊的气候或气象事件所导致，作用于城市及其周边区域，同时也可能会成为其他类型城市自然灾害的诱因。与其他类型灾害相比，

### 城市自然灾害的类型划分　　表6-1-2

| 灾害类型 | 灾种 |
|---|---|
| 气象灾害 | 干旱、沙尘暴、雪灾、寒潮 |
| 洪水灾害 | 水灾、涝灾 |
| 地质灾害 | 崩塌、滑坡、泥石流、地震 |

城市气象灾害发生较为频繁，也有着鲜明的地域分布特征，对城市建筑物和生命线工程危害较大，对居民人身安全也有一定威胁。

城市洪水灾害：一般由发生在城市地区的高强度降水事件导致。城市洪水的主要来源可分为两类，一类是流域性洪水涌入城区，对城市防洪造成威胁；另一类是城区过量的降水无法通畅排出，形成城市内涝；在一定情况下，两类灾害也可能会同时发生。城市洪水灾害发生频率一般虽不及城市气象灾害高，但对居民人身安全、建筑物设施和生命线工程的威胁较大。

城市地质灾害：不稳定的地质条件是城市地质灾害的重要原因，外部环境变化时（如强降雨等）可能会引发滑坡、崩塌和泥石流等地质灾害；此外，地壳运动也会引发强烈的地震和火山喷发。一般来说，城市地质灾害发生的频率较低，但其破坏性极强，对居民人身安全、建筑物设施和生命线工程有着强烈的威胁。现今，由于人类开发建设对自然环境和地质条件的扰动，一些城市地质灾害的风险可能会逐渐增大。

此处的种类划分仅是根据灾害特点做出的初步分类，由于城市类型多样、特征复杂，且不同灾害之间可能会有着"灾害链"的效应，多种城市自然灾害往往会连锁发生，对城市安全形成更严重的威胁。

### 1.2.3 城市自然灾害的特征

分布地域广、种类多、发生频率高、造成损失重是我国自然灾害的基本特征。与一般意义上的自然灾害相比，城市自然灾害有着更加鲜明的属性和特征，主要表现在城市自然灾害的突发性、社会性、高损性、伴生性、扩散性和可控性六个方面。

突发性：相比于海平面上升、土壤荒漠化、气候变暖、水土流失等长期的过程，城市自然灾害通常在较短的时间内集中爆发并完成灾害作用的全过程。作用迅速、影响显著，人类社会难以及时应对，难度也较大。

社会性：城市的主体是人，城市自然灾害不仅会造成人员伤亡、建筑物破坏和财产损失等外在的后果，也会对人类社会产生影响，在灾民安置、灾区社会稳定、灾区重建等方面形成挑战。

高损性：现代城市的人口、建筑物和生命线设施都具有极大的密度，并具有财富和生产力集中的特性，灾后重建难度也远大于其他地域。因此，发生在城市区域的自然灾害往往会造成较为严重的损失。

伴生性：城市自然灾害的灾害链特征较为明显，一种城市自然灾害往往会诱发其他种类自然灾害的发生，不同灾害之间互为因果甚至可能会相互强化，加之城市建筑物和人口密集的特性，城市自然灾害导致的次生灾害也较为严重。

扩散性：城市自然灾害的扩散性主要与城市的建筑特征相关。城市的基础功能很大程度上由城市生命线工程来维系，交通网络和城市生命线工程的破坏会对城市产生整体影响，不仅会加剧灾害损失，也会加大救灾难度，若不加以干预，灾害过程结束之后，城市遭受的损失仍然会继续扩大。

可控性：虽然城市自然灾害有着上述特点，但通过建设完善的防灾救灾体系，依托城市完备的基础设施、高标准的抗灾工程以及优良的交通和信息交流条件，可以利用各种手段，做到对城市自然灾害的控制和管理，将灾害损失降至最低。

## 1.3 中国城市自然灾害防控体系现状

自然灾害应对制度与新中国相伴而生。1949年12月，中央人民政府政务院颁布了《关于生产救灾的指示》，其中明确要求："各级人民政府必须组织生产救灾委员会，包括内政、财政、工业、农业、贸易、合作、卫生等部门及人民团体代表，由各级人民政府首长直接领导。"1950年2月，中央救灾委员会成立。当时的《中央救灾委员会组织简则》规定：日常救灾工作由内务部负责，也具体规定了灾害管理工作的主要任务。经过几十年的发展，我国已形成了以党政统一领导、政府综合协调、部门分工负责、灾害分级管理、属地管理为主的自然灾害应对体系。

## 1.3.1 城市自然灾害预警体系

灾害预警是现代自然灾害防控体系的重要组成部分，在灾害来临之前进行妥善预警，并随之开展有效的应急响应，能够在很大程度上避免灾害损失，而预警和响应的滞后往往会导致严重的后果。以2004年发生的印度洋海啸灾害为例，泰国气象部门在海啸已经发生后才发布了泰国南部海域可能发生大浪的预报，白白浪费了宝贵的疏散救灾时间，灾害损失几乎没有得到有效削减。

现代城市是人类社会高度发展的产物，集中了大量的财富、人口等资源，这一方面增大了城市在自然灾害作用下的脆弱性和易损性；另一方面，现代城市又具有较为发达的交通网络、完善的基础设施、可靠的通信渠道和完善有力的政府组织结构，使得城市能够更迅速高效地应对自然灾害。这两类特征表明，开展灾害预警和应急响应，在城市能够发挥更大价值，城市预警和响应是现代城市灾害防控的重中之重。

顾名思义，灾害"预警"分为"预"和"警"两个部分，分别指的是在灾害来临之前对灾害的预估和灾害临近时对社会和公众的警示。"预"则又分为较长期的预报和较短期的预测，对于干旱、洪涝和崩塌、滑坡、泥石流等一类发生机制较为明确的自然灾害，往往能够在数日的预见期内，大致预报灾害重要指标的发展趋势，提醒社会和公众提早做出准备，而且还能够在即将成灾前的几个小时，给出较为精确可靠的预测结果，并根据灾害可能的严重程度，对照相关标准，给出明确的预警等级，并通过各种方式通知社会大众，开展灾害的应急响应。对于地震一类难以预报和预测的灾害，大都仅能通过地震P波和S波之间时间差的方式，在地震发生后尽早给出警示，争取宝贵的疏散和避难时间。

尽管城市自然灾害的种类繁多，现代自然灾害的预警体系也大都由几个模块组成，如图6-1-3所示。

灾害监控模块负责对环境中可能存在的、能够引发灾害的各类信息数据的收集，即监控孕灾环境中各项指标（如气温、降水等各类水文气象参数）和致灾因子（如可能存在的滑坡、崩塌点）的变化，有助于掌握灾害的发展变化规律，提早发现异常指标，并及时将各类数据与信息咨询模块共享。

信息咨询模块负责处理和分析由灾害监控模块所传来的数据，并将其进行整理、归类、筛选、处理和整合，保留有效、准确的数据信息，并根据这些信息

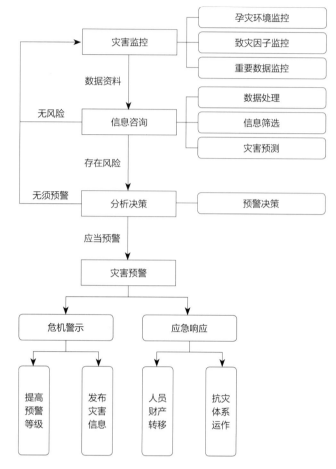

图6-1-3 灾害预警系统的组成部分

初步地模拟和预测灾害形成的可能性以及可能造成的损失，并将成果传达至分析决策模块。

分析决策模块负责综合各类信息，并结合相关规程做出是否进行预警的决定。一旦决定开展预警，则灾害预警模块随之启动，发挥其危机警示和应急响应作用，通过各类手段向社会、公众和有关部门通报灾害预警信息，促进抗灾救灾体系的运转，由灾前预警转入正式的抗灾救灾过程。

从预警体系的运作模式可以看出，预警体系的每一个模块都具有重要的作用，而每一个流程中可能产生的失误都会降低预警工作的成效。高效的灾害预警工作，需要精准性（如灾害监测数据的准确、预警等级和警示信息的准确等）、时效性（对于可能造成损失的灾害，应当尽早给出预警信号，尤其是地震灾害）、覆盖面（应当通过各种方式，在有限的预警时间内将警讯发送给尽可能多的人员）和应急响应措施（如人员财物的快速疏散、临时抗灾工程的建设等）的保障。

对于不同种类的灾害，我国均规定了对应的管理部门，因此灾害监测设施的运行和管理往往由对应管理部门主导。针对可能发生的灾害的严重程度，我国

也设置了对应的、逐级提高的预警标准，如气象灾害和地质灾害预警信号大都分为蓝、黄、橙、红四个等级，红色为一级（最高等级），表示危害程度、紧急程度和发展态势最为严峻，威胁最大。针对不同的预警等级，各级政府部门大都也已经制定了对应的灾害应急响应措施。

目前，我国自然灾害的预警、预报体系主要由如下系统构成：气象灾害监测预报系统、大江大河灾害性洪水预警预报系统、地质灾害预警预报系统、地震监测预报系统、森林草原防火预警系统、农作物和森林病虫害测报系统、海洋环境和灾害监测系统。2015年，国家预警信息发布中心成立，目前已建立国家、省、市、县四级综合预警信息发布业务平台，具备了对自然灾害、事故灾难、公共卫生事件、社会安全事件四大类突发事件预警信息的接收、处理和及时发布能力，国家预警信息发布中心已与气象、海洋、地质灾害等各类预警信息发布平台开展对接，未来将陆续推进相关部委预警信息发布业务统一接入。此外，应用高新技术，我国还建成了由若干环境与灾害监测预报卫星和风云气象卫星组成的卫星减灾应用业务系统，在防灾、减灾、救灾中普遍使用卫星遥感、无人机、北斗导航定位等高新技术手段。

虽然我国对于主要自然灾害已经建立了一定的监测预警体系，并取得了一些成果，但在城市自然灾害的预警过程中，仍然暴露出一些共性问题，直接影响了灾害预警的精准性、时效性、覆盖面和应急响应的成效，亟待改善。

### （1）对灾害预警的重视程度有待进一步加强

预警系统由相关负责人员操作运行，而其受众是广大人民群众。灾害预警系统的主体是人，而"人"的因素导致的问题在预警的发出方和受众上都有所体现。

从预警系统本身来说，长期以来，我国对灾害防治的理念多侧重于灾害的防御和救治，灾害预警系统没有得到应有的重视，起步也相对较晚，发展也并不迅速，甚至有观点认为，我国城市灾害预警系统的建设，在2008年汶川地震之后才真正开始；在我国的灾害预警系统中，农业和工业往往是预警的重点，财富和人口集中的城市却没能得到足够的重视，无法满足城市发展和安全的需求；我国对预警系统的建设还存在"偏建设，轻运营和维护"的现象，造成预警设施寿命缩短，影响其功能，直接影响了灾害信息的采集，对预警精准性造成了影响；另外，在发出预警的过程中，由于预报人员专业知识和技能欠缺，也可能会导致对敏感指标以及成灾阈值指标的忽视，部分领导和人员很可能会秉持着"不求有功、但求无过"的思想，或者为了追求预报的准确度等其他目标，瞒报、漏报或晚报灾害警讯，造成一定的后果。

从人民群众的角度来说，主要集中于灾害知识缺乏、灾害意识淡薄和自救能力较低三个方面，总体反映出了我国灾害教育的落后。部分灾害在发生之前即有着较为明显的预兆，对灾兆的忽视和麻痹大意导致群众无法提早开展有效的抗灾自救活动；灾害知识的缺乏使得部分群众对灾害的要素、严重程度和破坏性缺乏准确的认识，多数群众几乎没有必要的防灾设备与储备，也缺乏必要的防灾演练，致使在灾害来临时难以采取正确的对策；基层救灾抗灾组织性的缺乏也会影响预警的效果，即使接到准确的预警，往往也难以果断地、有组织地采取针对性的预防措施或有效的减灾行动。由于应急响应是灾害预警系统的落脚点，低效的应急响应会导致预警工作的"功亏一篑"。清华大学开展的一项调查显示，85.7%的调查对象认为目前中国公民的危机应对能力低下，不能适应应对各类危机的需求；81.2%的人认为中国公民对危机重视不足，危机意识淡薄。可以看到，提升我国人民群众和基层干部的抗灾意识和能力仍任重而道远。

### （2）灾害监测手段有待改进

灾害监测与信息收集设施是预警系统与自然界直接相连的纽带，维持着预警流程的第一个步骤。对于城市自然灾害的监测，不仅应当关注城市范围内的自然环境指标，同时也应当对城市周边环境进行一定的监测。当前，除一部分受灾害威胁较大的城市和一部分较为发达的城市之外，多数中小型城市还尚未建立全面的灾害监控网络，不仅未能做到对城市及周边环境的全面监控，而且已有的监测设施不仅面临着维护程度低和设备老化失效的问题，其监控时间间隔也较长，难以做到对灾害信息的实时监控，影响灾害预警的精准性和时效性。部分城市对自身的灾害状况没有准确的了解与把握，未能对灾害源和致灾因子等不稳定因素进行有效监控，灾源信息把握不全同样会对预警过程产生影响。另外，我国灾害预警技术与国际先进水平尚有着一定的差距，也未能将近年来已有的成熟成果（如云技术、新型软件、3S技术等）应用于监测和预警实践中，限制了监测和预警的效率。

### （3）预警通信能力有待提升

灾害数据的传达和预警信息的传播，对预警系统的危机警示作用有着决定性的影响。我国当前的灾害预警信息尚存在速度慢、时效性差的问题，预警信息也较为单一。

在预警信息的发送能力上，不同地区有着一定的差异，但总体来说，几乎所有地区都无法达到预警的要求。中国气象局《关于气象灾害预警信息发布能力及机制建设的调研报告》（2012年）显示，中国移动短信通道最高发送速率平均为 2700 条/s（江苏最高为 9000 条/s，西藏最低为 500 条/s），而中国移动为各省级气象部门开辟的定制用户短信通道发送速率平均为 293 条/s（广东最高为 5000 条/s，西藏最低为 15 条/s）。若气象预警短信由省级气象部门向省内全部手机用户发送，则气象移动平台平均耗时 20.7h；若气象预警短信由省内通信运营商向全部手机用户发送，则中国移动平均耗时 5.3h，只有 11 个省（自治区、直辖市）、市移动运营商有能力在 2h 内发送完成。

在预警信息的发布手段上，手机短信成为气象灾害预警信息发布的最主要途径，电视、网络和电子显示屏也具有重要的地位，对于城市地区来说，落后的农村大喇叭、锣鼓和人工预警等手段基本已经被淘汰。2012 年，我国气象预警信息覆盖率达到了 77%，这显示出我国预警信息的覆盖面有着一定的提升空间。对于无法熟练使用手机，或尚未拥有手机的老年人和青少年，如何使其同样得到及时预警，也是一个亟待解决的问题。同时，无法获得手机短信预警的人员极有可能是老年或较为年幼的人群，这类人群属于自救能力较弱的群体，需要考虑如何使其得到妥善帮助。对于灾害预警"最后一公里"的问题，也需要及时予以解决。

## 1.3.2 城市自然灾害应对体系

在灾前预警基础上，自然灾害的应对体系包含了灾中应急响应、抗灾救灾和灾后恢复等环节。

在自然灾害应急响应方面，为防范化解重特大安全风险，健全公共安全体系，整合优化应急力量和资源，推动形成统一指挥、专常兼备、反应灵敏、上下联动、平战结合的中国特色应急管理体制，提高防灾、减灾、救灾能力，确保人民群众生命财产安全和社会稳定，十三届全国人大一次会议表决通过了《关于国务院机构改革方案的决定》，批准设立中华人民共和国应急管理部。其主要职责为：组织编制国家应急总体预案和规划，指导各地区各部门应对突发事件工作，推动应急预案体系建设和预案演练；建立灾情报告系统并统一发布灾情，统筹应急力量建设和物资储备并在救灾时统一调度，组织灾害救助体系建设，指导安全生产类、自然灾害类应急救援，承担国家应对特别重大灾害指挥部工作；指导火灾、水旱灾害、地质灾害等防治；负责安全生产综合监督管理和工矿商贸行业安全生产监督管理等。除了特别重大自然灾害外，一般性灾害的应急处置由地方各级政府负责，各地根据当地灾害风险特点，县级以上政府会设立相应的抢险救灾应急指挥机构。

自然灾害发生以后，根据自然灾害的响应等级，各级政府会采取不同级别的响应措施来进行抗灾救灾。在应急预案方面，我国自上而下制订了各类自然灾害应急预案，形成了横向到边、纵向到底的应急预案体系；在能力建设方面，我国初步建立了由综合救援力量（以消防队伍为核心）、突击力量（以军队、武警、公安为骨干）、专业力量（抗洪抢险、抗震救灾、森林防火、医疗救护等专业应急救援力量）、辅助力量[企事业单位专（兼）职队伍和应急志愿者队伍]组成的应急救援队伍体系；在社会动员方面，在抢险救灾、人员搜救、伤员救护、灾民救助、财物捐赠等领域都建立起了一系列行之有效的救灾应急社会动员机制；在救援物资支撑方面，我国建立了集救援物资储备、调运、接收、发放、回收于一体的救灾物资调度体系，在 17 个交通枢纽城市设立了中央救灾物资储备仓库，从国家到省、市、县的四级救灾物资储备网络也已基本建成。

在灾后恢复重建方面，我国已形成了在党委、政府统一领导下，由发展和改革委员会与民政系统牵头、各相关部门互相配合、必要时实行对口支援，以及基层群众和有关社会力量共同参与的工作机制。

城市自然灾害的防控体系基于一般自然灾害的防控体系而形成，但也存在着一定的区别。城市由人类社会的不断发展建设而形成，人口与财富高度集中，但也拥有现代化的组织结构和设施，既增大了城市在自然灾害面前的脆弱性，又为城市提供了巨大的抗灾潜力，因此城市自然灾害的防控要充分注重发挥城市和人类社会的优势，推广"灾害管理"的理念。城市的规划同样是城市灾害防治的重点，合理的城市规划能够指导城市建设趋利避害，使城市更少地暴露在自然灾害的威胁之下，并能够提高城市对自然灾害的承受能力。另外，防灾抗灾工程体系仍是城市自然灾害防治的重点内容和依托，城市一般具有强大的施工建设能力，并建有设防标准较高的防灾工程，还能够在灾害来临之时抢修临时防灾工程。可以认为，"人"的因素对城市自然灾害的防治有着最为重要的影响。

城市自然灾害的防治主要依靠工程与非工程措施两类。工程措施指的是各类以灾害防治为目的而修建的永久和临时工程建筑设施，如城市堤防、排水管道、防护林带等，灾害形成后，主要依靠这类城市防灾工程的防御能力将灾害防御在城市之外，保护城市内部居民和财产安全，并为其提供充足的撤离和疏散时间。非工程措施则指的是各类灾害救援力量（如消防、武警官兵，以及社会救灾团体等）、巨灾保险、金融救助、灾害管理组织部门等，非工程措施依托于工程措施，能够使工程设施发挥更大作用，并成为工程措施的有益补充，共同促进自然灾害的防治。

## 1.3.3 自然灾害防控体系的基本特征与存在的问题

21世纪以来，我国自然灾害防控体系取得了长足的进步，无论是政府对防灾救灾的重视程度、灾害管理体制、灾后救灾组织方面，还是科学技术在防灾救灾中的应用、自然灾害应对的国际合作等方面，都体现了中国特色自然灾害防控体系的特点。

### （1）指导思想坚持"以人为本"

与计划经济时代注重强调减少经济损失相比，我国新时期自然灾害防控更加强调"以人为本"、强调努力确保人的生命安全。为确保人的安全，重大自然灾害发生时要求进行避灾性的紧急转移；在灾害发生后，把拯救人的生命作为第一要务。目前，我国已基本实现了自然灾害发生后24h实现对受灾群众的"五有"，即确保受灾群众有饭吃、有衣穿、有干净水喝、有临时住处、有病能得到及时治疗。在灾害救助过程中，不仅注重物资救助，也重视对受灾群众的精神抚慰和心理援助；不仅注重对受灾者的救助，也重视对救援人员的安全保护。近年来，"以人为本"的抗灾救灾理念深入人心。每逢重大自然灾害来临，各级领导往往迅速奔赴救灾一线靠前指挥，有关救援力量迅速集结赶往灾区。官方和民间救援力量都能够本着"以人为本"的精神，以救人为第一要务，以受灾群众的生活保障为重点工作，充分展现了社会主义制度下的人道主义精神。

### （2）灾害管理体制体现我国政治制度优势

在灾害领导指挥层面，党委、政府统一领导是做好自然灾害防控工作的根本保证。尤其在重特大灾害来临时，各级党委、政府能够发挥科学决策、全面部署、有力指挥的作用。在资源调动和社会动员方面，能够充分发挥社会主义制度集中力量办大事的政治优势，各级政府能够动员全社会力量开展抗灾救灾。新组建的应急管理部将推动形成统一指挥、专常兼备、反应灵敏、上下联动、平战结合的中国特色应急管理体制，大大提高国家自然灾害防控的能力、效率和效果。

### （3）社会广泛参与防灾减灾和抗灾救灾

我国继承"一方有难、八方支援"的优良传统，防控自然灾害的社会力量蓬勃发展。参与防灾减灾的各类基金会、非政府组织、民间救援队等机构蓬勃发展，基层社区志愿者组织等发展迅速，日益成为防控自然灾害的重要力量。目前，中国的志愿者组织不仅在国内防控自然灾害中发挥了重要作用，也开始在国际上发挥独特的影响力。

### （4）灾害防控注重法制化、规范化

我国注重自然灾害防控的法制化、规范化。目前，已经制定出台的专项法律有：《防震减灾法》《自然灾害救助条例》《军队参加抢险救灾条例》《防汛条例》《破坏性地震应急条例》《森林防火条例》《森林病虫害防治条例》《草原防火条例》《地质灾害防治条例》等。这些法律法规明确界定了救灾应急准备、对灾民的应急救助和灾后救助、恢复重建等自然灾害救助制度，使得与自然灾害防控需求相适应的资金、物资保障机制得以建立。

### （5）注重科学技术在灾害防控中的作用

科学应急是我国防控包括自然灾害在内的各类突发事件的重要原则。多年来，我国一直重视用现代科

学技术成果支撑和保障自然灾害防控工作。通过制定实施国家防灾减灾科技发展规划，推动研究开发相关前沿科技、更新防控灾害的技术装备、开展防灾工程建设、加强防灾减灾灾害信息化建设，我国防控自然灾害的现代科技水平已经显著提升。

### （6）注重自然灾害应对国际合作

我国与世界上许多国家在应对自然灾害方面开展了多种形式的国际合作。目前，我国与联合国减灾署、联合国开发计划署、人道主义援助事务协调办公室、联合国亚太经社理事会、世界粮食计划署、粮农组织等机构都建立起了紧密的合作伙伴关系，我国有关部门与美、日、欧盟等国家和机构也开展了各种各样的合作交流项目。

目前，虽然中国特色自然灾害防控体系已经初步构建完成，但在全面建设小康社会的新的历史时期，人民群众对于有效防控自然灾害有着更高的期盼，我国城市自然灾害防控体系仍面临以下问题。

1）自然灾害形势依然严峻

在全球气候变化背景下，我国自然灾害风险总体上形势更为严峻。洪涝、干旱、台风、低温冰雪、崩塌滑坡、山洪泥石流等灾害风险增加，一些灾害仍呈高发态势，给城市安全带来极大挑战。自然灾害发生的时空分布、造成的损失程度、影响深度与广度等都出现新变化，各类灾害的突发爆发性、非常规性、难以预见性愈发显著。从灾害的影响看，随着工业化和城镇化的快速发展，我国城市人口数量和密度不断增加，城市基础设施承载负荷不断加大，自然灾害给城市带来的负面影响日趋严重。

2）灾害应对能力有待加强

我国自然灾害应对能力需从以下几个方面予以加强：在监测预警方面，自然灾害监测站网密度、预警预报精度、信息传播水平和时效性有待提高；在基础设施方面，自然灾害设防标准有待进一步提升；在物资支撑方面，应急救灾物资储备种类和数量还不能很好地满足救灾需要，灾害应对的科技支撑能力有待加强；在人力资源方面，自然灾害应对人才队伍的数量和质量仍需进一步提升，基层社区和公众个人的防灾减灾意识和能力有待提高。

3）灾害治理资金投入导向有待转变

目前我国在灾害治理投入上依然存在着不惜一切代价救灾、缺乏综合经济考量的现象，一场大灾之后往往会引起各级政府和全社会的高度重视，各级政府对灾后重建往往投入巨大，甚至希望能将灾区建设成为示范典型，待到政府和社会关注焦点转移之后，灾害应对的基础工作可能又被束之高阁。在投入环节上，政府往往重视灾后救济与重建，轻视灾前防范与减灾；重视防灾减灾的工程措施，轻视对非工程措施的投入❶；重视申请上防灾减灾大项目，而忽视项目能否真正发挥有效作用这一核心问题。

## 1.4 面向自然灾害的城市安全保障思路

"创新、协调、绿色、开放、共享"这五大发展理念对自然灾害应对与城市安全保障提出了更多、更高的要求，未来一个时期，应对自然灾害应继续坚持以防为主、防抗救相结合的方针。结合本研究对城市安全保障的界定，拟定面向自然灾害的城市安全保障研究思路如下。

### （1）城市安全评价体系及自然灾害预警

构建一套科学、完备、具有较强适用性、面向自然灾害的城市安全评价体系，是客观反映和评价现代城市自然灾害安全状况的重要手段。本研究综合考虑反映自然环境特征的自然系统指标和反映城市属性特征的人文系统指标，构建自然灾害下的城市安全评价指标体系，结合洪涝灾害、干旱灾害、低温灾害、沙尘暴灾害、地质灾害等单灾种安全评价，对自然灾害下的城市安全进行综合评价；基于城市安全评价结果，总结自然灾害下城市安全面临的问题，提出自然灾害防控及预警策略。

### （2）城市基础设施群与生命线网络工程风险防控

城市基础设施群与生命线网络工程系统是维系城市生存功能和对国计民生有重大影响的工程系统的总称，它由建筑、交通、给水、排水、供电、燃气、供热、通信、环境卫生、防灾等工程组成，是城市建设的主体部分，是城市经济、社会发展的支撑体系。在自然灾害袭击下，城市基础设施群与生命线工程系统的破坏及其引发的重大次生灾害，可以导致区域与城市社会、经济功能的瘫痪。本研究以地震和火灾作为自然灾害典型，识别城市建筑群和生命线工程网络的安全风险，提出城市基础设施群与生命线工程网络风险防控策略。

### （3）海绵城市建设与河湖联控城市洪涝防治

目前海绵城市建设与城市洪涝防治是我国新型城镇化推进过程中普遍受到社会关注的热点问题之一。基于对我国城市洪涝防治中关键问题的分析，探讨海绵城市建设、河湖联控等措施在防治城市洪涝灾害方面的作用；结合典型案例，评估海绵城市、河湖联控等措施对城市洪涝防治的效果；在此基础上，提出我国城市洪涝防治策略。

### （4）城市安全保障与自然灾害应对

综合前述成果，集成提出我国城市安全保障与自然灾害应对战略，为城市可持续发展提供支撑。

# 第 2 章　城市安全评价体系及自然灾害预警策略

## 2.1 自然灾害与城市安全

城市的安全、稳定和发展自古以来就面临着自然灾害的严重威胁。由于城市集聚着大量的人口、建筑和财富，发生在城市区域内的自然灾害更易产生严重的后果。21世纪初期发生的汶川地震、卡特里娜飓风等灾害事件，证明现代城市也无法完全摆脱自然灾害的危害。

城市自然灾害多种多样，但大都可以归结为气象灾害（洪涝、干旱、低温等）、地质灾害（崩滑流、地震等）等几类。城市自然灾害会造成建筑物倒塌、人员伤亡、财产损失、城市功能破坏等多方面的不利影响。城市自然灾害的发生，一般都会经历孕灾—成灾—受灾三个过程。自然环境的变化对孕灾环境和致灾因子产生作用并导致其变化，最终形成具有一定破坏力的自然事件，并作用于承灾体，形成城市自然灾害。随着灾害的规模和强度的扩大，出现时间上的演化和空间上的扩散转移，并引发次生灾害，产生一系列破坏性后果。

作为自然灾害的受害者，城市则通过各类灾害预警和防控手段来缓和灾害的威胁。灾害来临之前，灾害监测系统保持对自然界的实时监测，并适时发布预警信息。同时，防灾工程也发挥着作用，降低城市自然灾害的风险和破坏力，并尽力将大多数城市自然灾害抵御在城市外部。随着灾害风险不断增大，预警等级也不断提高，负责不同灾害防治的部门开始按照防灾规划和应急预案，依托防灾工程开展抗灾工作，并逐步转入抗灾和救灾阶段。

自然灾害中，城市自然灾害有着更独特的属性，如区域性（城市自然灾害往往同时影响一定区域内的数个城市，不同地区城市自然灾害有着不同特点）、伴生性（城市自然灾害可能会同时发生或相互促进，且极易引发次生灾害）、高损性（由于城市集中了大量资源，自然灾害更易造成严重破坏）、可预防性（有效的防灾减灾手段可以显著降低城市自然灾害的破坏）。

城市自然灾害的破坏后果，主要由自然灾害风险、城市易损性和城市防灾减灾能力三者决定。自然灾害风险越大，发生灾害的可能性和灾害的强度越大，灾害威胁也越大；城市易损性越高，城市在面临自然灾害时将会承受更大的损失；城市防灾减灾能力越强，自然灾害的破坏力则越会受到显著削减。

在当代，保障城市安全的需求愈发紧迫，重要性也不断提升。城市安全保障工作的高效开展则需要精准把握我国城市安全的当前状况，包括其总体状况和时空规律，以及每个城市所面临自然灾害的风险、城市的易损性和防灾减灾能力等，并在此基础上，制定适合我国国情和灾情的城市防灾减灾战略。

## 2.2 城市安全评价体系

评估城市安全，一般采用建立评价指标体系的方法。以往的评价研究多局限于一种灾害或较小的时空尺度[2][3][4]，限制了研究成果在较大时空尺度上的参考意义和战略价值。所以，为同时兼顾国家层面和具体城市尺度上的安全保障需要，建立了具有普适性的评价体系，并对我国 596 个城市开展了自然灾害的综合评价。

### 2.2.1 评价总体架构

考虑我国的自然灾害发生和损失情况，选取洪涝、干旱、低温、沙尘暴、地震和崩滑流灾害作为代表性灾害，分别建立指标体系进行评价，再综合各类自然灾害的安全指数，得出我国城市自然灾害综合安全指数，如图 6-2-1 所示。

### 2.2.2 单一种类灾害下的城市安全评价方法

对于每一种城市自然灾害，考虑其成因、破坏模式和对象以及防灾减灾手段，分别从指标库（表6-2-1）中选取所需指标来刻画其灾害风险、易损性和防灾减灾能力，来建立各种灾害对应的评价指标体系（如洪涝灾害的评价体系，如图 6-2-2 所示）。引用左其亭提出的"单指标量化—多指标综合—多准则集成"（SMI-P）评估方法[5][6]，得出自然灾害风险 R、城市易损性 V 和城市抗灾能力 P 三个指数。将 R、V 和 P 三个指数予以综合，得出单灾种下的城市安全指数 S。

### 2.2.3 指标库

指标库由反映自然系统的指标和城市系统的指标两部分组成：在评价自然灾害风险时，多选取与自然条件相关的指标；在评价城市防灾能力和易损性时，多选取与城市属性相关的指标。为保证评价的可比性，大多数指标均为密度性、人均或百分比指标。

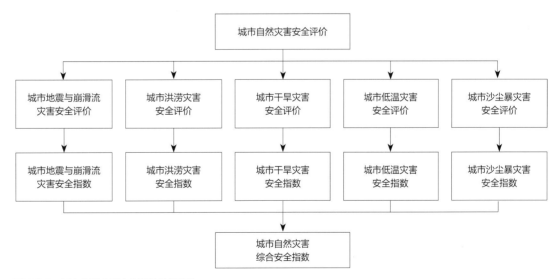

图 6-2-1 城市自然灾害安全评价总体架构

评价指标库  表 6-2-1

| 指标分类 | 具体指标 | 指标解释 |
|---|---|---|
| 自然系统指标 | 多年平均降雨量（X1） | 大体上的降水情况 |
| | 一月内极端降水事件降水量（取多年平均值）（X2） | 单次极端降水事件强弱的多年平均水平 |
| | 一月内日降水量大于 25mm 日数（取多年平均值）（X3） | 降水事件的频繁程度 |
| | 河网密度（X4） | 河流水系的发育程度 |
| | 地形标准差（X5） | 地形的起伏程度 |
| | 一月内少雨日数（取多年平均值）（X6） | 日降雨量少于 25.4mm 的日数 |
| | 多年平均气温（X7） | 总体温度情况 |
| | 一月内低温日数（X8） | 年内日最高气温低于 0℃ 的日数 |
| | 一月内极低温日数（X9） | 年内日最低气温低于 -17℃ 的日数 |
| | 年内最低气温（X10） | 年内所遭受的最低气温 |
| | 最低日平均气温（取多年平均值）（X11） | 日极端低温状况 |
| | 地下水开发量与地下水总量的比值（X12） | 地下水开发程度 |
| | 人均水资源量（X13） | 水资源条件 |
| | 污水处理率（X14） | 水资源再生状况 |
| | 人均水资源利用量（X15） | 用水状况 |
| | 崩塌发育趋势（X16） | 反映崩塌灾害风险 |
| | 滑坡发育趋势（X17） | 反映滑坡灾害风险 |
| | 泥石流发育趋势（X18） | 反映泥石流灾害风险 |
| | 地震等效震级（X19）❼ | 反映地震灾害风险 |
| | 沙尘暴风险（X10）❽ | 反映沙尘灾害风险 |
| 城市系统指标 | 人口数量（N1） | 城市的人口状况 |
| | 每万人拥有医院床位数（N2） | 城市医疗事业的发展水平 |
| | 人口密度（N3） | 城市人口的密集程度 |
| | 国内生产总值 GDP（N4） | 城市的经济发展状况 |
| | 人均生产总值（N5） | 城市人均经济状况 |
| | 生产总值增长率（N6） | 城市的经济发展趋势 |
| | 第三产业所占 GDP 比例（N7） | 城市产业情况 |
| | 建成区面积（N8） | 建成区暴露性 |
| | 固定资产投资强度（N9） | 定义为单位面积的城市固定资产投入值 |
| | 市政设施维护支出强度（N10） | 定义为单位面积的城市支出的市政维护资金 |
| | 建成区供水管道密度（N11） | 每单位面积建成区内含有的供水管道长度 |
| | 天然气供气管道密度（N12） | 每单位面积建成区内含有的天然气管道长度 |
| | 全社会用电强度（N13） | 定义为城市单位面积的全社会用电量 |
| | 供热管道密度（N14） | 每单位面积建成区内含有的供热管道长度 |
| | 道路密度（N15） | 每单位面积市区内含有的道路长度 |
| | 人均日生活用水量（N16） | 城市中居民的日常生活用水状况 |
| | 单位面积防洪堤长度（N17） | 城市的防洪建设状况 |
| | 建成区排水管道密度（N18） | 每单位面积建成区内含有的排水管道长度 |
| | 建成区绿地率（N19） | 每单位面积建成区内含有的绿地面积 |

续表

| 指标分类 | 具体指标 | 指标解释 |
|---|---|---|
| 城市系统指标 | 年径流总量控制率（N20） | 海绵城市建设状况 |
| | 污水处理率（N21） | 城市的污水处理状况 |
| | 水利、环境和公共设施管理业从业人员比例（N22） | 城市水利、环境和公共设施管理业从业人员占城市总人口数的比例 |
| | 人均公园绿地面积（N23） | 与沙尘暴灾害的抵御能力相关 |
| | 人均移动电话数（N24） | 城市通信行业的发达程度 |
| | 交通运输、邮政和仓储从业人数/市辖区面积（N25） | 城市交通运输行业的发达程度 |
| | 公共财政支出/市辖区面积（N26） | 城市单位面积的公共财政投资强度 |
| | 教育从业人数/市辖区人口（N27） | 城市对居民的防灾教育情况 |
| | 公共管理从业人数/市辖区人口（N28） | 城市公共管理行业的发展状况 |

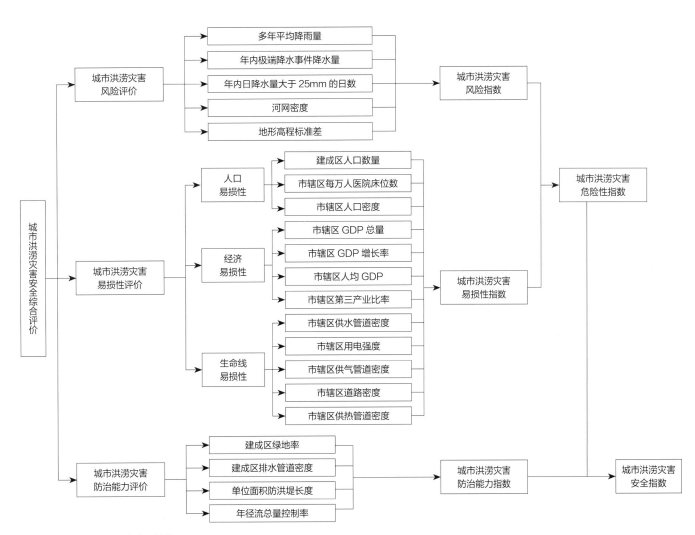

图 6-2-2　城市洪涝灾害安全评价体系

## 2.3 中国城市安全评价

### 2.3.1 城市洪涝灾害评价

我国城市的洪涝风险从东到西、从南到北大体上逐渐递减，以东南沿海、长江流域和珠三角地区最为严重；华北平原、珠三角地区、长三角地区、沿海城市易损性较强；西部和北部城市洪涝防灾减灾能力较低。

我国城市洪涝灾害安全状况有着显著的地域性，且和城市洪涝灾害风险情况明显相关，从南到北逐渐由不安全状态演变为安全状态。华南地区、长江流域以及东南沿海地区的大部分城市，洪涝安全状况最为严峻。华北、东北和西北城市，由于降水量较小，大都处于较好的安全状态。西南地区的城市则大都处于"较不安全"和"临界安全"状态，表明在降水条件相似的情况下，防灾能力和易损性同样对城市安全有着重要影响。

### 2.3.2 城市干旱灾害评价

我国城市干旱灾害风险大致呈现出从东到西、从南到北逐渐递增的趋势，但华北地区干旱灾害风险极高；我国城市的干旱易损性则没有显著的地区分布特点；灾害的防治能力大致呈现出从东到西、从南到北逐步递减的趋势。

我国城市干旱灾害的安全状况和其风险状况显著相关，呈现出分块式特点，大致可以根据"秦岭—淮河"一线将我国分成两个部分，分界线以北的城市几乎都处在"临界安全"及更差的安全状态，而分界线以南的城市几乎都处在"较安全"及更好的安全状态。多数城市都处在"较安全"和"安全"等级，"不安全"等级的城市集中分布在山西、河北、北京、天津四个省级行政区内，表明该地区的用水状况极为严峻，极易受到干旱灾害影响。

### 2.3.3 城市低温灾害评价

我国城市低温灾害风险呈现出显著的地域特征，从南到北，城市低温灾害的风险逐步提升；易损性同样呈现出从南到北逐步提升的趋势；低温灾害防治能力普遍不足，黄河以南的城市低温防灾能力极差。

低温灾害安全程度和风险程度高度相关，在低温灾害下我国城市的安全程度呈现明显的条带状的、过渡式的分布特征，从南到北低温安全程度逐步下降，安全程度较低的城市大都分布在较高纬度和较高海拔的地区（东北、新疆和内蒙古）。黄河以南的城市虽然低温安全程度良好，但低温灾害防治能力严重不足，一旦发生低温灾害，将承受较严重的损失，如2008年的南方低温雪灾❾。

### 2.3.4 城市沙尘暴灾害评价

沙尘暴灾害仅发生于我国西北和华北部分城市，又以新疆城市所受的威胁最为严重；易损性没有显著的地理分布特征，对沙尘暴的防治能力普遍较强。

我国城市沙尘暴灾害的安全状况较为良好，除西北地区和中西部地区部分城市外，大都处在"较安全"和"安全"等级，沙尘暴灾害只分布于我国西北和华北部分地区。由于我国大力开展沙尘暴防治工作，大大提升了城市对沙尘暴的抵御能力，所以即使是沙尘暴灾害风险较大的城市，也很少处于"不安全"和"较不安全"等级，表明提升沙尘暴防御能力对于改善城市沙尘暴灾害安全状况有着非常重要的作用，而沙尘暴灾害对我国城市安全的影响已经较为微弱。

### 2.3.5 城市地质灾害安全评价

在面对城市地质灾害时，我国城市普遍具有较低的易损性，但规模较大、较为发达城市的易损性相对较高。我国城市对地质灾害的防治能力普遍不强，尤其是西南部城市，更应重视地质灾害防治能力的提升。

总体来看，华北和华东地区是我国城市地质灾害安全状况最佳的区域，几乎全部处于"较安全"和"安全"等级。"临界安全"和"较安全"等级的城市在全国分布广泛，而"较不安全"和"不安全"等级的城市则主要分布在我国长江以南的西南山区、华南和东南沿海地区，也有部分城市位于黄土高原地区。这些地区是地质构造活动较为频繁的区域，也是地质灾害的高发区。对地质灾害的防治能力不足，导致我国大多数城市难以对城市地质灾害做出有效的防治和应对。此外，崩滑流等地质灾害往往有着外因的作用，如暴雨、洪水以及特殊地形地貌的影响，所以防治地质灾害时应当注意对"灾害链"的防控。

## 2.3.6 城市自然灾害安全综合评价

我国大多数城市都处在"临界安全"的等级，且没有城市处在"安全"或"不安全"等级，说明我国城市在自然灾害下的安全形势虽不容乐观，但有着较大的改善潜力；长江和黄河之间的中部、东部平原地区安全程度较好；华南、西南和长江流域的城市大都处在"临界安全"等级，主要原因是这些地区的城市洪涝和地质灾害安全程度不佳，而华南和长江流域的城市经济状况较好，增大了城市易损性，也是重要的影响因素；中西部地区和西北地区城市的安全情况最差，这些城市除洪涝灾害外，在其他灾害方面都处于较差的安全水平。

归纳评价结果，可以总结出当前我国的城市自然灾害安全评价的特征：①灾害频发、种类多样，我国自然条件和气候模式复杂多变，国土面积大，导致各类城市自然灾害频繁发生。②灾害抵御能力不足，我国多数城市，尤其是中小城市灾害抵御能力不足，仍然较为缺乏抵御极端自然事件的能力，地方政府对防灾事业的支持也不够。③易损性有待降低，经济较为发达的城市一般具有较大的易损性，需要采取一定的手段加以缓和。④防灾减灾能力有待提高，我国多数城市都有着提升防灾减灾能力的巨大潜力，尤其是地质灾害的防灾减灾能力急需改善，同时需要保障黄河以南城市对低温灾害的最基本的防灾减灾能力。

## 2.3.7 现有预警防控体系的缺陷

### （1）预警工作理念落后

在预警防控指导思想方面，偏重于直接对抗和防御自然灾害，轻视缓和与疏导；注重对灾害的被动应对，不重视灾前预防；预警系统自身存在"重建设，轻运营和维护"的现象；灾害防治工程几乎没有考虑到人与自然界的和谐（如不断加高的黄河大堤等工程），激化了人与自然的矛盾，形成恶性循环；"城市综合防灾"理念尚未得到广泛接受，一般由对应的主管单位来主导不同灾害防灾工作，导致效率低下、协调困难。

### （2）灾害预警防治手段有待改进

我国城市灾害预警系统的建设起步较晚，多数中小型城市还没有建立全面的自然灾害监控网络，已有的监测设施也面临着维护程度低和设备老化失效的问题；监控网络的自动化、信息化程度有待提升，难以做到实时监控和快速决策；灾害监测技术水平不高，限制了监测和预警效率；灾害预警通信尚存在速度慢、时效性差、覆盖面不广的问题；预警信息的发布手段也较为单一，依赖手机短信通信。

### （3）灾害防控组织结构落后

当前，我国虽然由国家减灾委员会在宏观层面上负责领导全国范围内的灾害防治工作，但对于不同灾害的具体管控，往往还是交由对应的主管单位来负责，形成行政管理上的相对独立；发生灾害后，不同行政区域内的灾害救治工作则由对应区域的地方政府和部门领导，形成区域管理上的相对独立；城市自然灾害的防控涉及水利、电力、城建、环保、民政、消防、治安等多个部门以及地方政府，部门之间存在难以协调和职权冲突的问题，形成部门管理上的相对独立；灾害防控模式的落后甚至影响到了基层，导致城市社区、街道普遍缺乏基本的防灾减灾能力。

### （4）灾害防控法律制度不完善

我国的灾害防控法律遵循"一事一法"的原则，诸多法律条文之间的重叠和冲突造成了灾害防治工作在法律上的割裂；我国的防灾法律法规大多较为宽泛，需要应急预案等文件作为补充，才能够完全发挥其功能，但应急预案和防灾法律之间的地位却没能得到很好的平衡。

### （5）城市防灾规划不周全

在城市规划方面，我国多数城市在建设过程中没有重视灾害防治的地位，使自然灾害防治的难度随城市的发展而加重；在城市发展方面，为了追求经济的发展，对自然环境的掠夺式开发和破坏增大了自然灾害发生的可能性和城市的暴露性；在城市建筑物方面，老城区建筑物的老化和脆弱不仅会增大城市的易损性，也为城市自然灾害的防治带来难题。

## 2.4 未来城市自然灾害预警及防控战略

### 2.4.1 国家层面上的城市自然灾害预警防控战略

#### （1）依托应急管理部，改革城市自然灾害管理模式

应急管理部的设立体现了"一类事项原则上由一个部门统筹、一件事情原则上由一个部门负责"的优化、协同、高效原则，标志着我国灾害管理机构繁杂、相关部门众多的现状逐步得以改善。

新型的城市自然灾害管理模式应当依托应急管理部而构建。因此，急需明确应急管理部权责和职能，促进应急管理部内相关部门的逐步成立，健全应急管理部的职权；急需发挥应急管理部作用，有机整合不同种类灾害的防灾减灾工作；急需在应急管理部内部设立城市自然灾害的专门管理机构，领导全国各类城市自然灾害的综合管理。

依托应急管理部与城市综合防灾减灾部门，通过建立自然灾害的综合管理模式，推动水文、气象、地质等监测站网的融合和防灾信息的共享，整合防灾资源和力量，打破部门"各自为战"的防灾模式，形成防灾减灾的合力，全面提高自然灾害的区域预警防控能力。

#### （2）夯实城市自然灾害预警防控基础

城市自然灾害的预警防控工作需要有良好的软硬件条件支撑，因此，应当加大对防灾减灾事业的投入，增补灾害监测设施和通信设施，完善城市自然灾害监测和通信网络；积极推动我国城市开展自然灾害评价，根据评价结果绘制灾害风险图、编制应急预案，并采取针对性的措施；积极推进防灾型社区的建设，增强基层防灾的能力和主动性，建立城市"防灾部门—基层社区单元—基层人民群众"的三级层次防灾减灾网络，打造中国特色城市自然灾害预警防控模式；推动我国城市各自设立自然灾害综合管理部门，统一负责应对各类城市自然灾害，并与消防部门保持实时高效的联系，增强对城市火灾的管控，并充分发挥消防部门重要的抗灾能力。

### 2.4.2 区域层面上的城市自然灾害预警防控战略

基于评价结果和地理区位，将我国分为六个灾害区，即低温灾害区[黑龙江、吉林、辽宁、内蒙古（东四盟地区）]，干旱低温灾害区[新疆、内蒙古（除东四盟地区）、青海、甘肃、宁夏、陕西]，干旱灾害区（山西、河北、北京、天津），综合低风险灾害区（河南、安徽、山东、湖北、江苏），洪涝高风险灾害区（广西、广东、福建、海南、湖南、江西、浙江、上海），洪涝地质灾害区（云南、四川、重庆、贵州、西藏）。

#### （1）低温灾害区城市自然灾害预警防控战略

该区域内大多数城市的低温灾害安全评价结果都处于"不安全"和"较不安全"等级，其他种类灾害的安全评价结果都处于"较安全"和"安全"等级。因此，该区域内城市自然灾害的主要威胁为城市低温灾害，其自然灾害预警防控应当以应对低温灾害为主、应对其他类型灾害为辅。

因此，对于低温灾害区内的城市，应当侧重于气温变化的预警工作，以气象监测站网为依托，关注冷空气的运行状态，及早发现气象灾害隐患，预测气温变化趋势；该区域内城市生命线工程的建设、运行与保护更要以应对低温为重点，增强低温情况下城市生命线工程的稳定性，尤其是对供水、供电和城市道路

的保护，保持其主要功能不受损害，并注重供热管线的建设与改造，提升供热管道的长度和覆盖面积，在冬季加强对城市道路的巡查和除冰工作。在新一轮东北振兴战略的背景下，该区域内城市应当重视城市工业产业及设施的防灾建设，降低低温灾害对东北重工业基地的危害。

### （2）干旱灾害区城市自然灾害预警防控战略

这一区域内水资源消耗量极大，但水资源禀赋却不够优良，致使干旱灾害形势较为严峻，容易成为限制区域内城市经济社会发展的瓶颈因素。然而，这一区域对我国的政治、经济和文化等诸多方面都有着重要影响，加之京津冀城市群的发展扩张和雄安新区建设的逐步推进，该区域内城市对水资源质和量的要求将会不断提高，因此水资源短缺是这一区域必须解决的重要问题。

因此，干旱灾害区内的城市应当更为重视城市干旱灾害的防治，着力保护地表和地下水资源，继续规划一批城市应急水源，并充分利用南水北调等调水工程，缓解水资源困局。该区域内城市均应当继续调整优化产业结构、推广节水技术和器具，促进结构性节水和广泛性节水，建立节水型社会，并逐步限制地下水的开采。此外，还应当探索雨洪资源化利用，缓解缺水状况的同时，削弱城市洪涝灾害的威胁。

### （3）综合低风险灾害区城市自然灾害预警防控战略

综合低风险灾害区城市自然灾害安全总体情况优良，仅城市洪涝灾害的威胁相对略大。大多数城市的各类自然灾害安全评价结果都处于"较安全"和"安全"等级，仅有部分城市洪涝灾害安全评价结果处于"临界安全"等级。当前，综合低风险灾害区的城市已经能够较好地应对各类城市自然灾害，故该区域城市自然灾害预警防控的重心应当是降低自然灾害的影响和损失、保障城市功能不受危害。

因此，建议综合低风险灾害区内的城市重点关注：对洪涝灾害的预警，整合水文气象监测站网，实时监测降水量、水位、流量、流速等指标；深入推进对城市重点区域的保护（如人口密集的住宅区、高新企业集聚的产业园区、城市交通的重要节点和薄弱环节），强化城市面对洪涝灾害的"韧性"。

### （4）洪涝高风险灾害区城市自然灾害预警防控战略

洪涝高风险灾害区城市主要威胁为洪涝灾害，威胁程度较综合低风险灾害区更大，成灾原因也更复杂，气候变化的影响和海洋水文气象过程的作用都是重要的影响因素。城市洪涝灾害安全评价结果多处于"较不安全"和"不安全"等级，大部分城市的地质灾害安全评价结果处于"临界安全"等级，其他自然灾害安全评价结果都处于"较安全"和"安全"等级。

因此，建议洪涝高风险灾害区内的城市：建设国内最密集的水文气象监测站网，不仅增大陆上监测站网的密度，也要利用海洋监测船、气象雷达站、卫星监测等先进手段，打造海陆一体的监测网络，强化监测预警能力；基于该区域河网纵横的现状，除去降水相关指标外，应重点监测洪水灾害相关指标；基于该区域气候受海洋影响较大的现状，重点监测海洋气旋状况、风速、浪高等重要指标，并在雨季和台风多发季节开展更高标准的监测工作，提早预报风暴潮、台风等灾害；基于全国最为严峻的洪涝灾害形势，应当加强城市防洪除涝工程的建设，增强城市应对洪涝的"硬实力"，并适当开展海绵城市建设，形成"防洪除涝工程为主，海绵城市建设为辅"的城市洪涝防治模式。

随着长江经济带战略的不断落实和深入，洪涝高风险灾害区内的城市应当逐步提升对城市外洪的重视程度，不仅应当保障外洪威胁下城市自身的安全，还应当合理采取措施，降低城市外洪对长江"黄金水道"和综合立体交通走廊的影响。

### （5）干旱低温灾害区城市自然灾害预警防控战略

干旱低温灾害区城市自然灾害安全总体情况一般，主要威胁为干旱和低温灾害。该区域内大多数城市的干旱灾害安全评价结果都处于"临界安全"和"不安全"等级，多个城市低温灾害安全评价结果处于"较不安全"和"不安全"等级，其他灾害安全评价结果都处于"较安全"和"安全"等级。

同属气象灾害，干旱和低温灾害都有着较为明确的成因、较低的预报难度和较成熟的应对手段，故提升气象监测能力、提早开展灾害监测预警等手段都能够有效削减干旱和低温灾害的后果。

因此，建议干旱低温灾害区内的城市：增大气象观测站点的密度，重点监测干旱和低温灾害相关的重要指标，如相对湿度、风速、气温、冷空气运行状态等，并在旱季和冬季开展重点监测；通过合理开辟城市应急水源、科学进行水库调度、妥善利用南水北调西线工程等手段，提升城市的水资源供给量；通过建立节水型社会、调整产业结构等手段，缩减城市用水量，降低干旱灾害的威胁。

干旱低温灾害区内的多个城市同样也是"一带一路"倡议中的重要节点城市，因此，更应当通过城市安全的保障为"一带一路"倡议助力，通过抵御低温灾害、改善水资源状况等手段为"一带一路"倡议营造良好的合作环境。此外，还应当推动区域内城市防灾工作的对外交流，促进城市灾害预警防控工作的国际化。

## （6）洪涝地质灾害区城市自然灾害预警防控战略

洪涝地质灾害区城市自然灾害安全总体情况一般，主要威胁为城市洪涝灾害和城市地质灾害。该区域内城市洪涝灾害安全评价结果大都处于"临界安全"和"较不安全"等级，城市地震和崩滑流灾害安全评价结果大都处于"临界安全""较不安全"和"不安全"等级，其他种类城市自然灾害安全评价结果多处于"安全"等级。由于该区域独特的自然地质环境，降雨事件极易诱发泥石流和滑坡灾害。

因此，建议洪涝地质灾害区内的城市：重点加强对降水事件的监测和预警工作，监控其重要指标；积极开展泥石流和滑坡灾害的隐患点排查工作，并设置监测设施；在雨季同时加强洪涝和地质灾害的监测工作；加强通信网络的建设，提升地质灾害的临灾预警能力；对于西藏地区的城市，应重视低温预警防控能力的提升。此外，考虑到洪涝地质灾害区内部分中小城市的地理区位、城市经济社会的发展水平以及自然灾害的安全程度，防灾减灾的开展和投入程度应当与城市发展水平相匹配，同时兼顾对城市居民生活水平的改善。

## 2.4.3 重点城市的自然灾害预警防控策略

### （1）加强城市群联防联控

随着我国城市的快速发展，已经逐步形成了京津冀城市群、长三角城市群、珠三角城市群、中原城市群等多个城市群。城市群中城市的高密度分布使得城市自然灾害的"片状""面状"的特征更为突出，需要采取更加强力的灾害预警防控措施。

建议以中心城市的防灾部门为基础，统筹安排、指挥整个城市群的自然灾害预警防控，促进城市群内各城市防灾部门间的深度融合与合作，整合其防灾力量，共享灾害监测设施、灾害信息和防灾资源，推动城市群的防灾一体化，并建设城市间的防灾互助机制。

### （2）强化特大城市防灾规划

我国有北京、上海、广州等多个地理范围巨大、人口众多、经济十分发达的特大城市。巨大的城市体量使得特大城市的灾害防治不仅需要重视具体的防灾措施，更要注意城市自身对灾害的适应。

因此，建议我国的特大城市积极开展防灾规划，合理安排和调整第二、第三产业的区位；通过建设城市副中心、卫星城等手段，一定程度上分散城市人口和资源，提升承灾能力；设立开发"红线"，给自然界留出足够空间；在规划中合理安排生命线工程的拓扑结构，建设网络化、多节点、多交叉、适当冗余的城市生命线网络。

## 本专题注释

❶ 易庆林, 吴娟娟, 寇磊. 利用非工程措施应对自然灾害的探讨[J]. 三峡大学学报（自然科学版）, 2012, 34（4）: 47-50.

❷ 唐波, 刘希林, 李元. 珠江三角洲城市群灾害易损性时空格局差异分析[J]. 经济地理, 2013, 33（1）: 72-78, 85.

❸ 谢云霞, 王文圣. 城市洪涝易损性评价的分形模糊集对评价模型[J]. 深圳大学学报（理工版）, 2012, 29（1）: 12-17.

❹ 石勇, 石纯, 孙蕾, 等. 沿海城市自然灾害脆弱性评价研究——以上海浦东新区为例[J]. 中国人口·资源与环境, 2008（4）: 24-27.

❺ 左其亭, 张云, 林平. 人水和谐评价指标及量化方法研究[J]. 水利学报, 2008, 39（4）: 440-447.

❻ 左其亭, 罗增良. 水生态文明定量评价方法及应用[J]. 水利水电技术, 2016, 47（5）: 94-100.

❼ 徐伟, 王静爱, 史培军, 等. 中国城市地震灾害危险度评价[J]. 自然灾害学报, 2004（1）: 9-15.

❽ 罗敬宁, 郑新江, 朱福康, 等. 中国沙尘暴发生的气象危险度研究[J]. 中国沙漠, 2011, 31（1）: 185-190.

❾ Bai Y, Zhang J, Wang J. A comparative study of snow disasters in northern and southern China [J]. Journal of Catastrophology ( in Chinese ), 2011 ( 26 ): 14-19.

中国城市建设可持续发展战略研究

课题六
城市安全保障与自然灾害应对战略研究

专题 2

# 城市基础设施群与生命线工程网络风险防控策略

**专题负责人**　李 杰　杨志勇

# 第3章 城市基础设施群与生命线工程网络风险防控策略

城市基础设施系统是维系城市生存功能和对国计民生有重大影响的工程系统的总称❶。它由建筑、交通、给水、排水、供电、燃气、供热、通信、环境卫生、防灾等工程组成，构成了城市经济、社会发展的支撑体系，是城市建设的主体部分。按照对象，城市基础设施系统一般分为两大类：一类是建筑、交通道路、桥梁等土建工程，称为基础设施群；另一类是供水、排水、供电、燃气、通信等地下管线，称为生命线工程网络。

在重大灾害袭击下，城市基础设施群与生命线工程系统的破坏及其引发的重大次生灾害，将导致区域与城市社会、经济功能的瘫痪。在各类自然灾害中，地震是对城市基础设施群与生命线工程系统威胁最大的一类灾害。在历次地震中，量大面广、保障人们居住、安全需要的城市建筑群和星罗棋布、满足人们生产、生活需求的城市埋地市政管网破坏最为严重。例如，2008年汶川地震导致大量建筑倒塌及供水、燃气管网破坏，造成8.9万人死亡和失踪。同时，突发事件（如火灾、爆炸）等也是城市基础设施群与生命线工程系统所面临的严重灾害。例如，2003年韩国大邱市地铁隧道火灾，由于车站电力系统自动断电、列车门无法打开，最终导致198人丧生。另外，由于建筑早期设防标准低、服役期性能退化、抗灾能力减弱，城市安全问题也日益突出。2013年芦山地震中，发生破坏、损毁的大部分为老旧建筑；而且，近年来老旧民房发生倒塌、火灾等事故的频次明显上升。因此，建立城市基础设施群与生命线工程系统应对地震灾害和火灾等突发事件的风险防控策略，是提高城市抗灾能力，保障城市安全，实现社会、经济可持续发展的重要战略措施。

本章分别以城市埋地市政管网地震灾害风险、城市地铁隧道火灾风险、城市建筑群地震风险和城市建筑群火灾及突发事件安全风险为研究对象，梳理现状和存在的问题，并提出风险防控建议策略，为构建城市基础设施群与生命线工程网络风险防控体系提供重要基础。

## 3.1 我国城市关键基础设施现状与安全风险

### 3.1.1 城市基础设施系统及其规划建设概述

中华人民共和国成立七十多年来，特别是改革开放的40年，我国城市建设取得显著成就，城镇化水平有了很大提高，从1949年的10.6%发展到2016年的57.4%，接近同期全球城市化平均水平。以全国城市建设用地面积、全国市政道路长度、全国城市排水管道长度以及全国燃气管道长度四项指标为例❷，从图 6-3-1 可以看到，从 1990 年到 2015 年的 25 年中，上述四项指标均有大幅上升，2015 年的指标水平相对于 1990 年分别增长 3.4 倍、2.8 倍、8.3 倍和 21 倍，总体反映了城市建设的发展速度。从增速来看，以 2000~2005 年五年时间最快，近年来逐渐放缓。

上述数据表明，目前我国基础设施建设水平已达到一个新的高度，具体表现在以下两个方面。

### （1）城市建筑体量及高度发展迅猛

近年来，随着我国国民经济持续快速发展，我国城市建筑得到了迅速发展。长三角地区、珠三角地区、京津地区以及以重庆为代表的中西部地区都大量出现各种复杂体型的建筑，高层和超高层建筑的重点建设区域由直辖市、省会城市发展到地级、县级城市，我国城市建筑的体量及建筑高度均在世界前列。以上海为例，目前各类高层建筑（高度大于 24m）已有一万余栋，其中 100m 以上的超高层建筑有 400 多栋，建筑体量已经远远超过中国香港，是全球高层建筑数量第一的城市。目前已建成、投入运营的上海中心大厦高达 632m，仅次于阿联酋迪拜塔（高度为 828m），为世界第二高楼。

同时，城市建筑的发展表现出高密度集中。上海市高层建筑分布图如图 6-3-2 所示。从图中可以看到，城市建筑群密集程度具有典型的由核心区域高密度向外低密度辐射的趋势。仍以上海为例，据统计，内环内高层建筑总面积约 92km$^2$，为内环内建筑总面积 120km$^2$ 的 76.67%；内外环间高层建筑总面积约 68km$^2$，为内外环间建筑总面积 500km$^2$ 的 13.6%；外环外高层建筑总面积约 21km$^2$，为外环外建筑总面积 5720km$^2$ 的 0.04%。

### （2）城市埋地市政管网与地铁隧道高速发展

城市埋地市政管网是供水、排水、燃气、供热四类生命线工程网络的总称（图 6-3-3）。随着我国城镇化水平的不断提升，城市埋地市政管网快速发展。截至 2015 年底，我国城市仅供水、排水、燃气、供热四类市政地下管线长度已超过 217 万 km，且每年仍以平均 10% 的速率增长。如图 6-3-4 所示，我国城市供水管网年平均增加 3.02 万 km，年增长率 8.64%；城市燃气管网年平均增加 2.34 万 km，年增长率 13.35%。

近年来，随着我国城镇化进程的加快，城市人口密度增大，城市交通压力随之增大。为缓解城市交通压力，城市地下空间的开发利用逐步转入地铁建设时代，它具有运输效率高、乘车环境好、节省土地、污染少、噪声小等明显优点。以上海为例，目前上海投入运营的 1~14 号线路总里程超过 600km；2020 年近期规划共有 22 条线路，形成轨道交通线路 877km 的网络规模。远期规划 18 条线路及延伸线全部建成后总里程将达到 970km，设有 524 座车站，其中 3 号线换乘站 16 座，2 号线换乘站 9 座。截至 2017 年 1 月，全国拥有地铁的城市已有 31 座，总里程达 4238km。

尽管我国城市基础设施建设已取得举世瞩目的成就，但当前仍存在总量不足、标准不高、区域发展不

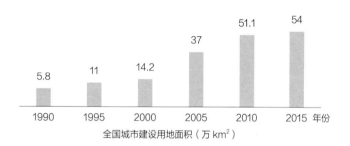

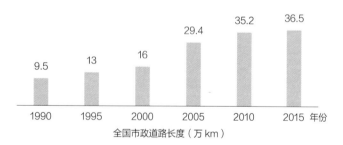

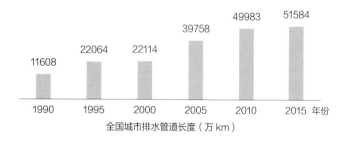

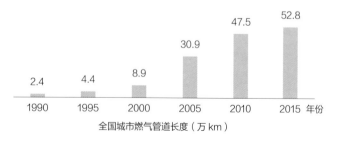

**图 6-3-1　1990~2015 年我国基础设施建设的发展趋势**

图片来源：《2016 中国统计年鉴》

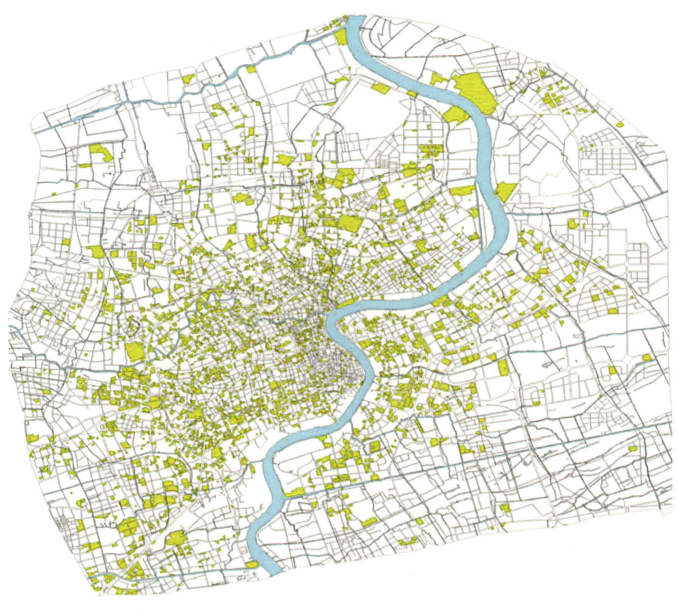

图 6-3-2　上海市高层建筑分布图

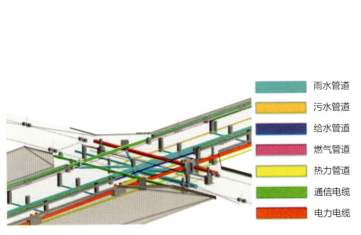

图 6-3-3　城市埋地市政管网

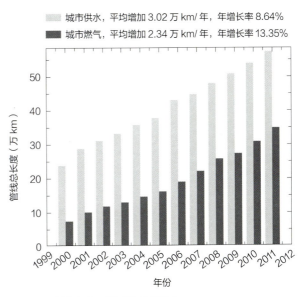

图 6-3-4　城市供水、燃气管网发展趋势

均衡、运行管理粗放等问题。城市区域发展的不均衡性突出了灾害风险。

## 3.1.2 城市基础设施群与生命线工程灾害典型案例分析

### （1）地震灾害典型案例

作为一种突发性且破坏性极强的自然灾害，地震一直严重威胁着人们的生命财产安全。我国是世界上遭受地震灾害最为严重的国家之一。过去 15 年间发生里氏 7 级以上的破坏性地震约占全球的 1/3。

2008 年 5 月 12 日 14 时 28 分，发生于四川省阿坝藏族羌族自治州汶川县的里氏 8.0 级大地震，震源深度 14km，造成人员死亡和失踪 8.9 万人，伤 37 万人，受灾面积 40 万 $km^2$，经济损失近万亿元人民币，是中华人民共和国成立以来破坏力最大的地震，也是唐山大地震后伤亡最严重的一次地震。地震造成大量的建筑倒塌、道路损毁及供水、燃气管网破坏，给人们的正常生活和灾后救援带来巨大困难。

1）建筑震害

从建筑结构形式上来看，不同结构形式的抗震性能按以下顺序依次增强：砌体结构—砌体框架混合结构—框架结构—框架-剪力墙（核心筒）结构—钢结构。其中，砌体结构在震区数量最多，且由于多数没有合理设置圈梁和构造柱导致震害最为严重；砌体框架混合结构由于结构体系混乱，并且由于经济原因较少使用混凝土框架，框架和砌体承重墙抗侧力构件的承载力和变形能力不协调，也使得破坏较为严重；框架结构以及框架-剪力墙（核心筒）结构表现出优良的抗震性能，主要是围护结构、填充墙以及非结构构件发生破坏（图 6-3-5、图 6-3-6）。

从建筑年代上来看，对结构破坏程度的影响有两方面：一是使用年限，建造年代越久远的建筑抵抗地震能力越差；二是设计规范不同，越新的设计规范安全储备水平越高，且由于经济的发展使得施工水平得到发展。可以发现，1979~1988 年的建筑结构破坏的情况最为严重（图 6-3-7、表 6-3-1）。

从地震区烈度来看，基本符合烈度越大破坏越严重的分布趋势，但经济水平相对较好、建筑以框架结构或框架-剪力墙结构为主的地区和相同地震烈度的

汉旺镇铁路货运站宿舍楼倒塌

红白镇底框砖混结构加油站

都江堰填充墙发生破坏

图 6-3-5 建筑震害典型案例 ❸

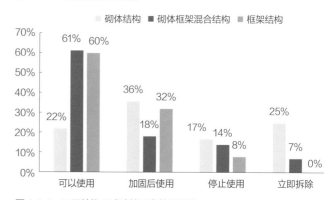

图 6-3-6 不同结构形式建筑震害情况对比

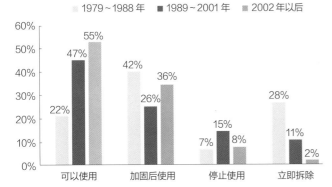

图 6-3-7 不同年代建造的建筑震害情况对比

其他地区相比,震害较轻;而以砌体结构为主的地区,震害较为严重(表 6-3-2)。

2)供水管网震害

据不完全统计,截至 2008 年 5 月 31 日,震区城镇供水系统共有 677 个水厂受损,11 万处管线破坏,受损长度高达 1.38 万 km;地震中刚性管材如灰口铸铁管、水泥管震害较重,而柔性较好的新型管材如球墨铸铁管、PE 管及 PPR 管破坏较轻;钢管的破坏与其建设年代、腐蚀程度有关,震害比例波动较大(表 6-3-3、图 6-3-8)。

管道破坏形式主要有以下三种:管体破坏,管体出现纵向或斜向裂缝,锈蚀严重管体发生折断等;管线接口破坏,承接式管线接口填料松动,插头脱出或承口破坏;连接破坏,在三通弯头、阀门以及管道与地下构筑物连接处破坏(图 6-3-9)。

非均质地基土中的管道较均质地基土中的管道震害更严重,如广元朝天区虽处于 7 度区,但管道的震害率却很高。经过地质考察发现,该地区的地基土是土壤与岩石共存,场地土性差异较大,导致较大的不均匀沉降,使管道产生较严重的破坏。

从破坏原因分析,庭院管道中的 PVC 管、PE 管等管道的破坏多由于房屋结构破坏倒塌或坠落物导致,而地下水泥管、钢管、铸铁管以及玻璃钢管等的破坏,多是由于地震动作用或场地变形引发破坏。

3)燃气管网震害

从材质上看,2000 年以前的管道大多采用钢管,部分入户管道采用铝塑管,近年来 PE 管的应用逐年增多。汶川地震中,钢管等延性较差的管材破坏严重;而 PE 管因延性好而具有更好的抗震性能,破坏相对较轻(图 6-3-10)。

从破坏原因来看,长输管线的弯曲或破坏均为地震引起的山体滑坡所致,庭院管线、立管及活接、天地连接、室内管线和调压箱等破坏多为建筑物倒塌或者管道和墙体相互作用所致(图 6-3-11)。

从破坏部位来看,燃气管道变化的连接部位(如 T 形管、三通等处),周围介质的明显变化部位(如天地连接、入户管道与墙体连接处),楼栋调压箱的进出气口连接处、年久的管道腐蚀部位等较易发生破坏(图 6-3-12)。

混凝土结构设计规范的安全水平与安全储备比较　　　　表 6-3-1

| 规范系列 | 安全水平 | | 安全储备 | |
| --- | --- | --- | --- | --- |
| | 受弯构件 | 受压等构件 | 受弯构件 | 受压等构件 |
| 《钢筋混凝土结构设计规范》BJG 221—66 | 2.22(1.59) | 2.10(1.35) | 2.22(1.27) | 2.10(1.13) |
| 《钢筋混凝土结构设计规范》TJ 10—74 | 1.40(1.00) | 1.55(1.00) | 1.75(1.00) | 1.86(1.00) |
| 《混凝土结构设计规范》GBJ 10—89 | 1.72(1.23) | 1.61(1.04) | 2.24(1.28) | 2.08(1.12) |
| 《混凝土结构设计规范》GB 50010—2002 | 2.15(1.54) | 2.00(1.29) | 2.80(1.60) | 2.60(1.39) |

注:以《钢筋混凝土结构设计规范》TJ 10—74 为参考值,安全水平以标准值为参考,安全储备以平均值为参考。

按照震区烈度划分的建筑震害情况统计(栋)　　　　表 6-3-2

| 设防烈度 | 绵阳 6 | 梓潼 7 | 江油 7 | 都江堰 7 | 安县 7 | 平武 7 |
| --- | --- | --- | --- | --- | --- | --- |
| 本次地震估计烈度 | 绵阳 6+ | 梓潼 6 | 江油 7 | 都江堰 7.5 | 安县 7.5 | 平武 7 |
| 可以使用 | 41(64%) | 1(8%) | 19(19%) | 45(30%) | 16(47%) | 3(12%) |
| 加固后使用 | 10(16%) | 7(54%) | 46(46%) | 29(35%) | 7(21%) | 4(15%) |
| 停止使用 | 11(17%) | 1(8%) | 11(11%) | 9(11%) | 4(12%) | 11(42%) |
| 立即拆除 | 2(3%) | 4(31%) | 25(25%) | 0(0%) | 7(21%) | 8(31%) |

**不同管道材料的震害率（处/10km）** 表6-3-3

| 地区 | 管道种类 | | | | | | |
|---|---|---|---|---|---|---|---|
| | 灰口铸铁管 | 水泥管 | 钢管 | PE管 | PVC管 | 球墨铸铁管 | PPR管 |
| 成都市（6度） | 0 | 0 | 0 | — | 0.03 | 0 | — |
| 盐亭县（6度） | 1.5 | 0 | 0 | — | 0 | — | — |
| 绵阳市（7度） | 1.3 | 2.4 | 0.6 | 0.43 | — | 0.34 | 0 |
| 中江县（7度） | 0 | 2.5 | 0 | 0 | — | — | — |
| 梓潼县（7度） | 1.3 | 0 | 0 | 0 | 3 | — | — |
| 广元朝天区（7度） | — | — | — | 16 | — | — | — |
| 广元利州区（7度） | 9 | — | — | 2 | 0 | 0 | — |
| 广元元坝区（7度） | 40 | 20 | — | — | — | — | — |
| 安县（8度） | 52 | — | 60 | 0 | 0 | — | 0 |
| 茂县（8度） | — | — | 2 | 25 | — | — | — |
| 汶川县（8度） | 28 | — | 5 | 0 | — | — | — |
| 青川县（9度） | 27 | — | — | — | — | 0 | — |
| 安县两镇一区（9度） | — | — | — | 0 | 21 | — | — |

注：青川县的PE管道由于地震没有发生前就经常出现爆管漏水现象，这次在地震的影响下，多处破坏，但无法分辨出是地震原因还是其他因素。

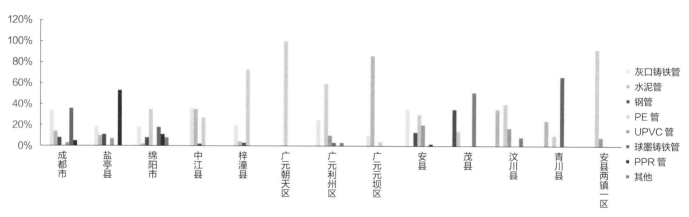

图6-3-8 我国现役各种材质的供水管道使用情况

图6-3-9 供水管道破坏形式实例 ❶

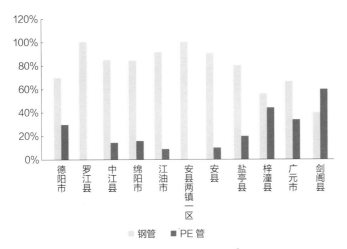

图 6-3-10 我国现役各种材质的燃气管道使用情况 ⑤

图 6-3-11 燃气管网破坏原因实例

图 6-3-12 燃气管网破坏部位实例

### （2）城市建筑火灾典型案例

火灾是城市建筑特别是高层建筑人为事故风险中发生频次最高、危害最为严重的灾害，随时威胁着建筑及其中生活、工作人员的生命财产安全。消防部门的有关统计数据表明，目前各种火灾灾情中最为突出的就是高层建筑的火灾问题，并呈持续上升趋势。因此，在高层建筑集中的城市区域，消防安全形势十分严峻。

2009年2月9日20:27，中央电视台新址园区在建附属文化中心大楼（高159m），由于烟花的高温星体落入建筑顶部擦窗机检修孔内，引燃内壁易燃材料，引发大火。建筑物过火、过烟面积达21333m²，楼内多层的中庭坍塌，导致1名消防队员牺牲，6名消防队员和2名施工人员受伤，直接经济损失1.6亿元。着火严重的原因在于，其外立面装修采用了大量易燃可燃保温材料，保温材料熔融后，沿着大楼外立面流淌蔓延，短时间内形成了大面积的立体燃烧（图6-3-13）。

2010年11月15日14:00，上海余姚路胶州路28层教师公寓大楼，由于无证电焊工违章操作引发火灾，起火点位于10~12层，导致58人遇难。火灾严重的原因在于，起火大楼在装修作业施工中，有2名电焊工违规实施作业，在短时间内形成密集火灾。再加上事故现场违规使用大量尼龙网、聚氨酯泡沫等易燃材料，导致着火后不到4min便迅速蔓延至28层，最终造成多人遇难（图6-3-14）。

2015年7月11日23:00，湖北武汉紫荆家园住宅楼电缆竖井，由于线路老化发生自燃，导致7人死亡，12人受伤。火灾严重的原因在于，大量浓烟和毒气通过未封堵的竖井和未保持常闭的防火门蔓延至疏散楼梯间，而火灾发生后部分市民没有在室内等待救援，盲目沿着有毒气体蔓延的楼梯间逃生，最终导致多人死亡（图6-3-15）。

### （3）城市地铁隧道火灾典型案例

作为交通道路上的关键线路和控制性节点，隧道在给交通运输业作出贡献的同时，其内频繁发生的各种风险事故也给社会造成了巨大的负面影响、经济损失和人员伤亡。特别是城市道路隧道，由于隧道内结

图 6-3-13 中央电视台新址园区在建附属文化中心大火 ⑥

图 6-3-14 上海余姚路教师公寓大火 ⑦

图 6-3-15 湖北武汉紫荆家园住宅楼火灾

图 6-3-16 上海地铁 11 号线工地火灾

构设施复杂、交通流量较大、安全疏散难度较大、环保要求严格、市政管理部门和媒体的监管力度大，因此，城市道路隧道的运营安全问题近年来随着城市道路隧道工程的逐渐增多，得到了广泛重视。城市地下交通工程在营建与运营过程中，火灾是不容忽视的问题。由于客流量大、人员集中，一旦发生火灾，极易造成群死群伤的灾难性后果，引发社会不稳定，并引起国际社会的震撼。典型案例如下。

1969 年 11 月 11 日，北京地铁万寿路站—五棵松站，由于电动机车短路、主保护分断能力不足引起火灾，造成 6 人死亡（其中 1 人为消防队员），200 多人中毒。当时火场照明设备不足，防烟滤毒设备缺乏，大大影响了救援工作。

2009 年 1 月 8 日，上海凯旋北路、曹杨路路口在建地铁 11 号线地下施工工地，由于突发火灾，现场冒出滚滚浓烟。事故导致 1 名工人死亡，6 名工人被烧伤。事故原因是电路短路和施工隧道内注浆材料聚氨酯引发火灾（图 6-3-16）。

## 3.1.3 城市基础设施群与生命线工程主要安全风险分析

我国幅员辽阔，地形复杂，气候种类多，每年发生的自然灾害种类多、频率高。同时，随着城镇化进程的加快，城市聚集人口密度增加，灾害事件的发生将会带来比以往更多的财产损失和人员伤亡。城市基础设施在为人们的生产、生活提供基本条件的同时，也面临着各类灾害风险。在灾害作用下，基础设施一般会因为其自身的脆弱性而受到不同程度的破坏，具有防灾功能的基础设施则在应对灾害时发挥着重大作用。因此，无论是在灾害预防还是在灾害救援以及灾后恢复重建过程中，基础设施都提供了基础保障作用。也正因为如此，城市基础设施系统的抗灾性能受到广泛关注。

### （1）地震灾害风险

1）建筑震害

地震中建筑物的破坏是导致人民生命财产损失的主要原因。建筑物的地震破坏除与地震强度和场地条件有关外，还和建筑物自身的特性密切相关，不同形式的建筑结构破坏程度和震害特点不尽相同。

多层砌体房屋、底部框架砌体房屋和内框架砌体房屋由于施工方便、建筑造价较低等原因，几十年来一直是我国民用建筑的主要形式。但由于砌体本身是一种脆性材料，且抗拉、抗剪、抗弯强度均较低，因而这类房屋的抗震性能较差，在历次地震中破坏程度也很大。对于多层砌体房屋，当房屋墙体特别是底层墙体整体抗震强度不足时，易发生房屋整体倒塌；墙体由于抗剪能力不足常出现交叉斜裂缝，从而导致局部塌落；此外，墙角、楼梯间纵横墙连接处以及附属构件都容易发生破坏。对于底层框架砌体房屋，当底层有抗震墙时，震害主要集中在底层框架部分，主要表现在底层框架丧失承载力或因变形集中、位移过大而破坏；当底层有较强的抗震墙时，其震害现象与多层砌体房屋有许多共同点。对于内框架砌体房屋，主要震害是内柱顶端和底部产生水平裂缝或斜向裂缝，严重者混凝土酥碎、崩落，钢筋压曲，钢筋混凝土大梁在靠近支座的地方产生斜裂缝等。表6-3-4所示为我国20世纪60年代以来主要破坏性地震中多层砖房震害的统计结果，可以看出，较大比例的砖房遭到不同程度的破坏，而倒塌的砖房一般在9度以上的高烈度区占有较大比例。

框架结构房屋由于具有建筑平面布置灵活、可任意分隔房间的特点，容易满足生产工艺和适用性要求，近年来在我国得到大量应用。总体而言，框架结构由于钢筋混凝土梁柱具有较高的强度，且整体性好，抗震表现佳，尤其是框架-抗震墙结构、框架-筒体等混合结构。框架结构的震害主要表现在填充墙震害、梁柱震害以及抗震墙震害。其中，填充墙的破坏是框架结构的主要破坏形式，由于带有填充墙的框架刚度大因而承受地震力较大，且填充墙抗剪强度较低，在地震发生时便可能出现斜裂缝，受地震力反复作用后出现交叉裂缝。梁柱震害主要集中于梁柱节点处，由于地震的反复作用，节点承受剪力和压力，使得核心区混凝土处于剪压复合应力状态。柱的震害重于梁，角柱重于内柱，短柱重于一般柱。抗震墙的震害主要表现在墙肢之间连梁产生剪切破坏，主要是由于连梁跨度小、高度大，形成深梁，剪跨比小而剪切效应十分明显，在反复荷载作用下形成X形剪切裂缝，而其他部位完好。

由于钢材韧性好、强度与质量比高，钢结构本身因其具有较大的承载力和变形能力，一般来说，钢结构房屋的抗震性能优于其他传统建筑材料建造房屋的抗震性能。但是，如果钢结构房屋在结构设计、材料选用、施工制作和维护上出现问题，在地震中同样会造成破坏。钢结构整体坍塌的实例较少，但仍然存在杆件破坏、节点破坏和非结构构件破坏等破坏形式。

2）埋地市政管网震害

供水、燃气、供热等是典型生命线工程系统，一般以网络系统形式覆盖整个城市或一个更大的区域范围。现代化城市生命线工程的特点之一是网络化和系统化，它的地震破坏形式一般表现为系统关键元件的破坏或元件功能的损伤，从而导致系统功能的丧失[11]。

供水工程的设施包括构筑物（取水构筑物、泵房、水池、水塔等）和管网两部分。构筑物中，取水构筑物常建于河岸，地震中常由于河岸的滑坡而遭到破坏；泵房与一般建筑物破坏形式类似；水池由于自重较大，土壤液化可能导致水池整体倾斜，并且池中液体晃荡引起附加地震力，常伴随池壁裂缝出现；水塔属于高耸结构，破坏基本都发生于筒体，主要发生在筒体高度的1/2高度以下，各种不同形式的裂缝诸如水平裂缝、斜裂缝、交叉裂缝、酥裂等均有可能发生，在液化区还可能出现塔身整体倾斜。相比于供水构筑物，供水管网的破坏在整个供水系统损失中要严重得多[12]。管道材质的选择对管道震害的严重程度起着至关重要的作用。PE管、球墨铸铁管等柔性管材抗震性能较好，破坏原因主要是由于覆土荷载过大导致管身裂纹甚至爆管；水泥管、灰口铸铁管等刚性管材由于所受地震力较大产生脆性破坏。此外，管网中的接头、附件也较容易发生破坏。

燃气管网的地震破坏形式主要包括接口破坏、管体破坏、管道附件以及管道与其他地下结构连接处破坏。其中，接口破坏最为普遍，主要包括三通、弯头或承接口压扁、开裂、拉脱，法兰漏气、折断等；管体破坏包括管身弯曲、破裂、折断等。从破坏原因上看，对埋地管线破坏最严重的是断层引起的地表断裂，其次是砂土液化和不均匀沉降，强地面运动对管道的破坏则最为常见。管道的接口形式和管道材质采用柔

**我国20世纪60年代以来多层砖房震害程度统计[10]** 表6-3-4

| 震害程度 | 6度 | | 7度 | | 8度 | | 9度 | | 10度 | |
|---|---|---|---|---|---|---|---|---|---|---|
| | 栋数 | 百分比 | 栋数 | 百分比 | 栋数 | 百分比 | 栋数 | 百分比 | 栋数 | 百分比 |
| 基本完好 | 230 | 45.9 | 250 | 40.8 | 141 | 37.2 | 7 | 1.6 | 4 | 0.3 |
| 轻微损坏 | 212 | 42.3 | 231 | 37.7 | 74 | 19.5 | 35 | 7.8 | 30 | 2.5 |
| 中等破坏 | 56 | 11.2 | 75 | 12.2 | 994 | 24.8 | 138 | 30.7 | 66 | 5.6 |
| 严重破坏 | 3 | 0.6 | 54 | 8.8 | 69 | 18.2 | 169 | 37.5 | 154 | 13.0 |
| 倒塌 | — | — | 3 | 0.5 | 1 | 0.3 | 101 | 22.4 | 933 | 78.6 |
| 总计 | 501 | 100 | 613 | 100 | 379 | 100 | 450 | 100 | 1187 | 100 |

性材料抗震性能更好；大口径管道由于强度高，破坏率显著小于小口径管道；与场站设备和高、中压管线相比，低压管网破坏相对严重[13]。

供热设施的运行往往具有一定的季节性，相对于供水、燃气系统来说，供热设施的破坏对居民生活的影响要小一些，但供热设施仍然是城市基础设施的重要组成部分，尤其是在寒冷地区。与供水存在类似之处，供热系统的震害表现在三大部分，即供热管线、热源以及用户供热设施。在管线方面，材质对震害程度影响非常大，刚性材质震害较重，柔性材质震害较轻；管道补偿器、阀门等刚度较为薄弱的设备和管道三通、变径弯头等管件及其接口等局部应力集中部位，均属于地震易损部位；保温层由于管道的弯曲、挤压或拉压变形等影响易崩裂、松脱；管沟、架空、直埋三种不同敷设方式震害由轻到重。在热源方面，锅炉设备由于自身刚度和强度较大一般不易遭到破坏，需要考虑的是供热建筑物及锅炉相关附属设施的震害；然而锅炉设备一旦遭到破坏则极易引起爆炸，进而引发火灾。在用户供热设施方面，由于建筑物的破坏导致进户管道的损毁比较常见，尤其在管道出入地面处、与建筑物连接处和穿楼板处。

地震具有强大的能量和破坏力，除了直接对基础设施造成破坏，往往形成地震灾害链，带来不同程度的次生灾害。不同地区发生的地震，形成的地震灾害链的重点不同。城市和经济发达、人口密集地区的地震灾害链以建筑物倒塌、火灾、有毒有害化物品泄露、化学物品爆炸和疫情等为主，山区的地震灾害链以滑坡、崩塌、泥石流、地裂缝、地面塌陷、堰塞湖、洪灾等为主，沿海地区的地震灾害链以建筑物破坏、海啸等为主。

### （2）突发性火灾风险

火灾是最常发生的城市突发性事件之一。大中型城市由于人口密度大，建筑物集中，一旦发生火灾，无论是人员伤亡还是财产损失都是巨大的。图 6-3-17、图 6-3-18 所示为我国近 10 年的火灾统计数据，可以看出，2013 年以来我国火灾灾情形势有更加严峻的趋势。因此，进行城市突发性火灾风险研究，对于减轻火灾危害、减少火灾损失、提高城市综合防灾能力具有重要意义。

1) 建筑火灾风险

建筑结构是火灾发生的最主要载体，火灾产生的高温可使建筑结构严重破坏甚至倒塌。建筑防火安全特别是高层建筑防火安全是世界性消防难题，具有如

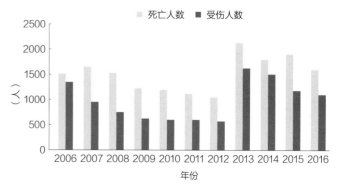

图 6-3-17　2006~2016 年我国火灾伤亡人数

图 6-3-18　2006~2016 年我国火灾案件数与财产损失

下火灾特点。

火灾隐患多。民用建筑由于：①功能复杂不便管理。例如，设有人员密集的商场营业厅、礼堂、剧院、会议室、展览厅、多功能厅、舞厅、餐厅、体育健身房等公共活动用房，有的办公楼、写字楼出租给十几家或几十家单位使用，安全管理不统一，更存在潜在的火灾隐患。②内部可燃物和易燃易爆物质多。例如，可燃物品库房、汽车库、油库和液化石油气罐等，更大量存在的是可燃材料制作的家具，内外墙面贴面材料，如塑料衬垫、化纤织毯、乙烯可燃涂层、室内装饰材料（地毯、窗帘、衣被等）和室内陈设等。③有各种火源。例如，电器设备、施工维修的电焊切割熔渣、厨房明火等原因导致火灾隐患多。一旦起火，容易造成大面积火灾。收集国内外 54 例高层建筑火灾实例进行分析，发现高层建筑起火原因复杂、火灾特点各异。起火原因按火灾发生次数统计如表 6-3-5 所示。

此外，还有因用电不慎和燃点香烛、纸钱、爆竹而引起火灾。

火势蔓延迅速。高层建筑竖向通道多，如电梯井、通风竖井、管道井、垃圾道、电缆井、升降机、排气道，再加上自动扶梯、楼梯间等。一旦发生火

高层建筑起火原因　　表 6-3-5

| 起火原因 | 所占比例 |
| --- | --- |
| 电气短路 | 24.4% |
| 吸烟不慎 | 17.8% |
| 施工焊接切割 | 17.8% |
| 纵火 | 8.9% |
| 厨房油锅过热 | 8.9% |
| 自燃、自爆 | 8.9% |
| 烘烤 | 4.4% |
| 用火不慎 | 6.7% |
| 其他 | 2.2% |

灾，如竖向通道的防火分隔或防火处理不好（如风管阻火闸门），这些竖向通道便成为火灾蔓延通路。火灾实例中，火灾蔓延通道基本上是竖向通道、窗口和内外墙面的可燃材料三条途径，而其中竖向通道所占的比例最大。如果通风系统在火灾时风机继续运行更助长火灾蔓延扩大。此外，高层建筑还存在自然形成的烟囱拔风作用，两者合一，使火灾蔓延迅速、火势迅猛。

扑救难度大。城市建筑一般为高度 24m 以上的高层建筑，有些建筑高达一二百米，甚至二三百米乃至更高。发生火灾时，从室外进行扑救和救援相当困难，只能立足于自救。而我国的室内消防灭火设施，因限于经济条件，还只能以消火栓消防给水系统为主。自动喷水灭火设备在大多数高层建筑中还只处于辅助地位，因此火灾扑救仍以消防人员火场操作为主。而消防人员登高消防往往会发生呕吐、昏迷或失去辨向能力，不能保持正常战斗力。此外，大部分酿成火灾的高层建筑中都既无自动喷水灭火系统也无自动报警系统，或虽有该类设施而被关闭或不能使用。

人员疏散困难。首先，高层建筑层数多，垂直疏散距离长，疏散到室外地面、屋顶直升机停机坪或其他安全场所（如避难层）所需的时间也相应增长。其次，人员相对集中，不少公共活动场所人员尤其集中，一旦发生火灾，人群容易出现相互拥挤、撞倒、踩死踩伤，受伤者又因烟气窒息死亡。再次，发生火灾时，由于各种竖井拔气作用，火势和烟雾向上蔓延快，增加了疏散的困难。同时，也由于高层建筑通报联络不便，往往下层发生火灾，而上层人员仍浑然不知，错失及时疏散避难的时机。普通电梯在火灾时由于切断电源停止运转丧失疏散功能，因此安全疏散主要途径为楼梯。当楼梯间一旦窜入烟气，会严重影响人员疏散，加上烟气有毒，能使人窒息或中毒；此外，烟气中能见度低、温度高，均给人员疏散带来困难。个别高层建筑在安全出口门上加锁，人为造成疏散困难，被困人员无法逃生脱险，后果更难设想。

2）地铁隧道火灾风险

地铁隧道属于地下建筑，客流量大、人员集中，一旦发生火灾，与在地面建筑发生同样事故相比，其状况更加难以控制，后果也更加严重。主要表现在以下方面。

地铁隧道内可燃物相对集中且类型多样，容易造成火势蔓延扩大。有些塑料、橡胶等新型材料燃烧时会产生大量有毒有害气体，加上地下供氧不足，燃烧不完全，烟雾浓，发烟量大，易对人员构成危害。同时，客流量大、车流量大，在突发火灾事故情况下组织有序疏散很困难，若要确保所有乘客在安全允许的时间内全部逃生难度更大。

当高速行驶的列车在隧道内来回往返时，由于隧道空间的相对封闭性，运转形成的强大气流会让地面的空气通过隧道上方的通风排气孔形成一种上下抽动式的反应——"活塞效应"，产生、带动的强大不稳定逆转气流加快火灾的燃烧与扩散蔓延，使火灾危险性加大。

由于地铁隧道空间的相对封闭性，热量不易散发，高温烟气流动错综复杂，燃烧产生的浓烟使隧道变成烟雾的通道，烟雾扩散极为迅速，允许逃生的时间短。

地下交通工程的出入口少、逃生途径少，大量烟雾只能从一两个洞口向外涌，与地面空气对流速度慢，地下洞口的"吸风"效应使向外扩散的烟雾部分又被洞口卷吸回来，而同时人员也只能通过这些出口向外疏散，热烟气的减光性、毒害性、恐怖性等特点容易令人窒息。

地下交通工程的空间过大，火灾报警和自动灭火等消防设施配置不完善，起火后地下电源可能会被自动切断，通风空调系统失效，失去了通风排烟作用。

烟雾大，能见度差，垂直疏散高度大、水平疏散距离相对较远，而且由于烟气通过出口向上蔓延，消防救援人员在高温、浓烟下难以深入内部扑救，使救援很难迅速有效开展。

## 3.2 城市埋地市政管网地震灾害风险防控建议

### 3.2.1 典型城市埋地市政管网抗震安全现状及存在的问题

城市埋地市政管网突出的现状是"家底"不清，20多种管线（图6-3-19）分属30多个职能部门管理。截至2014年底，全国约50%的城市未进行地下管线普查。另外，我国处于地震多发区域，125座百万人口以上大城市中地震烈度7度及以上城市占2/3，城市地下管网地震风险高。在2008年的汶川地震中，地下管线的破坏尤为严重。受地震影响的126座受灾城市中，管线破坏多达3.6万处，受损长度达1.49万km。地震烈度9度区的德阳绵竹市城区供水系统遭到严重破坏，如图6-3-20所示，80%的管线破裂，震后开始供水时的管网漏失率达85%。管线破坏形式主要有：铸铁管接口断裂，水泥管接头破坏，铸铁管管体开裂和PE管接头拉断等。

事实上，我国城市埋地市政管网还普遍存在老化严重、泄漏、腐蚀、第三方破坏等问题。以上海市为例，上海尽管处于非高烈度地震区，但拥有2400多万常住人口，与之相适应的埋地市政管网系统庞大：全市供水水厂数量为67座，供水管线总长度38068km，日供水能力达1137万$m^3$，年供水量31.73亿$m^3$，年售水总量24.82亿$m^3$。然而，上海老城区面积较大，地下管线质量参差不齐，主要存在管线接头老化、PE管易受剪破坏、管线渗漏等隐患。这些隐患对城市地下管线抗震性能有极大影响，严重降低了生命线工程网络的抗震能力。因此，埋地市政管网的抗震防灾安全监测与预警系统有着非常重要的意义。

为保障埋地市政管网的运行安全性，开展抗震防灾安全监测与预警系统建设具有现实意义。上海较早地建立了全市范围内的供水管网监测系统（图6-3-21）；在浦东新区布设了100多个燃气管网的监测点，通过互联网数据传输，实时掌控燃气管网内的压力、分析漏点，为抢修人员提供技术支持（图6-3-22）。合

图6-3-20 汶川地震中绵竹市城区供水管网破坏节点

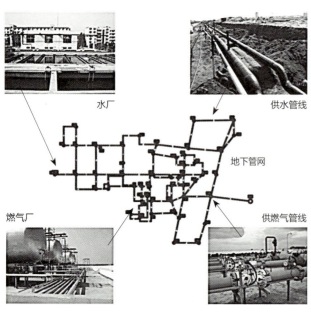

图6-3-19 城市埋地市政管网种类

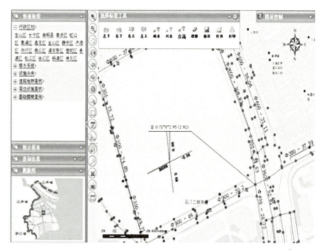

图6-3-21 上海供水管网监测系统

图 6-3-22 浦东燃气 WEBGIS 系统

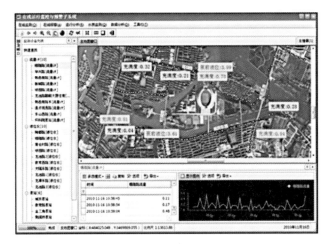

图 6-3-23 武汉城市生命线监测预警系统

图 6-3-24 合肥生命线工程监测中心

肥与武汉也有类似的城市生命线工程的监测中心和监测系统,为城市的生命线网络保驾护航(图 6-3-23、图 6-3-24)。

目前,全国大中型城市纷纷建设地下管网智能监控系统,数千个"电子眼"遍布城区地下,实时监测地下管网内的压力、温度、湿度、有害气体、可燃气体等各项参数。

现有的城市生命线工程的智能化监测系统不但可以提高工作效率和管理水平,降低运营成本,而且可以减少人为因素造成的不良影响,减轻操作人员的劳动强度,保证输气生产的安全可靠运行。然而,智能化监测系统也存在一些不足,如城市生命线工程系统类型各异、设备繁多、接口复杂,对监测传感器安装是很大挑战;受经济条件制约,传感器布线有限;对多种数据和视频同步监测需要高速传输和海量存储的需求等。

### 3.2.2 典型城市埋地市政管网地震灾害风险评估

城市生命线工程系统通常以网络的形式分布在整个城市区域,系统中各组成部分协同工作,完成所承担的任务,因此当一个系统中的一个或多个部分发生破坏后,整个生命线系统功能便会下降,严重时可能导致系统功能局部或全部瘫痪。作为城市重要的生命线工程,供水管网和燃气管网系统的地震灾害问题一直备受关注:供水管网和燃气管网的破坏不仅直接影响人民的生产和生活,而且可能引发次生火灾、爆炸等灾害,还会影响到救灾的顺利进行,造成巨大的经济损失。以下分别以郑东新区供水管网和沈阳市燃气管网抗震可靠度分析为例,进行埋地市政管网地震灾害风险评估。

#### (1)郑东新区供水管网地震灾害风险评估

郑东新区城区分为 A、B、C、D 四个区域,A 区内现有一个设计规模为 20 万 t/日的水厂,可满足 A 区(远期需水量 13.86 万 t/日)及 D 区(远期需水量 7.32 万 t/日)的要求;在 B 区和 C 区之间,将新建一座规模为 30 万 t/日的规划水厂,以满足这两个地区(远期需水量 29.57 万 t/日)的要求。城区主干供水管网(内口径在 300mm 及以上的管线)共有 228 条管线、148 个需水节点及 2 个水源点,如图 6-3-25 所示。

分析结果表明,在地震烈度 6、7 度条件下,供水管网中各节点均处于可靠状态;在地震烈度 8、9 度条件下,节点主要处于可靠状态,局部处于严重不可靠甚至出现断水状态。根据《建筑工程抗震设防分

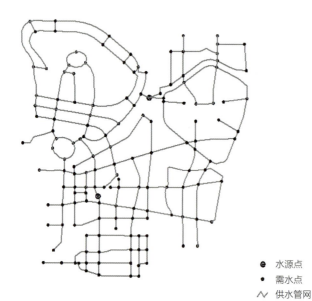

图 6-3-25 郑东新区城区主干供水管网分布图

类标准》GB 50223—2008，该城区建筑工程抗震设防烈度为 7 度，其主要供水管线的抗震设防类别应划为重点设防类。因此，需进行地震烈度 8 度条件下供水管网系统的抗震可靠性优化与设计。图 6-3-26 给出了地震烈度 8、9 度时管网中各节点抗震可靠度情况。

### （2）沈阳市主干燃气管网地震灾害风险评估

沈阳市供气网络分为三级，分别为高压管网、中压管网、低压管网。在本实例分析中，考虑主干供气管网，涉及的管线均为内口径在 200mm 以上的中、高压管线。沈阳市主干供气管网共有 492 条管线、379 个节点和 2 个源点，如图 6-3-27 所示。

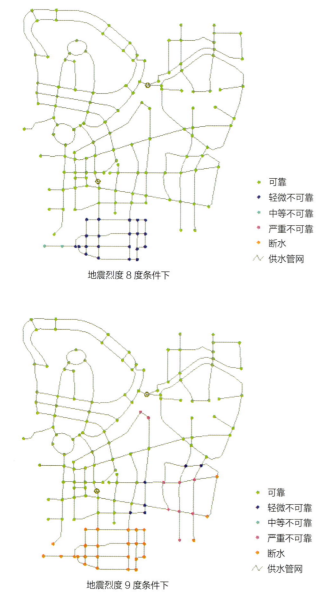

图 6-3-26 郑东新区供水管网抗震功能可靠性计算结果

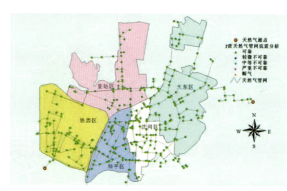

图 6-3-27 沈阳市燃气管网抗震可靠性计算结果

沈阳市燃气管网地震破坏评价结果　　　　　　　　　　　　表 6-3-6

| 破坏程度 | 7 度 | | 8 度 | | 9 度 | |
|---|---|---|---|---|---|---|
| | 节点个数（个） | 占比（%） | 节点个数（个） | 占比（%） | 节点个数（个） | 占比（%） |
| 基本完好 | 379 | 100.00 | 1 | 0.26 | 0 | 0.00 |
| 轻微破坏 | 0 | 0.00 | 11 | 2.90 | 0 | 0.00 |
| 中等破坏 | 0 | 0.00 | 152 | 40.11 | 0 | 0.00 |
| 严重破坏 | 0 | 0.00 | 102 | 26.91 | 0 | 0.00 |
| 毁坏 | 0 | 0.00 | 113 | 29.82 | 379 | 100.00 |
| 总计 | 379 | 100.000 | 379 | 100.00 | 379 | 100.00 |

表 6-3-6 所示为地震烈度 7、8、9 度条件下沈阳市燃气管网地震破坏评价结果。从表中可见，在 7 度地震烈度作用下，沈阳市主干供气管网抗震性能良好，全部都处于"可靠"状态；但 8 度地震烈度作用下的节点破坏相当严重，大部分节点都处于"严重破坏"和"断气"状态；9 度地震烈度作用下则完全丧失燃气供应能力。

### 3.2.3 城市埋地市政管网地震灾害风险防控建议

总结近几十年城市埋地市政管网地震灾害特征及危险性，城市埋地市政管网地震灾害风险防控对策主要体现在三个方面：一是从计算分析和设计方法上提升工程网络本身的抗震性能，减小其地震灾害的损失；二是从灾害预防上建立准确、高效的预警、预报体系；三是从运营维护管理上提高检修率，减小震害对城市居民生产、生活的影响。具体建议如下。

#### （1）发展复杂地震动场模拟与地下管网整体分析技术

复杂地震动场模拟与地下管网整体分析技术，为城市生命线网络抗震设计提供了理论基础。地震动场的物理模拟让人们更好地了解地震动的传播与衰减的关系，可以从大尺度的基岩地震动和小尺度的工程场地的地震动方面对生命线工程网络进行描述；结合概率密度演化理论，可以为地下管网在地震作用下的响应提供更加精确、便捷的分析方法。

#### （2）建立完善的城市埋地市政管网监测预警体系

建立城市生命线工程网络监测预警体系，合理布设监测设备，对易发生损坏的设备、管线进行实时监测，建立管内压力感知系统等，通过监控中心对数据的实时分析，综合通信系统，形成及时有效的预警体系。通过以下四点完善生命线工程网络预警模型：①建立国家级、省（自治区、直辖市）级、市（地）级和县级共享的灾害预报预警系统平台；②建设预报预警业务会商体系，实现国家级、省（自治区、直辖市）级、市（地）级日常业务的可视化会商；③完善预报预警的产品制作、信息发布和质量评估体系，拓展发布内容和增加发布频次；④建立预报预警有关制度、标准化和地质灾害防治群专结合的监测体系，为预报预警工作提供基础支撑。

#### （3）加强城市埋地市政管网抗震设计审查与运维安全管理

目前我国在城市埋地市政管网的抗震设计方面尚无专门的设计标准或规范，一般采用构造措施来抗震。然而，现有建筑结构抗震设计规范对生命线工程之一的抗震设计未予以足够重视。需要引入可靠度分析与设计的思想，通过工程网络随机地震反应分析，建立基于可靠度的城市埋地市政管网优化设计方法。同时，建立完善的城市埋地市政管网运维安全管理制度，确定和落实相关职能部门安全责任。定期对城市埋地市政管网重要节点包括水泵、阀门等设备进行巡检、维护、保养，保障城市生命线工程网络系统安全运转。此外，加强城市埋地市政管网安全监督、严格执法，对存在的破损隐患按照《安全生产法》等法律法规的要求，责令相关部门制订合理、完善的整改方案，督促其整改。因此，制定城市埋地市政管网抗震设计标准和运维安全检验规程是城市埋地市政管网地震灾害风险防控的重要内容之一。

## 3.3 城市地铁隧道火灾风险防控建议

### 3.3.1 城市地铁隧道火灾损失现状及风险评估

我国的地铁建设已有50多年历史，虽然起步晚于西方发达国家半个多世纪，但是发展至今在规模和线路长度上已跻身世界前列。地铁网络的建设为我国城市建设和经济发展注入了强劲动力，但是由于自身的复杂性及其在城市的日常交通运输中分担巨大客流量的特殊重要性，地铁隧道容易发生火灾并造成重大人员伤亡和巨额经济损失。课题组统计了国内50多年地铁发展历史中出现过的火灾事件，分析了地铁火灾发生的原因，如表6-3-7所示。

由表6-3-7所示统计数据可知，我国自1965年国内第一条地铁线路开通运营至2017年的52年间，发生的有记录的地铁隧道火灾共有33起，其中1965~1999年的34年间有2起，2000~2009年的10年间有12起，2010~2017年的8年间有19起（图6-3-28）。可见，地铁隧道火灾发生的频次近年来显著增加。分析其原因，我国虽然早在1965年便在北京开通运营了国内第一条地铁线路，但20世纪70~80年代由于各方面的原因，地铁建设项目一度停滞，发展缓慢，直到90年代以后我国才迎来了地铁大发展。因此，在过去的27年中我国的地铁建设规模快速增长，与之对应的是地铁隧道火灾事故频次的增加。同时，北京、上海、广州、深圳地铁隧道火灾事故合计19起，占记录事故次数的57.6%。

**国内地铁火灾情况统计** 表6-3-7

| 时间 | 地点 | 起因 | 后果 |
| --- | --- | --- | --- |
| 1969.11.11 | 北京地铁（机车） | 机车电气故障引发火灾 | 8人死亡，300多人中毒，2节车厢被烧毁，直接经济损失达20.6万元 |
| 1999.07.29 | 广州地铁（车站） | 降压配电所发生电气设备故障引发火灾 | 14人受轻伤 |
| 2004.01.05 | 香港地铁（机车） | 人为纵火 | 14人受轻伤 |
| 2004.02.04 | 北京地铁（车站施工） | 工人使用电焊时明火溅到木板上致使木板起火 | 无人员伤亡 |
| 2005.08.26 | 北京地铁（车站） | 风扇线路短路引发火灾 | 驾驶员受轻伤 |
| 2006.02.26 | 北京地铁（隧道） | 防盗电缆槽着火 | 地铁停运1个多小时 |
| 2008 | 上海地铁（车站） | 蓄电池配电柜电气线路故障 | 损失4500元 |
| 2008.12.30 | 西安地铁（隧道施工） | 工人切割钢板不慎引燃防水材料 | 19名工人吸入大量烟尘，住院观察 |
| 2009.01.02 | 西安地铁（隧道施工） | 工人切割钢板不慎引燃防水材料 | 无人员伤亡 |
| 2009.01.08 | 上海地铁（隧道施工） | 电气设备短路引发火灾 | 1人死亡，6人受伤 |
| 2009 | 上海地铁（车站） | 上行道岔道电流汇流不畅引燃绝缘片 | 引发火灾警报器报警 |
| 2009.12.22 | 上海地铁（车站） | 变电箱起火 | 无人员伤亡 |
| 2010.11.10 | 深圳地铁（车站施工） | 原因不详 | 1冷却塔被烧毁 |
| 2011.01.10 | 广州地铁（车站） | 人为纵火 | 4人受轻伤 |
| 2011.08.26 | 上海地铁（车站） | 电容器着火 | 无人员伤亡 |

续表

| 时间 | 地点 | 起因 | 后果 |
|---|---|---|---|
| 2011.12.22 | 上海地铁（车站） | 隧道线缆短路起火 | 无人员伤亡 |
| 2012.10.01 | 杭州地铁（隧道施工） | 不明原因导致工地现场木板着火 | 无人员伤亡 |
| 2012.11.19 | 广州地铁（隧道） | 列车因车顶受电弓（电压1500V）发生故障，其部件与车顶发生接触短路，产生响声和烟雾，同时电弧击穿列车顶部，烟雾从洞口（直径约4cm）进入车内 | 4人受轻伤 |
| 2013.05.20 | 上海地铁（机车） | 车厢顶部电缆短路引发火灾 | 无人员伤亡 |
| 2013.12.20 | 北京地铁（隧道施工） | 施工不慎引燃风道内木制模板 | 无人员伤亡 |
| 2014.01.06 | 南京地铁（机车） | 乘客携带危险化学物品并发生自燃 | 无人员伤亡 |
| 2014.05.21 | 深圳地铁（机车） | 乘客携带的充电宝发生爆炸引发火灾 | 无人员伤亡 |
| 2014.12.07 | 北京地铁（车站施工） | 电焊施工不慎导致冷却塔失火 | 无人员伤亡 |
| 2015.06.18 | 北京地铁（车站施工） | 电焊施工不慎导致冷却塔失火 | 无人员伤亡 |
| 2015.07.27 | 北京地铁（机车） | 顶灯线路短路引燃海绵 | 无人员伤亡 |
| 2015.10.21 | 兰州地铁（车站施工） | 电焊火花引起养护混凝土用的棉毡起火，进而引起支撑方木起火 | 无人员伤亡 |
| 2015.11.24 | 深圳地铁（车站施工） | 工地建筑材料（炮被）起火 | 无人员伤亡 |
| 2016.08.10 | 福州地铁（车站施工） | 设备房临时配电箱冒出火星引燃施工废料 | 无人员伤亡 |
| 2017.01.09 | 郑州地铁（隧道施工） | 施工不慎挖到天然气管道引发火灾 | 封锁部分道路导致交通拥堵 |
| 2017.02.10 | 香港地铁（机车） | 人为在车厢内投掷燃烧弹 | 18人被烧伤 |
| 2017.02.13 | 厦门地铁（隧道施工） | 盾构现场减压舱失火 | 3人被烧伤，经医院抢救无效死亡 |

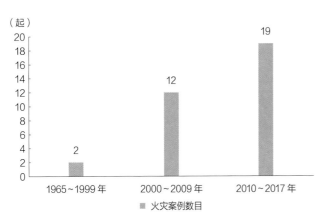

图6-3-28　1965～2017年我国地铁隧道火灾事故次数时间段分布

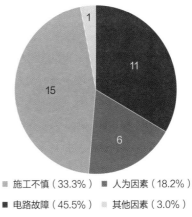

图6-3-29　国内33起地铁隧道火灾事故原因分类和统计图

### 3.3.2 典型城市地铁隧道火灾隐患分析

将我国50多年地铁发展史上发生的33起火灾事故的原因进行分类和统计，可以归纳出地铁隧道火灾发生的主要原因。由图6-3-29可知，国内地铁隧道火灾发生的主要原因依次为地铁隧道电路系统故障、地铁施工过程中施工不慎、人为因素（如人为纵火、乘客携带危险物品等），分别占比45.5%、33.3%、18.2%。可见，电器或线路故障与施工不慎占比近80%，是引发地铁隧道火灾事故的主要原因。

结合以上信息，首先介绍北京、上海、广州、深圳4座典型城市的地铁网络发展现状及火灾事故统计分析情况，然后以上海地铁人民广场站为例进行火灾危险性分析，最后归纳分析我国城市地铁隧道火灾隐患。

1）北京市

截至2017年1月，北京地铁运营线路共有19条，覆盖北京11个市辖区，运营里程为574km，共设车站354座。此外，北京市在建地铁线路共有20条，共354.8km，预计到2020年北京地铁将形成有30条运营线路、里程1177km的城市轨道交通网络。在调研搜集获取的6次火灾事故中，3次是由于电器或线路故障引起，3次是由于工人施工不规范或不慎引起，与地铁隧道火灾事故的主要原因一致。

2）上海市

截至2017年11月，上海市共有14条地铁线路开通运营，地铁运营里程为617km（含磁悬浮），运营车站367座（含磁悬浮），形成了"覆盖中心城区、连接市郊新区、贯通重要枢纽"的上海轨道交通基本网络。至2020年，上海将形成22条轨道交通线路、里程877km的网络规模。远期规划18条线路及延伸线全部建成后总里程将达到970km，设有524座车站，其中3条线换乘站16座，2条线换乘站95座。调研搜集获取的7次火灾事故，均是由于电器或线路故障引起，与地铁隧道火灾事故的主要原因一致。

上海地铁人民广场站1号线站台层主要由设备室区域以及候车区域构成，该层主要功能是为乘客等候地铁列车、上下车提供空间；站厅层主要由办公区域以及换乘大厅构成；站台层人员密集，人员疏散较地面建筑物更为困难，一旦发生火灾，易造成重大人员伤亡和财产损失；站台层与站厅层之间通过四部楼梯相连（LT1~LT4）。上海地铁人民广场站日均换乘量23.3万人次。设计火源位置及火灾场景如图6-3-30所示。

图6-3-31所示为设定火灾场景及时刻800s条件下站厅层地面上方2.1m温度和可见度分布图。

分析表明：①站台层列车车厢发生火灾时，火源区产生的热量致使列车车厢内温度很快上升。随着时间的推移，由于热烟通过破损的月台屏蔽门向站台空间内蔓延，靠近列车中部即火源位置的站台空间环境温度逐渐升高。随着火势的发展，热烟流在整个站台层蔓延，同时又通过楼梯开口空间侵入站厅层且部分回流到站台层，这种往复运动导致各楼梯台阶上方短时间内出现高温。②站台层列车车厢发生火灾时，火源燃烧产生的烟气受浮升力的作用上升到车厢内顶部，聚集形成烟气层并沿着顶板向车厢的两端迅速蔓延；同时，也从站台屏蔽门开口进入站台层LT2~LT3附近区域，并通过楼梯和中庭向站厅层蔓延。随着烟气浓度加大，整个站台层可见度迅速降低。

3）广州市

截至2016年12月，广州共有10条地铁线路开通运营，里程为308.7km，共设车站167座。此外，广州共有11条（段）地铁线路在建。在建线路全部建成后，广州市城市轨道交通累计运营里程将达到564km。在调研搜集获取的3次火灾事故中，2次是由于电器或线路故障引起，1次是人为纵火。

4）深圳市

截至2017年6月，深圳共有8条地铁线路开通运营，运营里程为285km，形成覆盖深圳6个市辖行政区的城市轨道交通网络。另外，深圳在建地铁线路共有11条（段），在建总里程为189.4km。预计到2020年，深圳将形成16条地铁运营线路，运营里程为596.9km的城市轨道交通网络。在调研搜集获取的3次火灾事故中，2次是人为因素引发火灾，1次原因不详。

结合国内地铁隧道火灾事故，归纳城市地铁隧道火灾隐患如下。

① 施工过程不够规范。通过地铁隧道火灾案例的统计分析，可以发现，施工过程规范与否对地铁隧道火灾安全有较大影响。由于地铁隧道工程建设规模庞大、工序类别繁多且突发情况较为复杂，工地现场规范化管理比较困难。这些因素容易导致火灾的发生，如建筑材料种类较多，工地现场往往不能及时将未使用完的可燃性材料堆放到安全角落；地铁隧道建设过程中往往需要采用电焊工艺切割钢板，这种施工手段会产生大量火花，若不采取适当保护措施便极有可能引燃建筑材料最终引发火灾。

② 电路系统检查力度不足。地铁隧道在使用过程中需要多种电路系统提供支持，因而其电路系统构成

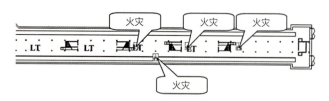

图6-3-30 上海地铁人民广场站火源位置及火灾场景示意图

温度分布图　　　可见度分布图

图6-3-31 上海地铁人民广场站设定火灾场景下站厅层温度和可见度分布图

比较复杂。从表 6-3-7 中可以发现，电路系统故障是引发地铁隧道火灾的最主要原因，其中电路系统故障主要是指电路系统发生短路。地铁隧道的电路系统主要包括机车照明系统、车站供电系统、施工工地供电系统等。由于地铁隧道电路系统复杂、长时间运转，而且处于地下空间环境中难以发现问题或及时检查维修，这给地铁隧道火灾的发生留下了很大隐患。

③ 乘客安检程序不够完善。部分地铁隧道火灾是由人为因素造成的，包括：特殊职业人员（如从事化学方面工作的人员）为贪图方便携带化学危险品搭乘地铁引发火灾，具有报复社会心理的人员携带危险品搭乘地铁并故意纵火的案例。这表明，地铁安检系统不够完善，一方面是安检程序执行力度不够，部分携带包裹的乘客未接受安检便进入地铁站乘车；另一方面是安检设备存在漏洞，漏检部分危险物品。上述原因给犯罪分子可乘之机，对乘客生命安全构成严重威胁。

## 3.3.3 城市地铁隧道火灾风险防控建议

总结近几十年地铁隧道火灾发生的特征及危害性，城市地铁隧道火灾风险防控对策主要体现在下述几方面：一是从源头上避免火灾发生，这是避免损失的第一重要条件；二是火灾发生时将其消灭在初始阶段，避免扩大为严重火灾；三是根据防火规范相关规定，配置完善的消防设施、设备体系。前两项都可以通过有效完善的管理来避免火灾的发生与扩大，后一项基本上是面临火灾已发生时的被动控制与扑救措施。具体建议如下。

### （1）加强地铁隧道防火设计审查和消防安全管理制度

1）地铁隧道防火设计审查

改善目前地下建筑的设计方法，增加开敞的、连接地下建筑的下沉式广场出入口，以解决地下建筑出入口小、疏散能力不足的问题。广场式出入口应隔一段距离设一个，既可以解决人员逃生问题，也可以解决扑救困难问题。再就是要提高防火标准，实现排烟与人员出口分离等。

2）消防安全管理制度

地下工程使用单位应制定消防安全制度、消防安全操作规程，实行防火安全责任制，确定和落实每个部门、每个岗位的消防安全责任人。使用单位负责人应正确处理好防火与防盗之间的关系，把每个安全出口落实给具体人员负责，在经营期间，必须保证安全出口畅通。地下工程使用单位应制订应急疏散预案，定期开展应急疏散演练，通过演练应达到每名员工都熟悉每个安全出口位置，明确自己在应急疏散时的职责，自己会逃生，会帮助他人逃生，会报警，会使用消防器材扑救初起火灾的目的，以及培养员工面对突发事件时所必备的心态和素质。普通人在面对突发事件时会紧张、不知所措及产生从众心理，特别是在疏散时会盲目地跟着别人跑，而不管逃生路线是否正确。在这种情况下，一名训练有素的员工为顾客指引正确的疏散路线，对于迅速疏散人员、避免人员伤亡无疑起着极其重要的作用。工程使用单位应明确员工有疏散顾客的义务和职责，手中应常备一只强光手电筒和喊话喇叭，便于紧急情况下稳定人员情绪，引导人员疏散。各使用单位要有针对性地加强员工消防安全培训，贯彻"以人为本"的安全工作理念。定期对员工开展安全培训，应针对此类场所员工变动较为频繁的特点"一用一训"，以保证每名员工都会操作灭火器、会报警，掌握基本的消防安全知识。

加强对地下工程使用单位的消防监督管理，严格执法，帮助使用单位做好消防安全管理工作，避免火灾事故的发生。经常开展消防安全检查，对存在火灾隐患的工程，按照《安全生产法》《消防法》等法律法规的要求，在依法进行监督的同时，还应根据国家相关技术规范的规定，协助制定合理、完善的整改方案，督促其整改，以真正达到消除火灾隐患的目的。督促使用单位维护、保养好建筑消防设施，真正发挥这些设施的作用。督促使用单位建立完善的建筑消防设施维护、保养制度，督促使用单位定期请相关的专业机构对建筑消防设施进行检测和维护、保养。

### （2）建立完善的火灾监测预警和防火管理体系

1）火灾监测预警体系

地铁隧道空间狭小，且处于相对密闭状态，自然排烟困难，一旦发生火灾，燃烧时产生的热量不易散发，极易导致火灾迅速蔓延；隧道横断面小，地面不便行走，人员疏散困难，消防人员也难以接近火源扑救，一旦发生火灾不仅将造成巨大经济损失，还会造成重大人员伤亡，引起交通秩序混乱。因此，及时、准确地对地铁隧道火灾进行报警，实时掌握火灾现场情况，为救灾人员提供决策信息，对于尽早组织人员疏散、控制火情、组织实施灭火、降低损失尤为重要。

2）地铁隧道防火管理体系

对电路电缆、变压器等电路设施进行定期检查、维护、保养等，以保障电路设备系统的安全运转。对机械系统的安全运转，重点在机车的维护、保养和安全运行上。尽管电器和机械故障具有隐蔽性，不易发现，但在发生事故前各专业熟练人员通常会发现一些事故的征兆，如电缆过热等，因此通过建立完善的电器、机械管理安全检查体系可以减少事故的发生。对于人为火灾事故，可以通过建立完善的人员管理制度来预防，包括人员的用火管理、破坏的预防及流动人员的吸烟管理等。

### （3）建立切实有效的消防和应急救援体系

1）成立业余扑救队伍

成立业余扑救队伍。火灾的发生常常是由小至大，大多数火灾在刚开始发生时并不严重，但若不能及时控制，就会越来越大，等待消防队员扑救为时已晚，因此应有应急扑救的措施及管理手段，如成立业余扑救队伍。扑救队员平时在自己岗位上工作，一旦发现火情立即进入扑救行列，组织疏散群众。在平时，还要经常组织消防培训和模拟疏散训练等活动。

2）应用新技术、新产品，解决疏散问题

现代社会是信息社会，处于知识经济时代，各种新技术、新产品不断地推陈出新，一些过去解决不了的问题，往往因一项新技术或新产品的出现变得易如反掌；而国家的规范和技术标准的修订往往因种种原因跟不上时代发展的需要。这就需要我们用发展的眼光看问题，大胆地使用一些国家没做出明确规定，但经国家有关部门检测和测试后证明是确实有效的新技术和新产品，来解决在工作中发现而现有的规范和技术又不能很好解决的火灾隐患。例如，市场内设置的疏散指示标志，按照常规在顶棚或吊顶下悬挂或在墙面离地面1m处设置，往往容易被遮挡而发挥不了应有的作用，而且发生火灾，烟气聚集在顶棚下，使疏散指示标志更加不明显。在此类场所，需要采用发光自蓄光材料这种新产品在主要疏散通道铺成光带，箭头指向安全出口。之所以建议把疏散指示标志设在地面，主要考虑发生火灾时人员应采取低姿匍匐前进，

这样既可以减少烟气侵害，也可以了解疏散方向是否正确。工程内设置的火灾应急照明，现阶段大多配置的是市场常见的使用蓄电池应急的产品，结合工程中大功率的应急电源的推出，可以在工程的顶棚或地面设置应急灯带，这些应急灯带平时接电，作为普通照明灯使用，应急时自动切换到由应急电源供电作为应急照明灯使用，这样便完全可以解决在地下工程中由于面积过大造成火灾应急照明的亮度达不到规范要求的问题。对于地下工程的安全出口的管理问题，也可以利用现有技术，设计一种集中控制的门禁系统，一旦确认发生了火灾或其他突发状况，可以在消防控制室通过一个开关同时开启所有的安全出口，再由工程内员工负责组织疏散。这样便可以很好地解决安全出口防火与防盗的矛盾。

地下空间开发利用是21世纪的主题，地铁隧道建造数量会在今后几十年内快速增加。而目前我国在地下工程防火方面，无论是在防灾观念、管理手段上，还是在技术措施上都比较落后，这显然和地铁隧道的发展速度不相称。地铁隧道火灾的发生成因是多方面的，既有管理上的原因，也有技术上的原因。只有各系统协调运转才能减少或杜绝火灾的发生。技术扑救是火灾已发生情况下的行为与措施，而良好的消防管理是减少火灾发生和降低火灾损失十分关键的一环，但目前人们恰恰忽视了这一点。因此，必须加强地铁隧道的消防管理，从源头上解决火灾问题，确保人民生命与财产安全。

## 3.4 城市建筑群地震风险防控建议

### 3.4.1 我国主要城市建筑群地震影响风险评估

全国尺度的城市建筑地震风险分析可以为城市防震减灾工作提供重要的参考依据。地震灾害风险评估需要确定三个内容：地震危险性分析、承载体的确定和震害损失的评估。本节采用城市地震动力弹塑性分析方法，对中国大陆主要城市进行了建筑地震风险分

析。主要工作步骤为：首先根据人口普查和城市统计年鉴等宏观指标建立城市建筑数据库；分别基于GEAR1方法和第五代地震动参数区划图，确定具体场地的地面运动强度；通过地面坡度与剪切波速的对应关系确定场地类别，进而确定地震动输入；接着采用城市地震动力弹塑性分析方法建立建筑分析模型，采用地震经济损失风险指标与建筑严重破坏和倒塌风险指标进行风险评价，并给出中国大陆主要城市建筑群地震风险分布图结果与相关分析。该成果可为防震减灾工作提供参考。

### （1）风险评价指标

在风险评价指标方面，首先参考PSHA（Probabilistic Seismic Hazard Analysis）的框架，根据地震发生概率及建筑震害预测结果确定城市的地震风险。在此参考《地震现场工作 第4部分：灾害直接损失评估》GB/T 18208.4—2011推荐的经济损失预测方法来计算地震经济损失风险指标，其基本原理如下式所示：

$$R_i^1 = \sum_{j=1}^{n_i} A_{i,j} V_{i,j} \int_{IM} (DV|DS)_{i,j} (DS|IM)_{i,j} |dP_i(im>IM, t)|$$

（公式6-3-1）

式中，$R_i^1$为城市$i$的建筑地震经济损失风险；$A_{i,j}$为城市$i$的$j$类型结构的建筑面积；$V_{i,j}$为城市$i$的$j$类型结构的重置单价（根据GB/T 18208.4—2011确定）；$n_i$为城市$i$中建筑结构类型总数量；$(DV|DS)_{i,j}$为城市$i$的$j$类型结构在损伤等级为DS时对应的损失比（根据GB/T 18208.4—2011确定）；$(DS|IM)_{i,j}$为城市$i$的$j$类型结构在$IM$烈度下损伤等级为$DS$的破坏比；$P_i(im>IM, t)$为$t$时间内城市$i$遭遇大于$IM$烈度地震的概率；$|dP_i(im>IM, t)|$为$t$时间内城市$i$遭遇$IM$烈度地震的概率。

同时，建筑物严重破坏和倒塌情况是地震灾害中重要的指标，因此，本节整理了不同城市建筑物遭受严重破坏和倒塌的风险，建议严重破坏和倒塌风险的计算方法为：

$$R_i^2 = \int_{IM} [P_i(ED|IM) + P_i(Co|IM)] |dP_i(im>IM, t)|$$

（公式6-3-2）

式中，$R_i^2$为城市$i$的建筑遭遇严重破坏和倒塌的风险；$P_i(ED|IM)$和$P_i(Co|IM)$分别为城市$i$范围内在$IM$烈度下的严重破坏率和倒塌率。

### （2）不考虑人口、GDP影响的分析结果

采用上述方法得到中国主要的320个城市的地震经济损失风险。本节对比中未考虑人口、GDP影响，仅比较建筑抗震性能的差别。当采用第五代地震参数区划图（以下简称"五代图"）给出的地震概率时，地震经济损失高风险区主要是设防加速度0.3$g$以上地区。因为这些地区推算得到的地面运动强度最高，即使是频遇地震水平，也足以导致未设防结构的大量破坏。而采用GEAR1方法得到的地震经济损失风险总体规律与五代图法相似。西南地区的西昌、丽江等城市风险最高，喀什等城市的风险也比较高，但不同城市之间的差别没有五代图法那么大。其主要原因是GEAR1给出的地震风险是连续变化的，而五代图给出的是阶跃的，所以二者结果会有所不同。

### （3）考虑人口、GDP因素的分析结果

将前述计算的风险乘以对应城市的人口或GDP，则可以得到考虑城市人口、GDP因素后的风险分布。对比计算结果可以发现，考虑人口因素后，北京、天津等人口众多的城市无论是地震经济损失风险还是建筑严重破坏和倒塌风险都显著提高。考虑GDP因素后，上海市地震经济损失风险也显著提高，北京、天津等城市成为地震经济损失风险最高的区域。

本节方法基于可公开获取的数据，预测全国不同城市的建筑震害风险，结果表明，地震经济损失高风险区主要是设防加速度0.3$g$以上地区，考虑城市人口、GDP因素后，中、东部城市因人口和财富密度较高，建筑震害风险增加明显。

## 3.4.2 典型城市建筑震害风险分析

### （1）我国城市存在大量老旧建筑，抗震隐患巨大

本节对我国几座城市的建筑群进行震害分析，并分析这些城市老旧建筑所带来的问题。图6-3-32和图6-3-33所示分别为唐山市区和太原市区的一组典型震害分析结果，并分别按照建造年代与建筑类型统计了不同破坏状态的建筑面积比。

从结果中不难发现，当城市建筑群遭遇地震时，

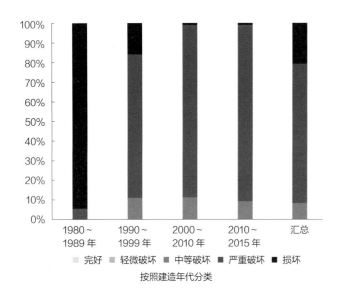

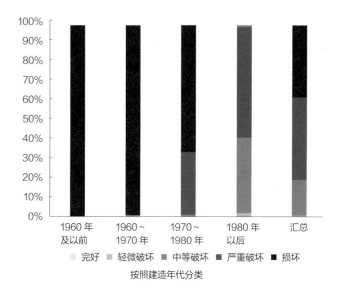

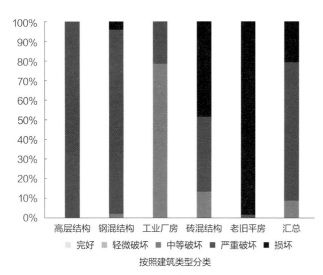

图 6-3-32 唐山市区典型震害预测结果（面积比）

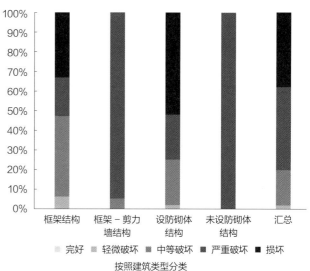

图 6-3-33 太原市区典型震害预测结果（面积比）

老旧建筑以及未设防建筑会产生更为严重的破坏。其原因主要是城市中的老旧建筑通常具有以下几个特点：①结构性能退化；②抗震能力低下，甚至没有经过抗震设计；③建设缺少科学规划（如城市棚户区），建筑间距较小。这些特点导致这些老旧建筑的抗震能力十分脆弱。

针对上述问题，对于西安市灞桥区 6 万余栋多层建筑分别采用多遇地震、设防地震以及罕遇地震三个地震水准进行更加深入的分析。三个地震水准下不同类型结构的损伤情况如图 6-3-34 所示。

分析结果表明，RC 框架结构以及设防砌体结构的损伤相对较轻，其损伤情况基本满足"小震不坏，中震可修，大震不倒"的设计抗震目标。然而未设防砌体结构由于未进行抗震设计，损伤较其他类型结构明显更为严重。为了估算不同地震水准下的大致经济损失，采用袁一凡建议的地震经济损失预测方法，结

果如图 6-3-35a 所示。

图 6-3-35a 所示为不同地震水准下不同类型结构的直接经济损失。可以看出，即使在多遇地震作用下，该区域也出现了超过 500 亿元的直接经济损失。这主要是由于目标研究区域内近 90% 的结构为未设防砌体结构。由前面的震害模拟发现，多遇地震作用下，目标研究区域内的未设防砌体结构大部分处于中等破坏状态。因此，该地区未设防砌体结构的破坏是震后直接经济损失的主要来源。为了降低目标研究区域的潜在地震损失，对所有未设防结构进行加固，经济损失结果如图 6-3-35b 所示。从计算结果可以看出，加固后该地区结构的抗震性能显著提升，各类结构的经济损失显著下降。特别是在频遇地震和设防地震下，震害损失减小比较明显；而在罕遇地震下震害损失依然较大。这是因为遭遇罕遇地震后，虽然加固后建筑可以避免倒塌，但是依然有相当数量的建筑由

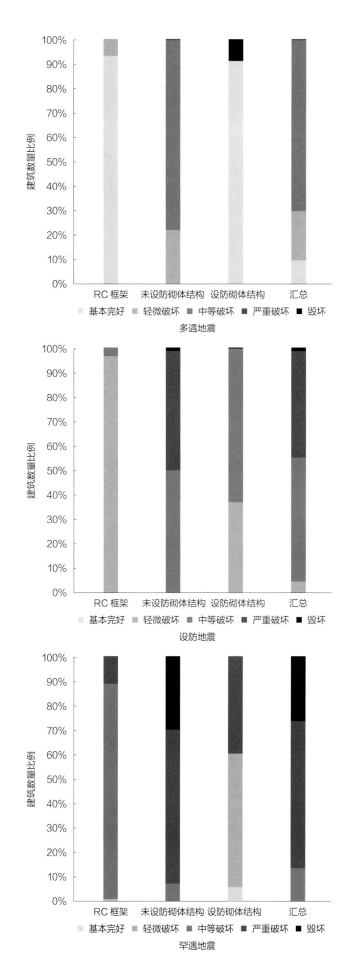

图 6-3-34 西安市灞桥区不同地震水准下不同类型结构损伤分布情况

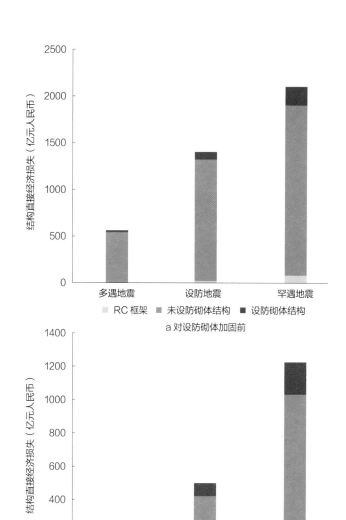

图 6-3-35 不同地震水准下不同类型结构的直接经济损失

于破坏严重而修复困难,甚至无法修复,进而导致重大损失。因此,建设抗震"韧性"城市意义非常重大。

### (2)震后建筑修复成本高

我国抗震设计规范虽然规定建筑要求达到"中震可修"的性能水准,但是建筑震后修复的代价非常高,特别是我国建筑多采用混凝土结构或砌体结构,其变形能力差,修复难度大。为进一步分析震后恢复方面存在的挑战,本节采用城市抗震弹塑性分析方法和新一代性能化抗震设计方法,对北京市清华大学校区的 619 栋建筑进行了分析。研究结果表明,在遭受中震作用后,地震损失高达 72.3 亿元。其中,60%以上的损失是因为部分建筑震后的残余变形太大,以至于修复成本太高,拆除重建反而比维修更经济(图6-3-36)。也就是说,在中震后,按照现行的抗震规

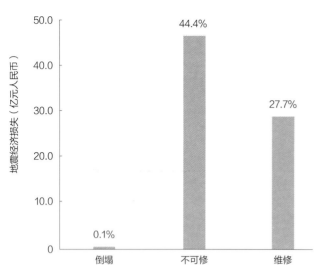

图 6-3-36　中震下清华大学校园不同类型结构地震经济损失的中位值

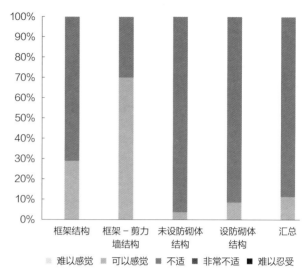

图 6-3-37　山西清徐 4.3 级地震下太原中心城区的人员感受

范设计的建筑中，虽然有相当比例的建筑在技术上是可以修复的，但是这种做法却很不经济。而重建这些建筑物产生的经济成本和社会冲击也显然不符合目前流行的抗震"韧性"城市的要求。

### （3）中小地震建筑楼面加速度存在引起人员恐慌的风险

目前，我国抗震规范主要通过控制结构的构件承载力和侧向变形来实现"小震不坏"的抗震目标。然而，实际的地震经历表明，非结构因素也应当得到应有的重视。研究表明，当加速度达到 (0.015~0.05) $g$ 时，人就会出现不适感。因此，当建筑遭受实际地震时，建筑产生的较大的加速度很可能引起楼内人群的恐慌。以 2016 年 12 月 18 日山西清徐 4.3 级地震为例，此次地震震级很低，记录到的地面加速度很小，但太原市民反映震感非常强烈。本节采用城市抗震动力弹塑性分析方法，将实测地震输入到太原市中心城区 4 万余栋建筑模型中。分析结果表明，虽然建筑基本都为完好状态，然而地震引起的楼面加速度会引起相当比例人员的不适（图 6-3-37）。

在人口密度很高的中心城区，大量人群因恐慌在短时间内迅速逃离建筑物可能造成严重后果。例如，在上海陆家嘴核心区，高峰时期人群密度超过每平方千米 5.4 万人。大量人员集中于同一时刻离开建筑，将会使地面人员密度骤增，室外空间可能根本无法容纳如此高密度的人群，进而造成严重的拥挤与踩踏。从这一角度来看，即使是小震，也可能给城市区域带来远超预期的人员伤亡和社会问题。

### 3.4.3 城市建筑区地震风险防控建议

从上述分析可以看出，虽然我国的建筑抗震设计规范已经做出了诸多规定，用以达到"小震不坏、中震可修、大震不倒"的目标，但是实际分析说明目前的措施仍显不足，目标也有待进一步提升为以建设"韧性城市"作为总体的目标。所谓"韧性"是指城市遭遇意外后迅速恢复功能的能力。美国纽约布法罗大学地震工程多学科研究中心（MCEER）等研究机构建议，可以通过降低地震发生时的功能损失或提高结构的震后修复速度来实现"韧性"抗震。基于这一理念，美国旧金山、洛杉矶等城市陆续提出了"地震韧性城市"的建设目标。其具体内容包括：在遭遇中小地震时城市的基本功能不丧失，可以快速恢复；在遭遇严重地震灾害时，城市应急功能不中断，不造成大规模的人员伤亡，所有人员均能及时完成避难，城市能够在几个月内基本恢复正常运行等。

因此，城市建筑区地震风险防控需要在以下方面深入开展工作。

### （1）科学技术研究

建设"地震韧性城市"的理念是对传统地震工程的一次重大发展，目前已经成为国内外防震减灾工作的共识，但是现阶段的科学研究积累还远不足以满足"地震韧性城市"的需求，需要在以下领域深入开展研究。

① 城市的"韧性"不只是工程结构抗震性能的优化，还牵涉城市的社会、经济运行，因此需要综合利用社会学、经济学和工程学的最新前沿成果。

② 现阶段我国大部分城市基础数据资料不全，数据条块分割、更新迟缓，完全无法满足"韧性"城市研究的需求。因此，建议发展数据获取与分析技术，建设和完善城市基础数据信息系统和数据共享机制，明确城市建筑、基础设施和社会经济活动的现状与基本运行发展规律。

③ 现阶段工程建设标准大多关注结构性能，而对使用功能需求，以及建成后的改造、加固、修复考虑不足。目前的工程重建设轻维护，抗震性能化设计理念在实际工程中也未能得到很好的贯彻，新型建筑工程体系的研究也是主要关注如何减轻结构体系的震损。这些都不能充分满足"地震韧性城市"对建筑工程的需要。因此，需要突破传统局限于结构工程的建筑和基础设施抗震设计理念，建立综合考虑功能需求和动态成本管理的基于"韧性"的抗震设计方法，研发能够保障震后功能、减少地震损失的新型建筑工程体系（包括结构体系和非结构体系）。

### （2）政策和经济保障

建设"地震韧性城市"不仅要依靠一系列技术手段，同时也需要相应的政策和经济保障。主要包括：

① 综合采用各种政策和经济手段，加大防震减灾投入，改变现阶段国家单一减灾投入主体现状。

建设"地震韧性城市"，首先需要投入保障。我国现阶段防震减灾投入的主体是国家。然而相对于我国庞大的既有建筑和基础设施存量，建设"地震韧性城市"仅靠国家投入是远远不够的。必须通过合理的政策措施，特别是巨灾保险等手段，将防震减灾工作转化为一个全民投入的、经济上有利可图的事业，才能真正落实"地震韧性城市"的建设目标。

② 改变工程建设理念，强化工程抗震性能评价。

我国的工程建设标准长期受到过去经济基础薄弱、工程人员水平低下的制约，难以满足现阶段"地震韧性城市"需求。我国现行的工程建设标准在抗震方面只有"合格"和"不合格"两个指标，导致业主和设计人员对提升工程结构的抗震性能缺乏积极性，大量工程结构按照"规范下限要求"进行设计，导致很多新房子从"诞生"之日起，就已经"先天不足"。目前迫切需要提出有效手段，使"抗震性能好"的建筑能够通过适当的方式体现出来，调动业主和工程师提升工程抗震性能的积极性。

③ 完善防震减灾教育，改变政府、民众对防震减灾工作的关注点。

现阶段我国防震减灾教育过于重视"救灾"和"应急"，而忽视了"防灾"和"抗震"工作。而"防灾"和"抗震"恰恰是面对灾害最需要保障的工作，只有做好了"防灾"和"抗震"工作，才能从根本上更好地降低灾害损失。

## 3.5 城市建筑群火灾及突发事件安全风险防控建议

### 3.5.1 火灾及突发事件对城市建筑区影响典型案例分析

对近100年世界上损失严重的城市大火进行总结，如表6-3-8所示。可以看出，森林火灾蔓延和地震次生火灾是城市大火最主要原因，此外还有包括爆炸等在内的特殊原因。

通过对表6-3-8所示城市建筑群火灾进行调研，城市建筑群火灾的典型特征在于：

① 蔓延范围广。城市建筑群火灾一旦蔓延，燃烧范围非常大。日本和美国加利福尼亚州地震后火灾都曾烧毁了城市大部分区域。

② 持续时间长。城市地震次生火灾或森林引发的城市火灾都会持续较长时间，燃烧时间往往以天为单位。

③ 火场复杂。由于燃烧范围广，城市建筑群可能出现多种不同类型火灾，如木结构火灾、油漆火灾、化学品火灾等，蔓延路径也受城市布局等多种因素影响，呈现出极其复杂的特点，灭火难度也很高。

鉴于以上特点，城市建筑群火灾的主要影响在于大面积烧毁房屋、破坏基础设施、造成巨大经济损失、人员伤亡以及大量人员被迫撤离，引发人员救援、安置、重建、修复等一系列社会经济问题。

基于起火原因来看，城市火灾蔓延的风险源一方面是毗邻森林等大面积可燃物区域，另一方面则是地震次生火灾。地震次生火灾潜在起火源具体包括生活炉具设备、化学品、燃气储藏地、油储藏地和地下燃气管道。

1）生活炉具设备

生活炉具设备（包括炉灶、燃气管道、燃气阀门和燃气罐等）是地震后最大的起火源。在历次地震次

近 100 年世界范围损失较严重的城市大火　　　　　　　　　　　　　　　　　　　表 6-3-8

| 城市 | 事件名称 | 时间 | 原因 | 事件描述 |
|---|---|---|---|---|
| 美国旧金山 | 旧金山大地震 | 1906 | 地震次生火灾 | 大火蔓延了 521 个街区，其中 508 个街区被烧毁 |
| 日本关东 | 关东大地震 | 1923 | 地震次生火灾 | 烧毁高达 45 万幢房屋 |
| 美国洛杉矶 | 美国北岭地震 | 1994 | 地震次生火灾 | 上百起起火事件，烧毁了上百栋住宅 |
| 日本大阪、神户 | 阪神大地震 | 1995 | 地震次生火灾 | 引发百起火灾，熊熊烈火持续了三天三夜 |
| 美国加利福尼亚州橙县以南 | 圣迭戈大火 | 2007 | 森林火灾蔓延 | 美国历史上燃烧面积最广的火灾，25 万人被迫离家暂时躲避 |
| 中国天津 | "8·12"天津滨海新区爆炸事件 | 2015 | 化学品爆炸 | 165 人遇难，304 幢建筑物、12428 辆商品汽车、7533 个集装箱受损 |
| 美国加利福尼亚州北部 | 美国加利福尼亚州北部森林火灾 | 2015 | 森林火灾蔓延 | 几十栋房屋被烧毁，5100 栋民居受到威胁，超过 1.2 万人撤离家园 |
| 加拿大阿尔伯塔省 | 加拿大森林大火 | 2016 | 森林火灾蔓延 | 该省史上最严重火灾，麦克默里堡市受大火影响最为严重，近 10 万人被迫疏散撤离，当地共有约 1600 栋房屋被毁。根据最新消息，该市火灾损失可能达到约 90 亿加元 |
| 美国加利福尼亚州洛杉矶地区 | 美国加利福尼亚州洛杉矶森林大火 | 2016 | 森林火灾蔓延 | 大火持续燃烧并且逐渐蔓延开来，超过 8.2 万人撤离 |
| 加拿大不列颠哥伦比亚省 | 加拿大西部森林火灾 | 2017.7.10 | 森林火灾蔓延 | 约 3.7 万人由于森林大火而被疏散 |
| 意大利那不勒斯 | 意大利那不勒斯大火 | 2017.7.17 | 森林火灾蔓延 | 维苏威国家公园数千只动物死亡，国家电视台的传输设备也因此而毁坏 |
| 法国博尔默勒米莫萨 | 博尔默勒米莫萨森林大火 | 2017.7.27 | 森林火灾蔓延 | 上万人被迫撤离 |

生火灾中，由生活炉具设备引起的火灾占火灾总数的比例最大。例如，1923 年日本关东地震中，由炉具造成的火灾占了火灾总数的 72%。

2）化学品

据历史资料统计，化学品引发的火灾几乎出现在所有的地震火灾中，它们发生的地点主要有药品商店、医院、大学、中学、化学品工厂等。例如，1964 年日本新潟地震中，9 起火灾中有 3 起是由化学品引发的。

3）燃气储藏地

城市中的燃气供应站、燃气服务公司和燃气加工厂等地方储藏着大量燃气，一旦地震破坏存储燃气的气罐，可能引发严重的火灾甚至发生剧烈爆炸。

4）油储藏地

近年来，油田火灾成为地震火灾中爆发率较高的一类特殊的火灾类型。由于这类火灾具有燃烧强度大、难以扑灭的特点，常常导致巨大的经济损失和对周边环境的破坏。例如，1964 年日本新潟地震和 1999 年土耳其的马尔马拉地震诱发的油田大火便是这类火灾的典型实例。

5）地下燃气管道

地震后，地下供气管道可能发生破裂，泄漏大量燃气，遇上明火便会发生火灾。例如，1994 年美国北岭地震中，路面下有一直径为 20in（1in=25.4mm）的供气主管道被震裂，正值路上有一机车正在启动，引擎启动时激发的火花立即引起泄漏燃气的起火。

此外，城市建筑在火灾、燃气爆炸、炸弹袭击、运载工具撞击等突发事件下，可能造成建筑连续性倒塌。建筑结构的连续倒塌是指由意外事件引起结构的小范围初始局部破坏，并引发连锁反应使得破坏在结构系统中传播，最终导致与初始局部破坏不成比例的倒塌破坏甚至整体结构倒塌。

连续倒塌虽然是小概率事件，但一旦发生便会造成严重的生命财产损失和社会影响。最典型的案例就是"9·11"事件中纽约世界贸易中心的连续倒塌，造成了近 3000 人死亡。在我国，连续倒塌事故也不断发生并造成严重后果，如盘锦、衡阳、石家庄和章丘等地的建筑物连续倒塌事故，均成为早期研究的典型案例（图 6-3-38）。此后，建筑物连续倒塌事故的报

1990年盘锦燃气爆炸倒塌事故
（伤亡不详）

2003年衡阳火灾倒塌事故
（20人死亡、11人受伤）

2001年石家庄炸弹爆炸倒塌事故
（108人死亡、38人受伤）

2003年章丘燃气爆炸倒塌事故
（14人死亡、10人受伤）

**图6-3-38 典型火灾及突发事件中建筑物连续倒塌事故**[14]

道不断增加，近期发生的典型事故包括2015年温岭厂房连续倒塌事故（14人死亡、33人受伤），2016年萍乡改造施工连续倒塌事故（6人死亡、1人受伤）。

连续倒塌具有三个重要特征：①连续倒塌是整体结构系统的力学行为，连续倒塌过程中结构系统发生内力重分布，引起破坏在结构系统内的传播；②连续倒塌是结构和构件进入超大变形状态下的强非线性力学行为，其受力模式和常规防灾设计考虑的完全不同；③灾害荷载相关性，不同的灾害荷载对结构的损伤和破坏特点以及后继破坏在整体结构系统中的传播规律截然不同。

### 3.5.2 城市建筑群火灾及突发事件安全风险评估

本节整理了北京行政副中心通州区、厦门市和太原市三个城市的火灾安全风险评估案例。其中，针对厦门市和太原市地震次生火灾风险进行了火灾蔓延模拟。

#### （1）北京行政副中心通州区火灾安全风险评估

火灾风险评估主要考虑区域的火灾危险性、易损性和抗灾性三方面因素。危险性，即区域内发生火灾事故的可能性，考虑危旧房屋比率、人员聚集公共建筑数量和危险源等。易损性，即区域内由于潜在火灾事故发生而导致的损失程度，考虑人口密度、重点消防单位等。抗灾性，即区域对火灾事故造成损失的抵抗能力，需要考虑建筑密度、容积率、防火间距、道路通行性、避难场所面积与分布、临近消防队（站）距离等。

综合考虑以上三方面因素，建立了火灾影响风险评估指标体系，采用GIS空间分析技术对通州区火灾风险进行评估。将规划区域划分为五类火灾风险等级区域，分别为一级区域（风险最大区域）、二级区域（风险较大区域）、三级区域（中等风险区域）、四级区域（风险较小区域）和五级区域（风险最小区域），如图6-3-39所示。基于该火灾影响风险评估，可以确定通州区火灾高风险区，为后续编制消防规划和应急预案、降低风险提供参考依据。

#### （2）厦门市地震次生火灾风险评估与蔓延模拟

采用历史数据回归模型和概率模型，提出了建筑

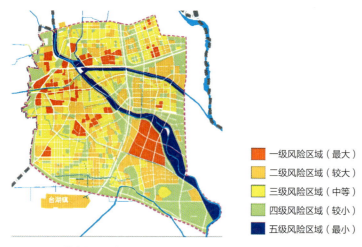

图 6-3-39　北京行政副中心通州区火灾风险评估

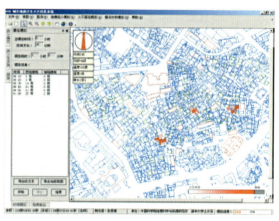

起火 1h

起火 3h

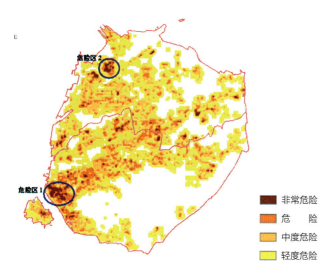

图 6-3-40　厦门市潜在地震起火危险性等级分布图

单体起火概率的时空分布计算方法，对厦门市地震潜在危险性进行评价（图6-3-40），为厦门市的规划和改造提供了科学依据。图6-3-40标识出厦门市本岛内两处面积较大的地震潜在起火危险区。这两个地区都是厦门市典型的高密度住宅区，区内人口相当密集，潜在起火源较多，建筑的建设年代较早，潜在震害比较严重。

基于热传播物理模型的城市建筑群火灾蔓延数值模型，应用具有自主知识产权的城市地震次生火灾蔓延模拟系统，对厦门市地震建筑起火情况进行预测，并实现了厦门市几万栋建筑的火灾蔓延模拟（图6-3-41），给出了震后火灾蔓延发展过程，为预测地震次生火灾以及震后灭火救援与疏散提供了重要的参考依据，提高了厦门的综合防灾减灾能力。

### （3）太原市地震次生火灾风险评估与蔓延模拟

选定太原市中心城区作为案例分析，该区域东西

起火 4h

起火 5h

图 6-3-41　厦门市地震次生火灾蔓延过程模拟

宽约 8.3km、南北宽约 3.1km，整个分析区域面积约 26km²，包含 44152 栋建筑。

起火数量 N 根据历史火灾数据统计得到。为进一步确定起火位置，根据建筑类型、建筑所含易燃物情况、建筑震害、天气条件等信息，计算每栋建筑的起火风险指数，指定风险最高的 N 栋建筑为起火建筑。其中，城市建筑震害可以通过多自由度模型进行计算得到。假定该城区发生一次重现期为 475 年的中震，计算得到起火建筑数量为 32 栋。建筑起火指数及风险最高的 32 栋建筑的分布如图 6-3-42 所示。

火灾主要通过热辐射和热羽流两种机制蔓延扩散。建筑震害将削弱房屋的抗火能力，加剧火灾蔓延。在模拟中，认为地震导致的围护材料的破坏将造成引发建筑着火的极限热通量降低，破坏越严重的建筑越容易被周围起火建筑引燃，以此考虑震害对蔓延的影响。

火灾蔓延可视化效果图如图 6-3-43 所示，三张图片分别显示了第 4h、6h、10h 时火灾情况，不同灰度直观地表达了火情发展的动态过程。烟气效果展示如图 6-3-44 所示。烟气粒子的运动有很好的可视化效果，很好地展现了城市区域内次生火灾的起火位置和严重程度，为预测地震次生火灾以及震后灭火救援与疏散提供了重要的参考依据。

此外，针对突发事件导致的建筑连续性倒塌问题，建筑结构的连续倒塌风险评估主要根据潜在的人员伤亡来确定。考虑的因素有人员密度、建筑使用功能等，用潜在人员伤亡特性表示建筑连续倒塌的风险等级，将建筑分为 I、II、III、IV 四个等级。具体而言，I 类建筑指连续倒塌后对人员生活低危害的建筑，如农业设施、临时设施和小型存储设施等；II 类建筑指提供住宿、聚集等功能的容纳小于 50 人的建筑；III 类建筑指连续倒塌后对人员生活有持续危害或显著经济损失的建筑，如容纳 300 人以上的公共建筑及 250 人以上的小学、中学和日常功能性建筑等；IV 类指城市基础功能设施和国家战略军事设施，如救援指挥中心、国防部门等。通过以上建筑分类，可以对城市不同建筑连续倒塌风险进行评估，以确定合理的抗连续倒塌策略。上述分类方法在

建筑起火指数，$r_m$

西 ← → 东

**图 6-3-42** 太原市中心城区建筑起火指数分布与起火建筑

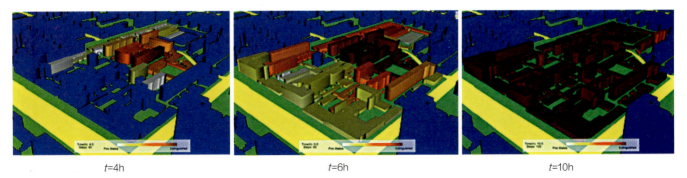

t=4h　　　　t=6h　　　　t=10h

**图 6-3-43** 太原市地震次生火灾蔓延模拟

图 6-3-44 具有烟气效果的城市地震次生火灾蔓延可视化模拟

一些重要工程防连续倒塌设计中得到成功应用，为制定防连续倒塌对策提供了依据。

### 3.5.3 城市建筑区火灾及突发事件安全风险防控建议

针对城市建筑区火灾及突发事件，应该从以下几个方面做好防控。

#### （1）建立功能分区、危险远离的消防安全布局

应对城市进行合理的整体分区布局，使居住、商业、工业、文化等各种功能分区清楚明确，避免工厂、住宅、活动场所混杂的情况，避免由于震后不同起火原因引起火灾的相互蔓延。对于人口、建筑密度都较高的中型和大型城市，如果有生产、储存易燃易爆危险物品企业位于中心城区范围，应采取改造、搬迁措施。对火灾蔓延高风险区域，如老旧建筑密集区、化工厂等，积极采取防火分隔、提高耐火性能、开辟防火间距和消防车通道等措施，改善消防条件。此外，不同分区应配有适合的消防力量，消防站布局应与安全布局相协调。

#### （2）利用河流、道路、铁路、绿化带、广场、滨水空间等构建城市防火隔离带网络

利用河流、道路、铁路、绿化带、广场、滨水空间等构建城市防火隔离带网络，有效阻断地震次生火灾的蔓延。例如，北京通州区的火灾隔离网络如图 6-3-45 所示。防火隔离带网络将城市划分为很多消防可控单元，避免了火灾的大范围蔓延。

图 6-3-45 北京通州区防火隔离带网络

#### （3）适当提高重点消防单位及城市生命线工程的抗灾性能

适当提高生产、储存易燃易爆危险物品企业等重点消防单位的抗震能力，加强抗震构造措施。同时，应保证交通、通信、供水、供电、供气等生命线工程基础设施的抗震性能。

针对建筑连续性倒塌问题，降低建筑结构连续倒塌风险的设计方法有两类：非直接法和直接法。

非直接设计方法，包含：①概念设计法，即从结构的结构方案、整体性、延性、冗余度和构造等结构设计概念来改善结构的抗连续倒塌能力或降低连续倒塌风险；②拉结强度法，即对结构构件之间的连接强度进行验算，使其满足一定的强度要求，以保证结构的整体性和备用荷载传递路径的能力。

直接设计方法，包含：①拆除构件设计法，即将结构中的部分典型破坏位置的构件拆除，通过分析剩余结构的力学响应来判断结构是否会发生连续倒塌。

如果结构发生连续倒塌，则通过增强拆除后的剩余构件的能力（承载力或延性）来避免连续倒塌，这种方法的实质是提供有效的备用传力路径，因此又称为"替代路径设计法"。拆除构件设计法根据其采用的计算方法可以分为线性静力、线性动力、非线性静力和非线性动力拆除构件设计法。②关键构件设计法，即对于破坏后无法找到合适替代路径的构件，可以将其设为关键构件进行专门的设计与加强，使其具有足够抵抗意外荷载作用的能力，保证其在意外灾害下不会发生破坏。

对于风险等级Ⅰ的建筑，不需要进行特殊的设计。对于风险等级Ⅱ的建筑，可以采用拉结强度设计法和关键构件设计法，或拆除构件设计法。对于风险等级Ⅲ的建筑，同时采用拆除构件设计法和关键构件设计法。对于风险等级Ⅳ的建筑，同时采用拉结强度设计法、拆除构件设计法和关键构件设计法。

### （4）建立多部门的城市应急管理机制

应急管理部应组织交通、通信、供水、供电、供气等部门设立地震应急小组，建立地震应急机制，地震后依据应急预案协助消防部门开展次生火灾监测、扑救、抢险救援工作。

## 3.6 城市基础设施群与生命线工程网络风险防控策略

随着国民经济的快速发展，我国城镇化率不断提高，并已突破50%的临界点。城市人口和财富的不断集中与迅速增长带来的突出问题是，自然灾害和突发事件的发生将可能导致比以往更多的人员伤亡和财产损失。如何保障城市系统运行安全，是我国城镇化发展中所面临的重大问题。因此，建立城市基础设施群与生命线工程网络的风险防控体系具有重要意义。

### 3.6.1 城市基础设施群与生命线工程网络总体风险

调查统计分析表明，现代城市规模不断扩大，功能日益综合，部分设施出现老化和事故多发的阶段性特征逐步显现。在高层建筑、老旧建筑及设施、地下空间及市政管网设施、危险品、城市生命线工程、工程建设、交通运输等方面，不同程度地存在薄弱环节，主要体现在：

① 城市建筑群，特别是早期抗震设防标准低、消防保障措施不足的老旧建筑，抗震能力弱，消防安全基础差，灾害风险突出。

② 高层或超高层建筑消防安全关键技术仍待突破，在人员疏散、防烟排烟、火灾扑救等方面有极为深刻的教训。

③ 由于老化、腐蚀、第三方干扰和温度、湿度等影响因素，供水、排水、供电、燃气、通信等基础设施，存在泄漏、火灾、爆炸、坍塌、内涝、断气、断水、断电等风险，城市生命线已成为城市"生病线"甚至"夺命线"。

### 3.6.2 城市基础设施群与生命线工程网络灾害综合防御理念

城市基础设施群与生命线工程网络风险防控应朝着"韧性"城市建设方向发展，以保证应对极端灾害、多重灾害或突发事件时城市应急功能不中断、不造成大规模的人员伤亡，城市能够在数月内基本恢复正常运行。同时，强化风险意识，从应急管理向风险管理转变。在这一理念下，加强城市基础设施群与生命线工程网络灾害应对能力建设，基本策略包括：完善城市基础设施维护管理体系，强化重大工程和重要基础设施安全管理，提升城市基础设施防灾减灾能力。

### 3.6.3 城市基础设施群与生命线工程网络灾害综合应对策略

#### （1）完善城市基础设施维护管理体系

建立系统化的城市运行安全监测传感网络，利用地面探测、空间采集、信息管理、大数据云平台系统等多种技术手段，进行基础结构化信息密集采集，健全城市基础设施运行安全与综合灾害数据库，把握重点建筑、老旧建筑、生命线工程基础设施等现状，加强动态维护和更新，加大城市基础设施全生命周期维护管理力度。

#### （2）强化重大工程和重要基础设施安全管理

持续加大重大工程和重要基础设施安全管理力度，理顺管理机制，落实管理责任，强化工程质量终身责任制；完善管理制度，构建管理体系，建立工程安全风险评估制度；推行质量安全巡检制度和安全隐患巡查制度，集中整治非法违法生产行为，坚决遏制重特大事故发生。

#### （3）提升城市基础设施防灾减灾能力

编制实施城市基础设施防灾专项规划，研究制定重大交通枢纽、大型商业广场、居民聚集区等不同类型社区防灾技术要求，推进新建社区防灾设施、避难场所与房屋建筑同步规划设计，加强老旧社区防灾规划建设，提高城市综合防灾和安全设施建设配置标准。基于大数据技术，建立智慧城市安全的信息化设计、监测预警和应急管理体系。加强消防直升飞机临时起降点、应急着陆点、取水点规划建设，加强无人机、机器人等智能防灾手段的应用。深化城市应急联动体系建设，加强高层建筑、地铁隧道、化工等消防专业和业余应急救援队伍建设，落实各类专项应急预案。构建全天候、系统性、现代化的城市运行安全保障体系。

## 本专题注释

❶ 李杰. 生命线工程抗震——基础理论与应用[M]. 北京：科学出版社，2005.

❷ 中华人民共和国国家统计局. 2016中国统计年鉴[M]. 北京：中国统计出版社，2016.

❸ 郭迅. 汶川大地震震害特点与成因分析[J]. 地震工程与工程振动，2009（6）：74-87.

❹ 李杰，刘威，陈隽，等. 汶川地震中供水管网系统破坏调查和震后重建研究[C] // 中国地震工程联合会. 纪念汶川地震一周年地震工程与减轻地震灾害研讨会论文集. 北京：地震出版社，2009.

❺ 王祥建，郭恩栋，张丽娜，等. 汶川地震燃气管网震害分析[C] // 中国地震工程联合会. 纪念汶川地震一周年地震工程与减轻地震灾害研讨会论文集. 北京：地震出版社，2009.

❻ 千龙新闻网. 央视新址附属文化中心工地火灾全程实录[OL]. http://news.ifeng.com/mainland/special/yxdahuo/news/200902/0210_5555_1004290.shtml，2009.02.10.

❼ 百度百科. 11·15上海静安区高层住宅大火[OL]. https://baike.baidu.com/item/11·15上海静安区高层住宅大火/8608055.

❽ 百度百科. 7·11武汉紫荆嘉苑小区电缆井火灾事故[OL]. https://baike.baidu.com/item/7·11武汉紫荆嘉苑小区电缆井火灾事故/18045915?fr=aladdin.

❾ 新民网. 上海地铁11号线在建工地发生火灾（组图）[OL]. http://news.sina.com.cn/c/p/2009-01-08/124017003723.shtml，2009.01.08.

❿ 刘大海，杨翠如，陶晞暝. 建筑抗震构造手册[M]. 北京：中国建筑工业出版社，2006.

⓫ 钱保国，叶志明，陈玲俐，等. 生命线工程网络系统抗震可靠性分析方法综述[J]. 自然灾害学报，2010，19（1）：122-126.

⓬ 王绍伟，王永，钱正华，等. "5.12"地震灾区供水系统受损及恢复调研与分析[J]. 中国给水排水，2009，25（20）：1-5.

⓭ 周伟国，张中秀，孔令令. 城市燃气管网的震害分析及减灾对策[J]. 土木建筑与环境工程，2009，31（4）：70-75.

⓮ 陈蕊. 防止钢筋混凝土框架结构连续倒塌的措施与方法[J]. 科技视界，2013（21）：82，108.

中国城市建设可持续发展战略研究

课题六
城市安全保障与自然灾害应对战略研究

专题 3

## 海绵城市建设与河湖联控城市洪涝防治策略

**专题负责人**　刘家宏　邵薇薇

# 第 4 章　城市洪涝灾害防治策略

## 4.1 中国城市洪涝防治中的关键问题

本节内容主要分析我国洪涝灾害的特征、城市洪涝灾害的形成机制和我国在城市洪涝治理方面的应对现状，识别当前城市洪涝防治中存在的主要问题，并秉承生态理性的价值观，从河湖连通及海绵城市建设等方面对外洪内涝防治手段进行了探讨。

### 4.1.1 我国洪涝灾害特征

我国洪涝灾害的发生总体有以下几个特征：发生频繁、时间集中、区域和流域分布明显、损失巨大❶。洪涝灾害是我国城市最主要的自然灾害之一。其中，洪是一种峰高量大、水位急剧上涨的自然现象，一般是指外洪；涝则是由于长期降水或暴雨不能及时排入河道沟渠而形成地表积水的自然现象，一般是指内涝。洪涝通常是指由于降水偏强，导致江河湖海水量泛滥，淹没城乡，或因长期降雨等产生积水和径流淹没低洼土地。当洪涝对社会经济造成损失时则成为洪涝灾害❷。洪涝是一种常见的自然灾害，不仅危及人民群众的日常生活，还会带来巨大的经济损失。

中国古代有"大禹治水"的传说，而西方有"诺亚方舟"的传说，这表明在史前时期，人类可能便遭遇过历史性或全球性的大洪水，并且几乎毁灭了刚刚萌芽的人类文明。我国是世界上洪涝灾害发生最频繁的国家之一，有 10% 的国土面积、5 亿人口、5 亿亩耕地，以及 100 多座大中城市、全国 70% 的工农业总产值受到洪涝灾害的威胁❸。在有文献记载的 2200 多年中，共发生大水灾 1600 多次。自 20 世纪 90 年代以来，我国大江大河已发生了五次较大规模的洪水，1998 年长江和松花江流域特大洪水造成的经济损失高达 2460 亿元，占同期 GDP 的 4%。

我国洪涝灾害主要有以下类型。

① 洪水袭击型。城市因暴雨、风暴潮、山洪、融雪、冰凌等不同类型洪水形成的灾害，共同特点是冲击力大。

② 城区沥水型。降雨产生的积水排泄不畅和不及时，使城市受到浸泡造成的灾害。其中，点状涝灾范围不大、积水不深，但治理分散，片状涝灾受淹面积较大，已由点连成片，线状涝灾主要分布在河道沿岸。

③ 洪涝并发型。城市同时受到洪水冲击和地面积水浸泡。

④ 洪涝次生灾害型。即由洪涝灾害引发的对城市工程设施、建筑物、桥梁道路、通信设施以及人民生命财产的损害，特别是造成城市生命线事件、交通事故、斜坡地质灾害、公共卫生事件及环境污染。

我国洪涝灾害主要分布在东部地区，有 4 个集中的暴雨多发地区，包括：①东南沿海至广西的十万大山南侧，包括台湾和海南，24h 降雨量可以达到 500mm 以上；②自辽东半岛，以及燕山、太行山、伏牛山、巫山一线以东的海河、黄河、淮河流域和长江中下游地区，24h 降雨量可以达到 400mm，太行山东南麓、伏牛山东南坡曾有 24h 降雨量 600~1000mm 或者更大暴雨的历史记录；③四川盆地，特别是川西北，常有 24h 降雨量达 300mm 以上的暴雨；④内蒙古与陕西交界处也曾多次发生大暴雨，高强度、大范围、长时间的暴雨常常形成峰高量大的洪水。在东部地区，有 73.8 万 $km^2$ 的国土面积处于江河洪水位以下，有占全国 40% 的人口、35% 的耕地、60% 的工农业总产值受到洪水威胁。

我国的洪涝灾害受气候、地理条件和社会经济因素的影响，具有范围广、发生越来越频繁、突发性强、损失大的特点。

① 范围广。除了沙漠、极端干旱和高寒地区外，我国大约 2/3 的国土面积都存在着不同程度和不同类型的洪涝灾害。年降雨量 60%~80% 集中在汛期 6~9 月的东部地区，常常发生暴雨洪水灾害。占国土面积 70% 的山地、丘陵和高原地区常常因为暴雨发生山洪和泥石流。沿海的省份和直辖市每年都有部分地区遭受风暴潮引起的洪水袭击；黄河、松花江等河流有时还会因为冰凌引起洪水。新疆、青海、西藏等地则时有融雪洪水灾害发生。水库垮坝和人为扒堤造成堤坝决口，引起的洪水灾害也时有发生。由于水土流失严重而携带大量泥沙的河流会造成河道堵塞，在汛期来临时容易引起洪涝灾害。

② 发生频繁。我国重大洪涝灾害发生比较频繁。1949 年以来，我国共发生重大洪涝灾害 22 次，平均 2.7 年一遇，除 1949 年发生 1 次外，20 世纪 50 年代为 1.7 年一遇，60 年代为 2.5 年一遇，70 和 80 年代各为 10 年一遇；20 世纪 90 年代以来的 20 年间，我国共发生重大洪涝灾害 9 次，平均 2.2 年一遇，90 年代更是为 1.7 年一遇（表 6-4-1）。从流域上看，90 年代以来，长江流域（发生 6 次）为 3.3 年一遇，淮河流域（发生 3 次）为 6.7 年一遇，珠江流域（发生 3 次）为 10 年一遇，辽河和松花江流域此 20 年间只发生了一次重大洪涝灾害。并且长江流域在唐代平均每 18 年发生一次洪涝灾害，宋元时代平均每 5.2 年发生一次，明清每 4.2 年发生一次，新中国成立以来，洪涝灾害年年都有发生，且发生规模、危害程度往往较大。

新中国各年代重大洪涝灾害次数和具体年份　　　表 6-4-1

| 年代 | 发生次数（次） | 具体年份 |
|---|---|---|
| 20 世纪 50 年代 | 6 | 1950、1951、1953~1954、1957、1958 |
| 20 世纪 60 年代 | 4 | 1960、1962~1963、1969 |
| 20 世纪 70 年代 | 1 | 1975 |
| 20 世纪 80 年代 | 1 | 1982 |
| 20 世纪 90 年代 | 6 | 1991、1994~1996、1998~1999 |
| 21 世纪 | 3 | 2003、2005、2007 |

③ 突发性强。我国东部地区往往发生强度大、范围广的暴雨灾害。由台风引起的暴雨和风暴潮造成的洪涝灾害系数也很大。而我国大江大河的中下游往往又处于我国地势的第二、第三阶梯上，发生突发暴雨或连续的强降雨时，行洪能力差。因此，洪涝灾害的突发性强，加之由于季风气候的影响，降水时间集中、强度大，有可能前几天还大面积干旱，突发一场特大暴雨也会引起洪涝灾害，一旦发生，往往造成人员伤亡和财产损失。

④ 损失大。历史上每次较大的洪涝灾害所造成的损失都较大。例如，1931 年 6~8 月，长江中上游出现了长历时大范围强降雨过程，武汉三镇平地水深丈余、陆地行舟、瘟疫流行，受淹时间长达 133 天；当时的《国闻周报》描述为："大船若蛙，半浮水面，小船如蚁，漂流四周"。1998 年我国由于夏秋季节气候异常，长江、松花江、珠江、闽江等主要江河发生了大洪水，这场洪水影响范围广、持续时间长、洪涝灾害严重，农田受灾面积达到 2229 万 $hm^2$，死亡 4150 人，直接经济损失接近 2500 亿元。从受损区域来看，我国历史上的洪涝灾害主要造成农业损失，但是近几十年来，随着社会经济的发展和城镇化步伐的加快，洪涝灾害损失的主要部分已经转移到城市，许多城市沿江、滨湖、滨海或依山傍水，有的城市位于平原低地，经常受到洪涝威胁。据统计，截至 2016 年末，我国城市数量达到 657 座，常住人口城镇化率已经达到 57.4%，其中有 639 座城市有防洪任务，占 97%。与农村相比，城市的人口和资产高度集中，灾害损失要大得多，洪涝灾害将导致交通瘫痪、工程

受损，财产损失、人员伤亡，环境污染、生态破坏，另外，还可能引发次生灾害，如瘟疫等。城市洪涝灾害发生时，城市交通、网络、通信、水、电、气等生命线工程系统受到严重影响甚至瘫痪，其灾害损失已远远大于因建筑物和物质破坏所引起的直接经济损失。人口增加和经济规模扩大导致受灾对象更趋敏感，单位面积的经济损失也在增加；据分析，在发生同等量级洪水的情况下，中华人民共和国成立初每平方公里的淹没损失为21.9万元，到20世纪90年代上升到137.3万元，增加了5倍多。

另外，从发生机制来看，洪涝灾害的特点有季节性、区域性和可重复性、破坏性和普遍性等。

① 季节性。由于我国受季风气候影响，夏季冷暖空气交替，年内降水量有季节性变化，每年汛期的月份（北方一般6~9月，南方5~8月），降水量可占全年的60%~80%，而这几个月的降水又往往是几次大暴雨的结果。年降水量的集中，加上流域下垫面的植被生态系统调节能力不足，常常形成大的洪涝灾害。降水的年内及地区间的高度不均衡和集中，常常导致下列不利情况发生：出现大洪水的概率较大；北方总降水量虽小于南方，但北方降水量在年内的集中程度和年际变化幅度之大都超过南方，所以在北方，河流出现大洪水的概率也较大。

② 区域性和可重复性。我国大的洪涝灾害多发生在七大江河流域，即长江、黄河、淮河、海河、辽河、松花江、珠江流域，几乎每年都有洪涝灾害发生，只不过在规模、类型上有所不同，重复性强。

③ 洪涝灾害具有很大的破坏性和普遍性。洪涝灾害不仅对社会有害，甚至能够严重危害相邻流域，造成水系变迁。并且，在不同的地区均有可能发生洪涝灾害，包括山区、滨海、河流入海口、河流中下游以及冰川周边地区等。

## 4.1.2 城市洪涝成因分析

### （1）我国城镇化发展情况

联合国人居署发布的《2011世界人口状况报告》指出，到2011年底，世界约50%的人口居住在城市，预计到2050年城市人口将从2011年的36亿增长到63亿，总人口将从70亿增长到93亿，即未来

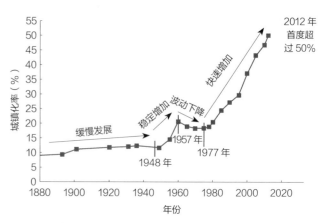

**图6-4-1　我国1880年以来城镇化发展变化情况**

城市化进程将继续加快，城市人口持续增加，特别是发展中国家和地区城市人口增长最为显著。而我国城镇化正在经历快速发展阶段。1980年，中国首次规定人口100万以上的城市（全部非农业人口）为特大城市。目前，中国进入了城镇化高速发展的阶段，全国城镇化率从2000年的36.22%增加到2016年的57.4%，其中2012年我国城镇化率首次超过50%，京津、长三角、珠三角等地区甚至接近或超过了80%（图6-4-1）。

2010年《中小城市绿皮书：中国中小城市发展报告》指出，市区（包括中心城区和近郊区）常住非农业人口300万~1000万为特大城市（市区常住总人口）。2014年《国家新型城镇化规划（2014—2020年）》对城市规模划定标准进行了重新设定，将超过500万人的城市（市辖区常住总人口）认定为特大城市。根据2010年第六次全国人口普查（10年一次）结果，按市辖区常住总人口计算，人口2000万以上的城市1座，人口1000万~2000万的城市5座，人口500万~1000万的城市10座。2014年《国家新型城镇化规划（2013—2020年）》颁布实施，城镇发展要求由速度扩展转向质量提升。2016年我国的城镇化率已经达到57.4%，根据相关规划，在2050年前后，中国人口达到高峰时，总人口为16亿左右，届时城镇化水平将接近70%，全国将会有10亿左右人口生活在城市（图6-4-2）。

总体而言，我国正处在城镇化的高峰期，人口和财富不断向城市集中，预计未来一段时间仍将保持每年2000万左右的城市人口净增长，城市空间面积也将持续扩展（表6-4-2）。

### （2）城市洪涝灾害情况

城镇化在一定程度上增大了人类社会与生态环境

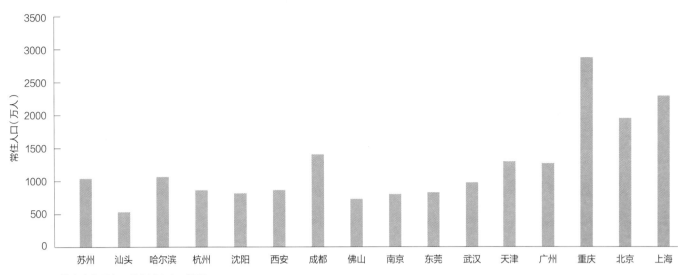

图 6-4-2  第六次全国人口普查城市人口情况

**我国 135 座主要城市空间扩展度**　　　　　　　　　　　　　　　　　表 6-4-2

| 年代 | 主城区面积（km²） | 面积扩展度（%） | 平均单一城市面积（km²） | 面积扩展度（%） |
| --- | --- | --- | --- | --- |
| 20 世纪 70 年代末 | 4278 | 0 | 32 | 0 |
| 20 世纪 90 年代初 | 7671 | 79 | 57 | 80 |
| 2000 年 | 14512 | 239 | 100 | 217 |
| 2007 年 | 21821 | 410 | 162 | 411 |

之间的相互作用，从而引发一系列的社会—环境—生态问题。城镇化的快速发展给城市水问题带来新的挑战，城市水问题已经处于从渐进累积到突变激增状态，已经进入城市水安全问题的高风险期。城市扩张改变了城市水循环过程，导致极端降水事件增多，径流系数和径流量增加、城市暴雨洪涝风险增大❹。在全球变化的大背景下，伴随着我国城镇化的快速发展，城市洪涝灾害问题日趋严重，并有进一步加剧的倾向，成为制约我国经济社会持续健康发展的突出瓶颈。近几年，每逢雨季，各地城市轮番上演"城市看海"的景象，并造成严重的洪涝灾害和人员伤亡及财产损失，近年来我国主要暴雨事件如表 6-4-3 所示。

根据 2010 年住房和城乡建设部在全国范围内组织的对 351 个城市的调研结果，2008~2010 年，全国有 213 个城市发生过不同程度的积水内涝灾害，占

**近年我国主要暴雨事件**　　　　　　　　　　　　　　　　　　　　　　　　　　　　表 6-4-3

| 日期 | 地点 | 暴雨洪涝灾害损失情况 |
| --- | --- | --- |
| 2007.07.16 | 重庆 | 发生 100 年一遇暴雨洪水灾害，全市有 22 个区县受灾，受灾 272.35 万人，死亡 10 人，失踪 5 人，伤病 128 人，紧急转移安置 11.31 万人 |
| 2007.07.18 | 山东 | 遭遇超强特大暴雨袭击，造成 34 人死亡，33 万人受灾，直接经济损失约 13 亿元 |
| 2010.05.07 | 广州 | 发生暴雨洪涝灾害，死亡 6 人，全市受灾人口超过 3 万，中心城区 118 处地段出现严重内涝水浸，造成城区大范围交通堵塞 |
| 2011.06.23 | 北京 | 24h 降水量 129mm，导致全城交通瘫痪，地铁停运，造成 3 人死亡 |
| 2011.10.07 | 海南 | 降水量 261.4mm，突破历史记录，全省受灾人口达到 164.8 万，转移群众 21.3 万人 |
| 2012.07.21 | 北京 | 遭遇 61 年来最强暴雨及洪涝灾害，造成 79 人死亡，160 万人受灾，经济损失 116 亿元 |
| 2013.09.21 | 上海 | 近 3 年来首次拉动最高等级红色预警，地铁进水、小区积水、40 多条道路积水超过 50cm，交通几乎瘫痪 |

续表

| 日期 | 地点 | 暴雨洪涝灾害损失情况 |
|---|---|---|
| 2013.10.07 | 浙江余姚 | 遭遇100年一遇的降水，强降水导致城区有70%以上的地区受淹7天以上 |
| 2014.05.11 | 深圳 | 连续遭遇暴雨袭击，全市出现约300处道路积水，部分地区积水超过1m，约2500辆汽车受淹 |
| 2015.06.26 | 南京 | 南京市暴雨，机场高速公路受淹封闭，多所大学被淹，被戏称都改名为"河海"大学 |

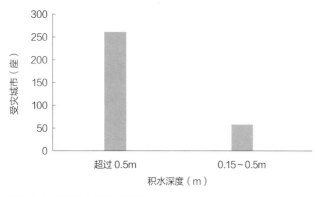
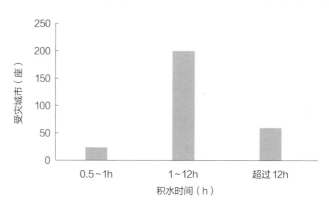

图 6-4-3 我国城市洪涝特性统计

调查城市的62%，内涝灾害一年发生3次以上的城市有137座，甚至扩大到干旱少雨的西安、沈阳等西部和北部城市；内涝灾害最大积水深度超过50mm的城市占74.6%，积水深度超过15mm的超过90%；积水时间超过半小时的城市占78.9%，其中有57座城市的最长积水时间超过12h；逢大雨必涝，现已成为很多大城市的通病。据住房和城乡建设部资料显示，2007~2015年，全国超过360个城市遭遇内涝灾害，且主要由暴雨内涝造成每年受淹城市都在百座以上，年洪灾损失与受淹城市数量居高不下，其中2010年（258座）、2012年（184座）和2013年（243座）的水灾损失堪比发生特大流域性洪水灾害的1998年（图6-4-3）。

总体而言，我国城市洪涝灾害呈现发生范围广、积水深度大、积水时间长的特点，并且洪涝影响严重，损失巨大；而城市的防洪排涝已成为中国防洪排涝体系的一个突出短板，严重威胁了城市人民生命财产安全，对城市形象也造成了极为负面的影响。

### （3）城市洪涝主要成因

城市洪涝的形成是一个人与自然相互作用的复杂系统，其发生和危害与当地的自然环境和社会环境以及人为因素有着密切的关系❺。产生城市洪涝问题主要有以下8个原因。

① 气候变化导致极端气象事件频发，导致极端降水增加。观测表明，近50年来，全国最大1天、3天雨量增减不明显，但短历时暴雨强度增加，极端降水日数也在增加，这是城市洪涝频发的气象原因。

② 城市雨岛效应增强了城市暴雨频率和强度。观测表明，在市区及城市下风方的地区有降水量增多的现象。根据上海汛期（5~9月）平均降水量分布图，最大降水量中心位于市区，向外逐渐减小，市中心的降水比郊区多约60mm。其他城市也观察到相似的结果。

③ 城市建设快速扩张侵占行洪通道和雨洪调蓄空间。河道行洪能力减弱，雨水调蓄能力减小。例如，北京市区的水面比例由5%降低到2%左右，历史上良好的水系和众多的湖泊现在只能在名字上体现：水碓子、苇子坑、苇子沟、南洼子、北洼子、将台洼等。武汉近20年来南湖和东湖等水域变化也是城镇化建设影响的缩影。

④ 城市下垫面硬化改变地表径流数量和过程，影响产汇流的比例。据相关学者分析，当地表不透水面积增加时，地表径流占降水的比例将有显著提升，而入渗的比例则有所下降（表6-4-4）。

⑤ 城市排水管网规划设计标准偏低，包括现状城市排水管设计标准和实际已建成的管网，其排水能力均偏低。《北京城市总体规划（2004年—2020年）》规定雨水管道设计标准一般地区1~3年一遇，重点地区3~5年一遇，设计施工时往往都按下限进

下垫面状况及对应的水循环
要素的大致分配    表 6-4-4

| 下垫面情况 | 蒸散发比例 | 浅层入渗比例 | 深层入渗比例 | 地表径流比例 |
| --- | --- | --- | --- | --- |
| 天然植被覆盖 | 40% | 25% | 25% | 10% |
| 10% 不透水面 | 38% | 21% | 21% | 20% |
| 30%~50% 不透水面 | 35% | 20% | 15% | 30% |
| 75%~50% 不透水面 | 30% | 10% | 5% | 55% |

行，仅天安门广场和奥林匹克森林公园附近的排水管线能达到5年一遇标准。而北京市近年经常出现大于70mm/h降雨，其重现期都在20年以上，可以看出城市排涝能力显然不足。而纽约市防洪标准是10~15年一遇，东京是5~10年一遇，巴黎是5年一遇。

⑥ 城市大量下凹式立交桥形成了大量洪涝易发频发点。对于城市立体交通，下凹式立交桥导致的易涝点比较多。由于排水标准低、规划和建设过程中未与城市降水产流机制较好结合等原因，下凹式立交桥、涵洞等形成易涝隐患。例如，2012年北京"7.21特大暴雨"，城市大量下凹式立交桥成为主要积水点，三环路安华桥、十里河桥、方庄桥、北太平庄桥、玉泉营桥、丽泽桥、六里桥等发生积水，导致主路断路，四环路岳各庄桥、五路桥等也发生积水断路情况。

⑦ 城市内排与外排的不衔接，导致内外排水不畅。城市外部排水河道泄水能力有限也是导致城市内涝的重要原因。例如，北京2012年的"7.21特大暴雨"，丰益桥的桥下积水用水泵抽取后，排向200多米外的丰草河，但丰草河尚未达到应对20年一遇洪水标准的要求，河水暴涨导致顶托出现倒灌，加剧立交桥下积水。

⑧ 城市洪涝应对管理不完善，也是导致城市洪涝灾害产生的一个重要原因。许多城市还存在管道淤塞加剧、人为堰堵排口、许多雨箅子堵塞、清通维护不及时等问题。另外，管道建设、维护、河道管理分属不同部门，存在职责不落实、管理协调等问题。同时，应急预案不完善，预警体系不健全。

### （4）城市洪涝形成机理

从机理层面，城市洪涝的成因主要在于源头（气候降水特性）和受体（下垫面特性），一个是变化环境对城市暴雨特性产生了一定的影响，另一个是城市下垫面的改变对产汇流机制产生了影响。

1）变化环境对城市暴雨特性的影响

在全球变暖和城镇化发展的共同影响下，城市暴雨特性发生了明显变化。早在1968年，美国科学家Changnon建议发起并实施了大城市气象观测试验计划（Metromex 计划），试验结果指出城市对夏季中等以上强度的对流性降水的增雨效果显著，并提出了城市增强降水机制的假说。中国科学院大气物理研究所的有关研究指出，城镇化导致降水在城市上风向和下风向都有所增加，增加约30%左右。城镇化对锋面降水过程的影响最为明显，使得锋面系统提前到达城区并延缓了锋面在城区的移动，最终导致城区及其边缘地区的降水时间延长1h。另外，随着城市的扩张，总降水量超过250mm以及强度超过40mm/h的降水出现的频率随之增加，这也使得城市内涝出现的风险增加。水利部应对气候变化研究中心据1981~2010年与1961~1980年资料对比分析，在长三角地区，城市暴雨天数增幅明显高于郊区；城区和郊区暴雨日数增幅，苏州市为30.0%和18.0%，南京市为22.5%和11.0%，宁波市为32.0%和2.0%。

全球变暖一方面导致水文循环过程加快，海洋蒸发增加。另一方面，由于大气温度上升，大气的持水能力增强，在气温20~30℃，温度每升高1℃，大气含水量可提高1%；大气的持水能力增强，需要更多的水汽，大气才能达到饱和，形成降水条件。由于空气中水分含量较大，一旦发生降水，降雨强度就会比以往大。此外，潮湿和温暖的大气稳定性较差，也易形成暴雨过程。在2015年3月发布的《中国极端天气气候事件和灾害风险管理与适应国家评估报告》指出，中国极端天气气候事件种类多、频次高、阶段性和季节性明显、区域差异大、影响范围广。近60年中国极端天气气候事件发生了显著变化，高温日数和暴雨日数增加，极端低温频次明显下降，局部强降雨和城市洪涝增多，北方和西南干旱化趋势加强，登陆台风强度增大，霾日数增加。中国群发性或区域性极端天气气候事件频次增加，范围有所增大。

城镇化对城市暴雨特性的影响主要有以下方面：①热岛效应。在现代化的大城市中，除了数百万人日常生活所发出的热量，还有工业生产、交通工具散发的大量热量；此外，城市的建筑群和沥青路面热容量大，发射率小，能有效储存太阳辐射热。据估算，城市白天吸收储存的太阳能比乡村多80%，晚上城市降温缓慢。因此，城镇化的发展导致城市中的气温高于外围郊区（可高2℃以上），在温度的空间分布上，城市犹如一个温暖的岛屿，即城市热岛效应。城市大气温度高，增加了大气的持水能力和大气的不稳定性，增加了城区降雨的概率和强度。②凝结核增强作用。城市大气污染物上升，空气中污染物粒子浓度增加，污染物粒子产生凝结核增强效应，起到了水汽凝结催化剂的作用，增加城区的降雨概率和强度。③微地形阻碍效应。暖湿空气运动过程中，遇到城市高楼大厦群，在爬升过程中，上升冷却，增加降雨的可能性。在上述3种效应的影响下，出现市区降雨强度和频率高于郊区的现象，即城市"雨岛效应"。有关研究表明，城市热岛效应、凝结核效应、高层建筑障碍效应等的增强，使城市的年降水量增加5%以上，汛期雷暴雨的次数和暴雨量增加10%以上。上海市徐家汇气象站，根据1916～2014年资料统计（有小时降水记录以来），小时降水机制变化总体趋向增大，特别是1949年以来，增大趋势明显（2.72mm/h/10年），尤以近期（1981～2014年）增大趋势（6.60mm/h/10年）最为显著（图6-4-4）。根据上海市1981～2014年小时强降水时间的变化趋势分析，呈现出明显的城镇化效应特征：市区浦东和徐家汇气象站及近郊增加趋势明显，线性趋势为每10年增加0.5～0.7次。上海地区各气象站总的强降水事件频数呈增加趋势（图6-4-5），表明强降水事件更集中于城区与近郊。

2）城镇化发展对城市洪涝灾害的影响

城镇化的快速发展导致流域下垫面的剧烈变化，直接影响到流域的产汇流规律和对洪水的调节作用，同时随着社会财富向城市的聚集，使得洪涝风险的暴露度大幅度提高，城市的洪水灾害风险显著上升。

一方面，城镇化对流域水文特性产生了影响：①城镇化使得大片耕地和天然植被被街道、工厂和住宅等建筑物所代替，下垫面的滞水性、渗透性、热力状况均发生明显变化。集水区内天然调蓄能力减弱，这些都促使市区及近郊的水文要素和水文过程发生相应变化。②城镇化增加了地表暴雨洪水的径流量。城镇化的结果使地面变成了不透水表面，如路面、露天停车场及屋顶，而这些不透水表面阻止了雨水或融雪渗入地下，降水的损失水量减少，径流系数显著提高。下垫面硬化将明显减少流域的蒸散发量，也增加流域的径流量。不透水面积比与径流深和径流系数呈明显的正相关关系。另一方面，城镇化的地面硬化，由原来

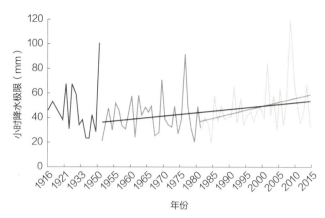

图6-4-4　上海徐家汇气象站近100年小时降水极值变化过程

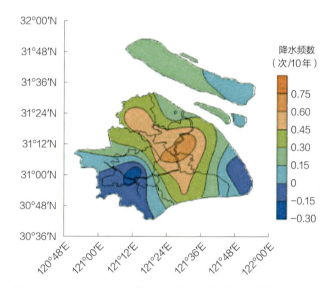

图6-4-5　1981～2014年上海小时强降水事件频数变化趋势

多样化的土地利用（植被、林地、花草、农田等）变为灰色或黑色的道路和广场，流域地表的糙率降低。此外，城镇化使得流域汇流呈现坡面和管道相结合的汇流特点，明显降低了流域的阻碍作用，汇流速度将显著加快，水流在地表的汇流历时和滞后时间大大缩短，集流速度明显增大，城市及其下游的洪水过程线变高、变尖、变瘦，洪峰出现时刻提前，城市地表径流量大大增加。

另外，城镇化对洪涝风险产生了一定的影响。城镇化除了上述对暴雨及流域水文特性的影响之外，还有以下3方面影响：①城市扩张导致耕地、林地大量减少，湿地、水域衰减或破碎化，水量调蓄能力降低，洪水长驱直入，导致城区洪涝严重。以2013年浙江余姚洪涝为例，1985年县改市之前，余姚周围都是稻田，山上下来的洪水由水稻田天然拦蓄调节，现在水稻田变成了广场和沥青道路，山上洪水直接冲击市区，这是该市2013年70%的城区淹没7天以上的重要原因。②城市建设改变了城市排水方式和排水格

局，增加了排水系统脆弱性。部分河道被人为填埋或者暗沟化，河网结构及排水功能退化；道路及地下管道基础设施建设破坏了原来的排水系统，管道与河道排水之间的衔接和配套不合理，排水路径变化，排水格局紊乱，排水系统不完善。③城市微地形有利于洪涝的形成，城市建有大量的地下停车场、商场、立交桥等微地形有利于雨水积聚和洪涝的形成，也是城市洪涝最为严重的地点。

## 4.1.3 城市洪涝治理应对现状

### （1）城市洪涝灾害频发、损失重大的情势对城市洪涝防治提出了新的要求

城市洪涝防治，也是城市健康发展的内在动力和需求。我国2012年城镇化率首次超过50%，城市发展对"提质"的需求增加；经济社会发展已到了要关注包括城市排水在内的城市设施水平的阶段。美国在1972年以前没有内涝防治体系，之后由于合流制污染和城市内涝等原因，开始规划建设大排水系统；澳大利亚在1974年前没有内涝工程体系，由于1974年的大洪水等原因，1975年开始规划建设城市内涝体系；中国香港在1989年成立排水署前也曾经饱受内涝困扰，后开始大力治理，成效显著[7]。2012年7月21日，北京发生特大暴雨，随后7月25日，在国务院常务会议上，要求有关部门要认真总结、深刻反思，并且在8月1日，时任总理温家宝批示住房和城乡建设部及国家发展改革委要抓好城市排水和内涝防治工作。为了防止此类事件再次发生，2013年3月25日，国务院办公厅发布《关于做好城市排水防涝设施建设工作的通知》（国办发〔2013〕23号）指出：2014年底前要编制完成城市排水防涝设施建设规划，力争用5年左右时间完成雨污分流改造，用10年左右时间建成较为完善的城市排水防涝工程体系。同时，国务院明确了城市人民政府在城市排水防涝方面的主体责任，并将城市排水防涝工作纳入政府工作绩效考核范围。

由以上可知，随着城市洪涝灾害的频发，国家和社会层面对城市洪涝防治产生了迫切需求，从国家到整个社会，对城市洪涝灾害有了越来越深刻的认识，城市排水防涝工作刻不容缓。

### （2）社会经济发展为城市洪涝灾害防治提供了必要的经济支撑

随着社会经济的快速发展，我国目前也有了更强的经济能力来应对城市洪涝灾害。2013年国务院政府工作报告指出，要着力优化财政支出结构，中央预算内投资主要投向保障性安居工程，农业、水利、城市管网等基础设施，社会事业等民生工程，节能减排和生态环境等领域。城市管网的投资历来都是地方政府的事权，这是历史上第一次将城市管网建设作为中央预算内投资的主要方向。未来数年将至少有1万亿～2万亿元投入到城市排水和内涝防治上。

### （3）城市洪涝灾害防治技术与理念的进步

2013年底，我国从国家层面提出了要建设海绵城市[8]。2014年住房和城乡建设部出台了《海绵城市建设技术指南——低影响开发雨水系统构建》。从2015年开始我国陆续推出了第一批（16个）和第二批（14个）国家海绵城市建设试点，共计30个。2016年住房和城乡建设部印发了《海绵城市专项规划编制暂行规定》，要求设市城市均需编制海绵城市专项规划，海绵城市建设已经成为从上至下的全国范围的行动。另外，目前也在逐步加深河湖水系统在城市洪涝防治方面的认识，在海绵城市专项规划中一般也要综合考虑生态水系的作用影响和治理修复。

近年来，城市洪涝预警预报水平也在提高。我国正在大力投入加强城市水文、气象站网建设，改善监测手段，加大监测密度，增加雨量遥测站点，提高城市暴雨预测精度，延长暴雨预见期。同时，也在加强城市防汛工作的信息化建设，以期未来能实现对城市低洼地区、立交桥、泵站出水口、主要道路及桥梁和排洪河道水位变化情况的数字化管理与实时监控，并将配置必要的移动视频监测车，为城市防洪排涝工作提供及时、准确、全面的信息。

## 4.1.4 城市洪涝防治中的问题

由以上分析可以看出，我国城市洪涝灾害面临的风险和挑战形势严峻，目前政府层面已经在大力推进城市洪涝防治的措施和方案，学术层面也在深入思考城市洪涝防治的策略和技术。结合本课题研究，以及

后面所要引出来的海绵城市建设和河湖联控在城市洪涝防治中的作用，以下提出目前在城市洪涝防治中仍然存在的关键问题，包括以下方面。

① 排水防涝基础设施仍然相对薄弱。改革开放以来，我国城市建设成绩斐然，但地下基础设施这些看不到的部分，投入严重不成比例。在财力有限的时候，地方政府更多关注地上建设而不是地下部分。此外，城市洪涝防治中要重视工程措施和非工程措施并举。工程措施主要包括城市排洪工程和防洪工程，是保证城市安全的重要基础；非工程措施主要包括监测预警调度、应急管理、保险制度等，也应进行研究，尤其对于我们的弱项和短板，要分析反思、提出建议。目前"智慧城市"的建设对于非工程措施建设具有重要意义，而在气候变化的背景下，城市防洪排涝的设施应对依旧是个难题。

② 城市河湖水系蓄水能力急剧下降。城市中大量原有的河湖水面经过大规模改造，已基本失去了雨水调蓄作用。水泥地面大量硬化，严重影响了城市蓄水。另外，河流水系上下游防洪排涝关系应该如何处理，也依旧是个难题。随着城市的发展，洪水要跨过城区，便只能通过深隧的办法，这需要与地下空间和地下管网建设相结合。雨污分流是一个整体建设的问题，要加强末端处理能力，坚持达标排放，否则仍解决不了污水问题。

③ 城市排水规划管理和标准设计不完善。主要是指目前城市防洪排涝规划、排水设计标准、城市洪涝标准、城市排水管网布设均存在一些问题。规划是否合理，能否执行，各部门（水利、市政）之间的（城市防洪标准、室外排水规范、管网设计标准、雨水控制规范等）标准衔接问题依然没有理顺。水利上对暴雨的计量，一般以小时为间隔，24h降水一般采用20年、50年、100年、200年一遇来统计评价分析，市政雨水管道则采用多个样法，一般评价2年一遇，最多是5年、10年一遇的雨水管网设计。水利和市政上这些标准之间的关系，如何理顺和衔接以真正解决城市暴雨问题，还有待进一步思考。而且我国没有城市内涝控制标准，以往水利上所说的内涝标准是针对农作物耐淹程度而定，并不适用于城市内涝。而管道标准一直偏低，所以还需要构建和完善城市洪涝防治标准体系，理顺内涝防治标准、雨水管道规划设计标准、内河治理标准、雨水控制与利用标准等与防洪标准的衔接关系（表6-4-5）。

④ 洪、涝的组合问题尚缺乏科学评价和有效应对措施。例如，城市外围遭遇100年一遇的洪水，而城市又遭遇100年一遇的暴雨，这个洪水和涝水组合关系的评价与应对措施，是否应该和单独的城市100年一遇暴雨时的措施有所区别，洪水的水位过程线与当地城市内的涝水是怎样的遭遇关系，对于洪、涝从学科或标准上怎么去组建和匹配，目前处理措施并不是很清晰，需要进一步明确和研究。在外洪内涝的应对上，一般而言，海绵城市主要是针对城市内涝的防治，河湖连通主要是针对城市洪水的防治，二者之间的内在联系和相互关联作用也有待进一步优化设计。

⑤ 海绵城市建设中尚有诸多问题需要进一步完善。目前对于首批海绵城市试点来说，海绵城市建设工作已经开展了3年多，在实际操作方面也遇到一些不同方面的问题。例如，在指标方面，海绵城市建设的首要控制指标被定位为年径流总量控制率，而对于洪水峰值控制其实很难，其成效还有待进一步关注，另外，海绵城市指标如果再加上水生态修复和水污染防治的指标，又显得笼统化，海绵城市能否"包打天下"，将内涝、黑臭水、生态的问题都解决，还有待进一步商榷。例如，在操作方面，目前新老城区都在进行雨污分流改造，其中老城区在改造过程中也出现了各种各样的难题和问题，所以雨污分流改造是否科学合理还有待进一步论证。另一方面，注重局部成效的碎片化设计是当前海绵城市建设中的突出问题，为了"海绵"而建设"海绵"。目前的建设中对景观设计考虑较多，对水系统的相互连通考虑不够，各自独立的海绵体既难以解决城

**防洪排涝标准之间的关系示意（年）**　　　　　　　　　　表6-4-5

| 《室外排水设计规范》GB 50014—2011 | | 《城市排水（雨水）防涝综合规划编制大纲》 | |
|---|---|---|---|
| 一般地区 | 1~3（0.5~3） | 大中城市 | 50 |
| 重要地区 | 3~5 | 地级市 | 30 |
| 特殊要求 | 10（新增） | 其他城市 | 20 |

市洪涝问题，也不能根本解决水的问题。因此，应将河湖连通和海绵城市建设相结合，通过河湖连通，将独立的海绵体连成一个大的水系统，综合考虑城市防洪、生态环境、水资源、水安全等问题。目前城市水的治理由水利、城建、应急、海洋局等多部门进行管理，"九龙治水"现象严重，各部门之间技术标准也不完全一致。对于海绵城市建设中目前存在的问题应进行反思，考虑不同的气候、地域特点，科学合理地设定相关技术标准。

⑥ 城市洪涝防治应结合国情特点。中国的季风区气候特点导致降雨的空间分布非常不均匀，水旱灾害频繁发生，特别是城市洪涝问题越来越突出。因此，要高度重视城市洪涝防治问题，结合国情特点，在城市设计中既要有低影响开发的理念，同时也要避免从单纯依赖灰色基础设施走向仅强调绿色基础设施的极端。要重视城市的安全，系统化融合多尺度海绵设施，竖向上融合建筑层面、地表层面和地下层面的设施建设，横向上融合点尺度、线尺度和面尺度的设施建设，综合解决好城市、区域和流域的洪涝问题，树立正确的城市治水理念。此外，要适当加强城市其他灾害防治方面的研究。另外，要在保障安全的前提下综合考虑洪水的资源化利用、生态修复、生态保护等问题。

## 4.2 海绵城市建设与河湖联控对城市洪涝防治的作用

本节在介绍国外雨洪管理经验的基础上，分析了我国海绵城市和河湖联控的内涵及其发展历程，并针对海绵城市和河湖联控对城市洪涝的防治作用进行了分析，同时也对海绵城市与河湖联控对外洪和内涝的联合防治作用进行了评述。

### 4.2.1 国外雨洪管理经验

传统的雨洪管理是进行水量控制，如今，发达国家的雨洪管理已经过渡到了水量与水质并重管理的阶段。进一步推进雨水的收集利用，促进雨洪管理设施和城市景观的有机融合，以实现城市发展和水环境的和谐与可持续发展，是未来城市的发展方向❾。

### （1）英国

近年来，英国政府愈发重视通过雨水收集来缓解洪涝灾害的问题。英国政府主要从以下几方面着手。

① 在居民区建立雨水收集和利用系统。英国政府通过立法等手段，促进了家庭雨水回收系统的普及。家庭雨水回收系统可将屋顶的雨水直接收集，经过滤净化后存入地下储水罐中，以满足绿化、洗衣、冲厕等非饮用水的需求。

② 在社区和商业建筑区建立雨水收集和利用系统。在鼓励家庭雨水回收利用的同时，英国政府也在积极推进社区和大型商业建筑区雨水收集利用系统的建设工作，其中伦敦奥林匹克公园是典型的案例。伦敦奥林匹克公园目前已建立了完善的雨水收集系统和中水回用系统，所收集的雨水和中水不仅能满足自身绿化用水的需要，还可以供给周边街区的住户使用，使得周边街区居民自来水用量大幅度下降（下降约40%）。

③ 建立大型蓄水工程。英国水务公司通过在大伦敦区周边修建众多大型蓄水湖，大幅提高了大伦敦区的抗洪能力，同时使该区降水得到充分利用。

英国还发展了可持续排水系统（SUDS）。英国环保局定义"可持续排水系统"包括对地表水和地下水进行可持续式管理的一系列技术，其设计理念遵循三大原则：排水渠道多样化，避免传统下水管道是唯一排水出口；排水设施兼顾过滤，减少污染物排入河道；尽可能重复利用降雨等地表水。SUDS主要通过四种途径"消化"雨水、减轻城市排水系统的压力：一是对雨水进行收集，将从屋顶、停车场等流下来的雨水就地或在附近用水箱储存起来再利用；二是源头控制，新开发和重新开发项目都要确保尽可能将地表水保留在其源头，方法是建设渗水坑、可渗水步道以及进行屋顶绿化等；三是指定地点管理，把从屋顶等流下来的雨水引入水池或洼地蓄水池；四是区域控制，利用池塘或湿地吸纳一个地区的雨水。

### （2）美国

美国雨洪管理的建设内容主要有三项，即最佳管理措施、低影响开发和绿色基础设施。①最佳管理措施（BMPs）分为工程措施和非工程措施（管理措施），主要是通过控制雨水径流水量和水质，以实现生态可持续发展；②低影响开发（LID）主要是在开发过程中，通过模仿自然状态下的水循环和径流状态，使开发地区尽量接近于自然形态，以最大限度地降低开发活动对水循环的影响；③不同组织机构对绿色基础设施的定义有所不同，简单来说，绿色基础设施（GI）是由湿地、园林、森林、乡土植被等各种自然区域和敞开空间一同构建的绿色空间网络。

BMPs（Best Managements Practices）这一术语是在20世纪70年代提出。由于当时国会拒绝了根据1972年颁布的《清洁水法》处理城市雨水的需要，1979~1983年美国环境保护局（EPA）开展了国家城市径流计划，在此过程中BMPs被提出和应用。到90年代初，BMPs在美国、欧洲、澳大利亚和世界其他地区应用已经很普遍。然而，几乎没有BMPs措施设计出国家级的标准，这可能是由于当地下垫面和土壤水文特征的广泛变化影响设计规范。这并没有阻碍BMPs的发展，在实际发展过程中，美国编制了BMPs数据库，并于2011年将其写入《清洁水法》。起初BMPs的主要作用是控制非点源污染，发展到现在BMPs已经注重利用综合措施来解决水质、水量和生态等问题。

LID（Low Impact Development）于20世纪90年代在美国被提出，主要用于城市暴雨最优化管理实践。LID融合了经济、环境、发展等元素，是一种基于经济及生态环境可持续发展的设计策略。其目的是维持区域天然状态下的水文机制，通过一系列分布式措施创造与天然状态下功能相当的水文和土地景观，减轻城镇化地区水文过程畸变带来的社会及生态环境负效应。LID设计目标的实现途径为：最大限度地降低雨洪径流对城市的影响。其技术主要包括减少城市的不透水性面积、保护天然自然资源和生态环境、维持天然的排泄河道、减少排泄管道的应用等。通过一系列的截流、滞流等径流调控措施使得径流均匀地分布在整个区域，消减其集中性，维持天然状态下径流的汇流时间，并对排泄量进行调控。实施有效的公众培训，鼓励土地拥有者利用污染控制措施并保护现有具备水文调控功能性的土地景观。LID的主要措施包括：保护和修复城市天然河湖（river & lake restoration），生物滞留池（bio-retention），草地渠道（grass swale），植被覆盖（vegetative roof covers），透水性路面。近年来，LID发展到生命周期评价研究领域。

GI最早于1999年由美国保护基金会和农业部森林管理局组织的"GI工作组"提出，该小组将绿色基础设施定义为"自然生命支撑系统"，即一个由水道、绿道、湿地、公园、森林、农场和其他保护区域等组成的维护生态环境与提高居民生活质量的相互连接的网络。绿色基础设施关注城市自然生态和绿色空间，旨在通过绿色基础设施框架的构建来突破传统生态保护的局限性，最终实现生态、社会、经济的协调和可持续发展。

### （3）澳大利亚

20世纪90年代，以墨尔本为首的城市已拥有完善的雨洪分流体系和污水处理设施，并已能很好地控制城市点源污染的排放，但城市纳污河道却并未转变为人们所期待的生态型河道。2004年，澳大利亚政府出台《全国水资源协定》，提出了"水敏感性城市"（WSUD）的设计理念，其核心是将城市规划和设计与城市水循环紧密结合，使开发活动对区域水文环境的影响降到最低。在此理念主导下，墨尔本等城市在海绵城市的建设方面取得了显著成效。

澳大利亚水资源委员会定义"水敏感性城市"（Water Sensitive Urban Design，WSUD）是从城市规划的各阶段将城市开发建设与城市水循环相结合的一种城市规划新途径。WSUD综合考虑城市防洪、基础设施设计、城市景观、道路及排水系统和河道生态环境等，通过引入模拟自然水循环过程的城市防洪排水体系，达成城市发展和自然水环境的和谐共赢。WSUD体系视城市水循环为一个整体，使雨洪管理、供水和污水管理一体化。WSUD的主要原则为：一是保护城市范围内流域的自然生态系统（河流、湿地等）；二是通过改善城市排放的雨水径流水质，保护地表和地下水；三是通过在景观设计中结合雨水处理系统，将雨水处理融入景观特征，提供多功能用途；四是通过在线短时期的储存（包括回用）减少城市峰值流量，尽可能减少不透水区域；五是减少排放到自然环境中的污水量；六是将雨水作为一种资源进行收集回收作为非饮用水用途，降低供水管网系统的需求。目前澳大利亚要求，2hm²以上的城市开发必须采用WSUD技术进行雨洪管理设计，其主要设计内容包括：控制径流量，开发后防洪排涝系统上下游的设计洪峰流量、洪水位和流速不超过现状；保护受纳水体水质，水质处理目标根据下游水体的敏感性程度确定；雨洪处理设施融入城市景观，力求功能和景观的融合；增加雨水收集回用。

### （4）新西兰

新西兰城市与欧美城市一样，历经城市美化运动（City Beautiful Movement）、田园城市（the Garden City）等城市建设运动之后，目前，新西兰城市设计普遍运用"低影响的城市设计与发展"（low impact urban design and development, LIUDD）政策。与美国的 LID 相比，两者的共同之处在于：城市绿色空间与蓝色空间的紧密结合，如城市雨洪管理中，普遍应用城市雨水公园、生物塘等，绿色空间被设计成低于道路平面，有效汇集地表径流，从而补给地下水；还包括屋顶绿化等措施，可供鸟类栖息，为当地鸟类提供栖息中转站；还可以减轻城市热岛效应。除此之外，LIUDD 更强调本地植物群落在城市低影响设计中的应用，凸显生态功能与地域特色的结合，使得城市绿地在保护生物多样性方面也能起到重要作用。

### （5）新加坡

新加坡内阁下设国家发展部（Ministry of National Development），国家发展部下设环境及水源部，环境及水源部下设的公用事业局（Public Utilities Board, PUB）负责调控和监管新加坡供水系统、集水系统，并进行水综合利用，确保可持续而高效的供水。PUB 于 2006 年推出"活跃、美丽和干净的水计划"（The Active, Beautiful, Clean Waters Programme），"ABC 水计划"在新加坡水体传统的排水、防洪和蓄水功能的基础上整合排水渠、运河、水库以及周边环境，发挥水体潜力，创造美丽和干净的溪流、河流和湖泊以及风景如画的社区空间。从根本上改变由水渠、运河和水库构成的网络，为新加坡确保一个可持续的未来。"ABC 水计划"设计特点为环境友好、可持续、绿色，融合工学、理学、景观设计、城市设计等各类学科，鼓励社区参与，使蓝绿网络和周边土地进行很好的整合开发，创造社区空间，通过水域内部和周围环境的改善，促进公民形成新的生活方式。为确保水资源的可持续发展，新加坡不仅保证供水质量，还鼓励公民保护、重视和亲近水体，提高公民生活质量，愿景是把新加坡打造为一个充满活力的"有花园和水的城市"。

### （6）德国

德国作为欧洲开展雨洪利用最好的国家之一，对城市雨水利用实行政府管制制度，出台了一系列相关的法律法规，并且相比于其他国家更为严厉。德国还征收雨水排放费，通过法律和经济手段对城市雨水排放实现双重管控。经过二十多年的发展，目前德国的雨洪利用技术已经进入标准化、产业化阶段，市场上有大量雨水收集、过滤、储存、渗透水的产品。德国雨水系统对径流处理主要可概括成源头控制、中途转输、末端调蓄三个过程，从而实现开发后的水文特征接近于开发前的自然条件。

### （7）日本

日本综合治水大致以 20 世纪 80 年代为节点，目前已经形成城市泄洪系统和雨水地下储存系统。1980 年，日本建设省开始推行雨水贮留渗透计划，1992 年日本颁布了《第二代城市下水总体规划》正式将雨水渗沟、渗塘及透水地面作为城市总体规划的组成部分，要求新建和改建的大型公共建筑群必须设置雨洪就地下渗设施[⑩]。日本东京充分利用城市水系的防洪功能，让大量降雨流归河道，建设了"首都圈外围排水工程"。在中小河流的适当位置修建储水立坑，共建设五处单个容积约为 4.2 万 $m^3$ 的储水立坑。立坑之间由地下管道相连，管道最终通向位于东京都附近河流江户川旁边的地下水库（"地下神庙"）。

当前世界主要雨洪管理体系中（表 6-4-6），BMPs、LID、GI、德国雨洪管理体系是侧重小尺度、单元尺度的雨洪管理，SUDS、WSUD、LIUDD、日本雨水贮流渗透计划和中国的海绵城市是侧重城市规模的大尺度范围。这些雨洪管理体系的目标是解决降雨径流带来的水量和水质问题，主要是城市区域，大多数从顶层设计入手，全部实现源头管控，部分体系实现了源头—过程—末端综合控制。另外，许多国家将雨洪管理体系写入国家和地方法律，在美国、德国等国家还通过征收雨水排放费来帮助实现区域低影响开发。

从美国的雨洪管理体系发展来看，BMPs、LID、GI 的技术较为完善、影响力较大，不仅在美国国内和北美地区，在全世界的雨洪管理体系中也具有较大的影响力。这些雨洪管理体系发展超过 30 年，主要是针对小区域的径流控制、水质改善和雨洪利用问题。美国在利用这些体系或者措施解决城市雨洪问题时特别注重效益评价，包括经济效益、环境效益、生态效益等，可以说在小区域内做到了精细化的设计和研究。澳大利亚 WSUD 是从城市尺度进行顶层设计开发，

主要雨洪管理体系技术特征　　　　　　　　　　　　　　　　　　　　表6-4-6

| 项目 | 水量控制 | 水质控制 | 小尺度(<1km²) | 大尺度(>1km²) | 顶层设计 | 源头控制 | 过程控制 | 末端控制 | 综合管理 | 写入法律 |
|---|---|---|---|---|---|---|---|---|---|---|
| BMPs（20世纪70年代至今） | √ | √ | √ |  |  | √ |  |  |  | √ |
| LID（20世纪90年代至今） | √ | √ | √ |  |  | √ |  |  |  | √ |
| GI（20世纪90年代至今） | √ | √ | √ |  | √ | √ |  |  |  |  |
| SUDS（20世纪90年代至今） | √ | √ |  | √ | √ | √ | √ |  |  | √ |
| WSUD（20世纪90年代至今） | √ | √ |  | √ | √ | √ | √ |  | √ |  |
| LIUDD（21世纪初至今） | √ | √ |  | √ | √ | √ | √ |  |  | √ |
| ABC水计划（2006年至今） | √ | √ |  | √ | √ | √ | √ | √ | √ | √ |
| 德国雨洪管理（20世纪90年代至今） | √ | √ | √ | √ | √ | √ | √ | √ | √ | √ |
| 日本"雨水贮流渗透计划"（20世纪80年代至今） | √ |  | √ |  |  | √ |  |  |  |  |
| 中国海绵城市（2013年至今） | √ | √ | √ | √ | √ | √ | √ | √ | √ |  |

通过城市空间设计和综合水管理实现雨洪利用，值得借鉴的是其规划体系的层级关系明确，从国家层面、州层面、地方层面再到小区层面都有明确的管理内容，为WSUD的实施提供了有力保障。英国的SUDS特点在于可持续和排水多样性，渠道设多个出口，排水兼过滤、尽可能重复利用雨水，中国海绵城市在排水系统设计方面可以借鉴和参考英国的可持续排水系统设计，特别是湿润地区。日本作为岛国，水资源短缺同时排水压力大，其推行的雨水贮存计划可以为中国沿海城市、沿江城市（如武汉）的海绵城市规划设计提供参考，在地下水位高同时外排易受顶托的地区可以参考和借鉴。德国的雨洪管理技术先进，同时管理严格，通过法律进行约束和强制执行，保证了执行和实施效果；中国海绵城市目前还缺乏相关法律法规的约束，可以借鉴和参考。新西兰的LIUDD不仅结合了美国的LID和澳大利亚的WSUD，同时特别注重本地植物群落的生态价值和功能，在中国海绵城市设计过程中就存在这样的问题，一些外地设计单位不了解当地植物群落结构，导致当地生境遭到破坏或者侵扰，值得向新西兰学习和借鉴。新加坡的"ABC水计划"不仅实现了多学科的交叉和融合，同时特别重视市民参与，因此该计划获得很好的实施效果，我国海绵城市建设在市民参与方面还比较欠缺，有待改进。

相比于发达国家，我国的海绵城市发展历程较短，海绵城市的建设对城市内涝防治有积极作用，但是海绵城市的建设可以借鉴国外的经验，构建完整的排水系统，包括宏观层面的大排水系统、中观层面的小排水系统、微观层面的微排水系统等；海绵城市的建设方式还需要把排水与蓄滞结合起来统一考虑，合理规划河湖水系、排水管网、LID措施三个要素的布局，综合控制城市雨洪。海绵城市建设与河湖联控密切相关，河湖水系水面率控制规划是开展海绵城市建设的重要内容之一，以集雨区域为空间单元，以河湖水系水位涨幅为控制性指标，通过区域降雨与水系水位安全调蓄变幅的关系，推求满足径流控制要求的城市适宜水面率。

中国的海绵城市虽借鉴了北美、西欧和日本的思想和经验,但是具体情况又有很大不同,我国现有的排水系统与那些国家以前的排水系统有着很大差距,还有气候的差异性。例如,大半个德国都是典型的温带海洋性气候,虽然全年有雨,但是降雨强度并不大,并且其城市地下管网的发达程度与排污能力处于世界领先水平。而中国气候复杂,大部分地区降雨集中在夏季,降雨强度大。《海绵城市建设技术指南——低影响开发雨水系统构建》中虽然提供了参考数据和公式,可以进行计算,但是年度降雨实际上是在一个很大的落差区间内。这就造成城市海绵体工程承纳雨水的总量是按照"设计降雨量"给定的,一般只有三四十毫米,当遇到远远超过这个标准的特大暴雨或大量的上游洪水时,便很难承担防治洪涝的重任。这种情况对于在2016年众多试点城市遭遇数百毫米暴雨造成灾情就是很有力的说明。城市不同,特点和优势也不尽相同,同一区域可能同时面临洪水和干旱的问题。因此,每一座海绵城市建设都不能生搬硬套已有的做法,而应在科学规划论证的前提下,因地制宜,制定符合自身特点的方案并加以实施。

## 4.2.2 海绵城市内涵及其发展历程

### (1) 海绵城市发展历程

严格来说,海绵城市并不仅仅是一种雨洪管理体系,更像是一种城市建设和发展理念,但是海绵城市的提出将国内分散的雨洪管理体系或者理论汇集在一起,可以说海绵城市源于城市雨洪管理却高于城市雨洪管理。海绵城市在中国的发展时间还不长,但是发展速度很快,主要是得益于政府对海绵城市建设的大力支持。

2014年《海绵城市建设技术指南——低影响开发雨水系统构建》中写道:"顾名思义,海绵城市是指城市能够像海绵一样,在适应环境变化和应对自然灾害等方面具有良好的'弹性',下雨时吸水、蓄水、渗水、净水,需要时将蓄存的水释放并加以利用"。海绵城市的本质是解决城镇化与资源环境的协调和谐,目标是让城市"弹性适应"环境变化与自然灾害(一是保护原有水生态系统,二是恢复被破坏的水生态,三是推行低影响开发,四是通过各种低影响措施及其系统组合有效减少地表水径流量,减轻暴雨对城市运行的影响),转变排水防涝思路,并使得开发前后的水文特征基本不变。海绵城市遵循"渗、滞、蓄、净、用、排"的六字方针,将雨水的渗透、滞留、集蓄、净化、循环使用和排水密切结合,统筹考虑内涝防治、径流污染控制、雨水资源化利用和水生态修复等多个目标(图6-4-6)。

海绵城市在中国被正式提出是在2013年,但是其初具雏形应该是21世纪初。2004年,深圳市率先引进LID理念,创建的光明新区成为全国低冲击开发雨水综合利用示范区;从2010年开始,国务院办公厅等部门开始提出构建"有中国特色的海绵城市体",要求地方加强雨洪管理工作,改善城市排水能力;2012年4月,在"2012低碳城市与区域发展科技论

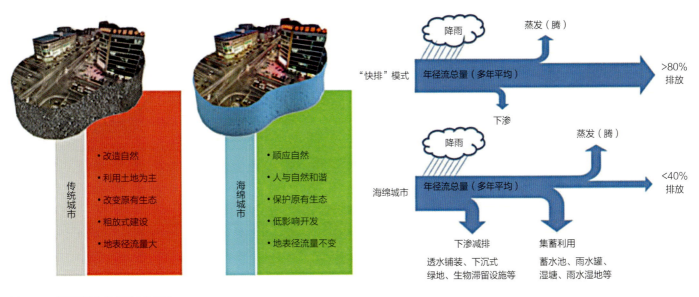

**图6-4-6 海绵城市与传统城市的差异**

坛"上,"海绵城市"这一概念首次被提及;2013年10月,在"极端暴雨事件和防洪减灾国际学术研讨会"上有学者建议,可借鉴美国经验建设一座"海绵城市";2013年12月,习近平总书记在中央城镇化工作会议上发表讲话时谈到,建设自然积存、自然渗透、自然净化的"海绵城市";翌年,他在一次关于水安全的讲话中再次提出"海绵城市"的概念[11]。2014年2月,住房和城乡建设部城市建设司在其工作要点中明确提出海绵型城市设想;2014年11月,住房和城乡建设部发布《海绵城市建设技术指南——低影响开发雨水系统构建》(建城函〔2014〕275号),对开展海绵城市的建设工作起到了关键性作用。至此,海绵城市建设在中国拉开了序幕,国务院、住房和城乡建设部、财政部等政府部门先后出台了相关的政策、文件、指南。2014年12月,财政部、住房和城乡建设部、水利部联合印发了《关于开展中央财政支持海绵城市建设试点工作的通知》,并于2015年和2016年分两批先后批准设立16个(迁安、白城、镇江、嘉兴、池州、厦门、萍乡、济南、鹤壁、武汉、常德、南宁、重庆、遂宁、贵安新区和西咸新区)和14个海绵城市试点城市和地区(北京市、天津市、大连市、上海市、宁波市、福州市、青岛市、珠海市、深圳市、三亚市、玉溪市、庆阳市、西宁市和固原市),共计30个国家级试点。截至2017年2月底,全国制定海绵城市建设方案的城市已经多达130多个[12]。根据财政部、住房和城乡建设部和水利部联合印发的《关于开展中央财政支持海绵城市建设试点工作的通知》,中央财政对海绵城市建设试点给予专项资金补助一定三年,具体补助数额按城市规模分档确定,直辖市每年6亿元,省会城市每年5亿元,其他城市每年4亿元。对采用PPP模式达到一定比例的,将按上述补助基数奖励10%。我国30个海绵城市试点的建设面积达到914km²(第一批449km²,第二批465km²),总投资1682亿元,(第一批888亿元,第二批794亿元),其中中央财政资助390余亿元,其余投资由地方政府、业主单位以及PPP模式吸引社会资本解决。单位面积投资从1.08亿元/km²到2.78亿元/km²。30个试点城市分布在26个不同的省份,均匀分布在我国的东、中、西部地区,其中华东、华中、华南地区省份全覆盖。

基于年平均降雨数据,在30个试点城市中迁安、鹤壁、白城、济南、西咸新区、北京、天津、大连、青岛、庆阳、西宁、固原共12座城市和地区的年降雨量在400~800mm,属于半干旱半湿润地区,其余18个试点城市多年平均降雨量都高于800mm,属于湿润区。这些试点城市的年径流总量控制率范围在70%~90%,设计日降雨量在12.7~31.3mm。图6-4-7给出了30个试点城市建设面积及总投资。

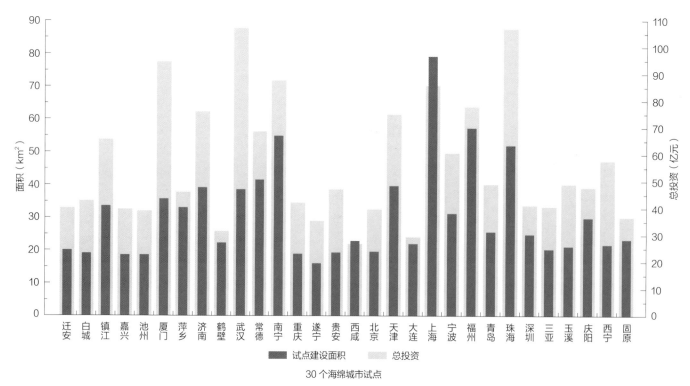

**图6-4-7　国家级海绵城市建设试点城市建设面积和投资**

分析不同气候区海绵城市试点海绵措施选择情况，可以得知下沉式绿地、透水铺装和排水系统是所有试点城市100%采用，这三种措施与降雨径流控制紧密相关，受气候因素影响较小，具有普适性，因此在不同气候区海绵措施选择中都被选用。湿润地区的绿色屋顶和雨水花园的采用率远高于半干旱半湿润地区，主要原因是这两种措施与降雨量紧密相关，降雨量多且分布相对均匀的区域适合选择这两种措施，对于降雨量少且分布不均匀的区域，采取这两种措施反倒会增加水资源负担。在初期雨水处理措施选择上，半干旱半湿润地区试点区选择率明显高于湿润地区，主要是降雨量小的区域污染物累积多，初期雨水污染更加严重，因此选择率高于湿润地区。另外，由于半干旱半湿润地区水资源短缺，雨水资源化需求高，蓄水设施选择率高于湿润地区（图6-4-8）。

根据实地调研，由于不同区域降雨特征和土壤特性不同，要实现下沉式绿地、雨水花园等海绵措施的渗水功能，还需要对土壤进行配比分级和置换回填，不同地区置换材料不同。不同气候区海绵体建设采用的植被差异也很大，既要满足景观效果也要适宜试点区的气候和海绵城市功能需求。根据试点区规划设计资料，初步统计得到，半干旱半湿润地区12个海绵城市试点区中有8个明确设立了径流污染控制目标，主要以年SS（悬浮物）总量去除率为控制指标，比例为66.67%。湿润区18个试点区中有14个明确设定了SS总量去除率，比例为77.78%。从30个试点城市来看，73.33%的城市明确设立了径流污染控制目标，目标区间为20%~68%，平均值为50.13%，湿润区与半干旱半湿润区的均值分别为49.5%和51.25%。从结果来看，设定比例最高和最低的城市都在半干旱半湿润区。据统计，30个试点区中46.67%（14个试点区）明确设立了雨水利用率的比例目标，其他试点区或者以具体水量为目标，或者没有明确说明雨水收集利用定量目标。其中半干旱半湿润地区5个、湿润地区9个，分别占比41.67%和50%，设定目标值在2.5%~38%。半干旱半湿润区平均雨水利用率为9.6%，湿润区为9.83%，比较相近，但是不同于径流污染控制比例目标，雨水收集利用比例的最大值和最小值都在湿润区。

### （2）海绵城市内涵

在阐述海绵城市概念时不能受LID等理念的局限，应综合考虑以下几个方面的问题[13]。

① 城市水文及其伴生过程规律。从水文学观点来看，在城市环境下雨水的演进包括冠层截流、土壤入渗、地表洼蓄、陆表和水域蒸散、坡面径流及汇流过程、管网收集与排放、河网汇集与调控等环节，且耦合了水质、生态动力学等过程。城市水问题是城市水文各环节及其伴生过程变化共同作用的结果。因此，流域水文规律是海绵城市的科学基础。对于海绵城市

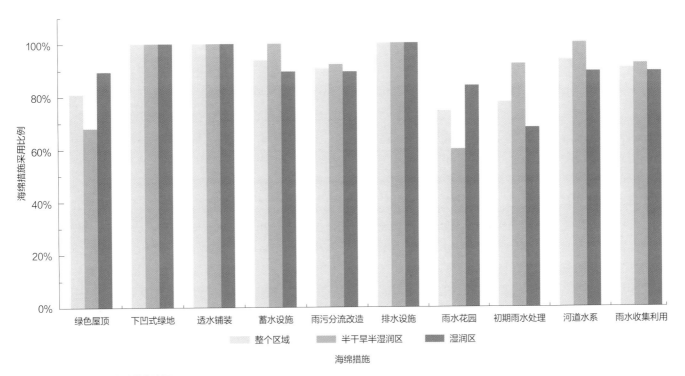

**图6-4-8　不同气候区海绵措施选择**

的内涵，一定要从城市水文过程的角度进行系统认识和描述，不能只突出某一环节，其内涵的阐述要有利于构建更加完整、平衡和协调的城市水循环过程，体现对地表水文过程的源头、中间和末端规律的重视。

② 中国城镇化进程中面临的主要水问题及其复杂关系。海绵城市建设作为城市水系统的重要治理模式，是城市生态文明建设的重要组成部分。因此，海绵城市建设必须有助于实质性解决中国城镇化进程中的主要水问题。随着中国城镇化的快速发展，城市面临的洪涝灾害、水资源短缺、水环境污染及水生态退化四大水问题越来越突出并相互交织在一起，具有很强的复杂性。对于这些城市水问题，不能分而治之，而应当统筹解决。海绵城市应当体现对城市洪涝、水资源、水环境、水生态问题的系统考虑和综合治理，在适应环境变化方面具有良好的弹性和抗压性。作为城市发展战略，海绵城市要引领未来水系统治理乃至城市建设，要有前瞻性和全面性。

③ 城市雨洪管理模式和措施之间的协调性。海绵城市强调充分发挥自然的作用，在构建海绵城市时，应利用土壤、植被、水系的自然渗透、积存和净化能力。海绵城市的构建途径是多样的，绝不仅仅只有低影响开发措施。同时，也要避免从单纯依赖灰色基础设施走向仅强调绿色基础设施的极端。中国诸多城市人口和产业聚集程度极高，暴雨强度高，污染物排放量大、来源广，仅靠自然调蓄和净化难以实现雨洪高标准管理[⑭]。海绵城市建设应该是城市及片区等不同尺度上"绿色基础设施""灰色基础设施"的有机结合，综合发挥"绿色基础设施"和"灰色基础设施"的效能。城市水系统的治理需要对自然水循环和社会水循环统筹考虑，在防洪标准上要考虑小区、城市及区域的协调。

综上，可以认为：海绵城市是一种城市水系统综合治理模式，以城市水文及其伴生过程的物理规律为基础，以城市规划建设和管理为载体，综合采用和有机结合绿色、灰色基础设施，充分发挥植被、土壤、河湖水系等对城市雨水径流的积存、渗透、净化和缓释作用，实现城市防洪治涝、水资源利用、水环境保护与水生态修复的有机结合，使城市能够减缓或降低自然灾害和环境变化的影响，具有良好的弹性和可恢复性[⑮]。

由于城市水问题的本质是城市水循环的失衡，表现为城市内涝、城市水污染和城市缺水等方面的问题，海绵城市建设就是要通过一系列措施实现城市良性水循环，使水与人类社会相适应，从这个角度出发，可以把海绵城市科学内涵概括为"水量上要削峰、水质上要减污、雨水资源要利用"三大方面[⑯]。从城市水问题本质出发，解决城市内涝、城市水污染和城市缺水三大问题，通过海绵城市建设做到小雨不积水、大雨不内涝、水体不黑臭、热岛有缓解，形成良性的水循环。

海绵城市第一个内涵为"水量上要削峰"。城市内涝的自然属性是大量降雨径流难以排除导致积水。社会属性是积水对生产和生活产生影响而致灾，因此要减少城市洪涝灾害影响，核心是减少城市的雨洪积水，坦化并延缓洪峰极值，本质是要减少由洪水肆虐给人类带来的损失。

海绵城市第二个内涵为"水质上要减污"。城市水污染的来源主要包括大气干湿沉降、合流制管网溢流、初雨冲刷等面源污染以及生活污水、工业污水等点源污染，我国城市水污染、水生态恶化现象十分严重。

海绵城市第三个内涵为"雨水资源要利用"。城市缺水是制约我国经济社会发展的重要瓶颈，海绵城市改变了过去快速排干的观念，把雨水视为资源，尽可能把更多的雨水滞留在当地，补充生态用水和社会经济用水。但是要特别注意，对南北方、东西部不同的城市应当区别对待，采取不同的雨水利用策略。

根据海绵城市三大内涵，利用分布式城市水文模型，对海绵城市主要问题进行系统诊断，包括内涝积水的诊断、产污积污的诊断、雨水控制的诊断，对各部门存在的问题作出总体估计，为海绵城市的总体设计提供基本依据。

首先是内涝积水的诊断。建立分布式城市雨洪模型，进行多种情景模拟，分析不同量级暴雨情景下，特别是超标准降雨条件下，城市雨洪积水的分布状况，分析城市不同区域的积水深、积水历时，模拟城市雨洪对城市生产、生活的影响，进行风险评估，提前制定不同量级暴雨下的城市内涝应对预案。

其次是产污积污的诊断。采用分布式城市水文模型，进行水质、水量联合模拟，从整体上估计城市水体中污染物的来源，为城市水环境污染的分类施策、综合治理提供定量的认识，对点源和面源污染分别提出针对性的控制策略。通过完善污水管网，加快污水处理厂建设，杜绝污水直接排放等措施，控制点源污染物。通过布置低影响开发措施，消减面源污染，通过布置人工湿地和河滨缓冲带，总体上使雨水径流污染、合流制管网溢流污染等各种形式的污染都得到有效控制。

再次是雨水控制和利用的诊断。雨水控制和利用诊断首先要对城市缺水状态进行识别，分析雨水资源化利用的必要性和需求量。然后采用分布式城市水文模型进行长系列城市水文模拟，得到不同年型的城市雨水资源化供水潜力，最后进行不同年型城市需水量的预测，分析雨水资源化、供水量和需水量之间的匹配性，包括时间、空间、水量和水质等方面的匹配性。

必要的情况下还要对城市雨水资源进行经济合理性分析和优化配置，最终确定城市到底需要多少回用雨水，多少雨水应当被直接排走，使雨水资源化的利用和需求总体上达到平衡。

对于海绵城市存在的问题，根本的出路是在片区尺度和城市尺度实现三大耦合平衡，三大耦合平衡是顶层设计的核心。

第一方面是水量下泄和分散滞留平衡，也就是涝水平衡。针对场次降雨的尺度做到涝水平衡，内涝积水量、河湖调蓄量和管网排出量等水量之间的平衡，根据需要还包括深隧和立坑的缓冲量。通过提高LID三类水量，减少甚至消除劣V类水量，这几部分的水量都可以通过前面的系统诊断定量模拟计算得到，调控通过多种途径加以实现。

第二方面是污染的产生和削减量平衡，也就是污染物质的平衡。污水平衡即城市多种途径和类型的污染物产生与积累量和多种途径的减污与纳污量平衡。城市纳污和净污容量，达到污水平衡的目的就是要通过提高纳污容量，使产污量在自然界的积累不超过自然水体的纳污能力，通过设置不同量级绿色基础设施和人工净水设施来调控整体的平衡。必要的时候还可以通过双向调控达到产污、净污的整体平衡。

第三方面是雨水的控制和再利用之间的平衡。主要针对长系列降雨尺度，生态环境和经济用水量中的缺水量，能够由雨水资源满足的部分与城市雨水资源化控制量相平衡。对城市水资源和用水进行系统评价，再用分布式城市水文模型进行诊断。通过长系列模拟诊断得到雨水控制量，并与需求量平衡。用水平衡特别需要注意雨水控制用量在时间、空间、水量、水质四方面的匹配性。

实现三大耦合平衡的核心思想是"一片天对一片地"，基本的内涵就是当地降雨就地消纳，分片平衡，系统耦合。首先对不同地区、不同类型分别诊断问题，然后是立体的分滞，从屋顶到地下蓄水空间立体分层蓄滞留，作三大系统的耦合平衡，还要天地协同，天上的降水和地面的城市管理与城市的需求起到协同的作用。

在遵循自然产汇流基础上，按照"一片天对一片地"的核心思想，利用城市空间对降雨化整为零进行收集和储存。有效利用每一滴水，把城市分成几百个、上千个排水小区，海绵城市建设在竖向上融合建筑层面、地表层面和地下层面的设施建设，从天空到地下分为多层，最上层做生态屋顶、雨水花园、雨水菜园，然后做绿化的建筑立面，在地面有生态道路、生态水池、生态广场、生态公园、强渗透地面、天然洼地滞蓄等，地下层面有储水立坑还有排水深隧，把城市分成几百个小排水单元，每一个小单元"一片地对一片天"。

防涝体系的源头控制，也就是海绵城市六字诀的"渗"和"滞"。城市的海绵体既包括河流、湖泊、沟渠这些水系，也包括绿地、花园、可渗透路面这些城市设施。海绵体的建设既有效保护现有的海绵体，又要全面修复过去受损的海绵体，包括水系的修复，还有严重污染水体的治理等。根据海绵城市建设的需要，还要构建一批新的城市海绵体。过程调节通过绿色基础设施的调节、灰色基础设施的调节、城市防洪排涝调度调节等各种方式，综合调节雨洪径流过程，降低雨水、积水致灾的程度。在末端排放方面，通过在新建城区提高排水管网的设计标准，在老旧城区实施排水管网的清淤改造，整体提高城市末端的排水能力，减少地表积水深、积水历时和淹没范围，降低城市致灾风险。防涝体系建设末端排放，一方面对暴雨、洪水进行调蓄，减少积水；另一方面，可在雨洪过后实现雨水的资源化再利用。

城市水污染控污体系建设，遵循源头减排、末端治理的总体原则。在源头上包括城市地面的绿化促渗、污水直排口的节口改造、分散污染源的治理，加上经济结构的调整。在污染物伴随着水流迁移转化的过程中，要完善污水收集系统建设，控制河流溢流污染，做人工湿地的净化，加上突发性大量暴雨污染径流的储存和净化。在末端排放方面，要做区域性的暴雨径流污染控制，控污岸边带生态系统构建以及分布式新型生态污水处理厂。

雨水利用体系建设包括推进城市雨洪资源化利用，要建设完备的雨水利用体系，处理好雨水资源和需求利用在时间、空间、数量、水质四方面的匹配性，特别注意分质供水、按需供水。此外，要建设相应的政策法规体系、工程设施体系以及运维管理体系。

三大途径和三大平衡的逻辑关系为：防洪排涝体系建设，通过源头控制、过程调节、末端排放达到涝水平衡，控污体系建设，通过源头减排、过程阻断、末端治理达到污染物产生和消减的平衡。通过雨水利用体系的建设达到雨水再利用的平衡。

## 4.2.3 海绵城市建设对城市洪涝防治的作用

城市洪涝防治是一个系统工程，必须坚持创新理念，突破传统的"以排为主"的城市雨水管理模式，加大生态治水力度，把城市建设得像"海绵"一样，通过渗、滞、蓄、净、用、排等多种生态化技术，构建低影响开发雨水系统，在下雨的时候，能渗透、能滞留、能蓄存、能净化；没有降雨的时候可以把水放出来，可用、可排，实现自然积存、自然渗透、自然净化，实现人与自然的和谐相处[17]。

建设海绵城市就要有"海绵体"。城市"海绵体"既包括河、湖、池、塘等水系，又包括植被草沟、绿色屋顶、可渗透路面等。对海绵城市的理解可以分为广义的和狭义的两个层面。广义层面，海绵城市是指山、水、林、田、湖、草这一生命共同体，这些"大海绵"具有良好的生态机能，能够实现城市的自然循环、自然平衡和有序发展。这就要求城市开发建设要秉承生态理性的价值观，以保护自然生态环境为前提，尊重自然、顺应自然，保护城市生态格局。海绵城市建设首先要对城市原有的生态系统进行保护，尤其是河流、湖泊、湿地、坑塘、沟渠等水敏感地区的保护，最大限度地保护"山水林田湖草"；其次对已经受到破坏的水体和其他自然环境进行生态恢复和修复，维持城市一定比例的生态空间；再次，在对城市进行新的开发建设过程中要遵循低影响开发的原则，合理控制开发强度，在城市中保留足够的生态用地，遵循生态优先的原则，将自然途径与人工措施相结合，控制城市不透水面积比例，最大限度地减少对原有水生态环境的破坏，增加水域面积，促进雨水的积存、渗透和净化。在确保城市排水防涝安全的前提下，充分利用雨水资源，保护生态环境。

狭义层面，海绵城市是指分散的、小规模源头初期雨水控制机制与技术，又称低影响开发雨水系统。雨水进入市政管网前先要通过植被草沟、雨水花园、透水铺装等雨水调蓄净化设施，对雨水进行过滤和流量控制，有效降低雨水径流，达到对雨水径流总量、峰值流量和径流污染进行控制的目的，使城市开发建设后的自然水文状态尽量接近于开发前。研究成果表明，屋顶绿化、雨水蓄渗、下凹式绿地、透水铺装地面、生物滞留池等低影响开发措施对雨水径流的大小有一定影响，可以减少雨水径流量，减少进入分流制雨水管道和合流制管道的雨水量。大面积透水铺装及下凹式绿地等雨水控制和利用措施对小区综合径流的削减作用十分明显，尤其在低重现期时效果更明显；通过这些"小海绵"可以有效地控制水污染，削减雨水峰值流量，同时涵养水源，补充城市地下水，促进水循环，保护和恢复自然生态系统。源头控制的措施在国内外具有广泛的应用，对初期雨水可以起到控制污染、净化水质的作用，还可起到一定的削峰、错峰作用。

建设各项海绵措施实现对降水径流的消减，起到立体多层次多功能分流分洪的作用[18]，各项措施的作用表述如下。

① 绿色屋顶：经调查分析，对所有新建或可改造的房屋屋顶进行绿化（或微型菜园/花园），可有效储存和拦蓄对应面积的雨水 100~300mm，建立空中储水层；同时，还可以有效减缓城市的热岛效应，美化城市，改善空气质量，减少环境污染。绿色屋顶可以有效减少屋面径流总量和径流污染负荷，具有节能减排的作用，但对屋顶荷载、防水、坡度、空间条件等有要求。

② 生态景观：通过对所有新建或可改造的绿化进行改造，实现旱可高效节水式渗灌，涝可快排和渗排，可有效储存和拦蓄对应面积的雨水 150~400mm。

③ 生态道路：通过对所有新建或可改造道路和硬化地面预埋排灌一体管，将道路和硬化形成的径流经快速便捷沉沙及隔滤垃圾井后通过排灌管渗至地下，可有效储存和拦蓄对应面积的雨水 100~200mm。

④ 生态水池：通过修改提高地下消防水池国家规范和标准，扩建地下消防水库或新建人工蓄水池以及利用自然湖泊进行错峰调节，可以削弱径流峰量。

⑤ 下沉式生态广场：修改城市绿化、公建、休闲空间国家规范和标准，科学合理地将城市新建或可改造的广场、小区活动中心广场改成下沉式多功能广场，汛期作为分洪储水的人工景观湖，少雨季节恢复广场和活动中心，应对城市特大暴雨洪涝。

⑥ 强化渗透滞蓄（透水铺装、下凹式绿地、滞留设施等）：通过加大渗水路面、下凹式绿地、下凹式广场建设比例，发挥对雨水的下渗、截流、滞蓄作

用。其中，透水铺装指可渗透、滞留和渗排雨水并满足一定要求的地面铺装结构，按照面层材料可以分为透水砖铺装、透水水泥混凝土、透水沥青等，透水铺装适用区域广、施工方便，可补充地下水并具有一定峰值流量削减和雨水净化作用，但是易堵塞。下凹式绿地是指周边地面较高、可积蓄、下渗自身和周边雨水径流的绿地，下凹深度宜为 50~100mm，下凹式绿地适用区域广，建设和维护费用较低，但大面积应用时，易受到地形等条件的影响，实际调蓄容积较小。

⑦ 雨水花园：是指在地势较低的区域通过植物、土壤和微生物系统滞蓄雨水，净化雨水径流。雨水花园设施形式多样，使用区域广，易与景观结合，径流控制效果好，但在地下水位与岩石层较高、土壤渗透性能差、地形较陡的地区，应采取必要的换土、防渗等措施避免次生灾害的发生，这将增加建设费用。

⑧ 植草沟：是指可以传输雨水，在地表浅沟中种植植被，利用沟内的植物和土壤截留、净化雨水径流的措施，具有建设及维护费用低、易与景观结合的优点，但已建城区及开发强度较大的新建城区等区域易受场地条件制约。

⑨ 雨水蓄水模块或蓄水罐：是指具有雨水储存功能的继续利用设施，具有削减峰值流量的作用，蓄水模块的典型造型可以参考《雨水综合利用》(10SS705)，该设施具有节省站点、雨水管渠易接入、避免阳光直射、防止蚊蝇滋生、储存水量大等优点，雨水可以回用绿化灌溉、冲洗路面和车辆等，但是建设费用较高，需要后期维护管理。

⑩ 公园等雨洪滞蓄利用：以北京为例，城区玉渊潭公园、紫竹院公园、龙潭湖公园周边建设大口井，四五环间约 60 个郊野公园兴建微地形调蓄容积实现雨水零排放，年雨水综合利用约 330 万 $m^3$。

⑪ 地下空间滞蓄利用雨洪：在积水点多发且对城市安全运行要求较高的地区分别建设地下滞蓄水涵，在城区下凹式立交桥区等建设地下滞蓄利用空间，利用雨洪资源。

⑫ 天然洼地滞蓄雨洪：以北京为例，结合西部地区山洪滞蓄要求，利用砂石坑建设西部蓄洪回补工程，将新增雨洪调蓄能力 700 万 $m^3$，实现自然回补涵养地下水源。

通过自上而下的各项海绵措施对当地的降雨分层滞流、就地消纳，并高效利用。经过初步统计，各项海绵措施对城市雨洪分流分滞的比例一般分别为：屋顶花园 5%，建筑体绿化 5%，土壤蓄滞 20%，地表及河湖调蓄 30%，管网排出 30%，深隧调蓄 10%。通过立体滞流，可以实现对城市降水的多层次多功能分流分洪[19]。

为了更好地发挥海绵城市建设对城市洪涝的防治作用，还需要在"一片天对一片地"核心思想的指导下，从海绵城市的三大科学内涵即"水量上要削峰、水质上要减污、雨水资源要利用"出发，利用分布式城市水文模型对海绵城市的三大主要问题进行系统诊断。海绵城市打破了传统的"快排"和"末端控制"防涝模式，构建分散式、生态化的新型雨水控制利用系统，实现从源头到终端的全流程控制和利用。传统城市是通过改造自然、利用土地为主，改变原有生态，进行粗放式建设，地表径流量大增。而海绵城市建设则是顺应自然、人与自然和谐、保护原有的生态，实施低影响开发，尽量保持地表径流量跟城市开发建设之前较为接近。通过合理布设海绵建设设施，科学控制地表不透水比例，使其水文过程（蒸发、径流、渗透等）与天然地表和水文过程较为接近。

以海绵城市建设为切入点的城市洪涝防治措施包括：① 做好系统规划。现状排水缺乏系统规划，更多地侧重于管道、泵站等排水设施的布置和规模测算，对大小尺度排水系统的衔接、管道和河道的衔接考虑不足。城市内涝防治是一项系统工程，需要在总体规划阶段合理确定排水系统的布局，在规划、发展、融资、建设、运行、管理、维护等方面需要突破专业和部门之间的条块分割等限制，避免因各自为政而呈现出的决策过于注重局部成效的碎片化设计。在专业基础上则需要加强跨学科、跨专业人才的培养，同时加强多部门的联合协作（住房和城乡建设部、水利部、自然资源部、应急管理部、生态环境部等），建立多部门统筹协调机制和高效权威的统一指挥系统，进行系统化的设计和建设，体现整体性和协同性，使规划能够顺应自然水体，适应自然蓄水和排水条件。② 构建排水系统。我国需要构建城市多尺度的排水系统。我国城市大部分是"合流制"排水管网，设计时对雨水的冲击负荷考虑不足，一旦出现强降水，排水系统便会出现漫溢，井盖被冲开，污水横流。其中，a. 小尺度排水系统，针对常见雨情，进行源头雨水控制，通过渗、蓄、滞策略排水，考虑城市用地布局、竖向设计和道路竖向设计对雨水综合利用和排放；b. 中尺度排水系统，针对城市洪涝标准内雨情，通过中小河道、雨水管道、泵站提标改造及增设行泄通道、调蓄区、蓄涝区等策略，以及常规的雨水管渠系统收集排放；c.大尺度排水系统，针对超标准雨情，通过地表排水系统或地下管廊，输送极端暴雨径流，由地下排水深隧、储水立坑、绿地、水系、道路等组成。

另外，需要进一步更新设计理念：①海绵城市建设是绿色基础设施和灰色基础设施的结合；改进设计方法，采用修正的暴雨强度公式，注重短历时的降雨强度，暴雨公式计算的是点降雨量，对于面积大的流域，需要调整为面降雨量，对于流域暴雨计算，我国现状采用推理公式法，这种方法只适用于汇流面积较小的区域，而对于汇水量较大的地区，目前国际上通用的方法是采用水文水动力模型进行模拟计算，不仅可以更好地解决推理公式法所能解决的问题，而且可以进行水的动态过程研究。②海绵城市建设不能仅侧重于低影响开发措施，只看重渗、滞、净等措施，还应该关注蓄、排等中小型或者大型水利设施的建设，需要加强住建部门和水利部门以及市政、园林、环境等其他部门的统筹协调合作。③建立预警系统，需要加强城市防洪排涝预警调度系统的建设。基于多源实时数据（遥感反演、雷达测雨、雨情监测、水情监测等）监测管理，建设城市洪水演进综合模拟系统，包括分布式水文模型对暴雨产流的模拟，河网、管网水动力学模型以及对洪水演进及排水的模拟，针对重点防护对象建立二维水动力演进模型。在此基础上，建立城市洪涝灾害风险评价系统，包括建立洪水风险图、对受灾区域预警及灾害程度评定、对重点防护对象是否受灾及受灾程度评定。④加强风险管理、应急管理、城市洪涝涉水管理，提高全社会防灾抗灾能力，建立雨水影响评价与内涝风险评价制度。国外研究经验表明，澳大利亚、日本、美国、欧盟等国家和地区均有雨水影响评价和雨洪风险评估制度以及洪涝灾害分布图，可以表达排水系统遭遇不同暴雨情景下内涝发生的可能性、淹没时间、淹没范围以及淹没深度，识别城市开发建设给城市雨水排放带来的影响，并在此基础上进行洪涝灾害区划，以及规划和用地管理工作。

无论是从概念的提出还是正式文件的说明，或者从海绵城市的内涵以及建设途径来看，海绵城市可能更多侧重于水生态环境、水资源方面，其在城市洪涝防治方面的作用则是偏向于内涝防治方面[20]。从科学的观点来看，海绵城市不是万能的，因此，其对城市洪涝防治的作用也不应被无限放大。但是，通过海绵城市建设，发展低影响开发措施，并进一步加强城市防洪排涝体系的建设，同时与城市水系科学合理调度相结合，可以在一定程度上避免城市内涝，其成效还是相对显著的；同时，促进了雨水的积存、渗透和净化，在一定程度上提升了城市雨水管渠系统及超标雨水径流排放系统的服务能力。海绵城市建设的一些举措能够在一定程度上改善城市排水系统不足造成的内涝状况，特别是局部地块（如小区等）由于排水不畅造成的内涝，但是当遭遇超标准降雨时，其缓解作用十分有限。城市河湖、湿地等是天然"海绵体"，是城市雨水的调蓄区，可以蓄水、滞洪、供水、补充地下水等。健康的城市河湖水系在暴雨时能够最终承接80%以上的本地径流，具备良好的调节功能，对应对超标准降雨具有重要作用。此时，需要有效统筹海绵城市建设和城市河湖水系连通，通过联控来进行调蓄以及完善排水管网和扩建排涝泵站才能从更大程度上解决城市洪涝问题。

通过利用海绵城市建设来解决城市洪涝问题的同时也带来一些机遇。首先，城镇化的新阶段带来的机遇为：有必要从水安全和水资源的角度，重新思考人、水关系。人口的大规模迁移，给水安全问题的解决带来机遇，原来需要防洪的地区，可以利用城镇化的机遇，使人口大量外迁，进而可以恢复自然的洪泛区或者滞洪区；其次，中国农业GDP比重的降低带来的机遇为：目前中国农业对GDP的贡献率已经不到10%，所以，让部分农田季节性地被洪水淹没，已经不是一项昂贵的策略，从而可以更有效地保护城镇的水安全，这就意味着广大城郊的防洪策略需要有大的调整；最后，自然资源部的成立，给整合水资源与其他自然资源的规划带来了机遇，水是自然系统中最核心的要素，需要综合在一个系统中，规划建立以水为核心的生态基础设施，保障综合生态系统服务。

### 4.2.4 河湖连通内涵及其发展历程

#### （1）河湖连通与河湖联控的关系

河湖连通是指河道干支流、湖泊及其他湿地等水系的连通情况，反映了水流的连续性和水系的连通状况。而随着时代的发展，出现了以实现水资源利用、人水和谐为目标，以提高水资源统筹调配能力、改善河湖生态环境、增强抵御水旱灾害能力为重点任务，通过水库、闸坝、泵站、渠道等必要的水利工程，建立河流、湖泊、湿地等水体之间的水力联系，优化调整河湖水系格局，形成引排顺畅、蓄泄得当、丰枯调剂、多源互补、可调可控的江河湖库水网体系，河湖联控更加注重人类活动的作用，强调建设河湖联控工程以实现水资源可持续利用，而不只是单纯地将河湖水流连接起来，更加重视疏通泄洪通道、蓄滞洪水、削减洪峰、优化水资源调配，在防范城市洪涝的同时，还能多功效地解决城市干旱缺水、生态环境等一系列城市水问题，将雨洪作为一种资源保护利用起来，让雨洪在城市中张弛有度、疏导有序，形成与城市发展相适应的可持续的城市水系统[21]。

本研究将河湖连通和河湖联控的概念相融合，在河湖连通体现健康水循环的基础上，综合考虑人为对河湖水系的调控作用，通过河湖水系的调蓄过程来缓解城市洪涝。

### （2）河湖连通基本内涵

我国的河湖水系连通工程历史上早已有之，如2000多年前的都江堰、郑国渠、灵渠等，而人们对河湖水系连通内涵的理解相对较晚。河湖水系连通的基本内涵简洁明确地指出了河湖水系连通的两种类型——自然形成的和人工干预下形成的，并强调人类活动的作用。也有学者对河湖水系连通的理论基础进行了探讨，取得了一些进展。可见，水系连通是建立在水文循环基础之上，遵循物质循环、水量平衡和能量平衡等自然界的基本法则，同时又与人类生产、生活密切相关，人们要建设水系连通工程还要以可持续发展、河湖健康及人水和谐理论等为指导；理解河湖水系连通的内涵和理论，对于更好地发挥以自然连通为基础的水系连通性能，使之向着更有利于人类社会经济发展和生态环境安全的方向演进具有重要的指导意义。

基于以上对河湖水系连通概念内涵的理解，本研究认为普遍意义的河湖连通关系，不仅包括外流区的河湖关系，还包括内流区的河湖关系，不仅包括江河与自然湖泊的关系，还包括人工运河与湖泊的关系，江河与人工湖泊（水库）的关系，不但包括流域内河湖关系，还应包括跨流域河湖关系等。

因此，一般河湖连通关系的内涵理解为：江河与通江湖泊或者水库组成的河湖（库）系统，包括河、湖（库）、地和人等要素，各要素之间相互联系、相互作用、彼此影响；河湖关系在系统中各要素的相互作用下不断演化，系统演化遵循一定的自然规律，同时又受到人类活动的强烈干扰，演化有两种方式，即突变和渐变；河湖之间的物质流（水、泥沙、生物源、其他物质）、能量流（水位、流量、流速等）、信息流（随水流和人类活动而产生的信息流动、生物信息等）和价值流（航运、发电、饮用和灌溉等），以河湖水系连通为纽带，以水沙等物质交换为载体，来实现河湖系统演化；系统演化最终趋于稳定状态，这种稳定状态是相对的，是一种动态平衡状态；系统各要素之间的相互作用涉及流域防洪、生态、资源利用和环境保护等。按不同的尺度，水系连通可以分为流域尺度、跨流域尺度和国际河流（表6-4-7）。国际河流（跨国界河流）与其他尺度的水系连通视研究目的和对象会有交叉，相应地，其研究理论也会相似或相同。例如，多瑙河是欧洲第二大河，流经德国、奥地利、斯洛伐克、匈牙利、克罗地亚和塞尔维亚等国，最后在

**河湖水系连通尺度分类及其理论基础**　　　　　表 6-4-7

| 尺度类型 | 含义 | 举例说明 | 水系连通工程举例 | 主要理论基础 |
| --- | --- | --- | --- | --- |
| 国际河流 | 跨国界河流流域（国际河流水系） | 尼罗河、莱茵河、多瑙河、恒河、澜沧江、伏尔加河等 | 阿斯旺（Aswan）大坝、恒河的特赫里（Tehri）大坝、沟通莱茵河与多瑙河的运河等 | 大陆和流域尺度水循环、水量平衡和能量平衡理论，国际河流流域共同水资源开发利用、协调发展、河流健康、河湖关系演变和可持续发展理论等 |
| 跨流域尺度 | 跨流域水系连通 | 沟通不同水系的运河或调水工程等 | 中国的南水北调工程、古代的京杭运河、引黄济青工程等 | 区域和流域尺度水循环、水量平衡和能量平衡理论，流域水资源可持续利用、流域协调发展、河流健康、河湖关系演变和区域可持续发展理论等 |
| 流域尺度 | 流域内水系连通 | 支流汇入干流、洞庭湖和鄱阳湖与长江、小浪底水库与黄河等 | 三峡大坝、小浪底水库、都江堰等 | 流域和局部尺度水循环、水量平衡和能量平衡理论，流域水资源可持续利用、河流健康、河湖关系演变和区域可持续发展理论等 |

罗马尼亚东部注入黑海，全长2850km，水力资源丰富。在此河上兴建水利工程，会涉及国际河流全流域水资源可持续开发利用和流域协调发展的理论，就需要流域多国进行协商共同开发。

### （3）河湖连通发展历程

从20世纪80年代起，虽然我国河湖水系连通建设有一定进展，但各种水利设施老化失修，防洪标准低，洪水造成的损失严重；灌溉规模不足，加上城市用水量不断增加，水资源供需矛盾日益突出。为解决城市缺水、灌溉缺水，保证城市、流域防洪安全，全国陆续建设了一批水系连通工程。例如，解决天津市供水问题的引滦入津工程（1983年），大型跨流域调水自流灌溉工程——甘肃省引大入秦工程（1995年），治淮骨干工程（1991年）等。

进入21世纪以来，随着我国经济再次腾飞、城镇化快速发展、人口不断增长、工农业需水量增加、城市供水压力增加，已建的河湖水系连通工程无法满足水资源需求，促使河湖水系连通工程的再次兴建。其中，以水资源调配为目标的河湖水系连通受到全国各地的高度重视，调水工程建设明显加快，如令人瞩目的南水北调工程（2002年）、胶东引黄调水工程（2004年）、引黄入邯工程（2010年）等。此外，由于经济发展、人类影响和气候变化等原因造成的区域水生态问题也日益突出，以水质改善和生态修复为目标的河湖水系连通也受到前所未有的关注，一批水系连通工程先后修建，如塔里木河下游生态应急输水工程（2000年）、石羊河流域综合治理（2001年）、引江济太工程（2002年）、引黄济淀工程（2006年）等。

自2005年以来，随着城市居民对城市供水、水环境、水景观、水文化的需求增加，全国主要大中型城市纷纷加快了城市生态水网建设的步伐，以改善城市供水条件、提高供水保证率、美化城市环境、提升城市竞争力，形成以城市为单元、辐射周边地区的生态水网体系。代表性的有邯郸生态水网建设（2006年）、武汉市大东湖生态水网构建工程（2009年）、郑州市生态水系（2010年）等。

2010年，水利部部长在全国水利规划计划工作会议上强调"河湖连通是提高水资源配置能力的重要途径"，要"构建引得进、蓄得住、排得出、可调控的河湖水网体系，根据丰枯变化调水引流，实现水量优化配置，提高供水的可靠性，增强防洪保安能力，改善生态环境"。2011年中央1号文件即《国务院关于加快水利改革发展的决定》中，明确将河湖连通作为"加强水资源配置工程建设"一项措施进行说明，强调："完善优化水资源战略配置格局，在保护生态前提下，尽快建设一批骨干水源工程和河湖水系连通工程，提高水资源调控水平和供水保障能力"。随后，时任水利部部长陈雷在"十二五"规划工作中也着重强调："深入研究河湖水系连通、水量调配和提高水环境承载能力问题，发挥河湖水系的综合功能，实现水量优化调配"。

## 4.2.5 河湖连通对城市洪涝防治的作用

总体而言，如果说海绵城市建设更倾向于治理城市内涝，那河湖水系连通结合河湖水系上的骨干水利工程，其对城市洪涝的防治作用更突出地显示在城市的防洪上。

纵观我国目前的河湖水系连通情况❷，其类型主要包括：①城市水网式。以加强水资源统筹调配能力为目的，通过水利工程实现水网相通，并构建各种尺度河湖水系间新的联系，形成互补共济的联合供水水网格局，同时改善区域的水景观，防御水灾害，最终形成现代化水系网络。②河道疏通式。以提高河流通水能力或满足河道用水为目的，通过水系自然循环净化和人工治理措施，对河道进行清淤、清污、拓宽、加深或增加蜿蜒度等，以保证防洪能力的正常发挥。③分流泄洪式。以提高洪水防御能力、规避洪灾损失为目的，通过建设分洪道、蓄滞洪区、水库等水利工程，构建以洪水防御为主的水资源连通体系，降低洪水的破坏力，强化水灾害防御能力。

河湖水系连通作为水资源调配、水生态修复与改善的重要手段，已成为城市外洪内涝治理工作的重点之一。河湖水系连通对城市洪涝防控的作用，主要包括以下几点。

① 疏通泄洪通道。河湖水系连通可以打通泄洪通道，疏通洪水出路，提高城市水安全系数。

② 蓄滞洪水。河湖水系连通可以维护雨洪调蓄空间，提高雨洪调蓄能力。河湖水系连通工程的实施，可以将不同水系连通起来发挥联合效应，通过恢复或新建水系连接通道，增加河湖调蓄容积，有效减少洪涝灾害。洪涝灾害发生时，通过合理调度，蓄滞洪水、错峰下泄，变害为利，增强抵御水旱灾害能力，保障

人民生命财产安全，发挥巨大的防洪效益，并且可实现区域水资源的余缺互补、丰枯调剂，通过年调节或多年调节来有效利用汛期弃水，化害为利，实现水资源的综合利用。同时工程还建有分洪道、滞洪区等设施来提高水系的疏通能力，有效降低洪涝灾害风险，对防洪除涝有重要作用。

③ 削减洪峰。河湖水系连通可以改善水体流动性，削减洪峰流量，提高径流调控能力。

④ 优化水资源调配。河湖水系连通可以通过科学合理调配水资源，降低调水区的洪涝风险，并为干旱地区提供水源，恢复战略应急水源，提高供水保障能力。河网水系分布不均匀是部分地区水资源短缺的重要因素，通过修建适宜的水系连通工程，可以实现水资源合理配置。通过新建渠道、闸坝、湖库等工程，构建区域河湖水网，改善区域供水条件，增加水源工程，尤其是应急水源工程的建设、恢复，可显著提高水资源配置能力，改善城镇用水条件，提高农业灌溉供水保证率，满足受水区生活、生产以及生态用水需求，促进地区经济社会可持续发展，进而创造巨大的供水效益。例如，汾渭平原的旱涝事件集合应对战略中，基于汾渭平原在很大程度上的丰枯异步规律，通过河流水系骨干水利工程的优化条件，降低区域遭遇洪涝的风险，并通过水资源在空间上的合理调配，缓解邻近地区缺水的危机。

在2003年水利部便明确提出我国的"防洪要从控制洪水向洪水管理转变"，城市防汛抗洪要工程性措施和非工程性措施相结合转变对"洪水猛兽"的观念，改变过去传统的"挡、排、泄"等简单粗放的手段，加强对城市洪涝风险管理。由于城市群连片出现，传统的手段已经无法保证连片城市群的安全，另外，许多城市在遭受雨洪损失之后，又很快直面干旱缺水问题，出现旱涝急转的危机。所以，如果能通过河湖水系连通和优化调配，实施洪水风险管理，将洪水"化敌为友"、化害为宝，这样才能真正理顺城市与洪水的关系。从历史上也可以看出，古代有许多防洪措施，如江西赣州，在赣江遇洪时却不涝，是因为赣州有一条宋代的排水沟，建立了合理的城市水系保证城市千年不涝；又如苏州古城，根据历史文献记载，古城虽称为"泽国"，但却从未发生过水淹的灾害，原因是因势理水，河港如网，兼具排涝、水运等多种功能；再如温州古城，据文献记载，城内除了纵横交错的河道之外，还有数十口水井、十多处水池，形成了城市防渍涝的设施体系，在建城两千多年的历史上，没有发生过水患。

# 4.3 海绵城市建设与河湖联控对城市洪涝防治的效果

## 4.3.1 海绵城市建设与河湖系统联合防控机制

首先，从两者的关系来说，河湖系统本质上也是大海绵体的一种[23]。广义上的海绵城市包括山、水、林、田、湖、草这一生命共同体。城市洪涝防治仅仅依靠小尺度LID的海绵措施（如下凹式绿地、生物滞留设施等）来实现城市洪涝的防治远远不够，还应该从更大的尺度上来考虑城市洪涝的应对问题。因为城市防洪还是得主要依靠河湖水系的调蓄作用。城市洪涝防治的核心是理顺城市水脉，包括河流水系的"大动脉"，也包括城市管网这些"静脉"，同时还包括可以下垫面入渗的"毛细血管"，如果城市水脉管理不善，被打断或者消失，如河道断流或截断排水管网等，便将导致洪涝、干旱、污染等水害。这些城市水脉之间是相通的，因为城市排水无论之前用何种管道、何种方式进行雨水收集，最终的承载体都是天然传统的排涝系统：河流及湖泊、大型绿地、天然湿地等。城市管网系统在城市排涝中仅作为将雨水传输给天然河道、湖泊等河湖水系的媒介，但是随着城市发展，低洼地、鱼塘、河道等往往被高楼大厦、水泥道路等所取代，下雨之后的排涝就只能从管网走，原来通畅舒展的河湖被狭小的排水管道所替代，而排水管道的容量又有限，不能有足够的容量满足集中雨洪的冲击，而且是单向排水，无有效的连通应变能力，"千军万马过独木桥"，淤积泛滥引发城市内涝自然难免。所以从长远来看，对于城市的可持续发展，还是应该将城市的各条水脉都打通，从根本上解决城市水问题。

基于海绵城市和河湖连通对城市洪涝的防治作用，以及两者之间的关系，提出海绵城市与河湖系统连通、联合防洪排涝的相关措施，主要包括以下内容。

### （1）统筹点、线、面海绵体建设

通过海绵设施（点）、水系连通（线）、生态海绵流域（面），使水文过程平缓化、去极值化，降低城市洪涝风险。"点"上的海绵设施主要包括绿地屋顶、透水铺装、下沉式广场、下凹式绿地、植草沟、雨水花园、蓄水罐等，采取"渗、滞、蓄、净、用、排"

等措施，其中"渗"通过改造路面与绿地，减少径流；"滞"通过改造绿地与景观，降低雨水汇集速度；"蓄"通过改造景观水池，减少雨水缓流，实现绿化回用；"净"通过改造绿地与景观，净化雨水，减少污水；"用"通过改造绿地与景观实现雨水回用；"排"通过构建城市排水防涝体系，缓解内涝灾害。水系连通则是与"点"上的海绵设施相互关联，"线"上通过河湖水系的合理规划和科学调度，降低外洪内涝的受灾风险。运用二元水循环的观念，按照自然和社会水循环的本质特征打造生态海绵流域。生态海绵流域不仅仅是海绵城市的概念在流域层面的扩展，它更是运用空间均衡和系统治理的思维，在兼顾流域绿色发展及社会经济进步的前提下，通过流域的植被系统修复、降水径流控制、工程生态调度、环境污染防控、最严格水资源管理等多重体系的构建，打造一个健康流域的系统工程。对社会水循环而言，要建设生态海绵流域，人类要自律式地用水，要高效集约式地用水，要清洁循环，从自然水循环取水要尽可能少，排水要尽可能干净，社会水循环的发展对自然水循环始终在流域可接受的阈值之内，也就是生态健康的阈值。对自然水循环来说，要建设生态海绵流域，一是要加大森林的覆盖率，退耕还林、封山育林，从而加大流域内部的蒸腾（发）和流域内部的水汽循环通量；减缓洪水过程、减少洪峰值，加大枯水流量和生态基流；消纳污染物，减少碳排放、增加碳库；给人类经济活动提供生产要素。二是要把自然水循环在产汇流过程中过度的能量集中适当加以分散，要滞流、蓄流，减少大洪水，减少干旱，坦化水文的极值过程，更好地适应经济社会发展。三是通过建设大、中、小、微并举的灰色建筑，如水库、山塘、蓄水设施等，与森林等绿色设施相结合，使流域洪水期的洪水减少、早期的蓄水加大。

### （2）协调城市洪涝防治标准

协调城市洪涝防治标准，包括城市外围的防洪标准、城市内部的防涝标准和排水管网的建设标准等。其中，城市外围的防洪标准主要是由抵御城市外围较大洪水的基础设施建设组成，包括泄洪闸、防洪堤、水库的建设等；城市内部的防涝标准主要是利用河网布局与规模、上下游潮（水）位边界、泵闸运行方式、水位预降等条件形成河网除涝系统；排水管网的建设标准主要是解决较小面积的雨水汇流，以及较短时间的暴雨径流排除，包括雨水管网、检查井、排水沟、雨水泵站、闸阀等。

### （3）加强河湖联合防控

根据城市水系格局和水资源条件，通过清淤疏浚、连通工程、涵闸调控、水系调度等措施，恢复河流、湖泊、洼地、湿地等自然水系互通，提高雨洪径流的调蓄容量和调配灵活性，完善城市防洪排涝体系，保护、恢复河流绿色生态廊道，提高水体流动性。

与流域、区域防洪规划相衔接，妥善安排城市洪涝水滞蓄和外排出路，统筹布局泄洪通道和蓄滞场所，合理确定城市防洪排涝分区和建设标准。科学谋划城市建成区内外的防洪排涝工程体系，综合考虑河湖调节、滞蓄、外排等措施，完善堤防、涵闸、泵站、蓄滞场所等水利设施，提高城市防洪排涝能力。加强城市水文监测，健全监测站网，加强城市易涝区、城市河湖等洪涝水文信息监测和预警系统建设。处理好城市防洪排涝体系与海绵城市建设各项措施的衔接关系，增强雨洪径流调控能力。

### （4）改进海绵城市建设模式

1）雨污分流和海绵城市建设指标

雨污分流改造要因地制宜，新、老城区要区别对待：新城区雨污分流，污水从地下管网排出，雨水结合植草沟等海绵设施建设从地表通道排出，老城区原则上不宜大规模动。海绵城市建设的控制指标，除了年径流总量控制率外，应因地制宜制定切合实际的弹性指标。

2）选择刚性对抗还是柔性应对

在城市洪涝防治方面，有的城市在进行刚性对抗，如建设"三面光"河道，裁弯取直、清除河床上的树木灌草，以及建设硬质驳岸、堤防等；还有一些城市选择柔性应对，即与城市洪涝尽可能和谐共生，如建设生态护岸，综合利用河流、湖泊、湿地、坑塘、绿地等海绵系统，实现与洪水为友。建议要统筹水系治理与防洪需求，采用生态修复技术，避免刚性对抗，也防止全盘否定以往的硬质护岸和堤防工程，在保证防洪安全的前提下倡导建设生态驳岸，综合利用河湖水系、湿地、坑塘、绿地等海绵设施，与洪水为友，化刚性对抗为和谐共生。

3）未来海绵城市建设思路

未来要建设"海绵＋河湖连通"的"水城共融、蓝绿交织"新型城市。首先要从规划入手，明确目标、具体问题、建设策略等内容后，做有针对性的、系统的、以解决问题为导向的规划，相对于城市总体定额指标而言，城市应更注重详细规划定额指标的研究和制定，从而规范建筑、道路、工业等各项建设工作；其次要从灰色基础设施入手，雨污合流管网改造及漏接、错接管网改造，不能接入管网的区块利用调蓄池解决部分雨污分流问题，利用泵站解决内涝问题，以及不同气候条件城市的管网设计及改造问题；再次，要从绿色基础设施入手，实现低影响开发目标，通过良好的绿色生态系统和蓝色河流水系，体现城市的自然化和艺术化；最后要从管理入手，制定配套物业管理制度、流域维护管理制度，配备相应机构和人员专门负责，创新城市运营管理模式，并由专门法律、法规辅助管理。

### （5）建立洪涝多级风险管控机制

建立城市洪涝多级风险管控机制。第一级为城市中的主要江河湖泊，河流承担着排洪、承接上下游水系等作用，湖泊在城市中起着调蓄、优化环境等作用，这些河湖水系作为宏观尺度的调蓄体，是城市排水的终极排放通道和现状的排水末端收纳体。第二级为城市中的防洪治涝骨干河网，在城市排水中起着承上启下的作用，通过在城市范围内建立环状骨干河网，分别联系江河湖泊和中观级别的调蓄水体、市政排水干管、次级支流等，传统河道及市政排水管都是靠重力流排水，这一层级的河网起着连通区域排水调蓄、设置强排泵站、优化区域洪涝的滞蓄条件等作用，是重新搭建城市防洪治涝的骨干网络，为城市传统水利欠账进行修补。第三级为中观级别的调蓄水体、市政排水干管、次级支流等，建设大面积的湖泊在城市中难以实现，而中观级别的调蓄水体可作为湖泊等大型调蓄水体的补充，形式多样，还可以与海绵城市中的雨水调蓄池、下沉式广场等设施结合起来，在必要时进行联合调度。第四级为传统的市政排水管网，它起着快速排水及转输的作用。第五级为微型或小型海绵体，包括各种人工湿地、透水铺装、绿色屋顶、雨水花园等，这些海绵设施将积水在局部区域就地储存、过滤，然后再慢慢蒸发或渗透。在特大暴雨中积水即使无法就地消化，也在被这些微观海绵设施吸收了一部分后有所减弱，未吸收的部分也经过了初步过滤。此时如果宏观水脉通畅，剩余的积水便可以缓缓泄入江河湖海。前述不同尺度的措施便可以形成一个完整的体系，使城市可以充分应对洪涝，并充分利用雨洪资源。

所以，城市除了要构建主干洪涝河网外，还需要建设各种形式及各种级别有效的海绵体，如湖泊、雨水调蓄池、下凹式绿地、雨水花园等，将大雨、小雨都有序储备起来，然后或缓释或利用。在这个过程中，还可以实施"一地多用"，把地势较低的地方或河道两岸的滩地开辟成公园、绿地球场、停车场、道路等，平时可以供人们娱乐或方便交通，有洪水时便作为临时调蓄洪水的场所。

## 4.3.2 典型城市洪涝防治效果分析

### （1）厦门案例分析

1）城市基本情况

厦门市境域由福建省东南部沿厦门湾的大陆地区和厦门岛、鼓浪屿等岛屿以及厦门湾组成。全市规划土地面积 1699km²，其中厦门本岛土地面积 141.09 km²（含鼓浪屿），海域面积约 390km²。厦门市多年平均降水量 1530mm，由西北向东南递减。

厦门市无过境河流，境内河流均属独流入海的山溪性河流，水系分散，源短流急，大部分径流直接排泄入海，缺乏建设大型蓄水工程的条件，可利用水资源十分有限。厦门市常受台风天气影响，短历时降雨强度大；近年来，又受全球气候变化影响，极端天气频发，给社会管理、城市运行和人民群众生产、生活造成了巨大影响。城市排涝问题凸显，亟待改善和解决。一方面，城市建设破坏原有排水系统，侵占雨水行泄、滞蓄空间；另一方面，雨水管网规划建设标准偏低，达标改造难度大。

2）河湖水系防洪措施

近20多年来，厦门防洪工程也随着城市建设而不断进行完善。目前，几大河流均完成了堤岸加固、河道清淤加宽，防洪能力达到20年一遇以上，部分河流防洪能力已经达到50年一遇。根据《厦门市海绵城市专项规划》，河湖水系的防洪方案如下：本岛区域的筼筜湖排洪泵站，建设标准为排洪50年一遇，挡潮200年一遇，提高湖区排洪标准，汛期，在预报将发生较大降雨的情况下，利用外海落潮的时机开启水闸及自流涵洞快速排水，将湖区水位降至 -0.8m，腾出库容蓄滞上游洪水，迎接洪峰过境，必要时可开启泵站辅助汛前的预降；排洪期间，根据外海潮位与湖区水位的关系，在外海潮位低于湖区水位且湖区水位高于排洪控制低水位 -0.8m 的情况下，开启水闸及自流涵洞排洪，在外海潮位高于湖区水位且湖区水位高于排洪控制低水位 -0.8m 的情况下，开泵排洪；排洪末期，洪峰已过境，且未预报有暴雨，排洪泵站停止运行，转入纳、排潮运行，维持湖区水质。

厦门岛外的9条溪河是厦门市的淡水水源，随着城市的不断发展，沿河两岸人口猛增。种养殖业不断扩大。为了取水，人们在河道内到处修建挡水坝、取水闸，影响了河道行洪，降低了河道乃至城市排洪能力，需要加强河道整治和疏浚。结合行洪与景观的需要，主要通过筑堤、岸线整治拓宽、疏浚河道等措施，加大行洪断面，满足防洪要求，构筑流域防洪体系；同时，对不满足防洪要求的河段建设堤防、生态护岸确保防洪安全。

3）城市排水防涝措施

① 城市竖向与人工机械设施相结合。新建区建设中，合理划定水文单元，科学安排场地竖向、排水走向和涝水行泄通道，做好防洪防潮、雨水排放和内涝防治三个系统之间及其与场地竖向的合理衔接，结合城市竖向和受纳水体分布以及城市内涝防治标准，合理布局涝水行泄通道，利用城市湿地、公园、下凹式绿地和下凹式广场等，安排临时雨水调蓄空间。

② 排水防涝设施与天然水系河道相结合。厦门市溪河、湖泊众多，河流湖泊是泄洪、调洪的最有效通道和场所。各区域的排水防涝设施应充分利用溪河作为泄水道，充分利用港湾、湖泊作为蓄水调洪的库容，合理布置市内排水管道、渠系、涵闸，提高排水效果，缩短排水长度，减少工程投资。

③ 新城区与老城区排涝策略。针对厦门市新城区和老城区的不同特点，推行两个不同规划策略。新城区强调城区规划的系统设计和城市排水防涝系统与城市其他系统间的协同控制，优先考虑从源头降低城市内涝风险，在城镇防洪和雨水排放系统的基础上构建完善的城市内涝防治系统，主要措施包括：提高雨水排放系统建设标准；合理划定水文单元，科学安排场地竖向、排水走向的涝水行泄通道；进行水系综合治理；实施低影响开发策略，减小雨水径流系数。对于老城区而言，大规模扩大现有的排水系统排水能力很困难，其原因一方面是城市地下管道改建成本太高、社会影响太大；另一方面是城市地下空间不足，以及与现有混杂的其他管线的

关系难以处理。因而，参照美国和澳大利亚等发达国家广泛使用的大/小排水系统构建城市排水防涝系统更为合适，即在现有雨水排除系统的基础上，对"超标降雨"产生的地面漫流、滞留涝水做出妥善安排，对不能满足排水要求的主干管渠提出改造措施，包括扩建排洪沟渠，安排涝水行泄通道、滞蓄设施等，重点对易涝点提出解决方案。

④ 海绵社区建设。海绵社区建设作为海绵城市建设中的重要一环，起着承上启下的关键性作用。海绵社区相较于传统的住宅小区，能够有效地蓄积、调配雨水，在硬质建筑景观和自然环境之间建立起有效联系，这些优势使其势必成为今后住宅景观建设发展的主要方向。厦门市以马銮湾片区（国家级试点）和翔安新区（省级试点）为海绵社区建设的试点社区，对厦门市建设海绵社区进行全面布局和分批推进。新建社区直接运用低影响开发理念按照海绵社区建设标准进行建设，老旧小区也将进行海绵化改造。根据厦门市当地的实际情况，经分析新建建筑与小区项目年径流总量控制率宜控制在75%以上，改扩建建筑与小区项目年径流总量控制率宜控制在70%以上。总体而言，海绵城市建筑与小区建设应因地制宜，保护并合理利用场地内原有的湿地、坑塘、沟渠等；应优化不透水硬化地面与绿地空间布局，建筑、广场、小区宜布局可消纳径流雨水的绿地，建筑、道路、绿地的建设应便于径流汇入海绵设施。建筑的海绵措施建设应充分考虑雨水的控制与利用，屋顶坡度较小的建筑宜采用绿色屋顶，没有条件设置绿色屋顶的建筑应采取措施将屋面雨水进行收集消纳。小区道路海绵建设应考虑道路横坡坡向、道路路面与后排绿地的竖向关系，建成后应便于径流雨水汇入绿地内的海绵设施。小区绿地内可设置消纳屋面、路面、广场及停车场径流雨水的海绵设施，并通过溢流系统与城市雨水管网系统和超标雨水径流系统有效衔接。当上述措施不能满足设定的海绵城市建设指标时，应按照所需蓄水容积或污染控制要求合理建设蓄水池、雨水花园、雨水桶及污染处理设施。

⑤ 海绵道路建设。厦门市通过海绵道路交通建设，使城市道路径流雨水通过有组织的汇流与转输，经截污等预处理后引入道路红线内、外绿地内，并通过设置在绿地内的以雨水渗透、储存、调节等为主要功能的低影响开发设施进行处理。低影响开发设施的选择应因地制宜、经济有效、方便易行，如结合道路绿化带和道路红线外绿地优先设计下沉式绿地、生物

滞留带、雨水湿地等。在厦门市针对干路和支路，同时推进道路的海绵化建设，循序渐进建设海绵道路。道路人行道宜采用透水铺装，非机动车道和机动车道可采用透水沥青路面或透水水泥混凝土路面。道路横断面设计应优化道路横坡坡向、路面与道路绿化带及周边绿地的竖向关系等，便于径流雨水汇入低影响开发设施。路面排水宜采用生态排水的方式，也可利用道路及周边公共用地的地下空间设计调蓄设施。城市道路经过或穿越水源保护区时，应在道路两侧或雨水管渠下游设计雨水应急处理及储存设施。低影响开发设施内植物宜根据水分条件、径流雨水水质等进行选择，宜选择耐盐、耐淹、耐污等能力较强的乡土植物。

4）建设预期效果

通过利用海绵城市与河湖联控防洪治涝规划设计，与传统开发方法相比其调蓄措施可大幅度削减洪峰流量、延后峰现时间，较好地降低径流总量、削减洪峰流量和降低径流系数，为厦门市的防洪治涝提供了有力的技术支持。应借此契机推进海绵城市建设工作，更好地控制雨水、利用雨水，恢复城市原有的功能。

根据厦门市海绵城市建设的战略目标，城市建成区2020年20%以上的面积已达到70%的降雨就地消纳和利用的海绵城市与河湖联控要求。其中，分类指标包括以下方面。

① 水安全方面：到目前，城市内涝防治标准达标率已达到50年一遇。

② 水生态方面，到目前为止，20%的城市建成区年径流总量控制率基本达到70%，生态岸线恢复比例已达到30%以上，建成区热岛效应已有所缓解。

③ 水环境方面：到目前为止，海绵试点区不低于《地表水环境质量标准》GB 3838—2002 Ⅳ类标准，其他区不低于《地表水环境质量标准》Ⅴ类；黑臭水体≤10%。雨水径流污染、合流制管渠溢流污染得到有效控制。入海河口及近岸海域水质基本消除劣Ⅴ类的水体，近岸海域水质优良比例达到70%左右。

④ 水资源方面：提升城市雨水集蓄利用能力，使雨水成为市政用水的良好补充，到目前，厦门市污水再生利用率已经接近20%，雨水资源化利用率达到可替代自来水比例约为1.5%。

**（2）海口案例分析**

1）城市基本情况

海口市地处低纬度热带北缘，属于热带海洋气候，位于海南岛北部；东西最长88.1km，总面积2304.84km$^2$；海岸线长约136.23km，海域面积约830km$^2$；海岛有海甸岛、新埠岛和北港岛；年平均降雨量1816mm，平均年雨日为150天左右，其中5～10月为雨季，雨量占全年的78.1%，9月为降雨高峰期，平均雨量达300mm，占全年雨量的17.8%。海口市河流密集，水塘、河汊、沼泽四处可见，地下水位高，一遇台风暴雨，市区主要街道便会水深没膝，人车难行。

海口市城市易涝点众多。经统计，海口市现状共21个典型积水路段，主要原因是由于规划排水出口未建设，人为占压、填埋、堵塞排水管网、河道，导致雨天形成积水；排水管网建设滞后于地区发展，规划排水未建设而无排水出路导致积水；排水管道建设标准低，下游断面过小，形成瓶颈，不能满足雨天排水，以及道路地势较低，暴雨天受海潮上涨顶托造成积水。

海口市雨水系统主要靠重力自然排放，暴雨时如遇海水高潮位，雨水便因受到顶托而排不出去，从而加剧城市积水的严重程度。此外，还有下游管道断面比上游小，形成瓶颈，不能满足雨天排水需求，也易造成路面积水。其次，海口市自1988年海南建省以来，城市迅速发展，原来城市周边以及城市中心区的水塘、湿地被逐步填埋，而配套的市政设施建设又严重滞后，自然调蓄能力丧失造成积水。同时，违章施工造成排水管道损坏。再次，在城市建设中，存在重视地上、轻视地下，注重局部、不考虑全局的现象，造成市政排水设施建设与区域开发不同步，甚至严重滞后。

2）河湖水系整治措施

① 河道和涵洞清淤。对于城市河道，全面实施清淤疏浚；抓紧启动实施中心城区水系重点清淤工程；扩大淤泥外运范围，进一步规范淤泥处置管理，建立健全长效机制，提高城市河道的行洪排涝能力。

② 河道保洁。全面清理河面水草、漂浮物以及废弃箔桩等河道障碍物，全面清理河道沿岸垃圾杂物，整治乱搭乱建、乱堆乱放现象。

③ 河道滩地违章建筑、违法占地清除。参照河道蓝线，对各类拦河筑坝和违法填河开展集中整治，清除设障，保障河道畅通。对新建涉水建筑，应进行严格的防洪风险评价，保证不影响河道的行洪排涝能力。

④ 水位调度方案。海口市各地区水系，包括城市河道、水库、湖泊等，在汛期需保持低水位状态，迎

接可能的洪涝灾害，景观水系应兼顾城市的排水防涝任务，提高防洪排涝能力。

⑤ 城市内河水系综合治理工程，包括相关排涝内河的河道堤防护岸工程建设、疏浚、清淤、泵站布设等，城区河道和荣山河设计防洪标准为50年一遇，其他河道设计防洪标准为20年一遇。

3）城市排水防涝措施

① 改造地下排水管道系统。有针对性地对地下排水管网进行改造，将道路下的雨、污水管道进行分离，对于已有的主干管将污水支管和雨水支管进行分开收集，在未来工作中应注重城市规划，将雨污水分离做到社区内部和建筑内部，以达到彻底雨污分流目的。

② 设置强排泵站。海口市需建设两级强排系统，第一级强排系统是在海边建外江排水泵站，第二级强排系统是在各水浸点建设强排泵站，将积水抽排到附近的河涌里。

③ 兴修人工调洪设施。城市内蓄水工程可在城市发展的同时不断增加其对雨洪的调蓄能力，减少地面流动和洼地积水而造成的损失。由于城市建有大量混凝土及沥青路面等不透水路面，区域流量到达洪峰流量及洪峰流量消退会经历一个陡升陡降过程，而经人工调洪设施调控后的流量过程较为平缓，当达到洪峰流量后，人工调洪设施流量过程变得非常平缓。

④ 加强海绵城市建设和雨洪综合利用。在城市建设中，尽量对各类地面采取非硬化铺设，这样既能避免城市在大暴雨时出现大面积积水现象，又能帮助城市利用雨水来补充地下水资源，是一种比较有效的人工补偿方法。

⑤ 建立完善的内涝洪水预警预报系统。城市内涝洪水预警预报系统是一种重要的非工程防洪排涝措施，通过建立独立的城市暴雨内涝预警预报调度系统，根据雨情和水情预报以及城市河流洪水特征，通过预报做出决策，当发生不同级别洪水时，发布相应警报，对于城市抗洪抢险具有重要意义。加强气象预测预警预报能力建设，加强城市暴雨规律研究，进一步提高气象预报准确率和精细化水平，开展气象灾害分区预警，提高预警的针对性。

4）建设预期效果

海口市通过排涝减灾工程措施与非工程措施、生态环境保护措施相结合，防灾与减灾并举，抗洪与避洪相结合，建设与管理并重，妥善处理上下游、干支流、左右岸、城乡间、区域间，以及防洪与排涝、局部与全局、近期与远期、一般与重点等各种关系，采取综合措施，标本兼治，综合治理，全面发挥防洪和排涝工程体系的综合作用，保障重点地区的防洪和排涝安全，建设后将把洪涝灾害造成的整体损失降到最低程度。实践证明，海绵城市建设的低影响开发可提高城市内涝防治标准5~10年。

（3）北京案例分析

1）洪涝防治综合策略

① 推进区域生态保护与修复。划定生态保护红线，以生态功能重要性、生态环境敏感性与脆弱性评价为基础，划定全市生态保护红线，占市域面积的25%左右，强化生态保护红线刚性约束，勘界定标，保障落地。争取在2020年全市生态控制区面积达到约11987km$^2$，约占市域面积的73%，规划2034年全市生态控制区比例提高到75%，2050年提高到80%以上。

② 推进综合生态型河湖水系、蓄滞洪区建设。首先，在河道蓝线划定方面，要在水域功能、标准、规模（宽度或面积）等已确定的前提下，将河湖水域上口线在城市规划图上予以划定；其次，在自然形态修复方面，要加强对城市坑塘、河湖、湿地等水体自然形态的保护和恢复，禁止截弯取直、河道硬化等破坏水生态环境的建设行为；再次，对于河湖水系连通，要恢复和保持河湖水系的自然连通，构建城市良性水循环系统，逐步改善水环境质量；最后，在生态环境修复方面要加强河道系统整治，因势利导改造渠化河道，重塑健康自然的弯曲河岸线，恢复自然深潭浅滩和泛洪漫滩，实施生态修复，营造多样性生物生态环境。

③ 推进景观集雨型工业绿地建设。由景观观赏型兼顾集雨蓄水型，要求建成雨水花园、下凹式绿地、人工湿地等，同时增强工业和绿地系统的城市海绵体功能，消纳自身雨水，并为蓄滞周边区域雨水提供空间。

④ 推进透蓄水型道路广场建设。要求由硬质铺装型转变为脱水蓄水型，同时，增强道路绿化带对雨水的消纳功能，在非机动车道、人行道、停车场、广场等场所扩大使用透水铺装，推行道路与广场雨水的收集、净化和利用。

⑤ 推进绿色生态型建筑小区建设。要求由钢筋水泥型转变为绿色生态型，同时要求从2015年起新区、园区、成片开发区全面落实海绵城市建设，要求老城区要结合棚户区和危房改造、老旧小区更新等推进整

体治理，建立海绵城市建设项目储备制度，编制年度建设计划。

⑥ 推进排水防涝系统建设。推进排水管道、泵站及其他排水防涝设施达标建设，控制城市整体竖向，构建区域涝水行泄通道，开展排蓄廊道工程前期研究。小排水系统针对常规降雨事件，侧重于雨水快速排除，主要注重排水管网工程建设。大排水系统针对超标降雨事件，侧重城市排水防涝能力，主要是超标雨水控制工程建设。

2) 建设预期效果

北京市城市洪涝防治是以风险意识防外洪，加强风险管理、预留雨洪空间、增强城市弹性；以资源意识控内涝，源头就地利用、中途加强调控、灰绿有机结合；以水之道还清河流，多级径流调控，借助自然之力，存感恩敬畏之心。

实际上，2016 年的北京市降雨比 2012 年时间长（分别为 55h 和 19h），城区平均降雨量大（分别为 291mm 和 215mm），但 2016 年北京无明显的灾情、无人员死亡、交通无明显变化，说明北京市 2012 年"7.21暴雨"之后采取的城市洪涝综合治理措施发挥了非常重要的作用：一是进行重点地区雨水管网改造，排水能力显著提高；二是完成 1460km 中小河道治理，实现城区河湖连通；三是改造了 75 座泵站，排涝能力从一般两年一遇提高到十年一遇；四是建成 47 个蓄水场所，有效调蓄暴雨形成的洪水；五是形成了市领导负责，由水利、城建、交通、环保、卫生等多部门组成的城市应急管理指挥中心，增强了应急管理能力和减灾救灾能力。

## 4.4 我国城市洪涝综合防治策略

由于特殊的地理和气候条件，我国洪涝问题十分严重。城市人口和资产集中，自然灾害的暴露度高，城市洪涝经常造成严重的人员伤亡和财产损失，城市洪涝防治也一直是自然灾害应对和城市可持续发展的重点工作。本研究主要从海绵城市和河湖联控方面对城市洪涝的防治进行解析，提出以下认识、建议或展望。

### 4.4.1 关于海绵城市建设

传统的城市开发模式偏重经济社会功能，带来了城市内涝、水体黑臭等一系列水安全问题。海绵城市是新时代城市生态文明的重要抓手，源自于习近平总书记对未来城市的科学构想，是有效应对城市防洪排涝和污染防治的重要手段。未来海绵城市建设需要秉承生态理性的价值观，重视城市自然生态自身的内在价值，统筹规划建设，系统化融合多尺度海绵设施，竖向上融合建筑层面、地表层面和地下层面的设施建设，横向上融合点尺度、线尺度和面尺度的设施建设，有机融合绿色、灰色基础设施，统筹运用"城市海绵"与河湖连通，联控城市洪涝，修复城市环境，保障城市安全。

#### （1）关于海绵城市顶层设计

海绵城市不仅要构建良性循环的城市水系统，还要综合考虑城市交通、市政、环境、生态、景观等功能并与城市总体规划、产业发展和空间布局有机融合。因此，要科学规划海绵城市的顶层设计、系统布局。应当紧密结合城市自然地理、社会经济背景，在系统分析建设区域水问题及其成因的基础上，制订顶层设计方案，明确海绵城市建设目标、总体布局。在顶层设计中，应从流域、区域、城市相结合的角度来系统分析城市水问题，理清脉络、举纲张目，科学安排雨洪管理格局和调控、修复措施，在不同尺度设计建设方案。建立跨行业的技术机构，通过不同行业、学科的优势互补和交融，从整体进行思考和规划，推动城市发展与水资源、水环境承载力相协调。

#### （2）关于海绵城市指标选择

海绵城市建设控制指标的选择应考虑其物理意义及在气候、水文、地理方面的科学性。径流控制效果与场次暴雨总量和时程分布有直接关系，不同地域的降雨特性不同，南、北方差异很大，控制要求完全不同。因此，根据地域降雨特征来设置径流控制指标显然更加合理；同时，对于控制指标的阈值，也需要进行科学的论证。海绵城市的相关指标不仅要有明确的物理意义，而且在监测、计算、评价方面更应具有可操作性。由于城市暴雨导致的内涝及其灾情在空间上具有分散性、多样性特征，它们并不是一个单因素指标，如何系统监测进而定量计算和评价指标都需要严谨考虑。此外，指标的尺度与具体时空范围要有对应性。

### （3）关于海绵城市建设实施

海绵城市建设中需要考虑城市生态的理念，不要把治水过于工程化，但是也不能打着生态的旗号不去做工程上的事，灰色设施、绿色设施要并举。至于海绵城市建设的具体模式，是建设"小海绵"还是"大海绵"，是狭义的"海绵"还是广义的"海绵"，每个城市的做法需要因地制宜，包括生态红线的划定、河道生态化治理、排水防涝系统改造、建设项目雨水系统的管控等，都需要纳入海绵城市大的理念之中来落实，同时加强城市雨污分流建设，对整个区域已建排水管网系统进行全面摸查，了解该系统建设状况以及污水系统的运行状况，明确现状雨、污分流区与合流区，且在全范围内进行污染源摸查与水浸街区域原因分析，从而对现状排水系统进行全面评估；针对旧城区排水体制为雨污分流与截流、合流并存的混流制的客观实际，结合现状管网摸查资料，对整个区域的雨水系统与污水系统进行重新规划，重点是现状合流区域的雨、污分流规划以及与现状雨、污分流区域的合理衔接；初步估算雨、污分流改造实施的工程量及工程投资，预测工程实施建设年限，构思工程分区、分期实施计划并制定阶段性目标，落实工程资金来源，确定资金投入计划。

海绵城市建设应秉承生态理性的理念，尊重自然、顺应自然、保护自然，构建城市命运共同体，打破以往只重视城市建设中的自然生态（绿地、河流等）的工具性价值而忽视自然生态本身具有的内在价值的局限性。

此外，海绵城市建设不能只强调局部的"渗、滞、净"措施，还应该关注更大尺度的"蓄、排"等措施，未来也要关注"用"的措施。这就需要加强住建部门和水利部门以及其他部门的合作，在建设时不能只看重低影响开发，还要加强建设"蓄、排"等水量调控设施。

### （4）关于海绵城市运营管理

海绵设施建设完成之后，"蓄、渗"的能力随着使用时间的推移会下降，所以在设计时可以适当考虑扩大设计容积。目前城市的海绵设施"渗、滞、蓄、净、用、排"中"用"和"排"的部分考虑相对较少，那些雨水集蓄设施如果不能够及时排空和利用，未来将会存在卫生问题，甚至引发黑臭问题。因此，在海绵城市建设时，需要尽量提前去考虑这些设施未来的排空和利用问题。

从经济效益来看，部分海绵设施造价较高，根据《海绵城市建设技术指南——低影响开发雨水系统构建》，湿塘、雨水湿地、生物滞留设施单位造价高达600~800元/$m^3$。另外，对于海绵城市设施后续的寿命和维护，目前在做设计或者预算时，经费投资可能没有考虑设施维护，而未来这部分的成本也比较高，因此，在规划设施及预算时，需要考虑设施的维护和寿命问题。

## 4.4.2 关于城市水系设计

城市水系建设要服从城市洪涝防治的基本要求。城市河湖水系要保持合理的调蓄容积，在发生洪涝灾害时，首先要能够起一定蓄的作用，把涝水存蓄起来。其次，河流水系要发挥其自然降解、自然净化的作用，结合PGPR黑臭水体治理技术、微生物技术、纳米曝气技术等高新技术手段的应用，使得汇流到河道内的城市初雨面源污染能迅速降解。再次，在枯水时要预留一部分水量作为城市供水补水，并兼顾城市生态景观。

另外，河湖水系的规划设计要尊重城市水循环及其伴生过程的自然规律，以河湖水系为骨架，以分散的低影响开发设施为肌肉，合理规划防洪排涝布局，形成引排顺畅、蓄泄得当、丰枯调剂、多源互补、可调可控的城市水网体系，城市河湖水系是城市水循环的骨架，是城市雨洪调节、净化、利用和水生态修复的主要空间。海绵城市构建要有流域概念，以城市河湖为核心，科学安排"渗、滞、蓄、净、用、排"等措施和生态修复格局，合理布局各类措施和元素，降低城市洪涝和干旱风险，实现安全可靠、能防灾、可恢复的"韧性城市"建设目标。

### （1）关于城市建设模式

"打造优美生态环境，构建蓝绿交织、清新明亮、水城共融的生态城市"，是习近平总书记对雄安新区建设提出的任务。结合这一概念，我们提倡未来要建设"蓝绿交织、水城共融"的新型城市，科学规划空间布局，通过"海绵城市+河湖联控"建设高质量的基础设施，保护和修复陆生与水生生态，杜绝环境污染，从而使得城市既安全又美观。

针对城市洪涝，应该柔性应对，即使可能没有非常高的设防标准、大规模的专用防洪工程，但是城市有适应洪水的能力，提升与洪水共存的能力在面对高标准洪水时，城市依然具有一定的韧性，使洪涝损失减少或控制在可接受的范围之内。此外，结合不同城市的具体情况，竖向上融合建筑层面、地表层面和地下层面的设施建设，在促进城市立体发展的同时，开展洪涝地下管网、排水深隧等地下调蓄[24]。

### （2）关于科技支撑体系

#### 1）关于学科基础研究

加强气象气候、城市水文等学科基础研究。全球气候变化导致极端气候事件增加以及城镇化快速发展产生热岛效应、凝聚核作用和阻碍作用，使得城市暴雨呈现增多趋强的态势。城镇化和人类活动引起的下垫面变化，影响到流域的产汇流机制，径流系数增加，汇流速度加快，再加上城市的无序开发，破坏了城市的排水和除涝系统，多种因素综合作用导致城市洪涝问题越来越突出。因此，要高度重视气候变化、快速城镇化背景下的城市极端降雨形成机制、城市水文单元产汇流机理、洪水演进规律、城市水生态以及水环境演变情势分析和研究，加强对区域气候变化、二元水循环、城市水文效应、城市暴雨规律等方面的科学研究。

#### 2）关于多项标准衔接

防洪、除涝与排水标准之间是相互联系、相互影响的。暴雨通过雨水管网汇集后自排或通过泵站抽排至城市内河网，经过内河网调蓄后通过水闸自排或泵站抽排至外江承泄区。排水是除涝的基础，负责收集输送暴雨涝水；除涝是排水的承泄水体，通过水闸、泵站控制内河网水位，承纳排水系统排放的雨水并排至外江；而外江水位调控又受到防洪标准的影响。在城市洪涝综合治理中，要从防洪除涝和排水系统的整体规划、布局的层面出发，提出相协调的防洪、除涝与排水标准，从流域和区域全局的角度来分析和解决城市洪涝问题。重点研究城市雨水管网支渠排水标准与干渠排水标准的关系、城市雨水干渠排水标准与城市内河除涝标准的关系，以及城市内河除涝标准与城市防洪标准的关系等。城市防洪排涝是一个复杂的系统工程，城市排涝、排水不仅要关注由管网构成的排水系统，还要重视由河湖水系及其他设施构成的城市排涝系统和防洪系统，不能孤立地就除涝论除涝、就排水论排水，而应以流域和区域全局的角度来分析和解决城市内涝问题。

#### 3）关于洪涝预报预警

城市雨岛效应、热岛效应都是环境面临的新的变化背景，而过去气象预报是以微物理过程作为基本过程，今后要以微物理过程和城市高密度特征导致的局地强对流这两种机制为主导，结合长波辐射、短波辐射，加强城市气象预报和洪涝预报。通过加强气象预测预警预报能力建设，进一步提高气象预报准确率和精细化水平，建立城市暴雨内涝预警预报调度系统，根据雨情和水情预报以及城市河流洪水特征，通过预报做出决策，开展洪涝灾害分区预警，提高预警的针对性。另外，要注重互联网＋技术在雨洪监测中的深度应用，通过智能传感技术，立体监测城市雨洪信息，实时掌握雨洪运动状态，耦合气象、水文模型，强化暴雨洪涝预警预报；采用大数据分析和云计算技术，实现城市水系统智能调控和精细化管理，使城市快捷、智慧、弹性地应对水问题。

## 4.4.3 关于生态修复对策

### （1）生态治水策略

未来的治水应该从以"排"为主，走向以"蓄"为主；从集中化（大水库、大调水、大截排）走向分散化、就地化；从单一功能导向走向综合生态系统服务导向。在具体规划设计和工程上，"海绵"的哲学集中体现在三个策略，即消纳、减速与适应。"海绵"的消纳哲学是就地调节涝旱，而不转嫁异地，它启示我们用适应的智慧就地化解矛盾。将洪水、雨水快速排掉，是当代排洪排涝工程的基本哲学。河床上的树木和灌草必须清除以减少水流阻力，被认为是天经地义的。这种以"快"为标准的水利工程罔顾水过程的系统性和水作为生态系统的主导因子的价值，结果却使洪水被聚集和加速，其破坏力被强化、上游的灾害被转嫁给了下游。海绵的减速策略是使水流慢下来，让它变得"心平气和"而不再"狂野恐怖"，让它有机会下渗和滋育生命万物，让它有时间净化自身，更让它有机会服务人类。当代工程治水理念崇尚"严防死守"的对抗，大部分河流被刚性的防洪堤坝所"捆绑"，原本蜿蜒柔和的水流形态，而今都变成刚硬直泄的排水渠。千百年来的防洪抗洪经验告诉我们，当人类用坚固防线将洪水逼到墙角之时，洪水的破堤反击便指日可待，此时的洪水便成为能摧毁一切的猛兽势不可挡。"海绵适应"的策略即弹性应对外部冲击，化对抗为和谐共生，以柔克刚。

### （2）规划策略

从以城市扩张为导向的发展规划，转向以水为核心的自然资源和水生态保护、修复和综合治理为导向的规划体系。

1）规划定位

海绵城市规划中的核心和系统部分必须先于城市建设用地的总体规划进行，并用它来定义城市形态。用当代景观都市主义（Landscape Urbanism）的说法，是景观而非建筑和灰色基础设施决定城市的形态与过程。

2）功能定位

绿地系统是城市生态安全的关键构成，是城市生态基础设施的核心网络，是完整的生态系统服务的保障，主要包括生产与供给服务、调节服务、生命支持和审美游憩四大方面，具体包括水源涵养、雨洪水管理、碳氧平衡、提供生物栖息地、缓解热岛效应、休闲游憩、审美启智等。

3）空间尺度

必须有一个城乡一体的绿地系统规划和区域性的景观系统，建成区内的绿地系统只是这个城乡一体的景观系统的有机组成部分。

4）时间尺度

城乡绿地系统的核心和系统部分是永久的、确定的规划，理论上来说是永恒的，它是自然意志的体现，也是历史文化遗产的珍藏，更是城市居民生活的必需品。不同阶段的城市建设过程将对这一系统不断补充和完善。

5）评价标准

生态系统服务能力是绿地系统质量的评价标准，具体体现在其提供的生产与供给服务、调节服务、生命支持和审美游憩四大方面的能力。这些能力的一个核心指标是各种生态过程和对应景观格局的连续性与完整性。

### （3）基础设施策略

"灰色"是指提升重要的灰色基础设施，如排污管、泵水站和污水处理设施；"绿色"是指完善绿色基础设施，利用自然的方法，充分发挥城市绿地、道路、水系等对雨水的吸纳、蓄渗和缓释作用；通过城市灰色和绿色基础设施的改善，保障公民健康与生态环境质量。强调以绿色基础设施为导向的城市涉水基础设施建设的优先规划和建设，并形成灰色基础设施与绿色基础设施协同作用的城市基础设施体系，综合解决水资源保护与利用、水生态修复、旱涝防治、水环境营造等涉水问题。

# 第5章 城市安全保障与自然灾害应对战略建议

## 5.1 现状及存在的问题

我国城市安全保障与自然灾害应对还存在以下突出问题。

① 我国城市自然灾害"一体化"防控机制尚未形成。我国自然灾害种类多、影响范围广、发生频率高、灾害损失大,当前各类灾害的监测预警、应急处理、灾害恢复等工作,分散在气象、水利、住建、地震、消防、民政、安监等部门负责,各部门在标准制定、信息交互、救灾队伍、救灾物资等方面协调困难,在大范围、多灾种并发的特大灾害应对中,这种制约更为突出。新组建的应急管理部为自然灾害的统一管理与应对提供了体制保障,但国家和地方相结合的城市自然灾害与突发性火灾等灾害"一体化"防控机制等尚未建立。

② 我国城市基础设施系统自然灾害风险总体较高,尤其是老旧建筑、关键生命线系统等薄弱环节抵御灾害能力堪忧。城市地震灾害、火灾发生频率高、损失重,据统计,2006~2016年我国境内共发生过6级以上地震49次,累计死亡7.3万人、失踪1.8万人,经济损失总额超过9200亿元;2006~2016年我国境内共发生过火灾248起,累计死亡0.96万人、失踪0.66万人,经济损失总额超过289亿元;城市建筑群特别是早期抗震设防标准低的老旧建筑仍大量存在(以上海为例,以砌体为主要结构形式、超期服役的老旧建筑面积占居住房屋总面积的2%),其抗震能力弱、灾害风险突出;供水、燃气等基础设施老化、腐蚀等问题严重且现状基本不明(以上海为例,最早的灰口铸铁管供水管道已服役135年,最早的灰口铸铁管燃气管道已服役153年),泄漏、火灾、爆炸等风险高,城市生命线已成为城市"生病线"甚至"夺命线"。

③ 对海绵城市仍未形成统一认识,在试点建设中,存在片面强调绿色基础设施、将绿色基础设施与灰色基础设施建设对立、不考虑城市具体情况"一刀切"等诸多问题,由于专业和部门之间的条块分割等限制,注重局部成效的碎片化设计也是当前海绵城市建设中的突出问题。此外,在城市洪涝方面,有些城市在进行刚性对抗,城市建设普遍忽视自然形成的地形、地貌,在城市内大兴土木,填湖平壑、截弯取直,使原有的河湖、湿地、坑塘、沟渠等在城市开发建设中荡然无存,严重削弱了城市应对雨洪的能力,河道渠化、加高固化河堤的做法导致自然水系统被破坏,自我调节能力丧失,为生态环境带来严重后果。对于海绵城市建设的重点内容、实施效果等也存在较多争论,已经对海绵城市后续的规划建设造成了一定的不利影响。

## 5.2 战略建议

鉴于当前我国城市安全保障与自然灾害应对存在的突出问题，提出如下三条战略建议。

1）建议尽快整合分散在不同部门的城市自然灾害监测预警、应急管理与灾后恢复等职能，统一纳入应急管理部予以管理，形成"一体化"应对体系

具体建议如下。

① 有机整合气象、水文、地震等现有监测与预警预报职能，建立"一体化"国家自然灾害与突发事件监测预警体系；有机整合现有的防洪抗旱、消防等灾害与突发事件应急力量，形成以中央、地方相结合的常备救灾力量体系；建立国家自然灾害与突发事件防灾、救灾与灾后恢复物资战略储备库。

② 在国家自然灾害应对系统内，成立城市自然灾害、突发火灾等专门管理部门，建立一体化的城市防灾指挥系统，统一指挥城市洪涝、地震、火灾等防灾、救灾力量，统一协调防灾、救灾及灾后恢复中交通、市政、供水、供电等部门行动。

③ 尽快编制国家城市自然灾害防治综合规划。开展主要城市群、重点城市的自然灾害风险评估，统筹确定各类自然灾害（含突发性火灾）设防标准，协调城市自然灾害综合防灾救灾工程与非工程体系建设方案，对高风险城市区域的城市布局调整、防灾体系强化等提出约束性要求。

2）建议加强"韧性城市"建设，提升城市基础设施系统应对地震、火灾等极端、多重灾害或突发事件的能力，保障城市应急功能不中断、增强城市快速修复能力、减少人员伤亡和财产损失

建设"韧性城市"具体包括以下内容。

① 完善城市基础设施运营维护管理体系。建立城市运行安全监测传感网络，利用地面探测、空间采集、信息管理、大数据、云平台系统等多种技术手段，进行基础结构化信息密集采集，健全城市基础设施系统运行安全与综合灾害数据库，加强动态维护和更新，加大城市基础设施系统全生命周期维护管理力度。

② 强化重大工程和重要基础设施安全管理。基于大数据技术，建立智慧城市基础设施系统安全的信息化设计、监测预警和应急管理体系；加强老旧建筑、高层建筑、地铁隧道等抗震、消防重要基础设施系统安全管理力度，完善管理制度，构建管理体系，建立工程安全风险评估制度；推行质量安全巡检制度和安全隐患巡查制度。

③ 提升城市基础设施防灾、减灾能力。编制实施城市基础设施防灾专项规划，研究制定重大交通枢纽、大型商业广场、居民聚集区等不同类型社区防灾技术要求，推进新建社区防灾设施、避难场所与房屋建筑同步规划设计，加强老旧社区防灾规划建设，提高城市综合防灾和安全设施建设配置标准。深化城市应急联动体系建设，加强业余应急救援队伍建设，落实各类专项应急预案；加强无人机、机器人等智能防灾手段的应用，构建全天候、系统性、现代化的城市运行安全保障体系。

3）秉承生态理性，建设清新自然、安全宜居的海绵城市

具体建议如下。

① 秉承生态理性，统筹规划建设未来海绵城市。

针对目前我国城市灰色结构密集、绿色弹性不足的现实，极有必要聚焦于环境、社会、经济三大共时性维度和代际公平伦理、文化传承两大历时性维度的协同和有机结合，秉承生态理性，建设清新自然、安全宜居的海绵城市，弹性应对洪涝灾害、水体污染和热岛效应等"城市病"，使城市发展可持续、应对自然灾害方面具有恢复力。从建设对象的视角来看，海绵城市建设应秉承生态理性的理念，尊重自然、顺应自然、保护自然，构建城市命运共同体，打破以往只重视城市建设中的自然生态（绿地、河流等）的工具性价值而忽视自然生态本身具有的内在价值的局限性，在把握生态科学规律的前提下，合理采用"渗、滞、蓄、净、用、排"等技术措施，实现城市雨水的自然积存、自然渗透、自然净化。通过优化自然—社会二元水循环过程，改善城市降雨产流路径和模式，以亲近自然的方式来维护城市多层立体生态设施（绿色屋顶、绿色立面、雨水花园、下沉式绿地、慢行步道、休憩广场、河流水系、地下空间等），以期为子孙后代留下天蓝、地绿、水清的生产、生活环境。

根据《国务院办公厅关于推进海绵城市建设的指导意见》（国办发[2015]75号），通过海绵城市建设，最大限度地减少城市开发建设对生态环境的影响，将70%的降雨就地消纳和利用，到2020年城市建成区20%以上的面积达到目标要求，到2030年城市建成区80%以上的面积达到目标要求。海绵城市建设应打破以往经济理性中短平快式的对经济效益的追求，确立合理适度与自我节制的生态价值观，在城市命运

共同体这一复杂系统中把握人类社会和生态环境的动态平衡关系，用生态理性来实现人类社会行为价值取向的自觉矫正。

② 多尺度海绵设施系统化融合，修复城市环境，实现河清水美、清新自然。

海绵城市建设以城市人居环境为对象，关注人和自然两大主体，量质并重，在实现水量平衡和资源利用的同时，加强城市水环境的修复，通过多尺度、多功能的海绵城市建设和各部门系统化的建设管理运行维护，实现城市洪涝安全应对。海绵城市的建设途径是多样的，绝不仅仅只有低影响开发措施，同时也要避免从单纯依赖灰色基础设施走向仅强调绿色基础设施的极端。海绵城市建设在竖向上应融合建筑层面、地表蓄滞层和地下层面，在横向上应融合点尺度、线尺度和面尺度的设施建设，在工程尺度上应集成污染防治、防洪排涝和生态水系等"大海绵"设施和园林绿地、道路交通与海绵社区等"小海绵"设施。因此，海绵城市是多尺度、多功能、全方位的复杂系统工程，在建设中实施绿色基础设施和灰色基础设施相结合，其中日常中小降水的应对和初期雨水径流污染控制，更多依靠绿色基础设施；设计标准内降水的应对，应加强灰色基础设施和绿色基础设施相结合，综合发挥绿色基础设施和灰色基础设施的效能，在控制城市径流污染的同时，缓解城市积水内涝、改善绿色景观（绿地、绿道等），实现保水、减污、控涝。

科学合理的海绵设施组合可修复城市环境，营造开放、安全、包容、绿色、高质的城市空间，构建蓝绿交织、清新明亮、水城共融的生态城市，为城市及周边居民提供清新自然的人居环境。在此过程中，尤其要关注黑臭水体和内涝危险易发的老旧城区以及相对脆弱的城中村地区，使这些地区与新建城区一样具备防治水体污染和城市内涝的能力。应结合棚户区改造、污水设施建设、老旧小区更新等，充分利用小区内部绿地、水面等空间，建设绿色滞蓄设施，从源头减少雨洪和初雨污染。针对易涝点，局部改扩建排水管网、泵站等关键基础设施，并沟通城区地下排水沟、地下管网、地面沟渠、道路等排水通道，提高老旧小区综合排水能力。利用城市公园、绿地建设分散式污水处理场站和集中式地下调蓄空间，提高城市整体雨洪调蓄和污染处理能力，加强源头控制、综合过程调节、提高末端能力。

建议对《海绵城市建设技术指南——低影响开发雨水系统构建》进行进一步修订和完善，由城市水务部门牵头联合财政、住建、环保等部门，建立海绵城市良性运行机制，由城市规划部门牵头，将海绵城市建设纳入各类相关规划和建设项目审批环节。

③ 统筹城市"海绵"与河湖连通，联控城市洪涝，保障城市安全，构建亲水宜居环境。

海绵城市可以有效缓解城市内涝，但是当遭遇超标准降雨时，其缓解作用十分有限。城市河湖、湿地等是天然海绵体，是城市雨水的调蓄区，可以蓄水、滞洪、供水、补充地下水等。健康的城市河湖水系在暴雨时能够最终承接 80% 以上的本地径流，具备良好的调节功能，对应对超标准降雨具有重要作用，需要有效统筹海绵城市建设和城市河湖水系连通，通过联控来更好地防治城市洪涝。

将海绵城市建设与河湖连通理念相结合，以城市河湖水系为骨架，科学安排及合理布局"渗、滞、蓄、净、用、排"等一系列海绵设施，通过保护、恢复和修复天然河湖水域空间，优化调整河湖水系格局，形成引排顺畅、蓄泄得当、丰枯调剂、多源互补、可调可控的城市水网体系，降低城市洪涝和干旱风险，实现安全可靠、能防灾、可恢复的"韧性城市"建设目标。

在海绵城市和河湖联控的过程中，需要注意防洪排涝各项标准的衔接。此外，海绵城市建设应以智能化为重要发展方向，建设基于互联网+的智慧型海绵城市，通过智能传感技术立体监测城市雨洪信息，实时掌握雨洪动态；耦合气象、水文模型，强化城市暴雨洪涝的预警预报；采用大数据分析和云计算技术，实现城市河湖水系统智能调控和精细化管理；通过深度融合城市科学、水科学与互联网+技术，实现城市对水问题的快捷应对和智慧运维。通过上述现代科技信息监测、预警预报及智能管理手段，使家庭、社区、机构和政府能够对城市洪涝灾害带来的影响做好及时准备、充分应对、主动适应并且迅速恢复。而智慧型海绵城市建设能够有效降低洪涝灾害带来的风险，整座城市对待洪涝问题将从应急性的模式转到更积极地预防风险和提高应对灾害的韧性，进而从根本上提高城市应对气候变化的抵抗力，保障城市安全。同时，河湖连通、清水循环也能构建亲水的宜人环境，提升城市品位，实现生态和人文可持续发展。

## 本专题注释

❶ 张春桦，邹贤菊，宋晓猛. 基于城镇化水平分析 2003—2017 年我国洪涝灾害演变特征 [J]. 江苏水利，2020（3）：14-17.

❷ 柳杨，范子武，谢忱，等. 城镇化背景下我国城市洪涝灾害演变特征 [J]. 水利水运工程学报，2018（2）：10-18.

❸ 谷洪波，顾剑. 我国重大洪涝灾害的特征、分布及形成机理研究 [J]. 山西农业大学学报（社会科学版），2012，11（11）：1164-1169.

❹ 韩松，王静，李娜. 我国城市洪涝灾害与应急避险指南 [J]. 城市与减灾，2018（4）：21-25.

❺ 侯春生. 城市洪涝灾害的形成及防治措施 [J]. 环境与发展，2017，29（3）：101-102.

❻ 张建云，王银堂，胡庆芳，等. 海绵城市建设有关问题讨论 [J]. 水科学进展，2016，27（6）：793-799.

❼ 邢瑶炜. 城市洪涝灾害预防与治理 [D]. 太原：太原理工大学，2019.

❽ 祝丹，何婷. 洪涝灾害治理的新理念——"海绵城市"建设 [J]. 沈阳大学学报（社会科学版），2017，19（5）：526-530.

❾ 李云燕，李长东，雷娜，等. 国外城市雨洪管理再认识及其启示 [J]. 重庆大学学报（社会科学版），2018，24（5）：34-43.

❿ 石磊，樊潮琳，柳思勉，等. 国外雨洪管理对我国海绵城市建设的启示——以日本为例 [J]. 环境保护，2019，47（16）：59-65.

⓫ 罗义，曹永超，王兆宇，等. 国内外海绵城市发展现状与前景展望 [J]. 居舍，2018（10）：9-10.

⓬ 吴丹洁，詹圣泽，李友华，等. 中国特色海绵城市的新兴趋势与实践研究 [J]. 中国软科学，2016（1）：79-97.

⓭ 袁媛. 基于城市内涝防治的海绵城市建设研究 [D]. 北京：北京林业大学，2016.

⓮ 仇保兴. 海绵城市（LID）的内涵、途径与展望 [J]. 建设科技，2015（1）：11-18.

⓯ 谢映霞. 中国的海绵城市建设：整体思路与政策建议 [J]. 人民论坛·学术前沿，2016（21）：29-37.

⓰ 张伟，车伍. 海绵城市建设内涵与多视角解析 [J]. 水资源保护，2016，32（6）：19-26.

⓱ 俞孔坚，李迪华，袁弘，等. "海绵城市"理论与实践 [J]. 城市规划，2015，39（6）：26-36.

⓲ 刘家宏，王佳，王浩，等. 海绵城市内涝防治系统的功能解析 [J/OL]. 水科学进展，2020，31（4）：611-618.

⓳ 刘家宏，王开博，徐多，等. 高密度老城区海绵城市径流控制研究 [J]. 水利水电技术，2019，50（11）：9-17.

⓴ 谢映霞. 基于海绵城市理念的雨水综合管理 [J]. 建设科技，2017（1）：17-19.

㉑ 赵军凯，蒋陈娟，祝明霞，等. 河湖关系与河湖水系连通研究 [J]. 南水北调与水利科技，2015，13（6）：1212-1217.

㉒ 向莹，韦安磊，茹彤，等. 中国河湖水系连通与区域生态环境影响 [J]. 中国人口·资源与环境，2015，25（S1）：139-142.

㉓ 丁相毅，刘家宏，杨志勇，等. 基于生态海绵流域视角的河湖联控方案研究——以湖南省凤凰县为例 [J]. 水利水电技术，2017，48（9）：35-40，103.

㉔ 俞孔坚. 海绵城市——理念与方法 [J]. 建设科技，2019（Z1）：10-11.

## 本课题参考文献

[1] 易庆林，吴娟娟，寇磊. 利用非工程措施应对自然灾害的探讨 [J]. 三峡大学学报（自然科学版），2012，34（4）：47-50.

[2] 唐波，刘希林，李元. 珠江三角洲城市群灾害易损性时空格局差异分析 [J]. 经济地理，2013，33（1）：72-78，85.

[3] 谢云霞，王文圣. 城市洪涝易损性评价的分形模糊集对评价模型 [J]. 深圳大学学报（理工版），2012，29（1）：12-17.

[4] 石勇，石纯，孙蕾，等. 沿海城市自然灾害脆弱性评价研究——以上海浦东新区为例 [J]. 中国人口·资源与环境，2008（4）：24-27.

[5] 左其亭，张云，林平. 人水和谐评价指标及量化方法研究 [J]. 水利学报，2008（39）：440-447.

[6] 左其亭，罗增良. 水生态文明定量评价方法及应用 [J]. 水利水电技术，2016，47（5）：94-100.

[7] 徐伟，王静爱，史培军，等. 中国城市地震灾害危险度评价 [J]. 自然灾害学报，2004（1）：9-15.

[8] 罗敬宁，郑新江，朱福康，等. 中国沙尘暴发生的气象危险度研究 [J]. 中国沙漠，2011，31（1）：185-190.

[9] Bai Y, Zhang J, Wang J. A comparative study of snow disasters in northern and southern China [J]. Journal of Catastrophology (in Chinese), 2011 (26): 14-19.

[10] 李杰. 生命线工程抗震——基础理论与应用 [M]. 北京：科学出版社，2005.

[11] 中华人民共和国国家统计局. 2016 中国统计年鉴 [M]. 北京：中国统计出版社，2016.

[12] 郭迅. 汶川大地震震害特点与成因分析 [J]. 地震工程与工程振动，2009（6）：74-87.

[13] 李杰，刘威，陈隽，等. 汶川地震中供水管网系统破坏调查和震后重建研究 [C] // 中国地震工程联合会. 纪念汶川地震一周年：地震工程与减轻地震灾害研讨会论文集. 北京：地震出版社，2009.

[14] 王祥建，郭恩栋，张丽娜，等. 汶川地震燃气管网震害分析 [C] // 中国地震工程联合会. 纪念汶川地震一周年：地震工程与减轻地震灾害研讨会论文集. 北京：地震出版社，2009.

[15] 千龙新闻网. 央视新址附属文化中心工地火灾全程实录 [OL]. http://news.ifeng.com/mainland/special/

yxdahuo/news/200902/0210_5555_1004290.shtml, 2009.02.10.
[16] 百度百科. 11·15上海静安区高层住宅大火[OL]. https://baike.baidu.com/item/11·15上海静安区高层住宅大火/8608055.
[17] 百度百科. 7·11武汉紫荆嘉苑小区电缆井火灾事故[OL]. https://baike.baidu.com/item/7·11武汉紫荆嘉苑小区电缆井火灾事故/18045915?fr=aladdin.
[18] 新民网. 上海地铁11号线在建工地发生火灾(组图)[OL]. http://news.sina.com.cn/c/p/2009-01-08/124017003723.shtml, 2009.01.08.
[19] 刘大海, 杨翠如, 陶晞暝. 建筑抗震构造手册[M]. 北京: 中国建筑工业出版社, 2006.
[20] 钱保国, 叶志明, 陈玲俐, 等. 生命线工程网络系统抗震可靠性分析方法综述[J]. 自然灾害学报, 2010, 19(1): 122-126.
[21] 王绍伟, 王永, 钱正华, 等. "5·12"地震灾区供水系统受损及恢复调研与分析[J]. 中国给水排水, 2009, 25(20): 1-5.
[22] 周伟国, 张中秀, 孔令令. 城市燃气管网的震害分析及减灾对策[J]. 土木建筑与环境工程, 2009, 31(4): 70-75.
[23] 陈蕊. 防止钢筋混凝土框架结构连续倒塌的措施与方法[J]. 科技视界, 2013(21): 82, 108.
[24] 张春桦, 邹贤菊, 宋晓猛. 基于城镇化水平分析2003—2017年我国洪涝灾害演变特征[J]. 江苏水利, 2020(3): 14-17.
[25] 柳杨, 范子武, 谢忱, 等. 城镇化背景下我国城市洪涝灾害演变特征[J]. 水利水运工程学报, 2018(2): 10-18.
[26] 谷洪波, 顾剑. 我国重大洪涝灾害的特征、分布及形成机理研究[J]. 山西农业大学学报(社会科学版), 2012, 11(11): 1164-1169.
[27] 韩松, 王静, 李娜. 我国城市洪涝灾害与应急避险指南[J]. 城市与减灾, 2018(4): 21-25.
[28] 侯春生. 城市洪涝灾害的形成及防治措施[J]. 环境与发展, 2017, 29(3): 101-102.
[29] 张建云, 王银堂, 胡庆芳, 等. 海绵城市建设有关问题讨论[J]. 水科学进展, 2016, 27(6): 793-799.
[30] 邢瑶炜. 城市洪涝灾害预防与治理[D]. 太原: 太原理工大学, 2019.
[31] 祝丹, 何婷. 洪涝灾害治理的新理念——"海绵城市"建设[J]. 沈阳大学学报(社会科学版), 2017, 19(5): 526-530.
[32] 李云燕, 李长东, 雷娜, 等. 国外城市雨洪管理再认识及其启示[J]. 重庆大学学报(社会科学版), 2018, 24(5): 34-43.
[33] 石磊, 樊瀞琳, 柳思勉, 等. 国外雨洪管理对我国海绵城市建设的启示——以日本为例[J]. 环境保护, 2019, 47(16): 59-65.
[34] 罗义, 曹永超, 王兆宇, 等. 国内外海绵城市发展现状与前景展望[J]. 居舍, 2018(10): 9-10.
[35] 吴丹洁, 詹圣泽, 李友华, 等. 中国特色海绵城市的新兴趋势与实践研究[J]. 中国软科学, 2016(1): 79-97.
[36] 袁媛. 基于城市内涝防治的海绵城市建设研究[D]. 北京: 北京林业大学, 2016.
[37] 仇保兴. 海绵城市(LID)的内涵、途径与展望[J]. 建设科技, 2015(1): 11-18.
[38] 谢映霞. 中国的海绵城市建设: 整体思路与政策建议[J]. 人民论坛·学术前沿, 2016(21): 29-37.
[39] 张伟, 车伍. 海绵城市建设内涵与多视角解析[J]. 水资源保护, 2016, 32(6): 19-26.
[40] 俞孔坚, 李迪华, 袁弘, 等. "海绵城市"理论与实践[J]. 城市规划, 2015, 39(6): 26-36.
[41] 刘家宏, 王佳, 王浩, 等. 海绵城市内涝防治系统的功能解析[J]. 水科学进展, 2020, 31(4): 611-618.
[42] 刘家宏, 王开博, 徐多, 等. 高密度老城区海绵城市径流控制研究[J]. 水利水电技术, 2019, 50(11): 9-17.
[43] 谢映霞. 基于海绵城市理念的雨水综合管理[J]. 建设科技, 2017(1): 17-19.
[44] 赵军凯, 蒋陈娟, 祝明霞, 等. 河湖关系与河湖水系连通研究[J]. 南水北调与水利科技, 2015, 13(6): 1212-1217.
[45] 向莹, 韦安磊, 茹彤, 等. 中国河湖水系连通与区域生态环境影响[J]. 中国人口·资源与环境, 2015, 25(S1): 139-142.
[46] 丁相毅, 刘家宏, 杨志勇, 等. 基于生态海绵流域视角的河湖联控方案研究——以湖南省凤凰县为例[J]. 水利水电技术, 2017, 48(9): 35-40, 03.
[47] 俞孔坚. 海绵城市——理念与方法[J]. 建设科技, 2019(Z1): 10-11.

中国城市建设可持续发展战略研究

# 课题七

## 城市建设可持续发展战略实施保障体系研究

**课题负责人**　　丁烈云　李晓江
**咨询院士**　　　谢礼立　周福霖

# 课题组成员

**课题负责人：**
　　丁烈云　　华中科技大学
　　李晓江　　中国城市规划设计研究院

**咨询院士：**
　　谢礼立　　哈尔滨工业大学
　　周福霖　　广州大学

**专题 1 负责人：**
　　骆汉宾　　华中科技大学
　　方东平　　清华大学

**专题 2 负责人：**
　　李晓江　　中国城市规划设计研究院
　　唐子来　　同济大学
　　孙　娟　　中国城市规划设计研究院

**专题 3 负责人：**
　　李启明　　东南大学
　　袁竞峰　　东南大学

**专题 1 参加人员：**

| 华中科技大学 | 孙　峻 | 钟波涛 | 周　迎 | 喻天舒 | 陈　甜 | 王奕欣 |
| --- | --- | --- | --- | --- | --- | --- |
| | 熊小倩 | 朱承瑶 | 李莹丽 | 张　楠 | 王月宁 | 董　倩 |
| | 杨芷灵 | 胡朱敏 | 田沁薏 | | | |

**专题 2 参加人员：**

| 中国城市规划设计研究院 | 林辰辉 | 吴乘月 | 朱雯娟 | 郑德高 | 张　菁 | 陈　阳 |
| --- | --- | --- | --- | --- | --- | --- |
| | 陈　锐 | 王　玉 | 闫　雯 | 张　佶 | 董淑敏 | 高　艳 |
| 同济大学 | 童　明 | 肖　扬 | 杨　辰 | | | |

**专题 3 参加人员：**

| 东南大学 | 李　东 | 李德智 | 张　星 | 邓小鹏 | 陆　莹 | 吴伟巍 |
| --- | --- | --- | --- | --- | --- | --- |
| | 宁　延 | 黄有亮 | 杜　静 | 夏侯遐迩 | 岳一博 | 刘　平 |
| | 杨　林 | 谢　红 | | | | |

# 课题概述

课题七"城市建设可持续发展战略实施保障体系研究"从整体的角度梳理了城市建设可持续发展的政策现状问题，建立城市建设可持续发展的保障体系，提出可持续发展的保障措施。课题七成果分为三部分，具体内容如下。

一是"城市建设可持续发展政策分析"，对中国城市建设可持续发展有关政策进行分析。主要针对 21 世纪以来，我国在推动城市建设可持续发展方面出台的政策方针和可持续发展战略存在的突出问题进行分析。通过对比国际城市可持续发展建设政策，对我国城市建设可持续发展工作中存在的缺乏顶层设计、不同部门间的政策缺乏系统调节、实施体系不完善以及配套措施缺失等问题进行分析，还从外部制约因素、核心技术推动、社会认知及参与度等角度进行深入探讨。通过以上内外两个维度对我国可持续发展方面的政策进行分析与整理，为后续政策制定提供改进依据。

二是"城市建设可持续发展保障体系"，构建城市建设可持续发展保障体系框架。首先，通过综合分析我国城市建设可持续发展有关方面政策的基本理念、实施路径，探索当前存在的突出问题，为构建城市建设可持续发展战略保障体系提供思路。其次，通过研究国外城市可持续发展相关成果，比较国际代表性城市的发展战略和实施体系，为建立适合我国国情的城市可持续发展机制提供参考。最后，确定城市建设可持续发展的主体、要素和功能，并梳理三者的条件关系，明确提炼城市建设可持续发展内涵，构建实施保障体系。

三是"城市建设可持续发展保障措施"，提出城市建设可持续发展保障措施。针对我国城市建设政策体系不完善、实施主体不明确、缺乏长效及约束机制、缺乏技术供应与系统布局、社会参与机制及文化氛围尚未形成等不足之处，在整体性和系统性思维指导下，提炼出提升法律对城市建设可持续规范引领能力、提升政府长效的城市建设可持续治理能力、增强城市建设的经济可持续发展能力、提高新技术对城市建设可持续推动能力、提升公众参与城市可持续发展的意识等主要措施。从而为城市建设可持续发展提供政策建议，并与课题一的价值体系形成一致的逻辑闭环。

课题七 目录

## 专题 1　城市建设可持续发展政策分析 —— 678

**第 1 章　城市建设可持续发展政策现状**　679
　1.1　城市建设可持续发展的突出问题　679
　　1.1.1　发展规划缺乏顶层设计　679
　　1.1.2　政出多门缺乏系统协调机制　680
　　1.1.3　实施体系不完善，配套缺失　681
　　1.1.4　外部性制约可持续发展　682
　　1.1.5　核心技术缺乏外部推动力　683
　　1.1.6　社会认知不足，参与度低　684
　1.2　城市建设可持续发展政策要求　685
　　1.2.1　政策现状　685
　　1.2.2　政策总体要求　688

**本专题注释**　689

## 专题 2　城市建设可持续发展保障体系 —— 690

**第 2 章　城市建设可持续发展战略实施保障体系**　691
　2.1　城市建设可持续发展内涵　691
　　2.1.1　城市建设可持续发展的主体　691
　　2.1.2　城市建设可持续发展的要素　692
　　2.1.3　城市建设可持续发展的功能　692
　　2.1.4　城市建设可持续发展框架与保障体系　693
　2.2　城市可持续发展的国际经验借鉴　694
　　2.2.1　国际城市建设可持续发展框架类型　694
　　2.2.2　国际城市建设可持续发展战略的实施与保障　694

2.2.3 国际城市建设可持续发展战略特征 … 696
**2.3 城市建设可持续发展战略保障体系的构建** … **696**
2.3.1 保障体系 … 696
2.3.2 三个主体 … 698
2.3.3 五个维度 … 698
2.3.4 四项原则 … 699

# 专题 3　城市建设可持续发展保障措施 … 702

### 第 3 章 提升法律对城市建设可持续规范引领能力 … 703
**3.1 主要问题：体系有待完善，实施主体有待进一步明确** … **703**
3.1.1 政策法规分布不均 … 703
3.1.2 城市建设前期阶段 … 706
3.1.3 城市建设实施阶段 … 708
3.1.4 城市建设运行阶段 … 709
**3.2 健全法律规范体系** … **711**
3.2.1 一般建议 … 711
3.2.2 推动城市建设可持续发展的专门立法 … 717
3.2.3 推动城市建设地下空间开发的专门立法 … 719
3.2.4 推动城市资源 - 环境 - 生态可持续发展的专门立法 … 720
**3.3 提升法律执行效力** … **721**
3.3.1 提高执法部门协作能力 … 721
3.3.2 创新行政执法方式 … 722
3.3.3 建立统一的执法主体、测评和奖惩的安全生产监管体系 … 722
3.3.4 加大建筑生产违法处罚力度 … 722
3.3.5 健全城市灾害应对法律的执行机制 … 723
3.3.6 完善城市防灾法律落地途径 … 723
**3.4 完善法律监督保障机制** … **724**
3.4.1 完善城市建设绩效评价立法 … 724
3.4.2 完善多元主体审计与评估制度 … 726
3.4.3 完善公众参与监督制度 … 726

### 第4章 提升政府长效的城市建设可持续治理能力　　728
#### 4.1 主要问题：政出多头，运动式推进，缺乏长效机制　　728
4.1.1 政出多头，缺乏跨部门的协调机制　　728
4.1.2 运动式推进，缺乏长效的实施机制　　729
#### 4.2 机构设计：可持续发展管理机构统筹，赋予城市和地方更多事权　　730
4.2.1 中央层面：改革小组统筹城市建设可持续工作　　730
4.2.2 部委层面：明确自然资源部和应急管理部主要职能　　731
4.2.3 地方层面：赋予城市和地方更多事权　　731
#### 4.3 区域协同：因地制宜，构建跨行政区域协同机制　　731
4.3.1 编制跨行政区域的发展规划，明确跨区域协同内容　　732
4.3.2 构建跨行政区域的城市建设可持续发展协同机制　　733
#### 4.4 规划编制：在城市层面突出战略规划，涵盖城市建设可持续发展内容　　734
4.4.1 突出城市战略规划"可持续"导向　　734
4.4.2 明确可持续发展内容，赋予其法定地位及落实到规划　　734
#### 4.5 政策落实：建立"总目标—具体政策—具体举措"的长效落实机制　　736
4.5.1 各级政府明晰可持续行动发展路线图　　736
4.5.2 构建分时间、分要点的行动项目库　　737
4.5.3 健全"奖惩并举"的政策机制　　737

### 第5章 增强城市建设的经济可持续发展能力　　740
#### 5.1 构建城市可持续建设的约束机制　　740
5.1.1 现状突出问题　　740
5.1.2 构建城市可持续建设投资的总体平衡机制　　743
5.1.3 构建城市可持续发展的对外信息披露机制　　743
5.1.4 构建城市建设项目全面的可持续评估机制　　744
5.1.5 持续深入推进城市可持续建设"放管服"改革　　745
5.1.6 建立健全合理的城市可持续建设价费机制　　745
5.1.7 加强既有设施体检、维护改造与功能提升　　746
5.1.8 构建城市建设可持续发展的防灾减灾机制　　746
5.1.9 构建城市可持续建设全寿命周期大数据库　　747
#### 5.2 强化对城市可持续建设方式的激励效果　　747
5.2.1 现状突出问题　　747
5.2.2 构建城市可持续建设外部效应的内部化机制　　748
5.2.3 加强对城市可持续建设方式的减免税收优惠　　748
5.2.4 加强对城市可持续建设方式的金融政策支持　　749
5.2.5 建立绩效为导向的项目可持续建设激励机制　　750
5.2.6 倡导全员参与的分布型城市可持续建设范式　　750

### 5.3 保障对城市可持续建设参与方的补偿水平　　　**751**
　　5.3.1 现状突出问题　　751
　　5.3.2 建立区域可持续建设补偿机制　　752
　　5.3.3 建立企业可持续建设补偿机制　　752
　　5.3.4 建立项目可持续建设补偿机制　　752
　　5.3.5 建立可持续个人精神补偿机制　　753

### 5.4 促进城市可持续建设产业经济升级　　　**754**
　　5.4.1 现状突出问题　　754
　　5.4.2 构建与城市可持续建设相适应的产业结构　　755
　　5.4.3 推动产业集群和城市间的可持续协同发展　　756

## 第 6 章　提高新技术对城市建设可持续推动能力　　**757**

### 6.1 主要问题：技术供应不足，缺乏系统布局　　**757**
　　6.1.1 城市建设相关核心技术有待持续突破　　757
　　6.1.2 新技术及产品应用未形成系统性布局　　758
　　6.1.3 新技术及产品推广政策体系仍需完善　　759

### 6.2 建立城市可持续发展技术体系，实现核心技术突破　　**761**
　　6.2.1 技术体系构建基本原则和发展目标　　761
　　6.2.2 新技术对城市建设可持续发展的影响　　762
　　6.2.3 技术体系构建　　762

### 6.3 完善技术政策体系，促进新技术发展及推广　　**765**
　　6.3.1 推动技术产业化发展　　765
　　6.3.2 完善技术政策体系　　765
　　6.3.3 综合政策手段引导技术产业化发展　　766

## 第 7 章　提升公众参与城市可持续发展的意识　　**768**

### 7.1 主要问题：可持续发展的社会参与机制和文化氛围尚未形成　　**768**
　　7.1.1 缺少健全的公众参与可持续发展机制　　768
　　7.1.2 缺少可持续发展的宣传与教育引导　　769

### 7.2 健全政府鼓励公众参与的制度环境　　**769**
　　7.2.1 优化公开信息平台，提升公众知情能力　　769
　　7.2.2 明确实施细则，完善鼓励公众参与的机制　　770
　　7.2.3 强化需求表达，将公众需求纳入政府绩效考核体系　　770

### 7.3 完善公众参与城市可持续发展的渠道　　**771**
　　7.3.1 以社区为载体，推动公众参与城市可持续发展　　771
　　7.3.2 以 NGO 组织为载体，提升公众参与城市可持续的专业性　　771
　　7.3.3 以专家智库为载体，引领公众科学地参与城市可持续发展　　773

| | |
|---|---|
| **7.4 倡导市民践行可持续的绿色生活方式** | **774** |
|     7.4.1 倡导绿色交通 | 774 |
|     7.4.2 倡导绿色消费 | 775 |
|     7.4.3 倡导绿色居住 | 776 |
| **7.5 完善可持续发展的教育体系** | **777** |
|     7.5.1 普及化：建立贯穿学前到高等教育的可持续教育体系 | 777 |
|     7.5.2 专业化：设置独立学科，培养可持续领域人才 | 777 |
|     7.5.3 全民化：加强公众防灾教育，提升全民防灾减灾意识 | 778 |
| **本专题注释** | **778** |
| **本课题参考文献** | **779** |

中国城市建设可持续发展战略研究

**专题 1**

课题七
城市建设可持续发展战略实施保障体系研究

**城市建设可持续发展政策分析**

**专题负责人**　　骆汉宾　　方东平

# 第 1 章　城市建设可持续发展政策现状

## 1.1 城市建设可持续发展的突出问题

1996 年，我国将可持续发展作为国家的基本发展战略，2003 年又提出了"全面、协调、可持续"的科学发展观。21 世纪以来，我国开始逐步推进城市建设可持续发展，虽然取得了一系列成果，但随着时代的变迁以及城市居民需求的变化，城市建设可持续发展的问题也逐渐凸显，对比国际城市可持续发展建设成果，我国城市建设可持续发展存在顶层设计、政策配套缺失，公众认识不足等突出问题。这些问题影响和制约了我国城市建设可持续发展的进程和质量，也是下一阶段我国进行城市建设可持续发展亟待解决的。

### 1.1.1 发展规划缺乏顶层设计

我国的城市建设可持续发展各大战略通常只有一个总体目标，但在战略与行动之间如何细化目标，使之形成体系，则缺乏总体设计，有的提出了城市发展的大致方向和模式，却未在规划文件中说明如何或者依靠何种途径与措施来实现这些愿景。如《深圳 2030 城市发展策略》《上海市城市总体规划（2016—2040）》，均缺乏整体可操作性设计，并未落实到具体的行动举措以及项目上来（表 7-1-1）。

国内部分城市可持续发展规划的框架　　　表 7-1-1

| 规划名称 | 展开框架 |
|---|---|
| 《深圳 2030 城市发展策略》 | 4 大目标→3 大城市功能定位→7 大发展策略 |
| 《上海市城市总体规划（2016—2040）》 | 3 大目标→3 个发展模式→4 个空间支持→1 个保障 |

在与各课题的交流研究过程中，总结了课题二～课题六针对城市建设可持续发展缺乏顶层设计这一问题，提出的意见见表 7-1-2。

其他课题关于城市建设可持续发展顶层设计的意见　　　表 7-1-2

| 课题 | 意见 |
|---|---|
| 课题一 | 城市的地下空间利用缺乏前瞻指导和预控措施；加强城市设计，强化顶层设计，完善城市设计体系，建立城市设计管理制度 |
| 课题三 | 加强顶层设计，贯彻海绵生态理念 |
| 课题四 | 区域发展不平衡，能源发展缺乏统一规划；形成推动绿色基础设施发展的体制机制 |
| 课题五 | 在城市设计中，强化设计方案的交通影响分析 |
| 课题六 | 突发事件应急信息的缺失与其信息化的空乏；针对突发事件应急方面相关法律法规的缺失 |

根据对国外城市可持续发展规划的研究发现，国外城市可持续发展规划均细化到可执行的项目和行动举措，整体按照"战略/方向—政策/目标—行动举措"的框架展开，具有较强的操作性。较典型的有纽约规划系列，在《纽约城市规划：更绿色、更美好的纽约》中，纽约市政府根据规划针对6大方面提出了127项举措，在《一个强大而公正的纽约计划》中，为达成24个城市发展目标也制定了94项行动倡议。在这方面，澳大利亚同样表现出色：2002年维多利亚州政府发布的《墨尔本2030——可持续发展的规划》，包含226个具体目标及实现方式，悉尼市政府在《可永续的悉尼2030——悉尼市策略规划》中提及了184项行动计划来达成规划所关注的十大可持续目标。这些具体项目、行动措施为可持续规划的顺利落地与实施提供了有效保障。

国外城市建设可持续发展规划以澳大利亚《墨尔本2030——可持续发展的规划》为例。图7-1-1充分展示了墨尔本城市建设可持续发展由目标到政策再到具体举措的开展模式。规划文件明确指出各级政府或组织在制定规划文件中应执行的任务，如目标由州政府制定，具体政策由地方政府制定，具体目标及举措则由社区来制定，充分保障了公众在制定城市发展规划中的参与权。

规划文件中针对每一个目标的实现均设置了多种方式，且将这些方式按照难易程度的顺序进行说明。如针对构建"绿色的城市"这一目标，其中一项政策要求"减少废物产生量，提高再利用水平，鼓励废弃物再利用"，而政策指向的某一项目标解释为"由相关政府代理机构建立资源效率和垃圾最小化指南和目标，按可持续性模型评估环保材料和产品增加对它们的使用"，实现这一目标的措施则按照难易程度在文件中列出："最小化、再利用、能量回收、分类、打包、直接填埋。最小化垃圾是第一选择；如果不行，便是再利用和回收；对任何有害垃圾，必须按规范处理；直接填埋是最后的选择"。

## 1.1.2 政出多门缺乏系统协调机制

### （1）权责划分不明确

城市建设参与的部门众多，部门间权责划分尚有不明确现象，缺乏跨部门协调机制，不同部门针对同一问题采取各自的应对措施，如针对城市水资源污染治理问题，就形成了"九龙治水"的现象，见图7-1-2，

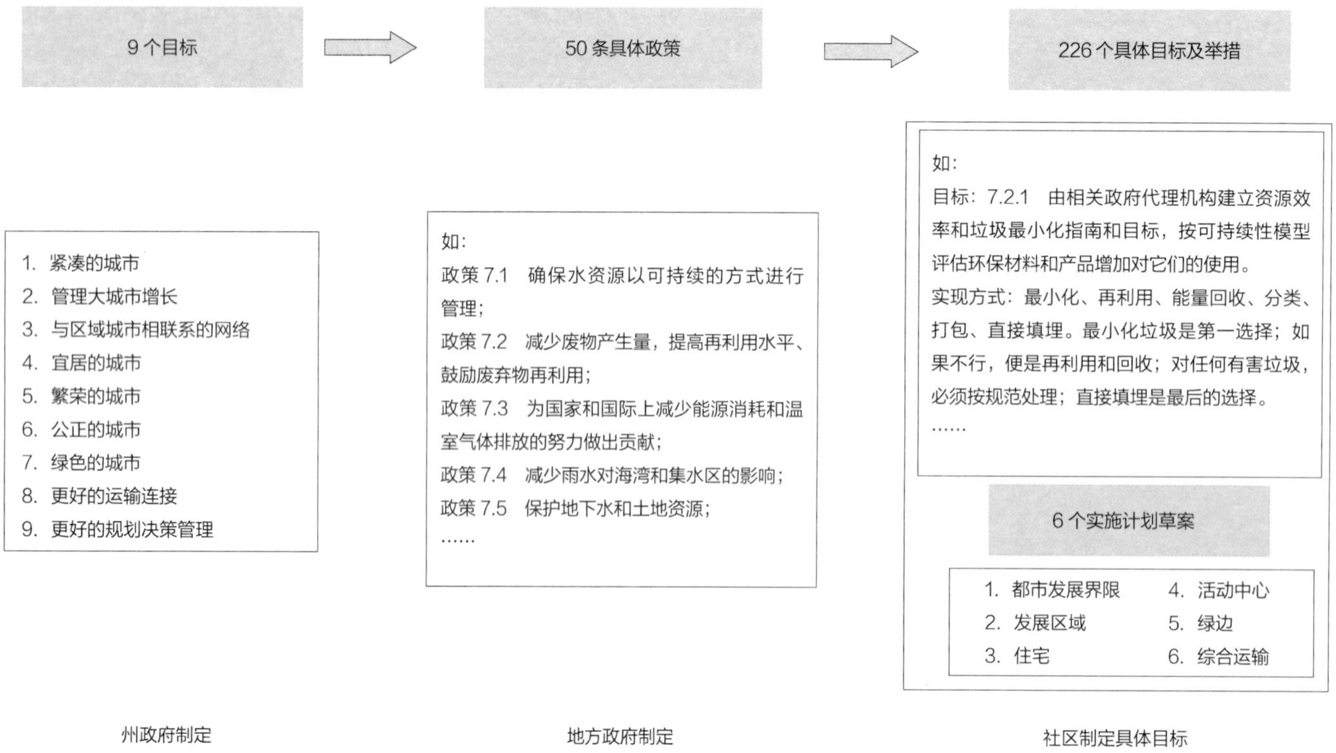

| 9个目标 | → | 50条具体政策 | → | 226个具体目标及举措 |

**9个目标：**
1. 紧凑的城市
2. 管理大城市增长
3. 与区域城市相联系的网络
4. 宜居的城市
5. 繁荣的城市
6. 公正的城市
7. 绿色的城市
8. 更好的运输连接
9. 更好的规划决策管理

**50条具体政策（如）：**
政策7.1 确保水资源以可持续的方式进行管理；
政策7.2 减少废物产生量，提高再利用水平、鼓励废弃物再利用；
政策7.3 为国家和国际上减少能源消耗和温室气体排放的努力做出贡献；
政策7.4 减少雨水对海湾和集水区的影响；
政策7.5 保护地下水和土地资源；
……

**226个具体目标及举措（如）：**
目标：7.2.1 由相关政府代理机构建立资源效率和垃圾最小化指南和目标，按可持续性模型评估环保材料和产品增加对它们的使用。
实现方式：最小化、再利用、能量回收、分类、打包、直接填埋。最小化垃圾是第一选择；如果不行，便是再利用和回收；对任何有害垃圾，必须按规范处理；直接填埋是最后的选择。
……

**6个实施计划草案**
1. 都市发展界限　　4. 活动中心
2. 发展区域　　　　5. 绿边
3. 住宅　　　　　　6. 综合运输

州政府制定　　　　　　地方政府制定　　　　　　社区制定具体目标

**图7-1-1 《墨尔本2030——可持续发展的规划》的展开框架**

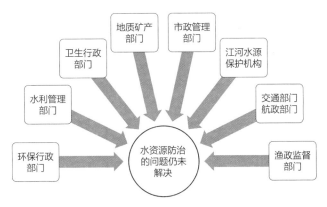

图 7-1-2 "九龙治水"，困难重重

各部门政策及法律条例从本部门业务出发，仅针对单项水资源的开发利用、保护和管理制定相关政策，使跨区域、跨部门的水资源防治问题难以解决。

在与各课题的交流研究中，课题三至课题五也表明城市建设各部门权责不清造成的问题明显，见表 7-1-3。

除此之外，城市建设的问题也存在着部门之间相互推诿的现象，如郑州市惠济区建筑垃圾倾倒事件，就出现了河务局和惠济区执法局相互推诿的现象：在京广铁路跨黄河附近，有人往黄河里大量倾倒建筑垃圾。对此，郑州市惠济区执法局称，属于河务局管理；而河务局则称，属地方政府管理，互相推诿，见表 7-1-4。

### （2）各自为政互相矛盾

最为明显的是关于城市建设的一些标准和规定不一致，如地方风电光电收购标准低于中央标准。国家发展改革委、能源局 2016 年 06 月 01 日发布《关于做好风电、光伏发电全额保障性收购管理工作的通知》中规定最低保障收购小时数：二类风电地区保障收购 1800 小时，一类光伏地区保障收购 1500 小时，二类地区 1400 小时❶；而甘肃省工业和信息化委员会 2016 年 08 月 15 日发布的《甘肃省工业和信息化委员会关于下达 2016 年优先发电计划的通知》中规定 2016 年风电最低保障收购年平均利用小时数为 500 小时，光电最低保障收购年平均利用小时数为 400 小时❷。这两份文件规定的收购标准差距较大且时间接近，反而导致了弃风弃电问题解决困难。

除此之外排放标准以及汽车淘汰年限在不同部门、不同文件中规定也不一致，如表 7-1-5 所示。

总体来说，城市建设可持续发展的相关问题出现时，现阶段的状况是：多部门共同管理反而造成混乱，而问题却得不到解决；各部门互相推诿，问题悬而未决，影响城市整体建设水平与质量。

## 1.1.3 实施体系不完善，配套缺失

在与各课题的交流研究中发现，城市建设的几大板块存在实施体系不完善、配套缺失的问题，见表 7-1-6。

**其他课题关于城市建设参与部门权责不清问题的意见** 表 7-1-3

| 课题 | 权责不清问题的意见 |
|---|---|
| 课题三 | 城市生态环境的多头监管；水环境监测的"多头管理"模式 |
| 课题四 | 绿色建造项目管理和运作模式缺乏协调 |
| 课题五 | 缺乏土地利用与城市交通的协调；交通管理机制协调性不足，管理反馈系统不完善 |

**郑州市河务局和惠济区执法局管理依据** 表 7-1-4

| 行政部门 | 意见 | 依 据 |
|---|---|---|
| 河务局 | 认为地方政府应该管理 | 《郑州市人民政府关于解决郑东新区唐庄惠济区黄河河道垃圾污染问题的会议纪要》：黄河主河道建筑垃圾由郑州务局向上级报传情况，积极申报资金，及时清运完毕，彻底解决影响黄河防汛等问题；黄河汇洪区内的建筑垃圾由惠济区负责 |
| 惠济区执法局 | 认为河务局应该管理 | 按照相关规定，黄河大堤以内的地方归河务局管，黄河大堤以外的地方，归地方政府管理。《中华人民共和国水法》第六十条第四项规定：县级以上人民政府水行政主管部门、流域管理机构及其水政监督人员履行本法规定的监督检查职责时：……（四）责令检查单位停止违反本法的行为，履行法定义务 |

部门文件矛盾内容　　表 7-1-5

| 针对问题 | 来源 | 文件名 | 规定标准 |
| --- | --- | --- | --- |
| 排放标准 | 国务院 | 《大气污染防治行动计划》（国发〔2013〕37号） | 自2017年起，新生产的低速货车执行与轻型载货车同等的节能与排放标准（国四排放标准） |
| | 12部委 | 《加强"车油路"统筹加快推进机动车污染综合防治方案》 | 2017年起，新生产的低速货车实施第三阶段轻型载货柴油车排放标准（国三排放标准） |
| 汽车淘汰年限 | 环保部、发展改革委等六部委 | 《机动车强制报废标准规定（2013）》 | 大型出租客运汽车使用年限12年；租赁载客汽车使用年限15年 |
| | 商务部 | 《2014年黄标车及老旧车淘汰工作实施方案的通知》 | 到2015年，强制淘汰2005年以前注册运营的"黄标车" |

各课题关于实施体系及配套的问题意见　表 7-1-6

| 课题 | 意见 |
| --- | --- |
| 课题二 | 地下空间管理体制不够完善 |
| 课题三 | 水污染治理流域层面协调机制不健全 |
| 课题四 | 建筑工业化政策扶持机制还不够健全 |
| 课题五 | 智能化交通管理体系不完善；道路交通管理政策措施落实不到位 |
| 课题六 | 应急管理机制体制存在缺陷 |

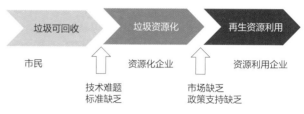

图 7-1-3　配套政策缺失造成产业"断链"现象

整体而言，城市建设可持续发展实施体系不完善配套缺失造成的问题有两点表现。

### （1）后续配套政策缺失，未形成连贯政策体系

如城市生活垃圾处理由"可回收物"到"可利用资源"这一环节没有明确的规划和政策指引，导致企业回收积极性下降；建筑垃圾资源再生标准缺失，缺少对再生建筑资源的监督检测，造成浪费，见图 7-1-3。

而针对美国纽约城市可持续发展规划文件《一个强大而公正的纽约计划》的研究表明，纽约市政府在推出《一个强大而公正的纽约计划》前，在 2014 年发布了 6 部城市建设的相关政策文件，这些文件涉及城市建设的教育、环保、交通、安全、就业等重要方面，为《一个强大而公正的纽约计划》的推出和推广实施奠定了良好的基础；2015 年期间，在规划文件发布后，纽约市政府又推出了 4 部计划和战略，针对城市居民生活、反贫困、规划资金支持等方面在美国全国各地机构启动全面的举措，加强《一个强大而公正的纽约计划》的执行和落地。

### （2）缺少治理和评估机制，落实力度不足

针对城市重要问题，相关部门的治理缺乏长效机制，政策落实不到位现象突出。如《海绵城市绩效评价和考核指标（试行）》❸中，投融资机制建设和绩效考核与奖励机制是约束性的指标。然而，各地政府却鲜有出台详细叙述这两方面的政策文件，大多只是在《实施意见》中提到，未进行深入的机制建设。这一机制的缺失，使得海绵城市建设的绩效评价缺乏科学性。发达国家建立了相对成熟的跟踪反馈机制，如在《2020 年的东京》城市可持续发展规划文件中，设计了较为完整的评价机制。除了短期评价与长期评价相结合，还设立了反馈机制与之相呼应，使得城市可持续发展的各项目标能够按照规定的方向发展，在合理的时间内及时纠偏，减少不必要的损失。

### 1.1.4 外部性制约可持续发展

外部性对可持续发展有两个层面的约束和影响，首先是正外部性影响均衡发展，在城市轨道交通方面尤为明显。城市轨道交通外部效益显著，能有效缓和交通拥堵、拉动相关产业等，但轨道交通的供给者未能分享到外部性的收益，由于维护运营，供给方自身的高成本无法分摊给受益方，形成了外部收益而内部亏损的现象，见图 7-1-4。

而城市建设的负外部性会削弱城市建设的可持续

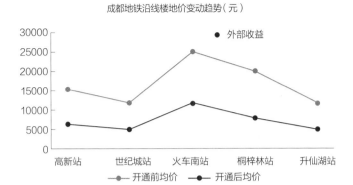

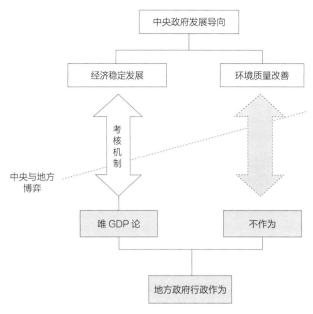

图 7-1-5　负外部性现象产生的原因

图 7-1-4　正外部性造成的外部收益和内部亏损

数据来源：新浪房产，https://sc.leju.com/scan/2015-10-15/07006059992156075253572.shtml

性，城市建设的部分相关活动会造成污染和环境损害，影响城市的生态环境、居民的生活等。

负外部性产生的根源在于地方政府在城市建设的过程中缺乏对环境质量改善的评估机制，重视城市经济成本而忽视了环境成本和社会成本，见图 7-1-5。

### 1.1.5　核心技术缺乏外部推动力

我国城市建设可持续发展在科技领域表现出来的问题在于研发支出水平低，原创动力不足。我国研发支出占 GDP 的比例仅高于英国，约为 2%，而日本、德国、美国的比例在 3.3% 与 2.7% 之间，见图 7-1-6。

2016 年 10 月 31 日，中国科学院科技战略咨询研究院、中国科学院文献情报中心与 Clarivate Analytics 联合向全球发布《2016 研究前沿》❹ 报告，在统计的 180 个热点前沿和新兴前沿中，美国有 106

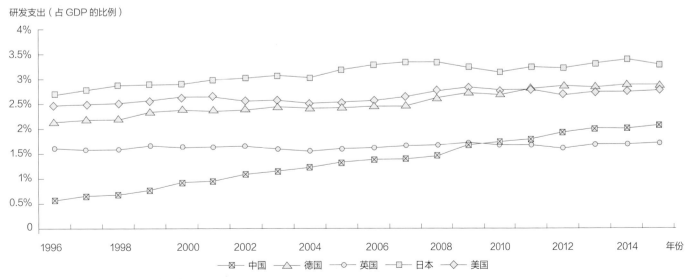

图 7-1-6　我国研发支出与部分国家对比

数据来源：联合国教科文组织（UNESCO）统计研究所

六国在10个学科领域的通讯作者核心论文第1名的前沿数　　　表 7-1-7

| 序号 | 领域 | 领域前沿数 | 国家前沿数 | | | | | |
|---|---|---|---|---|---|---|---|---|
| | | | 美国 | 中国 | 英国 | 德国 | 法国 | 日本 |
| 1 | 农业、植物学和动物学 | 10 | 5 | 2 | | | | 1 |
| 2 | 生态和环境科学 | 12 | 6 | 1 | 2 | | | 1 |
| 3 | 地球科学 | 12 | 10 | | | | | 1 |
| 4 | 临床医学 | 31 | 23 | 2 | 5 | 1 | 3 | 3 |
| 5 | 生物科学 | 28 | 20 | 3 | 2 | 1 | 1 | |
| 6 | 化学与材料科学 | 32 | 12 | 12 | 4 | 4 | 1 | 3 |
| 7 | 物理学 | 20 | 11 | 2 | 1 | 4 | 2 | 2 |
| 8 | 天文学与天体物理学 | 12 | 10 | | | 1 | 1 | |
| 9 | 数学、计算机科学和工程学 | 13 | | 7 | | | | |
| 10 | 经济学、心理学和其他社会科学 | 10 | 9 | 1 | | | | |
| | 合计 | 180 | 106 | 30 | 14 | 11 | 8 | 11 |

篇，数量位居世界第一名，中国仅次于美国位居第二，但是数量却和美国有巨大的差距，仅有30篇，不足于美国数量的1/3，不足世界的1/6，见表7-1-7。

除此之外，课题五也指出我国城市建设尚未熟练掌握应用信息化、大数据、云计算等科学手段来加快城市交通的规划转型。

## 1.1.6 社会认知不足，参与度低

城市居民对于城市建设可持续发展具体要求和措施的认知不足在一定程度上制约了城市建设可持续发展战略的落地。例如垃圾分类的践行问题，公众对垃圾分类的基本概念和必要性都有一定认知，但是实际操作却不理想，见图7-1-7和图7-1-8。

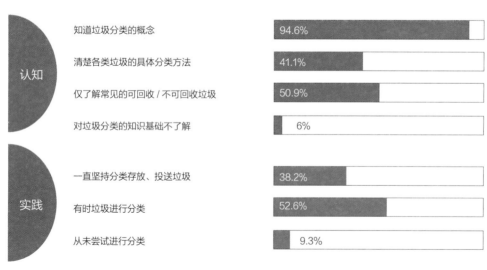

图 7-1-7　公众对垃圾分类知行不一

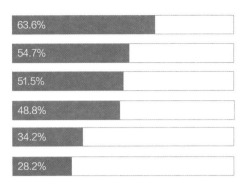

图 7-1-8 垃圾分类难以推行的原因

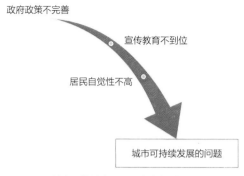

图 7-1-9 城市可持续发展问题产生的过程

课题六也提出在城市安全保障与自然灾害的应对中，社会力量参与度不高、危机意识不足是城市安全问题产生的原因之一，见图 7-1-9。

## 1.2 城市建设可持续发展政策要求

### 1.2.1 政策现状

随着世界经济全球化发展，国际社会对可持续发展与共同发展认识不断深化，行动步伐有所加快。21世纪以来，我国各地区、各部门将可持续发展战略逐步纳入各级各类规划和计划之中，全民可持续发展意识均有明显提高，与可持续发展相关的法律法规相继出台并不断完善落实。与此同时，城市建设可持续发展也慢慢提上议程。为推动我国在城市建设可持续发展战略实施进程，我国陆续出台政策方针引领和支撑城市建设可持续发展。

2015 年 12 月"中央城市工作会议"召开，意味着我国城市发展新阶段的启动。此次中央城市工作会议是继 1978 年后，改革开放以来首次召开最高规格的城市会议，这是布局城市发展的顶层设计，是城市急速发展的大势所趋，其重要性不言而喻。近 30 年来，我国经历了世界历史上规模最大、速度最快的城镇化进程，城市发展也在不断提出新的要求。本次大会对城市进行了全新的定位，"城市是我国经济、政治、文化、社会等方面的中心，在党和国家工作全局具有举足轻重的地位"，城市发展能够带动整个经济社会发展，城市建设成为现代化建设的重要"引擎"。正是基于城市在国家发展战略的地位转变，会议对做好城市工作做出了全面部署。为转变城市发展方式，完善城市治理体系，提高城市治理能力，解决城市病，会议重点对城市发展做出了"一个尊重、五大统筹"的工作部署，提出要尊重城市发展规律，同时从提高城市工作全局性、系统性、城市可持续发展性、宜居性、积极性五个方面作出深刻解读。针对提高城市的可持续发展性，会议提出需要依靠改革、科技、文化三轮驱动，包括推进规划、建设、管理、户籍改革，深化城市管理体制改革以及推进城市科技、文化等诸多领域的改革。

早在 2014 年 3 月，党中央、国务院就印发了第一个城镇化规划《国家新型城镇化规划（2014—2020 年）》。印发通知指出，该《规划》是今后一个时期指导全国城镇化健康发展的宏观性、战略性、基础性规划。新型城镇化与以往城镇化的最大区别在于摆脱"不可持续"的发展模式。该《规划》强调了"六大创新"和"七大原则"，为优化城镇化空间布局和形态、推动城镇可持续发展提供了有力支撑。该《规划》第五篇着重突出要加快转变城市发展方式，优化城市空间结构，增强城市经济、基础设施、公共服务和资源环境对人口的承载能力，有效预防和治理"城市病"，建设和谐宜居、富有特色、充满活力的现代城市等。同时，《规划》第八篇提出了党中央对于各项规划的组织实施方法，强调国务院有关部门、地方各级政府和各地区各部门要高度重视、求真务实、开拓创新、攻坚克难，确保规划目标和任务如期完成。

2015 年 4 月，国务院印发了《中共中央国务院关于加快推进生态文明建设的意见》，该《意见》指出我国生态文明建设水平滞后，资源约束趋紧，环境污染严重，生态系统退化，城市发展与人口资源环境之间的矛盾日益突出，成为经济社会可持续发展的重大瓶颈制约。因此，要深入持久地推进生态文明建设，加快形成人与自然和谐发展的现代化建设新格局，开创社会主义生态文明新时代；要立足当前，着力解决对经济社会可持续发展制约性强、群众反映强烈的突出问题，打好生态文明建设攻坚战；要着眼长远，加强顶层设计与鼓励基层探索相结合，持之以恒全面推进生态文明建设。

2016年2月，国务院印发了《国务院关于深入推进新型城镇化建设的若干意见》。该《意见》要求按照"五位一体"总体布局和"四个全面"战略布局，牢固树立创新、协调、绿色、开放、共享的发展理念，坚持走以人为本、四化同步、优化布局、生态文明、文化传承的中国特色新型城镇化道路，为经济持续健康发展提供持久强劲动力。该《意见》提出了包括全面提升城市功能、创新投融资机制、加快推进新型城镇化综合试点、健全新型城镇化工作推进机制等一系列重要举措。

2016年2月，中共中央 国务院印发了《关于进一步加强城市规划建设管理工作的若干意见》。该《意见》指出，中华人民共和国成立特别是改革开放以来，我国城市规划建设管理工作在法规机制、基础设施、公共服务管理等方面都取得了显著成就，但仍存在城市规划前瞻性、严肃性、强制性和公开性不够，城市建设集约程度不高，"城市病"蔓延等突出问题。为把城市规划好、建设好、管理好，以党的十八大、中央城市工作会议精神为指导思想，目标"实现城市有序建设、适度开发、高效运行，努力打造和谐宜居、富有活力、各具特色的现代化城市，让人民生活更美好"，为"着力转变城市发展方式，着力塑造城市特色风貌，着力提升城市环境质量，着力创新城市管理服务，走出一条中国特色城市发展道路"作出了重要部署。

2016年3月举行的第十二届全国人民代表大会第四次会议审议通过了《"十三五"规划纲要》，明确提出以人民为中心的发展思想和创新、协调、绿色、开放、共享的发展理念，围绕"人的城镇化"对推进新型城镇化作出了进一步部署，重点强调优化城镇化布局和形态、建设和谐宜居城市、推动城乡协调发展，推出了特色小城镇、智慧城市、绿色森林城市、海绵城市、地下综合管廊（网）等一系列重大建设工程。同时将城市作为构筑基础设施网络、推动区域协调发展、加快改善生态环境的重要单元，提出一系列具有战略意义的重大工程。

2016年9月，李克强总理在纽约联合国总部发布《中国落实2030年可持续发展议程国别方案》，其中就中国如何"建设包容、安全、有抵御灾害能力和可持续的城市和人类住区"作出阐述。《国别方案》表示中国将紧密跟随国际可持续发展的脚步，结合中国国情切实落实可持续发展议程，在城市建设方面，围绕住房、交通、新型城镇化、城市文化、城市开发、城市减灾、城市绿化、节能建筑等方面举措展开详细阐释，"发展为民""以人为本"的思想和创新、协调、绿色、开放、共享的发展理念贯穿始终。

2016年12月，国务院印发了《中国落实2030年可持续发展议程创新示范区建设方案》，该《方案》为贯彻落实全国科技创新大会精神和《国家创新驱动发展战略纲要》，推动落实联合国2030年可持续发展议程，以实施创新驱动发展战略为主线，以推动科技创新与社会发展深度融合为目标，以破解制约我国可持续发展的关键瓶颈问题为着力点，目标是集成各类创新资源，加强科技成果转化，探索完善体制机制，提供系统解决方案，促进经济建设与社会事业协调发展，打造一批可复制、可推广的可持续发展现实样板。主要目标是在"十三五"期间，创建10个左右国家可持续发展议程创新示范区，科技创新对社会事业发展的支撑引领作用不断增强，经济与社会协调发展程度明显提升，形成若干可持续发展创新示范的现实样板和典型模式，对国内其他地区可持续发展发挥示范带动效应，对外为其他国家落实2030年可持续发展议程提供中国经验。该《方案》提出了制定可持续发展规划、破解制约可持续发展瓶颈问题、探索科技创新与社会事业融合发展新机制以及分享科技创新服务可持续发展经验的四项主要任务，同时也提出了组织实施的条件和程序以及一系列保障措施。

2017年4月，科技部印发的《"十三五"城镇化与城市发展科技创新专项规划》，依据《中华人民共和国国民经济和社会发展第十三个五年计划规划纲要》《国家创新驱动发展战略纲要》《"十三五"国家科技创新规划》《国家中长期科学和技术发展规划纲要（2006—2020年）》《国家新型城镇化规划（2014—2020年）》等的总体部署，明确了"十三五"期间城镇化与城市发展领域科技创新工作的发展思路、总体目标、重点任务和保障措施。该《规划》阐述了当下城镇化领域科技创新已成为世界各国促进社会可持续发展的重要手段之一，作为节能减排和改善居住品质的关键途径，可持续理念成为近30年来国际上的研究热点。该《规划》强调了要加强关键技术集成研究，提升城市基础设施保障能力与空间效率；加强技术转化平台建设，提升科技成果产业化水平；加强国际合作与人才队伍建设，提升科技创新能力等实现城市可持续发展的重点任务。

2017年10月中国共产党第十九次全国代表大会召开，习近平总书记作了题为《决胜全面建成小康社会 夺取新时代中国特色社会主义伟大胜利》的报告。十九大报告强调必须坚定不移贯彻创新、协调、绿色、开放、共享的发展理念，推动新型工业化、信息化、城镇化、农业现代化同步发展，同时保证全体人民在共建共享发展中有更多获得感，坚持人与自然和谐共生，为城市建设发展做出了根本性的方向指导。

2018年8月，党中央发布了《中共中央办公厅 国务院办公厅关于推进城市安全发展的意见》，该《意见》提出到2020年，城市安全发展取得明显进展，建成一批与全面建成小康社会目标相适应的安全发展示范城市；在深入推进示范创建的基础上，到2035年，城市安全发展体系更加完善，安全文明程度显著提升，建成与基本实现社会主义现代化相适应的安全发展城市。持续推进形成系统性、现代化的城市安全保障体系，加快建成以中心城区为基础，带动周边、辐射县乡、惠及民生的安全发展型城市，为把我国建成富强民主文明和谐美丽的社会主义现代化强国提供坚实稳固的安全保障。

关于城市建设可持续发展相关政策目标、要求和举措如表7-1-8所示。

**党中央关于城市建设可持续发展相关政策的目标、要求和举措**　　　　表7-1-8

| 时间 | 名称 | 目标 | 要求 | 举措与部署 |
| --- | --- | --- | --- | --- |
| 2014.3 | 《国家新型城镇化规划（2014—2020年）》 | 增强城市可持续发展能力，建设和谐宜居、富有特色、充满活力的现代城市 | 以人为本，公平共享；四化同步，统筹城乡；优化布局，集约高效；生态文明，绿色低碳；文化传承，彰显特色；市场主导，政府引导；统筹规划，分类指导 | 有序推进农业转移人口市民化，优化城镇化布局和形态，提高城市可持续发展能力，推动城乡发展一体化，改革完善城镇化发展体制机制 |
| 2015.4 | 《中共中央 国务院关于加快推进生态文明建设的意见》 | 到2020年，资源节约型和环境友好型社会建设取得重大进展，主体功能区布局基本形成，经济发展质量和效益显著提高，生态文明主流价值观在全社会得到推行，生态文明建设水平与全面建成小康社会目标相适应 | 把节约优先、保护优先、自然恢复为主作为基本方针；把绿色发展、循环发展、低碳发展作为基本途径；把深化改革和创新驱动作为基本动力；把培育生态文化作为重要支撑；把重点突破和整体推进作为工作方式 | 强化主体功能定位，优化国土空间开发格局；推动技术创新和结构调整，提高发展质量和效益；全面促进资源节约循环高效使用，推动利用方式根本转变；加大自然生态系统和环境保护力度；健全生态文明制度体系；加强统计监测和执法监督；切实加强组织领导 |
| 2015.12 | 《2015中央城市工作会议公报》 | 提高城市发展持续性、宜居性 | 贯彻创新、协调、绿色、开放、共享的发展理念，坚持以人为本、科学发展、改革创新、依法治市 | "一个尊重、五大统筹"：即尊重城市发展规律，提高城市工作全局性、系统性、城市可持续发展性、宜居性、积极性 |
| 2016.2 | 《国务院关于深入推进新型城镇化建设的若干意见》 | 围绕新型城镇化目标任务，加快推进户籍制度改革，提升城市综合承载能力，制定完善土地、财政、投融资等配套政策，为经济持续健康发展提供持久强劲动力 | 坚持点面结合、统筹推进，坚持纵横联动、协同推进，坚持补齐短板、重点突破 | 全面提升城市功能，完善土地利用机制，创新投融资机制，完善城镇住房制度，加快推进新型城镇化综合试点，健全新型城镇化工作推进机制等 |
| 2016.2 | 《关于进一步加强城市规划建设管理工作的若干意见》 | 实现城市有序建设、适度开发、高效运行，努力打造和谐宜居、富有活力、各具特色的现代化城市，让人民生活更美好 | 坚持依法治理与文明共建、规划先行与建管并重、改革创新与传承保护、统筹布局与分类指导、完善功能与宜居宜业、集约高效与安全便利相结合 | 强化城市规划工作，塑造城市特色风貌，提升城市建筑水平，推进节能城市建设，完善城市公共服务，营造城市宜居环境，创新城市治理方式，切实加强组织领导 |
| 2016.3 | 《"十三五"规划纲要》 | 围绕"人的城镇化"对推进新型城镇化作了进一步部署，重点强调优化城镇化布局和形态、建设和谐宜居城市、推动城乡协调发展 | 牢固树立和贯彻落实创新、协调、绿色、开放、共享的新发展理念 | 推出特色小城镇、智慧城市、绿色森林城市、海绵城市、地下综合管廊（网）等一系列重大建设工程 |

续表

| 时间 | 名称 | 目标 | 要求 | 举措与部署 |
|---|---|---|---|---|
| 2016.9 | 《中国落实2030年可持续发展议程国别方案》 | 建设包容、安全、有抵御灾害能力和可持续的城市和人类住区 | 坚持以人民为中心的发展思想，遵循创新、协调、绿色、开放、共享的发展理念 | 战略对接、制度保障、社会动员、资源投入、风险防控、国际合作、监督评估 |
| 2016.12 | 《中国落实2030年可持续发展议程创新示范区建设方案》 | "十三五"期间，创建10个左右国家可持续发展议程创新示范区，形成若干现实样板和典型模式 | 创新理念，问题导向，多元参与，开放共享 | 加强组织领导，加大政策支持，组织宣传推广 |
| 2017.4 | 《"十三五"城镇化与城市发展科技创新专项规划》 | 至2020年，城镇化与城市发展领域科技创新体系更趋完善，相关产业发展壮大，科技成果更多更好地惠及民生和服务国家节能减排 | 民生为先，以人为本；顶层设计，系统集成；政府引导，市场为主；创新驱动，开放协同 | 构建保障规划实施的管理机制，改革并完善科技投入机制，建立健全科技创新和管理创新的体制机制 |
| 2017.10 | 十九大报告《决胜全面建成小康社会 夺取新时代中国特色社会主义伟大胜利》 | 推动新型工业化、信息化、城镇化、农业现代化同步发展，同时保证全体人民在共建共享发展中有更多获得感，坚持人与自然和谐共生 | 贯彻创新、协调、绿色、开放、共享的发展理念 | 贯彻新发展理念，建设现代化经济体系；加强和创新社会治理；加快生态文明体制改革 |
| 2018.8 | 《中共中央办公厅 国务院办公厅关于推进城市安全发展的意见》 | 到2020年，建成一批与全面建成小康社会目标相适应的安全发展示范城市；到2035年，建成与基本实现社会主义现代化相适应的安全发展城市 | 生命至上、安全第一，立足长效、依法治理，系统建设、过程管控，统筹推动、综合施策 | 加强城市安全源头治理，健全城市安全防控机制，提升城市安全监管效能，强化城市安全保障能力，加强统筹推动 |

## 1.2.2 政策总体要求

目前党中央根据城市建设可持续发展的内容和需要制定了众多政策内容和保障措施。这些文件既从不同方面针对城市建设可持续发展提出具体要求，又存在以下几个方面的共同特征。

第一，以人为本的基本要求。以人为本是众多政策文件明确提出的基本原则，旨在促进人的全面发展和社会公平正义，建设宜居城市，使全体居民共享现代化建设成果。《"十三五"规划纲要》围绕"人的城镇化"对推进新型城镇化作了进一步部署；《2015中央城市工作会议公报》与《中国落实2030年可持续发展议程国别方案》均提出坚持以人民为中心的发展思想，坚持人民城市为人民；《"十三五"城镇化与城市发展科技创新专项规划》也提出了民生为先、以人为本的基本要求。除此之外《国家新型城镇化规划（2014—2020年）》指出要建设和谐宜居的现代城市；

《2015中央城市工作会议公报》提出要提高城市发展宜居性。除此之外，其余文件也均围绕建设和谐宜居城市提出了相关举措。

第二，多维度的发展目标。2015年10月，十八届五中全会提出了要实现"十三五"时期发展目标，破解发展难题，厚植发展优势，必须牢固树立并切实贯彻"创新、协调、绿色、开放、共享"的发展理念。在此之后，各项文件关于城市建设可持续发展目标的内容中均指出要全面贯彻落实党的十八大和十八届三中、四中、五中全会精神，具体来看包括以下四个方面：提高城市生态文明建设水平角度，促进资源节约型和环境友好型社会建设；城市建设角度，包括推进新型城镇化建设、加强城市规划建设管理以及促进城市发展科技创新三个方面；推动落实国际可持续发展议程，提出要建立国家可持续发展议程创新示范区，形成若干现实样板和典型模式；加强城市安全建设，建成与基本实现社会主义现代化相适应的安全发展城市。

第三，统筹规划、协调推进的基本方式。《国家新型城镇化规划（2014—2020年）》指出信息化和工业化深度融合、工业化和城镇化良性互动、城镇化和农业现代化相互协调的城乡统筹以及中央政府统筹总体规划、地方政府因地制宜贯彻落实中央与地方的统筹协调。社会参与方面，要形成良好社会风尚和文化环境、完善公众参与制度。《2015中央城市工作会议公报》提出要统筹政府、社会、市民三大主体，提高各方推动城市发展的积极性。要坚持协调协同，尽最大可能推动政府、社会、市民同心同向行动。

第四，改革创新、科技进步的基本举措。文件中大都提到推进规划、建设、管理、户籍等方面的改革，推动产业技术体系创新，改革创新治理体系，发展新型建造方式，创新投融资机制，推进海绵城市建设，推进绿色节能城市建设，推进城市智慧管理等改革创新举措。

根据上述内容看来，各项政策措施得力、针对性强，阐述了总体目标、发展要求、重点任务和保障措施，符合当前城市可持续建设的发展实际和长远需要。因此可以看出党中央对"保障城市建设可持续发展"目标的高度重视。因此，本课题旨在以课题一所研究中国城市建设可持续发展价值取向为指导，以课题二～课题六研究内容为基础材料，凝练前述课题在城市空间、资源环境生态、城市建筑与基础设施、城市交通、城市安全这五大重点领域的突出问题和主要战略措施。同时，分析国内外可持续城市建设各类发展理念、实施路径和实践探索，比较国内外具有代表性的城市建设发展策略和保障体系，总结出适合我国可持续城市建设发展的成果借鉴。最后梳理总结各项策略与措施，围绕"三主体、五维度"分析框架，提出我国城市建设可持续发展的战略实施保障体系。

## 本专题注释

❶ 国家能源局. 2017年风电并网运行情况 [EB]. http://www.nea.gov.cn/2018-02/01/c_136942234.htm, 2019-03-22.

❷ 甘肃省工业和信息化厅 [EB]. http://www.gansu.gov.cn/art/2020/3/2/art_10613_448367.html.

❸ 《海绵城市建设绩效评价和考核指标（试行）》

❹ http://dspace.imech.ac.cn/handle/311007/59919.

课题七
城市建设可持续发展战略实施保障体系研究

# 专题 2　城市建设可持续发展保障体系

**专题负责人**　李晓江　唐子来　孙　娟

# 第 2 章　城市建设可持续发展战略实施保障体系

## 2.1 城市建设可持续发展内涵

### 2.1.1 城市建设可持续发展的主体

　　城市中的主体分为三大类：一是政府，它是城市中的立法机关、行政机关和司法机关等公共机关的统称，代表着社会公共权力，政府也是城市建设宏观层面的代表，在整个城市建设的过程中它起着主要的作用，主导着城市建设的一系列活动；二是市场，它是社会分工和商品生产的产物，有社会分工和商品交换的地方就有市场，同时它也是城市建设中观层面的代表，是城市中各个行业、企业的合集。在城市建设过程中，它的主要责任更偏重于推动发展，将政府的指令、政策等在行业、企业中贯穿，使得城市建设的相关政策有着良好的动力和支撑；三是公众，它包括个人、群体或其他组织，是城市建设微观层面的代表。在城市建设的过程中，公众主要的责任是参与，城市建设要求公众积极践行相关政策规定，以自下而上的方式完成城市建设的任务和目标。在整个城市建设可持续发展过程中，政府、市场以及公众的主要责任如图 7-2-1 所示。

　　其中，生活在城市中的人们既是城市建设的重要参与方也是城市建设最大的受益方。因为从实质来看，政府、市场都是由生活在城市中的人在一定条件下就不同的服务性质和任务目标组成的，城市居民渗入城市建设的各个环节，城市建设的根本目的也在于为城市所有居民提供更好的生产生活环境，生活在城市中的人与城市建设可持续发展的关系见图 7-2-2。

　　整体而言，政府作为城市建设和发展的领导者，针对城市建设可持续发展考虑市场以及公众意见制定规划以及政策。市场与公众参与到城市建设可持续发展中，响应城市建设可持续发展的各项政策，同时发挥监督与评估等作用，使发展的相关政策按照符合城市可持续发展要求

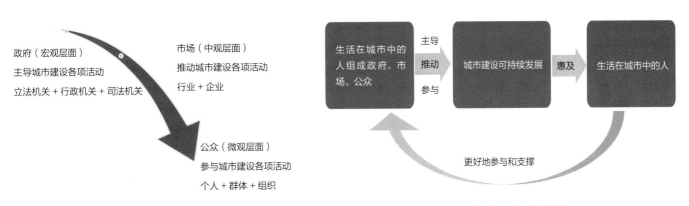

**图 7-2-1**　城市主体在城市建设中的责任　　　　**图 7-2-2**　生活在城市中的人与城市建设可持续发展的关系

的方向进行。同时，城市建设可持续发展的成果也会惠及市场各个组成部分以及城市公众，使得下一阶段的城市建设发展有更为良好的市场支持环境和公众参与基础。

### 2.1.2 城市建设可持续发展的要素

城市发展的要素与城市发展需要实现的功能是不可分割的，城市发展所需要实现的功能均与城市的要素息息相关。城市发展的基本要素来自于城市，这些要素是城市本身就具备的，而非在城市文明形成后才具有的，主要有水、能源、大气以及土地等。城市发展的要素不仅为城市的发展提供最基本的物质基础，而且与城市的生态环境密不可分。城市发展的要素是衡量城市建设可持续发展的重要指标，也是城市得以可持续发展的最根本保障。

在纽约市2007年版的城市可持续发展规划《纽约城市规划：更绿色、更美好的纽约》中，明确指出城市的可持续发展行动均指向这些要素，以实现这些要素的可持续发展作为城市可持续发展的评判标准以及目标，如表7-2-1所示。

### 2.1.3 城市建设可持续发展的功能

城市主体在拥有城市基本要素的条件下，制定发展目标协同合作，充分利用城市各方面的资源条件，实现城市功能。总体来看，城市的功能以环保、生产生活、交通、防灾和安全为基础，以文化为引领，五大基础功能相互关联作用，且与文化相辅相成：文化强化五大基础功能的理念，五大基础功能保障文化的形成和积淀，城市功能内部关系见图7-2-3。

城市的功能除了保障人的生存权益之外，还要有优化、保障城市基本要素的作用。基于此，城市建设的可持续发展才可获得物质与功能保障。例如，城市的环保功能，如图7-2-4所示，一方面是为了让城市居民有着更好的生活环境与生活质量，另一方面是为了实现水资源的修复与保护、能源的清洁与保护、大气污染治理与保护、土地的集约使用与保护。

城市功能均与城市要素紧密相关，每一项功能的实现均依托于各项要素的支撑以及城市的发展规划引导，见图7-2-5。其中文化与城市发展要素间不是直

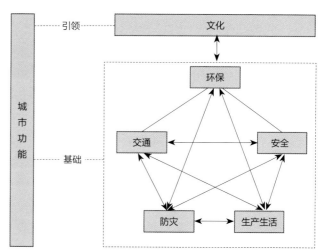

**图7-2-3 城市功能内部关系**

《纽约城市规划：更绿色、更美好的纽约》关于城市可持续发展要素的内容　　表7-2-1

| 规划名称 | 城市建设可持续发展的相关内容 |
| --- | --- |
| 《纽约城市规划：更绿色、更美好的纽约》2007年版 | • 土地：新增人口创造家园；十分钟步行圈；清理被污染的土地<br>1. 住房：公共交通导向的开发，提高土地的效率<br>2. 开放空间：复垦本应开放为公园的土地<br>3. 棕地：城市棕地办公室，建立循环式治理基金<br><br>• 水：90%的水系为城市开敞空间；备用供水系统<br>1. 供水网络：新过滤水厂，建设水域保护项目<br>2. 水质：升级废水处理设施<br><br>• 能源：升级能源基础设施<br>1. 清洁能源：可再生能源市场<br>2. 能源消耗：建立激励、规范和挑战系统减低需求<br><br>• 空气质量：减少有害气体排放<br>1. 能源排放：鼓励公共交通，激励燃料效率，更先进引擎<br>2. 工厂：更清洁能源供热和退役污染型工厂 |

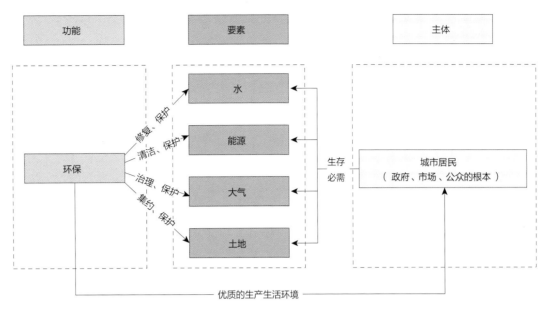

图 7-2-4　城市环保功能与城市要素、城市主体的关系

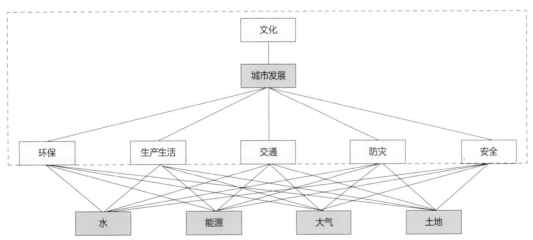

图 7-2-5　城市文化功能与其他功能及城市要素的关系

接相关的，文化的形成及传承需要城市发展的要素作为载体。只有在其他功能实现的情况下，城市正常运行才能保证城市文化的形成和积淀，才能实现城市文化传承和发扬的功能。

## 2.1.4 城市建设可持续发展框架与保障体系

城市是一个有机的整体，城市建设的运行过程实则是城市的主体在城市发展要素的基础之上，通过合适的方式方法利用这些要素来实现城市的基本功能。这些基本功能一方面对城市要素有着优化保障的作用，同时又能服务于城市建设发展的主体，如图 7-2-6 所示。

由此，城市建设可持续发展框架可表示为一个由城市建设的主体、要素及功能组成的三维空间，如图 7-2-7 所示，城市建设可持续发展任何一个环节都囊括其中。

城市建设可持续发展战略由政府制定，市场和公众参与和推动，目的是实现城市的可持续发展，包括人的可持续、城市要素的可持续等，关键点在于实现并优化城市功能，为人的可持续、城市要素的可持续夯实基础。

城市建设可持续发展战略实施保障体系的目的是要保障城市实现可持续的发展目标。换言之，城市建设可持续发展战略实施保障体系要保障城市建设可持续发展战略的落地实施，使得城市建设可持续发展框架的各环节功能得以实现。保障体系、发展战略、发展框架的联系见图 7-2-8。

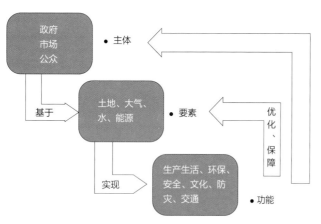

图 7-2-6　城市建设可持续发展逻辑关系

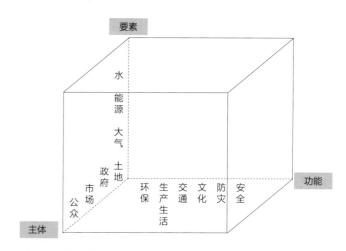

图 7-2-7　城市建设可持续发展框架

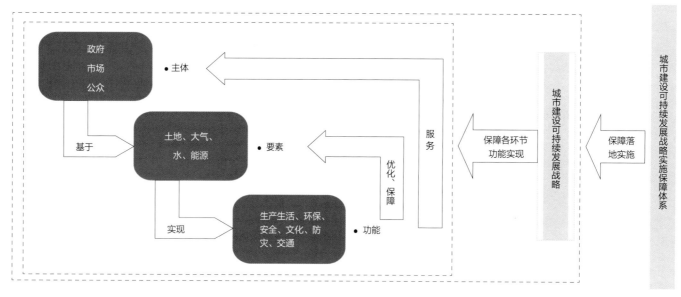

图 7-2-8　保障体系、发展战略、发展框架的联系

## 2.2 城市可持续发展的国际经验借鉴

我国目前正处于城镇化快速增长时期，城市如何实现可持续发展是摆在城市决策者面前的一个重要问题。目前，国外在城市可持续发展建设方面成果颇丰，在有关规划的制定、实施、保障机制建立方面也有其各自的特点，研究国外城市可持续发展相关成果能为我国城市发展提供支持，有助于建立适合中国国情的城市可持续发展机制。

### 2.2.1 国际城市建设可持续发展框架类型

通过对国际城市层面的综合型可持续发展规划的学习与研究，总结其中代表性实施框架如表 7-2-2 所示。

### 2.2.2 国际城市建设可持续发展战略的实施与保障

从战略实施体系的角度来看，国外部分城市的规划文件层次分明，大致按照"战略/方向→政策/目标→举措/行动"的方式步步展开、细化，具体见表 7-2-3。

**国际城市建设可持续发展实施框架类型** 表 7-2-2

| 类型 | 含义 | 特点 | 具体案例 |
|---|---|---|---|
| 政府导向型 | 指在城市可持续建设中各级政府依据其权力范围担任不同的角色，在基于协作的基础上针对城市可持续发展问题或目标制定不同层面的政策或标准的实施框架类型 | 1. 注重政府间协作，突破"碎片化"管理模式；<br>2. 下级政府积极响应上级指示；<br>3. 上级政府注重监管，下级政府注重实施 | 1. 澳大利亚墨尔本《墨尔本2030——可持续发展的规划》；<br>2. 日本东京《2020年的东京》 |
| 政府和资金导向型 | 指在政府导向型实施类型的基础上，资金在整个城市可持续发展规划得到重视并严加控制，各级政府在其职责范围内对资金的使用实行管控的实施框架类型 | 1. 注重政府间协作，突破"碎片化"管理模式；<br>2. 下级政府积极响应上级指示；<br>3. 上级政府注重监管，下级政府注重实施；<br>4. 各级政府对其职责范围内的资金实行管控 | 美国芝加哥《大芝加哥都市区2040区域框架规划》 |
| 问题导向型 | 指城市可持续发展建设围绕城市面临的核心问题展开，分层次制定目标、计划以及行动措施，各政府部门、社会机构以及居民各项活动的首要目的是解决这些核心问题的实施框架类型 | 1. 政策针对性强；<br>2. 行动高效 | 美国纽约《纽约城市规划：更绿色、更美好的纽约》 |
| 战略导向型 | 指城市可持续发展规划根据城市建设目标以战略为主要结构展开，战略的实现作为考核规划有效性的关键，各个战略紧密联系，相互配合，共同形成推动城市可持续发展合力的实施框架类型 | 1. 战略层次丰富；<br>2. 战略目的明确；<br>3. 战略核心一致 | 日本东京《创造未来：东京都长期展望》 |

**国外部分城市规划文件实施体系** 表 7-2-3

| 规划名称 | 实施体系 |
|---|---|
| 《纽约城市规划：更绿色、更美好的纽约》 | 3个挑战→3个目标→6个方面→10个分项→127项举措 |
| 《一个强大而公正的纽约计划》 | 4大愿景→24个城市发展目标→52项考核目标指标→94项行动倡议 |
| 《墨尔本2030——可持续发展的规划》 | 9大方向→50条具体政策→226个具体目标及实现方式+6个实施计划草案 |
| 《可永续的悉尼2030——悉尼市策略规划》 | 3大战略→5项重大行动→10个可持续目标→50项举措<br>&<br>10个策略指引→55个目标→184项行动+9个项目构思 |
| 《2020年的东京》 | 2个发展目标→3个重点→8个目标→15项政策与措施+根据目标制定的12个战略项目 |
| 《创造未来：东京都长期展望》 | 两个城市基本目标→8个城市战略→贯穿政策的5个视点→25个政策指针 |
| 《打造"都民优先"的新东京——东京2020年发展计划》 | 3个方面→3个领域→23项战略措施→78项行动举措 |

为了保障战略的切实落地与顺利实施，各城市可持续规划文件中均采取了多样的手段与措施。

### （1）政府的逐年评估与公开制度

以《英国可持续发展战略》中绿色低碳政府为例，政府评估确定了2009~2010年度的基准情况，2011~2015年均形成年度公开报告，并且以年度报告的反馈为基础修订形成了2016~2020年绿色低碳政府机构行动计划。

### （2）全覆盖、全流程、可比较的第三方评估

日本政府对城市建设的评价均采用由日本可持续建筑协会编制、日本建筑环境能源协会发布的《日本城市综合环境效率评价标准（CASBEE）》进行考核，此标准在城市建设的纵向现今对比以及横向国内外对比均做出了评估要点。

### （3）完善的监督评价反馈机制

《2020年的东京》明确提出了短期性评价（规划中监控）和长期性评价（规划后评价）两种规划评价途径，《2020年的东京》在建立了长短期相结合的评价体系之上，又构建了与之相对应的反馈机制，二者结合使得东京的城市规划能够落地实施，并且朝着既

定的方向和目标改善调整。

### （4）连续性强的政策

可持续发展政策跟踪发布与更新，以美国为例，从《纽约城市规划：更绿色、更美好的纽约》《更强大、更有韧性的纽约》到《一个强大而公正的纽约计划》，不断完善原有规划，并形成系列规划以及年度报告。

### （5）多样化的保障方式

为了保障可持续发展规划的实施，各国政府采取了多种方式。《英国可持续发展战略规划》发布后，有关政策、法律支持系统和组织实施机构相继建立；为保障规划实施的稳定性，《纽约城市规划：更绿色、更美好的纽约》中列有重大责任、关键步骤、节点绩效和城市预算；《一个强大而公正的纽约计划》中设有一系列长期目标和战略等。

## 2.2.3 国际城市建设可持续发展战略特征

国际城市可持续发展规划文件是国外城市建设可持续发展成果的直观反映，直接体现各国在城市建设可持续发展方面的思考与智慧。在战略的内容层面上，这些国际城市的规划文件特点鲜明。

### （1）详细的行动项目库

城市可持续发展规划文件内大都设有详细的行动项目库，为战略的顺利落地奠定基础。《美国纽约奥内达加郡可持续发展行动计划》根据3个方向设置了8大项目库，每个项目库后还设有详细的行动计划；还有《可永续的悉尼2030——悉尼市策略规划》，文件内详细描述了9个项目构思。

### （2）科学的评估准则

例如在《墨尔本2030——可持续发展的规划》中，在"方向1：紧凑的城市"的相关政策和目标、举措描述中，明确了社会、经济和环境绩效评估。这些评估有利于地方规划配合《墨尔本2030——可持续发展的规划》并制定详细的结构规划。

### （3）对"人"可持续发展的高度重视

在《东京都长期愿景》《打造"都民优先"的新东京——东京2020年发展计划》中都强调"以人为本"的城市建设发展，提出的城市战略主要围绕城市中"人"的可持续发展以及建设以人为本的包容性城市，这些内容占据了规划文件1/3及以上的内容，重视程度可见一斑。

### （4）明确的责任主体

《纽约城市规划：更绿色、更美好的纽约》实施报告明确指出、实施计划要求市政府、市议会、州立法机关、国家机关、公共机关、私营和非营利部门以及个人共同参与，并指出了参与计划的部门、协会和机构。如此一来，解决城市某个方面问题明确指定了负责的机构和组织，有利于推动战略的实施。

### （5）多样化的引导措施

以《纽约城市规划：更绿色、更美好的纽约》为例，美国联邦和州级政府为实现能源效率提高，采取了标准、倡议和激励三种措施，如制定产品标准、向市区楼宇业主提出倡议、施行财政激励，以最小的复杂性实现最大的影响。

# 2.3 城市建设可持续发展战略保障体系的构建

## 2.3.1 保障体系

城市建设可持续发展战略的实施需要强有力的保障体系作为支撑。在完善的体系下，多主体在科学的指导原则下协同发力，建立多维度保障机制，实现城市建设可持续发展战略的顺利推进。因此，通过分析我国城市建设可持续有关政策的基本理念、实施路径，探索当前存在的突出问题，比较国际代表性城市的发展策略和实施体系，构建城市建设可持续发展战略保障体系，如图7-2-9所示。

首先，实施保障体系围绕战略实施的关键步骤展开。在城市建设可持续发展战略保障体系中，战略实施的关键步骤从目标到行动层层展开。从战略制定计划启动开始就以问题为导向，分析城市建设

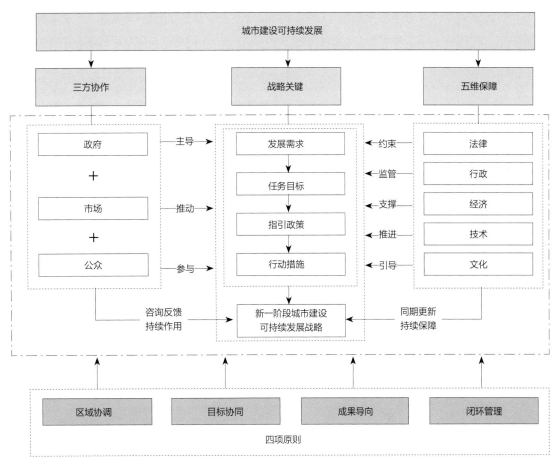

图 7-2-9 我国城市建设可持续发展的实施保障体系

可持续发展各领域的发展需求，形成明确层层分解的任务目标。随着任务目标的确定，陆续出台行之有效的配套指引政策，采取有序及具有可操作性的行动措施，逐步推进城市建设可持续发展任务目标落地实施。

战略实施过程必须遵循科学高效的指导原则。为科学指引城市建设可持续发展的实现，围绕以城市为建设单元的特点和可持续发展的要求，提出四大原则指导实施。区域协调原则要求区域利益共享、风险共担，统筹推进"五位一体"总体布局。目标协同原则要求各主体间、各区域间建立良好合作关系，通过协商机制实现联动，保障城市战略目标分解落实。成果导向原则要求战略实施以长期或短期的阶段性目标为导向，通过制定的行动方案推动战略逐步落地。闭环管理原则要求战略实施运行过程形成良性循环回路，从计划、实施、反馈、改进到新一轮的新计划，在不断循环过程中完善战略计划和实现战略目标。

战略实施保障主体是多元城市治理主体的集合体。为推动政府治理体系现代化和治理能力现代化，城市建设可持续发展战略实施不仅要考虑在我国现有政治体制中最重要的治理主体——政府，还要保证市场和社会这两个主体充分参与，逐步完善"政府主导—市场推动—公众参与"的协同治理机制，实现政府、市场和公众间的平衡、协调和配合，充分发挥三大主体治理能力推动城市建设可持续发展。

战略实施保障维度要提供全方位、多层次的保障。为充分发挥政府的主体治理能力，保障体系应更加重视行政和法律两个维度。此外，重视市场在城市建设可持续发展的保障作用，是进一步提升政府精明管制的有效方式，因此需充分运用经济维度工具保障战略实施。公众是城市建设可持续发展战略最广大的受益和执行群体，重视文化维度的可持续观念渗透和保障公众治理参与，才能从根本上保证城市建设可持续发展战略落地生根。城市可持续发展是代表未来城市的发展方向，除了上述几个方面外，科学技术的革新是战略前进的动力，技术维度的保障是不可忽视的重要因素。

综上所述，为保障每一个战略关键环节顺利传递和落实到位，城市建设可持续发展战略实施必须遵循科学的指导原则，充分发挥城市治理主体的多方协作治理作用，并且从不同保障维度制定政策法规与行动举措，为战略的推进落实提供良好的行动指南和政策环境。因此，建立构建"四原则—三主体—五维度"的城市建设可持续发展战略保障体系，以保障城市建设可持续发展战略各关键环节有序高效开展，切实推进城市建设可持续发展进程。

### 2.3.2 三个主体

党的十九大提出要"推动政府治理体系和治理能力现代化"。而推动政府治理体系和治理能力现代化的过程，其实就是在政府、市场、社会三大治理主体间不断寻求平衡和优化的过程。城市建设可持续发展战略的实施，不仅要考虑在我国现有政治体制中最重要的治理主体——政府，还要充分重视市场和社会这两个主体。城市建设可持续发展保障体系的构建，就是要提高城市政府在可持续方面的治理能力，必须统筹政府、市场和公众三大主体共同参与实现城市共治共管、共建共享，从而为我国城市建设可持续发展战略的实施构造良好的制度环境，以制度体系为保证，以政策为推手，持续推动市场、公众与政府职能的进步，具体可见图 7-2-10。

在讨论城市可持续发展实施保障体系时，围绕三个主体的治理能力展开论述，认为可持续发展中城市的治理能力包括：①政府的城市可持续发展政策制定和执行能力，包括：政策制定能力和政府执行政策能力；②市场推动的城市建设可持续发展动力与将环境的外部性内部化的能力；③公众与社会组织推动参与城市建设可持续发展战略实施的能力。

### 2.3.3 五个维度

法律维度。法律是社会公平正义的体现，民主的立法和公正的司法是健全法制社会的基本特征，同时，法律对全体社会成员具有普遍约束力的行为规范。因此，要发挥法律对城市建设可持续发展的规范引领能力，通过健全有关法律法规体系，完善法律监督保障机制，有效约束城市可持续发展的各项事务，规范城市建设可持续发展实施进程。

行政维度。行政维度是政府部门和行政机关行政权的集中体现，中国政治体制大政府、强势政府的特点要求政府在行政层面上为城市建设可持续发展顺利实施保驾护航。在行政层面上，通过有关部门和机构规范严明的执法行为、公正文明的行政行为，形成权责一致、分工合理的行政管理体制，能够有效监管城市建设可持续发展的实施。

经济维度。经济是国家发展的支柱，而良好的经济手段能平衡各方经济关系，最大限度地调动各方积极性、主动性与创造性，促进经济发展与社会进步。我国践行市场经济体制，通过充分重视市场在城市建设可持续发展的积极作用和保障功能，能够增强城市建设的经济可持续发展能力，从而在经济层面上为城市建设可持续发展提供强力支撑。

技术维度。科学技术是生产力中最活跃的因素，它的每一次重大突破都将引起经济的深刻变革和社会的巨大进步。技术是城市发展的重要推动力，可持续发展归根结底是一个科学技术问题，当今城市在空间建设、生态环境、基础设施建设、交通发展、安全与防灾减灾等方面都陆续提出了对科学技术的紧迫需求。因此，从城市可持续发展技术体系和技术推广应用机制方面，对城市建设可持续发展技术政策措施加以完善，能够推动科学技术手段为城市建设可持续发展提供不竭动力。

文化维度。文化是一个国家的软实力，是民族的根源和精神力量，它能使社会公众形成可持续发展的

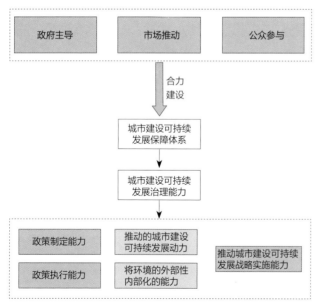

**图 7-2-10 三大主体在城市建设中的责任**

理念，并引导公众积极落实城市建设可持续发展战略中的各项行动举措。通过提升公众参与城市可持续发展的意识，促使文化的引领作用潜移默化地渗透于社会公众，同时充分保障公众的参与权，进而从根本上保证城市建设可持续发展的顺利实行。

城市建设可持续发展的保障体系构建需要从法律、行政、经济、技术、文化这五个维度着手，探寻各维度上政府、市场、公众所能发挥的作用。如图7-2-11所示。

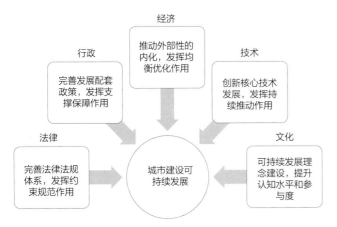

**图 7-2-11　五大保障维度的作用层面**

## 2.3.4 四项原则

### （1）区域协调

区域是影响国家和城市发展的重要空间单元，在城市建设可持续发展方面，不能够将城市作为一个独立的个体来看，各个城市与同一区域的其他城市协调发展才能实现整个国家的可持续发展，部分国家也推出了区域层面的城市可持续发展规划，见表7-2-4。一方面，区域协调发展有助于城市发展水平和质量提升；另一方面，区域内以及区域间城市相互借鉴、因地制宜建立发展体系，有助于城市建设可持续发展的深化与优化。

### （2）目标协同

城市建设可持续发展的目标协同要求城市各级政府的发展目标一致，且与社会组织、社区等形成合作伙伴关系，各级政府依照发展目标要求结合社会组织、居民、非营利部门等的意见制定政策文件，保障城市建设可持续发展目标层层分解落实。如《墨尔本2030——可持续发展的规划》中各级政府针对墨尔本可持续发展制定规划战略文件，见图7-2-12。

### （3）成果导向

成果是衡量城市建设可持续发展战略的标准，城市建设可持续发展以成果为导向，激励政府、市场、公众从法律、行政、经济、技术、文化五个维度出发，合力推进、共同保障城市建设可持续发展战略的落实。城市建设可持续发展根据战略实施时间长短，有阶段成果和最终成果，在一段时期内有城市建设可持续发展水平、质量、进度等方面的成果，如《纽约城市规划：更绿色、更美好的纽约》中，规划文件列举了在2009年以及2015年政策实施应实现的阶段性成果。成果导向关注战略可操作性和实用性，有助于强化城市建设可持续发展战略对城市整体发展的引导性、服务性。

### （4）闭环管理

通过对美国、日本、澳大利亚等国家部分城市的可持续发展规划的归纳整理发现，许多国家的城市可持续发展战略都依托闭环管理，即城市建设可持续发

**部分国家不同层面、不同类型的可持续发展规划**　　　　　　　　　　　表 7-2-4

| 层面 \ 类型 | 综合型 | 专项型 |
| --- | --- | --- |
| 跨国层面 | 欧盟空间规划 | 欧洲多中心巨型城市区域可持续发展管理项目 |
| 国家层面 | 美国2050、澳大利亚2020、德国城市2030 | 澳大利亚2030交通规划、瑞士2060（气候变化） |
| 区域层面 | 未来鲁尔2030、兰斯塔德2040、东南昆士兰2021 | OKI（俄亥俄州—印第安纳州—肯塔基州）2030区域交通规划、密歇根州交通战略规划2020、加州能源效率战略规划2020 |
| 城市层面 | 大芝加哥区域规划框架2040、墨尔本大都会2030、纽约大都会2030、悉尼大都会2030、东京都长期愿景2030、首尔规划2030、巴黎大区2030 | 旧金山区域交通规划2030、大伦敦2020交通转型与战略 |

展战略的实施运行是一个封闭的整体，而在这内部又有着一定的运作规律，见图 7-2-13。

如《墨尔本 2030——可持续发展的规划》在综述中就明确表示规划的制定、实施、更新是一个相对封闭的系统，如图 7-2-14 所示。

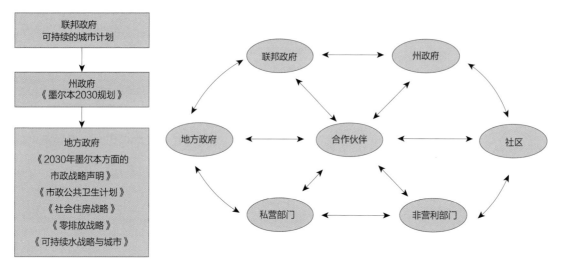

图 7-2-12　《墨尔本 2030——可持续发展的规划》的区域协调与目标协同

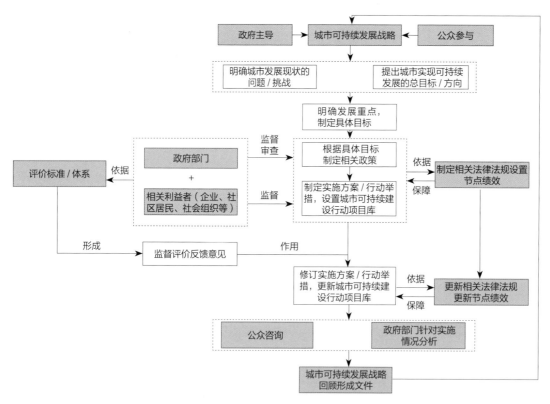

图 7-2-13　国外城市可持续发展战略以及实施管理过程的展开方式

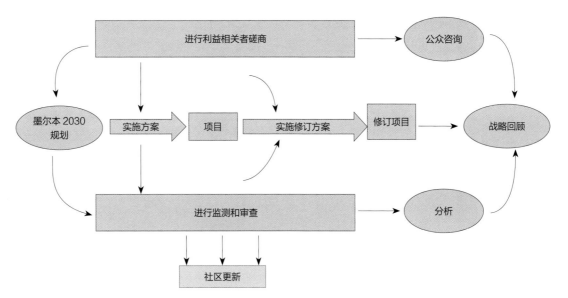

图 7-2-14　城市建设可持续发展的闭环管理

中国城市建设可持续发展战略研究

专题 3

课题七
城市建设可持续发展战略实施保障体系研究

## 城市建设可持续发展保障措施

**专题负责人** 李启明　袁竞峰

# 第 3 章　提升法律对城市建设可持续规范引领能力

## 3.1 主要问题：体系有待完善，实施主体有待进一步明确

### 3.1.1 政策法规分布不均

**（1）法律法规现状特征**

本研究讨论的法律规章情况围绕现行与城市建设可持续发展相关的法律 33 部、行政法规 65 部和部门规章 117 部展开，时间分布为 1986 年至 2017 年 6 月。如图 7-3-1 所示，就功能维度情况而言，环保、安全和防灾三方面受到法律规章的显著保障❶。

如图 7-3-2 所示，就资源维度情况而言，水资源和能源资源的相关法律规章显著多于土地、生态和大气资源相关法律规章，尤其是大气资源，其相关法律规章数量仅占总数的 1%。

**（2）政策现状特征**

① 多部门参与城市建设可持续发展政策制定。就发布规章的国务院部门而言，与城市建设可持续发展相关的部门规章的制定和发布工作主要以住房和城乡建设部❷和生态环境部❸为主，两部门发布规章数量占规章总数的 55%。此外国家发展和改革委员会、交通运输部、水利部、公安部、财政部、国土资源部等部门也发挥职能作用，就能源、交通、水利、消防、资金和土地等方面发布了相关规章，如图 7-3-3 所示。

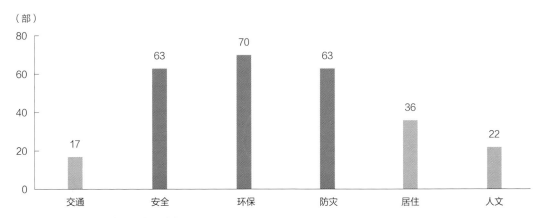

图 7-3-1　法律规章功能维度数量分布
数据来源：国务院及其部委官方网站

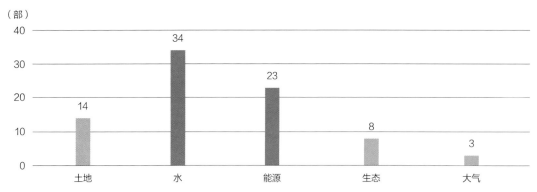

**图 7-3-2　法律规章资源维度数量分布**

数据来源：国务院及其部委官方网站

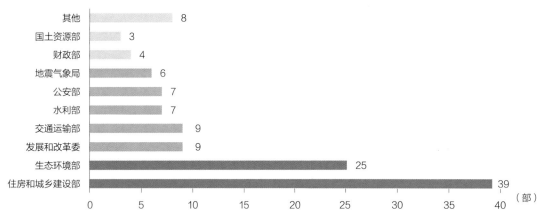

**图 7-3-3　国务院各部委发布部门规章数量分布**

数据来源：国务院及其部委官方网站

② 政策发布数量随年份显著增长。本研究讨论的规范性文件情况根据 2007~2016 年由国务院及其部委围绕城市建设可持续发展发布的 325 部规范性文件展开分析讨论，如图 7-3-4 所示。就规范性文件数量来看，近十年来与城市建设可持续发展相关的政策数量呈显著增长趋势，年均增长率为 24%。这表明城市建设可持续发展政策推进的制度环境正在逐步形成，各项促进城市可持续发展的政策逐渐受到各有关部门的重视。

其中 2008 年政策文件激增，这是由于 2008 年汶川地震后，中央为推动和确保灾后重建工作顺利开展，紧急制定和修订了一批应对灾害的法律法规，并且在当年 12 月修订了《中华人民共和国防震减灾法》，重点对防震减灾规划、地震检测预报、地震灾害预防、

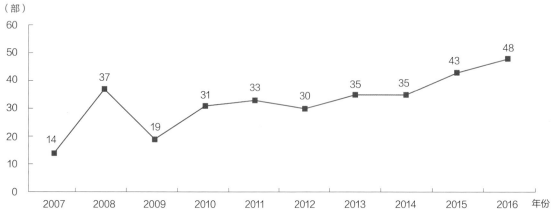

**图 7-3-4　规范性文件数量随年度变化图**

数据来源：国务院及其部委官方网站

地震应急救援、震后恢复重建等内容作了修改和完善，新增了地震灾后过渡性安置和监督管理等方面的内容。

③ 功能维度以环保类政策为重心，安全和防灾类政策逐渐受到重视。从统计数据看，环保政策数量占政策总数的 53%，遥遥领先于其他功能维度的政策类型，如图 7-3-5 所示。这从政策的内容分布也可见一斑，分析 2007~2016 年城市建设的工作重点，每年都包括以下 12 项工作：推进城镇供热体制改革、发展绿色交通、加强城镇污水处理设施建设、推进城市生活垃圾处理工作、提高城市园林绿化管理水平、推进城镇人居环境建设、强化城市节水工作、加强城市照明节能管理、加强城市地下管线综合管理、加强城镇供水安全保障工作、加强城镇燃气安全工作、加强数字化城市管理建设。其中前 8 项工作都与节能减排有关，因此可以判断，中央相继出台相关环保类政策支持城市建设工作。

从统计数据来看，如图 7-3-6 所示，安全和防灾相关政策数量随年份显著增长。从政策内容来看，安全相关的政策包括建设项目环境影响、危险品管理、城市消防管理、基础设施质量控制管理、建筑道桥质量控制管理、公共突发事件应对机制、城市供水等；防灾相关政策包括防洪排涝、气象灾害应对、防震抗震、水土保持、建设项目环境影响、地下空间防空开发、地质灾害等。其中围绕水资源战略展开防洪排涝政策的增加是防灾政策增加的主要原因，在 2015 年和 2016 年防灾政策中防洪排涝政策数量分别占 63% 和 64%，具体的政策措施指向海绵城市和城市地下综合管廊的建设。

④ 资源维度政策向水资源和能源倾斜，大气资源保护在城市建设中不受重视。从统计数据来看，如图 7-3-7 所示，水资源和能源相关政策分别占政策总数的 21% 和 23%，显著超过土地资源 11%、大气资源 6% 和生态资源 12%。其中水资源政策内容在"节约用水""水质安全""污水治理"的基础上，逐渐关注并致力于解决城市内涝问题，因此政策重心向"综合治涝"方向偏移。能源政策当中建筑节能方面占比最高为 43%，其他政策分散在清洁生产、用电节电、汽车节油和城市照明节能方面。

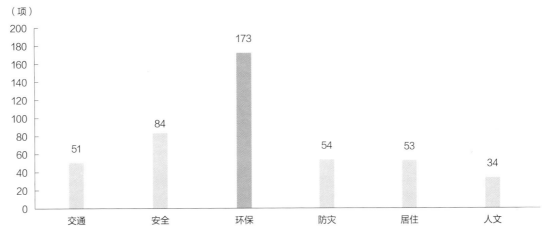

**图 7-3-5　功能维度各政策类型数量分布**
数据来源：国务院及其部委官方网站

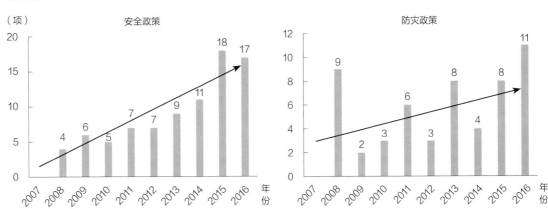

**图 7-3-6　安全和防灾类政策数量随年度变化图**
数据来源：国务院及其部委官方网站

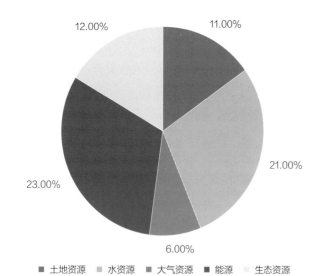

**图 7-3-7 资源维度政策类型数量分布**
数据来源：国务院及其部委官方网站

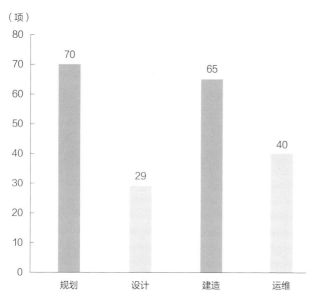

**图 7-3-8 过程维度政策类型数量分布**
数据来源：国务院及其部委官方网站

目前针对城市建设大气污染防治的政策较少，有一些政策从空气监测站、城市生活垃圾焚烧处理和绿色出行方面支持城市建设及大气污染防治工作。

⑤ 过程维度政策重心为规划和建设过程，设计和运维过程政策不足。中央针对城市建设过程中的建设项目出台了相关支持政策，从过程维度对这些政策进行统计分析，得出政策偏重于规划过程和建造过程，而在设计和运维过程政策支持相对薄弱，如图 7-3-8 所示。

从整体数据分布来看，城市建设相关的法律法规和政策都存在对关注内容分布不均的问题。从交通、安全、环保、防灾、居住和人文 6 个功能维度来看，环保、安全、防灾相关政策分别占法律法规总数 33%、29% 和 29%，而居住、交通和人文相关政策只占法律法规总数的 17%、10% 和 8%，可以看出在城市建设当中更加看重保护环境和保障城市安全，而对人文方面的关注度仍然不够。另外从土地、水、能源、生态和大气 5 种城市重要资源来看，城市建设相关法律法规更多地关注水资源和能源，分别占法律法规总数 16%、11%；而与土地资源和生态资源相关政策相对偏少，分别占法律法规总数 7%、4%；其中针对大气资源的政策支持力度最小，仅占法律法规总数的 1%。再从规划、设计、建造和运维 4 个过程维度来看，与城市建设相关的政策偏重于规划过程和建造过程，分别占规范性文件总数的 22% 和 20%，而与设计和运维阶段相关的政策数量仅占总数 9% 和 12%，这反映在城市建设过程中较为重视规划与建造过程，在设计和运维方面政策支持不足。

## 3.1.2 城市建设前期阶段

### （1）法律体系碎片化，存在立法缺位

城市可持续建设过程中陆续颁布了很多新举措、新政策，但其中一些领域在法律层面仍存在滞后或体系不完善的情况，导致工作开展缺乏有力支撑。

首先，城市是一个复杂的综合整体，而我国城市治理呈现职能化、专业化的治理路径，原本属于一个治理系统的事务归属于不同的职能部门管理，适用于不同专业的法律，由此形成"一事一法"的法律体系，容易造成法律之间的重叠以及空白区域。比如我国的灾害防控法律领域，呈现"一灾一法"的法律体系，据统计，我国现行的法律法规中，已有包括《中华人民共和国防震减灾法》《中华人民共和国防汛条例》《气象灾害防御条例》等在内的 30 多部涉及防灾减灾工作的法律法规，其中大部分是针对某种灾害的单一型立法。单一型立法无法适用于所有灾害，因此在应对灾害时，会造成一些整体性环节缺失。而且，如地震灾害等，灾害发生后可能形成灾害链或者复合型灾害，单一型立法无法适用。另外，单一型法律使得各部门之间管理事务存在重叠和交叉，很容易发生法律冲突，如民政部、气象局、地震局、公安部等部门之间各自以部门职责分工划责，少有合作衔接，在灾害

发生时常因此造成工作的低效和无序。

其次,在"运动式"治理的环境下,城市可持续建设过程很大一部分采用的是政策先行模式,而很多问题都暴露在实施过程中,此时法律滞后或法律空白的问题逐渐受到关注。如今地下空间开发是城市可持续建设重要一环,目前来看,1997年建设部出台的《城市地下空间开发利用管理规定》部门规章,是目前我国最全面的关于地下空间开发利用管理的国家层面法规,但对于政府和开发商关注的地下空间规划管理、用地管理、权属登记管理和开发利用激励扶持机制都还存在较大的空白区域,如地下空间开发利用中投资者关心的地下建筑物的权属登记问题、量大面广的结建人防地下室的产权问题、高层住宅楼下的地下车库产权问题、相邻工程连通等问题,都没有专门的明确规定。这就造成目前政府各部门之间、投资者与政府之间、投资者与投资者之间没有相关法律法规可以依据,思想不统一,纠纷较多。且地方法规或规章仅是对地下空间开发利用的某个具体方面,诸如地下建设用地使用权的取得方式或产权登记或地铁建设等进行尝试性的规范(详见课题二)。另外在大气污染联防、海绵城市、智慧交通建设、城市安全与防灾减灾、绿色建筑等方面也存在一些法律不健全、缺失等问题,亟待进一步论证和完善。

① 缺少法律法规对城市规划的约束与指导(详见课题二~课题五)。中国正处于城镇化快速发展时期,由于我国的大城市布局形态多为单中心的发展模式,城市通常会向四周以同心圆的形式扩散,这种扩散形式通常是无计划的、依赖汽车发展的,原有的城区将无法承担居民日益增长的生活需求,必须不断开发城市远郊土地,最终导致城市蔓延现象,见图7-3-9。

**图7-3-9 2009~2015年耕地面积统计**

数据来源:国家统计局

在这个过程中城市中心区的交通压力就会随之增大,交通承载能力逐渐难以满足大量的居民出行需求,造成交通拥堵。例如北京,城市的建筑布局并无明显的规律性,高低参差,且没有明显的疏密关系。城市外部快速拓展发展模式面临城市无序扩张、人口城镇化滞后、区域发展不平衡、交通成本高昂等问题。从全国范围来看,城市扩张规模大、速度快,土地供需失衡现象愈发明显。

各区域城市发展不均衡,上级政府部门在进行城乡规划时全局性思维欠缺,考虑以点带面,各城市发展以自身为中心,孤立发展大城市或发展中小城市,造成大城市功能堆积,中小城市发展受阻。

我国目前存在"重建设,轻规划"的现象,城市道路管道和功能区的规划建设缺乏前瞻性。基础设施建设规划是整个城市规划的重要一环,是城市发展思想的具体实现,离开科学、详尽的规划而盲目地进行建设,常常导致大量资源的浪费,严重的甚至会造成城市的功能失调、发展减缓等问题。较为典型的有修路架桥、铺管走线等未经过严密的研究设计,也未经过专家的论证或听取市民的意见,往往只考虑了短期的和局部的利益,从而造成基础设施的利用率低、浪费大。交通方面突出表现为交通拥堵、城市公共停车设施严重不足,还有最典型的"马路拉链"问题。

② 城市形态分区法规制度缺失(详见课题二)。20世纪90年代初我国开展分区规划,1989年颁布实施的《城市规划法》第十八条明确表述,"大城市、中等城市……在总体规划基础上,可以编制分区规划"。20世纪初,分区规划逐渐被忽视,2008年颁布实施的《城乡规划法》淡化了对分区规划表述,使得分区规划编制工作的开展陷入了争议,包括其法定规划的地位、工作开展的必须性与相关内容等。

③ 城市自然灾害预警体系缺失法律支撑(详见课题六)。灾害预警是现代自然灾害防控体系的重要组成部分,在灾害来临之前进行妥善的预警,并开展有效的应急响应,能够在很大程度上避免灾害损失。因此,对城市自然灾害进行预警是城市安全的重要保障,在城市建设的前期阶段必须建立项目应对自然灾害的预警体系。

城市自然灾害预警体系的失效,往往会对城市产生严重且不可逆的后果。例如,2004年发生的印度洋海啸灾害,泰国气象部门在海啸发生后才发出了泰国南部海域可能发生大浪的预报,灾害损失几乎没有得到有效削减；2007年7月27日，湖北武汉突遭大风雷暴，不到半小时造成10人死亡，而在此次灾难发生前1小时，武汉中心气象台即发出了预警信号，但由于传播网络限制、传播方式单一，预警并未发挥应有的减灾效果❹。因此，为了避免城市自然灾害的预警失效，需建立相应的法律制度去保障城市自然灾害预警功能的有效，但目前我国尚未建立系统的法律法规去保障灾害预警体系的建设。

党的十八届四中全会通过《中共中央关于全面推进依法治国若干重大问题的决定》，提出要构建完备的法律法规体系。党的十九大报告也明确指出，要坚定不移走中国特色社会主义法治道路，完善以宪法为核心的中国特色社会主义法律体系，建设中国特色社会主义法治体系。因此，健全城市可持续建设法律体系是贯彻落实中共中央决定和十九大精神的必由之路，也是我国践行"依法治国"方略的必然要求。

### （2）公众参与立法实践不足

目前，城市可持续建设相关法律的设立过程中，公众参与的实践不足。《立法法》中规定了公众可以通过座谈会、论证会、听证会等渠道参与立法活动，同时也规定公众有权参与和监督立法过程。但现阶段公众参与立法的广度和深度不足，公众参与的质量不高，参与立法的实效性也不够，尚未达到公众参与立法的设立初衷。

首先，公众参与立法的热情不高，参与面不够广。近年来，我国公众参与立法得到了较大发展，公众参与立法的形式也越来越多，但是相对于全国或地方的总人口而言，公众参与立法的力度依然很小。一项对山东公众的调查结果表明，95.2%的公众对"立法"不太了解；近一半的公众不知自己享有立法参与权；对某项法律的意见，有多达73.9%的公众不知道向哪个部门反映，"与亲朋好友讨论""通过新闻媒体反映"是公众表达意见的主要途径❺。整体来说，公众立法仍然停留于表面，公众真正在立法决策当中所起的作用比较微弱。

其次，目前常见的公民参与立法的形式都有自身的局限性。如通过网络、报纸等媒体向社会征求意见的方式表现为单向性、被动性，法规规章草案公布后，立法单位只能被动等待公众参与，而目前公众参与公共事务管理的意识还不够成熟，因此这种形式往往变成"走过场"。

### （3）缺乏法律强制措施与市场激励措施相结合的机制

针对能源、资源和绿色建筑等与市场紧密结合的产业，现行立法对市场调节规律的管理理念反映较少，一些领域盲目采用强制性政策，如通过法律法规和行业标准的强制执行达到一定目标，这种机制能够在短期内达到较好的效果，但长期来看这种方式不具有可持续性。首先，法律等强制性措施不容易适应动态变化的市场，使得市场参与主体缺乏参与积极性；其次，法律等强制性措施若脱离市场状况一昧推行，将对地方政府带来较大压力，从而出现"蒙混过关""治标不治本"的行政方式。比如，2010年，一些省市为了完成"十一五"节能减排计划，通过拉闸限电的方式减少能源的消耗来完成预期目标。

> **专栏："蒙混过关"完成节能减排目标❻**
>
> **国家发展改革委印发《关于进一步做好当前节能减排工作的紧急通知》指导各地正确做好节能减排工作**
>
> 各地区、各部门认真落实国务院节能减排工作电视电话会议和《国务院关于进一步加大工作力度确保实现"十一五"节能减排目标的通知》(国发〔2010〕12号）精神，采取强有力的政策措施，进一步加大工作力度，节能减排取得积极成效，扭转了一季度单位国内生产总值能耗上升的趋势。但要实现"十一五"目标，面临的形势依然严峻，任务相当艰巨。随着年底的临近，有的地区为完成目标，采取了停限居民和公共服务单位用电等错误做法，影响了人民群众正常生活；个别地区采取"一刀切"的简单做法，对生产企业轮流停电在社会上产生了不良影响。9月7日，国家发展改革委下发通知，指出这种做法违背节能减排的初衷，必须立即予以纠正。9月15日，国家发展改革委再次下发《关于进一步做好当前节能减排工作的紧急通知》，对当前节能减排工作提出五项要求……

### 3.1.3 城市建设实施阶段

#### （1）部门职能交叉，执法责权不明

在城市建设执法实践中，法律规章就同一公共事务管理对不同部门赋予了行政管理职能，故相关行政

机关容易出现职能交叉、职责划分不清的情况，造成执法部门执法混乱，管理上存在盲点，多头管理情况时有发生。

> **专栏：建筑垃圾倾倒管理权责 ❼**
>
> **郑州市惠济区建筑垃圾倾倒管理推诿**
>
> **案例：**
>
> 在京广铁路跨黄河附近，有人往黄河里大量倾倒建筑垃圾。对此，惠济区执法局称，属于河务局管理；而河务局则称，属地方政府管理，互相推诿。
>
> **河务局：归地方政府管**
>
> 《郑州市人民政府关于解决郑东新区唐庄惠济区黄河河道垃圾污染问题的会议纪要》：黄河主河道建筑垃圾由郑州河务局向上级报传情况，积极申报资金，及时清运完毕，彻底解决影响黄河防汛等问题；黄河汇洪区内的建筑垃圾由惠济区负责（图7-3-10）。
>
> **惠济区执法局：归河务局管**
>
> 按照相关规定，黄河大堤以内的地方归河务局管，黄河大堤以外的地方，归地方政府管理。《中华人民共和国水法》第六十条第四项规定：县级以上人民政府水行政主管部门、流域管理机构及其水政监督人员履行本法规定的监督检查职责时：……（四）责令检查单位停止违反本法的行为，履行法定义务。

图7-3-10 大量建筑垃圾倒进黄河

### （2）公众对城市可持续建设相关法律认识不深

目前，公众对于城市可持续建设的认识存在一些偏差。由于缺少便捷的信息来源途径和相应的认知水平，公众在面对一些新政策时可能表现出不理解，甚至不愿践行的态度。前纽约市设计与建设局局长Professor Fenionsky在座谈中谈到，正是因为美国民众把可持续建设当作个人的正当需求，因此公众对于政府制定的法律政策都持遵守甚至维护的态度，因此他也特意强调公众教育对城市可持续建设的重要性。

### （3）城市建设资金投入缺乏审计制度（详见课题六）

目前我国在灾害治理的建设阶段，依然存在着缺乏综合经济考量高代价灾后重建的现象。灾害会引起各级政府和全社会的高度重视，各级政府对灾后重建往往投入巨大，甚至希望能将灾区建设成为示范典型，可待到政府和社会关注焦点转移之后，灾害应对的基础工作可能又被束之高阁。在投入环节上，政府往往重视灾后救济与重建，轻视灾前防范与减灾；重视防灾减灾的工程措施，轻视对非工程措施的投入；重视申请上防灾减灾大项目，而忽视项目能否真正发挥有效作用这一核心问题。因此，为促使城市灾害治理建设的资金投入导向符合可持续的发展理念，需要加强对灾害治理建设项目的审计制度。

## 3.1.4 城市建设运行阶段

### （1）城市能耗总量控制指标与核算方法仍有缺陷（详见课题三）

① 缺少节能低碳发展的科学评价指标。中央提出"总量"和"强度"双控，是指总能耗、总碳排放、能耗强度及碳排放强度。然而，很多城市不知道当地的能耗总量和碳排放总量，而且不谈总量控制，转而追求可再生能源比例和节能量（减排量），误导能源发展方向，诸多"节能"项目不节能，甚至有些项目的节能量大于能耗总量。全国能源消耗总量见图7-3-11。

② 缺少能耗核算的科学方法。当前核算方法混乱，能源品位不分，燃料、电、热直接加和，导致技术误导和责任不清，例如电力出口城市需要承担更多的能耗责任。建议参考《民用建筑能耗分类及表示方法》GB/T 34913—2017，区分电和燃料，把冷/热折算为电和燃料后进行核算。

③ 缺少碳排放责任核算的科学方法。责任分配不科学、不公平，现行四种核算方法均不能同时、有效地促进生产者和消费者的低碳行动。建议采用基于基准值的责任核算方法。

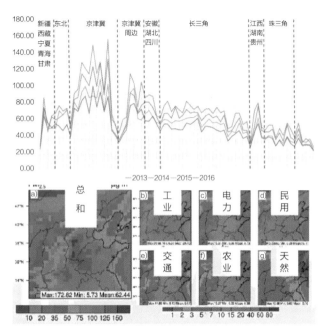

图 7-3-11　全国能源消耗总量

数据来源：《中国能源统计年鉴》

### （2）城市建设监管制度有待完善

① 水环境监管体制有待完善（详见课题三）。水污染防治法律法规有待完善，"部门化"色彩严重；流域层面协调机制不健全，水环境监管手段缺乏有效性，"守法成本高、执法成本高、违法成本低"；水污染监管的问责机制有待强化细化，很难真正追责；水环境监管能力薄弱；水生态检测方法缺失。

② 部分法律规定为监管不作为或乱作为留下漏洞。如《安全生产法》第 77 条第三项的表述，虽然有利于鼓励监管工作人员履行监管职责，防治其不作为、乱作为，但国务院颁布的《建设工程安全生产管理条例》却没有对这方面限制做任何规定，这就一定程度放纵了监管部门及其工作人员，使其在监管工作中容易出现懈怠，有关监管部门不作为、慢作为、乱作为的现象就很有可能发生。

③ 环境产权制度不明晰，环境经济政策体系不完善（详见课题三）。生态补偿机制不完善；有利于资源节约、生态环境保护的价格体系尚未形成；排污权、碳排放权交易制度刚起步。

### （3）城市建设绩效评价方面的法律法规缺失

目前，我国城市建设绩效评价的文件有《海绵城市建设绩效评价与考核办法（试行）》《城市管网专项资金绩效评价暂行办法》等，这些办法主要针对的是城市建设的某一方面，缺少统筹城市建设可持续发展各方面的城市建设绩效评价文件。如城市土地利用就没有形成完整的考核与评估体系，蔓延式的城市空间增长方式催生了一片又一片开发利用效率低、基础设施水平低、城市服务供给缺乏、规划管理缺乏以及不完全城镇化等的"问题"空间；同时，不断扩张发展的城市也逐渐挤占、消耗农田等农业生产空间和森林等生态资源空间，使粮食安全受到威胁，自然景观结构破碎，同时严重影响土地自我调节能力（详见课题二）。

此外，这些绩效评价办法没有上升到法律法规高度，执行和约束力度不足。事实上法律才是最稳定的制度，城市建设绩效管理的直接对象是政府部门及其工作人员，通过立法能有效规范政府部门及其工作人员的行为，保证城市建设按照可持续发展的路径推行。

### （4）审计制度落实不到位

在城市建设绩效评价审计中，还存在审计内容不全面、审计结果公开存在缺陷、审计主体单一、独立性差等问题，使绩效评价流于形式，缺乏实际内容，说服力有待考证。以水资源绩效审计为例，审计内容侧重于水资源治理专项资金的合法合规性，注重水资源治理专项资金投入的经济效益、社会效益、生态效益；审计核算无信息公开；审计开展主体是政府审计部门，是政府部门的重要组成部分，审计机构的独立性差，容易使审计监督流于形式。而社会审计机构几乎没有开展环境审计业务，亟待审计制度的完善。

### （5）对普通公民个体的环境诉讼不予受理

我国法律没有赋予普通公民提出环境诉讼的权利，法院在遇到公民个人的诉讼时往往不予受理。如，2002 年，浙江余姚农民认为村子旁边开矿有损水质，状告当地环保局；2005 年，北京大学法学院师生状告中石油吉林公司污染松花江，要求赔偿 100 亿用于设立松花江治理基金，法院认为不属于受理范围，均以不予受理收场。因为我国《民法通则》第 124 条规定："违反国家保护环境防止污染的规定，污染环境造成他人损害的，应当承担民事责任"。即起诉资格必须"与本案有直接利害关系"，而受害人所遭受的环境侵害大多是"间接的"和"无形的"。

### （6）城市专项自然灾害应对法律执行体制不完善（详见课题六）

我国针对城市自然灾害已经制定出台的专项法律有《防震减灾法》《自然灾害救助条例》《军队参加

法律维度问题汇总　　　　表 7-3-1

| 序号 | 城市建设前期阶段 | 城市建设实施阶段 | 城市建设运行阶段 |
|---|---|---|---|
| 1 | 缺少法律法规对城市规划的约束与指导（课题二、三、四、五） | 部门职能交叉，执法责权不明（课题五） | 城市能耗总量控制指标与核算方法仍有缺陷（课题三） |
| 2 | 城市形态分区法规制度缺失（课题二） | 公众对城市可持续建设相关法律认识不深 | 城市建设环境监管制度有待完善（课题三） |
| 3 | 缺乏地下空间开发的专门性法律规章（课题二） | 城市灾害治理建设资金投入缺乏审计制度（课题六） | 城市建设绩效评价方面的法律法规缺失（课题二） |
| 4 | 城市自然灾害预警体系缺失法律支撑（课题六） | — | 审计制度落实不到位 |
| 5 | 缺失城市自然灾害防控法律体系（课题六） | — | 对普通公民个体的环境诉讼不予受理 |
| 6 | 公众参与立法实践不足 | — | 城市专项自然灾害应对法律执行体制不完善（课题六） |
| 7 | 缺乏法律强制措施与市场激励措施相结合的机制 | — | 城市防灾法律的可操作性有待提高（课题六） |

抢险救灾条例》《防汛条例》《破坏性地震应急条例》《森林防火条例》《森林病虫害防治条例》《草原防火条例》等自然灾害救助制度。但根据目前我国自然灾害的应对情况来看，在执行专项灾害应对法律时，仅仅依靠国家开展救灾活动难以实现预想的灾害应对效果，因此需完善多主体的法律执行机制。

### （7）城市防灾法律的可操作性有待提高（详见课题六）

我国的防灾法律法规大都较为宽泛，需要应急预案等文件作为补充才能够完全发挥其功能。以天津港大爆炸为例，救灾的消防、公安人员死亡人数占总死亡人数的 67%。危化品具有易燃易爆的性质，天津港大爆炸反映了相关的危化品应对经验及管理制度缺乏，消防员在第一时间内进行了紧急救援，没有料到会发生次生灾害，消防员惨重伤亡。虽然消防员第一时间奔赴现场勇气可嘉，但由于缺乏危化品应急预案及日常的应急演练而酿成惨案。当然，应急预案的过分细致，可能会导致在具体的灾害防治过程中，防灾法律被"架空"的现象。因此，灾害防控过程中，防灾法律和应急预案各自的地位也应当得到协调和平衡，实现应急预案提高防灾法律可操作性的目标。

总结城市建设前期阶段、城市建设实施阶段和城市建设运行阶段法律法规所存在的问题（表 7-3-1），归纳到法律维度，主要集中在立法、执法和保障三个层面。从立法层面来说，主要是相关法律法规、规章制度、行动指南、绩效评价等的缺失；从执法层面来说，主要在于法律法规落实执行上得不到充分的发挥和落实；从保障监督层面来说，主要是缺乏绩效评价与审计制度。

## 3.2 健全法律规范体系

### 3.2.1 一般建议

#### （1）城市适应规划，出台韧性城市的行动指南

适应规划是政府部门制定的有计划的适应政策和行动。根据城市特色，出台适应规划。针对城市总体情况，制定总体规划，城市各区域根据总体规划，调整制定本区域专门规划，形成专门的城市适应规划。以打造安全、韧性、宜居的城市为目标，强调城市对现代城市安全风险例如信息安全、恐怖袭击等的综合防护能力，出台韧性城市行动指南，针对不同的城市安全风险，设计不同的适应目标和重点领域。部分城市空间规划见图 7-3-12。

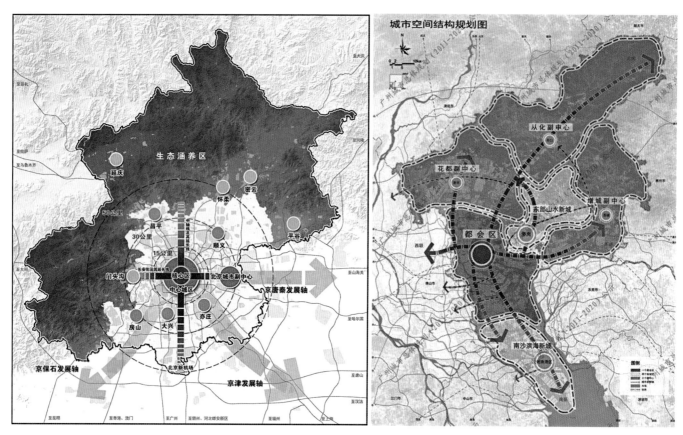

**图 7-3-12　部分城市空间规划图**

图片来源：北京市规划和自然资源委员会．http://ghzrzyw.beijing.gov.cn/；广州市人民政府．http://www.gz.gov.cn/

充分利用中小城市作为大城市产业转移承载地、大城市空间扩展地、大城市旅游休闲集散地、大城市农业服务基地等，通过建立良好的城际交通网络，建立围绕城市增长极的区域城市生态系统。

### （2）规划与考核协同，倒逼城镇化路径转型

① 在城市规划中体现生态优先原则。在城市群发展规划中，要体现生态优先原则，优先确定生态用地、再规划城市建设用地。

② 分区目标和考核指标。针对污染严重的环境管理分区，如我国从京津冀到长江中下游的东部区域，在国家层面以区域空气质量整体达标为目标。

在城市群内建立统一的环境准入要求，推行区域环境基本服务的均等化。通过联合治理明确城市群和城乡各个单元之间的环境权责。

不同城市群建立分区目标和考核指标，在机制政策上以环境协作、环境同治和环境一体化几个逐步推进的方式促进区域协作的机制、政策和措施的推进。不同城市群能源发展模式修正见表 7-3-2。

### （3）倡导地方立法先行

城市建设可持续发展的相关立法实践和理论基础较薄弱，因此在发展初期不适合订立效力层级较高的法律和行政法规，而应倡导地方立法先行。相对于国

**不同城市群能源发展模式修正**　　　　表 7-3-2

| 能源城市群 | 能源背景 | 解决方法 | 发展模式修正 |
|---|---|---|---|
| 西北地区 | 风光电、煤炭、天然气的生产基地 | 充分利用燃煤电厂和燃气电厂为风光电调峰 | 风火光互补 |
| 北方地区 | 冬季存在巨大供热需求；热电矛盾导致该地区弃风 | 发展热电协同模式，实现热电解耦，利用供热系统的蓄热能力帮助电力调峰 | 热电协同 |
| 西南地区 | 水电的主要生产基地 | 利用水电本身具备的调峰能力解决调峰需要 | 水电调峰 |
| 东中部地区 | 资源充足而工业西迁，没有充足的调峰电厂 | 合理发展天然气调峰机组；发展电动汽车、公建蓄冷/蓄热系统、直流建筑及分布式蓄电等 | 需求侧调峰 |

家层面的城市可持续建设相关法律法规，地方性法规更加贴近实践，重视地方性法规的建设，有利于为国家层面法律法规提供支撑，最终形成国家统筹、地方特色的良好局面。

在美国长达 71 年的空气污染立法史当中，就是先采取的州和地方政府立法控制，这一阶段持续了 15 年，后来联邦政府开始逐渐加强对空气污染的监管和控制。州和地方政府的不同立法实践为联邦政府立法提供了多元参照，在州和地方治理出现失控状况时，再由联邦政府统一立法。

我国的地方大气污染防治立法的实践工作，也为《大气污染防治法》的修订提供了丰富的法治经验。比如北京针对新时期大气污染防治形势，率先启动了地方立法工作，2014 年 1 月通过了《北京市大气污染防治条例》，是首部应对 PM2.5 的地方性法规。

南京市在政策法规方面对交通安全管理提供了保障，《南京市道路交通安全管理条例》于江苏省第十一届人民代表大会常务委员会第十三次会议中获得批准。条例从道路安全责任、车辆及驾驶人、道路通行条件、道路通行规定、道路交通事故处理、执法监督、法律责任等方面为道路交通安全管理提供了政策引导和法律支撑。

### （4）完善专项法律

针对需要完善法律法规的城市建设领域，精准识别立法需求，从而逐步填补城市可持续建设相关法律的空白或弥补不足之初，日益完善城市可持续建设法律体系，具体领域如表 7-3-3 所示。

① 提出创新性的、面向城市存量更新的形态控制方法。如对原有形态分区法规进行更新和重定。基于当下总体城市设计编制的工作框架，力图建立一种包括刚性格局、评价模型、多元情景、美学修正等技术流程的空间形态整体布局方法，为城市设计实践探索出一种相对更为理性化、客观化的技术方法，形成对解决国内当前城市空间发展无序状态在技术层面上的理性回应。

② 深化区域大气污染联发联控。把握新定位落实新要求，区域协同环境整治做文章。设立面向城市群的国有自然资源资产管理和自然生态监管机构。打通部门职能交叉"最后一公里"，健全资源生态环境管理制度；完善经济社会发展考核评价体系，整合国家科技力量建立区域决策支持和规划机构；建立责任追究制度，对不顾生态环境盲目决策、导致严重后果的领导干部终身追责。

**我国各领域待完善法律法规内容（不完全统计）** 表 7-3-3

| 领域 | 待完善法律法规内容 |
|---|---|
| 地下空间开发（课题二） | 地下建筑物的权属登记问题、量大面广的结建人防地下室的产权问题、高层住宅楼下的地下车库产权问题、相邻工程连通、地下空间应用技术与知识产权保护等 |
| 城市设计（课题二） | 明确城市设计的地位和要求、确立城市设计与城市规划的关系、明确城市设计管理要求、违反城市设计管控要求的规划建设行为问责、建立健全风貌管理法律法规 |
| 水污染（课题三） | 城市水污染监管法律规范 |
| 大气污染（课题三） | 区域大气污染联防联控法律规范 |
| 垃圾管理 | 固体废弃物分类回收 |
| 智慧交通（课题五） | 城市交通法规规章、公交立法 |
| 防灾减灾（课题六） | 自然灾害预警、城市防洪工程 |

③ 建立城市垃圾资源化和分类回收的法律法规。建立奖惩分明的垃圾管理法律制度。将治理生活垃圾污染的重点从减少生活垃圾产生量转向对生活垃圾的资源化再生利用。在我国各个城市以社区为单位，建立一种生活垃圾处理的奖惩机制，从垃圾产生量与废弃物回收工作方面进行考察，制定家庭评优标准，在地方规范性文件中明确各种奖励项目、评优的标准、评选的具体程序与规则等，具体的奖励和惩罚方案由各城市根据实际情况制定。

完善生活垃圾分类回收的法律法规。提高城市生活垃圾分类回收的效力等级，将城市生活垃圾的收集处理要求以《城市生活垃圾分类回收管理条例》这种法律的形式确立下来。

制定"固废十条"。在制定"大气十条""水十条"和"土十条"的基础上，应尽快在国家层面出台固体废物污染防治计划"十条"，使其成为全国固体废物防治工作的行动。

④ 健全城市交通法规规章体系。结合城市空间形态、产业形态，以公共交通为导向，集中建设新区，老城人口向外围疏散，避免城市形成单中心蔓延型的发展模式，平衡通勤时段轨道交通双向客流。借鉴国内外先进 TOD（以公共交通为导向的开发）发展模式经验，提出支撑大城市"多中心、开敞式"城市空间结构的 TOD 指标。

在用地规划中优先考虑公交场站用地需求；公交

### 美国分区（Zoning）法规制度 [8]

1870年后，美国许多城市通过制定建筑条例对建筑的防火安全、建筑高度、街区建筑的用途等提出了限制。1916年纽约市颁布了第一个现代分区条例《纽约分区条例》。其后，分区被广泛传播运用，在20世纪20年代达到了"分区高潮"，约有二百多个城市进行了区划。1924年，当赫伯特·胡佛掌管美国商业部时，出台了一个分区授权法的模式——《州的标准分区授权法》，导致了分区运动的加速发展。随着区划的不断发展，引入了"容积率"的概念来控制地块上最大允许建筑的面积，随后又出现了土地混合使用、滨水区及特别意图区等针对特殊地区设定的条例。

专用道要覆盖城市主要干道体系，为兼顾道路资源的合理使用，在交通繁忙路段实施公交专用道全天专用，其他路段实施分时专用；在主要交叉口设置公交专用信号，保证公交车辆优先通过。

一方面，积极推动出台相关条例规章，为城市公交规划、建设、运营、管理、安全和政策扶持等提供法制保障。另一方面，加强指导地方公交立法工作，鼓励各地积极制定出台符合立法权限、符合当地实际的城市公交法规和规章。

主动适应行业发展需要，重点围绕城市公交、出租汽车、城市轨道交通等关键领域，加快推进城市客运行业急需标准的制修订工作，充分发挥标准对市场主体的规范和调节作用，为行业治理体系和治理能力现代化提供有力支撑。

智慧型交通运输已经覆盖到城市交通的方方面面，深刻影响了人们的出行选择，这是一个城市信息化的体现，也是各大城市智慧交通发展的方向。为了大力推进智慧交通的发展，各大城市都在不同程度上由政府组建了大交委或交通指挥控制中心。同时整体规划城市智慧交通建设，并将其作为智慧城市的重要部分来做顶层设计，制定体系标准，加强政策导向作用，整合现有与交通相关部门的信息资源，形成合力。

智能交通系统的建设，立足于交通管理的实际需求，采用先进成熟的技术和设备，建设基础资源共享、接口标准规范、可扩展性良好、高度集成的智能化管理系统，从而达到提升交通运行管控能力、实现基于交通大数据辅助决策、缓解当前交通供需矛盾、强化交通行业监管与服务及加强交通执法综合效益的目的。

从国家层面出台鼓励智能交通发展的相关政策促进智能交通系统工程（ITS）的发展；行业层面也应考虑出台相应政策，鼓励和引导ITS各项技术和产品的研发；各地政府的法律法规应能够保证智能交通系统的实施和应用。另外，智能交通系统发展的全局性、长远性战略规划是可持续发展的必要条件，因此智能交通体系框架应列为国家层面的规划文件，经政府批准，严格执行。并且在实际应用中，不断进行完善和补充。同时，建立智能交通系统发展的政策链，智能交通的发展需要一系列的政策支持，不仅表现在投资、应用、建设环境的政策支持，同时在智能交通涉及的法律环境也需得到国家政策层面的支持。只有环环相扣的政策链作为保障，才能使我国智能交通系统有效、快速、健康地发展。

⑤ 健全建筑安全生产监管体系。把现有的最新修订过的《安全生产法》作为基础，把建筑法、劳动法、职业病防治法、消防法等当中规定的有关内容进行有机整合，尝试综合现有资源与各类渠道，逐步健全真正适合我国基本国情的建筑安全生产监管体系。制定一部在安全生产领域内可以广泛适用的基本大法，明确规定各方主体权利、义务与责任。其次，对于一些之前颁布的已经不能够继续适应当前经济社会发展的法律法规、与新《安全生产法》部分内容相抵触的法律法规，及时修改、废除和整合，保持有关建筑安全生产法律法规的统一性与一致性。以新修订的《安全生产法》为基本出发点和落脚点，结合最新市场动态和建筑行业需要，制定和完善适合建筑行业安全的法律法规，形成一套全面科学的建筑安全生产法律法规配套体系。

⑥ 提出气象灾害防御立法。加快制定《气象灾害防御法》，将气象灾害防御实证经验上升为法律制度；加强气象灾害综合观测体系建设；完善气象灾害监测信息共享的法律制度；完善提高气象灾害防御和应急处置能力的法律制度；建立和完善政府、部门和社会在气象灾害防御活动中的法律责任体系，解决气象灾害防御中遇到的瓶颈和制度缺陷问题，进一步提高气象灾害防御能力。

⑦ 建立城市综合防灾减灾部门及管理办法。各类城市自然灾害具有相当的共同点，但现有法律体系造成了灾害防治工作在法律上的割裂和冲突，为解决这一问题，应组建城市综合防灾减灾部门，有机整合不同种类灾害的管理，推动防灾减灾工作的高度集成和标准化；推动已有的水文、气象、地质等监测站网的

高度融合，促进灾害监测设施等防灾资源和信息的共享，提高对单一种类灾害和复合灾害的监测预报能力；推动各类防灾力量的高度整合，打破部门"各自为战"的防灾模式，形成防灾减灾的合力；通过城市自然灾害综合预警平台的设立，全面整合城市自然灾害的数据管理和预警工作，进而建立高效、权威的信息发布机制，保障灾害信息高速、透明的传递；此外，还应当配合应急管理部门和城市综合防灾减灾部门的成立，尽快制定并推出总领各类灾害防治的、纲领性的综合防灾法律和城市自然灾害预警防控的专门性法律。此外，在建立城市综合防灾减灾部门及管理方法的过程中，可借鉴日本灾害管理组织体系和防灾基本计划体系，如图7-3-13和图7-3-14所示。

### （5）提升公众立法参与度

在法律制定过程中要充分考虑到各利益相关者的需求、关注点，遵循效率与公平等原则，公众作为城市建设成果的最终使用者和监督者，应当在城市建设相关法律制定过程中发出自己的声音。公众参与法律法规制定并不只是法律科学制定的要求，也有利于公众理解法律法规真正用意，并自觉把维护法律法规的权威性当作维护自身利益的有效途径。

① 创新公众参与立法新模式。从城市可持续建设立法实践中总结经验，不断完善现有的公众参与立法方式，同时创新公众参与立法新模式，积极探索更为科学和人性化的公众参与立法新模式。

② 构建公众参与立法的配套制度。为保障公众城市可持续建设立法参与制度的有效实施，国家需通过法律规定各种配套制度。依照提出法律案、审议法律案、表决法律案和公布法律案的过程，逐步完善立法项目征集和论证制度，建立公众提出法规草案的制度，完善公民参与法案起草制度，建立法律草案公开征集意见制度，立法审议公开制度，公众参与立法审查制度等系列制度。

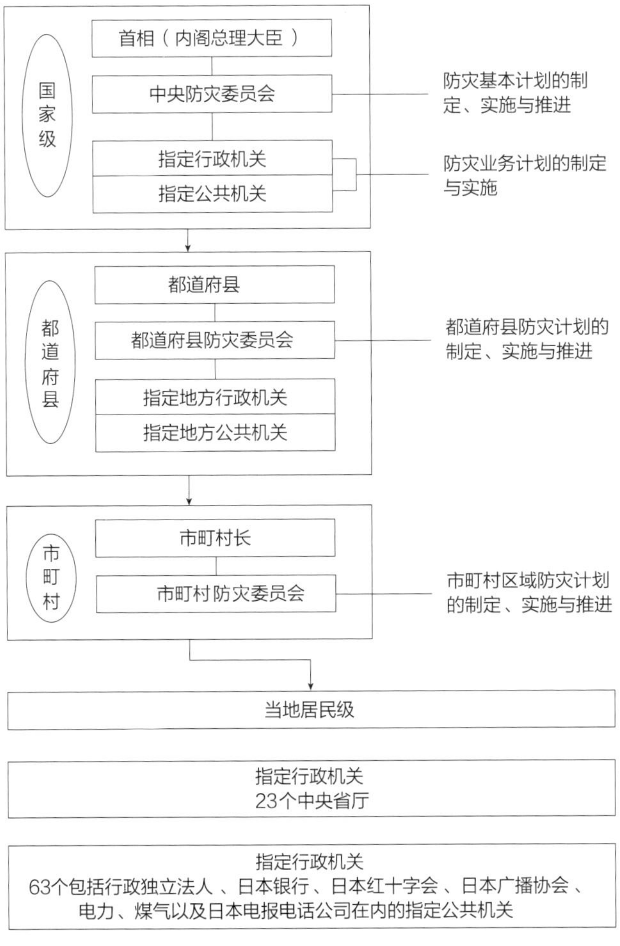

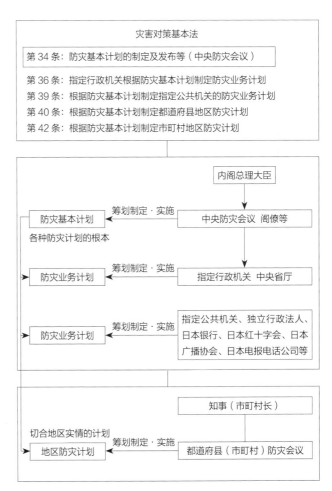

**图 7-3-13　日本灾害管理组织体系图**

**图 7-3-14　日本防灾基本计划的体系**

图片来源：王江波，苟爱萍. 日本防灾基本计划及其启示 [J]. 四川建筑，2011, 31 (06): 39-41+44.

### 专栏：南京市城市治理委员会[9]

**成立历程**
- 2013.3,《南京市城市治理条例》——推动公众参与城市治理
- 2013.5, 成立"南京市城市治理委员会"

**成立意义**

本着共商、共治、共享的城市治理原则，通过公务委员和公众委员共同参与城市治理事务方式，号召公众参与城市治理，形成由市—区—街道的向下延伸的模式，做到保证各项法规政策贴近百姓生活，实施治理效率提升。

**成立机构**
- 市人民政府

**组成成员**
- 公务委员（市人民政府及其城市管理相关部门负责人）
- 公众委员（专家、市民代表、社会组织等），其中公众委员比例不低于50%，城市治理委员会主任由市长担任（图7-3-15~图7-3-16）

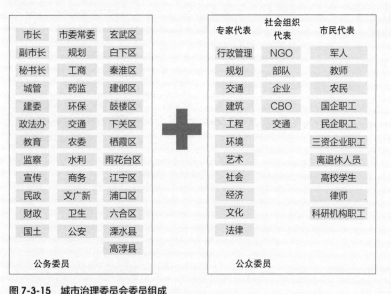

√ 会议召开周期：每季度召开一次（特殊情况可以临时或延期召开）

√ 公众委员任期：每届任期三年，连续聘任不得超过两届

√ 决议的法律效应：城市治理委员会依据市人民政府的授权，依法对城市治理重要事项作出决议，政府有关部门、有关单位应当遵守和执行

图7-3-15 城市治理委员会委员组成　　图7-3-16 城市治理委员会基本制度

**案例：**

2014年3月，市城市治理委员会将烟花爆竹禁放事宜纳入城市治理议事范畴，并针对烟花爆竹合理燃放和规范管理问题，开展了全市范围内的入户问卷调查，收回有效问卷4661份，其中有85.4%的参与调查家庭认为燃放烟花爆竹会影响环境，87.6%认为应当对烟花爆竹进行管制，限制随意燃放，并愿意自觉遵守相关管制规定。城市治理委员会通过了进一步限制燃放烟花爆竹的决议，报市政府决策。经市政府常务会议研究通过，于4月下旬正式提交市人大启动修改程序。2014年7月25日，江苏省第十二届人民代表大会常务委员会第十一次会议批准《南京市人民代表大会常务委员会关于修改〈南京市关于禁止燃放烟花爆竹的规定〉的决定》，决定自2015年1月1日起实施。规定实施后，社会群众积极配合禁放政策，烟花销售商也自觉减少污染高的烟花爆竹销售。根据有关数据，2015年元旦期间PM2.5浓度较去年下降53.6%，大大改善了空气质量。

## 3.2.2 推动城市建设可持续发展的专门立法

### (1) 国内外有关城市建设可持续发展的立法现状

城市可持续发展不是经济、社会、环境和生态某个单系统的可持续发展,也不是单系统简单的线性叠加,而是系统之间的协调发展。目前,我国现行经济、社会和环境等法律立法精神之间经常发生碰撞和冲突。与此同时,原本属于一个治理系统的事务由于归属于不同的职能部门管理,而适用于不同专业的法律,形成"一事一法"的法律体系,容易造成法律之间的重叠以及空白区域。因此,必须运用整体性、系统性的思维,推动和设立具有自身独立性的基本法律来调整在城市建设中的经济、社会、环境和生态之间的关系,以健全和完善可持续发展的法律体系。

国外可持续发展法研究领域的领军人物塞格认为,可持续发展法既是一些新兴法律原则和法律文件的总称,又是一条"填隙规则"(interstitial norm),即为了当代人和后代人的利益,整合相互冲突的环境、社会和经济发展规则,使其和谐一致。我国可持续发展立法首先要统一环境法、经济法和社会法等原本冲突的立法精神,把环境保护和社会公平摆在与经济发展同等重要的位置,降低发展经济的环境和社会成本,实现经济效益、社会效益和环境效益的统一。近几十年来,各国普遍加强了可持续发展立法活动。例如,欧盟于1992年签订了《马斯里特条约》,正式形成了法律层面的可持续发展概念,并在1997年的《阿姆斯特丹条约》中把可持续发展列为欧盟的优先目标。可持续发展和更高水平的环境保护必须贯彻到欧盟成员国的其他经济和社会政策中。2000年,日本颁布了《循环型社会形成推进基本法》,以建立"循环型社会"为目标,以实现可持续发展。当前,发达国家已建立了大量行之有效的可持续发展法律制度见表7-3-4,可以作为我国城市建设可持续发展的立法参考。

### (2) 建立《城市建设可持续发展基本法》

#### 1) 基本原则

《城市建设可持续发展法》的基本原则是制定和适用城市建设可持续发展法的最重要准则。国外学者关于可持续发展立法提出了公共环境秩序、可持续、承载力、生态恢复、生物多样性、自然遗产共有、脆弱生态限制发展、区域规划、文化遗产、可持续城市环境、自然审美价值和环境意识等一些基本原则。结合城市建设发展的特点,城市建设可持续发展法应确立以下三项基本原则,如图7-3-17所示。

生态原则。生态原则是自然界规律在社会法律中的直接反映,也是城市建设可持续发展法的立法基石。环境具有有限性,城市环境更是如此。生态原则包括两层含义:①城市环境承载力有限。城市环境承载力是指一个城市的生态系统维持一定人口和其他生命的能力。人类活动必须维持在环境承载能力范围内,避免对城市环境造成不可逆的损害。②城市环境同化力

发达国家部分可持续发展法律制度　　表7-3-4

| 制度 | 内容 |
|---|---|
| 战略环境评估制度 | 发达国家的环境影响评估越来越趋向战略层次,因为项目层次的环境影响评价不能完整地考虑环境影响的累积效应,无法从资源配置和规划的高度加以避免 |
| 环境公益诉讼制度 | 环境公益诉讼不要求原告受到一定的损害,只要有导致公益性环境权益和生态平衡发生危险或损害的行为,任何人都可以提起诉讼,包括国家、公民、法人以及其他社会团体 |
| 循环经济制度 | 传统经济是资源、产品、废弃物单向流动的线性经济,循环经济的增长模式是资源、产品、再生资源 |
| 排污许可证交易制度 | 排污许可证交易能够有效地控制超总量排污,避免排污价格扭曲,实现产品或服务的外部成本内部化 |
| …… | …… |

图7-3-17　城市建设可持续发展法的立法原则

有限。城市环境同化力是指一个城市生态系统吸收废物的能力。居民活动必须维持在城市环境同化能力范围内，避免对环境造成不可逆的损害。

节约原则。节约原则是生态原则的派生原则。城市环境具有有限性，而人的需求和欲望却具有无限性，缓解两者之间的矛盾只有一个办法——厉行节约，反对浪费。节约原则包括两层含义：①节约资源。环境承载力是有限的，使用可再生资源的速度应小于或等于其再生速度，对非再生资源应进行最有效率的使用。②防止污染。环境同化力是有限的，废物的产生和排放速度应不超过环境吸纳或同化的速度。节约原则要求人类实施清洁生产和绿色消费，转变经济增长方式，节制人的非基本物质需要。

公平原则。城市建设可持续发展法确立的公平原则突破了传统法的藩篱，将公平延伸到后代人。公平原则包括两层含义：①代内公平，即当代人之间的横向公平。代内公平要求消灭贫困，缩小地区差异，满足全社会成员的基本需要和较好生活愿望，赋予每个人公平的生存发展权。②代际公平，即世代人之间的纵向公平。代际公平要求任何一代人都不能处于支配地位，不能出现"生态赤字"，各代人都享有同样的选择发展的机会和权利，本代人不能因自身的发展和需求而损害后代人赖以生存和发展的资源环境基础。

2）执法主体

县级以上各级地方人民政府设立城市建设可持续发展主管部门，受国务院城市建设可持续发展主管部门垂直领导。其职能包括3个部分：①根据上级部门编制的城市建设可持续发展规划及本级地方经济、社会、环境具体条件编制的适用于本地区的城市建设可持续发展规划。②在上级部门制定的城市建设可持续发展标准的基础上，结合本级地方经济、社会、环境具体条件制定本级地方城市建设可持续发展评价标准。③监察本地区违反城市建设可持续发展法律法规的行

### 案例：日本《循环型社会形成推进基本法》[⑩]

2000年日本把建立循环型社会提升为基本国策，颁布和实施了《循环型社会形成推进基本法》等6部法律，标志着日本进入了推进循环经济、建立循环型社会的全面发展阶段。其主要经验一是建立了完备的循环经济立法体系并严格执行，首先是在立法体系上有较强的规划性，采取了基本法统领综合法和专门法的模式，其法律体系分为3个层次："基本法"即《循环型社会形成推进基本法》（以下简称《循环基本法》）。"综合法"即《废弃物处理法》和《资源有效利用促进法》，"专门法"即《容器包装再生利用法》《家电再生利用法》《建筑材料再生利用法》《食品再生利用法》《汽车再生利用法》和《绿色采购法》等，做到发展循环型社会有法可依、有章可循。

（1）《循环基本法》的基本准则

| 准则 | 内容 |
| --- | --- |
| 公平、合理分担责任和费用 | 公平、合理地分配由国家、地方公共团体、从业者及国民承担的责任；采取相应措施所需的费用合理、公平地由各主体分担 |
| 控制废弃物的产生以减轻环境负荷 | 通过提高原材料使用效率、尽可能延长产品使用期来控制废弃物的产生，包括消费者应该妥善使用产品，而生产者则应该提高产品的耐久性，并完善保修制度 |
| 循环利用及处理资源 | 规定了对循环利用及处理循环资源4个方面的基本途径与优先顺序 |

（2）推进循环型社会形成基本规划

《循环基本法》第二章第十五条规定政府有制定循环基本规划的义务。循环基本规划是法律规定的由政府制定的为了有效、有计划推进循环型社会形成的政策措施的基本计划，它起着连接《循环基本法》和各个与循环型社会相关的单行法和政策措施的桥梁作用，是综合的、有计划的推动循环型社会形成政策实施的核心，主要内容包括：①有关循环型社会形成的基本方针；②政府关于循环型社会形成应采取的综合性政策；③除①②项之外其他推进循环型社会形成的政策实施所需的事项。

为，依据本级地方城市建设可持续发展标准对城市建设者及本级地方人民政府进行考核。

3）监管对象与内容。监管对象包括各级政府和城市建设各参与方。城市扩张及城市基础设施建设规划应具备前瞻性与统筹性，各级地方人民政府有关城市建设的决策、决定应当符合本法及本级城市建设可持续发展计划及标准；城市建设实施单位的行为应当符合本法及本级城市建设可持续发展标准。

4）法律责任。城市建设各参与方违反本法的，应责令改正，并可处以罚款、限制施工、停产整治、责令停业等惩罚措施。地方各级人民政府有关城市建设的决策、决定违反本法或城市建设可持续发展标准考核不达标的，依据情节轻重对直接负责的主管人员和其他直接责任人员给予记过、记大过或者降级处分；造成严重后果的，给予撤职或者开除处分，其主要负责人应当引咎辞职等。

## 3.2.3 推动城市建设地下空间开发的专门立法

### （1）国内外有关城市建设地下空间开发的立法现状

我国地下空间开发利用的管理规定散见于《物权法》《人民防空法》《城乡规划法》等相关法律法规中。目前为止，在国家层面，我国只有一部具有针对性的地下空间开发利用的法规《城市地下空间开发利用管理规定》，然而这部法规的制定主体是建设部。这一方面导致该立法的效力为部门规章，法律约束力较低；另一方面也导致其规制的内容仅能局限于建设部自身的权限，从而不能对地下空间开发利用涉及的问题进行全面的规定，也不能调动与地下空间开发有关的其他部门进行管理工作。

在地方层面，我国各城市虽然都制定了自己的地下空间开发利用管理"规定"与"办法"，但是这些"规定"与"办法"多数属于政府规章和政府性规范文件，法律效力低，且只能用于本市辖区范围。这也使得各地方创设的有效的管理规定之间不能相互引用，只能对其他地区产生参考价值。

而且，我国现行法律尚未对地下建筑物或构筑物的产权关系进行明确规定。尽管《物权法》规定了可以在地表、地上或者地下分别设立建设用地使用权，但缺乏进一步的具体细则规定。《城市房地产管理法》和《土地管理法》尚未对有关内容进行修订，仍然停留在"平面立法"阶段，对于地下空间的产权、使用权的取得、转让、产权登记和管理等方面尚缺乏明确的规定。2014年12月颁布的《不动产登记暂行条例》，并未提及地下空间的产权登记。

### （2）建立城市建设地下空间开发利用基本法

首先，在国家层面应当制定统一的《城市地下空间开发利用管理法》。其制定主体应当是全国人大或人大常委会，效力及于全国，作为我国地下空间开发利用管理的基本法。《城市地下空间开发利用管理法》应当分为以下7个部分：①总则部分；②规划部分；③用地管理部分；④建设管理部分；⑤使用管理部分；⑥权属登记部分；⑦法律责任部分。

其次，在地方层面，省级行政区依据全国的《城市地下空间开发利用管理法》制定本省（自治区）、直辖市的地下空间开发利用管理条例；市级行政区在承接省级行政区法律的基础上，结合本市的实际情况，制定本市《城市地下空间开发利用管理规定》，完善具体的操作细则与管理办法。

最后，协调好地下空间立法与现有法律的关系。我国现有的《土地管理法》《城市房地产管理法》等法律由于其制定的时间较早，仅对于传统的土地利用方式进行了规制，而未承认地下空间利用，这将产生法律内部规定的冲突与矛盾。应对具体的法律规定进行修改、增设与删减，协调我国地下空间开发利用法律体系。

### （3）从立法层面解决地下空间权属、投资者关系等问题

在法律上明确地下空间产权制度，出台相应的法律措施来保障地下空间产权制度的实施。

① 在法律上进一步明确地下空间产权性质。针对现阶段地下空间产权在实践中不明晰的缺点，未来地下空间产权重点研究方向应该是加强公民关于地下空间产权的意识，将地下空间产权与公民的财产权制度相结合。

② 明晰地下空间权的概念与内涵，在法律上对地下空间产权主体、客体及其法律关系进行明确界定。

物权遵循法定原则，城乡地下空间的合理利用依赖法律对所有权主体作了清晰的界定。与此同时，农村集体所有土地的用益物权的设立问题，以及城市发

展过程中利用农村集体土地地下空间如何处理的问题，也将成为城镇化过程中不能回避的问题。

③ 清晰界定地下空间权利客体，包括产权的水平范围、纵向深度。

④ 进一步处理好地下空间立体相邻关系与优先发展问题。

⑤ 明晰地下空间权利主体环境保护责任与义务，促进地下空间合理发展。

我国可参照新加坡的做法，因地制宜从立法或政策角度解决地下空间权属、投资者关系等问题。

**案例：新加坡关于地下空间的法律法规** [1]

新加坡对地下空间的范围与国家征用有明确的法律约束，其中《国家土地（修订）法（2015）》中指出地表土地所有者只拥有根据新加坡高程基准计算30m内的地下空间；《土地征用（修订）法（2015）》中指出政府为公共项目只征用地面以下或地面上空的某一高度空间而无须征用相应的地面。

## 3.2.4 推动城市资源-环境-生态可持续发展的专门立法

### （1）资源-环境-生态可持续发展的立法背景

我国在快速城镇化过程中没有充分考虑资源-环境-生态的协调承载力，产生了资源过度开采、环境质量不佳、生态系统退化的问题。城市建设需要大量的资源支撑，例如水资源、化石燃料、金属矿石等。但是，大量的资源不合理开采导致的环境恶化以及对生态系统的破坏将不利于城市建设可持续发展。例如，2017年8月11日至9月11日，中央第八环境保护督察组对新疆维吾尔自治区（含新疆生产建设兵团）开展环境保护督察，指出近年来新疆的经济发展过度依托煤炭、石油、矿产等资源优势，资源的过度开采导致了乌鲁木齐市、昌吉市、阜康市等地区可吸入颗粒物平均浓度较2014年同期大幅上升，克拉玛依市艾里克湖、巴音郭楞蒙古自治州博斯腾湖、乌鲁木齐市柴窝堡湖等水域污染问题较多，艾比湖保护区存在开挖沟渠和捕捞卤虫的现象，对当地的生态造成了极大的破坏。

2017年2月，中共中央办公厅、国务院办公厅印发了《关于划定并严守生态保护红线的若干意见》，提出要按照"山水林田湖"系统保护的思路，实现一条红线管控重要生态空间，形成生态保护红线全国"一张图"。但是，我国城市在资源、环境、生态等方面的发展程度仍然存在不协同的问题。课题三中对江苏省主要地级市的资源效率和环境清洁度进行排名，结果如表7-3-5所示。研究结果发现主要地级市都存在资源与环境发展不协同的问题，并且大部分地区的环境清洁度要低于资源利用效率。这种不协同问题不是个别城市存在的问题，是一种普遍存在的现象。

江苏主要地级市资源效率相比于
环境清洁度的排名高低情况　　表7-3-5

| 地区 | 资源效率相比于环境清洁度的排名高低 |
|---|---|
| 南京 | 高 |
| 南通 | 高 |
| 苏州 | 低 |
| 连云港 | 高 |
| 无锡 | 相近 |
| 常州 | 低 |
| 扬州 | 高 |
| 徐州 | 相近 |
| 镇江 | 相近 |
| 泰州 | 高 |

此外，我国城市的生态环境监管存在多头监管问题，相关例证可见表7-3-6。职能部门参与城市生态环境监管时，职责范围存在重叠、对抗和缺失等现象，各个职能部门大都各自独立决策，甚至有些方面的政策手段存在空白。这些现象会在一定程度上削弱多种政策手段共同实施产生的效果，会在一定程度上降低生态环境问题管理战略决策的效率，并且可能会导致生态环境问题的迁移转化。

综合来看，资源-环境-生态的综合决策机制并不完善，许多部门和地方政府以GDP为主导的发展观没有改变，过度依赖资源开发造成的资源-环境-生态发展不协调问题，严重阻碍了城市建设可持续发展。虽然生态环境问题引起了部分职能部门的注意，但是缺乏统一的决策机制，各部门的工作存在重叠等现象，严重制约着政策实施的效率。因此有必要推动城市资源-环境-生态可持续发展的专门立法，建

生态环境监管部门　　表 7-3-6

| 监管领域 | 监管事项 | 监管部门 |
|---|---|---|
| 水资源保护 | 水污染治理 | 生态环境部 |
| | 水资源的合理利用 | 水利部 |
| 生活垃圾的监管 | 生活垃圾处理设施的管理 | 住房和城乡建设部 |
| | 生活垃圾的回收利用、生活垃圾发电 | 国家发展和改革委员会 |
| | 生活垃圾的清运、处置 | 生态环境部 |

立统一的决策机制，促进资源－环境－生态的协调发展。

### （2）建立资源－环境－生态可持续发展法

1）基本原则

资源－环境－生态可持续发展法的基本原则是制定和适用资源－环境－生态可持续发展法的最重要准则。结合资源－环境－生态可持续发展的特点及发展现状，在立法过程中应坚持以下原则：

统筹兼顾。资源－环境－生态可持续发展法应整合分散的生态环境保护职责，兼顾现有相关法律，包括《中华人民共和国节约能源法》《中华人民共和国水法》《中华人民共和国海洋环境保护法》等，并整合相关部门的工作职责，做到与现有法律法规不冲突、各部门职责不重叠，拥有统一的高阶法律效力。

协调发展。资源－环境－生态可持续发展法应综合考虑资源、环境、生态三者的关系。结合当今的发展弊端，首先要强调资源的合理开发与利用，并且不能以破坏环境和生态为代价。在强调环境和生态保护时，不能降低资源的供给能力，要满足城市发展的资源需求。环境保护不能改变原有的生态系统，应尊重自然的发展规律。

2）执法主体与工作职能

县级以上各级人民政府在有效整合各职责部门的基础上，应设立资源－环境－生态可持续发展主管部门，其中国务院资源－环境－生态可持续发展主管部门统筹全国各级资源－环境－生态可持续发展的工作。各级资源－环境－生态可持续发展主管部门的职能包括 3 个部分：根据资源－环境－生态可持续发展法及本级地方经济、社会、资源、环境、生态具体条件编制适用于本级的资源－环境－生态可持续发展规划；依据本级的资源－环境－生态可持续发展规划，负责本级的资源－环境－生态可持续发展具体工作，促进资源－环境－生态的可持续发展；监察本地区违反资源－环境－生态可持续发展法的行为。

3）监管对象

监管对象包括下级政府主管部门和本级内城市建设各参与方。监管对象在具有涉及本法内容的行为时，应受到本法的监管。

4）法律责任

各级政府主管部门违反本法的，应追究其责任，并进行相应的行政处罚。城市建设各参与方违反本法的，应责令改正，并可处以罚款、责令停业等惩罚措施。

## 3.3 提升法律执行效力

### 3.3.1 提高执法部门协作能力

针对部门职能交叉、权责划分不明的情况，可以从以下方面采取措施：

#### （1）设立权威的公共事务综合管理办

对政府机构中职能重叠的部门进行优化重组，必要时成立独立的综合管理办，负责管理事务过程中各主管部门之间的协调和联系，负责牵头处理监管过程中产生的各种问题。

#### （2）建立各部门联动监管机制

建立相关联合行动机制，使得各职能部门相互沟通协调，逐步完善告知制度、举报制度，加强联合执法能力。

> **专栏：北京市建筑垃圾综合管理实践** [12]
>
> **建筑垃圾综合管理循环利用领导小组**
>
> 　　2013年9月，"北京市清洁空气行动计划"出台，明确了把降低PM2.5等污染物指标作为目标，确定了84项重点任务，渣土运输治理就包含在其中。为统筹协调渣土治理工作，北京市成立了"建筑垃圾综合管理循环利用领导小组"，将领导小组办公室设在市市政市容委，主管主任担任办公室主任，除市市政市容委外，市住建委、市交通委、市环保局、市公安交管局、市城管执法局、市公安局治安总队、市政府督查室等部门作为成员单位，搭建了工作平台，联起手来，共同推进渣土治理工作。
>
> **成立联合执法督导组**
>
> 　　从2014年7月1日起，上述8个成员单位成立了联合执法督导组，市市政市容委、市住建委、市交通委、市环保局、市公安交管局、市城管执法局轮流牵头，6天一个轮班，白天上班晚间执法检查。

## 3.3.2 创新行政执法方式

信息化建设能够更好契合行政执法对执法精细化、执法科学化、执法规范化、执法流程协同化的要求，加强行政执法的信息化建设是顺应现代化建设的必然要求。

> **专栏：城市行政执法信息化建设案例** [13]
>
> **案例一：数字城管点亮智慧城市**
> 市民参与城市管理
>
> 　　"发问题，赢红包"！西安市新城区城管局的微信公众号持续开展这项活动，邀请市民朋友共同参与城市管理，当好城市治理的监督员。发现城市环境卫生或秩序问题，你只要通过微信公众号上传到指挥中心，每发送1条就能领取到1元红包。
>
> 实施掌握工地信息
>
> 　　在"数字城管"系统可以看到，工地管理子系统对辖区工地信息排查建档，利用工地出入口视频系统，加强进出渣土车管理，尤其是在渣土车主要通道建设了卡口系统，具备测速及过往车辆抓拍监测功能，对渣土车运行情况进行抓拍监管。高空视频摄像设备辖区全覆盖，对工地施工、扬尘、冒黑烟等问题实时监控；5辆视频采集车，可远程画面同步加传、远程实地对讲、远程操作，实现了执法现场全程记录。
>
> 计划建设"建筑垃圾监管信息化平台"
>
> 　　该平台建成运行后，将实现建筑垃圾产生、清运、消纳全过程全方位监管，为城管执法、公安交管、建设管理等部门协同办公提供信息化支撑，有效提升西安市建筑垃圾监管能力和管理水平。

## 3.3.3 建立统一的执法主体、测评和奖惩的安全生产监管体系

我国特定区域的安全生产状况与国家整体形势存在一定程度的不一致性，导致地方政府在利益上与中央政府存在一定的冲突，这就意味着地方政府并非安全生产的忠实维护者，它在履行中央政府赋予职责的同时，又最大限度地谋取地方利益。要排除地方保护主义的干扰，需要通过立法来规范中央与地方之间的关系，不能把联合执法简单地停留在共同监管上，停留在谁牵头谁联合的简单层次上。应该坚持统一原则，建立统一规范的执法主体、统一测评和奖惩的安全生产监管体系，着力解决由于角度、工作重点不同而在安全监管中表现出的积极性、主动性和执法角度存在差异的问题。对于在生产安全领域不顾大局、为了局部利益而放纵违法行为的行政部门，要给予必要的处理。

## 3.3.4 加大建筑生产违法处罚力度

一方面，将各类违法违规行为的处罚情形严格划分，让惩罚机制的公平性得到显现。如美国结合企业发展规模、经济技术实力以及企业违法违规行为可能导致的后果和程度确定最终的罚款基数。另一方面，将现有相关责任主体的既定惩罚力度继续加大。当前，我国建筑行业各主体不被法律威慑力所震慑的原因之一，就是对建筑安全生产进行监督和管理的法律法规对各市场主体的惩罚力度明显不够，这就导致了许多单位在实施违法违规行为时，出现"无后顾之忧"的奇怪现象。

### 3.3.5 健全城市灾害应对法律的执行机制

城镇化进程的大力推进使得城市运行系统日益复杂，安全风险不断增大，城市重大灾难多发，城市的脆弱性日益凸显。近年来如上海踩踏事件、天津港火灾等，都带来了重大的人员伤亡和财产损失，给整个国家的经济政治秩序造成了较大的冲击。据统计，每年各种突发事件，自然灾害、社会安全事件及事故灾害等给我国造成的人员伤亡过百万，经济损失高达6500亿元，占全国GDP总量6%。

防灾减灾救灾是全球永恒的主题，做好防灾减灾救灾工作能有效应对各类自然灾害和人为灾害威胁，最大程度上降低灾害带来的人员伤亡和经济损失。根据目前我国城市事故灾害的应对情况来看，在有关灾害应对法律时，常发现如仅仅依靠国家开展救灾活动难以实现预想的灾害应对效果，因此需完善多主体的法律执行机制，通过社会共同协作确保灾害应对法律的执行效果。因此，建议在执行城市灾害应对法律时提出"公助+共助+自助"的减灾救灾理念，其概念如图7-3-18所示。传统减灾救灾中只有公助，而缺乏共助和自助，而"公助+共助+自助"的灾害应对法律执行机制，使得减灾救灾更为合理、更有针对性。

以台风地震等灾害为例，传统减灾救灾只需要关注灾害的预防这一阶段，提前在硬件上构筑防灾的"堤坝"，如预防洪水的堤坝、防洪闸建设，防御海啸的海堤建设，合理分布用于排水的水泵等；对于地震要加强公共设施的抗震化，确立公共设施的抗震标准，并监督这一标准的实行。"公助+共助+自助"模式下，除了发挥硬件方面的抑制力外，还有"共助+自助"这个抑制力，例如可以提前、可靠的避难，掌握安全的避难路线，加强房屋的抗震化，加强地区内的互助，以及来自自主防灾组织的有组织救助活动等。这样一来，"公助+共助+自助"模式极大地深化了传统的灾害救助，如图7-3-19所示。

### 3.3.6 完善城市防灾法律落地途径

为加强我国防灾法律法规的可操作性，需要在防灾法律法规执行的过程中提供相应的应急预案，强化对重大或特大突发事件的先期处置工作，切实保障城市安全，促进城市防灾法律的落地可实施性。其中，

图7-3-18 "公助+共助+自助"概念

图片来源：范文婧. 日本防灾体制中政府与NPO协作机制研究[D]. 重庆：西南政法大学，2011.

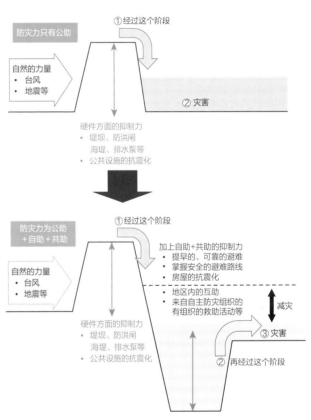

图7-3-19 "公助+共助+自助"模式

图片来源：范文婧. 日本防灾体制中政府与NPO协作机制研究[D]. 重庆：西南政法大学，2011.

应急预案的内容应包含：应急响应机制，确保城市能够最早地对城市自然灾害作出有效响应，争取更多的抗灾救灾时间，使灾害损失尽量削减；协调联动机制，确保部门间的协调联动，维持灾害防治体系整体结构和系统的稳定性，加快系统内部信息的流通，促进部门之

间的联合决策；信息传播机制，利用有限的信息传播能力，在尽可能短的时间内将警讯传达至更多的受众。

## 3.4 完善法律监督保障机制

### 3.4.1 完善城市建设绩效评价立法

城市建设可持续发展包含城市建设的许多方面，综合性城市建设绩效评价能更好地反映城市建设可持续发展的建设结果。城市建设绩效评价应统筹空间发展、资源－环境－生态管理、基础设施建设、交通建设和城市安全等方面，形成综合性的绩效评价体系，对政府城市建设过程的绩效进行评价，并对政府部门及其人员配以一定的奖惩措施。

由于城市建设绩效评价的对象是政府部门及其人员，是城市建设决策的关键人员，是城市建设执法的主要人员，因此，对于政府部门及其人员的绩效评价应上升到法律层面，如制定《城市建设绩效评价法》，保证绩效评价的约束力，同时配套相应政府改革措施和政策，确保《城市建设绩效评价法》能落实到城市建设的每一方面。

#### （1）建立城市增长边界测定考核机制

综合城市自然条件、经济状况、交通状况、政策导向以及环境因素，从国家、区域、城市等多尺度定期评估城市增长边界需求。将社会生态效益提升至与经济发展同等重要，建立城市增长边界与社会、经济、生态效益多元耦合机制，多方控制城市空间扩张速度。

#### （2）建立土地利用集约性与可持续性评价考核体系

该体系应具有全面性，能够对土地生产力以及土地利用的社会、生态、经济效益等内容进行综合评价；应具有多时空尺度性，能够针对不同尺度、不同条件下的区域状况进行准确评价；应具有动态性，建立能够反映区域土地利用集约性与可持续性动态变化趋势的评价考核体系，综合反映其空间关系及代际关系。

#### （3）建立科学有效的土地资源评估体系

考核土地承载力、社会生态环境容量，掌握城市土地供给能力。

#### （4）建立土地资源开发综合效益评估体系

明确经济效益、社会效益及生态效益的指标地位，对土地资源开发的审批、建设、运营等环节建立长效评估考核机制。

---

**专栏：美国《政府绩效与结果法案》**[11]

**《政府绩效与结果法案》**

《政府绩效与结果法案》是一部美国法典，不仅对总统负责，而且要对议会负责，其有效性是始终有效。主要内容有：

1. 战略计划：各部门领导向预算管理局和美国国会提交涵盖未来5年的战略规划。主要包括部门使命、主要职能、运作总目标以及如何实现目标的管理过程、技能、人力、信息、资本和其他资源的描述，还包括对未来评估体系的描述。

2. 年度绩效计划：预算管理局要求各部门提交年度绩效计划，年度绩效计划涵盖该部门预算中列出的每一项活动。主要包括阐明绩效目标，确定绩效指标，描述测量绩效的方法，说明工作程序、技巧、技术、人力资源、信息和其他资源等，确定赋予管理者的权限和责任。

3. 年度绩效报告：每年3月底各部门应向总统和美国国会提交前一年财政年度的绩效报告，该报告应评估本财政年度的绩效计划实现程度，如果绩效目标未能实现，应及时地描述未能实现的原因、绩效目标不切实际或者不可行的原因以及改进建议。预算管理局和国会是绩效评估活动的主要管理机构，总统和国会是主要监督机构，预算管理局还应向总统和国会提交绩效预算计划方案，对年度绩效预算进行可行性与合理性评估。

**《联邦绩效检查》**

《联邦绩效检查》是检查《政府绩效与结果法案》执行结果的有效措施。通过绩效检查，检查政府的工作是否改进，《政府绩效与结果法案》的目标是否实现。其主要内容：绩效标准、绩效协议、绩效管理的"再发明实验室"、绩效合作伙伴。

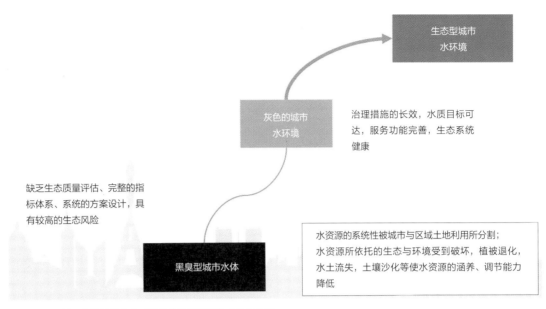

图 7-3-20 基于完整的城市水系统耦合体系的城市水生态构建
图片来源：中国水网

### （5）建立水质－水资源－水生态系统耦合评价体系

城市水生态构建建立完整的城市水系统耦合，具体包括了治理设施与全系统生态通量的耦合，主要环境介质与污染负荷消减的耦合，水质、水量与水生态的耦合，水质目标与治理、管理、运行体系的耦合，水体水质改善与生态系统健康的耦合和水环境修复与水生态系统完整性的耦合，如图 7-3-20 所示。需建立生态质量评估、完整的指标体系、系统的方案设计指导规范。

### （6）建立对消费者负责的能源和碳排放指标体系

能源和碳排放指标体系是引导城市能源系统发展的重要目标。当前的指标体系中生产者承担能源消耗和碳排放的责任，这导致工业型城市的能耗和碳排放偏高。事实上，工业生产是为了满足需求，生产耗能也应该归责于消费者。建立消费者负责的能源和碳排放体系可以消除对工业生产的歧视，使城市居民的消费模式转变得到重视，有利于实现能源供给与消费侧改革。

### （7）完善绿色建造评估体系，建立绿色建筑绩效评价机制

一个产品是否符合绿色建造标准，能否达到相应的环境影响标准，还需要一个绿色度的评估体系和评价标准。建立评估标准对绿色建造活动具有导向性作用，可以对建造过程中所应该达到的相关技术指标和环境影响标准做出相应的规范。评估体系包含的内容涵盖建设项目的全寿命周期，从初期立项、筹备阶段到竣工验收后的运营，都需要有一个详尽的评估手段、科学的评估方法对项目的绿色建造应用程度和环境影响程度进行评估，通过评估可以配合相应的行政和经济手段进行合理的资源调配，实现社会总体的效益最大化及资源能源消耗的最小化。同时，评估体系的建立可以对相关建设单位有很好的引导作用，在政策倾斜的驱使下，企业实行绿色建造技术进行项目活动的动力会得到很大的提高。

### （8）建立城市自然灾害预警评价与考核体系

目前，我国自然灾害的预警、预报体系主要由如下系统构成：气象灾害监测预报系统、大江大河灾害性洪水预警预报系统、地质灾害预警预报系统、地震监测预报系统、森林草原防火预警系统、农作物和森林病虫害测报系统、海洋环境和灾害监测系统。2015年，国家预警信息发布中心成立，中心已与气象、海洋、地质灾害等各类预警信息发布平台开展对接。因此，未来在国家层面，我国应建立城市各类自然灾害预警评价与考核体系，通过立法途径确保各类自然灾害预警系统的精准性、时效性、覆盖面和应急响应的成效。

现代城市应对自然灾害的预警体系，大致由以下几个模块组成，如图 7-3-21 所示。从预警体系的运作模式可以看出，预警体系的四大模块都具有重要的作用，而每一个流程中可能产生的失误，都会降低预

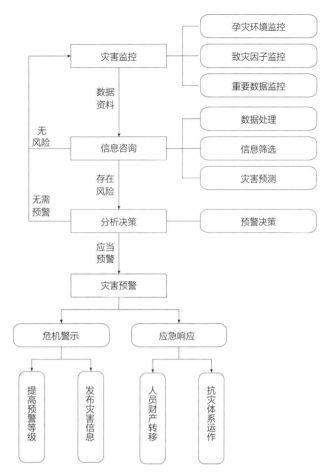

图 7-3-21 城市应对自然灾害预警系统的组成部分

图片来源：邹铭. 自然灾害风险管理与预警体系[M]. 北京：科学出版社，2010.

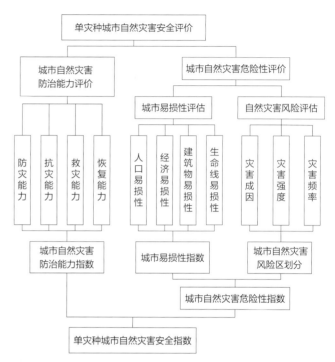

图 7-3-22 单灾种城市自然灾害安全评价体系

警工作的成效。因此建议从灾害监控、信息咨询、分析决策、灾害预警4个方面建立城市自然灾害预警评价与考核体系，确保自然灾害监测站网密度、预警预报精度、信息传播水平及时效性、基础设施自然灾害设防标准等指标符合应对灾害的最低标准。

### 3.4.2 完善多元主体审计与评估制度

我国绩效审计与评估的主体主要是地方政府或同级党委、人大，民间组织的审计与评估几乎还处于空白状态，但公民也表现出较强的参与热情和参与绩效审计和评估的愿望。如辽宁某市民向市财政局、市审计局和市政务公开办等部门递交了一份申请表，要求沈阳市政府公开政府各部门年度审计结果。

因此，完善多元主体审计与评估制度，增设社会审计机构，使公民参与城市建设绩效审计与评价，对保障城市建设可持续发展有着一定影响。应完善法律法规保证公民参与城市建设审计与评估的权利，承认公民城市建设绩效审计与评估的主体地位；完善配套政策，进一步规范公民参与城市建设绩效审计与评估的程序；搭建信息平台，保证审计与评估结果的公开透明性。

为促使城市灾害治理建设的资金投入导向符合可持续的发展理念，需要完善灾害治理建设项目的审计制度。为促进城市灾害治理建设的规范化，需要对城市进行单灾种的安全评价，如图 7-3-22 所示，然后根据具体灾种下城市自然灾害安全指数进行城市灾害治理建设的绩效评价审计，确保灾害重建项目能够有效应对未来的灾害。

### 3.4.3 完善公众参与监督制度

应充分保障公众的知情权。要真正实现公众参与到城市建设可持续发展工作中，需要政府和社会的制度保障，从立法的角度保障公众参与城市建设。在国外，为保障公民的知情权，美国制定了《紧急计划与社区知情权》和《信息公开法》，德国制定了《环境信息法》。德国《环境信息法》规定"人人有权了解政府机关所拥有的环境信息"，还规定"联邦政府每四年要公布一次联邦德国的环境状态，以使各级政府、企业和公民对本国的环境状况有一个全面的了解"。

同时，完善公共参与监督制度还应拓宽公众参与监督的渠道，通过线上和线下两种渠道让公民参与监督。如线上发布城市建设可持续发展重要政策和制度，城市建设现状和政府城市建设工作报告等，线下在各社区张贴近期重要事件公告，同时，在各个渠道应注明城市建设各项工作的负责人和监督联系方式，使公众明确监督对象和运用监督权利。

### 专栏：英国《公民宪章》[15]

英国于1991年颁布了《公民宪章》，实行顾客导向的公共管理，在政府绩效指标设计上重视外向特征和多样化的满意度调查，允许民间组织对政府部门进行独立评价和审视等，使公民作为评估主体实质性介入政府绩效评估的过程中。

**服务内容和工作目标承诺：**

服务内容即公共部门承担的责任或者向公众提供的服务项目的具体内容。以承诺的形式实现服务内容的明确化和具体化，实际上是帮助公众了解公共部门职能分工的一种手段，有助于克服"机构迷宫"给公众造成的不便和困难。此外，以承诺的形式公开部门职责和服务的具体内容，有利于公众对公共部门实施监督，约束部门之间相互推诿的行为。

**服务标准承诺：**

服务标准承诺是服务标准的公开化过程，同时也是服务标准的具体化过程。服务标准承诺对内构成了工作的目标和动力，对外提供了评价工作的依据。

**服务程序和时限承诺：**

在《公民宪章》的实践中，服务程序和时限明确化的重要意义在于：提供信息，方便顾客；促进程序设计的合理化；通过程序合理化和时限要求来提高公共部门的办事效率；加强社会监督以实现顾客满意的目标。

**违诺责任：**

违诺责任是承诺方对顾客作出的单方面承诺，它表明承诺者未能达到既定服务标准时对顾客将作的补偿，这种补偿可以是精神上的，如道歉，也可采取经济补偿的形式。

《公民宪章》是以公众的广泛介入和监督为主要特征的服务质量改进机制。因此，完善的投诉渠道、投诉程序和检察机制是承诺制发挥作用的必要条件。各部门都设立了投诉电话，明确了处理顾客投诉的程序。

### 专栏：河长制公众参与机制[16]

线上：建立河湖管理保护信息公布平台，通过主要媒体向社会公告河长名单。

线下：在河湖岸边显著位置竖立河长公示牌，标明河长职责、河湖概况、管护目标、监督电话等内容，接受社会监督。聘请社会监督员对河湖管理保护效果进行监督和评价（图7-3-23）。

图 7-3-23 大沽河河长公示牌

图片来源：青岛新闻网

# 第 4 章 提升政府长效的城市建设可持续治理能力

## 4.1 主要问题：政出多头，运动式推进，缺乏长效机制

### 4.1.1 政出多头，缺乏跨部门的协调机制

城市建设涉及的部门众多，而部门机构间权责划分不明确，缺乏跨部门协调机制，导致不同部门针对同一问题各自为营，采取不同应对措施，进而造成各自为政、相互矛盾的城市建设管理困局。

涉及某一具体城市建设领域相关的管理部门过于庞杂。以城市水环境治理为例，涉及的管理部门包括环保行政部门、水利管理部门、卫生行政部门、地质矿产部门、市政管理部门、江河水源保护机构、交通部门航政部门和渔政监督部门等。水环境治理由此面临"九龙治水水不治"的困局，管辖主体分散的结果是责任主体的缺失，相互推诿、互不合作使得"治水"成为难题。

政策制定主体各自为政，政策之间存在诸多矛盾，如图 7-4-1 所示。比如对风电、光电收购的规定，地方要求与中央要求存在不一致，国家层面对于风电、光伏发电的收购要求明显高于部分地方要求。又如，汽车尾气排放标准部委文件与国十条不一致，阻碍了尾气排放政策的落实。汽车淘汰年限各部门规定不一致，环保部、发改委和商务部对于汽车报废的年限规定就产生了较大分歧。这些既有矛盾使得政策标准模糊、缺乏权威性，更不能实现有效传递，影响政策的实施落实。

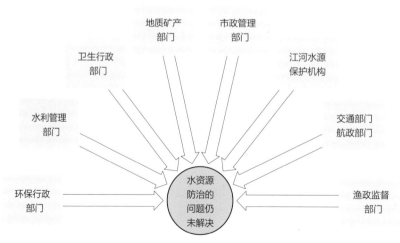

图 7-4-1 城市水环境治理的各自为政

各个部门机构职能的交叠导致建设行为或者概念层出不穷。根据统计，各部委提出的各类有关"城市建设可持续"的概念多达20余处，其中住房和城乡建设部提出14个，环保部4个，能源局2个，国务院、发展改革委、卫计委、全国绿化委员会、林业局、科技部、交通运输部、财政部各1个，如图7-4-2所示。但是这些概念之间存在诸多重复，如住房和城乡建设部的"绿色低碳重点小城镇"和发展改革委的"低碳试点城市"大同小异；林业局的"国家森林城市"和住房和城乡建设部的"国家园林城市"以及全国绿化委的"全国绿化模范城市"更如出一辙。

相关建设的名号虽多，但诸多"概念口号"并未得到充分落实，与预期的建设目标存在落差。对城市而言，为了这些"名号"反复申报、重复建设，是对资源的浪费，是不可持续的"名号比拼"。归根结底，部门权责的政出多头、相互交叠，使得"城市建设"涉及的各个部门都试图争夺话语空间，而部门之间又缺乏协调机制，最终造成诸多乱象。

### 4.1.2 运动式推进，缺乏长效的实施机制

当下的城市建设中还存在着"运动式治理"的运作逻辑，针对城市建设问题的各种"严打""集中整治""专项行动"仍然是使用频率颇高的治理工具。在当下城市建设项目的推动中存在的"运动式治理"，其运作方式常常是短期、临时的集体行动，缺乏稳定的组织、机制、资源支持，缺乏系统性。虽然"猛药"见效快可以弥补常态治理能力的不足，但终究无法达到长治。

**专栏：部门政策各自为政相互矛盾**

- 风电光电收购规定，地方与中央不一致

国家发改委、能源局2016年06月01日《关于做好风电、光伏发电全额保障性收购管理工作的通知》：最低保障收购小时数——二类风电地区保障收购1800小时，一类光伏地区保障收购1500小时，二类地区1400小时。

甘肃省工业和信息化委员会2016年08月15日《甘肃省工业和信息化委员会关于下达2016年优先发电计划的通知》：2016年风电最低保障收购年平均利用小时为500小时，光电最低保障收购年平均利用小时为400小时。

- 汽车排放标准：国务院文件与部委要求不一致

国务院（2013）《大气污染防治行动计划》（国发〔2013〕37号）：自2017年起，新生产的低速货车执行与轻型载货车同等的节能与排放标准（国四排放标准）。

十二部委（2014）《加强"车油路"统筹加快推进机动车污染综合防治方案》：2017年起，新生产的低速货车实施第三阶段轻型载货柴油车排放标准（国三排放标准）。

- 汽车淘汰年限：部门之间标准不一致

环保部、发改委等六部委（2013）《机动车强制报废标准规定》：大型出租客运汽车使用年限12年；租赁载客汽车使用年限15年。

商务部（2014）《2014年黄标车及老旧车淘汰工作实施方案的通知》：到2015年，强制淘汰2005年以前注册运营的"黄标车"。

图 7-4-2　各个部委推行的"可持续"相关概念

**专栏："运动式"推进的"国家森林城市"评比[17]**

- 部分指标不合理，"一刀切"地追求高绿地率

由全国绿化委员会、国家林业局领衔"国家森林城市"的评选中，将评选标准"一刀切"地划定为高绿地率。一方面忽略了中国各地的地理气候差异，另一方面促使各个城市为了追求单纯的绿地率而"运动式"地推进"植树增绿"运动。这样的建设可能导致原有花草植被的破坏，不仅成本高，苗木成活率也偏低，还会引发公众的质疑。

- 青岛为申请"国家森林城市"的"种树"事件

东方早报2012年4月曾以《青岛一年斥资40亿"毁草种树"引争议》为题对青岛的"种树事件"进行报道。其中提到青岛市曾为了争创"国家森林城市"投入逾40亿元造林，青岛的计划是栽植景观树、更新补植行道树以及各种乔灌木1000万株。2013年当年，青岛地方财政收入为566亿元，"植树增绿"工程占到了青岛财政收入的7.2%。如此大规模的造林工程花费巨大，青岛市民质疑此举为何未公开征求意见或召开听证会。"掀掉草坪改种树""海边种树是否会破坏滨海景观""海边种树是否为形象工程"等质疑在当地持续发酵。

- 郑州创建"国家森林城市"的"立交桥下种大树"事件

中国新闻网2014年4月曾以《郑州"树事"遭非议：立交桥下种树数日后被拔除》为题对郑州的"立交桥下种大树"事件进行报道。郑州市曾在2011年提出利用两到三年的时间，争创国家森林城市的奋斗目标。为了提高城市绿地率，郑州市在西三环与陇海路交叉口附近的立交桥下，种植了一些枇杷树、大叶女贞等树种，有近一半树木不久后就已经干枯。如此立交桥下种大树的行为，引起公众的强烈质疑。

在由全国绿化委员会、国家林业局领衔的"国家森林城市"的评选中，部分城市就出现了"运动式"的评比乱象。由于"国家森林城市"部分评价指标不合理，"一刀切"地追求高绿地率，有些地方为达到"国家森林城市"的林木覆盖标准，将原有花草植被破坏，进行大规模的大树移植。有媒体报道青岛市为创建"国家森林城市"栽植景观树，更新补植行道树以及各种乔灌木1000万株，共使用近40亿元财政资金。而郑州为了增加绿地率甚至出现了在立交桥下种大树的荒唐行为，如此大规模的"运动式"植树增绿行为也引起了民众的质疑。"运动式"的城市建设行为试图以高强度的投入实现建设的快速高效，实则是只看结果不看成本的粗放型治理，缺乏长效的实施机制，将难以真正实现可持续建设。

为了解决"政出多头，运动式推进，缺乏长效机制"等问题，课题研究提出城市建设领域在行政维度上以"提升政府长效的城市建设可持续治理能力"为目标，从机构设计、区域协同、规划编制、政策落实4个层面明确具体的政策建议。

## 4.2 机构设计：可持续发展管理机构统筹，赋予城市和地方更多事权

### 4.2.1 中央层面：改革小组统筹城市建设可持续工作

考虑到综合的可持续发展协调机构缺位，提议在现有机构设置框架下对城市建设可持续工作进行统筹。结合最新的国家机构设置，提议由国务院中央全面深化改革委员会所辖的"经济体制和生态文明体制改革小组"来统筹城市建设可持续的相关工作，见图7-4-3所示。在生态文明建设的新背景下，明确该小

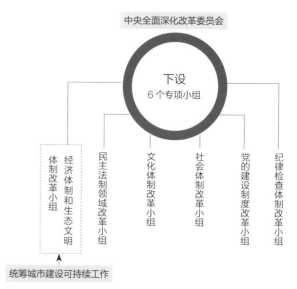

图7-4-3 建议"经济体制和生态文明体制改革小组"统筹城市建设可持续工作

组强化城市建设可持续方面的职责，尤其是真正承担起高级议事协调机构的功能。建议此专项小组的任务与职责包含：①制定我国城市建设可持续发展的总体目标和任务；②拟定监督、评价考核方案，定期对国务院各部门和地方政府的城市建设可持续绩效进行督查与考核；③建立针对影响城市建设可持续发展行为的财政与行政处罚机制。

### 4.2.2 部委层面：明确自然资源部和应急管理部主要职能

2018年3月，国务院机构改革方案落地，自然资源部是新成立的国务院组成部门之一。根据方案，自然资源部主要负责对自然资源开发利用和保护进行监管，建立空间规划体系并监督实施，履行全民所有各类自然资源资产所有者职责，统一调查和确权登记，建立自然资源有偿使用制度，负责测绘和地质勘查行业管理等。而聚焦城市建设可持续方面，应强化自然资源部在城市建设可持续领域负责的工作，具体包括：①制定科学的城市碳排放核算方法和标准，作为动态跟踪和监管城市建设行为的基本标尺和评价基准；②明确城市可持续发展指标评价体系，统一组织部署可持续相关的城市建设评价和评比行为；③在空间规划体系中加入城市建设可持续专篇，作为城市建设层面的总体要求之一。

另外，新成立的应急管理部将在国家安全生产监督管理总局职责的基础上，整合多个部委的相关职责，打破"政出多头"的局面，牵头进行国家应急预案体系建设。应急管理部在城市建设可持续方面也亟待明确几方面的工作：①充分整合现有水文、气象、地质等部门的检测网络和数据，建构更加高效的自然灾害一体化预警防控模式，推进城市自然灾害的一体化、全种类、全过程管理；②以城市为单位组建隶属应急管理部的区域减灾中心，建立一支隶属于区域减灾中心的快速反应力量。

### 4.2.3 地方层面：赋予城市和地方更多事权

地方是落实可持续发展战略的基本主体。各级地方政府最了解当地资源、环境、经济、社会的实际情况，由地方牵头可以保证政策的及时落实，并因地制宜做出调整。通过给予城市和地方更多事权，让地方作为建设可持续战略的主要载体，充分调动各地方积极性和创造性，使城市建设行动更具有针对性和可操作性。

正是由于对事权的适度下放，地方能够因地制宜对部分政策作出调整，增加政策可操作性。如由住房和城乡建设部推行的"绿色建筑"政策就是通过给予城市和地方更多事权来保障政策的适应性，这一政策总体上由住房和城乡建设部负责组织三星级绿色建筑评价标识的评审，而具备绿色建筑发展条件的地区，经审批后，可开展本地一、二星级绿色建筑评价标识工作。省、自治区、直辖市、计划单列市还成立了地方一、二星级绿色建筑评价标识管理机构，颁布地方一、二星级绿色建筑评价标识管理办法。除此以外，地方还可以根据本地情况制定措施来保障政策实施，如西安就规定给予绿色一星级及以上建筑财政补助奖励，并制定有利于绿色建筑的土地利用和容积率奖励政策。从实施成效来看，"绿色建筑"政策已经建立起了一套完善的评价体系，25个省、自治区、直辖市颁布实施了绿色建筑评价标准，11个省区市编制了绿色建筑设计标准。从这个角度，赋予城市和地方更多事权，才能更好地将中央战略转变为地方行为。

## 4.3 区域协同：因地制宜，构建跨行政区域协同机制

美国著名的城市规划学者刘易斯·芒福德（Lewis Mumford，1895~1990年）面对20世纪初美国城市秩序混乱、大气污浊及环境污染等问题，提出希望不再局限于城市本身来思考问题，而是将城市置于区域的格局之中来考察。这种"区域城市"思想同样适用于来解决当今我国城市建设可持续发展中面临的一些区域性问题，诸如生态环境与大气污染的共同治理问题，跨行政区的城市基础设施邻避问题、同一流域城市间取水口和排污口的统一规划部署问题等。这些

问题涉及多地区和多个行政主体，而解决区域性可持续发展问题的长效机制尚未建立。

## 4.3.1 编制跨行政区域的发展规划，明确跨区域协同内容

编制跨行政区域的发展规划或战略规划，是一种被广泛采用的区域协同发展措施。如国外的《纽约大都市区规划》《巴黎大区2030规划》，和国内的《长三角城市群规划》《京津冀协同发展规划》等。国外的大都市区规划关于可持续发展主要强调一体化的区域交通、改善自然和建成环境（《纽约大都市区规划》），以及生态空间的协同治理（《巴黎大区2030规划》）；国内的城市群规划关于可持续发展则关注城市间基础设施的互联互通、生态共建与环境共治。

### 专栏：第四次纽约大都市地区规划[18]

纽约大都市地区是美国最重要的社会经济区域之一，跨越3个州，包括美国纽约州、康涅狄格州与新泽西州的一部分，共31个县，783个城镇，面积约33670平方公里，2015年底居住人口达2300万。

20世纪20年代以来，纽约区域规划协会发布了三次区域规划，在区域发展方面发挥了重要作用。2013年面对区域转型，纽约区域规划协会启动第四次纽约大都市地区规划，突出问题导向，关注多元目标与协同支撑。针对区域气候变化、财政不确定性和经济机会下降的问题，以"经济、包容性和宜居性"为主题，提出了"四大发展愿景"与"四项行动计划"。"四大愿景"即公平——减少阶层、种族间的健康和财富差距；健康——增加人均寿命，减少疾病患者；繁荣——创造200万个就业机会，提高实际收入；可持续——温室气体减排80%，提高气候适应力。"四项行动"即事业机构完善、交通系统优化、环境变化应对和提高生活的可负担性。在"四项行动"里具体明确15项建议和61个项目。交通方面，更新老化设施，构建综合区域铁路系统；生态方面，实施5R策略，即重建安全标准、抵制洪水、保留风道及雨水、恢复自然系统、从高风险地区撤退；宜居方面，增加住房与就业机会，共同繁荣；机制方面，变革管理结构、资金、决策等。

但现阶段国内外的跨区域发展规划多为目标导向，并没有真正聚焦当前城市建设可持续发展领域所面临的具体区域性问题。因此，编制跨行政区域的发展规划时，应当进一步规定：①明确区域生态共保、环境共治的原则。②在基础设施协同内容中必须明确有污染威胁的城市公共设施，如变电站、垃圾掩埋场、医院、发电厂等的跨行政区"邻避"原则，避免使相邻区域居民的利益或环境受到影响，引发矛盾冲突。③明确同一流域不同城市的取水口与排污口的布局原则，避免出现上游排污污染下游城市生活用水的情况发生。④区域生态环境共同治理的内容里明确责任主体，使得治理任务能被分配到每一层级，让建设任务能够落到实处。如在以流域为单元的区域发展规划中，提出建立"河长/湖长制"，发挥政治制度优势，由党政主要负责人担任"河长"，各级"河长"形成治水"首长责任链"。其中"一级河长"由市委、市政府的主要领导同志担任，"二级河长"由有关部门、区县的主要领导同志担任，"三级河长"由相关镇的主要领导同志担任，"四级河长"由村干部担任。并明确各层级事权，将一个巨大而复杂的建设任务分解为更为细化的详细行动。

### 专栏：临沪地区可持续发展领域面临的具体区域性问题

• 环境整治缺乏协同

目前环上海地区的环境整治协同度有待提高，主要表现为：环境治理的责权不明、治理力度较弱，同时跨界污染纠纷时有发生。如上海周边新城地区的垃圾时有倒于昆山、苏州和无锡等地；浏河等界河流域的环境治理没有调动周边所有城市的参与配合。

• 基础设施联系紧密，但邻避矛盾突出

上海与周边临沪地区的基础设施联系紧密，首先供水方面，上海的主要水源地太浦河、斜塘取水口上游均位于江苏，陈行水库、宝钢水库取水口紧邻浏河入江口。排涝方面，太仓、昆山、吴江的防洪排涝水系均位于上海上游，受上海水闸设置影响较大。而垃圾场等环卫设施布局方面，嘉定区残渣填埋场占地约235亩，处于过饱和使用状态，已经成为昆山市主要的空气污染源。

目前区域性基础设施邻避矛盾突出，应在区域规划层面就统筹区域供水及水利设施，如统筹水源地建设，实施太仓浏河第二水源地工程，协调太浦河及上海陈行水库的水源地建设；统筹排涝设施建设，协调浏河、吴淞江、太浦河作为泄洪水系的闸门建设；统筹邻避性建设布局，统一环卫设施防护标准、补偿和协商机制。

## 4.3.2 构建跨行政区域的城市建设可持续发展协同机制

### （1）因地制宜，分地区探索区域协同发展总体机制

我国幅员辽阔，不同地区经济社会发展存在差异，所面临的区域问题也不尽相同，应该因地制宜地探索区域协同发展总体机制。

一方面，不同区域采取的路径措施不尽相同。从国外的经验来看，不同的区域协同模式代表着区域发展的不同特征。部分地区可能面临重大问题需要弥合，此时政府主导具有更强的推动效力，如首尔大都市区的政府主导协调，政府在其中发挥的作用明显，包括组织方式、决策过程、实施过程都能够通过政府实现高效推进。也有部分地区民间团体、专业协会的公众参与能力较强，促使政府和各相关机构密切合作，如纽约都市圈地区通过多元主体协同参与实现区域发展。

另一方面，不同区域亟待解决的问题和发展对应的目标也不尽相同。从"京津冀协同发展"和"长三角一体化"这两大国家区域发展战略对比就能看到其中的差别（表7-4-1）。"京津冀协同发展"是问题导向型的国家战略，其通过自上而下的推进着力解决京津冀最紧迫的发展问题，并缩小区域发展差距。而"长三角一体化"是目标导向型的国家战略，其通过中央指导、地方自下而上合作，在既有的经济联系与合作基础之上进一步优化提升，建设高能级、高水平的世界级城市群。我国政府在城市建设中起主导作用，尚缺乏"自下而上"的市场、社会、非政府组织等力量的加入，但随着区域发展的成熟，政府干预将会逐步软性，"自下而上"的力量将会得到强化。

> **专栏：国外区域协同模式[19]**
>
> • 政府主导协同模式：首尔大都市区
>
> 首尔大都市区面积11733平方公里，占国土的11.8%，面积是首尔大都市的19倍，人口2300万，占韩国总人口的48%。
>
> 首先，韩国中央政府设立由国务总理担任主席的"首都职权委员会"来领导首尔大都市区的经济、人口和空间规划。委员会制定了地区管理的相关法律、法规，将都市区规划合法化。其次，设立首都地区交通协会、改善汉江水质量管理委员会等地区专业协会来协调大都市区内系统性的开发问题。此外，根据《与管理首尔大都市相关的特别案例法》中的规定，由韩国国务总理出面协调首尔与相邻地方市政府之间出现的问题，实现区域协作。
>
> • 多元机构协同模式：纽约都市圈
>
> 纽约都市圈地区（纽约州、康涅狄格州与新泽西州一部分）由多个民间团体来具体负责跨区的协同问题。如1857年由区内基础设施企业组建而成的大都市委员会，主要负责区域的基础设施互联互通；1921年成立的由独立的董事会和3个州的市民、社区领导、商人和其他专家组成的非官方、非营利组织——纽约区域规划协会（Regional Plan Association of New York，RPA），主要负责编制都市圈的综合规划；而同年，成立的跨区准政府机构——纽约港务局（PNA）主要负责港口建设相关的协调工作；1967年成立大都会运输署（MTA）管理整个大都市圈内的交通运输，包括地铁、公共汽车及渡轮。
>
> 主导制定纽约都市圈综合规划的纽约区域规划协会（RPA），依托社会公众的力量，针对区域成员共同关注的问题，引导政府形成可实施的公共政策，利用公共监督来保障地方政府对规划的支持和推行。规划的编制工作分为8个小组，包括气候、社区、经济发展、能源、融资和治理、住房、公园和风景、交通运输，倡导通过多种渠道促进规划过程中专家、公民、企业和社区领袖的共同参与。

"京津冀协同发展"与"长三角一体化"的对比　　　　表7-4-1

| | 京津冀协同发展 | 长三角一体化 |
|---|---|---|
| 类型 | 问题导向型的国家战略 | 目标导向型的国家战略 |
| 模式 | 自上而下的推进 | 中央指导、地方自下而上合作 |
| 任务 | 着力解决当前紧迫问题，缩小区域发展差距 | 优化提升，通过市场、政策、机制的一体化建设高能级、高水平的世界级城市群 |
| 意义 | "优化型、调整型、减量型"示范试验地 | "优化型、提升型、一体化体制改革"示范试验地 |

总体来说，"自上而下"的推进模式适合于需要集中力量进行统筹，以实现区域协调发展的地区。而对于市场、社会、非政府组织等非政府力量发展较成熟的区域，可以发挥"自下而上"的优势，通过多元主体协同参与规划实施。具体采用何种模式并不存在唯一范式，而是需要不同地区根据自身实际情况确定发展路径，因地制宜实现区域的健康发展。

### （2）以区域生态、交通、旅游协同为抓手，推进跨行政区域城市建设协同发展

区域协同发展涉及的方面广泛，包括产业功能、城镇空间、生态环境、公共服务、交通设施等方面，但是协同的方面有轻重缓急，协同难度也有差别。建议在跨行政区域的协同中以生态系统、交通设施和旅游服务为抓手，推进区域城市建设的协同发展。

在生态系统方面，以区域总体的生态格局为基础，保障生态基底。其次，以跨界水质管理和污染防治为重点，并加强对区域生态廊道的关注，破解交界处生态廊道不畅通的现象，实现区域总体生态环境保护。

在交通设施方面，重点打通跨界断头道路，协调跨行政区的轨道交通站点之间的连接与换乘。其次，提升毗邻地区城镇间的连接能力，开行跨行政区的公共交通线路，推动交通绿色化发展。

在旅游服务方面，应以跨区域的骑行道、绿道作为重点建设项目，推进重点自然、人文资源点的跨区域串联。其次，加强旅游门票、旅游交通一卡通等领域的合作，实现区域旅游出行的一体化。

### （3）行动导向的跨行政区域协同落实

针对具体的跨区域建设项目，应该区分协同事项等级并明确主体，让建设任务能够落到实处。跨行政区的协同层次应包括中央政府协同、省级协同、城市圈协同、城镇内部协同等。中央政府主要协调重大的区域层次战略问题；省级层面协同重大基础设施、交通设施廊道、重大生态板块廊道等内容；都市圈/城镇圈内部则重点关注跨界重点项目、城市级道路交通衔接、城市跨界生态廊道、区域共治污染等方面；城镇层面则是明确具体的建设项目、需要保障的公共服务设施、市政基础设施等。

其次，建构区域协同发展的具体行动项目库，引导项目落实，如针对城市建设的公共服务补足行动、区域道路链接行动、生态水网共治行动等项目来落实跨区域的协同要求。

## 4.4 规划编制：在城市层面突出战略规划，涵盖城市建设可持续发展内容

### 4.4.1 突出城市战略规划"可持续"导向

2018年我国城镇化率已接近60%（59.58%），城镇大规模扩张态势减缓，未来城市的发展倾向于内涵提升式，即更加注重建设的可持续性和生活品质的提升。国外的一些城市已经在编制战略规划时以"可持续"发展为导向。如《纽约城市规划：更绿色、更美好的纽约》《墨尔本2030——可持续发展的规划》《可永续的悉尼2030悉尼市策略规划》等，均将城市可持续发展作为统领性的总目标。而《一个强大而公正的纽约计划》《2020年的东京》等城市的战略规划中则设置了专门的可持续篇章或者可持续发展的分目标。

我国城市在总体发展层面也应及时作出转变，从以往的增长型规划转向内涵提升型规划。尤其需要在城市的战略规划中突出"城市建设可持续"的发展导向，即平衡好自然资源保护、生态环境保护和发展的关系，确定更绿色、更美好的总体发展目标和愿景，明确生态文明、绿色可持续的基本原则与发展路径。

### 4.4.2 明确可持续发展内容，赋予其法定地位及落实到规划

2018年3月国务院组成部门调整后，我国的法定规划体系也有所调整。城市作为一个复杂的巨系统，其总体建设层面必须由一个具有法定地位的规划来统领。现状我国城市总体发展层面的规划主要包括城市总体规划和战略规划，一些大城市也在其最新编制的总体规划中对城市建设可持续发展的内容作了积极的探索，同时这些总体规划也越来越强调其战略导向。如《北京城市总体规划（2016年—2035年）》设置第三章"科学配置资源要素，实现城市可持续发展"，从生产空间集约高效，生活空间宜居适度，生态空间山清水秀，协调水与城市、就业与居住、地上与地下

### 专栏：可持续发展导向的城市发展战略规划——更绿色、更美好的纽约[20]（图7-4-4）

- 总体发展目标：建设更绿色、更美好的纽约
- 分目标及其具体实现策略：

土地方面，新增人口创造家园。具体策略包括：建立十分钟步行圈；清理被污染的土地；公共交通导向的开发住房，提高土地的效率；复垦本应开放为公园的土地，增加开放空间；成立城市棕地办公室，建立循环式治理基金。

水环境方面，让90%的水系为城市开敞空间。具体策略包括：建立城市备用供水系统；建立新的城市供水网络，包括新过滤水厂和水域保护项目；提升水质，升级废水处理设施。

交通运输方面，增加城市客运能力。具体措施包括：维护道路地铁的良好运行状态；开展交通规划，以改进公交车服务，扩张渡轮系统和自行车总体规划来改善客运网络；进行区域性融资，成立SMART筹资局。

能源方面，升级能源基础设施。包括：建立清洁能源、可再生能源市场；降低能源消耗，建立激励、规范和挑战系统减低需求。

空气质量方面，减少有害气体排放。具体策略包括：减少能源排放，鼓励公共交通，激励燃料效率，更先进引擎；鼓励工厂使用更清洁能源供热，同时退役污染型工厂。

**图 7-4-4 纽约城市规划：更绿色、更美好的纽约**

图片来源：《纽约城市规划：更绿色、更美好的纽约》

### 专栏：国务院批复的北京、上海城市总体规划中的可持续发展内容[21]

- 《北京城市总体规划（2016年—2035年）》

第三章"科学配置资源要素，实现城市可持续发展"，分别从生产空间集约高效，生活空间宜居适度，生态空间山清水秀，协调水与城市、就业与居住、地上与地下空间几个方面来探讨城市建设可持续发展相关内容。具体内容包括：

坚持生产空间集约高效，构建高精尖经济结构，压缩生产空间规模。坚持生活空间宜居适度，提高民生保障和服务水平，提高居住及其配套用地比重。坚持生态空间山清水秀，大幅度提高生态规模与质量，健全市域绿色空间体系。协调水与城市的关系，实现水资源可持续利用，实行最严格的水资源管理制度，保障水安全，防治水污染，保护水生态，建设海绵城市。同时需要协调就业和居住的关系，推进职住平衡发展；协调地上地下空间的关系，促进地下空间资源综合开发利用。

- 《上海市城市总体规划（2017—2035年）》（图7-4-5）

第七章"更可持续的韧性生态之城"，应对全球气候变暖、极端气候频发等趋势，针对当前生态空间被逐步蚕食，城市游憩空间相对匮乏，环境质量下降等问题，提出上海必须坚持节约优先、保护优先、自然恢复为主的方针，致力于转变生产生活方式，推进绿色低碳发展，建设多层次、成网络、功能复合的生态空间体系，构建政府为主导、企业为主体、社会组织和公众共同参与的环境治理体系。加强基础性、功能型、网络化的城市基础设施体系建设，提高市政基础设施对城市运营的保障能力和服务水平，增加城市应对灾害的能力和韧性。

**图 7-4-5 上海市城市总体规划关于建设可持续发展的韧性城市的内容**

图片来源：《上海市城市总体规划（2017—2035年）》报告

空间几个方面来探讨城市建设可持续发展相关内容。《上海市城市总体规划（2017—2035年）》设置第七章"更可持续的韧性生态之城"，从应对气候变化、提升生态品质、改善环境质量和完善城市安全保障四个方面对可持续发展作出回应。

因此，①应赋予战略规划一定的法定地位，纳入

新的空间规划与生态规划体系，作为城市总体发展方向的行动纲领。②在"城市战略规划"中强化城市建设可持续发展的相关内容，具体可包括：生产、生活、生态——"三生"空间的发展策略；城市与自然环境协调发展；就业与居住空间平衡发展；促进地下空间综合开发利用；城市应对自然及人为灾害的安全保障体系完善等内容。③每五年编制一次"城市战略规划"的近期行动计划，明确近年可具体开展的具体城市建设可持续发展的项目和行动，确保规划内容能落到实处。

续发展。更重要的是，"运动式"的运作方式缺乏稳定的组织、机制及资源支持，城市可持续发展的诸多目标难以通过"运动式"治理得以落实。因此，建议首先从政府战略层面，建立起从目标到政策再到具体举措的完整多层次的长效落实机制；其次结合奖惩机制对城市可持续发展总目标及行动计划组织实施监督，保证城市建设可持续发展。

## 4.5 政策落实：建立"总目标—具体政策—具体举措"的长效落实机制

### 4.5.1 各级政府明晰可持续行动发展路线图

城市建设中存在粗放的"运动式、应急式"建设，在取得短期的正外部性的同时，其负外部性会影响城市的生态环境及居民生活，从全阶段、全过程角度看，具有不低碳、不绿色的建设特征，削弱了城市的可持

"可持续发展"已经成为英国、加拿大等国众多城市的发展共识，市议会签署文件明确城市可持续发展要求的同时，还发布了城市可持续发展行动计划等一系列配套文件。英国布莱顿霍夫可持续发展行动计划规定了城市如何在总体原则下实现所有目标，并针对分领域的十大原则为城市及市议会确定可实现的目标；目标之下的行动计划规定了基线（"我们现在所处的位置"）、终极目标（"我们想要到达的地方"），以及短期、中期和长期行动（"我们将要做什么"）。加拿大温哥华城市议会在可持续发展总则之后，先后通过

---

**专栏：英国布莱顿霍夫可持续行动发展行动计划（图7-4-6）**

英国布莱顿霍夫可持续发展行动计划，提出了10个项目库，3个问题和4个要素。行动计划规定了城市如何在总体原则下实现所有目标，并针对分领域的十大原则为城市及市议会确定可实现的目标。并为目标之下的行动计划提出了3个问题：首先规定了基线，即"我们现在所处的位置"；其次规定了终极目标即"我们想要到达的地方"；最后规定短期、中期和长期行动即"我们将要做什么"。同时，针对10个项目库，确定了4个要素，即详细的策略内容、实施方法、资金来源及时间节点。规定了项目的具体内容、实现方法，各阶段的时间节点以及多样化的资金来源，包括：政府资金、欧盟资金、企业资金、事业资金、开发商捐赠和其他机构的资金等。

图7-4-6 布莱顿霍夫可持续发展行动计划路线图
图片来源：作者根据《布莱顿霍夫可持续发展行动计划》绘制

了建筑被动设计、电动汽车充电基础设施、城市水景观等方面的指导方针、建设标准及政策，对政策标准、措施手段予以明确，并提出年度建设目标。不一而足，城市建设可持续发展在国外逐渐形成制度化、系统化、精细化的实施推动机制。反观国内，一些城市的建设可持续发展尚停留在文字宣传、规划畅想等表面层次，这种缺乏长效落实支撑的可持续发展城市建设在国内现行环境下是难以推动落实的。

因此，推动可持续发展的城市建设需要从城市目标逐层向下，不断细化到具体的建设行为中，从"口头"目标到"街头"建设，从而真正推动城市建设可持续发展。政府需要明确重要时间节点、阶段性目标、具体路径和重点实施举措，发布城市建设可持续发展的路线图，下发行动指导意见等支撑文件，建立政府专项行动计划。通过对城市目标量化、政策标准细化、措施手段具体化、职责分工明晰化等方式，建立"总目标—具体政策—具体举措"的精细化传导机制，促进城市的建设可持续。

## 4.5.2 构建分时间、分要点的行动项目库

我国在城市建设中落实可持续政策缺乏明确具体的行动计划，特别是缺乏对具体的行动内容、推行方法、资金来源和控制时间节点的统筹性考虑。而缺乏行动支撑，特别是针对行动内容匹配了具体的推行方法、资金来源和时间节点控制的具体行动，常常导致可持续发展停留在策略阶段，可持续项目继而难以落地取得成效。如从美国纽约奥内达加郡可持续发展行动计划的行动项目库案例来看，应该设置更加详细的项目库行动计划，以有时序、有支撑的具体行动推动城市建设可持续发展。

因此，我国在可持续发展行动项目库的构建中需①关注具体的时间节点，对整体行动项目的推进有所统筹安排，且对具体单个项目的短、中、长期节点控制提出要求。②关注对项目要点的细化，进一步落实实施主体及方法、明确资金来源等。③注意项目的不同尺度区分，特定项目在城市、区、街道、社区等不同的空间层次需分别明确具体的责任和项目内容。

## 4.5.3 健全"奖惩并举"的政策机制

### （1）以罚代奖，科学制定"惩罚"性政策

我国目前城市可持续发展领域的政策多为经济奖励政策，如城市的节能环保政策就包括企业所得税税收优惠、个人所得税税收优惠和车船税税收优惠等多种税收减免和资费优惠政策。但缺少对不可持续发展行为的惩罚性政策，建议补充相关领域的惩罚性政策，"以罚代奖"，用罚没的资金来补贴城市建设可持续发展的必要支出。

全面推进阶梯水、电、气价，超额收取"惩罚性"高价。2015年2月国家发展改革委、住房和城乡建设部提出"全面推行居民阶梯价格制度。完善居民生活用电阶梯价格制度，全面实行居民生活用水、用气阶梯价格制度，保障居民基本生活需要，促进资源节约"，要求在2015年底前，所有城市全面实行阶梯水价、阶梯气价制度。然而，截至2017年7月1日，除西藏、新疆外的29个省（区、市）全部实行阶梯电价，阶梯水价和气价的实施尚不普遍。要在全国范围内进一步落实阶梯水价和气价，督促居民自觉节约使用资源与能源，同时可以用多收取的资金补贴城市贫困居民的基本能源消耗支出。

设立城市经营性用地的绩效考评机制，对不达标的运营主体进行惩罚。学习合肥市国家节约集约用地试点建设的经验，选取"容积率"和"投资强度"为两项核心指标，建立城市经营性用地的指标评价体系。经营性土地出让时，增加税收约束性条件，并定期组织考核，对达不到指标要求的主体进行处罚，如要求其追加投资或缩小用地规模。

### （2）制定民生等领域的奖励政策

奖励性政策制定更关注民生，体现社会公平公正。如积极探索建立城市供热保障金制度，补老旧建筑供热资金缺口。与城市耗电量——越高档的建筑耗电量越多不同，热能的消耗是越老旧的建筑耗热量越大，这些建筑里往往居住着城市贫困户。因此，电费和供热收费的策略应该不同，用电严格执行阶梯收费，过量就收高价；但供热应该设立基金，用来进行老旧建筑的节能改造，补给老旧建筑住户的供热资金缺口。这方面宁夏银川市做了积极的探索，制定了《银川市城市供热条例》，提出了城市供热保障统筹金的使用

### 专栏：美国纽约奥内达加郡可持续发展行动计划（图 7-4-7）

美国纽约奥内达加郡的可持续发展行动计划，设置了更加详细的行动项目库，并细化了包括实施方法、资金来源、时间节点在内的详细行动方案，是国外可持续发展和建设必须借鉴的成功经验。行动项目库的设置首先注意区分不同的项目尺度，包括区域、市县、社区、地块等多层次空间都需要明确具体的责任和项目内容。其次，关注具体的时间节点，对项目的短期、中期和中长期节点分别控制提出要求。最后，对项目要点的细化，进一步落实实施主体，包括中央政府、地区委员会、地市政府、区县政府、非营利机构或科研单位和市民。同时明确具体落实的政策关注点，包括交通与土地利用、经济、政府财政、区域合作、宜居社区、建筑社区、乡村地区与开敞空间、水环境以及能源利用等。

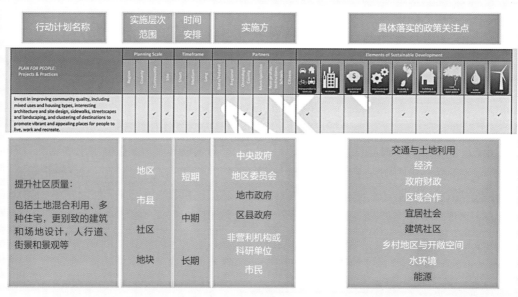

图 7-4-7 纽约奥内达加郡可持续发展行动计划的项目库内容细化

图片来源：作者根据《奥内达加郡可持续发展行动计划（草案）》绘制

### 专栏：合肥国家节约集约用地试点经验[22]

2008 年 10 月，国土资源部批准合肥市为国家节约集约用地试点市。成为试点以来，合肥积极进行制度和机制创新，努力探索新型土地管理模式，针对不节约集约用地的行为主体制定追惩罚性措施。首先，建立了针对不同区域、不同类别的评价指标体系，主要指标包括：投资强度、容积率、建筑系数、绿地率、行政办公及生活服务设施用地所占比例、科技率、土地产出率和产值能耗等。其次，在经营性土地出让时，增加税收约束性条件，对达不到指标要求的主体，应要求其追加投资和缩小用地规模。

经过近十年的努力探索，合肥市节约集约用地取得了令人瞩目的阶段性成果，经营性用地效益大大提高。工业用地平均容积率从过去的 0.6 提高到 1.0 以上；经营性用地平均容积率从 1.5 提高到 2.5 以上；全市工业园区用地平均投资强度从过去的 100 万元/亩提高到 200 万元/亩。

### 专栏：银川的供暖保障金制度[23]

早在 2005 年 4 月银川市就颁布了《银川市供热统筹金管理办法》，2016 年 10 月新修订的《银川市城市供热条例》正式公布，规定了供热保障统筹金的使用细则。

细则规定供热保障统筹金的资金来源包括：每年由市财政安排 150 万元；每年从环境保护专项资金中安排 5%；从供热增容费中按入网建筑面积每平方米取 10 元；以及从每个采暖期应收采暖费中提取 5%。而资金的使用范围则包括：符合减免条件的低保户等用户采暖费的补贴；供热旧系统技术改造、新技术推广应用等补助资金和燃料结构调整及拆除小锅炉纳入集中供热的补助资金；从采暖费中提取的资金，专款用于共用供热设施的维修、更新、改造费用的补贴；资金来源前三项之和的 3%，用于供热管理；以及经市政府研究决定的其他供热保障事项。

细则，对资金来源及使用范围作了详细的设计和规定，可以为其他城市提供很好的参考。

### （3）实施严格的政府绩效考核机制

城市建设可持续发展领域需要融入绩效管理与绩效评估方法对政府行为实行绩效监控的国际发展趋势。从新的责任机制出发，以"离任审计制度"为基础，加强对政府城市建设的绩效考核，结合路线图、项目库逐步建立对政府可持续发展的年度绩效考评机制。考核内容上强化对可持续项目实施效果的评价，突出将绿色发展和可持续作为市县党政领导干部政绩考核的重要内容。

加强对政府考核结果的奖惩政策制度，提高政府城市治理的现代化、法制化水平，注重将考核结果作为干部选用的依据。明确对党政领导班子主要负责人、有关领导人员、部门负责人的追责情形和认定程序，借鉴《领导干部自然资源资产离任审计制度》，探索建立可持续建设的追踪考核评价制度以自然资源资产离任审计结果和生态环境损害情况为依据，明确对党政领导班子主要负责人、有关领导人员、部门负责人的追责情形和认定程序。对领导干部离任后出现重大生态环境损害并认定其需要承担责任的，实行终身追责。同时，研究制定政府的可持续绩效考核办法，明确考核的主客体、考核内容、考核依据、考核程序、考核方式、奖惩机制以及考核周期。进一步完善政府可持续建设的绩效评价指标体系，突出将绿色发展和可持续发展作为经济社会发展综合评价和市县党政领导干部政绩考核的重要内容和基础。

---

**专栏：领导干部自然资源资产离任审计制度[21]**

"自然资源资产离任审计"是中国共产党在第十八届三中全会上提出的自然资源资产产权制度。2017年6月，中共中央总书记、国家主席、中央军委主席习近平同志主持中央全面深化改革领导小组会议审议通过了《领导干部自然资源资产离任审计暂行规定》。

该《规定》提出了具体的考核指标，干部任职不再只是以GDP论政绩，而是要考核其所管理的自然资源保护情况。具体的审计内容包括：自然资源资产管理政策的制定和执行情况；自然资源资产管理责任履行情况；自然资源资产状况及变动情况以及预算执行情况和决算或财务计划的执行情况。同时强调，审计机关应当根据被审计领导干部任职期间所在地区或者主管业务领域自然资源资产管理和生态环境保护情况，结合审计结果，对被审计领导干部任职期间自然资源资产管理和生态环境保护情况变化产生的原因进行综合分析，客观评价被审计领导干部履行自然资源资产管理和生态环境保护责任情况，并将结果向组织人事部门报告，作为领导干部任用、处理时的参考依据。

# 第 5 章　增强城市建设的经济可持续发展能力

经济维度是城市建设可持续发展中重要的一个方面，是指在城市建设可持续发展中充分考虑不同层面的经济约束，不断激励社会各方参与城市可持续建设，并在城市可持续建设中充分保障各参与方的利益，从而使得城市建设的经济可持续发展能力得以不断提升，为城市发展提供持续的经济动力。

## 5.1 构建城市可持续建设的约束机制

城市可持续建设约束机制，是指以人的需要为出发点，以可持续发展的未来城市发展模式为目标，建构以"与环境绿色协调、与时代开放创新、与人民共享幸福生活"为特征的城市，而制定和执行具有规范性要求、标准、规章制度和手段的总称。从经济维度出发，城市可持续建设约束机制主要从投资约束、决策约束和成本约束三个方面出发，分别从城市可持续建设的投资、项目的决策和审批以及既有项目的维护与升级等角度提出解决方案。

### 5.1.1 现状突出问题

#### （1）城市建设投资结构失衡

① 不同类型和区域不平衡。2017年全社会各行业固定资产投资额中，制造业与房地产业仍然占绝大部分比重，其中制造业占比高达31%，房地产业占比高达17%，如图7-5-1所示。

由于区域自然条件、发展状况的不同以及新中国成立初期的一系列发展规划，我国区域投资结构的失衡主要表现为东西中部发展不均衡以及城乡差异过大。近五年来，总体上我国各区域发展都呈增长态势，但东部发展仍旧最为迅速。东部、中部和西部地区占GDP比重差距较大，如图7-5-2所示。而城乡在经济发展、医疗卫生和教育等方面的差距也在逐年扩大，甚至引起了社会分配不公等问题。

② 供需不协调。从总体上看，很多城市的公共基础设施供给相对不足或不协调，与人民群众日益强烈的需求形成矛盾。当然，我国不同城市的情况还不完全一样，不同城市有不同的特点与问题。

近年来，国内大多数城市普遍存在着停车位数量不足、供需不平衡，停车结构不合理、

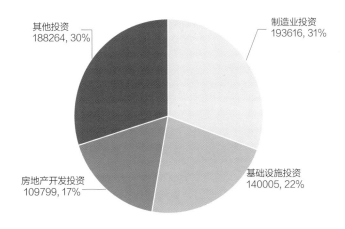

图 7-5-1　2017 年按领域分固定资产投资及其占比（亿元）
数据来源：国家统计局

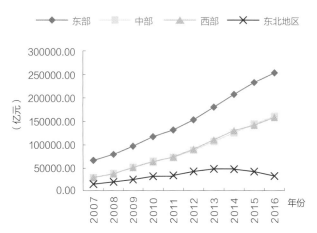

图 7-5-2　2007~2016 年分地区固定资产投资
数据来源：国家统计局

配比不科学以及停车布局不均衡等突出问题，如图 7-5-3 所示。随着城镇化的发展，我国需要建设的停车位规模越来越大。目前我国停车位缺口超过 5000 万个。以北京、上海、深圳为例，截止到 2016 年底，各个城市的停车位需求缺口巨大，小汽车保有量与车位比均高达 3∶1 以上，城市停车位建设严重不足。

"拥堵""最后一公里"等城市交通问题使得城市交通运输服务质量打了很大折扣。共享单车有效地解决了人们运输需求的最难一段，极大地减少了运输成本，提高了通行效率。据中国自行车协会统计，2017 年摩拜和 ofo 两家巨头投放总量预计 2000 万辆，产能预计达到 3000 万辆，而我国自行车内需保持在每年 2500 万辆左右。这意味着，仅摩拜单车和 ofo 在 2017 年的产能就超过了自行车内需年平均水平。随着共享单车数量不断增多，急需重新衡量共享单车的经济效益，表 7-5-1 所示为共享单车的市场情况。

| 共享单车市场情况 | | | 表 7-5-1 |
| --- | --- | --- | --- |
|  | 2016 年 | 2017 年 | 增幅 |
| 累计车辆投放量 | 200 万 | 2300 万 | 11.5 倍 |
| 累计用户数量 | 1886.4 万 | 2.21 亿 | 9.7 倍 |
| 投放城市数 | 33 | 200 | 6.1 倍 |

数据来源：摩拜《2018 中国共享单车行业发展报告》

③ 产能过剩。2008 年全球金融危机以来，产业发展出现新的问题：一方面，由于政府 4 万亿超强经济刺激计划中大部分资金流向国有企业，尤其是国有大中型企业，以重复投资和重复建设为主的产能无序扩张大潮再度掀起，这在导致本已久拖不决的产能过剩问题更加严重的同时，也使得产能过剩问题更加难以解决；另一方面，受国内经济增速下行和需求放缓的影响，包括高技术制造业和高技术服务业在内的战略新兴产业增速下行，对经济发展的带动作用下降明显。如近年来的光伏产业、风电产业等。2008~2012 年，中国光伏行业产能加速发展，已有及在建的组件产能总量超过 30GW，占全球光伏组件总产能的 60%，光伏行业的产能利用率仅 57%。

（2）城市建设投资决策不科学

政府投资决策是选择和决定投资行动方案的关键。目前政府投资项目中出现的较多问题，主要原因在于

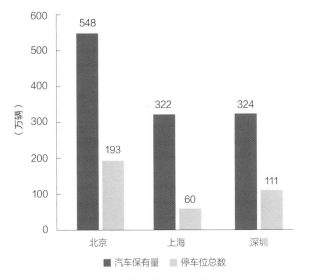

图 7-5-3　北京、上海与深圳车位需求缺口情况
数据来源：《2016 停车行业发展白皮书》

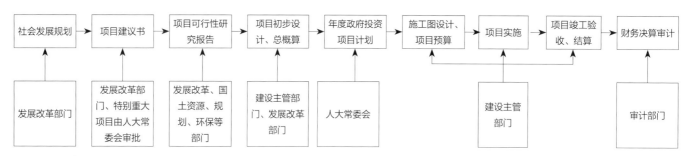

图 7-5-4 政府投资项目前期决策程序图

投资决策不科学，具体表现在以下 3 个方面：

① 决策流程不公开透明。关于政府投资决策的过程，目前在全国范围内尚未形成统一、明确的规定。一般来说，项目决策主要分为立项、规划设计、组织实施、评估反馈 4 个阶段。具体决策程序见图 7-5-4。

目前政府投资项目的决策通常只限于政府主管部门，缺乏有力的监督，"形象工程"时有发生。近年来各地兴建大量"豪华办公楼"，如郑州市惠济区政府、湖南郴州永兴县人民会堂。然而民众普遍认为政府此举是铺张浪费，是官员脱离群众的表现。这些项目在决策时不公开透明，最终导致政府形象受损，民心背离，严重的甚至背负过重的债务，对城市经济可持续发展造成了巨大的损害。

② 决策中缺乏全面的可持续评估。目前设计评估中，评价内容少，研究不足；侧重于经济性评价，忽略了社会、生态等多个方面，导致评估不够全面。如广州荔湾区陈家祠广场，于 2010 年为迎接亚运投资 8 亿元打造。4 年后却不得不为地铁 8 号线北延线让路。该项目在前期决策中为了赶任务，没有考虑与其他项目是否相容，没有考虑广州市发展的整体规划，导致了对城市资源的浪费。

③ 决策中缺乏对社会成本和社会风险的考量。决策中，由于决策者自身认知有限，专家咨询流于形式，因此对项目可能造成的社会成本及风险得不到较为准确的预判，造成后果往往比较严重。如厦门 PX 项目事件，项目引进开工后先后遭到了政协委员和公众的强烈抵制，最终项目不得不迁址。在决策项目时，缺乏公众参与，在决策时既未考虑对自然资源造成的损害，也未考虑民众可能产生的恐慌和反对，对该项目的社会成本及风险评估明显不足。

### （3）城市建设经济管理不到位

① 未建立全寿命周期成本管控体系。目前，面向城市建设项目的成本管理存在两类问题：

第一，可持续的建设项目往往由于前期投入成本过高而难以推广，但投资决策者未考虑到此类项目的后期运行维护成本远低于一般不可持续项目，例如雨水收集工程项目。第二，城市建设过程中由于效益观念的缺失和资金使用合理性缺乏监督，导致出现了许多过度建设、不合理建设。比较典型的代表就是各地大举建设的工业园区快速荒废。

② "放管服"改革不到位。目前，我国城市建设过程中交易成本、行政成本以及时间成本均较高，为降低此类社会成本，李克强总理在 2017 年全国深化简政放权放管结合优化服务改革电视电话会议和 2018 年全国两会上均强调需继续深化"放管服"改革。目前，在"放管服"改革工作的实践过程中主要问题有：简政标准区域不匹配、负面清单编制不及时、权限承接配套不完备、监管方式创新不明显和"互联网 + 政务"不兼容。

③ 环境成本内部化政策缺失。目前我国生态环境的恶化趋势没有得到有效的控制，已成为制约中国实现可持续发展的瓶颈。根据我国 2014~2015 年统计情况如表 7-5-2 所示，全国的污染物排放量由于经济发展的推动仍呈上升趋势。中共十八大报告在第八章大力推进生态文明建设中明确："深化资源性产品价格和税费改革，建立反映市场供求和资源稀缺程度、体现生态价值和代际补偿的资源有偿使用制度和生态补

2014～2015 年全国污染物总量表　表 7-5-2

| 序号 | 指标名称 | 2014 年 | 2015 年 | 增长率 |
|---|---|---|---|---|
| 1 | 废水排放量（亿 t） | 716.2 | 735.32 | 2.67% |
| 2 | 工业废气排放量（万 t） | 4601.3 | 3970.2 | -13.72% |
| 3 | 一般工业固体废物产生量（万 t） | 325620 | 327079 | 0.45% |
| 4 | 工业危险废物产生量（万 t） | 3633.5 | 3976.1 | 9.43% |

数据来源：环境保护部《全国环境统计公报》

偿制度"，为环境成本内部化政策明确了方向，通过价格和税费改革，提高企业主动实施环境成本内部化的积极性。

### 5.1.2 构建城市可持续建设投资的总体平衡机制

#### （1）人大参与重大项目

根据我国实际情况，应当充分发挥人大在重大项目决策中的作用，为实现投资的总体平衡，保障不同产业、不同区域、不同人群的利益，构建创新的机制体制，可大致将人大参与重大项目决策的程序分为以下几个环节，如图 7-5-5 所示。

2017 年 11 月 2 日，北京市发展改革委按照《中华人民共和国预算法》及《北京市预算审查监督条例》有关要求，制定了《市人大代表参与政府重大投资项目事前评估实施细则（试行）》，对政府预算安排的重大投资项目决策充分听取了市人大代表意见，主动接受市人大监督。北京轨道交通 28 号线（CBD 线）成为第一个达到事前评估标准的项目。经过 2 天的评估论证，市人大代表及专家组认为该项目符合北京市政府投资项目立项的相关要求，同时就折返方案、车站设置、技术标准、交通衔接、车辆选型等方面提出了 25 条意见和建议。

#### （2）决策程序

以政府投资项目为例，我国现行政府投资项目决策程序可概括为项目规划的提出、项目方案的设计、项目方案的评估和项目的实施及信息反馈 4 个阶段。按照程序公开、公众参与、设计科学、简洁高效的原则，进一步对当前的政府投资项目决策程序进行了优化设计，其主要流程如图 7-5-6 所示。

#### （3）公众参与

重大项目中，有些阶段应当充分保障公众的民主参与权，保障公民表达诉求、意见和建议的权利，尤其是涉及公民切身利益的环节更应当组织公众参与，使做出的决策能保护公众的切身利益。

城市规划是城市建设的基础，下面将从城市规划中的公众参与出发，提示如何在城市规划管理过程中实现最大程度的公众参与。

### 5.1.3 构建城市可持续发展的对外信息披露机制

可持续发展信息的披露是对城市可持续建设的有效约束。可持续发展信息披露是指将可持续发展信息及时、准确、全面地公开。信息披露的主体一般为政府和企业。对企业而言，信息披露能够对企业产生监督作用，增加其不利于可持续发展行为的成本。例如中国石油天然气股份有限公司、中国华能集团有限公司等企业每年度发布的《可持续发展报告》，对企业经

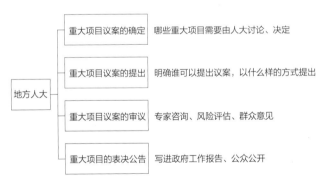

**图 7-5-5** 地方人大参与重大项目决策的流程

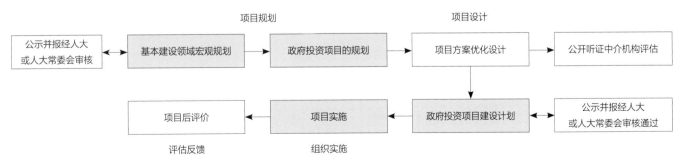

**图 7-5-6** 优化后政府投资项目决策程序

图片来源：吴强. 政府投资项目决策程序研究 [D]. 上海：上海交通大学，2010.

城市规划不同环节下参与方式　表 7-5-3

| 参与环节 | 参与主体 | 参与方式 |
|---|---|---|
| 动员宣传 | 政府相关部门、行业协会、社会公众、新闻媒体 | 媒体宣传、调查问卷、电话热点、政府网站 |
| 规划立意 | 政府相关部门、行业协会、社会公众 | 座谈会、电话热点、政府网站 |
| 规划初级成果阶段 | 政府相关部门、行业协会、社会公众、规划协会 | 座谈会、邻里会、政府网站 |
| 规划方案比选阶段 | 政府相关部门、行业协会、社会公众 | 政府网站、现场公示 |
| 规划方案修改 | 政府相关部门、社会公众、规划协会 | 座谈会、政府网站 |
| 规划方案审定 | 城市政府 | 政府网站、现场公示 |
| 规划反馈 | 行业协会、社会公众 | 政府网站、电话热点 |
| 监督检查 | 行业协会、社会公众、新闻媒体 | 新闻媒体、电话热点 |

营情况、公司治理、社会贡献等内容进行整理并公开，增强了其对可持续发展的责任感。对政府而言，定期公开可持续发展评估水平能够提高公众的知情权，使其更加了解地区的可持续发展现状并提出发展诉求，有利于社会公众参与到可持续发展治理过程中。例如中国科学院可持续发展战略研究组自1999年开始每年编撰出版的《中国可持续发展战略报告》，综合运用系统科学的理论、方法和多学科的研究手段对我国可持续发展水平进行评价，并提出进一步实现可持续发展目标的基本原则、战略方法、重大制度安排等内容。

### 5.1.4 构建城市建设项目全面的可持续评估机制

2015年9月，联合国特别首脑会议通过了全新的、具有里程碑意义的全球可持续发展议程:《Transforming Our World: The 2030 Agenda for Sustainable Development》。该议程建立了新的全球可持续发展治理体系，于2016年1月1日正式生效，为各国的可持续发展方向及发展政策提供了借鉴。其中包含了17项可持续发展目标（Sustainable Development Goals，SDGs）。

17项可持续发展目标虽然为世界各国深入参与全球可持续发展治理提供了有利条件，但该目标是站在全球角度设定的目标，没有对不同国家给出建议，因此各国需要结合本国国情对可持续发展目标进行调整。2017年8月4日，深圳市人民政府办公厅发文对《深圳市可持续发展规划（2017—2030年）》和《深圳市国家可持续发展议程创新示范建设方案（2017—2020年）》公开征求意见和建议。在可持续发展规划中提出一个包含32个量化指标的指标体系，涉及创新驱动、社会发展、城市发展、生态文明4个方面，用于度量实现"2030可持续目标"的进程。

在可持续评估方法中，指标评价法具有简便灵活的特点，得到了广泛应用。可持续发展水平由指标量化值的加权求和得出，指标权重一般由层次分析法（AHP）、熵值法等方法得出。构建可持续评估指标体系是促进城市可持续发展的重要环节，在评价过程中，可持续发展中的关键因素和可持续发展水平较弱的地区能够得以识别并得到决策者的重视。可持续评估指标的选取应遵循科学客观的原则。同时指标的度量要基于真实稳定的数据，以具有较高的可操作性，这就要求各级政府要加强信息公开力度，及时披露社会经济发展数据。

本节构建了可持续发展中经济维度的评估指标体系，用于度量不同地区的经济可持续发展水平，指标体系如表7-5-4所示。由于不同地区的经济发展水平不同，政策环境各异，该评估指标体系在应用过程中要因地制宜，结合评估地区的现状进行调整。

经济可持续评估指标体系　表 7-5-4

| 目标 | 准则 | 指标 | 指标性质 | 单位 |
|---|---|---|---|---|
| 经济可持续 | 经济发展水平 | 人均GDP | 正向指标 | 元 |
| | | 财政收入 | 正向指标 | 元 |
| | | 失业率 | 负向指标 | % |
| | 经济结构 | 固定资产投资占GDP比重 | 正向指标 | % |
| | | 第三产业占GDP比重 | 正向指标 | % |
| | 经济发展能力 | GDP增长率 | 正向指标 | % |
| | | 新能源产业占工业生产总值比重 | 正向指标 | % |

## 5.1.5 持续深入推进城市可持续建设"放管服"改革

在城市建设的进程中推进"放管服"改革是一项系统工程，是对政府智慧和能力的考验，也是一个艰巨复杂的过程，要克服种种困难和挑战，持续深入推进。

为积极响应李克强总理"放管服"改革的号召，各城市也积极探索，推出了许多受市场主体和群众欢迎、值得推广的举措，例如：天津和宁夏等地的"一枚印章管审批"、贵州等地的"人在干云在看"等。总体上，我国"放管服"改革取得的成效主要体现在：大幅减少行政审批事项、显著降低企业税费负担、大力加强事中事后监管和政府服务不断优化。

## 5.1.6 建立健全合理的城市可持续建设价费机制

### （1）建立健全市场化排污定价和排污收费制度

我国"十三五"环保规划中，明确提出"建立健全跨区域排污权交易市场"，要在新的排污许可制实施过程中，探索更大区域和范围的排污权交易实践。值得注意的是排污权交易只是一种手段，最终目的在于让排污权反映环境资源的经济价值，引导企业在城市建设过程中自主选择、治污减排。鉴于美国的排污权交易制度比较完善，处于世界领先水平，因此我国在建立健全市场化排污定价和排污收费制度时，可以参考美国如何利用市场机制推动了排污产权交易。美国排污交易政策及实施措施如表 7-5-5 所示。

### （2）地铁周围换乘站停车费

停车换乘是一种有效的城市交通需求管理的方式，运用低廉或者免费的轨道交通及公共交通收费政策来吸引小汽车出行者换乘轨道交通或其他公共交通进入中心城区。停车换乘的主要目的是引导个体出行方式向公共交通转换，优化通勤交通的出行链，提高公共交通方式的分担率，促进城市交通的结构优化，进而实现可持续。目前，江苏省南京市的地铁 P+R 换乘车站建设规划如图 7-5-7 所示。

美国排污交易政策及实施措施　表 7-5-5

| 政策名称 | 政策内容 |
|---|---|
| 容量节余政策 | 分配给有关企业一定总量的排污权，各个分厂可以换用或轮流使用 |
| 补偿政策 | 对某一行业中新加入企业提出了一定的准入条件，即新进入该行业的企业必须按规定为已有的排污企业安置一定的排污装置作为其增加排污量的补偿 |
| 泡泡政策 | 要求每一地区根据环境目标制定相应的污染物排放总量指标，在不超过排放总量指标的前提下，允许各污染源对排污量进行相互调剂，从而达到控制污染总量的目的 |
| 排放信用存储政策 | 允许企业对标准排放量与实际排放量之间的差额进行存储和交易 |

表格来源：孟平. 美国排污权交易——理论、实践以及对中国的启示［D］. 上海：复旦大学，2010.

图 7-5-7　南京市的地铁 P+R 换乘车站建设规划

图片来源：《南京日报》

### （3）新能源汽车与充电桩

近年来，在国家政策层面引导、企业携手力推、产品技术研发初见成效的背景下，新能源汽车发展迅猛。截至 2017 年，据测算全国新能源汽车保有量约 172.9 万辆，全国公共类充电基础设施保有量 213903 个。

当前充电设施建设成本高仍然是制约新能源汽车和充电设施发展的瓶颈，充电费用仍高于用户期待水平（电费＋运营费），难以弥补相比传统汽车购车成本的增加，价费机制应由重车补引导向重充电设施建设和使用补贴。并且随着清洁能源发电成本的不断降低，国家应尽快建立效益优先的平衡机制，推进电力体制改革，实施电动汽车分时电价政策。

## 5.1.7 加强既有设施体检、维护改造与功能提升

### (1) 短命建筑和基础设施统计与测算

据统计，我国每年老旧建筑拆除量已达到新增建筑量的40%，远未到使用寿命年限的道路、桥梁、大楼被拆除的现象比比皆是，带来的浪费尤为严重。住房和城乡建设部原副部长仇保兴曾指出，我国城市建筑的平均寿命只能持续25~30年。如图7-5-8所示，国外建筑寿命普遍是中国的2倍之多。

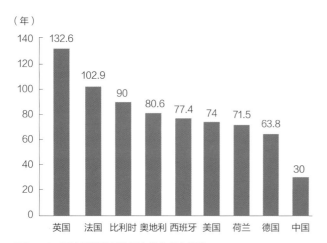

**图 7-5-8 国内及部分其他国家住宅寿命统计**

政协陈清华、安纯人委员认为，延长建筑物使用年限是节约资源的重要领域，如果能提高40%的使用年限，以2006年全国房屋竣工面积为例，每年可为国家节约资金约234.14亿元，使用年限增长20年共节约资金约4682.86亿元。

提高建筑寿命对于城市建设的经济发展具有重要的意义，对于出现"问题"的建筑，要认真审视其病根，对症下药，而非一味拆除解决问题。要立足于城市建设经济可持续发展的角度，从根源上解决城市建筑"短命"问题。

### (2) 现有建筑体检、维护和改造

① 建立既有建筑"体检"机制。我国尚未对城市重点建筑、生命线设施的运行进行有效的监控、体检，要学习借鉴发达国家经验，完善法律基础，做好相关立法工作，相关单位依法做好定期体检工作，建立预警预报机制，对有隐患的建筑及时采取措施，保证建筑功能。从国家层面出台相关法律规范，建立建筑体检制度，对重要的建筑和设施每隔5~10年进行一次体检，以确定其使用性能。定期的年限可根据建筑重要性设定。通过体检，对适宜改造的既有建筑进行改造，增强其结构安全性，延长使用寿命，提高能源利用率，降低能耗水平，具有显著的综合效益。

国外部分发达国家从法律层面对建筑提出了一定的要求，如表7-5-6所示。

**国外部分国家建筑体检制度　　表 7-5-6**

| 国家 | 体检制度 |
|---|---|
| 日本 | 在建筑竣工后第5年、第10年及之后每10年对建筑进行一次全面检查 |
| 英国 | 对建筑物的使用和管理包括例行检查、一般检查和详细鉴定，其周期通常应超过5年 |
| 新加坡 | 纯居住建筑竣工后每10年应鉴定一次，不仅用于居住的建筑物竣工后每5年应鉴定一次 |

表格来源：徐天水. 钢筋混凝土结构可靠性鉴定与加固方案优选[D]. 青岛：中国海洋大学，2009.

② 维护和改造既有建筑。我国城市建设正处于新区开发与旧城治理改造阶段，对旧建筑物的维修改造在我国并没有受到广泛的重视和深入的研究，也没有形成理论体系。对于既有建筑改造侧重于结构加固及节能改造，且重要对象针对单一建筑，缺乏对整个小区及城市的综合改造提升，且缺乏强有力的改造资金支持。目前在小区改造上，主要为给老旧小区加装电梯，改善使用性能。改造资金最主要来源于业主，街道及社区组织可根据当地实际给予部分补贴。

在城市建设经济可持续发展理念引导下，未来对既有建筑改造是大势所趋，而产业化、绿色化将是一个重要的方向。对既有建筑改造已成为打造健康舒适、绿色宜居环境的有效手段。我国在既有建筑改造领域还需要出台更为合理的政策引导与优惠的激励政策，以促进旧建筑物维修改造的良性发展；同时完善市场机制，使其走向完善系统化。

## 5.1.8 构建城市建设可持续发展的防灾减灾机制

灾害防御工作投入了预防成本，导致直接经济效益有所下降，但作为灾害管理的重要部分，灾害防御提升了软硬设施水平，一旦灾害发生，灾害预防能有效提升综合效益，保障人民生命安全。

为了取得防灾效益与经济效益、社会效益和生态环境效益的统一，全民族都需要增强防灾和减灾意识，共同构建行之有效的防灾减灾机制。设置完善的、具有一定管理特征的防灾减灾管理机构，实现联动的、综合性的管理机制，构建完善的跨地区、部门以及学科的科学分布式层次化管理职能以及机构。通过权威性专家学者对各种灾害进行系统的分析，通过科学的管理部门形成专家的顾问团体，利用专业的防灾决策咨询系统，为政府的防灾减灾提供智力决策以及支持。

### 5.1.9 构建城市可持续建设全寿命周期大数据库

大数据、云计算等技术日益成熟，为构建全寿命周期数据库提供了技术支撑。研究城市建设经济可持续发展的全寿命周期内的多元参与主体及全过程参与流程，采集城市建设投资决策信息（决策项目、决策主体、决策参与人等）及城市建设经济可持续体制机制（可持续评估机制、流程审批手续、计价计费机制、改造提升机制等）、典型案例等信息，以开放的数据库不断吸收新的相关信息，丰富城市建设经济可持续发展的数据库。通过对数据分析，采取合理科学的数据挖掘方法，挖掘出深入、有价值的信息，科学地建立模型，之后便可以通过模型，代入新的案例数据，从而实现对未来数据的预测，判断城市建设项目的可行性，实现城市建设经济可持续发展的数字化、可视化，如图 7-5-9 所示。

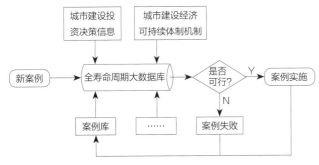

**图 7-5-9　全寿命周期大数据库**

## 5.2 强化对城市可持续建设方式的激励效果

城市建设可持续发展，离不开不同参与方的积极参与。强化对城市可持续建设方式的激励效果，针对区域、企业、项目、个人等不同层面，通过多种激励措施，鼓励越来越多的地方政府、组织和个体加入到城市建设可持续发展过程中，从各种渠道大幅动员资源，从各个层级为可持续城市建设提供资金支持，并为快速推进可持续城市发展提供充足的激励措施。

### 5.2.1 现状突出问题

**（1）可持续建设项目的外部性考虑不足**

城市建设项目的外部性可分为正效应和负效应，无论是正的外部性还是负的外部性都会导致价格机制失灵，必须寻求市场机制之外的其他安排才能解决公平和效率的问题。目前解决外部性的主要方式依赖政府财政投入，以轨道交通为例，截至 2016 年 6 月，我国在建的轨道交通项目里程超过 3000km，预计投入 2.1 万亿元。城市轨道交通不仅需要庞大的建设资金，而且其运营与沉淀成本亦非常高，从路网整体看，所有城市的轨道交通网络几乎处于亏损状态。城市轨道交通项目外部性显著，给地方政府带来巨大的财政压力和沉重的债务负担，但轨道交通的供给者未能分享到外部性的收益，因此应采取一定的手段使得外部效应最小化。

**（2）可持续建设激励的吸引力不足与模式不丰富**

当前可持续建设吸引力不足，各主体参与可持续建设的意愿较弱。以福建省装配式建筑市场为例，装配式建筑正处于起步阶段，建设规模不足，难以通过规模化的建设降低装配式建筑的成本。再加上在装配式建筑推广初期，需要投入大量资金用于产业基地建设，基地建设周期长，回报效益慢，又缺乏健全的政策扶持，在很大程度上导致企业不愿主动选择开发装配式建筑。

**我国可持续建设项目扶持政策**　　　　　　　　　　　　　　　　　　　　　　　　　表 7-5-7

| 经济补贴方式 | 示例政策文件 | 示例政策文件相关内容 |
|---|---|---|
| 建设项目土地保障 | 《国土资源部 国务院扶贫办 国家能源局关于支持光伏扶贫和规范光伏发电产业用地的意见》（国土资规〔2017〕8号） | 对深度贫困地区脱贫攻坚中建设的光伏发电项目，以及国家能源局、国务院扶贫办确定下达的全国村级光伏扶贫电站建设规模范围内的光伏发电项目，变电站及运行管理中心、集电线路杆塔基础用地按建设用地管理，各地在编制土地利用总体规划和年度土地利用计划中应予以重点保障 |
| 融资支持 | 《工业和信息化部办公厅 国家开发银行办公厅关于推荐2017年工业节能与绿色发展重点信贷项目的通知》（工信厅联节函〔2017〕234号） | 对节能与绿色化改造、能源管理信息化、清洁生产、资源综合利用项目提供差异化的融资支持 |
| 税收优惠 | 《关于印发节能节水和环境保护专用设备企业所得税优惠目录（2017年版）的通知》（财税〔2017〕71号） | 企业购置并实际使用节能节水和环境保护专用设备，可享受企业所得税抵免优惠政策 |

表格来源：根据政策发布网站整理总结

我国对可持续建设产业的政策扶持力度较小，并且主要方式为经济补贴，相关文件例证可见表7-5-7。在可持续建设发展之初，需要政府的激励来吸引企业参与可持续建设，引导社会公众采用可持续的生活方式。例如可以考虑采用制定相应的国家技术创新与推广应用专项行动，建立健全政策制度等措施，发挥好政府的指挥棒与引路人的角色，促进政府公共资源、社会资源以及各种创新要素向可持续发展的关键领域聚焦。

### 5.2.2 构建城市可持续建设外部效应的内部化机制

按照有偿受益的原则和效益分享的思想，将使用成本按合理比例进行利益分配，即根据不同的受益和收入情况，建立外部效应内部化的机制，公共产品供给的外部影响纳入到市场过程中，消除外部收益和外部成本。目前我国各城市轨道交通仅依赖票款收入难以补偿投资和运营成本。除票款外，其最重要的经济价值就是沿线区域由于交通条件的显著改善带来的土地增值。香港实行"以地养铁"，轨道项目PPP模式结合物业发展，让香港地铁成为世界少有能盈利的轨道交通机构。经过30年的发展，物业发展成为主要利润来源。由于体制的差异，内地模仿港铁模式主要存在经营性用地土地出让，城市规划以及内地政企不分等问题。因此，借鉴深圳的经验，可以从以下方面制定政策：

① 出台土地作价出资的政策。深圳市的《国有土地作价出资办法》规定由深圳市国资委代表市政府依法履行出资人职责，向深圳地铁公司作价出资了大量的土地资源，由深圳地铁公司用于进行轨道交通沿线的土地综合开发。

② 选择有经验的开发商合作开发。在获得综合开发土地资源的前提下，深圳地铁公司通过公开招标的方式，选择经验丰富、实力雄厚的开发商和施工单位联合体，提高了开发效益。

### 5.2.3 加强对城市可持续建设方式的减免税收优惠

在中国城市建设可持续化发展过程中，应充分发挥财税政策导向扶持作用，使相关产业得到切实的税收优惠，减轻企业开发成本，促进产业的可持续发展。

第一，实行逆向限制税收政策。一方面要大力支持促进城市可持续发展的新型产业，另一方面同时要限制或取消相对应的传统产业税收优惠。

第二，加大所得税对产业的优惠力度。首先是个人所得税税收优惠，对发展产业有突出贡献的科技和管理人才给予个人所得税优惠。其次是企业所得税税收优惠。一是大幅度提高对新产品研发费用的加计扣除比例。二是对研发和生产的固定资产允许采用加速折旧,对企业为研发和生产而外购的无形资产予以税收减免。

我国积极出台了相关财税政策如表7-5-8、表7-5-9所示,推动新能源汽车技术的研发投入,增强新能源汽车购买力。在国家税收优惠的政策导向下,2015~2017年,新能源汽车的产销呈现了井喷式的增长。2017年,新能源汽车产销分别达到79.4万辆和77.7万辆,同比分别增长53.8%和53.3%。

### 5.2.4 加强对城市可持续建设方式的金融政策支持

#### (1) 为项目提供低息贷款融资支持

为项目提供低息贷款支持。商业银行提供一定的利率折扣,此外对于公用事业等民生产业,政策性银行可加大对项目提供低息贷款的支持力度。比如在绿色建筑领域,安徽提出金融机构对绿色建筑的消费贷款利率可下浮0.5%、开发贷款利率可下浮1%。

#### (2) 为企业提供信用增级支持,开展创新信贷模式

第一,处于产业发展初期的部分中小型企业,比如节能减排、新能源等,融资时会出现一种"死循环"的困境,产生该困境的主要原因在于银行认为相关企业贷款的有效担保不足。因此,可以借助一些政策性金融担保机构,以政府信用做担保介入企业的贷款融资项目,降低企业的融资难度和融资成本。

第二,商业性银行可以对有市场发展潜力和还贷能力的企业开展一些创新的信贷模式。对企业用于科技创新或者技术改造所需的信贷资金,可以参照不同信贷对象的优先等级原则予以授信支持。在限定额度内,商业银行可根据企业的具体情况简化贷款手续,减少审批环节。

#### (3) 大力发展基础设施产业投资基金

产业投资基金是对未上市企业提供资本支持,并参与其运营与管理,最终通过股权交易而获得较高投资回报的集合投资方式。产业投资基金比较适合基础设施建设与支柱产业等领域,培育和发展产业投资基金能够较好地为基础产业提供金融支持,帮助这些领域的建设项目进行公司制改造与市场化运作。

**新能源汽车制造企业研发投入的税收优惠政策** 表7-5-8

| 税种 | 优惠政策 |
| --- | --- |
| 流转税 | 增值税:①免税。研发用途的进口设备、仪器、技术资料、化学试剂等免征增值税。②先征后退。从2008年起,对销售自产的综合利用生物柴油进行增值税先征后退。<br>消费税:①免税。电动汽车不属于消费税的征税范围,不需缴纳消费税。②减半征收。中重度混合动力汽车减半征税;2011~2015年对中重度混合动力汽车减半征收消费税 |
| 所得税 | ① 优惠税率。对高新技术企业实行减免15%的优惠税率。<br>② 免税期。企业从事符合条件的项目的所得,自项目获得第一笔生产经营收入的所属纳税年度起,企业享受"三免三减半"的政策。<br>③ 加计扣除。企业发生的"三新技术"研发费用,未形成无形资产的,按发生额50%加计扣除;已形成无形资产的,按无形资产成本的150%摊销。研发过程中发生的各项费用记入管理费用税前扣除。<br>④ 税收减免。在一个纳税年度期间内,企业所得税纳税义务人中的企业技术转让所得小于500万元部分,免征企业所得税;对大于500万元部分的所得,减半征收企业所得税 |

表格来源:梅吟晨,宋良荣. 财税政策对新能源汽车制造企业研发投入影响的实证分析[J]. 生产力研究,2017(11):25-29.

**新能源汽车购置的税收优惠政策** 表7-5-9

| 时间 | 税种 |
| --- | --- |
| 2015.01.10~2016.12.31 | 购买1.6升排量及以下汽车可享受车辆购置税减按5%的优惠政策 |
| 2017.01.01~2017.12.31 | 购置1.6升排量及以下的乘用车减按7.5%的税率征收车辆购置税 |
| 2018.01.01至今 | 1.6升排量及以下汽车恢复按10%的法定税率征收车辆购置税 |

表格来源:《汽车购置税减半政策》(财税〔2015〕104号),财政部 国税局《关于减征1.6升及以下排量乘用车车辆购置税的通知》

### 5.2.5 建立绩效为导向的项目可持续建设激励机制

在项目建设中，政府应该鼓励企业积极采用创新的可持续建设模式，以项目可持续绩效作为重要发展目标之一。

#### （1）构建新型的节能机制

合同能源管理是一种基于市场的节能新机制。目前实践中，如上海市政大厦、天津市高压汞灯改造等项目都采用了合同能源管理的方式。政府在推广该机制时，应起到引导激励的作用——制定和完善相关的法律制度、完善责任机制与激励机制、建立多层次的融资渠道、完善企业信用评价体系。以完善激励机制为例，可以在借鉴国外经验的基础上制定相应政策。如德国政府对相关企业采取税收减免、财政补贴政策；日本 NEDO 对节能技改项目进行补助；西班牙成立了兼有政策研究和项目示范双重功能的能源机构，发挥了很大的指导和示范作用。

#### （2）PPP 模式应用于多领域支持城市可持续发展

联合国把 PPP 视作各国实现可持续发展目标的重要机制和有效工具。PPP 模式可用于城市发展的多个领域，如可再生能源、自然灾害救援的常备建筑开发、远程医疗会诊、信息通信技术和宽带、公共建筑节能、智慧与可持续发展模型等。当前，我国新领域应用 PPP 模式已开展的试点工作表明，PPP 模式促进了资源的高效、高质配置。在此基础上，政府需加强推动和示范，建立激励机制，开展试点项目，创造规范的 PPP 项目应用环境。此外，我国应该增加对项目绩效的评价和关注，引导企业以绩效作为项目发展的重要目标之一。PPP 模式在多领域应用案例如表 7-5-10 所示。

### 5.2.6 倡导全员参与的分布型城市可持续建设范式

#### （1）公民参与节能减排与新能源利用

根据对日常生活中衣、食、住、行、用等六大类 36 项全民节能减排行为潜力测算，全国年节能可达 7700 tce，可用来创造 GDP 约 6400 亿元，减少大量的 $SO_2$ 和 $CO_2$ 排放，相应减少约 2 亿 t $CO_2$ 排放。公众从衣食住行的方方面面入手将节能减排落实到日常生活中的每一处。有意识地将居家与办公等光源更换为节能灯及 LED 灯等高效光源，养成随手关闭电源的习惯，倡导绿色出行。

除节能减排之外，加强对新能源的利用对推进城市可持续发展具有重要意义。在有日照条件的地区，可以推广太阳能的使用，如采用太阳能热水器、太阳能光伏板等；对于新建建筑及有条件的改造建筑，可以考虑采用地源热泵等形式来利用地热能；此外，在资源紧缺的情况下，新能源汽车在环保和家用经济上都有很多优势。

#### （2）个人消费模式的改进

十九大后，中国经济的全面深化改革不断推进，在全球化背景和新常态环境下，可持续消费模式结合"互联网＋"背景下绿色生态消费模式转型将是未来的消费模式的主要方向，如图 7-5-10 所示。

"互联网＋"背景下的消费拓展了消费的内容，打破了消费的时间和空间等客观条件的限制，让消费变得自由。互联网不断集聚各类商品，网络购物逐渐普及。此外，在线旅游、本地生活服务等以互联网为载体的新消费模式占比不断增长。

扫码消费、转账付款等移动支付方式正在改变我们的消费模式，移动支付便利了日常消费，降低交易

PPP 模式在多领域应用案例 表 7-5-10

| PPP+ 新能源 | PPP+ 智慧城市 | PPP+ 远程医疗 | |
|---|---|---|---|
| • "PPP 国家示范项目"——天津市电动汽车公共充电设施网络<br>• 青岛特来电公司与芜湖、新乡等 12 个城市以合资形式共同建设运营充电站 | • 财政部第二批 PPP 示范项目——合肥市高新区建设创新引领的科技人文型智慧城市，重点建设"3421"体系<br>• 财政部第三批 PPP 示范项目——淮南市智慧城市建设项目，民生领域建设 PPP 项目（智慧医疗） | • 2017 年青岛市立医院与菩提医疗集团"云医院建设"启动，双方通过 PPP 模式打造区域性医疗信息平台、智慧医院和远程医疗平台，全面构建云医院服务体系 | PPP+… |

表格来源：http://news.ddc.net.cn/newsview_56333.html；http://dldcw.cn/News/113557.html；人民网，http://ah.people.com.cn/n/2015/1020/c358339-26857599.html；淮南市人民政府网，http://www.huainan.gov.cn/wap/public/content/46204507；https://www.sohu.com/a/127463150_139908

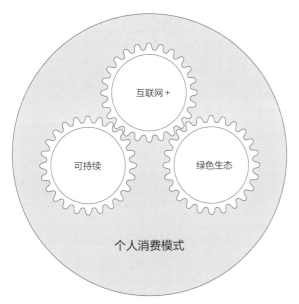

图 7-5-10 未来个人消费模式

成本。但移动电子商务背景下商业消费模式仍然存在一定问题，比如安全问题，商业信用，信息不对称，在一定程度上阻碍了交易的公平性，影响了可持续消费模式的建立。

因此，为培育健康可持续消费模式的形成，在"互联网＋"的背景下，首先应建立技术安全机制，完善行业标准和制度，建立政府—企业—个人的多方协同合作模式，实现长远意义上的可持续型消费模式。

## 5.3 保障对城市可持续建设参与方的补偿水平

### 5.3.1 现状突出问题

**（1）城市可持续建设财政补贴不连续**

一些城市政府部门为了吸引外部资金进行经济建设，在可持续建设项目签订后，出于自身财务压力或政策变动等原因，不履行或拒绝履行合同约定的补贴而产生拖欠，给项目带来了直接或间接的危害，也给城市的可持续建设带来了负面影响，兰州威立雅水务公司就是这样的典型案例。

2014年4月10日17时，兰州威立雅水务公司偶然检测发现，出厂水苯含量高达118微克/升，22时，自流沟苯含量上升为170微克/升，11日2时检测值达到200微克/升，均远超出国家限值的10微克/升。两个月后，调查结论公布，兰州威立雅水务公司的4号、3号自流沟由于超期服役，沟体伸缩缝防渗材料出现裂痕和缝隙，兰州石化公司历史积存的地下含油污水渗入自流沟，对输水水体造成苯污染，致使局部自来水苯超标。政企双方都被追责：兰州威立雅水务公司的责任是主体责任不落实，运行管理存在缺陷，信息迟报延报；政府方面，兰州市建设局、环保局、卫生局以及市国资委承担监管责任。

厘清背后的原因，就会发现这则看似偶然的事件，实则必然。一方面，兰州威立雅水务公司每年的投入预算很低，几乎无法维持供水系统正常运转，导致技术设施疏于维护保养。另一方面，当初威立雅集团为获得45%的股权已经付出了极高的投标价，而兰州水价4年来一直未涨，公司处于亏损状态，无力也不愿出资维护更新设施。更重要的是，兰州市政府以资金不到位为由，不愿给兰州威立雅公司过多的补贴，也不愿出资更换厂区周边的技术设施，导致兰州威立雅公司投资4亿多元，几年下来，回报只有1000万，还不如银行利息收入的一半。这些风险当初是否被合作双方考虑到？是否反映在合同当中，并约定分担解决机制？这不仅是威立雅的事，更需要兰州市政府反思。

**（2）城市可持续建设补偿机制不合理**

① 城市可持续建设财政补偿形式单一。对参与城市可持续建设企业的财政补偿形式多样化可增加企业黏滞性，从而留住企业长久发展，而单一的补偿方式则会消减企业参与的积极性。

黑龙江省为转移对传统资源的依赖，需要支持新能源经济，寻求新能源的开发和低碳环保产业的发展。然而黑龙江省税收优惠补贴范围狭窄，目前仅节能节水项目有税收优惠政策，对其他新能源研发利用项目几乎没有涉及，因此税收优惠政策没有发挥出其影响力。而且就节能节水相关项目来说，税收优惠补贴针对方向单一，仅涉及固定资产设备的购入，实施加计扣除。单一的补贴范围和单一的补贴对象导致黑龙江省税收优惠补贴政策对节能减排的激励效应较弱。

② 城市可持续建设财政补偿强度欠佳。很多城市基础设施项目采用BOT模式融资兴建，在这些项目

的合同中，政府对项目公司的补贴额度和时限等规定尤其重要，关系到项目的运营效益和最终成果。

天津市双港垃圾焚烧发电厂由天津泰达环保有限公司投资兴建，位于天津市津南区双港镇，总投资5.8亿元人民币。该项目于2003年7月1日开工建设，2005年5月13日正式进入商业运行，日常处理垃圾1200 t，当时是被住房和城乡建设部认定的我国垃圾发电领域唯一的国家级"科技示范工程"。

然而，在运营的初期，处理的垃圾并没有达到设计的数量，导致收益不足。同时，合同规定由于约定原因导致项目收益不足，政府需提供财政补贴，但是对补贴数量和期限没有明确定义，导致项目公司承担了收益不足的风险。如2012年政府给项目公司的财政补贴不足5800万元，仅占公司主营业务收入的1.25%，使得项目公司蒙受了巨大亏损，叫苦不迭。

③ 城市可持续建设补偿公平性较低。长期以来，我国国企由于其企业性质、资本规模和资信等原因，在银行贷款、市场份额、负债承受等多方面较民企有很大的优势，这种"国进民退"的不公平现象在多种行业显现。

在诸如新能源汽车和光伏发电等城市可持续建设领域，这种现象也出现端倪。例如2010年8月，以一汽、国家电网和中海油等16家央企组成的中央企业电动车产业联盟，使得业界担忧利用其优势地位分享国家财政扶持资金的现象会在新能源产业领域重演。

### 5.3.2 建立区域可持续建设补偿机制

生态文明的建设和完善是实现区域经济可持续发展的必由之路。生态产品具有较强的外部性，但由于我国生态产品的产权归属不清晰，造成生态保护区提供生态产品积极性不高，致使近年来我国生态环境质量急剧恶化、区域经济发展失衡且可持续性较差。因而，建立有效的区域可持续建设补偿机制，是解决区域生态环境和经济发展失衡、实现区域经济可持续发展的有效途径。

如深圳市于2010年成立全国首个碳排放交易所，对个人投资者开放，为全国人民打开了新的投资渠道。2013年颁布了全国首部碳排放管理地方法规《深圳经济特区碳排放管理若干规定》和《深圳碳排放权交易管理办法》，主要涵盖了碳排放权管控制度、配额管理制度、抵消制度、市场交易制度、第三方核查制度，开启了企业碳排放核查的先例，使碳排放权初始分配方式灵活化，在碳排放的市场价格上，政府也可适当调控。

### 5.3.3 建立企业可持续建设补偿机制

国家可通过出台相关财政引导政策、税收优惠政策、产业扶持政策、金融扶持政策等扶持某些特殊地区、产业、企业和产品的发展，促进产业结构的调整和社会经济的协调发展。

为建立企业可持续建设补偿机制，应充分发挥区域优势和产业优势，确立合理的土地价格优惠额度、税收减免额度。对于地域性强的产业，可以城市为依托，以国有大型企业集团总部为支撑，纳入当地城市发展规划，配套完善基础设施建设，改善发展条件和环境，吸引企业入驻扎根。

### 5.3.4 建立项目可持续建设补偿机制

#### （1）建设期补偿

第一，对于商业开发类项目，建设期的补偿方式主要由按建筑面积进行财政补贴，下调履约保证金和质量保证金费率，容积率奖励等。在绿色建筑领域，有9个省份（直辖市）明确了对星级绿色建筑的财政补贴额度，各省逐渐完善了促进绿色建筑发展的政策体系，确保绿色建筑在我国的快速发展。

第二，对于由社会资本参与投资的基础设施项目如图7-5-11所示，通过政府投资项目中与经营无关的设施（非经营设施）进行补偿。在项目运营期初期，政府将其投资的部分非经营性设施无偿移交或以象征性价格租赁给项目公司。在项目运营稳定后，再通过调整政府投资部分资产租金的形式回收部分投资。北京地铁四号线成功地运用了这一模式。

#### （2）运营期补偿

由社会资本参与运营的项目，可根据运营期预测

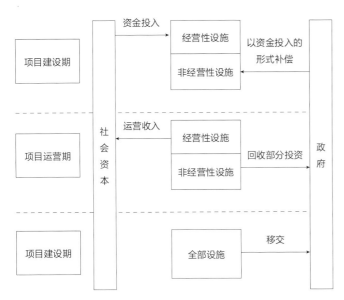

图 7-5-11 建设期补偿模式

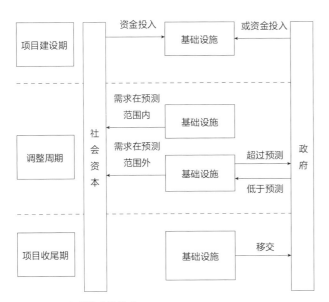

图 7-5-12 运营期补偿模式

的需求和实际需求的差额进行补偿。在污水处理领域，主要通过市场化方式引入社会资本负责投资、建设和运营，运营阶段根据影子价格和实际征收的污水处理费之间的差额，由财政予以补贴，如图 7-5-12 所示。

### （3）资源补偿

资源补偿模式是指将准经营性/非经营性项目和与之紧密联系的经营性项目的建设和运营捆绑起来"搭售"，这类捆绑的项目又称为 RCP（Resource Compensate Project），这一模式的本质是把正外部性内部化。澳大利亚维多利亚墨尔本展览中心的会议中心项目，为了提高该项目的可经营性，公私双方制定了会议中心周边区域的扩充性商业开发计划，通过经济乘数效应显著增加了项目效益。

### （4）部分环节市场化

基础设施项目可以将投资建设或运行环节单独实施市场化。合肥市巢湖流域乡镇污水处理厂 DBO 项目，是将 36 个乡镇小规模污水处理厂的设计、建设和运营部分作为一个项目完成市场化运作，引入专业公司负责实施，投资则由政府另行筹集。

## 5.3.5 建立可持续个人精神补偿机制

某种社会公用设施或土地使用现象对周围居民产生了较强的负面影响从而遭到临近居民的反对和抵制，这种现象被称为"邻避效应"，这些设施称之为"邻避设施"，例如垃圾焚烧厂、污水处理厂等。邻避设施在提高社会整体利益的同时也给附近居民带来了负外部性，而社会（通常是政府或相关单位）却没有对此进行应有的补偿。合理的回馈和补偿机制是对"邻避效应"最好的解决办法。本节从经济和公众心理两个角度给出了补偿方法，如表 7-5-11 所示。

以杭州市中泰垃圾焚烧厂项目为例，2014 年 5 月，余杭区中泰街道一带群众为反对中泰垃圾焚烧厂项目发生规模性聚集，甚至阻断交通、围攻执法管理

"邻避效应"补偿方法　　表 7-5-11

| 补偿类型 | 补偿方式 | 具体措施 |
|---|---|---|
| 经济补偿 | 规划用地补偿 | 优先考虑邻避设施周边地区符合当地功能定位的重大项目和重大活动，以及对邻避设施负面影响有弱化作用的绿化工程、废气治理等项目 |
| | 直接资金补贴 | 设置专项资金，对邻避设施周边地区的社会公众进行直接补贴 |
| | 就业补偿 | 提供更多的就业机会，间接帮助改善社会公众的生活水平 |
| | 迁置安居补偿 | 对需要搬迁的企业、社会公众提供迁置安居的便利和费用 |
| 心理补偿 | 加大参与力度 | 促进社会公众在邻避设施项目决策中的参与力度，尊重社会公众意愿，合理采纳社会公众建议 |
| | 加强信息公开 | 及时公开邻避设施信息，普及邻避设施知识，努力消除周边社会公众的疑虑；有效发挥媒体作用，正面宣传邻避设施对改善民生的贡献，并对邻避设施起到监督作用 |

人员。在不断加大项目信息普及力度的同时，为了提升群众的获得感，杭州市专门给中泰街道拨了1000亩的土地空间指标，用来保障当地产业发展，还投入大量资金帮助附近几个村子引进致富项目，改善生态、生产、生活环境。最终避免了群体性事件恶化升级，保障了项目的顺利实施。

2016年2月起，法国核电站方圆10公里范围内的居民可以免费到药店领取政府发放的碘片，当核事故发生时，这种碘片可用于保护人体甲状腺免受放射性碘的伤害。除了发放防辐射药物这种经济补偿方式外，法国核电站所处地区的当地政府还会定期与公众开展相关交流，及时公布核电站的重要信息和运营情况，并且每年组织公众到电站现场参观，消除公众的疑虑。在两种补偿方式的共同作用下，大部分法国公众仍赞成核电。

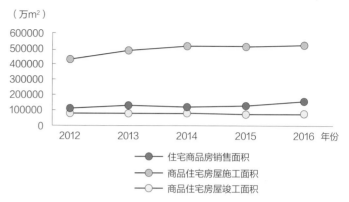

图 7-5-13　2012~2016年住宅商品施工与销售面积情况
数据来源：国家统计局. http://www.stats.gov.cn/

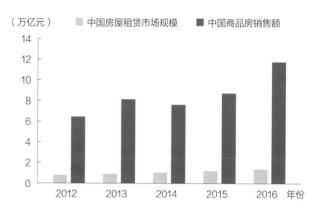

图 7-5-14　2012~2016年我国商品房销售与租赁市场规模对比
数据来源：国家统计局. http://www.stats.gov.cn/；住房和城乡建设部

## 5.4 促进城市可持续建设产业经济升级

### 5.4.1 现状突出问题

**（1）产业供需失衡**

城市的各个产业内部存在大量供需不平衡的状态，如房屋、养老、医疗、交通等多个产业问题日益突出。

① 房屋买卖市场的供需失衡。在房屋买卖市场，全国商品住宅总体供过于求。2012~2016年，我国商品住宅房屋施工面积远大于住宅商品房销售面积，供应量已超过需求量，如图7-5-13所示。

② 房屋租赁市场的供需失衡。在租赁市场，城镇化率依旧保持增长，新增的大量流动人口多为中低收入群体，不具备即时购房能力；部分被排除在购房资格外的刚性住房需求只能进入租房市场，需求进一步扩大。但在供给端，尽管我国存量房屋规模在不断上升，转化为租赁房屋的数量却十分有限。以北京为例，目前北京的机构化管理房源为40万间，不足租赁市场的10%。租赁市场的供给远远达不到需求的数量，如图7-5-14所示。

③ 养老服务供需失衡。我国已成为世界上老龄化速度最快的国家之一，但养老服务市场却仍不足以满足需求。中国每年有1000万人迈入60岁，按照这一速度，至2050年中国将有4.87亿老年人。目前市场并不完全具备从政府手中承接养老服务的条件，其中一个表现为，中国的老年照护需要1000万服务人员，但目前从事该工作的仅有60多万人，其中只有不到10%的人拿到了养老护理员的职业资格证。

④ 医疗供需失衡。目前，我国有280万的医师，但是只有1/3是医学院毕业的，其中真正经过临床训练的不到100万。我国每千人拥有的医生数量是美国的1/4，供需关系严重失衡。另外，医疗资源失衡导致基础医疗不发达，基础医疗问题占用优质资源，让本就供需失衡的现状变得更严重。

**（2）产业发展滞后**

① 县域新兴产业发展滞后。中国信息通信研究院发布的《2016年中国工业百强县（市）发展报告》显示，我国工业百强县（市）仍以传统产业为主，新兴产业在县域层面发展相对滞后。

报告指出，工业百强县（市）主要发展的传统产业中，主要以机械加工制造为主，产品多处于产业链低端；轻工业主要以食品初级加工为主，形成大企业及品牌效应的少。仅有不到 20 个县（市）将技术含量较高的汽车及电子信息行业作为主导产业。仅有 23 个县（市）以新兴产业为主导产业，以新能源、新材料为主，主要分布在江苏、浙江、山东三省。《中国制造 2025》十大领域中县域能涉足的领域更少，新兴产业在县域层面发展相对滞后。

② 产业发展配套滞后。目前，一些新兴产业在我国蓬勃发展，但与之配套的设施建设和保护政策却跟不上，进而阻碍了我国城市的可持续发展。

比如 2017 年我国新能源建设中，风电的发展取得了显著成效，全国风电累计并网容量达 1.64 亿 kW，占全部发电装机容量的 9.2%，风电年发电量 3057 亿 kW·h，占全部发电量的 4.8%。但是由于电力外送通道建设缓慢、电能统一管理和调节能力低，以及缺少长久的保护性电价保障政策等原因，导致全年弃风电量达 419 亿 kW·h，整体风能利用率低，使得我国一些城市依旧存在不小的用电缺口不能弥补，阻碍了城市经济的可持续发展。比如江苏省虽是年户均停电时间最少的省份之一，但 2016 年江苏城市用户每户平均停电时间为 3.3 小时，农村则是 8.7 小时，依旧有较大用电缺口。

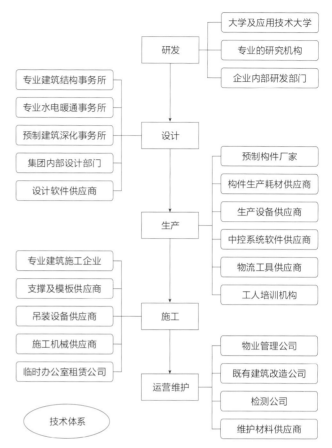

图 7-5-15　德国装配式建筑产业链概况

图片来源：德国 PC 装配式建筑上下游产业链现状介绍. http://www.360doc.com/content/15/0830/04/11881236_495824155.shtml

### 5.4.2　构建与城市可持续建设相适应的产业结构

#### （1）深化供给侧改革，促进产业结构变革

供给侧结构性改革作为实现"十三五"规划目标的主要方式，并非仅仅是数量结构的调整，而是整个产业结构的变革和升级。例如，德国建筑界充分借鉴和融合了制造业领域的先进技术和现代管理思想，并将其引入到房地产与建筑产业，使装配式住宅与建筑的产业结构和建造技术能够实现大产业链协调与工业化可持续发展。我国可以借鉴德国的成功经验（图 7-5-15），使装配式技术体系在建筑施工中普及，最终促进我国建筑产业完成转型升级。

#### （2）加快科技创新，培育"造血机能"

在产业转型升级过程中，科技创新扮演着十分重要的角色。科技创新的步伐加快了，供给侧的"造血机能"增强了，就能够为满足需求升级提供源源不断的动力。目前许多城市都在建设新能源汽车的充电基础设施，但限制此类建设项目进一步发展的原因在于可持续产业科技研发投入高，而盈利能力普遍低下。国家发展改革委和国家能源局均提出应建立企业、研究机构、高校多方参与的提升电力系统调节能力技术创新应用体系；加强火电灵活性改造技术的研发和应用，推进能源互联网、智能微电网、电动汽车、储能等技术的应用；着力通过技术进步和规模化应用促进电力系统与信息技术的融合、降低电储能技术成本。

#### （3）着力发展新兴产业，促进产业结构调整

为顺利推行新兴产业，将新兴产业与传统产业有机结合是一个有效且平稳的途径。例如，李克强总理在政府工作报告中提出过"互联网＋"行动计划，强调以信息化带动传统产业的发展，实现信息技术产业

的应用对象多元化。通过引入互联网产业促进传统产业结构调整的实例有很多，例如"互联网＋工业"的典型案例——海尔互联工厂。我国海尔集团为顺应全球新工业革命以及互联网时代的潮流，由大规模制造向大规模定制转型，积极探索基于互联网和物联网的智能互联工厂模式。这样新旧产业结合的发展模式不仅促使旧产业更加符合城市建设可持续的要求，同时也能使得新产业的接受度更高，实现平稳过渡。

### 5.4.3 推动产业集群和城市间的可持续协同发展

#### （1）产业集群概念在城市发展中的应用

特色小镇的特色是产业特色。特色小镇的建设，应该依托当地的产业资源以及当地的特色产业，升级传统的产业集群。产业集群是特色小镇建设的基础，是特色小镇建设的一部分，在形成产业集群之后，还要进行多元化发展，进行产业创新，才能突破发展的瓶颈。特色小镇规划不只是一个管控手段，更重要的还在于形成一个可持续、可自适应、自调整的产业集群。

云栖小镇位于西湖区转塘科技经济园区块，是中国首个富有科技人文特色的云计算产业生态小镇。小镇坚持"政府主导、名企引领、创业者主体"的建设模式，以阿里云公司为龙头，以云计算为科技核心，目前已成为杭州发展信息经济、推进智慧应用、打造云计算产业生态的新"地标"。

#### （2）智慧城市群模式

近年来，中国的智慧城市试点数目线性增长。在入选国家智慧城市试点的城市和地区中，大部分分布在黄海、渤海沿岸和长三角城市群，获得较多试点的省市智慧建设也居于领先地位。

智慧城市群模式可以分为两类，一类是"大城市＋大城市"的建设模式，如江苏智慧城市群和京津冀协同。京津冀一体化过程中，淘汰钢铁行业、水泥行业等落后产能，做到产业承接和升级。河北多城市发展信息技术、新能源、现代物流等新兴产业，天津借力北京强化其先进制造业和信息产业，培育现代服务业。三地完成产业协同布局，并通过发展高新产业为智慧城市提供经济、技术保证。

另一类是大城市带动小城镇的建设模式，如珠三角城市群、杭州市与云栖小镇。珠三角城市群中，各城市间进行产业配套发展。广州、深圳作为领头城市发展科技产业；东莞则配套发展先进制造业，建设科技成果转化中心；珠海则依托其优越地理位置，引进高端人才，配合发展科技产业与制造业；杭州市与云栖小镇则在互联网产业方面进行协同，云栖小镇重点发展云计算产业，辅助杭州的信息产业发展。

# 第 6 章 提高新技术对城市建设可持续推动能力

## 6.1 主要问题：技术供应不足，缺乏系统布局

### 6.1.1 城市建设相关核心技术有待持续突破

技术是城市发展各领域的重要推动力，城市空间建设、城市生态环境、城市基础设施建设、城市交通发展、城市安全与防灾减灾等方面都陆续提出了对科学技术的紧迫需求，然而目前我国城市建设的相关技术供应仍然不足，核心技术还有待于突破。

#### （1）研发支出不足，新技术融资困难

在技术创新领域，特别是促进城市建设可持续发展的各类低碳及新能源技术等，因为技术开发前期投资费用高，投资回收期长，风险高及市场障碍的存在，许多技术因资金短缺导致新兴技术遭遇夭折威胁，技术创新过程基础研究成果不能完成市场化。需增加技术研发的投资，促进新兴节能减排技术研究成果向市场转化，实现城市建设可持续发展。

如图 7-6-1 所示，我国的研发支出占 GDP 的比例在过去的 20 年里不断增加，但与发达国家相比，还存在一定差距。

技术研发支出不足还体现在科研人员数量方面，中国的 R&D 研究人员数量远低于其他 4 个国家，仅为德国、英国、美国的 1/4，日本的 1/5。

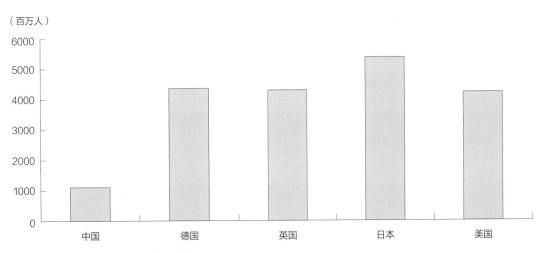

图 7-6-1 世界部分国家 R&D 研究人员数量

数据来源：世界银行. https://data.worldbank.org.cn/indicator/SP.POP.SCIE.RD.P6?end=2015&locations=CN&name_desc=false&start=1960

### （2）核心技术掌握不足

在建设领域，各类颠覆性技术的应用带来城市的新设计、新建造及新运维，但我建筑业相关技术与国际先进水平仍存在差距。在建筑设计阶段，数字化设计成为国内外共同的发展方向。据相关研究调查，2013~2014年英国的BIM技术应用为其节省了8亿英镑的施工成本，建筑业全面数字化使得在设计与工程施工阶段每年的成本节约由0.7亿美元变为1.2亿美元，而在我国BIM的应用推广还面临很大难题。另外，"生成设计"的系统、数理化设计思维给建筑业设计方式带来巨大变革，美国芝加哥水滴塔、加拿大MaRS办公楼等"生成设计"方案代表该设计模式日渐成熟，而目前"生成设计"在我国的研究和应用还未受到重视。在建造阶段，我国建造过程资源浪费现象严重，住宅建设用钢每平方米比发达国家高出10%~25%，每立方米混凝土比发达国家多消耗80公斤水泥，材料研发和生产工艺技术都还有很大的突破空间。在建筑运营阶段，目前我国建筑物总耗能量占全社会总耗能25%~28%（不包括建造阶段），建筑物所贡献的温室气体占到总排放的15%，单位建筑面积综合能耗为发达国家新建建筑的3倍以上，节能减排相关技术仍然是攻克的重点和难点。R&D研究人员数量如图7-6-1所示。

新能源发展的技术瓶颈同样制约着城市能源使用可持续发展的前进步伐。目前我国弃风弃电现象严重，2016年全国弃风电量达497亿kW·h，弃风率达17.10%；弃光电量70亿kW·h，弃光率达10.6%。近3年来，我国部分地区弃风率和弃电率居高不下，尤其是西北部地区如甘肃、新疆等地区（表7-6-1），该地区弃风弃电率过高的原因主要是发电需求超过了用电需求，而我国目前缺乏大规模的储电技术，多余的电量无法储存转移到需电量大的地区，因此通过技术研发解决电力储能和运输问题是目前能源发展的关键环节。

**2015~2017年甘肃、新疆弃风率和弃电率　表7-6-1**

| 年份 | 2015年 | | 2016年 | | 2017年 | |
|---|---|---|---|---|---|---|
| 地区 | 甘肃 | 新疆 | 甘肃 | 新疆 | 甘肃 | 新疆 |
| 弃风率 | 30% | 22% | 32% | 32% | 21% | 22% |
| 弃电率 | 39% | 32% | 43% | 38% | 33% | 29% |

数据来源：国家能源局. http://www.nea.gov.cn/

### （3）面向需求的关键技术有待攻克

在城市建设各领域，城市建设需求技术仍有待提高的方面如表7-6-2所示。比如肖绪文院士提到，目前高层建筑的兴起、地下空间开发的需求及基础设施建设发展，造成的地下空间开挖工程对水资源的浪费是迫切需要关注的问题。城市水资源非常宝贵，一个工程的基坑开挖可能抽取十万方甚至上百万方用水，造成的水资源浪费无法估量。因此从技术上解决封闭施工系统设计是目前解决该问题的思路，相关技术的开发需要得到重视和研发投入。

**城市建设亟待突破的核心技术（不完全统计）　表7-6-2**

| 领域 | 待突破技术 |
|---|---|
| 地下空间 | 透明地球高精度物探、"多规合一"关键技术及平台 |
| 资源环境生态 | 电网技术、生态修复技术 |
| 基础设施 | 封闭系统设计的工程技术、绿色建造技术 |
| 城市交通 | 公交智能化技术 |
| 城市防灾减灾 | 海绵城市技术、城市智能水务系统 |

## 6.1.2 新技术及产品应用未形成系统性布局

新技术应用的布局应在前期仔细考虑其适用性及适用范围，制定合理的新技术推广规划及推广政策，引导新技术的合理应用。但目前我国新技术应用出现规划与实际能力不足、技术不适用、技术标准不适用等一系列现象，反映出我国新技术应用分散化，缺乏系统性布局的问题。

### （1）新技术应用的规划对实施能力考虑不足

目前绿色建筑、海绵城市、综合管廊等应城市可持续发展需求而生的建设工程正在如火如荼地开展，但是新技术的发展缺乏合理的规划，过高的发展目标常常导致实际实施情况在数量和质量上的不理想。如政策要求湖南省装配式建筑在新建建筑中的占比考核目标，长株潭三市中心城市要达到15%，其他市州中心城市要达到10%。但从预检结果（2017年9月）

来看，全省 14 个市州中心城市 1~9 月新建装配式建筑总建筑面积占新建建筑总建筑面积平均占比不到 5%。2016 年湖南省装配式建筑年产能与累计完工量如表 7-6-3 所示。另外，在住房和城乡建设部的海绵城市通知中，要求 2016 年 10 月前设市城市须完成海绵城市专项规划草案，而到 2017 年只有 56% 的设市城市提出海绵城市专项规划，完成率远远达不到要求。

2016 年湖南省装配式建筑年产能与累计完工量　　表 7-6-3

| 湖南省装配式建筑 2016 年年产能 | 湖南省装配式建筑累计完工 |
|---|---|
| 2159 万 m² | 1750 万 m² |

表格来源：湖南省人民政府. http://www.hunan.gov.cn/hnyw/zwdt/201704/t20170428_4769742.html.

### （2）技术在不适宜的地方推广

政府部门对新技术新产品的政策支持或强制性措施使得建设参与方积极开发应用新产品、新技术，但与此同时是否达到其真正的效用却被忽略，盲目的技术应用有时非但没有达到安全、高效、绿色等效果，很可能带来更高的成本、更低的效用。

如绿色建筑不绿色面临很大的争议，有观点认为目前的示范性绿色建筑只是简单的技术堆砌，这种技术的滥用未能在建筑运行阶段体现应有的节能效用。2016 年《建设科技》杂志数据显示，目前按项目数量统计，绿色建筑当中获得设计标识的项目占绝大多数，但真正体现绿色建筑实施效果的运行标识仅占 6%，绿色技术的使用没有实现绿色建筑效果。生态修复技术也面临同样的问题，各行业单位研发生态修复技术形成技术大卖场，存在各行业割裂的技术壁垒线，没有形成系统化治理方案，新技术的应用依然未能发挥应有的作用。

又如我国目前积极推广的区域供冷技术也存在很大争议，一方面目前国内运行的区域能源站，冷价都高于或接近电价；另一方面，将日本采用区域供冷模式的地区特点与我国作对比，日本地区区域供冷模式较为成功，其供冷系统应用在高密度（容积率超过 9）的办公区域，而我国区域供冷项目实际容积率大多不超过 2，综合成本不够经济。

### （3）技术标准不一致阻碍新技术发展

新产品、新技术的发展面临的是全新的技术体系，应用过程与旧的技术标准之间存在冲突，也会在一定程度上阻碍其发展。如光伏面板的安装，在规划设计阶段考虑光伏面板安装能有效降低安装投资。日本政府规定新建的政府办公大楼，除了由于积雪等原因日照量不能确保外，所有的政府办公大楼都要采取太阳能发电；德国要求所有工业建筑设计必须考虑未来分布式光伏的安装，预留安装结构。而我国目前尚未形成规划设计阶段的光伏面板安装标准或规范，增加了分布式光伏面板推广的成本。

新技术标准的制定往往由单个部门或行业领域制定，很可能在部门间形成"打架"现象。比如俞孔坚教授提到，在一些园林绿化、公园设计等标准规范中，有不让水进入绿地、防止客水进入公园等条文，这与海绵城市"渗、滞、蓄、净、用、排"的建设理念和建设要求相矛盾，矛盾的规范给工程实施带来很大阻碍。

## 6.1.3 新技术及产品推广政策体系仍需完善

新技术及产品推广是整个产业链最能反映成效的一环，它与政策和市场的关系都很紧密，目前我国新技术及产品的推广在政策作用方式及对象、市场参与机制方面都面临很大难题。

### （1）政策作用对象及方式单一

为了贯彻创新、协调、绿色、开放、共享的发展理念，提高能源利用效率、改善生态环境质量等，国家出台了一系列规划政策促进新技术的发展及应用。

从我国技术政策现状分析，目前存在政策的作用对象及方式单一问题。

① 政策作用对象侧重于供给端，消费端政策不足。我国目前技术政策的补贴对象多为产品供给端，如产品生产商或产品组件生产商，再如在绿色建筑建设、新能源电力推广等，作用于消费端的政策较少，只有少数集中在节水等长期以来持续关注的领域。政策主要作用在供给端一方容易造成生产过剩，供过于求，导致产业不健康发展。以光伏发电及风力发电为例，政策作用于光伏组件生产商，缺少对电力生产商

及供应商的要求，各地热衷于建立各类发电基地，生产能力远大于当地需求量，多余的电力存在无法上网的问题，使得实际投入使用的设备比例小，造成弃风弃电现象严重。2017年上半年，全国弃光电量37亿kW·h，风电弃风电量235亿kW·h。而光伏组件在出口的过程中，受到国外反倾销、反补贴调查及相关高额税收，给光伏组件、风电组件生产企业造成巨大冲击，企业难以靠补贴生存。

同时，消费端理应是技术推广的主要受益人，但目前的政策使得消费端使用新技术还需要付出额外的成本，使得公众参与积极性不高。比如在老旧低档建筑的改造过程中，为了降低历史问题造成的建筑能耗高问题，住户需要为采用新技术支付改造成本，而老旧低档建筑的住户往往是低收入人群，没有财政的补贴很难支撑他们积极参与建筑改造。另一方面对于高能耗建筑也缺乏相应惩罚机制，对能耗控制未形成有力的制度制约。

② 政策作用方式集中于激励型政策，约束型政策不足。为鼓励新技术在城市建设中的发展，我国大多采用的都是激励型的政策，而约束型的政策偏少，在市场调节失灵的情况下，不利于城市建设新技术、新产品的发展。如新能源风力及太阳能发电相关政策，主要为固定电价、税收优惠、财政补贴及投资贷款优惠等激励型政策，缺少约束型政策。美国可再生能源信贷制度采用约束型政策，当电力供应商无法提供足额的太阳能可再生能源时，则需要额外投入资金，支付未能兑现信贷的对应合规费用。加拿大风力发电也有类似政策，规定加拿大几个省的电力生产商或销售商，必须确保其生产或销售的电力中有一定比例的电力属于可再生能源。

### （2）未形成高效的市场参与机制

① 新技术发展过于依赖政府财政补贴。目前，国家大力扶持新技术产业，制定了各种财政补贴政策，一方面帮助新技术起步发展，但另一方面也影响了新技术市场化选择的机制。虽然我国的公共部门非常重视低碳技术的发展，但财政资金有限，仅靠政府部门的投资难以扶持新技术从开发走向市场。因此，技术产业化过程中主要的资金来源还是私人部门的资金，如图7-6-2所示，从我国研发支出主体占比来看，企业资金远远超过政府资金。

另外，由于过于依赖财政补贴，新技术企业受补贴政策的影响很大。一方面补贴的资金可能不足以支撑新技术的发展，企业连续亏损最终难以为继。例如，

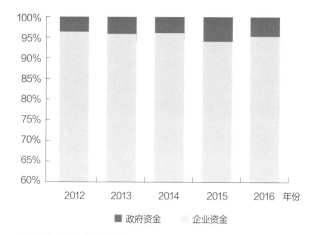

图 7-6-2　R&D 投入情况

数据来源：国家统计局. http://www.stats.gov.cn/

在《太阳能发展"十三五"规划》中提出，到2020年太阳能热发电成本低于0.8元/kW·h。华中地区水电、煤电电厂上网电价集中在0.2~0.4元/kW·h。另外在国家发展改革委《关于继续开展新能源汽车推广应用工作的通知》中，每辆乘用车的补贴为3.5万~6万元，而每辆客车的补贴高达30万~50万元。另一方面，补贴资金可能落实不到位，给新技术企业很大资金压力，根据财政部的统计，由于可再生能源电价附加资金征收出现不足，截至2017年底，我国可再生能源补贴缺口已达到1000亿元。此外，补贴调整政策对产业发展震动巨大，2018年5月国家发展改革委联合财政部、国家能源局发布《2018年光伏发电有关事项的通知》，下调2018年光伏建设规模指标，同时下调光伏发电标杆上网电价，对整个光伏产业带来巨大震荡，光伏产业被踩下一脚"急刹车"。

② 新技术市场选择机制未形成，产业化成难题。新技术只有获得投资人的青睐才能够靠获得的收益维持自身的运转，但目前我国新技术市场选择机制尚未形成，政策支持一批技术发展，但市场却选择另外一批技术，投入和产出不对等，使得很多新技术产业化过程困难。

如我国在节能科研示范项目技术推广过程中也给予相关补贴，导致很多项目为了补贴而实施，真正进入市场后其实施效果却缺乏有效评估，节能建筑变为高能耗建筑，最终被市场抛弃，不能达到产业化目的。针对这一问题，江亿院士提出取消节能科技示范项目在技术过程中的补贴，只对研发过程进行补贴，从而促进市场机制的形成，以新技术或产品的市场收益来反哺研发投入。

另外，以光伏发电中的菲涅尔式技术路线为例。2016年9月，国家能源局印发《关于建设太阳能热发

电示范项目的通知》（国能新能［2016］223号），发布第一批太阳能热发电示范项目20个，总计装机容量134.9万千瓦，包括塔式9个、槽式7个、菲涅尔式4个。使用不同技术项目开工显示出明显的技术路线差异，技术相对成熟的塔式和槽式开工较为乐观，而4个菲涅尔式全部没有实质性开工。主要原因为菲涅尔式虽然宣称具有降本增效的优势，但是实际示范应用时却未获得投资人的认可，投资人对此技术的经济性和技术成熟度存在质疑，融资难度大，最终导致项目失败。

### （3）未形成公平的市场参与机制

目前能源电力行业垄断现状制约了很多新兴企业的发展，许多新技术企业夹缝中求生存，即使有较大的创新活力也因经不住市场和政策的波折而被淘汰。如中石化云南分公司占据了昆明超过80%的销售终端，按照规定，中石化公司应该接受其他公司提供的标准生物柴油，但其拒收各家企业的标准生物柴油，直接导致多家生物柴油生产企业纷纷破产。

## 6.2 建立城市可持续发展技术体系，实现核心技术突破

### 6.2.1 技术体系构建基本原则和发展目标

#### （1）基本原则

① 坚持以人为本。坚持城市建设可持续技术进步造福人民，技术成果惠及百姓。坚持把人才作为技术创新的第一资源，创新人才培养模式。坚持激发全社会的创新活力，发挥技术技能人才队伍创新作用。

② 坚持绿色环保。坚持城市建设可持续技术绿色环保理念，建立绿色环保技术模式。坚持推动绿色环保技术成果转移转化体系建立，优化城市建设技术制度环境。坚持绿色发展和环境保护，加快绿色环保技术推广。

③ 坚持高效安全。坚持充分利用数字化、清洁能源和技术以及新兴交通技术，促进节能和提高能源利用效率。坚持建立城市纵深防御体系，提升现代信息技术与城市安全的融合度，采用多种安全防御手段实现对系统的防护、检测、响应和恢复，以应对城市建设安全的技术风险。

④ 坚持创新驱动。坚持把技术创新摆在城市建设可持续发展全局的核心位置，构建开放高效的创新资源共享网络。坚持调动高校、科研院所、企业等各方面的积极性、主动性和创造性，构建产研学结合的技术创新体系。

#### （2）发展目标

1）总体目标

至2035年，城市建设技术创新体系更趋完善，科技进步对城市可持续发展贡献率稳步提高，城市规划、建设、运行和管理全过程技术更加绿色、高效和安全，城市建设技术成果更多、更好地惠及民生和城市可持续发展。

2）具体目标——推动城市建设技术升级革新，助力城市发展

围绕城市建设有关的各个方面，通过传统技术改进和新技术创新，促进城市可持续建设，加强城市建设技术的研发与转化，形成绿色高效的城市建设技术创新体系。通过加强城市设计技术、方法、体系及标准研发，提升城市空间规划能力；通过优化资源结构和提高资源利用率，促进城市资源节能高效发展；通过改进和创新城市建造技术，提高城市建设水平和效率。

① 实施绿色建造战略，完善绿色建造管理模式。在地下空间开发、城市基础设施、城市建造模式等方面坚持"绿色发展"理念，实施绿色建造战略，实现人与城市永续发展。城市空间规划注重生态投入，优化绿地布局，拓展绿色空间，实现城市建成环境向生态健康发展。在城市基础设施建设中，实施绿色施工，生产绿色建筑产品，实现全过程的绿色建造。充分实现建造技术上的绿色化，完善绿色建造技术体系，实施建设工程绿色建造管理模式。

② 推动城市数字化、信息化建设，建成智慧城市。在城市建设的设计规划、施工、运营管理等阶段进行数字化提升和信息化管理，实现数字化、信息化技术对城市建设全过程的整体覆盖。城市设计全国实行数字化提升，构建城市设计技术体系，实现全数字化城市设计。实现城市施工信息化和可视化，实现施工现场的实时监测和大数据集成。构建CIM城市技术平台，对城市建设的各个阶段和各个方面进行数据管理，实现科学理性的城市设计和城市管控。

③ 推动城市安全技术创新应用，建设韧性城市。认真贯彻落实《关于推进城市安全发展的意见》，完善城市安全技术，推动安全技术在传统城市安全问题和新城市安全问题的应用。注重建筑物和构筑物的抗震、防火、防洪设计等，突破关键技术创新应用，提高防灾减灾技术标准，保障城市社区安全。加强海绵城市建设，最大限度减少城市开发建设对生态环境的影响，提高城市系统防御能力。重视突发事件、恐怖袭击等新安全问题，完善城市防灾减灾体系，建成安全、放心的韧性城市。

## 6.2.2 新技术对城市建设可持续发展的影响

随着时代的发展，学科的边界变得模糊，各个领域的新技术、新产品运用于城市建设过程中；同时，人们对城市、对建筑的要求在增加。城市在满足基本功能要求的同时也应当满足安全、美观、可持续等要求。在城市发展与技术进步相互促进的过程中，技术对城市建设的影响越来越大，城市建设的自动化、数字化、智能化成为必然趋势。在城市空间发展、交通、安全保障、资源—环境—生态协调等方面，大数据、人工智能、仿真系统、智慧平台等复杂科学智能技术帮助人们认识城市发展规律，进行模拟及预测等，改变城市建设思想方法及工作方式。技术对城市建设可持续发展的影响主要有两个途径，如图7-6-3所示。

第一个途径为新技术带来新的产品，产生新行业，替代传统行业，促进城市建设可持续发展。如各类清洁能源、环境友好型高分子材料、新能源汽车等，绿色、环保的新产品逐步替代传统产品，推动可持续发展的进程。

第二个途径为新技术的产生带来新理念或是新的产品生产方式，带来技术的变革。如人工智能应用于城市规划预测方面，帮助理解城市环境与人类的互相影响。用于在设计城市规划政策时，预测不同的设计规划的效果，根据预测结果对规划设计进行调整，提高规划实施结果与规划目标的一致性。运用于改造工业制造及建造的各类自动化技术，如装配式建筑与传统现浇混凝土施工相比，在新的建筑生产方式下，生产效率显著提高，人工需求小，施工过程更安全，建筑质量更易控制，节约资源，减少环境污染等。新技术改变了生产思维及生产方式的同时，产品也更加优质，产品生产过程及产品本身都在朝着可持续的方向发展。

各类颠覆性技术的应用带来城市的新设计、新建造以及新运维。技术从根本上改变了城市建设的生产方式与产品，生产过程更加科学、高效、安全、绿色，产品更符合人们的功能、美观以及可持续等要求，人们的生活更加便利、生活品质提高。

## 6.2.3 技术体系构建

技术在城市建设可持续发展的过程中有十分重要的作用。与城市建设可持续发展密切相关的新技术可根据技术作用领域，分为五大类：信息技术、建造技术、能源技术、交通运输技术、资源与环境技术及城市管理技术。而这五大类技术的发展方向及目标包括三个方面：绿色、高效及安全。

根据课题二～课题六的研究成果，可将城市建设可持续发展技术体系的主要任务包括四点内容：推动能源技术发展，促进城市节能减排；加强环境技术研发，实现资源环境可持续；促进建造技术创新，提高城市建设水平及发展城市管理技术，建设高效安全的城市。四项任务及其主要内容如表7-6-4所示。

### （1）推动能源技术发展，促进城市节能减排

积极推动能源技术发展，解决我国随着经济的发展人均能耗持续增加，石油及天然气资源的对外依存度高，非化石能源比重上升缓慢，化石能源大量被以低效率形式消耗，产生大量碳排放等问题，形成破解资源环境约束的能源创新科技体系。

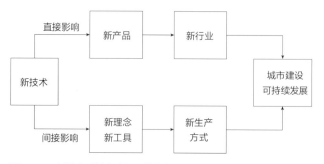

**图7-6-3 新技术对城市建设可持续发展的影响途径**

城市建设可持续发展技术发展任务　　　　　　　表 7-6-4

| 任务 | 主要内容 |
| --- | --- |
| 推动能源技术发展<br>促进城市节能减排 | • 发展新能源技术及高效清洁传统能源技术；<br>• 创新能源储存、传输及利用技术，保障可再生能源利用；<br>• 建立能源消耗及碳排放指标核算体系，坚持以效果为导向 |
| 加强环境技术研发<br>实现资源环境可持续 | • 完善水质—水资源—水生态体系技术发展；<br>• 创新生态协同治理技术 |
| 促进建造技术创新<br>提高城市建设水平 | • 加快新型建筑工业化设计关键技术研究；<br>• 实现智慧建造与绿色建造 |
| 发展城市管理技术<br>建设高效安全的城市 | • 发展 CIM 技术体系；<br>• 研发高效、智能交通技术体系；<br>• 完善城市安全信息化技术体系 |

## （2）加强环境技术研发，实现资源环境可持续

针对城市水体污染严重、水体监管手段缺乏、资源环境短缺及生态环境损失严重等问题，发展污染处理及生态环境监测及修复技术，促进环境及资源技术创新，改变"先污染，再治理"的发展模式，实现城市在社会、经济、资源、环境、生态五方面协同发展。

## （3）促进建造技术创新，提高城市建设水平

完善工业化建筑从设计、部件生产、装配施工、装饰装修到质量验收的全产业链关键技术体系，开发应用关键配套产品和智能化生产加工技术，研发高性能钢筋连接产品和连接技术，解决制约装配式建筑发展的关键问题。开发完善绿色建筑技术体系，提高绿色建造水平，降低绿色建筑生产成本，实现绿色建筑技术的推广应用。

## （4）发展城市管理技术，建设高效安全的城市

加强城市管理技术研发，增加城市管理手段及城市管理水平，增加对城市运行的状态监测、分析和预判，为城市管理作出科学合理的决策提供依据，实现对城市的高效的数字化管理。

---

### 专栏：能源可持续发展技术（课题三）

**发展新能源技术及高效清洁传统能源技术**

进一步发展生物发电、光伏发电、风力发电等可再生能源发电技术，进一步降低新能源发电成本。发展地热供暖、空气源热泵及太阳能供暖等可再生能源供暖技术，提高可再生能源供暖比例。发展高效清洁燃煤发电技术，提高发电效率，降低煤电机组大气污染物及二氧化碳排放。发展如生物柴油技术等的安全、清洁、高效的现代能源技术。

**创新能源储存、传输及利用技术，保障可再生能源利用**

发展高效灵活的蓄电及电源技术，实时调整风电及光电的输出供给，匹配电力需求规律。发展高效输电线路技术，降低输电通道成本，实现过剩可再生电力传输配送。发展建筑直流配电技术，消除电力负荷峰谷差、提高风电、光电等可再生能源的入网率。发展电动汽车及充电桩智能控制技术，减少汽车尾气污染物的排放，同时帮助电力系统提高灵活调节能力。

研究新型热电联产集中供热模式，解决热电矛盾，增加电网调峰能力，有利于可再生能源发展。发展吸收式换热器技术、电动热泵降低回水温度技术，开发大面积换热设备等，利用低品位热源降低回水温度。

**建立能源消耗及碳排放指标核算体系，坚持以效果为导向**

建立对节能、低碳的正确认识，建立合理、科学的能源消耗及碳排放指标体系，合理准确分配生产与消费两侧所应承担的碳排放责任。合理的体系能促进生产者提高生产效率，消费者节约消费。同时建立科学、公平的基准值体系。坚持以效果为导向，坚持总量与强度控制，促进城市的节能低碳发展。

## 专栏：环境生态可持续发展技术（课题三、课题六）

**完善水质—水资源—水生态体系技术发展**

学习、创新矿物质技术、光催化技术及超声波处理技术等先进污水处理技术，研发新型污水处理设备，多种污水处理技术灵活运用，应对不同情况的污水及不同季节下不同的污水产量，避免设备资源的浪费，提高污水处理产量质量。发展节水及再生水的使用技术，发展灰水、黑水分类管理和"集中+分布式"的城市水基础设施体系技术。

强化城市智慧水基础设施管理水平，发展污水监测及给排水设备监测技术，发展管网三维建模技术及运营大数据的实时分析技术，实现对城市水基础设施的动态管理、预警预报以及智慧处理等功能。

**创新生态协同治理技术**

发展资源节约以及资源循环利用技术，建立再生资源回收利用、垃圾及固废综合利用等技术体系。针对大气、土壤等污染问题，完善成因及控制研究体系，形成源头预防、末端治理和生态环境修复的成套技术。支持生态、土壤、大气、温室气体等环境监测预警网络系统及关键技术装备研发，完善重点行业危险废物溯源、快速识别、全过程风险防控及信息化管理技术体系。

## 专栏："绿色化、智慧化、工业化"建造技术体系（课题四）

**建筑工业化关键技术体系**

加快新型建筑工业化设计关键技术研究，研究标准化设计和协同设计的关键技术、开展主要类型结构体系的集成研究、创新装配式结构体系设计研发、研究装配式高性能结构体系及其连接节点设计技术、研究全装配式围护体系设计技术。加快新型建筑工业化的集成技术体系研究，研发优化装配式建筑的产业化技术体系、研发优化全产业链的关键技术和集成技术、研发优化装配式结构智能化生产加工关键技术、研发优化装配现场的吊装与支撑技术及研发优化装配式结构关键配套产品，加快钢结构现场免焊接技术研究、建筑部件整体化安装技术，设备管线模块化安装技术及装配式混凝土结构新型结构体系开发和应用技术。

**基于智能化、信息化的绿色施工技术**

实现自主开发墙喷涂机器人、砌墙机器人、复杂幕墙安装机器人等为代表的智能施工装备，研究结合微电子技术、机械技术、自动控制技术、传感测试等集群技术在建筑领域的应用，发展智能楼宇系统。研究现场建造平台装备、新型多功能模板、模架装备及基于3D打印理念的混凝土自动浇筑成型装备技术。完善BIM及物联网技术系统，发展基于互联网的生产组织方式，发展信息模型技术和虚拟现实技术，实现生产过程、现场质量和现场安全等全过程精细化、信息化、智能化管理。

## 专栏：城市智能管理技术体系

**发展CIM（City Information Modeling）技术体系（课题二、课题六）**

发展建筑空间抓取技术、高清遥感影像技术、高程、等高线抓取技术、GPS定位技术、天空可视域技术、延时摄影技术、中心体系技术、眺望体系技术、手机信令大数据技术、业态POI大数据技术、空间特色技术、空间原型技术、虚实骨架技术、多情景分析技术、多因子叠加技术、参数化平台技术、全息图技术、三维建模技术、场景渲染技术、动态表达技术、多尺度空间沙盘技术、多方案比选技术、形态分区技术、高度控制技术、强度控制技术、密度控制技术、导则技术、特色意图区划定技术、项目化技术等，对城市多源大数据的综合集成和技术分析，实现城市规划设计的数字化集成和数字化设计，并且可以通过数字沙盘进行城市的数字化表现和数字化管控。

**研发高效、智能交通技术体系（课题五）**

研发城市多元异构交通大数据池构建、数据融合分析和交互技术，面向城市交通治理的路网运行在线诊断测评及决策支持技术，大数据驱动的共享出行方式资源配置、综合调度及信息服务技术，城市停车信息高精度感知、联网综合管理及智慧服务技术等；研制云端一体化的城市交通智慧出行服务平台。突破城市多模式交通系统协同管控与路网交通优化调控、大数据驱动的城市交通智慧出行服务、城市综合交通系统交互式运行仿真评估等关键技术，形成智能化协同管控技术体系和标准体系。

**完善城市安全信息化技术体系**

智慧城市时代下，树立"互联网+"思维，将现代信息技术与城市安全相融合，通过物联网、云计算、大数据、人工智能、深度学习、区块链、数据信息平台等技术基础与手段，全面、精确识别城市安全风险、重大危险源，实时掌握各类风险动态，提前预防、控制城市可能发生的危险事故和突发事件，提升城市风险识别、监测、预警与防治能力；城市危机发生后，能够做到信息共享与协调联动，实现人与技术的充分融合，抗灾救灾危急情况下，机器人、智能装备配合救援人员行动，确保城市应急管理更智慧、更高效、更安全。

# 6.3 完善技术政策体系，促进新技术发展及推广

## 6.3.1 推动技术产业化发展

在促进城市建设可持续发展新技术的产业化过程中，仅靠政府部门的力量或是私有部门的力量是不够的，政府与私有部门通力合作，才能真正改善科研技术成果的结构，增加科技成果向技术产品的转化。在技术产业化过程中，科研机构、私人部门及政府之间的信息对称十分关键，政府可以通过出台相关政策及规划倡导政府大力扶植、推广的技术、产业，但在科研机构及企业之间存在信息不对称的现象。建立相关信息交流平台、技术管理协会等，改变传统的对研究机构的评价标准，重视对研究机构的技术转移成效，有利于科研机构技术成果结构的转变及技术成果的产业化发展。

### （1）技术转移机构及技术管理协会

美国许多研究型大学依据《贝多法案》成立"技术转移办公室"等类似机构，联邦各部门也设立了《贝多法案》实施管理办公室，不同部门的技术转移活动中分工也不同。同时激励大学开设创业教育项目，各高校的技术转移办公室也几乎都加入了大学技术管理者协会。协会建立了一套评价大学和科研机构技术转移政策实施成效的指标体系，这些评价指标也成为美国评价研究型大学的核心指标。

美国研究型大学的技术转移十分成功，衡量技术转移的一个指标为技术转让机构的税收收入。在2005年，美国为10亿美元（约1100亿日元），日本约为5.5亿日元。

### （2）技术交流及行业信息平台

2009年底，欧盟组织宣布成立欧盟碳捕捉与封存技术示范的知识共享平台——欧洲CCS示范项目网络，分享由欧盟委员会欧洲能源复兴计划（EEPR）资助的所有CCS项目的知识成果（指不受知识产权专门立法保护的知识）。提高了公众对于CCS技术在二氧化碳减排方面作用的认识，推动了CCS技术商业化走向的发展。

北京市经济和信息化委员会建设与开发了多种行业信息服务平台，包括技术创新服务平台、节能环保服务平台及市中小企业引导基金，政府通过这些平台披露与发布有关新产品、新技术、最新成果、政策文件等方面的信息。政策的典型成功案例为太空板业投资，太空板业虽然是注册资本只有24124.8万元人民币的小企业，但是拥有23项发明专利，3项美国发明专利，2项实用新型专利。2009年底，深圳市创新投资集团有限公司及其与北京市中小企业引导基金合作成立的"子基金"——北京红土嘉辉创业投资有限公司与海淀区政府合作的红土鑫洲基金，一起投资太空板业，7700多万元的资金缓解了太空板业向技术市场化转化的资金紧张问题。

## 6.3.2 完善技术政策体系

### （1）制定合理目标及规划

在新技术、新产品推广前，应当仔细考虑其适用性及其适用范围，制定合理的新技术推广规划及推广政策，如图7-6-4所示，引导新技术的合理应用。其次，在制定政策时，应当考虑公众、学者、非营利部门的意见及建议，特别是各参与企业的意见，以保证制定出的政策能被广泛接受并能被执行。

新技术产品的推广需要生产商、销售商及消费者的共同作用，传统的产品技术、市场都比较完善，而新产品的生产、销售需要打破现有的平衡，需要更多的资本投入，因此新技术产品的生产、销售可能会增加企业的成本，影响企业盈利。制定出的推广政策也必然会影响市场及企业，所以，在制定政策时应当综合考虑政策执行过程中各参与方的利益得失，并将其

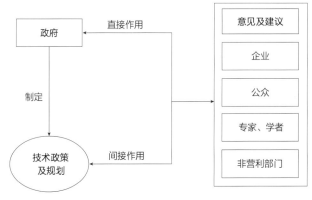

**图 7-6-4 技术政策及规划制定**

维持在较为均衡的水平，确保各参与方都能接受并执行相关政策，而不是某些参与方对政策十分满意，而其他参与方拒绝执行政策。

### （2）制定合适的技术推广模式

#### 1）技术因地制宜推广

各类能源使用、资源利用及生态环境保护、修复技术等应当因地制宜使用，不能不考虑实际条件，大范围推广。

以生态修复技术及能源技术为例。城市生态修复要明确城市立地绿化和待绿化场地的植物立地条件质量的分类、分级、分区，根据不同类型、等级、区域的差异，适宜性筛选水土治理改善与植被营建统筹的生态修复技术。

除此之外，还有能源技术中的区域供冷技术及天然气冷热电多联供技术。区域供冷技术虽然扩大了输配半径，效率却并不比传统离心机更高，反而大幅增加了输配能耗，而且供冷需求不同步现象也导致了耗冷量的增加，区域供冷技术在南方不应该大面积推广。其次还有天然气多联供系统技术，此技术并不符合我国国情。我国天然气资源匮乏，供热可以通过燃煤热电联产和工业余热得到很好的解决，天然气冷电联产做区域供冷又被证明并不节能。在技术大范围推广应用前，对技术的适用性、适用范围进行详细的研究能避免出现技术错误应用的问题。

#### 2）技术集成推广

综合性的技术推广政策可为节能产品消费后的个人或企业减免税收，给建筑节能改造提供优惠贷款，制定企业、政府部门的节能目标等手段。同时，此类综合性的新产品推广政策能增加公众的参与，在推广技术使用的同时，培养并提高公共的绿色消费意识及环保意识，进一步推动新技术的产业化发展进程。

以生态修复技术为例，城市生态修复涉及各类自然资源和生态空间保护的绿线、蓝线、生态红线等空间保护控制线，需要发挥行业建设与管理的专业优势，杜绝人为划定各行业区域开展生态修复的"技术大卖场"，也不可划定各行业割裂的"技术壁垒线"。

以建筑节能改造为例，PACE Nation 组织提供了一种促进建筑节能技术综合应用的模式，PACE 建筑节能改造模式如图 7-6-5 所示。

PACE Nation 组织提供的建筑节能改造融资服务面对私人住宅、商业建筑、市政建筑等。为建筑的节能改造项目提供资金，融资期限最多可达 20 年。

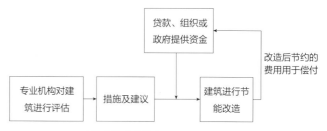

**图 7-6-5　PACE 建筑节能改造模式**
图片来源：落基山研究所. 资产评估性清洁能源（PACE）融资机制在中国新建建筑行业的应用潜力——一个撬动能效投资并实现减排目标的创新融资机制 [ J ]. 财政科学. 2017（3）：142-151

借款的偿还则是通过对财产进行特殊评估计算金额，在一定期限内还清，保证每年的偿还金额小于由于能源、资源节约减少的开支。且 PACE 的运作是依附于建筑的，而不是依附于个人或公司。例如建筑被出售后，新的业主将承担相关偿付费用，减少了业主在建筑节能改造中承担的风险。在美国华盛顿特区及另外 22 个州中，共有 52 个项目运用这种模式对已有建筑进行了建筑节能改造。同时，华盛顿特区及其他 33 个州通过了 PACE 赋权法案，进一步促进了组织的发展。

#### 3）制定合适的管理模式助力推广

现阶段，工程建造过程存在多元责任主体，追责困难，要明确总负责单位，加快推进以工程总承包为主导的绿色建造模式（PEPC），培育和发展基于工程项目全生命期的设计咨询服务组织（DCS）。"分阶段控制，各司其职"的建设体制阻碍了新的建设技术的发展。传统的建设模式下，项目审批过程中，土建成本易于量化比较，而项目建设过程中的社会间接成本难以量化。新的建造模式下，能改变传统的项目审批模式及传统的"设计—招标—建设"模式造成项目审批者偏向于直接的成本评估，模糊了项目的间接成本评估，此外企业间的竞争多为价格竞争，而不是技术竞争现象，从而促进城市建设可持续发展过程中新技术、新产品的发展、应用。

## 6.3.3　综合政策手段引导技术产业化发展

### （1）利用多环节综合性政策推动技术产业化发展

政府应当注重利用综合性政策推动、引导技术产业化的发展，推动私有部门对新兴技术的投资。具体的新产业或技术政策应当不仅作用于某一环节的某一个方面，而是应当针对不同环节有不同类型的政策措施。首先，对技术产品的推广，应当综合各类激励政策，也应当制定合适的约束政策，在促进产品推广应用的同时，规范市场，创造公平的市场环境，引导产业的健康发展。其次，对于技术产品的生产和消费也应当采用不同的手段，对于成熟产品的生产应当注重使用强制性的手段，而促进产品消费时，应当主要使用激励性手段。同时针对被替代的产品，应当制定相应的限制政策，加快市场中新产品的推广，进一步促进新技术的发展。

### （2）重视消费者对技术产业化发展的推动作用

可持续发展是需要所有消费者参与的，特别是日常生活中使用的各类绿色、环保技术及产品，消费者对此类产业的推动作用巨大。其次，可持续发展也不是某一项技术应用的成果，而是不同领域、各类技术共同发挥作用才能实现。因此，应当制定综合的消费性政策促进所有此类技术产品的消费，而不是针对某项技术的政策。以建筑节能为例，实现建筑的"零排放"或"负排放"需要建筑综合应用如节能照明、节能电器设备、节水设备和装置、太阳能电板等多种技术，可制定综合性的建筑节能技术推广政策，以促进整体的建筑节能发展。

在武汉日新科技股份有限公司了解到，公司也在利用类似的融资贷款模式推广分布式光伏发电。这样类似的模式应当推广到所有有利于城市建设可持续发展的技术产品领域。

### （3）市场化手段新技术发展

对于已经有一定基础的新技术产业，应当利用市场推动产业的优化发展。以可再生能源及可再生能源发电为例，强制电力或能源供应商提供占一定比例的可再生能源产品，能有效促进可再生能源及可再生能源发电技术的产业化发展。除了强制规定外，还有可再生能源信贷制度。以美国太阳能可再生能源信贷制度为例，如图 7-6-6 所示。

合格的太阳能发电量，换算产生一定量的太阳能可再生能源信贷。由于政府在可再生能源配额制中规定的相关内容，电力供应商必须购买太阳能可再生能源信贷，或者支付相应的太阳能替代合规费用以补足不够的太阳能可再生能源信贷部分。太阳能可再生能源信贷的价格会随着市场情况变化，但一般低于太阳能替代合规费用。

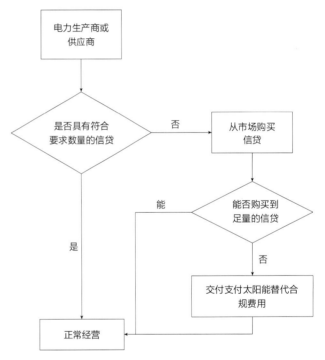

**图 7-6-6 美国太阳能可再生能源信贷制度**
图片来源：美国能源部

# 第 7 章　提升公众参与城市可持续发展的意识

## 7.1 主要问题：可持续发展的社会参与机制和文化氛围尚未形成

### 7.1.1 缺少健全的公众参与可持续发展机制

我国公众获取信息的渠道不畅，参与不便，主要表现为缺乏正规、官方的信息渠道，容易被网络上的各种谣言所蛊惑。而生态环境部门、城乡建设部门、自然资源和规划部门等政府部门仅有的信息公开渠道，大多数信息需要市民以个人名义进行申请，程序烦琐，且政府信息公开工作缺乏信息反馈和对职能部门的监督机制。市民缺少简单、便捷、有效地参与城市建设可持续发展的方式，因此普遍参与的积极性不高。

其次，我国非营利组织（NGO）发展不健全，政府智库建设滞后。我国的 NGO 往往合法性不足，主要是因为审批管理甚严，国家限制了 NGO 的注册，部分 NGO 以"黑户"形式存在。并且大部分 NGO 为半官方性质的组织，"草根"社团组织甚少，没有广泛进入城市公共治理的各个领域，多限于环保。此外我国 NGO 组织的模式也导致了运行的低效：半官方性质的 NGO 组织受官僚制度影响，官多民少，办事效率低；民间的 NGO 组织管理结构过于简单，往往依赖发起人和领导人，同时由于经费不足，往往无法聘请到高素质人才参与组织运行工作，影响力有限。除经费因素，我国 NGO 组织机制不明确、功能不健全也是影响优秀人才进入的主要因素。我国的咨询机构一般和政府机关为行政隶属关系，其核心竞争力定位于规模和行政级别而非舆论影响力。从我国的智库研究报告中也可以看出，如表 7-7-1 所示，我国智库多为政府背景，影响力不高。此外，目前智库建议多为对政府决策的诠释和迎合，弱化合理与科学性；智库资金来源单一，缺少有利的生存环境；智库成果缺少专门的产权保护制度。

《2016 年中国智库报告》各类智库影响力　　　表 7-7-1

| 系统类别 | 数量（个） | 平均排名（数字越小说明影响力越大） |
| --- | --- | --- |
| 国家党政军 / 科研院所智库 | 10 | 8.6 |
| 部委直属事业单位智库 | 26 | 40.7 |
| 地方党政智库 | 9 | 72.4 |
| 地方科研院所智库 | 14 | 78.4 |
| 高校智库 | 21 | 48.9 |
| 社会（企业）智库 | 20 | 56.7 |

再次，我国公众参与的法律法规不完善，缺少实施细则。例如目前我国《环境保护法》中涉及公众参与的条款，都是原则性的条款，没有具体细则。公众参与的主要渠道为市民热线、邮件、部门投诉等，表达结果是以等待反馈为主；需求表达以单方面信息采集为主，缺少针对政府绩效考核的硬性标准，没有反馈机制。此外由原环保部制定、2015年7月2日通过的《环境保护公众参与办法》是我国仅有的针对公众参与方面的法律法规。该办法共20条，对环保领域的信息公开、公众参与方式、环境主管部门责任等作出规定。但由于是原环保部的部门规章，其影响力有限，且并没有出台保障该办法有效实施的配套政策措施，导致可操作性不强。

最后，缺少社区层面的公民自治机构，社区层面的可持续建设参与度低。我国城市面临居委会工作"行政化"与问题"社区化"的矛盾。居委会、物业公司都侧重于物业管理，对社区环境治理、社区可持续发展建设问题较少涉及。资金来源为政府专项资金，民间资金较少。此外，社区规划内容杂、概念广，需要社区规划师来组织居民深入参与，但我国尚未全面建立"社区规划师"制度。目前我国社区层面，还缺少专门的社区事务管理机构，难以促进社区成员的关注与动员程度，社区层面的可持续建设参与度低。

### 7.1.2 缺少可持续发展的宣传与教育引导

目前我国可持续发展方面的科普宣传大而化之，缺趣味；专业教育引导缺位，不完善。我国城市环境保护宣传教育工作的主体为国家、省、市、县的环保部门，宣传材料和手段主要为专业的报纸、刊物，受众有限，普及性不高。同时，我国关于环境保护宣传细分不够，内容方向上没有针对城市建设领域专业的宣传教育，多为大而化之的宣教；受众定位上缺乏针对性的宣传制定，可参与性和趣味性较低。专业的教育引导也没有完善的可持续教育体系支撑。尽管教育部在2003年出台了《中小学环境教育大纲》，但内容涉及"城市建设可持续发展"很少，且在应试教育的大背景下，推行困难，只是学校应付上级素质教育检查的幌子，真正付诸实践的少之又少。高等教育方面，我国开办"可持续发展"方向人才培养专业的高校凤毛麟角。此外，在城市安全与防灾减灾方面，我国公众防灾减灾教育欠缺，基本知识普及率相对偏低，民众防灾减灾意识淡薄。以安全应急演练为例，形式主义严重，参与者认同度、配合度低，未对提高公众安全意识与安全行为能力起到太大作用。

消费享乐的生活方式蔓延，加剧环境污染。近年来，伴随着经济发展和生活水平提高，有些城市居民的生活方式发生了改变，消费享乐主义也迅速蔓延，奢侈消费、浪费资源和能源等现象不断涌现，在日常生活中具体表现为消费品的过分包装、奢侈装修住房、追求豪华大排量汽车等。这些求"大"、求"奢"、非"绿色"生活方式，加剧了煤、油、电、水、地等资源的紧张，造成资源的大量浪费和环境的严重污染。如私人机动车保有量的不断上升，加剧了城市交通拥挤问题，交通拥堵不但耗费能源，而且加剧环境污染，使城市建设可持续发展形势受到严重威胁。例如，城市面临垃圾"总量激增、分类难推"的严峻形势，一些城市甚至出现"垃圾围城现象"。

由于参与机制的不健全、文化氛围的缺失、宣传教育引导不到位以及生活方式不绿色环保等多方面的原因，我国社会公众广泛参与城市建设可持续发展的氛围尚未形成。建议在社会层面提升公众参与城市可持续发展的意识和实践能力，具体可以从健全制度环境、完善参与渠道、践行绿色生活方式和构建可持续教育体系4个方面进行探索。

## 7.2 健全政府鼓励公众参与的制度环境

### 7.2.1 优化公开信息平台，提升公众知情能力

搭建、完善城市建设可持续发展方面的信息公布平台，充分保障公众的知情权。充分发挥政务微博、微信、移动客户端灵活便捷的优势，做好城市可持续发展建设信息发布、政策解读和办事服务工作，进一步增强公开实效，提升服务水平。按照"谁开设、谁管理"的原则，落实主体责任，严格内容审查把关。加强"两微一端"日常监管和维护，对维护能力差、

> **专栏：提升公众对城市建设可持续发展知情权的信息平台**
>
> - 中国公众与环境研究中心（IPE）"污染地图"手机APP[20]
>
> 中国公众与环境研究中心开发的"污染地图"手机APP，可以实时监测全国全部市县单元的环境表现统计，包括空气质量、水环境质量、气象、企业污染情况和企业绿色供应链分布情况。同时可以查看全国所有地级及以上城市2004年至今的年度环境数据统计，包括空气质量、环境排放和环境公报。自2014年该APP上线以来，一年内用户从5万激增至300万。由此可见，只要信息公开、参与门槛低，公众有很饱满的热情来参与城市可持续发展相关工作。
>
> - "天津历史风貌建筑"手机APP[21]
>
> 天津市国土房管局开发的"天津历史风貌建筑手机智能自助导览系统"手机APP于2016年上线试运行。用户下载安装后，可实现天津105幢最具代表性历史风貌建筑的自动导览、地图导览、手动点播，也可在家中随时随地通过手机浏览建筑信息，了解建筑中的人文背景。该智能系统公益性地向公众开放天津历史风貌建筑资源，借助文字、语音、图像等展现方式，为使用者提供信息查询、参观路线方案等一系列现场辅助导览。同时也通过吸引公众的关注和参与，很好地杜绝了历史建筑被随意破坏和违法拆除现象。

关注用户少的平台、端口可关停整合。利用移动互联网技术，开发公众方便使用的手机APP，如城市"绿色建筑自助导览系统""城市空气质量实时监控系统"等，降低市民的参与门槛，激发其参与积极性，增进其对环境信息的理解，进而监督政府和企业履行自己的职责。

### 7.2.2 明确实施细则，完善鼓励公众参与的机制

深化与细化我国可持续发展公众参与相关立法。深化方向可以从以下几个方面来考虑：首先，补充公众参与的多种形式，如增强信息交流，包括利用信息包、小册子、网站、电视广播等方式；开展形式多样的咨询工作，包括开展研究、举办公共会议、成立焦点小组和居民评审团等形式；强化参与深度，包括成立互动工作小组、进行利益相关人对话、举办公民论坛等；开展多种协作，包括成立顾问小组、选择地方战略伙伴和成立地方管理组织等形式；进行授权决策，包括成立地方社团组织、地区座谈小组和社区合作伙伴等。其次，明确公众参与的反馈机制，回收公众相关意见，包括调查表、来信等，共同递交相关部门进行审查，并且作为审查的重要依据；建立意见登记、说明理由与反馈评价机制，并计入政府官员的政绩考核。最后，明确公众参与制度的相关配套措施包括激励措施、监督手段和信息公开要求等。

### 7.2.3 强化需求表达，将公众需求纳入政府绩效考核体系

建立公众需求的反馈机制，明确规范反馈程序。综合运用家庭、社区、大众传媒等社会化工具对公民进行宣传，以增强公民参与意识，激发参与积极性；建立公众反馈渠道，了解公众对参与城市可持续发展建设的实际需求。根据不同年龄、学历、职业、阶层、族群、区域的公众信息，采用不同的形式收集反馈信息。同时，规范化、专业化公众满意度调查的内容，明确政府绩效硬性考核指标及软性考核指标，将部分公众满意度调查结果纳入政府硬性考核指标，同时注重软性考核指标的结果追踪，明确政府工作改进方向。如上海市政府尝试邀请市民进行公共服务效果满意度的调查，包括市政建设、环境保护、教育、劳动就业等方面，并将调查结果作为政府工作总结的一项重要内容。

> **专栏：美国绩效评估模型及标准化操作**

20世纪70年代末以来，西方国家掀起了一股绩效评估的浪潮。其中美国在政府绩效评估方面的探索具有代表性和示范性，形成了较为成熟的方法，积累了丰富的实践经验。

- **美国行政学家马克·霍哲绩效评估标准化模型**

美国行政学家马克·霍哲教授认为一个良好的绩效评估程序应包括7部分内容：一是鉴别要评估的项目；二是陈述目标并界定所期望的结果；三是选择衡量标准和指标；四是设置绩效和结果标准；五是在得到结果后，进行结果监督；六是形成绩效报告；七是对结果和绩效信息进行使用。

- **美国政府满意度评估中标准化操作内容**

美国政府满意度评估中标准化操作内容主要包括七个方面：一是共同决定是否实施绩效评估；二是共同制定政府部门使命、工作规划和实施细则等；三是确定评估指标，包括投入产出比、效率、生产力等；四是共同确定目标实现情况评价标准，即对实现情况进行评级量化；五是系统地、持续地、周期性地对政府服务、产品进行监督；六是绩效报告应立足于公民角度，并且予以公开化；七是根据结果和绩效信息，提出改进措施，不断促进政府部门工作绩效的提高。

# 7.3 完善公众参与城市可持续发展的渠道

## 7.3.1 以社区为载体，推动公众参与城市可持续发展

建立政府引导、共同组织的居民自治机制。建立政府引导机制，包括提供专项资金、资源，简化审批流程；政府与社会性团体联合组织主题活动，由社会团体的专业人员提供技术支持。同时，将政府的行政权力下放，引导居民自治，如推广采用楼长制协调组织、信息采集、治安管理；构建社区团体，促进公益团体多元化；组织主题社区活动培养居民社区参与意识，如举办社区节、邻里空间认领，举办文体活动、儿童活动、宠物活动，开展社区绿带种植认领活动。

构建可全程参与、内容明确而规范的社区规划体系。以分阶段规范社区规划内容的形式，构建社区参与永续机制。前期，着重空间环境的更新，即规划制定空间方案与环境优化准则，居民参与调查与内容反馈；中期，着重培养社区意识，即规划制定未来社区重点项目列表，居民参与培训、主题节庆活动；后期，着重社区营造，即规划制定社区发展计划，居民成立社区组织，明确责任与分工。

探索建立社区规划师制度。首先是建立选拔制度，在自愿报名、社区举荐、规划部门推荐的基础上进行考核选拔。其次，明确社区规划师的主要工作，包括信息沟通、合理处理居民诉求、保障居民的合法合理权益、普及社区规划与社区管理的知识、提高居民对社区规划的认识水平和社区自更新的能力。最后，扩展社区规划师的权利，规划部门技术代表负责了解民意、讲解政策、并建议社区的可实施项目特别是可持续发展相关项目；管理部门代表负责规定范围的咨询、决策职能，比如认定各种事务的处理措施；社区主体代言人则为居民和法律方面提供技术服务。

## 7.3.2 以NGO组织为载体，提升公众参与城市可持续的专业性

发挥第三方权威机构在公众参与方面的积极作用，通过NGO组织（可持续发展主题工作组）在政府与公众之间架起一座桥梁。政府加强与NGO组织合作，将目标分解成公民的行动目标，如图7-7-2所示，帮助开拓NGO组织资金获取渠道，并引入独立、专业的第三方机构参与政府决策。

学习芬兰赫尔辛基的经验，在社区、街道层面成立居民自治的NGO组织，如图7-7-3所示。工作

## 专栏：社区自治的国外模式借鉴

- 新加坡模式：政府主导管理

新加坡在社区层面成立的政府社区机构为政府人民协会。其主要的机构职能包括把居民的需求向上反映，把政府的政策信息及时传达给居民；同时，还负责社区的基础建设工作，包括社区可持续发展方面的建设。公众参与社区自治的方式主要是参加社区组织的义工服务。

- 日本模式：政府 + 社区组织分工合作

日本在社区层面成立的政府社区机构主要包括地域中心和住区协议会，其中地域中心为政府组织，住区协议会则是居民自愿参加的民间组织。地域中心的机构职能包括收集社区内的居民意见，支持和援助民间团体的各项活动，同时为居民提供设施等服务。而住区协议会的机构职能为居民自组织参与社区事务管理，提出地域问题和相应的解决对策，参与与政府的平等对话。

- 美国模式：社区组织自治管理

美国在社区层面没有政府组织的机构，政府仅提供高层监督和经费资助。主要还是依靠社区成员的自治组织进行社区管理。这些组织的性质是非营利性的，其职能主要包括：开展社区规划、参与社区公共事务、决策和管理社区活动、对政府决策进行监督，为社区成员提供就业岗位和提供资金资助。公众可以通过成为社区志愿者的方式参与到社区服务中来。

## 专栏：我国台湾地区的社区规划制度

台湾的社区规划师经历了从"荣誉职"到"专业职"的过程。早先采用的志愿者担当社区规划师的形式难以长时间维持。目前台湾已经建立了社区规划师聘用制度，明确社区规划师是一份职业，身份来源具有多样性。社区规划师需要应聘甄选、持证上岗，有固定社会身份，任期满一定年限后需要进行再考核；其主要工作内容包括向居民提供专业咨询，协助提出《地区发展计划》，负责社区规划师网站，协助社区产业、福利、人文相关事务和接受各地举办的社区规划师再教育等（图 7-7-1）。

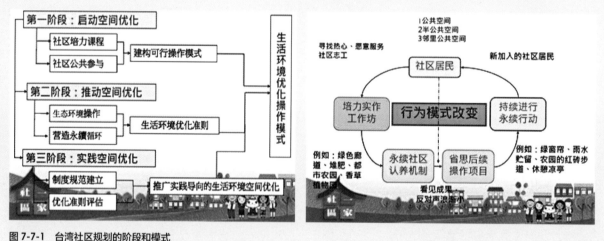

图 7-7-1 台湾社区规划的阶段和模式

图片来源：王本壮. 社区规划的理念与运作机制. https://landscape-caup.tongji.edu.cn/63/ab/c10574a91051/page.htm

组可以根据需要设置不同主题的小组，如城市交通、住房与居住环境、可持续的生活方式等。工作组的主要任务包括：制定公众参与的可持续发展计划；定期举办或组织参加相关主题论坛；定期形成可持续发展主题工作报告，并呈送城市相关职能部门，同时分发至社区居民。整个过程中，政府为工作组提供必要的财政支持和专业的培训与指导。

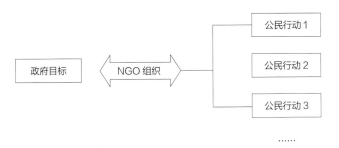

图 7-7-2 NGO 组织的桥梁作用

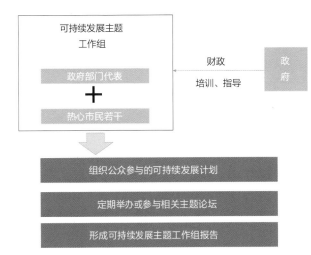

图 7-7-3 社区层面的"可持续发展主题工作组"

**专栏：芬兰赫尔辛基的"可持续发展主题工作组"**

1998 年芬兰赫尔辛基组织了一次开放性的地方 21 世纪议程论坛，政府部门、政治团体、街区联合会、广大市民约 400 人参会。论坛上成立了社区、街道层面居民自治的 NGO 组织，共包括 17 个主题工作组，每组含 2~4 名政府部门代表和 15~20 个热心市民。

NGO 组织的工作内容主要是：定期对主题工作进行讨论，形成可持续发展主题工作组报告，广泛分发给城市各行政部门、政治实体；根据多期报告，制定可持续发展能力建设计划。工作组的运行资金则主要由政府提供财政支持，3 年约 350 万芬兰马克，同时由政府提供专业的培训与指导。

工作组成立 3 年以来，大约 150 项公众参与的可持续发展计划得以在赫尔辛基展开。

**17 个主题工作组**

| 编号 | 主题 | 编号 | 主题 |
|---|---|---|---|
| 1 | 交通与土地利用 | 10 | 消费者作用与可持续生活方式 |
| 2 | 城市集聚与公共绿地 | 11 | 进一步实现食物自给自足 |
| 3 | 自然保护与生物多样性保护 | 12 | 环境教育的文化层面 |
| 4 | 住房与居住环境 | 13 | 可持续发展在运动休闲中的体现 |
| 5 | 改善建筑生态与可持续性 | 14 | 邻里关系与社会网络 |
| 6 | 就业与经济结构调整 | 15 | 青年推动可持续发展 |
| 7 | 能源与减少温室气体排放 | 16 | 赫尔辛基市民与海洋 |
| 8 | 垃圾减量化、循环利用与再利用 | 17 | 21 世纪的赫尔辛基与国际合作 |
| 9 | 消费领域的生命周期分析 | | |

## 7.3.3 以专家智库为载体，引领公众科学地参与城市可持续发展

全面改善政府忽略智库咨询和唯上级长官论的意识形态，由政府大力扶植专家智库的发展。首先，强化专家智库的话语权，大力扩展其发声渠道，通过媒体、会议等将专家智库的政策研究成果向公众展示。其次，扩大专家智库的融资渠道，保证其生存环境，通过财务独立，确保研究的独立性；适时建立政府购买决策咨询服务的标准，建立以事定费、公开择优、合同管理的机制。再次，明确咨询机构的法律地位，规范咨询程序，例如规定政府的重大决策必须先咨询、后决策，重大项目必须先评估、后确认等。最后，建立明确的产权保护制度，并建立长期稳定的研究队伍。只有做到以上几点，才能保证专家智库研究成果的独立性、科学性和持续性，从而更好地指导政府的政策制定，科学地引导公众理性参与城市建设的可持续发展。

> **专栏：美国独立化运营的专家智库——兰德公司**
>
> 兰德公司是一个研究政治、军事、经济、科技、社会等各方面的综合性思想智库，被誉为现代智囊的"大脑集中营"，是当今美国乃至世界最负盛名的决策咨询机构。公司研究人员覆盖各领域的专家，包括工程技术人员、物理学家、数学家、计划统计专家、经济学家、社会学家、系统分析专家、计算机专家、文学家、法律家和商务人员等。
>
> 兰德公司作为主要为政府提供政策咨询的专家智库，政府业务占到其总业务量的65%以上。其言论渠道甚广，包括委派实习生参与政府活动、在媒体发表文章、参加公众座谈会以及承担政府咨询委托等，以此来扩大其在社会公众中的影响力。同时，兰德公司资金来源广，其资金来源既有国家安全局、卫生和人类服务部、军方等专项资金来源，也有私人企业、基金会、大学、非政府组织和慈善机构专款等。财务资金的独立保证了兰德公司能一直保持独立的文化传统，兰德公司有发表研究结果且让公众获取研究结果的自由。作为政策研究机构，兰德能够讲真话，无论这个真话对客户有利或是不利。正是这种独立性使兰德公司在社会公众层面赢得了良好的声誉，成为大众信任的专家智库，从而能更好地引导公众参与政府决策。

# 7.4 倡导市民践行可持续的绿色生活方式

强化城市居民环境意识，推动形成节约适度、绿色低碳、文明健康的生活方式和消费模式，形成全社会共同参与的良好风尚；强化新闻舆论监督，积极推广成效突出、群众认可的典型经验和做法，树立和营造节约光荣、浪费可耻的社会氛围，引导人们转变思想观念、培养节约习惯；着眼日常生活和身边小事，引导人们珍惜资源、文明消费，使生态文明成为社会主流价值观。

## 7.4.1 倡导绿色交通

### （1）优化公共交通系统

大规模推广绿色交通的先决条件是公共交通系统自身的优化提升，只有当公共交通在乘坐体验、出行时耗、票价成本、交通换乘等方面有足够的竞争力时，才能从根本上实现公共交通的推广。在我国，公共交通的优化应特别关注公共交通站点覆盖水平的提高、乘坐体验的优化、交通设施的人性化、围绕轨道交通站点的交通换乘、公共交通系统的一体化等方面。

### （2）加强推广低碳交通工具出行

政府部门牵头、社会组织辅助加强对低碳出行的宣传力度，积极组织推广"少开一天车""共享汽车通勤"等践行低碳出行新理念的交通出行行为。城市居民短距离出行尽量选择低碳环保的步行（1km以内）或自行车方式（5km以内）。长距离出行，在时间允许的情况下，优先选择公共交通，如公交或地铁出行。同时，引入更具吸引力的推广宣传方式，如交通站点的艺术化、交通车辆的主题化、自行车设施的人性化，从而提高公共交通、低碳交通的吸引力。

### （3）推广错峰出行，减少高峰时段交通压力

引导居民错峰出行，合理布局城市基本公共服务职能，高峰时段能在居民所在地周边满足其各种需求，尽量不到城市中心区或热门商圈，减少不必要出行。尤其是老年人，早晚通勤高峰时段减少出行，可以通过"老年人高峰时段限制使用公共交通优惠证"等政策措施进行调节。

用市场的手段调节高峰时段小汽车出行量。学习新加坡、伦敦等城市的经验，收取"道路拥堵费"。主要针对进入中心城区的车辆，不同地点和时间段采用不同的收费标准，营业性车辆则根据通行时间及载客量多少来决定是否收费，公交车除外。另外，可以在高峰时段提高城市热门商业区的停车收费。

### （4）引导选择新能源或小排量汽车

国家、城市政府加大对购买新能源汽车消费者的补贴力度，包括财政补贴、税费减免等，引导汽车消费行为。城市居民自觉践行低碳消费的生活理念，响应国务院支持新能源汽车发展的决定，因生活需求确需购买私家车的，优先考虑购买新能源汽车或1.6升及以下排量乘用车。

## 专栏：伦敦"道路拥堵收费"政策[1]

交通拥堵收费也称交通拥挤收费（Congestion Charging），是指对行驶于拥堵路段上高峰时段的车辆征收额外费用，通过价格机制来调节车辆在城市路网空间和时间上的分布，达到减少路网交通拥堵的目的。资料显示，新加坡、英国伦敦、瑞典斯德哥尔摩、美国加州和纽约以及挪威的一些城市，开征城市道路交通拥堵费后，成效超出预期，环境得到改善，公交客流增加，市民观念转变。

伦敦于2003年2月对固定时段内、划定收费范围内的市中心区出入车辆征收交通拥堵费。首先，从总体的实施效果来看，市中心区交通量减少；40多万伦敦人放弃私家轿车，改乘公共交通工具；收费时段内，伦敦市中心交通堵塞现象下降了30%。其次，市中心区交通拥挤现象得到缓解；2003、2004年收费区域内的交通拥堵比定价政策执行前的最拥堵时减少30%，2005年减少22%，中心区内通向收费区域的路段拥堵现象也得到相应程度缓解。最后，收取的费用用来改善交通体系；拥堵费政策实施后，伦敦10年累计征收达13亿英镑的管理费用，有利于进一步改善交通设施服务水平。

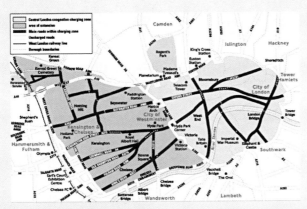

**图 7-7-4　伦敦征收拥堵费区域**

图片来源：伦敦拥堵费管理官网，http://www.cchargelondon.co.uk/coverage.html

**图 7-7-5　伦敦征收拥堵费区域标识**

图片来源：http://www.cchargelondon.co.uk/

## 7.4.2 倡导绿色消费

### （1）推广消费品绿色包装

根据联合国统计署数据，90%的美国人、89%的德国人、84%的荷兰人在购买物品时会考虑产品的环保标准，不能在包装中掺入破坏生态环境的成分。我国消费者在这方面的环保意识较发达国家还有较大差距。

企业方面，在产品包装设计初始就应该在保证功能的同时尽量减少使用的材料，尽可能消除不必要的装饰和多余的包装，提倡简约包装，以节省资源，最大限度地保护自然资源；同时要求实现最少数量的生成废弃物，尽量减少对环境的污染。建议发展纸质包装品，采用可降解、无污染、可循环利用的包装材料，减少城市垃圾。

## 专栏：日本的包装循环利用包装设计[2]

环保的重要性使日本人的包装观念发生了变化，现在的日本商人在为食品包装时，尽量采用不污染环境的材料。

日本90%的牛奶都是以有折痕线条的纸包装出售的，这是一种很好的教育，可使小孩子自小便接触和使用有环保作用的绿色产品。这种容易压扁的包装不但生产成本较低，而且能够减少占用空间，方便送往再循环加工，并减少运输成本。日本最常见的饮料 Yakult 健康饮品也使用一种底部可撕开的杯形容器，在撕开底部后，人们能够轻易地把容器压扁，便于送去再循环加工。另外一种开始被日本消费者接受的新包装设计是立式袋包装，主要是取代塑料瓶。除了饮料外，日本市面出售的食用油很多也都是以复合纸包装出售的，大大减少了塑料的使用。

消费者方面，加强自我环保修养，向绿色消费族学习，培养环保意识和健康意识，在全社会形成保护生态环境、崇尚回归自然的健康消费心理。

## （2）推广垃圾分类回收再利用

社区和居民，包括企事业单位，逐步养成"减量、循环、自觉、自治"的行为规范，创新垃圾分类处理模式，成为垃圾减量、分类、回收和利用的主力军。实现居住区生活垃圾按照"分类分拣"袋装化进行归集处理，采用垃圾生化处理技术。

同时，探索"互联网+回收"路径，拓宽再生资源回收体系利润空间，规范落实环保责任承担，有效推动生活垃圾分类和再生资源回收的有效衔接，切实实现生活垃圾的减量化、资源化和无害化处理。

## （3）推广节水节电意识

市民层面，培养居民节水节电意识，改变浪费水电的坏习惯，提高节水节电自觉性，养成节约习惯，营造"节约光荣、浪费可耻"的良好社会氛围。倡导"空调26度"行动、随手关灯、中水冲马桶等行为习惯。

政府层面，城市用电高峰时段停送景观照明、亮丽工程和霓虹灯、广告照明等多项用电，缓解用电紧张形势。城市用水关注绿化这一用水大户，推广城市绿化浇灌实行地埋式喷灌等节水浇水方式。

企业层面，探索采取"高峰负荷定价"的办法，对高峰时段的顾客定高价，对非高峰时段的顾客定低价，以此来降低高峰时段电网、水网的负担。

## 7.4.3 倡导绿色居住

### （1）提倡绿色住宅

倡导发展绿色住宅，对我国经济社会的可持续发展有着重大而深远的意义。所谓"绿色住宅"，并不是指一般意义的立体绿化、屋顶花园，而是代表一种概念或象征，住宅对环境无害，能充分利用环境自然资源。绿色住宅强调室内布局合理，尽量减少使用合成材料，充分利用阳光，自然通风，节省能源，为居住者创造一种接近自然的感觉。

加大对绿色住宅规模化推广应用的金融调节力度。加大中央预算类投资和中央财政节能减排专项资金支持住宅节能和绿色住宅的力度，完善中央财政激励政策体系，设立住宅节能和绿色住宅发展专项资金。地方财政配套资金标准不得少于中央财政补贴标准。金融机构可对购买绿色住宅的消费者在购房贷款利率上给予适当优惠。

### （2）不追求过分奢侈装修

在生活中推广绿色装修，其核心是以人为本，在环保和生态平衡的基础上，追求高品质生存、生活空间的活动。提倡自然、简约、质朴的生活哲学——即"少即是多""空就是满"。提倡普通家庭在装修中不太过追求复杂的吊顶样式和墙面效果，逐步杜绝这种造价高、不实用、不绿色的装修方式。同时，探索对奢侈建材、家具加收消费税，引导消费者的购物倾向。

> **专栏：日本家居极简消费美学**
>
> 随着社会发展和消费习惯的变化，更多日本人在日常生活中开始信奉"少即是多"，即要能够摒弃不需要的东西，才能够拥有更大的空间。部分日本家具品牌由最初提供价廉物美的日常用品，逐渐升华为通过设计理念、美学主张、素材选择、流程设计、简洁包装、形象宣传等方式，创造和引领一种新的生活方式。

### （3）倡导环保建材和节能家具家电

推广使用环保建材。部分传统建筑材料在生产、运输和使用过程中，不仅要消耗大量的资源和能源，而且污染非常严重，破坏生态环境。为了环境协调，应该大量采用更适合人类生存，更有利于人类健康的新型建材，即绿色环保型建材主要包括新型墙体材料、新型防水密封材料、新型保温隔热材料和新型装饰材料等。和传统建材相比，绿色环保材料不仅可以降低自然资源和能源的消耗，而且可以重新利用大量工业垃圾，减少环境污染。

引导消费节能家具家电。对购买节水型卫浴用品、高能效等级家电的消费者进行现金补贴政策。鼓励企业生产、销售和使用低毒、低挥发性有机溶剂和高能效家电。制定高耗水产品、工艺、设备淘汰类目录。

## 7.5 完善可持续发展的教育体系

### 7.5.1 普及化：建立贯穿学前到高等教育的可持续教育体系

推动可持续教育立法，做到有法可依，明确关键问题。明确可持续教育主管机构是教育部门还是生态环境部门；明确资金投入是国家划拨还是地方筹集；明确公民接受环境教育的权利和国家提供该教育的义务。

建立完善的可持续发展教育体系。在幼儿园、小学、中学、职业学校、大学以及党校、行政学院等各级各类教育机构开展可持续发展的内容教育。幼儿阶段的可持续教育需从幼儿身心发展规律出发，选择内容和方法，采用角色扮演、录像观摩法等；中小学阶段的可持续教育遵循教育部2003年《中小学环境教育大纲》精神，开展"绿色学校"创建活动；大学等高等院校的可持续教育应该将环境学基础课程设为必修课，并针对不同专业特点的特色环境课程，开展相关企业、研究所实习活动。同时，注重引导青少年群体践行绿色生活方式，发挥幼儿、中小学生、大学生在全社会的辐射带动作用。

### 7.5.2 专业化：设置独立学科，培养可持续领域人才

在高校中设立"可持续发展学"专业培养专门人才。目前开设此类专业的高校数量还较少，其中中国人民大学开设"可持续发展管理"专业，重点以管理学、环境经济学、社会学三类课程为主，其主要面对发展与改革的公共管理部门、发展性金融机构、国际组织驻华机构、民间组织、相关企业、可持续发展问题的教学与研究机构等就业领域。另外，香港理工大学开设了环境与可持续发展学的硕士学位课程，主要是在结合环境科学、经济发展、工程学等学科，重点培养从事环境与可持续发展各项工作的人才，包括政府公务员、环境项目经理、环境分析员、环境顾问。随着"可持续发展"成为地区发展不可或缺的议题，相关高校数量应该进一步增加。

建立以"可持续发展学"为核心的学科群，形成工程学、环境生态学、经济学等理工学科与社会学、管理学等人文学科互相融合的可持续学科群发展方向，如图7-7-6所示。

**专栏：瑞典不同阶段的可持续教育**

瑞典通过颁布《绿色学校奖励条例》，发行《瑞典绿色学校奖奖励手册》，在不同教育阶段进行可持续教育，不同阶段的可持续教育内容如下。

**瑞典可持续教育体系**

| 教育阶段 | 主要依据 | 可持续教育内容 | 培养方式 |
| --- | --- | --- | --- |
| 学前教育阶段 | 学前教育学校课程 | • 用详细术语描述环境；<br>• 在价值观中设计环境、城市和自然保护 | • 为儿童提供机会，理解他们自己的行为如何影响环境，培养成长过程中的责任感 |
| 义务教育阶段 | 义务教育阶段学校系统、学前班以及课外中心课程 | • 让学生知道好环境的要求和理解基本的生态背景知识；<br>• 将环境问题与其他学科联系起来 | • 给学生机会去为他们直接影响的环境负责；<br>• 学习保持健康的知识；<br>• 认识生活方式对健康和环境的影响 |
| 高中及成人教育阶段 | 非义务教育阶段学校系统课程 | • 对环境问题有一定洞察力；<br>• 树立全球环境问题的个人立场；<br>• 生活工作方式与可持续发展相适应 | • 让学生批判性地思考他们的所见、所闻和所学<br>• 参与各种生活问题和价值观问题的讨论；<br>• 学习健康生活所需要的知识 |

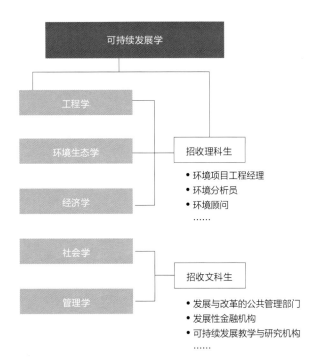

图 7-7-6 "可持续发展"高等教育学科设置设想

### 7.5.3 全民化：加强公众防灾教育，提升全民防灾减灾意识

加强公众教育、强化公民意识是减少灾难事故造成人员、财产伤亡的有效形式。面对当前防灾减灾基本知识普及率相对偏低、民众防灾减灾意识相对淡薄、自救自保能力相对欠缺的情况，应构建起防灾减灾宣传教育的长效机制，满足人民群众日益增长的安全需求。

首先，加强防灾减灾科普教育工作，强化宣传意识。应采用多样的形式推动安全知识传播推广，推动全民宣传普及安全常识，提升全民防灾减灾意识。其次，应提高社会公众应急自救、互救能力，使应急演练成为常态，让群众能在面对危机时按照既定的程序有条不紊地应对，有序救援和脱困。

日本由于其特殊的地理位置，一直是防灾教育较为成熟的国家，国民从小就接受系统的防灾教育，内容全面、形式多样。日本还特别重视防灾教育和防灾训练基地的建设，为市民和参观者提供良好的防灾教育和培训空间。东日本大地震之后，日本防灾教育的重点转变到"灾难中生存教育"，要求市民主动避难，必须在确保自身安全的情况下再向他人施救，避免出现家人朋友之间相互寻找而丧命的悲剧出现，这对我国防灾教育工作有很强的借鉴意义。

## 本专题注释

❶ 数据来源：国务院及其各部委官方网站，http://www.gov.cn/.etc.

❷ 住房和城乡建设部. http://www.mohurd.gov.cn/.

❸ 生态环境部. http://www.mee.gov.cn/.

❹ 周甲禄. "黑色30分钟"预警失效. 瞭望，2007（34）：32.

❺ 张晓，岳盈盈. 打破立法与民意之间最后一公里——关于破解地方立法公众有序参与困局的实证研究[J]. 中国行政管理，2017（2）.

❻ 国家发展改革委资源节约和环境保护司. 关于进一步做好当前节能减排工作的紧急通知. 2019-9-15.

❼ 2016.01.11 映像新闻（www.HNR.CN）.

❽ 钟艳. 美国分区规划制度分析[J]. 山西建筑，2014，40（31）：32-33.

❾ 南京市人民政府网，http://www.nanjing.gov.cn/zdgk/201304/t20130426_1055952.html.

❿ 曲阳.（日本）循环型社会形成推进基本法[J]. 外国法制史研究，2001（1）：562-573.

⓫ 新加坡政府网，2015.02.13. https://www.gov.sg/.

⓬ 黄荔. 从破局到共赢——访北京市建筑垃圾综合管理循环利用领导小组办公室主任李如刚[J]. 城市管理与科技，2015，17（4）：6-9.

⓭ 西安晚报. http://epaper.xiancn.com/newxawb/html/2018-02/03/content_314980.htm?div=1.

⓮ 政府绩效管理研究网，http://www.ppirc.org/html/33/n-2833.html.

⓯ 聂萍，熊笑凡. 政府绩效评价与审计的新途径——以增值价值为基础[J]. 湖南大学学报（社会科学版），2012，26（1）：77-81.

⓰ 青岛新闻网，http://news.qingdaonews.com/qingdao/2017-12/07/content_20060604.htm.

⓱ 网页综合整理.

⓲ 武廷海，高元. 第四次纽约大都市地区规划及其启示[J]. 国际城市规划，2016，31（6）：96-103.

⓳ 朴光玄. 首尔都市圈管制政策创新研究[D]. 北京：中国社会科学院研究生院，2011.

⓴ 《纽约城市规划：更绿色、更美好的纽约》

㉑ 北京市人民政府. http://www.beijing.gov.cn/gongkai/

㉑ guihua/wngh/cqgh/201907/t20190701_100008.html. 上海市人民政府. http://www.shanghai.gov.cn/nw2/nw2314/nw32419/nw42806/#.

㉒ 中国政府网，http://www.gov.cn/gzdt/2008-12/24/content_1186368.htm.

㉓ 银川市人民政府. http://www.yinchuan.gov.cn/xxgk/zfxxgkml/zcfg_1704/dfxfg/201608/t20160822_177217.html.

㉔ 新华网，http://www.xinhuanet.com/politics/2017-11/28/c_1122025649.htm.

㉕ 公众环境研究中心. 2014-6-13.

㉖ 人民网，2016-2-17.

㉗ 王玉明. 美国如何构建政府绩效评估指标体系[J]. 党政论坛，2007（6）：45-47，1.

㉘ 李玉杰，姚维玲. 国外典型社区管理模式比较及经验借鉴[J]. 合作经济与科技，2018（8）：138-140.

㉙ 袁媛. 应积极推进社区规划与社区规划师制度[J]. 城市规划，2014，38（11）：36.

㉚ 甘琳. 美国军事战略学的颠覆创新——评《兰德公司（1989—2009）美国战略学知识的重构》[J]. 智库理论与实践，2019，4（4）：84-87.

㉛ 张肖峰. 伦敦道路拥挤收费发展经验与借鉴[C]// 武汉市人民政府，中国城市规划学会城市交通规划学术委员会. 城市交通发展模式转型与创新——中国城市交通规划2011年年会暨第25次学术研讨会论文集. 2014：6.

㉜ 日本商品包装设计的循环利用[J]. 中国包装工业，2006（7）：58-59.

㉝ 杨东旭. 北欧风格和日本简约风格家具的事理学分析[J]. 赤峰学院学报（自然科学版），2016，32（14）：165-166.

㉞ 毛红霞. 中外环境教育比较[J]. 环境教育，2006（1）：16-20.

## 本课题参考文献

[1] 董志凯. 新中国六十年城市建设方针的演变[J]. 中国城市经济，2009（10）：84-95.

[2] 方创琳. 中国城市发展方针的演变调整与城市规模新格局[J]. 地理研究，2014，33（4）：674-686.

[3] 仇保兴. 理解城市工作的"一尊重、五统筹"[J]. 城市发展研究，2016（1）：1-3.

[4] 罗敏，朱雪忠. 基于政策工具的中国低碳政策文本量化研究[J]. 情报杂志. 2014（4）：12-16.

[5] 冯志峰. 中国运动式治理的定义及其特征[J]. 中共银川市委党校学报，2007（2）：29-32.

[6] 李文姝，张明. 巨型区域中长期发展战略规划内容剖析与启示[J]. 国际城市规划，2015，30（4）：1-8.

[7] 朱丽娜. 创造未来：东京都长期展望的启示[J]. 上海商业，2016（1）：38-40.

[8] 周伟，刘红春. 单一到综合：防灾减灾立法范式的转变[J]. 学习与实践，2015（2）：85-90.

[9] 马丹. 吉林省综合管廊建设存在的问题及对策研究[D]. 长春工程学院，2017.

[10] 黄洪旺. 我国公众立法参与的制度化研究[D]. 福州：福建师范大学，2012.

[11] 陈健鹏，高世楫，李佐军. "十三五"时期中国环境监管体制改革的形势、目标与若干建议[J]. 中国人口·资源与环境，2016（11）：1-9.

[12] 谢水木，韩仰君，谢爱华. 天津市控制性详细规划体系化的探索和实践[C]// 中国城市规划学会. 多元与包容—2012中国城市规划年会论文集. 昆明：云南科技出版社，2012.

[13] 王士如，郭倩. 政府决策中公众参与的制度思考[J]. 山西大学学报（哲学社会科学版），2010，（5）：84-90.

[14] 王海燕. 产业供给侧结构性改革的影响及效果研究——基于产业结构变动的视角[J]. 产业与科技论坛，2016，（22）：99-100.

[15] 肖萍，卢群. 城市治理过程中公众参与问题研究以政府特许经营PPP项目为对象[J]. 南昌大学学报（人文社会科学版），2016，（6）：89-94.

[16] 陈义展. 基于费用时间无差异曲线的出行者出行方式选择行为模型研究[D]. 武汉：华中科技大学，2016.

[17] 方军雄. 企业投资决策趋同羊群效应抑或潮涌现象[J]. 财经研究，2012（11）：92-102.

[18] 王兴元，李莉，邱华君. 企业投资决策模式及其风险分析[J]. 中国管理科学，2000（S1）：409-415.

[19] 李星，乔俊杰. 基于精细化供给策略的大城市停车设施规划方法研究[J]. 公路交通科技（应用技术版），2016（11）：232-235.

[20] 吴蕾蕾. 地方重大邻避设施建设决定权研究[D]. 杭州：中共浙江省委党校，2014.

[21] 刘家林，刘智丽. 共享单车的外部性分析及发展策略研究[J]. 交通运输研究，2017（4）：1-7.

[22] 王薇. 中国目前投资结构失衡的表现及其应对措施[J]. 中国市场，2016（50）：212-213.

[23] 刘放. 基于宏观经济波动的混合所有制企业投资效率研究[D]. 武汉：武汉大学，2015.

[24] 何红渠，赵添喆. 管理者过度自信公司治理与企业过度投资[J]. 南方金融，2017（12）：42-51.

[25] 夏立明，朱俊文，李丽红. 政府投资项目投资决策程序研究[J]. 天津理工大学学报，2005（4）：35-38.

[26] 吴强. 政府投资项目决策程序研究[D]. 上海：上海交通大学，2010.

[27] 孙晋，钟瑛嫦. 我国政府投资决策制度的反思及补正[J]. 学术论坛，2017，40（1）：118-124.

[28] 周斌. 政府投资项目决策参与者决策风险管理研究[D]. 杭州：浙江大学，2012.

[29] 王立国，张洪伟. 地方政府公共投资制度与投资决策问题研究——基于完善投资体制和投资决策科学化的文献综述[J]. 财经问题研究，2011（9）：21-28.

[30] 彭星. 中国工业绿色转型进程中的激励机制与治理模式研究[D]. 长沙：湖南大学，2015.

[31] 古小东，夏斌. 我国推行合同能源管理的问题与对策研究[J]. 企业经济，2012，31（3）：149-152.

[32] 张辉. 合同能源管理：模式创新与法律应对 [J]. 生态经济, 2010（9）: 59-61, 191.

[33] 朱宇晨. 合同能源管理在公共机构节能中的应用研究 [D]. 上海：东华大学, 2017.

[34] 闫珅. 资源承载力视角下黑龙江省经济发展的财政政策研究 [D]. 哈尔滨：哈尔滨商业大学, 2017.

[35] 秦丰. 光伏市场"水涨船低"之怪现象 [J]. 能源评论, 2010（11）: 100-102.

[36] 张跃胜. 生态文明建设与区域经济可持续发展 [J]. 当代经济研究, 2016（6）: 27-34.

[37] ZHANG Y S. Analysis of the Supervision of Ecological Subsidies: Based on the Principal-agent Model [J]. Environmental Engineering Research, 2014（4）: 369-373, 2019-03-22.

[38] 朱玲, 夏少敏. 评深圳市碳排放权交易相关规定之进步与不足 [J]. 区域金融研究, 2014（6）: 74-77.

[39] 国家能源局. 2017年风电并网运行情况 [EB]. http://www.nea.gov.cn/2018-02/01/c_136942234.htm, 2019-03-22.

[40] 中国电力企业联合会. 2016年全国电力可靠性指标 [EB]. http://chinaer.cec.org.cn/zhibiaofabu/linianzhibiao/2017-12-15/176138.html, 2019-03-22.

[41] 钟艳. 美国分区规划制度分析 [J]. 山西建筑, 2014, 40（31）: 32-33.

[42] 曲阳.（日本）循环型社会形成推进基本法 [J]. 外国法制史研究, 2001（1）: 562-573.

[43] 黄荔. 从破局到共赢——访北京市建筑垃圾综合管理循环利用领导小组办公室主任李如刚 [J]. 城市管理与科技, 2015, 17（4）: 6-9.

[44] 聂萍, 熊笑凡. 政府绩效评价与审计的新途径——以增值价值为基础 [J]. 湖南大学学报（社会科学版）, 2012, 26（1）: 77-81.

[45] 武廷海, 高元. 第四次纽约大都市地区规划及其启示 [J]. 国际城市规划, 2016, 31（6）: 96-103.

[46] 朴光玄. 首尔都市圈管制政策创新研究 [D]. 北京：中国社会科学院研究生院, 2011.

[47] 王玉明. 美国如何构建政府绩效评估指标体系 [J]. 党政论坛, 2007（6）: 45-47, 1.

[48] 李玉杰, 姚维玲. 国外典型社区管理模式比较及经验借鉴 [J]. 合作经济与科技, 2018（8）: 138-140.

[49] 邵任薇, 林芸. 社会组织在我国城市更新中的规划作用与实施机制——以台湾地区的社区规划师制度为例 [J]. 上海城市管理, 2017, 26（5）: 71-76.

[50] 张肖峰. 伦敦道路拥挤收费发展经验与借鉴 [C] // 武汉市人民政府. 中国城市规划学会城市交通规划学术委员会. 城市交通发展模式转型与创新——中国城市交通规划2011年年会暨第25次学术研讨会论文集. 2014: 6.

[51] 日本商品包装设计的循环利用 [J]. 中国包装工业, 2006（07）: 58-59.

[52] 毛红霞. 中外环境教育比较 [J]. 环境教育, 2006（1）: 16-20.

[53] 袁艺. 日本的灾害管理（二）日本灾害管理的行政体系与防灾计划 [J]. 中国减灾, 2004, 000（12）: 54-56.

[54] 王江波, 苟爱萍. 日本防灾基本计划及其启示 [J]. 四川建筑, 2011, 31（6）: 39-41+44.

[55] 范文婧. 日本防灾体制中政府与NPO协作机制研究 [D]. 重庆：西南政法大学. 2011.

[56] 邹铭. 自然灾害风险管理与预警体系 [M]. 北京：科学出版社, 2010.

[57] 吴强. 政府投资项目决策程序研究 [D]. 上海：上海交通大学, 2010.

[58] 孟平. 美国排污权交易——理论、实践以及对中国的启示 [D]. 上海：复旦大学, 2010.

[59] 徐天水. 钢筋混凝土结构可靠性鉴定与加固方案优选 [D]. 青岛：中国海洋大学, 2009.

[60] 梅吟晨, 宋良荣. 财税政策对新能源汽车制造企业研发投入影响的实证分析 [J]. 生产力研究. 2017（11）, 25-29.

# 致谢

　　本书是中国工程院 2017 年度重大咨询研究项目"中国城市建设可持续发展战略研究"的研究成果。

　　在项目研究过程中，特别感谢中央有关部委的指导和省市相关单位的大力协助，使本项目的研究在战略方向和符合中国国情等方面得以加强。

　　感谢在项目研究过程中，徐匡迪院士、傅志寰院士、何镜堂院士、谢克昌院士、卢春房院士、聂建国院士等多位院士对研究提出的宝贵意见。

　　感谢国务院参事仇保兴、住房和城乡建设部总经济师杨保军，以及各有关高校、设计研究单位的技术领导、专家提出的中肯意见，对于本项目研究的深入开展起到了重要作用。

　　感谢在北京、南京、天津、郑州、长沙、西安、海口等地参加调研与访谈的各位专家学者、政府工作人员与工作在一线的同仁，使得项目研究得以建立在坚实的基础上，能够直接触及中国城市建设领域中的现实问题；感谢在国际调研过程中给予帮助、提供建议的专家和工作人员，使得项目研究能够借鉴国外有益经验，拓展国际视野。

　　感谢中国建筑工业出版社对本书编辑出版的大力支持。

中国城市建设可持续发展战略研究项目组